世界500强
企业管理
制度·表格·流程·文书全集
（第二版）

滕宝红 ◎ 主编

收集世界500强企业常用的**管理制度、流程、范本，采用模块化、系统化、标准化、业务流程化**业依据自身的实际需求参考、使用，是一本实用的工具书。

中华工商联合出版社

图书在版编目（CIP）数据

世界500强企业管理制度·表格·流程·文书全集 ／
滕宝红主编. -- 北京 ：中华工商联合出版社，2021.1
ISBN 978-7-5158-2997-5

Ⅰ．①世… Ⅱ．①滕… Ⅲ．①企业管理制度－世界
Ⅳ．①F279.12

中国版本图书馆CIP数据核字(2021)第033908号

世界500强企业管理制度·表格·流程·文书全集（第二版）

主　　编：	滕宝红
出 品 人：	李　梁
责任编辑：	李红霞　孟　丹
装帧设计：	新知文轩
责任审读：	李　征
责任印制：	迈致红
出版发行：	中华工商联合出版社有限责任公司
印　　刷：	三河市中晟雅豪印务有限公司
版　　次：	2021年3月第1版
印　　次：	2023年5月第2次印刷
开　　本：	787*1092　1/16
字　　数：	902千字
印　　张：	68
书　　号：	ISBN 978－7－5158－2997－5
定　　价：	399.80元

服务热线：010－58301130－0（前台）
销售热线：010－58302977（网店部）
　　　　　010－58302166（门店部）
　　　　　010－58302837（馆配部、新媒体部）
　　　　　010－58302813（团购部）
地址邮编：北京市西城区西环广场A座
　　　　　19－20层，100044
http://www.chgslcbs.cn
投稿热线：010－58302907（总编室）
投稿邮箱：1621239583@qq.com

任何企业的管理都是一个系统工程，要使这个系统正常运转，实现高效、优质、高产、低耗，就必须运用科学的方法、手段和原理，按照一定的运营框架，对企业的各项管理要素进行规范化、程序化、标准化设计，形成有效的管理运营机制，即实现企业的规范化管理。规范化管理的控制标准是：企业的每一个岗位、每一个活动、每一份资产、每一个时刻，都处于受控之中。

"世界500强"是中国人对美国《财富》杂志每年评选的"全球最大五百家公司"排行榜的一种约定俗成的叫法。《财富》世界500强排行榜一直是衡量全球大型公司最著名、最权威的榜单，由《财富》杂志每年发布一次。

进入世界500强的企业通常是跨国企业，其生存和发展能力都非常强，有的甚至维持上百年长盛不衰。能够进入世界500强的企业，在管理方面一定有其成功之处。成功的原因之一是这些企业通常都聚集了一群顶尖的管理者，而这些顶尖的管理者又是靠什么来实现管理呢？很简单，他们靠的是决策程序化、考核定量化、组织系统化、权责明晰化、奖惩有据化、目标计划化、业务流程化、措施具体化、行为标准化、控制过程化，灵活运用管理方法、管理技能、管理体系、管理文书、管理流程等管理工具进行科学的、规范的管理。

不过，成功并非偶然，世界500强公司也是如此。很多时候，一家公司或企业成功纵然有多个影响因素，但最终取决的还是公司自己。

《世界500强企业管理制度·表格·流程·文书全集》一书是世界500强企业的管理制度、管理表格、管理流程和管理文书汇集合集。本书采取模块化设置，主要由导读（世界500强企业基本认识）和世界500强企业管理制度范本、世界500强企业管理表格范本、世界500强企业管理流程范本、世界500强企业管理文书范本四个部分组成，涵盖了企业管理的各个方面。

本书的制度、表格、流程、文书，是企业管理人员极具参考价值的管理范本，具有很强的实用性和可操作性。其中所提供的范本均来自世界500强企业和国内知名企业，已经在企业中实施并经验证非常有效。企业可根据自身的实际需要，稍做修改即可以使用。本书完全可以作为企业的总经理、管理人员等从事企业管理工作的人士进行企业管理的参照范本和工具书，也可作为职业院校教师、专家学者实务类参考指南。

CONTENTS 目录

导　读　世界500强企业基本认识 1

　一、世界500强企业的产生与发展 1

　二、世界500强企业的评选标准 2

　三、世界500强企业遵循的四大管理法则 3

　四、世界500强企业的成功特点 5

PART 1

世界500强企业管理制度范本

第1章　董事会、理事会、监事会管理制度 10

　　1.1　股东大会议事规则 10

　　1.2　董事会议事规则 16

　　1.3　监事会议事规则 21

　　1.4　股东大会、董事会、监事会保密管理制度 24

第2章　战略规划管理制度 27

　　2.1　战略规划管理规定 27

　　2.2　经营计划和预算管理制度 31

　　2.3　子公司经营者管理制度 35

第3章　全面预算管理制度 39

　　3.1　全面财务预算管理制度 39

　　3.2　全面预算管理实施细则 50

第4章 投资筹资管理制度 82

4.1 对外投资内部控制制度 82

4.2 筹资管理制度 95

4.3 筹资内部控制制度 99

第5章 财务管理制度 108

5.1 货币资金内部控制制度 108

5.2 固定资产内部控制制度 116

5.3 存货内部控制制度 124

5.4 成本费用内部会计控制制度 143

5.5 坏账损失审批内部控制制度 150

5.6 担保内部会计控制制度 153

第6章 人力资源管理制度 163

6.1 人力资源总体规划办法 163

6.2 员工职业发展管理办法 170

6.3 招聘管理制度 177

6.4 考勤管理制度 182

6.5 教育训练管理程序 185

6.6 离职管理规定 190

6.7 员工奖惩制度 193

6.8 绩效考核制度 199

6.9 定薪、转正、异动管理制度 205

6.10 薪酬管理制度 212

第7章 行政管理制度 217

7.1 保密管理制度 217

7.2 文书管理制度 218

7.3 印信管理制度 220

7.4 公司证照管理制度 221

7.5 档案管理制度 222

7.6 办公用品管理制度 226

7.7 提案管理制度 228

7.8 出差管理制度 230

7.9 公司会议管理制度 231

7.10 车辆管理制度 233

7.11 突发事件管理制度 235

7.12 日常行为规范管理制度 237

7.13 员工职务行为准则 239

7.14 反舞弊工作条例 242

第8章 市场营销管理制度 248

8.1 市场调研管理制度 248

8.2 产品价格管理制度 253

8.3 销售业务内部控制办法 256

8.4 销售合同管理办法 263

第9章 设计研发管理制度 270

9.1 产品研发管理制度 270

9.2 设计验证管理办法 276

9.3 模具开发及可制性作业办法 282

9.4 新产品量产试作管理办法 290

第10章 采购管理制度 298

10.1 物资采购审批及报销制度 298

10.2 采购控制程序 302

10.3 潜在供应商资源信息库建设及管理办法 304

10.4 供应商选择程序 306

10.5 产品协作配套许可证管理办法 309

10.6 产品质量赔偿及退货管理办法 310

第11章 生产管理制度 314

11.1 生产计划控制程序 314

11.2 生产异常管理办法 317

11.3 4M1E变更管理程序 321

11.4 生产工艺技术管理办法 324

第12章 质量管理制度 335

12.1 质量先期策划控制程序 335

12.2 进货产品质量控制程序 346

12.3 过程检验和试验控制程序 347

12.4 最终检验和试验控制程序 348

12.5 产品防护和交付控制程序 349

12.6　产品标识与可追溯性控制办法 353

12.7　检验和试验状态控制程序 354

12.8　不合格品控制程序 355

12.9　纠正与预防措施控制程序 359

第13章　物流配送管理制度 362

13.1　物流管理制度（制造型企业） 362

13.2　物流配送中心管理制度 376

PART 2

世界500强企业管理表格范本

第14章　董事会、理事会、监事会管理表格 388

14.1　公司董事会成员、监事会成员、经理登记表 388

14.2　公司董事会成员、监事会成员、经理审查意见表 388

14.3　第＿＿届董事会第＿＿次会议安排表 389

14.4　第＿＿届董事会第＿＿次会议议程 389

14.5　股东大会（董事会/监事会）会议签到表 390

14.6　股东大会会议记录 390

14.7　董事会会议纪要 391

14.8　第＿＿届董事会第＿＿次会议表决票 392

14.9　第＿＿届董事会第＿＿次会议表决结果统计表 392

第15章　战略规划管理表格 394

15.1　年度经营计划和预算编制参考格式 394

15.2　子公司年度经营计划和预算编制参考格式 397

15.3　集团公司各职能部门管理计划和预算编制参考格式 402

第16章　全面预算管理表格 405

16.1　长期投资和短期投资预算表 405

16.2　固定资产购置预算表 405

16.3　销售收入预算总表 406

16.4　销售成本预算总表 406

16.5　利润预算表 407

16.6　预计损益表 407

16.7　预计资产负债表 …………………………………………… 408

16.8　资本性支出预算表 ………………………………………… 409

16.9　融资预算表 ………………………………………………… 410

16.10　制造费用预算表 ………………………………………… 410

16.11　销售费用预算明细表 …………………………………… 411

16.12　直接成本预算表 ………………………………………… 412

16.13　管理费用预算表 ………………………………………… 413

16.14　产品成本预算表 ………………………………………… 414

16.15　成本预算执行反馈月（季、年）报 …………………… 414

16.16　费用预算执行反馈月（季、年）报 …………………… 415

16.17　利润预算执行反馈月（季、年）报 …………………… 415

16.18　预算反馈报告频率表 …………………………………… 416

第17章　投资筹资管理表格 ……………………………………… **417**

17.1　资本成本分析表 …………………………………………… 417

17.2　筹资需求分析表 …………………………………………… 417

17.3　融资风险变动分析表 ……………………………………… 418

17.4　企业融资成本分析表 ……………………………………… 418

17.5　实收资本（股本）明细表 ………………………………… 419

17.6　发行股票申请表 …………………………………………… 419

17.7　企业借款申请书 …………………………………………… 420

17.8　长期借款明细表 …………………………………………… 421

17.9　短期借款明细表 …………………………………………… 421

17.10　借款明细分类表 ………………………………………… 421

17.11　银行短期借款明细表 …………………………………… 422

17.12　借款余额月报表 ………………………………………… 422

17.13　企业年度投资计划表 …………………………………… 422

17.14　投资绩效预测表 ………………………………………… 423

17.15　长期股权投资明细表 …………………………………… 423

17.16　持有至到期投资测算表 ………………………………… 424

17.17　交易性金融资产监盘表 ………………………………… 424

17.18　投资收益分析表 ………………………………………… 424

17.19　长期投资月报表 ………………………………………… 425

17.20　短期投资月报表 ………………………………………… 425

第18章　财务管理表格 …………………………………………… **426**

18.1　银行存款/现金收支日报表 ……………………………… 426

18.2　货币资金变动情况表 426

18.3　应收票据备查簿 427

18.4　固定资产台账 427

18.5　固定资产报废申请书 428

18.6　固定资产增减表 428

18.7　闲置固定资产明细表 429

18.8　无形资产及其他资产登记表 429

18.9　存货核算明细表 430

18.10　应收账款日报表 430

18.11　应收账款分析表 430

18.12　应收账款变动表 431

18.13　问题账款报告书 431

18.14　应收账款账龄分析表 432

18.15　劳务（　）月分包付款计划 432

18.16　分包商付款审批表 433

18.17　坏账损失申请书 434

18.18　客户信用限度核定表 434

18.19　应付票据明细表 435

18.20　银行存款清查明细表 435

18.21　有价证券盘点报告表 435

18.22　无形资产清查明细表 436

18.23　债权债务清查报告表 436

18.24　固定资产盘盈盘亏报告单 436

18.25　流动资产盘盈盘亏报告单 437

18.26　资产清查中盘盈资产明细表 437

18.27　会计档案保管清册 438

18.28　会计档案销毁清册审批表 438

第19章　人力资源管理表格 439

19.1　人力资源需求申请表 439

19.2　招聘计划表 440

19.3　录用决定审批表 440

19.4　背景调查电话交流记录表 441

19.5　新员工报到手续表 442

19.6　试用期第　　月份综合评估表 443

19.7　试用员工考核表 443

19.8　新员工试用结果通知单 ………………………………………… 444

19.9　试用期员工转正面谈表 ………………………………………… 444

19.10　年度培训计划表 ………………………………………………… 445

19.11　月度培训计划表 ………………………………………………… 445

19.12　单次培训项目费用预算表 ……………………………………… 445

19.13　培训效果评估表 ………………………………………………… 446

19.14　员工季度工作业绩评估表 ……………………………………… 447

19.15　员工行为评估表（季度评估用表）……………………………… 447

19.16　员工工作能力评估表 …………………………………………… 448

19.17　员工工作态度评估表 …………………………………………… 449

19.18　绩效面谈记录表 ………………………………………………… 450

19.19　绩效评估沟通记录表 …………………………………………… 451

19.20　员工绩效评估申诉表 …………………………………………… 451

19.21　员工绩效改进计划表 …………………………………………… 452

19.22　职务薪金调整申请表 …………………………………………… 452

19.23　员工婚丧喜庆补贴申请表 ……………………………………… 453

19.24　员工重大伤病补助申请表 ……………………………………… 453

19.25　员工福利金申请表 ……………………………………………… 454

第20章　行政管理表格 …………………………………………… 455

20.1　机密文件保管备查簿 …………………………………………… 455

20.2　文件归档登记表 ………………………………………………… 455

20.3　用印申请单 ……………………………………………………… 456

20.4　印章使用登记簿 ………………………………………………… 456

20.5　办公用品需求计划表 …………………………………………… 456

20.6　办公用品采购申请单 …………………………………………… 457

20.7　管理用品领用登记表 …………………………………………… 457

20.8　工作制服领用、发放记录 ……………………………………… 457

20.9　制服领用申请表 ………………………………………………… 458

20.10　出差申请表 ……………………………………………………… 458

20.11　会议通知 ………………………………………………………… 459

20.12　会议议程表 ……………………………………………………… 459

20.13　会议签到表 ……………………………………………………… 459

20.14　会议记录 ………………………………………………………… 460

20.15　会议登记簿 ……………………………………………………… 460

20.16　会议决定事项实施管理表 ……………………………………… 460

20.17 合理化建议表 461

20.18 合理化建议评定表 461

20.19 合理化建议实施命令表 462

20.20 车辆登记表 462

20.21 车辆登记卡 462

20.22 车辆使用申请表 463

20.23 车辆行驶记录表 463

20.24 燃油效率及耗油量结算表 464

20.25 车辆状况月统计报表 464

20.26 行驶事故处理报告书 464

第21章　市场营销管理表格 465

21.1 产品营销分析表 465

21.2 同业产品市场价格调查表 465

21.3 新开发客户报告表 466

21.4 客户调查表 466

21.5 成本估价单 467

21.6 竞争产品调查表 467

21.7 价格变动影响表 468

21.8 产品降价申请表 468

21.9 产品报价单 468

21.10 销售合同评审表 469

21.11 销售出库申请单 470

21.12 销售合同管理台账 470

第22章　设计研发管理表格 471

22.1 产品研发项目建议表 471

22.2 产品研发项目任务书 471

22.3 产品研发项目进度表 472

22.4 年度产品研发计划表 472

22.5 产品开发立项确认书 473

22.6 ____产品开发____阶段计划表 473

22.7 设计计划书 474

22.8 设计审查评估表（RDⅠ） 475

22.9 设计审查评估表（RDⅡ-1） 476

22.10 设计审查评估表（RDⅡ-2） 477

22.11　设计验证报告 479

22.12　设计验证表 479

22.13　试生产报告 480

22.14　特殊性清单 480

22.15　初始材料清单 480

22.16　工程样件试作改进计划 481

22.17　设计确认报告 481

22.18　测试规范 482

22.19　产品鉴定报告 482

22.20　新品FAI申请表 483

22.21　产品质量特性重要度分级表 484

22.22　____产品开发设计试作阶段计划表 484

22.23　工程变更申请单 486

22.24　工程变更通知单 486

22.25　可制性设计与制样需求一览表 487

22.26　开模计划表 488

22.27　开模确认单 488

22.28　____产品开发量试计划表 489

22.29　产品量试前数据转移说明会数据点检表 491

22.30　新产品量试前数据转移说明会会记录表 492

22.31　新产品量试审查查检表（RDⅢ-2） 493

22.32　新品量试执行情况分析表 494

22.33　量试质量合格率记录表 494

22.34　新产品首批量产质量合格率记录表 494

22.35　____月份量试机型品质报告 495

22.36　量试上线通知及现场签到表 495

22.37　小批量试产通知单 496

22.38　新产品试产问题改善计划 497

22.39　设计审查意见调查表 497

22.40　设计审查会开会通知单 498

第23章　采购管理表格 **499**

23.1　潜在供应商推荐表 499

23.2　潜在供应商基本情况调查表 500

23.3　潜在供应商资格认证评价标准 500

23.4　现有供应商资格认可评价标准表 502

23.5　供应商的分供方清单 503

23.6　产品协作配套许可证发放申请单 503

23.7　取消合格供应商资格申请单 504

23.8　供需质量协议书 504

23.9　质量赔偿单 505

23.10　质量赔偿裁决通知书 506

23.11　需方非常满意通知单 507

23.12　采购管理系统管理绩效测评表 507

第24章　生产管理表格 510

24.1　月生产计划表 510

24.2　周生产计划表 510

24.3　日生产计划表 511

24.4　生产计划变更通知单 511

24.5　生产排程表 512

24.6　产销时间与数量协调控制表 512

24.7　生产制令单 512

24.8　停线通知单 513

24.9　生产领料单 513

24.10　生产异常报告单 513

24.11　生产日报表 514

24.12　停产报告 514

24.13　制程异常通知单 515

24.14　制程异常分析报告 516

第25章　质量管理表格 517

25.1　进料检验记录 517

25.2　IQC进料履历表 517

25.3　原材料性能试验报告 518

25.4　全尺寸测试报告 518

25.5　材料／零件／不合格处理报告 518

25.6　产品不合格处理报告 519

25.7　紧急放行申请单 520

25.8　生产线运行质量控制表 520

25.9　首／末件检验记录 521

25.10　缺陷记录单 522

25.11 工序缺陷统计表 522

25.12 产品性能试验报告 522

25.13 产品审核报告 523

25.14 产品审核不符合通知单 523

25.15 最终产品检验记录 524

25.16 不符合纠正预防要求书 525

25.17 不符合项台账 526

第26章 物流配送管理表格 527

26.1 物流配送分配表 527

26.2 货品分布表 527

26.3 批发出货单 528

26.4 发货单 528

26.5 送货单 528

26.6 出库单 529

26.7 调拨申请单 529

26.8 调拨单 530

26.9 送货统计表 530

26.10 退货统计表 530

26.11 货物运输单 531

26.12 产品交运单 531

26.13 运输记录表 532

26.14 交运物品清单（一） 532

26.15 交运物品清单（二） 533

26.16 交运物品清单（三） 533

26.17 运输通知单 533

26.18 汽车运输单 534

26.19 运输月报表 535

PART 3

世界500强企业管理流程范本

第27章 战略管理流程 538

27.1 战略信息收集与分析流程 538

27.2　战略制定与选择流程 ………………………………………………… 539

27.3　战略评估与调整流程 ………………………………………………… 541

第28章　全面预算管理流程 ……………………………………………… 543

28.1　预算启动流程 …………………………………………………………… 543

28.2　预算编制流程 …………………………………………………………… 546

28.3　预算方案审批流程 ……………………………………………………… 547

28.4　预算内费用审批流程 …………………………………………………… 549

28.5　预算外费用审批流程 …………………………………………………… 551

28.6　滚动预算编制流程 ……………………………………………………… 553

28.7　预算执行评估流程 ……………………………………………………… 555

28.8　重大预算调整流程 ……………………………………………………… 557

第29章　筹资管理流程 …………………………………………………… 559

29.1　筹资业务内部控制流程 ………………………………………………… 559

29.2　筹资决策管理流程 ……………………………………………………… 562

29.3　筹资业务管理流程 ……………………………………………………… 563

29.4　筹资授权批准流程 ……………………………………………………… 565

29.5　重大筹资方案审批流程 ………………………………………………… 566

第30章　财务管理流程 …………………………………………………… 568

30.1　资金计划制定流程 ……………………………………………………… 568

30.2　资金支付流程 …………………………………………………………… 570

30.3　付款业务内部控制流程 ………………………………………………… 571

30.4　收款业务控制流程 ……………………………………………………… 573

30.5　应付账款管理流程 ……………………………………………………… 575

30.6　应收账款管理流程 ……………………………………………………… 578

30.7　固定资产外购业务内部控制流程 ……………………………………… 579

30.8　固定资产处置业务控制流程 …………………………………………… 580

30.9　担保业务风险评估流程 ………………………………………………… 581

30.10　担保项目跟踪监督流程 ……………………………………………… 583

30.11　担保项目信息披露流程 ……………………………………………… 585

30.12　成本费用核算流程 …………………………………………………… 587

30.13　成本费用控制流程 …………………………………………………… 589

30.14　成本费用目标确定流程 ……………………………………………… 591

30.15　成本费用预测方案制定流程 ………………………………………… 593

30.16　无形资产外购请购审批流程 ………………………………………… 595

30.17 无形资产业务流程 597

30.18 无形资产投资预算流程 601

30.19 无形资产交付验收流程 603

30.20 年度财务报告方案编制流程 605

30.21 重大影响交易会计处理流程 606

30.22 年度财务报告编制流程 607

30.23 合并会计报表编制范围变更流程 609

第31章 人力资源管理流程 610

31.1 人力资源规划编制流程 610

31.2 工作分析流程 612

31.3 员工外部招聘流程 613

31.4 员工内部招聘管理流程 615

31.5 员工试用期管理流程 617

31.6 职业生涯规划流程 618

31.7 晋升/降职/辞退管理流程 619

31.8 内部调动管理流程 622

31.9 离职管理流程 625

31.10 员工培训管理流程 627

31.11 培训课程档案管理流程 631

31.12 培训计划执行流程 634

31.13 临时外部培训执行流程 637

31.14 员工能力评估流程 639

31.15 员工绩效考核流程 640

31.16 薪酬管理流程 641

第32章 行政管理流程 643

32.1 外宣传信息发布流程 643

32.2 会务管理流程 645

32.3 寄送信函、快件工作流程 647

32.4 发文管理流程 648

32.5 收文管理流程 649

32.6 印章制刻申请流程 650

32.7 印章使用控制流程 651

32.8 公司证照管理流程 652

32.9 出差管理流程 653

第33章　市场营销管理流程 ·· **655**

33.1　市场和竞争对手信息收集流程 ································· 655

33.2　市场/竞争分析流程 ·· 658

33.3　价格制定流程 ·· 660

33.4　市场活动计划与开展控制流程 ································· 663

33.5　广告媒体活动流程 ··· 666

33.6　公共关系活动流程 ··· 669

33.7　招标活动有效性的跟踪流程 ···································· 671

33.8　区域市场活动有效性的跟踪流程 ······························ 673

33.9　跨区域市场活动有效性的跟踪流程 ···························· 675

33.10　市场费用使用控制流程 ·· 677

33.11　年度销售目标、营销计划和预算编制的制定流程 ·············· 680

33.12　营销目标和预算编制调整流程 ·································· 684

33.13　月度销售计划制定流程 ·· 686

33.14　新分销商的选择与评估流程 ···································· 688

33.15　年度分销商维护流程 ·· 691

33.16　产品销售控制流程 ·· 693

33.17　赊销业务与风险控制流程 ······································ 695

33.18　国内客户退货管理流程 ·· 697

33.19　国外退货处理流程 ·· 698

33.20　换货流程 ··· 699

33.21　返利管理流程 ··· 701

33.22　销售费用使用流程 ·· 703

第34章　设计研发管理流程 ·· **706**

34.1　新产品研发项目立项流程 ······································· 706

34.2　新产品研发项目实施及管理流程 ································· 708

34.3　新产品研发项目验收流程 ······································· 709

34.4　产品更改通知流程 ··· 710

34.5　设计试作流程 ·· 712

34.6　新产品量产试作流程 ··· 714

34.7　新产品开发模具管理流程 ······································· 716

第35章　采购管理流程 ·· **718**

35.1　采购计划制定流程 ··· 718

35.2　采购计划管理流程 ··· 719

35.3 供应商开发与管理流程 720

35.4 供应商绩效考核流程 724

35.5 采购价格调查流程 726

35.6 采购物资价格审核流程 728

第36章 生产管理流程 730

36.1 生产计划编制流程 730

36.2 生产计划执行流程 732

36.3 生产部生产计划流程 735

36.4 车间生产管理流程 737

36.5 生产制作指示控制流程 739

36.6 生产异常处理流程 740

36.7 生产工时效率考核流程 741

第37章 质量管理流程 742

37.1 进货检验和试验控制流程 742

37.2 过程检验和试验控制流程 743

37.3 出货检验和试验控制流程 744

37.4 客户投诉处理流程 745

37.5 检测设备控制流程 747

37.6 不合格品处理流程 749

37.7 纠正和预防措施控制流程 751

37.8 客户满意度调查控制流程 752

37.9 数据统计及分析控制流程 753

第38章 物流配送管理流程 755

38.1 物料入库管理流程 755

38.2 物料出库管理流程 757

38.3 成品收货入库管理流程 758

38.4 成品出库管理流程 760

38.5 备货与发货流程 762

38.6 运输管理流程 765

38.7 月度/周期仓库盘点流程 768

38.8 年度仓库盘点控制流程 770

38.9 安全库存管理流程 772

PART 4

世界500强企业管理文书范本

第39章　董事会、理事会、监事会管理文书 **776**

　　39.1　股东会会议通知 776

　　39.2　董事会会议通知 776

　　39.3　授权委托书 777

第40章　战略规划管理文书 **778**

　　40.1　战略规划书标准模板 778

　　40.2　战略规划书简易模板 781

　　40.3　企业年度经营计划模板 782

　　40.4　××有限公司＿＿年度经营目标责任书 784

第41章　全面预算管理文书 **788**

　　41.1　财务预算报告模板 788

　　41.2　预算执行情况分析报告模板 790

　　41.3　预算执行分析报告模板 795

　　41.4　关于集团财务预算执行无效的分析报告 801

　　41.5　成本费用预算报告 804

　　41.6　筹资预算报告 806

　　41.7　投资预算报告 807

第42章　投资筹资管理文书 **810**

　　42.1　项目融资申请书 810

　　42.2　关于新产品开发所需资金的筹资申请 811

　　42.3　项目投资计划书 812

　　42.4　筹资分析报告 816

　　42.5　××通讯投资价值分析报告 819

　　42.6　筹资决策报告 824

　　42.7　××银行股份有限公司向特定对象非公开发行股票发行情况

　　　　　报告书 826

第43章　财务管理文书 **830**

　　43.1　××有限公司＿＿年财务计划 830

43.2 ××有限公司　年财务分析报告 ……………………………… 831

43.3 ××有限公司财务成本分析报告 …………………………… 834

43.4 ××有限公司财务评价报告 ………………………………… 837

43.5 关于　年××有限公司销售收入、成本、利润、资金需要量的
预测报告 ……………………………………………………… 840

43.6 ××股份有限公司财务中期报告 …………………………… 842

43.7 ××公司年度财务报告 ……………………………………… 846

43.8 ××项目经济评估报告 ……………………………………… 850

43.9 ××有限公司财务统计分析报告 …………………………… 857

43.10 ××公司往来账款日常控制报告 …………………………… 859

43.11 ××有限公司资产周转报告 ………………………………… 860

43.12 ××公司资产清查工作报告 ………………………………… 861

43.13 关于利润分配的请示 ………………………………………… 864

43.14 ××公司利润分配计划书 …………………………………… 864

43.15 ××集团＿＿年年度利润分配公告 ………………………… 865

43.16 ××集团关于购买资产＿＿年度盈利实现情况报告 ……… 867

43.17 ＿＿年××集团实现利润增长情况分析报告 ……………… 868

第44章　人力资源管理文书 …………………………………… **869**

44.1 20××年度招聘方案 ………………………………………… 869

44.2 体检通知书 …………………………………………………… 870

44.3 员工报到（变动）通知书 …………………………………… 870

44.4 员工录用（报到）通知书 …………………………………… 871

44.5 员工廉洁从业承诺书 ………………………………………… 872

44.6 录用通知书 …………………………………………………… 874

44.7 员工保证书 …………………………………………………… 874

44.8 员工个人行为责任承诺书 …………………………………… 875

44.9 不可撤销担保书（出纳、仓管） …………………………… 875

44.10 不可撤销担保书（司机） …………………………………… 877

44.11 员工试用期满通知书 ………………………………………… 878

44.12 试用期转正通知书 …………………………………………… 878

44.13 保密和竞业禁止协议 ………………………………………… 879

44.14 培训服务协议书 ……………………………………………… 881

44.15 员工带薪年休假确认书 ……………………………………… 885

第45章　行政管理文书 ………………………………………… **887**

45.1 请求批转的请示 ……………………………………………… 887

45.2 请求批准的请示 887

45.3 请求指示的请示 888

45.4 报告——向政府部门寻求帮助 888

45.5 报告——向上级反映情况 889

45.6 关于××××××（拟采取措施）的通知 889

45.7 关于印发《××××××规定》的通知 890

45.8 关于下发《×××》的通知 890

45.9 关于×××××××××××问题的通报 890

45.10 关于表彰（奖励）×××（集体或个人）的通报 891

45.11 关于×××××××××××情况的通报 891

45.12 处罚通报 892

45.13 重要事项决定 892

45.14 嘉奖决定 892

45.15 处分决定 893

45.16 答复意见 893

45.17 请求批准 894

45.18 征求意见 894

45.19 关于×××××××××会议的通知 894

45.20 董事会____年年会致辞 895

45.21 在××实业发展有限公司第一次股东会上的讲话 896

45.22 ××有限公司____年度员工大会开幕词 897

45.23 移动通信公司抽奖活动的闭幕词 898

45.24 董事会工作报告 899

45.25 ××公司迎接领导检查欢迎词 902

45.26 ××集团公司迎送外宾欢送词 904

45.27 新产品鉴定会请柬 904

45.28 ____年终客户答谢会邀请函 905

45.29 贺信 905

45.30 ____年元旦春节给顾客的感谢信 906

45.31 ××公司致员工家属的慰问信 906

45.32 ××公司企业文化建设总体规划方案 907

45.33 企业文化活动年度计划 914

45.34 ××企业员工趣味运动会方案 917

45.35 员工生日会策划方案 919

45.36 员工生日庆祝策划方案 920

45.37　××集团晚会活动策划方案 924

45.38　××集团分公司春节联谊晚会活动方案 927

45.39　××集团年会活动策划方案 929

第46章　市场营销管理文书 **935**

46.1　××牌矿泉水市场营销方案 935

46.2　＿＿年产品销售计划书 940

46.3　××机械产品市场推广方案 943

46.4　新产品市场推广方案 947

46.5　××公司产品市场开拓计划书 951

46.6　××汽车公共关系策划书 953

46.7　××广告策划书 955

46.8　××集团关于与××股份有限公司的谈判策划书 959

46.9　经销商会议策划方案 962

46.10　经销商年会策划方案 964

46.11　＿＿年第××届××博览会参展执行方案 967

46.12　××公司地区化网络服务定价方案 972

第47章　设计研发管理文书 **974**

47.1　新产品可行性分析报告 974

47.2　设计任务书 975

47.3　设计输入评审报告 976

47.4　设计过程评审报告 976

47.5　设计输出评审报告 977

第48章　采购管理文书 **978**

48.1　采购谈判方案 978

48.2　质量保证协议 981

48.3　催货通知书 983

48.4　损失索赔通知书 983

48.5　需方非常满意通知书 984

48.6　供应商战略合作协议 984

48.7　供应商保证协议书 987

48.8　不使用有害物质保证函 996

48.9　产品符合性声明书 998

48.10　物料PCN（过程变更通知）协议 999

第49章　生产管理文书 1002

49.1　生产部工作计划 1002

49.2　生产部工作总结 1003

49.3　生产部会议纪要 1005

49.4　安全生产责任书 1006

49.5　生产部表彰请示 1007

49.6　生产部员工表彰通报 1007

49.7　生产部简报 1008

49.8　安全生产大检查通知 1008

第50章　质量管理文书 1010

50.1　质量管理第一负责人承诺书 1010

50.2　生产经营部质量管理负责人承诺书 1010

50.3　品质部质量管理负责人承诺书 1011

50.4　综合部质量管理负责人承诺书 1012

50.5　采供部质量管理负责人承诺书 1012

50.6　质量管理方针、目标及实施计划 1013

50.7　年度内部质量体系审核计划 1015

50.8　内部审核总结报告模板 1017

50.9　内部过程审核日程计划 1019

50.10　年度产品审核实施计划 1020

第51章　物流配送管理文书 1022

51.1　物流运输协议 1022

51.2　仓储协议书 1024

51.3　新建库房申请报告 1025

51.4　仓储标志申请报告 1026

51.5　仓库盘点报告 1026

51.6　仓库安全工作责任书 1027

PART 5

附录

2022年《财富》世界500强企业排行榜 1032

2022年世界500强企业中145家中国上榜公司完整名单 1055

世界500强企业基本认识

"世界 500 强企业"是中国人对美国《财富》杂志每年评选的"全球最大五百家企业"排行榜的一种约定俗成的叫法。《财富》世界 500 强企业排行榜一直是衡量全球大型公司的最著名、最权威的榜单。由《财富》杂志每年发布一次。

一、世界 500 强企业的产生与发展

第一份《财富》500 强企业排行榜诞生于 1955 年，当时上榜的仅限于美国的企业。自诞生之初，《财富》杂志的编辑们就决定将收入作为企业排名的主要依据，因为收入是衡量增长和成功最可靠、最有力的证明，也是最有意义的指标。

1957 年，美国之外的大企业首次拥有了专门的排行榜。

1976 年，第一份国际 500 强企业排行榜出炉，但仅包括美国之外的企业。

直到 1995 年，第一份包含了美国和其他各国企业在内的综合榜单才正式问世：这也是第一份真正意义上的世界 500 强企业排行榜。这份榜单后来常被作为基准，用来对企业、行业或国家之间历年的表现进行数据对比。

和同样推出企业排行榜的《福布斯》和《商业周刊》相比，《财富》的500强企业以销售收入为依据进行排名，比较重视企业的规模；而《商业周刊》则是把企业的市值作为主要依据；《福布斯》则综合考虑企业的年销售额、利润、总资产和市值。《商业周刊》的排名仅限于发达国家，而《财富》则将世界各国的企业都进行排名。

2012 年、2013 年《财富》世界 500 强企业排行榜中壳牌石油荣登榜首。中国首次超过日本，成为除美国以外上榜企业数量最多的国家，2013 年《财富》世界 500 强企业地区分布统计中，中国 95 家上榜，比日本多 33 家，名列全球第二。

2014 年沃尔玛重回榜首，中国上榜企业数量达到 100 家，中石化取代了埃克森美孚，在榜上排名世界第三。

2015 年中国上榜企业数量继续增长，达到了 106 家，该年世界 500 强企业的入围门槛提高至 237.2 亿美元。

2016 年中国上榜企业数量为 110 家，国家电网排名跃升至世界第二位，尽管其营业收入也下跌了 2.9%。中石油和中石化紧随其后，分列第 3 和第 4。苹果首次进入前 10 位，排名第 9，2015 年营业收入大涨 27.9%，是前 10 位中唯一实现营业收入正增长的企业。

二、世界 500 强企业的评选标准

（一）销售收入

《财富》除将利润、资产、股东权益、雇佣人数等作为参考指标外，最通用、最主要的标准就是企业的销售收入。如果按销售收入排序，企业的位次在 500 名以外，即使是知名公司也不能上榜。例如，早在 2002 年，青岛啤酒就已经是一家为许多美国人所知道的中国企业，但由于该企业销售收入不足 100 亿美元，所以未能进入当年的世界 500 强排行榜。

（二）企业统计数据必须具有较高的透明度

《财富》要求所有参选企业的数据必须公开，《财富》认为，只有外界了解企业的资产状况，《财富》才有可能将企业排进 500 强，这也是许多一流企业不能入主世界 500 强的原因之一。

（三）独立的公司治理

就其特征而言，独立而健全的公司治理是重要指标，这种独立包括既独立于控股的国家，也独立于控股的家族。

（四）统一按美元进行排序

《财富》一直采用当地货币与美元的全年平均汇率，将企业的销售收入统一换算为美元再进行最终排序。这与《福布斯》不同，《福布斯》采用的是统计截止时刻企业所在国货币与美元的汇率进行换算。

（五）在规定的时间内申报相关资料

《财富》要求欲参加排名的企业要按照相关要求，事先提出申请，并提供财务报表等有关资料。

三、世界 500 强企业遵循的四大管理法则

进入世界 500 的企业通常是跨国企业，其生存和发展能力都非常强，有的甚至维持上百年长盛不衰。能够进入世界 500 强的企业，在管理方面一定有其成功之处。

（一）梅考克法则：管理是一种严肃的爱

梅考克法则由美国国际农机商用公司董事长西洛斯·梅考克提出。该法则来自一个典故《鸬鹚罢工》：

一群鸬鹚辛辛苦苦跟着一位渔夫十几年，立下了汗马功劳。但随着年龄的增长，它们腿脚不灵便，眼睛也不好使了，捕鱼的数量越来越少。后来，渔夫又买了几只小鸬鹚，经过简单的训练，便让新老鸬鹚一起出海捕鱼。由于渔夫的精心调教，加之老鸬鹚的"传帮带"，新买的鸬鹚很快学会了捕鱼的本领，渔夫很高兴。

新来的鸬鹚很知足：只是干了一点微不足道的工作，主人就对自己这么好，便下定了知恩必报的决心，一个个拼命地为主人工作。而那几只老鸬鹚因为老得不能出海了，主人便对它们冷淡起来，吃的住的都比新来的鸬鹚差远了。

一日，几只年轻的鸬鹚突然集体罢工，任凭渔夫如何驱赶，再也不肯下海捕鱼。渔夫抱怨说："我待你们不薄呀，每天让你们吃着鲜嫩的小鱼，住着舒适的窝棚，时不时还让你们休息一天半天，你们不思回报，却闹起了情绪。怎么这么没良心呀！"这时，一只年轻的鸬鹚发话了："主人呀，你对我们越好，我们越害怕。你想想，现在我们身强力壮，有吃有喝，但老了，还不落个老鸬鹚一样的下场？！"

鸬鹚从最初希望"有吃有喝"，到企盼"年迈体弱时也有小鱼吃"，这些要求都是合情合理的，象征着企业需要满足员工的需求，否则将没有人真心为经营者工作。

（二）嘉诚论断：是员工养活了公司

提出者：华人首富李嘉诚。

一般常理，公司员工总是对老板感恩戴德，认为是老板给了他们饭碗。但李嘉诚却不这么看，他指出，是员工养活公司。

20 世纪 70 年代后期，香江才女林燕妮为她的广告公司租场地，跑到长江大厦看楼，发现李嘉诚仍在生产塑胶花。此时，塑胶花早过了黄金时代，根本无钱可赚。长江地产业当时的盈利已十分可观，就算塑胶花有微薄小利，对长江实业来说，增之不见多，减之不见少，但它却仍在维持小额的塑胶花生产。林燕妮甚感惊奇，说李嘉诚"不外是顾念着老员工，

给他们一点生计"。而公司职员也说，"长江大厦租出后，塑胶花厂停工了。不过，老员工亦获得安排在大厦里干管理事宜。对老员工，他是很念旧的。"

当有人说，"李先生精神难能可贵，不少老板待员工老了一脚踢开，你却不同。这批员工，过去靠你的厂养活，现在厂没有了，你仍把他们包下来。"这时，李嘉诚急忙解释道："千万不能这么 34 说，老板养活员工，是旧式老板的观点。应该是员工养活老板、养活公司。"

商人皆为利来，只要赚钱。商人不是慈善家，工厂没有效益，关闭是无可厚非的。都说商场是无情的。李嘉诚"是员工养活老板、养活公司"的观念也值得我们深思。

（三）洛克忠告：真正客观公正地执行规定

提出者：英国教育家洛克。

有一个分粥的故事，说的是有 7 个人一起居住，他们每天都须面对同一个问题：怎样将一锅粥平均分配。他们尝试通过制度来解决这个问题，想出了以下方法：大家选举一个品德高尚的人负责分粥。开始时，这个德高望重的人还能公平地分粥，但没多久，他却开始为自己及拍他马屁的人徇私。大家于是要求换人，但换来换去，负责分粥的人碗里的粥仍是最多。没办法，只好采取了另一个方法：大家轮流分粥，一星期每人负责一天。但他们马上就发现，每人在一星期中都只有负责分粥那一天才吃得饱，其余 6 天都要挨饿。于是大家对新方法仍然不满意。最后，大家想出了一个方法：7 人轮流值日分粥，每人一天，但这次分粥者要最后才可领粥。令人惊异的是，在这制度下，无论谁来分粥，7 个碗里的粥都一样多！因为分粥者明白，如果 7 碗粥并非一样多，他无疑只能领到最少的一碗（因为他要最迟领粥）。

同样是 7 个人，不同的分配制度，就会有不同的风气。所以一个单位如果有不好的工作风气，一定是机制问题。只有机制健全了，才能使各项工作按部就班地进行。

分粥的故事告诉我们规定的重要性。但有了规定，要是不能严格地执行也不妙，规定也起不到应有的效果。只有令出必行，才能收到应有的效果。

（四）格瑞斯特定理：没有执行一切都是空谈

提出者：美国企业家 H. 格瑞斯特。

美丽的蚂蚁岛上生活着忙碌而幸福的蚂蚁们。突然有一天，懒惰的蝗虫入侵，抢走了蚂蚁们的食物，并且要求蚂蚁们在最后一片树叶飘落之前准备好冬天的食物。相比强悍的螳螂，蚂蚁在体形上是弱者。为免遭灭顶之灾，他们不得不答应这个几乎不可能完成的条件。夏天就快结束了，可是蚂蚁们还没有准备好食物，这时候，其中一个极富想象力的小蚂蚁提出：用树叶做一只大鸟，等螳螂来的时候把他们吓走。大家都觉得是个好办法，与其等死，不如试一试。大鸟做好的时候，螳螂们也来了，看到大鸟，他们吓坏了，正准备逃走。可不巧的是其中一只小蚂蚁拉到连接大鸟的绳子，大鸟顿时散作片片枯叶。螳螂们恍然大悟，一步步逼近恐惧而颤抖的蚂蚁们……这是三维动画片《虫虫特工队》中的镜头。

"大鸟"计划具有完美的创意和可行性，而且就快成功了，仅因为在执行的过程中出现一点小小的偏差而功亏一篑。这告诉我们杰出的策略必须加上杰出的执行才能奏效。

四、世界 500 强企业的成功特点

成功并非偶然，成功有必然因素，世界 500 强企业也是如此。很多时候，一家企业的成功纵然有多种影响因素，但最终取决的还是自己。世界 500 强企业的成功有一些共同特点，具体如下所示：

（一）以全球用户为服务对象

进入榜单的 500 家企业中，均以全球用户消费者为服务对象，为顾客提供更好的服务，如亚马逊的目标是成为全球最大网络商城，谷歌公司是为帮助全世界使用各种语言的用户获取信息服务，国家电网公司为消费者提供日常用电服务，国际航空公司为全球乘客提供航空服务，华为、联想公司为顾客提供计算机与通信服务，工行、建行等银行为顾客提供金融服务，其他上榜公司均是如此，以全球用户为服务对象，为消费者或顾客提供满意服务。

（二）把产品做到极致

提供用户体验，要求企业从细节上把产品做到极致。尤其是互联网时代的到来，消费者更精明，只有把产品做到最好，物有所值，物超所值，才能受到消费者的喜欢与青睐。如亚马逊公司的使命是以客户为中心，腾讯公司、联想公司、海尔公司的目标是努力把产品做到最好。

（三）顺势而为，把握产业机遇

从中国进入榜单前 30 家企业分析，这些企业涉及能源、银行、互联网、传媒、电信、家电、计算机与通信、保险、食品、多元金融、航空、工程建筑等产业，仔细分析这些产业，

均是与普通百姓生活息息相关，切合消费者需求，满足了消费市场需求，赢得了市场。

（四）团队合作

谷歌公司从硅谷一家初创公司成长为全球技术领头羊，团队合作必不可少。腾讯公司和阿里巴巴市值已超过 2 000 亿美元，百度公司、联通公司、平安保险公司、中国建筑、中国中铁等，这些入围公司有哪一家公司不重视团队合作呢？团队合作可以提升企业的凝聚力、竞争力。

（五）专注

滴水能穿石，坚持就会创造奇迹。成功没有偶然，互联网提供给企业更多的选择与机会，然而，专注会有神奇力量。百度公司一直做互联网，中国石化一直是做能源，中粮专注于食品饮料，长虹专注于信息家电，茅台公司专注于白酒，万科专注于房地产，周大福专注于钟表珠宝。谷歌的信条是专注一件事并做到极致。百度认为，要专注如一，认准了，就去做，不跟风，不动摇。专注是一种力量。

（六）工匠精神

企业需要工匠精神，这是一种精益求精的态度，它要求企业生产出精益求精的产品，把每一件产品做到最好,把每一次服务做到最佳。很多朋友读过庄子的《庖丁解牛》的故事，它告诉我们一个道理，做任何事情都要尽力做到精细化的境界。进入榜单的每一家公司均有工匠精神，企业的工匠精神推动了企业产品品质的提升、服务提升、价值增值。

（七）科技创新提升服务

科技创新提升服务。科学技术的发展给消费者带来不一样的体验，科技产品越来越美，消费服务不断升级。腾讯选择了增值服务盈利模式，联想、华为等企业通过科技创新提升服务，海尔集团通过不断的科技创新让消费者满意，阿里巴巴和腾讯的核心价值观为创新，百度是创新求变，苹果公司创新指数排名第一，谷歌工程师通过技术创新推出新服务。德国梅赛德斯、宝马，日本丰田、索尼等公司均是通过创新提升服务。

（八）品牌支持力量是价值

成功企业的成功在于价值增长，无论是百年企业，还是新兴企业，价值不断增长才能推动公司品牌增值，比如从财报分析看，主要表现为有较好的现金流、营收增长、利润增长、有较好的投资回报率，较低负债，较好偿债能力、获利能力、营运能力。成功企业是那些在任何环境下，都能均衡生存的企业。

（九）优秀的企业文化

优秀的企业文化具有凝聚力，可以推动企业的发展，表现为价值观、行为准则、道德规范、使命愿景等。优秀企业文化如开放与互动文化、融合文化、信任文化、柔性文化等。无论是可口可乐、雀巢、百事，还是宝马、奔驰、大众等企业均有优秀的企业文化。

（十）长期价值投资

价值投资是长期投资，有研究表明，一家价值超过 10 亿美元的科技企业平均发展时间至少在 7 年以上。罗马不是一天建成的，企业从初创、初期发展、壮大发展到繁荣发展，绝不是一蹴而就。入榜公司的共同特点是投资者均坚持了长期价值投资。

PART
1

世界500强企业
管理制度范本

第1章 董事会、理事会、监事会管理制度

1.1 股东大会议事规则

股东大会议事规则

第一章 总则

第一条 目的

为促进××股份有限公司（以下简称"公司"）规范运作，维护公司及公司股东的合法权益，保证公司股东大会依法行使职权，根据《中华人民共和国公司法》（以下简称公司法）《中华人民共和国证券法》（以下简称证券法）《上市公司股东大会规则》《××有限公司章程》（以下简称公司章程）及国家相关法律、法规的规定，特制定本规则。

第二条 公司应当严格按照法律、行政法规、本规则及公司章程的相关规定召开股东大会，保证股东能够依法行使权利。公司董事会应当切实履行职责，认真、按时组织股东大会。公司全体董事应当勤勉尽责，确保股东大会正常召开和依法行使职权。

第三条 股东大会应当在公司法和公司章程规定的范围内行使职权。

第四条 股东大会分为年度股东大会和临时股东大会。

1. 年度股东大会每年召开 1 次，应当于上一会计年度结束后的 6 个月内举行。公司在上述期限内不能召开年度股东大会的，应当报告中国证监会派出机构和证券交易所，说明原因并公告。

2. 有下列情形之一的，公司在事实发生之日起 2 个月内召开临时股东大会：

（1）董事人数不足 6 人时。

（2）公司未弥补的亏损达实收股本总额的 1/3 时。

（3）单独或者合计持有公司 10% 以上股份的股东书面请求时。

（4）董事会认为必要时。

（5）监事会提议召开时。

（6）独立董事提议召开时。

（7）法律、行政法规、部门规章或公司章程规定的其他情形。

公司在上述期限内不能召开临时股东大会的，应当报告中国证监会派出机构和证券交易所，说明原因并公告。

第五条 公司召开股东大会，应当聘请律师对以下问题出具法律意见并公告：

（1）会议的召集、召开程序是否符合法律、行政法规、本规则和公司章程的规定。

（2）出席会议人员的资格、召集人资格是否合法有效。

（3）会议的表决程序、表决结果是否合法有效。

（4）应公司要求对其他有关问题出具的法律意见。

第二章　股东大会的召集

第六条　董事会应当在本规则第 4 条规定的期限内按时召集股东大会。

第七条　独立董事有权向董事会提议召开临时股东大会。对独立董事要求召开临时股东大会的提议，董事会应当根据法律、行政法规和公司章程的规定，在收到提议后 10 日内提出同意或不同意召开临时股东大会的书面反馈意见。董事会同意召开临时股东大会的，应当在作出董事会决议后的 5 日内发出召开股东大会的通知；董事会不同意召开临时股东大会的，应当说明理由并公告。

第八条　监事会有权向董事会提议召开临时股东大会，并应当以书面形式向董事会提出。董事会应当根据法律、行政法规和公司章程的规定，在收到提议后 10 日内提出同意或不同意召开临时股东大会的书面反馈意见。董事会同意召开临时股东大会的，应当在作出董事会决议后的 5 日内发出召开股东大会的通知，通知中对原提议的变更，应当征得监事会的同意。董事会不同意召开临时股东大会，或者在收到提议后 10 日内未作出书面反馈的，视为董事会不能履行或者不履行召集股东大会会议职责，监事会可以自行召集和主持。

第九条　单独或者合计持有公司 10% 以上股份的股东有权向董事会请求召开临时股东大会，并应当以书面形式向董事会提出。董事会应当根据法律、行政法规和公司章程的规定，在收到请求后 10 日内提出同意或不同意召开临时股东大会的书面反馈意见。董事会同意召开临时股东大会的，应当在作出董事会决议后的 5 日内发出召开股东大会的通知，通知中对原请求的变更，应当征得相关股东的同意。董事会不同意召开临时股东大会，或者在收到请求后 10 日内未作出反馈的，单独或者合计持有公司 10% 以上股份的股东有权向监事会提议召开临时股东大会，并应当以书面形式向监事会提出请求。监事会同意召开临时股东大会的，应在收到请求后的 5 日内发出召开股东大会的通知，通知中对原请求的变更，应当征得相关股东的同意。监事会未在规定期限内发出股东大会通知的，视为监事会不召集和主持股东大会，连续 90 日以上单独或者合计持有公司 10% 以上股份的股东可以自行召集和主持。

第十条　监事会或股东决定自行召集股东大会的，应当书面通知董事会，同时向公司所在地中国证监会派出机构和证券交易所备案。在股东大会决议公告前，召集股东持股比例不得低于 10%。

监事会和召集股东应在发出股东大会通知及发布股东大会决议公告时，向公司所在地中国证监会派出机构和证券交易所提交有关证明材料。

第十一条　对于监事会或股东自行召集的股东大会，董事会和董事会秘书应予配合。董事会应当提供股权登记日的股东名册。董事会未提供股东名册的，召集人可以持召集股东大会通知的相关公告，向证券登记结算机构申请获取。召集人所获取的股东名册不得用于除召开股东大会以外的其他用途。

第十二条 监事会或股东自行召集的股东大会，会议所必需的费用由公司承担。

第三章 股东大会的提案与通知

第十三条 提案的内容应当属于股东大会职权范围，有明确的议题和具体的决议事项，并且符合法律、行政法规和公司章程的有关规定。

第十四条 单独或者合计持有公司 3% 以上股份的股东，可以在股东大会召开 10 日前提出临时提案并书面提交召集人。召集人应当在收到提案后 2 日内发出股东大会补充通知，公告临时提案的内容。除前款规定外，召集人在发出股东大会通知后，不得修改股东大会通知中已列明的提案或增加新的提案。股东大会通知中未列明或不符合本规则第 13 条规定的提案，股东大会不得进行表决并作出决议。

第十五条 召集人应当在年度股东大会召开 20 日前以公告方式通知各股东，临时股东大会应当在会议召开 15 日前以公告方式通知各股东。

第十六条 股东大会通知和补充通知中应当充分、完整披露所有提案的具体内容，以及为使股东对拟讨论的事项作出合理判断所需的全部资料或解释。拟讨论的事项需要独立董事发表意见的，发出股东大会通知或补充通知时应当同时披露独立董事的意见及理由。

第十七条 股东大会拟讨论董事、监事选举事项的，股东大会通知中应当充分披露董事、监事候选人的详细资料，至少包括以下内容：

（1）教育背景、工作经历、兼职等个人情况。

（2）与公司或其控股股东及实际控制人是否存在关联关系。

（3）披露持有公司股份数量。

（4）是否受过中国证监会及其他有关部门的处罚和证券交易所惩诫。除采取累积投票制选举董事、监事外，每位董事、监事候选人应当以单项提案提出。

第十八条 股东大会通知中应当列明会议时间、地点，并确定股权登记日。股权登记日与会议日期之间的间隔应当不超过 7 个工作日。股权登记日一旦确认，不得变更。

第十九条 发出股东大会通知后，无正当理由，股东大会不得延期或取消，股东大会通知中列明的提案不得取消。一旦出现延期或取消的情形，召集人应当在原定召开日前至少 2 个工作日公告并说明原因。

第四章 股东大会的召开

第二十条 公司应当在公司住所地或公司章程规定的地点召开股东大会。股东大会应当设置会场，以现场会议形式召开。公司可以采用安全、经济、便捷的网络或其他方式为股东参加股东大会提供便利。股东通过上述方式参加股东大会的，视为出席。股东可以亲自出席股东大会并行使表决权，也可以委托他人代为出席和在授权范围内行使表决权。

第二十一条　公司股东大会采用网络或其他方式召开的，应当在股东大会通知中明确载明网络或其他方式的表决时间以及表决程序。股东大会采用网络或其他方式投票的开始时间，不得早于现场股东大会召开前一日 15:00，并不得迟于现场股东大会召开当日 9:30，其结束时间不得早于现场股东大会结束当日 15:00。

第二十二条　董事会和其他召集人应当采取必要措施，保证股东大会的正常秩序。对于干扰股东大会、寻衅滋事和侵犯股东合法权益的行为，应当采取措施加以制止并及时报告有关部门查处。

第二十三条　股权登记日登记在册的所有股东或其代理人，均有权出席股东大会，公司和召集人不得以任何理由拒绝。

第二十四条　股东应当持股票账户卡、身份证或其他能够表明其身份的有效证件或证明出席股东大会。代理人还应当提交股东授权委托书和个人有效身份证件。

第二十五条　召集人和律师应当依据证券登记结算机构提供的股东名册共同对股东资格的合法性进行验证，并登记股东姓名或名称及其所持有表决权的股份数。在会议主持人宣布现场出席会议的股东和代理人人数及所持有表决权的股份总数之前，会议登记应当终止。

第二十六条　公司召开股东大会，全体董事、监事和董事会秘书应当出席会议，总经理和其他高级管理人员应当列席会议。

第二十七条　股东大会由董事长主持。董事长不能履行职务或不履行职务时，由副董事长主持；副董事长不能履行职务或者不履行职务时，由半数以上董事共同推举 1 名董事主持。监事会自行召集的股东大会，由监事会主席主持。监事会主席不能履行职务或不履行职务时，由半数以上监事共同推举的 1 名监事主持。股东自行召集的股东大会，由召集人推举代表主持。召开股东大会时，会议主持人违反本规则使股东大会无法继续进行的，经现场出席股东大会有表决权过半数的股东同意，股东大会可推举 1 人担任会议主持人，继续开会。

第二十八条　在年度股东大会上，董事会、监事会应当就其过去一年的工作向股东大会作出报告，每名独立董事也应作出述职报告。

第二十九条　董事、监事、高级管理人员在股东大会上应就股东的质询作出解释和说明。

第三十条　会议主持人应当在表决前宣布现场出席会议的股东和代理人人数及所持有表决权的股份总数，现场出席会议的股东和代理人人数及所持有表决权的股份总数以会议登记为准。

第三十一条　股东与股东大会拟审议事项有关联关系时，表决时应当回避，其所持有表决权的股份不计入出席股东大会有表决权的股份总数。公司持有自己的股份没有表决权，且该部分股份不计入出席股东大会有表决权的股份总数。

第三十二条　股东大会就选举董事、监事进行表决时，根据公司章程的规定或者股东大会的决议，可以实行累积投票制。累积投票制是指股东大会选举董事或者监事时，每一股份拥有与应选董事或者监事人数相同的表决权，股东拥有的表决权可以集中使用。

第三十三条　除累积投票制外，股东大会对所有提案应当逐项表决。对同一事项有不同提案的，应当按提案提出的时间顺序进行表决。除因不可抗力等特殊原因导致股东大会中止或不能作出决议外，股东大会不得对提案进行搁置或不予表决。

第三十四条　股东大会审议提案时，不得对提案进行修改，否则，有关变更应当被视为一个新的提案，不得在本次股东大会上进行表决。

第三十五条　同一表决权只能选择现场、网络或其他表决方式中的一种。同一表决权出现重复表决的以第一次投票结果为准。

第三十六条　出席股东大会的股东，应当对提交表决的提案发表以下意见之一：同意、反对或弃权。未填、错填、字迹无法辨认的表决票或未投的表决票均视为投票人放弃表决权利，其所持股份数的表决结果应计为"弃权"。

第三十七条　股东大会对提案进行表决前，应当推举 2 名股东代表参加计票和监票。审议事项与股东有关联关系的相关股东及代理人不得参加计票、监票。股东大会对提案进行表决时，应当由律师、股东代表与监事代表共同负责计票、监票。通过网络或其他方式投票的公司股东或其代理人，有权通过相应的投票系统查验自己的投票结果。

第三十八条　股东大会会议现场结束时间不得早于网络或其他方式，会议主持人应当在会议现场宣布每一提案的表决情况和结果，并根据表决结果宣布提案是否通过。在正式公布表决结果前，股东大会现场、网络及其他表决方式中所涉及的公司、计票人、监票人、主要股东、网络服务方等相关各方对表决情况均负有保密义务。

第三十九条　股东大会决议应当及时公告，公告中应列明出席会议的股东和代理人人数、所持有表决权的股份总数及占公司有表决权股份总数的比例、表决方式、每项提案的表决结果和通过的各项决议的详细内容。

第四十条　提案未获通过，或者本次股东大会变更前次股东大会决议的，应当在股东大会决议公告中作特别提示。

第四十一条　股东大会会议记录由董事会秘书负责，会议记录应记载以下内容：

（1）会议时间、地点、议程和召集人姓名或名称。

（2）会议主持人以及出席或列席会议的董事、监事、董事会秘书、经理和其他高级管理人员姓名。

（3）出席会议的股东和代理人人数、所持有表决权的股份总数及占公司股份总数的比例。

（4）对每一提案的审议经过、发言要点和表决结果。

（5）股东的质询意见或建议以及相应的答复或说明。

（6）律师及计票人、监票人姓名。

（7）公司章程规定应当记入会议记录的其他内容。

出席会议的董事、董事会秘书、召集人或其代表、会议主持人应当在会议记录上签名，并保证会议记录内容真实、准确和完整。会议记录应当与现场出席股东的签名册及代理出席的委托书、网络及其他方式表决情况的有效资料一并保存，保存期限为 10 年。

第四十二条　召集人应当保证股东大会连续举行，直至形成最终决议。因不可抗力等特殊原因导致股东大会中止或不能作出决议的，应采取必要措施尽快恢复召开股东大会或直接终止本次股东大会，并及时公告。同时，召集人应向公司所在地中国证监会派出机构及证券交易所报告。

第四十三条　股东大会通过有关董事、监事选举提案的，新任董事、监事按公司章程的规定就任。

第四十四条　股东大会通过有关派现、送股或资本公积转增股本提案的，公司应当在股东大会结束后 2 个月内实施具体方案。

第四十五条　公司股东大会决议内容违反法律、行政法规的无效。股东大会的会议召集程序、表决方式违反法律、行政法规或者公司章程，或者决议内容违反公司章程的，股东可以自决议作出之日起 60 日内，请求人民法院撤销。

第五章　附则

第四十六条　本规则未做规定的，适用公司章程并参照公司法、证券法等法律法规的有关规定执行。本规则与公司章程如规定不一致的，以公司章程的规定为准。

第四十七条　本规则所称公告或通知，是指在《中国证券报》《上海证券报》和《证券时报》上刊登的有关信息公布内容。公告或通知篇幅较长的，公司可以选择在《中国证券报》《上海证券报》和《证券时报》上对有关内容作摘要性公开发表，但全文应当同时在证券交易所网站上公布。本规则所称的股东大会补充通知应当在刊登会议通知的同一指定报刊上公告。

第四十八条　本规则所称"以上""内"，含本数；"过""低于""多于"，不含本数。

第四十九条　公司董事会根据有关法律、法规的规定及公司实际情况，对本规则进行修改并报股东大会批准。

第五十条　本规则作为公司章程的附件，自公司股东大会通过之日起施行。

1.2 董事会议事规则

董事会议事规则

第一条 目的

为了进一步规范 ×××× 股份有限公司（以下简称"公司"或"本公司"）董事会的议事方式和决策程序，促使董事和董事会有效地履行其职责，提高董事会规范运作和科学决策的水平，根据《中华人民共和国公司法》《中华人民共和国证券法》《上市公司治理准则》《深圳证券交易所股票上市规则》、公司章程等有关规定，特制定本规则。

第二条 董事会下设董事会办公室，处理董事会日常事务。

董事会秘书兼任董事会办公室负责人，保管董事会和董事会办公室印章，董事会秘书要指定公司证券事务代表或其他相关人员协助其处理日常事务。

第三条 董事会会议分为定期会议和临时会议。

董事会每年应当在上半年和下半年各召开一次定期会议。

第四条 在发出召开董事会定期会议的通知前，董事会办公室应当充分征求各董事的意见，初步形成会议提案后交董事长拟定。

董事长在拟定提案前，应当视需要征求经理和其他高级管理人员的意见。

第五条 有下列情形之一的，董事会应当召开临时会议：

（1）代表十分之一以上表决权的股东提议时。

（2）三分之一以上董事联名提议时。

（3）监事会提议时。

（4）董事长认为必要时。

（5）二分之一以上独立董事提议时。

（6）总经理提议时。

（7）证券监管部门要求召开时。

（8）本公司《公司章程》规定的其他情形。

第六条 按照前条规定提议召开董事会临时会议的，应当通过董事会办公室或者直接向董事长提交经提议人签字（盖章）的书面提议。书面提议中应当载明下列事项：

（1）提议人的姓名或者名称。

（2）提议理由或者提议所基于的客观事由。

（3）提议会议召开的时间或者时限、地点和方式。

（4）明确和具体的提案。

（5）提议人的联系方式和提议日期等。

提案内容应当属于本公司《公司章程》规定的董事会职权范围内的事项，与提案有关的材料应当一并提交。

董事会办公室在收到上述书面提议和有关材料后，应当于当日转交董事长。董事长认为提案内容不明确、不具体或者有关材料不充分的，可以要求提议人修改或者补充。

董事长应当自接到提议或者证券监管部门的要求后 10 日内，召集董事会会议并主持会议。

第七条 董事会会议由董事长召集和主持；董事长不能履行职务或者不履行职务的，由副董事长召集和主持；未设副董事长、副董事长不能履行职务或者不履行职务的，由半数以上董事共同推举 1 名董事召集和主持。

第八条 召开董事会定期会议和临时会议时，董事会办公室应当分别提前 10 日和 5 日将书面会议通知，通过直接送达、传真、电子邮件或者其他方式，提交全体董事和监事以及经理、董事会秘书。非直接送达的，还应当通过电话进行确认并做相应记录。

情况紧急，需要尽快召开董事会临时会议的，可以随时通过电话或者其他口头方式发出会议通知，但召集人应当在会议上作出说明。

第九条 书面会议通知应当至少包括以下内容：

（1）会议的时间、地点。

（2）会议的召开方式。

（3）拟审议的事项（会议提案）。

（4）会议召集人和主持人、临时会议的提议人及其书面提议。

（5）董事表决所必需的会议材料。

（6）董事应当亲自出席或者委托其他董事代为出席会议的要求。

（7）联系人和联系方式。

口头会议通知至少应包括上述第（1）（2）项内容，以及情况紧急需要尽快召开董事会临时会议的说明。

第十条 董事会定期会议的书面会议通知发出后，如果需要变更会议的时间、地点等事项或者增加、变更、取消会议提案的，应当在原定会议召开日之前 3 日发出书面变更通知，说明情况和新提案的有关内容及相关材料。不足 3 日的，会议日期应当相应顺延或者取得全体与会董事的认可后按期召开。

董事会临时会议的会议通知发出后，如果需要变更会议的时间、地点等事项或者增加、变更、取消会议提案的，应当事先取得全体与会董事的认可并做好相应记录。

第十一条 董事会会议应当有过半数的董事出席方可举行。有关董事拒不出席或者怠于出席会议导致无法满足会议召开的最低人数要求时，董事长和董事会秘书应当及时向监管部门报告。

监事可以列席董事会会议；经理和董事会秘书未兼任董事的，应当列席董事会会议。会议主持人认为有必要的，可以通知其他有关人员列席董事会会议。

第十二条 董事原则上应当亲自出席董事会会议。因故不能出席会议的，应当事先审阅会议材料，形成明确的意见，书面委托其他董事代为出席。

委托书应当载明：

（1）委托人和受托人的姓名。

（2）委托人对每项提案的简要意见。

（3）委托人的授权范围和对提案表决意向的指示。

（4）委托人的签字、日期等。

委托其他董事对定期报告代为签署书面确认意见的，应当在委托书中进行专门授权。

受托董事应当向会议主持人提交书面委托书，在会议签到簿上说明受托出席的情况。

第十三条 委托和受托出席董事会会议应当遵循以下原则：

（1）在审议关联交易事项时，非关联董事不得委托关联董事代为出席；关联董事也不得接受非关联董事的委托。

（2）独立董事不得委托非独立董事代为出席，非独立董事也不得接受独立董事的委托。

（3）董事不得在未说明其本人对提案的个人意见和表决意向的情况下全权委托其他董事代为出席，有关董事也不得接受全权委托和授权不明确的委托。

（4）一名董事不得接受超过两名董事的委托，董事也不得委托已经接受两名其他董事委托的董事代为出席。

第十四条 董事会会议以现场召开为原则。必要时，在保障董事充分表达意见的前提下，经召集人（主持人）、提议人同意，也可以通过视频、电话、传真或者电子邮件表决等方式召开。董事会会议也可以采取现场与其他方式同时进行的方式召开。

以非现场方式召开的，以视频显示在场的董事、在电话会议中发表意见的董事、规定期限内实际收到传真或者电子邮件等有效表决票，或者董事事后提交的曾参加会议的书面确认函等计算出席会议的董事人数。

第十五条 会议主持人应当提请出席董事会会议的董事对各项提案发表明确的意见。

对于根据规定需要独立董事事前认可的提案，会议主持人应当在讨论有关提案前，指定一名独立董事宣读独立董事达成的书面认可意见。

董事阻碍会议正常进行或者影响其他董事发言的，会议主持人应当及时制止。

除征得全体与会董事的一致同意外，董事会会议不得就未包括在会议通知中的提案进行表决。董事接受其他董事委托代为出席董事会会议的，不得代表其他董事对未包括在会议通知中的提案进行表决。

第十六条 董事应当认真阅读有关会议材料，在充分了解情况的基础上独立、审慎地发表意见。

董事可以在会前向董事会办公室、会议召集人、经理和其他高级管理人员、各专门委员会、会计师事务所和律师事务所等有关人员和机构了解决策所需要的信息，也可以在会议进行中向主持人建议请上述人员和机构代表与会解释有关情况。

第十七条　每项提案经过充分讨论后，主持人应当适时提请与会董事进行表决。

会议表决实行一人一票，既可采取记名投票表决方式，也可采取举手表决方式，但若有任何一名监事要求采取投票表决方式时，应当采取投票表决方式。

董事的表决意向分为同意、反对和弃权。与会董事应当从上述意向中选择其一，未做选择或者同时选择两个以上意向的，会议主持人应当要求有关董事重新选择，拒不选择的，视为弃权；中途离开会场不回而未做选择的，视为弃权。

第十八条　采取记名投票表决方式的，在与会董事表决完成后，证券事务代表和董事会办公室有关工作人员应当及时收集董事的表决票，交董事会秘书在一名监事或者独立董事的监督下进行统计。

现场召开会议的，会议主持人应当当场宣布统计结果；其他情况下，会议主持人应当要求董事会秘书在规定的表决时限结束后下一个工作日之前，通知董事表决结果。

董事在会议主持人宣布表决结果后或者规定的表决时限结束后进行表决的，其表决情况不予统计。

第十九条　除本规则第二十条规定的情形外，董事会审议通过会议提案并形成相关决议，必须有超过公司全体董事人数半数的董事对该提案投赞成票。法律、行政法规和本公司《公司章程》规定董事会形成决议应当取得更多董事同意的，从其规定。

董事会根据本公司《公司章程》的规定，在其权限范围内对担保事项作出决议，除公司全体董事过半数同意外，还必须经出席会议的 2/3 以上董事的同意。

不同决议在内容和含义上出现矛盾的，以形成时间在后的决议为准。

第二十条　出现下述情形的，董事应当对有关提案回避表决：

（1）《深圳证券交易所股票上市规则》规定董事应当回避的情形。

（2）董事本人认为应当回避的情形。

（3）本公司《公司章程》规定的因董事与会议提案所涉及的企业有关联关系而须回避的其他情形。

在董事回避表决的情况下，有关董事会会议由过半数的无关联关系董事出席即可举行，形成决议须经无关联关系董事过半数通过。出席会议的无关联关系董事人数不足 3 人的，不得对有关提案进行表决，而应当将该事项提交股东大会审议。

第二十一条　董事会应当严格按照股东大会和本公司《公司章程》的授权行事，不得越权形成决议。

第二十二条　董事会会议需要就公司利润分配事宜作出决议的，可以先将拟提交董事会审议的分配预案通知注册会计师，并要求其据此出具审计报告草案。

（除涉及分配之外的其他财务数据均已确定）。董事会作出分配的决议后，应当要求注册会计师出具正式的审计报告，董事会再根据注册会计师出具的正式审计报告对定期报告的其他相关事项作出决议。

第二十三条 提案未获通过的，在有关条件和因素未发生重大变化的情况下，董事会会议在一个月内不应当再审议内容相同的提案。

第二十四条 半数以上的与会董事或 2 名以上独立董事认为提案不明确、不具体，或者因会议材料不充分等其他事由导致其无法对有关事项作出判断时，会议主持人应当要求会议对该议题进行暂缓表决。

提议暂缓表决的董事应当对提案再次提交审议应满足的条件提出明确要求。

第二十五条 现场召开和以视频、电话等方式召开的董事会会议，可以视需要进行全程录音。

第二十六条 董事会秘书应当安排董事会办公室工作人员对董事会会议做好记录。会议记录应当包括以下内容：

（1）会议届次和召开的时间、地点、方式。

（2）会议通知的发出情况。

（3）会议召集人和主持人。

（4）董事亲自出席和受托出席的情况。

（5）会议审议的提案、每位董事对有关事项的发言要点和主要意见、对提案的表决意向。

（6）每项提案的表决方式和表决结果（说明具体的同意、反对、弃权票数）。

（7）与会董事认为应当记录的其他事项。

第二十七条 除会议记录外，董事会秘书还可以视需要安排董事会办公室工作人员对会议召开情况作成简明扼要的会议纪要，根据统计的表决结果就会议所形成的决议制作单独的决议记录。

第二十八条 与会董事应当代表其本人和委托其代为出席会议的董事对会议记录和决议记录进行签字确认。董事对会议记录或者决议记录有不同意见的，可以在签字时作出书面说明。必要时，应当及时向监管部门报告，也可以发表公开声明。

董事既不按前款规定进行签字确认，又不对其不同意见作出书面说明或者向监管部门报告、发表公开声明的，视为完全同意会议记录和决议记录的内容。

第二十九条 董事会决议公告事宜，由董事会秘书根据《深圳证券交易所股票上市规则》的有关规定办理。在决议公告披露之前，与会董事和会议列席人员、记录和服务人员等负有对决议内容保密的义务。

第三十条 董事长应当督促有关人员落实董事会决议，检查决议的实施情况，并在以后的董事会会议上通报已经形成的决议的执行情况。

第三十一条　董事会会议档案，包括会议通知和会议材料、会议签到簿、董事代为出席的授权委托书、会议录音资料、表决票、经与会董事签字确认的会议记录、会议纪要、决议记录、决议公告等，由董事会秘书负责保存。

董事会会议档案的保存期限为 10 年以上。

第三十二条　本规则所称"以上"含本数；"超过""少于"不含本数。

本规则由董事会制定，报股东大会批准后生效，修改时亦同。

本规则由董事会解释。

1.3　监事会议事规则

监事会议事规则

第一条　目的

为进一步规范 ×××× 技股份有限公司（以下简称"公司"或"本公司"）监事会的议事方式和表决程序，促使监事和监事会有效地履行监督职责，完善公司法人治理结构，根据《中华人民共和国公司法》《中华人民共和国证券法》《上市公司治理准则》《深圳证券交易所股票上市规则》《公司章程》等有关规定，特制定本规则。

第二条　监事会下设监事会办公室，处理监事会日常事务。

监事会主席兼任监事会办公室负责人，监事会主席可以指定公司其他有关人员协助其处理监事会日常事务。

第三条　监事会会议分为定期会议和临时会议。

监事会定期会议应当每 6 个月召开一次。出现下列情况之一的，监事会应当在 10 日内召开临时会议：

（1）任何监事提议召开时。

（2）公司股东大会、董事会会议通过了违反法律、法规、规章、公司章程、股东大会决议和其他有关规定的决议时。

（3）董事、高级管理人员的不当行为可能给公司造成重大损害或者恶劣影响时。

（4）公司、董事、监事、高级管理人员被股东提起诉讼时。

（5）公司、董事、监事、高级管理人员被政府有关部门处罚或被证券交易所公开谴责时。

（6）证券监管部门要求召开时。

（7）《公司章程》规定的其他情形。

第四条　在发出召开监事会定期会议的通知之前，监事会办公室应当向全体监事征集会议提案，并至少用 1 天的时间向公司员工征求意见。在征集提案和征求意见时，监事会办公室应当说明监事会重在对公司规范运作和董事、高级管理人员职务行为的监督而非公司经营管理的决策。

第五条 监事提议召开监事会临时会议的，应当通过监事会办公室或者直接向监事会主席提交经提议监事签字的书面提议。书面提议中应当载明下列事项：

（1）提议监事的姓名。

（2）提议理由或者提议所基于的客观事由。

（3）提议会议召开的时间或者时限、地点和方式。

（4）明确和具体的提案。

（5）提议监事的联系方式和提议日期等。

在监事会办公室或者监事会主席收到监事的书面提议后 2 日内，监事会主席应当发出召开监事会临时会议的通知。监事会主席怠于发出会议通知的，提议监事应当及时向证券监管部门报告。

第六条 监事会会议由监事会主席召集和主持；监事会主席不能履行职务或者不履行职务的，由半数以上监事共同推举 1 名监事召集和主持。

第七条 召开监事会会议，监事会办公室应当提前 2 日将书面会议通知通过直接送达、传真、邮件方式提交全体监事。非直接送达的，还应当通过电话进行确认并做相应记录。

第八条 监事会会议通知应当至少包括以下内容：

（1）会议的时间、地点、期限。

（2）拟审议的事项（会议提案）。

（3）会议召集人和主持人、临时会议的提议人及其书面提议。

（4）监事表决所必需的会议材料。

（5）监事应当亲自出席会议或者委托其他监事代为出席会议的要求。

（6）会务联系人和联系方式。

（7）发出通知的日期。

第九条 监事会会议以现场召开为原则。必要时，在保障监事充分表达意见的前提下，经召集人（主持人）、提议人同意，也可以通过传真、视频、可视电话等方式召开。监事会会议也可以采取现场与其他方式同时进行的方式召开。

以非现场方式召开的，以视频显示在场的监事、在电话会议中发表意见的监事、规定期限内实际收到传真等有效表决票，或者监事事后提交的曾参加会议的书面确认函等计算出席会议的监事人数。

第十条 监事会会议应当由全体监事的半数以上出席方可召开。相关监事拒不出席或者怠于出席会议导致无法满足会议召开的最低人数要求的，其他监事应当及时向监管部门报告。

董事会秘书和证券事务代表应当列席监事会会议。

第十一条　监事原则上应当亲自出席监事会会议。监事因故不能出席会议的，应当事先审阅会议材料，形成明确的意见，书面委托其他监事代为出席。

委托书应当载明：

（1）委托人和受托人的姓名、身份证号码。

（2）委托人不能出席会议的原因。

（3）委托人对每项提案的简要意见。

（4）委托人的授权范围和对提案表决意向的指示。

（5）委托人和受托人的签字、日期等。

受托监事应当向会议主持人提交书面委托书，在会议签到簿上说明受托出席的情况。

第十二条　会议主持人应当逐一提请与会监事对各项提案发表明确的意见。

会议主持人应当根据监事的提议，要求董事、高级管理人员、公司其他员工或者相关中介机构业务人员到会接受质询或解释有关情况。

监事影响其他监事发言或者阻碍会议正常进行的，会议主持人应当及时制止。

除征得全体与会监事的一致同意外，监事会会议不得就未包括在会议通知中的提案进行表决。

第十三条　监事会决议既可采取记名投票表决方式，也可采取举手表决方式，但若有任何一名监事要求采取投票表决方式时，应当采取投票表决方式。

监事的表决意向分为赞成、反对和弃权。与会监事应当从上述意向中选择其一，未做选择或者同时选择两个以上意向的，会议主持人应当要求该监事重新选择，拒不选择的，视为弃权；中途离开会场不回而未做选择的，视为弃权。

第十四条　采取记名投票表决方式的，在与会监事表决完成后，监事会办公室有关工作人员应当及时收集监事的表决票，在一名监事的监督下进行统计。

现场召开会议的，会议主持人应当当场宣布统计结果；其他情况下，会议主持人应当在规定的表决时限结束后下一个工作日之前，通知监事表决结果。

监事在会议主持人宣布表决结果后或者规定的表决时限结束后进行表决的，其表决情况不予统计。

第十五条　监事会决议应当经半数以上监事通过。

监事会决议的表决，实行一人一票。

第十六条　监事会办公室工作人员应当对现场会议做好记录。会议记录应当包括以下内容：

（1）会议届次和召开的时间、地点、方式。

（2）会议通知的发出情况。

（3）会议召集人和主持人。

（4）会议出席情况。

（5）关于会议程序和召开情况的说明。

（6）会议审议的提案、每位监事对有关事项的发言要点和主要意见、对提案的表决意向。

（7）每项提案的表决方式和表决结果（说明具体的赞成、反对、弃权票数）。

（8）与会监事认为应当记录的其他事项。

对于以通信方式召开的监事会会议，监事会办公室应当参照上述规定，整理会议记录。

第十七条 与会监事应当对会议记录、会议纪要和决议记录进行签字确认。监事对会议记录、会议纪要或者决议记录有不同意见的，可以在签字时作出书面说明。必要时，应当及时向监管部门报告，也可以发表公开声明。

监事不按前款规定进行签字确认，不对其不同意见做出书面说明或者向监管部门报告、发表公开声明的，视为完全同意会议记录、会议纪要和决议记录的内容。

第十八条 监事会决议公告事宜，由董事会秘书根据《深圳证券交易所股票上市规则》的有关规定办理。在公司依法定程序将监事会决议予以公开之前，与会监事和会议列席人员、记录和服务人员等负有对决议内容保密的义务。

第十九条 监事应当督促有关人员落实监事会决议。监事会主席应当在以后的监事会会议上通报已经形成决议的执行情况。

第二十条 监事会会议档案，包括会议通知、会议材料、会议签到簿、会议录音资料、表决票、经与会监事签字确认的会议记录、会议纪要、决议记录等，由监事会办公室负责保管。

监事会会议档案的保存期限为 10 年。

第二十一条 本规则所称"以上"含本数；"超过""少于"不含本数。

第二十二条 本规则由监事会制定，报股东大会批准后生效，修改时亦同。

第二十三条 本规则由监事会负责解释。

1.4 股东大会、董事会、监事会保密管理制度

股东大会、董事会、监事会保密管理制度

第一章 总则

第一条 目的

为做好 ×× 股份有限公司（以下简称"公司"或"本公司"）股东大会、董事会

及监事会保密工作，根据《中华人民共和国保守国家秘密法》《中华人民共和国公司法》《中华人民共和国证券法》《上市公司信息披露管理办法》《深圳证券交易所创业板股票上市规则》(以下简称上市规则)《深圳证券交易所创业板上市公司规范运作指引》(以下简称规范运作指引)以及《公司章程》的有关规定，结合公司股东大会、董事会及监事会工作实际，特制定本制度。

第二条　记录国家秘密、股东大会、董事会及监事会工作秘密和企业商业秘密的各种信息载体是股东大会、董事会及监事会工作保密的主要对象。主要包括，在工作过程及监督检查中形成的有密级的文件、资料、胶片、音像带以及光盘、移动硬盘和 U 盘等移动存储介质(以下统称为密件)。

第三条　股东大会、董事会及监事会在监督检查工作中形成的下列文件资料一般应列入机密范围：涉及被监督检查企业按行业管理规定的属于国家秘密的机密级事项；涉及纪检、监察、司法等部门规定的属于国家秘密的机密级事项；其他作为机密级管理的密件。

第四条　对股东大会、董事会及监事会监督检查工作中形成的下列文件资料一般列入秘密范围：股东大会、董事会及监事会年度工作报告及其附件；股东大会、董事会及监事会年度监督检查报告及其附件；股东大会、董事会及监事会专项监督检查报告及其附件；涉及被监督检查企业按行业管理规定的属于国家秘密的秘密级事项；涉及纪检、监察、司法等部门规定的属于国家秘密的秘密级事项；其他作为秘密级管理的文件资料。

公司股东、实际控制人应当特别注意筹划阶段重大事项的保密工作。公共媒体上出现与公司股东、实际控制人有关的、对公司股票及其衍生品种交易价格可能产生较大影响的报道或者传闻，股东、实际控制人应当及时就有关报道或者传闻所涉及的事项准确告知上市公司，并积极主动配合上市公司的调查和相关信息披露工作。

第五条　股东大会、董事会及监事会工作报告、监督检查报告、专项监督检查报告的保密期限一般为 1 年。

第二章　保密措施

第六条　传递密件要保证安全。涉密信函要通过专人传递。不得在未采取保密措施的电子设备中传输保密事项。用于处理涉密信息的具有打印、复印和传真等功能的多功能一体机，不得与普通电话线连接。

第七条　不得在未采取保密措施的电子设备中储存保密事项。处理密件的计算机要与国际互联网进行物理隔离。严禁在能够连接国际互联网的计算机上处理密件，严禁在涉密计算机与连接国际互联网的计算机之间交叉使用移动存储介质。

第八条　借阅密件要严格借阅手续。未经批准，不得私自复制密件。复印件视同原件管理。

第九条　严禁个人未经批准私自保存密件。应当归档的密件，要按照档案管理部门的规定，及时立卷归档，移交档案管理部门保存。

第十条 不准携带密件到公共场所，不准在不利于保密的场合存放、交接和阅办密件，不准在私人交往和通信中泄露保密事项，不准在公共场所谈论工作机密和企业商业机密。

第十一条 需要外出携带密件时，要经相关领导批准并按规定采取必要的安全措施。

第十二条 对外提供信息、投寄稿件和著述时，应当遵守保密规定并进行严格审查。

第十三条 严格保守企业商业机密，不得泄露在股东大会、董事会及监事会工作中知悉的企业商业机密。

第十四条 建立股东大会、董事会及监事会保密工作责任制，签署保密协议。股东大会、董事会及监事会的保密工作由监事会主席负责，指定一名监事具体承担。

本公司股东大会、董事会、监事会保密管理制度承担股东大会、董事会及监事会的保密工作。股东大会、董事会及监事会内部要建立保密制度，明确职责，并定期进行保密检查。

第十五条 公司应与董事签署保密协议书。董事离职后，其对公司的商业机密包括核心技术等负有的保密义务在该商业机密成为公开信息之前仍然有效，且不得利用掌握的公司核心技术从事与公司相同或相近的业务。

第十六条 股东大会、董事会及监事会需要销毁的密件，经登记、造册，报股东大会、董事会及监事会主席审签后，由负责保密工作的监事按规定监销、处理，严禁私自销毁。以电磁信号方式记录涉密内容的密件，应当彻底销磁，必要时应采取覆盖、粉碎、烧毁或化学腐蚀等方式销毁。严禁将密件作废品出售。

第十七条 控股股东、实际控制人对涉及公司的未公开重大信息应当采取严格的保密措施。对应当披露的重大信息，应当第一时间通知公司并通过公司对外公平披露，不得提前泄露。一旦出现泄露应当立即通知公司、报告证券交易所并督促公司立即公告。紧急情况下，控股股东、实际控制人可直接向证券交易所申请公司股票停牌。

第十八条 对违反保密规定的责任人，按照有关规定和程序依法给予处分。

第三章　附则

第十九条 本制度未尽事宜或者本制度与有关法律、法规、部门规章、规范性文件、《公司法》发生冲突的，按有关法律、法规、部门规章、规范性文件、《公司法》执行。

第二十条 本制度经公司董事会审议通过后生效。

第二十一条 本制度由公司董事会负责解释。

第2章　战略规划管理制度

2.1　战略规划管理规定

战略规划管理规定

第一章　总则

第一条　目的

为加强集团战略管理，更好地整合优势资源，获取竞争优势，实现集团的高速发展，特制定本制度。

第二条　本制度中的集团战略规划是指集团在集团公司的领导下，在充分保障子公司经营自主的前提下，所做出的集团中长期发展战略规划。

第二章　战略规划管理机构

第三条　集团战略规划的管理机构包括集团公司董事会、总裁办公会和战略发展部。

第四条　集团公司董事会是集团战略规划的最高决策机构，其职责包括：

1. 审批集团战略规划。

2. 审批集团战略规划年度调整提案。

3. 审议子公司战略规划，形成决议。

4. 审议子公司战略规划年度调整提案，形成决议。

5. 对相关集团战略规划的各项重大事项进行决定。

第五条　集团公司总裁办公会是集团战略的审核机构，其主要职责包括：

1. 审核集团战略规划，形成意见。

2. 审核集团战略规划年度调整提案，形成意见。

3. 审核子公司战略规划，形成意见。

4. 审核子公司战略规划年度调整提案，形成意见。

5. 对相关集团战略规划的各项重大事项进行讨论，形成意见。

第六条　集团公司总裁办公会在审议集团战略规划议题时，子公司相关负责人应列席并参加讨论。

第七条　集团公司战略发展部是集团战略规划的执行机构，在集团公司分管副总裁领导下开展工作，其职责包括：

1. 组织制定集团各项战略规划管理制度。

2. 组织制订集团战略规划，对集团战略规划进行年度调整。

3. 建议并审核子公司战略规划，审核子公司战略规划的调整。

4. 组织进行集团战略规划相关重要问题的研究。

5. 监督集团战略规划的实施。

第三章 战略规划内容要求

第八条 集团战略规划包括集团战略规划和子公司战略规划。

第九条 集团战略需要包括以下内容：

1. 集团战略总结与环境分析：对集团内外部环境、现有核心业务的市场前景、经营状况、核心竞争力做出系统分析和综合评价。

2. 集团战略规划：分析并确定集团愿景、使命、价值观、现有业务和规划业务的战略定位、发展目标及业务组合选择。

3. 集团核心业务发展战略：规划集团核心业务的发展策略、赢利模式和支持体系。

4. 集团财务指标规划：对集团整体和各核心业务未来的关键业绩指标进行系统分析和设定。

第十条 子公司战略需要包括以下内容：

1. 子公司战略总结与环境分析：对子公司内外部环境、现有业务的市场前景、经营状况、核心竞争力做出系统分析和综合评价。

2. 子公司战略规划：分析并确定子公司现有业务和规划业务的战略定位、发展目标及业务组合选择，该部分内容必须同集团战略保持一致。

3. 子公司核心业务发展战略：分析并确定子公司核心业务的发展策略、赢利模式、营销策略、竞争策略、支持体系，该部分内容必须同集团战略保持一致。

4. 子公司战略措施规划：分析并确定子公司营销措施规划、生产管理措施规划、技术研究开发措施规划、新业务发展措施规划、人力资源发展措施规划，该部分内容必须清楚界定每一措施的目标、时间进度、措施步骤。

5. 子公司组织调整和辅助支持系统：评估现有组织结构对未来战略的适应性、调整组织结构构想、辅助支持相关系统调整。

6. 子公司财务指标规划：对子公司整体和各核心业务未来的财务业绩指标进行系统分析和设定，该部分内容中关键指标必须与集团战略规划保持一致。

第四章 集团战略规划流程

第十一条 集团战略规划流程包括集团战略规划编制流程、集团战略规划调整流程。

第十二条 集团战略规划编制流程包括以下步骤：

1. 集团公司战略发展部发出战略规划准备通知。

2. 集团公司各部门和子公司准备并提供本单位的战略规划相关信息。

3. 集团公司战略发展部制订集团战略规划草案。

4. 集团公司分解集团战略规划目标，征求集团公司各部门和集团各子公司的建议和意见。

5. 集团公司各部门和集团各子公司就本单位的战略发展目标提出建议和意见。

6. 集团公司战略发展部修改和补充战略规划草案，形成战略规划提案。

7. 集团公司分管副总裁审核战略规划提案，并出示审核意见。

8. 集团公司总裁办公会审议战略规划提案，并做出审议意见。

9. 集团公司董事会审批战略规划提案。

10. 集团公司战略发展部确定战略规划正式稿。

第十三条　集团战略规划调整流程包括以下步骤：

1. 集团公司战略发展部发出战略调整准备通知。

2. 集团公司各部门和集团各子公司提供战略调整意见。

3. 集团公司战略发展部制订战略调整提案。

4. 集团公司分管副总裁审核战略调整提案，并出示意见。

5. 集团公司总裁办公会审议战略调整提案，并做出审议意见。

6. 集团公司董事会审批战略调整提案。

7. 集团公司战略发展部确定调整后的战略规划正式稿。

第五章　子公司战略规划审核流程

第十四条　子公司战略规划审核流程包括子公司战略规划审核流程、子公司战略规划调整审核流程。

第十五条　子公司战略规划审核流程包括以下步骤：

1. 集团公司战略发展部根据集团战略规划，形成对子公司战略规划的建议。

2. 子公司根据自己的战略调研分析和集团公司战略发展部提交的建议，制订本公司战略规划。

3. 子公司经营层将战略规划草案提交到董事会。

4. 集团公司外派董事审核子公司战略规划提案，并出具意见。

5. 集团公司战略发展部审核子公司战略规划提案，并提出专业意见。

6. 集团公司分管副总裁审核子公司战略规划提案，并出示意见。

7. 集团公司总裁办公会审议子公司战略规划提案，并做出审议意见。

8. 集团公司董事会审议子公司战略规划提案，并形成决议。

9. 集团公司董事长在子公司股东大会上代表集团公司对子公司战略规划进行表决。

10. 子公司股东大会表决通过后，形成子公司战略规划正式稿。

第十六条　子公司战略规划调整审核流程包括以下步骤：

1. 子公司在战略修订准备期间，根据行业和企业一年来的发展情况，制订子公司战略修订提案。

2. 子公司将战略修订提案提交到子公司董事会审议。

3. 集团公司外派董事将子公司战略调整提案转交集团公司战略发展部审核，战略发展部提出专业意见。

4. 集团公司分管副总裁审核子公司战略调整提案，并出示审核意见。

5. 集团公司总裁办公会审议子公司战略调整提案，并做出审议意见。

6. 集团公司董事会审批子公司战略调整提案。

7. 集团公司战略发展部根据董事会决议，制订对子公司战略修订的意见。

8. 集团公司外派董事根据集团公司意见，在子公司董事会上对子公司战略规划调整进行表决。

第六章　战略规划编制和调整时间安排

第十七条　集团战略规划每五年编制一次。集团公司战略发展部自前一年 8 月 1 日开始做相关准备工作，在当年 3 月 1 日前提出战略规划提案，在 4 月 1 前完成编制工作。

第十八条　在非计划编制年度，集团战略规划每年调整一次。集团公司战略发展部自前一年 11 月 1 日开始做相关准备工作，在当年 12 月 31 日前提出战略规划调整提案，在 1 月 31 日前完成战略规划调整工作。

第十九条　子公司战略规划每五年编制一次。子公司自前一年 8 月 1 日开始做相关准备工作，在当年 4 月 1 日前提出战略规划提案，在 5 月 1 日前完成编制工作。

第二十条　在非编制计划年度，子公司战略规划每年调整一次。子公司自前一年 11 月 1 日开始做相关准备工作，在当年 12 月 31 日前提出战略规划调整提案，在 1 月 31 日前完成调整。

第七章　战略规划文档归档、保管和查阅

第二十一条　集团战略规划文档包括集团战略规划文件、集团战略规划调整文件、子公司战略规划文件、子公司战略规划调整文件。

第二十二条　集团战略规划文档统一由集团公司战略发展部进行保管。

第二十三条　集团公司战略发展部根据公司档案管理制度，对战略规划文档进行归类和标识以方便查阅，妥善保存相关文档。

第二十四条　集团战略规划文档是重要的档案，集团公司战略发展部要实施分级保密管理制度，防止文档被无关者查阅。

2.2　经营计划和预算管理制度

经营计划和预算管理制度

第一章　总则

第一条　目的

为贯彻集团发展战略，加强集团及各子公司经营管理的计划性，规范集团的计划和预算管理工作，特制定本制度。

第二条　适用于集团实行以目标利润和资产保值增值为导向的经营计划和预算管理，遵循"统一筹划、分级管理、权责结合"的原则，进行总量调控和管理。

第二章　组织机构

第三条　集团的经营计划和预算管理组织机构包括集团公司董事会、集团公司总裁办公会、集团公司资产管理部。

第四条　集团公司董事会是集团年度经营计划和预算管理的最高决策机构，其职责包括：

1. 审批集团年度经营计划和预算。

2. 审批有关计划和预算管理的政策、制度、规定等，确定编制方针和程序。

3. 对相关集团年度经营计划和预算的各项重大事项进行决定。

第五条　集团公司总裁办公会是集团年度经营计划的审核机构，其职责包括：

1. 审核集团年度经营计划与预算。

2. 审议子公司年度经营计划与预算，形成决议。

3. 审核有关计划和预算管理的政策、制度、规定等，确定编制方针和程序。

4. 对相关集团年度经营计划与预算的各项重大事项进行讨论，形成意见。

第六条　集团公司总裁办公会在审议集团年度经营计划与预算议题时，子公司相关负责人应列席并参加讨论。

第七条　集团公司资产管理部是集团年度经营计划和预算管理的执行机构，其职责包括：

1. 传达集团公司确定的集团总体经营管理方针、总体目标。

2. 起草、修订、下发经营计划和预算方案的指标类别、格式。

3. 审核集团各子公司的年度经营计划和预算方案提案。

4. 制订集团的年度经营计划和预算方案提案。

5. 制订集团月度、季度、半年、年度经营计划与预算执行情况分析报告。

6. 监督集团各子公司的经营计划与预算执行情况。

7. 负责计划预算管理其他相关事项。

8. 负责对各子公司的年度经营决算报告进行审核、汇总，并撰写集团年度经营决算报告和相关分析报告。

第三章　编制原则

第八条　一致性原则：集团的经营计划和预算方案要根据集团的中长期战略规划进行编制，服从集团的中长期发展目标，并符合集团总体的经营方针。

第九条　先进性原则：各项经济技术指标都要对照"四个水平"进行。即本中心历史最好水平、本年实际水平、国内同行业先进水平、国外同行业先进水平。

第十条　全面完整性原则：集团经营计划和预算必须全面、完整、具体，并将指标层层分解落实。

第十一条　实事求是原则：集团经营计划和预算要根据企业实际情况，在对宏观经济状况与经济政策、行业趋势进行深入分析的基础上进行编制。

第四章　经营计划和预算的范围与依据

第十二条　经营计划和预算的编制责任中心范围：

1. 一级责任中心：集团公司。

2. 二级责任中心：集团公司各职能部门、集团各子公司。

第十三条　经营计划和预算编制的依据和基础：

1. 宏观经济和政策环境。

2. 行业趋势、市场环境、竞争环境。

3. 公司中长期战略规划。

4. 责任中心自身资源和能力的分析报告。

5. 经营计划和预算执行情况的分析报告。

第五章　经营计划和预算的内容与要求

第十四条　集团公司的经营计划和预算必须包括以下内容：

1. 集团公司上一年度经营计划与预算执行情况总结。

2. 集团公司战略发展目标。

3. 集团公司内外部环境分析与预测。

4. 集团公司主要年度经营目标。

5. 集团公司实现目标的措施规划。

6. 集团公司财务预算方案。

7. 集团公司风险分析及相应对策准备。

8. 其他说明。

第十五条　各子公司年度经营计划和预算必须包括以下内容：

1. 子公司上一年度经营计划与预算执行情况总结。

2. 子公司战略发展目标。

3. 子公司内外部环境分析与预测。

4. 子公司主要年度经营目标。

5. 子公司实现目标的措施规划。

6. 子公司年度预算方案。

7. 子公司风险分析及相应对策准备。

8. 集团要求的其他子公司经营管理重要信息。

9. 其他说明。

第十六条　集团公司各职能部门年度管理计划和预算必须包括以下内容：

1. 部门上一年度经营计划与预算执行情况总结。

2. 集团战略对部门发展的要求。

3. 部门主要年度管理和支持服务目标。

4. 部门工作计划及主要举措。

5. 部门费用预算。

6. 其他说明。

第十七条　子公司预算方案和汇报重要信息的内容格式。

第十八条　集团经营计划和预算方案与子公司经营计划和预算方案的编制必须符合以下要求：

1. 经营计划中重大工作内容应该逐项列出，并制定工作进度表。

2. 各项计划和预算指标确定部分和预测部分应该明确分开，尽可能压缩预算中的预测范围（例如将已经签署合同的业务和不确定业务分开列明），同时要详细说明预测过程和依据。

3. 计划和预算中包含的各项数据要尽量明细。

4. 就所开发项目编制项目预算。

第六章　年度经营计划和预算方案编制调整流程

第十九条　年度计划和预算的编制流程包括子公司年度经营计划与预算审核流程、集团年度经营计划与预算制定流程、子公司年度经营计划与预算调整审核流程、集团公司年度经营计划与预算调整流程。

第二十条　子公司年度经营计划与预算编制与审核自前一年度的 10 月 1 日开始，在 12 月 31 日前完成编制。审核流程如下：

1. 子公司提出年度经营计划与预算方案。

2. 集团公司外派董事将子公司年度经营计划与预算方案上报集团公司。

3. 集团公司资产管理部审核子公司年度经营计划与预算方案，提出专业意见。

4. 集团公司分管副总裁审核子公司年度经营计划与预算方案，提出意见。

5. 集团公司总裁办公会审议子公司年度经营计划与预算方案，形成审议决议。

6. 集团公司资产管理部向外派董事传达集团决议。

7. 集团公司外派董事根据集团决议在子公司董事会表决。

8. 子公司董事会审批年度经营计划与预算方案。

第二十一条　集团年度经营计划与预算制定流程自前一年度的 10 月 1 日开始，在 12 月 31 日前完成编制。制定流程如下：

1. 集团公司资产管理部提出年度经营计划与预算方案编制要求。

2. 集团公司各部门和子公司提出本单位的年度经营计划与预算方案。

3. 集团公司资产管理部制订集团年度经营计划与预算方案讨论稿。

4. 集团公司分管副总裁审核集团年度经营计划与预算方案讨论稿，并出示意见。

5. 集团公司总裁办公会审核集团年度经营计划与预算方案讨论稿。

6. 集团公司董事会审批集团年度经营计划与预算方案讨论稿。

7. 集团公司资产管理部根据董事会审批意见，制定集团年度经营与预算方案正式稿。

第二十二条　子公司年度经营计划与预算调整审核流程参见子公司年度经营计划和预算编制审核流程。

第二十三条　集团公司年度经营计划和预算的调整流程如下：

1. 集团公司资产管理部提出年度经营计划调整议案。

2. 集团公司分管副总裁审核，并出示意见。

3. 集团公司总裁办公会审议，并提出审议意见。

4. 集团公司董事会审批，并做出决议。

5. 集团公司资产管理部根据董事会决议调整年度计划与预算。

第七章　执行与监督

第二十四条　集团在执行计划和预算时，坚持"权责分散，监督集中"的原则，即计划预算内的财权、经营权下放给二级责任中心，一级责任中心集中掌握监控权。

第二十五条　在预算执行过程中，各责任中心以自我控制为主，对在预算范围内的各项支出按照集团和本单位的财务制度和相关审批程序进行控制。

第二十六条　各责任中心负责人必须责成相关部门每月按照既定的格式填写并向集团公司资产管理部报送集团公司要求的月度、季度和年度经营计划和预算执行情况统计表和分析报告，资产管理部同时抄报集团公司战略发展部、审计监察部。

第二十七条　各责任中心报送的相关经营计划和预算执行情况统计表和分析报告内容参见附表。

第二十八条　集团公司资产管理部是集团经营计划和预算执行情况各种信息的汇总部门，是集团对计划和预算的执行过程进行日常管理、监控和分析的主管部门，其相关监控工作职责如下：

1. 负责收集、汇总各责任中心计划与预算执行过程中的各种计划和预算执行信息，并于每月 10 日内将执行情况统计结果和简要分析说明报送总裁办公会。

2. 负责每月对每个子公司进行不少于 2 天计划和预算执行情况的调研考察。

3. 负责牵头并组织各有关部门对各责任中心的执行情况进行监督检查。

4. 负责会同集团公司战略发展部和审计监察部，撰写包含各方专业角度分析和改进建议的计划预算执行综合分析报告，报送集团公司总裁办公会。

5. 负责对相关责任中心提出合理化建议，以帮助各责任中心更好地完成年度经营计划和预算目标。

6. 负责牵头并组织相关部门对经营计划和预算方案执行中途的调整事项进行审核。

7. 负责会同集团公司战略发展部、审计监察部共同提出对各二级责任中心计划和预算执行效果的考评意见。

第二十九条　集团公司总裁办公会每月召开一次各二级责任中心负责人参加的计划和预算分析例会，讨论计划和预算执行情况分析报告，分析产生偏差的原因，并商议纠正偏差的措施。

第三十条　各责任中心要加强对其下属责任实体执行过程的监督和指导力度，以保证公司总体经营计划和预算能得到有效控制。对违反本制度的各责任中心，集团公司人力资源部根据总裁办公会的要求追究该责任中心"主要负责人员"的责任。

第八章　年度经营决算

第三十一条　集团公司总裁办公会是年度经营决算编制的领导机构，集团公司资产管理部是年度经营决算的执行机构。

第三十二条　集团年度经营决算的编制要求如下：

1. 年度经营决算要严格按照集团相关会计管理政策和制度的要求执行。

2. 年度经营决算要对公司损益有重大影响的事项应逐项审查，提出审核性和指导性建议。

3. 年度经营决算要对照预算认真分析经营结果与预算的差距，并为来年的工作提出改进措施。

2.3　子公司经营者管理制度

子公司经营者管理制度
第一章　总则

第一条　目的

为建立和完善集团法人治理机制，科学有效地管理子公司经营者，根据《中华人民共和国公司法》《上市公司治理准则》等相关法律、法规和集团章程，特制定本制度。

第二条　子公司经营者包括子公司总经理、副总经理和财务负责人，受子公司董事会委托开展子公司经营管理活动，并对子公司经营成果负有主要责任。

第二章　提名和任命

第三条　集团公司在提名子公司经营者或者对提名方案进行审核时，要遵循"程序规范、标准透明、用人唯贤"的用人原则。

第四条　子公司经营者的基本任职资格包括：

1. 根据国家相关法律、法规具备担任公司经营者的资格。

2. 承认并信守子公司章程，承诺根据公司章程及有关的管理制度忠实、诚信、勤勉地履行职责。

3. 具备现代公司治理的基本知识，熟悉相关法律、法规和内部管理制度。

4. 具备子公司的行业背景和行业知识。

5. 具备较高的管理能力和专业能力，管理能力包括领导能力、组织能力、计划能力、决策能力、沟通协调能力和人际交往能力等；专业能力包括研究分析能力、问题解决能力、表达能力等。

6. 年龄 35 岁以上，年富力强，有足够的精力履行其应尽的职责。

7. 学历应为大学本科以上。

第五条　子公司总经理既可以由集团公司外派董事代表集团公司提名，也可以由子公司其他董事（提名委员会）提名。

第六条　集团公司外派董事提名子公司总经理的流程如下：

1. 集团公司总裁（办公会）提出总经理提名要求。

2. 集团公司人力资源部根据要求提出候选人名单（2～3人）。

3. 人力资源副总裁对候选人名单出示意见。

4. 总裁办公会审议候选人名单，并形成集团公司关于子公司总经理候选人（1人）的决议。

5. 集团公司外派董事根据集团公司决议向子公司董事会提交子公司总经理候选人议案。

第七条　子公司副总经理及财务负责人由子公司总经理提名。

第八条　子公司经营者提名方案须经集团公司审核通过之后再提交子公司董事会审批，具体的流程如下：

1. 集团公司外派董事向集团公司人力资源部转交子公司经营者提名方案。

2. 集团公司人力资源部组织对子公司经营者候选人进行全面系统的调查，并提出专业意见。

3. 集团公司人力资源分管副总裁审阅提名方案，并出示意见。

4. 集团公司总裁办公会审议提名方案，并形成集团公司关于子公司总经理提名方案的决议。

5. 集团公司外派董事根据集团公司决议在子公司董事会上进行表决。

第九条   集团公司副总裁以上经营管理人员（包括总裁和副总裁）不得兼任子公司经营者。

第十条   集团公司董事（含董事会董事长）和监事（含监事会主席）不得兼任子公司经营者。

第十一条   子公司董事长原则上不得兼任该子公司经营者：

1. 对于新成立的公司，公司董事长不得兼任所在公司总经理。

2. 对现有子公司，该条条款视子公司实际情况逐步实施。

第十二条   子公司经营者由子公司董事会进行任命，任命书报集团公司人力资源部备案。

第三章   考核和激励

第十三条   子公司董事会根据集团公司对子公司年度经营业绩评价结果对总经理进行考核，考核和激励方案由集团公司审核通过之后，由子公司董事会审批后执行，具体流程如下：

1. 子公司董事或子公司薪酬委员会根据集团公司对子公司的年度经营业绩评价结果提出总经理考核和激励方案。

2. 集团公司外派董事向集团公司人力资源部转交考核和激励方案。

3. 集团公司人力资源部对考核和激励方案组织相关调查，并在调查基础上提出专业意见。

4. 集团公司人力资源分管副总裁审查考核和激励方案，并出示意见。

5. 集团公司总裁办公会审议考核与激励方案，并形成集团公司关于子公司总经理考核与激励方案的决议。

6. 集团公司外派董事根据集团公司决议在子公司董事会上进行表决。

第十四条   子公司业绩评价结果是确定子公司经营者风险收入（绩效工资、奖金和股权收入等）的主要因素。

第十五条   子公司副总和财务负责人由子公司组织进行考核和激励，其考核与激励方案报集团公司人力资源部备案。

第四章   解聘、辞职和离任

第十六条   子公司经营者实行任期制，具体任期由其所任职的子公司根据公司章程确定。

第十七条   子公司经营者如果不能胜任工作，子公司董事会应该及时予以解聘。

第十八条   子公司当年业绩评价得分低于 60 分，子公司董事会应该对主要经营者予以解聘。

第十九条　子公司总经理解聘方案由子公司董事或子公司薪酬考核委员会提出，子公司副总经理和财务负责人解聘方案由子公司总经理提出。

第二十条　子公司经营者解聘方案须经集团公司审核通过之后提交子公司董事会审批，具体流程如下：

1. 集团公司外派董事向集团公司人力资源部转交子公司经营者解聘方案。

2. 集团公司人力资源部组织对子公司经营者解聘方案进行全面系统的调查，并提出专业意见。

3. 集团公司人力资源分管副总裁审阅解聘方案，并出示意见。

4. 集团公司总裁办公会审议解聘方案，并形成集团公司关于子公司经营者解聘方案的决议。

5. 集团公司外派董事根据集团公司决议在子公司董事会上进行表决。

第二十一条　子公司经营者在任期内可以提出辞职。但是辞职申请须经集团公司审核通过之后提交子公司董事会审批，具体流程如下：

1. 集团公司外派董事向集团公司人力资源部转交子公司经营者辞职申请。

2. 集团公司人力资源部组织对子公司经营者辞职申请进行全面系统的调查，并提出专业意见。

3. 集团公司人力资源分管副总裁审阅辞职申请，并出示意见。

4. 集团公司总裁办公会审议辞职申请，并形成集团公司关于子公司经营者解聘方案的决议。

5. 集团公司外派董事根据集团公司决议在子公司董事会上进行表决。

第二十二条　子公司经营者离任手续由子公司按照相关程序办理，并报集团公司人力资源部备案。

第二十三条　子公司经营者离任时，由集团公司审计监察部对其进行离任审计。

第3章　全面预算管理制度

3.1　全面财务预算管理制度

全面财务预算管理制度

第一章　总　则

第一条　为推动××有限责任公司（以下简称"公司"）建立全面预算管理体系，防范经营风险，强化内部控制，优化资源配置，实现公司战略目标，按照财政部等五部委联合发布的《企业内部控制规范》以及《配套指引》第 15 号全面预算的规定，结合公司的实际情况，特制定本管理制度。

第二条　本制度适用于公司及下属公司的一切经济活动包括经营、投资、财务等各项活动，以及企业的人、财、物各个方面，供、产、销各个环节全部纳入全面预算管理，做到全员参与，全面覆盖，并进行事前预算、事中控制和事后分析相结合的全程监控。

第三条　本制度中所称全面预算是指在科学预测和决策的基础上制定的，以货币及其他数量形式反映的公司在未来一定期间内全部经营活动各项目标的行动计划和相应措施的数量说明。全面预算包括经营预算（也称业务预算）、投资预算、筹资预算、财务预算等。

第四条　全面预算管理贯穿于公司及下属公司经营管理活动的各个环节，预算管理包括预算编制、审批、执行、分析、调整、考核及监督等环节，是提升公司整体绩效和管理水平的重要途径，其主要任务是：

1. 推进战略目标管理，让战略落地，实现长期规划和短期计划相结合。

2. 加强公司内部信息沟通，使各部门和下属公司的目标与活动一致。

3. 明确公司内部各个层次的管理责任和权限，提高管理效率。

4. 通过对公司的经营活动进行控制、监督和分析以及对预算执行情况进行考核和评价，实现管理过程和管理目标相结合。

第二章　全面预算管理体系

第五条　公司实行统一规划、逐级管理的全面预算管理体制，确定以下管理原则：

1. 统一规划原则。全面预算目标由公司统一规划，并与公司经营目标相一致，各级预算必须服从于集团的战略目标和经营目标。

2. 分级管理原则。全面预算目标按逐级分解的原则实行分级管理，经下达的全面预算指标由公司各级部门负责落实，各单位对各自归口的业务做预算，并对预算执行负责，公司统一对各单位全面预算执行情况分析考核。

3. 全员参与原则。本着谁花钱，谁编预算，谁控制，谁负责的原则，全体员工共同参与预算的编制过程，而不是由财务部门一个部门、一个人来编制公司预算。

4. 实事求是原则。根据市场状况及本单位的实际需要，合理确定本单位的预算额度。

5. 上下结合原则。自上而下分解目标，自下而上编制预算。

6. 轻易不调整原则。预算一旦确定，没有审批，不予调整，以保证预算的严肃性与合法性。

第六条 全面预算管理在内容上实行经营预算、投资预算、筹资预算和财务预算相结合，在预算编制上实行零基预算、固定预算及弹性预算相结合的预算管理体系。经营预算既要有数量指标，又要有价值量指标。

第七条 经营预算是指与企业各项经营活动直接相关的，反映预算期内企业预计生产经营活动的预算，是其他预算的基础，主要包括营业收入预算、生产预算、制造费用预算、产品成本预算、营业成本预算、采购预算、期间费用预算等。

1. 营业收入预算是预算期内企业销售各种产品或提供各种劳务预计实现的销售量或者业务量及其收入的预算，主要依据年度目标利润、预计市场销量或劳务需求及提供的产品结构以及市场价格编制。

2. 生产预算是从事工业生产的企业在预算期内所要达到的生产规模及其产品结构的预算，主要是在营业收入预算的基础上，依据各种产品的生产能力、各项材料及人工的消耗定额及其物价水平和期末存货状况编制。在此基础上进一步编制直接人工预算和直接材料预算。

3. 制造费用预算是企业在预算期内为完成生产预算所需各种间接费用的预算，在生产预算基础上，按照费用项目及上年预算执行情况，根据预算期降低成本、费用的要求编制。

4. 产品成本预算是企业在预算期内生产产品所需的生产成本、单位成本的预算，主要生产预算、直接材料预算、直接人工预算、制造费用预算等汇总编制。

5. 营业成本预算是企业对预算期内为了实现营业预算而在人力、物力、财力方面必要的成本预算，主要依据企业产品成本预算、采购预算或提供各种劳务成本、年实际执行情况等资料编制。

6. 采购预算是企业在预算期内为保证生产或者经营的需要而从外部购买各类商品、各项材料、低值易耗品等存货的预算，主要根据营业预算、生产预算、期初存货情况和期末存货经济存量编制。

7. 期间费用预算是预算期内企业组织经营活动必要的管理费用、财务费用、营业费用等预算，应区分变动费用与固定费用、可控费用与不可控费用的性质，根据上年实际费用水平和预算期内的变化因素，结合费用开支标准和企业降低成本、费用的要求，分项目、分责任单位进行编制。

8. 企业非流动资产处置、取得的政府补助、对外捐赠、债务重组、非货币性资产交换等收入或支出，应根据实际情况和国家有关政策规定，编制营业外收支业务预算。

第八条　投资预算是公司在预算期内与资本性投资有关的业务安排，主要包括固定资产投资、权益性投资和金融工具投资预算。

1. 固定资产投资预算是企业在预算期内购建、改建、扩建、更新固定资产进行资本投资的预算，应根据企业有关投资决策资料和年度固定资产投资计划编制。

2. 权益性投资预算是企业在预算期内为了获得其他企业单位的股权而进行资本投资的预算，应根据企业有关投资决策资料和年度股权投资计划编制。

3. 金融工具投资预算是企业在预算期内为持有国债、企业债券、金融债券等债券投资，股票投资及其他股权投资，基金投资、期货、期权、认股证等衍生金融工具投资，委托贷款和委托理财等而进行的资本投资预算，应根据企业有关投资决策资料、市场行情和风险业务管理要求编制，一般按交易性金融资产、可供出售金融资产和持有至到期投资分类编制。

第九条　筹资预算是企业在预算期内预计吸收的投资、需要新借入的长短期借款、经批准发行的债券以及对原有借款、债券还本付息的预算，主要依据企业有关资金需求决策资料、发行债券审批文件、期初借款余额及利率等编制。企业经批准发行股票、配股和增发股票，应当根据股票发行计划、配股计划和增发股票计划等资料编制预算。股票发行费用，也应在筹资预算中分项作出安排。

第十条　财务预算是指在预测和决策的基础上，围绕企业发展战略目标，对一定时期内企业资金取得和投放、各项收入和支出、企业经营成果及其分配等资金运动所作的具体安排的最终成果体现，包括资产负债预算、利润预算和现金流量预算，形式上体现为预计资产负债表、预计利润表和预计现金流量表。

1. 预计资产负债表是综合反映企业期末财务状况的预算报表，根据预算期期初实际数和当期营业预算、生产预算、采购预算、资本预算、筹资预算等有关资料分析编制。

2. 预计利润表反映企业在预算期内利润目标的预算报表，根据营业预算、营业成本预算、产品成本预算、生产预算、期间费用预算、其他专项预算等有关资料分析编制。

3. 预计现金流量表是反映企业预算期内现金收支及其结果的预算报表，以业务预算、资本预算和筹资预算为基础，根据各项预算有关现金收支的预算汇总编制。

第三章　全面预算管理体制及职责

第十一条　公司全面预算管理的组织体系以全面预算管理委员会、全面预算管理办公室为主体，公司对下属公司的全面预算实行垂直式管理，各下属公司设立全面预算管理领导小组和全面预算管理工作小组，同时在本单位内部设立全面预算归口管理部门和全面预算责任部门。

第十二条 董事会是全面预算管理的最高决策机构，批准下属公司的年度全面预算及其调整方案，并通过董事会授权全面预算管理委员会组织制定，下达正式年度全面预算及其调整方案。其主要职责包括制定公司的发展战略和中长期经营目标：

1. 按照公司战略目标、中长期规划，审批确定公司年度经营目标。

2. 保持与全面预算管理委员会的沟通，提供预算政策指导。

3. 审议年度全面预算方案，审批预算。

4. 审批预算考核制度。

5. 审批预算调整申请。

第十三条 全面预算管理委员会是全面预算管理的领导、组织和协调机构，全面负责年度经营目标的拟定并分解到公司及下属公司等工作，承担全面预算管理领导及调控职能。全面预算管理委员会由董事长任主任，财务总监任常务副主任，各集团副总经理任副主任、集团各职能部门、各下属公司负责人为委员。预算管理委员会为非常设机构，通过定期、不定期召开预算工作会议开展工作。预算委员会在董事会的领导和授权下，决定和处理全面预算管理的重大事宜，主要行使以下职责：

1. 根据董事会审批的战略目标，确定公司及下属公司的具体年度经营目标，并上报董事会审批。

2. 将经董事会审批的年度经营目标下达到公司及下属公司。

3. 组织拟定和审议全面预算管理制度和流程操作规范。

4. 监督、协调预算编制工作的开展，以确保及时、准确地完成预算的编制。

5. 组织召开公司全面预算管理例会，对预算办公室提交的各单位预算草案和公司整体预算提出质询，并就必要的修改与调整提出建议。

6. 汇总、审查、平衡下属公司的初步预算，协调、处理内部机构间的预算矛盾和分歧。

7. 全面预算编制和执行中，对例外事项和突发事件进行协调。

8. 制定公司预算，上报董事会，履行相应批准程序。

9. 分解下达公司及下属公司的年度预算，并根据重大形势变化作适当的调整、修订。

10. 研究分析公司及下属公司的预算执行业绩报告，汇总上报董事会。

11. 确定预算考核的原则、依据、程序和指标体系，按照董事会批准的预算考核制度，兑现公司及下属公司的奖惩措施。

第十四条 全面预算管理办公室是全面预算管理委员会的执行机构，公司财务管理部担负全面预算管理办公室的职责，并且由财务总监担任全面预算管理办公室主任，组织和管理全面预算管理办公室工作。组员包括财务部、企业计划管理部，以及其他业务部相关的预算人员。全面预算管理办公室在全面预算管理委员会的领导下行使以下职权：

1. 具体负责拟定和修改公司全面预算管理办法及相关制度、预算编制方针、预算编制程序、预算编制手册（编制说明、编制表格）、预算执行监控方法等，报全面预算管理委员会审议。

2. 协助全面预算管理委员会的工作，按照全面预算管理委员会下达的经营目标，具体指导并组织各责任部门编制预算，并对其编制的预算进行初步审查、协调和平衡，汇总后编制公司的全面预算方案，并报全面预算管理委员会审查。

3. 向下属公司下达经董事会批准的正式全面预算，监督各单位全面预算执行情况，定期进行全面预算执行情况的分析评价和反馈。

4. 组织全面预算管理的培训工作，向全面预算编制、执行单位提供技术支持，提出全面预算管理制度和流程操作规范的改进建议。

5. 负责全面预算日常管理工作，每月召开全面预算管理协调会，监控、总结预算执行情况，落实全面预算管理的要求，每季度向全面预算管理委员会汇报工作和预算执行情况。

6. 负责将经营业务状况发生改变或突发事项、预算内出现偏差较大或预算外的费用项目，及时报告公司全面预算管理委员会，并拟定预算调整方案。

7. 负责协调处理预算执行过程中出现的一些问题。

8. 按照预算考核指标体系为预算考核提供相关综合评价信息。

9. 完成全面预算管理委员会交办的其他工作。

第十五条　下属公司全面预算管理领导小组是本单位全面预算管理的决策和领导机构，承担本单位全面预算的管理及调控职能。下属公司全面预算管理领导小组由总经理、财务经理、各部门经理组成，其中总经理为领导小组组长。下属公司全面预算管理领导小组的主要职责是：

1. 根据全面预算管理委员会下达的年度经营目标，确定本公司各部门的预算目标。

2. 根据公司全面预算管理制度，组织拟定和审议本公司全面预算管理办法和流程操作规范。

3. 监督、协调本公司全面预算编制工作，监督全面预算编制流程的执行，以确保及时、准确地完成预算的编制。

4. 组织召开本单位预算管理例会，对本单位全面预算管理工作小组提交的各部门预算草案提出质询，并就必要的修改与调整提出建议。

5. 汇总、审查、平衡各部门的初步预算，协调、处理内部机构间的预算矛盾和分歧。

6. 负责本单位全面预算编制和执行，对例外事项和突发事件进行协调，对重大调整事项（超过审批后预算 5% 的影响事项）上报公司全面预算管理委员会。

7. 根据公司预算考核的要求，组织本公司的预算考核工作。

8. 各公司总经理是其公司的全面预算管理工作的第一责任人。

第十六条 下属公司全面预算管理工作小组是本单位全面预算管理领导小组的执行机构，由单位的财务部门负责工作小组的具体工作。在本单位全面预算管理领导小组的领导下行使以下职权：

1. 根据公司预算管理制度，具体负责拟定和修改本公司预算管理办法、预算编制方针、预算编制程序、全面预算编制手册（编制说明、编制表格）、预算执行监控方法等，报本公司全面预算管理领导小组审议。

2. 负责协助全面预算管理领导小组，具体指导并组织各责任部门编制预算，并对其编制的预算进行初步审查、协调和平衡，汇总后编制本单位的全面预算方案，并报本单位全面预算管理委员会审查。

3. 负责监督责任部门预算执行情况，定期进行预算执行情况的分析评价和反馈。

4. 组织预算管理的培训工作，向责任部门提供技术支持，提出预算管理制度和流程操作规范的改进建议。

5. 负责本单位全面预算日常管理工作，每月召开全面预算管理协调会，落实本单位全面预算管理的要求，每季度向全面预算管理领导小组汇报工作和预算执行情况。

6. 负责将经营业务状况发生改变或突发事项、预算内出现偏差较大或预算外的费用项目，及时报告全面预算管理领导小组，并拟定预算调整方案。

7. 负责协调、处理本单位预算执行过程中出现的一些问题。

8. 按照预算考核指标体系为预算考核提供相关综合评价信息。

9. 完成全面预算管理领导小组交办的其他工作。

10. 负责汇总经审批的本单位全面预算上报集团。

第十七条 责任部门是全面预算管理的编制、执行与反馈部门。责任部门即公司（包括下属公司）内各业务部门和职能部门，以部门为主体进行全面预算管理，其主要的职责包括：

1. 负责执行本单位全面预算管理制度。

2. 根据本单位全面预算管理领导小组或工作小组下发的经营目标，编制本部门年度预算草案。

3. 按照全面预算管理工作小组的要求，对预算差异形成的具体原因进行分析。

4. 确认预算的考核结果。

5. 提出预算调整与修正申请。

6. 负责提出本部门管理的预算指标变更申请报告。

7. 在预算整个过程中，就发现问题及时与全面预算管理领导小组或工作小组沟通，以促进预算工作的不断改进。

8. 完成全面预算管理工作小组交办的其他工作。

第十八条 为保证全面预算的有效编制，根据公司管理的实际情况，在责任部门中规定某一部门承担相应的归口管理工作。这些部门（又称归口管理部门）的主要职责是根据各责任部门提交的预算，测算金额，同时协助预算管理工作小组对相应归口业务范围内公司整体预算编制进行平衡，并提出相应调整建议。各责任部门将有归口管理的预算编制，应先报送到相应的归口管理部门，归口管理部门在审核后，对责任部门报送的预算进行平衡调整和测算金额，再上报全面预算管理办公室或工作小组进行汇总。

第四章　全面预算目标的确定与下达

第十九条　年度经营目标是制定预算目标的依据。公司全面预算管理中，年度经营目标即为年度预算目标。制定公司的年度经营目标，至少应依据以下条件：

1. 历史水平，包括历史平均水平与最好水平、行业平均水平与最好水平。

2. 各业务所在行业和市场的竞争状况、发展趋势等，尤其要注重研究所在行业的销售价格水平，努力达到同行业同条件的价格。

3. 外部环境变化，包括市场预测、国家相关行业的经济政策预测、产品生命周期预测等。

4. 内部资源评估，包括资源的利用能力、资金融通能力、自身的管理能力等，尤其关注自身的增长潜力。

第二十条　在确定年度预算目标后，公司及下属公司根据年度预算目标在本公司／责任部门和归口管理部门中进行分解，分解并审批通过后，各责任部门和归口管理部门依据分解的预算目标编制详细预算。

第五章　全面预算的编制

第二十一条　预算编制程序：

1. 预算编制遵循上下结合的编制原则。

2. 各下属公司根据全面预算管理委员会下达的年度预算目标和编制方针，组织本单位各责任部门编制本部门预算方案初稿。

3. 责任部门编制完成预算表后，将有归口管理的预算表递交相应归口管理部门进行汇总、审核，同时上交本单位全面预算管理工作小组进行审核。归口管理部门汇总并审核后，应提出调整意见，并测算金额，及时上报至全面预算管理工作小组。

4. 下属公司全面预算管理工作小组对各归口管理部门提交的预算进行汇总，提交本单位全面预算管理领导小组。

5. 下属公司全面预算管理领导小组审核预算初稿，平衡后发还相关部门进行预算方案修正，审核通过后提交公司全面预算管理办公室。

6. 全面预算管理办公室汇总后提交公司全面预算管理委员会审核平衡，审核不通过发还相关部门进行预算方案修正；审核通过后向董事会提交年度预算草案。

7. 董事会对全面预算管理委员会提交的预算草案进行审批，最终确定年度预算以文件形式正式下达。

第二十二条 预算编制依据：

1.预算编制以收入（销售／劳务等）预测为起点。

2.经营预算根据本行业的特点，结合本企业自身的业务情况确定预算的起点。相关责任部门在编制经营预算时应考虑以下因素：考虑在常规经济条件下的业务规模、竞争情况、季节性因素、稳定合同及潜在合同的进展情况等因素。

3.投资预算应在公司经营目标和预算目标基础上进行编制。投资预算是在项目资本预算基础上，单独反映资本项目对年度经营的影响而形成的预算。相关责任部门根据项目资本预算编制年度资本预算。

4.筹资预算应在经营预算和投资预算的基础上进行编制。根据各责任部门编制的经营预算和投资预算，预算管理办公室负责编制汇总经营预算和汇总资本预算，在此基础上，由资金管理部门编制资金预算。

5.财务预算应在经营预算、投资预算和筹资预算基础上进行编制。根据各责任部门编制的经营预算、投资预算和筹资预算，预算管理办公室负责编制汇总经营预算、汇总资本预算和汇总资金预算，在此基础上，由财务部门编制财务预算。

第二十三条 预算编制方法：

按照预算项目与作业活动关系的紧密程度，对于不同预算项目，采用不同的编制方法，下面列举但不限于以下预算方法。

1.零基预算是指在编制成本费用预算时，不考虑以往会计期间所发生的费用项目或费用数额，而是以所有的预算支出以"零"作为出发点，一切从实际需要与可能出发，逐项审议预算部门各项预算的内容及开支标准是否合理的预算方法。

2.固定预算是以预算期内正常的，可能实现的某一业务量，如生产量、销售量水平为固定基础，不考虑可能发生的变动因素而编制预算的方法。

3.弹性预算是在变动成本法的基础上，以未来不同业务水平为基础编制预算的方法，是固定预算的对称，是指以预算期间可能发生的多种业务量水平为基础，分别确定与之相应的费用数额而编制的、能适应多种业务量水平的费用预算，以便分别反映在各业务量的情况下所应开支（或取得）的费用（或利润）水平。

第六章　全面预算的执行与控制

第二十四条 全面预算的执行：

1.下属公司各责任部门是本单位全面预算的执行机构。

2.责任部门的第一负责人，即各部门的经理是责任部门预算执行的直接负责人。

3.分管领导对其负责的责任部门的预算执行负有主要责任。

4.下属公司的总经理对其公司的预算执行负最终责任。

第二十五条 全面预算的控制：

1. 下达的预算指标是与业绩考核挂钩的硬性指标，一般情况不得突破。预算指标是制定考核方案的重要依据，根据预算执行情况对责任人进行考核和奖惩。

2. 严格按照费用预算项目开支，不得相互替代；预算剩余可以跨月转入使用，但不能跨年度使用。

3. 成本、费用如遇预算控制不善确需突破时，必须由责任部门提出书面申请，说明原因。总经理批准后报集团全面预算管理办公室审批，超过 5% 报全面预算管理委员会审批，并纳入预算外资金控制。

4. 预算内资金控制。预算内资金是指经董事会审批通过后下达的正式预算，包括预算调整后的资金。预算内支出，按照本单位财务管理制度规定的审批流程进行审批。

5. 预算外资金控制。预算外资金是指由于责任部门预算控制不善或计划性不强等管理原因造成的，导致需要突破预算的资金，不包括预算调整的资金。预算外资金申请，须由责任部门根据业务的实际需要填写申请，该申请应该包括使用目的、使用的责任部门和责任人、使用目标、使用方式等内容。该申请经下属公司全面预算管理领导小组审批通过后报公司全面预算管理委员会审批，经全面预算管理委员会审批通过后执行。同时，该责任部门的预算外资金需备案。全面预算管理办公室及下属分、子公司全面预算管理工作小组应对各部门预算外资金的当期及后期的预算表中作出清晰的标志，预算外资金使用的考核按照申请中明确的使用目标单独进行。

第七章　全面预算的反馈与分析

第二十六条　全面预算执行信息反馈：

1. 预算执行过程中，各责任部门要及时检查、追踪预算的执行情况，以全面预算业绩报告和差异分析报告等书面报告的形式，全面系统地报告每个责任部门及整个公司预算执行的进度和结果。全面预算管理工作小组根据自己的记录与各责任部门的反馈报告形成总预算执行分析报告，在月度预算例会上对本月预算执行情况进行沟通，并及时解决执行过程中出现的问题。

2. 预算信息反馈的方式

（1）定期书面报告包括预算业绩报告和差异分析报告。业绩报告同预算编制表格一一对应，即对于各责任部门编制的每项预算，全面预算管理工作小组都向其提供相应实际经营情况与预算对比情况的书面报告。差异分析报告是对业绩报告的补充，只对发生重大差异的项目进行分析和报告。由全面预算管理工作小组要求产生重大差异的责任部门完成差异原因分析报告。

（2）为保证预算目标的顺利实现，全面预算管理委员会和下属公司全面预算管理领导小组在月度召开预算例会，对照业绩报告和差异分析报告及时总结预算执行情况，提出改进措施，并对今后预算工作做好部署。

第二十七条 全面预算的分析：

1. 全面预算差异分析的周期

下属公司每月制定差异分析报告，并召开月度预算例会，审议和讨论各责任部门预算的执行情况。同时，下属公司应将月度差异分析报告提交全面预算管理办公室备案。

2. 负责差异分析的责任部门

（1）公司全面预算管理委员会讨论通过全面预算办公室提交的重大差异分析报告；对全面预算管理办公室确定的预算执行差异原因及责任部门进行审议，并提出处理意见。

（2）集团公司全面预算管理办公室分析全面预算执行情况，汇总下属公司的差异分析报告，并加以综合分析，每月出具公司总的全面预算差异分析报告，并上报全面预算管理委员会；审议确认导致差异的原因；确认应对差异负责的责任单位，提出处理意见，并上报全面预算管理委员会。

（3）下属公司全面预算管理领导小组每月参与公司月度预算例会，讨论下属公司提交的重大差异分析报告；对下属公司全面预算管理工作小组确定的预算执行差异原因及责任部门进行审议，并提出处理意见。

（4）下属公司全面预算管理工作小组每月分析全面预算执行情况，汇总各责任部门的差异分析报告，并加以综合分析，出具下属公司总的全面预算差异分析报告，并上报下属公司全面预算管理领导小组审议确认导致差异的原因；确认应对差异负责的责任部门，提出处理意见，并上报下属公司全面预算管理领导小组；向有关责任部门提供业绩报告，协调差异分析工作。

（5）责任部门每月记录本部门全面预算执行情况，找出问题，分析本部门差异产生原因，提出改进建议；落实由本部门负责的改进措施。

3. 全面预算差异分析程序

（1）每月 8 日前，由下属公司各部门向责任部门提交业绩报告。

（2）各责任部门根据业绩报告中标注的重大差异进行解释和分析，形成部门差异分析报告，并于每月 10 日前提交全面预算管理工作小组。

（3）全面预算管理工作小组汇总各责任部门差异分析报告，并制定公司整体差异分析报告，于每月 12 日前提交全面预算管理领导小组审批。

（4）每月 15 日前，集团公司全面预算管理办公室召开月度预算例会，对前 1 月下属公司及各部门的全面预算目标完成情况进行分析、评价，为全面预算管理委员会对全面预算的执行进行动态控制提供依据。

第八章 全面预算的调整

第二十八条 全面预算调整的原则：

1. 全面预算一经批准，在公司内部即具有"法律效力"，不得随意更改与调整。

2. 当内外部环境向着劣势方向变化、影响预算的执行时，应首先挖掘与预算目标相关的其他因素的潜力，或采取其他措施来弥补。只有在无法弥补的情况下，才能提出预算调整申请。

3. 当内外部环境向着有利方向变化，而且具备中长期的稳定趋势，有明确证据表明经营预算目标可加以提高，公司内部应积极主动提出调整申请，或在与经营班子进行协商一致后，提出调整申请。

第二十九条　全面预算调整的分类：

1. 预算一般性调整是指各责任部门为完成年度预算目标，在预算执行过程中，以原来的预算为基础，结合预算执行进度和外部环境的变化，在不影响年度预算目标的前提下，对预算执行进度或个别预算项目进行调整。

2. 预算的重大性调整也可称为预算修正，是指在预算执行过程中，因预算制定时无法预见的重大外部环境改变或发生重大业务调整，按照实际情况的变化对年度预算目标进行修正。全面预算是公司年度经营的重要依据，应保持一定的稳定性，原则上，年度预算目标不允许修改，只有当外部环境发生重大变化，或公司战略决策发生重大调整时，才能考虑进行预算修正（预算重大性调整）。具体条件如下：

（1）董事会调整公司发展战略，重新制订公司经营计划。

（2）总经理办公会决定追加或缩减任务。

（3）市场形势发生重大变化，需要调整相应预算。

（4）国家政策发生重大变化。

（5）生产条件发生重大变化。

（6）外部市场环境发生重大变化。

（7）发生不可抗力的事件。

（8）其他造成预算调整的客观原因。

第三十条　全面预算调整权限：

1. 董事会对涉及年度经营目标的调整具有决定权。

2. 全面预算管理委员会在董事会授权内有权调整全面预算。

3. 集团公司全面预算管理办公室在保证公司年度经营总目标不变的情况下，对月度、季度预算及年度预算项目的内部结构调整具有决定权。

第三十一条　全面预算调整方式：

1. 由上而下的全面预算调整。当内外部环境发生变化，而且具备中长期的稳定趋势，有明确证据表明预算目标和现时情形差异重大时，董事会在与下属公司相关领导协商一致，可以在预算年度内进行公司经营目标的调整，同时下达全面预算调整要求，并最终确认全面预算调整方案。

2. 由下而上的全面预算调整。在预算执行过程中，当内外环境发生明显变化，且符合上述预算调整条件时，全面预算管理办公室和全面预算管理领导小组可以向全面预管理委员会提出预算调整申请。

3. 全面预算调整申请包括的内容：

（1）导致无法实现全面预算的原因，并附相关文件（如市场价格变动情况说明，相关政策变化情况说明，变更后的经营计划、公司下达追加或缩减任务、项目可行性建议书等）。

（2）已经采取的其他弥补措施和效果。

（3）调整内容。

（4）调整后的预算方案。

第九章　全面预算的考核

第三十二条　预算考核是全面预算管理中承上启下的关键环节，在预算控制中发挥着重要作用。

第三十三条　公司内的考核暂以企业管理部出台的相关考核办法为准。

3.2　全面预算管理实施细则

××公司全面预算管理实施细则

第一章　总　则

第一条　目的

为实现公司战略规划和年度目标，构建有效的管理体系，公司需要通过全面预算来贯彻、监控各企业战略目标的制定和实施，并为公司的生产经营活动提供控制、绩效评估标准，确保预算工作有效、有序地开展，特制定本管理制度。

第二条　原则

1. 战略性原则

预算管理的思想要体现公司的发展战略，公司的全年预算要依据公司的中长期战略规划进行编制，服从公司的中长期战略发展目标，并符合公司总体的经营方针。

2. 效益优先原则

在以价值为导向的同时，充分考虑公司发展战略，追求利润最大化为目标。

3. 全员参与原则

预算编制需要全员参与，采取上下结合、分级编制、逐级汇总的程序进行。各部门要树立全局观念，搞好综合平衡。

4. 权责对等原则

公司要给予各级部门一定授权，被授权人对预算的执行、控制等承担相应的责任。

5. 实事求是的原则

各部门要根据市场状况及本单位的实际需要，合理确定本单位的预算额度。对预算编制过程中的收入、成本、费用等采取稳健谨慎、保守的原则，确保以收定支，不得高报预算。

6. 可行性原则

编制的预算要具有可操作性。

第二章　组织与职能

第三条　预算管理组织结构

预算管理组织结构如下图所示：

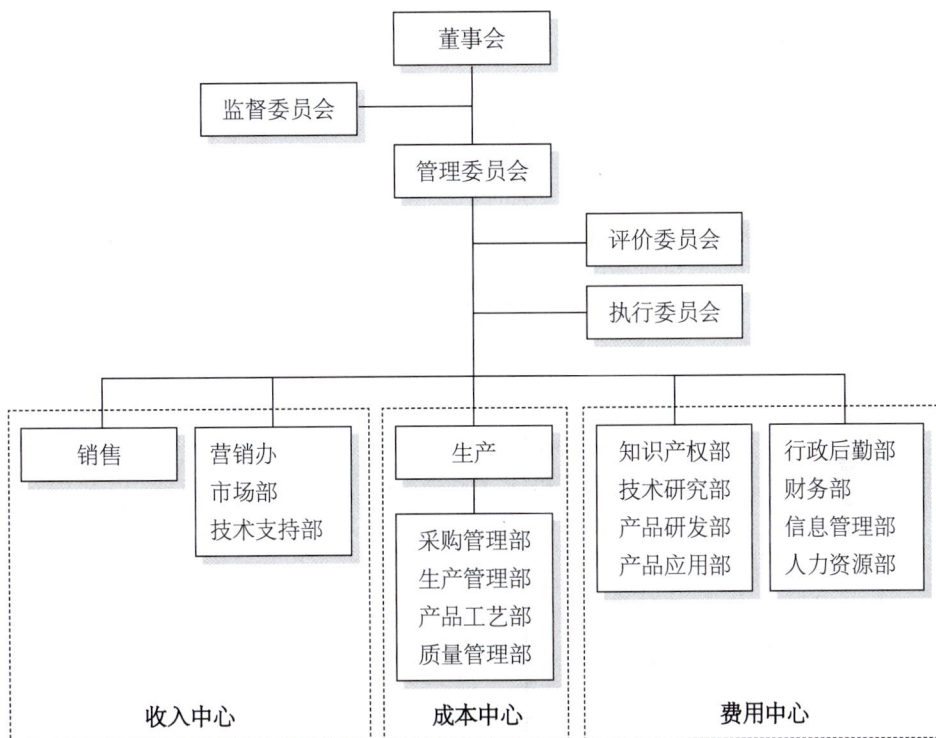

预算管理组织结构

第四条　预算组织及职能

预算组织及职能如下表所示：

预算组织及职能表

预算阶段	时间	预算管理委员会	预算评价委员会	预算监督委员会	预算执行委员会	营销部门	生产、采购部门	职能部门
战略规划	9月中旬	讨论公司下一年的战略规划，制定策略目标与策略计划	从专业角度分析企业的能力，论证策略目标的可行性	监督战略规划过程是否按照规定的议事制度和表决规程去执行	提交本年度预算执行情况和分析建议报告、准备行业研究报告	对下一年度的销售收入和销售费用进行预测	对下一年度的生产能力和生产成本进行预测	对本部门的责任费用进行预测
预算启动	10月月初	分解策略目标给各部门、审议批准编制方法与程序	评价预算目标是否可行、预算编制方法与程序是否合理	监督目标制定过程是否按照规定的议事制度和表决规程去执行	传达预算目标、制定并下发预算编制方法与程序			
预算编制	10月至11月			监督预算编制过程是否按照规定的议事制度和表决规程去执行	汇总业务预算与费用预算，编制成本与财务预算	编制销售预算、销售费用预算、提交人力与固定资产需求	编制生产、采购与制造费用预算，提交人力与固定资产需求	编制部门责任费用，提交人力与固定资产需求
预算平衡	11月月初	审议预算初稿，平衡各部门预算。如有必要，调整预算目标	评价费用预算与业务预算					
预算审批下达	12月月初	审批并下达部门年度业务目标与业务计划、年度预算给各部门		下发预算给各部门并要求他们签字确认		签字确认本部门预算	签字确认本部门预算	签字确认本部门预算

（续表）

预算阶段	时间	预算管理委员会	预算评价委员会	预算监督委员会	预算执行委员会	营销部门	生产、采购部门	职能部门
预算执行	预算年度	审议批准超预算与预算外事项	对预算执行过程中出现的预算争议进行仲裁、对追加的预算进行评价	监督预算执行情况的合法性	按照费用预算管理办法审核费用支出	按审批权限设置要求，对本部门内部的预算内、预算外申请事项进行部门审批	按审批权限设置要求，对本部门内部的预算内、预算外申请事项进行部门审批	按审批权限设置要求，对本部门内部的预算内、预算外申请事项进行部门审批
预算分析	每月10至20日	听取预算执行委员会汇报上月执行情况和分析建议报告、听取各部门拟定的改善方案与行动计划	从专业角度评价分析差异分析报告与改善方案的可行性	监督预算分析的真实性	确认，计量预算执行情况、编制预算执行分析报告、汇报上月执行情况和分析建议报告	对本部门的预算执行情况进行分析和总结，并编制部门业务分析报告	对本部门的预算执行情况进行分析和总结，并编制部门业务分析报告	对本部门的预算执行情况进行分析和总结，并编制部门业务分析报告
预算调整	每季起始月10至20日	审批各部门的业务改善方案与行动计划、审议批准预算执行委员会提交季度预测、审议预算调整方案并报董事会批准	对预算调整进行评价		汇总各业务部门对下季度业务进行的预测、汇总各业务部门编制的滚动预算	参考部门实际运作及公司、部门计划变动情况，提交本部门预算调整申请与建议、编制季度销售、销售费用滚动预算	参考部门实际运作及公司、部门计划变动情况，提交本部门预算调整申请与建议、编制季度生产、采购与制造费用滚动预算	参考部门实际运作及公司、部门计划变动情况，提交本部门预算调整申请与建议、编制部门责任费用滚动预算
决算	次年一月	听取预算执行委员会就公司财政年度预算执行情况总结	准备公司财政年度预算执行情况汇总、准备财政年度财务决算报表					

- 53 -

（续表）

预算阶段	时间	预算管理委员会	预算评价委员会	预算监督委员会	预算执行委员会	营销部门	生产、采购部门	职能部门
预算审计	次年一月	配合预算监督委员会实施年度预算审计		对决算结果的真实性、完整性、合法性进行审计	配合预算监督委员会实施年度预算审计、根据审计报告作出相应的整改	配合预算监督委员会实施年度预算审计、根据审计报告作出相应的整改	配合预算监督委员会实施年度预算审计、根据审计报告作出相应的整改	配合预算监督委员会实施年度预算审计、根据审计报告作出相应的整改

第五条 预算管理委员会

1. 人员构成

总经理、营销副总、生产和后勤副总、总会计师、营销总监、生产总监、产品研发总监、财务经理、各部门一级经理。

2. 主要职责

（1）年度工作

工作节点	时间	工作内容	流入文件	流出文件
战略规划	9月中旬	1. 听取公司预算执行委员（财会部经理）关于本年度预算执行情况和分析建议报告 2. 听取企划部的行业研究报告 3. 布置业务部门进行行业业务预测 4. 讨论公司来年的战略规划，确定策略目标 5. 制定年度策略计划 6. 审议批准年度策略目标	年度预算执行情况及分析建议报告、部门业务预测、	策略目标、年度策略计划、
预算启动	10月月初	1. 分解策略目标给各部门 2. 审议批准预算管理制度、预算编制方法及流程，预算编制工作完成期限	年度策略目标审议稿、预算编制指引审议稿	年度策略目标试行稿、部门目标分解方案试行稿、预算编制指引试行稿
预算平衡	11月月初	1. 审议各部门年度业务计划 2. 审议年度业务预算、财务预算及投资与融资预算 3. 召开跨部门的预算评审会，综合平衡各部门业务预算 4. 调整或修正年度策略目标 5. 下达部门目标分解方案调整通知	部门业务计划初稿、公司年度预算初稿	年度策略目标调整通知、部门目标分解方案调整通知、年度预算调整建议、年度投资与资本性支出预算初稿

（续表）

工作节点	时间	工作内容	流入文件	流出文件
预算审批下达	12月月初	1. 报董事会审批后确定公司年度策略目标、年度策略计划、年度业务预算、投融资预算及财务预算 2. 审批并下达部门年度业务目标与业务计划、年度预算给各部门	年度策略目标报批稿、年度策略计划报批稿、年度预算报批稿、部门年度业务目标报批稿、部门年度业务目标报批稿	公司年度策略目标、公司年度策略计划、部门年度业务目标、部门年度业务计划、各部门年度预算
决算	次年1月	1. 听取预算执行委员会就公司财政年度预算执行情况总结 2. 审议财政年度财务决算报表并报董事会批准	财政年度预算执行情况总结、财务决算报表、年度绩效奖金分配方案初稿	
审计	次年1月	1. 配合预算监督委员会实施年度预算审计 2. 根据审计报告作出相应的整改	年度预算审计报告	年度预算整改方案

（2）日常工作

工作节点	时间	工作内容	流入文件	流出文件
预算执行	预算年度	审议批准超预算与预算外事项		
预算分析	每月10日至20日	1. 听取预算执行委员会汇报上月执行情况和分析建议报告 2. 听取各部门拟定的改善方案与行动计划	月度预算执行情况和分析建议报告、业务改善方案与行动计划初稿	
预算调整	每季起始月10日到20日	1. 审批各部门的业务改善方案与行动计划 2. 审议批准预算执行委员会提交季度预测 3. 审议预算调整方案并报董事会批准	季度预测初稿、预算调整建议稿	季度预测通报、业务改善方案与行动计划、预算调整通报

第六条　预算评价委员会

1. 人员构成

董事会成员、总会计师、财务经理、技术专家等企业业务所需的各类专业人才。

2. 主要职责

（1）年度工作

工作节点	时间	工作内容	流入文件	流出文件
战略规划	9 月中旬	从财务、人力、设备及外部合作组织等角度分析企业的能力，论证战略目标的可行性		
预算启动	10 月月初	评价预算目标是否可行、预算编制方法与程序是否合理		战略目标可行性分析报告
预算平衡	11 月月初	1. 评价费用预算与业务预算的可行性 2. 对部门之间在预算编制过程出现的重大分歧进行协调		

（2）日常工作

工作节点	时间	工作内容	流入文件	流出文件
预算执行	执行期间	1. 对预算执行过程中出现的预算争议进行仲裁 2. 对追加的预算进行评价		
预算分析	每月 10 日至 20 日	1. 从专业角度评价分析差异分析报告的合理性 2. 从专业角度评价分析改善方案的可行性		
预算调整	每季起始月 10 日到 20 日	对预算调整进行评价	财务决算报表、月度预测初稿、预算调整建议稿	

第七条　预算监督委员会

1. 人员构成

监事会成员、总会计师与监事会领导下的内部审计人员。

2. 主要职责

（1）年度工作

工作节点	时间	工作内容	流入文件	流出文件
战略规划	9 月中旬	监督战略规划过程是否按照规定的议事制度和表决规程去执行		
预算启动	10 月月初	监督目标制定过程是否按照规定的议事制度和表决规程去执行		
预算编制	11 月月初	监督预算编制过程是否按照规定的议事制度和表决规程去执行		
审计	次年 1 月	对决算结果的真实性、完整性、合法性进行审计		绩效审计报告

（2）日常工作

工作节点	时间	工作内容
预算执行	执行期间	监督预算执行情况的合法性
预算分析	每月 10 日至 20 日	监督预算分析的真实性

第八条　预算执行委员会

1. 部门构成

以财务部为主要执行机构，企划部、人力资源部配合财务部编制预算所需要的报告与制度。

2. 主要职责

（1）年度工作

工作节点	时间	工作内容	流入文件	流出文件
战略规划	9 月中旬	1. 提交本年度预算执行情况和分析建议报告 2. 提交行业研究报告（企划部完成） 3. 分解细化公司策略目标（企划部完成）		策略目标试行稿、公司平衡记分卡试行稿
预算启动	10 月月初	1. 下发预算目标 2. 设计预算期的预算编审方法和程序，设置预算编制工作完成期限，设计并下发年度业务计划模板和预算编制模板	年度策略目标试行稿、部门目标分解方案试行稿	年度策略目标试行稿、部门目标分解方案试行稿、预算编制指引试行稿
预算编制	10 月至 11 月	1. 汇总各部门的业务计划与预算 2. 编制成本预算、财务预算、资本预算 3. 编制并下发年度策略目标调整通知 4. 编制并下发部门目标分解方案调整通知	部门业务计划初稿、部门年度预算初稿	年度策略目标调整通知、部门目标分解方案调整通知、年度预算调整建议、年度投资与资本性支出预算初稿
预算审批下达	12 月月初	1. 下发部门年度业务目标与业务计划 2. 下发年度预算给各部门 3. 要求各部门签字确认业务目标、业务计划与预算	公司年度策略目标、公司年度策略计划、部门年度业务目标、部门年度业务计划、各部门年度预算	公司年度策略目标、公司年度策略计划、部门年度业务目标、部门年度业务计划、各部门年度预算

（续表）

工作节点	时间	工作内容	流入文件	流出文件
决算	次年1月	1.准备公司财政年度预算执行情况总结 2.准备财政年度财务决算报表		财政年度预算执行情况总结、财务决算报表
审计	次年1月	1.配合预算监督委员会实施年度预算审计 2.根据审计报告作出相应的整改	年度预算审计报告	年度预算整改方案

注：未注明职责单位的工作都由财务部负责完成。

（2）日常工作

工作节点	时间	工作内容	流入文件	流出文件
预算执行	整个财年	按照费用预算管理办法审核费用支出		
预算分析	每月10日至20日	1.确认，计量预算执行情况 2.编制预算执行分析报告 3.汇报上月执行情况和分析建议报告 4.记录整理各部门拟定的改善方案与行动计划		月度预算执行情况和分析建议报告
预算调整	每季起始月10日至20日	1.准备财务决算报表 2.下发预算调整通报 3.汇总各业务部门对下季度业务进行的预测 4.汇总各业务部门编制的滚动预算	财务决算报表、月度预测初稿、预算调整建议稿、各部门下季度滚动业务预算	月度预测通报、业务改善方案与行动计划、预算调整通报、季度滚动预算

第九条 营销部门

1.部门构成

各办事处、服务部、营销办、市场部、技术支持部。

2.主要职责

（1）年度工作

工作节点	时间	工作内容	流入文件	流出文件
战略规划	9月中旬	1.年度预算正式启动前，对下一年度销售收入情况进行初步预测 2.对下一年度营销费用、市场拓展费用情况进行初步预测	年度策略目标试行稿、部门目标分解方案试行稿、预算编制指引试行稿	

（续表）

工作节点	时间	工作内容	流入文件	流出文件
预算编制	10月至11月	1. 根据公司年度策略计划与目标、内外部统计分析数据和市场营销规划编制本部门年度业务计划，描述公司下年度在市场定位、价格、促销、产品和渠道等方面的主要规划 2. 根据部门业务计划和市场情况，进行产品销量、价格分析 3. 依据销售数量、销售价格预测情况、预算模型计算方法及其他相关资料，编制明细的本部门收入、费用预算以及必要的汇总预算，并按管理流程中的时限要求将相关预算资料送交相关部门 4. 每年 10 月底，完成并提交本部门下年度人力资源需求、部门一次性固定资产购置需求 5. 根据预算管理委员会预算平衡会、预算正式下达等会议决议，修改部门年度运作计划和预算方案		部门业务计划、销售收入预算、部门费用预算、回款预算、其他业务收入预算、其他业务支出预算、部门一次性固定资产购置需求、部门人力资源需求
审计	次年1月	1. 配合预算监督委员会实施年度预算审计 2. 根据审计报告作出相应的整改	年度预算审计报告	年度预算整改方案

（2）日常工作

工作节点	时间	工作内容	流入文件	流出文件
预算执行	整个财年	按审批权限设置要求，对本部门内部的预算内、预算外申请事项进行部门审批		超预算申请审批表
预算分析	每月10日至20日	对本部门的预算执行情况进行分析和总结，并编制部门业务分析报告，寻找产生预算与执行差异的原因，提出改善建议与行动方案		月度预算执行情况和分析建议报告、业务改善方案与行动计划
预算调整	每季起始月10日至20日	1. 参考部门实际运作及公司、部门计划变动情况，提交本部门预算调整申请与建议 2. 参考部门实际运作及公司、部门计划变动情况，提交未来 3 个月销量、价格以及销售费用预测 3. 参考实际运作变动情况，提出对相关预算编制方法和预算表格或预算管理流程的调整需求与建议 4. 编制季度销售、销售费用滚动预算		预算调整申请、预算管理建议、未来 3 个月收入、价格与销售费用预测、季度销售、销售费用滚动预算

第十条 生产、采购部门

1. 部门构成

采购管理部、生产管理部、质量管理部、产品工艺部。

2. 主要职责

（1）年度工作

工作节点	时间	工作内容	流入文件	流出文件
战略规划	9月下旬	年度预算正式启动前，对下一年度生产能力与生产成本情况进行初步预测	年度策略目标试行稿、部门目标分解方案试行稿、预算编制指引试行稿	
预算编制	10月至11月	1. 根据公司年度策略计划与目标、内外部统计分析数据编制本部门年度业务计划 2. 依据销售数量、预算模型计算方法及其他相关资料，编制明细的生产数量预算 3. 依据生产数量预算、产品 BOM、采购提前期和安全库存数量编制材料期末库存预算、材料订货预算和材料采购预算、预付款预算、采购付款预算，根据历史数据、业务计划编制造费用预算以及必要的汇总预算，并按管理流程中的时限要求将相关预算资料送交相关部门 4. 每年10月底，完成并提交本部门下年度人力资源需求、根据生产预算、设备使用状况提交固定资产购置需求、大修理及技术改造申请 5. 根据预算管理委员会预算平衡会、预算正式下达等会议决议，修改部门年度运作计划和预算方案		部门业务计划、生产数量预算、材料期末库存预算、材料订货预算、材料采购预算、预付款预算、采购付款预算、部门费用预算、部门固定资产购置需求、大修理及技术改造申请、部门人力资源需求
审计	次年1月	1. 配合预算监督委员会实施年度预算审计 2. 根据审计报告作出相应的整改	年度预算审计报告	年度预算整改方案

（2）日常工作

工作节点	时间	工作内容	流入文件	流出文件
预算执行	整个财年	按审批权限设置要求，对本部门内部的预算内、预算外申请事项进行部门审批		超预算申请审批表

（续表）

工作节点	时间	工作内容	流入文件	流出文件
预算分析	每月10日至20日	对本部门的预算执行情况进行分析和总结，并编制部门业务分析报告，寻找产生预算与执行差异的原因，提出改善建议与行动方案		月度预算执行情况和分析建议报告、业务改善方案与行动计划
预算调整	每季起始月10日至20日	1. 参考部门实际运作及公司、部门计划变动情况，提交本部门预算调整申请与建议 2. 参考部门实际运作及公司、部门计划变动情况，提交未来 3 个月生产数量、库存、采购价格以及制造费用预测 3. 参考实际运作变动情况，提出对相关预算编制方法和预算表格或预算管理流程的调整需求与建议 4. 编制季度生产、采购与制造费用滚动预算		预算调整申请、预算管理建议、未来3个月生产量、库存、采购价格与制造费用预测、生产、采购与费用滚动预算

第十一条　职能部门

1. 部门构成

总经理、营销领导、生产后勤领导、总会计师、总工程师；知识产权部、技术研究部、产品研发部（包括产品研发总监）、产品应用部（包括产品应用总监）、行政后勤部、财务部、信息管理部、人力资源部、企划部。

2. 主要职责

（1）研发部门：知识产权部、技术研究部、产品研发部、产品应用部年度工作

工作节点	时间	工作内容	流入文件	流出文件
战略规划	9月下旬	年度预算正式启动前，对下一年度研发立项及投入进行初步预测	年度策略目标试行稿、部门目标分解方案试行稿、预算编制指引试行稿	
预算编制	10月至11月	1. 每年10月上旬前制定研发规划，描述公司下年度在产品研发、技术研究、产品应用和知识产权申报等方面的主要规划 2. 每年10月下旬依据公司策略计划，产品研发、技术研究和产品应用规划制定本部门下年度业务计划		部门业务计划、部门费用预算、研发项目预算、部门一次性固定资产购置需求、部门人力资源需求

（续表）

工作节点	时间	工作内容	流入文件	流出文件
预算编制	10月至11月	3. 依据本部门运作计划、预算模型计算方法及销售部门提供的相关计划和预测资料，编制明细的本部门费用预算 4. 每年 11 月前，完成并提交本部门下年度人力资源需求、部门一次性固定资产购置需求 5. 根据公司总经理办公会（预算管理委员会）预审批与预下达、正式下达等会议决议，修改部门年度运作计划和预算方案		
预算执行	整个财年	按审批权限设置要求，对本部门内部的预算内、预算外申请事项进行部门审批		
审计	次年1月	1. 配合预算监督委员会实施年度预算审计 2. 根据审计报告作出相应的整改	年度预算审计报告	年度预算整改方案

（2）研发部门：知识产权部、技术研究部、产品研发部、产品应用部日常工作

工作节点	时间	工作内容	流入文件	流出文件
预算执行	整个财年	按审批权限设置要求，对本部门内部的预算内、预算外申请事项进行部门审批		超预算申请审批表
预算分析	每月10日至20日	对本部门的预算执行情况进行分析和总结，并编制部门业务分析报告，寻找产生预算与执行差异的原因，提出改善建议与行动方案		月度预算执行情况和分析建议报告、业务改善方案与行动计划
预算调整	每季起始月10日至20日	1. 参考部门实际运作及公司、部门计划变动情况，提交本部门预算调整申请与建议 2. 参考部门实际运作及公司、部门计划变动情况，提交未来 3 个月研发项目的工作进度与费用预测 3. 参考实际运作变动情况，提出对相关预算编制方法和预算表格或预算管理流程的调整需求与建议 4. 编制季度部门责任费用滚动预算		预算调整申请、预算管理建议、未来三个月研发项目工作进度与费用预测、季度部门责任费用滚动预算

（3）行政后勤部年度工作

工作节点	时间	工作内容	流入文件	流出文件
战略规划	9 月下旬	年度预算正式启动前，对下一年度公司行政费用支出情况进行初步预测	年度策略目标试行稿、部门目标分解方案试行稿、预算编制指引试行稿	
预算编制	10 月至 11 月	1. 每年 10 月下旬根据公司年度策略计划、预算启动会议纪要、固定资产投资部门投资安排及公司相关经营统计数据编制本部门年度业务计划 2. 依据本部门年度业务计划、预算模型计算方法及其他相关经营统计资料，编制明细的行政管理类费用预算及本部门费用预算，并在管理流程规定的时限内将相关预算资料送交相关部门 3. 每年 11 月前，完成并提交本部门下年度人力资源需求 4. 每年 11 月月初将汇总公司各部门需求的一次性固定资产购置预算表送交固定资产投资部门 5. 根据公司总经理办公会（预算管理委员会）预审批与预下达、正式下达等会议决议，修改部门年度运作计划和预算方案		部门业务计划、行政管理类费用、部门费用预算、部门人力资源需求、部门一次性固定资产购置需求
预算执行	整个财年	按审批权限设置要求，对本部门内部的预算内、预算外申请事项进行部门审批		
审计	次年 1 月	配合预算监督委员会实施年度预算审计；根据审计报告做出相应的整改	年度预算审计报告	年度预算整改方案

（4）行政后勤部日常工作

工作节点	时间	工作内容	流入文件	流出文件
预算执行	整个财年	按审批权限设置要求，对本部门内部的预算内、预算外申请事项进行部门审批		超预算申请审批表
预算分析	每月 10 日至 20 日	对本部门的预算执行情况进行分析和总结，并编制部门业务分析报告，寻找产生预算与执行差异的原因，提出改善建议与行动方案		月度预算执行情况和分析建议报告、业务改善方案与行动计划

（续表）

工作节点	时间	工作内容	流入文件	流出文件
预算调整	每季起始月 10 日至 20 日	1. 参考部门实际运作及公司、部门计划变动情况，提交本部门预算调整申请与建议 2. 参考部门实际运作及公司、部门计划变动情况，提交未来 3 个月部门责任费用预测 3. 参考实际运作变动情况，提出对相关预算编制方法和预算表格或预算管理流程的调整需求与建议 4. 编制季度部门责任费用滚动预算		预算调整申请、预算管理建议、未来 3 个月部门责任费用预测、季度部门责任费用滚动预算

（5）人力资源部年度工作

工作节点	时间	工作内容	流入文件	流出文件
战略规划	9 月下旬	年度预算正式启动前，对下一年度人力资源情况进行初步预测	年度策略目标试行稿、部门目标分解方案试行稿、预算编制指引试行稿	
预算编制	10 月至 11 月	1. 依据公司年度策略计划和预算启动会议决议内容，对各部门（包括本部门）报送的部门人力资源需求计划，进行必要的部门间沟通和平衡，再据此编制本部门年度运作计划 2. 依据本部门年度运作计划、预算模型计算方法及其他相关资料，编制工资、福利费预算、工会经费、职教费和社会保险预算及本部门费用预算，并在管理流程规定的时限内将相关预算资料送交相关部门 3. 每年 11 月月初根据部门（初步）运作计划，编制部门一次性固定资产购置需求，经主管副总同意后送交行政部门 4. 根据公司总经理办公会（预算管理委员会）预审批与预下达、正式下达等会议决议，修改部门年度运作计划和预算方案		部门业务计划、部门费用预算、工资、福利费预算、工会经费、职教费和社会保险预算、部门人力资源需求、部门一次性固定资产购置需求
审计	次年 1 月	1. 配合预算监督委员会实施年度预算审计 2. 根据审计报告作出相应的整改	年度预算审计报告	年度预算整改方案

（6）人力资源部日常工作

工作节点	时间	工作内容	流入文件	流出文件
预算执行	整个财年	按审批权限设置要求，对本部门内部的预算内、预算外申请事项进行部门审批		超预算申请审批表
预算分析	每月10日至20日	对本部门的预算执行情况进行分析和总结，并编制部门业务分析报告，寻找产生预算与执行差异的原因，提出改善建议与行动方案		月度预算执行情况和分析建议报告、业务改善方案与行动计划
预算调整	每季起始月10日至20日	1. 参考部门实际运作及公司、部门计划变动情况，提交本部门预算调整申请与建议 2. 参考部门实际运作及公司、部门计划变动情况，提交未来 3 个月公司人工费用与部门责任费用预测 3. 参考实际运作变动情况，提出对相关预算编制方法和预算表格或预算管理流程的调整需求与建议 4. 编制季度公司工资、部门责任费用滚动预算		预算调整申请、预算管理建议、未来 3 个月公司人工费用与部门责任费用预测、公司工资与部门责任费用滚动预算

（7）企划部年度工作

工作节点	时间	工作内容	流入文件	流出文件
战略规划	9月中旬	1. 每年 7 月月初开始通过市场调研和信息搜集原始资料，出具关于行业数据和分析、竞争者分析、宏观经济指标等分析性报告 2. 负责收集和汇总各部门提交的下年度初步预测报告与相关资料，对公司战略落实、年度经营目标方案进行分析，提交预算管理委员会商议以确定公司年度战略目标与方案	年度策略目标试行稿、部门目标分解方案试行稿、预算编制指引试行稿	《行业分析报告》
预算编制	10月至11月	1. 每年 10 月月初根据公司年度运作计划，编制本部门年度运作计划 2. 依据本部门运作计划、预算模型计算方法及其他相关资料，编制明细的本部门费用 3. 每年 11 月前，完成并提交本部门下年度人力资源需求、部门一次性固定资产购置需求 4. 根据公司总经理办公会（预算管理委员会）预审批与预下达、正式下达等会议决议，修改部门年度运作计划和预算方案		部门业务计划、部门费用预算、部门人力资源需求、部门一次性固定资产购置需求
审计	次年1月	1. 配合预算监督委员会实施年度预算审计 2. 根据审计报告作出相应的整改	年度预算审计报告	年度预算整改方案

（8）企划部日常工作

工作节点	时间	工作内容	流入文件	流出文件
预算执行	整个财年	按审批权限设置要求，对本部门内部的预算内、预算外申请事项进行部门审批		超预算申请审批表
预算分析	每月10日至20日	对本部门的预算执行情况进行分析和总结，并编制部门业务分析报告，寻找产生预算与执行差异的原因，提出改善建议与行动方案		月度预算执行情况和分析建议报告、业务改善方案与行动计划
预算调整	每季起始月10日至20日	1. 参考部门实际运作及公司、部门计划变动情况，提交本部门预算调整申请与建议 2. 参考部门实际运作及公司、部门计划变动情况，提交未来3个月部门责任费用预测 3. 参考实际运作变动情况，提出对相关预算编制方法和预算表格或预算管理流程的调整需求与建议 4. 编制季度部门责任费用滚动预算		预算调整申请、预算管理建议、未来3个月部门责任费用预测、部门责任费用滚动预算

（9）信息管理部年度工作

工作节点	时间	工作内容	流入文件	流出文件
战略规划	9月下旬	年度预算正式启动前，对下一年度信息化建设支出情况进行初步预测	年度策略目标试行稿、部门目标分解方案试行稿、预算编制指引试行稿	《行业分析报告》
预算编制	10月至11月	1. 根据公司年度策略计划、各部门各类信息需求编制和调整本部门年度业务计划 2. 依据本部门及其他相关部门业务计划、公司投资安排、预算模型计算方法等资料，编制部门费用预算 3. 每年11月前，完成并提交本部门下年度人力资源需求、部门一次性固定资产购置需求 4. 根据公司总经理办公会（预算管理委员会）预审批与预下达、正式下达等会议决议，修改部门年度运作计划和预算方案		部门业务计划、部门费用预算、下年度人力资源需求、部门一次性固定资产购置需求

（续表）

工作节点	时间	工作内容	流入文件	流出文件
审计	次年1月	1. 配合预算监督委员会实施年度预算审计 2. 根据审计报告作出相应的整改	年度预算审计报告	年度预算整改方案

（10）信息管理部日常工作

工作节点	时间	工作内容	流入文件	流出文件
预算执行	整个财年	按审批权限设置要求，对本部门内部的预算内、预算外申请事项进行部门审批		超预算申请审批表
预算分析	每月10日至20日	对本部门的预算执行情况进行分析和总结，并编制部门业务分析报告，寻找产生预算与执行差异的原因，提出改善建议与行动方案		月度预算执行情况和分析建议报告
预算调整	每季起始月10日至20日	1. 参考部门实际运作及公司、部门计划变动情况，提交本部门预算调整申请与建议 2. 参考部门实际运作及公司、部门计划变动情况，提交未来3个月部门责任费用预测 3. 参考实际运作变动情况，提出对相关预算编制方法和预算表格或预算管理流程的调整需求与建议 4. 编制季度部门责任费用滚动预算		业务改善方案与行动计划、预算调整申请、预算管理建议、未来3个月部门责任费用预测、季度责任费用滚动预算

（11）财务部年度工作（参见预算执行委员会职责中财务部工作）

（12）财务部日常工作（参见预算执行委员会职责中财务部工作）

总经理、营销和工程副总、生产和后勤副总、总会计师、总工程师、各级领导费用经预算管理委员会确定后，由财务部代为编制。

第三章　全面预算的内容

第十二条　全面预算的内容

如下图所示：

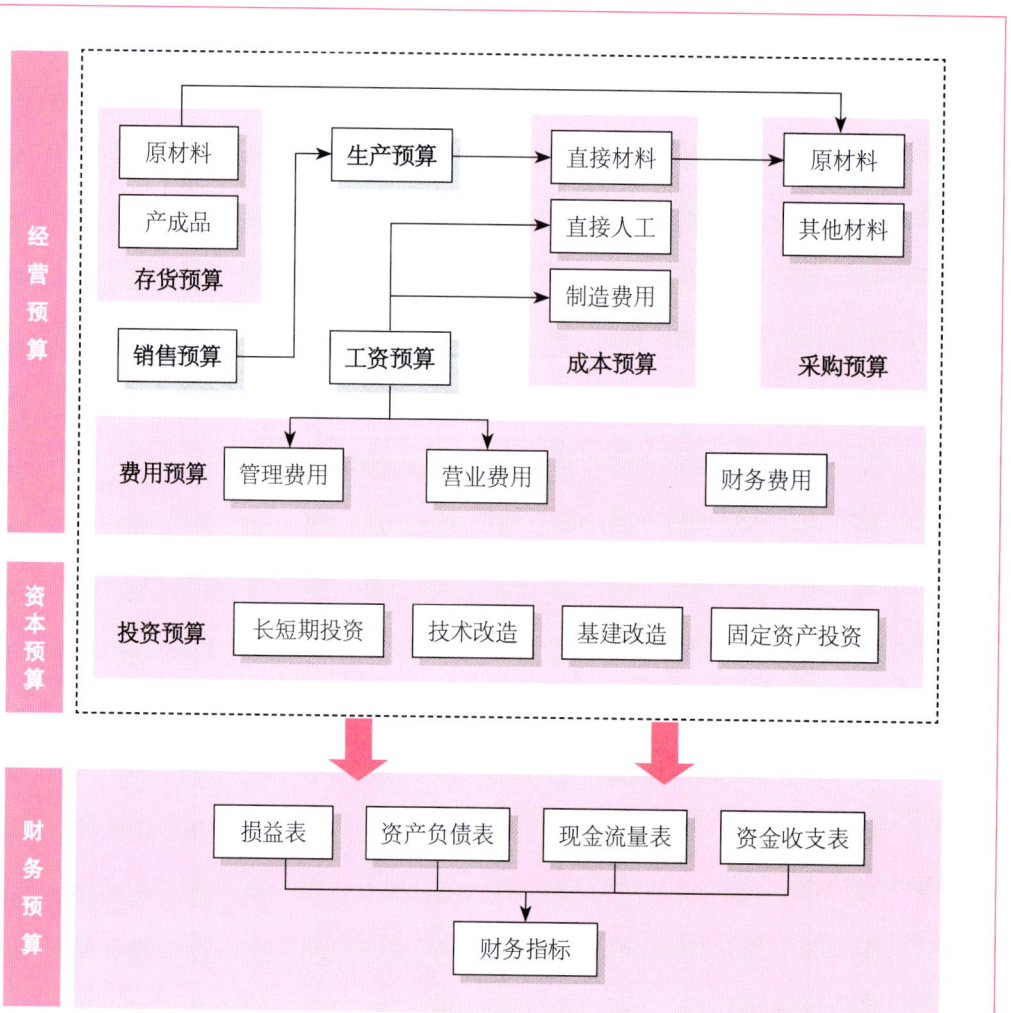

全面预算的内容

第十三条　业务预算

业务预算由销售预算、生产预算、采购预算、工资预算和成本预算组成。销售需要预算的主要内容包括销量、价格、销售回款；生产需要预算的主要内容包括存货、生产量与投料量和物料单耗；采购需要预算的主要内容包括采购量、订货量、采购价格和采购付款；成本预算主要由生产成本—材料成本预算和生产成本—制造费用预算两部分组成。

第十四条　费用预算

1. 费用预算包括管理费用预算、销售费用预算和制造费用预算。费用预算以所有的二级部门为基本的编制单位，每个部门的费用由人工费用、折旧与返销费用和部门责任预算费用组成。

2. 人工费用：该类费用指由于人员聘用而引发的费用。主要包括的内容有工资、社会保险、医疗保险等费用。

3. 折旧和摊销费用指业务量在一定范围内时就不会发生变动或者与业务量根本没有关系的费用。这类费用主要包括固定资产和无形资产摊销。

4. 部门责任预算费用：除以上两类费用外，部门发生的费用都归集为部门责任预算费用。部门责任预算费用主要包括的内容有办公费、差旅费、交通费等。

第十五条　投资预算

资本性支出预算由短期投资、长期投资、技术改造、基建改造与固定资产投资预算构成。

第十六条　财务预算

财务预算包括损益表、资产负债表、现金流量表、资金收支表和财务指标预算五部分组成。

第四章　预算编制方法与程序

第十七条　预算编制方法

1. 增量预算

增量预算是把前一年度实际发生数作为基数，以预算年度企业内外部环境对业务的影响程度作为调整依据进行编制预算的方法。"承认过去发生的是合理的"是使用增量预算方法的前提条件。

2. 零基预算

零基预算"只考虑未来需求，不考虑历史惯性"，以零为起点对预算期内各项收支的可行性、必要性、合理性逐项审议予以确定收支水平的预算，一般适用于预算编制基础变化较大的预算项目。

3. 弹性预算

弹性预算是在按照成本（费用）习性分类的基础上，根据量、本、利之间的依存关系编制的预算，一般适用于与业务量有关的成本（费用）、利润等预算项目。

第十八条　预算编制程序

1. 下达目标

预算管理委员会根据企业发展战略和预算期经济形势的初步预测，在决策的基础上，于每年 9 月底以前提出下一年度公司预算目标，包括业务销售目标、成本费用目标、利润目标和现金流量目标，并确定年度预算编制的政策。

预算管理委员会评价委员会	下年度预算 通过 未通过 评审
预算执行委员会	执行业务目标流程 产销平衡沟通 11月经营和预算汇总平衡 成本预算 资本预算 财务预算 下放执行
收入中心	10月中旬营销业务计划 10月下旬至11月中旬 销售预算 销售费用预算 人力需求计划 设备需求
成本中心	10月中旬生产业务计划 10月下旬至11月中旬 生产预算 存货预算 采购预算 人力需求计划 设备需求计划
费用中心	10月中旬研发业务计划 10月下旬至11月中旬 研发费用预算 人力需求计划 设备需求计划 10月中旬职能部门业务计划 10月下旬至11月中旬 管理费用预算 人力需求计划 设备需求计划

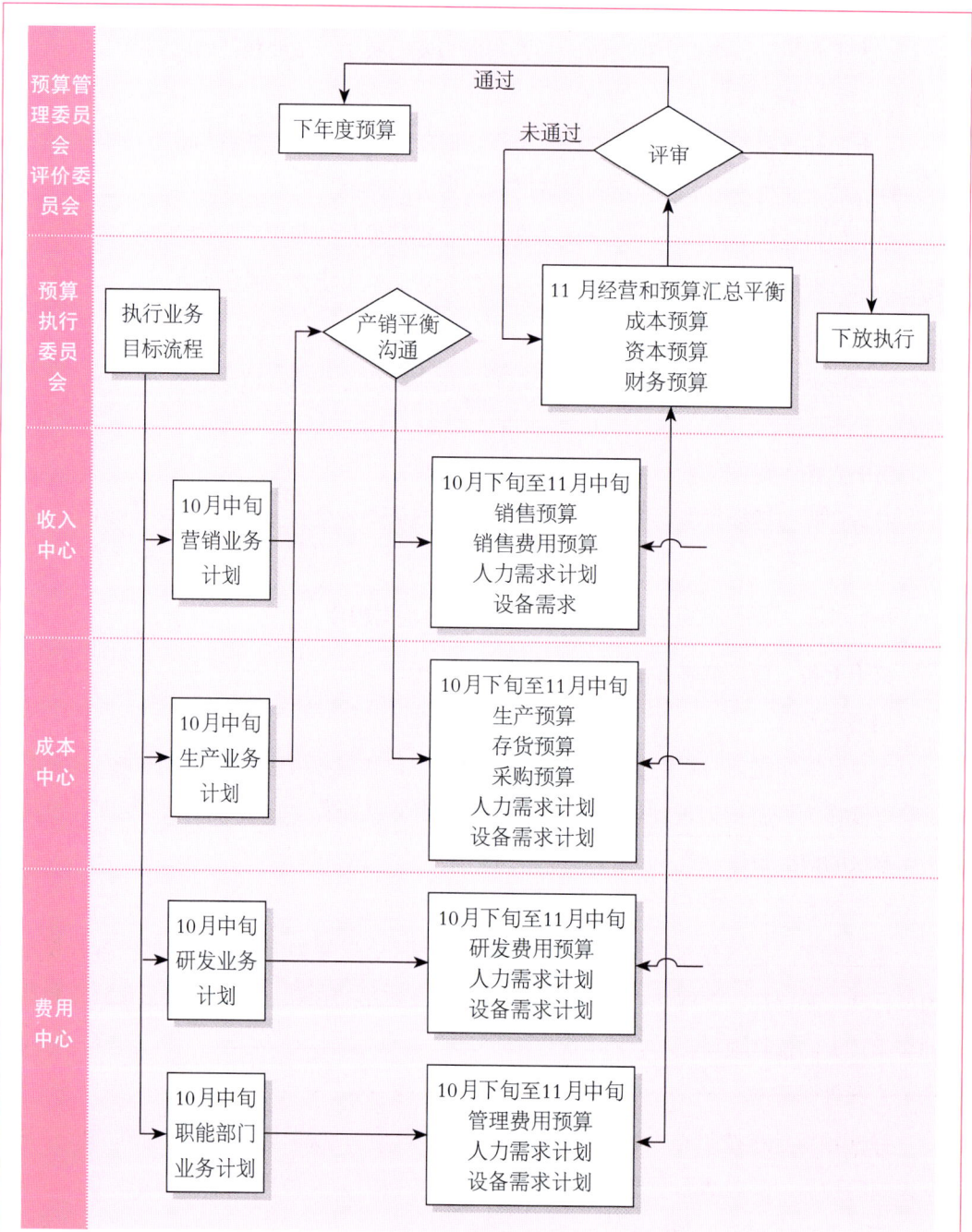

预算编制程序

2. 编制上报

各预算执行单位按照预算管理委员会下达的预算目标，结合自身实际提出详细的本单位预算方案，于 10 月底前上报预算执行委员会（财务部）。

3. 审查平衡

公司财务部对各预算执行单位上报的预算方案进行审查、汇总，提出综合平衡的建议。在审查、平衡过程中，公司财务部应当进行充分协调，对发现的问题提出初步调整的意见，并反馈给有关预算执行单位予以修正。

4. 审议批准

财务部在有关预算执行单位修正调整的基础上，编制出公司年度预算方案，报公司预算管理委员会讨论。对于不符合公司发展战略或者公司预算目标的事项，公司预算管理委员会应当责成有关预算执行单位进一步修订、调整。在讨论调整的基础上，财务部正式编制年度预算草案，提交公司预算管理委员会审议批准。

5. 下达执行

财务计划部根据预算管理委员会审议批准的年度预算，分解下达到各预算单位，各预算单位分解、落实并实施。

第五章　预算监控内容与程序

第十九条　预算监控内容

1. 事前监控的项目与监控部门

事前监控指在业务活动未发生之前，业务执行人需要根据公司的管理制度和年度预算提交业务申请，由上级领导和业务部门进行审批和审核的过程。

事前监控的部门与项目

监控部门	监控项目
营销办公室	产品价格、回款政策
人力资源部	人力需求、人力成本
质量管理部	制成检验合格率、来料检验合格率、安装检验合格率、新产品开发质量
财务部	资金支出、投融资业务、采购价格
生产管理部	工艺标准与工艺定额

2. 事中监控的项目与监控部门

事中监控指在业务执行过程中，监控部门以公司的管理制度与年度预算为标准，对业务的执行情况进行的对比分析。

事中监控的项目与监控部门

监控部门	监控项目
营销部门	销量、产品价格、产品销售结构、部门费用、销售增长率、新产品市场份额、应收账款占销售收入比率、产成品占用资金

（续表）

监控部门	监控项目
生产部门	材料消耗定额、部门费用、人均产出、制成检验合格率、材料库存资金占用、产品平均交货期、呆滞材料降低率
采购部门	采购资金占用额、采购价格、外协加工费、应付账款占存货金额比例、来料检验合格率
研发部门	新产品数量、新技术数量、部门费用
人力资源部门	人力需求与人力成本
财务部门	净资产收益率、销售净利率、总资产周转率、权益乘数、营运资金占流动资产比率、资产负债率、收现率、应收账款占销售收入比例、应付账款占存货金额比例、销售费用占收入比率、管理费用定额
其他部门	部门费用、非生产材料占用资金

第二十条 预算监控程序

1. 预算监控流程如下图所示：

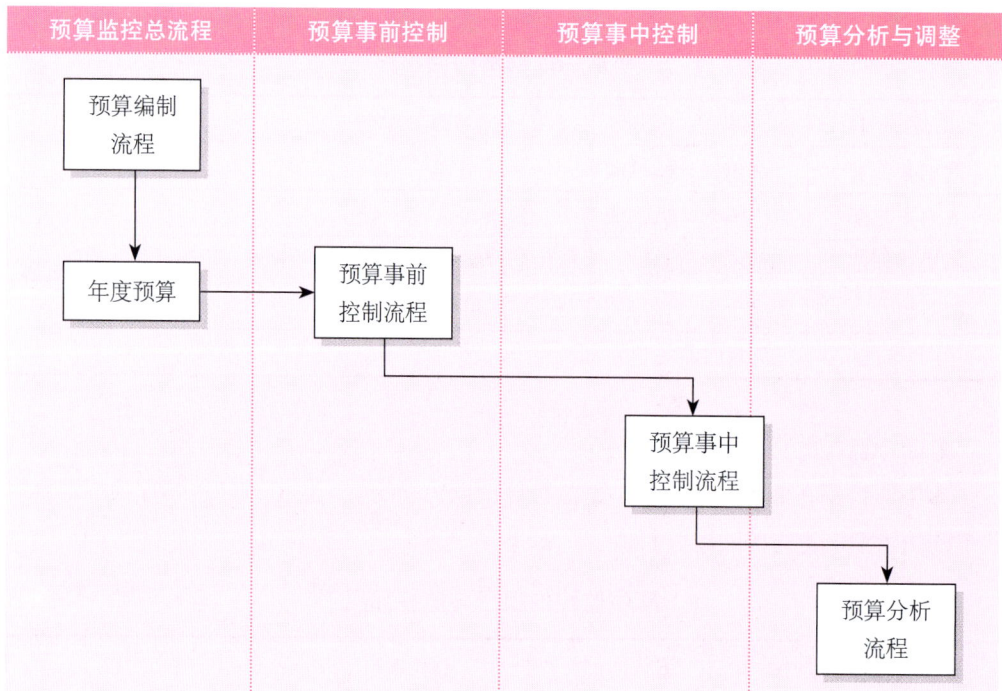

预算监控流程

2. 预算事前控制流程如下图所示：

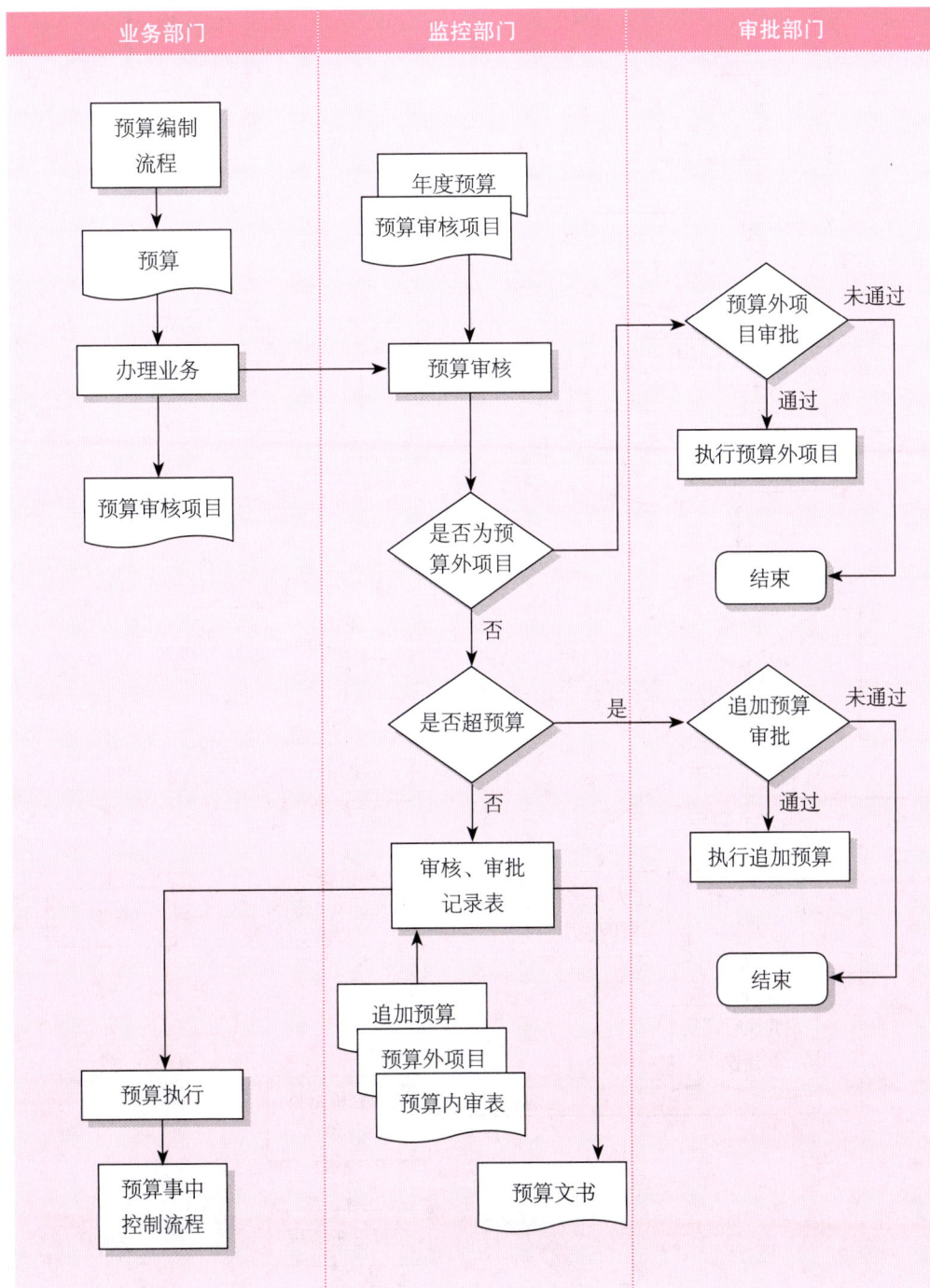

| 业务部门 | 监控部门 | 审批部门 |

预算编制流程

预算

年度预算
预算审核项目

办理业务 → 预算审核

预算外项目审批 — 未通过

预算审核项目

预算审核

通过

执行预算外项目

是否为预算外项目

结束

否

是否超预算 — 是 → 追加预算审批 — 未通过

否

通过

执行追加预算

审核、审批记录表

结束

追加预算
预算外项目
预算内审表

预算执行

预算事中控制流程

预算文书

预算事前控制流程

3. 预算事中控制流程如下图所示：

业务部门（监控部门）	二级主管领导	一级主管领导

预算事前控制流程

预算执行 → 执行过程信息反馈

预算执行分析 ← 执行过程信息反馈 / 预算审批、审核信息

是否出现异常 —— 否 / 是

执行预算

是否重大异常 —— 否 / 是

预算执行调整

重大异常及原因说明

预算执行调整建议

是否在权限内 —— 否 → 决策

决策

预算执行调整建议

预算分析结果记录

预算分析流程

预算事中控制流程

4. 预算分析流程如下图所示：

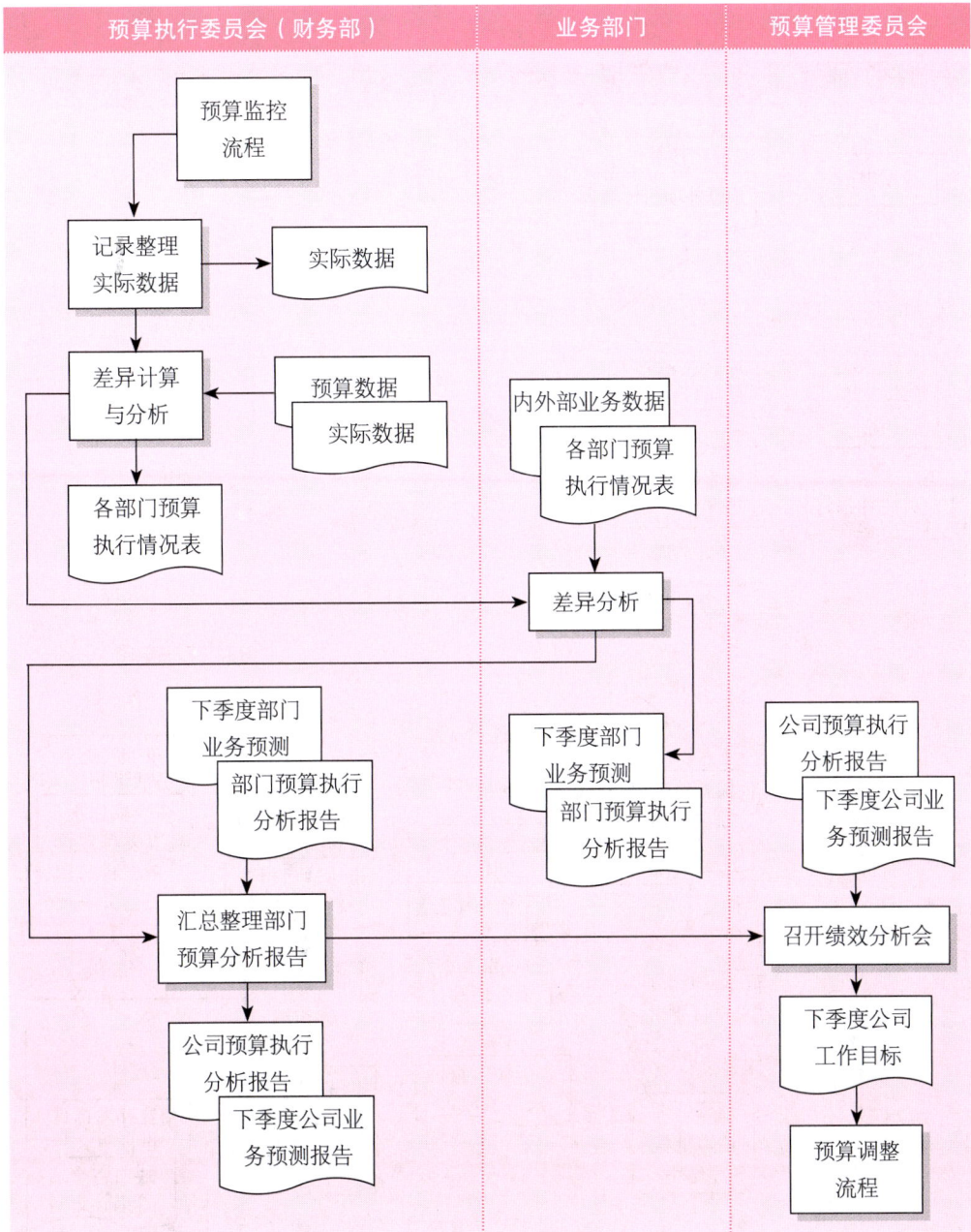

预算执行委员会（财务部）	业务部门	预算管理委员会

预算监控
流程

记录整理
实际数据

实际数据

差异计算
与分析

预算数据

实际数据

各部门预算
执行情况表

内外部业务数据

各部门预算
执行情况表

差异分析

下季度部门
业务预测

部门预算执行
分析报告

下季度部门
业务预测

部门预算执行
分析报告

公司预算执行
分析报告

下季度公司业
务预测报告

汇总整理部门
预算分析报告

召开绩效分析会

公司预算执行
分析报告

下季度公司业
务预测报告

下季度公司
工作目标

预算调整
流程

预算分析流程

第二十一条　预算外与超预算事项的处理

1. 预算外事项的处理程序

预算外事项即在期初预算方案中没有预计，而现在即将发生的业务活动。为预算外事项的发生，对该类事项加以严格控制。所有预算外事项都需要经过预算管理委员会审批后才能决定是否执行。预算外事项的处理程序如下图所示：

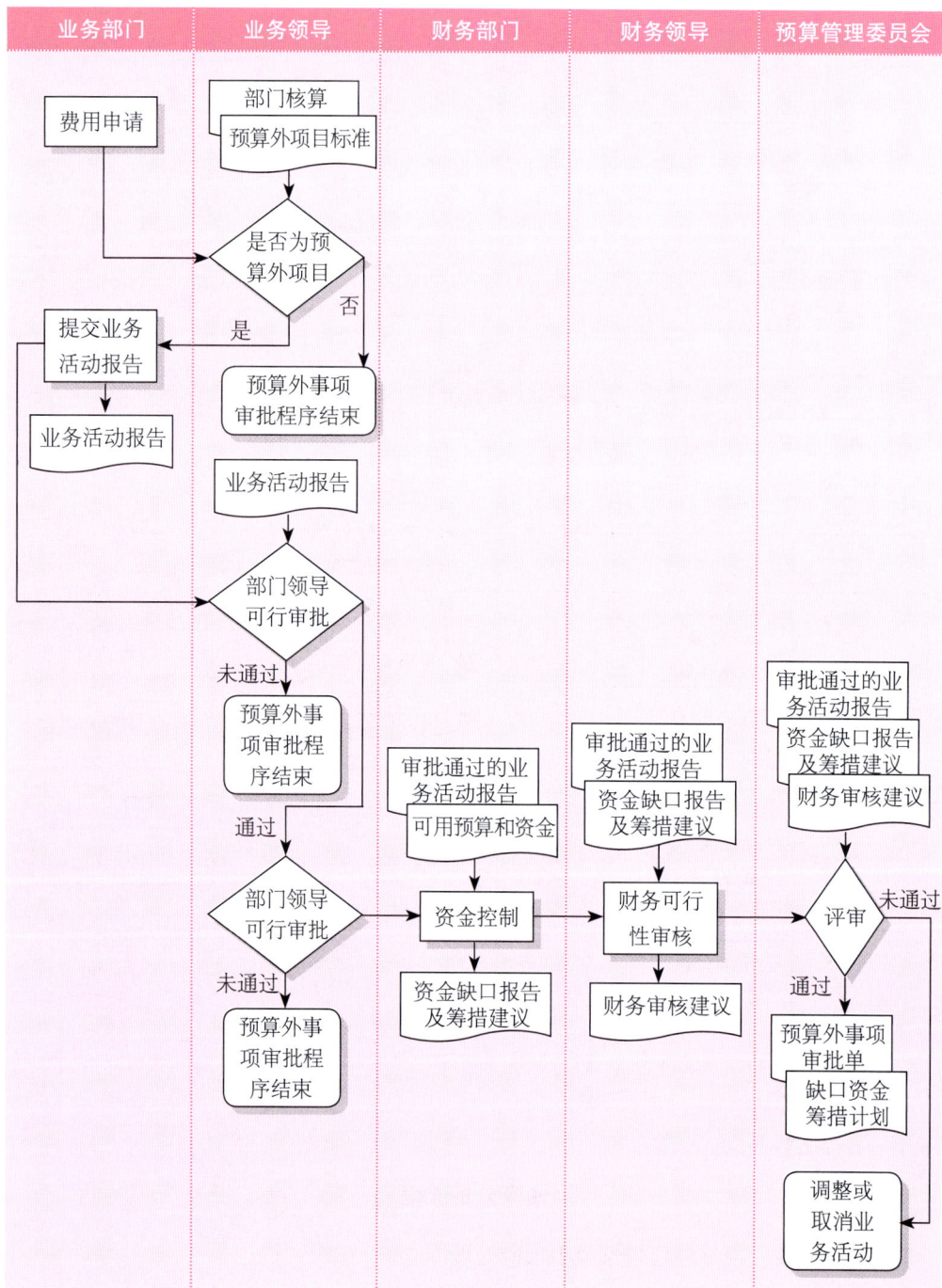

预算外事项审批程序

（1）提交业务活动报告

各个业务活动负责人对预算外事项，要编制详细的业务活动报告，其中一定包含资金需求，该报告是各级进行审批的基础资料。

（2）资金控制

财务部对照预算方案，比较当期可用资金与当期预算外事项所需资金，若前者小于后者，即企业在满足预算内事项后，已经没有足够的资金可支配，则取消或延期该业务活动。

当期可用资金＝上期资金余额+当期预算方案中的资金流入（包括企业融资、筹资）－当期预算方案中的资金流出。

（3）审批

部门依据该业务活动的可行性审批；主管领导依据从公司层次考虑业务活动的可行性审批；财务总监比较互斥业务活动方案的经济效益，选择最优活动方案；预算管理委员会依据预算管理委员会会议决策。

（4）财务核算

财务在核算的过程中，对业务活动原始单据的真实性、完整性、合法性予以监督。

2.超预算事项的内容

超预算是指在实际业务活动中，某些事项是期初编制预算方案时已经考虑到，但实际发生数超出期初预算额度的情况。

为了保障业务的正常开展，对于由于公司生产经营规模扩大导致业务量增加或出现新的业务，可对已有预算项目的预算指标进行追加。根据追加预算项目的性质和金额，要把超预算事项划分为三类：

（1）部门领导审批通过就可追加的预算；

（2）主管领导审批通过并且财务负责人审核后才可追加的预算；

（3）需要预算管理委员会审批通过才可追加的预算；

上述三类超预算情形的具体内容要根据企业实际添加。

超预算事项的处理程序如下图所示（见下页）。

第六章　预算分析方法与程序

第二十二条　预算分析方法

1.比较分析法

将某特定企业的监控内容与比较标准进行横向对比，确定不同期间的差异额或差异率，以分析监控内容的变动情况及变动趋势。比较标准可以是预算数据、历史数据、预测数据或其他企业的数据。在进行比较分析时，除了可以针对单个项目研究其趋势，还

业务部门	部门领导	主管领导	财务领导	预算管理委员会

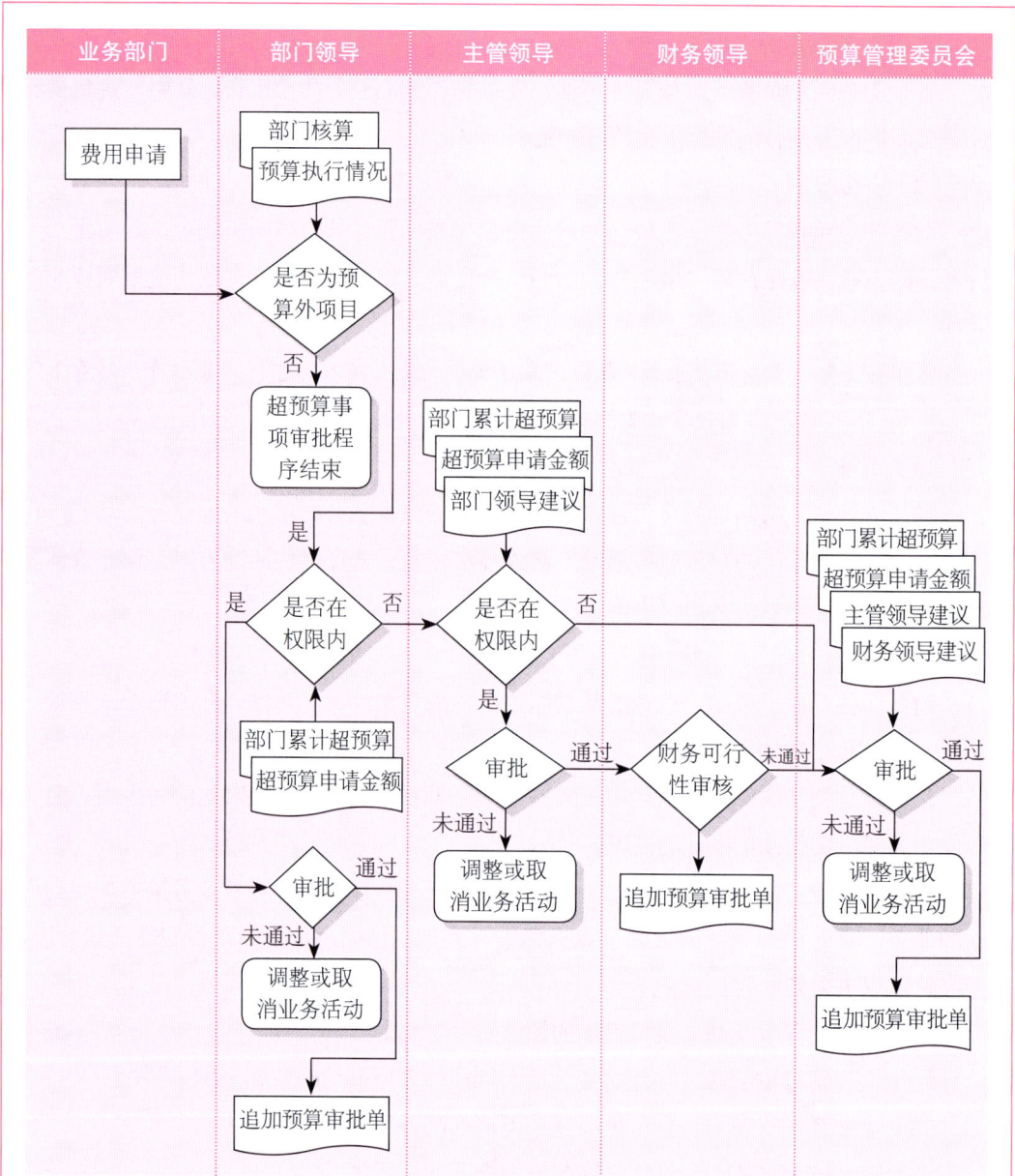

超预算事项的处理程序

可以针对特定项目之间的关系进行分析，以揭示出隐藏的问题。比如，如果发现销售增长 10% 时，销售成本增长了 14%，也就是说，成本比收入增加得更快，这与我们通常的假设是相悖的，我们通常假设，在产品和原材料价格不变时，销售收入和销售成本同比例增长。现在出现了这种差异，一般有三种可能：一是产品价格下降，二是原材料价格上升，三是生产效率降低。要确定具体的原因，这就需要借助其他方法和资料作进一步的分析。

2. 趋势分析法

趋势分析法又称水平分析法，是通过对比两期或连续数期财务报告中相同指标，确定其增减变动的方向、数额和幅度，依次来说明企业财务状况或经营成果的变动趋势的一种方法。

3. 因素分析法

因素分析法是依据分析指标与其影响因素的关系，从数量上确定各因素对分析指标影响方向和影响程度的一种方法。因素分析法具体包括以下两种：

（1）连环替代法：它是将分析指标分解为各个可以计量的因素，并根据各个因素之间的依存关系，顺次用各因素的比较值（通常即实际值）替代基准值（通常为标准值或计划值），据以测定各因素对分析指标的影响。

（2）差额分析法：它是连环替代法的一种简化形式，是利用各个因素的比较值与基准值之间的差额，来计算各因素对分析指标的影响。

第二十三条　预算分析程序

1. 信息收集

在预算的执行过程中，由预算执行委员会（财务部）和业务部门根据差异分解标准的要求，进行信息收集工作。信息类别包括：

（1）预算执行过程中的财务信息。

（2）重要的外部市场信息，如价格、行业领先者销量。

（3）公司内部的非财务信息。

2. 基础分析

基础分析指各个从事业务活动的基础单位对预算执行情况的分析，主要侧重于结合具体业务活动中所发生事项进行预算差异说明。

各部门在每月 10 日之前召开本部门绩效分析会议，对本部门上月的执行情况进行分析总结，并在 10 日之前把各部门业务分析报告上报预算执行员会（财务部）。

3. 综合分析

综合分析是指预算执行委员会（财务部）在对各基础单位的预算分析进行梳理之后，结合企业内外环境因素，分析公司预算执行差异的各种主客观因素。

预算执行委员会在每月 13 日前完成综合分析，预算管理委员会于每月＿＿＿日召开公司绩效分析会议，所有的预算单位都必须列席参加。会议主要由各预算单位对本部门业务分析报告中的重大差异及特殊事项进行解释说明并陈述改善措施。

4. 分析报告内容

（1）预算执行进度分析

通过与业务计划中行动方案所规定的时间对比，确认目前公司或部门各项工作的完成情况。

（2）预算执行结果分析

通过实际数据与预算数据的对比，总结公司或部门工作所取得的成绩和存在的问题。

（3）分析与调整建议

针对进度分析和结果分析中所列示的重大差异，向预算管理委员会说明产生的原因和拟采取的行动方案。如果产生差异的原因符合预算调整的条件可申请调整预算。

第七章　预算调整方法与程序

第二十四条　预算调整的内容

预算调整包括预算内指标之间的平衡和同一指标在不同期间的平衡。公司的年度策略目标不可以调整，但未完成的部分可以在余下的各期间内进行重新平衡、分解。部门的业务目标在不影响公司年度策略目标的情况下可以进行调整，其未完成的部分也可以在余下的各期间内进行重新平衡、分解。

第二十五条　预算调整方法

预算调整的方法为滚动预算，在编制预算时，先按年度分季，并将其中第一季度按月划分，建立各月的明细预算，以便监督预算的执行。在第一季度末对第二季度的预算进行调整，然后将第二季度的预算数按月细分，以此类推。编制过程如下图所示：

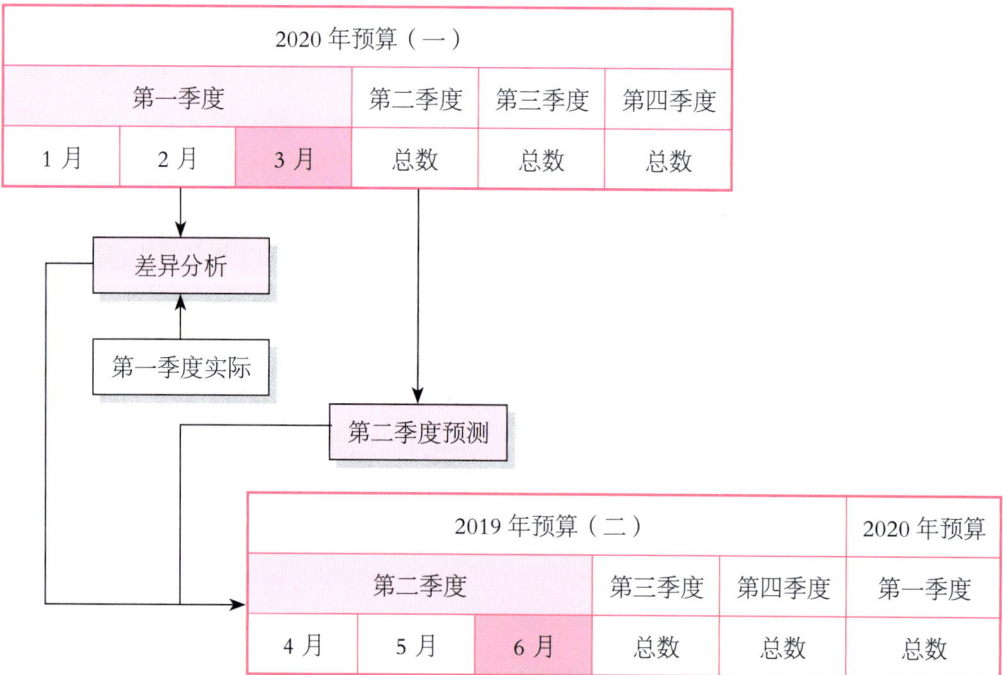

2020 年预算（一）					
第一季度			第二季度	第三季度	第四季度
1 月	2 月	3 月	总数	总数	总数

差异分析

第一季度实际

第二季度预测

2019 年预算（二）					2020 年预算
第二季度			第三季度	第四季度	第一季度
4 月	5 月	6 月	总数	总数	总数

预算调整的编制过程

第二十六条 预算调整程序

预算调整程序如下图所示：

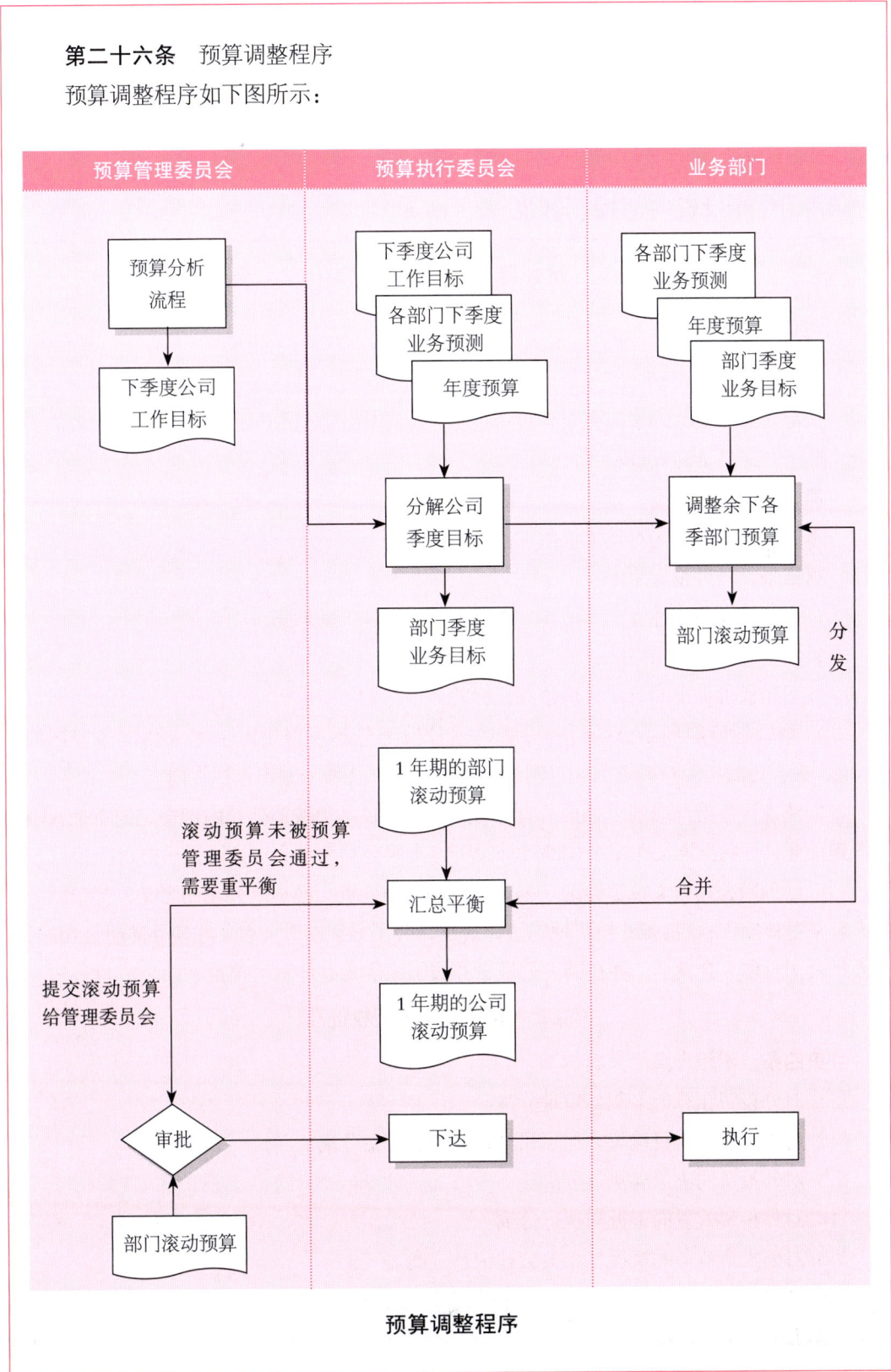

预算管理委员会	预算执行委员会	业务部门

预算分析流程 → 下季度公司工作目标

下季度公司工作目标 / 各部门下季度业务预测 / 年度预算

各部门下季度业务预测 / 年度预算 / 部门季度业务目标

分解公司季度目标 → 部门季度业务目标

调整余下各季部门预算 → 部门滚动预算　分发

1年期的部门滚动预算

滚动预算未被预算管理委员会通过，需要重平衡

汇总平衡　　合并

1年期的公司滚动预算

提交滚动预算给管理委员会

审批 → 下达 → 执行

部门滚动预算

预算调整程序

第4章　投资筹资管理制度

4.1　对外投资内部控制制度

对外投资内部控制制度

第一章　总则

第一条　控制目标

规范对外投资行为；防范对外投资过程中的差错、舞弊和风险；保证对外投资的安全，提高对外投资的效益。

第二条　适用范围

本制度适用于公司对外投资活动。

第三条　对外投资原则

1. 合法性原则：遵守国家法律、法规，符合国家产业政策。

2. 清晰的目的性原则。

3. 运用代价最小的方法实现预期目标的效益原则。

4. 规模适度原则：公司对外投资的累计投资总额不得超过上年末公司净资产的50%，在投资后接受被投资公司以利润转增的资本，其增加额不包括在内。

5. 法定程序批准原则：公司所有的对外投资项目必须按照公司内部规定的审批权限得到批准，并有批准文件；公司的对外投资方案经公司董事会讨论通过后方可执行。

6. 必须以公司名义投资原则：公司的一切对外投资，必须以公司的名义，严禁以个人名义对外投资；根据境外投资地的法律规定，公司必须以个人名义在境外注册公司的，须经公司股东大会批准，并在国内公证，并按国家规定办理有关报批手续。

第二章　岗位分工与授权批准

第四条　不相容岗位分离

1. 对外投资预算的编制与审批分离。

2. 对外投资的项目建议人与项目分析论证、评估分离。

3. 对外投资的决策与执行分离。

4. 对外投资处置的审批与执行分离。

5. 对外投资业务的执行与相关会计记录分离。

6. 投资业务的全过程不能由同一个部门或一人办理。

第五条　岗位轮换

公司根据具体情况对办理对外投资业务的人员定期进行岗位轮换。

第六条　经办和核算对外投资业务人员的素质要求

1. 具备良好的职业道德、业务素质。

2. 熟悉对外投资相关的法律、法规和相关专业知识。

3. 符合公司规定的岗位规范要求。

第七条　业务归口办理

1. 短期投资由证券部归口办理。

2. 长期债券投资由财务部或证券部归口办理。在资本市场投资由证券部归口办理。非资本市场投资由财务部办理。

3. 长期股权投资由投资部归口办理。

4. 未经授权，其他部门不得办理对外投资业务。

第八条　部门或岗位职责

1. 董事长

公司董事长是对外投资第一责任人。具体对下列工作负责：

（1）组织编制投资计划。

（2）组织对外投资的可行性分析和投资方案评估。

（3）组织编制大型投资项目的投资方案。

（4）负责召开董事会或股东大会审议投资方案或投资计划。

（5）听取管理代表的汇报，对管理代表的请示及时答复和处理。

（6）组织和督促投资管理部门和财务部门对投资进行管理和监督。

（7）签署投资合同或协议等法律文本。

2. 总经理

公司总经理对对外投资的下列工作负责：

（1）参与编制投资计划。

（2）编制投资方案。

（3）组织投资方案的实施。

（4）听取对外投资的管理代表的汇报。

（5）组织制定投资处置方案。

（6）对投资的运行情况进行监督。

3. 投资管理部门

投资管理部门（包括证券部、投资部等）是对外投资的业务管理部门，对投资效果负重要责任，并要对下列工作负责：

（1）对投资项目进行考察。

（2）具体组织可行性分析工作、拟订投资计划和投资方案。

（3）具体组织投资方案的评估论证工作。

（4）办理投资的具体事项。

（5）拟订投资项目的处置方案。

（6）制定对投资代表的考核办法。组织对委派的管理代表的考核。

（7）对投资项目进行监督，定期向董事会报告投资情况，并保证其真实性。

4. 财务部门

财务部门是对外投资的核算部门和监督部门，具体参考以下工作：

（1）参与投资项目的可行性分析。

（2）参与拟订投资方案和投资计划。

（3）参与投资方案评估。

（4）组织对投出资产的评估和价值确认工作。

（5）负责办理短期投资、长期债权投资的具体业务。

（6）按照国家会计制度的规定，正确核算对外投资的成本和收益。

（7）参与拟订投资项目的处置方案。

（8）参与对投资委派管理代表的考核。

（9）定期分析被投资单位的财务状况和偿债能力，并提出分析报告。

（10）妥善保管债券、股票等投资凭证，以及有关法律文本、合同、协议等投资文件资料。

5. 投资管理代表

投资管理代表（包括公司派出的董事、经理等高管人员和一般代表）是投资管理直接监督者，对投资管理负有直接责任。

（1）担任被投资单位的高级管理岗位的管理代表，要对下列工作负责：

①有效运用资产，保证资本保值增值。

②维护公司投资权益，正确行使经营决策权。

③定期向公司董事长和总经理汇报。

④重大决策及时向公司请示。

⑤及时督促分配的投资收益汇入公司账户。

⑥每半年向董事会述职。

（2）未担任被投资单位的高级管理岗位的管理代表，要对下列工作负责：

①认真履行监督职责，确保投资的安全、完整。

②定期向公司董事长和总经理汇报。

③重大决策事项及时向公司请示。

④监督已分配的投资收益及时汇入公司账户。

⑤每半年向董事会述职。

第九条 授权审批

1. 授权方式

（1）公司对董事会的授权由公司章程和股东大会决议。

（2）公司对董事长、总经理的授权，由公司章程和公司董事会决议。

（3）总经理对其他人员的授权，年初以授权文件的方式明确，对投资审批，一般只对财务总监给予授权。

（4）对经办部门的授权，在部门职能描述中规定或临时授权。

2. 审批权限

（1）投资审批范围与权限

投资审批范围与权限，如下表所示：

投资审批范围与权限

审批人	审批范围和权限
股东大会	（1）投资计划 （2）涉及总金额在公司净资产 20% 以上（含 20%）的投资项目
董事会	（1）投资方案 （2）投资决策 （3）授权董事长、总经理投资决策
董事长	（1）根据董事会决议或授权，签署批准投资方案、投资协议 （2）董事会闭会期间，在授权范围内投资决策
总经理	在授权范围内批准投资方案，签署投资协议

（2）延续投资及投资处置审批

①投资项目合同到期，公司除延续投资外，公司须及时进行清算、到期收回或出售、转让，公司延续投资的审批按"投资审批"规定的权限办理。

②未到期的投资项目提前处置，在处置前按原决定投资的审批程序和权限进行审批，未经批准，不得提前处置。

（3）投资损失确认审批

①股东大会审批的投资损失确认事项：单项投资损失 100 万元以上（含 100 万元）；年度累计投资损失 200 万元以上（含 200 万元）。

②董事会审批的投资损失确认事项：除需股东大会审批的投资损失确认事项外，投资损失确认事项，都由董事会审批确认；需由股东大会审批的投资损失确认事项在送交股东大会审议批准前，董事会审议确认。

3. 审批方式

（1）股东大会批准以股东大会决议的形式批准，董事长根据决议签批。

（2）董事会批准以董事会决议的形式批准、董事长根据决议签批。

（3）董事长在董事会闭会期间，根据董事会授权直接签批。

（4）总经理根据总经理会议规则，由总经理办公会议批准或根据授权直接签批。

（5）财务总监根据授权签批。

4. 批准和越权批准处理

（1）审批人根据对外投资业务授权批准制度的规定，在授权范围内进行审批，不得超越审批权限。

（2）经办人在职责范围内，按照审批意见办理对外投资业务。

（3）对于审批人超越授权范围审批的对外投资业务，经办人有权拒绝并应拒绝办理，并及时向审批人的上一级授权部门报告。

第三章　投资过程控制

第十条　对外投资预算

1. 公司根据发展战略目标、社会需要和公司的投资能力编制投资预算，投资预算应符合国家产业政策，投资预算应对投资规模、结构和资金作出合理安排。

2. 公司对外投资预算一经批准，必须严格执行。

3. 公司对外投资预算的编制、审批和调整，按公司《预算管理实施办法》执行。

第十一条　短期投资

短期投资内控要求，如下表所示：

短期投资内控要求

业务操作	操作人	控制要求
1. 提出投资计划	证券部	（1）公司有剩余资金 （2）预期其获利超过银行存款利息 （3）有强有力的风险控制保障措施 （4）有熟悉证券市场的专业人才，对证券市场有较强的判断能力 （5）以投资计划书的形式提出
2. 投资计划审批	总经理	（1）以总经理办公会的形式审批 （2）除国债投资计划或董事会授权范围内的投资计划外，短期投资计划必须报董事会审批 （3）对公司暂不开展的投资业务不予审批 （4）审查对证券市场的估计是否合理、投资收益估算是否正确、投资理由是否充分等

（续表）

业务操作	操作人	控制要求
2. 投资计划审批	董事会	（1）以董事会决议的形式批准 （2）对股东大会决议不许投资的投资计划不予审批 （3）审查投资额度、投资计划的可行性、证券市场走势分析的合理性、投资品种、投资风险规避措施等内容 （4）审议通过投资品种、投资额度，并报股东大会批准 （5）授权总经理对国债投资审批权
	股东大会	（1）批准年度投资计划包括投资品种、投资规模 （2）审议批准投资风险控制方案
3. 投资实施	证券部	（1）分析证券市场，定期提出分析报告 （2）编制证券购入计划和出售申请 （3）每周末和月末编制证券交易情况表和已购证券收盘市价表 （4）交易指令下达人和交易承办人不得由一人负责 （5）证券投资的人员、个人不能买卖股票等证券 （6）交易指令下达前，其交易计划必须得到财务总监批准
	财务总监	（1）审批证券购入计划和出售申请 （2）不能直接填制下达交易指令 （3）每月定期和不定期检查证券交易情况和风险控制措施的遵守情况至少两次
	财务部	（1）存出投资保证金，按公司授权由授权人员批准 （2）盘存、核实存出投资保证金和购入的证券 （3）及时记录短期投资交易业务 （4）检查核对证券交易记录 （5）审核拨出存出投资保证金申请

第十二条　长期债权投资和委托贷款投资

长期债权投资和委托贷款投资内控要求，如下表所示：

长期债权投资和委托贷款投资内控要求

业务操作	操作人	控制要求
1. 项目建议	公司董事、高管人员、各职能部门、二级机构及公司内外的其他人员	（1）必须书面提交项目建议书 （2）提出时间在股东大会召开前

（续表）

业务操作	操作人	控制要求
2. 立项	总经理	（1）受理 （2）组织立项研讨，提出研讨是否立项的结论性意见 （3）起草立项批复报总经理审批；未获准立项，将项目建议书退回建议人 （1）根据研讨意见确认是否立项 （2）经理办公会或授权总经理批准 （3）签发立项批复
3. 评估、论证	财务部门	（1）组织评估、论证 （2）调查被投资单位的企业规模、行业前景，产品的市场发展前景，募集资金用途，偿债能力，社会商业信用等对项目进行可行性论证，并编制可行性研究报告 （3）聘请专家评估。每一位专家单独填写"投资项目专家评估意见表"
4. 预审	总经理	（1）以经理办公会的形式预审 （2）预审依据 ①可行性分析报告 ②专家评估意见表 ③立项研讨意见书和立项批复 （3）审核可行性分析报告的合理性，进一步评估投资风险及对公司现金流的影响；进一步评估被投资单位的偿债能力和社会商业信用，以及投资目的实现的可能性 （4）拟定投资方案
5. 审定	董事会	（1）由董事会决议的形式审定 （2）进一步审查评估投资风险和投资目的实现的可能性 （3）授权总经理的审定权限 （4）审定投资规模和期限，批准投资方案 （5）对需报股东大会批准的投资事项送交股东大会批准
	股东大会	（1）批准年度投资计划 （2）对需交股东大会批准的投资项目进行审议并作出决议
6. 投资方案实施	财务部门	（1）按批准的投资规模和期限购买债券或委托银行贷款 （2）及时记录投资业务 （3）收取投资收益 （4）妥善保管有关证券及文件 （5）实时监控被投资单位财务状况，定期提供分析报告，被投资单位出现异常情况时及时报告 （6）承办、会计记录、证券保管分别由不同的人担任

（续表）

业务操作	操作人	控制要求
6. 投资方案实施	财务负责人	（1）审批投资资金 （2）抽查投资记录 （3）抽查证券和有关文件的保管情况 （4）检查利息等收益的及时收取情况

第十三条　长期股权投资决策

长期股权投资决策控制要求如下表所示：

长期股权投资决策控制要求

业务操作	操作人	控制要求
1. 项目建议	公司董事、高管人员，各职能部门、二级机构及公司内外的其他人员	（1）必须提交项目建议书 （2）提出时间应在股东大会召开前
2. 立项	投资部门	（1）受理 （2）形式上审查项目建议书 （3）组织立项研讨，提出研讨意见 （3）符合国家产业政策、公司发展战略和社会需要 （4）对被投资单位进行资信调查和实地考察 （5）对其他投资者的资信情况进行了解和调查 （6）研讨意见书由立项研讨参加人员会签 （7）起草立项批复报总经理或董事长批准 （8）未获准立项的，将项目建议书退回建议人
	总经理	（1）主持小型投资项目（由董事会授权）的立项研讨 （2）审核立项批复 （3）签发小型项目的立项批复
	董事长	（1）主持立项研讨（授权总经理除外） （2）审核立项批复（小型项目除外） （3）签发立项批复（小型项目除外）
3. 评估、论证	投资部门或公司另行成立项目筹备组	（1）组织评估、论证 （2）调查被投资项目的基本情况包括被投资行业的状况及国家政策等；对项目进行可行性论证，并编制可行性研究报告 （3）可行性研究应当全面、客观、及时可靠 （4）可行性研究报告必须包括的内容：项目起因、企业概况、项目内容、技术分析、市场分析、资金分析、效益分析、环保影响、风险分析、政策分析、研究结论等

（续表）

业务操作	操作人	控制要求
3.评估、论证	投资部门或公司另行成立项目筹备组	（5）重大投资项目立项后，公司认为必要时委托具有相应资质的专业机构进行可行性研究 （6）500 万元以上投资项目必须由公司聘请专家评估 （7）参加评估的专家须单独填写"投资项目专家评估意见表"
	财务部	（1）参与可行性研究工作 （2）对投资项目所需的资金、预期现金流量、投资收益，以及投资的安全性等进行测算分析
4.预审	总经理	（1）以经理办公会的形式预审 （2）预审时间安排在项目论证结束后的首次经理办公会上 （3）预审依据：可行性研究报告、专家评估意见表、立项研讨意见书和立项批复 （4）进一步分析投资项目的可行性及其风险和投资目的实现的可能性 （5）预审结束时，形成《提交公司董事会决策议案》，议案内容：议案要点、预审意见、总经理签章、议案附件（可行性研究报告、合同、章程、草案等） （6）拟定投资方案
5.审定	董事会	（1）所有对外股权投资项目均由公司董事会审定 （2）决策议案文件由投资部门提供，并于董事会召开前两周送达各董事及到席人员 （3）董事会记录须详细记录各董事的意见和审批过程，董事会记录必须由出席会议的董事签字 （4）批准项目进入实施的有效表决票数，必须超过全体董事的半数 （5）按本制度规定须交股东大会批准的投资项目，送交股东大会审议 （6）审议批准投资方案
	股东大会	（1）审议批准投资计划 （2）对需交股东大会批准的投资项目进行审议并作出决议
6.项目申报	投资部或项目筹备组	（1）凡需向有关政府机关申报的投资项目，组织编制相关申报文件并负责汇编送审 （2）申报文件由董事长签发，或授权总经理签发 （3）申报后的催批 （4）受理申报审批单位提出的问题，并按其类别分别交相关部门处理。无法处理，请示公司总经理或有关领导

第十四条　投资实施和监控内控

投资实施和监控内控要求如下表所示：

投资实施和监控内控要求

业务操作	操作人	控制要求
1. 洽商	投资部门或筹备组	（1）具体组织与被投资方正式洽商，洽商人至少两人以上 （2）起草协议、章程等文件 （3）有利害关系的人员实行回避 （4）重大合同应征求法律顾问和专家意见 （5）办理合同公证
	总经理	（1）对中小项目作为主代表，代表公司同被投资单位谈判 （2）洽商谈判必须有两人以上参加 （3）出现原则变动，报董事会批准 （4）审核投资协议
	董事长	（1）对于重大项目，作为主代表，代表公司同被投资单位谈判 （2）洽商谈判必须有两人以上参加 （3）出现原则变动，报董事会批准 （4）审核并签署投资协议
2. 投出资产及办理相关手续	财务部门	（1）参与编制具体投资计划 （2）组织资产评估 （3）根据公司董事会、决议或股东大会决议、投资协议（经公证）和投资计划，按项目、进度、时间、金额和方式投出资产 （4）需要提前或延迟投资资产、变更投资方式、中止投资，按本项目原审批程序审批 （5）取得投资证明并妥善保管 （6）及时进行投出资产账务处理，正确核算投资业务 （7）协助被投资单位办理银行、税务等相关手续
	投资部门或筹备组	（1）办理资产移交手续，向被投资方取得有关凭证 （2）参与被投资单位的筹备工作 （3）协助被投资单位办理工商登记等有关手续
3. 派出管理代表	投资部门	（1）拟定管理代表名单包括向子公司推荐董事、总经理、财务负责人等高管人员和向参股单位派出常驻代表 （2）拟定管理代表的考核办法 （3）组织对管理代表的考核
	总经理	（1）决定派出管理代表名单 （2）按法律程序向子公司推荐董事、总经理、财务负责人等高管人员 （3）每半年听取管理代表的汇报至少一次

（续表）

业务操作	操作人	控制要求
4. 监控	总经理	（1）对子公司制定经营目标和预算方案； （2）对被投资单位出现的异常情况及时组织会议研究，重大事项及时向董事会报告
	投资代表	（1）每季向总经理报告工作一次，每半年向董事会报告工作一次 （2）除公司章程规定不能事前向公司汇报的事项外，在被投资单位涉及下列重大事项时，要及时书面请示： ①选聘公司董事会成员及董事会主要负责人 ②有关重大投资决策、经营方向、经营方式决策 ③增资或发行公司债券 ④收益分配决策 ⑤资产抵押超过企业净资产三分之一以上 ⑥其他涉及公司重大利益的事项 （3）代表公司参加有关决策会议时，必须按公司的利益和意志行使权力
	投资部门	（1）定期与被投资单位沟通；归口处理和协调与被投资单位的业务往来 （2）收集被投资单位的有关信息 （3）分析评估投资质量，发现异常，及时向总经理、董事会报告 （4）会同财务部门等相关部门拟定投资处置方案
	财务部门	（1）对子公司的财务会计工作予以指导，审定子公司特殊的财务政策和会计政策 （2）分析被投资单位的财务状况、盈利能力，每季至少分析一次 （3）及时足够收取投资收益，及时处理投资期间相关账务 （4）会同投资部门等相关部门拟定投资处置方案
5. 项目后评估	总经理	（1）下达评估计划 （2）审定评估工作规范 （3）审核评估工作报告 （4）向董事会提交投资效果评价报告 （5）向被投资单位反馈董事会有关决议
	投资部门 财务部门	（1）拟定评估工作规范 （2）起草评估工作计划 （3）组织评估工作，编写、汇总评估报告 （4）起草投资效果评估报告 （5）评估工作报告必须包括以下内容： ①项目概况 ②投资效果评估：对照可行性研究报告所定目标，按成功、基本成功、尚可挽救、失败四类作出判断 ③小结。按投资成败分类，分析主客观原因，总结经验教训，并提出改进意见

第十五条　投资处置

投资处置内控要求，如下表所示：

投资处置内控要求

序号	作业内容	内控要求
1	处置决策	按本项目原投资审批程序审批
2	处置价格确定	由公司财务部、投资部研究确定转让价格，并经董事会批准；必要时，由财务部聘请具有相应资质的专门机构进行评估
3	对外投资处置收回的资产	（1）公司对投资收回的资产，应及时足够收取，并按会计规定入账 （2）收回货币资金，应及时办理收款业务 （3）收回实物资产，应编制资产回收清单并由相关部门验收 （4）收回无形资产，应检查核实被投资单位未在继续使用 （5）收回债权的应确认其真实性和价值
4	对外投资评估处置的会计审核和核算	（1）财务部在进行资产处置的相关会计处理时，应当认真审核与对外投资处置有关的审批文件、会议记录及相关资料，以确保资产处置的真实、合法 （2）财务部应认真审验对外投资处置后的资产回收清单和验收报告，审核对外投资的作价，保证回收资产的安全和完整 （3）对需办理产权转移手续的资产，应查验其产权转移情况 （4）财务部对投资处置进行会计审核后，按《公司会计核算手册》要求及时进行会计处理
5	对外投资核销	（1）投资部门应取得因被投资单位破产等不能收回投资的法律文书和证明文件 （2）按投资损失的审批权限审批

第四章　对外投资记录控制

第十六条　过程记录控制。公司建立投资决策、审批过程的书面记录制度。

第十七条　会计记录控制

（1）公司按《企业会计制度》和《公司会计核算手册》对外投资业务进行会计核算和记录，所有对外投资业务纳入公司的会计核算体系，严禁账外设账。

（2）财务部进行对外投资业务会计处理时，对投资计划、审批文件、合同或协议、资产评估证明、投资获取的权益证书等相关凭证的真实、合法、准确、完整情况进行严格审核。

（3）公司建立对外投资台账，记录被投资单位的名称、投资合同与协议的编号及存放地点，出资方式、股权比例，投资收益分配情况等。

（4）公司建立有价证券记录台账，记录证券的名称、面值、数量、编号、取得日期、期限、利率等。

第十八条　权益证书和档案管理

（1）公司取得的股权证、有价证券等权益证书，由财务部保管或委托其他机构保管。

（2）公司对外投资的决策、审批等过程记录、审批文件、投资合同或协议、投资计划书、对外投资处置等文件资料定期由投资部门整理存档，送公司档案部门保管。

（3）档案的调阅、保管、归档，按公司档案管理办法执行。

第五章　监督检查

第十九条　监督检查主体

包括下面几个方面：

（1）公司监事会。依据公司章程和股东大会决议对对外投资管理进行检查监督。

（2）公司审计部门。依据公司授权和部门职能描述，对公司对外投资合同或协议以及投资过程进行审计监督。

（3）公司财务部门。对公司的对外投资业务进行财务监督。

（4）上级对下级对外投资的日常工作进行监督检查。

第二十条　检查监督方式

按公司规定的检查权限定期或不定期进行检查。

第二十一条　监督检查的主要内容

（1）对外投资业务相关岗位设置及人员配备情况。重点检查岗位设置是否科学、合理，是否存在不相容职务混岗的现象，以及人员配备是否合理。

（2）对外投资业务授权审批制度的执行情况。重点检查分级授权是否合理，对外投资的授权批准手续是否健全，是否存在越权审批等违反规定的行为。

（3）对外投资业务的决策情况。重点检查对外投资决策过程是否符合规定的程序。

（4）对外投资资产的投出情况。重点检查各项资产是否按照投资计划投出；以非货币性资产投出的，重点检查资产的作价是否合理。

（5）对外投资持有的管理情况。重点检查有关对外投资权益证书等凭证的保管和记录情况，投资期间获得的投资收益是否及时足额收回。

（6）对外投资的处置情况。重点检查投资资产的处置是否经过授权批准，资产的回收是否完整、及时，资产的作价是否合理。

（7）对外投资的会计处理情况。重点检查会计记录是否真实、完整。

第二十二条　监督检查结果处理方法

（1）对监督检查过程中发现的对外投资内部控制中的薄弱环节，负责监督检查的部门应当告知有关部门，有关部门应当及时查明原因，采取措施加以纠正和完善。

（2）监督检查部门应当向上级部门报告对外投资内部控制监督检查情况和有关部门的整改情况。

4.2　筹资管理制度

筹资管理制度

第一章　总　　则

第一条　为规范公司筹资行为，降低资本成本，减少筹资风险，提高资金效益，依据国家有关财经法规规定，并结合公司具体情况制定本制度。

第二条　本制度所指的筹资，包括权益资本筹资和债务资本筹资两种方式。权益资本筹资是由公司所有者投入以及发行股票方式筹资；债务资本筹资指公司以负债方式借入并到期偿还的资金，包括短期借款、长期借款、应付债券、长期应付款等方式筹资。

第三条　筹资的原则。

1. 遵守国家法律、法规原则。

2. 统一筹措原则。

3. 综合权衡，降低成本原则。

4. 适度负债，防范风险原则。

第四条　公司财务部统一负责资金筹措的管理、协调和监督工作。分公司无权对外进行筹资，经营活动中所需资金向公司财务部申请。

第二章　权益资本筹资

第五条　权益资本筹资可以分为吸收直接投资和发行股票两种筹资方式。

1. 吸收直接投资是指公司以协议等形式吸收其他企业和个人投资的筹资方式。

2. 发行股票是指公司以发行股票方式筹集资本的方式。

第六条　公司吸收直接投资程序。

1. 公司吸收直接投资必须经公司股东大会批准。

2. 公司与投资者签订投资协议，约定投资金额、所占股份、投资日期、投资收益与风险的分担等。

3. 公司财务部负责监督所筹集资金的到位和实物资产的评估工作，并请具有证券业资格的会计师事务所办理验资手续，公司据以向投资者签发出资报告。

4. 公司财务部在收到投资款后及时建立股东名册。

5. 公司财务部负责办理工商变更登记手续、企业章程修改手续。

第七条　公司不得吸收投资者已设立有担保物权及租赁资产的出资。

第八条　公司筹集的资本金，在生产经营期间内，除投资者依法转让外，不得以任何方式抽走。

第九条　公司发行股票筹资程序。

1. 公司发行股票筹资必须经过股东大会批准并拟定发行新股申请报告。

2. 公司董事会向国务院授权的部门或省级人民政府申请并经批准。

3. 公司公告招股说明书和财务会计报表及附属明细表，与证券经营机构签订承销协议，定向募集时向新股认购人发出认购公告或通知。

4. 招认股份，缴纳股款。

5. 改组董事会、监事会，办理变更登记并向社会公告。

第十条　公司财务部建立股东名册，其内容包括股东的姓名或者名称及住所，各股东所持股份、股票编号、股东取得股票的日期。

第三章　债务资本筹资

第十一条　公司财务部统一负责债务资本的筹资工作。

第十二条　公司债务筹资审批权限。

财务总监审批限额：100 万元（含 100 万元）。

总经理审批限额：500 万元（含 500 万元）。

公司董事会的审批权限应不超出公司章程中有关规定，超出董事会审批权限的项目由股东大会审议。

第十三条　公司短期借款筹资程序。

1. 财务部根据财务预算和预测确定公司短期内所需资金，编制筹资计划表。

2. 按照筹资规模大小，分别由财务总监、总经理和董事会审批筹资计划。

3. 财务部负责签订借款合同并监督资金的到位和使用，借款合同内容包括借款人、借款金额、利息率、借款期限、利息及本金的偿还方式、违约责任等。

4. 双方法人代表或授权人签字。

第十四条　财务部在短期借款到位当日，按照借款类别在短期筹资登记簿中登记。

第十五条　公司按照借款计划使用该项资金，不得随意改变资金用途。

第十六条　财务部及时计提和支付借款利息。

第十七条　财务部建立资金台账以详细记录各项资金的筹集、运用和本息归还情况。

第十八条　长期债务资本筹资包括长期借款、发行公司债券、长期应付款等方式。

第十九条　长期借款必须编制长期借款计划使用书，包括项目可行性研究报告、项目批复、公司批准文件、借款金额、用款时间与计划、还款期限与计划等。

第二十条　财务总监、总经理和董事会、股东大会依其职权范围审批该项长期借款计划。

第二十一条　财务部负责签订长期借款合同，其主要内容包括贷款种类、用途、贷款金额、利息率、贷款期限、利息及本金的偿还方式和资金来源、违约责任等。

第二十二条 长期借款利息的处理按照《企业会计制度执行》。

第二十三条 发行公司债券筹资程序。

1. 发行债券筹资必须由股东大会做出决议。

2. 公司向国务院证券监督管理部门提出申请并提交公司登记证明、公司章程、公司债券募集办法、资产评估报告和验资报告等。

3. 公司制定公司债券募集办法，其主要内容包括公司名称、债券总额和票面金额、债券利率、还本付息的期限和方式、债券发行的起止日期、公司净资产、已发行尚未到期的债券总额、公司债券的承销机构等。

4. 公司同债券承销机构签订债券承销协议或包销合同。

第二十四条 公司发行的债券必须载明公司名称、债券票面金额、利率、偿还期限等事项，并由董事长签名、公司盖章。

第二十五条 公司债券发行价格可以采用折价、溢价、平价三种方式，财务部对债券折、溢价采用直线法进行合理分摊。

第二十六条 公司对发行的债券应置备公司债券存根簿予以登记。

1. 发行记名债券的，公司债券存根簿应记明债券持有人的姓名或名称及住所、债券持有人取得债券的日期及债券编号、债券总额、票面金额、利率、还本付息的期限和方式、债券的发行日期。

2. 公司发行无记名债券，应在公司债券存根簿上登记债券的总额、利率、偿还期限和方式、发行日期和债券的编号等。

第二十七条 财务部在取得债券发行收入的当日将款项存入银行。

第二十八条 财务部指派专人负责保管债券持有人明细账并定期核对。

第二十九条 按照债券契约的规定及时支付债券利息。

第三十条 债券偿还和购回在董事会的授权下由财务部办理。

第三十一条 公司未发行的债券必须由专人负责保管。

第三十二条 其他长期负债筹资方式包括补充贸易引进设备价款和融资租入固定资产应付的租赁费等形成的长期应付款。

第三十三条 长期应付款由财务部统一办理。

第四章 筹资风险管理

第三十四条 公司每季度召开财务工作会议，并由财务部评价公司的筹资风险。

公司筹资风险的评价原则如下：

1. 以固定资产投资和流动资金的需要决定筹资的时机、规模和组合。

2. 充分考虑公司的偿还能力，全面地衡量收益情况和偿还能力，做到量力而行。

3. 对筹集来的资金、资产、技术具有吸收和消化的能力。

4. 筹资的期限要适当。

5. 负债率和还债率要控制在一定范围内。

6. 筹资要考虑税款减免及社会条件的制约。

第三十五条 筹资成本是决定公司筹资效益的决定性因素，对于选择评价筹资方式有重要意义。财务部采用加权平均资本成本最小的筹资组合评价公司资金成本以确定合理的资本结构（长期资本的资金成本计算见附件一）。

第三十六条 筹资风险的评价方法采用财务杠杆系数法，财务杠杆系数越大（财务杠杆系数计算见附件二），公司筹资风险也越大。

第三十七条 公司财务部依据公司经营状况、现金流量等因素合理安排借款的偿还期和归还借款的资金来源。

附件一 资金成本率的计算

资金成本是为筹集和使用资金而付出的代价，包括筹资费用和资金占用费两部分。加权平均资本成本是公司全部长期资金的总成本。它是以各种资本占全部资本的比重为权数，对个别资本成本进行加权平均确定的。

1. 长期借款成本。其计算公式如下：

长期借款成本 = 长期借款年利息 ×（1 - 所得税税率）÷ [借款本金 ×（1 - 筹资费用率）]

2. 债券成本。其计算公式如下：

债券成本 = 债券年利息 ×（1 - 所得税税率）÷ [债券筹资额 ×（1 - 筹资费用率）]

3. 留存收益成本。

计算留存收益成本的方法主要有以下三种：

（1）股利增长模型法。其计算公式如下：

留存收益成本 = 预期年股利额 ÷ 普通股市价 + 普通股利年增长率

（2）资本资产定价模型法。其计算公式如下：

留存收益成本 = 无风险报酬率 + β ×（平均风险必要报酬率 - 无风险报酬率）

（3）风险溢价法。其计算公式如下：

留存收益成本 = 债券成本 + 股东比债权人承担更大风险所需求的风险溢价

风险溢价可以凭经验估计，在通常情况下，公司普通股风险溢价对其自己发行的债券来说为 3% ~ 5%。

4. 普通股成本。其计算公式如下：

普通股成本 = 预期年股利额 ÷ [普通股市价 ×（1 - 普通股筹资费用率）] + 股利年

增长率

5. 全部长期资本的总成本——加权平均资本成本。其计算公式如下：

$$KW = \sum_{j=1}^{n} K_j W_j$$

式中：KW 为加权平均资本成本；K_j 为第 j 种个别资本成本；W_j 为第 j 种个别资本占全部资本的比重（权数）。

附件二　财务杠杆系数的计算

其计算公式如下：

财务杠杆系数 DFL ＝ 每股税后利润变动率 ÷ 息税前利润变动率

＝1 ＋ 利息支出 ÷ 税前利润总额

4.3　筹资内部控制制度

筹资内部控制制度
第一章　总则

第一条　控制目标

防范筹资过程中的差错与舞弊；控制筹资风险，降低筹资成本；规范筹资行为，保证筹资业务合法、真实。

第二条　适用范围

适用于公司的筹资活动，控股子公司可参照执行。

第三条　筹资原则

（1）合法性原则：公司筹资必须按照法律规定程序和公司规定取得资金。

（2）适量性原则：根据公司生产经营的需要确定筹集资金数额。

（3）择优性原则：选择最合适的筹资方式和渠道或筹资组合。

（4）风险与效益的统一性原则。

第二章　岗位分工与授权批准

第四条　不相容岗位分离

（1）筹资方案的拟定与决策分离。

（2）筹资合同或协议的订立与审核分离。

（3）与筹资有关的各种款项偿付的审批与执行分离。

（4）筹资业务的执行人员与相关会计记录人员分离；

（5）筹资业务的全过程不得由一人办理。

第五条　部门职责

1.财务部的主要职责

（1）编制筹资预算。

（2）拟订筹资方案。

（3）组织筹资风险评估。

（4）与证券部共同编制发行新股招股说明书、可转换公司债券募集说明书、公司债券募集说明书等相关文件。

（5）归口办理除发行债券外的债务融资事项。

（6）筹资会计核算和偿付管理。

2.证券部的主要职责

（1）与财务部共同办理资本市场的筹资事项。

（2）参与筹资风险评估。

（3）资本市场债务筹资偿还管理。

3.审计部的主要职责

（1）对筹资协议或合同进行审查。

（2）对公司筹资政策和筹资业务过程进行审计。

第六条　业务归口办理

（1）权益资本筹资和发行债券由财务部会同证券部门办理。

（2）除向资本市场发行债券外的债务融资，其余的由财务部归口办理。

（3）未经授权，其他部门（包括事业部）不得办理融资业务。

第七条　经办和核算筹资业务人员的素质要求

（1）熟悉国家有关法律法规、相关国际惯例及资本市场情况。

（2）具备良好的职业道德和业务素质。

（3）符合公司规定的岗位规范要求。

第八条　授权批准

1.筹资业务授权方式

（1）公司对董事会的授权由公司章程规定和股东大会决议。

（2）公司对董事长、总经理的授权，由公司董事会决议。

（3）总经理对其他人员的授权，年初以授权文件的方式明确，对筹资审批，一般只对财务总监给予授权。

（4）对经办部门的授权，在部门职能描述中规定。

2.筹资业务审批权限，如下表所示：

筹资业务审批权限

项　目	审批人	审批权限和要求
权益资本筹资	股东大会	（1）发行新股（包括配股、增发招股）等作出决议 （2）批准前，董事会必须决议通过
	董事会	对筹资方案审批
债务资本筹资	股东大会	（1）对发行公司债券作出决议 （2）决议前，董事会必须通过
	董事会	（1）制定发行债券方案并批准 （2）授权董事长、总经理对除债券发行外的债务筹资审批
	董事长 总经理 财务总监	（1）按授权审批筹资方案 （2）按授权签订筹资合同

3. 审批方式

（1）股东大会批准以股东大会决议的形式批准，董事长根据决议签批。

（2）董事会批准以董事会决议的形式批准、董事长根据决议签批。

（3）董事长在董事会闭会期间，根据董事会授权直接签批。

（4）总经理根据总经理会议规则，由总经理办公会议批准或根据授权直接签批。

（5）财务总监根据授权签批。

4. 批准和越权批准处理

（1）审批人根据筹资业务批准制度的规定，在授权范围内进行审批，不得超越审批权限。

（2）经办人在职责范围内，按照审批意见办理筹资业务。

（3）对于审批人超越授权范围审批的筹资业务，经办人有权拒绝并应拒绝办理，并及时向审批人的上一级授权部门报告。

第三章　筹资决策控制

第九条　筹资预算

1. 公司每年度根据公司的发展战略、投资计划、生产经营需要，并以现金流为中心编制筹资预算，筹资预算与资金需求时间、结构、规模相匹配；筹资预算应符合公司发展战略要求、筹资计划和资金需要。

2. 公司筹资预算一经批准，必须严格执行。

3. 公司筹资预算的编制和调整，按公司《预算管理实施办法》执行。

第十条　筹资方案拟订

筹资方案由公司财务拟订。筹资方案的基本要求和内容包括：符合国家有关法规、政策和公司筹资预算要求；明确筹资规模、筹资结构和筹资方式；预计筹资成本；筹资时机选择分析；潜在筹资风险分析及应对措施。

第十一条 筹资方案决策

决策机构如下表所示：

决策项目	董事会	授权董事长、总经理等
（1）权益性资本筹资方案	√	
（2）发行债券筹资方案	√	
（3）筹资额公司资产总额 5%（含 5% 的债务筹资方案）	√	
（4）其他筹资方案		√

第十二条 筹资对象选择

1. 公司按照公开、公平、公正的原则慎重选择筹资对象。

2. 在筹资中涉及中介机构，公司指定相关部门或人员对其资信状况和资质条件进行充分调查和了解。

第四章　筹资执行控制

第十三条 筹资业务办理：公司财务部应严格按照确定的筹资方案办理筹资业务

1. 筹资合同或协议

（1）筹资必须签署筹资合同或协议。

（2）筹资合同由公司授权财务部会同有关部门办理。

（3）公司根据经批准的筹资方案，与筹资对象、中介机构等协商达成一致，并订立筹资合同或协议。

（4）筹资合同或协议审核

①公司组织审计部等相关部门或人员对合同或协议条款进行审核，审核合同或协议的合法性、合理性、完整性。

②对合同审核时，对审核情况和意见应有完整记录。

③重大筹资合同或协议，还应征询法律顾问或专家的意见。

（5）合同或协议审批。合同经审核程序通过后，由公司有关授权人员批准。

（6）变更筹资合同或协议，按原授权审批程序进行。

2. 合同或协议履行

（1）公司按照筹资合同或协议的约定及时取得相关资产。

（2）公司取得的资产是货币资金的，按货币资金的实有数额及时入账。

（3）公司取得的资产为非货币资金，且需要对该资产进行验资、评估的，经中介机构验资、评估后确定其价值，进行会计记录，并办理有关产权转移、工商变更手续。

3. 待发行有价证券的保管

公司对已核准但尚未对外发行的有价证券，由公司财务部会同保安部门妥善保管或委托专门机构代为保管，建立相应的保管制度，明确保管责任，定期和不定期进行盘存或检查。

4. 筹资费用支付

（1）公司财务部应正确计算筹集费用，并由稽核会计进行核对，确保筹资费用符合筹资合同或协议的规定。

（2）公司支付筹资费用，按《内部会计控制制度——货币资金》的有关规定办理。

5. 筹资资产使用

（1）公司应严格按照筹资方案所规定的用途使用对外筹资的资产。

（2）由于市场环境变化等特殊情况导致确需改变资产用途的，应按有关规定履行审批手续，并对审批过程进行完整的书面记录。从资本市场筹集的资金需改变用途的，应经董事会决议和公告。

第十四条　筹资偿付控制

1. 利息租金偿付

（1）公司财务部指定专人严格按照合同或协议规定的本金、利率及币种计算利息和租金，并由稽核会计稽核，定期与债权人核对。

（2）公司支付利息、租金经授权人员批准后，方可支付。

（3）公司委托代理机构对外支付债券利息，财务部应指定专人清点、核对代理机构的利息支付清单。

2. 股利支付

（1）公司的股利分配方案，经股东大会审议批准后方能生效。

（2）公司严格按照股利分配方案发放股利。

（3）公司发放股利经授权人员批准后方可发放。

（4）公司委托代理机构支付股利，财务部应指定专人清点、核对代理机构的股利支付清单。

3. 债务资金支付

（1）公司财务部应指定专人对债务资金进行管理，定期列单向公司总经理、财务总监、财务部经理提示债务资金到期情况。

（2）公司严格按合同或协议规定支付本、息。

（3）公司支付债务资金，经授权批准后支付。

（4）到期债务如需续借，经授权人员批准后，财务部在到期前一个月向债权人申请办理，到期前完成续借手续。

4. 拟偿付款项与合同或协议不符情形的处理

公司财务部在办理筹资业务款项偿付过程中，发现已审批拟偿付的各种款项的支付方式、金额或币种等与有关合同或协议不符时，经办人应及时向财务总监报告，财务总监应查明原因，作出处理。

第十五条　筹资记录控制

1. 过程记录

公司建立筹资决策、审批过程的书面记录制度。

2. 会计记录

（1）公司按《企业会计制度》和《公司会计核算手册》对筹资业务进行会计核算和记录。

（2）公司建立股东名册，记录股东姓名或名称、住所及股东所持股份、股票编号以及股东取得股票的日期。

（3）公司建立债券存根簿，记录持有人、债券编号、债券总额、票面金额、利率、还本付息期限和方式、债券发行时间等。

（4）公司建立借款台账，登记债权人、本金、利率、还本付息期限和方式等。

（5）公司财务部定期对会计记录和有关凭证与记录进行核对和检查。

3. 档案管理

（1）公司对筹资过程记录以及有关合同或协议，收款凭证、验收证明、入库凭证、支付凭证定期整理存档。

（2）档案的保管、调阅按公司档案管理办法执行。

第十六条　筹资风险管理

1. 公司应定期召开财务工作会议，并由财务部对公司的筹资风险进行评价。

2. 公司筹资风险的评价要素

（1）以公司固定资产投资和流动资金的需要，决定筹资的规模和组合。

（2）筹资时应充分考虑公司的偿还能力，全面衡量收益情况和偿还能力，做到量力而行。

（3）对筹集来的资金、资产、技术具有吸收和消化能力。

（4）筹资的期限要适当。

（5）负债率和还债率要控制在一定范围内。

（6）筹资要考虑税款减免及社会条件的制约。

3. 公司财务部采用加权平均资本成本最小的筹资组合评价公司资金成本，以确定合理的资本结构。

4. 公司采用财务杠杆系数法和结合其他方法评价筹资风险，财务杠杆系数越大，公司筹资风险也越大。

5. 公司财务部应依据公司经营状况、现金流量等因素合理安排借款的偿还期以及归还借款的资金来源。

第五章　权益资本筹资

第十七条　筹资方式

权益资本筹资通过吸收直接投资和发行股票两种筹资方式取得。吸收直接投资是指公司以协议等形式吸收其他企业和个人投资的筹资方式；发行股票筹资是指公司以发行股票方式筹集资本方式。

第十八条　公司吸收直接投资程序

（1）吸收直接投资须经公司股东大会或董事会批准。

（2）与投资者签订投资协议，约定投资金额、所占股份、投资日期以及投资收益与风险的分担等。

（3）财务部负责监督所筹集资金的到位情况和实物资产的评估工作，并请会计师事务所办理验资手续，公司据此向投资者签发出资报告。

（4）财务部在收到投资款后应及时建立股东名册。

（5）办理工商变更登记和公司章程修改手续。

第十九条　发行股票筹资程序

（1）发行股票筹资必须经过股东大会批准并拟订发行新股申请报告。

（2）董事会向有关授权部门申请并经批准。

（3）公布公告招股说明书和财务会计报表及附属明细表，与证券经营机构签订承销协议。

（4）招认股份，缴纳股款。

（5）办理变更登记并向社会公告。

（6）建立股东名册。

**第二十条　**吸收投资不得吸收投资者已设有担保物权及租赁资产的出资。

**第二十一条　**筹集的资本金，在生产经营期间内，除投资者依法转让外，不得以任何方式抽走。

**第二十二条　**投资者实际缴付的出资额超出其资本金的差额（包括公司发行股票的溢价净收入）以及资本汇率折算差额等计入资本公积金。

第六章　债务资本筹资

**第二十三条　**筹资方式包括：短期借款、长期借款、公司发行债券等。

**第二十四条　**短期借款

1. 公司短期借款筹资程序如下：

（1）根据财务预算，公司财务部确定公司短期内所需资金，编制筹资计划表。

（2）按照筹资规模大小，分别由财务总监和总经理审批筹资计划。

（3）财务部负责拟订或审核借款合同，并监督资金的到位和使用，借款合同内容包括借款人、借款金额、利息率、借款期限、利息及本金的偿还方式以及违约责任等。

（4）双方法人代表或授权签字。

2. 在短期借款到位当日，公司财务部应按照借款类别在短期筹资登记簿中登记。

3. 公司财务部建立借款台账，以详细记录各项资金的筹集、运用和本息归还情况。财务部对于未支付的利息单独列示。

第二十五条　长期借款

1. 公司长期借款必须编制长期借款计划使用书，包括项目可行性研究报告、项目批复、公司批准文件、借款金额、用款时间与计划以及还款期限与计划等。

2. 长期借款计划应由公司财务总监、总经理、董事会依其职权范围进行审批。

3. 公司财务部负责拟订长期借款合同，其主要内容包括贷款种类、用途、贷款金额、利息率、贷款期限、利息及本金的偿还方式和资金来源、违约责任等。

第二十六条　发行债券

1. 公司发行债券筹资程序：

（1）发行债券筹资应先由股东大会作出决议。

（2）向证监会提出申请并提交公司登记证明、公司章程、公司债券募集办法以及资产评估报告和验资报告等。

（3）制定公司债券募集办法，其主要内容包括公司名称、债券总额和票面金额、债券利率、还本付息的期限和方式、债券发行的起止日期、公司净资产、已发行尚未到期的债券总额以及公司债券的承销机构等。

（4）同债券承销机构签订债券承销协议或包销合同。

2. 公司发行的债券应载明公司名称、债券票面金额、利率以及偿还期限等事项，并由董事长签名、公司盖章。

3. 公司债券发行价格可以采用溢价、平价、折价三种方式，公司财务部保证债券溢价和折价合理分摊。

4. 公司对发行的债券应置备公司债券存根簿予以登记。

（1）发行记名债券的，公司债券存根簿应记明债券持有人的姓名、名称及住所、债券持有人取得债券的日期及债券编号、债券总额、票面金额、利率、还本付息的期限和方式以及债券的发行日期。

（2）发行无记名债券的，应在公司债券存根簿上登记债券的总额、利率、偿还期限和方式以及发行日期和债券的编号等。

5. 公司财务部在取得债券发行收入的当日将款项存入银行。

6. 公司财务部指派专人负责保管债券持有人明细账，并组织定期核对。

7. 公司按照债券契约的规定及时支付债券本息。

第七章　监督检查

第二十七条　监督检查主体

（1）公司监事会。依据公司章程和股东大会决议对筹资管理进行检查监督。

（2）公司审计部门。依据公司授权和部门职能描述，对公司筹资业务进行审计监督。

（3）公司财务部门。依据公司授权，对公司筹资过程进行财务监督。

（4）上级对下级筹资的日常工作进行监督检查。

第二十八条　监督检查内容

（1）筹资业务相关岗位及人员的设置情况。重点检查是否存在不相容职务混岗的现象。

（2）筹资业务授权批准制度的执行情况。重点检查筹资业务的授权批准手续是否健全，是否存在越权审批的行为。

（3）筹资决策制度的执行情况。重点检查筹资决策是否按照规定程序进行，决策责任制度是否落实到位。

（4）决策执行及资产的收取情况。重点检查是否严格按照经批准的筹资方案、有关合同或协议办理筹资业务，以及是否及时、足够收取资产。

（5）各项款项的支付情况。重点检查筹资费用、本金、利息、租金、股利（利润）等的支付是否符合合同或协议的规定，是否履行审批手续。

（6）会计处理和信息披露情况。重点检查会计处理是否真实、正确，信息披露是否及时、完整。

第二十九条　监督检查结果处理

1. 对监督检查过程中发现的筹资内部控制中的薄弱环节，负责监督检查的部门应当告知有关部门，有关部门应当及时查明原因，采取措施加以纠正和完善。

2. 公司监督检查部门应当按照单位内部管理权限向上级有关部门报告筹资内部控制监督检查情况和有关部门的整改情况。

第5章　财务管理制度

5.1　货币资金内部控制制度

货币资金内部控制制度

第一章　总则

第一条　目的

为保护货币资金的安全、提高货币资金的使用效率、规范收付款业务程序，特制定本制度。

第二条　适用范围

本制度适用于公司及控股子公司的货币资金业务。

第二章　岗位分工和授权批准

第三条　岗位内部牵制原则

（1）钱账分管。

（2）收付款申请人、批准人、会计记录、出纳、稽核岗位分离，不得由一人办理收付款业务的全过程。

（3）出纳人员不兼任稽核、会计档案保管和收入、支出、费用、债权债务账目的登记工作。

第四条　业务归口办理

（1）公司的现金收付款业务由财务部门统一办理，并且只能由出纳办理。

（2）非出纳人员不得直接接触公司的货币资金。

（3）银行结算业务只能通过公司开立的结算户办理。

（4）收款的收据和发票由财务部门的专人开具。

第五条　岗位定期轮换

出纳三年内必须轮换一次；相关的会计岗位原则三年轮换一次，最长不超过五年。

第六条　经办货币资金业务人员的素质要求

（1）具有良好的职业道德。

（2）具有符合业务要求的业务水平。

（3）符合公司规定的岗位规范要求。

第七条　授权批准

1.授权方式

（1）公司对董事会的授权由公司章程规定和股东大会决定。

（2）公司对董事长和总经理的授权，由公司董事会决定。

（3）公司总经理对各其他人员的授权，每年初由公司以文件的方式明确。

2. 权限

参见公司章程和公司内部授权文件。

3. 批准和越权批准处理

（1）审批人根据货币资金授权批准制度的规定，在授权范围内进行审批，不得超越审批权限。

（2）经办人在职责范围内，按照审批人的批准意见办理货币资金业务。

（3）对于审批人超越授权范围审批的货币资金业务，经办人有权拒绝并应拒绝办理，并及时向审批人的上级授权部门报告。

第三章　收付款业务控制

第八条　付款业务

流程及控制要求如下表所示：

付款业务流程及控制要求

步骤	操作人	控　制　要　求
1. 支付申请	用款经办人	（1）填写付款申请单，注明款项的用途、金额、预算、支付方式等 （2）附相关附件：计划、发票、入库单等需经股东大会、董事会批准的事项，必须附有股东大会决议、董事会决议 （3）由经管部门的经管人员办理申请 （4）＿＿＿＿元以上现金支付提前一天通知财务部门
2. 支付审批	申请部门主管	（1）核实该付款事项的真实性，对该项付款金额合理性提出初步意见 （2）对有涂改现象的发票一律不审核 （3）对不真实的付款事项拒绝审核
	核决人	（1）在自己核决权限范围内进行审批 （2）对超过核决权限范围的付款事项审核后转上一级核决人审批 （3）对有涂改现象的发票一律不审批 （4）对不符合规定的付款拒绝批准
3. 支付复核	制单员	（1）复核支付申请的批准范围、权限是否符合规定 （2）审核原始凭证包括日期、收款人名称、税务监制章、经济内容等要素是否完备 （3）手续和相关单证是否齐备 （4）金额计算是否准确 （5）支付方式是否妥当＿＿＿＿＿＿元以上的单位付款应采用银行结算方式支付 （6）收款单位是否妥当，收款单位名称与合同、发票是否一致

（续表）

步骤	操作人	控 制 要 求
3. 支付复核	稽核员	（1）复核制单员的账务处理是否正确 （2）对制单员复核的内容再复核 （3）付款单位是否与发票一致 （4）复核后直接交出纳办理支付
4. 办理支付	出纳	（1）对付款凭证进行形式上复核： ①付款凭证的所有手续是否齐备 ②付款凭证金额与附件金额是否相符 ③付款单位是否与发票一致 （2）出纳不能保管所有预留银行印鉴 （3）现金支付有另人复点或至少复点两次开出的银行票据有另人复核 （4）非出纳人员不得接触库存现金和空白票据 （5）付款后在付款凭证及附件上盖上"付讫"章
5. 核对	主管会计	（1）总账与现金、银行存款账核对 （2）总账与明细账相对 （3）编制银行存款调节表，对未达账进行核实，并督促经办人在 10 日内处理完毕 （4）与银行定期核对余额和发生额 （5）每月不定期对现金抽点两次

第九条 收款业务

流程及控制要求如下表所示：

收款业务流程及控制要求

业务操作	操作人	控 制 要 求
1. 经济业务办理	业务承办人	（1）按公司的业务操作规程进行商洽、签订合同等 （2）按公司授权，由被授权人批准交易价格、折扣方式及比例等 （3）与财务部门商定或根据财务部门规定确定结算方式和付款期 （4）开具业务凭单如发货单等并送交发票员开票
2. 开具发票	开票员	（1）按公司规定领用、保管发票和收据 （2）开具规范，填写内容完整，内容真实 （3）发票开具后，由另一人审核 （4）下班前汇总、打印收据和发票，开具清单，并附记账联报送销售会计 （5）发票联、税务抵扣联移送业务承办人，并办理签收手续
3. 办理收款前手续	业务承办人	（1）催收应收款项 （2）通知交款人付款： ①告知交款人到财务部门交款 ②受理结算票据或告知交款人到银行进账

（续表）

业务操作	操作人	控 制 要 求
3.办理收款前手续	业务承办人	③辨别真假 （3）登记结算票据受理登记簿，向财务部门移交结算票据并办理移交手续
4.收款	出纳	（1）接受业务承办人移交的结算票据 （2）对受理的结算票据难辨其真伪时，及时送交银行鉴别 （3）将结算票据登记在结算登记簿上，妥善保管结算票据 （4）办理银行票据结算或贴现手续 （5）验证收取现金并送交银行 （6）将收款通知单送交制单员，告知相关部门 （7）编制收款周报表，分送相关部门 （8）收款后在收款凭证及附件上盖上"收讫"章
5.制单	制单员	（1）对发票、收据进行审核，审核其完整性 （2）对发票、收据的记账联及时账务处理 （3）对收款通知单进行审核并及时进行账务处理 ①审核收款日期与合同是否相符 ②审核收款金额发票或应收款余额是否相符 （4）审核收款方式是否合适 （5）审核折扣审批者是否超过其权限
6.稽核	稽核员	（1）复核制单员的账务处理是否正确 （2）对制单员复核的内容再复核 （3）抽查核实收款凭证与对账单等是否相符
7.记账		会计电算系统在凭证稽核后自动记账
8.核对	主管会计	（1）核对总账与现金、银行存款账 （2）核对总账与明细账 （3）编制银行存款调节表，对未达账核实，并督促经办人在 10 天内处理完毕 （4）与银行定期核对余额和发生额 （5）每月不定期对现金抽点两次

第四章　现金管理

第十条　现金收支范围

1.现金收取范围

（1）销售的零星货款和零星劳务外协加工收入。

（2）公司员工或外单位结算费用后补交的余额款。

（3）不能通过银行结算的经济往来收入。

（4）暂收款项及其他收入。

收取的现金当天由出纳解交银行。

2. 现金支付范围

（1）员工工资、奖金、津贴。

（2）个人劳务报酬。

（3）根据国家规定颁发给个人的科学技术、文化艺术、体育等各种奖金。

（4）各种劳保、福利费用以及国家规定对个人的其他支出。

（5）向个人收购物资的价款支出。

（6）出差人员必须随身携带的差旅费。

（7）结算起点（1000 元）以下的零星支出。

（8）确实需要支付现金的其他支出。

凡不符合上述现金支付范围的支出，均通过银行办理结算。

第十一条　现金保管

（1）公司的现金只能由出纳员负责经管。

（2）存放现金保险箱（柜）地点的门窗必须设有金属安全栏，保险箱（柜）加装安全报警装置。

（3）公司现金出纳和保管的场所，未经批准不得进入。

（4）由基本户开户银行核定现金库存限额，出纳在每天 16：00 前预结现金数额，每日的现金余额不得超过核定的库存限额，超过部分，及时解交银行。

（5）出纳保险柜内，只准存放公司的现金、有价证券、支票等，不能存放个人和外单位现金（不包括押金）或其他物品。

（6）出纳保险柜的钥匙和密码只能由出纳员掌管，不得将钥匙随意乱放，不得把密码告诉他人。

（7）出纳员离开出纳场所，必须在离开前，将现金、支票、印鉴等放入保险柜并锁好。

（8）出纳人员变更，新的出纳员必须及时变更保险柜密码。

（9）公司向银行提取现金时，必须有两人同行或派车办理。

（10）出纳每天对现金进行盘点，并保证账实相符，财务部门主管每月至少对出纳的现金抽点两次，并填写抽查盘点表。

第十二条　现金结算

（1）出纳员办理现金付出业务，必须以经过审核的会计凭证作为付款依据，未经审核的凭证，出纳有权拒付。

（2）对于违反财经政策、法规及手续不全的收支有权拒收、拒付。

（3）对于发票有涂改现象的一律不予受理。

（4）现金结算只能在公司规定的收支范围内办理，企业之间的经济往来均须通过银行转账结算。

（5）借支备用金、报销等需支取现金_____元以上的领取人，须提前一天通知出纳员；提取现金额达到或超过银行规定需预约金额的，出纳员应提前一天与银行预约。

（6）发现伪造变造凭证、虚报冒领款项，应及时书面报告财务负责人，金额超过_____元以上者，应同时书面报告总经理。

（7）及时、正确记录现金收付业务，做到现金账日清月结，账实相符。

（8）严格遵守现金管理制度，出纳及公司其他人员不得有下列行为：

①挪用现金。

②白条抵库。

③坐支现金。

④借用外单位账户套取现金。

⑤谎报用途套取现金。

⑥保留账外公款。

⑦公款私存。

⑧设立小金库。

⑨其他违法违纪行为。

第四章　银行存款管理

第十三条　账户开设和终止

（1）公司统一由财务部门在银行开立基本账户、一般存款账户、临时存款账户和专用存款账户，并只能开设一个基本存款账户。

（2）公司需要开设账户及选择银行开设账户，由财务部门提出申请，报财务总监批准。

（3）公司已开设的银行账户需要终止时，由财务部门提出申请，报财务总监批准。

（4）公司各事业部的银行账号的开设和终止由公司财务部办理。

第十四条　银行印章管理

1. 银行印章至少须有以下两枚：公司财务专用章、公司法人代表人名章（或财务部经理人名章）。

2. 银行印章保管

（1）财务专用章和法人代表人名章（或财务部经理章）由财务部门一名主管保管。

（2）出纳人名章由出纳保管。

（3）银行印章不用时应存放在保险柜中。

（4）不得乱用、错用银行印章，不能将银行印章提前预盖在空白支票等结算票据上。

第十五条　结算纪律

（1）银行账户由出纳管理。

（2）除按规定可用现金结算外的经济业务，均采用银行转账结算。

（3）银行结算票据如支票、汇票等由出纳统一签发和保管，签发支票须写明收款单位名称、用途、大小金额及签发日期等，加盖银行预留印章后生效，付款用途必须真实填写。

（4）办理银行结算业务必须遵守银行规定，正确采用各种结算方式，结算凭证的附件必须齐全并符合规定；

（5）及时正确办理银行收付款结算业务。

（6）一般不签发空白支票，特殊情况由财务经理批准。

（7）不得利用银行账户代替其他单位和个人办理收付款事项，不得租赁或转让银行存款账户，不得签发空头支票和远期支票。

（8）对于违反财经政策、法规、公司规定及手续不完善的收支拒绝办理。

（9）出纳每月定期与银行核对账目，发现差错及时更正，每月初的 3 个工作日内由会计主管与银行进行对账，并编制"银行存款余额调节表"，未达账由会计主管和出纳督促经办人在 10 日内处理完毕。

第五章　票据管理

第十六条　结算票据的购买、保管由出纳负责，空白票据和未到期的票据必须存入保险柜。

第十七条　购买或接受票据后，立即登记票据登记簿。

第十八条　业务部门接到票据后应立即将票据解送银行或移交出纳，票据到达公司后在业务部门不过夜。

第十九条　票据贴现或到期兑现后，以及签发票据，出纳应在票据登记簿内逐笔注明或注销。

第二十条　出纳必须每天对票据登记簿进行清理核对，保证票据在有效期内或到期日能正常兑现。

第二十一条　银行承兑汇票、商业承兑汇票的接受、背书转让、换新、签发必须经财务部经理批准，贴现必须经过财务总监批准或由财务总监授权财务部经理审批。

第二十二条　票据的签发，背书转让须严格按银行规定办理。

第二十三条　票据被拒绝承兑、拒绝付款，出纳必须立即查明原因并在第一时间报告财务部经理，并通知业务经办人，采取相应补救措施。

第二十四条　票据发生丢失，丢失人应立即向财务部报告，财务部经理应立即派出纳办理挂失止付手续，同时在 3 日内按规定派人向法院申请办理公示催告手续。

第六章　货币资金收支计划、记录及报告

第二十五条　公司的财务收支计划由财务经理负责汇总、编制、报审和下达。

（1）公司各部门及用款单位每月月度终了前 2 日向财务部门报送资金收支计划。

（2）财务经理每月月度终了前 1 日将公司各部门及用款单位的收支计划汇总，报财务总监。

（3）财务总监对收支计划进行综合平衡并报总经理批准。

（4）公司出现重大资金调度，由总经理主持召开资金调度会，平衡调度资金。

（5）财务经理根据批准的资金收支计划下达各部门及用款单位。

第二十六条　公司资金使用由财务经理根据资金收支计划予以安排，并按本制度规定的审批权限予以审批。

第二十七条　资金收支计划不能实现时，由财务部经理会同相关部门查明原因。由财务经理提出调整计划报财务总监审核，总经理批准。

第二十八条　资金使用部门出现追加付款事项，需要追加支出计划，必须提前 3 日提出资金支出增加计划，报财务经理审核，由财务经理提出调整计划报财务总监审核，总经理批准。

第二十九条　出纳人员每天下班前必须将当日发生的货币收支业务发生额及余额报告财务经理，次周星期一向财务经理、财务总监和总经理报送上周货币资金变动情况表。

第七章　损失责任

第三十条　付款申请人，虚构事实或夸大事实使公司受到损失，负赔偿责任并承担其他责任。

第三十一条　部门主管审核付款申请，未查明真实原因或为付款申请人隐瞒事实真相或与付款申请人共同舞弊，使公司受到损失，负连带赔偿或赔偿责任，并承担其他责任。

第三十二条　审批人超越权限审批或明知不真实的付款予以审批或共同作弊对公司造成损失，负连带赔偿责任或赔偿责任，并承担其他责任。

第三十三条　制单员、稽核员、出纳员，对明知手续不健全或明知不真实的付款予以受理或共同舞弊，使公司受到损失，负连带赔偿责任或赔偿责任，并承担其他责任。

第三十四条　出纳未按时清理票据，票据到期未及时兑现造成损失，由出纳承担赔偿责任。

第三十五条　由于未遵守国家法律、法规和银行的有关规定，致使公司产生损失或责任，由责任人承担损失或责任，由其上一级主管承担连带责任。

注：承担其他责任是指承担行政责任和刑事责任。

第八章　监督检查

第三十六条　监督检查主体

董事长、总经理、财务总监以及公司章程或制度规定有权检查公司货币资金管理的其他人员，有权对公司的货币资金管理进行监督检查。

第三十七条　检查方式

定期或不定期检查。

第三十八条　监督检查内容

（1）货币资金业务相关岗位及人员的设置情况。

（2）货币资金授权批准制度的执行情况。

（3）财务印章的保管情况。

（4）票据保管情况。

5.2　固定资产内部控制制度

固定资产内部控制制度

第一章　总则

第一条　控制目标

（1）规范固定资产的管理行为。

（2）防范固定资产管理中的差错和舞弊。

（3）保护固定资产的安全、完整，提高固定资产使用效率。

第二条　适用范围

本制度适用于公司的固定资产管理，各控股子公司参照执行。

第二章　岗位分工与授权批准

第三条　不相容岗位分离

（1）固定资产投资预算的编制与审批分离。

（2）固定资产的取得、验收与款项支付分离。

（3）固定资产投保的申请与审批分离。

（4）固定资产的保管与清查分离。

（5）固定资产处置的申请与审批、审批与执行分离。

（6）固定资产业务的审批、执行与相关会计记录分离。

（7）公司不得由同一部门或个人办理固定资产的全过程业务。

第四条　经办和核算固定资产业务人员的素质要求

（1）具备良好的职业道德、业务素质。

（2）熟悉固定资产的用途、性能等基本知识。

（3）符合公司规定的岗位规范要求。

第五条　业务归口办理

（1）固定资产的采购由采购部门办理。

（2）固定资产的建造由公司基建部门归口办理。

（3）固定资产管理由公司基建部门归口办理。

（4）在用固定资产的保管由使用部门负责。

（5）未经授权的机构或人员，不得办理固定资产业务。

第六条　部门职责

1. 使用部门

（1）提出固定资产的购置、大修申请。

（2）固定资产的保管、日常维修、维护和保养。

（3）固定资产处置申请。

（4）建立本部门的固定资产台账。

2. 基建部门

（1）提出固定资产购置预算。

（2）下达固定资产购置计划。

（3）固定资产建造管理，包括建造过程、工程物资的管理。

（4）组织固定资产验收。

（5）办理固定资产处置和转移。

（6）建立固定资产台账和卡片。

（7）组织编制固定资产目录。

（8）定期对固定资产安全和使用情况进行检查。

3. 财务部门

（1）建立固定资产台账。

（2）对固定资产进行会计核算。

（3）参与固定资产的验收、检查、处置和转移工作。

（4）每年底组织固定资产盘点。

4. 审计部门

（1）对采购或建造合同进行审计。

（2）参与固定资产的验收、检查、处置和转移工作。

第七条　授权审批

1. 授权方式

（1）公司对董事会的授权由公司章程和股东大会决议。

（2）公司对董事长、总经理的授权，由公司章程规定和公司董事会决议。

（3）总经理对其他人员的授权，年初以授权文件的方式明确。

（4）对经办部门的授权，在部门职能描述中规定或临时授权。

2. 审批权限

审批权限

项　目	审批人	审批范围和权限
购置	股东大会	涉及总金额在公司净资产 20% 以上（含 20%）的购置计划
购置	董事会	（1）审批年度购置预算 （2）审批年度购置计划 （3）授权董事长、总经理购置决策
	董事长	（1）根据董事会决议或授权，签署批准购置计划和购置方案 （2）董事会闭会期间，在授权范围内购置决策
	总经理	在授权范围内批准购置计划、购置方案，签署购置协议
处置	股东大会	（1）成批处置公司主要生产用设备 （2）一次性处置或连续四个月累计处置固定资产总金额超过公司固定资产 30% 以上（含 30%）的处置计划
	董事会	（1）批准除需经股东大会批准事项之外的处置计划 （2）授权董事长、总经理审批固定资产处置权限
	董事长 总经理	按授权审批固定资产处置

3. 审批方式

（1）股东大会、董事会以决议的形式批准，董事长根据股东大会决议、董事会决议签批。

（2）董事会、总经理以及其他被授权审批人员，以书面批准的方式直接签批。

4. 批准和越权批准处理

（1）审批人根据固定资产业务授权批准制度的规定，在授权范围内进行审批，不得超越审批权限。

（2）经办人在职责范围内，按照审批人的批准意见办理固定资产业务。

（3）对于审批人超越授权范围审批的固定资产业务，经办人有权拒绝并应拒绝办理，并及时向审批人的上一级授权部门报告。

第三章　固定资产取得与验收控制

第八条　固定资产投资预算管理

（1）公司固定资产投资预算的编制、调整、审批、执行等环节，按《公司预算管理实施办法》执行。

（2）公司根据发展战略和生产经营实际需要，并综合考虑固定资产投资方向、规模、资金占用成本、预计赢利水平和风险程度等因素来编制预算。

（3）对固定资产投资项目进行可行性研究和分析论证的基础上合理安排投资进度和

资金投放。

第九条　外购固定资产

1.固定资产外购业务控制要求

固定资产外购业务控制要求如下表所示：

固定资产外购业务控制要求

业务操作	操作人	内控要求
采购申请	固定资产使用部门	（1）请购申请的固定资产，年初列入年度预算 （2）采购项目已经可行性论证并且可行 （3）对请购的固定资产的性能、技术参数有明确要求 （4）书面申请
审核	基建部门	（1）核实采购申请是否列入年度计划 （2）审核采购项目是否经过可行性论证并且可行 （3）必要时，征求有关专家的意见
审核	审计部门	（1）核实采购申请是否列入年度预算 （2）按相关制度进行合同审计
审批	审批人	（1）按照公司授权，在授权范围内审批 （2）审批时应充分考虑审核部门的意见，未经审核的采购项目不予审批
采购作业计划	基建部门	（1）未经批准的项目和越权批准的项目不予下达采购作业计划 （2）采购计划一式四份，基建、财务、采购、仓库各一份 （3）采购作业计划须经授权批准人批准
资金安排	财务部门	（1）根据采购作业计划准备资金 （2）未经批准的采购项目不予安排资金
采购作业	采购部门	（1）严格按采购作业计划书规定的规格、型号、技术参数采购 （2）除特殊采购项目外，必须有三家以上的予以选择供应商 （3）比价采购或招标采购 （4）必须签订采购协议，并经审计部门审计

2.紧急采购

（1）紧急采购必须由总经理批准或授权审批批准。

（2）紧急采购不属于须经股东大会或董事会批准的采购项目。

（3）紧急采购作业计划由基建部门下达，并注明"紧急采购"字样。

（4）未经总经理批准或授权审批人批准，采购部门不得采购。

第十条　固定资产验收和交付使用

1.固定资产验收

（1）固定资产验收由基建部门会同采购部门、使用单位、财务部门、审计部门组成验收小组，区别固定资产的不同取得方式进行验收工作。

（2）对外购固定资产，验收小组应按照合同、技术交底文件规定的验收标准进行验收；对重要设备验收，必须有供应商派员在场时，方能开封验收；验收不合格时，及时通知供应商，并由基建部门组织相关人员与供应商协商退货、换货、索赔等事项。

（3）验收固定资产时，由基建部门出具验收报告，并与购货合同、供应商的发货单及投资方、捐赠方等提供的有关凭据、资料进行核对。

（4）在办理固定资产验收手续的同时，基建部门应完整地取得产品说明书及其他相关说明资料。

2.固定资产交付使用

（1）经验收合格的固定资产，由基建部门填制固定资产交接单一式三份，基建部门、财务部门、使用部门各一份，作为登记固定资产台账和建立固定资产卡片的依据。

（2）对于经营性租入、借用、代管的固定资产，公司设立备查登记簿进行专门登记，避免与公司的固定资产相混淆。

第十一条 固定资产购置付款

按公司《内部会计控制制度——货币资金》的有关规定办理。

第四章　固定资产的日常管理控制

第十二条 固定资产账卡设置

1.固定资产目录册

公司固定资产管理部门（基建部门）会同财务部门以及相关部门，编制固定资产目录册，在目录册中明确固定资产编号、名称、类别、规格、型号以及折旧年限、折旧方法、预计残值等，目录册经董事会批准后，不得随意改变，并备置于公司本部。

2.固定资产台账和卡片

（1）公司财务、管理部门、使用部门分别设置"固定资产登记簿"和"卡片"，反映固定资产编号、名称、类别、规格、型号、购置日期、原始价值等资料。

（2）公司管理部门与使用部门、财务部门定期核对相关账簿、记录、文件和实物，发现问题及时向上级报告和处理，以确保固定资产账账、账实、账卡相符。

第十三条 对固定资产实行"定号、定人、定户、定卡"管理

（1）固定资产定号管理。固定资产管理部门（基建部门）负责编制固定资产目录，对每单项固定资产分类、分项统一编号，并制作标牌固定在固定资产上。

（2）固定资产定人保管。根据"谁用、谁管、谁负责保管维护保养"的原则，把固定资产的保管责任落实到使用人，使每个固定资产有专人保管。

（3）固定资产定户管理。以每个班组或部门为固定资产管理户，设兼职固定资产管理员，对班组、部门的全部固定资产的保管、使用和维护保养负全面责任。

（4）固定资产定卡管理。以部门班组为单位，为每个固定资产建立固定资产保管卡，

记录固定资产的增减变动情况。调入增加时，开立卡片，登记固定资产的调入日期、调入前的单位、固定资产的统一编号、主机和附件名称、规格及型号、原始价值和预计使用年限，以及开始使用的日期和存放的地点。调出时，登记固定资产的调出日期、接受单位和调令编号，并注销卡片。

第十四条 固定资产的维修保养

1. 公司基建部门会同生产部门以及相关部门制定固定资产维修保养制度，保证固定资产正常运行，控制固定资产维修保养费用，提高固定资产使用效率。

2. 保管部门和操作人员定期对固定资产进行检查、维护和保养，公司基建部门会同生产部门定期对固定资产的使用、维修和保养情况进行检查，及时消除安全隐患，降低固定资产故障率和使用风险。

3. 固定资产需要大修，由使用部门提出申请，固定资产管理部门（基建部门）、生产技术工艺部门、使用部门、财务部门共同组织评估，提出修理方案，经授权审批人审批后，由固定资产管理部门组织实施，固定资产大修验收是固定资产管理部门、使用部门、生产技术部门、财务部门共同组织验收。

4. 固定资产维修（包括大修）保养费用，纳入公司年度预算，并在经批准的预算额度内执行。

5. 公司定期组织对新设备的操作人员、设备的新操作人员进行培训以及对操作人员定期进行技术考核，以降低固定资产的操作使用风险。

第十五条 固定资产投保

1. 投保范围

（1）公司固定资产在取得之后尚未投保且具有危险的，应办理保险或附加保险；对于不易发生损失危险的，应在报请公司领导批准之后可不予投保。

（2）已办理保险但其受益人变更时，须办理变更手续。

（3）当固定资产作抵押品时，认定不易发生损失危险因而未予投保的，如果债权人要求投保，仍应该予以投保。

2. 投保办理部门

（1）申请部门：固定资产管理部门。

（2）审核部门：财务部门。

（3）经办部门：固定资产管理部门、财务部门。

3. 投保手续

（1）固定资产管理部门根据领导批准的投保项目，提出投保申请。

（2）财务部门接受投保申请经审核之后，填制"投保书"，向保险公司办理投保手续。

（3）财务部门在订立保险合同之后，保单自存，保单副本两份连同收据送固定资产管理部门核对后，一份留存，另一份连同收据留财务部门据以付款。如果投保的固定资产因提供抵押，而必须办理受益人转移时，则保单正本交债权人收存。

第十六条　固定资产清查盘点

1. 盘点方式

（1）每年年终时由财务部门会同固定资产管理部门、固定资产使用部门组成清查盘点小组，对公司的所有固定资产进行一次全面盘点，根据盘点结果详细填写固定资产盘点报告表，并与固定资产账簿和卡片相核对，发现账实不符的，编制固定资产盘盈盘亏表并及时作出报告。

（2）公司财务部门、固定资产管理部门在年中应不定期对固定资产进行抽点检查。

2. 人员分工：使用部门为盘点人、财务部门为会点人、管理部门为复点人。

3. 盘点程序

（1）财务部门依据固定资产目录拟订盘点计划。

（2）使用部门与管理部门做好盘点前的准备。

（3）盘点人员现场实地盘点，编制"固定资产盘点报告表"一式三份，一份交使用部门、一份交管理部门、一份由财务部门呈报总经理核准后作为账务处理依据。

（4）财务部门经账实核对后，编制"盘盈盘亏表"，计算盘盈、盘亏结果，并将结果反馈给使用部门和管理部门。

（5）使用部门对盈亏差异进行分析，找出原因，分清责任，形成书面报告，由管理部门、财务部门出具意见后，报授权审批人审批。

（6）财务部门依据审批人审批意见，进行相关账户调整。

第十七条　固定资产使用状态变动

（1）公司启封使用固定资产或将固定资产由使用状态转入转存状态，须履行审批手续。

（2）公司改变固定资产状态、并变更固定资产保管地点的，固定资产管理部门、财务部门、保管部门应在固定资产登记簿进行登记。

第五章　固定资产处置和转移控制

第十八条　固定资产处置

1. 固定资产处置业务内控要点如下表所示：

固定资产处置业务内控要点

序号	处置业务	内控要点
1	处置申请	公司根据固定资产的实际情况和不同类别，由相关部门提出建议或报告，固定资产管理部门填制处置申请表 （1）对使用期满正常报废的固定资产，应由固定资产管理部门填制固定资产报废单，经公司授权部门或人员批准后进行报废清理

（续表）

序号	处置业务	内控要点
1	处置申请	（2）对使用期未满，但不能满足生产要求，需要报废或提前处置的固定资产，由使用部门提出书面报告，管理部门组织鉴定，经授权部门或人员批准后进行报废或处置 （3）对未使用，不需用的固定资产，应由固定资产管理部门提出处置申请，经公司授权部门或人员批准后进行处置 （4）对拟出售或投资转出的固定资产，应由有关部门或人员填制"固定资产处置呈批表"，经公司授权部门或人员批准后予以出售或转作投资
2	处置鉴定	由固定资产管理部门根据有关部门提出的固定资产处置申请报告，组织有关部门的技术专业人员对处置的固定资产进行经济技术鉴定，填制"固定资产处置呈批表"，确保固定资产处置的合理性
3	处置审批	公司根据权限对固定资产管理部门上报的"固定资产处置呈批表"进行审查，并签署意见
4	处置审核	（1）公司审计部门在处置前会同相关部门或人员对固定资产的处置依据、处置方式、处置价格等进行审核，重点审核处置依据是否充分，处置方式是否适当，处置价格是否合理 （2）财务部门在处置后根据审批人批准的呈批表，认真审核固定资产处置凭证，检查批准手续是否齐全，批准权限是否适当等，审核无误后据以编制记账凭证，进行账务处理

2. 公司财务部门、审计部门应参与固定资产的处置过程并对其进行监督。

3. 公司财务部门应当及时、足额地收取固定资产处置价款，并及时入账，其他部门不得经手固定资产处置现款。

第十九条　固定资产出租、出借

公司出租、出借固定资产，由固定资产管理部门会同财会部门拟订方案，经授权人员批准后办理相关手续，签订出租、出售合同。合同应当明确固定资产出租、出借期间的修缮保养、税赋缴纳、租金及运杂费的收付，归还期限等事项。

第二十条　固定资产内部调拨

公司内部调拨固定资产，由固定资产管理部门填制固定资产内部调拨单，由调入、调出部门、固定资产管理部门和财会部门的负责人及有关负责人员签字后，方可办理固定资产交接手续。

第六章　监督检查

第二十一条　监督检查主体

1. 公司监事会。依据公司章程对公司固定资产管理进行监督检查。

2. 公司审计部门。依据公司授权和部门职能描述，对公司固定资产购置、处置的合同及执行等进行审计监督。

3. 公司财务部门。依据公司授权，对公司固定资产管理进行财务监督。

4. 上级对下级进行日常工作监督检查。

第二十二条　监督检查内容

1. 固定资产业务相关岗位人员的设置情况。重点检查是否存在不相容职务混岗的现象。

2. 固定资产业务授权批准制度的执行情况。重点检查在办理请购、审批、采购、验收、付款、处置等固定资产业务时是否有健全的授权批准手续，是否存在越权审批行为。

3. 固定资产投资预算制度的执行情况，重点检查购建固定资产是否纳入预算，预算的编制、调整与审批程序是否适当。

4. 固定资产日常保管制度的执行情况。重点检查固定资产的归口分级管理制度和岗位责任制度是否落实，维修保养费用是否超过预算额度。

5. 固定资产处置制度的执行情况。重点检查处置固定资产是否履行审批手续，作价是否合理。

第二十三条　监督检查结果处理

1. 对监督检查过程中发现的固定资产内部控制中的薄弱环节，负责监督检查的部门应当告知有关部门，有关部门应当及时查明原因，采取措施加以纠正和完善。

2. 公司监督检查部门应当按照公司内部管理权限向上级有关部门报告固定资产内部控制监督检查情况和有关部门的整改情况。

5.3　存货内部控制制度

存货内部控制制度

第一章　总则

第一条　控制目标

规范存货管理行为；防范存货业务中的差错和舞弊；保护存货的安全、完整，提高存货运营效率。

第二条　适用范围

（1）本制度适用于公司在正常生产经营过程中持有以备出售的、或为了出售仍处在生产过程中的、或将在生产过程、或提供劳务过程中耗用的存货管理。

（2）存货管理包括计划、采购与生产、保管、发出、盘点、记录和报告。

（3）公司的控股子公司参照执行。

第二章　岗位分工与授权批准

第三条　不相容岗位分离

（1）存货的采购、验收与付款分离。

（2）存货的保管与清查分离。

（3）存货的销售与收款分离。

（4）存货处置的申请与审批、审批与执行分离。

（5）存货业务的审批、执行与相关会计记录分离。

（6）公司内不得由同一部门或个人办理存货的全过程业务。

第四条　经办和核算存货业务人员的素质要求

（1）具备良好的职业道德、业务素质。

（2）熟悉存货的用途、物理和化学性质等基本知识。

（3）符合公司规定的岗位规范要求。

第五条　业务归口办理

（1）存货的采购由采购部门办理。

（2）存货的质量由质量部门办理验收。

（3）存货的数量验收、保管、发出、保管由仓储部门办理。

（4）付款和会计记录由财务部门办理。

（5）公司未经授权的机构或人员，不得办理存货业务。

第六条　部门职责

1. 采购部门

（1）受理采购申请，编制采购作业计划。

（2）采购作业。

（3）收集市场价格。

2. 仓储部门

（1）数量验收、保管存货。

（2）按发货指令（领料单或发货单）发货。

（3）对存货的收、发、存进行记录和报告。

3. 财务部门

（1）参与制定存货管理政策。

（2）参与重大采购合同的签订、采购招标及反拍卖工作。

（3）及时对存货进行会计记录。

（4）审查采购发票，正确计算存货成本。

（5）参与存货盘点，抽查保管部门的存货实物记录。

4. 审计部门

对存货的采购合同进行审计。

第七条　授权审批

1. 授权方式

（1）存货业务除公司有重大战略性采购或生产需经董事会审批外，由公司总经理审批。

（2）公司总经理对各级人员的存货业务授权，每年年初公司以文件的方式明确。

2. 审批权限

审批权限如下表所示：

审批权限

项　目	审批人	审批权限
1. 采购政策	总经理	（1）制定和修订 （2）以总经理办公会议形式审定
2. 月度采购计划、月度生产计划	总经理或授权事业部经理	（1）以总经理办公会议形式审批或授权事业部经理办公会议审批
3. 采购作业计划	公司授权审批人	按公司授权范围审批
4. 采购合同	公司授权审批人	按公司授权范围审批
5. 存货发出	公司授权审批人	按公司授权范围审批
6. 存货报废与处置	总经理	审批或授权审批
7. 战略性采购和生产	董事会	（1）重大金额审批 （2）授权总经理审批
8. 接受投资或债务重组等方式取得存货	总经理	审批或授权审批

3. 审批方式

（1）重大战略性采购与生产，经董事会决议后，由董事长审批．

（2）采购政策（包括库存限额、采购方式的选择、经济批量等政策性事项）和月度采购计划由总经理召开总经理办公会议或授权总经理决定，并以文件或其他形式下达执行。

（3）存货业务的其他事项审批，在业务单或公司设定的审批单上签批。

4. 批准和越权批准处理

（1）审批人根据公司对存货业务授权批准制度的规定，在授权范围内进行审批，不得超越审批权限。

（2）经办人在职责范围内，按照审批人的批准意见办理存货业务。

（3）对于审批人超越授权范围审批的存货业务，经办人有权拒绝并应当拒绝，并及时向审批人的上一级授权部门报告。

第三章 存货的取得、验收与入库控制

第八条 采购存货控制要求

采购存货控制要求如下表所示：

采购存货控制要求

业务操作	操作人	控制要求
1. 物资需求计划	生产部门计划员	（1）每月 28 日根据下月销售计划、生产计划和物资消耗定额编制物资需求计划 （2）根据总经理指令下达、调整和修改需求计划
	总经理或被授权的事业部经理	（1）根据总经理办公会议下达物资需求计划调整指令 （2）审签需求计划
2. 材料作业计划	采购计划员	（1）根据物料管理系统采购提示和月度物资需求计划，编制采购作业计划 （2）按授权报审批人批准后，将采购作业单下达采购员 （3）采购作业计划分送仓库、财务等部门
	授权审批人	按授权审签作业计划
3. 选择供应商	采购员	（1）寻找供应商以保证： ①供应物料顺畅 ②进料品质稳定 ③交货数量符合 ④交货期准确 ⑤各项工作协调 （2）建立供应商档案，编制供应商清单，记录主要供应商的表现和交易情况 （3）建立与供应商的稳定关系 （4）采购前在合格的供应商清单中选择并通知至少 3 家供应商报送报价清单
	生产部、技术部、质量部、采购、仓储部、财务部	（1）制定选择主要供应商评审标准，包括： ①供货历史 ②供货能力和频率 ③产品质量及质量控制能力 ④服务水平 ⑤财务及信用状况 ⑥管理规范 ⑦来自其他客户的评价 （2）定期审定供应商清单 （3）定期对供应商优化，将不合格供应商剔出供应商清单

（续表）

业务操作	操作人	控制要求
4. 比价、洽商、签订合同	采购员	（1）收料市场价格信息 （2）对供应商报送的报价清单进行比价 （3）与历史交易记录比较（最近三笔以上同一材料的交易价格和去年同期交易价格） （4）与公司下达的采购指导价比较 （5）分析价格趋势 （6）填写价格比较单，报主管审批 （7）确定供应商，与供应商谈判，就交易数量、质量、交货期、运输方式、结算、责任等达成协议，拟定合同，按授权报请批准或确认 （8）合同条款应符合《中华人民共和国合同法》的规定 （9）重要采购合同至少有两人参加洽谈 （10）____元以上的采购必须签订合同，并送财务部门一份 （11）____元以上的采购合同必须经审计部门审计 （12）双方签署的订单视同合同
	审计部门	（1）单项____万元以上的大宗采购，在合同签署前进行审计，在审批单上签署书面意见 （2）重点审计合同的采购方式选择是否合理、供应商是否合格、采购价格是否合理等
	财务部门	金额在____万元以上的采购合同，审定其付款结算方式
	授权审批人	按授权审签合同
	总经理或授权审批人	（1）根据市场情况确定采购方式：反拍卖、招标、比价、议价、访价（金额小，且对产品质量影响小或无影响） （2）按授权审签合同
5. 采购	采购员	（1）提货或通知供应商送货 （2）记录供应商档案 （3）登记采购手册 （4）装订采购作业单、订单或合同存档
6. 验收	质检员	（1）制定需质检的材料清单 （2）对需质量检验的材料，接到质检通知后立即进行质量检验 （3）出具质检报告或在收料单上标明质检结果："合格"或"不合格" （4）对不符合质量要求的材料提出处理意见 （5）对不符质量要求的材料加以显著标记
	仓管员	（1）将送来的货物放在待验区，将检验合格的货物放在适当的位置 （2）对需质检员检验的材料，通知质检员检验

（续表）

业务操作	操作人	控制要求
6. 验收	仓管员	（3）对货物进行数量验收和质量验收，对无采购作业计划的货物以及超计划采购的货物经批准后方能验收 （4）将不合格的货物隔离放置，并加以标记 （5）正确使用计量设备和仪器 （6）出具送货差异报告（多送或少送） （7）对验收合格的材料，填制入库单，登记实物账，对实际验收入库的货物予以确认，对发票未到的收料在月末做暂估入库处理
	授权审批人	（1）批准或不批准超计划采购 （2）对质量差异报告提出退货或降价处理批示 （3）对送货差异报告批示 （4）责成查明差异责任和质量不符责任
	采购员	（1）查明差异原因和质量不符原因 （2）按授权审批人批示办理退货、降价谈判、补足货物等事宜 （3）记录采购差异的内容及处置过程
7. 货款结算	财务部会计	（1）将发票联与税收抵扣联匹配核对 （2）发票与合同及采购计划匹配核对 （3）发票与收料单匹配核对 （4）按合同及付款手续填制付款凭证
	出纳	根据审核的付款凭证和合同规定的付款方式付款

第九条　存货制造控制内控要求。

存货制造控制要求如下表所示：

存货制造控制内控要求

业务操作	操作人	控制要求
1. 月度生产计划	计划员	（1）根据月度销售计划、库存存量控制标准，制订月度生产计划 （2）将生产计划报总经理批准
2. 生产作业计划	计划员	（1）根据销售合同和销售部的出货计划和库存存量控制标准，编制生产作业计划 （2）根据总经理的指令调整生产作业计划
	授权审批人	（1）审签生产作业计划 （2）平衡生产能力，调整生产作业计划 （3）下达紧急生产作业计划

（续表）

业务操作	操作人	控制要求
3. 制造	生产班组	（1）按生产规程生产 （2）根据生产作业计划（生产指令）生产 （3）改善生产组织，高效、低耗生产 （4）安全、优质、按时、按量生产
4. 验收	质检员	（1）建立质量检验标准和规程 （2）生产各工序完工后及时检验、出具检验报告，或在生产指令卡上签字 （3）将不合格的产品加以显著标记
	仓管员	（1）将合格产品按包装要求包装，将合格证放在包装内，在包装上贴上商标 （2）将合格半成品放置规定位置 （3）将不合格品隔离放置不予入库，并进行标示 （4）将检验合格入库的自制半成品、产成品、模具等开具入库单，及时登记入账 （5）将不合格品开具报废单 （6）每月编制本月完工入库报表，及时报送财务部门等相关部门
	总经理或授权审批人	（1）按授权审签报废单 （2）责令生产部门分析报废原因，并报送书面分析报告
5. 会计核算	财务部会计	（1）及时收集存货生产、入库资料 （2）按成本核算规程核算，并结转存货成本

第十条　委外加工

1. 外协加工商

由公司生产部、质量部、财务部等共同评审协作加工商。

2. 委外加工类别

（1）成品委外加工：由公司提供材料或半成品，委托协作厂商制造成成品。

（2）半成品委外加工：由公司提供材料、模具或半成品，委托协作厂商制造，其协作加工商加工后尚需公司再加工方为成品。

（3）材料委外加工：产品加工过程必需的材料，须委外协作加工后方能用于产品生产。

3. 委外加工控制程序及内控要求

委外加工控制程序及内控要求如下表所示：

委外加工控制程序及内控要求

业务操作	操作人	控制要求
1. 委外加工申请	生产部计划员	（1）提出委外加工申请必须基于以下原因： ①公司人员、设备不足，生产能力负荷已达饱和状态 ②特殊零件、材料无法购得现货，也无法自制时 ③协作厂商有专门性的技术，利用委外加工成本低廉且有品质保证 ④配合公司销售、生产需要，需通过协作厂商完成新产品的试制及试制经认可后的大量外协制造作业 （2）书面提出委外加工申请——填写委外加工申请表，注明加工原因及加工类别、数量和质量要求等
	生产部门负责人	审核加工申请，对委外加工的必要性和加工数量等内容审查
	授权审批人	按授权审签加工申请
2. 选择受托加工商	委外加工员（采购员）	（1）选择外协加工商以保证： ①加工品质稳定 ②交货期准确 ③各项工作协调 （2）建立"外协加工商"档案，定期调查外协加工商的动态和产品质量，定期审查主要外协加工商的表现 （3）建立与受托加工商的稳定关系 （4）委托加工时，在合格外协加工商中选择，并通知至少 3 家外协加工商报送报价单（特殊外协加工除外）
	生产部、技术部、质量部、财务部	（1）制定选择主要外协加工厂商评审标准，包括：加工生产历史、加工能力、加工质量及质量控制能力、加工价格、服务水平、财务及信用状况、管理规范和来自其他客户的评价 （2）实施调查或书面审查外协加工商 （3）对外协加工商考核，选定主要外协加工商，剔出不合格外协加工商
3. 比价洽商、签订合同	生产部委外加工员（采购员）	（1）收集市场价格信息 （2）对外协加工商报送的报价单进行比价，填写价格比较单，报主管审批 （3）选定外协加工商，与外协加工商谈判，就委外加工合同达成协议，拟定加工合同，按授权报请批准或确认 （4）所有的委外加工合同必须签订合同，并送财务部门一份
	审计部	对合同进行审计
	财务部	审查付款结算方式

（续表）

业务操作	操作人	控制要求
3. 比价洽商、签订合同	生产部经理	审核合同
	授权审批人	按授权审签合同
4. 委托加工	生产部计划员	根据合同，填写"委外加工单"和"委外加工领用单"
	仓库	（1）根据"委外加工领用单"发放委外加工的材料或半成品 （2）根据"领用单"准确发放
	委外加工员（采购员）	（1）将"委外加工单"连同原料或半成品交受托加工方（外协加工商） （2）提供加工图纸、加工及检验标准等技术资料 （3）指导外协加工商按照公司规定进行加工或制造 （4）协助其提高品质 （5）与外协加工商工作联系与协调，了解加工进度和品质 （6）加工完后，及时提货或通知送货，对质检不合格的加工品与外协加工商协商
	财务部	审查领用的委外加工品的品种、规格及数量与加工合同一致，并加盖财务审核章
	门卫	根据财务审核后的出门证对出门的物资核对放行
5. 验收、入库	质检员	（1）根据仓库保管员的通知，对委外加工产品及时检验 （2）按与外协加工商双方协定的验收标准和抽样来验收 （3）出具质检报告或在收料单上标注质检结果："合格"或"不合格" （4）对不合格的委托加工品提出处理意见，协助委外加工员就质量问题与外协加工商协商或交涉
	仓库保管员	（1）将送来的委外加工品放在待验区，将检验合格的货物放在适当位置 （2）通知质检员检验 （3）对货物进行数量验收 （4）将不合格品隔离放置，并加以标记 （5）对验收合格品，填制入库单，对验收入库的货物予以确认，对发票未到的收料在月末暂估入账 （6）出具送货差异报告（多送或少送）
	授权审批人	（1）审查差异报告 （2）责成查明差异责任 （3）对有关责任人提出处罚意见 （4）签署处罚意见书

（续表）

业务操作	操作人	控制要求
5. 验收、入库	委外加工员 （采购员）	（1）查明差异原因 （2）与外协加工商协商处理数量、质量差异事项 （3）记录委外加工差异的内容及处理过程
6. 加工结算	会计	（1）将发票联与税收抵扣联匹配核对 （2）发票与合同及"委外加工单"匹配核对 （3）发票与收料单匹配核对 （4）按合同填制会计凭证 （5）及时进行会计处理
	出纳	根据审核的付款凭证和加工合同的付款方式付款

第十一条　受托加工

受托加工内控要求如下表所示：

受托加工内控要求

业务操作	操作人	内控要求
1. 接受委托	业务员	（1）接洽客户 （2）按客户的委托加工要求送交生产部评估 （3）经评估公司有能力加工后，正式受理委托加工单
	生产部、技术部、质量部等部门	（1）根据业务员提供的委托加工要求进行评估： ①公司的生产负荷，是否能满足时间要求 ②公司的设备加工能力是否有能力加工及是否能满足质量要求 （2）出具评估意见
	销售部门授权审批人	（1）审核委托加工单 （2）审核加工合同
	授权审批人	（1）按授权审签加工合同
2. 验收委托加工品	质检员	（1）按合同规定的质量要求，验收委托方送交的材料或半成品 （2）出具质量报告
	仓管员	（1）按合同规定的数量要求，验收委托方送交的材料或半成品 （2）设置来料加工备查登记簿，实时登记来料数量及领用情况 （3）将来料放置在特定区，不与公司材料（半成品）混合放置

（续表）

业务操作	操作人	内控要求
3. 加工	销售部内勤人员	（1）通知生产部加工 （2）向生产部提供受托加工的相关技术资料
	生产部计划员	下达生产用料标准
	领料员	（1）填写领料单，送交授权审批人审批领料单应注明物品名称、规格型号、申请数量、加工单号等内容 （2）根据授权审批人审批的领料单，到仓库领料，核对领用材料（或半成品）与领料单的材料（或半成品）、型号、数量是否一致 （3）办理货物交接手续，并签上自己的姓名
	仓管员	（1）按经批准的领料单发料 （2）按委托加工单和委托单位的来料匹配发料 （3）与领料员办理交接手续，并在领料单上签名 （4）登记来料加工备查登记簿 （5）加工单完成后剩余材料（或半成品）按合同规定处理： ①需送回委托单位的通知业务员，办理手续后退回委托单位 ②剩余材料（半成品）归公司的，办理正式入库手续，并将其从特定放置区转入公司材料（或半成品）区
	生产各班组	（1）按生产规程生产 （2）根据生产指令生产 （3）按客户的技术标准和质量标准生产
4. 验收	质检员	（1）各工序完工后，及时检验，出具质量检验报告 （2）根据客户要求的质量标准检验 （3）发现质量问题，及时报告，并会同相关部门分析质量原因 （4）下达"质量整改通知"，并督促落实
	仓管员	（1）按客户的包装要求包装 （2）将合格品放在特定区 （3）通知业务员：加工品已加工完毕
5. 通知发货	销售业务员	接到加工完毕通知后，向仓库下达发货通知
6. 装箱	仓库保管员 发运员	（1）按出货通知、客户委托加工单核对无误后，由另一人如数装箱： ①核对确认数量、品种、规格、型号无误后发货 ②按客户的要求包装 （2）填写出库单

（续表）

业务操作	操作人	内控要求
7. 核对	发运员	（1）核对货物 （2）核对每份订单的总件数、地址、箱头标签等
8. 发运	发运员	（1）核对委托加工单的单号、地名、人名、单位名、电话 （2）将货物清单放置包装箱内，箱体写上"内附货单"字样 （3）箱面封口、打包、置于发货区 （4）填写"货物发运单"如数及时发货 （5）与仓管员双方在发运单上签字
9. 财务结算	开票员	（1）根据合同、仓库装箱单、发运单开具发票 （2）当天将发票和抵扣联及相关附件送交业务员，将记账联送交财务部记账
	业务员	（1）与客户办理收款手续 （2）催收加工款
	财务部	（1）及时计算、结转加工成本 （2）及时对加工业务进行会计账务处理

第十二条　接受投资和抵顶债务取得存货控制

1. 公司接受投资者投入的存货，其实有价值和质量状况应当经过评估和检查，并与公司筹资合同或协议的约定相一致。

2. 公司取得的存货为对方单位抵顶债务的，该类存货的取得，事先经有关部门和人员审核，总经理或授权批准人批准，其实有价值和质量状况应当符合双方的有关协议。

第四章　仓储与保管控制

第十三条　仓储计划控制。公司根据销售计划、生产计划、采购计划、资金筹措计划等制订仓储计划，合理确定库存存货的结构和数量。

第十四条　存货接触控制。严格限制未经授权的人员，接触存货。

第十五条　分类保管控制。公司对存货实行分类保管，对贵重物品、生产用关键备件、精密仪器、危险品等重要存货的保管、调用、转移等实行严格授权批准，且在同一环节有两人或两人以上同时经办。

第十六条　安全控制

（1）公司按照国家有关法律、法规要求，结合存货的具体特征，建立、健全存货的防火、防潮、防鼠、防盗和防变质等措施，并建立责任追究机制。

（2）公司仓储、保管部门建立岗位责任制，明确各岗位在值班轮班、入库检查、货物调运、出入库登记、仓场清理、安全保卫、情况记录等各方面的职责任务，并对其进行检查。

第十七条 生产现场存货控制。公司生产部门应当加强对生产现场的材料、低值易耗品、半成品等物资的管理和控制，根据生产特点、工艺流程等，生产班组应对转入、转出存货的品种、数量等以及生产过程中废弃的存货进行登记。

第十八条 存货保管的具体要求

存货保管的具体要求如下表所示：

存货保管的具体要求

业务操作	操作人	控制要求
1. 仓库选择设置	主管部门经理	（1）提出仓库设置规划： ①材料仓库位置应方便生产使用 ②有利于安全保卫 ③考虑保管货物的物理性能和化学性能 ④有货物进出通道，有照明、防火、防水、防盗设施 ⑤有合理的存货空间，易于发货、搬运、盘点
	总经理	批准仓库设置规划
2. 货物堆放	仓管员	（1）保持仓库清洁 （2）采用立堆放方式 （3）按存货的品种、规格堆放，不同物理性能和化学性能的物品分开堆放；危险品隔离存放 （4）划分保管区、待验区、不合格品区 （5）堆放考虑先进先出，易于盘点 （6）对外形规则的货物采用五五堆放法等合理方法 （7）填制《物料储位图》，存货依分区及编号顺序排放 （8）建立存货账及物料卡，物料标志朝外
3. 货物保管	仓管员	（1）保管好仓库钥匙，防止丢失 （2）每月定期核对账物 （3）发现物料变质及时报告 （4）对半年以上的呆滞物品编制报表 （5）当日进出货单，当日登记入账，实时反映仓库库存情况 （6）保持仓库通风条件，定期检查通风设备和防火、防水、防盗设施，防止货物霉烂变质、失火、失盗
4. 保管检查	部门经理	每月检查仓库和仓库员工作一次
	主管副总经理	每季抽查仓库及仓管员工作一次
	总经理	每年抽查仓库及仓管员工作一次

第五章　　存货领用、发出与处置控制

第十九条 存货领用内控要求

存货领用内控要求如下表所示：

存货领用内控要求

业务操作	操作人	内控要求
1. 物料领用计划	计划员	（1）根据配方标准和物料耗用标准编制 （2）根据其他相关计划和定额消耗标准编制 （3）根据原材料实际参数等调整用料计划并作为领料控制标准
2. 领料申请	领料员	（1）领料员必须经过授权 （2）填写领料单 注明物品名称、规格型号、申请数量、产品批别等内容
3. 领料审批	班组长、部门经理	按审批权限审批
4. 发料	仓管员	（1）不经批准的领料申请，不予发料 （2）核对领料计划，是否按公司规定的审批权限审批 （3）按领料单点装货物，并与领料员当面点清，不得多发或少发 （4）材料按先进先出发放 （5）与领料员办理交接手续，并在领料单上签名 （6）调整货仓的材料标牌（或物料卡）数量 （7）发料后马上登记实物账
	领料员	（1）核对领用材料与领料单的材料名称、型号、数量是否一致 （2）办理货物交接手续，并签上自己的名字
5. 账目记录	仓管员	（1）实时记录材料领用 （2）月末，原材料库汇总向财务部报送领料单，其他材料一领一单向财务部门报送
	财务部会计	（1）按成本核算规程计算领用成本 （2）定期到仓库点收料单 （3）及时进行会计账务处理

第二十条　存货销售发出内控

存货销售发出内控控制要求如下表所示：

存货销售发出内控控制要求

业务操作	操作人	内控要求
1. 接受订单	业务员	按销售控制制度受理订单
	授权审批人	（1）审核订单 （2）按授权签订合同
	信用管理员	提供有关信用资料

（续表）

业务操作	操作人	内控要求
2. 备货	内勤人员	通知仓库备货或通知生产部生产
	仓管员	备足货后通知内勤员
3. 通知发货	内勤员	根据合同和备货情况，向仓库下达发货通知
4. 装箱	仓管员 发运员	（1）按出货通知、客户订单核对无误后，由另一人如数装箱，并附上检验合格证： ①核对确认数量、品种、规格、型号无误后，在订单和发货通知上标注 ②装箱统一用公司包装盒，内置产品应安全、平整、包满 （2）填写装箱单
5. 核对	发运员	（1）核对装箱单 （2）核对每份订单的总件数、地址、箱头标签等
6. 放单发货	发运员	（1）核对各订单的单号、地名、人名、单位名、电话 （2）将货物清单放置包装箱内，箱体写上"内附货单"字样 （3）箱面封口、打包、置于发货区 （4）填写"货物发运单"如数及时发货 （5）与仓管员双方在发运单上签字

第二十一条 对外捐赠和对外投资发出存货控制

1. 公司对外捐赠存货，必须按公司授权，经授权审批人审批，有明确的捐赠对象、合理的捐赠方式、可监督检查的捐赠程序，并且签订捐赠协议。

2. 公司运用存货进行对外投资，必须按公司对外投资的规定履行审批手续，并与投资合同或协议等核对一致。

第二十二条 呆滞料、废旧料、边角余料及呆滞品、废品处置

1. 标准

（1）呆滞料：指品质（型号、规格、材质、效能）不合标准，或存储过久（半年以上）已无使用机会，或有使用机会但用料极少、存量多且有变质疑虑，或因陈腐、劣化、革新等现状已不适用需专案处理的材料。

（2）废料：指报废的物料，即经过相当使用，本身已残破不堪或磨损过甚或超过其寿命年限，以致失去原有的功能而本身无利用价值的物料。

（3）旧料：指物料经使用或储存过久，已失去原有性能或色泽，而致物料的价值减低。

（4）边角余料：指加工过程中，所产生的物料零头，并已丧失其主要功能。

（5）呆滞品：指品质不符合标准、储存不当变质或制成后遭客户取消、超量制造等因素影响，导致储存期间超过 6 个月，需专项处理的成品。

（6）废品：指不符合规定的质量标准，不能按照原定用途使用的在制品、半成品或

产成品。

2. 处置方式和处置部门

处置方式和处置部门如下表所示：

处置方式和处置部门

项　目	处置方式	处置部门	参与部门
1. 呆滞料	（1）销售（变卖） （2）改变原有用途利用 （3）非货币交易（交换）	公司授权	生产部、财务部等
2. 废料	（1）销售（变卖） （2）利用 （3）销毁	公司授权	生产部、财务部等
3. 旧料	（1）利用 （2）销售（变卖）	公司授权	生产部、财务部等
4. 边角余料	（1）利用 （2）销售（变卖）	公司授权	生产部、财务部等
5. 呆滞品	（1）降价销售 （2）非货币交易（交换）	公司授权	财务部等
6. 废品	（1）破碎变卖 （2）销毁、利用	公司授权	生产部、财务部等

3. 处置控制内控要求

处置控制内控要求如下表所示：

处置控制内控要求

业务操作	操作部门／人	内控要求
1. 确认	经管部门	（1）按本制度所规定的标准予以确认 （2）分析原因，提出分析报告，提出整改管理措施 （3）按季填写报告单 （4）设置备查登记簿
	经管部门主管	（1）审核报告单 （2）对实物进行核查
	质量部门	（1）进行质量检验 （2）出具质量报告
	财务部门	（1）核查报告单 （2）参与实物核查
	授权审批人	审签报告单

（续表）

业务操作	操作部门／人	内控要求
2. 处置申请	经管部门	（1）优先利用为原则 （2）填写处置申请单，注明处置物的处置原因、处置物的名称、规格及型号、数量、处置方式
	销售部门	（1）负责呆滞产品的处置 （2）填写处置申请单（没有降价的除外），注明处置品的名称、规格及型号、数量、降价幅度等内容
	财务部门	在"处置申请"中签署意见
3. 审批	授权审批人	（1）按授权审批 （2）确定处理期限
4. 处置	处置部门	（1）未经批准不予处置 （2）按时处置 （3）处置收入必须上交财务部门 （4）处置必须办理相关手续，填写相关单据
	财务部门	参与处置的全过程 （2）开具收据、发票等
5. 会计处理	财务部门	（1）及时进行会计处理 （2）正确处理

第二十三条 凡需出门的存货必须办理出门手续，经财务部门审核盖章并留存根后方可出门。

第六章　存货盘点

第二十四条 盘点安排

（1）仓管员每月末自盘。

（2）财务部门存货会计每月抽点。

（3）部门负责人每月抽点。

（4）主管副总经理每季抽点。

（5）总经理不定期抽点。

（6）每年年终结账日公司全面盘点。

第二十五条 自盘

（1）仓管员每月对自己经管的物资必须自盘一次，库存品种、规格超过 100 种以上的，可以抽点，抽点比例不低于 50% 但不少于 100 种。

（2）自盘时，可要求部门负责人派人协点。

（3）自盘时，发现呆滞物品、变质物品、盘盈盘亏，填写自盘报告单，并由财务部门派人核实。

第二十六条 抽点

（1）抽点人随机抽点，抽点比例为 20% 左右。

（2）抽点时，由仓管员配合，将未办妥手续及代管货物分开存放，并加以标示。

（3）抽点后，由抽点人填写抽点表，抽点人和仓管员签字认可，发现盈亏，填写"盘点盘亏汇总表"报总经理。

第二十七条 年终全面盘点

1. 年终全面盘点由总经理或财务总监组织，由财务部门制订盘点计划。

2. 盘点人员包括盘点人、会点人、协点人和监盘人：

（1）盘点人由盘点小组指定，负责点量工作。

（2）会点人由财务部派员担任，负责盘点记录。

（3）协点人由仓库搬运人员担任，负责盘点时物资搬运。

（4）监盘人由内部审计人员或总经理派员担任，以及负责年度会计报表审计的会计师事务所派员担任。

3. 盘点日由公司财务部在盘点计划中确定。

4. 会点人按实际盘点数详实记录"盘点表"，由会点人、盘点人、监盘人共同签注姓名、时间；盘点表发生差错更正，必须在更正时，由盘点人、监盘人及时签字确认。

5. 盘点完毕后，由财务部将"盘点表"中的盈亏项目加计金额填列"盘点盈亏汇总表"，并与仓库、生产等部门共同提出分析报告，经财务总监审核报总经理。

第二十八条 盘盈盘亏处理

（1）盘盈盘亏金额按公司审批权限规定审批；

（2）财务部根据审批结果进行账务处理，仓管员根据审批结果调整库存数量和金额；

（3）公司经理办公会议根据盘盈盘亏分析报告和公司的相关规定对责任人员进行处罚。

第七章 存货记录和报告控制

第二十九条 存货实物记录

（1）公司对存货取得验收、入库、保管、领用、发出及处置等各环节设置记录凭证，登记存货的类别、编号、名称、规模型号、计量单位数量、单价等内容。

（2）存货管理部门（仓库）必须设置实物明细账，详细登记收、发、存货的类别、编号、名称、规模、型号、计量单位、数量、单价等内容，并定期与财务部核对。

（3）对代管、代销、暂存、受托加工的存货，单独记录，避免与公司存货混淆。

第三十条 存货会计记录

（1）公司财务部按照国家统一的会计制度的规定，对存货及时核算，正确反映存货的收、发、存的数量和金额。

（2）财务部定期与存货管理部门核对存货和存货账，核对不符，及时查明原因，并报告处理。

第三十一条 存货报告

（1）仓管员每月末编制"存货动态表"，详细反映存货的收、发、存情况。

（2）存货期已超 3 个月的存货，仓管员应在"存货动态表"中注明其采购或生产时间，生产厂家、库存原因等。

（3）发现存货盈亏、霉烂变质及 6 个月以上的呆滞物品等情况，及时填写报告单，逐级上报到总经理。

第八章 监督检查

第三十二条 监督检查主体

1.公司监事会。依据公司章程对公司存货管理进行监督检查。

2.公司审计部门。依据公司授权和部门职能描述，对公司存货管理进行审计监督。

3.公司财务部门。依据公司授权，对公司存货管理进行财务监督。

4.上级对下级进行日常工作监督检查。

第三十三条 监督检查的内容

1.存货业务相关岗位及人员的设置情况。重点检查是否存在不相容职务混岗的现象。

2.存货业务授权批准制度的执行情况。重点检查授权批准手续是否健全，是否存在越权审批行为。

3.存货收发、保管制度的执行情况。重点检查存货取得是否真实、合理，存货验收手续是否健全，存货保管的岗位责任制是否落实，存货清查、盘点是否及时、正确。

4.存货处置制度的执行情况。重点检查存货处置是否经过授权批准，处置价格是否合理，处置价款是否及时收取并入账。

5.存货会计核算制度的执行情况。重点检查存货成本核算、价值变动记录是否真实、完整、及时。

第三十四条 监督检查结果处理

1.对监督检查过程中发现的存货内部控制中的薄弱环节，负责监督检查的部门应当告知有关部门，有关部门应当及时查明原因，采取措施加以纠正和完善。

2.公司监督检查部门应当按照内部管理权限向上级有关部门报告存货内部控制监督情况和有关部门的整改情况。

5.4　成本费用内部会计控制制度

成本费用内部会计控制制度

第一章　总则

第一条　控制目标

防范成本费用管理中的差错与舞弊；降低成本费用开支，提高资金使用效益；规范成本费用管理行为。

第二条　适用范围

本制度适用于公司的成本费用控制，控股子公司参照执行。

第二章　岗位分工和授权批准

第三条　不相容岗位分离

（1）成本费用预算的编制与审批分离。

（2）成本费用支出的审批与执行分离。

（3）成本费用支出的执行与相关会计记录分离。

第四条　成本费用管理职责

1. 总经理职责

（1）总经理对公司成本费用内部控制的建立、健全和有效实施，以及成本费用支出的真实性、合理性、合法性负责。

（2）对公司的成本费用管理进行职责合理划分和授权。

2. 财务总监

（1）具体领导成本核算和成本管理工作。

（2）组织制定公司成本费用管理办法。

（3）组织相关部门编制成本、费用定额和标准成本。

（4）控制主管部门的成本费用。

3. 总工程师

（1）组织改善生产工艺和技术，为降低生产成本提供技术支持。

（2）组织编制产品消耗定额。

（3）控制主管部门的成本费用。

4. 公司其他高管人员

（1）按照公司职责分工，组织领导成本费用管理的相关工作。

（2）控制主管部门的成本费用。

5. 财务部门

（1）负责拟定和修改公司成本管理制度。

（2）拟定公司成本、费用定额和标准成本，参与制定生产消耗定额。

（4）配备合适成本核算员，具体负责成本核算和管理工作。

（5）控制本部门费用和归口管理费用。

6. 审计部

（1）对公司的成本费用的真实性、合理性、合法性进行审计控制。

（2）控制本部门的费用。

7. 事业部

（1）控制本部门的成本、费用。

（2）合理划分成本费用控制职责，分解成本费用控制指标，对产品生产的供、产、销和提供劳务各环节的成本费用进行全面控制。

（3）参与制定和严格执行公司的生产消耗定额、成本和费用定额。

（4）根据公司的有关规定制定本事业部的成本费用控制具体实施细则。

8. 其他职责部门

（1）参与制定公司的成本、费用定额，按公司的部门职能描述，完成本部门的成本费用管理工作。

（2）控制本部门费用和归口管理费用。

第五条 经办和核算成本费用业务人员的素质要求

（1）具备良好的职业道德和业务素质。

（2）熟悉国家有关的法律、法规。

（3）符合公司规定的岗位规范要求。

第六条 授权批准

1. 授权方式

（1）成本费用除公司另有规定，需经股东大会或董事会批准的成本费用项目外，由公司总经理审批。

（2）公司总经理对各级人员的授权，每年初公司以文件的方式明确。

2. 审批权限

审批权限如下表所示：

审批权限

项　目	审批人	审批权限
成本、费用预算	董事会	按《预算管理实施办法》规定审批
成本、费用开支标准	董事会	（1）董事会审批 （2）授权总经理审批
成本、费用支出	股东大会、董事会	公司另有规定须由股东大会、董事会批准事项
	总经理	（1）审批 （2）授权审批

（3）成本费用支出，按公司授权，在原始凭证上签批。

4.批准和越权批准处理

（1）审批人根据公司成本费用业务授权批准制度的规定，在授权范围内进行审批，不得超越审批权限。

（2）经办人在职责范围内，按照审批人的批准意见办理成本费用业务。

（3）对于审批人超越授权范围审批的成本费用业务，经办人有权拒绝并应拒绝办理，并及时向审批人的上一级授权部门报告。

第三章　成本费用管理基础

第七条　编制生产消耗定额和费用定额

（1）由生产部、技术部、财务部、行政部等相关部门会同制定材料消耗定额、工时定额、设备及能耗定额。

（2）财务部会同行政部、相关部门制定各职能部门的费用开支定额和资金占用定额。

（3）行政部会同财务部、生产部等部门制定人员定额。

（4）财务部会同生产部、技术部等相关部门制定物资库存限额。

第八条　确定成本、费用开支范围和开支标准

1.成本费用开支范围

（1）划分原则

①划清经营支出与非经营支出的界限。

②划清经营支出的制造成本和期间费用，即划清应计入产品成本与不应计入生产成本的费用界限。

③划清本期成本费用与非本期成本费用的界限。

④划清各种产品应负责的成本界限。

⑤划清在制品与完工产品应负担的成本界限。

（2）公司的下列费用开支可以计入成本

①为产品生产而耗用的各种原材料、辅助材料、备品配件、外购半成品、燃料、动力、包装物、低值易耗品的原价和运输、装卸、整理等费用。

②生产工人和生产部门管理人员的工资及按规定比例提取的职工福利费。

③生产使用的固定资产按照规定比例提取的固定资产折旧，以及固定资产租赁费及修理费。

④生产部门为组织和管理生产所发生的费用支出。

⑤按规定应当计入成本的其他费用。

（3）下列费用不得计入成本

①属于期间费用（管理费用、营业费用、财务费用）的支出。

②不属于期间费用也不得列入成本的其他支出。

（4）期间费用的支出范围（略）。

（5）不得列入期间费用也不得列入成本的支出包括：

①为购置和建造固定资产、购入无形资产和其他资产的支出。

②对外投资支出。

③被没收的财物。

④各项罚款、赞助、捐赠支出。

⑤在公积金、公益金和职工福利费中列支的支出。

⑥各种赔偿金、违约金、滞纳金。

⑦国家规定不得列入成本费用的其他支出。

2. 成本、费用开支标准

公司财务部会同相关部门制定成本、费用开支标准，具体主要包括以下标准：

（1）差旅费报销管理办法。

（2）公司电话通信费控制和补助办法。

（3）公司私车公用费用补助办法。

（4）公司薪酬管理制度等。

第九条　制定公司产品标准成本

公司财务部会同相关部门根据生产消耗定额、历史成本和内部计划价格制定标准成本，并编制公司产品标准成本手册。

第十条　健全原始记录

对公司所有物质资源的领用、耗费、入库、出库都必须有准确的原始记录，并定期检查、及时传递。

第十一条　健全公司计量管理

对公司物资的购进、领用、转移、入库销售等各个环节进行准确计量。

第十二条　实行定额领料制度

严禁无定额领料和擅自超定额领料。

第十三条　健全考勤和工时统计制度

生产工序要按产品的工作令号及时报送工时和完工产量资料。

第四章　成本费用控制

第十四条　成本费用预算

公司每年编制成本费用预算，根据成本预算内容，分解成本费用指标，落实成本费用责任主体，考核成本费用指标的完成情况，制定奖惩措施，实行成本费用责任追究制度。

第十五条　成本控制

1. 成本控制方法

公司对成本控制主要采用标准成本控制法。标准成本控制是应用目标管理的原理对公司成本进行控制的一种方法。根据先进的消耗定额和计划期内能够实现的成本降低措施，确定公司的标准成本，并将其层层分解、落实到各成本责任主体，对标准成本实现的全过程进行控制。

2. 标准成本控制业务流程和控制要求

（1）标准成本控制业务流程如下图所示：

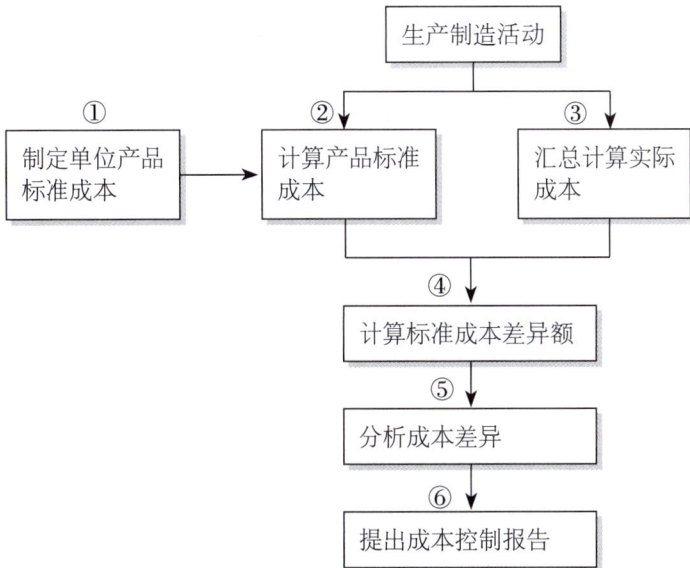

说明：

①单位产品标准成本＝直接材料标准成本＋直接人工标准成本＋制造费用标准成本。

②产品标准成本＝产品实际产量 × 单位产品标准成本。

③产品实际成本＝实际材料成本＋实际人工成本＋实际制造费用。

④标准成本差异额＝实际成本—标准成本。

⑤分析成本差异的原因。

⑥提出成本控制报告。

标准成本控制业务流程

（2）标准成本控制要求说明如下表所示：

标准成本控制要求

项　目	操作人	基本要求
1. 标准成本制定	财务部组织，采购部、行政部、生产技术部等部门参加	（1）依据公司的生产消耗定额、历史成本水平制定 （2）标准成本水平在行业内先进水平的基础上，经过努力可以实现 （3）标准成本尽量体现数量标准和价格标准，同时标准成本的计算口径符合成本核算规程要求

（续表）

项　目	操作人	基本要求
2. 成本核算	财务部	（1）按照公司的成本核算规程要求核算 （2）编制成本报表 （3）将实际成本与标准成本比较，计算成本差异
3. 成本分析	财务总监主持，财务部组织，相关部门参加	（1）对差异进行分析，寻找产生差异原因 （2）根据差异原因，拟定改进措施 （3）提出成本分析报告
4. 成本管理改进	财务总监组织，相关部门实施	（1）根据成本分析报告，公司经理层制定改进措施 （2）颁布改进措施和组织实施 （3）跟踪改进措施的落实和成效
5. 成本考核和奖惩	财务总监组织	（1）财务部根据成本核算情况，报告标准成本的执行情况 （2）根据公司的奖惩规定，对责任主体进行奖惩

3. 材料成本控制

（1）根据《内部会计控制制度——存货》的规定，确定材料供应商和采购价格，并采用经济批量等方法确定材料采购批量，控制材料的采购成本和储存成本。

（2）按照生产耗用定额，确定耗用的品种与数量，控制材料耗用材料。

4. 人工成本控制

改善工艺流程、合理设置工作岗位，定岗定员，实行计件工资或以岗定酬，通过实施严格的绩效考评与激励机制控制人工成本。

第十六条 费用控制

1. 公司对费用采用预算控制法、标准控制法、审批控制法，即：公司所有费用必须纳入公司年度预算，实行预算控制，凡未纳入预算的费用开支不能报销。预算内的开支必须严格执行费用标准（费用标准另行制定），超过标准的部分不能报销。公司所有开支报销必须经过授权人审批，未经审批的开支，不得报销。

2. 费用预算的管理，严格执行《预算管理实施办法》。

3. 公司根据费用的性质对费用预算实行归口管理，管理费用主要由行政部门负责归口管理，销售费用由销售部门负责归口管理，财务费用由财务部门管理，制造费用由生产部门归口管理等。公司财务部门对各归口管理部门建立"费用支出卡"，反映费用控制指标、费用支出日期、摘要和金额、费用指标结余等。

4. 公司费用报销按以下原则办理：

（1）预算内的开支，必须符合费用标准，并按公司授权审批。

（2）超预算的开支，按预算调整程序办理；例外事项必须事先向总经理书面报告，否则，不能开支和报销。

5. 公司年度费用预算实行动态管理，每月初由财务部会同各费用归口管理部门，根据费用预算的要求，结合下月开支需要，滚动下达下月费用控制指标，分月考核，年终总结评比，奖惩兑现。

6. 费用支出程序如下表所示：

费用支出程序

申请部门	归口管理部门	审批人	财务部门	要求
申请	审核	审批	办理支付	（1）在预算支出范围内办理 （2）由公司授权的经办部门和经办人办理 （3）批准人在授权范围内审批

第五章　成本费用核算

第十七条　核算制度

1. 公司财务部按国家统一的会计制度的规定，制定成本核算办法。

2. 公司不随意改变成本费用的确认标准和计量方法，不虚列、多列、不列或少列成本费用。

3. 具体核算要求按《公司会计核算手册》执行。

第十八条　核算报告

1. 公司财务部实时监控成本费用的预算执行情况和标准成本控制情况，按期（每月）编制成本费用内部报表，及时向公司领导层和各责任主体通报成本费用支出情况。

2. 定期对成本费用报告进行分析，对于实际发生的预算差异或标准成本差异，及时查明原因，并采取相应措施。

第六章　监督检查

第十九条　监督检查主体

1. 公司监事会。依据公司章程对公司成本费用管理进行监督检查。

2. 公司审计部门。依据公司授权和部门职能描述，对公司的成本费用进行审计监督。

3. 公司财务部门。依据公司预算和标准成本，对成本费用支出进行实时监控。

4. 上级对下级进行日常工作监督检查。

第二十条　监督检查内容

1. 成本费用业务相关岗位及人员的设置情况。重点检查是否存在成本费用业务不相容职务混岗的现象。

2. 成本费用业务授权批准制度的执行情况。重点检查成本费用业务的授权批准手续是否健全，是否存在越权审批的行为。

3. 成本费用预算制度的执行情况。重点检查成本费用支出的真实性、合理性、合法性和是否超出预算范围。

4. 成本费用核算制度的执行情况。重点检查成本费用的记录、报告的真实性和完整性。

第二十一条 检查结果处理

对监督检查过程中发现成本费用内部控制中的薄弱环节，公司有关责任部门和责任人应当采取措施，及时加以纠正和完善。

5.5 坏账损失审批内部控制制度

坏账损失审批内部控制制度

第一章 总则

第一条 控制目标

防止坏账损失管理中的差错和舞弊，减少坏账损失，规范坏账损失审批的操作程序。

第二条 适用范围

本制度适用于公司的坏账损失审批，控股子公司可参照执行。

第三条 确认坏账损失的条件和范围

1. 确认条件

公司对符合下列标准的应收款项可确认为坏账：

（1）债务人死亡，以其遗产清偿后，仍然无法收回。

（2）债务人破产，以其破产财产清偿后，仍无法收回。

（3）债务人较长时期内未履行偿债义务，并有足够的证据表明无法收回或收回的可能性极小。

（4）催收的最低成本大于应收款额的款项。

2. 应收款项的范围

本制度所述的应收款项包括下列款项：

（1）应收账款。

（2）其他应收款。

（3）确有证据表明其不符合预付款性质，或因供货单位破产、撤销等原因已无望再收到所购货物，也无法收回已预付款额的公司预付账款，（在确认坏账损失前先转入其他应收款）。

（4）公司持有的未到期的、并有确凿证据证明不能收回的应收票据（在确认坏账损失前，先转入应收账款）。

第二章 岗位分工和授权审批

第四条 不相容岗位分离

（1）坏账损失核销申请人与审批人分离。

（2）会计记录与申请人分离。

第五条 业务归口办理

（1）坏账损失核销申请由业务经办部门提出。

（2）财务部门归口管理核销申请，并对申请进行审核。

（3）坏账损失核销审批，在每年四季度办理。

第六条 授权批准

1. 授权方式

（1）公司对董事会的授权由公司章程规定和股东大会决定。

（2）公司对总经理的授权，由公司董事会决定。

（3）总经理以下人员（包括事业部、分公司经理），无权对坏账损失核销进行审批。

2. 审批方式

（1）由董事会、股东大会审批的坏账损失核销，经决议后，由董事长签批。

（2）总经理在授权范围内审批的坏账损失核销，经总经理办公会议通过后，由总经理审批。

（3）单笔坏账金额较小（＿＿＿元以内）可由总经理直接审批。

3. 审批权限

审批权限如下表所示：

审批权限

审批人	审批范围
股东大会	（1）单笔损失达到公司净资产 1% 或年度累计金额达 5% （2）关联方
董事会	除须经股东大会批准的事项和授权总经理批准的外，由董事会批准
总经理	单笔金额在＿＿＿＿万元以内，或年度累计金额在＿＿＿＿万元以内

第三章 坏账损失核销审批要求

第七条 核销申请报告

1. 收集证据

经济业务的承办部门（或承办人）应向债务人或有关部门获得下列证据：

（1）债务人破产证明。

（2）债务人死亡证明。

（3）催收最低成本估算表。

（4）具有明显特征能表明无法收回应收款的其他证明。

2. 核销申请报告的内容

公司出现坏账损失时，在会计年度末，由经济业务承办部门（或承办人）向有关方获取有关证据，由承办部门提交书面核销申请报告，书面报告至少包括下列内容：

（1）核销数据和相应的书面证明。

（2）形成的过程及原因。

（3）追踪催讨过程。

（4）对相关责任人的处理建议等。

第八条 核销审批要求

1. 财务部汇总和审核

财务部对坏账损失的核销申请报告进行审核，并提出审核意见，连同汇总表报财务总监审查，财务部应对申请报告核销申请的金额、业务发生的时间、追踪催讨的过程和形成原因进行核实。

2. 财务总监审查

财务总监对申请报告及财务部门的审核意见进行审查，并提出处理建议（包括对涉及相关部门与相关人员的处理建议），报公司总经理审查。

3. 总经理审查和审批

公司总经理审查后并根据财务总监提出的处理建议，作出处理意见，在总经理授权范围内，经总经理办公会通过后，对申请报告签批；超过总经理授权范围的，经总经理办公会通过后，由公司总经理或公司总经理委托财务总监向董事会提交核销坏账损失的书面报告。书面报告至少包括以下内容：

（1）核销数额和相应的书面证据。

（2）坏账形成的过程及原因。

（3）追踪催讨和改进措施。

（4）对公司财务状况和经营成果的影响。

（5）涉及的有关责任人员处理意见。

（6）董事会认为必要的其他书面材料。

4. 董事会和股东大会审批

（1）在董事会授权范围内的坏账核销事项，董事会根据总经理或授权财务总监提交的书面报告，审议后逐项表决，表决通过后，由董事长签批后，财务部门按会计规定进行账务处理。

（2）需经股东大会审批的坏账审批事项，在召开年度股东大会时，由公司董事会向股东大会提交核销坏账损失的书面报告，书面报告至少包括以下内容：

①核销数额。

②坏账形成的过程及原因。

③追踪催讨和改进措施。

④对公司财务状况和经营成果的影响。

⑤对涉及的有关责任人员处理结果或意见。

⑥核销坏账涉及的关联方偿付能力以及是否会损害其他股东利益的说明。

（3）董事会的书面报告由股东大会逐项表决通过并形成决议，如股东大会决议与董事会决议不一致，财务部对决议不一致的坏账，按会计制度的规定进行会计调整；

（4）公司监事会列席董事会审议核销坏账损失的会议，必要时，可要求公司内部审计部门就核销的坏账损失情况提供书面报告。监事会对董事会有关核销坏账损失的决议程序是否合法、依据是否充分等方面提出书面意见，并形成决议向股东大会报告。

第四章　财务处理和核销后催收

第九条　财务处理

（1）财务部根据董事会决议进行账务处理。

（2）坏账损失如在会计年度末结账前尚未得到董事会批准的，由财务部按公司计提坏账损失准备的规定全额计提坏账准备。

（3）坏账经批准核销后，财务部及时将审批资料报主管税务机关备案。

（4）坏账核销后，财务部应将已核销的应收款项设立备查簿逐项进行登记，并及时向负有赔偿责任的有关责任人收取赔偿款。

第十条　核销后催收

除已破产的企业外，公司财务部门、经济业务承办部门和承办人，仍应继续对债务人的财务状况进行关注，发现债务人有偿还能力时及时催收。

5.6　担保内部会计控制制度

担保内部会计控制制度

第一章　总则

第一条　控制目标

降低担保风险，保证公司资产安全；规范公司对外担保行为，保证对外担保真实、合法。

第二条　适用范围

适用于公司为外单位（包括为子公司）提供担保行为。

第三条 被担保对象

1. 提供担保的对象

（1）公司子公司、合营企业、联营公司。

（2）公司主要供应商、主要客户。

（3）与本公司经济利益有密切关系的其他企业。

2. 下列对象，公司不能为其提供担保

（1）公司股东、股东的控股子公司、股东的附属企业。

（2）个人债务。

3. 被担保对象（被担保人）的条件

（1）企业有良好的发展前景。

（2）有良好的经营业绩和管理水平。

（3）财务状况良好，资产负债率一般不超过 70%。

（4）近两年财务无虚假记录。

（5）近两年内无违法行为记录或恶意损害股东、债权人及其他人利益的记录。

第四条 公司对外提供担保具体原则

1. 遵守"平等、互利、自愿、公平、诚信"的原则；对强令公司为他人提供担保的行为予以拒绝。

2. 对外提供担保的总金额不超过经审计的上年度末公司净资产的 50%。

3. 要求被担保人或第三方提供反担保。

4. 公司分公司不得为外单位提供担保行为。

5. 公司下属子公司为外单位（包括为其他子公司）提供担保须经其股东大会决议。

6. 公司不为非法高利贷提供担保。

7. 公司不为未经政府批准的任何集资和债券发行提供担保。

8. 公司提供担保时，不得对多个合同提供最高额限度担保，只能按合同逐笔提供担保。

9. 公司不为属于投资性质的借贷业务提供担保，不为注册资金提供担保。

第五条 担保方式

（1）一般保证。

（2）连带责任保证。

（3）抵押。

（4）质押。

第二章　岗位分工、权责划分和授权审批

第六条 不相容岗位分离

（1）担保业务的评估与审批分离。

（2）担保业务的审批、执行与监督分离。

（3）相关财产的保管与担保业务记录分离。

（4）不得由同一个人办理担保业务的全过程。

第七条　经办担保业务人员的素质要求

（1）具备良好的职业道德和业务素质。

（2）熟悉国家有关法律、法规及专业知识。

（3）符合公司规定的岗位规范要求。

第八条　业务归口办理

公司所有对外担保事项由财务部门统一归口管理，其他部门或人员未经授权，严禁办理担保业务。

第九条　权责划分

1. 股东大会审批以下担保事项

（1）为某一被担保人提供债务担保金额达到或超过公司净资产 20% 的担保事项。

（2）公司用主要资产抵押。

（3）为关联方提供债务担保金额达到或超过公司净资产 10% 的担保事项。

（4）经股东大会决议需报股东大会批准的事项。

2. 董事会权责

（1）对除须报股东大会批准以外的担保事项进行审批或授权董事长、总经理审批。

（2）对报股东大会审批的担保事项，事前提出预案，经董事会决议通过后，报股东大会审批。

（3）董事会在决定为他人提供担保之前（或提交股东大会表决前），须组织财务部门等相关部门对被担保人进行评估，并形成评估报告。

（4）担保事项经股东大会或董事会批准后，董事长或授权总经理代表公司与被担保人签订担保协议。

3. 董事长、总经理权责

（1）董事长决定是否受理担保申请。

（2）董事长、总经理在未经股东大会或董事会决议通过前，不得擅自代表公司签订担保合同。

（3）董事长、总经理定期听取财务部门对被担保人财务状况的汇报，对被担保人财务状况出现异常情况及时研究对策。

4. 财务部门权责

（1）公司所有对外担保事项由财务部门统一归口管理，其他部门无权受理担保申请资料和承办担保具体事项。

（2）在提供担保之前会同相关部门对被担保人进行评估，向董事会提出评估报告。

（3）审查申请担保单位提供的资料和文件。

（4）担保合同生效后，要求被担保企业定期提供财务报表并对其进行分析。

（5）在担保期间不定期对被担保企业的经营管理、财务状况和偿债能力进行调查。

（6）督促被担保人及时履行合同。

（7）及时了解债权人与债务人的合同变更情况。

（8）定期与被担保人保持联系，及时了解被担保人法定住所的变动情况等。

（9）每半年向总经理、董事长报送被担保企业财务状况分析报告。

（10）被担保企业出现破产、清算、债权人主张公司履行担保义务等情况时，及时向总经理、董事长报告。

（11）被担保债务到期后，随时掌握被担保企业是否履行还款义务，并向总经理、董事长报告。

（12）债务履行期届满，被担保企业不履行被担保债务，由公司承担责任的，根据公司授权及时向被担保单位主张权利。

第十条　授权审批

1. 授权方式

（1）公司对董事会的授权由公司章程规定和股东大会决议。

（2）公司对董事长和总经理的授权，由公司董事会决定。

（3）总经理以下人员，无权对担保事项进行审批。

2. 审批权限

（1）按股东大会和董事会的权责划分审批。

（2）董事长和总经理依据董事会授权审批。

3. 批准和越权批准处理

（1）审批人根据担保业务授权批准制度的规定，在授权范围内进行审批，不得超越审批权限。

（2）经办人在职责范围内，按照审批人的批准意见办理担保业务。

（3）对于审批人超越授权范围审批的担保业务经办人有权拒绝办理，并及时向审批人的上级报告。

第三章　担保评估

第十一条　担保申请单位必须提供的资料和文件

（1）申请单位盖章和法定代表人签字的担保申请书。

（2）申请人营业执照复印件。

（3）申请单位与债权人之间合法有效的合同或证明有债权债务关系的其他凭证。

（4）最近两年经审计的年度和近期月（季）财务报表。

（5）担保合同和其他担保资料。

（6）用作反担保抵押或质押物的有效凭证和单据。

（7）根据每项担保申请的具体情况，要求提供的其他资料和文件。

（8）属于提供借款担保，担保申请单位还必须提供的以下资料和文件：

①申请报告、借款用途和可行性分析报告、还款计划。

②申请企业贷款证复印件。

③借款合同。

④申请企业董事会签署或授权签署的"声明与保证"。

⑤根据每项担保申请的具体情况，要求提供的其他资料和文件。

第十二条　评估人员组成

由财务部门组织，会同公司法律顾问等相关人员参加。

第十三条　评估内容要素

（1）申请担保单位主体的资格。

（2）申请担保项目的合法性。

（3）申请担保单位的资产质量、财务状况、经营情况、行业前景和信用状况。

（4）申请担保单位反担保和第三方担保的不动产、动产和权利归属。

（5）其他要素内容。

第十四条　重新评估

被担保项目发生变更时，公司重新组织对申请担保单位进行评估。

第四章　担保内部控制

第十五条　担保业务操作内部控制要求如下表所示：

对外担保内部控制要求

业务操作	操作人	控制要求	备 注
1.担保申请	董事长	（1）审查申请人是否属于公司规定的担保对象 （2）对已明显存在资不抵债、信用差、财务状况差的企业不予受理	
2.担保评估	财务部门	（1）审查担保申请人提供的申请书及相关资料 （2）审查担保申请人主体资格 （3）审查申请担保项目的合法性 （4）调查分析担保申请单位的资产质量财务状况、信用状况、经营管理水平、盈利能力 （5）评估担保申请人相关项目的可行性研究报告 （6）评估担保事项的利益与风险 （7）提出评估报告	

（续表）

业务操作	操作人	控制要求	备 注
3. 董事会议	董事会	（1）分析、研究担保申请人提供的申请文件及相关资料 （2）听取或审核财务部门提出的评估报告 （3）评估担保风险 （4）对是否提供担保进行表决，在表决时与担保有利害关系的董事实行回避 （5）详细记录董事会对担保的讨论和表决情况	
4. 股东会议	股东	（1）对董事会提交的担保预案进行审议 （2）对担保事项进行表决，与担保事项有利害关系的股东实行回避 （3）详细记录股东大会对担保的审议和表决情况	
5. 担保合同签订	董事长 总经理	（1）担保合同条款由财务部门和公司法律顾问进行审查后，方可签订 （2）按审批权限经董事会批准或股东大会作出决议同意后，方可签订 （3）按公司授权签订	
6. 担保期间监控	财务部门	（1）登记担保台账 （2）保管担保合同（副本） （3）跟踪被担保人的财务状况、盈利水平，债务履约情况 （4）发现异常情况及时报告	

第十六条　担保期限及担保收费

1. 对外担保期限从担保合同生效之日起，到被担保债务解除之日止。担保期限原则上不超过一年，最长不超过两年。

2. 对外担保所发生的登记费用、手续费用等由被担保人承担。

3. 被担保人因实际情况变化需要延长担保期限的，需重新申请并按规定程序审批后，方可继续为其担保。

4. 申请人提供担保，按下列方式收取担保风险费用：

（1）保费率：每年每次 6‰ ～ 8‰。

（2）担保费用＝担保金额 × 担保费率。

（3）收费时间：签订担保书时一次性收取。

（4）免收、减收担保费须书面申请并经董事会批准。

5. 申请人不按规定时间及金额支付担保费，则公司不为其提供任何形式的担保。

第十七条　担保合同管理

1. 为他人提供担保，必须订立书面合同。

2. 签订的担保合同必须符合《中华人民共和国合同法》和《中华人民共和国担保法》的规定。

3. 重要的担保合同的在订立前，必须征求法律顾问或专家的意见。

4. 担保合同正本由公司档案室保存，副本由财务部门及相关部门保存。

5. 担保合同签订前具体条款的审查由财务部门负责，必要时委托公司的法律顾问进行审查。

6. 保证合同至少包括以下内容：

（1）保证的主债权种类、数额。

（2）债务人履行债务的期限。

（3）保证的方式。

（4）保证担保的范围。

（5）保证的期限。

（6）双方认为需要约定的其他事项。

7. 抵押担保合同至少包括以下内容：

（1）被担保的主债权种类、数额。

（2）债务人履行债务的期限。

（3）抵押物的名称、数量、质量、状况、所在地、所有权权属或者使用权权属。

（4）抵押担保的范围。

（5）双方认为需要约定的其他事项。

8. 质押担保合同至少包括以下内容：

（1）担保的主债权种类、数额。

（2）债务人履行债务的期限。

（3）质押物与质押权利的名称、数量、质量和状况。

（4）质押担保的范围。

（5）质押物和质押权利移交的时间。

（6）双方认为需要约定的其他事项。

第十八条　反担保

1. 对外提供担保必须要求被担保人提供反担保。

2. 被担保人必须经担保人认可的本单位或符合法律规定的第三人的资产提供反担保，并且签订反担保合同。

3. 反担保形式，可采用：

（1）动产、不动产抵押。

（2）动产质押和权利质押。

（3）保证。

4. 反担保中的保证应为连带责任保证。保证人的主体资格必须符合《担保法》的规定。

5. 下列财产或权利可以作为反担保的抵押或质押物：

（1）抵押物

①抵押人所有的房屋和其他地上定着物。

②所有的机器、交通运输工具和其他财产。

③抵押人依法有权处分的国有土地使用权、房屋和其他地上定着物。

④依法可以抵押的其他财产。

（2）质押物

①依法可以处分财产。

②汇票、支票、本票、债券、存款单、仓单、提单。

③依法可以转让的股票、股权。

④依法可以转让的商标专用权、专利权、著作权中的财产权。

⑤依法可以质押的其他权利。

6. 公司不接受下列财产作为反担保的抵押物或质押物：

（1）土地所有权。

（2）所有权、使用权不明或有争议的财产。

（3）依法被查封、扣押监管的财产。

（4）依法不得抵押或质押的财产。

7. 接受抵押或质押方式的担保，必须依法办理抵押或质押登记手续，所发生的登记费、手续费用由申请担保人或第三人承担。未办理完反担保有关工作，不签订担保协议。

被担保人的一方，其股东用其股权或财产作为反担保抵押物或质押物时，须按法律程序办理。

8. 抵押或质押物的价值应经评估机构评估。

9. 被担保人提供的抵押或质押物价值应达到公司为其提供担保金额的 150% 以上。

10. 反担保人用已出租的财产作为反担保抵押时，应书面告知承租人。

11. 反担保人以与他人共有财产作为抵押或质押物，遵守以下原则：

（1）共同拥有的财产，应征得共有人同意。

（2）按份共有的财产，以担保人所拥有的份额为限。

（3）反担保人作为反担保抵押的实物必须投保并妥善保管，不得遗失或损坏，债务清偿完毕前未经公司同意，不得将抵押实物出租、出售、转让、再抵押或以其他方式处理。

（4）反担保义务履行，根据《担保法》有关保证、抵押、质押权利实现的条款，公司有权向反担保人追偿。

第十九条　担保财产管理和记录

1. 公司财务部应妥善管理有关担保财产和权利证明，定期对财产的存续状况和价值进行复核，发现问题及时处理。

2. 公司财务部应对担保的对象、金额、期限和用于抵押和质押的物品、权利及其他有关事项进行全面记录。

第二十条　担保监测

1. 被担保人必须定期向公司（担保人）提供其真实完整的经营状况，公司有权随时查询被担保人的财务状况。

2. 监测事项。担保合同生效后，财务部负责对被担保人的日常监测工作，定期出具监测报告，财务部重点监测以下事项：

（1）被担保单位、被担保项目资金流向。

（2）被担保单位的经营管理情况和财务状况。

3. 监测方式。公司根据实际情况采取以下方式，对被担保单位、被担保项目进行监测：

（1）参加被担保单位与被担保项目有关会议、会谈和会晤。

（2）对被担保工程项目的施工进度和财务进行审核。

（3）派员进驻担保单位工作，被担保单位有责任提供方便和支持。

4. 发现异常情况时，财务部必须立即向总经理、董事长报告。

公司总经理、董事长接到异常情况报告后，及时组织有关会议研究对策并实施；以化解担保风险。

5. 被担保人在担保债务到期前一个月，必须向公司（担保人）提供偿还债务情况报表或计划及相关财务报表。

6. 被担保人每次归还债务必须向公司（担保人）书面报告，并提供有效凭证，债务全部清偿之后，必须通知公司（担保人），并提交有关归还债务凭证的复印件。

7. 债务履行期届满，被担保人不履行债务，由公司承担担保责任履行担保义务后，在有效期限内及时向被担保人主张权利，确保公司财产不受损失。

8. 公司董事长、总经理及其他管理人员未按规定程序擅自越权签订担保合同或在担保活动中处置不当对公司造成损害的，公司应追究当事人的责任。

第五章　监督检查

第二十一条　监督检查主体

1. 公司监事会。依据公司章程对公司对外担保管理进行检查监督。

2. 公司审计部门。依据公司授权和部门职能描述，对公司担保业务进行审计监督。

3. 上级对下级进行日常工作监督检查。

第二十二条 监督检查内容

1. 担保业务相关岗位及人员的设置情况。重点检查是否存在担保业务不相容职务混岗的现象。

2. 担保业务授权批准制度的执行情况。重点检查担保对象是否符合规定，担保业务评估是否科学合理，担保业务的审批手续是否符合规定，是否存在越权审批的行为。

3. 担保业务监测报告制度的落实情况。重点检查是否对被担保单位、被担保项目资金流向进行日常监测，是否定期了解被担保单位的经营管理情况并形成报告。

4. 担保财产保管和担保业务记录制度落实情况。重点检查有关财产和权利证明是否得到妥善的保管，担保业务的记录和档案文件是否完整。

第二十三条 监督检查结果处理

1. 对监督检查过程中发现的担保内部控制中的薄弱环节，负责监督检查的部门应当告知有关部门，公司有关部门应当及时采取措施，加以纠正和完善。

2. 公司监督检查部门应当按照内部管理权限向上级有关部门报告担保内部控制监督情况和有关部门的整改情况。

第6章 人力资源管理制度

6.1 人力资源总体规划办法

人力资源总体规划办法

第一章 总则

第一条 目的

为了规范公司的人力资源规划工作，科学地预测、分析公司在环境变化中的人力资源供给和需求情况，制定必要的政策与措施，以确保公司在需要的时间和需要的岗位上获得各种需要的人才，从而保证战略发展目标的实现，根据公司的有关规章制度，特制定本办法。

第二条 适用范围

适用于公司人力资源规划工作。

第三条 基本原则

人力资源规划应该遵循以下原则：

1. 人力资源保障原则：人力资源规划工作应有效保证对公司人力资源的供给。

2. 与内外部环境相适应原则：人力资源规划应充分考虑公司内外部环境因素以及这些因素的变化趋势。

3. 与战略目标相适应原则：人力资源规划应与公司战略发展目标相适应，确保二者相互协调。

4. 系统性原则：人力资源规划要反映出人力资源的结构，使各类不同人才恰当地结合起来，优势互补，实现组织的系统性功能。

5. 企业和员工共同发展的原则：人力资源规划应能够保证公司和员工共同发展。

第二章 权责部门

第四条 人力资源部是人力资源规划的归口管理部门，其他职能部门、业务部门具体负责本部门的人力资源规划工作，具体工作分工如下：

（1）负责公司人力资源规划的总体编制工作。

（2）负责公司人力资源规划的组织工作。

（3）负责制定公司人力资源规划的工作程序。

（4）负责确定公司人力资源规划的预测方法。

（5）负责公司人力资源规划所需数据的收集和确认。

（6）负责对公司各部门的人力资源规划提供帮助和指导。

第五条 其他职能部门、业务部门

（1）在人力资源部的领导下负责本部门的人力资源规划编制工作。

（2）负责向人力资源部提供本部门初步的人力资源规划。

（3）向人力资源部提供进行人力资源规划所需的历史和预测数据。

第三章 人力资源需求预测

第六条 基本规定

（1）人力资源需求预测是指为实现公司既定目标,根据公司的发展战略和发展规划,对预测期内所需员工数量和种类的估算。

（2）人力资源需求预测分为现实人力资源需求预测、未来人力资源需求预测和未来人力资源流失预测,如下表所示：

人力资源需求预测的分类

序号	类别	说明
1	现实人力资源需求预测	指根据公司目前的职务、编制水平, 对人力资源现状和人员配置情况进行盘点和评估, 在此基础上, 确定现实的人力资源需求
2	未来人力资源需求预测	指根据公司的发展战略和业务发展规划对预测期内公司所需人员数量、种类和条件所做的预测
3	未来人力资源流失预测	指在综合考虑公司退休和人员离职情况的基础上对预测期内的人员流失情况做出预测

（3）人力资源需求预测是一项系统工作,各部门必须在人力资源部的组织下积极参与。

（4）人力资源需求预测涉及多种因素,各部门在预测中应灵活采用定性预测方法和定量预测方法,并在实际执行中对预测结果不断进行修正。

第七条 现实人力资源需求预测

1.公司现实人力资源需求按以下步骤进行：

第一步：根据工作分析的结果,确定目前的职务编制水平和人员配置。

第二步：进行人力资源盘点,统计出人员的超编、缺编以及是否符合职务资格要求。

第三步：人力资源部将上述统计结论与各部门管理者进行讨论,对统计结果进行修正。

第四步：该统计结论为现实人力资源需求。

2.人力资源部应当在工作分析的基础上确定公司目前的职务编制水平,并将相应的职务说明书作为确定各岗位工作职责和任职资格的标准。

3. 人力资源部应在每年的年中和年终对公司人力资源状况进行盘点，对照现实职务编制水平，统计出人员的超编和缺编情况。同时，根据职务说明书确定的岗位任职资格要求和历次绩效考核结果，统计出不符合职务资格要求的人数。

4. 人力资源部将上述结果进行汇总，填写"现实人力资源需求预测表"，即为初步的现实人力资源需求预测。

5. 人力资源部将初步的现实人力资源需求预测结果与各部门管理人员进行讨论，根据实际情况做进一步修正。

6. 修正后的结论即为现实人力资源需求预测。人力资源部应根据最后的统计结论重新填写"现实人力资源需求预测表"。

第八条　未来人力资源需求预测

1. 公司未来人力资源需求预测采取自上而下预测和自下而上预测相结合的方式进行。

2. 公司未来人力资源需求预测按以下步骤进行：

第一步：对可能影响人力资源需求的管理和技术因素进行预测。

第二步：根据企业的发展战略和业务发展规划，确定预测期内每年的销售收入、项目数量等因素。

第三步：根据历史数据，初步确定预测期内总体人员需求以及各部门、各岗位的人员需求。

第四步：各部门根据增加的工作量并综合考虑管理和技术等因素的变化，确定需要增加的岗位及人数。

第五步：将上述两个步骤所得的统计结论进行平衡和修正，即得到未来人力资源需求预测。

3. 在进行人力资源规划内外部环境分析时，推荐使用 PEST 分析方法、波特五力分析法、SWOT 分析方法。

4. 人力资源内外部环境分析由战略投资部负责，其他部门配合。

5. 人力资源部在进行未来人力资源需求预测时，需首先对以下问题做出预测：

（1）行业的发展趋势是什么？这种趋势对公司的人力资源政策会产生哪些影响？

（2）公司的竞争环境是否会发生大的变化？这种变化会对公司造成哪些影响？

（3）公司的主要竞争对手是否会改变竞争手段？这种改变会对公司的人力资源政策造成哪些影响？

（4）公司的竞争优势在哪里？这种竞争优势如何才能得以保持？

（5）公司的发展战略是否会做出调整？这种调整会对公司的人力资源政策产生什么样的影响？

（6）公司的组织结构和运作模式是否会做出大的调整？这种调整是否会增加或减少

目前岗位？是否会对公司的人力资源需求产生影响？如果是，将产生什么样的影响？

（7）公司未来人力资源的年龄结构、学历结构、知识结构是否能满足公司的发展需求？如不能，应如何做？

（8）行业技术是否会取得重大突破？这种突破会对公司产生什么样的影响？

（9）公司是否会采取新的技术或工艺？会对公司产生什么样的影响？

6. 人力资源部在进行未来人力资源需求预测时，应根据公司战略发展规划，明确预测期内每年的业务数据：生产量、销售收入等。

7. 人力资源部应首先采取回归分析法，对预测期内每年的人员需求总数进行初步预测。回归方程如下：

$$Y = \beta_0 + \beta_1 X_1$$

其中：Y——每年人员需求总数；β_0——常数；X_1——每年的销售收入。

人力资源部可以根据情况变化对回归方程的自变量即人力资源需求影响因素的选择做出适当调整。

8. 人力资源部对预测期内每年的人员需求总数做出初步预测后，应根据过去三年的历史数据，计算出管理、销售和生产之间的人员比例，并据此确定各类人员在预测期内每年的初步人员需求数量。

9. 人力资源部应组织各部门对本部门具体人员需求做出预测，根据增加的工作量并综合考虑管理和技术等因素的变化，确定需增加的岗位和人数。

10. 除回归分析法和经验估计法外，人力资源部在进行人力资源需求预测时，还可以采取以下方法：

（1）比率分析法：这是进行人力资源需求预测时比较常用的一种方法，主要是通过某些原因性因素和关键员工数量之间的比例关系，来确定未来员工的数量。比如通过销售额和销售人员之间的比例关系，来确定公司未来销售人员的数量。

（2）劳动定额法是根据劳动者在单位时间内应完成的工作量和公司计划的工作任务总量推测出所需的人员总数，其公式如下：

$$N = W \div Q（1 + R）$$

其中：N——人力资源需求量；W——计划内任务完成量；Q——企业现行定额；R——计划期内生产率变动系数。

11. 未来人力资源需求预测完成后，人力资源部应根据预测结果填写"未来人力资源需求预测表"。

第九条 未来人力资源流失预测

1. 人力资源部在进行未来人力资源流失预测时，应按以下步骤进行：

步骤一：根据现有人员的统计数据，对预测期内退休的人员进行统计。

步骤二：根据历史数据，对未来可能发生的离职情况进行预测。

步骤三：将上述两项预测数据进行汇总，得出未来流失人力资源预测。

2. 完成未来人力资源流失预测后，人力资源部应将相关预测结果填入"未来人力资源流失预测表"。

第十条　整体人力资源需求预测

1. 人力资源部应根据现实人力资源需求、未来人力资源需求和未来流失人力资源预测，汇总得出公司整体人力资源需求预测。

2. 人力资源部应将公司整体人力资源需求预测结果填入"整体人力资源需求预测表"。

第四章　人力资源供给预测

第十一条　基本规定

1. 人力资源供给预测是指公司为实现其既定目标，对未来一段时间内公司内部和外部各类人力资源补充来源情况的预测。

2. 供给预测包括内部人力资源供给预测和外部人力资源供给预测。

（1）内部人力资源供给预测是对内部人员拥有量的预测，其任务是根据现有人力资源及其未来变动情况，预测出规划期内各时间点上的人员拥有量。

（2）外部人力资源供给预测的任务是确定在规划期内各时间点上可以从公司外部获得的各类人员的数量。

3. 人力资源供给预测是动态的，人力资源部应根据公司内外部环境的变化不断做出调整。

第十二条　内部人力资源供给预测

1. 人力资源部在进行内部人力资源供给预测时应按以下步骤进行：

步骤一：对企业现有人力资源进行盘点，了解企业员工现状；

步骤二：分析公司的职务调整政策和历史员工调整数据，统计出员工调整的比例，包括各职等的晋升比例、离职比例等。

步骤三：向各部门了解可能出现的人事调整情况。

步骤四：根据以上情况，通过预测，得出内部人力资源供给预测结果。

2. 人力资源部应采用现状核查法，全面了解现实内部人力资源供给情况。

现状核查法是对公司现有人力资源的质量、数量、结构和在各职位上的分布状态进行的核查，以便掌握现有人力资源情况。

人力资源部应对公司各岗位、各职等的人数有清楚地了解，将相关数据填入"公司人事月报"，并在每月根据人员变动情况进行及时调整。

3. 人力资源部应为每个岗位建立"技能清单"，以便能动态掌握公司每一岗位的人员供给情况。

第十三条　外部人力资源供给预测

1. 在进行外部人力资源供给预测时，人力资源部应首先对影响外部人力资源供给的地域性因素进行分析，主要内容包括：

（1）公司所在地和行业的人力资源整体现状。

（2）公司所在地和行业有效的人力资源供给现状。

（3）公司所在地对人才的吸引程度。

（4）公司薪酬对所在地和行业人才的吸引程度。

（5）公司能够提供的各种福利对所在地和行业人才的吸引程度。

（6）公司本身对人才的吸引程度。

2. 在进行外部人力资源供给预测时，人力资源部应同时对影响外部人力资源供给的全国性因素进行分析，主要内容包括：

（1）全国相关专业的大学生毕业人数及分配情况。

（2）国家在就业方面的政策和法规。

（3）该行业全国范围内的人才供需情况。

（4）全国范围内从业人员的薪酬水平和差异。

3. 人力资源部应根据以上分析得出公司外部人力资源供给预测结果。

第五章　人力资源净需求的确定

第十四条　人力资源部应通过公司人力资源需求的预测数和在同期内公司内部可供给的人力资源预测数的对比分析，测算出各类人员的净需求数。

第十五条　人力资源部应通过"人力资源净需求评估表"从整体上把握公司在预测期内每年的人力资源净需求情况。

第十六条　人力资源部要对预测期内每年的人力资源净需求进行结构分析，明确人力资源净需求的岗位、人数和相应标准。预测结果填入各类别的"人力资源净需求表"。

第六章　人力资源规划方案的制定

第十七条　公司人力资源规划方案包括人力资源总体规划方案和各项业务计划。

第十八条　人力资源总体规划方案是有关计划期内人力资源开发利用的总目标、总政策、实施步骤及总的预算安排。

第十九条　各项业务计划是指人力资源各功能模块的计划方案，具体如下表所示：

各项业务计划说明

序号	计划类别	说明
1	人员配备计划	人员配备计划是关于公司中长期内不同职务、部门或工作类型的人员的分布状况的计划方案

（续表）

序号	计划类别	说明
2	人员补充计划	人员补充计划是关于公司需要补充人员的岗位、数量和对人员补充的要求、补充渠道、补充方法和相关预算的计划方案
3	培训开发计划	培训开发计划是指有关培训的对象、目的、内容、时间、地点、培训师资、预算等内容的计划方案
4	绩效与薪酬福利计划	绩效与薪酬福利计划是指有关个人及部门的绩效标准、衡量方法、薪酬结构、工资总额、工资关系、福利项目以及绩效与薪酬的对应关系等内容的计划方案

第二十条　公司根据预测期内人员净需求预测结果的不同而采取不同的政策和措施。

1.当人员净需求为正，即公司在未来某一时期在某些岗位上人员短缺时，将选择以下一些政策和措施加以解决：

（1）制定招聘政策，从外部进行招聘。

（2）如果工作为阶段性任务，雇用全日制或非全日制临时工。

（3）改进技术或进行超前生产。

（4）重新设计工作比如扩大工作范围以提高员工的工作效率。

（5）延长员工劳动时间或增加工作负荷量，给予超时间和超工作负荷的奖励。

（6）进行平行性岗位调动，适当进行岗位培训。

（7）组织员工进行培训，对受过培训的员工根据情况择优提升补缺并相应提高其工作待遇。

2.当人员净需求为负，即公司在未来某一时期在某些岗位上人员过剩时，将选择以下一些政策和措施加以解决：

（1）永久性裁员或辞退员工。

（2）对部门进行精简。

（3）进行提前退休。

（4）减少工作时间，并随之减少工资。

（5）由两个或两个以上员工分担一个工作岗位，并相应减少工资。

第二十一条　人力资源部应根据公司选择的解决政策和措施，制定具体的人力资源规划方案。人力资源规划方案的编写按下表所示步骤进行：

人力资源规划方案的编写步骤

序号	步骤	说明
1	编写人员配置计划	描述公司未来的岗位设置、需要人员数量、质量以及职位空缺等

（续表）

序号	步骤	说明
2	预测人员需求	根据本管理办法规定的程序和方法，得出公司的净人力资源需求，确定人员需求的岗位、数量和标准
3	人员补充计划的编写	根据公司确定的政策和措施，选择人员补充的方式和渠道，并据此制订人员招聘计划、人员晋升计划和人员内部调整计划
4	人员培训计划的编写	在选择人员补充方式的基础上，为了使员工适应工作岗位的需要，制订相应的培训计划，包括培训政策、培训需求、培训内容、培训形式和培训考核内容等
5	编写人力资源费用预算	主要包括招聘费用、培训费用、调配费用、奖励费用以及其他非员工直接待遇但与人力资源开发利用有关的费用
6	关键任务的风险分析及对策	对人力资源管理中可能出现的风险比如招聘失败、新政策引起员工不满等风险因素进行分析，通过风险识别、风险估计、风险监控等一系列活动来防范风险的发生

6.2 员工职业发展管理办法

员工职业发展管理办法

第一章 总则

第一条 目的

为建立健全员工职业发展体系，加强公司人力资源开发的针对性，提高员工能力以及员工对公司的认同感，促进员工和公司共同发展特制定本办法。

第二条 适用范围

适用于公司所有员工的职业发展工作。

第三条 指导思想

1. 让员工与公司共同发展，是充分发挥员工潜能，调动员工工作积极性的最好方法。

2. 员工的职业发展是员工的权利，管理者的义务。员工职业生涯应由公司和员工共同参与、共同规划、共同实施和完成。公司各部门负责人是代表公司组织实施员工职业发展计划的直接负责人。

3. 员工职业发展管理须与工作分析、人才测评、教育培训、绩效管理、薪酬福利等人力资源管理职能紧密联系。

4. 员工职业发展无限制，有计划。公司给员工提供无限空间，员工可依据自身能力挑战任何一个岗位，同时，员工发展必须按计划、以适中节奏有序进行。

5. 优先和公平原则：公司职位发生空缺时，优先考虑内部选拔；在公平基础上，优先给优秀的、核心的员工提供职业发展机会。

6. 在指导员工职业发展时，公司向员工提倡：

（1）员工应首先考虑如何发挥自己的优势，而不是弥补不足。

（2）员工应将目光盯住下一步的方向，而不是自己现在所处的位置。

（3）员工职业生涯规划，只要开始，永远不晚；只要进步，总有空间。

（4）员工职业生涯的每一次质跃发展都是以学习新知识，建立新观念为前提条件的。

（5）在职业发展的道路上没有空白点，每一种环境、每一项工作都是一种锻炼，每一个困难、每一次失败都是一次机会。

（6）求知是自我实现的前提，求美是自我实现的过程。

（7）公司不仅是挣钱谋生的场所，更是学习进步、实现人生价值的舞台。

（8）喜欢不喜欢一项工作，与应该不应该做好这项工作、是否有能力做好这项工作是两回事。

第二章 员工职业发展管理体系

第四条 职业发展协调匹配过程

职业发展协调匹配过程如下表所示：

职业发展协调匹配过程

阶段	员工职业发展过程	公司职业发展管理	备注
早期职业阶段	（1）寻找个人的贡献区 （2）学会如何适应公司 （3）看清自己的可行职业前途 （4）积累经验	（1）岗位培训 （2）共同的职业计划和调整、职业咨询指导 （3）绩效管理 （4）潜力评估 （5）奖励、任职资格登记升迁、工作丰富化	确保员工与公司双方相互融合
中期职业阶段	（1）确定职业发展方向 （2）成为管理或专业骨干，一专多能 （3）谋求工作与家庭的最佳结合 （4）谋求尊重，安全	（1）职位等级或任职资格等级升迁 （2）增薪 （3）继续教育、培训机会 （4）工作扩大化、工作轮换、挂职锻炼 （5）继任计划	公司在发展的同时，通过为员工创造机会和各种激励方式，保证员工发展
后期职业阶段	（1）成为同事的良师益友 （2）退休	（1）新员工储备 （2）退休计划和咨询 （3）返聘	

第五条 职业发展管理流程

职业发展管理流程如下图所示：

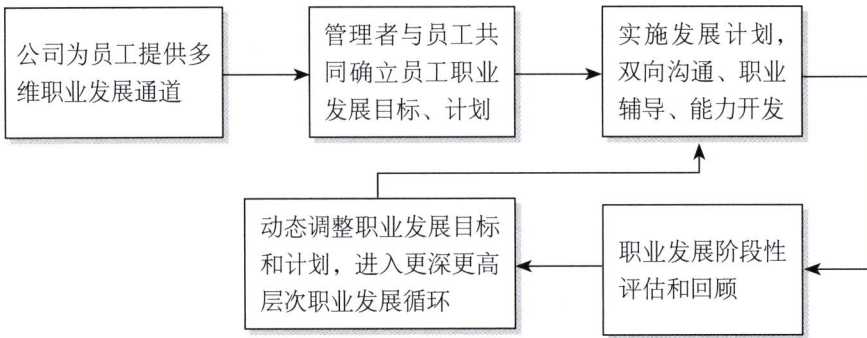

职业发展管理流程

第六条 公司、各部门管理者、员工在职业发展中的工作和责任

公司、各部门管理者、员工在职业发展中的工作和责任如下表所示:

公司、各部门管理者、员工在职业发展中的工作和责任

公司	各单位管理者	员工
（1）制订职业发展政策和程序 （2）提供职业发展通道，告知职位空缺信息 （3）提供能力开发机会 （4）追踪职业发展效果	（1）了解员工内在需求和动机，挖掘员工个人职业发展的潜力 （2）帮助员工认识自己的长处和短处，确定适合自己的职业发展目标和计划 （3）关心和指导下属，支持员工达到预期的目标 （4）定期给予员工评估和反馈	承担自己职业发展的最终责任 （1）认识自我和环境，定期检讨和规划 （2）把握各种机会，主动学习和锻炼 （3）积极工作，创造杰出成就 （4）不断总结，提升

第三章　职业发展通道管理

第七条 职业发展通道

公司为员工提供管理与专业技术双重职业发展通道，如下图所示:

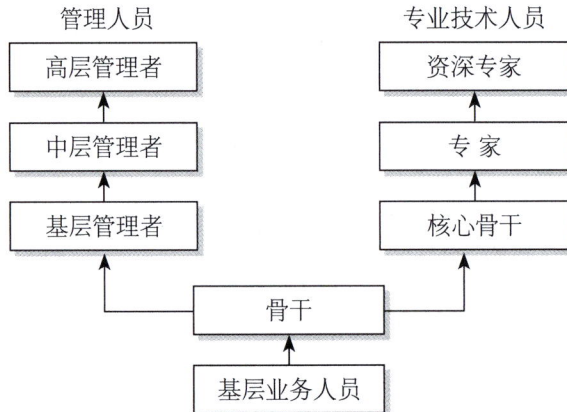

职业发展通道

第八条　员工职业发展突破方式

1. 结合公司职业发展通道，员工可按以下方式实现职业发展：

（1）"纵向发展"：员工可纵向发展，沿管理通道或专业技术通道，最终发展成为高层管理者或专业技术资深专家。纵向发展包括职位等级晋升和任职资格等级晋升两种方式。

（2）"横向发展"：员工横向发展，可由某管理岗位到另一管理岗位，或由某专业技术岗位到另一专业技术岗位，或在管理和专业技术岗位之间调动。横向发展的方式包括工作轮换、工作丰富化、扩大化、挂职锻炼等。

（3）"综合发展"：员工可横向、纵向发展相结合，实现自己的职业发展。

2. 员工职业发展突破方向，如下图所示：

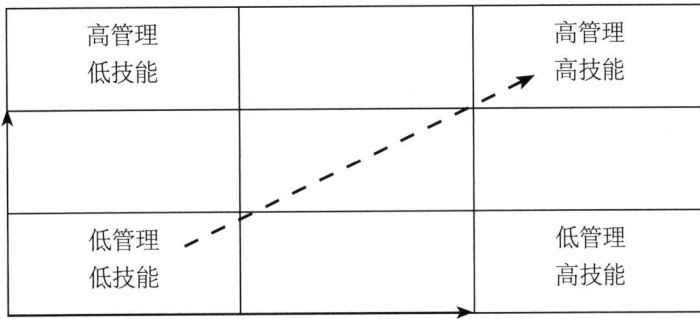

高管理 低技能		高管理 高技能
低管理 低技能		低管理 高技能

员工职业发展突破方向图

第九条　职位等级和任职资格等级

1. 公司职位等级为四级：总经理—副总经理（总经理助理）—部门负责人—部门负责人以下员工。

2. 在同一职位等级，依据任职者符合职位要求的程度（专业、资深程度），可以分为不同的任职资格等级。如：公司部门负责人分为部门副经理—部门经理—部门总监三个等级，部门负责人以下管理人员分为专员—主管—经理—高级经理四个等级，等等；如招聘专员可依次晋升为招聘主管、招聘经理、高级招聘经理。

3. 公司员工晋升既包括职位等级晋升，也包括任职资格等级晋升，任职资格等级晋升是员工重要的发展通道。

4. 公司职位等级和任职资格等级划分。

第四章　员工职业发展计划

第十条　职业发展计划过程

1. 新员工试用期满转正时，填写"员工职业发展计划表"，进行自我评估后，交主管。

2.主管对员工发展潜力进行评价，或组织对员工进行职业性向测评。

3.主管和员工面谈，就员工发展意愿和现实职业生涯机会讨论，确定员工发展通道，制定阶段性目标，并结合实际情况，共同制订相应行动计划和措施。

4."员工职业发展计划表"交人力资源部，与"员工登记表""员工职业发展回顾表"等一并作为员工职业发展档案保存。

5.员工如因工作岗位发生变化，可与主管一起将"员工职业发展计划表"个人能力提升等阶段性目标予以补充、调整。

6.每年年终，员工和主管对职业发展计划实施情况进行回顾，动态调整。

第十一条　自我申告制度

工作中，员工可随时通过口头或书面形式，向人力资源部门提出自我申告，体现自身才能，表明发展需求。

第五章　支持员工发展

第十二条　新员工辅导

1.新员工入公司，其直接主管或由直接主管指定的资深员工（5年以上工作经验，在公司工作2年以上）为新员工的职业辅导人。

2.职业辅导人职责包括：

（1）在新员工入职初期，帮助其熟悉工作环境、周围同事、工作流程和规章制度等，解决工作中存在的问题。

（2）在新员工试用期结束后，与该员工谈话，帮助新员工根据自己的情况，如职业兴趣、资质、技能、个人背景等明确职业发展意向、设立未来职业目标、制订发展计划表。

第十三条　在职辅导

1.关爱原则：在订立"员工职业发展计划表"后，各部门负责人应以"关爱员工、一定将员工培养成才"的态度，努力支持员工实施发展计划。

2.个性化原则：各部门负责人应建立并保持"员工情况卡"，掌握下属每一位员工的长处和短处、社会交往、需要的培训、发展想法等。

3.在职辅导十要求

（1）主管在安排具体工作时不能简单化处理，应当在下属开展具体工作前与下属充分沟通交流，达成共同的工作目标与工作方案，并使其符合公司要求和部门要求或专业要求。

（2）主管对下属的工作进度必须进行跟踪并及时纠正工作中出现的偏差。

（3）主管对下属应当进行技能辅导（包括工作细节辅导）。

（4）员工应当积极主动地与自己的直接主管进行工作沟通交流，不能盲目服从。

（5）主管对下属的工作成果要及时评估，并根据工作成果的质量和重要程度及时进行表扬或批评。公司级的表扬、奖励或批评、处罚，由各部门负责人向公司人力资源部提出建议。

（6）严重的工作失误，不分员工级别，不论是否给公司造成损失或负面影响，都必须上报公司处理，以便警示全体员工。对隐瞒不报的单位和个人，发现后将予以重处。

（7）主管必须及时向下属传达公司层面的相关信息和要求。

（8）各部门负责人每周至少与一名下属进行一对一的工作感受沟通交流。

（9）下属可对主管的"在职辅导"能力给予评议，长期得不到主管工作指导的员工可以向公司人力资源部或总经理投诉。

（10）公司人力资源部定期或不定期地对各部门在职辅导情况进行抽查，将有关情况向公司领导报告。

第十四条　员工能力开发

结合员工职业发展目标，公司根据实际情况为员工提供能力开发的条件。主要措施包括：

1. 教育培训，参考《教育培训管理办法》。

2. 工作扩大化、丰富化，扩大员工工作范围、加大员工责任、丰富工作内容，可安排员工执行特别的项目等。

3. 工作轮换、挂职锻炼，扩展员工职业技能、经验与发展空间。

4. 指派公司中富有经验的资深员工担任导师，为经验较少的员工提供业务指导，促使他们共同进步。

第六章　职业发展评估与修正

第十五条　评估和回顾

每年年终，主管与员工一起回顾：

1. 员工绩效考核、能力提升情况。

2. 员工职业发展阶段目标及行动计划执行情况。

3. 公司内外环境和职业发展机会的变化。

4. 下一阶段能力提升和职业发展目标。

5. 员工在前进中的问题和差距。

6. 未来一年行动计划、学习和培训需求等。以上情况记入"员工职业发展回顾表"中，交人力资源部备案。

第十六条　管理象限卡

1. 依据员工"工作／发展意愿"和"能力／绩效情况"，公司将员工在下图所示四个象限中分布：

高工作、发展意愿	高工作、发展意愿
低能力、绩效	高能力、绩效
低工作、发展意愿	低工作、发展意愿
低能力、绩效	高能力、绩效

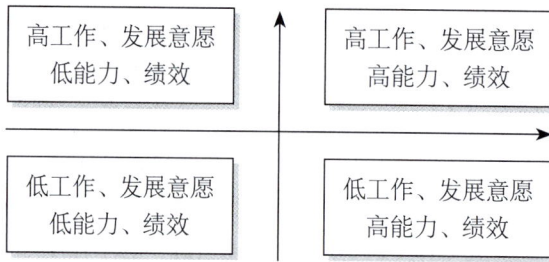

管理象限卡（一）

2. 依据员工价值和稀缺程度，公司将员工在下图所示四个象限分布：

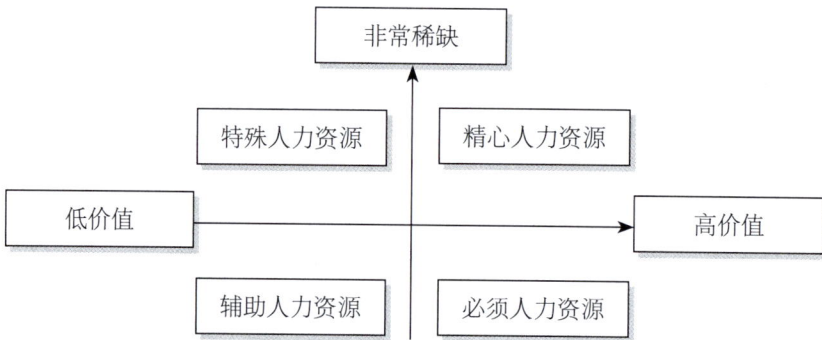

	非常稀缺	
特殊人力资源		精心人力资源
低价值		高价值
辅助人力资源		必须人力资源

管理象限卡（二）

第十七条 关注两极员工

通过绩效考核、员工职业发展评估与回顾，公司人力资源部每年将员工在上述象限中发布，对不同象限的员工采取不同的处理方式。对同时处于上述两类分布的第一象限的员工，公司将优先安排更多的培训、锻炼机会，或安排到上一级管理层的梯队人选。对同时处于两类分布第三象限的员工，公司人力资源部会同部门负责人对这些员工进行分析，与他们沟通，或进行岗位调整，或给予改善机会，最终仍不能达到改善目标的员工采取请辞方式或公司辞退。

第七章　继任、晋升和调配管理

第十八条 继任管理

管理者的职业发展主要通过公司领导和管理职位的继任管理实现，具体如下表所示：

继任管理

序号	作业步骤	说明
1	继任人员的选择	公司对领导和管理职位进行"X＋1"梯队配置,每一管理岗位选择 1～2 人作为继任第一梯队。选择继任人员时，参考绩效考核结果和管理者能力模型

（续表）

序号	作业步骤	说明
2	继任人员的培养	（1）根据岗位需求和继任人员特点，组织参加管理或专业培训 （2）充分授权，给予责任，激发潜能 （3）采取助理制、副职制、轮岗制等方式，锻炼人才
3	继任人员的考核	结合公司绩效管理办法与职业发展工作，在继任者发展中，人力资源部及继任者上级都对其进行定期考核、反馈并改进、调整，以更好地适应发展的需求

第十九条 晋升和调配管理

1. 员工晋升或调配至其他岗位，依据下列因素：

（1）目前工作业绩和工作态度。

（2）具备拟任岗位所需的技能。

（3）有关工作经验和资历。

（4）所受教育培训。

（5）个性品质、适应能力和潜力。

（6）员工发展意愿。

2. 员工晋升或调配时，遵循的程序是：

（1）各部门负责人在员工绩效考核基础上，提出员工晋升或调配建议，填写"人事变动建议表"，报人力资源部。

（2）人力资源部审批，视情况组织对拟晋升或调配员工进行测评（面谈、专业素质笔试、管理素质测评等），报公司领导审批。

（3）晋升或调配人员在新岗位试用一个月。

（4）试用后，由人力资源部组织，公司正式发文通报晋升或调配事宜。人力资源部可依据公司需要提出员工晋升或调配建议，报公司领导批准。员工也可向公司自荐，表明发展意愿。

3. 当同一岗位有多个候选人时，采取内部竞聘的方式，竞聘参与者除接受上述测评外，还须进行就职答辩，阐述自己的工作规划、目标等，最后选拔出最合适人选。

6.3 招聘管理制度

招聘管理制度

第一章 总则

第一条 目的

为满足公司持续、稳定、快速发展对人才的需要，规范员工招聘流程，健全人才选用机制，特制定本制度。

第二条 适用范围

本制度适用于公司所有人员的招聘管理。

第三条 招聘原则

坚持公开招聘、平等竞争、择优录用、先内后外的原则。

第二章 职责与分工

第四条 人力资源部是公司招聘工作的主管部门，其职责如下：

1. 制订公司中长期人力资源规划。

2. 制定、完善公司招聘管理制度，规范招聘流程。

3. 核定公司年度人力需求，确定人员编制，制订年度招聘计划。

4. 组织分析公司人员职位职责及任职资格，制定并完善职务说明书。

5. 决定获取候选人的形式和渠道。

6. 主持实施人员选拔测评，并为用人部门提供录用建议。

7. 定期进行市场薪酬水平调研，核定招聘职位薪酬待遇标准。

8. 提供各类招聘数据统计及分析。

第五条 用人部门应参与到本部门人员的招聘活动中，并在其中承担以下责任：

1. 严格控制人力成本，根据公司产能规划与年度发展规划编制部门年度人力需求计划，提出正式人力需求申请。

2. 做好本部门职位职责和任职资格的分析，协助人力资源部制定并完善职务说明书。

3. 对候选人的专业技术水平进行测评。

第三章 招聘组织

第六条 招聘组织管理

1. 普通岗位人员（如车间学徒工）的招聘由人力资源部按需拟定招聘计划并组织实施。

2. 一般管理和技术岗位、中层管理人员的招聘由人力资源部按需拟订招聘计划并组织实施，所属用人部门领导负责面试、复试。

3. 高层管理人员的招聘由总经理直接领导（特殊情况可授权他人负责），人力资源部组织面试、复试。

第七条 人力资源规划

1. 公司各部门在如下情况可以提出用人需求：

（1）缺员的补充：因员工异动如因员工调动、晋升、离职等原因，按规定编制需要补充。

（2）短期需要：因不可预料的业务、工作变化而导致短期内急需招聘的人员。

（3）扩大编制：因公司业务发展壮大，需扩大现有人员规模及编制。

（4）储备人才：为了促进公司战略目标的实现，而需储备一定数量的各类专门人才，如大学毕业生、专门技术人才等。

2. 各部门每年根据公司的发展战略和年度经营目标编制年度计划时，应同时制订本部门年度人员需求预测，于每年 12 月 1 日前提交下一年度"人力资源需求计划表"，如果有招聘需求，同时拟定拟招聘岗位的职责和任职资格描述，一起报送公司人力资源部。

3. 人力资源部综合考虑公司发展战略、人力资源供给预测及各部门年度人力资源需求计划，拟订公司年度人力资源规划，报总经理审批。

第八条　年度招聘计划

1. 每年初人力资源部根据公司的整体计划制订公司的招聘计划，报总经理审批后予以实施。

2. 招聘计划应包括招聘岗位、招聘人数、招聘标准（年龄、性别、学历、工作经验、工作能力、个性品质等）、招聘渠道和方式、招聘经费预算、招聘具体行动计划等。

第九条　临时招聘计划

对于因人员异动或其他原因造成人员短缺的临时需求，由部门主管提前两周填写"用工申请表"，经部门经理审核后报人力资源部经理审批，审批通过后方才实施招聘。

第四章　招聘渠道与方法

第十条　招聘形式分为内部招聘和外部招聘两种形式。招聘形式选择要根据人才需求分析和招聘成本等因素来综合考虑。

第十一条　内部招聘

1. 鉴于内部员工比较了解企业的情况，对企业的忠诚度较高，内部招聘可以改善人力资源的配置状况，提高员工的积极性，公司进行人才招聘应优先考虑内部招聘。

2. 内部招聘形式。在尊重员工和用人部门意见的前提下，采用推荐、竞聘等多种形式，为供求双方提供双向选择的机会。

3. 内部招聘流程如下表所示：

内部招聘流程

序号	招聘步骤	流程说明
1	内部招聘公告	人力资源部根据公司所需招聘岗位的名称及职级，编制工作说明书，并拟定内部招聘公告并发布，以便通知到每一位员工
2	内部报名	所有正式员工在上级主管的许可下，填写"内部应聘申请表"向人力资源部报名申请
3	筛选	人力资源部将参考申请人和空缺职位的相应上级主管意见，根据职务说明书进行初步筛选。对初步筛选合格者，人力资源部组织内部招聘评审小组进行内部评审，评审结果经总经理批准后生效

（续表）

序号	招聘步骤	流程说明
4	录用	经评审合格的员工应在一周内做好工作移交，并到人力资源部办理调动手续，在规定的时间内到新部门报到

第十二条 外部招聘

在内部招聘难以满足公司人才需求时，可以考虑外部招聘。

1. 外部招聘组织形式。外部招聘工作的组织以人力资源部为主，其他部门配合。必要时公司高层领导、相关部门参加。

2. 外部招聘渠道。外部招聘要根据岗位和级别的不同采取有效的招聘渠道组合。外部招聘人员来源可来自内部职工引荐人员、职业介绍所和人才交流机构人员以及各类院校的毕业生。具体招聘渠道如下表所示：

具体招聘渠道

序号	招聘步骤	流程说明
1	校园招聘	每年春季将公司招聘信息及时发往各校毕业分配办公室。对专业对口的院校有选择地参加学校人才交流会，发布招聘信息并进行招聘活动
2	媒体招聘	通过相关网站、大众媒体、专业刊物广告发布招聘信息，查阅网上应聘人员情况，建立公司外部人才库，根据需要考核录用
3	内部员工推荐	公司鼓励内部员工推荐优秀人才，由人力资源部本着平等竞争、择优录用的原则按程序考核录用
4	招聘会招聘	通过参加各地人才招聘会招聘
5	委托中介公司招聘	对公司关键的管理和技术职位的招聘可考虑通过人才中介招聘

3. 外部招聘流程如下表所示：

外部招聘流程

序号	作业步骤	流程说明
1	发布招聘信息	人力资源部根据招聘计划及招聘岗位性质，选择不同的招聘渠道发布招聘信息。招聘信息中应包括招聘岗位年龄、性别、学历、招聘人数、工作经验等要求及招聘岗位职责说明
2	初步筛选	根据招聘岗位的要求，由人力资源部会同用人部门进行初选。审查求职者的个人简历和求职表，审查内容包括：年龄、学历、工作经历、专业技能、语言等，将不符合要求的资料剔出，对符合要求的资料送交用人部门进行审核，审核认可的应聘者由人力资源部负责通知初试

（续表）

序号	作业步骤	流程说明
3	初试	（1）人力资源部在初试名单确认后 1 个工作日内电话通知面试者并发出"面试通知书"，要求应聘者面试时提供学历、证书、身份证等相关证件的原件 （2）面试前应聘者必须在前台完整填写"应聘登记表"，同时人力资源部应检查应聘者学历证书等原件 （3）初试由人力资源部人员和用人部门共同组成。人力资源部先对应聘人员的智力、品德、综合素质进行初试和评价，对于基本符合条件者再推荐给用人部门。用人部门从工作经验与能力对应聘人员进行考核，并在"面试评价表"中仔细填写初步面试记录 （4）对于一些专业性较强的岗位可以在初试时安排笔试，人力资源部负责建立笔试题库，题库的试题由用人部门专业人员负责提供
4	复试	（1）初试结束后 3 个工作日内，用人部门根据岗位需要要求人力资源部安排初试合格人员进行复试 （2）复试由复试小组进行，复试小组一般由用人部门经理和人力资源经理组成。对于中层级管理人才和专业技术人才的招聘可另外邀请资深技术人员参加。高级管理人才由总经理负责面试，人力资源部负责组织 （3）复试过程中，复试小组成员将面试的汇总意见填入"面试评价表"中"复试人评定"栏，并签名，表明对应聘者的评语及结论。当日送人力资源部备案，作为下一步行动的依据 （4）复审。通过复试的应聘人员由所在部门经理进行审核，并签署意见。高层管理人员的复核结果应有总经理的签字批准
5	录用	人力资源部对通过面试的人员在 1 个工作日内电话告知面试结果，并通知前往指定医院进行体检。对体检合格者办理录用手续。通知办理入职的日期及需要提交的资料和证件。对被录用的应届毕业生向其所在高校发送接收函，签订就业协议书
6	报到	（1）被录用员工要求在约定时间到公司报到。如在发出录用通知 7 日内不能正常报到者，可取消其录用资格，特殊情况经批准后可延期报到 （2）应聘人员到公司报到后，需向人力资源部提供个人身份证、学历证、职业资历表格等复印件备案，并填写"新进人员资料表"，同时签订试用劳动合同，试用期为 1～3 个月。员工必须保证向公司提供的资料真实无误，若一经发现虚报或伪造，公司有权立即将其辞退 （3）人力资源部会同用人部门对新进人员进行试用期跟踪考核，对不合格人员及时淘汰

6.4 考勤管理制度

考勤管理制度

第一条 目的

为规范考勤管理制度，维护良好的工作秩序，提高工作效率，保证各项工作的顺利进行，根据公司有关规定，特制定本制度。

第二条 适用范围

适用于公司所有人员的考勤管理。

第三条 职责

1. 人力资源部负责考勤制度的制定和修改；

2. 总经理负责考勤管理制度的审批；

3. 人力资源部负责制度的执行和监督，各部门辅助执行。

第四条 公司正常上班时间为：8：00—12：00；13：30—17：30；加班时间为：18：30 开始，办公室职员可以加连班。

第五条 副总级以上人员免打卡，经理级（含）以上人员均须打卡，累计 4 次；经理级以下人员如有加班均打卡，累计 6 次。

第六条 本公司员工因事外出，必须填写"外出单"，并交予人力资源部考勤管理人员存档，以作为考勤依据，否则按缺勤处理。

第七条 打卡是出勤记录的依据，是约束大家守时的手段，要求本人亲自打卡，严禁委托或者代理他人打卡，违者代理人和被代理人记过一次处分。

第八条 缺勤规定

1. 迟到：打卡每次超过 1 分钟为迟到，按每分钟一元从工资中扣除。

2. 早退：打卡早于正常下班时间 1 分钟为早退，早退 1 分钟扣一元，依次类推。

3. 旷工：当日超过规定上班时间 30 分钟未到岗者、未办理请假手续、申请请假未被批准而擅自不来上班者或者事后提供证明材料经核查为虚假者均视为旷工。

（1）旷工半天扣除一天工资，依次类推，旷工者当月无绩效奖。

（2）连续旷工 3 天以上（含 3 天）者或月内累计旷工 4 天以上（含 4 天）、年内累计旷工 5 天以上（含 5 天）者，以自动离职处理，并扣发未发的工资和奖金，公司不作任何经济赔偿，并有权向员工追讨违约金及公司损失。

第九条 员工每半年满勤，无迟到、早退、病假、事假、脱岗者，经本人申请，人力资源部核查，确定后统一提报，经总经理批准，可特别嘉奖_____元，每年 6 月底和 12 月底执行。

第十条 如因个人原因（如忘带卡）无打卡记录，须凭部门最高主管批准的"补卡申请单"到人力资源部备案，每月签卡不得超过 3 次，超过者每次扣款_____元。

第十一条　经理级以下人员"补卡申请单"由部门最高主管签核有效，经理级（含）以上人员《补卡申请单》由副总经理签核。

第十二条　本公司员工，在正常考勤之外的时间内，不得随意刷卡或打卡，除请假外，否则按迟到或早退论。

第十三条　考勤文员应严格执行考勤制度，据实记录员工出勤情况，不得虚报、漏报。

第十四条　员工应严守作息时间，不得迟到、早退，不得随意离岗，更不得旷工，如因工作需要，需外出办理的，要经部门经理批准，部门经理外出，需由其职务代理人审批。

第十五条　法定假日

本公司以下列日期为法定假日（若有变更时应预先公布），但因业务需要可指定照常上班，需以加班计算。元旦、清明节、春节、端午节、妇女节（限女性，休假半日）、劳动节、中秋节、国庆节、年休假、其他经公司决定的休假日。

第十六条　员工休假

1. 事假

因紧要事情需本人亲自处理者可请事假，每年累积计以 3 天为限，每次不得超过一天，最小时间单位为半小时。

2. 病假

因病治疗或休养者应出具医院证明申请病假，每年累积计以 5 天为限；住院者以 1 个月为限，两者合计不得超过 1 个月。

3. 婚假

员工法定年龄结婚（女 20 周岁，男 22 周岁）可享受婚假 3 天；晚婚（女 23 周岁，男 25 周岁）可享受婚假 15 天（含 3 天法定婚假、含公休日）；

4. 丧假

（1）父母配偶丧亡可请假 3 天（含公休日）；

（2）祖父母、兄弟姊妹及子女、岳父母之丧亡可请假 2 天（含公休日）。

（3）其他直系亲属丧亡可请假 1 天（含公休日）。

5. 年假

依其服务年限可分别给予年假，在公司服务已满 1 年不满 10 年的，年假 5 天；已满 10 年不满 20 年的，年假 10 天；已满 20 年的，年假 15 天。

6. 产假

（1）女员工符合国家计划生育政策生育时，享受 90 天产假。

（2）晚育、难产或剖腹产可享受 105 天产假，多胞胎生育者在 90 天的基础上，每胎多加 15 天产假。

（3）男员工享受 3 天的护理假。

（4）女员工怀孕不满 3 个月流产者，给予 30 天产假；怀孕满 3 个月以上流产者，给予 45 天产假。

7. 哺乳假

（1）有不满 12 个月婴儿的女员工因需要哺乳婴儿，其每次可提前一小时下班。

（2）夫妻双方均在本公司工作的，子女有病需住院护理的，夫妻双方共可给予 5 天护理假。

第十七条　年假办理

1. 每年年初各部门在不妨碍工作情况下，由各部门主管自行安排年假日期，安排年假时不能春节和其他法定假连休。年假安排表一式两份，一份留存本部门，另一份经本部门经理签核，呈总经理批准后交由人力资源部备案。

2. 休年假时，应按规定办理请假手续（填员工请假单），并觅妥职务代理人，办妥工作交接后才能休假。

3. 基于业务上的需要不能休假时，可比照实际休假天数发放相应的工资，若休假期间，因业务需要奉令销假照常工作而不能休假者，也按照其未休假天数发放工资。

4. 年休假不予跨年累计，离职而没有休年假者不给予补休或补偿相应工资。

第十八条　以上各条款假期内的工资照常支付，计算公式：员工月工资总额（不包括加班费）÷21.75×休假天数。申请有薪假期时必须向人力资源部出具法律效力的证明文件，经验证认可后方生效，如有弄虚作假取消享受有薪休假资格并将追究行政责任。

第十九条　以上各条假期除遇国家法定节日顺延外，其余假期一律不顺延。（例：国庆放假期间请婚假 7 天，假期不能累加，只能顺延法定假日 3 天，即休假 10 天）。

第二十条　以上各条款假期的核准权限如下：

部门主管级以下人员，假期 2 天内由部门主管核准，2 天以上由部门经理核准；如因特殊情况本人不在公司可以电话向部门主管请假，但回公司后必须补单。部门经理请假由（副）总经理核准。

第二十一条　以上各条款假期的执行日期为：××××年××月××日。

第二十二条　请假理由不充分或有妨碍工作时，可酌情不予给假，或缩短假期或令延期请假。请假者必须将经办事务交代其工作代理人代理，并于请假单内注明。

第二十三条　本公司员工依本规则所请的假如发现有伪造事实者，除以旷工论处外，并依情节轻重予以惩处。

第二十四条　加班与调休管理

1. 员工无论工作日、公休日或节假日加班，加班前须办理申报审批手续，B 类（不含）以下人员加班由部门经理批准即可，A、B 类人员由部门经理报请（副）总经理批准后方可加班，加班时间在 30 分钟以内视为正常工作延续，不作为加班计算；未经同意擅自加班者不计加班费，加班时均需如实打卡，不得弄虚作假。

2. 员工除法定节假日外的其他加班，按照调休优先原则，根椐工作安排或个人申请，给予安排调休，调休最小时间单位为半天，不足半天的不能调休。

第二十五条　出差考勤

出差（指公司外派公差）：员工出差须到部门文员做好登记，并附"出差登记表"，经部门主管／经理批准后于次月一日交人力资源部做考勤依据；

第二十六条　加班工资

1. 副总、部门经理等管理人员因已领有职务加给，因此不再另给加班费。

2. 部门人员加班时，由部门经理审批，交人力资源部备案核算加班费。

3. 其他人员：凡有加班均按下列程序发给加班薪金；平日加班，按 1.5 倍工资计算，周六、周日按 2 倍计算；法定节假日按 3 倍计算。

**第二十七条　**本制度由人力资源部制定，经总经理批准后执行，修改亦同，原相关考勤制度同时作废。

**第二十八条　**本制度由人力资源部负责解释和修订。

附：加班申请单、出差人员登记表、请假单、外出单、物品放行条、补卡申请表。

6.5　教育训练管理程序

教育训练管理程序

第一章　总则

第一条　目的

为配合公司的发展目标，提升人力绩效，提高员工素质，增强员工对本职工作与对企业文化的了解，并有计划地充实其知识技能，发挥其潜在能力，建立良好的人际关系，进而发扬本公司的企业精神，特制定本制度。

第二条　适用范围

适用于本公司对全体员工的培训管理。

第三条　权责

1. 人力资源部在培训中的主要职责

（1）公司培训体系的建立，培训制度的制定与修订。

（2）公司培训计划的制订与组织实施。

（3）对各部门培训计划实施督导、检查和考核。

（4）培训教材、教具、仪器设备的购置、保管。

（5）培训教材的组织编写及相关教学资料的制作分发。

（6）对内部讲师的选聘、确定及协助教学。

（7）年度、月度培训报告的撰写、呈报，培训报表，资料的收集、汇总、整理与归档。

（8）参训员工的出勤管理。

（9）内部讲师授课记录及员工参加培训档案的建立及数据维护。

2. 各部门在培训中的主要职责

（1）本部门培训需求计划的制订。

（2）积极配合人力资源部实施培训工作。

（3）本部门年度、月度培训工作总结与培训资料的汇总、整理及归档。

（4）本部门员工的上岗、在岗培训及其考核。

（5）本部门参训员工的组织与管理。

第二章　培训需求与实施管理

第四条　培训需求的确定

1. 公司整体培训需求的确定

人力资源部根据公司整体经营战略和培训需求调研后，拟定公司年度培训需求分析报告，或将相关内容在年度工作计划中予以体现，报总经理审核确认。

2. 部门培训需求的确定

各职能部门在制订年度工作计划中，应根据本部门现状和未来 1 ～ 2 年内的工作及岗位需求，制订本部门的年度培训计划，另对于阶段性或临时性培训的需求，应及时反馈给人力资源部。

第五条　拟订培训方案或计划

1. 年度培训计划的拟订

每年 12 月 15 日前，由各职能部门根据岗位要求和工作需要，提交次年的年度培训计划，作为年度教育培训执行的依据。人力资源部根据公司整体经营战略，并结合各职能部门提交的年度培训工作计划，拟订公司年度培训计划。计划中应包括全年拟计划实施的培训课程、培训形式、预计开展时间、培训经费等相关细则。

2. 月度培训计划的实施

人力资源部根据年度培训计划，结合当期各职能部门工作的实际情况，拟订月度培训计划。在方案中应体现出本月拟开展的培训课程、参训对象、讲师、培训时间、培训目的等相关内容。人力资源部将在每月的 5 日前将月度培训计划通知各职能部门。

第六条　培训方案或计划的审批

人力资源部拟订的年度培训计划，须报公司总经理签字确认后执行。期间如实际情况发生变化，需要对计划内容进行调整，则在月度培训计划中体现，获得总经理批准后在月度培训计划中予以实施。

1. 培训方案的实施

（1）人力资源部负责培训的实施。对于按月度培训计划开展、以人力资源部为实施主体的各类培训，经总经理审核通过后，按照计划编排实施。

（2）其他职能部门负责的培训的实施

①对于公司各部门自行组织业务学习或相关培训活动，由各部门自行安排。每月底提交当月的培训活动记录表至人力资源部备案。

②对于各部门因工作需要，派本部门人员外出参加相关商业培训，或邀请外部专家到公司开展相关商业培训，必须经过人力资源部。填写申请报告经人力资源部经理和总经理批准后才可实施。

2. 培训时间的安排及管理

由公司组织安排的各类专业技能培训，在时间安排上，应兼顾培训对日常工作的影响降低到最低的原则，均安排在晚上或周末进行。对于参训人员，培训一律不计为加班；授课讲师按照相关制度支付课酬。

第三章　培训方式

第七条　企业内训

由公司人力资源部负责组织安排的公司内部培训，由公司的内部讲师授课，培训对象也均为公司内部各层级员工。在有相关培训需求时，此类培训为第一选择，如因各方面因素限制，公司不具备培训条件的，则可选择其他方式的培训。

第八条　外聘培训师或培训机构开展的企业内训

对于需要外聘培训师或管理咨询机构到公司开展实施培训项目或活动，一般由公司人力资源部负责联系和组织；对于专业性较强的培训，则相关业务部门可向人力资源部推荐培训师或培训机构。人力资源部根据公司培训需求及时与对方联系情况，填写"培训项目申请表"，报总经理审批通过后实施。

第九条　外派人员参加相关培训

公司目前暂不安排人员参加外派培训。如有特殊情况需要参加外派的，需填写"外派培训申请报告"，经人力资源部和公司总经理审核通过后才予以实施。

第四章　培训种类

第十条　员工培训的种类有：岗前培训、在岗培训、离岗培训、员工业余自学。

第十一条　岗前培训：岗前培训是指以公司新录用的员工为对象的集中培训。

1. 岗前培训的主要目的是培训新员工对企业的荣誉感和归属感，促使新员工认同企业提倡的价值标准和行为规范，了解企业的基本情况，掌握必要的工作技能和基本的工作流程，帮助新员工规划、设计在企业的个人发展。

2. 岗前培训主要为新员工提供两方面的信息

（1）由人力资源部提供的信息，包括：企业概况、公司产品知识、文化、工业安全知识与基本技能、拟任工作的操作规程与安全事项、基本政策和规章制度、工资和福利等；

（2）由新员工所在部门提供的信息，包括：本部门的功能、工作职责、本部门特有的规定、本部门的环境、介绍部门同事等。

3. 岗前培训原则上每月组织一期，所有新员工一律参加。确有特殊情况不能参加培训者，则需提前向人力资源部培训专员请假，安排至下一期培训。

4. 针对组长级以上的新员工（职员）在试用期间，由部门主管指定经验丰富的老员工作为辅导老师，协助新员工制订培训计划，进行"传、帮、带"教育，帮助新员工有计划、有针对性地了解相关业务知识与岗位技能。此表将作为新员工转正考核依据之一。

第十二条 在岗培训:在岗培训是指员工在不脱离工作岗位的情况下，由部门经理、业务主管或其他经验丰富、技术过硬的员工在日常工作过程中对员工进行的定期或不定期的业务传授和指导;或者外聘培训师或管理咨询机构到公司开展实施培训项目或活动。

1. 公司员工在职期间，每年须接受一定时间的培训和学习。其中原则上要求普通职员和部门主管每年接受公司提供培训的时间不少于 15 学时，部门经理接受公司提供培训的时间不小于 25 学时。以上学时以人力资源部统一组织的培训累积。

2. 员工在职培训的内容应包括专业技能（含市场营销、生产技术等）、通用管理技能、职业发展与心态等方面的内容。主要以内训方式开展进行。

第十三条 离岗培训：离岗培训是指员工离开实际工作岗位去学习所在岗位的工作技能。

1. 离岗培训可以在企业内部进行，也可以在企业外部进行。我公司主要以企业内部培训为主。

2. 离岗培训主要是针对企业战略和核心业务、核心能力、价值观和关键知识、员工改善绩效所共需的基础知识和基本技能以及其他对企业运营产生重要影响的内容进行的专项培训。此种形式的培训主要针对关键或特殊岗位，由人力资源部联系外部培训机构或讲师到公司开展授课。

第十四条 员工业余自学：员工业余自学是指员工利用业余时间参加学历教育、进修或培训，参加职业资格或技术等级考试及培训。公司鼓励员工利用业余时间参加在职培训或业余学历深造，并对取得结业证书或相关资格证的人员给予相应的奖励和费用报销。

第五章　培训纪律及考勤

第十五条 培训学员必须严格遵守培训纪律，不得无故迟到、早退、旷课。

第十六条 培训纪律

1. 培训时不准吸烟，吃零食。

2. 接受培训人员应提前 5 分钟到达培训指定场所并签到。

3. 上课时，手机必须调至震动状态，接听电话要求到走廊。

第十七条　请假规定：如有特殊情况不能参加培训，需提前向培训专员请假。

第十八条　处理方法

1. 对于培训迟到者，按照公司考勤制度处理。

2. 第一次无故不参加培训者在公司内部给予通报批评处分。

3. 第二次无故不参加培训者，员工处罚_____元，主管级别处罚_____元；部门经理级以上人员处罚_____元，直接在当月工资中体现。

第十九条　对于请假没有参加培训者，由培训专员提供培训资料学习或安排至下一次培训。

第六章　培训考核及培训效果评估

第二十条　培训考核

1. 培训考核一般以下列几种情况进行：

（1）培训前就培训内容进行课前考核，以了解参训员工的实际知识水平。

（2）培训过程当中进行考核，以了解参训员工的掌握情况，利于培训的调整。

（3）培训结束后对培训的全部内容考核，以了解培训效果。

2. 培训考核应根据具体的培训主题采用以下几种方法进行：

（1）现场操作（问答形式）。

（2）书面答卷。

（3）实际操作等。

（4）培训考核由培训讲师设置考题，人力资源部组织、督导、协调，参训部门具体实施，人力资源部派人监考。

第二十一条　培训效果评估

每期培训结束后，人力资源部应让培训学员填写"培训效果调查表"，以便评估培训效果，为今后再举办类似培训提供参考，同时作为内部讲师课酬支付的依据与讲师评聘参考。

第七章　个人培训记录管理

第二十二条　对于公司组长级（含）以上人员，人力资源部将根据其参加培训的情况，建立个人培训记录。

第二十三条　个人培训记录的内容

个人培训记录应包括授训课程、培训日期、时间、考核情况等相关资料。个人培训记录应与员工档案一并保管备查。

第二十四条　个人培训记录的用途

个人培训记录为员工参加各类培训活动的主要证明材料，是公司对员工实施调动、职级调整、绩效考核等相关人事活动的依据之一。

6.6 离职管理规定

离职管理规定

第一条 目的

为规范离职管理，保障公司人员相对稳定，维护正常人才流动秩序，共建和谐劳资关系，特制定本规定。

第二条 适用范围

适用于公司所有从业人员。

第三条 定义

公司对违纪员工，经劝告、教育、警告仍不悔改的，对工作能力不能适应岗位要求，经培训仍不能达标的，有辞退的权利；员工如因工作不适，工作不满意等原因有辞职的权利，对辞退、辞职人员以下统称离职人员。

第四条 职责

1. 各级管理人员须关注下属的工作业绩，掌握下属思想动态，防范人员流失，确保人员稳定。

2. 各部门主管负责做好离职人员离职面谈和离职审核，确保离职人员顺利交接。

3. 人力资源部负责离职的离职面谈、离职分析、离职审计及离职手续的办理。

4. 总经办根据批准的"离职申请单"和"离职交接单"核算工资。

5. 财务部负责离职人员的工资审核和发放。

6. 副总负责主管级以下人员"离职申请单"和"离职交接单"审批，总经理负责主管级（含）以上人员"离职申请单"和"离职交接单"的审批。

第五条 公司对有下列行为之一者，给予辞退：

1. 对于公司负责人、各级主管或其他员工及家属进行暴力威胁、恐吓、殴打、要挟、侮辱，影响团体秩序者。

2. 殴打同事或相互斗殴、情节严重，影响恶劣者（打不还手者除外）。

3. 在公司内涉及赌博者。

4. 私自藏匿、蓄意破坏、偷窃公物及他人财物，经查属实者（移送司法机关处理）。

5. 无故损毁公司财物，或损毁、涂改公司重要文件，致公司蒙受重大损失者。

6. 在公司服务期间，受刑事处分者。

7. 年度内累计记大过达三次或一年中已降级三次者。

8. 连续旷工 3 天以上（含 3 天）者或月内累计旷工 4 天以上（含 4 天）、年内累计旷工 5 天以上（含 5 天）者。

9. 参与、组织、煽动员工怠工、罢工者。

10. 吸食毒品或有其他严重不良嗜好者。

11. 伪造或盗用公司领导签名或印章者。

12. 故意泄露公司技术、营业上的机密，致使公司蒙受重大损失者。

13. 营私舞弊，挪用公款，收受贿赂者。

14. 利用公司名义在外招摇撞骗，使公司名誉受损害者。

15. 参加非法组织者。

16. 有不良行为，道德败坏，严重影响公司声誉或在公司内造成严重不良影响者。

17. 其他违反法律、法规或规定情节严重者。

18. 无正当理由，拒不接受正常工作调配（岗位异动）者。

19. 利用职权接受厂商宴请、送礼、回扣、佣金，或与厂商勾结虚报请款而损害本公司的利益，情节重大者。

20. 虚报工作经历、学历、姓名、出生年月经查实者。

21. 平时工作不认真负责、考绩不佳，经主管多次指导仍不能够胜任工作者。

22. 不遵守公司规章制度，不接受上级督导与指导而造成严重后果者。

23. 散播不利于公司的谣言或挑拨劳资双方关系者。

24. 玩忽职守、工作懈怠，使公司蒙受重大损失，情节严重者。

25. 借用他人身份证、毕业证或其他必备证件入厂或采用涂改、剪接、伪造必备证件入厂的。

26. 利用公司资源制造私人物品或将公司资源挪作己用，情节严重者。

27. 在禁烟区域内吸烟、玩火者。

28. 其他情节严重的违法违纪行为者。

第六条　本公司按第 5 条的规定辞退员工时，必须事先通告本人，并由直属主管告知被辞退员工，其预告期依据下列规定：

1. 连续工作 1 个月以内，3 日前告知。

2. 连续工作 1 个月以上，未满 3 个月者，5 日前告知。

3. 连续工作 3 个月以上者，30 日前告知。

第七条　辞退员工时，必须由其直属主管向人力资源部索取"离职申请单"，并按规定填写后上报部门最高主管审核，再送人力资源部审批，报总经理批准。

第八条　被辞退员工要及时办理移交手续，填写"离职交接单"，办妥以后方可离厂。

第九条　辞职管理

1. 本公司员工因故辞职，须向部门文员索取"离职申请单"，上交上级主管签发意见，再送人力资源部审核。

2. 试用期内辞职须提前 7 天，试用期满转正后员工辞职需提前 1 个月，自提出之日起，仍须坚持在原工作岗位连续工作，直至离职到期。

3. 员工辞职申请被批准后，在离职前 1 日向部门文员索要"离职交接单"办理工作移交后，经各相关部门负责人签核后，方可结算工资。各级主管、经理签准后的"离职申请单"和"离职交接单"不得有任何涂改。

4. 员工离职手续未按规定程序办理的，人力资源部门按有关规定处理。

5. 非正常离职员工（辞退、自离）永不录用，正常离职的员工 3 个月内不得重新进入公司工作。正常离职的员工重新进入公司工作，其工龄自重新入职之日计算，按新招聘员工手续办理，重新考核。

第十条 自离：连续旷工 3 天以上（含 3 天）者或月内累计旷工 4 天以上（含 4 天）、年内累计旷工 5 天以上（含 5 天）者，视为自动离职，不予结算工资，由人力资源部通告形式公布。

第十一条 急辞：未按规定日期提出辞职申请视为急辞工，急辞工填写"离职申请表"和"离职交接单"，报批准后到人力资源部办理离职手续，急辞者都须扣除 15 天综合工资，作为向公司支付相关违约金。

第十二条 离职面谈

1. 员工离职时部门主管、经理和人力资源部须与离职人员进行面谈，如有必要，可请其他人员协助。

2. 谈话内容应包括：离职的真实原因、资料文档的审核、未完成的工作项目及进度、审查其了解公司秘密的程度、阐明公司和员工的权利和义务等。

第十三条 离职交接

1. 离职人员交接须经所属部门、人力资源部、财务部、仓储部、总经办等相关负责人签字确认后方可离厂。

2. 所属部门负责离职人员工作事项交接，资料、工具、仪器、钥匙、办公文具交接。

3. 仓储部门负责物料、工具等借用、领用销账确认工作。

4. 财务部负责离职人员借款、借贷、补偿费等相关账务清理确认。

5. 总经办负责离职人员各贷款项目确认和工资核算。

6. 人力资源部负责厂证、名片、钥匙、图书、电脑密码及文件拷贝、退宿、退（转）保、合同中止等相关手续办理。

7. 人力资源部每周一次公告离职人员信息，告知相关部门或单位做好对应人员调整工作。

第十四条 离职工资

办理离职交接时，各部门文员和人力资源部薪酬文员须做好出勤天数、加班工时、奖惩、补扣等相关事项确认，离职人员未结算工资随公司正常发薪日予以打入员工个人账户。

第十五条 离职退宿

离职手续办理完毕后，离职人员须当时搬离宿舍，退宿时须开具物品放行条，经本宿舍长签名交宿管员确认后方可放行。如特殊原因留宿，须报人力资源部批准交宿管员备案后方可借住，借住超过 2 日者，每日按 ×× 元计付水电费及管理费，但最多不超过5 日。

6.7　员工奖惩制度

员工奖惩制度

第一章　总则

第一条　目的

为增强员工遵纪守法的主动性、自觉性，规范员工行为，提高员工素质，维护正常生产、经营管理秩序，保障各项规章制度的贯彻执行；激发员工的工作积极性，实行奖优罚劣，特制定本制度。

第二条　适用范围

适用于公司全体员工。

第二章　奖励、处罚标准

第三条　奖励、处罚的方式及标准如下表所示：

奖励、处罚的方式及标准

项目	方式	标准			
奖励		嘉奖	记小功	记大功	授予荣誉称号
	通报表扬				
	奖金	奖励 50 元	奖励 200 元	奖励 500 元	奖励 1 000 元
	特别奖励				
	晋级		职务升一级，薪资按升职后职务的相应级别发放		
	其他	机动奖励	机动奖励	机动奖励	机动奖励
惩罚		警告	记小过	记大过	辞退（开除）
	通报批评				
	罚金	罚款 20 元	罚款 100 元	罚款 200 元	议定
	降级		职务降一级，薪资按降职后职务的相应级别发放		

注：①三次嘉奖等于小功一次，三次小功等于大功一次，记三次大功晋级时优先考虑，即第三次受相同奖励项目时，第三次奖励方式标准为高一级的奖励项目的奖励方式标准。

②三次警告等于小过一次，三次小过等于大过一次，三次大过辞退（开除）论处，即第三次受

相同惩罚项目时，第三次惩罚方式标准为高一级的惩罚项目的惩罚方式标准。

③记大功者，其是否晋级除考虑其受奖的缘由外，还须综合考虑其能力、经验、知识、拟晋级职位的职务要求、编制情况来决定。

④员工奖惩转换，本规定所称嘉奖与警告、记功与记过、记大功与记大过在受奖惩日起一年内可以相互抵消。

⑤其他：指由公司视具体情况，决定是否再给予受奖励者其他方式的奖励，如有薪假期、培训机会等。

第三章　奖励部分

第四条　有下列事项之一者，予以"嘉奖一次"：

1. 品行优良，技术超群，工作认真，恪尽职守为公司楷模，完成重大或特殊事务者。

2. 培训考核，成绩优秀者。

3. 虽非本职工作但也热心服务，有具体事迹者。

4. 拾金不昧、堪为表率（非公司财物且不知物主），有其他显著的善行佳话，足为公司荣誉者。

5. 在艰苦条件下工作，足为楷模者。

6. 维护团体荣誉，有具体事迹者。

7. 全年从未迟到、早退、请假而且工作勤奋者。

8. 遇有非常事故或抢修工作，随机应变处理得当者。

第五条　有下列事项之一者，予以"记小功一次"：

1. 对生产技术或管理制度提出具体改进方案，经采纳成效在____元以上者。

2. 节约原物料或对废料利用有成效在____元以上者。

3. 遇有意外或灾害，奋不顾身，不避危难，予以速报或妥善处理，因而减少损害者。

4. 维护员工安全，冒险执行任务，确有功绩者。

5. 维护公司或工厂重大利益，竭尽全力，避免重大损失者。

6. 检举或阻止违规及损害公司利益者。

7. 领导有方，开拓公司业务，经营业绩优良者。

8. 对公司或社会有其他较大贡献者和有其他重大功绩者。

第六条　有下列事项之一者，予以"记大功一次"：

1. 在遇到突发事件时，能奋勇抢救人员、安全及财物，使公司减少损失，有显著功效者。

2. 研究发明，对公司有贡献，并使综合成本降低，利润增加较大者。

3. 兢兢业业，不断改进工作，业绩突出者。

4. 热情为用户服务，经常得到用户书面表扬，为公司赢得很高信誉，成绩突出者。

5. 开发新客户，市场销售成绩显著者。

6. 对有其他特殊贡献，足为全公司表率者。

7. 维护公司重大利益、竭尽全力，使公司避免较大损失者。

8. 设计发明或改进产品，使公司显著获得重大利益，价值在 ＿＿ 元以上者。

9. 对生产技术或管理制度有重大改善或改进成效卓越，价值在 ＿＿ 元以上者。

10. 改善设备或变更作业方法而对提升产能、质量有成效者。

11. 开发新客户、新产品，有具体成效者。

12. 具有其他重大功绩，堪为公司员工表率者。

第七条　有下列事项之一者，按照公司规定优先考虑晋级或加薪：

1. 业务有突出专长，个人成绩突出，对公司有特殊贡献，足为公司表率者。

2. 一年内记大功三次并无其他过失者。

3. 连续数次对公司发展提出重大建议为公司采纳，并产生重大经济效益者。

4. 非本人责任而为公司挽回重大经济损失者。

5. 领导有方，所领导的部门连续几年创利达到公司要求或成绩显著者。

6. 领导亏损部门扭亏为盈，经营管理有方者。

7. 有其他突出贡献，董事会或总经理认为应给予晋级嘉奖者。

8. 对成绩特别突出或贡献特别重大者，同时具备领导才能者，可给予晋级加薪。

第八条　授予荣誉称号：对公司有突出贡献者，可授予荣誉称号。

第四章　惩罚部分

第九条　有下列事项之一者，予以"记警告一次"：

1. 工作时间，擅自在公司推销非本公司产品者。

2. 上班时间，打瞌睡，擅离岗位，怠慢工作者。

3. 因个人过失致发生错误，情节轻微者。

4. 妨害现场工作或团体秩序或违反有关安全卫生规定，情节轻微者。

5. 不服从管理人员合理的工作安排，脱岗、串岗或消极怠工者。

6. 不按规定穿着或佩带上班者。

7. 不能适时完成重大或特殊交办任务者。

8. 对上级指示或有期限的命令，无故未能如期完成者。

9. 在工作场所喧哗、吵闹，妨碍他人工作而不听劝告者。

10. 对同事恶意辱骂或诬陷、制造伪证及制造事端者。

11. 工作中酗酒以致影响自己和他人工作者。

12. 因疏忽导致机器设备、物品材料遭受损失或伤及他人，情节较轻者。

13. 未经许可携带外人到生产和办公场所参观者。

14. 在工作时间聊天、嬉戏、玩手机或从事其他与工作无关事务者。

15. 在工作场所吃零食者。

16. 浪费公物 500 元以内者。

17. 身为检查或监督人员却未认真履行职责者。

18. 无正当理由不配合加班者。

19. 不按厂规携带物品出入厂区而拒绝保安查询者。

20. 无正当理由迟到或不参加开会者。

21. 擅自移动，动用消防器材设施或改做他用者。

22. 工作场所高声说笑，口吐污语者。

23. 未随手关闭水龙头或电源开关者。

24. 未参加指定培训者。

25. 乱扔果皮、杂物或随地倒水者。

26. 其他过失或违章行为，情节轻微者。

27. 公司另文规定其他应予以警告的行为。

第十条 有下列事项之一者，予以"记小过一次"：

1. 擅离职守，致公司遭受较大损失者。

2. 损毁公司财物，造成较大损失者。

3. 怠慢工作擅自变更作业方法，使公司蒙受较大损失者。

4. 一个月内受到批评超过三次者。

5. 一个月内旷工累计达两日者。

6. 仪器、设备、车辆等安全性要求较高的工具，未经使用人同意或违反使用制度，擅自操作者。

7. 道德行为不合社会规范，影响公司声誉者。

8. 对上级有期限的指示或命令，未申报正当理由而未如期完成或处理不当者。

9. 因个人疏忽而导致机器设备或物品材料受损害或伤及他人者。

10. 在工作场所喧哗、嬉戏、吵闹，妨碍他人工作者。

11. 未经许可擅带外人入厂参观者。

12. 代人或委托他人打卡者。

13. 携带危险物品（枪械、弹药、易燃易爆物品或器具等）入厂者。

14. 投机取巧或隐瞒蒙蔽以谋取非分利益者。

15. 公司组织的集体活动无故不参加或不听从指挥故意破坏者。

16. 在工作时间内睡觉者。

17. 浪费公物 500～1 000 元者（工程设计人员按《工程部绩效考核制度执行》）。

18. 不服从上级主管安排情节较严重者。

19. 违反公司门禁（人员、物品、车辆出入）管理制度，不服从保安人员劝阻者。

20. 工作时间语言粗俗，甚至辱骂同仁者。

21. 违反招聘程序，私自介绍或安排应聘者到本人管理部门任职者。

22. 其他犯有足以记过处分的过失或违章行为者。

第十一条　有下列事项之一者，予以"记大过一次"：

1. 擅离职守，致生变故，使公司蒙受重大损失者。

2. 泄露公司秘密者。

3. 浪费公物 1 000 元以上者。

4. 不服从上级主管安排情节严重者。

5. 携带违禁品入厂不听制止者。

6. 遗失公司重要文件、工具或其他物品者。

7. 撕毁、损坏公司文件、通告者。

8. 擅自改变工作方法致使公司蒙受重大损失者。

9. 拒绝听从主管人员合理监督指挥，经劝导仍不听从者。

10. 违反安全管理规定致使公司蒙受重大损失者。

11. 造谣生事，散播谣言，对公司有重大不利者。

12. 未经核准，撕毁公文或公共文件者。

13. 擅自改动电线、开关、插头或违规使用电器者。

14. 将厂证借给厂外人员混入厂区者，第一次记大过处分，再犯开除。

15. 丢弃报废之零件、半成者、成品者（严重者开除）。

16. 其他犯有严重过失或有违章行为者。

第十二条　有下列事项之一者，按照公司规定考虑减薪或降级：

1. 未经许可，兼营与本公司同类业务或在其他兼职者，或在外兼营事务，影响本公司公务者。

2. 一年中记过三次者。

3. 散播不利于公司的谣言或挑拨公司与员工的感情，实际影响较轻者。

4. 在工作场所制造私人物件或指使他人制造私人物件者。

5. 因为企业机构调整而需要精简工作人员。

6. 因为不能胜任本职工作，调任其他工作又没有空缺者。

7. 应员工要求，如身体健康状况不好而不能承担繁重工作。

8. 依照其他考核与奖惩规定，对员工进行降职。

第十三条　有下列事项之一者，予以辞退（造成公司损失者必追究其法律责任）：

1. 对于公司负责人、各级主管或其他员工及家属进行暴力威胁、恐吓、殴打、要挟、侮辱，影响团体秩序者。

2. 殴打同仁，或相互斗殴、情节严重、影响恶劣者（打不还手者除外）。

3. 在公司内涉及赌博者。

4. 私自藏匿、蓄意破坏、偷窃公物及他人财物，经查属实者（移送司法机关处理）。

5. 无故损毁公司财物，或毁、涂改公司重要文件，致公司蒙受重大损失者。

6. 在公司服务期间，受刑事处分者。

7. 年度内累计记大过达三次或一年中已降级三次者。

8. 连续旷工 3 天以上（含 3 天）者或月内累计旷工 4 天以上（含 4 天）、年内累计旷工 5 天以上（含 5 天）者。

9. 参与、组织、煽动员工怠工、罢工者。

10. 吸食毒品或有其他严重不良嗜好者。

11. 伪造或盗用公司领导签名或印章者。

12. 故意泄露公司技术、营业上的机密，致使公司蒙受重大损失者。

13. 营私舞弊，挪用公款，收受贿赂者。

14. 利用公司名义在外招摇撞骗，使公司名誉受损害者。

15. 参加非法组织者。

16. 有不良行为，道德败坏，严重影响公司声誉或在公司内造成严重不良影响者。

17. 其他违反法令、规则或规定情节严重者。

18. 无正当理由，拒不接受正常工作调配（岗位异动）者。

19. 利用职权接受厂商宴请、送礼、回扣、佣金，或与厂商勾结虚报请款而损害本公司利益，情节重大者。

20. 虚报工作经历、学历、姓名、出生年月经查属实者。

21. 平时工作不认真负责、考绩不佳，经主管多次指导仍不能够胜任工作者（须有具体事实）。

22. 不遵守公司规章制度，不接受上级督导与指导而造成严重后果者（有具体事实）。

23. 散播不利于公司的谣言或挑拨劳资双方关系者。

24. 玩忽职守、工作懈怠，使公司蒙受重大损失，情节严重者。

25. 借用他人身份证、毕业证或其他必备证件入厂或采用涂改、剪接、伪造必备证件入厂者。

26. 利用公司资源制造私人物品或将公司资源挪作己用，情节严重者。

27. 在禁烟区域内吸烟、玩火者。

28. 其他情节严重的违法违纪行为者。

第五章　奖惩审批作业流程

第十四条　员工因有功或违纪遇奖惩时，由员工所在部门提报人依据具体事项和本条例填写"奖惩审批表"，提出处理意见，经部门主管/经理审批，然后交由人力资源部进行调查和会签，必要时报公司领导层决议后生效，奖惩事宜记入员工档案，并予公告。

第十五条　实施奖惩作业前，直属主管须对员工进行面谈，并由员工在"奖惩审批表"上签名认可。

第十六条　"奖惩审批表"经签核后，由人力资源部统一公布，并归档管理，记入个人考核记录。

第十七条　所有奖惩记录由人力资源部统一提报，奖金和罚款金额在当月工资中实施体现。

6.8　绩效考核制度

绩效考核制度

第一章　总则

第一条　目的

1. 通过绩效考核，传递组织目标和压力，引导职员提高工作绩效，达到培养职员、提高职员的工作能力、纠正职员偏差、使之更好地为公司服务，达到公司与个人之间的双赢。

2. 加强公司的计划性，改善组织的管理过程，促进管理的科学化、规范化。

3. 客观、公正地评价职员的绩效和贡献，为薪资调整、绩效薪资发放、职务晋升等人事决策提供依据。

4. 反馈职员的绩效表现，加强过程管理，强化各级管理者的管理责任，促进其指导、帮助、约束与激励下属。

5. 月绩效考核的主要目的在于通过对一个月内工作计划安排和任务完成情况进行考核，全面评价职员的工作业绩，为职员绩效工资提供必要的依据，也为人力资源部对职员的晋升、降职、解聘和岗位调整以及年终考核做准备。

第二条　理念

1. 以目标计划为基础，以业绩计量标准／指标对绩效进行考核，强调绩效的达成。

2. 以绩效的提高为目标。

3. 强调绩效管理过程，而不是简单的结果评判。

第三条　考核原则

1. 一致性：在一段连续时间内，考核的内容和标准不能有较大的变化，至少应保持在一年内考核的方法具有一致性。

2. 客观性：要客观地反映职员的实际工作情况，避免由于光环效应、亲近、偏见等带来误差。

3. 公平性：对同一职类职员使用相同的考核标准。

4. 公开性：考核结果应由职员签名，有意见可表述、申述，无签名，考核结果同样有效。

5. 保密性：主管及被考核者不能将考核结果泄露给他人。

第四条 适用范围：本制度适用于集团公司的所有正式和试用职员。

第二章 考核规程

第五条 考核要素

1. 年度经营目标计划及月度工作关键业绩指标达成卡。

2. 公司各项规章制度。

3. 总经办、人力资源部提供的职员着装仪表标准、办公秩序管理考核标准、环境卫生管理考核标准、行政违纪记录和岗位违纪记录。

4. 被考核者的上级主管人员提供的月度工作关键业绩指标工作记录。

5. 工作说明书。

6. 其他依据。

第六条 考核责任

1. 原则上实行多级考评体制。

2. 主管和职员共同承担考核责任。职员的直接上级为一级考核者，直接上级对考评结果的公正性、客观性负责；直接主管的上级主管为二级考核者，主管行政副总对考核结果负有监督、指导责任，按月度工作关键业绩指标作好工作记录，确保两级考核者之间考核结果的一致性。若二级考核者修改了一级考核者的考核结果，应向一级考核者反馈或责成一级考核者重新考核。

3. 在具体管理过程中，部门主管副总和行政主管副总都有考核的责任，两个主管应分别根据自己的责任对下属进行考评，部门主管对被考核者的业务工作进行评价，行政副总在部门主管副总评价的基础上进行综合评价。

4. 依据公司职员工作性质的不同，可划分类三大类，对这三类职工要分别采取不同的考评方式。如下表所示：

考评方式

类型	适用范围	考核特征	考核周期
A 类	高层管理人员	副总经理、总监、董事基于策略目标实现	一年或半年或按月进长
B 类	中、基层管理人员	基于关键业绩指标、部门主管的落实及计划完成情况的考核	一年或半年或按月进长
C 类	一般职员	是否完成关键业绩	月度考核

第七条 考核责权

1. 人力资源部

（1）负责制定及定期修订绩效考核方案并报总经理批准。

（2）负责组织绩效考核工作。

（3）负责培训并参与考核各级管理人员。

（4）负责监督及控制考核工作的全过程。

（5）考评分的汇总和考核资料的归档。

（6）考核结果与薪资挂钩

2. 一级考核者（直接上级）和二级考核者（主管副总）

（1）了解考核的程序及方法。

（2）确保考核的公平、公正。

（3）对管理范围内的直接下级进行考核。

（4）考核后对被考核者进行详细的工作指导和辅导。

3. 由人力资源部副主管严格审核考核表及工作计划（关键业绩指标）的真实性，确保考 核结果的公平、公正。

（1）严肃处理违背考核宗旨，以权谋私的个人。

（2）负责考核工作的整体性和及时性，并有计划按公司战略规划和年度工作目标、年度经营目标推行新的考核体系。

4. 总经理

（1）考核结果的批准执行。

（2）考核工作的柔性调控和协调。

第八条　考核权限：考核采取由上至下的考核方式，每位职员由一级考核者（直接上级）进行初核，二级考核者（主管副总）进行审核，报人力资源部副主管核准或逐级上报。

第九条　申诉

1. 各类考评结束后，被考核者有权了解自己的考评结果，考核者有向被考核者通知和说明考核结果的义务。

2. 被考核者如对一级考核者的考评结果存有异议，应首先通过沟通解决。解决不了时，有权向二级考评者申诉；如果被考核者对二级考核者的考评仍有异议，可以向人力资源部提出申诉，由审计促进部及党群监察部负责监督申诉结果。

3. 人力资源部经过调查和协调，在十日内，向申诉者答复最终结果。

第三章　高层管理人员

第十条　高层管理者考核适用对象：副总经理、总监、董事长助理、总会计师、总经理助理。

第十一条　考核周期：对高层管理者的考核周期，原则上半年进行一次或按月进度。

第十二条　考核内容

1. 由于对高层管理者的考核实际上是对各系统经营与管理状况进行的全面系统的检

讨，因此，对于高层管理者的考评采取述职的形式。考核内容分为经营目标完成情况和管理改进情况两项内容。

2. 经营目标完成情况的考核重点集中在基于策略重点落实而制定的关键业绩指标的完成情况。

3. 管理改进的评价要素为：

（1）计划管理。

（2）文化建设。

（3）流程建设和周边协调。

（4）人力培养与人员调配管理。

（5）绩效改善。

（6）职业素养与工作态度。

第十三条 考核程序

1. 每考核期末，高层管理人员需依据公司的经营策略和经营计划，结合考核要素向公司提出下一考核期本系统、本部门的策略重点、策略执行方式、关键业绩指标和指标值（或指标达成状况描述）以及管理改进计划。

2. 高层管理者同直接上级沟通，就以上内容进行讨论、主议和审定。

3. 被考核者与直接主管对此达成共识后，由被考核者将确认的内容填入"高层管理人员关键业绩指标达成卡"计划栏内。

4. 在考核周期内，如被考核者发现业务进展的内外环境发生重大变化，可以申请对原定的工作目标进行阶段性调整，经直接主管同意后，记入达成卡中"目标修订"栏。

5. 考核期末，被考核者将工作目标完成情况记入"高层管理人员关键业绩指标达成卡"中的"计划完成情况总结"栏。同时，被考核者需将其他属本人应当填写的部分填写完毕。

6. 被考核者进行关键业绩指标计划陈述，由被考核者本人对关键业绩指标计划绩效完成情况进行说明，可以以相关人员参加小组会议方式进行。由考核者根据目标达成情况和述职情况对被考核者做出评价、核计得分，并确定等级。

7. 由被考核者和考核者共同确认考核结果。如果被考核者不同意考核结果，可以按制度中相关规定向相关部门、人员申述。

第四章　中、基层管理者考核

第十四条 考核对象：主要包括各部门部长、副部长、部长助理、部门主管。

第十五条 评价周期：考核同期原则上规定按季度考核，个别业务部门在前期可以按月度进行考核，或逐步过渡到按季度进行考核。

第十六条 月度记录

1. 公司各部门应结合部门实际情况，制定本部门月度"关键业绩指标达成卡"的指标内容和记录表格。直接主管每月对下属进行一次考核记录，对下属的关键业绩指标工作情况进行分析与总结，及时指出下属工作中的问题，帮助下属改进工作。记录职员绩效完成情况及现实表现情况。

2. 公司中、基层管理人员的考核以部门月度"关键业绩指标达成卡"为准，部门考核分值即为中、基层管理人员考核分值。

第十七条　考核内容：对中、基层管理者的考核主要是基于关键业绩指标落实和计划完成情况；业绩改善情况素质评价。

第十八条　绩效管理过程

1. 绩效计划。考核期初，被考核人和上级主管在总结上期绩效的前提下，结合当期的工作重点，以关键业绩指标体系为指引，经充分沟通，共同确定和确认本期的工作计划与目标。每个目标或标准应遵循 SMART 原则。即具体、可衡量、可达到、以结果为导向以及时间性。

2. 绩效辅导。计划的实施过程是考核者与被考核者共同实现目标的过程，上一级主管有责任辅导与帮助下属改进工作方法，提高工作技能；下属有责任向上一级汇报工作进展情况，并就工作问题求助于主管。

3. 在此基础上，确认下期工作计划与目标。由被考核者和考核者共同确认考核结果。被考评者如对考核者的考核评价结果有异议、经沟通未取得共识时，可向二次考核者申述，如果对二次考核者的结果仍有异议，可按本制度规定向人力资源部提出考核申诉。

第五章　一般职员考核

第十九条　适用对象：主办、主管、高级秘书、文员、司机、接待、警卫、仓管员等。

第二十条　评价周期：对一般职员的考核主要是每月考核，但每天都应有相应的评定记录。

第二十一条　考核内容：对一般职员的考核主要是基于日清日洁思想的每日评价。主要考核内容包括：工作强度、工作质量、工作任务、团队协作、工作难度等。

第六章　关键业绩指标达成卡及工作考核评估表

第二十二条　考核工作流程如下表所示：

考核工作流程

序号	日期	流程说明
1	25 日	每月各级主管将关键业绩指标达成卡发至部署
2	29 日	持卡人将下月工作计划预定达成目标填入此卡
3	30 日	持卡人将卡交直属主管初审

（续表）

序号	日期	流程说明
4	3 日	主管初审后将当月卡交还持卡人保管，并根据初审建议及目标在本月工作中对照实施
5	30 日	持卡人对当月实际完成工作等填入卡中交直属主管审核
6	1~3 日	各级主管根据持卡人完成工作情况并参照考核评估表评定考绩分数
7	次月 4 日	各级主管将关键业绩指标达成卡和考核评估表一起交人力资源部负责人复核
8	6 日	人力资源部负责人复核后将关键业绩指标达成卡、考核评估表汇总交于行政副总逐级上报核定

第二十三条 考核审核程序如下表所示：

考核审核程序

职务	部门主管	主管部副总	行政主管副总	总经理
一般职员	初核	核定	复核	
中、基层管理人员		核定	复核	
高层管理人员			初核	核定

第七章 考核结果及运用

第二十四条 考核等级：考核等级主要是对职员绩效进行综合评价的结论，考核等级按分数划分标准如下表所示：

考核等级

考核等级	A	B	C	D
分数	95 以上	94~85	84~70	69 以下

第二十五条 考核比例的控制：本制度在原则上规定的考核等级分布比例如下表所示：

考核等级分布比例

考核等级	A	B	C	D
控制比便	15%	35%	45%	5%

第二十六条 考核结果的运用：考核结果将作为工资、奖金、职务晋升（降）、任职资格等级调整的重要依据。具体挂钩办法另行制定，现薪资按考核分数百分比发放。

6.9 定薪、转正、异动管理制度

定薪、转正、异动管理制度

第一章 总则

第一条 目的

为使人力资源管理工作流程化、规范化、标准化和制度化，提升员工素质和能力，充分调动员工的主动性和积极性，并在公司内部营造公平、公正、公开的竞争机制，建立健全正常的员工定薪、试用考核、异动和提薪管理秩序，明确各项工作的要求和注意事项，特制定本规定。

第二条 适用范围

适用于公司所有员工的定薪、试用考核、异动和提薪管理工作。

第三条 权责

1. 人力资源部主管员工定薪、试用考核、异动和提薪管理工作及相关制度的制定。

2. 其他部门负责员工的试用考核、异动和提薪的提出。

3. 副总和总经理负责员工定薪、试用考核、异动和提薪的审核与核准。

第二章 定薪

第四条 调薪级别确定

1. 新招聘的人员试用期间的薪资级别为该岗位正式薪资下调 1～5 级别。

2. 试用期满并经考核合格以后，按正式员工计算薪资。

3. 对于较优秀或特别稀缺的人才，可根据市场价格给予破格定级，但必须经总经理批准。

4. 若应聘者提出的薪资要求比下调 5 级后的岗位正式薪资级别低，则按应聘者提出的薪资要求，若应聘者提出的薪资要求在上下两个级别之间，由人力资源部事先对其解释理由，再将其归入某一具体级别内。

第五条 新进员工入职薪资确定的岗位权限（薪资调整亦同）如下表所示：

新进员工入职薪资确定的岗位权限

新进员工所属岗位	提交试用	申请	审核	批准
A 类以上	试用岗位直属上司	人力资源经理	副总经理	总经理
A 类～E 类	试用岗位直属上司	人力资源主管	人力资源经理	副总经理
F 类～G 类	试用岗位直属上司	部门经理	人力资源主管	人力资源经理

第六条 内部员工定薪：根据员工的个人表现，按照岗位标准工资可上下浮动 5 个薪级，确定现有人员的薪资等级。

第七条 例外处理

1. 在岗位工资级别对照表未明确规定相应等级的岗位,根据其工作性质参照同类别、同级别岗位处理。

2. 特殊人员的岗位等级可由董事会特别确定,或将高于正常薪资等级标准的部分以特殊津贴形式发放。

第八条 其他

1. 新进人员除参照"薪资表"发放薪资外,如具经验者,另加经验薪,但必须缴验证件。

2. 新进人员所任职务与学历无关者应参照无关科系(薪金表所定)核薪。

3. 具有专技的艺工,如车、钳模具工业,原则上按薪金表核薪,但需参照各行业实际工资行市,协调人力资源部核给。

4. 新进人员未具专技资格,虽在专技单位工作,应按照一般操作人员核薪。

第三章　试用考核(转正)

第九条 新员工的职业道德、文化素质、职业潜力由人力资源部考核,新员工的业务技能、业务素质由入职部门考核。部门经理以上人员的业务技能、业务素质由副总级(含)以上人员考核。

第十条 考核原则

1. 重能力、重潜力,业绩为辅助。

2. 一线作业员依据"转正考核表"考核,非一线作业员依据"试用期跟踪考核表"考核,但标准可以放宽。

3. 考核标准尽可能量化。

4. 新进人员考核期限规定:

(1)一线作业员一般为 1 个月,不合格者再延长 1～3 个月,特殊情况下也可缩短,但至少应有 1 个月。

(2)非一线作业员一般为 1～3 个月,不合格者再延长 1 个月,特殊情况下也可缩短,但至少应有 1 个月。

(3)每月 10 日之前(含当日)进厂人员以当月开始计算试用期,超过 10 日进厂人员以下月开始计算,公司可根据实际情况及员工个人能力与绩效表现,适当缩短或延长试用期;试用期最短不少于 1 个月,最长不超过 6 个月。

第十一条 考核流程及处理

1. 新员工入职后由人力资源部进行培训、考核,考核结果记录在案。

2. 转入试用部门,部门或总经理随时将考核结果以书面形式(有事实、有依据,并有本人确认)交人力资源部。

3. 新员工试用期满前十天,由试用部门将"转正考核表"或"试用期跟踪考核表"上交人力资源部,经人力资源部经理会签,呈公司领导审批后原件存入档案,合格者复印件交总经办，并将考核结果告知试用部门，由试用部门告知被考核人；一线作业员还须由人力资源部组织理论笔试考核，未满 70 分者不予以转正。

4. 试用期间，员工若有严重违规行为或能力明显不足，试用部门填写"辞退单"，陈述事实和理由经公司领导审批后辞退。

第十二条　考核合格的予以转正，转正后薪资依下表所示标准作调整：

转正后薪资

序号	类别	底薪	岗位工资	绩效奖	保密费	通讯费	加班费
1	普工类（学徒）	不调	无	无	略	无	有
2	技工类	不调	略	有	略	无	有
3	职员类（非主管级）	不调	略	有	略	视工作性质定	有
4	职员类（主管级）	不调	略	无	略	略	有

第十三条　标准工资原则上不予调整，特殊情况可酌情处理。

第十四条　审批权限

1. 部门经理、课长、主管及总经理助理级别的由人力资源部审核，副总和总经理批准。

2. 部门经理助理、公司职员、组长及员工类由部门主管与部门经理审核，由人力资源部批准。

第四章　调动管理

第十五条　为了配合企业的经营需要，随时调整企业结构，调动企业内部的员工。调动是组织内平行的人事异动，即没有提高职位没有扩大调动人员的权利和责任也不增加薪金。

第十六条　人员调动的原则：人员调动必须符合人事管理的基本原则：

1. 符合企业的经营方针。

2. 符合相关的人事政策。

3. 提高员工任职能力，做到适才适用。

4. 人员调任时，应以相同职级及相关职务间调任为原则。

第十七条　人员调动的实施，依据以上原则，凡属下列情况之一的应对员工实施职位调动：

1. 配合企业的经营任务。

2. 调整企业结构促成企业员工队伍的合理化。

3. 适合员工本人的能力。

4. 缓和人员冲突维持组织正常秩序。

第十八条　调任程序

1. 各单位主管依其管辖内员工之个性、学识和能力，达到人与事相互配合力求人尽其人，可填具"异动单"呈核派调。

2. 奉调员工接到调任通知后，单位主管人员应于 10 日内，其他人员应于 7 日内办妥移交手续就任新职。奉调员工由于所管事务特别繁杂，无法如期办妥移交手续时，可酌情予以延长，最长以 15 日为限。

3. 奉调员工可比照差旅费支给办法报支差旅费。其随往的直系眷属凭乘车证明实支交通费，但以 5 个人为限。搬运家具之运费，可检附单据及单位主管证明报支。

4. 奉调员工离开原职时，应办妥移交手续才能赴新职单位报到，不能按时办理完移交手续者应呈准延期办理移交手续，否则，以移交不清论处。

5. 调任员工在新任者未到职前，其所遗留的职务可由其直属主管暂时代理。

第五章　晋升管理

第十九条　晋升原则

1. 能调动大部分员工的积极性，对被提升的人，大部分员工都认可。

2. 员工的晋升及调任，应以各部门编制职称及人数为基准，遇有缺额时才办理。

3. 各部门编制职称及人数，每半年至少应修订一次，并于每年 6 月、12 月前提报人力资源部，转呈总经理核定。

4. 各部门的职称及人数编制以部门为单位，若其总人数未达到编制人数时，可以以较低职称人员占用较高职称的编制。

5. 晋升各级主管，以先晋升副主管再晋升正主管为原则，任职副主管应至少满 6 个月以上，并经考核适任，始得晋升为正主管。

6. 本原则适合公司所有员工。

A. 员工→实习组长→组长→助理→主管→副经理→经理。

B. 员工→文员→高级文员→助理（专员）→实习主管→主管→副经理→经理→总经理。

C. 销售专员→培训专员→业务主管（销售主管）→业务经理（销售经理）。

第二十条　晋升条件

1. 品行良好，工作表现突出者；未违反公司任何纪律，忠于公司，在公司效力 3 个月以上且表现良好者；积极做好本职工作，成绩突出受到公司表彰者；身体健康者；达到以下一条或多条条件者，可给予晋升。

（1）业务有突出专长，个人成绩突出者。

（2）连续数次对公司发展提出重大建议为公司采纳，并产生重大经济效益者。

（3）非本人责任而为公司挽回重大经济损失者。

（4）领导有方，所领导的单位连续几年创利达到公司要求或成绩显著者。

（5）领导亏损单位扭亏为盈，经营管理有方者。

（6）有其他突出贡献，董事会或总经理认为该给予晋级嘉奖者。

（7）对成绩特别突出或贡献特别重大者，同时具备领导才能者，可给予晋升薪级。

2. 有下列情况者，则不予以晋升：

（1）停职者（停薪留职者）。

（2）该年度缺勤天数达 45 天以上者。

（3）晋升发布日前离职者。

（4）该年度受惩戒处分者。

（5）在年度内曾受累计记大过一次处分而未撤销者，次年内不得晋升职等。

（6）其他经人事部评定认为不具备晋升资格者。

（7）品行恶劣，对公司造成损失者；

（8）上季度曾记过或考绩在 60 分以下者；

（9）拖欠账款不清者；

（10）参加非法组织者；

（11）吸食毒品者；

（12）经医院体检，本公司认为身体不合格者。

第二十一条　晋升程序

1. 人力资源部会同各部门进行晋升前筛选准备工作：确定需晋升的岗位、人数、要求（包括性别、年龄、学历和工作经验等）；拟定日程安排；编制笔试问卷和审核纲要；成立审核小组；需要准备的其他事项。

2. 人力资源部会同各部门通过员工推荐、本人自荐或单位提名等形式筛选出表现比较突出的人员，列出合适人选名单，收集相关材料。

3. 人力资源部会同各部门对合适人选进行综合能力分析，具体包括品行分析、业务能力分析、主管能力考核、综合能力考核。

4. 人力资源部汇集、整理材料，会同晋升用人部门根据要求进行初次筛选，向合适人选发出考核通知。

5. 人力资源部组织合适人选参加第一次考核，员工须填写"甄选人员基本情况登记表"。人力资源部对被考核者填写的"甄选人员基本情况登记表"进行整理、分析，组织被考核者个别面谈，进行评审。

6. 人力资源部会同用人单位根据第一次考核结果进行第二次筛选，向中选人员发第二次考核通知。

7. 人力资源部组织应聘者参加第二次考核，主要进行文化试题笔试（需另拟定）。

8. 人力资源部会同用人部门根据第二次考核结果进行第三次筛选，向中选人员发第三次考核通知。

9. 人力资源部会同用人部门组织员工参加第三次考核，组织被考核者个别面谈，进行评审。

10. 人力资源部会同用人部门根据评审结果确定待晋升人员名单，然后对待晋升人员进行岗前工作技能和管理能力培训。

（1）人力资源部会同用人部门拟定"在职技能培训计划申请表"。

（2）待晋升人员培训完毕后须填写"培训成效调查表"。

（3）人力资源部对晋升人员进行受训评估。

11. 人力资源部会同用人部门对待晋升人员进行综合评估，确定晋升人员名单，上报总经理审批，审核后向中选人员发出晋升通知，向落选人员发出鼓励通知。

12. 经核定晋升人员应于接获晋升通知后一周内填写"晋升人员工作计划表"呈部、厂主管核阅。

13. 晋升试任期满，主管应依"晋升人员工作计划表"实际执行情形核批阅后送人力资源部转呈总经理核定。

第二十二条　晋升监控

1. 人力资源部会同用人部门须对晋升后人员进行为期三个月的后期跟踪考核，每月月底考核一次。

2. 每次都需进行以下几项的考核。

（1）品行分析。

（2）业务能力分析。

（3）主管能力考核。

（4）综合能力考核。

（5）晋升等级。

第六章　降职管理

第二十三条　降职的含义：降职即从较高的职位降到较低的职位，意味着削减或降低被降职人员的地位、权利、机会和薪金。因此，降职实际上是一种惩处性质的管理行为。

第二十四条　降职的原因。在以下情形下可对员工进行降职处理。

（1）因为企业机构调整而精简工作人员。

（2）因为不能胜任本职工作，调任其他工作又没有空缺。

（4）依照考核与奖惩规定，对员工进行降职。

第二十五条　降职的程序。降职程序一般是由用人部门提出申请，报送人力资源部门；人力资源部门根据企业政策，对各部门主管提出的降职申请事宜予以调整，然后呈请主管人力资源的上级核定。凡已经核定的降职人员，人力资源部门应发布人事变动通告，并以书面形式通知被降职者本人。公司内各级员工收到降职通知后，应于指定日期内办理好移交手续，履任新职，不得借故推诿或拒绝交接。

第二十六条　降职的审核权限。依据企业人力资源管理规则，审核权限一般按以下核定。

（1）高层管理人员的降职由企业最高管理者裁决，人力资源部备案。

（2）各部门主管人员的降职由人力资源部提出申请，报总经理核定。

（3）各部门一般管理人员的降职由用人部门或人力资源部提出申请，报总经理核定。

（4）一般员工的降职由用人部门提出申请，报人力资源部核准。

第二十七条　降职的薪金处理。降职时，其薪金由降职之日起重新核定。凡因兼代职务而加发的职务津贴，在免除兼代职务后，其薪金按新的职务标准发放。

第二十八条　附则：如果被降职的人员对降职处理不满，可向人力资源部提出申请；未经核准前不得出现离开现职或怠工现象。

第七章　异动后试用期管理

第二十九条　对于行政职务晋升，从公司正式任命之日起的 3 个月，为员工行政职务晋升后的试用期。公司根据实际情况及员工个人能力与绩效表现，可适当缩短或延长见习期，但最短不能少于 1 个月、最长不超过 3 个月。

第三十条　同一职系内的行政职务变动，原则上不需要试用期，但职级变动较大的，公司视情况决定是否约定试用期。

第三十一条　异动试用期转正流程：

1. 员工异动试用期届满前 2 周（符合提前转正条件的，由用人部门与人力资源部预先沟通，达成共识后安排员工提前办理手续），由人力资源部向员工发放"转正考核表"。

2. 用人部门按表完成评估（2 个工作日）；

3. 由直属上司、职能上司或上级主管出具评估意见（3 个工作日）；

4. 用人部门将考核表（职员类还需附工作报告）按期交回人力资源部，双方就评估结果进行沟通，达成共识，并于员工异动试用期届满前作出决定（2 个工作日）；

5. 人力资源部根据决定，在 2 个工作日内作以下处理：

（1）予以提前转正。

（2）予以按期转正。

（3）予以调换工作职位。

（4）予以延长试用期。

（5）予以解聘。

第三十二条　异动试用期满转正后薪资调整标准

1. 职员类依公司综合工资计算表调整。

2. 一线作业员的薪资调整标准如下表所示：

一线作业员的薪资调整标准

职称	级别	晋级手续	时限	底薪	类别	岗位工资	绩效奖	绩效工资	保密费	加班费	备注
普工	学徒	新员工	1～3个月	1100	G类	无	无	无	200	有	1100+加班费
普工	学徒	转正考核表	1个月	不调	G类	无	无	无	200	有	说明试用合格
初级技工	技工	异动单	1～3个月	不调	F类	300	有	无	100	有	绩效奖2元/小时
中级技工	C级	异动单和调薪单	3～6个月	不调	E10类	400	有	有	200	有	绩效奖2元/小时
中级技工	B级	异动单和调薪单	6～12个月	不调	E70类	550	有	有	200	有	绩效奖2元/小时
中级技工	B+级	异动单和调薪单	12～24个月	不调	E4类	700	有	有	200	有	绩效奖2元/小时
高级技工	A级	异动单和调薪单	24个月以上	不调	E1类	850	有	有	200	有	绩效奖2元/小时
高级技工	A+级	异动单和调薪单	36个月以上	不调	D9类	950	有	有	200	有	绩效奖2元/小时

3. 以技工招入的新员工对应相应技能资格晋级调薪（可用"转正单"代替"调薪单"）。

6.10 薪酬管理制度

薪酬管理制度

第一章 总则

第一条 目的

为适应企业发展要求，充分发挥薪酬的激励作用，进一步拓展员工职业上升通道，建立一套相对密闭、循环、科学、合理的薪酬体系，根据集团公司现状，特制定本规定。

第二条　制定原则：本着公平、竞争、激励、经济、合法的原则制定。

1. 公平：是指相同岗位的不同员工享受同等级的薪酬待遇；同时根据员工绩效、服务年限、工作态度等方面的表现不同，对职级薪级进行动态调整，可上可下同时享受或承担工资差异；

2. 竞争：使公司的薪酬体系在同行业和同区域有一定竞争优势。

3. 激励：是指制定具有上升和下降的动态管理，对相同职级的薪酬实行区域管理，充分调动员工的工作积极性和责任心。

4. 经济：在考虑集团公司承受能力大小、利润和合理积累的情况下，合理制定薪酬，使员工与企业能够利益共享。

5. 合法：方案建立在遵守国家相关政策、法律法规和集团公司管理制度的基础上。

第三条　制定依据

本规定制定的依据是内、外部劳动力市场状况、地区及行业差异、员工岗位价值（对企业的影响、解决问题、责任范围、监督、知识经验、沟通、环境风险等要素）及员工职业发展生涯等因素。

第二章　管理机构

第四条　薪酬管理委员会

1. 主任：总经理。

2. 成员：分管副总经理、财务总监、人力资源部经理、财务部经理。

第五条　薪酬委员会职责

1. 审查人力资源部提出的薪酬调整策略及其他各种货币形式的激励手段（如年终奖、专项奖等）。

2. 审查个别薪酬调整及整体薪酬调整方案和建议，并行使审定权。

第六条　本规定所指薪酬管理的最高机构为薪酬管理委员会，日常薪酬管理由人力资源部负责。

第三章　岗位职级划分

第七条　集团所有岗位分为六个层级分别为：一层级（A）：集团总经理；二层级（B）：高管级；三层级（C）：经理级；四层级（D）：副理级；五层级（E）：主管级；六层级（F）：专员级。

第八条　具体岗位与职级对应见下表：

具体岗位与职级对应

序号	职级	对应岗位
1	A	集团总经理
2	B	各分管副总、总监

（续表）

序号	职级	对应岗位
3	C	集团总经理助理、各部门经理、分公司总经理
4	D	集团各部门副经理、分公司副总经理
5	E	集团及各子公司承担部门内某一模块的经理助理、主管、专员
6	F	集团及各子公司承担某一具体工作事项的执行者

第九条　A、B、C 岗位层级分为八个级差（A1、A2、……A8），D、E 岗位层级分为六个级差。具体薪级标准见"职级薪级表"（略）。

第四章　薪酬组成

第十条　本公司的薪酬组成为：基本工资＋岗位津贴＋绩效奖金＋加班工资＋各类补贴＋个人相关扣款＋业务提成＋奖金，薪酬组成如下表所示：

薪酬组成

序号	组成项目	说明
1	基本工资	是薪酬的基本组成部分，根据相应的职级和职位予以核定。正常出勤即可享受，无出勤不享受
2	岗位津贴	是指对主管以上行使管理职能的岗位或基层岗位专业技能突出的员工的津贴
3	绩效奖金	是指员工完成岗位职责及工作，公司对该岗位所达成的业绩而予以支付的薪酬部分。其结算及支付方式详见《公司绩效考核管理规定》
4	加班工资	是指员工在双休日、国家法定假日及 8 小时以外为了完成额外的工作任务而支付的工资部分。公司 D 职级（包含 D 级）以上岗位及实行提成制的相关岗位实行不定时工作制，工作时间以完成固定的工作职责与任务为准，所以不享受加班工资
5	各类补贴	（1）特殊津贴：是指集团对高级管理岗位人员基于他的特长或特殊贡献而协议确定的薪酬部分 （2）其他补贴：其他补贴包括手机补贴、出差补贴等
6	个人相关扣款	包括各种福利的个人必须承担的部分款项、个人所得税及因违反公司相关规章制度而被处的罚款
7	业务提成	公司相关业务人员享受业务提成，按公司业务提成管理规定执行
8	奖金	是公司为了完成专项工作或对做出突出贡献的员工的一种奖励，包括专项奖、突出贡献奖等

第五章　试用期薪酬

第十一条　试用期间的工资为"基本工资＋岗位津贴"的 80%。

第十二条　试用期间被证明不符合岗位要求而终止劳动关系的或试用期间员工自己离职的，不享受试用期间的绩效奖金。

第十三条　试用期合格并转正的员工，正常享受试用期间的绩效奖金。

第六章　薪酬调整

第十四条　薪酬调整分为整体调整和个别调整。

第十五条　整体调整：指集团公司根据国家政策和物价水平等宏观因素的变化、行业及地区竞争状况、集团公司发展战略变化以及公司整体效益情况而进行的调整，包括薪酬水平调整和薪酬结构调整，调整幅度由董事会根据集团公司经营状况决定。

第十六条　个别调整：主要指薪酬级别的调整，分为定期调整与不定期调整。

1. 薪酬级别定期调整：指公司在年底根据年度绩效考核结果对员工岗位工资进行调整。

2. 薪酬级别不定期调整：指公司在年中由于员工职务变动等原因对薪酬进行调整。

第十七条　各岗位员工薪酬调整由薪酬管理委员会审批，审批通过的调整方案和各项薪酬发放方案由人力资源部执行。

第七章　薪酬的支付

第十八条　薪酬支付时间计算

1. 执行月薪制的员工，日工资标准统一按国家规定的当年月平均上班天数计算。

2. 薪酬支付时间：当月工资下月 15 日发放。遇双休日及假期时，提前至休息日前的最后一个工作日发放。

第十九条　下列各款项须直接从薪酬中扣除：

1. 员工工资个人所得税。

2. 应由员工个人缴纳的社会保险费用。

3. 与公司订有协议应从个人工资中扣除的款项。

4. 法律、法规规定的以及公司规章制度规定的应从工资中扣除的款项（如罚款）。

5. 司法、仲裁机构判决、裁定中要求代扣的款项。

第二十条　工资计算期间中途聘用或离职人员，当月工资的计算公式如下：

$$实发工资＝月工资标准 \times \frac{实际工作日数}{20.83}$$

工资计算期间未全勤的在职人员工资计算标准如下：

$$应发工资＝（基本工资＋岗位津贴）－（基本工资＋岗位津贴）\times 缺勤天数 \div 20.83$$

第二十一条　各类假别薪酬支付标准

各类假别薪酬支付标准

序号	假别	支付标准
1	产假	按国家相关规定执行
2	婚假	按正常出勤结算
3	护理假	（配偶分娩）不享受岗位技能津贴
4	丧假	按正常出勤结算
5	公假	按正常出勤结算
6	事假	员工事假期间不发放工资
7	其他假别	按国家相关规定或公司相关制度执行

第八章　社会保障及住房公积金

第二十二条　本市户籍员工依照劳动合同约定的工资为基数缴纳养老保险金、失业保险金、医疗保险金、住房公积金。

第二十三条　非本市户籍员工由本人提出申请，经公司审批后也可按本市户籍员工同等标准缴纳。

第二十四条　其他非本市户籍员工一律缴纳上海综合保险。

第九章　薪酬保密

第二十五条　人力资源部、财务部及财务部所有经手工资信息的员工及管理人员必须保守薪酬秘密。非因工作需要，不得将员工的薪酬信息透漏给任何第三方或公司以外的任何人员。薪酬信息的传递必须通过正式渠道。有关薪酬的书面材料（包括各种有关财务凭证）必须加锁管理。

第二十六条　工作人员在离开办公区域时，不得将相关保密材料堆放在桌面或容易泄露的地方。有关薪酬方面的电子文档必须加密保管，密码不得透露给他人。

第二十七条　员工需查核本人工资情况时，必须由人力资源部会同财务部门出纳人员进行核查。违反薪酬保密相关规定的一律视为严重违反公司劳动纪律并予以开除。

第7章 行政管理制度

7.1 保密管理制度

保密管理制度

第一条 目的

为增强员工的保密意识，保护公司利益和保守商业秘密，特制订以下保密制度。

第二条 适用范围

1. 适用于公司内所有人员。

2. 应用于公司各项招商营运、营销企划、物业管理、财务管理、行政管理等各类工作。

第三条 工作职责

（1）全体员工根据保密制度，自觉遵守和执行保密协议。

（2）各部门领导对本部门员工执行和遵守保密制度负有直接责任，对下属违反保密制度的行为负全责。

（3）公司副总经理、总经理对各部门领导遵守保密协议和保密制度负有直接责任，对下属违反保密制度的行为负全责。

（4）总公司副总裁、总裁对本公司遵守保密制度和执行保密协议负有间接责任。

（5）综合管理部对本公司保密协议遵守和执行负有监督和检查权，并对保密制度的执行和遵守负有连带责任。

第四条 商业秘密的定义

1. 商业秘密是指本公司不为公众所知悉，能为公司带来经济利益、具有实用性并经公司采取保密措施的技术信息、经营信息以及公司根据法律、法规或惯例应当视作商业秘密的其他信息，包括企业在活动中生成、收集、使用的，与现实和未来业务相关的经营信息、财务信息、人力资源信息、客户信息、技术信息、档案信息等。

2. 商业秘密包括但不限于：

（1）公司各类会议内容、纪要及管理文件。

（2）公司的各种合同书、业务往来文件、业务洽谈情况及投资和业务开展意向。

（3）各种合作的计划及材料、业务洽谈备忘录及有关资料。

（4）各类项目招标（议标）前的各种资料与底价。

（5）与公司关系密切的合作伙伴和客户的相关资料。

（6）公司营销策划资料。

（7）公司员工的工资、奖金及有关情况。

（8）其他属于保密范围内的事项。

第五条 商业秘密的保守：保守秘密是指员工未经授权的情况下，不可以不合理或非法手段获取、透露、使用、允许或协同他人使用商业秘密。

第六条 商业秘密的使用：确需使用商业秘密的，由申请人提出，经部门领导、副总经理、总经理、总裁审批，所有使用商业秘密的以书面批准为依据，否则视为泄密。

第七条 商业秘密的公开：商业秘密具有时效性，保密时效过后，由综合管理部根据执行管理层书面签批，予以公布和通报，通报范围为涉及相关工作部门或相应的管理层。未经公开的信息，一律为商业秘密。

第八条 实施细则

1. 全体员工在签订劳动合同时，签订保密协议，以明确责任和义务。

2. 在收购、兼并、合作等过程中，在商谈的前期阶段要与外部企业单位签订保密协议，符合上市规则要求，同时保证公司信息不被泄露，保证工作的顺利进行。

3. 处罚

（1）因过失泄密，视情节分别予以 100 ～ 5 000 元的罚款，并予以通报批评，情节严重的解除劳动合同。

（2）故意泄露机密者，公司将无条件解除劳动合同，并要求其赔偿经济损失，必要时可追究其法律责任。

（3）触犯国家法律者，移交国家司法部门处理。

7.2　文书管理制度

文书管理制度

第一条 目的

为使文书的管理制度化、规范化，以增进文书处理的品质及效率，特制定本制度。

第二条 适用范围

本公司各部门与外界往来文书的收发均由综合管理部负责。

第三条 签收文件时，要确认收文单位或收件人姓名准确无误。

第四条 签收文件时首先要对文件的份数、标题等内容逐份清查核对，如发现其中任何一项不对口，应及时报告主管领导。

第五条 签收文件应签写姓名并注明时间。

第六条 文件的登记编号：对收到的文件，要分类逐件在《收文登记簿》上详细登记。登记项目一般包括收到日期、顺序编号、来文单位、发文字号和文件标题。参加各种会议带回的文件、材料，在传达、汇报结束后应交综合管理部保管，个人不得存放。

第七条　内部制发文件流转，由各部门自行登记、收文、立卷、存档。

第八条　企业的文件由综合管理部负责起草和审核，由总经理签发。重要性文件报总裁办由总裁签发。

第九条　以各部门名义撰写的文件，由各部门自行登记、签发。

第十条　在企业日常经营管理中，有关图纸、审批工作、安排部署、传达上级指示等事项应按有关制度办理，经分管领导批准后，由主管业务部门书面或口头通知执行，一般不以企业文件的形式发布。

第十一条　外来文件由综合管理部登记收文后，根据业务性质分送各有关部门处理。

第十二条　内部制发文件流转时，由发文部门登记签发后，直接送收文部门登记签收。

第十三条　各部门收到需参与会签的文件时，须本着本部门的职责及时认真处理并签署意见。

第十四条　文件收到后，要依"收文处理单"内所指定的会签顺序，转送其他会签部门或某人，若某部门或某人为最后一个会签单位，则处理后将本文件转送综合管理部。

第十五条　重要文件的审核、批示与执行涉及企业总体协调或应由总经理或总裁审核的文件，由综合管理部汇总签办意见，呈交总经理或交其他授权者做最终的审核、批示，并下达相关部门予以执行。

第十六条　经办理归档后的文件应立档管理。行政文件由综合管理部立档管理，业务文件由业务部门立档管理，次年移交档案室管理。

第十七条　立档按年度、机构、问题分类立卷，卷中按规定编页码号，卷首有案卷目录。

第十八条　文件档案用卷宗按规定装订保存。

第十九条　借阅

1. 凡因工作需要借阅文件时，必须履行相关手续，一般文件经部门经理签字同意，重要文件经总经理签字同意方可借阅。

2. 文件借出室外需登记，借阅期间应保证文件的完整与安全，阅后在规定时间内归还。

3. 翻印（复印）如需复印文件，应经领导同意方可复印。

第二十条　保管

1. 文件应妥善保管，防虫、防霉、防丢失，保证文件的安全。

2. 所有文件应有专柜存放，加锁，定期整理翻动、通风、防湿。

3. 机密文件按密级保管，不得随便放置于公共场所，不得私自摘录或对外泄露。

第二十一条　文件的销毁：文件的销毁应经领导签字同意，并建账登记，由两人以上监督销毁，任何人不得私自销毁文件。

7.3 印信管理制度

印信管理制度

第一条 目的

为了规范公司印信的使用，明确印信的管理与使用责任，预防误用印信给企业带来不良影响及经济损失，结合公司的具体情况，特制定以下规定。

第二条 印信的种类：本规定所称印信包括印鉴、职章、部门章、职衔签字章及公司介绍信。

1. 印鉴：向主管机关登记的公司印章或指定的业务专用章，如合同专用章、财务专用章等。

2. 职章：刻有公司董事长或总经理职衔的章。

3. 部门章：刻有公司部门名称的印章。

4. 职衔签字章：刻有总经理职衔及签字的印信。

5. 介绍信：加盖公司印章的有关介绍文件。

第三条 印信的使用权限：印信使用必须经过总经理批准或授权，未经总经理批准或授权，任何人不得使用印信。

第四条 印信的管理部门：公司的印信由行政部负责管理，由总经理授权人监印和保管印信。

第五条 印信的使用管理规定

1. 经总经理签署的相关公文（文件、合同），由监印人直接用印。

2. 文件需要用印时，发起部门或发起人应将填写后的"用印申请单"和相关文件呈报总经理，经总经理批准后，由总经理授权的监印人取件用印。

3. 由公司总经理亲自拟订的，但不需总经理署名的文件，需经总经理在文件副本上签字，监印人在正副本上盖章，副本存档。

4. 监印人除于文件上用印外，还应于"用印申请单"上加盖所使用的印章，并将"用印申请单"与文件同时存档。

5. 对已签署加盖公章的文件，需废除并重新签署时，原件需由总经理做作废批示，同时对作废文件由监印人填写"文件发放回收登记表"，全数收回原文件并记录，同时由监印人与用印发起人共同销毁。之后，新修改的文件，需重新履行用印审批手续。

6. 公司原则上不允许开空白介绍信，如因工作需要或其他特殊情况确需开具时，必须经行政总监签字批准方可开出。持空白介绍信外出工作回来必须向公司汇报其介绍信用途，未使用的必须交回。

7. 公司所有需要盖印信的文件、介绍信等都需统一编号登记，以备查询。

8.印章一律不许在空白的纸张上加盖，特殊情况下需经总经理批准，并在纸张上印章附近写明附注。

9.印信一律不许带出公司，若因工作需要必须带出时，要经总经理同意，并办理完备手续方可带出，且当日下班前必须交还公司监印人。

第六条　责任

1.监印人应妥善保管好印信，如有遗失或失误用印者，一切后果由监印人全权负责。

2.监印人对未经申请或未被批准的文件，不得擅自用印，违者，严肃处理。

3.印信遗失时除立即向公司领导报告外，还要依法公告作废。

4.若由于印信使用失误或因印信被盗用或滥用而造成公司损失的，公司除依法追究经济责任外，对故意营私舞弊情节特别严重者，追究刑事责任。

7.4　公司证照管理制度

公司证照管理制度

第一条　目的

为了规范公司各类证照的管理，进一步盘活公司无形资产，确保公司各项工作高效运转，特制定本规定。

第二条　适用范围

适用于公司所有证照的管理。包括公司的营业执照、行业经营许可证、房产证、土地证及经营运转所需的各类证件及公司统一为员工办理的健康证、工作证等。

第三条　行政部是公司证照管理的职能部门。负责各种证照的申报、登记、保管、变更、年检、注销、备案。在办理证照过程中有关部门应根据职责承办部分事项或全部事项。

第四条　各类证照由行政部登记造册，委派专人统一管理。证照保管人必须妥善保管各类证照，如出现损坏或丢失，要立即向主管领导报告，并与发证机关联系，及时办理证照的挂失和补办手续，同时由审计部追究其相关责任。

第五条　各部门如需使用证照，必须经主管领导和总经理同意批准，说明使用范围和使用时间，办理使用登记手续后，方可携带外出，使用完毕后，用件人和证件管理人应在登记表上注明领取（交回）时间并签字。

第六条　各类证照未经主管领导批准，任何人不得随意翻动、复印、外借，更不许擅自使用公司的证照进行各种担保。

第七条　证照保管人需对到期的证件，提醒主管领导安排相关人员及时验证。不及时验证者，造成的各类损失由相关责任人担负，并追究其责任。

第八条 证照保管人因工作需要而调动岗位时，应填制"证件移交清册"，移交人和接交人参照证照清单核对数目后，二人均应在"证照移交清册"上签字。

第九条 公司为职工办理的工作证由个人保管，职工在调离、退休时必须交回。

7.5　档案管理制度

档案管理制度

第一章　总则

第一条 目的

为加强公司的档案管理工作，充分利用和开发档案资源，特制订本制度。

第二条 适用范围

适用于公司各部室档案资料的形成、归档、分类、鉴定与保管、借阅、保密、统计、销毁等。

第二章　管理机构

第三条 公司档案室主任负责公司的档案管理工作，各部门指定一名兼职档案管理员。除了项目技术性文件外，其他内部受控文件在成稿后，应把原稿交由公司档案室归档。

第四条 公司档案室主任的岗位职责：

1. 制定或参与制定档案工作的具体管理细则，并遵守公司制定的与档案管理相关的各项制度。

2. 对企业其他部门文件材料的归档工作，进行指导和监督。

3. 做好企业档案的收集、整理、保管和利用工作。

4. 负责档案的编码检索、借阅工作，确保档案有效利用。

5. 负责档案的鉴定工作，对超期保存的档案及时提出处理意见，根据具体情况予以保留或销毁。

6. 提高档案管理的水平和技术，逐步实现档案管理现代化、科学化。

7. 及时完成领导临时交办的任务和有关档案业务的其他工作。

第五条 各部门档案管理员岗位责任制：

1. 档案员的配备：各部门要配备兼职档案管理员，负责本部门档案管理工作（保证人员相对稳定），各部门负责人要亲自抓档案管理工作。

2. 遵守公司制定的与档案管理相关的各项制度。

第三章　档案分类

第六条 档案分为两大部分：公司综合档案及开发项目档案。

第七条 公司综合档案分七类：

1. 董事会材料。

2. 公司工商注册材料。

3. 企业文化与公司宣传。

4. 人事管理。

5. 财务管理。

6. 行政、后勤、法律事务等基础管理。

7.ISO 9001\14001 贯标认证工作：管理体系运行记录。包括所有管理体系各版本原件，换版申请和审批记录，各管理体系内审、管理评审记录，管理体系原始记录，表格式样等。

第八条　开发项目档案分两类

1. 第一类：工程技术档案，其中包括：

（1）项目前期相关文件资料。

（2）项目后期相关文件资料。

（3）各专业施工技术资料。

（4）竣工图纸。

2. 第二类：与项目相关的其他档案，其中包括；

（1）本管理资料。

（2）与项目相关的合同及协议书。

（3）监理档案。

（4）现场会议纪要。

（5）与项目相关的营销资料。

第四章　档案管理基本程序

第九条　档案的收集

档案的收集就是把分散的，以及散失到其他部门的各类档案资料按有关规定有计划地分别集中到档案室。其收集的主要方式是归档，即把公司活动中产生的有保存价值的各种材料，由办公室及各职能部门及其兼职档案管理员定期进行整理、立卷、归档。

第十条　立卷归档

1. 立卷归档的范围：凡属本标准第 3 章所涵盖的文件资料，均应立卷归档。

2. 立卷归档的时间

（1）凡已办理完毕的具有保存价值的各种文件资料，均应在三日内立卷归档。

（2）各类法规、政府文件等外来文件，各部门在收到或取回文件后，原件必须在 7 日内交办公室，由办公室负责外来文件的统一登记、发放和保管。各经办部门或个人视实际需要，可留存复印件。

（3）凡是需要归档的文件、材料，各部门要及时收集、整理、立卷，在每年一月底，最迟不超过二月末，完成上一年度材料的归档工作，移交到档案室进行统一管理。阶段性工作，应及时将办理完毕或经领导批存的文件材料，收集齐全，加以整理，送交公司档案室归档。

（4）对于某些专门文件，如工程技术档案，或一时难以归档的文件，要在项目完成后的两个月内完成立卷归档工作，或可根据实际情况适当延长。

3. 立卷归档的要求

（1）各部门要及时收集和整理各业务对应主管部门及上级下发的文件、图纸和资料、本部门的总结、计划报表以及本部门认为工作中形成应该保存的资料；立卷应以本部门形成的文件为主，根据文件形成的特点，保持文件间的历史联系，适当照顾文件的保存价值，使案卷能正确反映企业生产活动状况和面貌。

（2）各部门兼职档案员在规定的归档时间内，把凡属归档保存的材料，按本公司制定的档案分类方案规定进行分类编目、登记、立卷成册、填写（或打印）卷内目录、备考表和案卷封面，经检查合格后进行立卷归档。

（3）凡属归档保存的材料一律用钢笔书写（或打印），不允许有掉页、缺陷等不完整状况存在。公司档案管理员统一验收后按要求分项、检索、编写目录，进行立卷归档。

（4）移交档案要填写移交清单，移交清单一式二份，双方签字后各执一份。

（5）归档的文件资料必须完整、真实、准确，请示和批复、印本和底稿、正文和附件必须立在一起。

（6）立卷时应编制好案卷目录，把文件的标题、日期等项目填写清楚，概括而简洁地拟写好案卷标题，把案卷内容表达出来，装订整齐、牢固，填写备考表，注明保管期限。

（7）立卷应按保管期限和文件年限分开立卷。

（8）立卷归档后，发现需立卷的文件资料，可按立卷原则进行插卷。

（9）各种实物档案（奖品、奖杯、锦旗、奖章、证书、牌匾、馈赠品等）归档必须有原件，并保持其完好无损。

（10）声像档案摄录必须详细记录事由、时间、地点、主要人物、背景、摄录者，归档声像资料必须是原版原件，清晰、完整。

第十一条 借阅

1. 档案主要供本企业利用，一般不外借。如情况特殊，外单位人员须持介绍信，并经主管领导（行政总监）批准后，办理登记手续方可查阅无密级档案。

2. 各部门工作人员可直接查阅属本部门业务工作范围的档案资料。如需查阅非本部门的重要文件或有密级档案，须经主管领导（行政总监）和原形成档案的部门经理批准，方可借阅。

3. 档案的借阅者在查阅利用档案资料时，必须珍惜、爱护、小心翻阅，不得涂改、拆散、撕毁、弄脏、剪裁及在文件上划标记，应负责档案的完整和完全，不得私自影印、复制、翻印，不得转借。在借阅过程中，禁止查阅者在接近档案时吸烟、喝水，以防损毁档案。如有违纪，酌情处罚。

4. 对珍贵或易损的档案，应制成复制品提供使用。如有必要，给复制件加盖公章，以示复制无误。

5. 查阅利用档案资料时，应根据所需内容查阅，不翻阅与利用内容无关的档案资料，查阅完毕后及时归还。如需要抄录、复制、影印档案资料和密级文件时，必须经主管领导批准，并限定抄录范围。

6. 档案一般不得借出档案室。如有特殊情况，可短期外借，最多为十天，必须经有关领导批准并办理借阅手续。如需延长借阅时间，还要办理续借手续。逾期不还者，档案管理员要及时催还。

7. 借阅档案须妥善保管，若有遗失，根据档案的价值和数量报公司领导批准后，责令其赔偿一切损失。

第十二条　档案的保密要求

1. 档案管理员和借阅利用档案者要树立高度的政治责任心，加强保密意识，共同做好保密工作。

2. 档案分一般档案和有密级档案两类。档案密级分为绝密、机密、秘密三级。

3. 有密级档案只许在档案室查阅，不许带离档案室。有密级档案复制时，需经公司行政总监或副总以上领导批准。

4. 有密级档案只限归档人使用，其他人员利用需经行政总监或副总以上领导批准。

5. 对已到保密期限的档案要请相关部门领导和行政总监鉴定解密，对解密档案作一般档案管理，及时提供利用。

6. 外来参观人员，统一由档案室主任接待、答复问题和办理所需材料。

7. 档案管理人员遗失或擅自提供、泄露机密，应根据情节轻重，给予纪律处分，直至依法追究其刑事责任。

8. 企业在职工作人员调离本企业时，需按档案室要求整理已形成的文件材料，并退还所借档案，档案室审查无误签字后，方可调离。档案管理人员的调离，应由行政总监监督办理，档案交接之后，方可调离。

第十三条　超期档案的销毁

1. 根据档案的内容和使用价值，划分为永久、长期、短期保存三种类型，并应按期进行剔除。对超过保存期限的档案，由档案管理人员登记造册，经档案室主任和档案形成部门领导共同鉴定，报行政总监或分管副总批准后，按规定销毁。

2. 对欲剔除销毁的档案材料，进行全面核查，并写出剔除销毁报告，列出清单。

3. 经批准销毁的档案，可单独存放半年，经验证确无保留价值时，再行销毁，以免误毁。

4. 销毁档案要指定专人，在指定地点进行，一般不少于 3 人。文件销毁后，监销人要在销毁清单上签字以备查。

5. 严禁将销毁的文件作为它用，或作废纸出售。

第十四条 档案的保管：档案保管工作应做到四不：不散（不使档案分散），不乱（不使档案互相混乱），不丢（档案不丢失、不泄露），不坏（不使档案遭到损坏）。同时，应做好防火、防潮、防晒、防虫、防损、防盗、防尘工作，以提高档案的安全性，对破损档案应及时修补。

第十五条 特殊档案的管理

1. 员工人事档案由办公室主任直接负责管理。

2. 客户档案管理执行《客户档案管理制度》的相关规定。

3. 法规性文件和记录管理执行质量环境管理体系文件《程序文件》中的《文件控制程序》《记录控制程序》。

4. 工程技术资料由技术部按照本制度负责立卷、保管，工程结束后按照有关规定移交以建档案，并交公司档案室一套备用。

5. 财务档案管理执行《财务档案管理制度》的相关规定。

7.6 办公用品管理制度

办公用品管理制度

第一条 目的

为规范办公用品的管理，特制订本制度。

第二条 适用范围

本制度所称办公用品分为消耗品、管理消耗品及管理用品三种：

1. 消耗品：铅笔、刀片、胶水、胶带、大头针、曲别针、橡皮筋、笔记本、复写纸、便条纸、橡皮擦、夹子、圆珠笔、书钉等。

2. 管理消耗品：签字笔、水彩笔等。

3. 管理用品：剪刀等。

第三条 职责

公司办公用品由办公室负责组织购买及管理。

第四条 办公用品的采购管理

1. 每月 28 日，公司各职能部门的负责人将填写好的"办公用品需求计划表"签字后，送达办公室行政后勤主管。

2. 办公室行政后勤主管汇总各职能部门的"办公用品需求计划表"后，于每月 29 日填写"办公用品采购申请单"，交办公室主任审核后，报行政总监审批。"办公用品需求计划表"应有"年度总预算""上月累计""本月金额""本月累计及占总预算的比例"等栏目。

3. 行政总监审批后，由办公室行政后勤主管和办公用品保管人员负责采购。

4. 采购环节

（1）办公室行政后勤主管必须建立办公用品《合格供方名册》。采购时，必须在办公用品《合格供方名册》中选择供应商。

（2）部分新、特、进口办公用品，办公用品合格供方不能提供的，必须在其他供应商处购买时，应将该供应商补充进办公用品《合格供方名册》。

（3）办公用品《合格供方名册》应至少包括大型商场和文具专业批发商。

（4）采购前，必须填写"办公用品采购申请单"，经行政总监审核并报总经理批准后方可进行采购。

（5）采购时，应电话要求送货，在办公室验收。无特殊情况，一般不允许外出采购。

（6）必需品、不易采购或耗用量大的物品应酌量库存；特殊办公用品，办公室无法采购时，可以经办公室同意授权各部门自行采购。

（7）消耗品可依据历史记录（如以过去半年耗用平均数）、经验法则（估计消耗时间）设定预购买数量。

第五条　办公用品的发放与领用

1. 领用按照管理基准（如圆珠笔每月发放一支），可随部门或人员的工作调整发放时间。管理用品应限定人员使用，自第三次发放起，必须以旧品替换新品，消耗品不在此限。

2. 管理用品列入移交，如有故障或损坏，应以旧换新，如遗失应由个人或部门赔偿或自购。

3. 办公用品每月一日发放，管理用品的请领不受该时间限制。

4. 办公室设立《办公用品领用记录簿》，由办公用品保管人保管，于办公用品领用时分别登记，并控制文具领用状况。《办公用品领用记录簿》为内审检查项目之一。

第六条　办公用品的使用与保管

1. 办公用品严禁带回家私用。

2. 新进人员入职时由各部门提出办公用品申请，向办公室请领办公用品，并填写领用卡，员工离职时，应将剩余办公用品一并缴予部门内勤人员。

3. 印刷品（如信纸、信封、表格……）除各部门特殊表单外，均由办公室统一印刷、保管。

4. 打字、复印耗材的使用

（1）公司各部门要节约使用打印纸。办公室内勤要做好领用登记，每年年底公布一次。

（2）复印时，要严格按照规程操作，并自觉登记。复印的作废纸张，由管理员留存，作反面纸使用。

（3）严禁复印与工作无关的资料，严禁私用复印纸，一经发现，公司按 0.5 元 / 页计费，由行政后勤主管报财务部经理，在当月工资中扣除。

（4）除了对外报送的文件资料，公司内部的纸张必须正反面使用。

5. 办公室办公用品保管人员月末、年末要盘点清查库存，在满足日常工作的前提下，尽量减少库存量，使库存量结构合理化。年末办公室组织盘点办公用品在各部门的使用情况，并依据经办公室主任审批后的"办公用品报损单"，及时调整《办公用品管理簿册》，做到反映实际库存状况及账实相符。

6. 每年 1 月 5 日前，办公室行政后勤主管应汇总全年的办公用品实际耗用量和金额，分析与预算的偏差情况，写成总结报告，报办公室主任留存，作为编制下一年度预算的依据。

7.7　提案管理制度

提案管理制度

第一条　目的

为充分调动公司全体员工参与公司管理的积极性、创造性，鼓励员工针对公司现状提出建设性的改善意见或改革方案，借此改善公司的经营管理、节约成本、提高效率、增强公司活力，特制订本管理制度。

第二条　公司行政部负责员工各类提案的收集、整理、汇总，并组织相关人员对提案进行分析、评估、汇总，提出奖励意见，并对实施提案进行跟踪、反馈。

第三条　提案范围

1. 对公司经营管理等方面的技术性或管理性的合理化建议；

2. 对公司未来经营、发展规划、远景目标等重大决策性的建议及思想；

3. 对不良行为的举报及有利于公司品牌形象提升的各项建议。

第四条　提案申请、审核程序

1. 一般途径：由提案申请人填写"提案表"，并附详细实施方案。属公司内部提案的，要经部门领导审核，报请项目总经理审批，如涉及集团公司的提案，则由总经理审核后报总部行政中心分类报审。

2. 网络途径：提案人可以根据自己的意愿选择电子邮件直接提交，提案人按公司公示的总经理的电子邮箱进行网上提案。

3. 提案人对各项提案进行一般性及重大性类别定性，属公司一般性提案由总经理审批后实施，属下属公司重大性提案及集团重要性提案由集团总裁审批后实施。

4.提案实施如需经费开支，按提案类别审批程序执行。

5.提案过程中各相关公司、部门人员予以配合，由各司行政部协调。

6.提案审批结果由行政部反馈给提案人，如提案未被采纳，行政部应注明原因，并通知慰抚提案人。通过网络途径，由行政部在尊重提案人意愿的前提下，将提案审批结果单独反馈给提案人。

第五条　提案评审依据

1.提案客观性及具体性，即要求提案人将现状真实地反映出来，用事实和数据说话。

2.提案根据问题原因的明确性，即要求提案人把问题发生的主要原因找出来。

3.提案解决问题的可行性，即要求提案人针对问题发生的主要原因，提出具体的改善对策，也就是提出解决问题的具体方法，对只提问题不提解决办法的提案视为无效提案。

4.改善的绩效性，一切提案以绩效为导向，这种绩效不一定以金钱去衡量、它是一个综合性指标，它在判定标准上能促使公司向好的方向发展。

第六条　提案效果的评估、审定

1.提案采纳实施后，由公司实施部门负责填写"提案效果报告""提案评分表"并备齐报告所需的数据、图标等资料，交各司行政部。

2.行政部在收到上述提案资料后七日内，会同实施部门经理及相关负责部门组成评定组，评定组根据该项目创造性大小、水平高低、难易程度、经济效应大小，对公司发展的贡献率大小等进行综合评定，并将提案上报总经理。

第七条　提案奖励

1.公司根据"提案效果报告""提案评分表"对提案申请人进行奖励。

2.奖励办法

类别	分类等级	评分标准	奖励	
集团重要性	A	90 分（含）	_____元	记大功一次
	B	80 分（含）	_____元	记小功一次
集团一般性	A	90 分（含）	_____元	记小功一次
	B	80 分（含）	_____元	嘉奖一次
	C	70 分（含）	_____元	嘉奖一次
公司重要性	A	90 分（含）	_____元	记小功一次
	B	80 分（含）	_____元	嘉奖一次
	C	70 分（含）	_____元	嘉奖一次
公司一般性	A	90 分（含）	_____元	嘉奖一次
	B	80 分（含）	_____元	嘉奖一次
	C	70 分（含）	_____元	嘉奖一次
	D	60 分以下不予采纳	_____元	

3. 对因改善而降低成本或增加收入超过 ×× 万的，由行政部专案上报总经理或总裁，核定额外奖励奖金。

4. 联名提案的奖金分配由第一提案人主持分配。

7.8　出差管理制度

出差管理制度

第一条　目的

为了进一步规范企业员工出差管理工作，强化成本管理意识，合理控制差旅费开支，特制订本制度。

第二条　审批程序和权限

1. 员工出差时应填写"出差审批单"，并按以下权限进行审批。

（1）总经理出差，报备总部行政管理中心。

（2）公司领导班子成员出差，报请总经理审批。

（3）部门负责人出差，报请总经理审批。

（4）其他人员出差，报请企业分管领导审批。

（5）国外出差，一律由总经理或集团总裁核准。

2. 因公务紧急，未能履行出差审批手续的，出差前可以电话方式请示，出差归来后补办手续。

3. 出差人员因特殊原因无法在预定期限返回销差而必须延长滞留的，根据出差者人员的申请，经调查无误后支给出差差旅费。

4. 出差人员的交通工具除可利用企业车辆外，以利用火车、汽车为原则。但因紧急情况经总经理、总裁核准者可乘坐飞机。

**第三条　**使用企业交通车辆或借用车辆者不得申领交通费。

**第四条　**因陪同客户外出或其他特殊情况下差旅费用超支或超规格乘坐交通工具的，须事先征得领导同意。

第五条　出差标准规定

1. 出差费用标准：实行限额标准内实报实销，具体标准见下表：

费用标准　　　　职务	总经理	副总经理	各部门经理及主管	一般员工
交通费	实报	实报	软卧实报或者飞机票价的＿＿＿%	硬卧实报
每日住宿费	实报	实报	1.A 类地区＿＿＿元以内 2.B 类地区＿＿＿元以内 3.C 类地区＿＿＿元以内	1.A 类地区＿＿＿元以内 2.B 类地区＿＿＿元以内 3.C 类地区＿＿＿元以内

（续表）

费用标准 ＼ 职务		总经理	副总经理	各部门经理及主管	一般员工
每日餐费	早餐	实报	实报	1.A 类地区＿＿＿元以内 2.B 类地区＿＿＿元以内 3.C 类地区＿＿＿元以内	1.A 类地区＿＿＿元以内 2.B 类地区＿＿＿元以内 3.C 类地区＿＿＿元以内
	午餐 晚餐	实报	实报	1.A 类地区＿＿＿元以内 2.B 类地区＿＿＿元以内 3.C 类地区＿＿＿元以内	1.A 类地区＿＿＿元以内 2.B 类地区＿＿＿元以内 3.C 类地区＿＿＿元以内
每日杂费		实报	实报	＿＿＿元以内	＿＿＿元以内
业务必要的开支		实报	实报	实报	实报

2. 远途出差如利用夜间（午后 9 时以后，午前 6 时以前）车次，住宿费减半支给。

3. 出差时的招待费用：确因工作需要招待客人时，要根据不同客户和人数，本着既节约又能办好事的原则，单笔支出超过＿＿＿＿＿＿元以上的招待费必须先请示部门经理；超过＿＿＿＿＿＿元以上的招待费必须先请示总经理同意，报销时按财务相关规定报销。

4. 随同高层人员出行的普通员工，食宿随高层人员。

5. 如因工作需要超出标准，需在"出差审批单"上列明原因。

第六条　出差人员返回企业后，＿＿＿＿天内应按规定到财务部报账。填写"差旅费报销单"，并将原始发票粘在所附凭单上，由经办人签字，部门经理、财务人员签字后，报总经理审批，予以报销。

第七条　业务招待费报销，须填写"支出凭单"，所附单据必须有税务部门的正式发票，列明企业抬头，数字清晰，先由经办人签名，部门经理、财务人员签字后，报总经理（总裁）审批，予以报销。超审批金额外的业务招待费，一般不予开支。

第八条　其他报销、审批程序同上。

第九条　出差人员要实事求是，如发现弄虚作假，一律按企业有关规章制度严肃处理。

7.9　公司会议管理制度

公司会议管理制度

第一条　目的

为提高公司会议质量和工作效率，减少会议数量，缩短会议时间，特制订本制度。

第二条　公司会议的分类

1. 公司董事会：董事长主持召开，由总经理负责组织筹备，董事会秘书负责会议记录和整理会议纪要。

2. 公司会议：主要包括总经理办公会、公司中层干部会、公司员工大会、以及员工代表大会等。由总经理决定召开的时间、地点、议程等，办公室负责会务安排。

3. 专题会议：指公司性的项目评估、设计评审等业务综合会（如施工项目分析会、销售分析会及项目策划分析会等），由分管副总或总监主持，主管部门负责组织。

4. 例会：公司例会（晨会、公司周、月总结计划会）由总经理或授权人负责主持；工程例会由主管副总经理主持，工程部组织，现场相关部门参加；部门工作例会（如销售部每周的工作例会），由部门经理决定召开，并负责组织。

5. 上级或外单位在本公司召开的会议（如现场会、报告会、办公会等）或外际业务会（如联营洽谈会、客户座谈会等）一切由公司受理安排，有关业务对口部门协助做好会务工作。

第三条　会议安排

1. 凡涉及多个部门负责人参加的各种会议，均须由召集部门的分管副总或总监于会议召开前批准，由召集部门与办公室商议安排时间、地点后，再由召集部门发出通知，方可召开。

2. 办公室每周五应将下周公司例会和各种临时会议，统一平衡编制会议安排后公布，并通知到公司领导和办公室有关服务人员。

3. 凡办公室已列入会议计划的会议，如需改期，或遇特殊情况需安排新的其他会议时，召集单位应提前两天报请办公室调整会议计划。未经办公室同意，任何人不得随意打乱正常会议计划。

4. 对于准备不充分、有重复性或意义不大的会议，办公室报请总经理同意后，可拒绝安排。

5. 对于参加人员相同、内容接近、时间相适的几个会议，办公室有权建议合并安排召开。

6. 各部门会期必须服从公司统一安排，各部门小会不应安排在公司例会同期召开（与会人员不发生时间冲突的除外），应坚持小会服从大会的原则。

第四条　会议准备

1. 所有会议主持人和召集单位与会人员都应分别做好有关准备工作（包括拟好会议议程、提案、汇报总结提纲、发言要点、工作计划草案、决议决定草案、落实会场布置、备好座位、茶具茶水、奖品、纪念品、通知与会人员等）。

2. 会后组织部门要马上整理会议室，做到物品、座椅摆放整齐，桌面、地面干净清洁，以备下次会议的召开。

第五条　会议记录与会议纪要

1. 公司所有会议必须有完整的会议记录，重要会议还要形成会议纪要。

（1）由总经理主持召开的总经理办公会形成的纪要为《总经理办公会议纪要》，由办公室负责整理；

（2）由副总经理、总监主持的专题会议形成的会议纪要为《专题会议纪要》，由会议组织部门负责整理；

（3）由主管副总经理主持的工程例会形成的会议纪要为《工程例会纪要》，由工程部负责整理。

2.《专题会议纪要》及《工程例会纪要》形成后交办公室进行公文格式审核后正式发文。

3. 会议纪要须在 3 日内整理、打印完毕，由会议主持人决定报送人。

4. 会议记录与会议纪要由组织部门负责保存，次年初按档案管理相关规定进行归档。

第六条　参会要求

1. 公司任何会议，严禁参加人员迟到，必须填写"签到表"。

2. 会议室不准吸烟、所有通讯工具要关闭，特殊情况须设为静音。

3. 会议参加人员要主动、积极参加会议讨论，严禁会议不发言，会后乱议论；要严守会议秘密和公司秘密。违反者，依有关规定处理。

7.10　车辆管理制度

车辆管理制度

第一条　目的

为了加强办公车辆的管理，提高车辆办公使用效率，保障行车安全，特制订本制度。

第二条　适用范围

公司所有办公用车。

第三条　管理职责

1. 公司公务车的证照及稽核等事务统一由办公室主任负责管理。配属于部门、售楼处的车辆由销售部经理或指派专人调派，但维修、检验等须到公司指定维修厂。

2. 本公司人员因公用车须事前向行政后勤主管申请调派；行政后勤主管依用车重要性按顺序派车。不按规定办理申请的，不予派车。

第四条　车辆管理

1. 每车设置"车辆行驶记录表"，每日应记载使用人、行驶里程、时间、地点、用途等。办公室主任每月抽查一次，发现记载不实、不全或未记载者，可提出批评，对不听劝阻屡教屡犯者应给以处分，并停止其车辆使用权利。

2. 每车设置"车辆状况记录"，办公室主任检查加油及修护记录，以了解车辆受控状况。每月初连同"行驶记录表"一并转交办公室稽核。

第五条 车辆使用

1. 本公司车辆必须由指定驾驶员驾驶，如遇特殊情况，其他人员须经办公室主任同意后方可驾驶。

2. 各部门因公需用车时，应提前填写"车辆使用申请表"，经部门经理签字后报办公室行政后勤主管统一安排车辆。审核后的"车辆使用申请表"在车辆出发前交于当值司机，车辆回公司后，由司机将相应内容填写完毕后交回办公室，由行政后勤主管保存备查。

3. 使用人于驾驶车辆前应对车辆做基本检查（如水箱、油量、机油、刹车油、电瓶液、轮胎、外观等），如发现故障、配件失窃或损坏等现象，应立即报告，否则最后使用人要对由此引发的后果负责。

4. 驾驶员须遵守交通规则。

5. 驾驶员不得擅自将公务车开回家，特殊情况须经公司主管领导批准。

6. 车辆应停放于指定位置、停车场或适当合法位置。随意放置车辆导致违犯交通规则、损毁、失窃的，由驾驶人赔偿损失，并予以处分。

7. 办公车辆原则上不允许私用。如因特殊原因，公司员工需因私用车者，须报办公室主任审核，经主管领导批准。

8. 用车人应爱护车辆，保证机件、外观良好，使用后并应将车辆清洗干净。

9. 私用时若发生事故，导致违规、损毁、失窃等情况发生时，在扣除理赔额后全部由私人负担。

第六条 车辆保养

1. 车辆维修、打蜡等应先填"车辆使用申请单"，注明行驶里程，核准后方可送修。

2. 车辆应由车管员指定保养部门，或到特约修护厂维修，否则修护费一律不予报销。自行修复者，可报销购买材料零用费用。

3. 车辆于行驶途中发生故障或其他耗损急需修复或更换零件时，可视实际需要进行修理，但应与办公室主任事前联系确认。

4. 如由于驾驶员使用不当或疏于保养，而致车辆损坏或机件故障的，所需修护费，应依情节轻重，由公司与驾驶员负担。

第七条 费用报销

1. 公务车油料及维修费以凭证实报实销。

2. 私车公用的，公司另行规定。

3. 保险费

（1）车辆保险由办公室行政后勤主管负责办理，办公室行政后勤主管就险种和费用、保险公司选择等，向办公室主任汇报，由办公室主任审批。

（2）保险公司赠送的礼品，属公司所有，办公室行政后勤主管必须如实上缴。

（3）办公室行政后勤主管严禁私自接受保险公司的礼品、礼金、宴请等，违反者将给予发生金额的 2 ～ 5 倍罚款。

4. 事故处理费：发生事故后，司机要及时通知公司办公室行政后勤主管，办公室行政后勤主管负责办理理赔和处理手续。如需向受害当事人赔偿损失的，经扣除保险金额后，其差额由驾驶员与公司平均负担。

5. 公关费：办公室应注意协调与交通管理部门的关系，并设立相关的公关费。相关事项由行政后勤负责协调办理。

7.11　突发事件管理制度

突发事件管理制度

第一条　目的

为提高公司正常的营运和公共安全，提高处置突发事件的能力，最大限度地预防和减少突发事件及其造成的损害，保障公司的财产安全，维护公司声誉，促进公司可持续发展。特制定本制度

第二条　适用范围

适用本集团公司及各下属公司。

第三条　工作职责及组织架构

1. 执行董事会是突发事件应急管理工作的最高领导机构，具体由总裁负责，分管副总裁、突发事件职能中心总监、工会成立突发事件应急指导小组，负责突发事件的应急管理工作，必要时由总裁指定专人负责突发事件的处理。

2. 总公司人力资源中心、行政管理中心／行政部为应急事件的总协调，负责收集信息、汇总和综合分析，发挥运转枢纽作用。

3. 各公司由总经理、副总经理和突发事件职能部门组成应急处理事件的工作机构。负责应急事件的处理，结果的总结、报告。

第四条　突发事件的定义：本制度所称突发事件是指突然发生，造成或者可能造成重大人员伤亡、财产损失、信用危机和危及公司安全的紧急事件。

1. 突发事件的分类分级：根据突发事件的发生过程、性质和机理，公司将突发事件主要分为以下四类：

（1）自然灾害及公共事件。主要包括气象灾害，地震灾害，地质灾害、群体性不明原因疾病，食品安全等。

（2）事故灾难。主要包括各项目开发工地的各类人身安全事故，现场设施和设备事故，现场环境污染和破坏事件等。

（3）公司财产安全事件。主要包括资金安全、财务政策安全、税务安全等。

（4）公司信用事件。主要包括客户重大投诉事件、媒体新闻报道事件、物业服务投诉事件、产品质量事件等。

2. 突发事件性质:按照其性质、严重程度、可控性和影响范围等因素,一般分为四级:Ⅰ级（特别重大）、Ⅱ级（重大）、Ⅲ级（较大）和Ⅳ级（一般）。

第五条 处理原则

1. 各部门和各子公司应切实履行公司各项制度和遵守国家和地方的各项法律法规,保证各项工作的正常和规范的推进,最大限度地减少突发事件及其造成的人员伤亡和危害。

2. 公司各级管理层应以预防为主,高度重视公司安全,防患于未然。增强忧患意识,坚持预防与应急相结合,做好应对突发事件的各项准备工作。

3. 公司应建立由董事会统一领导、各级管理层负责和职能部门为处理事件的责任人的应急机制,执行总裁和各级总经理是突发事件处理的最高执行人。

4. 加强对各级人员的培训和宣传工作,切实落实和有效执行公司的各项制度和纪律,提高公司人员素质和规范工作,提高应对突发事件的处理能力。尽可能减少突发事件发生。

第六条 应急处理体系

1. 突发事件产生后,根据事件的责任部门或责任人,提出处理事件的应急预案,向主管领导汇报,按事件的分级来处理:

（1）Ⅳ级由职能部门主管领导审批处理,报总经理备案。

（2）Ⅲ级由项目公司总经理审批处理,报总公司副总裁备案。

（3）Ⅱ级由工作小组调查,副总裁审批处理,报总裁审批,应急事件指挥小组备案。

（4）Ⅰ级则由总公司应急小组处理,报执行董事会审批。

2. 重大活动和重大事件举行时,必须上报应急处理方案,以预防突发事件的产生。

3. 突发事件处理后,应将处理结果报总公司应急指挥小组备案。

第七条 运行机制

1. 根据公司各项目开发进展和各项正常工作开展的进度,由审计部和应急指挥小组对可能发生和可以预警的突发事件进行预警。预警级别按性质依次用红色、橙色、黄色和蓝色标示。

2. 预警信息包括突发事件的类别、预警级别、起始时间、可能影响范围、警示事项、应采取的措施和处理部门等。

3. 预警信息由总裁办或董事会秘书以书面通知的形式通知预警所属公司或部门,由所属事件的主要责任人负责落实和预防突发事件的产生。各项目公司总经理和各中心总监为预警事件的第一责任人,根据预警提示作出预防措施和方案。

第八条 应急处置

1. 信息报告：特别重大或者重大突发事件发生后，需要立即报告上一级领导，最迟不得超过 4 小时，同时通报有关部门和公司秘书，由公司秘书上报执行董事会和应急指导小组。应急处置过程中，要及时续报有关情况。

2. 先期处置：突发事件发生后，各职能部门或责任人在报告特别重大、重大突发事件信息的同时，要根据职责和规定的权限处理突发事件，及时、有效地进行处置，控制事态。

3. 应急响应：对于先期处置未能有效控制事态的特别重大突发事件，由总经理和执行总裁协调和落实事件，并亲自处理该事件，确保公司正常运行。

4. 调查与评估：突发事件处理完成后，由各级职能部门对特别重大突发事件的起因、性质、影响、责任、经验教训等作出结果报告，由应急指挥小组对事件进行调查评估，递交报告交予执行董事会审核。

第九条　信息发布：重大突发事件的信息发布应当及时、准确、客观、全面。事件发生的第一时间要在公司网站上发布简要信息，并将处理措施通知公众，事件处理完成后，发布突发事件的处理结果，以避免不必要的议论和误导。

第十条　监督管理

1. 宣传和培训：人力资源中心或行政部根据本制度的内容和内部监控条例等内容，对各级员工和责任人进行有效培训和宣传，加强预防突发事件的产生，尤其是财务突发事件对公司危害及风险的引导和宣传。

2. 责任与奖惩：突发事件应急处置工作实行责任追究制。对及时、正确处理突出事件的责任人或部门，由执行董事会进行评估，按公司纪律予以奖励。

3. 对突发事件处理不当，对公司经济、信用和社会产生负面影响的责任人，根据其责任大小，由执行董事会作出评价，按公司纪律进行相应的处罚措施。对迟报、谎报、瞒报和漏报突发事件重要情况，对公司造成重大负面影响和损失的责任人或部门，对有关责任人予以开除，严重违反国家法律法规，构成犯罪的，依法追究其刑事责任。

7.12　日常行为规范管理制度

日常行为规范管理制度

第一条　目的

为进一步促进公司规范化、标准化管理，提升员工的职业素养和行为规范，提升全公司工作效率及对外形象，实现员工管理的职业化，特制订本管理制度以规范员工的日常行为。

第二条　适用范围

1. 日常办公行为、着装、接待规范等按本制度执行。

2. 本管理办法适用集团范围内所有公司。

第三条 工作职责

1. 各职能部门是日常行为规范的直接管理部门和责任部门。

2. 人力资源中心或行政部为日常行为规范的检查和监督执行部门。

3. 各级管理层为日常行为规范执行的责任人；下属公司总经理为下属公司日常行为规范的责任人，总公司分线总裁是分线职能中心行为规范执行的责任人。

第四条 日常行为规范

1. 上班时间要保持饱满的热情，尽心尽责，同事间真诚协作，互信互谅，办公效率高效、快捷。

2. 保持个人办公区域的整齐整洁，公共区域不随地吐痰，不乱扔垃圾。

3. 工作时间不大声喧哗，不聚众聊天、嬉戏打闹，不做与工作无关的事情。

4. 爱护公司财物，节约用水、用电，离开办公场所 30 分钟以上，必须关闭电灯等照明器具。

5. 节约办公耗材和纸张等低值易耗品，按需领用。

6. 公司餐厅就餐不肆意浪费。

7. 接听电话使用礼貌用语，外来电话必须先说："您好！罗××"。或"您好，行政管理中心张 ××"等。严禁在工作时间长时间接打私人电话或其他与工作无关的电话。

8. 公司建议员工在工作时间使用普通话。

第五条 接待规范

1. 对待上司要尊重，对待同事要热情，处理工作要保持头脑冷静，接待外宾笑迎。

2. 会谈和会议期间要善于倾听，不随便打断他人讲话，不鲁莽提问，不问及他人隐私或公司秘密，不要言语纠缠不休或语带讽刺，更勿出言不逊，恶语伤人。

3. 与同行交谈时，注意措辞适当，谦虚谨慎，注意公司形象，不应互相倾轧，要客观正派，不泄露商业机密。

4. 为保障各区域有序办公,员工进出各楼层门禁时必须随手关门。出入上司办公室、会议室，应主动敲门示意，出入房间随手关门。

5. 接待外来人员访问或会议，有预约的要提前告知行政管理中心或行政部安排会议室，临时的应暂时安排在接待处，等行政管理中心或行政部安排会议室后进行会客，不得将访客滞留在公共办公区内。

第六条 着装规范

1. 员工必须树立塑造个人及公司的良好形象意识,工作时间一律统一穿着公司制服，修饰应稳重大方、整齐清爽、干净利落。

2. 未发工作服的员工，衣着要求得体、协调、整洁、悦目，上衣、裤子等最好相配，衣服平整，符合时节。

3. 在工作时间，必须佩戴工作牌。

第七条　工作服发放标准和制作时间

1. 工作服的发放，西装为两年一次，衬衫为一年一次。入职试用期满之日起 1 月内，由行政管理中心制作完成（如人数少以批进行制作，前后以两个月为一期）。

2. 其他员工以上次发放时间，前后不超过 1 个月制作完成并下发。

3. 办公室内必须着工作服，天气寒冷时，外出服装不作要求。

4. 工作服发放一年内员工自动离职的，由员工承担 100% 的费用，一年以上承担 50% 的费用，被公司解除合同的，由员工承担 60% 的费用，一年以上的承担 30% 的费用。

第八条　会议纪律

1. 参加会议必须准时，会议召集人员必须守时。

2. 会议需要保密的内容，一律不许对外泄露。

3. 会议达成的决议或决定，与会人员不得将会议中讨论或分析的情况予以泄露，尤其涉及意见不一致或有保留意见的情况，一旦形成决议必须保持高度一致。

7.13　员工职务行为准则

员工职务行为准则

第一章　总则

第一条　本准则体现了企业价值观的基本要求，员工应当熟知并遵守。

第二条　公司尊重员工的正当权益，通过本准则界定公司利益与员工利益，避免二者发生冲突。

第三条　员工违反本准则可能导致公司解除劳动合同。员工违反本准则给公司造成经济损失的，公司将依法追索其经济赔偿。员工行为涉及刑事犯罪的，公司将上报司法机关处理。

第二章　职务权责

第四条　经营活动

1. 员工应守法、诚实地履行自己的职责，任何私人理由都不应成为其职务行违规为的动机。

2. 维护公司利益是员工的义务。员工不得从事、参与、支持、纵容对公司有现实或潜在危害的行为。发现公司利益受到损害时，员工应向公司汇报，不得拖延或隐瞒。

3. 在未经授权的情况下，员工不得超越本职业务和职权范围从事经营活动。

4. 除本职日常业务外，未经授权或批准，员工不得从事下列活动：

（1）以公司名义进行考察、谈判、签约、招投标、竞拍等。

（2）以公司名义提供担保、证明。

（3）以公司名义对新闻媒介发表意见、消息。

（4）代表公司出席公众活动。

5. 员工须严格执行公司颁布的各项制度。员工认为公司制度明显不适用时，应及时向上司或制定和解释该制度的部门反映，公司鼓励员工就工作充分发表意见或提出合理化建议。

6. 遵循管理流程、接受上司的领导是员工的职责，员工应服从上司的指示，员工如若认为上司的指示有违法律及商业道德或危害公司利益的，有权越级汇报。

7. 遇到工作职责交叉或模糊的事项，公司鼓励勇于承担责任和以公司利益为重的行为，倡导主动积极地推动工作完成。在工作紧急和重要的情况下，员工不得以分工不明为由推诿。

8. 严禁员工超出公司授权范围或业务指引的要求，对客户或业务关联单位做出书面或口头承诺。在公司内部，员工应实事求是地对工作做出承诺，并努力兑现。

9. 员工如若有贪污、受贿或作假欺骗公司的行为，无论给公司造成损失与否，公司均可无条件与之解除劳动合同。

第五条　资源使用

1. 员工未经批准，不得将公司资产赠与、转让、出租、出借、抵押给其他单位或者个人。

2. 员工对公司的办公设备、交通工具、通讯及网络系统或其他资产的使用，不得违反使用规定，做任何不适当的用途。

3. 公司的一切书面和电子教材、培训资料等，均有知识产权，员工未经授权，不得对外传播。

4. 员工因职务取得的商业和技术信息、发明创造和研究成果等，权益归公司所有。

5. 员工对任何公司财产，包括配备给个人使用的办公桌、保险柜、橱柜，乃至储存在公司设备内的电子资料，不具有隐私权，公司有权进行检查和调配。

第六条　保密义务

1. 公司一切未经公开披露的业务信息、财务资料、人事信息、招投标资料、合同文件、客户资料、调研和统计信息、技术文件（含设计方案等）、企划营销方案、管理文件、会议内容等，均属企业秘密，员工有保守该秘密的义务；当不确定某些具体内容是否为企业秘密时，应由公司鉴定其性质。

2. 员工薪酬属于个人隐私，任何员工不得公开或私下询问、议论。掌握此信息的员工，不得以任何方式泄露。

3. 员工接受外部邀请进行演讲、交流或授课时，应事先经上司批准，并就可能涉及的有关公司业务的重要内容征求上司意见。

4. 员工应对各种工作实行密码保密，不对外提供和泄露，严禁盗用他人密码。

第三章　内外交往

第七条　员工须谨慎处理内外部的各种宴请和交际应酬活动。员工应谢绝参加的活动包括：

1. 施工单位、材料供应商和投标单位的宴请和娱乐活动。

2. 设有彩头的牌局或其他具有赌博性质的活动。

3. 涉及违法及不良行为的活动。

第八条　公司对外的交际应酬活动，应本着礼貌大方、简朴务实的原则，不应铺张浪费。

1. 公司内部的接待工作，应务实简朴。

2. 员工在安排交际活动时须考虑以下重要因素：

（1）是否属于工作需要。

（2）费用、频率和时机是否恰当。

（3）消费项目是否合法。

第九条　公司对外单位或个人支付佣金、回扣、酬金或提供招待、馈赠等，应坚持下列原则：

1. 不违反相关法律法规。

2. 符合一般道德标准和商业惯例。

第十条　员工不得以任何名义或形式索取或者收受业务关联单位的利益。员工对外活动中，遇业务关联单位按规定合法给予的回扣、佣金或其他奖励时，一律上缴公司处理，不得据为己有。对于对方馈赠的礼物，只有当价值较少（按公认标准），接受后不会影响与对方的业务关系，且拒绝对方被视为失礼的情况下，才可以在公开的场合接受，并应在事后及时报告上司。

第十一条　尊重客户、业务关联单位和同事是基本的职业准则。员工不得在任何场合诋毁任何单位或个人。

第四章　个人与公司利益的冲突

第十二条　兼职

1. 员工未经安排或批准，不得在外兼任获取报酬的工作。

2. 在任何情况下，禁止下列情形的兼职（包括不获取报酬的活动）：

（1）在公司内从事外部的兼职工作。

（2）兼职于公司的业务关联单位、客户或者商业竞争对手。

（3）所兼任的工作构成对公司的商业竞争。

（4）因兼职影响本职工作或有损公司形象。

（5）经理级别以上员工兼职。

3. 公司鼓励员工在业余时间参加公益活动，但若需要利用公司资源或可能影响到工作，员工应事先获得公司批准。

第十三条 个人投资。员工可以在不与公司利益发生冲突的前提下，从事合法的投资活动，但不得进行下列情形的个人投资活动：

1. 参与经营管理的。

2. 对公司的客户、业务关联单位或商业竞争对手进行直接投资的。

3. 借职务之便向投资对象提供利益的。

4. 假借他人名义从事上述三项投资行为的。

第五章　投诉和举报

第十四条 公司内部的投诉和举报，可以向部门领导以及主管该事项的高层管理人员提出。受理部门和人员，应认真调查处理投诉和举报，并为投诉人和举报人保密。

第六章　行为的判断及督导

第十五条 员工判断个人行为是否违反本准则的简易标准是该行为能否毫无保留地在公司公开谈论。

第十六条 员工有责任就难于做自我判断的行为或情形向上司或人力资源部门咨询。接受咨询的部门和人员应给予及时、明确的答复或指导，并为当事人保密。

第十七条 上司对其下属应尽到教导和管理的责任。如上司未尽到责任，以致产生了不良的后果，将与其下属同时受到处分。上司未尽教导和管理的责任的情形包括：

1. 默认下属违反本准则的行为。

2. 未能按照公司规定保证下属定期接受本准则的培训。

3. 未能采取有效的措施防止及补救管理上的漏洞。

4. 未能严格遵守公司的制度进行管理。

7.14　反舞弊工作条例

反舞弊工作条例

第一章　总则

第一条 为了防治舞弊，加强 ×× 公司及下属公司（以下简称"公司"）的治理和内部控制，降低公司风险，规范经营行为，维护公司合法权益，确保公司经营目标的实现和公司持续、稳定、健康发展，保护股东合法权益，根据上市公司的法律、法规、证券交易市场和监管机构的规定和要求，结合公司的实际情况，制订本条例。

第二条 反舞弊工作的宗旨是规范本公司董事、高中级管理层职员和普通员工的职业行为，严格遵守相关法律、行业规范和准则、职业道德及公司规章制度，树立廉洁从业和勤勉敬业的良好风气，防止损害公司及股东利益的行为发生。

第三条　范围：本条例适用于本集团公司及所有附属公司。

第二章　职责、机构与职任

第四条　公司管理层应对舞弊行为的发生承担责任，负责建立、健全并有效实施包括舞弊风险评估和预防舞弊在内的反舞弊程序和控制，并进行自我评估。

第五条　各职能部门负责本部门的反舞弊工作，并监督本部门员工自觉遵守公司反舞弊条例。

第六条　总公司的审计部为公司反舞弊工作常设机构，负责公司内部反舞弊工作的检查和审核。

第七条　审计部的工作职责

1. 负责公司反舞弊工作中的跨部门的、公司范围内的反舞弊补充性工作，包括协助公司管理层牵头组织管理层各部门进行年度舞弊风险评估工作。

2. 接受审核委员会、董事会就公司反舞弊工作计划开展工作指导。

3. 进行公司反舞弊工作的独立评估，协助开展公司反舞弊宣传活动。

4. 审核及评估公司进行的反舞弊控制机制的建立和实施。

5. 受理舞弊举报并进行举报登记、组织舞弊案件的调查、出具处理意见及向管理层和审核委员会、监事会报告等事项。

6. 审计部应建立规范的工作流程、书面程序及制度，以保证审计工作的公平性、公正性和合理性。

7. 审计部人员应当自觉提高反舞弊的意识和反舞弊技术水平，保持应有的职业道德，积极要求并主动接受有关上市证券交易场所和监管机构反舞弊法律法规、行业准则、知识技能的培训，主动了解公司生产经营活动发展状况及计划，会计政策和其他有关规章制度。

8. 审计部应保持与外部审计机构的联系和交流，开展协调工作，建立良好的合作关系。

第三章　舞弊的概念及形式

第八条　本条例所称舞弊，是指公司内、外人员采用欺骗等违法违规手段，谋取个人不正当利益，损害公司正当的经济利益的行为；或谋取不当的公司经济利益，同时可能为个人带来不正当利益的行为。

第九条　损害公司正当经济利益的舞弊，是指公司内、外人员为谋取自身利益，采用欺骗等违法手段使公司、股东正当经济利益遭受损害的不正当行为。有下列情形之一者（包括但不限于）属于此类舞弊行为：

1. 收受贿赂或回扣。

2. 将正常情况下可以使组织获利的交易事项转移给他人。

3. 非法使用公司资产，贪污、挪用、盗窃公司资财。

4. 使公司为虚假的交易事项支付款项。

5. 故意隐瞒、错报交易事项。

6. 伪造、变造会计记录或凭证。

7. 泄漏公司的商业或技术秘密。

8. 其他损害公司经济利益的舞弊行为。

第十条　谋取不当的公司经济利益的舞弊，是指公司内部人员为使公司获得不当经济利益而其自身也可能获得相关利益，采用欺骗等违法违规手段，损害国家、其他组织、个人或股东利益的不正当行为。有下列情况之一者（包括但不限于）属于此类舞弊：

1. 为不适当的目的而支出，如支付贿赂或回扣。

2. 出售不存在或不真实的资产。

3. 故意错报交易事项、记录虚假的交易事项包括虚增收入和低估负债，出具错误的财务报告，从而使财物报表阅读或使用者误解而作出不适当的投融资决策。

4. 隐瞒或删除应对外披露的重要信息。

5. 从事违法违规的经济活动。

6. 伪造、变造会计记录或凭证。

7. 偷逃税款。

8. 其他谋取组织不正当经济利益的舞弊行为。

第四章　舞弊的预防和控制

第十一条　公司管理层的反舞弊工作主要包括：倡导诚信正直的企业文化，营造反舞弊的企业文化环境；评估舞弊风险并建立具体的控制程序和机制，以降低舞弊发生的机会；建立反舞弊工作的常设机构，负责舞弊举报的接收、调查、报告和提出处理意见，并接受来自审核委员会、董事会的监督。

第十二条　宣传：倡导诚信正直的企业文化包括（但不限于）以下多种方式：

1. 最高管理层坚持以身作则，并以实际事例带头遵守 ×× 公司各项规章制度及员工手册。

2. 公司的反舞弊政策和程序及有关措施应在公司内部以多种形式（通过员工手册、公司规章制度发布、宣传或局域网公布等方式）进行有效沟通或培训，确保员工接受有关法律法规、职业道德规范的培训，使其明白行为准则涉及的概念；帮助员工识别合法与违法、诚信道德与非诚信道德的行为。所有员工都必须清楚公司对防止舞弊行为的严肃态度和员工自己在反舞弊方面的责任，从而自觉努力提高反舞弊知识水平和技能。

3. 对新员工要进行反舞弊培训和法律法规及诚信道德教育。

4. 鼓励员工在公司日常工作和交往中遵纪守法和从事遵守诚信道德的行为，帮助员工正确处理工作中发生的利益冲突、不正当利益诱惑；并将企业倡导遵纪守法和遵守诚信道德的信息以适当形式告知与企业直接或间接发生关系的社会各方。

5. 针对不道德行为和非诚信行为可以通过举报渠道进行实名和匿名举报；公司应制定并实施行之有效的教育和处罚政策。

第十三条　控制手段：评估舞弊风险并建立具体的控制机制，以减少舞弊发生的机会，主要通过以下手段：

1. 管理层每年年初在进行企业风险评估（含针对为满足《萨奥法案》404 条款而进行的风险评估）时，将舞弊风险评估纳入其中。

2. 管理层要在公司层面、业务部门层面和主要账户层面中进行舞弊风险识别和评估，评估内容包括舞弊风险的重要性和可能性。

3. 管理层对虚假财务报告、公司资产的盗用和未授权或不恰当的收入或支出，以及对高层管理人员或董事会进行舞弊风险的评估。

4. 公司对准备聘用或晋升到重要岗位的人员进行背景调查，例如教育背景、工作经历、犯罪记录等。背景调查过程应有正式的文字记录，并保存在档案中。

5. 管理层对舞弊的持续监督纳入日常的控制活动中，包括日常的管理和监督活动，也包括为符合《萨奥法案》404 条款而进行的测试活动。

第五章　舞弊案件的举报、调查、报告

第十四条　审计部设立舞弊案件的举报热线电话、电子邮件信箱、举报箱等进行公布，接受各级员工和与公司有经济关系的各方实名或匿名投诉或举报；

第十五条　涉及一般员工的可疑的、被控但未经证实的举报，将视其轻重缓急，会同公司法律、人力资源等部门人员共同进行评估并作出是否调查的决定。

第十六条　涉及公司高层管理人员，经公司执行董事会、审核委员会批准后，可以由公司反舞弊工作常设机构人员和相关部门管理人员共同组成特别调查小组进行联合调查，必要时可以聘用外部专家和审计师共同进行调查。

第十七条　审计部对接到的举报应分类记录，按投诉和举报性质，进行调查和作出反馈意见，报上一级领导批准，形成处理意见时，听取工会意见和建议，最后由人力资源中心负责处理意见的落实。

第十八条　对公司内部控制系统和风险管理的建议和方案，可由执行董事会授权或聘用外部咨询公司和专家进行评估和审计。

第十九条　对举报的调查处理后的舞弊案件报告材料，审计部按归档工作的规定，及时立卷归档。对有关舞弊案件的调查结果及工作报告要依据报告的性质按季度向公司董事会、审核委员会分别报告。

第六章　反舞弊工作的指导和监督

第二十条　公司管理层既要把反舞弊工作作为日常管理工作的一部分，也要积极支

持审计部的日常工作，并从预算、人员配置、工作条件准备上给予充分保障。

第二十一条　公司董事会应至少每年召开一次反舞弊情况通报会，遇有涉及公司执委会成员、总公司中心总监、子公司总经理级别人员舞弊事件，致使公司正常生产、经营活动受到较大影响的舞弊事件，影响公司财务报告正常出具或发生错报等舞弊事件等重要情况或重大问题时，可以随时召开。

第二十二条　各部门负责人在通报会上向董事会汇报有关本部门反舞弊工作的开展情况，并听取内控审计的有关意见及指示，对公司反舞弊工作计划、开展情况等提出评估报告，并就舞弊案件的举报接收情况、调查结果及处理意见提出报告，听取董事会的有关意见及指示。

第二十三条　管理层每年应向审核委员会、监事会和董事会进行至少一次反舞弊工作汇报。审计部也可以依照审核委员会和董事会的要求进行直接的工作汇报。针对管理层及审计部开展的工作，董事会和审核委员会应进行指导、监督及必要的参与。具体为：

1. 审核管理层的反舞弊程序和控制措施，包括管理层对舞弊风险的认定和反舞弊措施的实施。

2. 审核管理层每年一次的舞弊风险评估及其工作计划和报告。

3. 审核管理层跨越控制的可能性，或者其他对财务报告过程能施加不当影响的行为。

4. 了解员工举报的机制，并监督其运行和有效性。

5. 取得管理层、内部或外部审计师发现的舞弊时间的调查报告和处理意见，并与外部审计师沟通公司反舞弊工作情况。

6. 查问管理层就有关已证实的或疑似的舞弊或不法行为的按季度报告的接收和复核，内容包括舞弊行为的性质、状态和最终处理情况。

7. 了解管理层对内部审计师和外部审计师提出的关于加强反舞弊控制建议的反馈。

8. 深入参与或指派相关人员参与对重大舞弊事件或有关财务人员舞弊事件的调查。

9. 审核针对舞弊风险的内部审计计划和听取内控审计部对公司管理层反舞弊工作的汇报。

10. 复核管理层运用的会计准则、会计政策和会计估计及管理层进行的重大非寻常交易、关联方交易。

第二十四条　审核委员会和董事会进行的独立的及共同进行的有关讨论及所作指示，应留有书面记录，并将管理层针对上述机构所作的询问、意见、指示的反馈意见、执行结果以书面形式加以记录，并妥善保管备查。

第二十五条　审计部可以在公司审核委员会和董事会授权下进行独立的或与公司业务部门一道进行被举报舞弊案件的调查，也可以接受管理层委托，为管理层进行特别舞弊事项调查，及针对特别事项进行反舞弊制度及流程的专门评估。审计部所作调查报告、处理意见、评估报告应向高级管理层、董事会、审核委员会分别报告。

第七章　舞弊的补救措施和处罚

第二十六条　公司发生舞弊案件后，在补救措施中应有评估和改进内部控制的书面报告，对违规者采取适当的措施，并将结果向内部及必要的外部第三方通报。

第二十七条　所有犯有舞弊行为的员工，无论是否达到刑事犯罪的程度，反舞弊工作常设机构均应建议公司有关管理层按《人事管理制度》及公司相关规定予以相应的内部经济和行政纪律处罚；行为触犯刑律的，移送司法机关依法处理。

第8章　市场营销管理制度

8.1　市场调研管理制度

市场调研管理制度

第一章　总则

第一条　目的。为实现公司经营目标，提高公司对市场的快速反应能力以及技术创新速度，特制定市场营销调研管理制度来规范市场信息渠道来源，从而保证信息的真实性、准确性和及时性。

第二条　适用范围。本管理办法适用于本集团下属子公司营销部门。

第三条　原则。市场调研本着科学、全面、合理、规范的工作原则和工作方法，采取一般性的电话调研、专家访谈、小范围的抽样调研与大范围的分层抽样系统调研相结合的原则。

第二章　市场调研活动的组织管理

第四条　方案制定。市场调研方案由市场部经理负责制定，上报营销总监审核，经总经理审批通过后，下发各部门执行。

第五条　方案实施。市场部经理负责组织实施。

第六条　实施监督。在方案实施过程中，市场部经理负责实施监督。

第七条　实施效果考核。营销总监负责对方案执行效果进行考核。

第三章　市场调研方法

第八条　文案调研法。文案调研法主要是对现有资料进行收集的一种调研方法。例如：对国家宏观环境信息、行业发展信息、企业现有信息（营销管理、印刷管理、库房管理、储运管理、财务管理等各个岗位的现有资料的收集和分析）。

第九条　实地调研法。实地调研法分为：

（一）访问调查法

1.面谈法：调查者根据访谈提纲直接访问被调查者的一种方法。例如：

（1）对代理商和经销商进行访谈，了解当地市场产品的销售情况。

（2）对专家进行访谈：将有关专家集中起来，了解他们对相关产品的看法。

（3）对终端用户进行访谈：有针对性地抽查几个终端用户的相关人员进行访谈。

（4）在技术培训或技术研讨会结束后，召集与会者谈谈他们对办会效果的评价。

2. 电话调查

由调查者通过电话的方式对被调查者询问了解有关问题的一种方法。例如：

（1）对市场产品销售、客户需求、客户满意度、市场推广效果等进行电话抽样调查。

（2）对市场品牌认知率进行电话抽样调查。

（3）对技术培训或技术研讨会与会者培训效果进行电话调查。

（4）对技术培训或技术研讨会目标客户培训需求进行调查。

3. 邮寄调查法

将调查问卷寄给被调查者，由被调查者根据调查问卷的填表要求填好后寄回的一种方法。

例如：将设计好的问卷寄给代理商 / 经销商，了解其当地市场的销售、需求状况。

4. 问卷调查法

将想要了解的问题设计成问卷的形式，有选择性地将全国或某一局部市场的终端客户进行封闭式问卷调查，直接了解终端客户对现有产品的满意度和对未来产品的需求。

5. 日记调查法

要求代理商 / 经销商将每天销售的产品类型、品种、码样进行登记，建立日记销售台账，并定期寄给发行室，以便对各地区的产品销售情况进行实时监控。

（二）头脑风暴法

通过会议形式将有关人员召集起来，由主持人宣布会议讨论议题，大家集思广益而得出切实可行的实施方案。例如：

1. 营销计划、市场推广方案、销售政策、奖惩措施等方面问题的解决；

2. 新产品开发前通过召集相关专家和技术权威进行头脑风暴。

（三）观察法

调查者在现场对被调查者的情况进行直接观察、记录，以取得市场信息资料的一种方法。例如：

1. 横向观察：由市场研究人员在同一时段内，在门市、经销商的销售现场观察客户对产品的展示、产品的包装的反应以及观察客户对国标产品与竞争对手产品在购买选择时整个决策过程，并加以详细记录。

2. 纵向观察：在不同时间对产品销售情况进行观察，对取得的一连串的观察记录进行分析研究而了解调查对象的变化过程和规律。

（四）实验法

在小规模市场范围内来实验产品销售、市场推广活动的效果，以便在更大范围内推广。例如：

1. 改变产品包装、产品提价或降价，来观看客户对此活动的反应程度。

2. 在某地区开展促销活动，来观看客户对此活动的反应程度。

第四章 市场调研内容

第十条 市场调研内容

1. 市场环境调研。

2. 市场需求调研。

3. 营销活动调研。

4. 客户信用等级调研。

5. 产品、原材料市场价格调研。

6. 供应商的供应能力调研。

第五章 市场环境调研

第十一条 调研内容

1. 宏观环境信息。3～5 年来全国 GDP 发展水平，产业发展，相关的法律法规和政策。

2. 行业信息。3～5 年来钼、钛经济、技术发展水平，行业的法律法规和政策，以及未来的发展趋势。相关行业（钢铁行业、催化剂、添加剂、金属型材行业等）的经济、技术发展水平，行业的法律法规和政策，以及未来的发展趋势。

第十二条 实施过程：

1. 信息渠道来源。主要通过对年鉴（国家 / 省市）、国家发展白 / 蓝皮书、行业发展报告、专业杂志 / 报纸、专业网站等渠道获得。

2. 调研方法。主要采取文案调查法。

第十三条 管理职责

1. 责任人。由市场研究人员负责相关信息的收集、整理、分析、研究。

2. 监督考核人。由市场部经理负责对实施过程进行监督考核，由营销总监对市场部经理进行监督考核。

第十四条 调研结果的运用

1. 市场发展趋势预测。

2. 市场规模分析预测等。

第六章 市场需求调研

第十五条 调研内容

1. 全国平均购买力水平、各地区购买力总量以及相关的影响因素调查。

2. 各地区经济发展水平、产业发展和人口结构调查。

3. 钼、钛有色金属国际、国内购买、消费行为调查。

4. 现有产品的满足程度和对未来产品的需求趋势调查。

第十六条 调研信息渠道来源

1. 对宏观市场信息主要通过年鉴（国家 / 省市）、国家发展白 / 蓝皮书等渠道的文案调查法获得。

2. 对市场需求信息主要通过实地调查法获得。

第十七条　管理职责

1. 责任人。由市场研究人员负责相关信息的收集、整理、分析、研究。

2. 监督考核人。由市场部经理负责对实施过程进行监督考核，由营销总监对市场部经理进行监督考核。

第十八条　调研结果的运用

1. 市场需求发展趋势预测。

2. 市场规模分析预测。

3. 制定年度销售目标和营销计划。

第七章　营销活动调研

第十九条　调研内容

1. 竞争对手调研。针对有影响的区域竞争对手进行市场调查，具体调研内容为：

（1）竞争对手相对垄断市场的原因。政府行为、行业的行政干预、客户的购买习惯还是其他厂商的宣传和销售不到位等。

（2）竞争对手的特点。组织结构、经济实力、产品种类、生产规划和方式、销售渠道、技术创新的程度、未来发展趋势等。

2. 销售市场调研。销售方式、产品促销形式、客户购买形式、客户对价格的敏感度等。

3. 市场推广效果调研。客户对产品的认知率、认知途径；客户对产品广告宣传方式的接受程度。

4. 客户满意度调研。客户对产品、质量、服务、技术支持等方面的满意度。

第二十条　调研方法：主要通过实地调查法获得。

第二十一条　管理职责

1. 责任人。由市场研究人员负责相关信息的收集、整理、分析、研究。

2. 监督考核人。由市场部经理负责对实施过程进行监督考核，由营销总监对市场部经理进行监督考核。

第二十二条　调查结果的运用

1. 营销策略制定。

2. 营销计划调整。

第八章　客户信用等级调研

第二十三条　调研内容

1. 经营的合法性。营业执照、经营法人、经营范围、纳税情况等。

2. 银行信誉。在银行借贷款偿还情况、银行评价等级等。

3. 经营状况调研。年收入总额、利润总额、年盈利率等。

4. 履行合同情况调研。销售合同、销售政策、年度货款回收等。

5. 合作关系。目前的合作程度、占经营收入的比例、将来合作意愿等。

第二十四条　实施过程

1. 信息渠道来源。主要通过实地调查法获得。

2. 责任人。由市场研究人员负责相关信息的市场调查、分析和研究；市场部部长主管负责监督考核。

第二十五条　调查结果的运用

1. 客户管理制度。

2. 营销策略制定等。

第九章　原材料市场调研

第二十六条　调研内容

1. 原材料市场行情、价格水平。

2. 原材料市场国际、国内购买、消费行为调查。

3. 原材料供应商的供应能力。

第二十七条　信息渠道来源：主要通过实地调查法获得。

第二十八条　管理职责

1. 责任人。由市场研究人员负责相关信息的收集、整理、分析、研究，收集相关信息。

2. 监督考核人。由市场部经理负责对实施过程进行监督考核，市场总监负责对市场部经理进行监督考核。

第二十九条　调研结果的运用

1. 原材料采购价格的制定。

2. 原材料采购计划的制定。

第十章　市场调研效果评估

第三十条　评估主要指标

1. 市场调研方案设计的科学性、客观性、合理性。

2. 市场调研方案组织实施过程中控制点数量的选择和管理的有效性。

3. 信息统计分析的全面性、准确性、完整性、及时性。

4. 信息的使用效率和为企业经营决策创造价值大小。

第三十一条　评估方法

1. 评估时间周期。每年度作一次评估。

2. 评估方法。主要通过市场调研信息／资料对营销经营决策的贡献大小来定性、定量评价。

8.2　产品价格管理制度

产品价格管理制度

第一章　总则

第一条　目的

为了使产品定价科学化，制定流程规范化，特制订本制度。

第二条　适用范围

适用于本公司产品的定价与调价管理。

第二章　产品定价

第三条　影响产品定价的因素

1. 企业的营销目标：与产品定价有关的营销目标有维持企业的生存、争取目标利润的最大化，保持和扩大产品的市场占有率等，不同的目标决定了不同的定价策略和定价技巧。

2. 产品成本：产品成本是产品价格的最低限度，产品价格必须能够补偿产品生产、促销和分销的所有支出，并补偿总公司为产品承担风险所付出的代价。

3. 企业营销组合策略：定价策略应与产品的整体设计、销售和促销决策相匹配，形成一个协调的营销组合。

4. 市场需求：产品成本决定产品价格的最低限度，市场需求决定了产品的最高价格。

5. 顾客的考虑：对产品进行定价时必须了解顾客购买产品的理由，并按照顾客对该产品价值的认知作为定价的重要参考因素。

6. 竞争因素：应参照竞争对手的产品价格，以保证产品的销售。

第四条　产品定价流程

1. 财务部会同市场中心、运营中心、营销中心及其相关部门人员收集成本费用数据，计算产品生产的各种成本和费用，包括生产总成本、平均成本、边际成本等。

2. 市场中心对市场上的同类产品进行价格调研分析，主要包括生产厂家、产品型号、市场价格、销售情况、顾客心理价位等方面，尤其是对本公司竞争对手情况的调研分析。

3. 市场中心会同营销中心对新产品的销量进行分析预测，综合考虑各种定价因素，并结合公司的实际情况和营销组合策略，提出新产品的几种定价方案。

4. 由市场中心组织，销售中心、财务部、运营中心等部门参加，会同公司高层最终确定产品价格。

第三章　产品价格调整制度

第五条　提高价格

1. 提价的原因

提价的原因如下表所示：

提价的原因

提价原因	原因描述
成本膨胀	成本提高使利润减少，由于预期未来将继续发生通货膨胀，所以企业提价的幅度往往高与成本增长的幅度
需求过旺	企业在无法提供客户所需的全部产品时，可以通过提价或对客户实行产品配额手段进行协调
渠道管理不善	客户间恶意降价与串货，引起市场价格混乱，企业必须提高价格，重新优化网络建设，保证长期盈利
其他原因	

2. 产品提价的实施要点

正确的提价必须做好经销商及终端层面与顾客层面的工作，具体如下表所示：

产品提价的实施要点

两个层面	原因描述
经销商及终端层面	提价前尽量使其库存量较小，使提价具有逼迫感 提价必须一步到位，保证整个区域的统一 提价后可采取一定的促销活动，同时加强其他渠道的助销工作
顾客层面	淡季提价，对销量影响不大，辅之一定的促销活动吸引注意力 旺季提价，对销量影响较大，要做好有效的促销支持及相关工作

第六条　降低价格

降价的原因如下表所示：

降价的原因

降价原因	原因描述
生产能力过剩	企业需要扩大业务，但增强销售力度、改进产品或者采取其他可能的措施都难以达到目的。
市场份额下降	面临激烈的市场竞争，企业丢失了市场份额
成本下降	成本降低，产品的价格可相应下调
其他原因	如市场价格下跌、竞争对手降价、经济衰退等

第七条　价格调整

价格调整主要有 4 种策略，具体如下表所示：

价格调整的策略

调整策略	主要形式	相关说明
折扣	数量折扣	主要指刺激客户大量购买而给予的一定折扣 1. 折扣数额不可超过因批量销售所节省的费用额度 2. 数量折扣可按每次购买量计算，也可按一定时间内的累计购买量计算
	功能折扣	即贸易折扣，是企业给中间商的折扣。不同的分销渠道所提供的服务不同，给予的折扣也不同
	折让	是折扣的另一种类型，如旧货折价减让是在顾客购买一件新商品时，允许交换同类商品的旧货
折扣	现金折扣	在赊销的情况下，企业为鼓励买方提前付款，按原价给予的一定折扣
	季节折扣	是企业为均衡生产、节省费用和加速资金周转，鼓励客户淡季购买（如夏季购买羽绒服），按原价给予的一定折扣
心理定价	参照定价	利用顾客心目中的参照价格定价
	奇数定价	即尾数用奇数 3、5、7、9 定价，特别是 9，可产生廉价感
心理定价	声誉定价	把价格定成整数或高价，以提高声誉
	促销定价	利用客户心理，把某几种商品定为低价，或利用节假日或换季时机，把部分商品按原价打折出售，促进销售
地区性定价	区域定价	不同区域采取不同价格
	FOB 原产地定价	由企业负责将产品装运到原产地的某种运输工具上交货，并承担此前的一切风险和费用，交货后的一切费用和风险包括运费均由买方承担
	基点定价	由公司指定一些城市为基点，按基点到顾客所在地的距离收取运费，而不管货物实际的起运地点
	统一交货定价	对不同地区的顾客实行统一价格加运费
差别定价	根据实际确定	1. 不同时间 2. 不同花色、式样 3. 不同顾客群体 4. 不同区域

8.3 销售业务内部控制办法

销售业务内部控制办法

第一章 总则

第一条 控制目标

规范销售行为；防范销售过程中出现差错和舞弊现象；降低坏账风险；降低销售费用，提高销售效率。

第二条 适用范围

本制度适用于公司及各控股子公司。

第二章 岗位分工与授权批准

第三条 不相容岗位分离

（1）销售部门的销售业务与发货业务分离。

（2）销售业务、发货业务与会计业务分离。

（3）发运员与仓库保管员分离。

（4）销售政策和信用政策的制定人员与执行人员分离，信用管理岗位与销售收款岗位分设。

（5）销售业务人员与发票开具人员分离。

（6）公司不由同一部门或个人办理销售与收款业务的全过程。

第四条 业务归口办理

（1）销售业务部门主要负责处理订单、签订合同、执行销售政策和信用政策、催收货款。

（2）发货业务部门主要负责审核发货单据是否齐全并办理发货的具体事宜。

（3）财务部门主要负责销售款项的结算和记录、监督管理货款回收。

（4）销售收据和发票由财务部门指定专人负责开具。

（5）严禁未经授权的部门和人员经办销售业务。

第五条 岗位定期轮换

办理销售业务的人员定期进行岗位轮换。

第六条 经办销售业务人员的素质要求

（1）具备良好的职业道德和业务素质。

（2）熟悉公司产品的生产工艺和流程。

（3）熟悉国家有关的法律法规，国际惯例以及对外贸易知识。

（4）符合公司规定的岗位规范要求。

第七条 授权批准

1.授权方式

（1）销售业务除公司另有规定，需经股东大会或董事会批准的销售事项外，由公司总经理审批。

（2）公司总经理对各级人员的销售业务授权，每年初公司以文件的方式明确。

2. 审批权限，如下表所示：

审批权限

项　目	审批人	审批权限
1. 销售政策、信用政策	总经理	（1）制定和修订 （2）以总经理办公会议形式审定 （3）以内部文件等形式下发执行
2. 销售费用预算	董事会	按《预算管理实施办法》规定审批
3. 销售价目表和折扣权限控制表	总经理或授权审批人	（1）制定和修订 （2）以总经理办公会议形审定 （3）以文件或其他方式下达执行人员执行
4. 销售价格确定和销售合同签订	总经理授权审批	按公司授权审批
5. 超过公司既定销售和信用政策规定范围的特殊事项	总经理	总经理办公会议或其他方式集体决策

3. 审批方式

（1）销售政策和信用政策、销售价目和折扣权限控制表等政策性事项，由总经理召开总经理办公会议或授权总经理决定，并以文件或其他形式下达执行。

（2）销售业务的其他事项审批，在业务单或公司设定的审批单上签批。

4. 批准和越权批准处理

（1）审批人根据公司对销售业务授权批准制度的规定，在授权范围内进行审批，不得超越审批权限。

（2）经办人在职责范围内，按照审批人的批准意见办理销售业务。

（3）对于审批人超越授权范围审批的销售业务，经办人有权拒绝并应当拒绝，并及时向审批人的上一级授权部门报告。

第三章　销售和发货控制

第八条　政策控制

（1）公司对销售业务制定明确的销售目标，列入年度预算，确立销售管理责任制。

（2）公司对销售进行定价控制，由公司制定产品销售价目表，折扣政策、付款政策等，并督促执行人员严格执行。

（3）公司对客户进行信用控制，在选择客户时，由销售部门的信用管理人员对客户进行信用评价，充分了解和考虑客户的信誉、财务状况等情况，降低货款坏账风险。

第九条 客户信用管理和赊销控制

1. 客户信用管理

（1）销售部负责进行客户信用调查，填写"客户调查表"，建立客户信用档案；根据客户信用，确定客户信用额度、信用期限、折扣期限与现金折扣比率。

（2）销售部门确定的客户信用额度，必须经公司授权审批人批准后方可执行。

（3）对客户信用进行动态管理，每年至少对其复查一次，出现大的变动时，要及时进行调整，调整结果须经公司授权审批人批准。

（4）对于超过信用额度的发货，必须按公司授权进行审批。

2. 赊销业务控制要求

（1）销售人员严格遵循规定的销售政策和信用政策。

（2）对符合赊销条件的客户，按公司授权，经审批人批准方可办理赊销业务。

（3）超过销售政策和信用政策规定的赊销业务，按公司权限集体决策审批。

第十条 接单和签约控制

1. 接单和销售谈判

（1）销售业务员负责客户订货的管理，每收到一份购货订单都必须在"购货订货登记簿"上登记。

（2）在销售合同订立前，由公司业务员就销售价格、信用政策、发货及收款方式等具体事项与客户进行谈判。

（3）重大合同的谈判，至少有两个以上谈判人员参与谈判。

（4）销售谈判的全过程应有完整的书面记录。

2. 合同订立

（1）合同订立前，信用额度由信用管理人员经信用评估后确定。

（2）超过信用额度的合同，必须按公司授权，事前进行审批，未经审批，不得签订合同。

（3）合同签订按公司授权，由经授权的相关人员与客户签订销售合同，金额较大的销售合同的订立，应当征询法律顾问或专家的意见。

（4）合同条款应符合《中华人民共和国合同法》。

3. 合同审批

（1）销售部门内勤人员应当对合同进行审核，主要审核销售价格、信用政策、发货及收款方式等项目是否违反公司规定。

（2）公司签订的销售合同按公司授权进行审批，未经审批程序的合同不得交予客户。

第十一条 发货控制

1. 发货期的确定

业务员在接受订货、签订合同时，根据产品库存情况，和公司生产周期确定交货期限：

（1）全部有库存的客户订货，按客户要求确定交货期。

（2）库存不足的订货，根据产品生产周期和生产能力与客户协商确定交货期。

2.产品生产和开发

（1）库存不足的订单，由销售内勤人员与生产部门协调，发出生产任务单，由生产部门组织生产。

（2）业务员在接到用户提出的新产品开发意向后，要向用户全面收集产品使用的条件及有关技术参数，由业务员填写"新产品开发建议书"，经公司有关部门会签后交技术中心或组织开发。

3.发货通知

（1）发货通知单由销售部内勤人员根据客户订单或合同填写。

（2）发货通知单一式六联。

（3）发货通知由发运组负责办理发货和运输事宜。

4.发货控制

（1）仓储部门根据"发货通知单"组织备货、发货，仓储部门发货后，如实填写实发数，并盖章注明"已发货"字样，以免重复发货。

（2）由专人不定期对"发货通知单"与装箱进行核对检查。

（3）产品库参照"存货控制"的要求执行。

5.发运控制

（1）发运组对发货通知单与发货实物进行核对相符。

（2）发运组根据合同要求组织运输或代办运输。

（3）发运组必须要求承运人在发货通知单上签名，并向承运人取得相关运输凭证；并及时交内勤人员送财务部门。

第十二条　销售发票开具控制

（1）销货发票由财务部门指定的专人负责开具。

（2）开票人员必须以客户的购货合同和业务员开出的"发货通知单"、运单为依据。

（3）开票人员按税务部门的规定开具销售发票。

（4）开具的发票必须从主管税务部门购买或使用经主管税务部门批准印制的税务发票。

（5）财务部定期对销售发票开具情况进行检查。

第十三条　销售退货的控制

1.国内客户退货

（1）销售退货审批内控要求：

销售退货审批内控要求

项　目	操作人	内控要求
1. 客户退货申请（通知）	客户	（1）有明确理由，附有质量不符或与合同不符的检验报告 （2）一般通知经办业务员或销售业务组
2. 退货申请审核	销售业务员	（1）核实退货原因 （2）填写退货申请并签署建议 （3）提取退货样本或依据公司退货政策或合同，通知客户退货
	销售内勤	（1）对退货申请和客户提供的退货资料进行审核，填写退货审批表，登记退货申请台账 （2）属质量问题的，通知质检人员质检
3. 质检	质检员	（1）及时对退货样本或从退货产品中抽样检验 （2）出具检验报告 （3）与相关部门分析，提出质量改善措施
4. 审批	授权审批人	（1）按授权范围审批 （2）及时审批，审批后及时送交销售内勤
5. 退货、换货通知	销售内勤	（1）根据审批意见，及时通知销售业务员转告客户退货 （2）对客户退货后返货（换货）的，通知发运组发货
	销售业务员	（1）正式通知客户退货，并与客户商定退货补偿方式：退款或换货（注：销售合同已明确的除外，一般销售合同应有退货的处置条款） （2）向客户取得相关退货凭证

（2）退货、换货处理

①公司对退货一般采用退货返货制即换货制（合同明确应退款的除外）。

②授权审批人审批后，方可执行退货业务。

③货物退回公司或公司指定地点后，须经质检人员检验和仓库人员清点后，办理入库手续。质检部门对客户退回的货物进行检验，并出具检验证明；仓库人员在清点货物、注明退回货物的品种和数量后，填制退货接收报告（收货单）。

④需要办理退款的退货，财务部门应对检验报告、退货接收报告以及退货方出具的退货凭证等进行审核后，方可办理退款手续，支付退货款须经授权审批人审批。

2. 国外退货

（1）国外退货原则

①属于质量原因的退货，实行就地报废。

②属于非质量原因退货采用就地销售原则。

（2）国外退货内控要求。

国外退货内控要求

项　目	操作人	内控要求
1. 客户退货申请（通知）	客户	（1）必须有经公司认可的质量检验机构的质量检验报告 （2）有不符双方约定质量标准的事实
2. 审核	销售内勤	（1）对客户传送的退货资料进行审核和分析，必要时，将相关资料送交质量、技术部门分析 （2）填写客户退货审批表
3. 审批	授权审批人	（1）按授权范围审批 （2）有明确的审批处理意见 （3）及时审批
4. 退货处理	销售内勤	（1）通知客户退货，并报废处理 （2）取得退货报废处理证明
	客户	（1）按公司要求，送交处理单位实行报废处理 （2）取得报废处理的相关资料

第四章　销售货款收取控制

第十四条　货款催收和办理

1. 催收

（1）货款催收由销售部门办理，财务部门督促并协助办理。

（2）对催收无效的逾期应收账款，由销售部门会同财务部门申请，经财务总监审核，总经理批准，通过法律程序予以解决。

2. 催收记录

（1）销售部门在向客户催收货款时，应做好催收记录，并尽可能取得客户的签证。

（2）公司销售部门会同财务部门定期或不定期向客户发出催收函，并将发函凭证保存，作为催收记录的依据。

3. 收款业务办理

（1）公司财务部门应当按照《现金管理暂行条例》《支付结算办理》和《内部会计控制制度——货币资金》等规定，及时办理销售收款业务。

（2）财务部门应将销售收入及时入账，不得账外设账，不得擅自坐支现金。

（3）销售人员除事先经财务部门授权外，应当避免接触销售现款。

第十五条　应收货款管理

1. 应收账款台账

（1）公司销售部门内勤组、业务员按责任范围建立应收账款台账，及时登记每一客户应收账款余额的增减变动情况和信用额度使用情况。

（2）财务部门对长期往来客户的应收账款，按客户设立台账登记其余额的增减变动情况。

（3）销售部门内勤人员、业务员定期与财务部门核对应收账款余额和发生额，发现不符时，应及时查明原因，并进行处理。

（4）销售部门信用管理人员应对长期往来客户建立完善的客户资料，并对客户资料实行动态管理，及时更新。相关资料由内勤人员，业务员和财务部门提供。

2. 与客户核对应收账款

（1）销售部门业务员或内勤人员每半年与客户核对应收货款余额和发生额，发现不符时，应及时查明原因，向财务部门报告，并进行处理。

（2）财务部门每年至少一次向客户寄发对账函，对金额较大的客户，财务部门认为必要时或销售部门提出申请时派相关人员与客户进行对账，发现不符时，要及时向上级报告，会同相关部门及时查明原因，并进行处理。

3. 账龄分析和坏账处理

（1）财务部门定期对应收账款账龄进行分析，编制账龄分析表，对逾期账款进行提示，并建议相关部门采取加紧催收措施或其他解决措施。

（2）对可能成为坏账的应收账款，按《内部控制制度——坏账损失审批》的规定办理。

（3）公司财务部门对已核销的坏账，应当进行备查登记，做到账销案存，已注销的坏账又收回时，应当及时入账，防止形成账外款。

4. 应收票据管理

（1）公司应收票据的取得和贴现必须由保管票据以外的主管书面批准。

（2）公司由出纳保管应收票据，对于即将到期的应收票据，应及时向付款人提示付款；已贴现票据应在备查簿中登记，以便日后追踪管理。

（3）对逾期未能实现的应收票据，经财务经理批准，转为应收账款，并通知相关责任人员及时催收。

第六章　销售记录控制

第十六条　销售过程记录

公司在销售与发货各环节设置相关的记录，填制相应的凭证，对销售过程进行完整登记。

第十七条　销售台账

（1）销售部门应设置销售台账，及时反映各种商品、劳务等销售的开单、发货、收款情况。

（2）销售台账应当记载有客户订单、销售合同、客户签收回执等相关购货单据资料。

（3）销售部门的销售台账定期与财务部门核对。

第十八条　销售档案管理

销售部门应定期对销售合同、销售计划、销售通知单、发货凭证、运货凭证、销售发票、客户签收回执等文件和凭证进行相互核对，并整理存档。

第七章　监督检查

第十九条　监督检查主体

1. 公司监事会。依据公司章程对公司销售与收款管理进行检查监督。

2. 公司审计部门。依据公司授权和部门职能描述，对公司销售管理进行审计监督。

3. 公司财务部门。依据公司授权，对公司销售管理进行财务监督。

4. 上级对下级进行日常工作监督检查。

第二十条　监督检查内容

1. 销售与收款业务相关岗位及人员的设置情况。重点检查是否存在销售与收款不相容，职务混岗的现象。

2. 销售与收款业务授权批准制度的执行情况。重点检查授权批准手续是否健全，是否存在越权审批行为。

3. 销售的管理情况。重点检查信用政策、销售政策的执行是否符合规定。

4. 收款的管理情况。重点检查销售收入是否及时入账，应收账款的催收是否有效，坏账核销和应收票据的管理是否符合规定。

5. 销售退回的管理情况。重点检查销售退回手续是否齐全、退回货物是否及时入库。

第二十一条　监督检查结果处理：对监督检查过程中发现的销售与收款内部控制中的薄弱环节，公司有关责任部门和责任人应当采取措施，及时加以纠正和完善。

8.4　销售合同管理办法

销售合同管理办法

第一章　总则

第一条　目的

为了贯彻国家有关法律法规，维护公司正常的经营秩序，提高公司的经营管理水平，适应公司不断发展的需要，在合同管理制度的基础上，特编写本销售合同管理办法。

第二条　适用范围

适用于公司所有销售机构的销售业务活动。

第三条　原则

未经公司评审过的合同不得让客户先签章。

第四条　合同签约主体

对于新建分公司，销售合同总金额大于 20 万元的合同签约主体只能为总部，对于已建分子公司，根据客户的需求决定合同的签约主体。

第二章　岗位及职责

第五条　销售机构的职责

1. 学习并掌握公司的合同管理制度、CRM 系统销售漏斗的管理程序，将所有的销售项目均在 CRM 系统中备案；按照公司标准合同模版的条款同客户进行合同的商务谈判；对于非标准合同模版以及大额的合同须提前至少 3 个工作日通知商务部准备合同的评审。

2. 严格按照商务部的要求及时填写《销售／采购申请单》。

3. 了解并掌握公司所销售产品的特点及功能，避免给客户做不现实的承诺而给公司造成无谓的经济损失。

4. 按照公司相关产品销售的规定给客户进行供货周期、服务、退换货等承诺，避免给客户不现实的承诺。

5. 与客户签订合同前要全面了解客户的资信状况及该项合同的可执行性，以防欺诈行为发生，并有责任向商务部门提供完整的客户信息。

6. 了解合同执行情况，对可能出现的问题及时向主管领导反映并加强与执行部门及客户的沟通，协助解决问题。

7. 按照合同的约定执行收款，如果产生超期欠款，应尽努力收回。

8. 积极配合服务人员、项目经理做好产品、项目的客户验收工作。

第六条　商务部的职责

1. 总部商务部职责

（1）标准合同文本的发布执行，特殊合同文本的参与拟定。

（2）对 CRM 系统进行管理。

（3）根据公司各项规定对合同的主要条款进行审核，主要条款指：产品名称、规格型号、数量、价格、收款方式、收款期限、供货周期、实施周期等。对所有非标准合同组织评审。

（4）对本公司的合同统一编号、登录合同各项信息并分类汇总、保管。

（5）监督合同进程，对不能完全按照合同条款执行的部分应该及时向销售机构通报。主要内容包括：严格保证合同的供货周期、合同的客户付款到账、开销售发票及发货、验收等环节，定期检查已届满的合同是否已经全面履行，以及合同从签订到执行的各个阶段是否符合规定要求。

（6）负责公司的应收账款管理工作，定期向各销售机构和销售人员提供"销售情况统计表"，督促欠款的催收工作。

（7）对合同相关数据进行统计、分析，为公司的经营决策提供有效的分析数据；协助建立用户信息档案。

（8）保证销售机构在订单传递、特价审批、合同跟踪、物流配送等商务环节上的畅通与高效。

2. 已建分子公司商务人员职责

（1）对销售合同发起合同评审，并审核合同中有关合同产品、合同金额、收款方式等的相关条款。

（2）向总部订货、收货、保管与发货。

（3）审核销售人员提交的"发票申请单"并提交财务部。

（4）"销售情况统计表"的维护与更新。

第七条　法务专岗

1. 对标准合同模版的草拟并组织评审。

2. 对销售合同中法律条款的审核。

3. 对合同执行过程中出现的法律问题进行法律支持。

4. 负责总部合同专用章的保管与使用。

第八条　软件中心

1. 为公司各销售机构提供销售、实施及产品日常的运维服务支持。

2. 对于特殊的合同，协助销售机构与客户进行相关产品的技术交流与沟通。

3. 为了防范技术风险、保证合同的顺利执行，需要对非公司标准合同模板起草的合同相关条款进行审核，包括：客户需求、开发及实施周期等。

第九条　方案推广销售部

1. 为公司各销售机构提供方案型的销售建议，更好地为客户系统提供服务。

2. 参与销售合同的评审。

第十条　质量监督部

1. 对合同项目的开发、实施的执行过程进行立项、跟踪与监控。

2. 保存合同项目的相关开发和实施文档。

3. 负责将合同项目的阶段性验收报告文档及时移交商务部。

第十一条　财务部

1. 总部财务部职责

（1）根据商务部提交的"发票申请单"开具销售发票。

（2）合同款项到款及时通知商务部直销销售商务。

2. 已建分子公司财务人员职责

（1）审核或审批合同中的商务条款。

（2）根据商务人员审核后"发票申请单"开具销售发票。

（3）合同款项到款及时更新"销售情况统计表"并通知合同责任人。

（4）对合同相关数据进行统计、分析，为公司的经营决策提供有效的分析数据。

（5）合同印章的保管与使用。

3. 新建分公司区域财务主管职责

（1）对销售合同发起合同评审，并审核合同中有关合同产品、合同金额、收款方式等的相关条款。

（2）向总部订货、收货、保管与发货。

（3）根据合同责任人提交的"发票申请单"进行审核并开具销售发票。

（4）合同款项到款及时更新"销售情况统计表"并通知合同责任人。

（5）合同印章的保管与使用。

第三章　合同分类与适用范围

第十二条　委托技术开发合同：委托产品开发、综合业务系统开发、自主产品个性化开发。知识产权归委托方或双方所有的合同。

第十三条　产品销售及服务合同（混合销售）：自主知识产权软件产品销售及服务、代理产品销售及服务。

第十四条　技术实施或服务合同：非产品类的技术实施、技术服务、技术咨询。

第十五条　销售代理协议／订货单：代理商／分子公司销售本公司的产品而与总部签订的销售协议／订货单。

第四章　合同管理流程描述

第十六条　本流程描述中的商务人员指：总部——直销销售商务；已建分子公司——商务人员；新建分公司——区域财务主管。

本流程描述中的财务人员指：总部——财务人员；已建分子公司——财务经理；新建分公司——区域财务主管。

第十七条　合同起草

1. 所有的销售合同在签订前均须在ＣＲＭ系统销售漏斗中备案，否则，商务人员不予发起评审。

2. 各销售机构需严格按照公司制定的标准合同模版起草，根据客户的意见在修订状态下对合同进行修改；然后以邮件形式提交至商务人员进行初审。

第十八条　合同评审及签订

1. 合同评审的方式：合同评审的方式为邮件评审或会议评审，具体根据合同的实际情况而定，且按照《合同管理制度》执行。

2. 合同评审权限：略。

3. 合同评审的时间要求

（1）邮件评审：所有审核人的审核同步进行，即评审发起人同时将合同草稿邮件发给所有审核人，审核人应在一个工作日内向发起人反馈意见；审批人逐级审批，每个审批人应在一个工作日内反馈意见。

（2）会议评审：评审发起人在接到合同责任人的合同草稿后，在两个工作日内组织会议评审，并在评审会召开的同时将纸质合同草稿发给所有审核人和审批人，参与评审的人员在会议讨论结束的同时在"销售合同审批表"上出具评审意见。

4. 合同签章

（1）合同审批后由合同责任人自行签订，且凭审批后的"销售合同评审表"请合同印章保管人加盖合同章。

（2）特殊说明：由于客户方的特殊原因，未经公司审批而先使用印章签订的销售合同，须补走审批流程，否则，此类合同的收入不予计算销售业绩，但公司将继续履行合同的权利及义务。

（3）客户方、我方均签字盖章后，此合同即签订完毕。

第十九条　合同移交

（1）合同签订完毕后，合同责任人应立即填写"销售／采购申请单"（本单一式四联：白联：商务人员留存；粉联：如果有第三方产品采购则采购执行人留存；黄联：视同订货单由订单受理专员留存；蓝联：交由合同责任人留存）连同合同一并移交至合同签约主体方商务人员，进行合同的存档及执行管理。

（2）"销售／采购申请单"须将销售部分以及采购部分分别填写清楚，如采购价格暂时未确定，则由合同责任人以从高的原则暂估采购价格，待采购合同签订后，由商务人员进行核对并修正即可。

（3）"销售／采购申请单"经商务审核，商务部经理或分子公司财务经理审批后，即可列入"销售情况统计表"进行合同的收款或付款、销售收入和成本的统计；如果采购价格为暂估的需由业务主管副总裁审批后（分子公司可邮件审批）方可计入销售人员的业绩统计。

第二十条　合同的执行管理

1. 合同内产品的发货参见《订单管理程序》。

2. 合同的开发、实施、服务申请和合同项目的立项参见公司的项目、实施服务流程。

3. 合同销售发票的开具

（1）由合同责任人提交一式两联的"发票申请单"至商务人员。

（2）商务人员根据合同内容、发货情况、实际的收款、开票情况审核"发票申请单"。

①如果先发货后开发票，则按正常发货后开具销售发票的流程进行。

②如果先开发票后发货，则经需商务部经理／分子公司财务经理审批后，再按正常的开票流程进行。

③审核无误后提交财务部开具发票。

④财务人员根据"发票申请单"开出发票，同时将"发票申请单"的第二联返给商务人员，并通知发票申请人领取或直接邮寄至分子公司。

⑤商务人员根据返回的"发票申请单"更新"销售情况统计表"。

4. 合同回款的处理

（1）财务收到回款后，每天上午 9：30 分前邮件通知商务人员上一个工作日的回款记录。

（2）商务人员根据回款的金额和客户，判断到具体的合同中，形成当日的回款清单，邮件通知合同责任人和相关领导，并及时更新"销售情况统计表"。

5. 合同收入或成本的确认

（1）需开发或实施交付的合同项目，由质量监督部或分子公司实施服务人员将合同项目的阶段性验收报告（《项目总体计划》《项目培训报告》《项目上线报告》《项目验收移交报告》）移交至商务人员。

（2）不需要开发或实施交付的合同项目，由合同责任人将《产品／服务签收单》移交至商务人员。

（3）商务人员为阶段性验收报告进行编号管理，然后根据《收入／成本确认原则》进行合同的收入或成本确认。

（4）将已经编号且收入或成本确认过的阶段性验收报告移交至合同管理员存档管理。

第二十一条　合同应收款

1. 应收款：是指公司因销售产品或提供劳务而形成的债权。应收款分为未到期和逾期两种：

（1）未到期：合同规定的信用期内的欠款。

（2）逾期：超过合同规定的信用期的欠款，对于逾期较长或回收难度较大的应收款，由主管副总裁决定是否向客户发送信用沟通函（对账单）或催款函或律师函。

（3）合同坏账：对于逾期的应收账款，根据财务规定计提坏账准备。

2. 各销售机构应积极催收逾期欠款，对按时付款确实有困难的客户要与之签订付款协议（要求客户签字盖章），明确付款日期和金额，经相应合同审批权限人签字后交商务部备案。如果因合同存在技术问题，暂时不能签订付款协议，各销售机构应与客户签订解决方案备忘录（要求客户签字盖章），注明解决什么问题，客户应在什么时间、什么条件下付款等。经相应合同审批权限人签字后，交商务部备案。

3. 销售机构内销售人员调离公司或内部调动工作岗位，应与销售机构负责人指定的其他销售人员办理应收款书面移交手续，交商务部备案。若出现了无人负责的欠款合同，销售机构负责人应指定专人接管。

第五章   合同的变更与纠纷

第二十二条   合同发生变更，各销售机构需填写"合同变更审批表"，并与客户签订合同补充协议，审核及审批权限与新签订合同流程一致，并按合同补充协议的条款在商务人员处备案执行。

第二十三条   合同发生纠纷，各销售机构应主动与法务专岗联系，获得解决方案。

第六章   合同的存档

第二十四条   合同的存档

1. 所有总部签订的合同及相关文档，均由总部商务部合同管理员存档并建立《合同合账》。

2. 所有分子公司签订的合同及其相关文档,均由分子公司的商务人员存档并建立《合同合账》，每月最后一个工作日将《合同合账》提交总部备案。

第9章 设计研发管理制度

9.1 产品研发管理制度

产品研发管理制度

第一章 总则

第一条 目的

为了加强对公司新产品开发和产品改进工作的管理，加快公司技术积累、打好技术基础、加快产品研发速度、指导产品研发工作、提高技术人员素质，特制订本制度。

第二条 适用范围

适用于 ×× 集团所属各公司产品研发的管理。

第三条 术语和定义

1. 新产品开发：为满足市场需求开发的不同于公司现已生产的新型产品和在公司已批量生产的某种产品基础上改动量超过 40% 而形成的一种新型产品。

2. 产品改进：为了适应市场需要、满足用户要求、提高产品质量、降低制造成本等，在公司已批量生产的某种产品的基础上，通过改动其一个或一个以上零部件（改动量不超过 40%）而形成的一种新型产品。

3. 产品研发：本制度中所指的产品研发包括新产品开发和产品改进。

第四条 职责

1. 集团副总工程师：负责组织编制 ×× 集团年度产品研发计划，协调处理计划在执行过程中出现的需要集团公司出面解决的问题，并对计划执行情况进行监督和考核。

2. 各公司技术副总经理（总工程师）：负责组织对产品研发项目的评审、批准、设计、生产准备、试制、鉴定、认证、专利申报。

3. 销售部门：负责收集和提供市场需求产品的信息，并提出产品研发项目建议。

4. 人力资源部：负责产品研发人员的合理配置。

5. 产品研发部门：负责提出产品研发项目；负责产品研发项目的设计、试验、试制、评审。

6. 工艺部门：负责产品研发项目的工艺性审查、工艺文件编制、现场技术服务和工艺验证。

7. 生产部门：负责产品试制的生产计划制定和生产的组织。

8. 采购部门：负责产品试制所涉及的采购工作。

9. 工装和设备部门：负责产品试制所涉及的工艺装备和设备的申请采购工作。

10. 检测和计量部门：负责产品试制的检测和记录工作。

11. 各分厂：负责按试制计划组织完成本单位的试制工作。

第二章　产品研发的流程、责任部门和周期

第五条　产品研发的主要流程、部门主要工作和研发周期为（各公司有关部门可根据本公司的产品特点，制定更细化的流程和管理规定）：

产品研发的流程、责任部门和周期

序号	工作内容	频率／周期	责任部门
1	提出产品研发项目建议	一季度一次	销售、产品研发、投资发展和研究中心等部门
2	对产品研发项目进行决策	10 ～ 20 天	技术副总经理（总工程师）组织评审、总经理批准
3	设计说明书、工作图设计、试制鉴定大纲、其他技术文件	1 ～ 2 个月	产品研发部门（项目小组）
4	样品试制、小批量试制、生产准备	2 ～ 3 个月	项目小组和有关部门
5	产品认证、鉴定和证书办理	1 个月	总师室（总经办）
6	专利申请	根据具体情况确定	总师室（总经办）
7	产品移交投产	20 天	技术副总经理（总工程师）签定意见、总经理批准
8	技术资料验收及存档	10 天	产品研发部门、工艺部门、工装部门

第三章　产品研发项目提出

第六条　根据市场调查分析和主要竞争对手产品的质量、价格、市场、使用情况和用户改进要求，销售部门和产品研发部门在每个季度末的 20 日之前（四季度除外）和在每年的 12 月 10 日之前，向集团总师办和产品生产单位的技术副总经理（总工程师）提交下个季度或下个年度的"产品研发项目建议表"。

第七条　投资发展部和研究中心，广泛收集国内外有关情报和专刊，然后进行分析研究，对适合公司投资的项目进行可行性分析并形成报告，上报总裁裁定。对收集到的行业竞争对手的各方面情报，及时提供给有关部门和领导，供工作决策时参考。

第八条　公司员工对提高产品质量和性能、降低产品制造成本的建议，提出上报公司质办，经评审通过后，转到产品研发部门按本制度规定的程序进行开发。

第四章　产品研发项目决策

第九条　每年 12 月 20 日之前，各公司的技术副总经理（总工程师）负责组织有关部门对提交上来的年度"产品研发项目建议表"进行评审，对评审通过的项目上报总经理批准。总经理批准后，由副总经理（总工程师）负责向产品研发部门下达"产品研发项目任务书"。

第十条　研发部门负责人在收到"产品研发项目任务书"后，确定项目负责人。项目负责人负责完成"产品研发项目进度表"和设计说明书。技术副总经理（总工程师）负责组织有关部门和人员对进度表和说明书进行评审，评审后由项目负责人最终形成"产品研发项目进度表"和设计说明书，并报副总经理（总工程师）签字批准。

第十一条　各公司的技术副总经理（总工程师）负责组织编制"年度产品研发计划表"，并将此表和每一个项目的"产品研发项目进度表"交于信息管理部、集团总师办，以便有关人员对产品研发情况进行监控。

第十二条　日常的和每季度提出的"产品研发项目建议表"，也按第 9 条至第 11 条的规定办理。并在 5 天内对"年度产品研发计划表"进行补充，对补充的项目要及时通知信息管理部和集团总师办。

第十三条　根据各公司上报的计划表，集团总师办汇总编制 ×× 集团"年度产品研发计划表"，并不断补充日常和每季度的新批准项目。

第五章　产品设计管理

第十四条　设计说明书

1. 设计说明书产品设计的主要依据，也是集团公司进行技术积累、搭建设计平台、产品延续、技术人员提高技术水平和互相学习的重要技术资料，还是企业自主知识产权的一种体现。因此，所有产品项目的设计说明书必须准确的包含以下内容，不允许有任何隐瞒和漏项。

（1）基本参数及主要技术性能指标。

（2）整体布局及主要部件结构叙述。

（3）产品工作原理及系统：用简略画法构出产品的原理图、系统图并加以说明。

（4）采用的技术标准；采用的标准件、通用件、标准材料、标准元器件、系列化继承性。

（5）关键技术解决办法及关键元器件、特殊材料资源分析。

（6）试验研究大纲和研究试验报告。

（7）产品设计计算书（如对运动、刚度、强度、振动、噪声、热变形、电路、液气路、能量转换、能源效率等方面的计算、核算）。

（8）画出产品总体尺寸图、产品主要零部件图。

（9）产品工艺性分析。

（10）生产设备、工装分析。

（11）成本分析。

（12）知识产权分析。

（13）专利申请建议。

2. 设计说明书的格式根据产品的不同，由产品研发部门自行决定，设计说明书中的部分内容可在不同的设计阶段完成。设计说明书必须包括上述内容，如某些内容确定没有，也要有"无"或"不需要叙述"等文字说明。设计说明书由项目负责人负责完成。

第十五条　工作图设计

工作图设计是在设计说明书的基础上完成供试制（生产）及出厂用的全部工作图样和设计文件，主要有：产品零件图、部件装配图和总装配图，还包括技术要求、试验方法、检验规则、包装标志与储运。这些工作由项目组负责完成。

第十六条　编制试制鉴定大纲

试制鉴定大纲是样品及小批试制用必备技术文件，要求大纲具备：

（1）能考核和考验样品（或小批产品）技术性能的可靠性、安全性，规定各种测试性能的标准方法及产品试验的要求和方法。

（2）能考核样品在规定的极限情况下使用的可行性和可靠性。

（3）能提供分析产品核心功能指标的基本数据。

第十七条　编写其他技术文件，主要包括：

（1）文件目录（图样目录、明细表、通（借）用件、外购件、标准件汇总表、技术条件、使用说明书、合格证、装箱单）。

（2）图样目录（总装配图、原理图和系统图、部件装配图、零件图、包装物图及包装图）。

（3）包装设计图样及文件（含内、外包装及美术装潢等）。

（4）随机出厂图样及文件。

（5）产品广告宣传备样及文件。

（6）标准化审查报告（对新设计产品在标准化、系列化、通用化方面作出总的评价，这也是产品鉴定的重要文件）。

第六章　产品试制与鉴定管理

第十八条　样品试制和小批试制

试制工作分为样品试制和小批试制两个阶段。样品试制是产品研发部门根据设计说明书、图纸、工艺文件和必要的工装负责试制成一件或几件样品，然后按要求进行试验，借以考验产品结构、性能和设计图的工艺性，考核图样和设计文件的质量。小批试制是在样品试制的基础上进行的，主要目的是考核产品工艺性，验试全部工艺文件和工艺装备，并进一步校正和审验设计图纸；此阶段以产品研发部门为主，由工艺部门负责工艺文件编制，工装部负责工装采购，试制工作在生产部和各分厂进行。

第十九条 试制技术文件

在样品试制和小批试制完成后，产品研发部门还要完成：

1. 试制总结（包括样品试制总结和小批试制总结。着重总结图样和设计文件验证情况，以及在装配和调试中反映出的有关产品结构、工艺及产品性能方面的问题及其解决过程，并附上各种反映技术内容的原始记录）。

2. 型式试验报告（着重总结产品的全面性能试验）。

3. 必需的工艺文件（工艺部门负责编制）。

第二十条 产品鉴定

1. 样品鉴定由技术副总经理（总工程师）负责组织由相关部门参加，审查样品试制结果、设计结构和图样的合理性、工艺性、并签字确定能否投入小批试制。

2. 小批试制鉴定由技术副总经理（总工程师）负责组织相关部门参加，审查产品的可靠性，审查生产工艺、工装与产品测试设备、各种技术资料的完备与可靠程度、资源供应、外购外协件定点定型情况等，明确产品制造应改进的事项，并确定产品能否投入批量生产，最终报总经理签字批准。

第七章　产品国家（行业）认证和鉴定及证书办理

第二十一条　产品国家（行业）认证和鉴定及证书办理由各公司总师室（总经办）负责。产品研发部门负责提供有关技术资料和文件。

第八章　专利申请

第二十二条　在注重知识产权的时代，专利申请的成功便意味着对未来市场的拓展和合法垄断，可以延缓同行的进入时机，并能以仿制嫌疑诉讼同行一些企业。各公司必须重视专利申请工作，专利申请工作由各公司总师室（总经办）负责。

第二十三条　为避免和应对同行有可能以仿制嫌疑诉讼我公司，项目小组的所有设计资料必须存档保存（文本、光盘、软盘）。此项工作由产品研发部门负责人负责。

第二十四条　产品研发部门要对每项技术创新提出申报专利申请，并提供相关资料和文件。

第二十五条　各公司的总师室（总经办）负责专利申请的报批工作。

第九章　产品研发项目移交投产的管理

第二十六条　新产品开发和产品改进都必须要有技术副总经理（总工程师）审核批准的《产品研发项目任务书》。由设计部门进行技术设计，工作图设计并经过会签（有关部门）、审核（技术部门负责人）、技术副总经理（总工程师）批准后才能进行样试。

第二十七条　产品的主要参数、型式、基本结构应采用国家标准，在充分满足使用需要的基础上，达到标准化、系列化和通用化。

第二十八条　每一项新产品和改进产品都必须经过样品试制和小批试制后方可成批生产，样试和小批试制的产品必须经过严格的检测，具有完整的试制和检测报告。样试、批试均应由技术副总经理（总工程师）组织召集有关部门进行鉴定。个别工艺上变化很小的新品，经工艺部门审核、技术副总经理（总工程师）签字，可以不进行批试，在样品试制后直接办理成批投产的手续。

第二十九条　新产品移交生产线由各公司技术副总经理（总工程师）主持各有关部门参加鉴定会，多方听取意见，对新产品从技术、经济上作出评价，确认设计合理性，工艺规程、工艺装备没有问题后，提出可以正式移交生产及移交时间的意见，并报总经理批准。

第三十条　批准移交生产线的新产品，必须有产品技术标准、工艺规格、产品装配图、零件图、工装图以及其他有关的技术资料。

第十章　技术资料验收及存档

第三十一条　图纸幅面和制图要符合有关国家标准和企业标准要求。

第三十二条　成套图册编号要有序，蓝图（底图）与实物相符，工装图、产品图等编号应与已有的编号有连贯性。

第三十三条　产品图、总装图、工艺文件和工装图纸等技术资料必须按技术资料上签字档中规定的人员签字，全部底图要移交技术档案室签收存档。

第三十四条　技术资料的验收汇总存档管理由产品研发部门负责。

第三十五条　在第四章和第五章中规定的技术资料，产品研发部门、工艺部门和工装部门的负责人负责全部收齐归档，资料管理人员存档时必须验证，如不齐全可拒绝存档，并上报技术副总经理（总工程师）进行批示。

第十一章　产品研发经费

第三十六条　对每个产品项目实行产品研发经费承包制，经费项目包括：调研费、差旅费、对外技术合作费、外委试验费、产品鉴定费、专利申请费、加班费和公司规定的完成项目奖励等。产品试验经费由技术副总经理（总工程师）审查，报总经理批准。

第三十七条　产品研发经费按单项预算拨给，单列账户，实行专款专用，由产品研发部门掌握，财务部门监督，不准挪作他用。

第三十八条　为鼓励和激发产品研发人员的研发热情，项目完成后，公司规定的项目奖励必须全额发放到项目小组，每个成员的得奖比例由产品研发部门负责人和项目负责人确定，发放方式按集团公司规定执行。

第三十九条　产品研发成果按销售量提成的奖励和其他奖励按产品研发部门同公司签订的承包协议执行。

第十二章　产品研发周期

第四十条　原则上产品研发周期以销售部门确定的为准。产品研发部门的研发时间确实满足不了销售部门的要求时，要由主管销售的总经理或副总经理同公司的总经理商定后，由各公司的总经理确定开发周期。

第四十一条　产品研发周期见各公司制定的"产品开发改进周期表"，不同的产品项目，因工作量不同，开发周期也不完全相同，要按与表中对应的过程项目来确定研发周期。

第四十二条　对于公司已具有成熟制造和应用技术的产品以及由原产品派生出来的变型产品，允许直接从技术设计或工作图设计开始，开发周期定为 1 ~ 3 个月。

第四十三条　从大专院校或有关科研设计机构移植过来的经过试验的产品，必需索取全部论证、设计和工艺（含工装）的技术资料，并应重新调查分析论证，对于这类产品，开发周期定为 2 ~ 5 个月。

第四十四条　属于老产品在性能和结构原理上有大的改变的研究以及新类别产品的开发，开发周期一般规定为 6 ~ 7 个月，具体程序周期规定为：

1. 提出论证和决策周期：一般为 20 天；复杂的为 40 天（手机）。

2. 产品设计周期（含设计说明书、工作图设计和试制鉴定大纲）：1 ~ 2 个月。

3. 工艺（含工装制造）周期：样试 1 ~ 2 个月（含样品鉴定）；批试 2 ~ 3 个半月。

4. 产品国家（行业）认证和鉴定及证书办理周期：1 个月。

5. 产品鉴定和移交生产周期：20 天。

6. 技术资料验收及存档周期：10 天。

9.2　设计验证管理办法

设计验证管理办法

第一章　总则

第一条　目的

建立新产品设计验证工作程序，规范新产品设计验证工作，以达到缩短开发周期，降低设计成本，保证产品使用的安全性和可靠性，确保产品功能结构设计符合产品目标规格，提高新产品开发成功率的目标。

第二条　适用范围

适用于公司新产品设计的验证。

第三条　名词定义

工程样品：为验证新结构（全新或局部）产品的设计的可行性，根据细部结构设计的技术文件而制作的具备基本功能的样品。

第四条　责任与权限

1. 设计验证申请由各开发单位的开发项目负责人提出并经研发部长核准后，由设计保证部受理。

2. 设计验证测试项目及计划由设计验证工程师提出，由实验课负责测试计划执行。

3. 设计验证测试结果及技术文件经由设计验证工程师综合评估后出具设计验证分析报告，设计验证分析报告经设计保证部主管核准后发布。

4. 产品设计验证技术文件核决权限如下表：

产品设计验证技术文件核决权限

序号	内容	担当	审查	会签	核决
1	工程样品 / 设计验证申请单	开发工程师	—	—	课长
2	设计验证分析报告	设保工程师	设保课长	—	设保部主管
3	《设计验证管理办法》的制定 / 修订	设保课长	设保部主管 各开发单位主管	TQA	依核决权限

第二章　工程样品验证

第五条　必须进行工程样品验证的开发案类别及验证查检项目重点，详见下表：

工程样品查检项目表

开发类别 ＼ 验证项目	零组件外观、尺寸	组装难易或干涉程度	机构操作	功能检测
A	√	√	√	√
B	√	√	√	√

第六条　验证申请提出及受理

1. 验证申请提出

产品开发设计人员将需进行验证的产品的工程样品 2PCS（最少）、产品装配图、零件图（新物料），经需求单位确认的外形图、尺寸规格图、制样单位出具的合格检验报告随同经研发部长签核后的"工程样品验证申请单"一起转至设计保证部门。

2. 验证需求受理

设计验证单位在接到工程样品验证申请后，验证工程师应依验证申请单所要求开发提供的数据和样品进行数据和样品点检，同时查核其设计输入与设计输出数据是否相符；若发现其设计输入与设计输出不符合时，应向开发项目负责人提出并要求其提供相关资料。

第七条 验证周期确认：验证工程师接到工程样品的验证需求后，根据零件数量及尺寸查检项目，产品需测试项目及与实验室确认工程样品验证测试完成时间，验证工程师应在 2 日内回复开发工程师验证报告完成时间。

第八条 验证项目确认：工程样品依产品评估的主要项目进行制作，工程样品验证项目依据产品评估需要确定。

第九条 工程样品检验

1. 工程样品须经制样单位检验并出具合格检验报告后，开发项目负责人方可接收。

2. 开发项目负责人在送工程样品验证时，开发项目管理及相关研发部主管应对验证样品进行检查。

3. 设计保证部验证人员对所需验证部位功能尺寸应进行量测和外观检核。

第十条 验证测试申请提出

验证人员在以上各项确定后，进行测试项目汇总，并根据验证需求填写验证测试需求完成时间及"设计验证检测项目明细表"。经课级主管签核后连同样品一起委托实验室进行测试作业。

第十一条 验证测试

1. 实验室在接到"设计验证检测项目明细表"后依明细表中要求进行验证测试并记录测试结果于"设计验证检测项目明细表"中。

2. 对于公司实验室测试手段不适应的样品，验证人员在制订出测试项目后，需填写"样品检测申请单"（注明"委外"），并经课长审核，副总经理核准，实验室会签后，可将样品委托给公司以外相关单位进行测试，同时，验证工程师需全程进行跟踪，以确保测试结果的真实可靠性.

第十二条 工程样品验证分析报告

验证工程师依据实验室所出具各单项测试报告及产品认证标准，零组件外观、尺寸，开发提案书或商品企划书，经需求单位确认的外形图、尺寸规格图等进行系统分析，提出设计的问题点及改善意见，判定该样品是否通过验证，并出具《工程样品验证分析报告》。

第十三条 新产品工程样品验证异常处置

1. 验证工程师需将测试结果中的问题点填写于"设计验证问题改善追踪表"中，同时应依据测试结果对不良原因作初步分析，亦可提出相应的改善建议等一并填于此表中。填写后将该表反馈给相关设计人员，使其能依据测试结果及时作出进一步的原因分析，制订出可行的改善对策和实施计划，填写于该表中。

2. 开发项目负责人在收到"设计验证问题改善追踪表"后，需进一步分析原因，并制定出具体的改善对策和实施计划，经研发部长签核后，于收到之日起 3 日内回复给设计保证部。

3. 验证工程师依据改善后的结果，在出具改善后《工程样品验证分析报告》的同时，要在"设计验证问题改善追踪表"中对该机型之改善结果作出最终的判定。

4. 工程样品验证后，若还需进行较大的结构和功能变更，则应重新对变更后的产品进行工程样品验证，原《工程样品验证分析报告》同时作废，由设计保证部负责收回。

第十四条　送样确认

1. 工程样品验证合格后 7 日内，设计保证部交由结构设计工程师把工程样品送给客户进行复核；寄样费用列入开发案预估费用中。

2. 送样时应附资料

（1）完好的工程样品一套。

（2）工程样品合格的测试报告一份。

（3）产品装配图。

（4）产品实地安装过程摄影一套。

3. 工程样品送客户复核后，开发案可依开发计划继续进行；如客户提出的问题点经修改设计不必再次送样者，在修改设计后可进行后续开发动作；如经客户确认有重大修改者，结构设计工程师应修改设计并考虑是否变更开发计划，进行再次申请验证并送样确认等事宜。

第三章　新产品设计验证

第十五条　新产品设计验证申请提出

产品开发设计人员将需进行验证的产品原型样品 2 件（最少）及"产品功能测试记录表""QA 表""质量目标一览表""产品功能尺寸汇总表"，新增零组件图、规格图、装配图、BOM、爆炸图、制样单位提供的新零件检验记录数据"样品检验报告"，客户或业务单位有特殊要求的佐证数据等验证所需相关资料，随同经研发部长签核后的"设计验证申请单"一起转至设计保证部。

第十六条　验证需求受理

1. 设计验证工程师在接到验证申请后，确认验证数据与样品的完整性及一致性。

2. 验证工程师应在 2 日内回复产品开发设计人员设计验证完成日期。

第十七条　验证测试项目确认

1. 验证人员依据验证机型所须遵守的相关地区的认证标准如 CSA、ASME、NSF、EN、BS、AS/NZS、GB 等确定通过认证所须测试的验证测试项目。

2. 验证人员依据开发人员提供的客户要求确定符合客户要求所须测试的验证测试项目。

3. 验证人员依据以往客诉资料确定预防再次客诉所须测试的验证测试项目；验证人员依据企业标准确定符合企业标准的所须测试的验证测试项目。

4. 验证人员依据验证机型的安装及使用功能要求确定产品的强度、硬度、安装、材料等测试项目及测试方法。

5. 验证人员在以上各项确定后，进行测试项目汇总，并根据验证的需求填写验证测试需求完成时间及"设计验证检测项目明细表"。

第十八条 验证样品确认

验证工程师需对开发项目人员所送测的样品的重要尺寸进行抽检，必要时，将尺寸检测结果填写在"产品功能尺寸汇总表"中，样品外观等其他事项填写在"产品功能尺寸汇总表"中。对抽检尺寸有不符合图纸要求的样品可退回重新制作，验证计划则从第二次送样开始计算。

第十九条 验证测试

1. 设计验证测试由实验室依设计保证部提出的"设计验证检测项目明细表"进行测试；测试数据记录在该表中。

2. 产品实际安装测试由设计验证工程师执行，实验室派员配合。

第二十条 验证工程师或开发工程师若对实验室所测试结果有异议时，可提出请实验室进行重新测试确认，或通过第三方测试确认，最终得出合理的结论。

第二十一条 在出具报告前，针对技术文件中的问题点验证工程师填写"设计验证问题点汇总表"，并由开发工程师进行确认。设计验证工程师依据验证测试报告和开发人员提供的样品及技术文件进行综合分析评估出具《设计验证分析报告》。

第二十二条 对于验证不通过的机型，验证工程师需将测试结果中的问题点填写于"设计验证问题改善追踪表"中。同时应依据测试结果对不良原因作初步分析，亦可提出相应的改善建议等一并填于此表中。填写后将该表随《设计验证分析报告》发给相关设计人员，使其能依据测试结果及时作出进一步的原因分析，制订出可行的改善对策和实施计划，填写于该表。

第二十三条 开发项目人在收到"设计验证问题改善追踪表"后，需进一步分析原因，并制定出具体的改善对策和实施计划，经研发部长签核后，于收到之日起 3 日内回复给设计保证单位，该表格由设计保证单位负责进行登记、追踪。

第二十四条 验证工程师依据改善后的结果，在出具改善后《设计验证分析报告》的同时，在"设计验证问题改善追踪表"中对该机型之改善结果作出最终的判定。

第二十五条 产品转移量试结束后，送量试样品 2pcs 到实验室申请测试，设计保证单位参与相关分厂主办的量试检讨会，应将分厂在会议上提供的量试样品的测试结果与转移前验证的结果进行对比，必要时出具量试样品的《设计验证分析报告》。对两次验证所产生的差异进行分析，将信息反馈给相关部门和人员进行改善，并追踪改善结果。

第二十六条 验证报告发放后四天内，验证样品归还相关项目负责人。

第二十七条 新产品设计验证异常处置

1. 新产品设计验证后，若还需进行较大的结构和功能变更，则该产品应按验证流程重新对变更后的产品进行设计验证，原《设计验证分析报告》同时作废，由设计验证单位负责收回。

2. 新产品设计验证未通过时，不得进行量试转移。如需要转移，应由需求单位提出申请，经厂部级主管同意，开发管理中心主管核决，在设保部备案后方可移转。

3. 设计保证单位应对开发改善过程进行追踪，直至再次验证合格后方能转移。若由于出货需求而需要转移的，需由业务单位提出申请，由开发项目人制订出具体的改善措施和计划，经相应权责主管核决后方能进行转移，设计保证单位负责追踪后续改善结果。

4. 产品设计验证未通过，开发单位有异议时，由开发管理中心主管最终裁决，并在设计验证分析"开发管理中心主管意见"一栏中签署意见做最终裁决。

第二十八条　验证检测设备的技术评估

对于标准中规定的检测项目，当公司实验室又不具备相应检测设备时，经由设计保证单位考虑后，确实需要的，可由设计保证单位依据相关检测标准从结构、功能等方面进行技术评估后，提出制作或购买建议，由实验室负责具体实施。

第四章　产品设计变更及改良的验证

第二十九条　由验证工程师在接到设计变更数据后依据设计变更要求对变更内容进行查核并提出验证测试项目，验证作业参照"第三章新产品设计验证"的条款进行，验证完成后出具验证报告。

第三十条　改良方案评估及外来样品评估：参照"第三章新产品设计验证"的条款对所有改良方案的改良重点进行验证，并提出设计改良方案改善意见。

第五章　验证数据管理及发放

第三十一条　凡立案的验证案所有数据由产品数据部存盘；验证报告应在发放时进行登记。

第六章　设计验证绩效检讨及稽核

第三十二条　设计验证结果汇总分析

设计保证部每月 3 日前应把所发生的验证异常情况进行汇总及分析，并把分析结果给开发相关单位，在设计验证绩效检讨会上进行设计责任检讨及预防设计失误再发生。

第三十三条　设计验证绩效检讨会

1. 会议召集人：设计保证部。

2. 会议主席：设计保证部主管。

3. 与会人员：开发管理中心主管，各厂部研发部级主管；设保部及课级主管；制样单位课级主管及其他相关开发人员。

4. 列席人员：TQA 主管或其代表。

5. 会议召开时机：每月 10 日前。

6. 会议议题：设计验证绩效检讨。

第三十四条 设计验证绩效检讨内容

1. 由开发单位对产品设计失误项目进行检讨。

2. 由样品课针对样品组中的问题点依机型分别进行检讨。

3. 由实验课对现有测试设备能力及检测方法不足进行检讨。

4. 由验证项目管理部门针对标准不足及验证方法进行检讨。

第三十五条 针对有共性的设计问题点或在产品开发中开发工程师易产生错误的案例，在设计质量检讨会后由开发各部门的责任课别进行案例数据完善整理，并提供给管理部，可作为工程师的设计能力提升案例教材。

第三十六条 由设计保证部稽核人员依设计验证绩效检讨会要求及稽核计划对工程样品验证合格后的产品设计状况进行稽核。

9.3　模具开发及可制性作业办法

模具开发及可制性作业办法

第一章　总则

第一条 目的

1. 为满足新产品开发的需要，使所有委外模具和自制模具在质量、成本、开模周期等方面均能得到有效管控。

2. 建立并保持新产品可制性设计的控制程序，以确保新产品开发的可制性设计处于受控状态，确保新产品能按时、顺利转入量试。

第二条 适用范围

新产品开发中的模具设计与开发。

第三条 名词定义

开模周期：从开模计划表、盖有开模专用章的图纸下发开始至首件样品确认合格所历天数。

第四条 管理责任者：研发部主管。

第二章　模具开发

第五条 模具开发管理

1. 新品开发工程师负责内外模具开发的管理，包括对外模具的询价议价、开模计划表的编号、开模计划表及开模零件图的下发、开模进度追踪及过程中的异常处理。

2. 开模进度跟催应贯穿整个可制性设计制样过程，如有进度异常或技术上的问题需实时知会结构工程师作相应处理，并回复最新交货期。结构工程师需向新品开发工程师追踪开模进度。

3. 模具开发进度需输入研发项目管理系统进行管控，开模计划表的编号由系统自动生成。

第六条　模具的开模周期如下表所示：

不同类型模具的开模周期

模具类型	开模周期	模具类型	开模周期
铸造模具	25 ～ 35 天	冲压模具	15 ～ 30 天
锻造模具	15 ～ 25 天	塑料模具	20 ～ 45 天
液压成形模具	30 ～ 35 天	橡胶模具	10 ～ 30 天
锌压铸模具	25 ～ 35 天	其他模具	按模具类型及实际情况确定

第七条　询价议价（内外开模厂商同等对待）

1. 开模件在图纸经内部工艺审查合格后，结构工程师应立即下发草图给新品开发工程师；并找供货商进行询价议价动作，同时提供签核后的设计成本预估报价单供新品开发工程师作议价参考，新品开发工程师应在 5 天内完成模具询价议价工作。

2. 对于委外开模零件，新品开发工程师应将询价用的草图传给两家以上的供货商报价，报价的内容包括模具费用、零件的成品单价、开模周期及送样确认周期，询价时应尽可能先找成本公司的现有供货商。

3. 对内开模的零件由新品开发工程师直接找各分厂的对应窗口询价议价，各模具厂需提供模具费用、零件的成品单价、开模周期及送样确认周期。（开模和可制性询价议价同时进行）

4. 接到供货商或各分厂的报价后，新品开发工程师应评估其模具费和产品单价的合理性，如有偏差时应和供货商议价，直至双方的主管同意并签核。议价原则上应低于结构工程师提供的设计成本预估报价单上的价格。只有对零件单价双方达成一致后，才可进行后续的开模工作。

5. 新品模具费用不可超过企划目标成本报价时所确定的模具费用，否则需检讨原因。

6. 模具费用确认后双方需签订"模具委外制作合约书"并商谈确认模具费用的回收。

7. 新品开发工程师应选择价格合理，质量、交期有保证的供货商作为该产品的模具承包商。

8. 如现有供货商目录中找不到合适的供货商，则新品开发工程师应负责寻找、评估合适的新供货商，首先由研发部内部进行评估，内部评估合格后通知生产课、品保课一同对新供货商进行评估，评估合格后新品开发工程师负责将评估报告及供货商的相关数据提供给资材，由资材把该供货商建入 ERP 系统。

9. 产品的单价、模具费用、开模周期及承包商确定后，新品开发工程师将经开发主管签核后的报价单返还给结构设计工程师，由结构设计工程师负责编制"开模计划表"并送签。

10. "开模计划表"上的开模进度计划的具体时间由负责开模的新品开发工程师在收到"开模计划表"后填上去（实际开始时间），结构工程师需在"开模计划表"上填上开模周期。

11. 如果厂内开模进度或成本不能满足开发的要求时，新品开发工程师可委外进行开模询价，但需保留各分厂签核回来的"开模计划表"或"报价单"作今后交涉的依据，如有需要可同时内外询价。

第八条 开模实施

1. 结构设计工程师将签核后的"开模计划表"、零件图及 3D 图档提供给新品开发工程师，由新品开发工程师输入 RD 项目管理系统、编号并登录于"开模计划统计表"中。

2. 新品开发工程师把盖有"开模专用章"的开模图纸传真给开模供货商并确认对方是否收到，开模供货商接到开模图纸之日即为开模开始日期，此时应与开模供货商再次确认送样时间。

3. 开模图纸下发一周内新品开发工程师应和开模供货商（包括内部各模具厂）签订"模具委外制作合约书"并加盖公司的"开模合约专用章"。完成后回传给开模供货商并存盘。

4. 新品开发工程师应及时跟催模具的开发进度。每周应与开模供货商确认模具的进度是否滞后，如有异常应及时处理并知会结构工程师，同时向上级主管汇报。

第九条 送样确认

1. 供货商开模完成后应进行试模，确认样品是否合格，并将检测结果记录、汇总，如样品确认合格应及时送样品连同检测记录给新品开发工程师，由新品开发工程师交给结构设计工程师确认（对于委外开模且需作可制性设计的模具，不需确认毛坯，只需确认最后的可制性样品）。

2. 结构设计工程师接到样品后，两天内应检测完成样品的相关尺寸并将其实际检验尺寸记录于"样品检验记录表"中，检测后将测试结果与开模供货商的检测记录进行对比，并对照零件图进行分析、比较，将确认意见和结果填入"首件样品确认单"中，然后给新品开发工程师，由新品开发工程师传给开模供货商。如样品确认不合格，开模供货商要及时修模并重新试模送样确认并回复再次送样时间。

3. 样品检验时，对于难测的尺寸也可委托实验室确认并将测试结果记录于"样品检验记录表"中。

4. 对塑料件和橡胶件在开模时请供货商在适当的位置打上模穴号，送样确认时要请供货商送两整模连水口的样品供开发确认，开发确认时需对各模穴零件全部进行确认。

5. 对于委外开模件只确认最后的可制性样品，可制性样品确认合格则为模具确认合格。可以先确认素材，素材确认合格后再请供货商送电镀后样品确认至合格为止。

6. 样品确认合格后如需要模具厂商再送样品，结构工程师需以联络单的形式告知新品开发工程师，注明需要厂商再次送样的原因、数量、颜色及送样时间，由新品开发工程师与模具厂确认时间后回复结构工程师。

7. 铸件和锻件可先确认毛坯，毛坯确认合格即为模具确认合格。毛坯确认合格后结构工程师要把确认单发给相应的可制性设计单位通知其进行可制性制样动作。但是锌压铸件在尺寸确认合格后需模具厂送电镀后的样品确认表面质量，表面质量确认合格才为模具确认合格，这时才可通知技术课制作可制性样品，锌压铸件的可制性样品为电镀后的样品。

8. 因锌压铸件表面确认合格需要较长的试模时间，如因进度需要可与模具厂及生技单位协商在模具尺寸确认合格后即制作可制性样品。则锌压铸零件在表面确认合格后即可不再做可制性样品。

第十条　工程变更

1. 如果开模件送样确认时，结构工程师发现样品尺寸与图纸不符但不影响功能，可以判定合格，但结构工程师必需发"工程变更通知单"修改图纸尺寸，使图纸与实物相符，不必再修模送样确认，同时在样品确认单上作说明。此"工程变更通知单"需发放给新品开发工程师，由其把"工程变更通知单"发放给相应的模具厂。

2. 结构工程师将确认合格的样品连同其他零件一起组装后进行功能测试，如测试不合格，应查明原因，如是开模零件的设计原因，结构工程师须填写"工程变更记录"连同修改后的图纸给新品开发工程师，由新品开发工程师传给开模供货商并确认修模完成日期及追踪进度，同时要求开模供货商报修模费用，经开发单位主管确认后开始修模，由新品开发工程师填写"修理费用申请单"并按核决权限签核，作为支付修模费用的凭据。模具修模完成后应重新送样确认。

第十一条　内部开模产品的量试备料

开模件在毛坯或可制性样品确认合格后，结构工程师以联络单的形式请模具厂打毛坯准备量试，数量需加上预估的毛坯和加工不良率。

第十二条　模具费用的支付

1. 供货商提供模具发票（增值税发票优先）。

2. 新品开发工程师写请款单并附"开模计划表""首件样品确认单""模具委外制作合约书"及模具发票经各级主管签核后送交财务部门。

第十三条　模具修理费用的支付

1. 由供货商提供模具修理发票。

2. 由新品开发工程师写请款单并附修模报价单、修模费用申请单、首件样品确认单，经各级主管签核后送交财务部门。

第十四条　模具资料存盘

每月末把上月开模合格的模具数据、开模计划表、开模图纸、首件样品确认单、检验记录表、模具委外制作合约书、报价单整理装入档案袋中，并放入数据柜中备查。

第十五条　模具数据的转移

所有开模计划表需登录在"年度开模计划目录"上备查，新品开发工程师每月 5 日将上月完成的模具存盘数据各拷贝一份并填写"模具转移数据汇总表"转给生产课采购负责人。

第三章　可制性设计和样品制作

第十六条　可制性设计管理

1. 新品开发工程师负责新产品可制性设计图纸发放、进度跟催，协助结构工程师处理各分厂可制性设计异常，并稽核各分厂的可制性样品是否按可制性设计要求制作。

2. 新品开发工程师应确保各可制性设计分厂按"可制性设计及制样需求一览表"上确定的时间提供数量合格的样品给结构工程师确认。

3. 进度跟催应贯穿整个可制性设计制样过程，如有异常需实时告知结构工程师预作处理，并回复最新交期。结构工程师只需向新品开发工程师追踪可制性进度。

4. 可制性设计进度需输入研发项目管理系统进行管控。

第十七条　可制性设计周期

1. 铜棒加工件：从可制性图纸下发至样品确认合格为 15 天。

2. 铸造件：毛坯确认合格后 7 ～ 10 天内完成。

3. 锌压铸件：毛坯确认合格后 7 天内完成。

4. 锻造件：毛坯确认合格后 7 天内完成。

5. 管类出水口：从可制性图纸下发至样品确认合格为 20 ～ 25 天。

6. 液压成形件：毛坯确认合格后 7 天内完成。

7. 委外开模件可制性设计周期：原则上不超过上述规定天数。

第十八条　可制性设计与制样计划的拟定及发放。

1. 结构设计工程师根据"××产品开发设计试作阶段计划表"和零组件工艺特点编制"可制性设计与制样需求一览表"，签核后结构设计工程师将"可制性设计与制样需求一览表"、装配图、零件 QA 表、零组件图、"新产品质量目标一览表"、开发计划、设计成本预估报价单等相关数据复印（委外可制性零件复印一份，内部各分厂的可制性零件复印两份）给新品开发工程师，由其下发至各相关可制性设计分厂技术课或协力厂商。"可制性设计与制样需求一览表"由新品开发工程师会签。

2. 各分厂指定专人承接可制性设计与制样工作，并在三天内提供签核后的"新品可制性设计试作计划表"给新品开发工程师。各分厂技术课如对交期有异议，需实时与新品开发工程师及结构工程师确认，修改一览表上的计划时间并签名确认。新品开发工程师最后应返还分厂生技签核后的"可制性设计与制样需求一览表"给结构工程师。

3. 委外零件的可制性设计制样由负责委外的新品开发工程师直接与供货商联系并确认进度。

4. 对不同的可制性设计分厂"可制性设计与制样需求一览表"需分开填写，委外件的"可制性设计与制样需求一览表"上需注明各零件的电镀色系，以方便新品开发工程师与供货商联系报价事宜。

5. 对内开模件在毛坯确认合格后由新品开发工程师通知各可制性设计分厂进行可制性制样。

第十九条　委外可制性零件询价议价

1. 委外可制性零件应先询价，询价时请供货商提供该零件的抛光件、CP 色与 NP 色的零件价格，其他杂色则在产品转移后由生管负责与供货商议价，同时要求供货商在报价时提供该零件的加工工艺，新品开发工程师需对加工工艺进行确认，零件价格经双方主管签字确认后才可进行实际的可制性打样动作，确定的零件单价需低于设计成本预估报价单上预估的零件单价。

2. 铜棒加工类零件委外可制性打样至少需发两个以上的供货商报价打样，以进行比较，最后选择报价最低的两家供货商进行可制性打样。这两个供货商最后确认的零件单价数据需同时建入 ERP 系统（在该零件的订价单核准后即可进行）。委外询价议价时间为五天。

3. 新品开发工程师提供供需双方签字确认的供货商原始的报价数据给结构工程师作为过程数据存盘备查，同时提供报价数据扫描文件及零件（组件）产品报价分析数据表（电子文件）给负责报价的新品开发工程师作订价单的佐证数据。

4. 订价单的签核：结构工程师在新品 ERP 数据建入系统后即通知新品开发工程师作定价单。新品开发工程师负责提供电子签核的数据呈报上级进行电子签核，如 ERP 数据已建好，则签核后的订价单由资材负责直接建入 ERP 系统，否则会退回订价单重新签核。

5. 定价单电子签核需提供的数据有：对于委外加工件需提供零件（组件）产品报价分析数据表（电子文件）、供需双方签字确认的供货商原始的报价数据扫描文件及样品确认单（此项只针对过水零件）。

6. 对内可制性零件询价由负责报价的新品开发工程师向专业厂提出并与其进行议价，双方达成一致后由专业厂负责编制"产品销售定价单"，经其厂部主管签核后交成品厂会签，双方签核后的定价单交由资材建入 ERP 系统。

第二十条 可制性设计和制样

1. 产品单价和零件加工工艺过程卡确认后或开模件在毛坯确认合格后，新品开发工程师通知供货商进行可制性制样，要求其按零件加工工艺过程卡设计和制作必需的刀、夹、量、辅具。并编制明细表，以便管理和查核。

2. 制样时要求供货商按零件加工工艺过程卡进行排程，采用其相应的设备、刀、夹、量、辅具进行加工，加工完成后供货商的检验员应对可制性样品进行检验，检验合格后应将样品检测记录、样品及可制性样品的质量报告（包括投产数量、合格品数量及样品尺寸检验记录）送给新品开发工程师，再由其转交给结构设计工程师确认。

3. 可制性标准时间为 10 天（委外件从零件单价确认后开始计算，对内开模件从毛坯确认合格后开始计算）。

第二十一条 可制性零组件确认

1. 结构工程师收到供货商送来的样品后及时对其进行确认，也可委托实验室确认（难测的尺寸），并将测试结果记录于"样品检验记录表"中。

2. 首件样品确认时间为 2 天。结构工程师在收到样品后两天内应提供"样品确认单"及"样品检验记录表"给新品开发工程师。

3. 样品确认合格后如需分厂或协力厂再送样品，需以联络单的形式知会新品开发工程师，注明送样目的、数量、颜色及交期，由新品开发工程师负责与各可制性设计分厂重新确认送样时间。

4. 确认合格的样品各结构工程师应保留 1PCS 连同检测结果给新品开发工程师，由其登录后统一交品保课存档备查。

第二十二条 不合格样品处理

如果样品确认不合格，应在样品确认单上注明不合格事项，并请厂商重新送样确认。

1. 如果所送样品尺寸与图纸不符但不影响功能，可以判定合格，则结构工程师必需发工程变更修改图纸尺寸，使图纸与实物相符，同时在样品确认单上作说明。此工程变更需发放给新品开发工程师，由其把工程变更发放给相应的可制性设计分厂。

2. 如因结构设计原因需对该零件进行工程变更并需重新打样,则需在"样品确认单"上注明工程变更的原因，连同工程变更发放给新品开发工程师，由其与可制性设计分厂重新确认送样确认时间。

第二十三条 可制性设计稽核

1. 针对重要／关键的零件，新品开发工程师在供货商（包括内部分厂）制样过程中应去生产现场查核各供货商是否按可制性制样要求进行制样，并确认其工装刀夹量治具设计是否合理。

2. 其他零件则在量试时新品开发工程师到各供货商确认零件的可制性设计是否落实、完整、可行（点检工艺过程卡、刀、夹、量、辅具及设备是否都具备及其可行性），如不符合要求，应要求外协厂商限期改善，到期后，新品开发工程师再次去确认，如拒不改善，则应考虑更换供货商。

第二十四条　领先零组件及材料的请购

1. 产品构造中某些零组件，因功能特殊需要先购入执行测试，以了解其特性，应以内部联络单的形式告知新品开发工程师进行请购，国外采购物料则请业务课进行请购。这一步骤可在第一阶段审查会前执行。

2. 产品制造过程中需用的材料和标准件应以内部联络单的形式告知新品开发工程师进行请购。

第二十五条　整机可制性设计

1. 此工作由研发部指定的新品开发工程师负责。主要负责设计进料检验用的量检具、装配用的辅具或冶具及编制装配工艺过程卡等工作。是否制作量检具、辅具治具需在零件可制性审查会中提出，由结构工程师提出相应需求及提供相关图纸数据给该开发工程师。

2. 快速检具、装配治具设计。

新品开发工程师接案后 3 个工作日内应根据产品加工要求填写"快速检具及装配治具需求明细表"并点检是否有库存，如无库存，则由新品开发工程师设计并发工程课制作，其标准工作时间为 15 天（包括设计及制作时间）。在量试转移说明会上，开发工程师应把经实验室检测合格的检具交品管部签收，装配用的治具交生产课装配组长签收。

3. 装配工艺过程卡编制。

开发工程师根据产品装配图、产品质量要求、生产课装配线设备状况，参考类似机型的组立工艺，编制"装配工艺过程卡"，由各结构工程师校对、项目管理工程师审核，再交品管部主管会签，签核后的装配工艺过程卡复印一份给负责量试的新品开发工程师，由其在新品量试上线前提供给生产课，量试时按此装配工艺进行装配，量试检讨会需对此装配工艺进行检讨，如有变动，则修改后按流程重新签核后交由开发数据管理员发放，电子文件需入库升级签核。装配工艺过程卡的标准编制时间为一周，最低要求是在新品量试上线前签核完。

第二十六条　可制性设计数据存盘

开发工程师把转移后的"快速检具及装配辅具治具需求明细表""组立试水台设计制作需求查检表"整理好，以机型号分类存盘放入资料柜中备查。"装配工艺过程卡"书面文件由开发数据管理员管理，电子文件需入库升级进行电子签核。

9.4 新产品量产试作管理办法

新产品量产试作管理办法

第一章 总则

第一条 目的

建立并保持新产品量产试作的控制程序，使新产品量产试作阶段各项工作有效实施，以保证新产品顺利投入量产。

第二条 适用范围

适用于本公司新产品的量试管理。

第三条 名词定义

量试周期：量试转移说明会后第二天开始即进入量试作业阶段，会后 26 天内要完成上线量试作业，会后 29 天内要完成量试检讨会的召开。

第四条 管理责任：研发部。

第五条 责任与权限

1. 结构工程师在零件可制性审查会后 3 天内提供"××产品开发量试计划表"给主导量试的开发工程师，由开发工程师负责进度控制及进度追踪。

2. 研发部负责量试所需技术数据的入库、发放及 ERP 数据建立、量试转移说明会的召集和主持及会议决议事项追踪。

3. 相关零组件加工厂的生技人员在接到研发部下发的正式数据后 5 天内应完成 ERP 数据建立。

4. 品保课项目人员接到量试资料后应在 15 天内完成进料质量检验标准、成品检验标准。

5. 生管部负责量产试作的具体实施。

6. 结构工程师负责处理量产试作过程中出现的设计及质量异常。

7. 开发工程师负责量产试作产品质量数据的收集和整理、量产试作检讨会的召集和主持及会议决议事项追踪。

8. 量产试作是否合格的判定：由品保、开发、生管部在量试检讨会上根据量试质量状况及量试合格判定标准来判定，如不能达成一致，则由各厂部主管核定。

第六条 新产品量产试作应依照以下程序进行：

1. 量试前准备及量产试作计划。

2. 量试转移说明会召开。

3. 量试执行。

4. 量试检讨会召开。

5. 量产。

第二章　量试前准备及量产试作计划

第七条　零件可制性审查会后即进入量试准备阶段。

第八条　量试计划拟订

量试转移会后 3 天内生管应拟订量试计划，签核完整后提供给主导量试的工程师由其负责量试进度追踪。

量试计划应按要求的基准时间排程：23 天内物料采购要到位，24 天内物料检验要完成，26 天展开上线量试，29 天开量试检讨会。如有特殊工艺物料需在审查会上明确列出物料采购周期的，按采购周期最长的物料来确定量试周期并列明具体时间。

第九条　ERP 数据建立

1. 可制性制样审查合格后，结构工程师应在 3 天内把新物料的料号及单价申请建入 ERP 系统。BOM 单价由生管（成实物料由成实生管、成洁物料由成洁生管）建入系统，生管在接单后 1 天内完成建价。通过生管委外物料的 PO 单价由生管部通知资材建立，开发委外物料的 PO 单价由研发部通知资材建立。

2. 新零件的 A 版正式图纸由开发管理部数据管理员盖开发核准章后发放至相关单位（对外供货商由生管部把盖核准章的零件图发放至供货商）。

3. 通知各分厂生技建制程 ERP 资料。

4. 零件 ERP 数据的建立应在可制性制样审查后 1 周内完成。

第十条　量试备料

1. 结构工程师在 ERP 数据建立之后以联络单的形式知会生管部下订单采购量试物料，联络单需注明量试物料的料号、供货商、数量、颜色、交期，此份"内部联络单"应同时提供给负责新品量试的开发工程师，以追踪量试进度。

2. 对内部开模件在毛坯或可制性样品确认合格后，结构工程师即以联络单的形式通知开模分厂把量试物料的毛坯一起打出来，则分厂在收到量试订单后即可进行量试物料加工。

3. 量试备料与原型样品制作或验证同时进行。

第十一条　机型 ERP 数据建立

原型样品验证合格后或产品设计验证审查合格后即可建立机型 ERP 数据，结构设计工程师按照"新产品量试前数据转移说明会数据点检表"，提供所有签核完的正式书面数据给开发数据管理员发放，同时通过 Lntralink 数据管理系统进行电子签核。

第十二条　量试资料下发

1. 量试前资料转移说明会召开前 3 天要把正式数据发放至各相关单位。

2. 正式数据由开发数据管理员负责发放，各厂部以签收到数据的时间为准。

3. 发放的数据是指盖开发部核准章的数据。

4. 下发单位包括：生管部、品保课、资材课、各模具厂及相关零组件加工厂。

5. 开发管理部数据管理员在数据下发之后应把"新产品量试转移数据点检表"返还给各结构工程师。

第十三条　量试资料点检

1. 开发工程师在量试转移说明会前应点检以下资料：装配工艺过程卡、量检具、装配辅助工具、试水台是否制作完成，如没有则请相关人员确定具体完成时间。

2. 生管、结构工程师在量试前和转移说明会前需点检各相关单位的 ERP 数据是否按时建立完成。

第三章　量试前资料转移说明会

第十四条　在量试资料发放 3 天后应召开量试前数据转移说明会，确认各项工作完成状况及说明量试重点。

第十五条　参加人员

1. 主办单位：研发部。

2. 主席：项目管理工程师。

3. 参加人员：研发部、品保课、生管部、装配课、设保课等相关单位主管及其他必要人员。

第十六条　会议准备资料

1. 审查设计验证会议记录及追踪事项完成状况。

2. 产品验证合格报告。

3. 新产品量试说明会数据点检表。

4. 开发项目工程师提供合格的样品 1PCS。

5. 新产品量产试作前转移说明会会议记录及签到表。

第十七条　会议内容

1. 结构工程师对可制性设计审查会或设计验证会议记录事项完成状况进行说明。

2. 产品特点、量试重点及相关要求的说明。

3. 点检开发工程师的量检具、治具及相关辅助设备（试水台）的完成状况。

4. 业务部说明"包装材料"完成时间及目前的订单状况。

5. 核决新产品是否进行量试及量产的颜色、数量、时间。

第十八条　说明会结论及决议事项追踪

1. 结构工程师应将会议审查意见及决议事项记录于"新产品量试前数据转移说明会会议记录"中并要求相关人员签名确认，并在会议结束前确认审查结论。

2. 转移说明会审查结论有三种：

（1）不可转入量试，改善后重开量试转移说明会。

（2）不需要量试，直接转入量产阶段。

（3）转入量产试作阶段。

3.审查结论由与会人员共同确认，如有争议，由分厂主管核决。《新产品量试前数据转移说明会会议记录》由开发主管核决后发行存盘，项目工程师对决议事项进行追踪。

第四章　量试

第十九条　为验证生产线各项绩效指标是否符合生产水准，量试前数据转移说明会完成后应进入量产试作，量试视同订单，生管部应依量试计划全力配合，生管下的订单应注明为量试物料，且要求各供货商送来的物料需注明为量试物料以方便工厂入库和检验。

第二十条　量试分类

1.大量试：指整组机型量试。（依开发量试计划进行）

2.小量试：指为验证结构（功能）而进行的结构（功能）组件量试。

（1）如需要预先做组件量试，请各开发项目工程师于打样阶段时，请供应商多打一些样品，作为量试对象以提早量试。

（2）分厂对象量试生产应通知项目工程师，项目工程师接到分厂量试通知时要及时参与量试组装，了解量试状况。

第二十一条　量试执行

1.量试进度控制：开发工程师按"××产品开发量试计划表"追踪量试进度。

2.异常处理及协助：开发工程师负责处理量试过程中存在的生产技术方面的问题及相关技术数据的完善，同时检验工装、夹治具及量具的可行性。结构工程师负责处理量产试作过程中出现的因设计原因而造成的质量异常及来料不良。

3.物料检验：量试的新物料进入工厂 2 个工作日内或上线前工厂品管应对所有尺寸全检并出具 IQC 检测报告。旧有物料在上线前工厂品管应对重点尺寸进行全检并出具 IQC 检测报告。IQC 检测报告需经结构工程师和项目管理工程师核准，结构工程师把此 IQC 检测报告备份存盘备查。

4.不合格品处置：所有物料的重点尺寸与图纸不符即可判定为不合格，需由分厂品管直接退货重做。非重点尺寸和外观尺寸与图纸不符时，工厂品管应将物料检测报告提供给开发项目管理工程师进行分析，如认为不影响产品的功能和外观，则在物料检测报告上签上同意特采上线量试，如物料的尺寸会影响产品的功能和外观，则不同意此物料上线量试，工厂生管应重新下单生产并重新排定量试计划签核后存盘下发给相关单位。

5.上线量试

（1）量试上线前 3 天，开发工程师要按"××产品开发量试计划表"对量试准备情况进行点检，点检合格后以部门联络单的形式通知生产课备料及排定上线量试具体时间，开发工程师通知各相关单位准时到达量试现场。

（2）量试时结构工程师要带上 BOM 爆炸图及装配工艺过程卡，与开发工程师提前 1 小时到场点检物料及工装治具的准备情况，结构工程师应先实组 1PCS 样品，当场对组立线人员说明产品的特性、质量要求及重点量试的结构部位。开发工程师对生产线人员讲解产品的组立加工、工艺路线及工艺管制重点与工装治具的使用方法。

（3）量试时各相关单位主管都要到量试现场并签名，由开发工程师负责。

（4）主导量试的开发工程师把组装量试的质量状况记录在"厂新品量试执行情况分析表"中，此表需经生产线量试负责组长及结构工程师会签，再交由结构工程师和项目管理工程师进行分析处理。

第二十二条 量试执行情况分析

量试后结构工程师和项目管理工程师针对量试执行情况分析表中的异常进行分析，并提出具体的改善对策，此改善对策需与相关单位负责人先进行确认，并初步确认改善完成时间，并把此表填完后交给主导量试的开发工程师。

第二十三条 量试质量报告及月量试质量状况统计

1. 上线量试完成三天内生产课品管应将经研发部项目管理工程师确认过的量试物料 IQC 检测报告备份给设计保证部和品保课。

2. 量试检讨会后三天内主导量试的开发工程师应将品管提供的 IQC 检验报告及不良物料处理对策汇总到"新产品首批量产质量合格率记录表（零件）"中，把量试执行情况分析及检讨会上的对策汇总到"新产品首批量产质量合格率记录表（机型）"中，签核后提供给设计保证部和品保课。

3. 开发工程师每月 10 日前提供上个月汇总的"××月份量试机型质量报告"经厂长签核后发给设计保证部和品保课。

4. 由 TQA 负责收集每月的新品量试质量状况，每月 5 日前由开发本部部务室提供上月的新品量试机型明细给 TQA，TQA 每月 10 日前完成上月所有量试机型的新品量试质量状况统计工作，产出资料有："××月份量试质量达成状况统计表""××量试质量达成状况统计表"。

第二十四条 量试成品功能测试

1. 量试结束后，工厂品管及时送 2 件样品到实验课作功能测试，2 天内完成基本功能测试（流量、压力测试及实地安装测试），实验课应全力配合及时完成流量、压力测试；由实验课完成实地安装测试，其余功能测试项目应在标准要求的基准时间内完成，量试前开发项目工程师应提供产品安装步骤图给实验课作量试成品实地安装测试用。

2. 测试完成后实验课应把测试报告备份给分厂品管。

第四章 量试检讨会召开

第二十五条 量试检讨会：为检讨相关问题并决定是否量产，在量试完成后 3 天内，应召开量试检讨会。

1. 主办单位：研发部。

2. 主席：开发量试工程管理工程师。

3. 参加人员：研发部、生管部、品管部、设计保证部、专业厂相关人员。

第二十六条　会议准备资料

1. 新物料检测报告（全检）及量试成品功能测试报告。

2. 组装厂生技提供"新产品量试执行情况分析表"。

3. 组装厂生技提供合格及不合格的量试样品各 1PCS。

4. 开发项目人员提供"新产品量试执行情况分析表"（结构设计原因造成）。

5. 开发工程师提供"量试现场签到表"。

6. 开发项目人提供开发案过程数据及"新产品量试审查查检表"。

7.QA 提供"量试质量报告"。

第二十七条　会议内容及程序

1. 开发工程师报告新物料全检状况及合格率。

2. 开发工程师报告量试执行状况。

3. 生产部品管报告量试样品功能测试结果。

4. 各单位针对量试中的问题点提出改善对策，并明确改善的具体相关单位、人员、时间，并请相关单位负责人在会议记录表上签名确认。

5. 讨论装配工艺及装配辅具是合理及是否需要修改并确定最终完成时间。

6. 针对量试合格率确认量试是否合格及是否可转入量产。

7. 如果为再次量试的机型必需首先报告上次量试的问题点及改善状况。

8. 依"开发量产试作计划表"的计划时间，未按计划完成事项，请各相关部门及负责人检讨异常发生的原因及对策。

9. 宣读会议记录决议事项。

第二十八条　量试合格的判定

1. 整机量试合格判定原则

A 类：一次性组装良品率大于或等于 70% 为此机型量产合格。

B 类：一次性组装良品率大于或等于 80% 为此机型量产合格。

其他：一次性组装良品率大于或等于 90% 为此机型量产合格。

整组机型良品数量为不选配、不返修的量试整组机型数量。

2. 整机型的量试合格率未达到基准，如有订单或根据产品生产的困难度暂无法达到上述要求时，由厂长根据量试结果判定是否合格。

3. 零件量试合格率达到 90% 以上为零件量试合格（零组件良品数量为符合图纸要求的量试零组件数量）。

4. 零组件经开发变更规格引发返修或再次投料生产的新产品量试判定为第二次量试，但经开发确认后的量试物料进行特采或来料不良而返修，再行量试的判定为第一次量试。

5. 量试质量合格的判定依《新产品量试质量类别及特性判定标准》进行。

第二十九条 量试检讨会结论及决议事项追踪

1. 审查结论有三种

（1）需改善，不需重新量试，改善后直接转入量产。（针对此项改善完成后需提供具体的结案报告，以联络单形式知会生产课可以接单正式生产）。

（2）需改善，并需重新量试，不可转入量产。

（3）量试合格，可转入量产。

2. 审查结论按量试合格的判定原则执行。"新产品量试审查查检表"由工厂主管核决，生管会签后发行存盘，结构工程师负责决议事项的展开执行，开发工程师对决议事项进行追踪至结案为止，如有异常需向上级主管报备寻求协助处理。追踪事项完成后应归档，和该开发案的过程数据一起存盘。

第三十条 重复量试按量试检讨会确定的量试时间为量试基准时间，重复量试后开量试检讨会时请在"新产品量试审查查检表"上注明第几次量试。

第五章 其他规定

第三十一条 量试达标考核指标：

$$量试达标率 = \frac{计划时间内量试合格的机型件数}{计划时间内应完成量试的机型数} \times 100\%$$

（不包括再次量试的机型在内，再次量试的机型只作进度追踪）。

第三十二条 量试异常处理

量试一次未成功，需请厂部参加量试检讨会，解决问题；量试两次未成功，需请公司级主管参加量试检讨会，请公司级主管来协助解决问题；量试三次未成功，需呈报事业处主管，请事业处主管来协助解决问题。

第三十三条 量试量产同步进行

1. 如因新产品订单交期紧张，需量试量产同步进行，提案单位须以签呈的方式提出申请，并依核决权限进行核决后下发给开发、生管及相关单位。各相关单位接到申请后依此按相关程序进行。

2. 量试量产同步进行视同量试，在量产上线前须进行量试。按量试程序进行。

3. 量试量产同步作业之机型，开发项目负责人在量试量产日前 20 天不得对产品作结构变更。若确实有需变更的零件，设计变更的同时需提供内部联络单经本部最高主管核决知会生管部及相关工厂，并需对变更的新零件作首件或厂商模具确认。

4. 经核决后的提案申请，需由提案单位在签呈生效日 3 天内配合资材部开发提出包材完善计划给生管部。

5. 量试量产完成后，进行量试量产问题检讨会，并按新产品量试的要求决定是否进入量产阶段，并对会议决议事项进行追踪。

6. 量试量产同时进行的实质是指扩大量试数量，经量试合格的产品即用于出货，故对量试量产同时进行的机型各分厂仍要按量试的流程进行，排定量试计划表。此量试计划表的时间可考虑适当延长。

第三十四条　量试成功后接单处置。量试成功的机型如在 3 个月内接到订单，可直接进入量产。如 3 个月后接到订单，由生产管理部门提出召开再次量试讨论会，主要讨论是否要再次量试后才进入量产，会议结论如要重新量试，则按量试程序进行，如不需重新量试，则直接进入量产。

第10章　采购管理制度

10.1　物资采购审批及报销制度

物资采购审批及报销制度

第一章　总则

第一条　目的

为保障集团公司及下属各分公司正常经营活动的开展，规范集团各分公司物资申购、采买及报销程序，结合公司实际情况制订本制度。

第二条　适用范围

除房产工程物资以外的所有常规物资。

第二章　拟订、审批物资申购报告

第三条　库存常规物资备货

集团公司及分公司根据实际经营需要，于每月 20 日向库房提交次月物资（含印刷品）消耗计划，除经营出现特殊情况外必须按计划执行，仓库于每月 25 日根据物资领用及月末物资结存情况拟订次月物资采购月计划表，经如下程序审批：

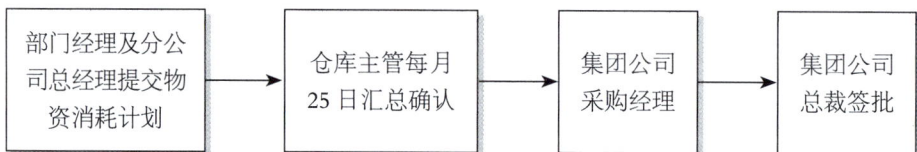

```
┌──────────────┐    ┌──────────────┐    ┌──────────┐    ┌──────────┐
│ 部门经理及分公 │    │ 仓库主管每月  │    │ 集团公司  │    │ 集团公司  │
│ 司总经理提交物 │───▶│ 25 日汇总确认 │───▶│ 采购经理  │───▶│ 总裁签批  │
│ 资消耗计划    │    │              │    │          │    │          │
└──────────────┘    └──────────────┘    └──────────┘    └──────────┘
```

第四条　零散及新增物资申购

1. 集团公司及各分公司在经营过程中申购零散或新增物资，申购部门经理首先应确认库房有无相应物资或相应物资有无充分备货，新增物资申购前应查询库房是否有相应物资的替代品。确认无误后拟订相关物资采购申请表，报集团公司财务部审核后，根据金额大小经分公司总经理、集团公司总裁审批通过后，方可开支此笔费用。

2. 审批流程

（1）申购物资金额在人民币 500（含）元以下的新增及零散物资申购流程：

```
┌──────────────┐     ┌──────────────┐     ┌──────────────┐     ┌──────────────┐
│申购部门填制物│ ──▶ │仓库主管确认  │ ──▶ │市场询价员询价│ ──▶ │技术管理中心  │
│资采购申请单  │     │有无库存      │     │后签署参考价及│     │负责人        │
│              │     │              │     │质量品牌，并确│     │              │
│              │     │              │     │认采购价格    │     │              │
└──────────────┘     └──────────────┘     └──────────────┘     └──────────────┘
                                                                        │
       ┌──────────────┐     ┌──────────────┐     ┌──────────────┐      │
       │集团采购部    │ ◀── │集团公司财务部│ ◀── │所属分公司总  │ ◀────┘
       │经理签字确认  │     │经理签字确认  │     │经理签批      │
       └──────────────┘     └──────────────┘     └──────────────┘
```

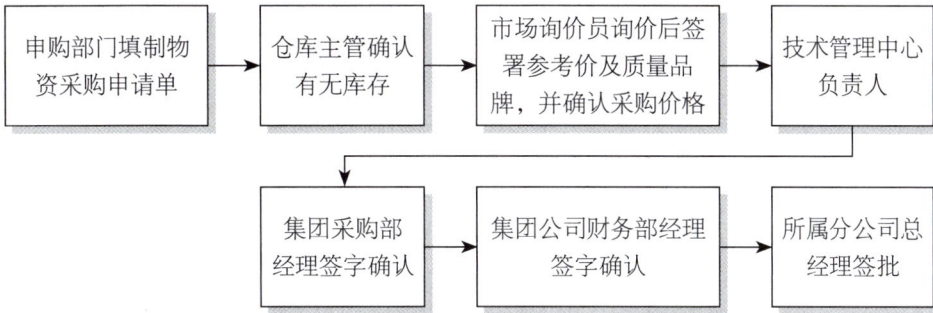

（2）申购物资金额在人民币 500 元以上的新增及零散物资申购流程：

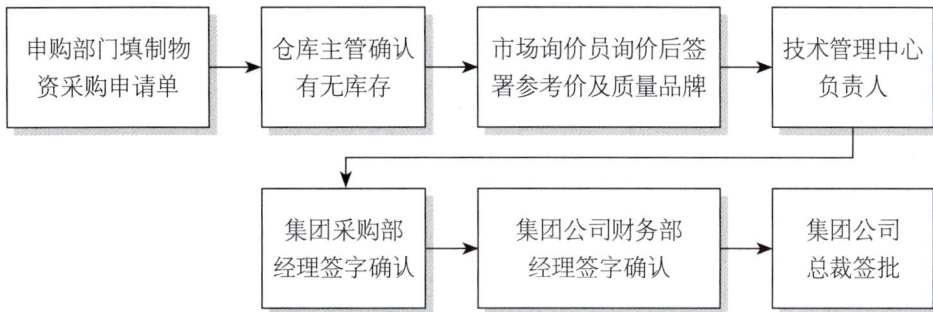

```
┌──────────────┐     ┌──────────────┐     ┌──────────────┐     ┌──────────────┐
│申购部门填制物│ ──▶ │仓库主管确认  │ ──▶ │市场询价员询价│ ──▶ │技术管理中心  │
│资采购申请单  │     │有无库存      │     │后签署参考价及│     │负责人        │
│              │     │              │     │质量品牌      │     │              │
└──────────────┘     └──────────────┘     └──────────────┘     └──────────────┘
                                                                        │
       ┌──────────────┐     ┌──────────────┐     ┌──────────────┐      │
       │集团采购部    │ ◀── │集团公司财务部│ ◀── │集团公司      │ ◀────┘
       │经理签字确认  │     │经理签字确认  │     │总裁签批      │
       └──────────────┘     └──────────────┘     └──────────────┘
```

第五条　印刷品及广告制作

1. 集团公司和各分公司在宣传活动中所需物资的制作或采购，首先由部门经理或分公司总经理与企业发展中心经理（或集团公司总经理）沟通确定所需物资是否需要企划部的设计制作，确认无误后拟订物资采购申请表，报集团公司企业发展中心、技术管理中心、财务部审核后，根据金额大小经分公司总经理、集团公司总裁审批通过后，方可开支此笔费用。

2. 审批流程

（1）费用在人民币 500（含）元以下的新增印刷品及广告制作申请流程：

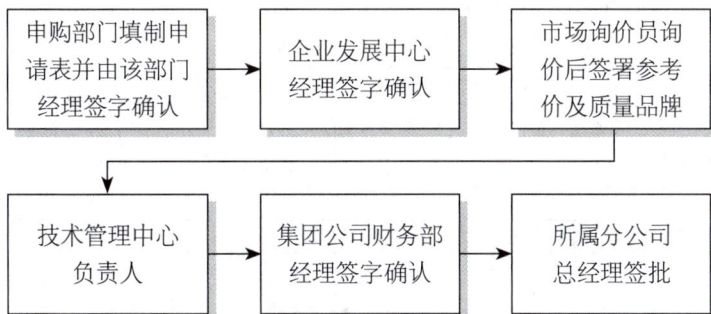

```
┌──────────────┐     ┌──────────────┐     ┌──────────────┐
│申购部门填制申│ ──▶ │企业发展中心  │ ──▶ │市场询价员询  │
│请表并由该部门│     │经理签字确认  │     │价后签署参考  │
│经理签字确认  │     │              │     │价及质量品牌  │
└──────────────┘     └──────────────┘     └──────────────┘
                                                  │
    ┌──────────────┐     ┌──────────────┐        │
    │技术管理中心  │ ◀── │集团公司财务部│ ◀── │所属分公司  │ ◀──┘
    │负责人        │     │经理签字确认  │     │总经理签批  │
    └──────────────┘     └──────────────┘     └──────────────┘
```

（2）费用在人民币 500 元以上的新增印刷品及广告制作申请流程：

```
┌─────────────────┐     ┌─────────────┐     ┌─────────────┐
│ 申购部门填制申   │     │ 企业发展中心 │     │ 市场询价员询 │
│ 请表并由该部门   │ ──> │ 经理签字确认 │ ──> │ 价后签署参考 │
│ 经理签字确认     │     │             │     │ 价及质量品牌 │
└─────────────────┘     └─────────────┘     └─────────────┘
        ┌───────────────────────────────────────────┘
        ▼
┌─────────────────┐     ┌─────────────┐     ┌─────────────┐
│ 技术管理中心     │     │ 集团公司财务部│     │ 集团公司总裁 │
│ 负责人           │ ──> │ 经理签字确认 │ ──> │ 签批         │
└─────────────────┘     └─────────────┘     └─────────────┘
```

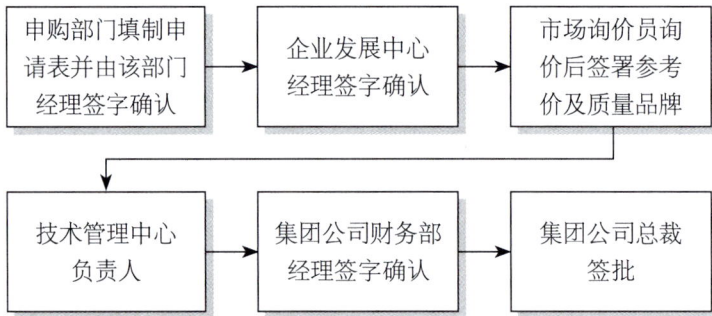

第六条 报损物资申购流程

1. 因人为原因、磨损、自然事故等造成的毁损而丧失其使用价值的物资，集团公司及分公司需再次购买时需提供该物资的资产报损单及物资采购申请表（略），报集团公司企业发展中心、财务部审核后，根据金额大小经分公司总经理、集团公司总裁审批通过后，方可开支此笔费用。

2. 审批流程

（1）费用在人民币 500（含）元以下的零散及新增物资、印刷品、广告制作申请流程：

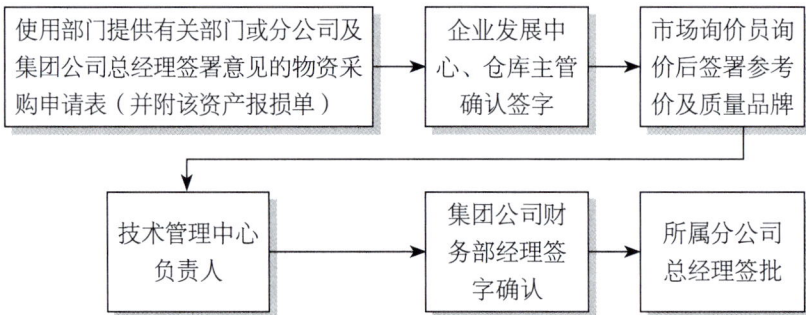

```
┌─────────────────────┐   ┌─────────────┐   ┌─────────────┐
│ 使用部门提供有关部门 │   │ 企业发展中   │   │ 市场询价员询 │
│ 或分公司及集团公司总 │ ─>│ 心、仓库主管 │ ─>│ 价后签署参考 │
│ 经理签署意见的物资采 │   │ 确认签字     │   │ 价及质量品牌 │
│ 购申请表（并附该资产 │   │             │   │             │
│ 报损单）             │   │             │   │             │
└─────────────────────┘   └─────────────┘   └─────────────┘
      ┌────────────────────────────────────────┘
      ▼
┌─────────────┐   ┌─────────────┐   ┌─────────────┐
│ 技术管理中心 │   │ 集团公司财   │   │ 所属分公司   │
│ 负责人       │ ─>│ 务部经理签   │ ─>│ 总经理签批   │
│             │   │ 字确认       │   │             │
└─────────────┘   └─────────────┘   └─────────────┘
```

（2）费用在人民币 500 元以上的零散及新增物资、印刷品、广告制作申请流程：

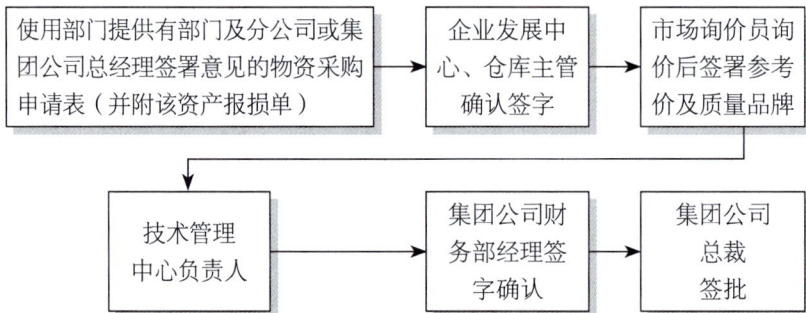

```
┌─────────────────────┐   ┌─────────────┐   ┌─────────────┐
│ 使用部门提供有部门及 │   │ 企业发展中   │   │ 市场询价员询 │
│ 分公司或集团公司总经 │ ─>│ 心、仓库主管 │ ─>│ 价后签署参考 │
│ 理签署意见的物资采购 │   │ 确认签字     │   │ 价及质量品牌 │
│ 申请表（并附该资产报 │   │             │   │             │
│ 损单）               │   │             │   │             │
└─────────────────────┘   └─────────────┘   └─────────────┘
      ┌────────────────────────────────────────┘
      ▼
┌─────────────┐   ┌─────────────┐   ┌─────────────┐
│ 技术管理     │   │ 集团公司财   │   │ 集团公司     │
│ 中心负责人   │ ─>│ 务部经理签   │ ─>│ 总裁         │
│             │   │ 字确认       │   │ 签批         │
└─────────────┘   └─────────────┘   └─────────────┘
```

第三章　实施物资采购

第七条　采购部根据完成签批程序后的物资申购报告，视物资的使用进度及频率安排采购。月计划物资由采购员填写申购单，经成本会计、集团公司财务部经理确认后进行采购。其他物资采购员直接根据已完成签批程序的物资申购报告进行采购。

第八条　采购物资原则上必须经三家或三家以上商家比质比价并签订供货协议（三家或三家以上商家比价情况表附协议后），经集团公司财务部经理确认，根据金额大小报分公司总经理、集团公司总裁签批后返采购人员执行。

第九条　同质优价选择制：无法形成合同的日常性采购，采购部采取同一规格品种同质优价选择制，对该原则各使用部门及分公司管理人员有监督权，并可提出符合该原则的意见和建议，采购人员接到意见和建议后应着手更正或向上级报告情况。

第十条　采购人员应与使用部门进行样品确认后比样购买，因采购物资不符合要求的，使用部门可拒绝领用，财务部不予报销。

第十一条　有特殊要求物资采购任务可请申购部门派员一同采购。无力解决的必须及时（3 小时内）上报，不得拖延误事。

第十二条　集团公司及分公司物资，包括电脑及办公设备，均依据有效申购报告由采购部统一安排购买，集团公司其他部门及分公司原则上不得自行采购，特殊情况由集团公司财务部经理认可后作特殊处理。

第十三条　所有采购项目择商、报价由采购部在充分准备、掌握市场行情的条件下择优确定。采购部在择商报价过程中应认真研究，集团公司各部门及分公司应在工作中主动沟通配合，集团公司各部门及分公司有权了解所需物资的价格并提出质疑。

第十四条　供应商的优惠、折扣、赠送、回扣、奖金、奖品等归公司所有，赠送部分应补办入库手续，任何部门或人员不得占为私有，如有违反立即作开除处理。

第十五条　在购买过程中要认真检查所购物品的品质、商标、期限等内容，坚决杜绝假冒伪劣等不合格产品流入公司，如有上述情况出现按合同约定条款或国家相关质检制度处理。

第十六条　采购物资必须索要符合财经法规的购货发票。

第十七条　采购物资申请款项时，根据公司《费用审批及报销制度》执行。

第四章　物资验收入库

第十八条　采购员采购的物资，必须经库管员或使用部门人员验收，另有规定的除外。

第十九条　对于不符合物资申购报告的采购，库房人员必须拒收，如有违反该项采购物资财务的不予报账。

第二十条　库房在验货过程中对商品质量、规格等难以确认的情况下应主动请使用部门人员共同验收，特殊情况可申报相关责任人。

第二十一条　在验收过程中对于存在严重质量问题且影响使用部门正常经营的商

品，库房或使用部门有权提出退货要求，经确认属实的由采购人员或供应商办理退货并赔偿相应损失。

第二十二条 购买、收货和使用三个环节上的相关人员必须相互监督、相互合作，共同做好工作。对于有争议的问题必须各自向上级报告协调解决。

第二十三条 供应商或采购人员办理入库验收手续后，库管员开具一式四联入库单，并将结算联交予供应商或采购人员办理结算。

第五章 报销及付款

第二十四条 报销

1. 采购人员须于物资采购完成后 5 个工作日内，完成报账事项。

2. 报销必须凭"发票""验收单""供应商的送货回单""采购申请财务联"或"物资采购申购报告""采购订单或合同"并填制"费用报销单"或"用款申请书"，经财务部审核后，根据金额大小分别由分公司总经理、集团公司总裁审批后，财务都根据合同或约定付款。

3. 对于长期固定的采购项目应与供应厂商约定付款期限（月结 30 天、60 天或 90 天），付款方式应采用转账支付。

第二十五条 付款

1. 2 000 元以下的采购物资款可由采购人员付现支出。超过 2 000 元的物资采购款项原则上须通过银行转账结算。特殊情况经集团公司总裁同意可付现支出。

2. 供货商结算款须通过银行转账结算。

10.2 采购控制程序

采购控制程序

第一条 目的

旨在规范 ×× 股份有限公司（以下简称 AAA）的采购过程，保证股份公司各分公司所采购的生产件及生产用原辅材料满足规定的要求。

第二条 适用范围

适用于对 AAA 生产件及生产用原辅材料采购过程的管理。

第三条 定义或术语

1. 供应商：向 AAA 提供生产件和生产用原辅材料的组织。

2. 生产件：生产件是指由供应商向 AAA 提供的用于生产的零部件及毛坯。

3. 潜在供应商：经调查确认具备向 AAA 提供所需生产件能力的组织。

4. 认证小组：是指由生产部、产品开发部门、财务部门及各分公司相关人员所组成的从事潜在供应商资格认证的工作小组。

第四条　职责

1. 生产部

（1）负责研究国内外先进的采购管理方法，对各分公司采购体系进行监控，引导各分公司对其采购体系进行改进和完善。

（2）负责组织建立"潜在供应商资源库信息系统"并对其进行管理和维护。

（3）负责合格供应商"产品协作配套许可证"的归口管理。

（4）参与对潜在供应商的资格认证及对现有供应商的第二方认证工作。

2. 财务部

负责采购结算价格的确定及货款结算。

3. 技术中心

（1）负责产品目标价格的确定。

（2）参与潜在供应商的选择及资格认可。

4. 分公司

（1）负责从潜在供应商资源库中选择供应商并对其进行资格认证。

（2）负责对通过资格认证的供应商按《生产件批准程序》实施生产件批准。

（3）负责确定合格供应商并对其进行管理。

（4）负责具体的日常采购业务及采购件质量管理。

（5）负责对供应商的业绩考评。

（6）负责定期组织对现有供应商进行第二方认证。

（7）负责对供应商环境行为的管理以及对供应商环境状况的调查、评定并对其环境行为施加影响。

第五条　采购管理流程

1. 生产部采购管理室根据《潜在供应商资源信息库建设及管理办法》组织建立潜在供应商资源信息库，各分公司或技术中心根据新产品开发或现生产需要从潜在供应商资源库选择 2 ～ 3 家供应商，由潜在供应商资格认证小组按《潜在供应商资格认证标准》对其进行资格认证，分公司应将资格认证计划和认证结果书面上报生产部采购管理室备案。

2. 分公司负责组织对资格认可合格的潜在供应商进行产品技术交底及初步询价、报价工作并组织对供应商进行技术或工艺评审，产品开发部门负责向分公司提供产品设计目标价格。

3. 对通过初步询价、报价和技术 / 工艺评审合格的潜在供应商由分公司与其签订产品开发试制协议后，按《生产件批准程序》实施生产件批准。

4. 对经生产件批准合格的供应商由分公司组织进行比价（独家供货的由分公司组织

与供应商协商定价），通过比价或协商定价后的供应商由分公司向生产部采购管理室提交"产品协作配套许可证发放申请单"（如果已发放"配套许可证"的合格供应商新增加的产品，则不需重新发放"配套许可证"，只需在"配套许可证"附件上加入新增产品），采购管理室负责按《产品协作配套许可证管理办法》给供应商发放"配套许可证"（或在"配套许可证"附件上加入新增产品）。

5. 生产部采购管理室将"产品协作配套许可证"发放清单提交财务部和分公司，潜在供应商即成为合格供应商并由分公司负责纳入合格供应商范围进行管理。

第六条 日常采购业务的管理

1. 分公司负责本分公司采购程序文件的编制并进行控制。

2. 分公司负责依据总公司及分公司年度生产经营计划编制分公司年度、季度、月度采购计划。

3. 分公司负责采购合同的签订和合同的履行。

4. 分公司负责依据质量验收标准对采购件进行入库验收。

5. 分公司负责采购件的质量管理和质量索赔。

6. 分公司负责按《合格供应商管理办法》对合格供应商进行日常管理，按《供应商业绩评价及考核管理办法》对供应商实施日常业绩考评。

7. 分公司负责按《供应商体系要求》和"供应商的第二方认证标准"定期组织对供应商的第二方认证。

8. 对不合格的供应商要求其限期整改，经限期整改仍不合格的，由分公司提请生产部审查并经经营或质量管理委员会批准后取消其合格供应商资格并注销其产品协作配套许可证，该供应商和其相应产品纳入潜在供应商资源库进行管理。

9. 分公司依据质量验收标准对生产件及生产用原辅材料进行入库验收。

10. 因供应商的原因而造成的质量损失由分公司根据产品质量赔偿激励管理办法及质量赔偿协议书向供应商进行质量索赔。

第七条 特殊情况

按供应商选择文件中规定的特殊情况采购的生产件及生产用原辅材料，财务部可依据分公司总经理的签字批准（或授权签字）进行付款结算。

10.3 潜在供应商资源信息库建设及管理办法

潜在供应商资源信息库建设及管理办法

第一条 目的

旨在建立××股份有限公司（以下简称公司）规范的潜在供应商资源信息库，以便公司充分利用国内外优秀的供应商资源，不断优化供应商结构，提高产品的市场竞争力。

第二条　范围

适用于公司对潜在供应商资源信息库的建设及管理。

第三条　术语

潜在供应商：经调查确认具备向公司提供所需合格生产件或生产用原辅材料能力的组织。

第四条　潜在供应商相关信息的来源。潜在供应商相关信息的来源主要有以下几个途径：

1. 现有合格供应商。

2. 相关部门、各分公司及有关人员推荐。

3. 通过各种媒体收集的相关企业信息。

4. 企业自荐。

5. 通过在公司网页上公开招录而获取的相关企业信息。

6. 其他途径。

第五条　潜在供应商应具备的条件

1. 产品工艺技术先进合理，生产、检测、试验设备齐全。

2. 生产批量较大，在行业内具有一定的竞争优势。

3. 具有较强的质量保证能力。

4. 具有较强的产品开发能力。

5. 企业生产经营及财务状况良好，具备良性发展的潜力。

6. 产品价格合理。

7. 良好的售后服务。

第六条　选择潜在供应商的原则：发挥存量、相对集中、价格竞标、质量服务优先的原则。

第七条　建立潜在供应商资源信息库的步骤

1. 生产部采购管理室负责组织潜在供应商资源信息库的建立。

2. 生产部采购管理室负责收集并归口整理与公司业务相关的国内外企业信息，股份公司产品规划部门、产品开发部门和各分公司相关部门可定期向采购管理室提供相关企业信息资料并填写"潜在供应商推荐表"予以推荐。

3. 采购管理室负责组织对信息资料进行筛选、比较、确认，对基本满足公司潜在供应商要求的企业由采购管理室按潜在供应商资源信息库格式发给调查表，待企业返回调查表后，对企业所提供的信息资料进行进一步的分析、确认，必要时可对企业进行现场调查。

4. 对满足公司潜在供应商要求的企业信息资料由采购管理室（或由采购管理室组织分公司相关部门）进行信息资料录入及编辑，对满足要求的企业由采购管理室定期提交公司质量管理者代表批准后将其列入公司潜在供应商范围及潜在供应商资源信息库进行管理。

第八条 潜在供应商资源信息库的使用、管理及维护。

1. 潜在供应商资源信息库由生产部采购管理室负责以活页文本或 U 盘、移动硬盘的形式汇编或在局域网上以网页的形式供股份公司产品规划部门、产品开发部门及各分公司相关部门使用。

2. 潜在供应商资源信息库按公司、产品类别分类汇编。

3. 潜在供应商资源信息库根据使用情况分阶段逐步实现信息查询功能及在局域网上实现授权用户信息共享功能。

4. 潜在供应商资源信息库由生产部采购管理室负责管理和维护更新。

5. 潜在供应商目录及潜在供应商资源信息库实行动态管理，新增和取消的潜在供应商由采购管理室定期向相关部门发布。

6. 根据公司《供应商选择程序》的要求，分公司根据新产品开发或现生产需要需新增供应商时，分公司从潜在供应商范围中选取 2 ~ 3 家相关的经资格评审合格的潜在供应商，经分公司组织进行技术交底、询价、比价后，满足要求的合格潜在供应商由分公司负责进行生产件批准，生产件批准合格的供应商即可列入合格供应商范围并成为正式合格供应商。

7. 因特殊情况需要紧急采购而来不及对潜在供应商进行资格评审时，若以后仍准备长期从此供应商处采购，事后仍应组织对该供应商的资格评审及生产件批准并将该供应商纳入合格供应商范围进行管理。

10.4　供应商选择程序

供应商选择程序

第一条 目的

为了不断地提高产品质量，降低采购成本，构建更加规范而有效的采购体系和具有竞争力的供应商体系，保证各分公司从经批准的合格供应商中采购，保证供应商提供的产品能持续地满足规定的要求，特制定本程序。

第二条 适用范围

适用于公司对供应商选择的管理。

第三条 职责

1. 生产部

（1）负责供应商选择流程的引导和监控。

（2）负责《潜在供应商资源信息库》的建设及管理维护。

2. 分公司

（1）负责潜在供应商资源的提供。

（2）负责潜在供应商资格认证。

（3）负责对潜在供应商环境状况的调查和评定。

（4）负责对合格潜在供应商按《生产件批准程序》实施生产件批准。

（5）负责将经生产件批准合格的供应商纳入合格供应商范围并进行管理。

（6）负责定期组织对合格供应商的第二方认证。

（7）负责制定合格供应商的环境行为管理办法并予以实施。

（8）负责对供应商的日常业绩考评。

第四条 潜在供应商的选择

1. 生产部负责按《潜在供应商资源信息库的建设及管理办法》建立潜在供应商资源库信息系统，此系统可实现相关部门及分公司资源库信息共享。

2. 潜在供应商资源信息库为开放式，信息的来源主要有以下几个途径：

（1）公司现有供应商。

（2）通过各种媒体获取的相关企业信息。

（3）公司各部门、各分公司及有关人员推荐。

（4）企业自荐。

（5）通过在公司网页或其他媒体上公开招录而获取的企业信息。

（6）其他途径。

3. 对基本符合要求的企业由生产部（或由生产部授权的分公司相关人员）录入潜在供应商资源库。

4. 潜在供应商资源库由生产部向产品开发部门和分公司进行发布并及时维护更新。

第五条 潜在供应商资格的认可

1. 分公司根据新产品开发及现生产需要组织产品开发部门、财务部门及分公司相关人员组成评审小组按《潜在供应商资格认可标准》对相关潜在供应商进行资格认可。

2. 分公司在对潜在供应商进行资格认可时，还要对潜在供应商的环境状况进行调查和评定，环境状况评定不合格的，不能作为公司的合格潜在供应商。

第六条 合格供应商的确定

1. 分公司根据新产品开发和现生产需要新增加供应商时，在经资格认可的相关合格潜在供应商中选择 2 ～ 3 家供应商，由分公司组织对供应商进行产品技术交底、技术评审、工艺评审和询价、比价工作，符合要求的供应商由分公司负责按《生产件批准程序》实施生产件批准。

2. 通过生产件批准合格的供应商由分公司向生产部提交"产品协作配套许可证发放申请单"（包括相应合格产品清单）报生产部采购管理室，经确认并报经营／质量管理委员会批准后由采购管理室按《产品协作配套许可证管理办法》给供应商发放"产品协作配套许可证"（附配套产品清单）并将发放清单书面通知分公司和财务部门。上述供应商即成为合格供应商并由分公司负责纳入合格供应商范围进行管理。

第七条 合格供应商的管理

1. 公司对合格供应商实行动态管理，合格供应商由分公司进行管理。

2. 分公司按《供应商业绩评价及考核管理办法》对合格供应商进行日常业绩考评。按《供应商质量体系要求》定期对供应商实施第二方认证。

3. 分公司负责组织对合格供应商进行定期或不定期产品质量监督抽查，对抽查不合格的供应商要求其限期整改。

4. 分公司应定期对合格供应商的环境行为进行监督评定（一般每年一次），重点评定其是否遵守国家环境法律或法规和其他要求，是否按照公司的环境管理体系要求对本企业的环境状况进行了改进。

5. 分公司应建立供应商环境状况调查与评定结果台账，并将监督评定结果及时在台账中予以记录。

6. 下列情况下分公司应对供应商提出警告并要求供应商限期整改，经限期整改仍不合格的供应商由分公司提交"取消合格供应商资格申请单"报生产部采购管理室，经确认并报经营或质量管理委员会批准后，由采购管理室按《产品协作配套许可证管理办法》注销其相应产品的"产品协作配套许可证"并书面通知分公司和财务部门，分公司将该供应商（或相应配套产品）从合格供应商范围内予以取消。该供应商相应产品纳入"潜在供应商资源库"进行管理。

（1）连续 2 年日常业绩评价及考核不合格的。

（2）实物质量抽查两次及两次以上不合格的供应商或实物质量抽查和第二方认证都不合格的。

（3）连续 2 年环境行为监督评定不合格并经限期整改后仍不合格的。

第八条 特殊情况

1. 下列情况下经分公司总经理批准签字（或授权签字），可以从合格供应商范围以外的供应商处采购。

（1）顾客在合同中明确指定的供应商而又不同意选择其他供应商时。

（2）顾客有特殊要求而现有合格供应商不能满足规定要求时。

（3）生产急需而现有合格供应商不能满足要求时。

2. 以上三种特殊情况，在第二次供货前仍要按本程序的流程进行管理。

10.5　产品协作配套许可证管理办法

产品协作配套许可证管理办法

第一条　目的

旨在规范对公司产品协作配套许可证的管理。

第二条　适用范围

适用于公司对零部件合格供应商"产品协作配套许可证"的发放和注销的管理。

第三条　术语

产品协作配套产品许可证：由公司统一制作发放的作为零部件合格供应商产品配套资格标志的证书。

第四条　生产部负责对"产品协作配套许可证"进行统一归口管理，负责产品协作配套许可证的印制、审批、发放、注销等日常管理。

第五条　产品协作配套许可证的发放程序

1. 分公司定期或不定期向生产部提交"产品协作配套许可证发放申请单"并提交下列资料：

（1）新供应商：资格认可合格证明、生产件批准书。

（2）现有供应商：日常业绩考评结果、第二方认证合格证明。

2. 生产部审查确认该供应商的选择是否符合《供应商选择程序》所规定的流程。若符合则经报经营或质量管理委员会审核批准后由生产部发放"产品协作配套许可证"并将发放情况书面通知分公司及股份公司财务部；若不符合则由生产部立即通知分公司提供相关补充资料，若符合要求则按第2点执行。若仍不符合要求则经报经营／质量管理委员会审核批准后不予发放并书面通知分公司。

第六条　产品协作配套许可证的注销

分公司根据对供应商的日常业绩评价及考核、第二方认证等情况需取消供应商合格供应商资格并注销其"产品协作配套许可证"时，由分公司向生产部提交"取消供应商合格供应商资格申请单"，生产部经确认并报经营或质量管理委员会审核批准后注销该供应商（或其相应协配件）的"产品协作配套许可证"并书面通知供应商和分公司及财务部。

第七条　对现有供应商"产品协作配套许可证"的发放将结合现有供应商的清理、供应商的日常业绩评价及考核、第二方认证等情况由分公司提出申请，生产部分期分批予以补发。

第八条　公司对"产品协作配套许可证"实行动态管理，有效期为3年，到期后须经重新审核换发。在有效期内若供应商日常业绩考评、第二方认证不合格并经限期整改后仍达不到要求，则经分公司申请由生产部审查确认并报经营／质量管理委员会审核批准后注销其"产品配套许可证"。

10.6 产品质量赔偿及退货管理办法

产品质量赔偿及退货管理办法

第一条 目的

明确产品的质量责任、退货流程及索赔要求。

第二条 适用范围

适用于采购产品在入库检验、生产装配过程及各分厂制造过程、顾客退货的质量问题造成直接和间接损失的赔偿。

第三条 术语

直接损失：由不合格品本身和由其引起的相关零件损失费用。

间接损失：由不合格品从流入生产过程中到被发现为止所造成的连带损失费用。

停产损失：因质量问题造成工厂生产线停产的损失费用。

第四条 职责

1. 质量部负责零件质量问题的鉴定、仲裁、处理及信息传递。

2. 采购部负责采购产品理赔事宜。

3. 分厂负责生产过程中质量赔偿费用的理赔。

4. 物资管理部负责退货产品的入库数量验收。

5. 财务部负责质量赔偿费用的结算与统计。

第五条 工作流程

1. 采购产品索赔内容及责任部门如下表所示：

采购产品索赔内容及责任部门

序号	工作内容	责任部门	记录
1	根据不合格品处理单（返工单、质量问题反馈单、让步接收申请单）开索赔单	分厂质量部	质量索赔单
2	确认后将单据反馈给质量部。对问题责任判定和处理有异议的向质量部申诉	供应商	质量赔偿申诉书
3	若一周内协商无结果，由质量部长在索赔单上签字，注明"拒签"字样，执行索赔	质量部	
4	质量部将供应商已确认索赔单交给采购部，由采购部理赔	采购部	
5	财务部按索赔单进行结算	财务部	

2. 生产过程及交付过程索赔内容及责任部门如下表所示。

生产过程及交付过程索赔内容及责任部门

序号	工作内容	责任部门	记录
1	检查站根据分厂生产过程中发现的上道过程制造的不合格品，开具不合格品处置单（废品单、返工修单）	检验员	废品单
2	上道过程检查员或质量员会签确认	上道过程	
3	质量员计算直接损失和间接损失后，开具索赔单	分厂	
4	上道过程与下道过程进行会签确认，若有异议，由质量部进行仲裁	上道过程	
5	若五天内协商没有结果，由质量部部长在索赔单上签字，执行索赔		索赔单
6	按索赔单从工资总额中扣除索赔金额	综合管理部	
7	对于交付后顾客提出的索赔，会签确认后，进行二次索赔，经责任单位会签确认	质量部	退货产品缺陷统计表
8	按赔偿单执行内部结算	财务部	

第六条　索赔项目说明

1. 质量赔偿原则

（1）按照总成和分总成质量负责制原则，赔偿在供需双方（即上、下过程）之间进行。

（2）零件按照"谁制造，谁负责"的原则，落实到责任单位／人。

（3）发生不合格经供需双方确认的原则。

2. 质量赔偿费用计算公式

（1）直接损失费（Z）

$$Z=不合格品数×单件价格+相关报废产品价值$$

（2）间接损失费（J）

$$J=（20\%～50\%）×Z（按直接损失费的20\%～50\%计算）$$

（3）让步接收幅度：让步接收产品按 5%、10%、15% 三个幅度进行折价处理。

（4）让步损失费用（R）

$$R=让步接收幅度×让步产品数量×让步产品价格$$

（采购产品按采购价；分厂制造的产品按内部结算价）

（5）停工损失费（T）

$$T=停工工时费（30元／人／工时）×停工人数×停工时间$$

3. 重复发生的批量质量问题，其索赔额在总费用的基础上加 50%。

4. 质量赔偿项目确定

（1）入库或交付检验时判定为不合格批，处置为拒收或现场挑选，全部损失由制造责任单位承担。

（2）接收检验时判定为合格批的产品，在生产过程中发现的少量不合格品，若尺寸不合格（除外观），则所有损失由制造单位承担；若属于外观不合格（如缺边等）造成的质量损失，按"过手质量负责制"原则执行，则所有损失由上道过程负责。

国家、行业、上级主管部门的质量监督性抽查所引起的考核费用，由责任单位按130%承担质量索赔损失。

第七条 质量赔偿费用管理

1. 质量赔偿可随时或定期进行，针对少量的不合格品所造成的损失，上道过程应每周定期进行会签；针对批量质量问题，上道过程应在 2 个工作日内完成会签。

2. 外部索赔：下道过程向上道过程索赔时要填写"质量赔偿单"，并提供相应的证据，经上下道过程会签后由财务部从货款中冲减质量赔偿费用。

3. 内部索赔：下道过程向上道过程索赔时要填写"质量赔偿单"，并提供相应的证据，经上下道过程会签后，由综合管理部从工资总额中扣除质量赔偿费用。

4. 有争议的按质量部裁决意见执行。

第八条 产品质量赔偿申诉与裁决

1. 按照"下道过程为上道过程的顾客"，"以顾客为关注焦点"的原则，以事实为依据，以法律、标准为准绳，实施产品质量赔偿申诉与裁决。

2. 申诉

（1）上道过程收到下道过程索赔单后，如有异议可在 5 个工作日内与下道过程协商解决；

（2）上道过程与下道过程协商无结果时，可向质量部提交质量赔偿申诉单，并提供足够的有效证明材料和依据。

3. 裁决

（1）质量部收到质量赔偿申诉单后，应立即组织调查分析，在 5 个工作日内作出裁决，对复杂的质量赔偿申诉可延长至 15 个工作日。

（2）对于重大质量赔偿申诉，质量部可以提交质量管理委员会进行最终决裁。

（3）财务部可以按照质量部裁决意见进行结算。

第九条 顾客退货处理流程（见下页）

顾客退货处理流程及责任部门

序号	工作内容	责任部门	记录
1	（1）退货品由销售部门运回或顾客送回 （2）由销售部门负责填写红字收发清单（注明退货原因），提请 QE 工程师确认，并由检查员对产品做相应的标识	销售部 生产装备部	收发清单
2	仓库保管员点清品名、数量并做记录台账	保管员	
3	组织售后服务人员、检查员、技术员对退货产品进行评审，在 2 天内拿出处置意见（重检、挑选、返工、返修、报废）。具体按《不合格品控制程序》执行	QE 工程师	
4	如果 QE 工程师在检查中发现产品的损坏是因顾客使用不当造成的，QE 工程师应签署意见给销售部，销售部应就此提示顾客正确的使用方法以防止损坏再发生	QE 工程师	
5	从仓库领出顾客退货品进行处理（返工、返修），返工（修）必须在 5 天内完成，质量部检查员对返工／返修后的产品按《产品检验和试验控制程序》进行重新检验，检验合格方可入库	返工（修）单位	
6	顾客因退货而需补货或顾客有其他要求时，销售部门应与顾客联络处理	销售部 生产装备部	
7	每月对顾客退货的情况进行总结，针对退货中的问题，适时向有关责任部门发出"纠正措施计划表"	质量部	纠正措施计划表

第11章　生产管理制度

11.1　生产计划控制程序

生产计划控制程序

第一章　总则

第一条　目的为使公司的生产安排有据可依，使生产过程顺畅进行，提高资源利用率，确保按时、保质、保量地完成订单任务，同时减少库存、降低成本、提高生产效率，制订本程序。

第二条　范围：适用于本公司所有产品产前试产和正式生产计划控制。

第三条　定义

1. "生产通知单"：外贸部根据客户的订单签发的作为通知生产的依据。

2. "生产计划表"：生产部根据"生产通知单"，结合物料供应周期和当前生产任务量签发的，作为采购跟踪、调整物料供应进度和生产车间生产安排的依据。

3. "供应日报"：采购部报告每天物料供应情况的报表，依据"生产计划表"或物料供应计划进度表。

4. "生产日报"：生产车间报告的每天生产完成情况的报表，依据"生产计划表"。

第二章　职责与权限

第四条　各部门的职责与权限

各部门的职责与权限

序号	部门	职责与权限
1	外贸部	接受客户订单，组织订单评审及审核，协调订单变更事宜并跟踪订单进度
2	生产部	负责制订生产计划，请购物料并组织生产；进行生产进度跟踪、催促与协调；负责生产物料领用和成品进仓
3	采购部	负责生产物料的采购及交期进度的控制，填写"主要物料供应日报"
4	品管部	负责根据设计材料制定质量标准，并负责进料检验、过程监督、终检、出库检验，负责质量信息的反馈和处理
5	工艺部	负责制定工艺文件和工艺的改进，生产用工装和模具的设计与制造，负责主导工时测定

（续表）

序号	部门	职责与权限
6	研发中心	负责提供相关设计资料和物料清单，负责主导 xx 要求的 FMEA 等有关技术性文件的制定工作，负责生产工艺和质量标准的审定，负责试生产数量的确定和封样工作，负责首样和试生产阶段质量确认，并在试生产阶段对相关技术进行指导，解决生产中的技术问题
7	仓库	负责采购物料收发、成品收发和保管等作业

第三章　作业流程

第五条　生产通知

外贸部接到订单后 24 小时内（遇节假日赶前）制订"生产通知单"，并送达生产部、采购部、研发中心、品管部、工艺部及上级有关领导。

第六条　进度与周期计划

1. 进度计划：研发中心、品管部、工艺部根据本部门的实际情况结合订单急缓程度，接到通知单后 3 天内做出本部门工作进度表。

2. 供货周期：采购部根据物料供应情况结合订单急缓程度与供应商协商供货期，并在 3 天内做出供货周期表。

3. 产能分析与进度计划：生产部根据本部门设备与人员情况并结合订单交货要求，进行产能分析，并在接到生产通知单后 5 天内做出初步的生产进度表。

4. 进度协调：总经理（或常务副总经理，下同）根据各部门的进度情况召开交货进度协调会，确定各部门的工作进度和生产进度。

第七条　生产负荷和工作评估

1. 生产部根据"生产通知单"、进度协调结果和现有生产能力，结合物料供货周期表，进行生产能力负荷评估。

2. 如评估的结果会影响订单交期，应上报启动增加生产能力预案，若相关预案仍不能完全解决，应立即反馈外贸部，由业务人员与客户协商，本单或其他订单适当延期交货，若不能延期或延期仍不足以解决问题，应报总经理采取特别措施，确保订单能完成。

3. 采购部、研发中心、品管部、工艺部根据协调的进度重新评估够本部门完成进度的能力，若能力不能保证进度，应第一时间上报采购部门采取特殊措施。

第八条　生产计划

1. 生产部应在进度协调后 5 天内编制出生产进度表，若有启动生产预案情形发生，在 8 天内完成生产进度表，并送交外贸部。

2. 外贸部根据生产进度表，结合订单安排出货计划，报与客户，经客户同意把修改的出货计划作为生产部今后安排生产计划的依据，并报送生产部、采购部、研发中心、品管部、工艺部及有关领导。

3. 月生产计划、周生产计划：生产部每月末制订出下月生产计划，每周末制订出下周生产计划，送外贸部、采购部、研发中心、品管部、工艺部及有关领导。

4. 日生产计划：生产车间根据周生产计划每天做一次日生产计划，用于车间各班组生产安排。

第九条　物料采购

1. 物料采购周期：对于新产品或供应情况有变更的产品，采购部应向有关供应商了解物料供应周期，制定"物料采购周期表"，并于接到"生产通知单"后 3 个工作日内报送生产部。

2. 生产部根据订单、物料清单和生产实际情况办理"生产物料请购单"，请购单经审批后送交采购部。

3. 采购：采购部根据请购单实施采购行为，其中，对于通用物料可与生产部、外贸部协商实施集中采购，实行安全库存量管理。

第十条　生产过程

1. 生产领料：生产班组根据生产计划向仓库领用所需物料，所领原辅料需经品管检验合格。

2. 生产实施：生产车间根据生产计划安排生产作业，生产安排要体现安全、高质、高效原则，并进行以下反馈工作：

（1）车间主任根据生产情况每天编制一份"生产日报"，于次日上班前以电子档形式发送到外贸部、生产部及有关领导。

（2）生产过程中若发现重要问题需第一时间逐级上报，随后填写"内部联络单"报有关人员以便处理。

3. 生产工艺：工艺部根据工艺文件指导作业，指导工装模具使用，并配合生产车间进行生产流程改善。

4. 质量控制：品管部根据质量标准进行生产过程检验和监督等产品质量控制工作，并做以下反馈工作：

（1）品管部根据每天质量检验情况做一份有关质量检验日报表，于次日上班前以电子档形式发到外贸部、研发中心、采购部、生产部及有关领导。

（2）检验过程中若重要问题需第一时间逐级上报，随后填写"内部联络单"报有关人员以便处理。

5. 技术指导：研发中心在试生产或首批生产阶段对有关生产、检验、工艺等进行技术指导，并协助解决生产中的技术问题。

6. 入库：完成各工序生产的产品经品管检验合格后，由车间送到仓库保管，并办理入库手续。

7. 出货：外贸部根据订单办理出库手续，安排运输工具，由仓管员安排装柜或装车。

第四章　计划控制

第十一条　生产例会：每周固定一个时间召开生产例会，由生产副总主持，外贸部、生产部、生产车间、采购部、品管部、工艺部等部门主管及计划员参与，必要时相关主办人员和研发中心也要参加，会议议题主要是生产方案确定、进度落实及解决生产中出现的问题等。

第十二条　进度跟催：计划员全程跟踪各种产品生产过程，也包括物料进度、工艺进度等，发现进度落后时，需催促相关人员，发现可能影响产品交期的异常现象时，需向生产部经理和生产副总汇报。

第十三条　异常处理

1. 生产过程异常处理

（1）延长加班时间。

（2）非关键工序安排外协。

（3）请临时工。

（4）增加设备、工具、工装模具等。

（5）集中使用人力资源专攻异常订单，也包括调动非生产人员从事生产工作，或参与解决生产中的问题。

（6）紧急情况下，采取特殊激励方式。

2. 物料供应异常处理

（1）采用更快捷的运输方式。

（2）在保证产品功能和质量的前提下，经研发中心审核后使用替代品。

（3）紧急情况下，另择一家供应时间更快或地理位置更近的供应商重复采购。

第十四条　责任追究

出现生产异常，为保证交货期，需要采取紧急措施时，各相关方应予积极配合，对于人为造成的生产异常以及不配合采取紧急措施的，予以追究责任。

11.2　生产异常管理办法

生产异常管理办法

第一章　总则

第一条　目的

为建立各相关部门对生产异常的责任制度，减少效率低下，提高生产力，特制定本办法。

第二条 适用范围

本公司生产过程中异常发生时，除另有规定外，均依本办法处理。

第三条 权责

（1）总经办负责本办法制定、修改、废止的起草工作。

（2）常务副总负责本办法制定、修改、废止的核准工作。

第二章 生产异常报告单

第四条 定义

1. 本办法所指的生产异常，是指造成制造部门停工或生产进度延迟的情形，由此造成的无效工时，可称为异常工时。

2. 生产异常一般指下列异常

（1）计划异常：因生产计划临时变更或安排失误等导致的异常。

（2）物料异常：因物料供应不及（断料）导致的异常。

（3）设备异常：因设备故障或水、气、电等原因而导致的异常。

（4）品质异常：因制程中发生、发现品质问题而导致的异常。

（5）技术异常：因产品设计或其他技术问题而导致的异常。.

第五条 生产异常报告单内容

1. 发生生产异常，即有异常工时产生且时间在十分钟以上时，应填具"异常报告单"。

2. "异常报告单"内容一般应包括以下项目：

（1）生产批号：填写发生异常正在生产的产品的生产批号或制造命令号。

（2）生产产品：填写发生异常时正在生产的产品的名称、规格、型号。

（3）异常发生部门：填写发生异常的制造部门名称。

（4）发生日期：填写发生异常的日期。

（5）起讫时间：填写发生异常的起始时间、结束时间。

（6）异常描述：填写发生异常的详细状况，尽量用量化的数据或具体的事实来陈述。

（7）停工人数、影响度、异常工时：分别填写受异常影响而停工的人员数量，因异常而导致时间损失的影响度，并据此计算异常工时。

（8）临时对策：由异常发生的部门和责任部门共同采取临时应对措施。

（9）填表部门：由异常发生的部门经办人员及主管签核。

（10）责任部门对策（根本对策）：由责任部门填写对异常的处理对策。

第六条 "异常报告单"使用流程

（1）异常发生时，发生部门的第一级主管应立即通知研发技术部或相关责任单位，前来研拟对策加以处理，并报告直属上级。若异常已造成停产，相关责任部门必须在接到通知 5 分钟内派人到现场处理。

（2）制造部会同研发技术部、责任单位采取异常临时应急对策并加以执行，以降低异常的影响。

（3）异常排除后，由制造部填具"异常报告单"一式四联，并转交责任单位。

（4）责任单位填写异常处理的根本对策，以防止异常重复发生，并将"异常报告单"的第四联自存，其余三联退交制造部。

（5）制造部接责任单位的异常报告单后，将第三联自存，将第一联转交总经办，第二联转交生管部。

（6）总经办保存异常报告单并督促财务部及采购部，作为向责任厂商索赔依据及制造费用统计的凭证。

（7）生管部保存异常报告单，作为生产进度管制控制点，并为生产计划的调度提供参考。

（8）生管部应对责任单位的根本对策的执行结果进行追踪。

第三章　异常工时计算规定

第七条　异常工时按不同情形来计算

1. 当所发生异常导致生产现场部分或全部人员完全停工等待时，异常工时的影响度以 100% 计算（或可依据不同状况规定影响度）。

2. 当所发生异常导致生产现场需增加人力投入排除异常现象（采取临时对策）时，异常工时的影响度以实际增加投入的工时为准。

3. 当所发生的异常导致生产现场作业速度放慢（可能同时也需增加人力投入）时，异常工时的影响度以实际影响比例计算。

4. 异常损失工时不足 10 分钟时，只做口头报告或填入"生产日报表"，不另行填写"异常报告单"。

第四章　各部门责任的判定及处理

第八条　各部门责任的划分

各部门责任的划分

序号	部门名称	责任说明
1	研发部	（1）未及时确认零件样品 （2）设计错误或疏忽 （3）设计延迟或临时变更 （4）设计资料未及时完成 （5）其他因设计开发原因导致的异常 （6）工艺流程或作业标准不合理 （7）工装夹具设计不合理 （8）其他因生技部工作疏忽所导致异常

（续表）

序号	部门名称	责任说明
2	生管部	（1）生产计划日程安排错误或临时变换生产安排 （2）物料进货计划错误造成因断料而停工 （3）设备故障后未及时修复 （4）生产计划变更未及时通知相关部门 （5）未发制造命令 （6）其他因生产安排、物料计划而导致的异常
3	采购部	（1）采购下单太迟或未下单，导致断料 （2）进料不全导致缺料 （3）进料品质不合格 （4）采购部未进货或进错物料 （5）其他因采购业务疏忽所导致的异常
4	仓库	（1）料账错误 （2）物料查找时间太长 （3）未及时点收采购进料 （4）物料发放错误 （5）其他因仓储工作疏忽所导致的异常
5	制造部	（1）工作安排不当，造成零件损坏 （2）操作设备仪器不当，造成故障 （3）设备保养不力 （4）作业未依标准执行，造成的异常 （5）效率低下，前制程生产不及造成后制程停工 （6）流程安排不顺畅，造成停工 （7）其他因制造部工作疏忽所导致的异常
6	品管部	（1）检验标准、规范错误 （2）进料检验合格，但实际上线不良 （3）进料检验延迟 （4）上工段品管检验合格的物料在下工段出现较高不良率 （5）制程品管未及时发现品质异常 （6）其他因品管工作疏忽所导致的异常
7	业务部	（1）紧急插单所致 （2）客户订单变更（含取消）未及时通知 （3）订单重复发布、漏发布或发布错误 （4）客户特殊要求未事先及时通知 （5）船期变更未及时说明 （6）其他因业务工作疏忽所导致的异常
8	供应商	供应商所导致的异常除考核采购部、品管部等内部责任部门外，对厂商也应酌情予以索赔

（续表）

序号	部门名称	责任说明
8	供应商	（1）交货延迟 （2）交货品质严重不良 （3）数量不符 （4）送错物料 （5）其他因供应商原因所导致的异常
9	其他	（1）特殊个案依具体情况，划分责任 （2）有两个以上部门所导致的异常，依责任主次追究责任

第九条　责任处理规定

1. 公司内部责任单位因作业疏忽而导致的异常，列入该部门工作考核，对责任人员依公司奖惩规定予以处理。

2. 供应厂商的责任除考核采购部门或相关内部责任部门外，列入供应厂商评鉴，必要时依损失工时向厂商索赔。

3. 损失索赔金额的计算：损失金额＝公司上年度平均制费率 × 损失工时

4. 生管部、制造部均应对异常工时作统计分析，于每月经营会议时作出分析说明，以检讨改进。

11.3　4M1E 变更管理程序

4M1E变更管理程序

第一章　总则

第一条　目的

为保证本公司产品工艺设定完成后的生产、交货及使用阶段顺利进行，为改善及提高品质与效率等而做的工程变更能获得适当的管制与记录，特制定本程序。

第二条　适用范围

1. 产品工艺设定完成后的工程变更，属于暂时或永久变更者。

2. 客户通知的产品变更、模具修改、规格异动、图纸修改等作业。

3. 公司范围内 4M1E 的变更。

第三条　职责

1. 变更的提出

（1）客户提出的工程变更需求或技术课的工程变更需求由技术部门提出。

（2）生产过程中厂内的自发性变更需求由生产部或相关变更部门提出。

2. 变更的审查

（1）市场部：负责与客户沟通联络，将变更资料提交客户批准。

（2）采购部：负责原材料的取得。

（3）品管部：负责品质的考量与评估，变更实施之审查。

（4）生产部：负责制程的考量与评估，变更的执行、追溯与记录。

（5）市场部：负责库存数量的统计以及变更导入的考量。

（6）技术部：负责仪器设备、生产工艺的考量以及文件的修正。

（7）财务部：负责变更成本的考量与评估。

3. 变更的核准：各部门主管负责工程变更的申请及工程变更指示的核准。

第二章 变更定义

第四条 工程变更定义：即 4M 变更，Man（人员）、Machine（设备、模具、治具、工具）、Material（材料、部品、构成分件）、Method（方法、工程、作业条件）。1E 即 Environment（环境，作业场所等）。

4M变更说明

序号	4M1E 变更	说明
1	人员变更	（1）现场作业者大幅度调整时 （2）工程或现场 30% 以上人员发生变化时 （3）关键过程、特殊过程作业者发生变更时
2	设备变更	（1）生产设备改造、更新、增设、新设、迁移时 （2）模具、治具的改造、更新、增设时
3	材料、构成零件变更	（1）供应商变更时 （2）材料变更时 （3）材料加工厂变更时
4	方法变更	（1）制造条件变更时 （2）加工方法、包装方法变更时
5	环境变更	（1）生产环境变更时 （2）生产场所变更时

第三章 工程变更的提出

第五条 公司内部工程变更

1. 若有工程变更提出时，由工程变更提出部门填写"工程变更申请单"，经部门主管确认后交生产技术部及品管部审查是否可行，若不可行，则归档结案，若可行，则由生产部主管批准后执行。

2. 出现以下工程变更时，应及时通知顾客。

（1）供应商变更时。

（2）加工方法、包装方法变更时。

（3）材料变更时。

3. 如发生以上的变更，则必须依据客户的规定提出变更申请通知客户，若客户回复为不可行时，则归档结案，若客户回复为可行时，则交由相关部门执行变更。

第六条　客户的工程变更：若客户有工程变更或设计变更提出时，则生产技术主管应于 3 个工作日内完成审查，如可行，则交相关部门依变更事项执行，如本公司无法执行，则应及时通知顾客。

第七条　供应商的工程变更：若供应商有工程变更提出时，则须依本公司的规定填写"工程变更申请单"，并送交生产技术部主管审查、确认品质。

第四章　执行变更的规定

第八条　执行变更要遵守以下规定：

1. 执行工程变更时，除依客户要求事项执行外，必要时可依客户的要求通知客户派人到厂共同执行。

2. 实施 4M1E 变更时，执行变更部门应通知品管部确认品质。

3. 作业者需再进行相关培训后，方可执行变更作业；作业者变更时，需通知品管部门前来检查，以确保品质。

4. 设备变更时，生产技术部需要对作业指导书进行确认，是否需要更新。

5. 设备、材料或加工方法变更后，若客户有规定时，由品管部进行过程能力的调查及确认。

6. 材料或工艺变更时，员工在领用材料时，仓管员在要生产批量表上注明"材料变更"字样，生产过程中生产管理表应跟着产品一起流转，以免混淆，包装后应在包装袋的标签上注明"变更品"字样。

7. 不合格品则依据《不合格品控制程序》执行。

第五章　工程变更后的品质确认

第九条　生产部依据《生产过程控制程序》进行管制；品管部依据《检验控制程序》规定进行品质确认，并对下列事项进行确认。

1. 作业者变更时，品管部应对外观、结合力等进行确认；设备、材料或方法变更时，品管部应对镀层可靠性（如盐雾测试、结合力测试等）进行确认。

2. 进行品质确认时，若发生不合格状况时，由生产部通知工程部和品管部进行审查，若品质无法达到要求时，则归档结案；若可行时，则提出可行方案，再重新执行变更。

第六章　工程变更后的标准化

第十条　工程变更完成后应把变更后的作业内容标准化，文件和资料按《文件与资料控制程序》执行 ; 变更后包含的所有相关文件都应为最新版本。

1. 各项工程变更的相关记录依《记录控制程序》执行。

2. 如涉及产品库存量时，应对库存品做控制并做适当标识。

3. 各项工程变更后，生技部应在"工程变更申请单"上填写相应意见，并及时通知各相关部门。

4. 品管部应对变更后的首件进行跟踪，以确认其品质。

5. 对于变更后的产品的变更情况应做好履历管理。

11.4 生产工艺技术管理办法

生产工艺技术管理办法

第一章 总则

第一条 目的

为规范生产工艺技术管理，加强日常生产操作，确保生产过程持续稳定运行，特制定本规定。

第二条 适用范围

本规定适用于氯碱公司操作规程、企业内控标准、工艺技术指标的制订，产品标识、消耗定额、生产操作原始记录及台账、生产工艺信息反馈、合理化建议、技术改进以及操作事故等管理工作。

第三条 职责

1. 生产技术部负责工艺操作规程和工艺技术指标、产品标识、消耗定额、生产操作原始记录及台账、生产工艺信息反馈以及合理化建议和技改技措的归口管理，组织制定相关的措施、方案等，监督、检查、考核执行情况。

2. 企业管理部负责生产用原材料、包装材料、产成品等企业内控标准的组织制定与日常管理。

第二章 工艺操作规程的编制

第四条 工艺操作规程的内容

1. 工艺操作规程应包括以下内容 :

（1）任务。

（2）管辖范围。

（3）相关岗位的联系。

（4）生产原理和工艺流程简述（包括流程叙述和流程简图）。

（5）生产技术指标。

（6）设备、仪表（包括主要设备简述和设备、仪表一览表）。

（7）操作方法：正常开停车及原始开车，正常操作及技术操作条件，不正常现象处理、事故处理及事故停车。

（8）化学危害品及防范措施。

第五条　各车间对本车间执行的工艺操作规程需要做小的修改时，由车间主任提出修改意见，经生产技术部同意后，由生产技术部下发文件更改单。

第六条　工艺操作规程经多次修改，或有重大改变时，由生产技术部提出换版意见，报主管副总经理批准后，生产技术部重新下达编制任务，车间主任安排车间工艺技术人员编写。

第七条　各车间主任负责校核本车间的工艺操作规程，生产技术部负责审核，主管副总经理负责审批。

第八条　经审批后的工艺操作规程由生产技术部负责统一印刷和发放。发放时，必须加盖"受控文件"印章，注明分发号并有分发记录和领用人签字。

第三章　工艺指标的制定

第九条　工艺指标分为厂级控制指标和车间级控制指标。厂控指标是指在生产过程中，对产品质量、消耗、生产稳定性以及上、下工序有较大影响的指标；车间级控制指标是指除厂控指标外，其他生产中需控制的所有指标。

第十条　车间级控制指标由车间根据厂控指标和实际生产情况制定，经生产技术部审批后执行，由车间进行日常管理。

第十一条　厂控工艺指标由生产技术部制定，经主管副总经理批准后，由车间和生产技术部共同进行日常管理。

第十二条　车间级工艺指标如不符合生产实际时，由所在车间提出，经生产技术部审核同意后下达文件更改单进行更改。厂控工艺指标由车间或生产技术部提出更改意见，经生产技术部研究，报主管副总经理审核批准，由生产技术部下达文件更改单。

第十三条　厂控工艺指标一般每年修订一次。

第四章　企业内控标准的制定

第十四条　当公司根据生产经营实际需要制定企业内控标准时，由生产技术部根据生产及工艺要求提出各种生产用原材料、包装材料及产成品质量的内控指标。

第十五条　公司主管领导组织生产技术部、质量监督部、企业管理部等有关单位对生产技术部提出的内控指标进行研究讨论。

第十六条　企业管理部根据讨论结果编制企业内控标准，经公司主管领导审批后印发并负责日常管理。

第十七条　如客户有特殊要求或公司内部因生产需要须临时变更某项内控指标时，

通过会议评审确定或公司下达指令，生产技术部制定具体保证措施，经主管副总经理审核批准后，生产技术部下达通知单并明确执行期限。

第十八条 如变更后指标长期执行，须修改企业内控标准时，由生产技术部提出修改意见，企业管理部组织生产技术部、质量监督部等部门进行研究讨论确定后，报公司主管领导审批，企业管理部根据审批结果对企业内控标准进行修改。

第五章　工艺纪律管理

第十九条 生产技术部负责工艺操作规程和生产工艺技术指标的制定、修订，并负责发放现行有效版本，同时，对旧版本进行作废处理。

第二十条 各级生产指挥人员、技术人员、操作工人都必须严格遵守工艺操作规程，如发现操作规程中有不当之处，任何人有权利并有责任提出修改意见，但未修改之前不得违反原规定。

第二十一条 各单位应经常组织有关技术人员认真学习工艺操作规程，做到熟练掌握、严格遵守并经常对工人进行工艺操作规程的技术教育，新工人必须经过考试合格，才能独立操作。

第二十二条 对未经办理手续的违反工艺技术规程的一切指示，车间或岗位操作人员有权拒绝执行。对违反工艺操作规程和生产技术标准的单位和人员，视情节轻重给予批评教育以至处分。

第六章　产品标识的管理

第二十三条 产品标识由生产技术部负责组织。

第二十四条 产品标识的种类

1. 数据类标识：与质量有关的数据，如分析数据、操作数据等。

2. 印迹类标识：与质量有关的印迹，如外包装上印迹、设备、管道上印迹等。

3. 标牌类标识：与质量有关的标牌，如区位牌、质量牌、检验牌等。

4. 区位图类标识：产品堆放位置的区位图。

第二十五条 公司内各种主要原材料、在制品、设备、主要管道、产品均须进行标识。

第二十六条 产品标识管理

1. 各类产品标识由使用单位派专人负责管理，所使用的产品标识要清晰、准确、明了。

2. 生产技术部负责产品标识的统一备案管理，各单位应将所管辖的产品标识的内容、形式报生产技术部存档备案。

3. 各单位所使用的产品标识进行更改时，应按有关程序进行，并通知有关部门，更改后的产品标识要及时报生产技术部存档，旧的产品标识即时撤销。

4. 各单位所使用的产品标识必须是经备案后的产品标识。

第七章　消耗定额

第二十七条　消耗定额工作由一名主管副总经理、企业管理部、生产技术部专职技术人员、车间专（兼）职定额员形成定额管理网，同时，有关职能部室、车间也要按消额定额的分工负起相应的管理责任。

第二十八条　计划指标的制定、修改、批准

1. 生产技术部根据公司的生产经营目标，结合公司现状和原料、动力供应的品种、质量等情况，提出下年度消耗定额计划讨论稿，经有关部门和各车间研究讨论，生产技术部修改完善，报企业管理部汇总平衡，经总经理批准后执行。

2. 消耗定额计划分年、季、月计划。下一年度计划由生产技术部在每年 10 月 31 日前报企业管理部；季度计划应在季末月 23 日前报企业管理部；月计划在月末 23 日前报企业管理部。在不影响年度计划的基础上，如有必要可根据实际情况对季度、月度计划作适当调整。

3. 当生产条件发生变化，需要适当调整计划时，必须由申请单位提出报告一式三份，报生产技术部审核，经总经理批准，由企业管理部修改计划后，按审批生效期执行。

第二十九条　产量和消耗物料的管理与统计

1. 产品入库后的各种损失不得在入库总量中扣除，损失量由仓储部负责。

2. 供应部要及时向企业管理部、生产技术部等部门及有关车间提供原材料的品种、质量等资料，并保证按合同保质、保量的到货。

3. 原材料到货后，仓储部要负责检斤计量入库，质量监督部按规定进行采样、分析检测其化学成分和物理性能，将结果及时通知仓储部、供应部和生产技术部，并按月、季、年做出原材料的质量检验报表，作为消耗定额计算依据。

4. 仓储部应加强对盐场、电石及其他仓库的管理工作，当盈亏额过大时，由各有关部门共同查明原因，由盈亏库单位或盘点小组写出书面报告，报公司主管领导审批处理。

5. 化工车间使用的原材料的数量原则上以进入车间的计量数字为准，每天由有关单位报给生产技术部。原料数量的交接手续由仓储部和用料车间的统计核算员负责办理，并要严格执行签字交接手续。

6. 化工车间使用的原材料、动力的数量若因计量仪表失灵，或供需方在数量上有争议时，由设备部、生产技术部负责组织有关单位协商解决，若仍解决不了，则由公司主管领导裁决。

7. 计量工作由设备部按有关规定管理，每旬、每月按时报出有关计量数据，各单位需安装的计量仪表由生产技术部确认，上报公司主管领导审批。

第三十条　消耗定额核算与分析

1. 消耗定额的核算方法按氯碱工业协会《离子膜电解法烧碱技术经济核算规程》《液氯技术经济核算规程》《合成盐酸经济技术核算规程》及《聚氯乙烯技术经济核算规程——

电石法》的规定进行计算。

2. 每月的最后一天上午九点，各车间对原材料、在制品及成品上进行盘点工作，由企业管理部组织，生产技术部、仓储部、财务部、设备部、供应部等单位对盐、电石等大宗原料进行盘点，产品产量按企业管理部核算后的数量，各种盘点结果要报交生产技术部、企业管理部。

3. 生产技术部负责消耗定额的核算与分析工作，每月 2 日前将上月消耗定额完成情况报予各有关部门、公司领导和上级主管部门。

第三十一条 消耗定额的管理要求

1. 各车间生产岗位和分析室必须按工艺操作规程和分析检验规程规定的项目、时间、频数及方法严格执行，并认真做好记录，车间统计核算员逐日统计汇总后报生产技术部。

2. 生产技术部负责有关职能部室和车间对降低消耗的关键问题及消耗定额的分布损失进行定期或不定期的测定，以便查找原因，制定有效的技术改进措施。

3. 设备部要组织做好设备维护、检修工作，消除跑冒滴漏，延长设备使用寿命，提高单台设备生产能力和设备综合利用率。

4. 车间工艺员每月月底做一次消耗定额的书面分析，上报生产技术部。

5. 生产技术部和企业管理部每月共同组织有关单位召开一次以消耗定额为内容的分析例会，共同制定降耗措施。

6. 每月由主管副总经理主持召开一次以消耗定额、成本为主要内容的经济活动分析会。

7. 各车间应组织好班组经济核算工作，每月召开一次以消耗定额为主要内容的生产活动分析会。

第八章　原始记录

第三十二条 原始记录由生产技术部归口管理。原始记录是企业生产管理的基础工作，是指导企业技术经济活动分析的主要依据。原始记录的主要作用是为加强企业管理提供基础资料。原始记录应按时认真填写，为提高产品产量、质量、降低消耗提供有效的科学依据。

第三十三条 原始记录填写的内容

1. 各岗位操作日报表、分析日报等按表中规定内容填写，并将关键事项记录在记事栏内。

2. 岗位交接班要填写：本岗位的设备运行情况、生产负荷调整情况、岗位上发生的异常情况、与有关岗位的联系情况、各级领导的指示精神以及主要交接班状况等。

第三十四条 原始记录填写要求

1. 各项原始记录要按规定内容由所在岗位操作或技术人员随时、逐项认真填写，不得漏项。

2. 各项原始数据要按规定的时间正点前后五分钟内及时填写，各分析数据在分析结果出来后及时填写，岗位中所发生的各种情况要随时写在记录本上。

3. 填写内容要求用蓝色圆珠笔、签字笔或钢笔填写，字体要用仿宋字。

4. 原始记录要保持版面整洁，字迹工整、清楚，不得随意涂改。

5. 日报表、分析报表中因各种原因当时没有数据的项目，要注明原因、起始时间，并及时与有关人员联系，较大问题向有关领导汇报，操作工和分析工必须在所在岗位原始记录上签名。

第三十五条　原始记录的管理

1. 原始记录管理分三类：值班长、车间、生产技术部。值班长负责记录的监督、检查；车间负责本车间原始记录的日常管理，车间统计核算员或工艺技术员负责收集整理各种记录，做好数据统计工作，分析情况指导生产，并建立台账；生产技术部负责监督检查及收集整理全公司的各种汇总的统计数据，做好综合分析，上报主管副总经理及有关部门。

2. 各车间原始记录按月装订成册，保持清洁完整，不得遗失。

3. 需归档管理的原始记录，由所在单位保存 1 年后移交公司档案室建档，无需归档的，由所在单位保存 2 年。

4. 各种记录报表、岗位交接班日志的内容、格式由生产技术部统一备案管理。生产过程中因实际需要增加或删除部分项目时，须由所在单位提出，报生产技术部审批后方可执行。需增加的项目由所在单位在有关报表空白栏填上项目名称，如删除的项目数目较多，可由生产技术部统一下文备案，报表上不再变动，如数目较少，由所在单位在删除的项目栏上加盖统一发放的"取消项"印章，需增印或变更格式时，应报生产技术部审批。

第九章　工艺技术台账

第三十六条　生产技术部负责工艺技术台账的管理工作，每月对生产车间及相关部室的工艺技术台账进行检查、指导和考核。

第三十七条　要求

1. 各化工车间和有关部室要建立工艺、消耗、操作事故管理台账。

2. 工艺台账上数字填写要准确可靠，文字部分字迹要清晰、书写要端正、内容要齐全，用仿宋体填写，整个版面要保持整洁，不得涂改。

3. 工艺台账由有关部室和车间的统计核算人员或工艺技术员负责管理，按时填写并妥善保管。

4. 工艺台账作为技术档案长期保存，由所在单位保存 1 年后，移交公司档案室保管。

第十章　工艺信息反馈

第三十八条　生产技术部负责工艺信息反馈的日常管理工作。

第三十九条 信息反馈系统：

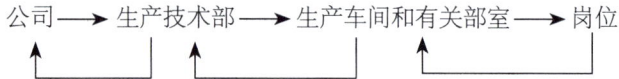

公司 ⟶ 生产技术部 ⟶ 生产车间和有关部室 ⟶ 岗位

第四十条 岗位操作人员对本岗位执行的工艺指标、工艺操作规程等生产技术标准应熟记并认真执行，若执行中遇到问题，应及时向车间工艺组汇报共同处理，较大问题应及时向生产技术部及有关领导汇报。

第四十一条 车间工艺技术员必须每天深入现场，了解工艺操作规程等执行情况，发现问题要及时协调解决，并做好相应记录。

第四十二条 车间工艺技术员、统计核算员对本车间的工艺指标等完成情况必须每天统计记入台账，并于每天上午 10：00 前将有关统计结果报生产技术部。

第四十三条 各车间每天在车间调度会上应将前一天或当天的工艺指标、工艺操作规程执行过程中出现的问题进行研究并制定相应措施，有关内容记入车间调度会记录，较大问题在第二天公司生产调度会上提出。

第四十四条 生产技术部每天要对各车间的工艺、操作情况进行检查，对发现的问题以及各车间反馈的问题及时研究解决，并将结果及时通知有关车间，对较大问题要及时向有关领导汇报。

第四十五条 各车间工艺技术员每月初将上月生产工艺、消耗等完成情况进行分析总结，并于当月 5 日前书面报生产技术部。

第四十六条 生产技术部每月初对上月生产情况、厂控工艺指标完成情况以及消耗情况进行书面总结，并于 10 日前印发给公司主管副总经理、各车间及有关部门。

第十一章　合理化建议和技术改进

第四十七条 开展合理化建议和技术改进活动，可以推动企业技术进步和提高经营管理水平，将技术迅速转化为生产力，达到提高经济效益的目的。

第四十八条 对于合理化建议和技术改进工作，应成立由主管副总经理领导的合理化建议和技术改进评审委员会（以下简称评委会），主管副总经理任评委会主任，评委由副总经理及有关部门负责人组成。

1. 公司评委会下设工艺、机械、电仪及其他四个专业评审小组。

2. 专业评审小组设正副组长各一人，组长由主管副总经理担任，副组长由专业组选举产生，成员由各车间（部室）主任（部长）组成。

3. 各车间（部室）成立合理化建议和技术改进评审小组，车间（部室）负责人任组长，其成员由专业技术人员 2～3 人组成，其中包括一名兼职合理化建议员，各单位评审小组成员名单报生产技术部备案。

4. 生产技术部是合理化建议和技术改进工作的日常管理机构，并设专职人员负责此项工作。

第四十九条　各级组织机构的职责

1. 公司评委会的职责

（1）配合公司办公室领导发动全公司职工积极开展合理化建议和技术改进活动。

（2）审批比较重大的合理化建议和技术改进项目。

（3）对下设的各工作机构和成员的工作进行监督和检查，不断改进合理化建议和技术改进工作，确保活动的有序进行。

2. 专业审评小组的职责

（1）对本专业范围的建议和改进项目进行评审，就其先进性、合理性、可靠性和效益性进行综合评议，提出是否采纳的意见。

（2）对本专业范围内已实施的建议和改进项目的经济效益进行审核，并提出奖励意见。

3. 车间（部室）评审小组的职责

（1）负责本车间（部室）的合理化建议和技术改进工作的开展、实施和推广工作。

（2）对本单位职工或外单位职工提出的在本车间（部室）实施的建议和改进项目进行审查并提出是否采纳的意见。

（3）对批准在车间（部室）实施的建议和改进项目，积极地组织（或配合）实施。

（4）对在本车间（部室）实施的建议和改进项目的适用情况、经济效益进行评定。

4. 车间（部室）兼职合理化建议员的职责

（1）负责本单位合理化建议和技术改进的征集、登记，并建立统计台账。

（2）负责本单位合理化建议和技术改进项目的收集并向主管部门申报。

（3）对本单位的实施项目的进度及实施前后的对比数据及时向单位评审小组汇报。

（4）办理合理化建议和改进项目及奖励的审批手续。

5. 生产技术部专职合理化建议员的职责

（1）负责全公司合理化建议和技术改进工作的征集、登记、整理、汇总、传递、存档等工作。

（2）掌握公司各单位正在实施项目的进度，对已实施项目及时进行考察，了解其施行效果，向专业评审组提供评审奖励依据。

（3）负责召集有关合理化建议会议和申请奖励兑现工作。

第五十条　合理化建议和技术改进的内容

1. 工艺流程、设备、工具、电气、仪器仪表的改进，生产控制方法及操作技术、安全、环保、计算技术的改进及新材料、新技术的应用推广。

2. 提高产品产量和工作质量，节约能源、降低原材料降耗。

3. 土建设施的结构及施工方法的改进。

4. 引进设备，消化吸收和革新。

5. 科技成果推广应用及企业管理方法、手段创新和应用，新产品的开发。

第五十一条 合理化建议和技术项目的填报和审批

1. 无论任何单位或个人，凡提出合理化建议和技术改进建议者，必须填写合理化建议和技术改进申报表一式两份，重点说明建议的内容、具体做法、累计效果、计算依据、投资预算，由车间（部室）评审小组组长审核签署意见，报生产技术部和公司办公室，该表作为实施后评审和奖励的依据。

2. 生产技术部接到建议后，必须及时按专业加以分类、登记然后转各专业评审组，待审核批准后，车间方可按要求实施，不得先实施后申报。

3. 重大项目由公司评审委员会审核后，确定采纳与否；一般项目由各专业组提出是否采纳的意见，对不具备进步性、可行性和效益性的项目，各专业组有权退回，并加以说明。

第五十二条 审查合理化建议时应遵循的原则

1. 内容相同的建议，以书面提出的先后次序为采纳依据。同一建议工艺路线或方法不同，则采用最佳者；一项合理化建议实施之前，建议者在其基础上又提出建议，内容效果有提高者，则合并为一个建议。

2. 属于下列情况之一者不算合理化建议：

（1）建议内容已列入公司规划或技改技措计划。

（2）应用公司内已采用的先进经验或重新启用简单的设备。

（3）领导安排的工作任务。

（4）属于领导者职权范围之内、决策性的办法或方案。

3. 生产技术部及时将审批结果通知建议单位，对于未被采纳项目，建议人如有异议可申诉、要求复审。

4. 确定采纳的一般项目，经主管副总经理审批后，由项目所在车间（部室）组织实施；确定采纳的重大项目，经总经理批准后由生产技术部下达实施计划。

5. 凡采纳的建议，在条件允许的情况下，所在单位应积极组织实施，需要经过试验研究者，生产技术部和有关部门按科研试验项目处理。

6. 凡没有按规定填报建议表和未按审批程序审批的项目，一律不准实施，擅自实施而未按审批程序填报的，不予评审，造成损失的要追究当事者的责任。

7. 对别人已提出的建议项目，在项目准备实施或实施过程中提出修改或补充意见时，可另填写意见表，经审查批准后与原建议同等对待。

第五十三条 合理化建议实施后的鉴定

1. 合理化建议项目实施后由所在单位对使用效果与效益情况做出客观评价，实事求是地计算所创效益额，作为评定奖级的依据，另报生产技术部和办公室，以备复审。

2. 对较大项目取得的成果，写出书面总结材料，备好有关图纸资料，由生产技术部报公司评委会鉴定，确定奖励。

第五十四条　奖励

1. 合理化建议和技术进步获奖项目必须具备以下条件：

（1）必须有按规定经审批的"合理化建议和技术改进申报表"。

（2）项目必须是已实施的，且经过 3 ～ 6 个月考核确有实效的。

2. 获奖项目按公司下发的相关文件和集团工会制定的相关奖励条款对相关单位和个人进行奖励。

3. 专业部室对获奖项目效益的计算方法、数据来源要认真进行校核，然后送专业组再作进一步审核，最后由专业组确定获奖等级，统一报公司评委会批准。

4. 对于难计算经济效益的有关管理、安全技术、环保、产品质量等项目，根据其应用范围、进步水平、复杂程度决定奖励等级。

第五十五条　检查与考核

1. 各车间（部室）每年度向生产技术部和办公室报告全年合理化建议项目实施情况，包括已实施的、在实施的和未实施的项目的数量、进度情况以及已实施项目使用情况。

2. 生产技术部和办公室汇总全公司情况，年终向公司评委会提交总结报告。

第十二章　操作事故管理

第五十六条　操作事故可分为重大操作、一般操作和微小操作事故三类

1. 重大操作事故

（1）凡因操作事故造成减产损失或直接损失价值在 10 000 元以上（包括 10 000 元）的。

（2）凡因操作时正常生产条件受到严重破坏，造成一种产品（或在制品）减产数量占日生产计划 25% 以上（含 25%）的。

（3）凡因操作事故造成一台或一台以上主体设备停工达 24 小时以上（包括 24 小时）的，如有备用设备投入，只计算恢复生产前所影响的时间。

（4）遇特殊情况，公司领导认为有必要列为重大操作事故的。

2. 一般操作事故

（1）凡因操作事故造成减产损失或直接损失价值在 2 000 元以上（包括 2 000 元）10 000 元以下的。

（2）凡因操作事故使正常生产条件受到严重破坏，造成一种产品（或在制品）减产数量占日生产计划 5% 以上（包括 5%）25% 以下的。

（3）凡因操作事故造成一台或一台主体设备停工达 8 小时以上（包括 8 小时）24 小时以下的，如有备用设备投入，只计算恢复生产前所影响的时间。

3. 微小操作事故

（1）操作事故造成的直接损失在 2 000 元以下的，或造成一种产品（或在制品）减产数量占日生产计划 5% 以下。

（2）凡发生跑冒生产物料现象的。

（3）违反生产技术标准、工艺操作规程规定指标连续 4 小时以上（包括 4 小时），或不足 4 小时，但情节和后果严重的。

第五十七条 操作事故原因分类

1. 违章作业（包括违反工艺操作规程、生产技术标准和安全操作规程等）。

2. 操作不当或误操作，检查维护不周。

3. 计量仪表失灵或化学分析检验不准确。

4. 设备失修或设备检修后不符合工艺要求。

5. 外界原因及其他（如停电、停气、停水等）。

第五十八条 操作事故的调查和处理

1. 对重大事故的处理，以主管副总经理为主，生产技术部组织，会同有关部室组成调查小组，对事故原因进行分析，查清原因和责任人，并提出防范措施和处理意见报总经理审定。

2. 一般、微小操作事故的处理，以事故发生所在车间主任为主，必要时生产技术部及有关部室参与，进行调查处理，将事故报告上报主管副总经理。

3. 各单位对操作事故的调查、分析、处理要严肃认真、态度科学，必须做到"三不放过"，即：事故原因不清楚不放过，事故责任人和员工没受到教育不放过，没有防范措施不放过。

第五十九条 操作事故报告：事故发生后，事故发生单位或责任单位必须写出书面报告或填写事故报告单，并报生产技术部备案，必要时须上报上级主管部门。

1. 重大事故报告在事故发生后七天内报生产技术部。

2. 一般、微小事故报告在事故发生后 3 天内报生产技术部。

3. 各车间及生产技术部要建立台账并由专人负责管理。

4. 对事故隐瞒不报或弄虚作假者视情节轻重给予严肃处理。

第六十条 操作事故损失价值计算

1. 产品的直接损失价值为产品的损失量乘以该产品的出厂价。

2. 在制品的直接损失价值为在制品的损失量乘以该在制品计划成本。

3. 产品的减产损失价值为减产的数量乘以产品出厂价与实际完成成本（或计划成本）之差。

4. 因操作事故影响造成原材料、动力的直接损失为损失量乘以其实际价格。

5. 因操作事故造成的停工时间应从事故发生时算起，到恢复正常时止。

第12章　质量管理制度

12.1　质量先期策划控制程序

质量先期策划控制程序

第一章　总则

第一条　目的

规定了产品开发和产品质量先期策划的必要步骤和方法，以确保开发的产品满足顾客的质量要求。产品质量先期策划的目标是促进有关部门和人员的互相沟通和联系，以确保所要求的步骤按时完成。

第二条　范围

适用于本公司范围内的新产品开发（包括产品设计开发和过程设计开发）和产品更改。

第三条　定义

1. 产品质量策划——用来确定和制定使新产品开发或产品更改满足顾客要求的必要步骤。

2. 新产品开发——指按顾客要求全新产品的开发、引进产品实施批量生产或对引进产品实施国产化的过程。

3. 产品更改——指对批量生产的产品零部件材料、产品结构的重大更改。

4. 引进产品——根据技术转让引进的、未对原产品进行任何国产化更改的新产品。

5. 引进产品的国产化设计——对引进产品的零部件实现国产化的过程。引进产品的零部件的尺寸更改、材料更改、材料处理的更改均属于此范围。

6. 样件——按顾客认可的图纸、样板、模型和／或其他工程设计资料，使用指定的材料制造的样件。样件可按某些不同于正规生产要求的方法制造，如使用软模具、简易夹具等，用于认证设计。

7. 工装样品——指采用生产用模具、夹具制造并经台架试验合格的产品。对于国产化的引进产品，其国产化率应与正式生产件相同。可以采用模拟生产工艺、不用生产的机床设备、不按生产节拍，用于认证模具、夹具。

8. 生产件——生产件指在生产现场使用生产工装、量具、工艺、材料、操作者、环境和工艺参数，如：进给量、速度、节拍、压力、温度等制造的产品。生产样件应抽自一批具有相当数量的生产件，用于生产工艺的批准。

9. 试生产运行——为了验证过程能力和生产能力，在生产条件下，在公司内部预先进行的试生产运行。

10. 生产件制造——按照顾客要求、在生产条件下进行的试生产，包括 PPAP 制造等。

11. 批量试生产——按照顾客要求、在生产条件下按节拍进行的试生产，包括 2 天试生产和按预定能力生产等。

12. 项目小组——产品开发项目小组至少由工程部、质量部、制造部、销售及市场部和采购部人员组成，工程部的产品、项目工程师为项目负责人。项目小组负责按照项目各阶段的步骤实施各项工作，确保项目各阶段能完成目标要求。

13. 项目认可——由总经理、质量部经理、工程部经理、采购部经理、制造部经理、销售及市场部经理、财务部经理在各阶段结束或项目结束后，对由产品、项目工程师递交的、经项目小组评审的项目阶段情况汇总表进行签字确认的过程。

14. 项目小组例会——项目小组例会以定期或不定期会议形式开展，产品 / 项目工程师主持会议，项目小组成员及协作人员参加，产品 / 项目工程师听取项目组成员就各自工作的进展情况及存在的问题汇报，并组织项目组成员就存在的问题进行讨论并做出决定，以及布置项目下一阶段的任务。必要时，公司领导及相关部门经理可参加会议，对各项目进行评价并就存在的问题进行决策，项目小组例会须形成相应的会议纪要。

第四条　职责

各部门在质量先期策划中的职责如下表所示：

各部门在质量先期策划中的职责

序号	部门	质量职责
1	项目小组成员	项目小组成员是项目中部门的代表和部门中项目的代表，负责其范围内的目标和结果，引导其所在部门协作人员的工作，负责项目涉及本部门的详细计划、期限和项目开支
2	产品 / 项目 工程师	（1）负责产品开发的设计工作 （2）负责推荐成立项目小组 （3）负责召集制定和更新"产品开发进度计划" （4）负责对项目小组成员与项目相关的工作的安排，组织和召开项目小组会议，做出必要的仲裁起草认可文件和阶段评审资料负责组织项目组成员对项目各阶段工作进行评审 （5）领导项目小组完成质量、成本、费用以及期限目标，并按阶段进行跟踪、拟定、优化、调整计划，并确定资源上的需求 （6）参与相关项目与国内外技术支持的联系与协调 （7）了解客户的需求信息，负责获取客户对项目的要求并对项目小组提出相应的要求 （8）负责顾客的样件、工装样品、生产件的递交，了解各职能部门项目费用的使用情况

（续表）

序号	部门	质量职责
3	工程部	（1）负责获得顾客产品技术信息 （2）负责产品设计工作及设计文件的编制、转化和更改，负责与供应商签订《零件开发技术协议》及供应商零件的样件或工装样品认证 （3）负责制定产品技术规范和产品标准 （4）负责技术文件的标准化管理 （5）负责提出样件或工装样品制造、试生产运行、生产件制造和批量试生产的要求 （6）负责设计验证的提出并参与设计验证试验 （7）负责样件或工装样品递交的文件汇总，参与 PFMEA、控制计划等文件的制定 （8）负责提出生产确认试验和生产件批准的文件汇总 （9）参与工序能力研究和测量系统分析参与试生产运行、生产件制造和批量试生产
4	质量部	（1）负责质量文件、零件、产品检验文件的编制和更改 （2）负责获取顾客的质量信息 （3）负责对供应商的质量进行评审 （4）负责零件检验、产品最终检验、零件和产品试验的设备、量具、检具要求的提出 （5）负责零件、产品的测量、检验和试验 （6）负责供应商零件的生产件认可 （7）参与 DFMEA、PFMEA、控制计划等文件的制定 （8）负责工装、量具、检具的测量 （9）负责进行产品试验并出具试验报告 （10）参与过程能力的研究，负责进行测量系统分析 （11）参与样件和工装样品的制造和递交，参与试生产的运行、生产件制造和批量试生产 （12）负责提出生产确认试验，负责生产件批准或批量样品认可递交的文件汇总
5	制造部	（1）负责考虑新产品工艺要求并确定工艺流程 （2）负责工艺文件的编制、转化和更改 （3）负责生产设备、工装、设施要求的提出和实施 （4）参与 DFMEA 等文件的制定 （5）负责进行样件和 / 或工装样品制造及进行试生产运行、生产件制造和批量试生产，并负责过程检验 （6）负责进行工艺指导，并对操作工进行培训 （7）负责生产工序的控制和过程能力的测定 （8）负责对供应商零件的样件 / 工装样品、生产件的试装，并出具《试装报告》

（续表）

序号	部门	质量职责
6	销售及市场部	（1）负责进行新产品开发报价 （2）负责新产品开发项目立项 （3）负责新产品开发项目协调 （4）负责获取顾客的商务信息和时间进度要求
7	采购部	（1）负责潜在供应商的提出 （2）负责零部件、工装、设备、量具的采购 （3）负责入库零件和产品的保管 （4）负责零件的发料 （5）负责供应商递交文件的收集和传递 （6）负责向供应商进行信息反馈
8	财务部	负责项目费用的核算和对产品成本的跟踪
9	人力资源部	（1）负责人力资源的配置 （2）负责培训计划的制定和培训安排以及培训记录

由总经理、质量部经理、工程部经理、采购部经理、制造部经理、销售及市场部经理、财务部经理负责对项目技术质量和项目程序的执行质量进行认可

第二章　项目开始和确立的质量控制

第五条　报价与合同评审

1. 销售及市场部在获得顾客询价后，通知工程部经理指定产品／项目工程师组织相关部门人员按《报价批准指导书》进行报价。

2. 报价应考虑以下几方面的信息和要求：

（1）市场信息。

（2）质量信息。

（3）产品／过程要求和制造的可行性。

（4）成本和价格。

（5）产品开发的风险性。

3. 按照上述要求完成报价分析并报总经理批准后，对顾客进行报价。

4. 如顾客接受报价并签发"开发意向书或开发协议"和"价格协议"或"质量协议"且获得公司签字，则该项目即获得确认且立项。顾客的"开发协议""价格协议""质量协议"由总经理或总经理指定的部门经理负责签字，该签字可视为对合同的评审。

第六条　成立项目小组并开展工作

1. 总经理指定一位产品／项目工程师作为该项目负责人并由该产品／项目工程师负责推荐成立项目小组，填写"项目小组成员名单"。

2. 产品／项目工程师负责向顾客获取需求信息，例如：标准、图纸、规范、文件、

要求等。对于引进产品，产品的技术信息也可从技术转让方获得，并经顾客确认。

3. 产品 / 项目工程师负责召集项目小组成员共同完成以下工作：

（1）明确项目是否正式确认。

（2）确认顾客需求是否完整、明确。

（3）确认是否涉及相关的法律法规。

（4）明确公司的内部需求。

（5）明确产品目标价格。

（6）确定项目目标（包括：设计 / 开发目标、质量目标、时间进度目标）及职责分工。

（7）制定包括项目各阶段各主要时间节点的"产品开发进度计划"。

（8）分析和确定开发 / 试验的可行性。

（9）分析和确定制造的可行性。

（10）确定初步项目预算（包括：开发、试验、制造等方面）。

在对开发 / 试验的可行性和制造可行性进行分析时，应对以往同类产品的开发经验进行回顾和分析。

4. 产品 / 项目工程师召集项目小组成员共同填写"项目阶段情况汇总表：阶段0——项目开始和确立""项目阶段情况汇总表：阶段1——概念确定""项目阶段情况汇总表：阶段2——产品和过程开发""项目阶段情况汇总表：阶段3——产品和过程认可""项目阶段情况汇总表：阶段4——生产启动"中相关任务的责任人、配合人和计划进度部
分。上述表中相关的时间节点应和"产品开发进度计划"一致或略有提前。

5. 产品 / 项目工程师召集项目小组成员及各部门相关人员召开一次项目启动会议，并形成项目会议记录。

6. 产品 / 项目工程师召集项目小组成员共同对本阶段的工作进行评审并填写"项目阶段情况汇总表：阶段0——项目开始和确立"中的实际完成情况及评审结果，对于未完成的任务，应提出整改意见和目标。

7. 产品 / 项目工程师组织对评审完成的"项目阶段情况汇总表：阶段0——项目开始和确立"进行项目阶段批准，项目阶段批准应获得相关部门经理和总经理的签字确认。对于不批准的项目，不可以进入下一阶段，必须进行整改；对于带条件批准的项目，允许进入下一阶段，但对于带条件的问题必须限期进行整改；对于批准的项目，应进入下一阶段。

第三章 概念确定阶段的质量控制

第七条 产品 / 项目工程师召集项目小组成员更新"项目阶段情况汇总表：阶段1——概念确定""项目阶段情况汇总表：阶段2——产品和过程开发""项目阶段情况

汇总表：阶段 3——产品和过程认可""项目阶段情况汇总表：阶段 4——生产启动"中的计划进度及"产品开发进度计划"的相应部分。项目小组成员应明确顾客的要求，如顾客有特殊要求的，应同时符合顾客的特殊要求。

第八条 对于全新产品的开发、引进产品的国产化设计、产品更改，由产品／项目工程师负责召集项目小组成员讨论确定产品开发的概念。

1. 产品／项目工程师召集项目小组成员确定开发需求文件并列出"开发需求文件清单"。项目小组成员按职责收集所有相关的标准、技术规范和技术资料。

2. 对于全新产品的开发、引进产品国产化设计的国产化设计部分、产品更改的更改部分，由产品／项目工程师负责召集项目小组成员共同讨论确定 DFMEA 初稿。引进产品可以免除 DFMEA。

3. 产品／项目工程师负责召集项目小组成员完成初步的产品可行性研究，包括：初步工艺布局、初步过程流程、初步制造能力计划。对于全新产品的开发、引进产品国产化设计的国产化设计部分、产品更改的更改部分，应包括：初步零件和材料清单、初步产品特殊特性清单。上述文件应由相关职能工程师形成书面文件。

4. 对于全新产品的开发、引进产品的国产化设计的国产化设计部分、产品更改的更改部分，由产品／项目工程师负责召集质量工程师共同确定设计验证计划（DVP）。

5. 对于全新产品的开发，如顾客要求，由产品／项目工程师组织完成以计算机模拟软件进行的初次性能模拟。对于引进产品的国产化设计、产品更改，如有必要，由产品／项目工程师组织完成以计算机模拟软件进行的初次性能模拟。在完成以计算机模拟软件进行的初次性能模拟后，根据模拟结果，如有必要，由产品／项目工程师组织项目小组成员对初步零件和材料清单、初步产品特殊特性清单进行更改。

6. 对于全新产品的开发、引进产品的国产化设计、产品更改，如需要进行样件试验或认可的，由产品／项目工程师负责采用必要的 CAD 软件完成样件设计并形成样件图纸。产品／项目工程师负责召集项目小组成员讨论确定样件过程控制计划、样件 PFMEA，由质量工程师形成样件过程控制计划，制造工程师形成样件 PFMEA。样件制造的进行和要求由产品／项目工程师负责提出，样件制造的工装要求由制造工程师负责提出，制造样件需要的零件或材料的采购由采购工程师负责完成，样件制造所用的工装按照《工装控制程序》执行，样件的制造由制造工程师负责组织完成。

如果是委外开发，由产品／项目工程师负责协调完成上述工作。样件制造的最小数量须满足尺寸测量、性能试验样本数、样件递交数量的要求。样件制造所需要的技术文件的分发由工程部负责。

7. 对于样件的验证试验，由产品／项目工程师提出要求，由质量工程师组织按照 DVP 要求进行样件测量和试验，由产品／项目工程师组织项目小组成员进行样件分析和确认。如果需要递交顾客进行确认的，由产品／项目工程师负责相关文件的汇总并递交顾客进行确认。

8. 产品／项目工程师召集项目小组成员共同对本阶段的工作进行评审并填写"项目阶段情况汇总表：阶段 1——概念确定"中的实际完成情况及评审结果。对于未完成的任务，应提出整改意见和目标，同时应对本阶段的项目费用和成本控制情况进行分析。

9. 产品／项目工程师组织对评审完成的"项目阶段情况汇总表:阶段 1——概念确定"进行项目阶段批准，项目阶段批准应获得相关部门经理和总经理的签字确认。对于不批准的项目，不可以进入下一阶段，必须进行整改；对于带条件批准的项目，允许进入下一阶段，但对于带条件的问题必须限期进行整改；对于批准的项目，应进入下一阶段。

第四章　产品和过程开发的质量控制

第九条　产品／项目工程师召集项目小组成员更新"项目阶段情况汇总表：阶段 2——产品和过程开发""项目阶段情况汇总表：阶段 3——产品和过程认可""项目阶段情况汇总表:阶段 4——生产启动"中的计划进度及"产品开发进度计划"的相应部分，项目小组成员应明确顾客的要求，如顾客有特殊要求的，应同时符合顾客的特殊要求。

1. 对于全新产品的开发、引进产品的国产化设计的国产化设计部分、产品更改的更改部分；由产品／项目工程师负责召集项目小组成员对 DFMEA 进行更新。

2. 对于全新产品的开发、引进产品的国产化设计、产品更改，如有必要，由产品／项目工程师组织再次进行以计算机软件完成的性能模拟。

3. 对于全新产品的开发、引进产品的国产化设计、产品更改，由产品／项目工程师负责召集质量工程师共同更新设计验证计划（DVP）。

4. 对于全新产品的开发、引进产品的国产化设计、产品更改，由产品／项目工程师负责或组织采用 CAD 软件完成产品设计图纸，并完成产品图纸及零件明细表、产品特性清单。对于引进产品，由产品／项目工程师负责或组织完成产品图纸及相关设计文件的转化并完成产品图纸及零件明细表以及产品特殊特性清单。文件的签署详见《技术文件和技术资料控制程序》。

5. 由产品／项目工程师负责召集质量工程师共同讨论确定产品技术规范。

6. 对于全新产品的开发、引进产品的国产化设计、产品更改，由产品／项目工程师负责召集项目小组成员对设计进行评审，同时对设计进行检查。如果是委外开发，可由产品／项目工程师协调被委托方进行设计评审，设计评审完成后，由相关产品工程师负责完成签署，文件的签署详见《技术文件和技术资料控制程序》。如顾客对产品设计文件有特殊要求的，必须满足顾客的特殊要求。

7. 对于全新产品的开发、引进产品的国产化设计、产品更改，由产品／项目工程师负责召集项目小组成员对样件过程控制计划、样件 PFMEA 进行更新，制订工装样品阶段过程控制计划、PFMEA、"检验计划指导书"。

8. 对于引进产品，由产品／项目工程师负责召集项目小组成员对过程控制计划、

PFMEA 进行转化，并由质量工程师和制造工程师形成文件。

第十条 新供应商的确定

1. 对于全新产品的开发、引进产品的国产化设计、产品更改，如涉及新供应商开发的，采购工程师按《供应商控制程序》进行新供应商开发。

2. 对于全新产品的开发、引进产品的国产化设计、产品更改，如涉及新零件开发的，产品 / 项目工程师负责与供应商签订《零件开发技术协议》并负责对供应商进行技术交底。对供应商的零部件图纸发放及《零件开发技术协议》的传递由采购工程师负责，采购工程师在收到供应商递交的经自检合格的零件的工装样品、合格的工装样品零件自检报告和工装样品零件递交保证书后交产品 / 项目工程师对零件的工装样品进行认可。产品 / 项目工程师在完成零件的工装样品认可后将认可报告交采购工程师传递给供应商。

3. 采购工程师按《采购控制程序》的要求组织零件的采购。

第十一条 工艺要求的确定

1. 制造工程师负责按照产品设计要求考虑产品工艺要求；产品 / 项目工程师负责召集项目小组成员共同确定过程流程图、过程特性矩阵表、过程能力计划，并由制造工程师形成文件。制造工程师根据工艺要求，按《设备控制程序》和《工装控制程序》提出生产设备和工装的要求，质量工程师按《检验、测量和试验设备控制程序》提出检测和试验的设备、检具要求，设备、检具的订购、制造、验收及相关文件的编制按上述程序文件的要求进行。

2. 制造工程师负责提出操作人员的培训要求和计划。

3. 制造工程师负责编制"生产场地平面布置图"，并由项目小组成员共同对平面布置图进行检查。

第十二条 工装样品的制造与管理

1. 工装样品制造时间和数量要求由产品 / 项目工程师负责提出。工装样品制造所需的技术文件的分发由技术工程部负责，详见《技术文件和技术资料控制程序》。

2. 制造工程师负责组织进行工装样品的制造。工装样品制造的最小数量须满足尺寸测量、性能试验样本数、工装样品递交数量的要求。如顾客有特殊要求，必须满足顾客的特殊要求。

3. 产品 / 项目工程师负责提出工装样品测量和试验要求，质量工程师负责工装样品的尺寸测量和性能试验，并出具相应的报告及递交顾客所需的报告。用于工装样品尺寸测量的带尺寸编号的总成图纸由产品 / 项目工程师提供。

4. 工装样品的递交由产品 / 项目工程师负责相关文件的汇总并进行递交。

第十三条 产品包装要求

产品 / 项目工程师与销售工程师一起提出产品包装要求。如顾客有特殊要求的，应满足顾客的特殊要求。

第十四条　工作评审

1. 产品／项目工程师召集项目小组成员共同对本阶段的工作进行评审并填写"项目阶段情况汇总表：阶段 2——产品和过程开发"中的实际完成情况及评审结果，并对阶段 0 到阶段 2 的经验和教训回顾和分析，对于未完成的任务，应提出整改意见和目标，同时应对本阶段的项目费用和成本控制情况进行分析。

2. 产品／项目工程师组织对评审完成的"项目阶段情况汇总表：阶段 2——产品和过程开发"进行项目阶段批准。项目阶段批准应获得相关部门经理和总经理的签字确认。

3. 对于不批准的项目，不可以进入下一阶段，必须进行整改；对于带条件批准的项目，允许进入下一阶段，但对于带条件的问题必须限期进行整改；对于批准的项目，应进入下一阶段。

第五章　产品和过程认可的质量控制

第十五条　产品／项目工程师召集项目小组成员更新"项目阶段情况汇总表：阶段 3——产品和过程认可""项目阶段情况汇总表：阶段 4——生产启动"中的计划进度及"产品开发进度计划"的相应部分。项目小组成员应明确顾客的要求，如顾客有特殊要求的，应同时符合顾客的特殊要求。

第十六条　设计更改的控制

对于全新产品的开发、引进产品的国产化设计的国产化设计部分、产品更改的更改部分，由产品／项目工程师负责召集项目小组成员对工装样品阶段过程控制计划、PFMEA、"检验计划／指导书"进行更新，并制订试生产阶段过程控制计划、PFMEA、"检验计划／指导书"、"产品质量审核指导书"。

第十七条　涉及新零件开发的管理

1. 对于全新产品的开发、引进产品的国产化设计、产品更改，如涉及新零件开发的，在零件工装样品获得产品／项目工程师认可后，质量工程师负责对供应商零件的生产件进行认可，采购工程师负责将供应商递交的经自检合格的零件的生产件样品、合格的生产件零件样品自检报告和生产件样品零件递交保证书交质量工程师对零件的生产件进行认可。质量工程师在完成对供应商零件的生产件认可后，将认可报告交采购工程师传递给供应商。

2. 采购工程师负责试生产运行、生产件制造及批量试生产所必需的零件的采购。

第十八条　生产设备及工装的管理

1. 对生产设备及工装的验收及能力研究由制造工程师按《设备控制程序》《工装控制程序》的要求进行。

2. 对检测和试验设备、检具的验收由质量工程师按《检验、测量和试验设备控制程序》要求进行。

3. 项目小组成员共同对新设备、工装和试验设备进行检查。

第十九条 销售工程师负责完成产品包装的确认，采购工程师负责确认产品包装的采购。

第二十条 产品／项目工程师负责召集项目小组成员对过程流程图、过程特性矩阵表、过程控制计划、PFMEA进行更新。项目小组成员共同对PFMEA和控制计划进行检查。制造工程师负责编写工序作业指导书。

第二十一条 制造工程师负责召集项目小组成员共同制定过程能力研究计划并组织进行过程能力研究还要负责对操作工人进行操作培训。

第二十二条 质量工程师负责召集项目小组成员共同制定MSA计划并组织进行MSA。

第二十三条 质量工程师负责召集项目小组成员确定生产验证计划（PVP）。

第二十四条 产品／项目工程师负责组织试生产运行并提出试生产运行计划，制造工程师负责进行试生产运行。《试生产运行报告》的试生产运行情况部分由制造工程师负责填写，对存在的问题的整改，由项目小组成员共同讨论确定。产品／项目工程师负责试生产运行的批准。试生产运行及生产件制造所需的技术文件的分发由工程部负责。

第二十五条 产品／项目工程师负责召集项目小组成员对产品／过程质量进行检查，并由质量部负责组织内部过程审核。

第二十六条 产品／项目工程师负责召集项目小组成员共同对工艺、质量文件进行完善。

第二十七条 产品／项目工程师提出生产件制造的时间和数量要求。

第二十八条 产品／项目工程师负责组织生产件制造，制造工程师负责进行生产件制造。

第二十九条 质量工程师负责提出生产件测量和试验要求，质量部负责生产件的尺寸测量和性能试验，并出具相应的报告及递交顾客所需的报告。用于生产件尺寸测量的带尺寸编号的总成图纸由质量工程师提供。

第三十条 生产件递交由质量工程师负责相关文件的汇总，并进行生产件递交。

第三十一条 阶段工作评审

1.产品／项目工程师召集项目小组成员共同对本阶段的工作进行评审并填写"项目阶段情况汇总表：阶段3——产品和过程认可"中的实际完成情况及评审结果，对于未完成的任务，应提出整改意见和目标，同时应对本阶段的项目费用和成本控制情况进行分析。

2.产品／项目工程师组织对评审完成的"项目阶段情况汇总表：阶段3——产品和过程认可"进行项目阶段批准。项目阶段批准应获得相关部门经理和总经理的签字确认。对于不批准的项目，不可以进入下一阶段，必须进行整改；对于带条件批准的项目，允许进入下一阶段，但对于带条件的问题必须限期进行整改；对于批准的项目，应进入下一阶段。

第六章　生产启动的质量控制

第三十二条　产品／项目工程师召集项目小组成员更新"项目阶段情况汇总表：阶段 4——生产启动"中的计划进度及"产品开发进度计划"的相应部分。项目小组成员应明确顾客的要求，如顾客有特殊要求的，应同时满足顾客的特殊要求。

第三十三条　产品／项目工程师负责召集项目小组成员对 DFMEA、PFMEA、产品技术规范、过程流程图、过程控制计划、工序作业指导书等进行最终审核，如有必要，须进行更新并制订批量生产阶段过程控制计划、PFMEA、"检验计划／指导书"、"产品质量审核指导书"。批量生产所需的技术文件的分发由工程部负责，详见《技术文件和技术资料控制程序》。

第三十四条　如顾客有批量试生产要求，产品／项目工程师负责按顾客要求提出并组织批量试生产，制造工程师负责进行批量试生产。

第三十五条　对于全新产品的开发及引进产品，如有必要，由工程部负责编制产品技术标准。

第三十六条　产品／项目工程师召集项目小组成员共同对本阶段的工作及整个项目的工作进行评审并填写"项目阶段情况汇总表：阶段 4——生产启动"中的实际完成情况及评审结果。对于未完成的任务，应提出整改意见和目标，同时对整个项目的项目费用和成本控制情况进行分析并对批量生产条件进行确认。

第三十七条　产品／项目工程师组织对评审完成的"项目阶段情况汇总表：阶段 4——生产启动"进行项目阶段批准，包括项目的最终批准。项目阶段批准和最终批准应获得相关部门经理和总经理的签字确认。对于不批准的项目，不可以进入批量生产，必须进行整改；对于带条件批准的项目，允许进入批量生产，但对于带条件的问题必须限期进行整改；对于批准的项目，应进入批量生产。

第三十八条　项目最终认可完成后，可开始批量生产。批量生产 3 个月后，产品开发阶段项目小组不再负责该产品的工作。

第七章　保密与文件控制

第三十九条　保密

1. 所有产品设计和开发参与人员须对产品设计和开发中的技术及相关信息保密。

2. 所有产品设计和开发参与人员须对顾客提供的技术和信息保密。

第四十条　文件记录要求

产品开发的各阶段文件汇总档案由项目负责人或其指定人在项目完成后归档于工程部。

12.2　进货产品质量控制程序

进货产品质量控制程序

第一条　目的

明确对所有供应商提供的零件进行检验或验证的过程，以确保未经检验或验证合格的产品不投入使用或加工。

第二条　范围

适用于公司所有生产用产品的采购。

第三条　职责

1. 质量工程师负责完成和维护进货检验状态表，质量经理负责批准和变更说明。

2. 质量检验员在送验后的十个工作日内根据进货检验计划／指导书完成检验，记录检验结果并通知仓库管理员。

3. 仓库管理员负责将待检的零部件放至指定区域，并电话通知检验员。

4. 制造部负责"紧急放行"的申请，质量经理负责批准。

第四条　收到零件

1. 仓管员收到一批零件，首先应核实收据或必需的统计数据或材料证明。如遇特殊情况（生产急需等）则执行第五条第4款。

2. 将核实后的零件或材料贴上三色检验状态标签，放入待检区域，通知检验员检验。

第五条　检验

1. 检验员根据"进货检验计划／指导书"检验零件，对于记数性特性的接收准则为零缺陷。

2. 检验员将检验结果记录在"进货检验记录"上。

3. 检验员根据零件进货"检验计划／指导书"判定零件是否符合要求：如零件符合要求，进行至第六条，如零件不符合要求，执行《不合格品控制程序》。

4. 如遇特殊情况（生产急需等）零件来不及检验时，由制造部填写"紧急放行申请单"报质量经理批准，检验员负责在放行产品上明确标识"紧急放行、未经检验"字样，但在零件检验合格判定结果出来之前，利用该零件所生产的产品不得送交客户。

5. 当顾客有要求时，可以由认可的实验室进行零件评价。

第六条　经检验合格的零件或材料和紧急放行的零件或材料由仓管员参照"零件入库单"办理入库。

第七条　结合供应商质量业绩评定的记录，定期开展供应商的现场审核，审核按照《供应商控制程序》进行。

12.3　过程检验和试验控制程序

过程检验和试验控制程序

第一条　目的

确保工序中的材料和过程产品特性，采用合理的检具，按照规定的频次，依据工艺文件和技术标准进行检测，使过程质量得到控制。

第二条　适用范围

适用于生产制造过程中各工序的检验和试验。

第三条　定义

1. 首件或末件检验——对影响产品或工艺质量的因素调整之后的若干件产品进行的检验，可以针对加工完成的最终产品，也可分别对规定工序的过程产品进行检验。

2. 自检——由工作的完成者依据既定的规则对该工作进行的检验。

第四条　职责

1. 生产线操作员负责过程检验，包括首件或末件的检验和自检。

2. 生产线组长（或负责人）负责确认过程检验记录及相应的结果。

3. 制造工程师根据控制计划制订具体的过程检验和试验项目。

4. 生产线组长（或负责人）负责收集各工序检验记录，并予以保存。

第五条　首件或末件检验

1. 每天生产开始、更换产品，工艺因素调整后生产的一件或若干件（一般为 1～3 件）产品，操作者依据工艺文件和技术标准进行自检，并将检验数据和结果记录于"首件或末件检验记录"中，经组长（或负责人）确认合格后，开始继续生产。生产完成后对末件产品进行检验并与首件进行比较。

2. 如果首件检验不合格，不可以继续生产，必须在找到导致不合格的原因，并采取了相应的纠正措施后，重新加工产品并进行首件检验。不合格的首件应依据《不合格控制程序》进行处理。

3. 如末件不合格，应对此批工件进行隔离，直到查出原因，并进行 100% 检验，不合格品的处理按《不合格控制程序》执行。

第六条　自检或互检

1. 各工序的操作者对本工序使用的材料、上一道工序的产品、本工序产品，依据工艺文件和技术标准，适当借助相应的工具进行自检，在"缺陷记录单"上记录所产生的缺陷，严格执行"不采用不合格品，不制造不合格品，不流转不合格品"的原则。

2. 自检或互检发现的不合格品，须依据《不合格品控制程序》进行处理。

第七条　过程检验和试验的其他要求

1. 如果在相关规定中，明确规定须以控制图的方式监控产品质量特性，则操作者应按规定记录特性的测量值，计算平均值、极差或缺陷率等，绘制控制图走势，并从中关注过程的变化，判定是否一直处于统计受控状态。

2. 在过程检验中应充分运用防错法，如：用某些颜色标注零件，以减少在组装时造成混乱的可能性；使用只允许用一种方法安装零件的夹具；使用传感器以检测一个零件在组装过程中被遗漏等情况；对产品或子系统采用只允许一种特定组装顺序的智能设计等。

3. 在所要求的过程检验和试验完成，或必需的报告收到和验证前，不得将产品放行。如果需要紧急放行，可参照《进货产品质量控制程序》进行处理。

第八条 对计数型质量特性的接收准则是零缺陷。

12.4 最终检验和试验控制程序

最终检验和试验控制程序

第一条 目的

确保交付产品的质量符合客户或合同的要求、全尺寸检验和功能试验的结果满足客户或合同的要求。

第二条 适用范围

适用于公司最终产品的检验和试验，产品质量审核，交付审核以及产品的全尺寸检验和功能验证。

第三条 定义

1. 全尺寸检验——对零件在设计记录上标明的所有尺寸的完整测量。

2. 功能验证——为保证零件符合所有顾客和组织规定的工程性能和材料要求而进行的试验。

第四条 职责

1. 质量检验员负责对最终产品进行检验。

2. 质量工程师负责制订最终产品的检验计划／指导书和产品质量审核计划／指导书及交付审核检查表。

3. 质量部负责产品的全尺寸检验和功能验证及交付前的质量审核和交付审核。

第五条 检验依据：质量部依据产品的控制计划制定检验指导书，检验员按照控制计划和检验指导书进行产品最终检验和试验。

第六条 最终产品的检验要求

1. 生产制造部依据《检验计划／指导书》对生产线完工的每批成品进行 100% 检验。

2. 产品的功能性试验要求对批量连续生产的产品在实验室内进行与生产同步的 COP 试验，试验的具体要求参见客户的相关要求。

3. 质量部按要求抽取 COP 试验样品，贴好试验标识，并填写"COP 试验报告"产品信息项目，送入实验室进行试验。

4. 检验／试验合格的产品由检验员粘贴保留"绿色标识"的标识卡，制造部可办理入库手续。

5. 如果试验不合格，必须立即按《不合格品控制程序》采取措施。

6. 质量数据和检验结果应记录在"最终产品检验记录"上，如果最终产品经检验为不合格品，检验员应在该批产品状态标识上保留"红色"标签，并按《不合格品控制程序》进行处置。

7. 交付审核。在产品交付之前，由审核员进行交付审核，填写交付审核检查表。

8. 产品审核。由审核员按《产品质量审核指导书》的要求，定期进行产品审核，形成审核报告。

第七条　全尺寸检验和功能验证

1. 每年年初由质量部负责编制 COP 试验计划并负责执行。

2. 全尺寸检验

（1）应依据客户提供的产品图纸，对其中作出标识的所有形位尺寸进行测量，并生成全尺寸检验报告。

（2）在全尺寸测量报告中应对超差的项目作明确标识，并保留测量样品，同时按《不合格品控制程序》进行处置。

（3）全尺寸检验的频次应按顾客要求进行，如顾客未作具体规定，须保证每年不少于一次。

（4）如果有些检验项目对测量仪器能力和精度的要求超出公司暂时的测量水平，质量部应寻找具备资格的外部机构协同完成全尺寸检验。

3. 功能验证：产品的功能验证依据客户提供的试验规范或要求进行。

第八条　记录要求：最终检验的各项质量记录由质量部经理授权的检验人员填写，填写必须认真、字迹清晰、易于辨认。对质量记录的管理执行《质量记录控制程序》。

12.5　产品防护和交付控制程序

产品防护和交付控制程序

第一章　总则

第一条　目的

规定了公司的产品在搬运、贮存、包装、防护和交付过程中进行控制的方法和要求，确保产品质量，防止产品变质、损坏和丢失，满足顾客生产及服务要求。

第二条 适用范围

适用于公司所采购的生产性材料和所生产的成品在搬运、贮存、包装、防护和交付过程中的控制。

第三条 职责

1. 采购部负责所采购材料和所生产成品的搬运、贮存、防护和交付。

2. 销售工程师负责合同中的产品交付过程的协调。

第二章 仓库收发货管理

第四条 采购产品入库

1. 采购产品到公司后，仓库管理员负责核对产品名称／型号、数量和标识，贴上带有三色标识的检验标识卡，放在待检区域，按要求登录系统账中，如核对后不符合规定的产品执行《不合格品控制程序》。

2. 仓库管理员用"报检单"通知检验员进行检验。检验员检验后，在"报检单""标识卡"上签字并标明状态，通知仓库管理员，对合格产品，由仓库管理员填写"零件入库单"，办理入库。

3. 检验员判定为不合格品的，执行《不合格品控制程序》，仓库管理员在系统账上将不合格品转移至待处理库位。

第五条 成品入库管理

1. 成品经检验员检验合格后贴上"标识卡"，由仓库管理员拉货至仓库。

2. 当日生产完毕后由生产线组长或指定人员在"生产物料对账单"上的成品报交部分填写实际报交成品的数量，由仓库管理员核对后在系统账上登录。

第六条 材料出库

1. 生产用的材料，由制造部填写"生产物料对账单"发至仓库，仓库管理员按此单要求发料至生产车间，当天生产完毕后由仓库填写"生产物料对账单"上的实际发料部分，生产线组长或指定人员核对无误后签字确认，仓库根据"生产物料对账单"在系统账上登录。

2. 非生产零件领料时，领用部门要填写"非生产领料单"，仓库凭"非生产领料单"发料，并在系统账上登录。

3. 报废材料由生产线组长或指定人员确认并于当日生产完毕后在"生产物料对账单"上的报废一栏填写报废数量与报废原因等，仓库管理员核对数量后在系统账上登录。因供应商来料质量缺陷而拒收的材料，经质量工程师确认，由生产线组长或指定人员于当日生产完毕后在"生产物料对账单"上的拒收一栏填写拒收数量和原因等，仓库管理员核对数量后在系统账上登录，具体执行《不合格品控制程序》。

第七条 仓库将已确认的报废品放入报废品区域，由仓库于每季度安排统一处理。

第三章　搬运

第八条　公司的搬运可采用以下几种方式：

1. 铲车搬运：具体要求参见《铲车作业指导书》。

2. 液压手推车搬运：使用液压手推车搬运时，应堆放平稳，上小下大、上轻下重，且堆放高度不得超过 1.5 米。

3. 堆高机搬运：具体要求参见《堆高机作业指导书》。

4. 人工搬运：人工搬运时，不得蛮干，应轻拿轻放。

第九条　对搬运人员应进行培训，对劳动部门有安全要求的工种，由有关部门进行培训，经考核合格后持证上岗。

第十条　搬运质量控制

1. 搬运人员必须听从有关人员的指挥。

2. 搬运人员在搬运前，应核对产品的单据、产品标识及货位，确认无误后，才能展开搬运作业。

3. 选择合适的搬运方式、工具进行搬运，禁止不正当的、损坏物品的及危险的、可能伤害人员的搬运行为，搬运应防止产品的跌落、损坏和标识丢失；

4. 按规定将物品搬运堆放到指定位置，搬运工要按规定高度、层数及规定位置堆放。

5. 在搬运时，如发现损坏，应立即通知部门主管和质量部人员，具体按照《不合格品控制程序》执行。

第十一条　搬运设备的维护和保养

1. 仓库及生产车间对各自使用的搬运设备妥善保管，并与专门服务人员商定保养期。

2. 搬运工具用毕应停放在规定的位置。

3. 对气囊产品及气体发生器的搬运应小心轻放，采用适当的搬运方式和搬运路径，并放置醒目的警示标志，参见《安全气囊气体发生器及气囊模块操作手册》。

第四章　贮存

第十二条　本公司的贮存场地有本公司仓库、生产现场临时堆放区和外借仓库。

第十三条　贮存质量管理

1. 贮存环境：贮存场地要有安全、可靠、通风的贮存环境，注意防水、防火、防盗。

2. 根据产品的不同特点，按照技术条件采用必要的防锈、防损措施，确保贮存物资不变质和损坏。

3. 贮存产品的标识：产品贮存应分类保管、整齐堆放，有明显标识。当产品已指定给某客户，但尚在本公司仓库内时，仓库管理员应对此产品做好标识，并妥善保管，防止损坏或挪作他用，对过时标识应及时清除。

3. 贮存寿命：产品贮存应遵守"先进先出"的原则，对有贮存寿命的产品，严格控制该物质的存储时间，保证原有的质量水平。

4. 定期检查：仓库管理员应在每季度盘点时检查产品的贮存质量，填写"仓库检查记录表"，如发现变质、损坏、超过贮存期限等，应及时通知质量部人员，处置方法见《不合格品控制程序》。

第十四条 库存控制

1. 采购部将外购外协件按照采购金额划分为 A、B、C 类物资。

2. 最高存量和最低存量的控制

（1）最高存量和最低存量由采购部根据销售预测和采购周期制定，并登录至系统。

（2）采购及计划员协同仓库人员根据制定出的最高存量和最底存量对占库存金额较大的 A、B 类物资进行控制。仓库人员对 C 类物资和非生产物资进行控制。

（3）当某种零件库存大于最高存量或小于最低存量时，由仓库管理员通知计划员和采购员进行调整。

3. 存货周转优化

（1）财务部每月末要通过系统计算成品和零件的周转率。

（2）采购部人员要对每月的库存周转率的变化情况进行分析，并采取持续改进措施，向采购部经理汇报。

第五章　包装

第十五条　包装设计：工程部根据客户要求对产成品进行包装设计（包含标签），编制产品包装图样。

第十六条　包装检验：质量部按照包装设计或顾客要求，在产成品检验过程中对包装和顾客要求的标识进行验证。

第六章　防护

第十七条　搬运的防护见本程序"第三章"。

第十八条　储存的防护见本程序"第四章"。

第七章　交付

第十九条　本公司交付分为：本公司送货及委托中转库交付两种。

第二十条　通知仓库备货程序

销售及市场部根据运输周期提前一个工作日将系统中打印的"送货通知单"交至仓库，告知具体的送货时间和送货地点，并通知质量部对待发送产品进行交付审核。

第二十一条　本公司送货：交货人按"送货通知单"要求填写"成品出库单"到仓库提货，装车发运，并由驾驶员或押运人员要求客户在"送货通知单"上签字交与销售及市场部，仓库管理员录入软件系统。

第二十二条　委托中转库交付：货物由质量部审核后，由仓库发往中转。当有发货任务时，销售及市场部打印出系统中相应的"送货通知单"，仓库按照"送货通知单"的内容向中转库发出发货指令，中转库根据发货指令中指定的时间和内容向客户送货，并将经客户确认的收货单传真至本公司仓库，仓库交与销售及市场部并录入软件系统。

第二十三条　当产品受本公司控制时，应采取适当的保护产品质量的措施，合同要求时，这种保护应延续到产品到达交付的目的地。

第二十四条　如果顾客要求采用电子通讯及装运通知系统，则按顾客的要求实施。

12.6　产品标识与可追溯性控制办法

产品标识与可追溯性控制办法

第一条　目的

规定了产品标识和可追溯性的方法和步骤，确保产品不混用和可追溯性的实现。

第二条　适用范围

适用于本公司的所有产品（采购产品、在制品、成品等）。

第三条　定义

1. 采购产品：从供应商购买的产品或顾客提供的产品。

2. 在制品：制造过程中的产品。

3. 样品：产品不是在正常生产状态制造的（如工程更改、新程序下生产、调整件、样品提交等）。

4. 服务配件：产品用于提供给顾客做服务配件，如已停止生产的产品等。

5. 成品：准备运交顾客的产品。

第四条　职责

1. 采购部负责与供应商协商确定采购产品的送货标识要求。

2. 制造部负责采购产品、在制品、成品的标识。

3. 质量工程师负责确保顾客标识格式、产品标识和可追溯性符合顾客需要。

第五条　采购产品的标识

1. 采购工程师负责向供应商明确采购产品的送货标识，仓库管理员负责验证供应商标识的正确性，如果不符合要求应反馈给供应商。

2. 采购产品如不采用供应商的标识，必须在产品包装上用条码进行标识，同时应对每种产品有批号、数量、名称、图号、出入库情况进行标识。

3. 采购产品的检验状态标识按《检验和试验状态控制程序》执行。

第六条　在制品和成品的标识

1. 在线产品根据生产线进行标识，对于容器中的在制品必须明确标识出零件号和名称及批次号。

2. 安全带成品标识是在每个零件上加贴合格证、CCC 标志。其他成品根据顾客要求进行标识。

3. 其他产品如样件、配件等根据具体要求进行标识。

第七条 成品可追溯性要求

1. 产品可追溯性的要求是可追溯到采购产品的控制情况和生产该产品的操作者，追溯性可通过序列号、批号、日期、条形码、生产报表、检验记录等来实现，制造工程师负责从项目组获取顾客要求的追溯方法及内控方法在操作指导书中描述，指导操作。

2. 服务器中的产品追溯记录备份与维护参见《生产线数据追踪系统管理指导书》。

第八条 标识和可追溯性的监督管理。

质量部负责在产品审核和过程审核中验证产品标识和可追溯性的执行和控制情况，如有不符合情形，按《纠正与预防措施控制程序》执行。

12.7 检验和试验状态控制程序

检验和试验状态控制程序

第一条 目的

对产品的检验和试验状态进行适当的标识，防止误用不合格品，确保只有合格的产品才能投入使用、转序和交付。

第二条 适用范围

适用从进货、制造到成品交付全过程的检验和试验状态的标识的控制。

第三条 职责

1. 质量部职责

（1）负责检验和试验状态标识的制作，并负责原材料、外购件、外协件、半成品和成品的检验和试验状态标识的管理。

（2）负责强制性认证标志使用的统一管理。

2. 仓库职责

负责库存产品和原材料检验状态标识的维护。

3. 制造部职责

负责产品转序过程中状态标识的维护。

第四条 检验和试验状态分为合格、不合格、待检或可疑。

第五条 状态标识包括标志卡、贮存容器、贮存区域。

第六条 进货产品的状态标示。

1. 物料进厂后，仓库管理员要首先在物料包装箱或托盘上悬挂或张贴上"标识卡"，注明零件名称、零件号、批号或日期、数量，同时在"标识卡"上钩选"Incoming"进货材料后把物料放置在"待检区"内，保留三色标签。

2. "待检区"内物料经检验员检验合格后，撕去红、黄色标签，保留绿色标签以标识物料进货检验合格，然后通知仓管员上货架；如经检验不合格，应仅保留红色标签，并按《不合格品控制程序》处置；如果因为界限模糊，暂时无法判定是否合格的视为可疑物品，保留三色标签，签字并在备注栏内标明原因，按《不合格品控制程序》执行。

第七条 过程中转序的产品和原材料的状态标识

1. 制造过程中的原材料和零件如果经操作员自检不合格，应用红色箭头标贴指明缺陷位置后，放置在指定的物料箱内。

2. 转序中的不合格产品，可选用红色箭头标贴、标识卡、红色物料箱和返工区相结合的方式进行标识。

3. 生产过程中的合格品均采用标准物料箱进行储放，不再另外采用其他形式的合格标识。

第八条 成品和交付产品的状态标识

1. 检验员检验合格后，在"最终产品检验记录"上签上姓名和检验日期，并撕去红、黄色标签，保留绿色标签，表明产品经最终产品检验和试验合格，具体可参照《最终检验和试验控制程序》执行。

2. 当检验不合格时，仅保留红色标签并移至"返工区"，然后按《不合格品控制程序》处理。如果为判定界限模糊，应视作可疑物品保留三色标签，待评审最终确认后，决定合格与否。

3. 如果顾客对最终交付产品的状态标识提出明确的要求，本公司应采用相应的标识，否则，保留最终成品的"标识卡"。获强制性认证证书的安全带，按照《强制性认证标志管理规定》加贴强制性认证标志，不合格的一律不得加贴强制性认证标志。

第九条 待处理产品和返工产品（包括待处理和分选之后的进货产品）在重新检验和确认之后，应去除原来的标识，重新悬挂或张贴相应状态的"标识卡"。

第十条 状态标识的维护：各部门负责所属区域内的材料和产品状态标识的维护，当发现标识状态不清楚或标识卡遗失时，应提交负责检验的人员重新验证后进行标识。

12.8 不合格品控制程序

不合格品控制程序

第一条 目的

规定了可疑材料 / 产品或不合格材料 / 产品处理的过程（如：接收的材料 / 产品、零部件、半成品、成品和顾客退回的产品等），确保不合格产品不被使用或安装和发送。

第二条　适用范围

适用于本公司的可疑材料／产品或不合格材料／产品的处理。

第三条　职责

1. 所有员工都有责任隔离发现的可疑材料／产品或不合格材料／产品。

2. 质量工程师负责

（1）评价不合格材料／产品或可疑材料／产品并且对小组成员进行不合格材料／产品的评价和处理的培训。

（2）实施供应商遏制与纠正措施。

（3）记录质量问题与趋势并制定优先级改进计划。

（4）及时向管理层汇报质量问题与趋势。

3. 接受过培训的小组成员负责不合格材料／产品的评价／处理。

（1）当拒收的材料／产品退回至供应商时，采购工程师负责与供应商协调要货计划。

（2）当拒收的材料／产品从顾客处退回时，销售工程师负责与顾客协调要货计划。

（3）接收人员负责隔离从顾客处退回的不合格材料／产品。

4. 产品工程师负责向顾客取得工程批准的授权。

5. 制造工程师、线长负责

（1）评价在制品／成品并且对小组成员进行不合格材料／产品的评价和处理的培训。

（2）实施纠正、预防措施。

（3）及时向管理层汇报生产线的质量问题与趋势。

第四条　不合格原材料／产品评审（MQR）

1. 检验员／仓库管理员在发现不合格原材料／产品后，保留三色标签表示"待处理"，该标签备注栏上应记录待处理原因并签名，然后开出"不合格材料／产品处理单"，并通知仓库管理人员把不合格材料／产品移到不合格材料／产品区域。

2. 对于不合格产品由质量工程师视不合格严重程度决定是否召集采购工程师、制造工程师、产品工程师进行 MQR 或单独进行 MQR，并在"不合格材料／产品处理单"上确认参与分拣、返工等工作的人员和负责人，一般由质量部人员充当负责人，负责确定分拣标准并指导相关人员。对供应商产品的分拣等工作原则上不得占用工作时间，国内供应商可要求其到现场分拣或由本公司代为分拣。

3. 工作完成后，负责人在"不合格材料／产品处理单"上填写所用工时，最后由检验员填写"生产物料对账单"，质量工程师审核确认后交与采购部。对于重大问题，必要时可邀请各部门经理甚至总经理参加。

4. 如果评审小组做出拒收的决定，那么检验员应把黄色、绿色标签撕掉，保留红色标签表示"拒收"，并由检验员填写"生产物料对账单"，经质量工程师审核后交与采购部。

5. 采购部接到"不合格材料／产品处理单"后，及时调整库存，必要时调整要货计划。

6. 采购部接到"生产物料对账单"后，应及时将对账单的内容输入系统中。

7. 质量工程师应将相关信息通知供应商，并要求其进行整改，具体按《纠正和预防措施控制程序》执行。

8. 不合格材料 / 产品处理完毕后，将结果记录在"不合格材料 / 产品处理单"的下面，由质量工程师最终确认。

9. 检验员按照《进货产品质量控制程序》重新进行检验，并将结果记录在"进货检验记录"上。

10. 供应商批量退货时，质量工程师应填写"拒收零件清单"。供应商零星退货时，质量工程师应视拒收量按月、季度或年度汇总一次，"拒收零件清单"交与采购部。

11. 采购工程师应从供应商处获得退货许可并将"拒收零件清单"复印件发至供应商、财务部、仓库管理员及供应商计划员，如供应商在场，其将直接得到一份"拒收零件清单"复印件。

12. 退货的每个周转箱必须有红色的拒收标签。

13. 对于供应商书面同意做就地报废处理的批量性的进口零件，报经质量经理和总经理批准，另外采购工程师还需与海关等有关部门做好相应的协调工作。供应商书面同意的做就地报废处理的少量零件，和本公司废品一并进行处理。

第五条　在制品 / 成品不合格评审

1. 任何不合格在制品用缺陷标签（红色）标识，并放到专用的红色废品箱中，线长应随时检查生产线上的不合格品情况。

2. 原则上不合格材料 / 产品当班处理，不能及时处理的，应做好标识，移到不合格材料 / 产品区域。

3. 班长对生产过程中产生的缺陷、报废进行判定：

（1）供应商原因（料废）或内部原因（工废）。

（2）能否返修或返工。

班长不能判断时，应及时通知制造工程师，由制造工程师判定或组成小组判定。

4. 供应商原因（料废）的判定需经过质量部的确认，批量性缺陷经质量部确认后执行条款。个别缺陷经质量部确认后直接填入"缺陷记录单"，生产完工后填写到"生产物料对账单"中，交与仓库。

5. 如果缺陷是由本公司内部原因造成的，发现连续性或批量性缺陷时，操作者应立即停止生产，通知班长检查缺陷造成的原因并加以消除，同时填写在"不合格材料 / 产品处理单"上，通知制造工程师对造成的不合格产品进行评审处理，评审小组应在"不合格材料 / 产品处理单"明确参与人员和负责人，一般由制造部人员担当负责人，负责确定分拣标准并指导相关人员，工作完成后由负责人将所用工时填入"不合格材料 / 产品处理单"，最后由班长将报废或拒收情况填入"缺陷记录单"，制造工程师将所费工时填入"不合格材料／产品处理单"备注栏，该金额将用作质量成本统计数据，制造工程师应及时向制造部经理或总经理汇报整个处理过程。班长每天应将缺陷记录单的缺陷情况填入"过程控制—不合格品率的 P 图"，供制造工程师分析、改进。

6. 对内部原因造成的个别不合格产品，由班长单独分析或召集相关人员共同分析不合格产生的原因并加以消除，该产品根据制造工程师制订的"返工指导书"进行返工，并记录在"返工记录"上，返工后产品经检验合格后方能转入下道工序。

7. 制造部对无返工价值的不合格材料／产品进行分解，无法分解或无法返工的零件，由班长或制造工程师确认后报废，班长将报废情况展示到生产线的管理看板上。

8. 对过程中产生的缺陷、拒收和报废品在生产完工后由班长填写"生产物料对账单"，交给仓库，仓库将"生产物料对账单"内容输入软件系统。

9. 报废品由仓库统一管理和存放，每季度由仓库提供需处理的报废品清单，由检验员确认并协助处理，对带有可引爆的气体发生器的报废品进行引爆处理，其他按照相关政策的规定做适当处理。

第六条 从顾客处退回的不合格材料／产品的评审

1. 接收人员对退回产品作好标识，放置于不合格区域，并填写"不合格材料／产品处理单"交与质量工程师。

2. 质量工程师首先分析和确认问题，再召集制造工程师、产品工程师进行评审，必要时可通知相关部门经理及总经理参加，处理结果应及时反馈给质量经理，必要时可反馈给总经理和顾客。

3. 退回产品需作出分析并采取改进措施，具体按《纠正和预防措施控制程序》执行。

4. 如果产品能返工或返修，则退回生产部，但应记录原批号或序列号以便追溯。

5. 如果产品无返工价值，则由检验员填写"生产物料对账单"，交与质量工程师确认，产品退回仓库存放。

第七条 不合格品量化分析，制定优先减少措施计划并实施跟踪。

1. 经过不合格评审手续确认的报废产品需填写相应的"不合格材料／产品处理单"。

2. 仓库管理员及时将报废产品放入废品库，质量工程师记录质量问题与趋势并建立优先级减少报废和不合格材料／产品计划改进计划，结果必须按期提交给管理层。

第八条 工程批准的授权：如果产品与过程与当前批准的产品或过程不同，产品工程师应负责取得顾客的授权，质量工程师应保存授权的有效期限或数量方面的证明和记录，当授权期满时，应确保符合原有或新批准的规范的要求，经顾客授权的产品装运时，应做好相应的标识。本规定同样适用于供应商所提供的产品或服务。

12.9　纠正与预防措施控制程序

纠正与预防措施控制程序

第一条　目的

为纠正措施和预防措施的实施制定了要求的步骤，消除产生问题的实际原因，防止再次发生不合格。

第二条　适用范围

适用于本公司各个部门。

第三条　职责

1. 每个员工负责在确定潜在问题、风险时应用预防措施。

2. 主管人员负责评估问题、风险的重要性或严重性，实施预防措施和保存所有预防措施记录。

3. 每一个员工负责在发现缺陷、不合格时执行纠正措施程序，并把任何潜在产品安全问题通知质量部经理（"质量警告"）。

4. 质量部经理负责

（1）初步调查并在 24 小时内传递给总经理。

（2）通过关闭过程不断更改"质量警告"表式。

（3）协助总经理评审和关闭"质量警告"。

5. 总经理负责：

（1）审核与评价"质量警告"。

（2）与质量、工程经理一起调查和审定"质量警告"。

（3）必要时通知其他部门。

（4）确定的"质量警告"在解决后，应该向用户报告并同时知会公司质量负责人。

第四条　纠正措施

1. 纠正措施中问题的发现和记录

（1）问题可通过现行应用的报告和记录来明确，这些记录包括顾客抱怨、退货产品试验与分析、报废或返工报告、产品不符合报告、停机报告、内审不符合项等。

（2）将问题记录在适当的系统中，如关于顾客索赔产品的纠正措施（PDCA）、在问题发生区域的"问题清单"。

（3）潜在产品安全抱怨（"质量警告"）中确定的"质量警告"问题。

2. 建立小组

（1）需相关部门人员组成分析解决问题小组。

（2）解决问题的方法，可运用 SPC、MSA、QC、DOE、QFD、FMEA、8D、Poke-York 等方法，一般采用 8D 方法（为减少不必要的劳动，通常采用 4D 或顾客规定的方式）。

3. 描述问题：要用标准的格式，用与过程相关、量化的特殊或者技术性条款，对抱怨和实际问题的症状采用重复询问为什么的方式来进行，描述问题要采用什么、在哪里、何时与程度如何的方式。

4. 分析问题，寻找根本原因

（1）如根本原因已知——消除它。

（2）如根本原因不确定——写下可能的根本原因并进行测试。

（3）如根本原因未知——用一种系统化的方法来确定并验证其根本原因。

（4）验证已确定的根本原因。

5. 选择并验证纠正措施

（1）用系统化方法来选择措施的步骤。

（2）对措施的每一步所带来的风险进行分析。

（3）定量地验证措施是否达到了预定的效果。

6. 执行并对纠正措施进行确认

（1）执行计划，预测潜在问题以及安排适当的预防与紧急措施。

（2）将所有行动文件化。

（3）确定指标参数。

（4）监控指标参数并定量地对根本原因是否被永久消除进行确认。

7. 预防再发生：更改相关系统、方法与过程以防止此类或相似问题的再发生，并寻找改进的机会。

8. 问题的关闭：确保纠正措施已完满地解决了问题。在每季度的业务汇报中，用现行的报告系统，通过对趋势的监控来进行评估。

9. 在纠正和预防措施过程中，应积极采用防错技术，采用程度应与问题的重要性和其风险程度相适应。

10. 制订纠正和预防措施时应考虑其他类似的过程和产品中存在的不合格的原因并加以消除。

第五条 潜在产品安全抱怨（"质量警告"）

1. "质量警告"通知：任何员工确认"质量警告"时，都要通知质量部经理。

2. "质量警告"表格：质量部经理初步调查并填写"质量警告"表格，并且要在得知抱怨 24 小时内传达给总经理。注意：文字的原稿由总经理保存到问题关闭。

3. "质量警告"的处理/评判：任何"质量警告"的关闭由总经理进行评判和决定是否有其他信息需要完成。

4. "质量警告"客户报告：通过关闭的"质量警告"，由总经理与质量负责人商量后决定是否向客户汇报。如果总经理确认"质量警告"对潜在安全性没有影响，可以按质量问题关闭但必须通过纠正措施过程处理。

第六条　预防措施

1. 确定 / 记录潜在的问题 / 风险：不同的小组实施具体的预防措施，应依据问题报告、顾客抱怨、审核报告、数据结果、基准研究、健康与安全评审、环境报告等信息来源。

2. 评估重要性 / 严重度以确定潜在问题 / 风险的重要性 / 严重度。

3. 确定预防措施，预防措施可包括系统更改、设计更改、警告、通知、培训等内容。

4. 执行预防措施：执行由小组所确定的预防措施并确保其有效性。

5. 将所采取预防措施的有关信息提交管理评审。

第13章　物流配送管理制度

13.1　物流管理制度（制造型企业）

物流管理制度（制造型企业）

第一章　总则

第一条　目的

1. 规范存货管理操作流程，达到有效、统一的管理模式。

2. 提高进、销、存速度，减少不必要的资源浪费，避免违规操作，杜绝违法行为。

3. 确保公司资产安全、完整、保值、增值。

第二条　适用范围

适用于本公司原材料、周转材料、在制品、外协件、产成品的管理。

第三条　物流管理的基本架构

1. 公司从业务属性、存货的使用特性和部门职责三个维度对存货进行管理。

2. 根据业务属性可以分为销售物流、制造物流、外协物流、项目物流、采购物流、库存物流、废品及返修物流，公司以业务属性作为主维度进行物流工作的业务流程规划。

3. 存货的使用特性可分为一次性不可回收投入材料、一次性可回收材料、周转材料、备件、在制品和产成品，公司对不同使用特性的存货分别进行管理。

4. 物流管理需要公司各部门联动、相互配合，因此需要通过制定各种指标，对各相关部门提出绩效考核目标。这些指标包括：存货周转率、存量计划比率、数据信息的准确率等。

5. 为了保证物流信息的准确和存货的安全，公司将逐步建立健全物流管理的各项基础工作，包括库房管理、存货编码管理、账务管理、盘点制度、存货出门管理、存量管理、业务流程持续改进等。

第二章　销售的物流管理

第四条　销售物流工作包括销售计划、产品发交、客户装配、售后服务过程中产品的数量、质量的各种状况，并及时反馈信息的过程。

第五条　销售计划

1. 公司销售计划管理实行年预算、月预测、周通报、日跟踪。

2. 公司的物流管理工作应以完成年度预算为基本目标。公司销售量的年度预算应该作为公司年度物流规划的基础，其他物流管理工作应满足销售物流的需要。

3. 公司销售活动应有销售计划（或称为订单式管理），可执行的销售计划包括月度预测计划、通报计划和临时变更计划。销售部填写"产品销售计划单"或"产品销售计划表"经安全生产部、财务部和销售部主管审核后执行。

4. 月度预测计划由销售部于每月 28 日提出下月预测计划，并提交分管副总和总经理批准，月度预测计划只作为公司资金、人力、材料、装备、场地等各种资源储备的计划牵引性文件。

5. 销售部应在每周五提交下周的存货发送递交通报计划，以便于生产与物流工作的组织，保证存货 QD（质量、交货期）满足客户要求。

6. 销售部业务人员应紧密跟踪销售的物流过程，对发出存货的存量、流量和质量及时把握，对客户的采购、销售、生产计划全面了解，及时准确反馈信息。

第六条　销售发货

1. 销售部根据销售计划文件和销售信息提前 4 小时，开具"销售发货通知单"，该单据一式四联，第一联销售部留底，其他传递给仓库、财务部和门卫，分别用于发货依据、财务备查和出门证，出门证需财务盖章后生效。一切销售活动均须开具"销售发货通知单"，不允许以白条和口头方式提货。

2. 仓库根据"销售发货通知单"组织产品装车，并开具"产品发货清单"。客户有要求的,按照客户提供的单据填写"产品发货清单";客户没有要求的,填写公司印制的"产品收发清单——销售出库"。

3. 发货时需要的各种质量检验报告及试棒，由仓库或销售部通知技术质量部及时提供。

4. 存货发货的包装按照销售合同执行，发货时由仓库或销售部通知安全生产部及时提供。

5. 存货装车时，运输人员或押运人员应与仓库保管共同清点，确定品种数量无误后,在"产品发货单"上签字,"产品发货单"由运输或押运人员交客户签字后返还仓库，仓库应建立"产品发货单传递台账"，对"产品发货单"的返回和财务领走的情况进行签字登记备查，以明确单据传递的责任。

6. 产品装车时，应按"先进先出"原则，按入库时间顺序，先入库产品先出库，确保在库产品质量完好，防止长期库存造成产品锈蚀或者产品改型，导致不必要的损失。

第七条　销售运输与存货在途管理

1. 产品销售运输方式

（1）送货制：由公司将产品送到客户指定地点或仓库交货。

（2）提货制：客户到公司仓库或指定地点提取产品。

（3）发货制：根据合同规定，公司将产品委托运输部门发送到客户所在地车站、码头交货。

2. 送货制和发货制情况下，运输用车由销售部报请安全生产部调度，安全生产部填写"货运单"，安排自行运输或委托外单位运输。"货运单"一式两联，第二联交承运人作为外部结算或内部考核依据。

3. 委托外单位运输，安全生产部应事先与用人单位签订"运输合同"，明确承运单位的存货安全和保证交货期责任。

4. 如紧急发货，需要快运或空运等非常规运输方式的，应报请总经理批准。

5. 在途管理：无论是自行运输还是委托外单位运输，销售部都应跟踪了解运输情况，敦促承运和押运人确保运输安全和交货期，并按公司领导或客户要求及时反馈。

6. 在运输过程中，如存在各种紧急情况，承运人或押运人应主动及时与公司或客户联系。

第八条 发出存货及顾客存货的管理

1. 为减少客户退货风险，销售人员和服务人员应跟踪公司提供产品所在客户仓库库存情况，对存量大、流量小的产品，应特别关注。

2. 实行零库存管理的客户，销售部应对中转库的收、发、存每月进行对账，并将对账情况反馈给财务部门，财务部至少每年对中转库组织一次盘点。

第九条 销售退货管理

1. 根据销售手续的办理情况，销售退货可分为三种情况：未收货退货、未结算退货和已结算退货。

2. 所有销售退货应由销售部通知技术质量部鉴定后，出具"产品退货鉴定报告"，方可办理退货。

3. 未收货退货是指公司已发货，但因产品不合格或计划改变等原因，客户部分拒绝收货或全部拒绝收货。如为全部拒绝收货，经技术质量部鉴定后，仓库将发货单加盖"作废"章，并在单据登记台账上注销即可；如为部分退货，应办理红字退货手续，填写"产品收发清单——销售出库红字"。

4. 未结算退货是指客户已办理入库手续但还未开票结算的产品的退货。这种情况下，应由客户方办理红字退货清单交公司签收，如对方未传递红字清单给公司，仓库应办理红字退货手续。

5. 已结算退货是指客户已签收并且已开票结算的产品的退货，如客户返开票结算的，仓库应作采购入库处理，填写"产品收发清单——采购入库"；如公司开负数发票结算的，仓库作红字退货处理。

第三章　在制品与生产完工物流管理

第十条 在制品流转

1. 在制品指制造部门在用的主辅材料、半成品、产成品及周转材料。

2. 各制造部门及辅助部门必须对本部门范围内的在制品负完全管理责任，用多少就领多少，计划生产多少就生产多少，尽量压缩现场存量，避免存货大量积压造成资源浪费。

3. 每月结账日，公司统一安排对各制造部门在制品进行盘点，在制品的盘点方法和要求参见本制度"第九章　存货盘点管理"部分。

4. 安全生产部和公司办制定材料消耗定额，对制造部门的消耗和产量进行监控，结合盘点情况进行考核。

5. 原则上制造部门之间不能相互挪用、借用各种在制品，制造部门各种存货的进出只能对准仓库。

6. 为了简化毛坯从铸造车间到机加车间的流转手续，可以由车间直接办理转货手续，到结账日，汇总到仓库办理完工入库和材料出库手续。

第十一条　完工入库

1. 办理完工入库需要的手续：安全生产部出具的"生产计划单"，技术质量部出具的"产品检验报告单"。

2. 安全生产部应根据销售计划和仓库库存情况编制"生产计划单"，传递给制造部门和仓库，制造部门根据该计划组织生产，仓库根据该计划办理入库。

3. 制造部门产品完工后，由质检员按照技术图纸要求进行检验，并出具"产品检验报告单——合格"，检验标准和方法由技术质量部及时下发，不合格品不得入库。

4. 不合格品入库的例外：产品试制期间或经与客户沟通同意让步接收并经质量主管批准。

5. 办理完工入库，需制造部门和仓库共同清点，产品如需装箱的，由技术质量部制定装箱标准，车间应按照装箱标准整齐码放。

6. 仓库根据"生产计划单"和实际清点数，办理"产品收发清单——完工入库"，制造部门负责人和仓库主管签字确认。

7. 月底仓库编制"产品完工入库汇总表"，将"产品收发清单——完工入库"整理装订，一并报财务部入账。

第十二条　内废管理

1. 内废指存货生产过程中确认的废品，内废还应包括生产过程中重复操作造成的浪费，因内废的物流活动与生产活动难以分离，在财务核算中内废损失常常包含在生产成本之内，在实际管理中应对以下情况进行监控：

（1）因化学成分不对延长熔炼时间，或者造型熔炼节奏不协调造成熔炼时间过长，以及其他可监控的重复操作。

（2）因造型、熔炼或浇注操作问题，导致浇注出来的存货直接报废。

（3）机械加工过程中，发现存货内部缺陷问题，造成报废或增加额外的返修费用。

（4）机械加工或装配操作不当，存货加工尺寸偏差过大，造成报废或增加额外的返修费用。

（5）新产品试制阶段的不合格品不计入内废。

2. 因上述第（1）种情况造成的重复浪费，财务部应根据核定的产品消耗指标，进行倒算，将数据统计到内废损失指标当中。

3. 制造部门无权自行处理内废产品，应由技术质量部出具"产品检验报告单——内废"，由制造部门会签，质量主管审核后，进行处理。

4. 技术质量部建立"内废登记台账"，记录内废的发生和处理情况及处理费用，将该信息反馈到财务部和公司办，无需作账务处理，但在内部报表中应从生产成本中单列一项。

5. 财务部每月应对各生产单位的成本进行细致的内部核算，对于个别项目成本有较大的波动，应考虑制造部门可能的自行处理内废产品的行为，提请技术质量部进行调查，一旦发现，应严肃处理。

第十三条 外废管理

1. 外废指在产品完工入库后发现的废品。主要有以下几种情况：

（1）因在仓库长时间存放，造成存货锈蚀或改型。

（2）因进行质量抽查，存货入库样本与出库样本个体的差别，造成出库时检查不合格。

（3）客户在后续加工和装配过程中，发现存货存在内部质量缺陷，造成返修、索赔和退换货损失。

（4）存货在三包期内出现质量问题，造成的返修、索赔和退换货损失。

2. 所有外废应由技术质量部出具"产品检验报告单——外废"，经质量主管审核后，交相关部门处理。

3. 外废存货作回炉处理的，应由成品库转入材料库，铸造车间从材料库领用出库。外废存货不能从成品库直接退入铸造车间或者从客户手中直接退入铸造车间。

第十四条 返修管理

1. 库存存货因需返修的，由技术质量部出具"产品检验报告单——返修"，返修部门凭返修通知单到仓库办理返修存货的"借用手续"；存货返修完工达到使用要求后，经质检检验合格，冲抵"借用手续"。

2. 返修工作必须在规定的时间内及时完成。

3. 仓库应建立"存货返修记录台账"，登记存货返修领料和返还情况。

4. 在制品返修由责任部门自行处理，车间应建立"返修记录台账"。

第四章 领料出库的物流管理

第十五条 材料用途与领料责任

1. 材料可分物耗（存货消耗）、机耗（设备消耗）、工耗（劳保）和事耗（项目领料）。

2. 物耗材料包括主料、辅料、燃料及其他材料，物耗材料直接考核制造部门消耗指标。物耗材料领料时应尽可能明确耗用于何种存货的生产。

3.机耗材料包括机械备件和电器备件，机耗材料直接考核维修部门，同时设备使用部门承担连带责任，物耗材料领料时应明确耗用设备的编号。

4.劳保用品应由安全生产部制定发放定额标准，各部门根据定额每月一次性办理出库手续。

5.对新品开发、基建、设备大修专门事项应进行立项，确定项目责任部门或责任人，独立核算。

第十六条　材料领用出库

1.对于一次性消耗的不可回收材料和一次性消耗回收价值较低的材料，作领用出库处理，主要包括废钢及配比金属材料、铸造材料、燃料、备件、劳保用品、化验用品等。

2.领用人必须是公司正式员工，材料领用必须经车间主任或其授权人签字认可，备件领用人必须是维修人员。

3.由领用人填写"领料单——领用出库"，经审批签字认可后持单到仓库办理领用手续，领料单必须注明材料用途，仓库主管审核单据无误后照单发货。

4.领用人领用在库存货必须办理完出库手续后方可使用，否则不允许以任何理由领取在库存货使用。

5.每月月底仓库编制"材料出库汇总表"，将"领料单——领用出库"整理装订一并报财务部入账。

第十七条　材料借用出库

1.对一次性消耗的回收价值较高的材料和周转材料，先作借用出库处理，待报废时作领用出库处理，这些材料主要包括刀具、工具、检具、夹具、模具、工位器具等。

2.办理借用人必须是公司已经备案或办了手续的正式员工，非公司正式员工（临时工、试用人员）一律不予办理借用业务。若借用人调动人事关系，必须到仓库清理借用材料。

3.领料时，由借用人填写"领料单——借用出库"，经审批签字认可后持单到仓库办理领用手续，"领料单"必须注明材料用途。

4.归还时，由借用人填写"领料单——借用归还"，该单据不入账，只作为《存货借用台账》的手续。

5.材料报废时借用人应及时办理"报废处理单"，经主管领导审核后，连同报废实物一并到仓库办理报废手续。

6.仓库应建立各单位的存货借用台账，逐笔记录材料借用、归还、报废情况。

7.每月月底仓库汇总编制"借用材料汇总表"，公司按照半价考核各使用单位的借用存货的占用情况。

第五章　外协的物流管理

第十八条　外协与外协单位

1. 外协指将本公司的存货或半成品委托外协单位生产加工的业务行为。包括以下两种方式：

（1）我公司提供材料，外协单位加工（即包工不包料）。

（2）外协单位自行采购材料自行加工，为公司提供成品（即包工包料）。

对于（2）种方式视同采购业务管理，本外协管理仅对（1）种方式提出管理要求。

2. 对于公司非核心业务和非关键工艺的生产工序，在公司内部生产资源不足的情况下，可以考虑外协生产。

3. 与外协单位建立委托加工关系时，应签订"外协加工合同"，明确其物流管理的责任。

第十九条　外协出入库

1. 安全生产部应根据销售计划和仓库库存情况编制"生产／外协计划单"，传递给外协制造单位和仓库，外协制造单位根据该计划到公司领料、组织生产和完工入库，仓库根据该计划办理材料出库和成品入库手续。

2. 外协出库时，外协单位领料人和库管应共同清点，办理"产品收发清单——外协出库"，双方签字确认。

3. 外协入库管理同"第十一条　完工入库"的管理，办理"产品收发清单——外协入库"。

第二十条　委托加工存货的管理

1. 安全生产部须监控委托加工存货的存量情况，避免存货在外协单位的积压。安全生产部须制定限量或限额控制指标。

2. 对于工废和料废，外协单位应及时向公司技术质量部申请处理，避免因长时间积压影响生产计划的完成或存货改型错过返修机会。

3. 每月外协单位应将存货的收、发、存情况与公司仓库对账，编制"外协产品收发存汇总表"，将收发清单整理装订报财务部入账，每季度财务部须对外协单位存货进行盘点。

4. 与外协单位终止外协关系时，应对其委托加工存货进行全面的清理。

第六章　项目的物流管理

第二十一条　立项管理

1. 对于新品开发、基建、设备大修及其他事项实行项目管理，对每一项目进行单独核算，单独考核。

2. 新品开发项目由销售部提出，经公司新品开发小组审核报总经理批准。

3. 基建项目由公司办提出，经公司办公会审核后报总经理批准。

4. 设备大修项目由设备管理室提出，经公司办公会审核后报总经理批准。

5. 所有项目须拟定详细的预算报告，预算报告应一并提交总经理批准。

6. 必须明确每一个项目实施的责任人，项目责任人对整个项目的实施计划和进度负责，项目负责人应根据项目立项报告和预算报告制定项目的领料计划。

第二十二条　项目日常存货管理

1. 制造部门协助项目实施所需的材料，应由项目负责人提供，实施项目材料的领用必须经项目负责人签字后，方可从仓库领用。

2. 项目领料手续按照"第四章　领料出库的物流管理"的相关规定执行，材料用途项填写"某项目"。

3. 项目负责人对所实施项目的存货负有保管责任，盘点时，应将项目存货分别盘点。

4. 每月月底，仓库应分项目编制"项目领料汇总表"，报财务部入账。

第二十三条　项目决算

1. 项目完工时，项目负责人应向公司项目管理部门提交项目决算报告，项目决算报告包含"项目领料情况"。

2. 项目完工后，应将项目剩余材料到仓库办理领料红字；对于新品开发项目的成品办理完工入库手续。

第七章　采购的物流管理

第二十四条　采购计划

1. 所有原材料的采购必须要有采购计划；对于主料、辅料、燃料、劳保等常规采购，由采购部每月初根据库存量和生产计划制定"材料采购计划单"，其他非常规采购由相关使用部门填报"材料采购计划单"。

2. 采购计划审批权限：常规采购计划由主管副总经理或总经理审核，非常规采购计划由使用部门领导审批。

第二十五条　采购入库

1. 采购用车填写"货运单"，报请安全生产部调度安排。

2. 到货后，仓库与采购员或送货人应当面共同对实物清点数量，需检验的应由技术质量部出具检验证明。

3. 因各种原因，不能以实物验收的，应有使用部门的证明，可以办理入库手续，同时一并办理领料出库手续。

4. 存货验收完毕，在当日（特殊情况，如晚间到货可在次日）办理入库手续。填写"存货收发清单——采购入库"。

5. 入库单要特别注意存货编号、名称及规格必须与公司保持一致，要求字迹清楚、内容完整、数据准确。

6.填写好入库单应与"材料采购计划单"核对,确认后加盖"存货收发专用章"后,方能生效。入库单不得涂改。

7.出现下列情况时,仓管员应拒绝办理:

(1)"材料采购计划单"有涂改痕迹,项目内容不清楚,不完全。

(2)"材料采购计划单"缺少主管领导的签字。

(3)实际送货量超过单据规定要求。

(4)无"材料采购计划单"。

第二十六条 采购退换货管理

1.经检验验收后,发现包装破损或存在严重质量问题,应不予办理入库手续。

2.在使用过程中,发现材料存在质量问题的,制造部门应到仓库办理领料出库红字,由技术质量部开具"采购退货通知单",采购部通知供应商办理退换货手续。

3.采购退货时,仓库根据"采购退货通知单"办理采购入库红字。

4.对不合格品进行"一换一"换货的,应在原入库单上注明换货数量及时间。如非"一换一",应对原入库单办理红字入库,重新办理采购入库手续。

第二十七条 采购计价:采购入库单要求填写单价,单价按以下方式确定。

1.发票同月入账的,按实际价格入账,即:买价+买方负担外埠运费、装卸费、保险费+途中合理损耗。

2.发票不同月入账的,暂估价入账。有有效合同的,按照合同无税价入账;无合同的,按照最近历史价入账,否则按照市价入账。

3.暂估价与实际价格不一致的,待发票入账时,需按暂估价办理红字入库,按实际价格重新办理出入库手续。

第八章 工位器具管理

第二十八条 工位器具的采购、制作、领用

1.工位器具指用于材料和成品码放的各种料箱料架。

2.工位器具的采购由安全生产部提出申请,会同财务部根据物流情况进行评价后,报总经理批准,方可实施采购或制作。

3.工位器具应尽量统一尺寸,技术质量部设计工位器具时应考虑其通用性。

4.外采的工位器具,按照"第七章 采购的物流管理"的相关规定办理采购入库手续;自己制作的工位器具应"第六章 项目的物流管理"的相关规定办理出入库手续。

5.工位器具由安全生产部办理领料手续,作为周转材料进行管理。

第二十九条 工位器具的流转

1.工位器具在供应商、客户、外协单位及公司内部使用部门的流转应相互办理收发手续,填写"工位器具收发清单"。

2.安全生产部应根据需要,制定各往来单位和内部使用部门的工位器具的占压标准,

客户占压数额由销售部负责协调，供应商的占压数额由采购部负责协调，外协单位占压数额由安全生产部负责协调。

3. 每月安全生产部应编制"工位器具收发存汇总表"，每季度财务部应对工位器具进行一次盘点。

第三十条　工位器具的修理与报废

1. 使用单位若发现工位器具存在毁损，应及时向安全生产部申请维修。

2. 工位器具的报废按照"第十七条　材料借用出库管理"的相关规定进行处理。

第九章　存货盘点管理

第三十一条　目的

存货品种规格繁多，进出频繁，极易造成数量变化。因此，经常性动碰盘点和检查是存货保管过程中不可缺少的一项工作，也是向有关部门提供库存信息和防止存货差错发生的手段。

第三十二条　盘点方式

1. 日动碰：每日交班前，存货保管责任人把当日出入库流量较大、价值较高、库存较大主要存货，进行日动碰盘点，即账与实物核对，做到日清月结。

2. 月抽点：抽点内容通常是单位价值较高、流量较大的主要存货。每月财务部与安全生产部应共同对公司各项存货进行抽查盘点，保证账账相符、账实相符。

3. 季度盘点：每月由安全生产部、财务部、仓库三方共同进行全面盘点。

4. 财务部门不定期地组织针对某类存货或某部门的专项盘点工作。

第三十三条　季度盘点和专项盘点工作要求

1. 由于盘点工作清点的是某一时间点的存货存量情况，该项工作本身需要在一个时间段内进行，并且盘点工作涉及存货的多种状态、多个责任部门和多个地点，为避免盘点工作可能出现的重复盘点和漏盘，必须明确盘点存货的范畴和盘点的截止时间点。

2. 原则上盘点期间应停止各仓库和各部门单位之间的存货收发，停止存货在地点上的移动。如无法停止收发活动，盘点期间发出的存货应单独记录，收入的存货应单独码放。

3. 正式盘点前，各部门单位应对所管辖的存货进行整理和自盘，对存货进行归类，不同存货状态进行隔离，对已收发但未办理手续的或者已办理手续未登记入账的应及时办理完毕，对于存货卡片品种数量未更新的要及时更新。

4. 每一盘点小组应有一名主盘人和至少一名监盘人，主盘人为存货管理责任人，监盘人为财务或质检人员，各盘点人分别做好盘点记录，盘点完毕后进行核对，最后由主盘人编制盘点报表，由主监盘人签字后连同盘点记录一并报公司财务部存档。

5. 财务部根据盘点结果和存货的成本计算盘盈盘亏情况。

第三十四条　盘盈、盘亏处理

1. 清查盘点中发现存货盘盈、盘亏或毁损时，应认真查明原因，详细填列存货盘盈、盘亏或毁损清单，并提供相应证据，视不同情况进行处理。

2. 盈亏相抵，盈亏价值在 2 000 元以内的，报财务部审核，总经理批准；竟亏价值在 2 000 元以上的报公司股东会批准。

3. 无论盈亏，均需对责任人进行适度处罚。

第十章　存货存量管理

第三十五条　ABC 管理和限量管理

1. 存量管理采取 ABC 分类法：A 类存货占用资金最大，实行重点管理，最大限度地节约和减少资金占用，同时，A 类存货从其入库、保管、出库等都要有严格要求；B 类存货可适量控制，实行一般管理；C 类存货占用资金较少，可适当放宽存量控制，只需保证生产即可。

2. 对于 A 类存货和 B 类存货，由安全生产部根据出入库情况和周转率拟定存货的最大和最小库存限额，最小库存限额即存货的订购点。对于 C 类存货安全生产部应逐步建立库存限额。"存货库存限额"经分管副总审核后报总经理批准执行。

3. 公司应每季度根据存货出入库和盘点情况，对各种存货的库存限额进行更改。

第三十六条　存货积压管理

1. 原则：对于库存中积压存货应建立削价准备金制度，用于各部门内部考核与评价。

2. 有关削价准备金计提方式：

（1）在库三个月至六个月的，按库存金额 20％提取存货削价准备金；

（2）在库六个月至一年的，按库存金额 40％提取存货削价准备金；

（3）在库一年以上的，按库存金额 60％提取存货削价准备金。

3. 对于市场上有一定竞争条件，由于管理不善造成的积压存货，应以原价尽快售出；对于积压超过一年的存货，由财务部组织销售部、安全生产部、技术质量部和采购部进行评审，出具"积压存货处理报告"，对无市场产品应折价处理、另作他用或报废。

4. 处理积压存货，需经总经理审批后方可执行。对于积压的存货处理应建立《积压存货处理台账》。

第三十七条　指标考核

1. 存货存量控制的主要考核指标为存货周转率、存量计划比率、削价准备金计划比率。

2. 存货周转率＝出库金额 ÷ 平均库存金额；存量计划比率＝平均库存金额 ÷ 计划占用金额；平均库存金额＝（期初库存金额 + 期末库存金额）÷2；削价准备金计划比率＝实际削价准备金 ÷ 计划削价准备金。

3. 各存货管理责任部门和单位均需考核存货周转率和存量计划比率。

4. 考核指标值由财务部会同安全生产部拟定，报总经理批准。

第十一章　仓库日常管理

第三十八条　库管工作

1. 库管工作意义：公司库房是储存和保管各类存货和器材的场所，是公司各类存货和器材供应中心，搞好库房存货保管工作，对于确保公司生产和业务经营进行，加速存货周转、压缩库存积压、降低存货损耗、提高公司经济效益，具有十分重要的意义。

2. 库管工作任务：从公司生产和业务经营出发，及时、准确、保质保量地搞好各类存货的收发工作，为公司生产和业务经营服务。

（1）严格把好入库验收关，确保入库存货数量准确、质量完好。

（2）搞好在库存货保管工作，压缩库存积压、提供库存信息。

（3）做好存货出库工作，确保准确、迅速、安全。

（4）加强库房安全工作。

（5）健全存货管理制度，不断提高业务管理水平。

第三十九条　存货在库管理

1. 库管应根据存货不同性质，合理存放，精心管理，妥善保管，确保库容整齐，账、物、卡一致。

2. 存货保管规划：根据各部门存货储存任务、存货类别、性质特点、保管要求和消防安全要求、结合库房面积等条件、确定每一库房、每一区位存放存货大类、品种和数量，并绘制平面图，确定各存货具体位置，按图索引，有利于提高库房利用率，调剂库容，也有利于缩短搬运距离，加快存货出入库效率。

3. 货位规划与定位：货位即存货存放地点。科学合理的货位规划有利于提高库容利用率、有利于存货保管方便存货出入库。

4. 存货码放基本要求：合理、牢固、定量、整齐、节省、安全。存货码放是否合理科学，直接关系到存货质量是否完好、库房面积是否得到有效利用、存货出入方便、是否便于存货动碰盘点及是否符合库房安全要求。存货码放多采用货架式存放和存货堆码两种方式，存货堆码多采用"五五码放法"相近存货堆码方式。

5. 日常在库存货管理：贯彻"以防为主、防治结合"的原则，加强对存货检查，根据情况采取有效措施。

（1）根据存货"先进先出"原则，接近保修期、索赔期存货要先出，防止给公司造成不必要的损失。

（2）存货堆码时，杜绝野蛮装卸和搬运，存货标志要向上，并要考虑存货承受力。

（3）依据消防安全规定，库房必须留出一定量度走道、通道、墙距、灯距。

（4）经常对存货进行"三勤"管理，即：勤倒垛（箱）、勤并垛（箱）、勤整理，减少半垛半箱情况，提高库房利用率，保证库房存货摆放整齐有序。

（5）搞好库房内卫生，做好"三防"工作，即防虫害鼠咬、防霉变、防存货老化。

（6）定期向有关部门反映存货积压情况和存货库存信息。

（7）码放货物需以部门为单位，同部门存货归放在一起，同种存货原则上不得分开码放。

（8）长期积压存货应妥善保管，并与其他存货分开码放。

第四十条　仓库安全管理和卫生制度

1. 库房安全工作包括人身安全、存货安全和设备安全。搞好库房安全工作，保证人身安全、存货安全和设备安全对于全面完成库房工作任务，具有十分重要的意义。

2. 以"预防为主、防消结合"为方针，加强库房防火防盗工作。库房安全工作有专人负责，建立安全制度，有落实有检查。每日班前班后对重点部位门、窗、锁、水、电器设备等进行检查，做好记录，对不安全的隐患要随时改进。

3. 严禁携带各种易燃易爆物品进入库房，严禁在库区内吸烟，库房内存货货垛要与照明灯具保持一定距离，工作完毕，要做到人走拉闸断电，并经常检查线路完好情况，发现异常要及时上报。

4. 库管要严格遵守商情保密制度，严格限制非库房管理人员进入库房，确实因工作需要进入库房时，要陪进陪出。

5. 库房装卸、运输和堆码作业要严格按照工作流程操作，做到文明装卸、文明运输，坚决杜绝野蛮操作，确保存货安全。

第四十一条　存货编码管理

1. 目的：存货编码是存货管理现代化的必要手段，管理目的在于适应与满足电算化管理需要，提高工作效率，满足各种信息快捷和准确性传递，保证存货流通信息的准确性，便于分类统计、核算、计价准确，同时对公司内物流环节加以合理控制，为大物流网络化管理奠定基础工作。保证存货流、资金流和信息流顺利运转。

2. 编码作用

（1）统计监控。

（2）存货的唯一正确标识。

（3）汇总统计时的依据。

（4）财务核算的依据。

3. 存货编码规则：所有存货按照 3 级 7 位码编排，前四位为分类码，后三位为顺序号，具体分类见"存货分类明细表"。其中第 1 位为存货大类，其代号意义分别为：1—金属材料，2—辅料，3—燃料，4—机械备件，5—电子配件，6—周转材料，7—劳保及其他，8—毛坯，9—加工件。

4. 存货编码的三级分类由财务部会同技术质量部确定，存货的顺序号由库管自行确定。

5. 存货编码是存货管理电算化的重要手段，是财务核算的重要依据，因此存货编码一经确定不得随意更改和删除，确需更改的需向财务部申请，与技术质量部协商同意后方能更改。

6. 凡财政年度或会计年度内有发生额或余额及借用账上有业务发生（存在入库和销售记录或有实物）的存货，不能修改更不能删除编码。

第四十二条　存货卡片管理

1. 存货卡片是管理存货最直接的手段，是存货入、出库流通信息的真实记录，认真填写存货卡是库房管理的重要环节。

2. 库管收发存货时应随手填写存货卡片，存货卡片包括以下几项内容：时间、摘要、数量和结余。

3. 存货卡片的结存数必须保证与实物数量相符。

4. 填写存货卡要准确、清楚，便于查询，注意节约、不要浪费。

5. 存货卡应放在明显位置，并注意妥善保存、避免丢失。

6. 每张存货卡填满后应及时更换新的存货卡，旧存货卡按照存货编号收集归档。

第四十三条　物流单据管理

1. 各种入、出库原始凭证票据填写是否规范、合理，直接影响到总体物流是否通畅，也关系到财务核算是否准确、及时，因此，票据审核非常关键。

2. 审核各类单据时，通用原则是先"转单"，即首先检查一张单据除核心部分外的周边内容是否都填写完整、准确，如办理日期、办理单位、授权人、经手人等以及上面是否有库管的签章，再查看单据核心部分的存货编号、名称、数量、单价填写是否清楚、有无涂改痕迹。

3. 票据传递时，交接双方要有书面手续并签字确认。

4. 所有单据应有流水号，每月月底，各部门应将单据按流水号顺序整理装订，妥善保存，保存期至少为十年。

5. 各类空白单据由公司办公室负责存放，相关部门领用单据需办理领用登记手续。空白单据和记录表格不得随意向外部传递。

第四十四条　账务与报表管理

1. 所有出入库手续应及时登账，前一日的出入库次日 10 点前必须登账。

2. 月末结账时间截止为当月 24 日 18 点，遇节假日可提前到节假日之前的最后一个工作日，结账日 18 点之后发生票据算作下月票据。

3. 报表每月结账后 5 日内传送至财务部。

4. 所有账务和报表须妥善保管，所有账务和报表原件不得外借。

13.2　物流配送中心管理制度

物流配送中心管理制度

第一章　总则

第一条　目的

为了使公司物流配送工作尽可能做到及时准确、服务周到，并有效控制物流成本，提高本公司的物流客服水平和质量，特制订本制度。

第二条　适用范围

1. 向客户输送各种日常用品及大宗商品等。

2. 负责客户订货、配货的托运。

第二章　组织与职责

第三条　配送部人员职责

配送部人员职位及职责

人员	职位	职责
1	配送经理	（1）全面负责总部配送部的工作及各办事处的业务指导工作 （2）分管物流组、送货组、电脑室的工作 （3）负责送货组、物流组、理货组、电脑室的日常工作
2	物流组	负责配送部物流组的工作，直接对配送助理负责
3	理货组	负责配送部理货组的工作，直接对配送助理负责
4	打单员	负责配送部所有送货、换货、借出、调拨单据的跟进，配送部员工考勤及工资核算，直接对配送助理负责

第四条　物流部职责

1. 物流部是物流配送部的主责部门，负责筛选物流承运商并跟踪服务。

2. 物流公司的选择：选择长期合作承运商（物流公司）时，应该考核其商务资质，其现有的网络覆盖能力、车辆情况、周期发货时间节点等，并留存其相关资料；如果是临时合作的，一定要签订托运协议，若是比较贵重的物品，则需要承保，保障客户财产的运输安全。

第五条　物流模式具体可分为：

1. 自建物流体系

属于本公司自己的物流体系，主要负责中国产品平台上产品的配送，覆盖范围主要为 ×× 范围内的一些地区。

（1）同城配送：配送范围为市内，依靠对于本地路况、环境熟悉，能够以较低的成本运作，为企业和客户提供全面的售后服务。

（2）区域运输及配送：集中在 ×× 省的几个中心城市，在覆盖区域内有丰富的网点和大量的货源，同时也承接发往其他区域的货物。

2. 自建物流体系、与物流公司合作体系。

本公司旗下的产品除面对本地区客户之外，还面向省内、省外及国际客户，为了确保为所有客户提供全面快捷的服务，需要与其他物流公司合作完成配送。

3. 关于选择的具体物流模式，要根据客户所在地的物流环境、客户自身的要求和本公司供应商的具体情况合理安排。

第三章　理货员工作细则

第六条　理货员工作流程

1. 接单

在信息部接单交配送部门主管审阅后并登记好。理货员接单装车前应及时审单，并依各客户装车先后顺序发单给装车员拉货。

2. 配送前的检查，包括出库及出库检查，具体要求为：

（1）"三不"，即未接单据不翻账，未经审核不备货，未经复核不出库；

（2）"三核"，即核实凭证，核对账卡，核对实物；

（3）"五检查"，即品名、规格、包装、件数和重量的检查。

3. 准备取货

按照订单要求（包括物品订单）到卖家仓库准备提取货物。

4. 清点

按照订单要求清点货物，并对品种、数量、规格、颜色进行复审核对，在相关单品后打√或打 ×，根据出仓单进行确认。

5. 装车

（1）装车时要做到轻装轻卸，爱护产品，避免商品包装袋或包装箱被损坏，并确认该卖场货物已全部拉全，坚决杜绝野蛮装卸货物，以尽量利用空间、保护商品包装为主要原则。最后仓管员与配送部理货员要相互签单。

（2）在装车过程中应细心、谨慎，点货员必须站立于车门口（中途严禁离开装车区域），按客户要求进行点数装车【如：品种、规格、数量（吨数）等】，同送货员确认无误后互相签名。

（3）装完车以后须及时在装车登记表上进行登记【如车牌号码、金额、数量（吨数）、送货与拉货人员等】并注明有无换货情况。

（4）装车时应与货运人员清点数量，并按相应货运价格开其物流配送单（办事处的整车须跟车送货员确认数量）之后互相签名确认，做好登记，保留相关单据。

6. 换货

（1）对于理货员与仓管员出现的异常应及时配合理货员对其单品进行更换，主动到仓管处开单，直至交接完毕。

（2）送货员换货时，应及时在统计表上登记并让送货员签名确认，且将换货单留底。

（3）装车出现改单时，在互相签名确认以后，统一将改单单据交到电脑室。

（4）换货清点完以后，须及时交换货物原始单，覆盖在换货单上签单入库。

第七条 理货时注意事项

1. 登记每天晚上车辆所送公司以及客户的名称、换货、金额、数量、装车人员及送货员，并做好交接班记录和填写异常报告。

2. 交接理货时认真查对货物与单据货物名称、规格、数量是否一致，并检查货物摆放情况和标识卡，如未达标可拒绝交接，确认完毕后方可签字确认，将单据投办公室打送货单。

3. 对现场车辆装载率、装载高度、装载要求进行监督、指导，对现场操作人员进行管理指导。

4. 仔细清点送货员从商场的退货，如发现问题应及时上报，并监督送货员把退货拉到退货仓。

5. 监督装卸时轻拿轻放，禁止野蛮装卸，对不符合装车要求的进行指正及监督。

6. 对装车人员进行严格管理，不允许懒懒散散，随意离开装车区域。

7. 对货物在装卸过程中有装卸要求的（如纸箱包装产品须正立摆放，承受高度不高于 4 层等），必须严格控制。

8. 早班人员做好改单的核对工作，发现问题即时处理，并完成晚班交接未完成的工作。

9. 登记每天的异常报告人员名单，并抄送有关部门主管。

10. 配合各部门临时安排的有关工作。

第八条 理货工作奖惩制度

1. 理货员必须遵守公司所有规章制度，若有迟到、早退、旷工等不良行为，将按公司规定处以通报批评、警告、记过或者开除。

2. 理货员装车时必须要先审核单据再安排车，要求对单点数装车。若出现装错品种、规格、条码等情况，按情节轻重处以通报批评、警告、记过、扣考核奖励或开除；若有装少现象，据情节轻重扣除当月考核工资 10 ～ 100 元；若有多装现象，根据货物价值，按 10% 予以赔偿处罚。

3. 对现场工作人员的违规违纪不及时指正制止者，扣除当月考核奖 20 ～ 100 元。

4. 对装车过程中途离开装车区域或对装车人员随意离开装车区域未进行制止的，扣除当月考核奖励 30 元。

5. 对装车时效未积极控制，导致装车时间延误者，扣除当月考核奖 20 ～ 100 元。

6. 对装车高度及装载量未控制达标者，扣除当月考核奖 20 ～ 100 元。

7. 送货员回来办理退、换货时，点货员须与送货员一同在装车平台清点（忙时可由两个点货员一起清点），对不主动清点签字者，扣除当月考核奖 20 元。

8. 点货员在与送货员装车、退货过程中，不得有徇私舞弊、弄虚作假行为，若发现有此行为，经调查属实者，将按原价十倍以上罚款并作解雇处理，情节严重者，交由公安机关处理，一经发现立即上报配送部经理和公司领导审批。

第九条 货物装车、包装实名制

1. 理货员在装车时要仔细检查，防止放入一些易燃易爆的物品。

2. 理货员在包装时要对所装入的货物与订单进行核实，并将信息登记输入电脑。

3. 收件人出示身份证方可签字确认收件。

第四章　送货员工作细则

第十条 送货目的：为了满足市场需求，把市场需求的产品及时、准确、保质保量地送到客户手中。

第十一条 送货员的基本要求

1. 送货员代表着公司的形象，要求服饰整洁、修边幅、礼貌。

2. 与司机、点货员、业务、客户等之间要紧密配合。

3. 服从主管安排，以公司利益为重，能吃苦耐劳，同事之间互相尊重、帮互助。

4. 数字观念强、责任心强，凡经手的物品必须认真清点。

5. 常常保持与客户以及收件人之间的沟通，将讯息及时反馈给配送主管或经理。

6. 不许在上班时间，利用工作之便办私事。

7. 不许挪用公司零售款项、偷盗公司财产以及伙同他人做损害公司利益的事。

8. 勇于揭发坏人坏事，敢于与违反公司利益的人做斗争。

9. 在行车中，不得与司机说笑或打闹。

10. 退货、换货要及时满足市场，在 3 天内完成退货、换货。

11. 在外送货过程中，遇到一切影响正常交货的情况，需第一时间联系公司相关负责人，在公司做出相关处理决定后方可执行，必须以完成交货任务为第一原则。

第十二条 送货流程

1. 下午 18：00 前由助理公布第二天送货行程及送货注意事项。

2. 对单装车：送货员向当班助理领取相关数据，有点货员确认装货上车，同时送货员应清点数量，装车完毕后签单，关好车门。

3. 缴单：行程登记（并注明缴单情况），所有单据必须于次日上午 10：00 前交于跟单员。（违者罚款处理）

4. 卸单、签单：送货到客户后，与收货人同时清点货物，在收货过程中遇到的一切异常要及时联系相关负责人，待决定后予以执行，确认无误后签收。审核相应联验收单，确认验收单与公司送货单是否一致（货物品名、规格、数量、金额）。

5. 改单退货：持送货单由点货员清点数量并签单（装错的货拉回公司时需由点货员交接清楚，否则以后出现问题由当日送货员承担责任）。将货物拉入配货仓，配送部对单点数，改单由助理确认。退货由信息部提供数据，必须按单退货，退货金额在 2 000 元以下的由业务签字，5 000 元以下的由区域经理签字，5 000 元以上的由营销总监签字。

6. 缴单：行程登记（并注明缴单情况），所有单据必须当日交与助理。（违者罚款处理）

7. 出车：根据排车时间，准时出车（特殊情况另行通知）。

第十三条 送货注意事项

1. 单据

单据领取后必须妥善保管，领取送货单和订单时必须签名。对订单必须进行检查，发现问题马上反馈到信息部。如送货单与订单有出入则以订单为准。在送货、退货、换货后必须将相关单据及时签收并收回。

2. 运输及搬运

（1）在运输和搬运的过程中必须小心谨慎，防止在搬运中出现损耗。

（2）送货员有责任协助收货员与卸货员搬运货物。

3. 交接

送货员必须有强烈的工作责任心，凡经手的货物必须亲自清点；收货时必须亲自当面交接清楚。

4. 形象

（1）送货员代表着公司的形象，必须维护公司良好的信誉形象，严禁透露和销售公司情报和商业机密。

（2）送货员必须服饰整洁，修好边幅，待人礼貌，外出送货必须身着公司统一服装。

（3）积极维护公司形象，不得与客户发生争吵和冲突。

5. 沟通

送货员必须与公司的点货员司机保持适当的沟通，以增进工作的协调和了解；必须与部门主管保持一定的联系，及时反馈配送的问题和相关的讯息。

6. 团队协作

送货员有义务协助司机做好送货运输过程中的安全工作并及时完成主管人员临时指派的其他工作。

第十四条 卸货注意事项

1. 卸货人员要心态端正，要有防损意识，装车时须轻拿轻放，禁止野蛮装卸。

2. 搬运过程中要小心谨慎，以防止搬运中出现损耗，必要时卸货员应该承担部分责任。

3. 按正确的装卸方式、安全地进行作业，将货物按规定要求堆置在指定位置。

4. 卸车过程中，装卸工根据随车的"货物装载清单""运单"和货物上标签中的货物运单号、品名、件数等信息核查卸车货物，严格分票分拣放入，并对质量异常的货物进行临时处理。

第五章　司机与车辆管理细则

第十五条　出车准备事项

1. 车辆出车前同值班保安登记并检查交接车锁匙及证件是否齐全、随车工具是否齐全、车厢门是否锁好等。

2. 根据配送部的派车单准时出车，并于出车前 15 分钟检查车辆有无缺水、缺油，以及轮胎、刹车气压是否正常等。

3. 严禁冷车强行起步，夏季怠速运转 3 ~ 5 分钟，冬季怠速运转 5 ~ 8 分钟，载重车应一档起步。

4. 车辆加油须执该车油卡在出车前一天晚上将油加满，并索要加油小票，回公司连同派车单交与值班保安签字登记备查。特殊情况需要现金加油时，须电话申请车队，当油卡金额少于 300 元时，应及时通知车队充值。

第十六条　工作过程注意事项

1. 车辆出入公司必须无条件接受保安检查登记。

2. 除司机和配送员外，其他无关人员不得乘坐公司车辆，特殊情况须经部门主管或车队同意。

3. 司机必须配备手机，并保持 24 小时开机状态。

4. 严禁司机边开车边打手机，若公司领导、主管、业务等电话须接听或回复的，交由配送接听或回复。

5. 送货过程中，司机必须无条件与配送人员相互配合，以快速、准确、高效地将产品送达目的地。

6. 送货过程中司机不得因私影响工作而延误送货，违反规定造成不能及时送货的，由司机和配送员共同承担责任，导致交通事故的由司机承担全部责任。

7. 车辆送完货后，司机必须及时开车返回公司，若司机违反规定导致车辆和货物损失的，由司机承担全部责任。

8. 搞好友好团结，互帮互助，不得与配送员、主管人员及客户等发生争吵或冲突。

第十七条　车辆维修与保养

1. 做好车辆清洁卫生，随时保持车辆内外清洁，每月至少清洗车辆 2 次。

2. 车辆每行驶 6 000 公里应对机油、机油格、柴油滤芯、空气滤芯等进行更换。

3. 车辆每行驶一个星期应对轴承、传动系统等进行黄油润滑，每行驶 10 000 公里需进行四轮保养，并随时检查轮胎螺丝、传动轴螺丝等有无松动现象，并及时拧紧。

4. 车辆行驶过程中发生小故障须自行处理，不能排除故障的，要及时上报，由车队长安排当地修理或返回公司修理。

5. 车辆进入修理厂维修前，须由车队开具"车辆维修审批单"同维修车辆一并交给修理厂，以便日后结算备查。

6. 车辆需要更换轮胎、蓄电池时，购买工具等须提交申请单给车队，经公司领导批准后统一购买。

7. 车辆需要更换证件，车证年审、季审，购买养路费、续保等事项时，司机须提前 15 天或一个月通知车队，便于及时办理。

8. 司机休息或交接班时，须向接班司机说明车辆状况有无异常，证件是否齐全等事项。

第十八条　奖惩

1. 凡利用工作之便办私事者，扣考核奖 50 元。

2. 凡与客户、收货员、保安发生争执者，扣考核奖 100 元，严重者开除。

3. 挪用公款，限期主动向上级反映者，限期内交还公款，罚款 50 元，未向上级反应者，被查出后视贪污论处，交还公款，罚款公款的一倍，并开除。

4. 有偷窃行为、多余的货不及时退回者，被查出后，归还原物，并按原物作等价罚款，情况严重者开除。态度不好者，送公安机关处理。

5. 散布谣言、有损公司形象者开除。

6. 聚众赌博者，罚款 200 元，参与赌博者，一次罚款 100 元，两次罚款 300 元，三次开除。

7. 拉帮结派闹事者开除，参与司机虚报费用者，记大过并作十倍罚款处理，严重者开除。

8. 利用工作之便，上货时多上货不返回公司或退货时少退货等，均视为偷窃行为，与第 4 条处罚相同。

9. 利用工作之便以员工价买公司物品，然后以高价出售者，被查出后，取消其送货员资格，并视平时表现，调离工作岗位或开除。

10. 送货组异常处理细则：

送货组异常处理细则

序号	异常状况	处理细则
1	少装货物	（1）视情节轻重对其过错处以扣除当月考核奖励 0 ～ 100 元处理（货物在公司） （2）承担货物遗失的 100% 赔偿（货物遗失）

（续表）

序号	异常状况	处理细则
2	装错货物	视情节轻重对其过失处扣除当月考核奖励 0 ～ 100 元
3	交错货，短交货导致验收与回单不符	承担货物价值差 40% ～ 100% 的经济损失赔偿，另对其工作失职扣除当月考核奖励 0 ～ 100 元
4	遗失货物	视情节承担货物遗失 50% ～ 100% 的赔偿责任，另对其工作失职扣除当月考核奖励 0 ～ 100 元
5	退货	（1）可识别货物：视情节轻重承担货物损失 40% ～ 90% 的赔偿责任，另对工作失职扣除考核奖励 0 ～ 200 元 （2）外包装不方便识别货物： ①完全不可识别货物（纸箱包装等）配送不予处罚 ②能一定程度识别货物 依据情节轻重承担货物损失 10% ～ 30% 的赔偿责任
6	退货有多有少	（1）实退货物价值大于应退价值，不予处罚 （2）实退货物价值小于应退货物价值，视情节承担 10% ～ 60% 货损赔偿责任，并对其工作失职扣除当月考核奖励 0 ～ 200 元
7	在运输过程中出现的破损、丢失现象	（1）对于一些易破损物品，在运输过程中出现损坏现象，物流公司不用承担责任；反之，对于一些不易破损的物品，在运输过程中出现损坏现象，物流公司应承担相应的责任 （2）在运输过程中出现货物丢失现象，物流公司应作出相应的赔偿

11. 凡有不服从公司管理，无正当理由拒绝出车者，罚款 100 元。

12. 凡在出车过程中，遇到异常问题未联系公司私自将货物拉回者，根据情节扣除当月考核奖励 0 ～ 300 元。

13. 凡因下错货、未下齐货、当场能解决问题当场不主动解决，导致货物未能交收完全者，根据情节扣除当月考核奖 0 ～ 100 元。

14. 激励奖：物流公司或部门应采用送货人员好评考核机制考核配送人员的服务标准并对其实施奖惩。

15. 凡因配送人员未系安全带等违反交通规定的行为导致被罚款者，由司机与配送人员各承担 50%。

16. 平时表现良好、配合和服从性好、善于奉献者，每季度将被评为公司开发中心优秀送货员，参与公司各种福利活动和获得丰厚的奖品。

17. 揭发坏人坏事者，奖励 30 元，如能替公司挽回 5 000 元以上的经济损失者，奖励 200 ～ 500 元。

18. 表现优秀者、连续四个季度被评为优秀员工，且市场意识较强、有敏锐的市场眼光者，可提升为公司储备干部。

19. 出现客户货物损坏及丢失，经验证后物流公司必须即刻先行垫付赔偿损失，然后追究当事人责任。

第十七条 公司长期租赁货车及临时租赁车管理办法

1. 公司长期租赁货车及临时租赁货车管理办法适用第16条中的第1～4项。（合同中有约定的以合同约定为准）

2. 对于公司租赁货车造成公司经济损失或违规给予处罚的，公司财务直接在租赁费中扣除。

第十八条 值班司机及临时出车

晚上需要装卸、运送货物、临时出车的，根据实际情况原则上是先回来的车辆出车或由车队长灵活安排。

第六章　收货处理细则

第十九条 消费者收货流程

1. 收货时无需填写单据但要签收的

（1）收到货时要先仔细查看运单，主要是商品件数是多少、重量是多少、有无保价、是否已经付运费。

（2）客户根据运单，验货无误后再签收。

（3）因外包装损坏或变形，客户有权拆包验货后签收。

（4）如果验货时出现问题，如商品损坏或者包装内数量缺失时，要仔细核对发货单，第一时间联系上级主管和发货人并附客户拒收理由及派件员证明，由物流公司或有关部门及时与发货人解决。

2. 货到付款服务

货到付款就是买家收到货，验货后再付款。

（1）买家签收后，送货员按照订单收取相应账款，回去交给相应部门。

（2）送货员可以让买家拆开物流包装以确认商品，以不影响商品二次销售为原则。

（3）因非物流因素致使买家拒绝签收的，卖家需要承担来回运费。

（4）对于比较贵重的货物，送货员应该让买家拿出预支付的收据，再让签收，然后把剩余的钱交与送货员。

第二十条 退货、换货问题处理

1. 售后服务的范围

在物流配送过程中，首先要求商品提供方承诺：凡我公司售出的商品包退包换。具体标准为：

（1）产品破损、变质、发错商品可无条件退换（须拍照证明）。

（2）非产品质量问题的（已经下架和停产的除外），只接受换货（如换其他商品，货款可多退少补），不接受退货，在送达前说明。

（3）特价商品是因为压货而清仓处理的，所以不能退货，但是绝对保证商品质量。

2. 退换商品的配送问题

（1）无论是退还是换，务必先和客服沟通，如因未联系客服就将商品退回而耽误处理的后果自行承担。

（2）商品如有问题，请在收到后 3 天内快递送回，超过时间不予受理。

（3）退换货的商品务必保证包装完好。包裹里面一定要附纸条说明情况和要求（注明订单号码，退回原因和希望如何处理），需自己承担运费的也请将运费放在包裹里面一并发来。

（4）大宗商品因物流费用巨大，可由客户代表审核货物后发出，避免退换货物现象。如出现大宗货物退换，费用由责任方自行承担，本公司有义务协调解决但不负直接责任。

3. 退换货流程

（1）退换货前要事先联系售后客服人员说明原因，确认无误后，售后客服人员要告知具体退货办法（退货地址、收货人、退货途径）。

（2）在得到售后客服人员的退换货审核确认后，请将物品寄回，非因质量问题，运费由买家承担；质量问题，运费由卖方承担。

（3）退货时务必把所有货品的附件（外包装、销售单、发票及退换货处理单等）都寄回，且务必填写退换货处理单告知用户名、订单号，退款账号等，以便最快速地办理退款。

（4）在得到售后客服人员的退换货审核确认后，请将物品寄回。

（5）售后客服人员收到退货后，办理退款。

（6）退货收到并审核后办理退款，在 1～3 个工作日内完成，不能办理的及时通知客户并说明原因。

第七章　物流配送的标准

第二十一条　处理客户投诉行为标准

1. 第一时间安抚客户，做到仔细认真倾听，并且积极响应。

2. 了解服务的缺陷，表示关心，但应明确应承担的责任。

3. 进行探寻以及摸清情况，进一步了解客户需求。

4. 马上能解决的问题，应给客户确认和提出解决的方案。

5. 对不能马上解决的问题阐述原因，争得客户谅解。

第二十二条　收货、点货、包装服务标准

收货、点货、包装服务标准

序号	情况分类	服务标准
1	客户在的情况	（1）在账单上的点货人处签字，再确定客户姓名有无差错 （2）点货，每一样商品都必须确定编号，商品体积、价格、数量等是否完全正确，商品是否有质量问题 （3）点完后让客户确认所要的商品都放进箱，包装好，让客户在签名处签字确认，然后将单证客户联交与客户
2	客户不在的情况	（1）点货人必须两人经手，若现场只有一人，电话通知另一人到场清点，未经两人点货的不发货 （2）点完后必须两个人都确认签字，再将客户联装入透明袋，黏在纸箱盖内侧并封箱

第二十三条 货运过程中服务标准

1.客服人员应充分了解本公司的基本运输方式。

2.客服人员应了解几个区域的货运方式的收费标准，以给予客户满意的回答。

3.货物发出后，应妥善保管货物发送凭证，保证货物及单位在运输过程中的安全。

第二十四条 结算服务标准

1.结算时，先检查该客户是否已建档，若基本建档，应让客户留下姓名、电话、地址，建立客户档案，充分发掘客户资源。

2.结算过程中应主动帮助客户检查商品质量是否有问题，明确责任。

3.验完货后，让客户在验收单上签字，确认无误后进行结账。

第二十五条 退单服务标准

1.客户自己提货，在确认货物无损、无差异的情况下，客户提单后，公司不办理退单行为。若有差异，客户要求作退单处理的，结算由发货方支付，否则公司可扣留货物直至发货方支付为止。30天内发货方及收货方不处理的，公司有权做出合理处理。

2.加盟提货点，严格按照加盟合同上的退单流程、章程操作。

第二十六条 配送后期跟踪服务

1.及时收集客户对配送服务提出的意见，并查找原因。从内部和物流管理方面细致地分析问题出现原因，及时形成有效的针对性整改措施，防止同一异常情况频繁发生。

2.对于货损货差、延误等异常运输情况，及时分析出现异常问题的根源、在损失最小的前提下，尽快解决问题，同时及时沟通安抚客户，缓和客户不满情绪。事后及时分析总结，写出同类事项预防方案。

PART 2

世界500强企业管理表格范本

第14章　董事会、理事会、监事会管理表格

14.1　公司董事会成员、监事会成员、经理登记表

公司董事会成员、监事会成员、经理登记表

姓　名	性别	职　务	住　　　所	身份证号码	产生方式

注：1. 按董事会成员、监事会成员、经理顺序填写。

　　2. "职务"是指董事、董事长、执行董事、监事、经理等。

　　3. "产生方式"是指委派、选举、聘用。

14.2　公司董事会成员、监事会成员、经理审查意见表

公司董事会成员、监事会成员、经理审查意见表

> 经审查，_____（董事、监事、经理）符合有关法律、法规规定的任职资格，不存在以下情况：
>
> （1）无民事行为能力或者限制民事行为能力的。
>
> （2）正在被执行刑罚或者正在被执行刑事强制措施的。
>
> （3）正在被公安机关或者国家安全机关通缉的。
>
> （4）因犯有贪污贿赂罪、侵犯财产罪或者破坏市场经济秩序罪，被判处刑罚，执行期满未逾 5 年的；因犯其他罪，被判处刑罚，执行期满未逾 3 年的；或者因犯罪被判处剥夺政治权利，执行期满未逾 5 年的。
>
> （5）担任因经营不善破产清算的企业的法定代表人或者董事、经理，并对该企业的破产负有个人责任，自该企业破产清算完结之日起未逾 3 年的。
>
> （6）担任因违法被吊销营业执照的企业的法定代表人，并对该企业违法行为负有个人责任，自该企业被吊销营业执照之日起未逾 3 年的。
>
> （7）个人负债数额较大，到期未清偿的。
>
> （8）法律、法规规定的其他不能担任企业法定代表人、董事、监事、经理的。
>
> 审查人盖章（签字）：　　　　　　　年　月　日

注：审查人是指选举、委派、任命、指定、聘任董事会成员、监事会成员、经理的股东会、董事会、股东或投资人。

14.3　第____届董事会第____次会议安排表

第____届董事会第____次会议安排表

一、会议时间：____年__月__日

二、会议地点：_____。

三、会议主持：宋 ××

四、会议方式：

1. 会议以现场表决方式召开。

2. 董事审阅会议材料并表决签字。

五、会议议案

1. 审议公司_____年度工作总结报告。

2. 审议公司_____年度董事会工作报告。

3. 审议公司_____年度利润分配方案。

4. 审议公司_____年度财务决算报告。

5. 审议公司_____年度经营纲要。

6. 审议公司_____年度市场经营运作计划。

7. 审议公司_____年度项目研发计划。

8. 审议公司_____年度财务预算。

14.4　第____届董事会第____次会议议程

第____届董事会第____次会议议程

会议时间：____年__月__日

会议地点：_____

主持人：宋 ××

审议内容：_____

_____

_____

书面审议材料：

1.《关于本年度财务决算的议案》

2.《关于选举公司董事长的议案》

3.《关于利润分配方案的议案》

4.《关于拟聘公司高层职位的议案》

5.《关于未分配利润弥补亏损的议案》

6.《关于确定董事会成员的议案》

7.《关于确定监事会成员的议案》

14.5　股东大会（董事会／监事会）会议签到表

股东大会（董事会/监事会）会议签到表

会议时间		会议地点	
出席本次董事会会议人员名单			
姓名	出席人身份（董事，如为董事长、副董事长、独立董事请注明，如授权代表出席须出具授权委托书）	在公司担任的职务（如没有担任职务请注明）	签字／日期

14.6　股东大会会议记录

股东大会会议记录

一、特别提示

本次股东大会会议召开期间没有增加、否决或变更提案。在本次会议前____天，已将本次大会的召开时间、地点和需要审议的事项及大会注意事项通过电子邮件、短信、电话方式通知了公司的全体股东及参会人员，需要审议事项的相关资料也在通知发出时送达到了公司的全体股东。

二、会议召开的情况

1. 召开时间：____年__月__日（星期__）____午____点。

2. 召开地点：_____。

3. 召开方式：现场投票。

4. 召集人：本公司董事会。

5. 主持人：董事长先生／女士。

6. 本次会议的召开符合《公司法》及《公司章程》的规定。

7. 大会出席者：_____。

8. 大会列席者：_____。

三、会议出席情况

股东及股东代表____人，占公司有表决权的总股本的____%。

四、提案审议和表决情况

1. 审议《××提案》，表决情况：同意____票，占出席会议有效表决权的____%；反对____票，占出席会议有效表决权的____%；弃权____票，占出席会议有效表决权的____%。表决结果：提案通过。

续表

2. 审议《××提案》，表决情况：同意____票，占出席会议有效表决权的____%；反对____票，占出席会议有效表决权的____%；弃权____票，占出席会议有效表决权的____%。表决结果：提案通过。

3. 审议《××提案》，表决情况：同意____票，占出席会议有效表决权的____%；反对____票，占出席会议有效表决权的____%；弃权____票，占出席会议有效表决权的____%。表决结果：提案通过。

4. 审议《××提案》，表决情况：同意____票，占出席会议有效表决权的____%；反对____票，占出席会议有效表决权的____%；弃权____票，占出席会议有效表决权的____%。表决结果：提案通过。

5. 审议《××提案》，表决情况：同意____票，占出席会议有效表决权的____%；反对____票，占出席会议有效表决权的____%；弃权____票，占出席会议有效表决权的____%。表决结果：提案通过。

6. 审议《××提案》，表决情况：同意____票，占出席会议有效表决权的____%；反对____票，占出席会议有效表决权的____%；弃权____票，占出席会议有效表决权的____%。表决结果：提案通过。

参会人员签字：

____年__月__日

14.7　董事会会议纪要

董事会会议纪要

会议时间：____年__月__日

会议地点：

参会人员：

董事会成员：

列席人员：

会议发言记录：

形成决议及其他文件清单：

记录人：

____年__月__日

14.8　第＿＿届董事会第＿＿次会议表决票

第＿＿届董事会第＿＿次会议表决票

（也适用于股东会／监事会）

董事姓名：罗××、林××、李××、唐××、邓××。

议　案	表决结果		
	同意	反对	弃权
1. 审议公司＿＿＿＿年度工作总结报告			
2. 审议公司＿＿＿＿年度董事会工作报告			
3. 审议公司＿＿＿＿年度利润分配方案			
4. 审议公司＿＿＿＿年度财务决算报告			
5. 审议公司＿＿＿＿年度经营纲要			
6. 审议公司＿＿＿＿年度市场经营运作计划			
7. 审议公司＿＿＿＿年度项目研发计划			
8. 审议公司＿＿＿＿年度财务预算			
书面意见：			
董事签名：			
计票人签名：　　　　　　　　　　　监票人签名：			

备注：请用钢笔在"同意""反对""弃权"项下用"√"标示表决意见，同一议案只能标示一种意见，"同意""反对""弃权"，否则视为弃权，在会议主持人规定的时间内未提交表决票的视为弃权。

14.9　第＿＿届董事会第＿＿次会议表决结果统计表

第＿＿届董事会第＿＿次会议表决结果统计表

（也适用于股东会／监事会）

出席会议董事：罗××、林××、李××、唐××、邓××（委托张××）。

议　案	表决结果		
	同意	反对	弃权
1. 审议公司＿＿＿＿年度工作总结报告	5	0	0
2. 审议公司＿＿＿＿年度董事会工作报告	5	0	0
3. 审议公司＿＿＿＿年度利润分配方案	5	0	0
4. 审议公司＿＿＿＿年度财务决算报告	5	0	0

议　案	表决结果		
	同意	反对	弃权
5. 审议公司_____年度经营纲要	5	0	0
6. 审议公司_____年度市场经营运作计划	5	0	0
7. 审议公司_____年度项目研发计划	5	0	0
8. 审议公司_____年度财务预算	5	0	0
书面意见：			
董事签名：			
计票人签名：　　　　　　　　　　　　　　　　监票人签名：			

第15章　战略规划管理表格

15.1　年度经营计划和预算编制参考格式

年度经营计划和预算编制参考格式

第一部分　上年度经营计划和预算执行情况总结
一、上年度经营计划和预算完成情况 1. 2. …… 二、上年度重大差异事项及说明以及需要特别说明的事项 1. 2. …… 三、上年度主要经营管理举措 1. 2. …… 四、存在的主要问题及解决思路 1. 2. ……
第二部分　集团公司战略发展目标综述
1. 2. ……
第三部分　本年度经营环境分析
一、宏观经济及其对公司经营活动的影响分析 1. 2. …… 二、行业政策及其对公司经营活动的影响分析 1. 2. ……

三、资本市场环境分析
1.
2.
……
四、公司自身资源状况分析
1.
2.
……

第四部分　本年度经营管理方针和经营管理目标
一、经营管理方针
二、经营管理目标
1. 财务目标
2. 内部管理目标
3. 客户目标
4. 学习成长目标
三、主要经营管理目标选择和目标确定的依据和过程说明
1.
2.
……

第五部分　本年度经营计划及举措
一、资本运营经营计划及举措
1.
2.
……
二、人力资源计划及举措
1.
2.
……
三、管理提升和制度建设计划及举措
1.
2.
……
四、其他计划及举措
1.
2.
……

续表

第六部分　本年度财务预算
一、成本费用预算
二、现金预算
三、资本支出预算
四、预计资产负债表
五、预计利润表
六、预计现金流量表
第七部分　本年度公司风险分析及相应对策准备
一、战略风险及对策 1. 2. …… 二、经营风险及对策 1. 2. …… 三、财务风险及对策 1. 2. …… 四、人才与组织结构风险及对策 1. 2. …… 五、信用风险及对策 1. 2. ……
第八部分　其他说明

15.2　子公司年度经营计划和预算编制参考格式

子公司年度经营计划和预算编制参考格式

第一部分　上年度经营计划和预算执行情况总结
一、上年度经营计划和预算完成情况
1.
2.
……
二、上年度重大差异事项说明及其他需要特别说明的事项
1.
2.
……
三、上年度主要经营管理举措
1. 生产经营举措
（1）
（2）
（3）
2. 市场开发和收入实现举措
（1）
（2）
（3）
3. 成本和费用控制举措
（1）
（2）
（3）
4. 投资、融资举措
（1）
（2）
（3）
5. 人才开发和引进举措
（1）
（2）
（3）
6. 管理制度建设举措
（1）
（2）
（3）
四、存在的主要问题及解决思路
1.
2.
……

续表

第二部分　　子公司战略发展目标综述
第三部分　　本年度经营环境分析

一、宏观经济及其对公司经营活动的影响分析

1.

2.

……

二、行业政策及其对公司经营活动的影响分析

1.

2.

……

三、资本市场环境分析

1.

2.

……

四、市场环境分析

1.

2.

……

五、竞争环境分析

1.

2.

……

六、行业关键成功因素分析

1.

2.

……

七、公司自身资源状况分析

1.

2.

……

第四部分　　本年度经营管理方针和经营管理目标

一、经营管理方针

二、经营管理目标

1. 财务目标

2. 内部管理目标

3. 客户目标

4. 学习成长目标

三、主要经营管理目标选择和目标确定的依据和过程说明

1.

2.

……

第五部分　　本年度经营计划及举措

一、市场开发计划及举措

1. 老市场及老客户维持计划及举措

（1）

（2）

（3）

2. 新市场及新客户开发计划及举措

（1）

（2）

（3）

3. 品牌开发计划及举措

（1）

（2）

（3）

二、生产经营计划及举措

1.

2.

……

三、技术研发经营计划及举措

1.

2.

……

四、资本运营经营计划及举措

1.

2.

……

五、人力资源计划及举措

1. 年度人力资源需求分析及招聘计划及举措

（1）

（2）

（3）

2. 年度薪酬福利计划及举措

（1）

（2）

（3）

3. 年度考核激励计划及举措

（1）

（2）

（3）

4. 年度培训开发计划及举措

（1）

（2）

（3）

六、管理提升和制度建设计划及举措

1. 治理结构完善计划及举措

（1）

（2）

（3）

2. 预算管理、财务管理、投资管理、审计管理等制度完善计划及举措

（1）

（2）

（3）

3. 绩效考核制度、项目负责制度完善计划及举措

（1）

（2）

（3）

4. 其他管理制度完善及举措

（1）

（2）

（3）

七、其他计划及举措

1.

2.

……

第六部分　　本年度财务预算
一、销售预算
二、生产预算

三、成本费用预算
四、产品成本预算
五、现金预算
六、资本支出预算
七、预计资产负债表
八、预计利润表
九、预计现金流量表

第七部分　　本年度公司风险分析及相应对策准备
一、战略风险及对策 1. 2. ……
二、市场风险及对策 1. 2. ……
三、经营风险及对策 1. 2. ……
四、财务风险及对策 1. 2. ……
五、人才与组织结构风险及对策 1. 2. ……
六、信用风险及对策 1. 2. ……

续表

第八部分　　其他经营管理重要信息
1.
2.
……

第九部分　　其他说明
一、需要总部提供的支持和帮助
1.
2.
……
二、需要其他关联企业提供的支持和帮助
1.
2.
……
三、其他内容
1.
2.
……

15.3　集团公司各职能部门管理计划和预算编制参考格式

集团公司各职能部门管理计划和预算编制参考格式

第一部分　　上年度管理计划和预算执行情况总结
一、上年度管理计划和预算完成情况
1.
2.
……
二、上年度重大差异事项分析及说明以及需要特别说明的事项
1.
2.
……
三、上年度主要管理举措
1. 招聘渠道拓展举措、绩效考核高效推动举措、人才开发举措等（各部门不同，此处以人力资源部举例）
（1）
（2）
（3）
（4）

2. 费用控制举措

（1）

（2）

（3）

3. 其他管理举措

（1）

（2）

（3）

第二部分　　集团战略对部门发展的要求综述

第三部分　　本年度管理方针、目标、管理计划和举措

一、管理和支持服务方针

二、主要管理和支持服务目标

1. 财务目标

2. 内部管理目标

3. 客户目标

4. 学习成长目标

5. 主要管理服务支持目标选择和目标确定的依据和过程说明

三、管理计划及主要举措

1.

2.

……

第四部分　　工作计划与主要举措

一、部门主要工作计划安排

1.

2.

……

二、部门制度完善计划安排

1.

2.

……

三、部门重要工作事项执行计划安排

1.

2.

……

四、集团公司所要求的计划安排事项 1. 2. ……
第五部分　费用预算
一、部门年度管理费用预算——年度部门管理费用预算表（针对所有部门）
二、年度财务费用计划和预算（针对资产管理部）
三、年度平均现金存量预算（针对资产管理部）
四、年度薪酬福利计划和预算（针对人力资源部）
五、年度投融资计划预算及说明（针对资产管理部）
第六部分　其他说明
一、需要其他部门提供的支持和帮助 1. 2. …… 二、其他内容 1. 2. ……

第16章　全面预算管理表格

16.1　长期投资和短期投资预算表

长期投资和短期投资预算表

预算年度：_____年

预算编制单位：　　　　　　　　　　　　　　　　　　　　　　　　单位：元

预算投资项目	出资方式及投资时间	出资金额	资金来源	备注
合计				

制表：　　　　　　　　　　　　　　　　　　复核：

注：该表的数据将会影响现金流量。

16.2　固定资产购置预算表

固定资产购置预算表

预算期间：_____年

预算编制单位：　　　　　　　　　　　　　　　　　　　　　　　　单位：元

拟购置资产名称	规格型号	数量	预计金额	购买方式	预计投入使用时间

制表：　　　　　　　　　　　　　　　　　　复核：

注：该表中的数据将会影响现金流量和折旧费。

16.3　销售收入预算总表

销售收入预算总表

预算期间：_____年

预算编制单位：　　　　　　　　　　　　　　　　　　　　　　单位：元

月份	期初应收款	当月销售总额	当月回款	转入下月应收款	备注
1 月					
2 月					
3 月					
4 月					
5 月					
6 月					
7 月					
……					
12 月					
合计					

制表：　　　　　　　　　　　　　　　　　　复核：

注：该表中的销售总额由后续的产品销售预测以及服务收入预测汇总得出。

16.4　销售成本预算总表

销售成本预算总表

预算期间：_____年

预算编制单位：　　　　　　　　　　　　　　　　　　　　　　单位：元

月份	金额	备注
1 月		
2 月		
3 月		
4 月		
5 月		
6 月		
7 月		
……		
12 月		
合计		

制表：　　　　　　　　　　　　　　　　　　复核：

16.5 利润预算表

利润预算表

预算期间：_____ 年

预算编制单位： 单位：元

项目	1 月	2 月	3 月	4 月	5 月	6 月	7 月	8 月	9 月	10 月	11 月	12 月
一、销售收入												
减：销售折扣												
主营业务成本												
营业税金及附加												
二、主营业务利润												
减：管理费用												
营业费用												
财务费用												
三、营业利润												
加：其他业务利润												
投资收益												
营业外收支净额												
减：所得税												
四：净利润												

制表： 复核：

16.6 预计损益表

预计损益表

项目	一季度	二季度	三季度	四季度	全年
销售收入					
减：变动生产成本 变动生产成本 销售及管理费用					
变动成本小计					
贡献毛益					
减：期间费用 销售费用 管理费用 财务费用					

续表

项目	一季度	二季度	三季度	四季度	全年
期间费用小计					
减：销售税金					
税前利润 减：所得税					
税后净利					

16.7 预计资产负债表

预计资产负债表

预算期间：_____年

预算编制单位：_____ 单位：元

项目	1月	2月	3月	4月	5月	6月	7月	8月	9月	10月	11月	12月
流动资产												
货币资金												
短期投资												
应收票据												
应收账款												
预付账款												
其他应收款												
待摊费用												
其他流动资产												
流动资产合计												
长期投资												
固定资产原值												
累计折旧												
固定资产净值												
长期待摊费用												
其他长期资产												
资产总额												
流动负债												
短期借款												
应付票据												

续表

项目	1月	2月	3月	4月	5月	6月	7月	8月	9月	10月	11月	12月
预收账款												
应付账款												
应付工资												
其他应付款												
应交税费												
其他应交款												
预提费用												
其他流动负债												
流动负债合计												
长期借款												
其他长期负债												
负债合计												
实收资本												
资本公积												
公积金												
未分配利润												
所有者权益合计												
负债和所有者权益合计												

16.8　资本性支出预算表

资本性支出预算表——设备及其他

编制时间：

预算期间：　　　　　　　　　　　　　　　　　　　　　　　　　　　　单位：元

设备名称及规格	合同编号	合同总金额	累计已付款	本期预计购置量				预计本期支付金额							项目编号及名称	备注
				单位	单价	数量	金额	预计支付前期欠款	预计支付本期欠款	合计	上旬	中旬	下旬		

制表：　　　　　　　　　　　　　　　审核：

16.9 融资预算表

融资预算表

编制部门：

第____张，共____张

单位：元

项目	前期累计数	预计本期融资	预计本期还款	预计本期累计数
银行借款				
其中：短期借款				
长期借款				
应付票据				
其中：银行承兑汇票				
商业承兑汇票				
银行本票				
其他票据				
应付债券				

16.10 制造费用预算表

制造费用预算表

编制部门：　　　　　　　　　　　　　编制日期：

第____张，共____张　　　　　　　　预算期间：

单位：元

序号		费用项目	预算依据	上旬	中旬	下旬	全月合计
1		燃料及动力					
2	变动费用	劳动保护费					
3		非计件人员工资					
4		非计件人员福利费					
5		折旧费					
6		修理费					
7	固定费用	办公费					
		其中包括：电话费					
		低值易耗品					
		邮递费					
		交际应酬费					
		文具纸张等杂费					
8		机物料消耗					

续表

序号		费用项目	预算依据	上旬	中旬	下旬	全月合计
9	固定费用	其他					
		其中包括：租赁费					
		差旅交通费					
		教育培训费					
		员工保险支出					
	制造费用合计						
减：非付现费用							
现金支出的费用							

制表：　　　　　　　　　　　　　　审核：

16.11　销售费用预算明细表

销售费用预算明细表

编制部门：　　　　　　　　　　预算期间：　　　　　　　　　　单位：元

类别	费用项目	预算依据（％）		预算金额	支付时间		
		占收入	比上期 +、-		上旬	中旬	下旬
固定费用	一、经常性项目						
	租赁费						
	广告费						
	其中：媒体广告						
	宣传物品						
	促销活动费用						
	其他广告宣传费						
	办公费						
	挂靠管理费						
	员工保险支出						
	上级分摊费用						
	其中：						
	折旧						
	递延资产摊销						
	二、非经常性项目						
	教育培训费						

续表

类别	费用项目	预算依据（%）		预算金额	支付时间		
		占收入	比上期 +、−		上旬	中旬	下旬
固定费用	行政扣罚损失						
	低值易耗品						
	小计						
变动费用	工资及福利费						
	差旅及交通费						
	电话费						
	交际应酬费						
	运输及装卸搬运费						
	小计						
税金	增值税						
	增值税附加						
	其他税金						
	小计						
	财务费用						
	销售费用合计						

制表：　　　　　　　　　　　　　　审核：

16.12　直接成本预算表

直接成本预算表

编制部门：　　　　　　　　　　　　　　编制日期：

第＿＿＿张，共＿＿＿张　　　　　　　　　预算期间：　　　　　　　　单位：元

产品名称及规格	生产数量	直接材料		直接人工		预算直接成本	
		每件定额	预算金额	每件定额	预算金额	单位成本	总成本
合计							

制表：　　　　　　　　　　　　　　审核：

16.13　管理费用预算表

管理费用预算表

编制时间：　　　　　　　　预算期间：　　　　　　　　　　单位：元

费用项目	预算依据	上旬	中旬	下旬	全月合计
1. 工资及福利支出					
2. 办公用品费					
3. 邮递费					
4. 电话费					
5. 低值易耗品					
6. 差旅交通费					
7. 公司车辆费用					
8. 租赁费					
9. 交际应酬费					
10. 教育培训费					
11. 员工保险支出					
12. 水电费					
13. 财务费用					
14. 装卸搬运费					
15. 修理费					
16. 劳动保护费					
17. 机物料消耗					
18. 其他管理费用					
19. 固定资产折旧					
管理费用合计					
本期付现费用					

制表：　　　　　　　　　　　审核：

16.14 产品成本预算表

产品成本预算表

编制部门：　　　　　　　　　　　　　　　　　　　　　　　　单位：元

产品名称及规格	生产数量	直接材料		直接人工		制造费用			预算制造成本	
		每件定额	预算金额	每件定额	预算金额	分配比例	单位成本	总成本	单位成本	总成本
合计										

制表：　　　　　　　　　　　　　　　　审核：

16.15 成本预算执行反馈月（季、年）报

成本预算执行反馈月（季、年）报

部门：　　　　　　　　　　　　____年____月____日　　　　　　　　单位：元

项目		本期预算	本期发生额	预算差异	本季累计额	本年累计额
可控成本						
变动成本	直接材料					
	直接人工					
	变动制造费用					
	其他制造费用					
固定成本	固定制造费用					
	其他固定成本					
不可控成本						
成本合计						

16.16　费用预算执行反馈月（季、年）报

费用预算执行反馈月（季、年）报

部门：　　　　　　　　　　　　　___年__月__日　　　　　　　　　　单位：元

费用项目	本期预算	本期实际	差异额	预算完成率	备注
工资					
福利费					
办公费					
水电费					
差旅费					
业务招待费					
修理费					
……					
合　计					

16.17　利润预算执行反馈月（季、年）报

利润预算执行反馈月（季、年）报

编报部门：_____　　　　　　　___年___月___日　　　　　　　　单位：元

项目	本期预算	本期实际	差异额	预算完成率	备注
销售净额					
变动成本：					
变动生产成本					
变动销售费用					
变动成本合计					
贡献毛益					
固定成本：					
酌量性固定成本					
约束性固定成本					
固定成本合计					
营业利润					
资产平均占用额					
资产周转率					
销售利润率					
投资报酬率					

16.18 预算反馈报告频率表

预算反馈报告频率表

项　目	日报	周报	月报	季报	年报
销量及销售收入		√	√	√	√
产量及生产成本		√	√	√	√
采购量及采购成本		√	√	√	√
成本预算执行月报			√	√	√
费用预算执行月报			√	√	√
成本预算执行季报			√	√	√
费用预算执行季报			√	√	√
经营活动现金流量	√	√	√	√	√
利润表			√	√	√
现金流量表			√	√	√

第17章 投资筹资管理表格

17.1 资本成本分析表

资本成本分析表

项目	年	年	年	差量
权益筹资				
负债筹资				
筹资总额				
息税前利润				
减：利息				
税前利润				
减：所得税				
税后利润				
减：应提特种基金				
提取盈余公积				
本年可分配利润				
本年股本利润率				
本年负债筹资成本率				

17.2 筹资需求分析表

筹资需求分析表

时间：＿＿＿年＿月＿日

项目	上年期末实际（元）	占销售额的比例	本年计划（元）
资产			
流动资产			
长期资产			
资产合计			
负债和所有者权益			
短期借款			
应付票据			

项目	上年期末实际（元）	占销售额的比例	本年计划（元）
预提费用			
长期负债			
负债合计			
实收资本			
资本公积			
留存收益			
股东权益			
融资需求			
总　　计			

17.3　融资风险变动分析表

融资风险变动分析表

项目	年				年				差异（比重）	
	年初数	期末数	平均数	比重	年初数	期末数	平均数	比重	比重差	幅度
流动负债										
长期负债										
负债合计										
所有者权益										
筹资总额										

注：表中平均数还可以采用按月、按季平均的方式计算以便更精确。

17.4　企业融资成本分析表

企业融资成本分析表

单位：元

对比分析期项目	年	年	差值
主权融资（所有者权益） 负债融资 融资总额 息税前利润 减：利息等负债融资成本 税前利润			

续表

对比分析期项目	年	年	差值
减：所得税税后利润 减：应交特种基金 　　提取盈余公积金 本年实际可分配利润			
本年资本（股本）利润率			
本年负债融资成本率			

17.5　实收资本（股本）明细表

实收资本（股本）明细表

股东名称	期初余额		本期增加		本期减少		期末余额	
	外币	人民币	外币	人民币	外币	人民币	外币	人民币
合计								

17.6　发行股票申请表

发行股票申请表

时间：____年__月__日　　　　　　　　　　单位：

企业名称	（盖章）		负责人姓名	
地址			电话	
企业性质		员工人数	银行账号	
工商登记证字号			批准日期	
企业注册资金额			自有资金总额	
上级主管部门				
申请发行额			每股面额	

续表

股票	分配办法	每股（元）		若经营失利，投资者共负有限经济责任，但以投资额为限
股票	分配办法	甲种：只计红利，不计股息		若经营失利，投资者共负有限经济责任，但以投资额为限
股票	分配办法	乙种：股息年利率 ×%，股息有红利		若经营失利，投资者共负有限经济责任，但以投资额为限
股票	分配办法	合计不超过投资额 15%		若经营失利，投资者共负有限经济责任，但以投资额为限
个人收入股息、红利按规定由企业代扣代缴个人所得税调节税 20%				
申请理由				
上级主管部门意见	（盖章）		初审银行意见	（盖章）
分行复审意见	（盖章）		银行主管处审批	银（　　）第号 批准日期：　　年　月　日

17.7　企业借款申请书

企业借款申请书

日期：＿＿＿年＿月＿日

企业名称		开户银行和账号	
年、季度借款计划		已借金额	
申请借款金额		借款用途	
借款种类		借款期限	
借款原因			
还款计划			
主管部门意见	（盖章）		借款单位公司章 法人代表章
银行审查意见	批准金额（大写）　　　　　批准期限		
银行审查意见	法人代表章　　　　　经办人章 日期：　　年　月　日		

17.8　长期借款明细表

长期借款明细表

___年__月__日　　　　　　　　　　　　　　　单位：万元

借款单位	金额				利率（%）	借入时间	期限	还本付息方式	下年需还
	年初数		年末数						
	本金	利息	本金	利息					
合计									

17.9　短期借款明细表

短期借款明细表

___年__月__日　　　　　　　　　　　　　　　单位：万元

贷款银行	贷款种类	借入时间	金额				利率（%）	已用额度	可用额度	期限	还款方式	备注
			年初数		年末数							
			本金	利息	本金	利息						

17.10　借款明细分类表

借款明细分类表

银行名称：　　　　　　　　　　　　　　　　　单位：万元

日期			凭证号码	摘要	借款种类	抵押品内容	约定偿还日期	记号		利率（%）	借款金额	偿还金额	结余金额	备注
年	月	日						借	贷					

17.11　银行短期借款明细表

银行短期借款明细表

截止时间：　　　　　　　　　　　　　　　　　　　　　　　　单位：元

序号	贷款银行	贷款种类	贷款额度	利率	期限	已动用额度	尚可动用额度	备注

17.12　借款余额月报表

借款余额月报表

时间：＿＿＿年＿月＿日　　　　　　　　　　　　　　　　　　单位：元

借款数	长期借款	短　期　借　款				贴现票据	合计
		短期借款	营业额抵押借款	存款抵押	合计		

17.13　企业年度投资计划表

企业年度投资计划表

编号：　　　　　　　　　　　　　　　　　　日期：＿＿＿年＿月＿日

投资项目名称	投资原因	投资金额	预计收益	备　注
项目一				
项目二				
项目三				
项目四				
项目五				
……				
合计				
填表人		审核人		审核日期	

17.14　投资绩效预测表

投资绩效预测表

投资项目名称	投资种类				预计投资金额	已支付金额	估计收益情况			
	产品	产量	财务	其他			金额	收益期间	回收期	收益率（％）

17.15　长期股权投资明细表

长期股权投资明细表

被投资单位名称	持股比例	投资时间	投资方式	初始投资成本	期初余额	本期增加	本期减少	期末余额	核算方法	投资文件索引号	备注
合计											

编制说明：

（1）投资方式指现金出资、发行权益性证券、投资者投入、非货币性资产交换、债务重组、企业合并等。

（2）投资文件指产权登记表、投资协议、出资证明、验资报告等。

（3）备注栏可填写本年新增加、处置投资是否有授权批准或其他说明事项。

17.16　持有至到期投资测算表

持有至到期投资测算表

项目名称	面值①	到期日	票面利率②	实际利率③	年初摊余成本④	测算数			账面数		差异		差异原因
						投资收益⑤=④×③	应收（计）利息⑥=①×②	年末摊余成本⑦=④+⑤-⑥	应收（计）利息⑧	投资收益⑨	应收（计）利息⑩=⑧-⑥	投资收益11=⑨-⑤	

17.17　交易性金融资产监盘表

交易性金融资产监盘表

盘点日实存交易性金融资产						资产负债日至盘点日增加（减少）		资产负债日实存交易性金融资产					账面结存交易性金融资产			差异	备注
项目名称	数量	面值	总计	票面利率	到期日	数量	面值	数量	面值	总计	票面利率	到期日	数量	面值	总计		

出纳人员：　　　会计主管：　　　监盘地点：　　　监盘时间：　　　监盘人员：

17.18　投资收益分析表

投资收益分析表

编号：　　　　　　　　　　　　　　　　　　　　　　日期：＿＿年＿月＿日

投资编号	投资名称	回收期间	投资金额		收回金额		回收率		收益率		备注
			计划	实际	预计	实际	预计	实际	预计	实际	

17.19　长期投资月报表

长期投资月报表

编号：　　　　　　　　　　　　　　　　　　　　　　　日期：＿＿＿年＿月＿日

项目		期初余额	本期增加	本期减少	期末余额	备注
长期股权投资						
	小计					
长期债券投资						
	小计					
其他投资						
	小计					
合计						

17.20　短期投资月报表

短期投资月报表

编号：　　　　　　　　　　　　　　　　　　　　　　　日期：＿＿＿年＿月＿日

项目		期初余额	本期增加	本期减少	期末余额	备注
股权投资						
	小计					
债券投资						
	小计					
其他投资						
	小计					
合计						

第18章　财务管理表格

18.1　银行存款／现金收支日报表

银行存款/现金收支日报表

日期：＿＿＿年＿月＿日

收入					支出					
传票号码	摘要	行号	银行存款	现金	传票号码	摘要	行号	支票号码	银行存款	现金
合　计					合　计					
现金／银行存款										
行库名称账号		上日结存		收入		支付		本日结存		摘要
1										
2										
……										
银行存款小计										
现　金										
合　计										

18.2　货币资金变动情况表

货币资金变动情况表

编制单位：　　　　　　　日期：＿＿＿年＿月＿日　　　　　　　单位：万元

项目	银行存款账号			现金	凭证起讫号	合计	备注
	××	××	××				
周初账面金额							
本周增加金额							
营业收入							
融资收入							
投资收回							

续表

项目	银行存款账号			现金	凭证起讫号	合计	备注
	××	××	××				
其他收入							
本周减少金额							
营业支出							
归还贷款							
投资支出							
其他支出							
本周账面余额							
未记账增加							
未记账减少							
本周账面余额							

会计主管：　　　　　　　出纳：　　　　　　　　　制表：

18.3　应收票据备查簿

应收票据备查簿

出票人	收款人	票号	金额	出票日期	到期日	出票银行	前手	后手	商票	银票	备注

18.4　固定资产台账

固定资产台账

所属部门：　　　　　　　　　　　　　　　　　　日期：___年__月__日

序号	编号	名称	规格	计量单位	数量	起用时间	使用寿命	年折旧率	原值	净值	使用部门	位置	变动情况	备注

18.5　固定资产报废申请书

固定资产报废申请书

申请部门：　　　　　　　报送日期：＿＿年＿月＿日　　　　　　　申请书编号：

资产编号		资产名称		型号规格	
制造国、厂		制造年份		投产年份	
使用部门及安装地点		分类折旧年限		已使用年限	
资产原值		已提折旧		残值	
报废原因、更新设备条件及处理意见： 　　　　部门领导：　　　　检查人：　　　　经办人：					
设备部门意见： 					
主管领导批示：			财务部门： ＿＿年＿月＿日		

注：使用部门、设备部门、财务部门各一份。

18.6　固定资产增减表

固定资产增减表

会计科目	财产编号	资产名称	规格	增减原因	单位	本月增加				本月减少					备注
						数量	金额	使用寿命	月折旧额	数量	金额	使用寿命	已提折旧	月折旧额	

18.7　闲置固定资产明细表

闲置固定资产明细表

管理部门：　　　　　　　　　　　　　　　　　　　　制表日期：＿＿＿年＿月＿日

资产编号	资产名称	数量	单位	账面价值			使用情况（年限）			闲置原因	拟处理意见
				总价	已提折旧	净值	取得时间	使用年限	已用时间		

管理部门经理：　　　　　　　　　　　　　　　　财务部经理：

18.8　无形资产及其他资产登记表

无形资产及其他资产登记表

＿＿＿＿年度　　　　　　　　　　　　　　　　　　　　　单位：元

项目	年初余额	本年增加	本年摊销	本年减少	年末余额	备注
1. 无形资产						
（1）专利权						
（2）						
（3）						
小计						
2. 其他资产						
（1）						
（2）						
（3）						
（4）						
小计						
合计						

18.9　存货核算明细表

存货核算明细表

货号：　　　　　　　单位：　　　　　　　存放地点：

年		单号	摘要	单价	进货		出货		结存	
月	日				数量	金额	数量	金额	数量	金额

18.10　应收账款日报表

应收账款日报表

日期：＿＿＿年＿月＿日

应收账款				应收票据			
销货日期	客户	订单号	金额	收单日期	客户名称	银行名称	金额
合 计				合 计			

18.11　应收账款分析表

应收账款分析表

日期：＿＿＿年＿月＿日　　　　　　　　　　　　　　　　　　　　　　单位：元

月份	销售额	累计销售额	未收账款	应收票据	累计票据	未贴现金额	兑现金额	累计金额	退票金额	坏账金额
分析										
对策										

18.12　应收账款变动表

应收账款变动表

日期：＿＿年＿月＿日

| 客户名称 | 上期余额（A） | 本期增加 | | | 本期减少 | | | | 本期余额（A+B−C） | 备注 |
		销货额	销货税额	合计（B）	收款	折让	退货	合计（C）		

核准：　　　　　　　　主管：　　　　　　　　制表：

18.13　问题账款报告书

问题账款报告书

基本资料栏	客户名称			
	公司地址		电话	
	工厂地址		电话	
	负责人		联系人	
	开始往来时间		交易项目	
	平均每月交易额		授信额度	
	问题账金额			
问题账形成原因				
处理意见				
附件明细				

核准：　　　　　　　　复核：　　　　　　　　制表：

18.14　应收账款账龄分析表

应收账款账龄分析表

日期：＿＿年＿月＿日　　　　　　　　　　　　　　　　　　　　单位：元

账　龄	A公司		B公司		C公司		合　计	
折扣期内	金额	比重（％）	金额	比重（％）	金额	比重（％）	金额	比重（％）
过折扣期但未到期								
过期 1 ～ 30 天								
过期 31 ～ 60 天								
过期 61 ～ 90 天								
过期 91 ～ 180 天								
过期 181 天以上								
合　计								

18.15　劳务（　）月分包付款计划

劳务（　）月分包付款计划

编制部门：　　　　　　　　　　　　　　　　　　填报日期：＿＿年＿月＿日

序号	分包单位名称	分包项目名称	合同编号	合同价款	人工费	机械费	材料费	扣保修金	实际结算额	已付金额	未付金额	本月拟付金额	付款日期	备注
	合计													

工程技术部：　　　　　　　　　物资部：　　　　　　　　　总经济师：

商务合约部：　　　　　　　　　财务部：　　　　　　　　　副总经理：

18.16　分包商付款审批表

分包商付款审批表

项目名称：　　　　　　　　　　　　　　　　　　申请日期：＿＿年＿月＿日

一、付款基本情况			
分包商名称：		本单编号：	
合同名称：		合同编号：	
合同总额：		本期付款为该合同下第　　次付款	
合同形式 □固定价　□固定单价　□其他		付款方式：□支票　□电汇　□其他	
付款形式 □一次性付款　□多次付款　□其他		收款人开户银行：	
付款性质 □预付款　□进度款　□尾款　□保修款		收款人开户行账号：	

二、付款统计情况				
数据类别	序号	数据内容	金额	备注
本期应付款	1	本期完成合同内付款		
	2	本期完成合同外付款		
累计应付款	3	至本期止累计应付款（附表 1、2）		
本期扣款	4			
	5			
累计扣款	6	至本期止累计扣款合计（附表 3）		
累计已付款	7			
累计未付款	8			
本次计划付款金额	大写：			

三、付款审批			
审批人员	签名	签字日期	审批意见
商务经理			
项目经理			
商务合约部			
工程技术部			
财务部			
总经理			

四、实际付款记录			
财务负责人			
本次实际付款金额	大写：	支票号	

18.17 坏账损失申请书

坏账损失申请书

客户的名称		负责人姓名	
营业地址		电话号码	
申请理由			
不能收回的原因			
业务部意见			
财务部意见			
总经理意见			

18.18 客户信用限度核定表

客户信用限度核定表

客户编号						客户名称	
地址						负责人	
部门别	以往交易已兑现额	最近半年平均交易额	平均票期	收款及票据金额		原信用限度	新申请信用限度

主办信用综合分析研判（包括申请表的复查、品德、风评、经营盈亏分析、偿债能力、核定限度的附带应注意事项等）	信限的核定或审查意见	签章及日期
	主办信用	
	业务主管	
	财务部经理	
	总经理	
	生效日期	

填报人（签名）：　　　　部门负责人（签名）：　　　　填报时间：

18.19　应付票据明细表

应付票据明细表

票据类别	票据关系人			合同号	出票日期	票面金额	已计利息	到期日期	利息率	到期应计利息	付息条件	备注
	出票人	承兑人	收款人									
						−	−			−		

编制说明：

1. 票据类别应按商业承兑汇票、银行承兑汇票分别列示。
2. 与收款人是否存在关联关系，在"备注"栏中说明。
3. 如果涉及非记账本位币的应付票据，应注明外币金额和折算汇率。

18.20　银行存款清查明细表

银行存款清查明细表

部门名称：　　　　　　　　　　清查基准日：＿＿年＿月＿日　　　　　　　　　单位：元

账户名称	开户银行	账号	基准日账面金额 1	基准日银行函证余额 2	清查变动数		清查数 5=1+3−4	损益原因 6	备注 7
					盘盈 3	盘亏 4			
合计									

经办人：　　　　　　　　　　　　　　　清查日期：

18.21　有价证券盘点报告表

有价证券盘点报告表

经管部门：

名　称	发行年度期别	到期日	每张面值	账面张数	盘点张数	盘点金额	备注
公司负责人	部门负责人		保管人		盘点人		

盘点日期：

18.22 无形资产清查明细表

无形资产清查明细表

部门名称：　　　　　　　　清查基准日：＿＿＿年＿月＿日　　　　　　　　单位：元

类别/项目	初始金额 1	已摊销金额 2	基准日账面金额 3=1-2	核对（盘点）金额 4	清查变动数		清查数 7=3+5-6	损益原因 8	备注 9
					盘盈 5	盘亏 6			

财务负责人：　　　　　　　　经办人：　　　　　　　　清查日期：

18.23 债权债务清查报告表

债权债务清查报告表

日期：＿＿＿年＿月＿日

总分类账户		明细分类账户		清查结果		核对不符单位及原因					近日到期票据	
名称	金额	名称	金额	核对相符金额	核对不符金额	核对不符单位	未达账项金额	争执款项金额	无法收回	无法支付	应收票据	应付票据

清查人员签章：　　　　　　　　记账员签章：

18.24 固定资产盘盈盘亏报告单

固定资产盘盈盘亏报告单

部门名称：　　　　　　　　日期：＿＿＿年＿月＿日

编号	名称	计量单位	盘盈			盘亏			备注
			数量	重置价值	估计折旧	数量	原价	已提折旧	

续表

盘盈盘亏原因	
审批意见	

部门负责人：　　　　　　仓管员：　　　　　　清点人：

18.25　流动资产盘盈盘亏报告单

流动资产盘盈盘亏报告单

名称：　　　　　　　　　　　　　　　　　日期：___年__月__日

编号	类别及名称	计量单位	单价	实存		账存		对比结果				备注
				数量	金额	数量	金额	盘盈		盘亏		
								数量	金额	数量	金额	

盘盈盘亏原因	
审批意见	

部门负责人：　　　　　　仓管员：　　　　　　清点员：

18.26　资产清查中盘盈资产明细表

资产清查中盘盈资产明细表

序号	资产名称	规格型号	计量单位	取得日期	取得方式	存放地点	使用部门	使用人	累计使用年限	资产原值	资产净值	申请入账金额	备注

18.27 会计档案保管清册

会计档案销毁清册

部门名称：

序号	类 别	题名	起 止 年 月 日	目录号	案卷号	原期限	已保管 期限	页数	备注

财务负责人签字：　　　　　　　档案负责人签字：　　　　　　　____年__月__日

18.28 会计档案销毁清册审批表

会计档案销毁清册审批表

销毁部门盖章：　　　　　　　日期：____年__月__日

销毁会计 档案总计 （卷）	会计凭证 （卷）	起止 年度	会计账簿 （卷）	起止 年度	财务 报告 （卷）	起止 年度	其他核算 材料 （卷）	起止 年度	备注
销毁 原因									

主管领导意见： 签字： 　　　____年__月__日	档案部门意见： 签字： 　　　____年__月__日	财务部门意见： 签字： 　　　____年__月__日	监销人： 签字： 　　　____年__月__日

财政部门意见		
审核人意见： 签字： 　　　____年__月__日	科长意见： 签字： 　　　____年__月__日	主管局长意见： 签字： 　　　____年__月__日

备注：本表一式两份，一份销毁部门档案室保存，另一份财政局留存。

第19章　人力资源管理表格

19.1　人力资源需求申请表

人力资源需求申请表

<table>
<tr><td rowspan="3">申请
职位</td><td>职位名称</td><td></td><td>需求人数</td><td></td><td>申请日期</td><td></td></tr>
<tr><td>所属部门</td><td></td><td>现有人数</td><td></td><td>期望到职日期</td><td></td></tr>
<tr><td>联系电话</td><td></td><td>工作地点</td><td></td><td>可相互转换的职位</td><td></td></tr>
<tr><td>申请
理由</td><td colspan="6">A. 增设职位：
B. 原职位增加人力：
C. 储备人力：</td></tr>
<tr><td>职位
信息</td><td colspan="6">工作内容及职责：</td></tr>
<tr><td rowspan="6">任职
要求</td><td>性别</td><td></td><td>年龄</td><td>专业</td><td>户籍</td><td></td></tr>
<tr><td colspan="6">1. 经验：
A. 中专学历，_____年工作经验；
B. 大专学历，_____年工作经验；
C. 本科学历，_____年工作经验；
D. 行业背景</td></tr>
<tr><td colspan="6">2. 培训经历：</td></tr>
<tr><td colspan="6">3 专业知识及技能：</td></tr>
<tr><td colspan="6">4. 性格特征：</td></tr>
<tr><td colspan="3">部门负责人：

　　　签字：
　　　　　___年_月_日</td><td colspan="2">人力资源部经理：

　　签字：
　　　　___年_月_日</td><td>总经理办公室：

　　签字：
　　　　___年_月_日</td></tr>
<tr><td colspan="7">实际录用和到位情况（由招聘专员填写）

　　　　　　　　　　　　　　签名：　　　___年_月_日</td></tr>
<tr><td colspan="7">备注：
1. 请提供部门组织结构图、人员分工。
2. 本表由总经办签字生效。</td></tr>
</table>

19.2　招聘计划表

招聘计划表

招聘目标			
职位名称	数量	任职资格	
招聘小组成员			
组长		职责	
组员		职责	
招聘方案及时间安排			
招聘职位	招聘步骤	负责人	截止时间
费用预算			
项目		金额（元）	
招聘工作时间表			
时间安排	工作内容		
总经理办公室意见：			
签字：　　　　　　　年　月　日			

19.3　录用决定审批表

录用决定审批表

应聘人姓名	
拟聘部门	
拟聘级别	
拟聘职位	
面试负责人	

薪资＼福利情况 （人力资源部填）	
正式入职日期	
综合评估 （面试负责人填写）	签字：　　　　　　　　年　月　日
人力资源部经理意见	签字：　　　　　　　　年　月　日
总经理意见	签字：　　　　　　　　年　月　日

19.4　背景调查电话交流记录表

背景调查电话交流记录表

_____已向我公司提交求职申请书，我代表本公司人力资源部想向您了解以下情况：

序号	交流事项	交流记录
1	请您确认（应聘者）在贵公司的工作时间	从____年__月__日 至____年__月__日
2	请问贵公司的规模／网址	
3	（应聘者）在贵公司任职期间的职位	
4	（应聘者）工作职责的简单描述	
5	（应聘者）的最终薪金水平	_____元／月 _____元／年
6	（应聘者）的品行	
7	（应聘者）的工作表现是否令人满意	
8	（应聘者）与同事、上司的关系	
9	（应聘者）离职原因：	
10	非常感谢您与我交流。您是否还有其他情况要补充的？	
记录人		日期	

19.5 新员工报到手续表

新员工报到手续表

事宜		执行人		日期	
____年__月__日到办公室报到，试用期至____年__月__日					
以下工作由办公室负责					
□交验毕业证书、学位证书、身份证、照片并存档					
□交验其他证书及在简历中提到的证明材料					
1. 2. 3.					
□交验"与原单位解除劳动关系证明"					
□填"员工登记表"，签署劳动合同，保密协议					
□通知办公室办理工作卡等事宜					
□报到日培训					
□新员工入公司介绍					
以下工作由部门与新员工共同完成					
□安排办公位置		新员工		责任人	
□交付必要的办公用品		新员工		责任人	
□如需要，申请电子信箱		新员工		责任人	
□如需要，填写名片印制申请表		新员工		责任人	
□直接主管介绍本部门和相关部门的同事		新员工		责任人	
□直接主管讲解新员工的工作内容和职责		新员工		责任人	
□直接主管选定指导顾问		新员工		指导顾问	
□入职一周内由主管和新员工共同设定试用期培训考核目标		新员工		上级主管	
□阶段性评估					
第一次：结果		新员工		评估人：	
第二次：结果		新员工		评估人：	
新员工集训					
□时间		新员工		办公室	
办公室平时访问（电话或其他方式，包括正式及非正式场合）： □有 □没有					
转正前确认					
体检结果是否可以转正 □可以 □不可以： 负责办理人：					

备注：本表于报到当日交给员工，在转正时附评估表一起存档。

19.6　试用期第＿＿＿月份综合评估表

试用期第＿＿＿月份综合评估表

姓名		职位	
部门		试用期限	
员工自评			
直接领导评语	直接领导签字：		年　月　日
部门经理评语	部门经理签字：		年　月　日
人力资源部评语	部门盖章：		年　月　日
分管领导审核	分管领导签字：		年　月　日

19.7　试用员工考核表

试用员工考核表

姓名		岗位名称	
部门		直属上级	
员工自评（来公司后在遵章守纪、岗位适应程度、工作态度等方面的表现，今后的打算）	签字：		年　月　日
部门领导评语（根据考核结果综合评价）	签字：		年　月　日
试用期得分			

行为（30分）		能力（40分）		业绩（30分）		总分
遵章守纪（10分）		基础知识（15分）		完成数量（15分）		
责任心（10分）		专业技能（15分）		完成质量（10分）		
协作精神（10分）		经验（10分）		改进度（5分）		

续表

人力资源部意见		签字：	年　月　日
主管副总经理 意见		签字：	年　月　日

19.8　新员工试用结果通知单

新员工试用结果通知单

姓名		性别		年龄		籍贯		学历		职称	
职别						薪酬		_____等级 _____元			
试用期											
试用 结果	考核意见	□试用满意请照原工资办理任用手续(__月__日起） □试用成绩优良请以____等____级_____元工资□ 办理手续（__月__日起） □需再试用 □试用不合适另行安排 □附呈心得报告一份				试用 考核 人签 章					
	主管意见	□同意考核人意见 □拟不予任用 □延长试用__日再另行签核				试用 单位 主管 签章					
总经 理批 示		人力资源 部意见	1. 拟照试用单位意见自____年__月__日起以____等级工资____ 元正式任用 2. 试用不合格除发给试用期间的工资外拟自____年__月__日起 辞退 3. 其他：								

19.9　试用期员工转正面谈表

试用期员工转正面谈表

员工姓名			部门及岗位	
沟通时间			沟通地点	
沟通内容	公司文化认知度			
	团队氛围			
	对公司的意见和建议			
员工签字			面谈人签字	
日期			日期	

19.10　年度培训计划表

年度培训计划表

日期：＿＿＿年＿月＿日

序号	培训内容	培训对象	培训人数	培训方式	预定时间	培训费用（元）

19.11　月度培训计划表

月度培训计划表

日期：＿＿＿年＿月＿日

序号	申请部门	培训内容	培训师	培训类别	培训方式	培训人数	课时安排	培训教材	培训时间	培训地点

备注：
培训类别为：□理论　　□操作；培训方式为：□脱产　　□不脱产。

19.12　单次培训项目费用预算表

单次培训项目费用预算表

培训项目名称：

序号	费用科目	必要性说明	支付对象	费用预算	实际开支	差异	核算人

19.13　培训效果评估表

培训效果评估表

课程名称		任课讲师	
受训人员姓名		部门	
受训人员职务		联系方式	
课程满意度调查	请用√标出你对每个项目的评价				

		非常满意	满意	一般	较差
关于课程	课程目标的明确性				
	内容编排的合理性				
	理论知识的系统性				
	课程的趣味性				
	课程的互动性				
	内容编排的合理性				
关于讲师	理解课程内容				
	把握课程进度				
	语言表达能力				
	关注学员反应				
	鼓励学员参与				
	激发学员兴趣				
	回答学员提问				
关于培训安排	时间安排的合理性				
	现场服务的及时性				
	辅助工具的有效性				
本次培训中对自己帮助最大的内容					
课程或讲师应当改进之处					
其他建议					

19.14　员工季度工作业绩评估表

员工季度工作业绩评估表

部门：　　　　　　　　　　　　　　项目组：
被评估人及职位：　　　　　　　　　主评人及职位：

本季度工作目标／工作内容及评估标准（含季度初沟通和工作期间中增加的内容）		员工对本季度的工作进行总结	协作方评价意见	直接主管评估		
工作目标／工作内容	评估标准／工作要求			权重	分数	对员工下一阶段工作改善的指导意见或下一阶段的工作目标安排
本季度工作业绩总得分：						
主评人意见		被评估人意见		部门经理审核意见		

备注：

　　A 类：完全超过职位要求（X ＝ 100 分）。工作业绩在部门内有目共睹，是团队工作中的"领头羊"和"领跑者"，积极努力，工作表现持续超过了职位要求和经理的期望，对团队阶段性目标的实现起着举足轻重的作用。

　　B 类：部分超过职位要求（85 ≤ X<100 分）。业绩表现突出，工作的完成情况令人满意，有许多方面能够成为他人学习的榜样，工作积极，没有工作失误的现象发生，工作表现部分超出了经理的期望。

　　C 类：符合职位要求（75 ≤ X<85 分）。是一种可胜任的、称职的工作表现，工作完成情况符合职位要求和主管期望，工作积极，基本上没有发生工作失误现象。

　　D 类：部分符合职位要求（60 ≤ X<75 分）。工作表现基本称职，有部分工作的完成情况不令人满意，需要一定的培训和指导，工作不太积极，有时需要督促或提醒。

　　E 类：达不到职位要求（60 分以下）。工作业绩令人无法接受，经培训和指导后仍不能胜任职位要求，无法再交付工作，处于这一水平的员工建议调岗或解聘。

19.15　员工行为评估表（季度评估用表）

员工行为评估表（季度评估用表）

各要素及总分		评估等级（请依据行为评估标准）	主管意见和期望
团队合作（10分）	合作精神（5分）	5（　）4（　）3（　）2（　）1（　）	
	关心他人（3分）	5（　）4（　）3（　）2（　）1（　）	
	激励他人（2分）	5（　）4（　）3（　）2（　）1（　）	

各要素及总分		评估等级 （请依据行为评估标准）	主管意见和期望
协作、沟通 （10分）	沟通态度（5分）	5（　）4（　）3（　）2（　）1（　）	
	沟通效果（3分）	5（　）4（　）3（　）2（　）1（　）	
	联系方便（2分）	5（　）4（　）3（　）2（　）1（　）	
系统思考（10分）		5（　）4（　）3（　）2（　）1（　）	
分析、回顾与总结（10分）		5（　）4（　）3（　）2（　）1（　）	
学习与创新（10分）		5（　）4（　）3（　）2（　）1（　）	
工作态度 （20分）	积极性（6分）	5（　）4（　）3（　）2（　）1（　）	
	责任心（10分）	5（　）4（　）3（　）2（　）1（　）	
	纪律性（4分）	5（　）4（　）3（　）2（　）1（　）	
客户服务导向 （20分）	服务态度（10分）	5（　）4（　）3（　）2（　）1（　）	
	客户信息管理 （10分）	5（　）4（　）3（　）2（　）1（　）	
质量保证 （10分）	文档（5分）	5（　）4（　）3（　）2（　）1（　）	
	流程遵守（5分）	5（　）4（　）3（　）2（　）1（　）	
行为评估总得分			
1.本季度绩效评估总得分及总体评价：			
2.为提高绩效，该员工应加强以下的学习或注意以下几方面不足（若填写空间不够，可另附件）：			
评估人（我同意）：　　　　　　　　　　　　　被评估人（我同意）：			
备注：评估要素及分值各部门可根据部门实际要求进行调整，报人力资源部备案。			

19.16　员工工作能力评估表

员工工作能力评估表

姓名		职位	
单位名称		部门名称	
考核期			

能力考核项目	权重	考核要点	评分
知识、技能	20%	（1）基础知识和专业知识 （2）工作经验 （3）工作技能	
逻辑思维能力	20%	（1）对职位工作内容的理解 （2）对上级下达的指示的理解 （3）分析、归纳和总结能力 （4）洞察能力以及判断的失误率	
创新能力	20%	（1）管理创新 （2）技术创新 （3）合理化建议被采纳数	
人际沟通能力	20%	（1）上下级、同事之间沟通 （2）部门之间的沟通与协调	
表达能力	20%	（1）口头表达能力 （2）文字表达能力	
总得分：			
被考核者签名		直接主管签名	部门经理签名
备注： 考核结果需到人力资源部备案。			

19.17　员工工作态度评估表

员工工作态度评估表

姓名			岗位	
单位			部门	
考核期				

考核项目	权重	考核要点	评分
纪律性	25%	是否严格遵守工作纪律，很少迟到、早退、缺勤	
		对待上级、同事、外部人员是否有礼貌，注重礼仪	
		是否严格遵守工作汇报制度（口头、书面），按时完成工作报告	
团队协作	25%	工作是否充分考虑他人处境	
		是否能够主动协助上级、同事和下属的工作	
		是否努力使工作气氛活跃、协调，充满团队精神	
敬业精神	25%	工作是否热情饱满，且能经常提出合理化建议	
		对分配的任务是否讲条件、主动、积极、尽量多做工作	

续表

考核项目		考核要点	评分
敬业精神	25%	是否积极学习与业务相关的知识，不断提高业务技能	
		是否积极参加公司组织的各类培训	
		是否敢于承担责任，不推卸责任	
奉献意识	25%	为公司和组织的目标和利益不计较个人得失	
		不搞部门本位主义，坚持全局观点	
总得分			
被考核者签名		直接主管签名	部门经理签名

19.18 绩效面谈记录表

绩效面谈记录表

谈话日期：___年__月__日

员工姓名：_____ 工号：_____ 部门：_____ 职位：_____

上级姓名：_____ 职位：_____

1. 确认工作目标和任务：（讨论职位职责与工作目标完成情况及效果，目标实现与否；双方阐述部门目标与个人目标，并使两者相一致；提出工作建议和意见）

_____

2. 工作评估：（对工作进展情况与工作态度、工作方法做出评价，哪些做得好，哪些尚需改进；讨论工作现状及存在的问题）

_____

3. 改进措施：（讨论工作优缺点；在此基础上提出改进措施、解决办法与个人发展建议）

_____
_____

4. 补充：

上级签名：_____ 被考核员工签名：_____

备注：

　　1. 在进行绩效沟通时，由上级填写，注意填写内容的真实性。

　　2. 被考核员工分别在"工作绩效考核表"和"面谈记录表"上签名，签名并不代表你同意考核表上的内容，仅表示本次考核上级确曾与你讨论过。

　　3. 沟通准备与谈话内容可参考《绩效面谈指南》的相关内容。

　　4. 具体沟通内容可根据实际情况适当增删，不必完全拘泥于本表建议的内容与格式。

19.19　绩效评估沟通记录表

绩效评估沟通记录表

员工姓名		部门		职务	
沟通时间		沟通地点			

考评人与员工本人回顾考核期内工作表现：

考评综述（讨论存在的问题及其原因，总结获得成功的因素）：

考评结论：
□杰出，超过职责要求　□优秀　□良好　□尚能达到职位基本要求
□除非尽快改进，否则无法胜任

工作绩效改进计划：

员工签名：　　　　　　　　　　　　考评人签名：

19.20　员工绩效评估申诉表

员工绩效评估申诉表

姓名		所属部门		职位	
被评估日期		主评估人		上一级主管	
评估结果					
详细描述申诉理由		申述人签名：　　　　　　年　月　日			
调查事实描述		调查人签名：　　　　　　年　月　日			
主评人处理意见		主评人签名：　　　　　　年　月　日			
仲裁意见		仲裁人签名：　　　　　　年　月　日			

19.21　员工绩效改进计划表

员工绩效改进计划表

姓名			部门			职位	
序号	必须改进的方面 （以优先顺序排序）	要达到的目的	改进的方法	改进的时限	改进监督人

19.22　职务薪金调整申请表

职务薪金调整申请表

申请人			申请日期	
部门		现职务	拟调整职务	
现薪金标准				
调整原因				
生效日期				
所在部门意见	签字：　　　　　　　　　年　月　日			
主管职能部门意见	签字：　　　　　　　　　年　月　日			
人力资源部意见	签字：　　　　　　　　　年　月　日			
副总经理意见	签字：　　　　　　　　　年　月　日			
总经理意见	签字：　　　　　　　　　年　月　日			

19.23　员工婚丧喜庆补贴申请表

员工婚丧喜庆补贴申请表

部门		申请人姓名		职位		到职日期	
申请事由				申请日期			
申请金额				证明文件			
部门经理审批					签字：　　　　　　年　月　日		
人力资源部审批					签字：　　　　　　年　月　日		
财务部审批					签字：　　　　　　年　月　日		
总经理审批					签字：　　　　　　年　月　日		

19.24　员工重大伤病补助申请表

员工重大伤病补助申请表

姓名		性别		民族	
部门		编号		职位	
工号		年龄		到职日期	
申请事由：					
证明文件：					
申请金额：					
总经理		人力资源部		部门经理	
日期		日期		日期	

19.25 员工福利金申请表

员工福利金申请表

申请人姓名		岗位	
进入公司时间		进入岗位时间	
申请事项	申请金额	申请说明	
短期残障			
长期残障			
人寿保险			
死亡福利			
探亲费用			
退休费用			
员工储蓄计划费用			
员工福利总计			
用人部门意见			
人力资源部意见			
财务部意见			
申请事项			
总经理意见			

第20章　行政管理表格

20.1　机密文件保管备查簿

机密文件保管备查簿

类别：＿＿＿＿＿　　　　　　　　　　　　　　　　　　　　　　　编号：＿＿＿

| 归档日期 | 原文件编号 | 内容摘要 | 经办部门 | 档号 | 预定保存期限 | 份数 | | 注 |
						副本	影本	

20.2　文件归档登记表

文件归档登记表

文件名称			
文件编号		文件总页数	
归档编号		归档存放处	
保密等级		保管期限	
说明：			
归档时间	送交人		接收人
修改变更记录			

修改日期	更改单号	送交人	接收人	存档变更记录

20.3　用印申请单

用印申请单

单　位		申请日期	
用印类别		份　数	
文件名称及说明			
印鉴留存	核准		申请人

20.4　印章使用登记簿

印章使用登记簿

盖章时间	发起人	文件名称及发文号	印章类别	文件份数	批准人	监印人及代行人签字	备注

20.5　办公用品需求计划表

办公用品需求计划表

部门：　　　　　　　　　　　　　　　　　　　　　　　　　　　___年__月__日

消耗品类				管理用品类			
办公用品名称	规格	数量	价格	办公用品名称	规格	数量	价格
小　计					小　计		
年度总预算				上月累计			
本月金额				本月累计占总预算的比例			
申请人				部门经理			

20.6 办公用品采购申请单

办公用品采购申请单

日期：＿＿＿年＿＿月＿＿日

序号	物品名称	用途	数量	单价	金额	备注

本月合计金额		上月累计	
年度总预算		本月累计占总预算比例	
行政总监意见		总经理意见	

20.7 管理用品领用登记表

管理用品领用登记表

管理部门：办公室　　　　　　　　　　　使用部门：＿＿＿＿＿＿＿＿

名称、规格	凭证号数	原价	使用年限	领用日期	领用人	遗失或报废核准		
						时间	部门负责人核准	办公室主任批准

20.8 工作制服领用、发放记录

工作制服领用、发放记录

发放日期：＿＿＿年＿＿月＿＿日

领用人	部　门	领用人	部　门	领用人	部　门

填表人：

20.9 制服领用申请表

制服领用申请表

（本表由制服保管人留存）

申请人		所属部门	
申请原因			
	上次领用时间	金　额	
部门负责人意见		办公室行政后勤主管意见	

20.10 出差申请表

出差申请表

日期	自＿＿年＿月＿日至＿＿＿年＿月＿日		地点	
部门		申请人	职务	
出差事由				
预定工作计划				
住宿费		旅馆名	交通费	
借备用金额		其他		
备注：				

	交通方式	班次	等级		交通方式	班次	等级
去				回			
去	＿月＿日接车			回	＿月＿日接车		
	＿＿＿点＿＿＿分开				＿＿＿点＿＿＿分开		
	车名：				车名：		
	＿＿＿点＿＿＿分到				＿＿＿点＿＿＿分到		
部门经理				总经理			

20.11　会 议 通 知

会议通知

谨定于＿＿年＿月＿日＿午＿时＿分在 ＿＿＿＿＿召开＿＿＿＿会议，请准时参加。若有提案请填写后于开会前提交。

此致

召集人：

提案书	提案人
提案内容：	

20.12　会 议 议 程 表

会议议程表

会议议程		＿＿＿年＿月＿日
主持人	时间地点	
1		
2		
……		

20.13　会 议 签 到 表

会议签到表

时间	＿＿＿年＿月＿日＿午＿时＿分		主持人	
地点				
内容				
签　　名				
序号	姓名	部门	序号	姓名	部门

20.14　会议记录

会议记录

第____页　共____页

时间		地点	
会议内容	□ 经理办公会议　　　　　　□ 部门例会 □ 专项会议（会议名称：_____） □ 其他会议（会议名称：_____）		
主持人		记录人	
会议记录：			

20.15　会议登记簿

会议登记簿

会议名称	会议时间	会议地点	主持人	参与人员及人数	主要决议事项

记录人：

20.16　会议决定事项实施管理表

会议决定事项实施管理表

会议名称		会议时间		主持人	
序号	决定事项、实施目标、实施日期等			实施部门	执行负责人
各部门实施情况验证表					
序号	检查时间	验证结果		整改措施	
验证人					

20.17　合理化建议表

合理化建议表

日期：____年__月__日

部门		职务		姓名	
建议名称				编号	

1. 现状、缺点（附图）、说明：

2. 提案改善内容（具体、详细、附图）：

20.18　合理化建议评定表

合理化建议评定表

提案编号：

提案人		提案日期		评定日期	
提案名称及内容大概					
	评定标准	评审意见		最高评分	评分
评定成绩	经济效益			50%	
	提案完整性			10%	
	创造性			10%	
	应用范围			10%	
	研究观察花费时间			10%	
	改善成本			10%	
	合　计			100%	
评审者其他建议：					
奖金金额评定： ①经济效益显著者：所得经济效益 ×20% =_____ ②经济效益不明显者：评分_____奖金_____					
总经理	副总、总监	审查主任委员		审查小组	评定员

20.19　合理化建议实施命令表

合理化建议实施命令表

分配实施提案部门：	
建议号码：	
建议事由：	
注意事项	1. 依据上项建议即刻改善。 2. 填写下列之建议实施预定表后，一星期内送交建议审查委员会。
建议案实施预定表	
实施日期	1. 根据建议预定于____年__月__日实施。 2. 稍加变更拟于____年__月__日实施。
实施概要：	

20.20　车辆登记表

车辆登记表

填表日期：____年__月__日

类别	车型	车号	购置日期	购价	发动机号	使用者（部门）

填表人：

20.21　车辆登记卡

车辆登记卡

填表日期：____年__月__日

车牌号		类别	
车身号		车号	
发动机号		购入日期	
初检日期		使用人	

续表

复检记录				
保险记录	保险公司	保险证号	保险期间	保险内容
保养记录	日期	保养项目	保养厂家	金额

填表人：

20.22　车辆使用申请表

车辆使用申请表

申请人			有无随同人员		部门	
计划用车时间		__日__时至__时	部门主管签字		派车人签字	
目的地	1.		事由	1.		
	2.			2.		
	3.			3.		
以下内容在用车完毕后由驾驶人填写，交回办公室备查。						
共计行车里程		（公里）	耗油	（公升）	用车人签字	
有无违章罚款或事故			缘由			
备注						

20.23　车辆行驶记录表

车辆行驶记录表

车号：

月/日	事由	地点	时间		里程（km）表数			使用部门	核准
			起	止	起	止	合计（km）		

填表人：

20.24　燃油效率及耗油量结算表

燃油效率及耗油量结算表

车号：　　　　　司机：　　　　　　　　　　　　结算日期：＿＿＿年＿月＿日

本车耗油标准＿＿＿＿＿公里／公升	上月结存＿＿＿＿＿公升
本月行驶＿＿＿＿＿＿公里	本月领油＿＿＿＿＿公升
耗油量＿＿＿＿＿＿＿公升	本月耗油＿＿＿＿＿公升
已报油量＿＿＿＿＿＿公升	本月结存＿＿＿＿＿公升
应补油量＿＿＿＿＿＿公升	

车辆管理人员：　　　　　　　　　　　　驾驶员：

20.25　车辆状况月统计报表

车辆状况月统计报表

日期：＿＿＿年＿月＿日

驾驶员姓名	车号	补助标准（元/km）	加油记录		车况记录					修护记录		实际补助额（元）
			月行驶里程数表记数	汽油费（元）	配件			外观	操控	修护内容	金额（元）	
					轮胎	音响	冷气					
合计												

填表人：

20.26　行驶事故处理报告书

行驶事故处理报告书

驾驶员姓名		车种		登记号码		底盘号码	
事故报告日期							
对事故的处理及解决方法							
损坏额（A）		对人赔偿额			对物赔偿额		
		治疗费			自车修理费		
回收保险金（B）		自赔			（A）－（B）＝		
其他事项：			事故照片（参考，照片多时，另纸贴上提出）				

填表人：

第21章　市场营销管理表格

21.1　产品营销分析表

产品营销分析表

产品分析	品质类别	说明			竞争状况分析	厂牌	价格	等级	品质	外观	服务	信誉
	功能											
	品质等级											
	外观											
	耐久性											
	故障率											
	使用难易											
价格	成本项目＼产品名称				市场动态	1. 顾客评价 2. 顾客转变状况						
	原料成本											
	辅助材料成本											
	人工成本											
	制造费用											
	制造成本				评定							
	期间费用											
	总成本											
	获利率											

21.2　同业产品市场价格调查表

同业产品市场价格调查表

___年__月__日

品　名	规格	厂牌	单价	价格来源根据 （发票或经办人）	对品质价格的批评
说明					

营业主管：　　　　　　　　　　　　　制表：

21.3　新开发客户报告表

新开发客户报告表

客户名称		电话	
公司地址		电话	
主办人员			
推销产品			
第一次交易额及品名			
开发经过			
备注			
批示			

经理：　　　　　　　　　　　　　　　　　报告者：

21.4　客户调查表

客户调查表

客户基本资料	客户名称		电话		地址			
	负责人：		年龄		程度		性格	
	厂长：		年龄		程度		性格	
	接洽人：		职称		负责事项			
经营状况	经营方式	☐ 积极　☐ 保守　☐ 踏实　☐ 不定　☐ 投机						
	业务	☐ 兴隆　☐ 成长　☐ 稳定　☐ 衰退　☐ 不定						
	业务范围							
	销货对象							
	价格	☐ 合理　☐ 偏高　☐ 偏低　☐ 削价						
	业务金额	每年，旺季____月，月销量____，淡季，月销量						
	组织	☐ 股份有限公司　☐ 有限公司　☐ 合伙店铺　☐ 独资						
	员工人数	职员____人，工员____，合计____						
	同业地位	☐ 领导者　☐ 具影响　☐ 一级　☐ 二级　☐ 三级						
付款方式	态度							
	付款期							
	方式							
	手续							

续表

	年度	主要采购产品	金额	旺季每月	淡季每月
与本公司往来					
客户负责人			审核：		

21.5　成本估价单

成本估价单

产品名称：　　　　产品规格：　　　　最低定量：　　　　填写日期：＿＿＿年＿＿月＿＿日

项目	品名	规格	数量	单价	金额
原料					
物料					
包装用料					
损耗					
直接工资					
管理费用					
其他费用					
合计					

21.6　竞争产品调查表

竞争产品调查表

调查地点		调查时间	
品名（含：进口商）		本企业类似品名	
规格		包装样式	
零售价		陈列数量	
对质量的评价			
陈列位置	□优　　　□中等　　　□劣		
备注			

21.7　价格变动影响表

价格变动影响表

产品价格＼销售单位	产品一			产品二			合计
	价格 A	价格 B	价格 C	价格 A	价格 B	价格 C	
收入							
销售成本							
毛利							
毛利总和							
营业费用							
营业利润							
其他费用							
净利							

21.8　产品降价申请表

产品降价申请表

编号：　　　　　　　　　　　　　　　　　　　填写日期：＿＿＿年＿＿月＿＿日

客户名称		订单号码		批号	
产品名称		规格		数量	
责任部门申请描述	申请降价额度				
	申请降价原因				
	申请人			审核	
处理决定	□ 不准许降价销售　　　□ 准许降价销售				
客户确认					
备注					

21.9　产品报价单

产品报价单

（公司图标及名称）

To ：	Date ：
Tel ：	Fax ：
Attn ：	E-mail ：
Address ：	From ：

报价单

请看以下报价作为参考，如有任何问题请与我们联络⋯⋯

序号	产品名称	产品型号	规格 （W 宽 ×L 深 ×H 高）	单位	数量	单价 （元）	金额 （元）	备注
合计小写			合计人民币金额（大写）					
1	本报价单有效期限____天，供货期：____个工作日							
2	票据方式：以上报价不含税							
3	交货地址：							
4	安装方式：							
5	包装方式：							
6	货运方式：							
7	付款方式：							
8	提供免费技术支援！质保壹年，终身维护（人为损害及耗材更换除外）							
9	报价单内容请确认签名后回传。							

报价人：　　　　　　　　　　审核：　　　　　　　　　　审批：

地址：　　　　　　　　　　　电话：　　　　　　　　　　传真：

21.10　销售合同评审表

销售合同评审表

编制日期：____年__月__日　　　　　　　　　　审批日期：____年__月__日

顾客名称			合同编号			
产品名称			规格型号			
评审人员	职　务	评审时间	评审人员	职　务	评审时间	
顾客要求	技术要求					
	质量要求					
	价格					
	交货期和 交货地点					
	运输					
	其他					

续表

实现客户要求：能满足客户要求的请在□内打√，不能满足客户要求的请打 ×。
□ 技术要求   □ 质量要求   □ 价格 □ 交付时间和地点   □ 运输   □ 其他
评审结论：

21.11 销售出库申请单

销售出库申请单

编号：   ___月第   号   日期：___年__月__日

订单号 （合同号）		购货单位 （客户）		下单 日期		交货 日期	
货 物 详 单							

序号	货物 名称	规格 型号	计量 单位	颜色	包装 方式	结算 方式	总订 货量	本次 成交 数量	累计 交货 数量	剩余 数量	提货 仓库	备注

备注：

总经理：   销售主管：   业务员：   仓库主管：

21.12 销售合同管理台账

销售合同管理台账

单位名称：   年度：   单位：万元

序号	客户 名称	合同 号码	生产 批号	产品 名称	合同 金额	回款情况			是否 发货	是否开票		合同签 订人	备注
						预付 款	二 期	三 期		专用 票	普通 票		

制表：   审核：

第22章　设计研发管理表格

22.1　产品研发项目建议表

产品研发项目建议表

<table>
<tr><td rowspan="4">项
目
建
议</td><td>建议单位（人）</td><td></td><td>批准人</td><td></td><td>建议时间</td><td></td></tr>
<tr><td>项目名称</td><td></td><td colspan="2">建议项目完成时间</td><td></td></tr>
<tr><td colspan="6">项目内容（含产品功能、用途、目标用户、销量、成本等初步分析）：</td></tr>
<tr><td colspan="6"></td></tr>
<tr><td rowspan="4">项
目
评
审</td><td rowspan="2">评审人员</td><td rowspan="2"></td><td rowspan="2"></td><td>评审时间</td><td></td></tr>
<tr><td></td><td></td></tr>
<tr><td>评审组意见</td><td colspan="4"></td></tr>
<tr><td>技术副总经理
（总工程师）意见</td><td colspan="4"></td></tr>
<tr><td></td><td>总经理意见</td><td colspan="4"></td></tr>
</table>

22.2　产品研发项目任务书

产品研发项目任务书

<table>
<tr><td>项目名称</td><td colspan="3"></td></tr>
<tr><td>承担单位</td><td colspan="3"></td></tr>
<tr><td>项目总负责人</td><td colspan="3"></td></tr>
<tr><td>支持单位</td><td colspan="3"></td></tr>
<tr><td>项目起止时间</td><td colspan="3">___年__月__日至___年__月__日</td></tr>
<tr><td>总经费</td><td colspan="3">_____万元</td></tr>
<tr><td>项目要求</td><td colspan="3"></td></tr>
<tr><td>总师室（总经办）编 制</td><td></td><td>编制时间</td><td></td></tr>
<tr><td>副总经理（总工程师）审核批准</td><td></td><td>审核批准时间</td><td></td></tr>
</table>

22.3　产品研发项目进度表

产品研发项目进度表

项目名称			
项目小组成员	组长： 组员：		
项目起止时间	＿＿＿年＿月＿日至＿＿＿年＿月＿日		
项目进度	工作日期	工作内容	责任人
项目组长编制		编制时间	＿＿＿年＿月＿日
部门领导审核		审核时间	＿＿＿年＿月＿日
技术副总批准		批准时间	＿＿＿年＿月＿日

22.4　年度产品研发计划表

年度产品研发计划表

序号	项目名称	产品型号	开发周期		开发经费（万元）	项目负责人	项目主要阶段完成情况										投产时间年/月/日	备注
			起始年/月/日				要求完成时间年/月/日					实际完成时间年/月/日						
			天	结束年/月/日		小组人数（人）	设计	采购	模具	样试	批试	设计	采购	模具	样试	批试		
																		季度补充
																		日常补充

研发部门编制：　　　　　　　　　　技术副总审核：

总经理批准：　　　　　　　　　　　批准时间：＿＿＿年＿月＿日

22.5　产品开发立项确认书

产品开发立项确认书

项目名称：		提出人／日期：
项目背景（顾客要求、市场调研及预测）：		

评审项目	评审结果
顾客要求／关注点	
预计销量	
技术平台／能力分析	
开发成本／投资预算	
产品价格（估价）	
各部门签名	
总经理确认	

22.6　____产品开发____阶段计划表

____产品开发____阶段计划表

编号：

| 产品分类：□ OBM　□ ODM　□ OEM 企划案产品等级：□ Ⅰ　□ Ⅱ　□ Ⅲ 设计试作案产品等级：□ A　□ B　□ C　□ D　□ E | | | | | | | | 开发计划编号 | |
| | | | | | | | | 开发案标准天数 | |
项次	内容	预计开始时间	预计使用天数	预计完成时间	实际完成时间	使用数据	产出资料	执行者	备注

客户全称：		客户简码：		开发案系数：	
提案部门／人：		提案日期：			
项目管理工程师：		项目负责人：			
试作数量：____件（含包材样品：____件）					
认证标准：□ CSA　□ IAMPO　□ NSF　□其他_____					

核准：　　　　　　　审核：　　　　　　　制表：

22.7 设计计划书

设计计划书

日期：____年__月__日

客户名称		产品名称	
产品编号		预计完成日期	

产品开发计划及步骤：

设计开始时间	计划结束时间	实际结束时间	设计节点	输出资料
			资料输入评审	设计输入评审报告
			效果图设计	
			过程评审	
			方案设计	
			过程评审	
			方案设计	
			过程评审	
			工程图设计	
			样品制作	
			样品验证	
			资料整理	
			输出评审	
			模具制作	
			设计验证	
			模具修改	
			第二次设计验证	
			技术交接	
			产品试生产	
			设计确认	
			产品鉴定	
			资料更新存档	

产品完成及时率：该产品计划完成时间天数 ÷ 实际完成天数 ×100%

产品职责分工：

ID 设计	结构设计	电源设计	光源设计	工艺设计	备注
					部门同职责人员可调整

续表

> 注：设计节点可根据产品复杂程度增减；带★为重要阶段（可根据产品需求设置重要阶段）；该产品如第一次评审／验证合格，则无需第二次评审／设计验证，其中间隔时间为采购部备料时间。输入评审阶段提供《RAMS 保证计划》《隐患登记册》《系统分层架构表》，《故障树分析报告》；过程评审阶段提供《FMECA 表》；输出评审阶段提供《RAMS 分析报告》《LCC 分析报告》；产品鉴定阶段提供《项目配置清单》。

制表：　　　　　　　审核：　　　　　　　批准：

22.8　设计审查评估表（RD Ⅰ）

设计审查评估表（RD Ⅰ）

开发案名称：　　　　　　机型编号：　　　　　　审查日期：____年__月__日

序号	审查项目	审查单位	审查负责人	是／否（问题点）	备注
1	产品分类是否正确		设保工程师		
2	产品功能设计要求是否清楚		设保工程师		
3	产品规格要求是否清楚		设保工程师		
4	产品质量要求是否清楚		设保工程师		
5	产品是否需要认证，认证要求是否清楚		设保工程师		
6	产品安装要求是否明确并被确认可行		设保工程师		
7	外观专利是否有申请		设保工程师		
8	结构专利是否需申请及查核		设保工程师		
9	结构展开是否可行		开发工程师		
10	铜棒类制件机加工有无问题		开发工程师		
11	铸造件机加工有无问题		生技工程师		
12	锻造件机加工有无问题		生技工程师		
13	焊接件焊接工艺有无问题		生技工程师		
14	零组件抛光有无问题		生技工程师		
15	产品结构设计是否适合所有色系		生技工程师		
16	产品液压成型是否有问题		生技工程师		
17	压铸件加工是否有问题		生技工程师		
18	冲压件开模有无问题	开模人员	模具工程师		
19	塑料件开模有无问题	开模人员	模具工程师		
20	铜铸造件开模有无问题	开模人员	模具工程师		
21	锌压铸件开模有无问题	开模人员	模具工程师		

序号	审查项目	审查单位	审查负责人	是／否（问题点）	备注
22	橡胶件开模有无问题	开模人员	模具工程师		
23	铜锻造件开模有无问题	开模人员	模具工程师		
24	设计成本是否高于目标成本	成本管理课	报价工程师		
25	成品检验有无问题	品管	品保工程师		
26	产品组装有无问题	装配	制造工程师		

会议记录	结论／决议交办事项	负责单位或人	应完成日期	是否完成	执行状况说明

主席：　　　　　　　　　　　　　　主办单位：

核准：　　　　　　　审核：　　　　　　　　　　制表：

22.9　设计审查评估表（RD Ⅱ-1）

设计审查评估表（RD Ⅱ-1）

开发案名称：　　　　　　机型编号：　　　　　　审查日期：＿＿＿年＿＿月＿＿日

序号	审查项目	审查单位	审查负责人	是／否（问题点）	备注
1	新产品分类是否正确	设计保证部	设保工程师		
2	产品功能设计要求、规格要求及质量要求是否清楚，是否被修正过，是否与设计输入一致	设计保证部	设保工程师		
3	产品是否需要认证，认证要求是否清楚	设计保证部	设保工程师		
4	产品安装要求是否明确并被确认可行	设计保证部	设保工程师		
5	结构专利是否申请并被确认	设计保证部	设保工程师		
6	造型工艺是否合理，外观是否有修改	设计保证部	设保工程师		
7	密封设计是否合理		资深开发工程师		
8	尺寸链设计是否合理		资深开发工程师		
9	配合及间隙选择是否合理		资深开发工程师		
10	各运动极限位置分析是否可保持正常产品使用状况		资深开发工程师		
11	各产品实际安装状态是否分析正确		资深开发工程师		

序号	审查项目	审查单位	审查负责人	是 / 否（问题点）	备注
12	标准化审查有无问题		资深开发工程师		
13	工程样品验证结果有无通过	设计保证部	设保工程师		
14	结构设计方案选择是否最优		资深开发工程师		
15	产品设计成本是否符合目标成本		资深报价工程师		
16	料号申请是否符合标准化要求		资深开发工程师		
17	零件制造工艺选择是否最佳化		生技工程师		
18	零件制造成本是否最优化		生技工程师		
19	冲压件开模工艺有无问题		模具工程师		
20	塑料件开模工艺有无问题		模具工程师		
21	铜铸造件工艺开模有无问题		模具工程师		
22	锌压铸件开模工艺有无问题		模具工程师		
23	橡胶件开模工艺有无问题		模具工程师		
24	铜锻造件开模工艺有无问题		模具工程师		
25	结构工艺性是否可减少特殊刀、夹、治具要求		生技工程师		
26	现有设计中新零件哪些还可以被旧有零件取代		资深开发工程师		
27	成品检验有无问题		品保工程师		
28	产品组装有无问题		制造工程师		
会议记录	结论 / 决议交办事项	负责单位或人	应完成日期	是否完成	执行状况说明

主席：　　　　　　　　　　　主办单位：

核准：　　　　　审核：　　　　　制表：

22.10　设计审查评估表（RDⅡ-2）

设计审查评估表（RDⅡ-2）

开发案名称：　　　　机型编号：　　　　审查日期：＿＿年＿月＿日

序号	审查项目	审查单位	审查负责人	是 / 否（问题点）	备注
1	产品功能设计要求、规格要求及质量要求是否清楚，是否被修正过，是否与设计输入一致		设保工程师		

续表

序号	审查项目	审查单位	审查负责人	是 / 否（问题点）		备注
2	设计验证是否通过		设保工程师			
3	产品实际安装是否通过		设保工程师			
4	结构专利是否申请并被确认		资深开发工程师			
5	密封设计是否合理		资深开发工程师			
6	尺寸链设计是否合理		资深开发工程师			
7	配合及间隙选择是否合理		资深开发工程师			
8	样品各运动极限位置测试分析有无异常		资深开发工程师			
9	标准化审查有无问题		资深开发工程师			
10	领先零组件采购有无问题		资深开发工程师			
11	刀、夹、治具设计有无问题		资深开发工程师			
12	产品设计成本有无改善空间		资深开发工程师			
13	开模件样品是否已经过确认		资深开发工程师			
14	机加零组件是否已经过确认		资深开发工程师			
15	各零组件报价是否都已完成		资深开发工程师			
16	各制程检具是否已制作完成		资深开发工程师			
17	零件材料选择是否合理		资深开发工程师			
18	工程变更记录数据是否完整齐全		资深开发工程师			
19	QA 表是否有再次修正		资深开发工程师			
20	质量目标一览表是否有再次修正		资深开发工程师			
21	产品标识部位是否有确认		资深开发工程师			
22	原型样品组立有无问题		资深开发工程师			
23	产品检验有无问题		资深开发工程师			
24	客户或品牌要求是否在设计中体现		资深开发工程师			
会议记录	结论 / 决议交办事项	负责单位或人	应完成日期	是否完成	执行状况说明	

主席：　　　　　　　　　　　　　　　　　　　主办单位：

核准：　　　　　　　审核：　　　　　　　　　制表：

22.11 设计验证报告

设计验证报告

编号：

产品名称		产品编号	
验证对象		验证时间	

验证人：

验证要求：
　　请严格按照相关的技术要求和所列出的验证项目进行样品验证，并做好每一项验证记录。

验证方法：
　　1.
　　2.
　　3.
　　……

验证结论：
　　根据所验证的系统部分要求填写验证内容，并要求确认是否授权至下一阶段（比如：设计任务书下达时在设计任务书上要写明可进入产品初步设计阶段），验证内容要求填写全面。

制表：　　　　　　　审核：　　　　　　　　批准：

22.12 设计验证表

设计验证表

编号：

产品名称		产品编号	
验证对象		验证时间	

验证项目：
　　根据所评审的系统部分要求填写验证内容，并要求确认是否授权至下一阶段（比如：设计任务书下达时在设计任务书上要写明可进入产品初步设计阶段），验证内容要求填写全面。

验证结论：

制表：　　　　　　　审核：　　　　　　　　批准：

22.13　试生产报告

试生产报告

编号：   日期：＿＿＿年＿月＿日

产品名称		产品编号	
生产部		签字：	
品质部		签字：	
开发部	根据所评审的系统部分要求填写确认内容，并要求确认是否授权至下一阶段（比如：设计任务书下达时在设计任务书上要写明可进入产品初步设计阶段），确认内容要求填写全面。 签字：		

制表：　　　　　　　　审核：　　　　　　　　批准：

22.14　特殊性清单

特殊性清单

产品名称：　　　　　　　产品编号：　　　　　　　客户名称：

特殊特性项目	产品／过程 SC	管制要求	特性符号	控制方法

22.15　初始材料清单

初始材料清单

产品名称：　　　　　　　规格型号：　　　　　　　编号：

序号	零件名称	图　号	零件号	材料牌号	标准号	材料规格	备注

说明：

22.16　工程样件试作改进计划

工程样件试作改进计划

试做产品名称		产品编号			试做数量	
主要问题项目		不良比率	改进措施	责任人		完成日期
各部门确认		开发部：	品质部：	生产部：		工程部：
试做结论		□可进入试产　　□需要重试				
总经理确认						

22.17　设计确认报告

设计确认报告

日期：＿＿＿＿年＿＿＿月＿＿＿日

产品名称			产品编号			
确认对象			确认地点			
部门						
人员						
职务						

确认内容：

　　提示：（鉴定开始前，研发部门应准备相关资料，包括市场调研报告、设计任务书、设计输入评审报告、设计计划书、设计开发进度表、过程评审报告、设计输出文件、设计验证记录、产品试制总结报告、客户使用报告等）

确认的内容包括：

　　1. 检查样机是否在结构、性能、外观等质量上达到设计任务书或合同规定的要求；

　　2. 审查产品图样及技术文件是否符合有关标准规定，是否齐全、准确，是否指导生产；

　　3. 对产品技术质量水平的先进性作出评价。

确认结论：

　　提示：对确认内容进行逐条验证确认。

　　根据所评审的系统部分要求填写确认内容，并要求确认是否授权至下一阶段（比如：设计任务书下达时在设计任务书上要写明可进入产品初步设计阶段），确认内容要求填写全面。

制表：　　　　　　　　　审核：　　　　　　　　　批准：

22.18 测试规范

测试报告

编号：   日期：____年__月__日

产品名称			型号		数量	
序号	测试项目	测试条件或公式	测试参数	判定标准	备注	
1	输出电流					
2	电源调整率					
3	负载调整率					
4	空载电流					
5	短路测试					
6	低温测试					
7	高温测试					
8	介电强度					
9	绝缘电阻					

注：产品测试项目包括不但限于上述参数，如有需要，请品质部增加测试项目。

编制：   审核：   批准：

22.19 产品鉴定报告

产品鉴定报告

编号：

产品名称			产品编号		
项目工程师			鉴定时间		
技术资料	开发部	市场调研报告 （ ）	设计任务书 （ ）		
		设计输入评审报告 （ ）	设计计划书 （ ）		
		新产品开发进度表 （ ）	设计过程评审报告 （ ）		
		设计输出评审报告 （ ）	设计验证报告 （ ）		
		设计验证表格 （ ）	试生产报告 （ ）		
		设计确认报告 （ ）	产品零件图 （ ）		
		标贴图 （ ）	包装图 （ ）		
		产品材料用量表（含重要度分级） （ ）	生产、采购和检验指南 （ ）		
		PCB 板原理图 （ ）	使用检修说明 （ ）		
		关键器件明细及技术资料 （ ）	工程更改单 （ ）		

技术资料	开发部	作业指导书或关键工序作业指导书 （ ）	RAMS/LCC 资料	（ ）
		工艺流程表 （ ）	其他	（ ）
	生产部	自制工装设备明细及适用情况 （ ）		
	品质部	检验规范 （ ）	检验流程	（ ）
		检验说明 （ ）	新增来料检验记录	（ ）
		新产品试制巡检记录 （ ）	检验设备明细表及适用情况	（ ）
		产品检验报告 （ ）	检验报告	（ ）
	采购部	外购工装模具设备明细及适用情况 （ ）	外购件和关键件的技术资料	（ ）

部门	意见	签字	说明

鉴定结论	
结论验证	

审核		日期		批准		日期	

22.20　新品 FAI 申请表

新品FAI申请表

编号：

产品名称		产品型号	
所属项目		客户名称	

××产品开发已经完成，并已经完成下表中的项目，现申请对产品进行 FAI。FAI 时间建议在__月__日前完成。

FAI 注意事项：

申请人：　　　　　　　　　申请时间：

图纸及资料	效果图共（ ）张	作业指导书	（ ）
	装配图共（ ）张	工时定额初步核算表	（ ）
	零件图共（ ）张	成品 BOM 清单	（ ）
	接线图共（ ）张	生产、采购、检验指南	（ ）
	标贴图共（ ）张	使用检修说明书	（ ）
	组件装配图共（ ）张	工程更改单及通知单共____份	
	包装图、装箱单及包装说明 （ ）	其他	（ ）

续表

检验及实验资料	电源（组件）测试报告	（　）	电源小批量试产报告	（　）
	产品检验报告	（　）	试产报告（按需要）	（　）
	客户要求的型式试验报告：共____份，已完成____份，预计全部完成时间为_____			
样品数量				
特别说明				
审核			批准	
备注	以上"图纸及资料"要求中有三项以上（包含三项）未完成的则不能进行 FAI			

22.21　产品质量特性重要度分级表

产品质量特性重要度分级表

编号：　　　　　　　　　　　　　　　　　　　项目名称：

序号	产品图号	产品名称	质量特性级别	
			关键特性	重要特性

编制：　　　　　　　　审核：　　　　　　　　　　　　批准：

22.22　____产品开发设计试作阶段计划表

____产品开发设计试作阶段计划表

编号：

产品分类：□ OBM　□ ODM　□ OEM
产品等级：□ A　□ B　□ C　□ D　□ E　开发案标准天数：_____

项次	内容	预计开始时间	预计使用天数	预计完成时间	实际完成时间	使用数据	产出资料
1	设计细部计划拟定					开发通知单，开发计划表	____产品开发设计试作阶段计划表
2	结构功能及零组件设计					3D 图及相关参考机型	装配图和零件图

－ **484** －

续表

项次	内容	预计开始时间	预计使用天数	预计完成时间	实际完成时间	使用数据	产出资料
3	图纸确认					装配图和零件图	确认后正式图纸
4	RD Ⅱ -1 设计审查会					可制性评估表、装配图和零件图	可制性评估表、会议记录
5	手工样品试作测试（有必要）					图纸和内部联络单	手工样品及各项测试报告
6	模具开发					图纸、开模确认单、开模计划表	毛坯、样品、样品确认单
7	修模（必要时）					图纸	毛坯、样品、样品确认单
8	可制性设计及制作					可制性一览表、QA 表、相关零件图	可制性的合格样品
9	相关图纸制作					确认后正式图纸及相关资料	加工零件清单、BOM、爆炸图、线条图、规格图、IPL、安装尺寸图 A 版
10	组立测试					装配图、样品确认单	合格样品、检验报告
11	设计验证					验证申请单、样品	验证报告
12	设计认证					合格样品及相关认证资料（BOM、PMI 等）	认证报告
13	RD Ⅱ -11 设计审查会					样品、可制性评估表、相关资料	可制性评估表、会议记录
14	送样确认（拍照、制作包材）					样品，包材样品、样品拍照	送样查检表、快递单
15	量试资料发放					相关资料	发放记录表
16	量试转移前说明会（RD Ⅲ -1）					所有数据、样品	会议记录

客户全称：	客户简码：		提案日期：
提案部门 / 人：	项目管理工程师： 试作数量：＿＿＿pcs（含包材样品：＿＿＿pcs）		项目负责人：
认证标准：□ CSA　　□ IAMPO　□ NSF　　□其他			

核准：　　　　　　　　　审核：　　　　　　　　　制表：

22.23 工程变更申请单

工程变更申请单

厂内料号		品名		申请日期		级别	□特急，4 小时内回复
客户料号							□急，8 小时内回复 □一般，24 小时内回复
变更依据	□图纸　　□电子文件　　□样品　　□其他						
变更原因	简图：					□新增料号　　□客户要求 □失误　　　　□制程改善 □数据变更　　□其他 简述：	
变更项目	□工艺　　　　□模具　　　　□包装　　　　□材料　　　　□其他						
成品物料数量统计	1. 库存数量：　　　　　　　　　　　2. 待交数量： 3. 在制品或派工量：　　　　　　　　4. 包材数量： 　　　　　　　　　审核：　　　　　　　　　　　生管：						
变更评估	变更费用： 变更周期： 　　　　　　　　　审核：　　　　　　　　　　　工程：						
业务意见	库存处理方式： 模具变更费用处理方式： 　　　　　　　　　审核：　　　　　　　　　　　业务：						
客户意见			批准人			日期	

核准：　　　　　　　单位主管审核：　　　　　　　经办／单位：

22.24 工程变更通知单

工程变更通知单

变更分类：□图样　　□包装规范　　□ QC 工程图　　□ BOM　　□其他			
厂内料号		厂内版本：由　　　变更为	
客户料号	品名	客户版本：由　　　变更为	
变更原因	□修正　　　　　　　□新增料号　　□客户要求　　□失误 □模治具能力不足　　□制程改善　　□其他 详细说明：		
变更区域	变更前		变更后

续表

处理作业 :

库存处理

1. 库存处理方式 :

（1）库存处理方式

库存量	客户资料	仓库库存	库存处理方式
材料			
半成品			
成品			

备注 :

（2）切换时间 :

□自＿＿年＿月＿日起开始切换，说明 :＿＿＿＿＿＿＿＿＿＿＿

□其他 :＿＿＿＿＿＿＿＿＿＿＿

2. 需修改产品规范 :　□是，预计于＿＿年＿月＿日发行　□否　备注 :

3. 需修改 QC 工程图 :□是，预计于＿＿年＿月＿日发行　□否　备注 :

4. 需修改检验规范 :　□是预计于＿＿年＿月＿日发行（修改前以　□新图纸　□旧检验规范为依据　□否）

5. 需修改 BOM :　□是，预计于＿＿年＿月＿日发行 □否　备注 :

6. 备注 :

分发单位 :□业务　　□工程　　□资材／生管　　□品管　　□生产　　□模具

核准 :　　　　　　　　　　单位主管审核 :　　　　　　　　　经办／单位 :

22.25　可制性设计与制样需求一览表

可制性设计与制样需求一览表

机型 :　　　　　　名称 :　　　　　　客户 :　　　　　　总装厂 :

零件名称	零件料号	毛坯类型	生产工厂	图纸发放		毛坯提供时间		可制性设计与制样完成时间		样品数量	工厂项目负责人（会签）	备注
				预计	实际	预计	实际	预计	实际			
工作规												
检验规												

产品分类 :□ OEM　□ ODM　□ OBM

核准 :　　　　　　　　审核 :　　　　　　　　制表 :

22.26 开模计划表

开模计划表

编号：

开发案机型		开发案名称				开发案编号	
组件料号		零件料号		零件单价			
提案单位（课/组）		提案人				提案日期	＿＿年＿月＿日
业务提案单位/提案人		客户				客户代码	

开模原因分析
　1. 说明：

　2. 开模条件：
　（1）零件名称：
　（2）模具类别：
　（3）产品材质：
　（4）一模穴数：
　（5）完成天数（含修模时间）：
　（6）计划开模时间：＿＿年＿月＿日至＿＿年＿月＿日　　送样时间：＿＿年＿月＿日
　　　　计划修模时间：＿＿年＿月＿日至＿＿年＿月＿日　　确认时间：＿＿年＿月＿日
　（7）承包厂商：
　（8）模具价格：
　（9）模具费支付单位：□开发　　□厂商自付　　□其他：＿＿＿＿＿＿＿＿＿＿＿＿＿＿

备注：

核准：　　　　　　　　　　　　　　　　审核：

22.27 开模确认单

开模确认单

编号：

案件编号			预计完成日期		
案件名称		临时机型号		客户名称	
提案单位		提案人		认证标准	□ CSA
制作单位		设计人员			□ IAPMO □ NSF □其他

续表

项次	零件名称	材质	模（治）具型态	穴 /1 模	价格	预计工作天数
合计					单位：元	
说明：						
核准：　　　　　　审核：　　　　　　　　　　制表：						

提案单位确认		
□确认开模	模具费用支付单位	费用支付方式（字段不够可采用附件）
	□客户支付	
	□其他	
□不开模	说明：	

备注：客户支付模具费用由提案单位部门主管核准；自付模具费必须由提案单位一级主管核准。如已有客户签回的开模确认单，本窗体的核准栏可由提案人代签。

核准：　　　　　　审核：　　　　　　　提案人：

22.28　____产品开发量试计划表

____产品开发量试计划表

产品等级：□ A □ B □ C □ D □ E □ F 开发案标准天数：_____							开发计划编号	
							版次	

识别码	执行项目	单位/负责人	预计起止时间	实际完成时间	使用数据	产出资料	备注
1.	ERP 数据建立和查检	开发管理部/资软课研发部 ERP 数据员结构工程师查检			新品 ERP 基本数据完成状况查检表，BOM，加工零件清单	关键料号、建立单价、维捐属性	
2.	正式资料下发	OBM 开发数据管理员			签核的正式资料	盖核准章的正式资料	审查会后 3 天内完成

续表

识别码	执行项目	单位/负责人	预计起止时间	实际完成时间	使用数据	产出资料	备注
3.	组立 QC 工程表	开发工程师			装配图、新产品质量目标一览表	组立 QC 工程表	审查会后 10 天内完成
4.	量检具、装配辅具及试水台设计及制作	开发工程师			装配图、零件图及 QA 表	量检具、辅具及试水台	检具制作在转移说明会前完成 试水台制作量试上线前完成
5	量试转移说明会（RDIII-1）	项目管理工程师			签核的正式资料，样品	量试转移说明会会议记录，量试计划表	

审核：　　　　　　校对：　　　　　　制表：

以上字段预计时间由结构工程师填写（在可制性审查会上提供给开发工程师），以下字段的预计时间及上下栏的实际完成时间由主导量试的开发工程师填写

识别码	执行项目	单位/负责人	预计起止时间	实际完成时间	使用数据	产出资料	备注
6	物料采购单发放及交期确认	生产课生管			请购单、ERP 资料	采购单	转移说明会后 3 天内
7	量试物料到位	生产课采购研发部开发工程师			采购单	送货单、入库单	开模件采购周期 25 天
8	量试物料全检	生产课品管			零件图、装配图、零件加工清单、进料质量检验标准	量试物料检验记录表	物料进厂后 2 天内
9	组装上线	生产课装配			组立 QC 工程表、爆炸图、BOM、	新品量试执行情况分析表	
10	量试样品测试及资料整理	开发工程师生产课装配			量试样品	新品量试执行情况分析表功能测试报告	
11	量试检讨会（RDⅢ-2）	研发部			新品量试执行情况分析表	量试会议记录	量试后 3 天内

核准：　　　　　　审核：　　　　　　制表：

22.29　产品量试前数据转移说明会数据点检表

产品量试前数据转移说明会数据点检表

案名：　　　　　　ERP 机型号：　　　　　项目工程师：　　　　　　转移业务部：
资料种类：□水龙头产品　　　□花洒　　　□卫浴配件　　　□五金配件　　　转移厂部：

项次	名称	资料格式	内容	资料组点检	生管点检	品保部点检	资材部点检	工厂点检
1	装配图	计算机文件／书面文件		□		□		□
2	零件图	计算机文件／书面文件		□	□	□	□	□
3	毛坯图	计算机文件／书面文件		□	□	□	□	□
4	爆炸图	计算机文件／书面文件		□	□	□	□	□
5	标准图纸材料清单	计算机文件／书面文件		□	□	□	□	□
6	加工零件清单	计算机文件／书面文件		□	□	□	□	□
7	产品定价单	计算机文件／书面文件		□	□		□	
8	估价预报单明细	计算机文件／书面文件		□	□			
9	产品验证报告（或客户样品确认报告）	书面档		□		□		□
10	样品确认单	书面档		□			□	□
11	尺寸规格图	计算机文件／书面文件		□				
12	安装步骤图	计算机文件		□				
13	合格样品							□
14	新产品 ERP 基本数据完成状况查检表							
15	PMI 表（NSF 机型用）	计算机文件／书面文件						

续表

项次	名称	资料格式	内容	资料组点检	生管点检	品保部点检	资材部点检	工厂点检
16	产品材质分析表（HD 专用）	书面档		□				□
17	新产品质量目标一览表	书面档		□		□		□
18	新产品目录表	计算机文件		□				
19	QA 表	书面档				□		□
	数据点检单位负责人签名							
上字段于正式数据下发时点检，下字段为各研发部项目工程师于量试前数据转移说明会时点检								
20	加工 QC 工程表	书面档				工厂生技制作		
21	抛光 QC 工程表	书面档				工厂生技制作		
22	QC 检验卡	书面档				工厂生技制作		
23	零件工艺过程卡（自制）	书面档				工厂生技制作		
24	工装，生产设备资料点检表（除新增试水台）	书面档				工厂生技制作		
25	检测资料点检表	书面档				工厂生技制作		
26	进料质量检验标准	书面档				品保部制作		
27	成品检验计划	书面档				品保部制作		
28	是否已接订单	书面档	□是（请附书面资料）□否			业务单位提供		
备注：								

核准：　　　　　　　审核：　　　　　　　　　制表：

22.30　新产品量试前数据转移说明会会记录表

新产品量试前数据转移说明会会议记录

会议名称			主席		记录	
会议时间	___年__月__日 __时__分 ~ __时__分			会议地点		
应到人数		实到人数		缺席人员		

续表

签到：								
报告讨论及临时动议	结论 / 决议交办事项		负责单位	应完成日期	性质		完成情况	
					指示	决议	是	否
结论	□ 不可转入量试，改善后重开量试转移说明会。 □ 不需要量试，直接转入量产阶段。 □ 转入量产试作阶段： □ 量试计划拟定日期__月__日 □ 量试完成日期__月__日 □ 量试数量及色系：__色__件							

核准：　　　　　　　　审核：　　　　　　　　制表：

22.31　新产品量试审查查检表（RD Ⅲ -2）

新产品量试审查查检表（RD Ⅲ-2）

量试执行时间：____年__月__日　　　　　　　审查日期：____年__月__日

机型号		开发项目负责人		第____次量试		
机型名称		生产场所				
量试一次成品合格率		量试（产）批量		良品数量		
问题点	不良原因	改善措施		时间	单位及责任人	效果追踪
结论	□ 需改善，不需重新量试，改善后直接转入量产 □ 需改善，并需重新量试，不可转入量产 □ 量试合格，可转入量产					

说明：
1. 量试成品良品率达到 85% 以上为量试合格。
2. 对于来料不良造成质量异常的机型不计入新品量试一次合格率统计内。
3. 新产品转移量产后须将此会签完整后的窗体交运筹部，依此表确认是否已转移量产。

核准：　　　　　　会签：　　　　　　审核：　　　　　　制表：

22.32　新品量试执行情况分析表

新品量试执行情况分析表

机型号：＿＿＿＿＿＿　　　机型名称：＿＿＿＿＿＿　　　量试场所：＿＿＿＿＿＿

第＿＿次量试　　　　　　　量试数量＿＿件　　　　　　量试日期：＿＿年＿月＿日

不良项目	不良数量	不良率	初步判定不良原因	备注

核准：　　　　　　　　审核：　　　　　　　　　制表：

22.33　量试质量合格率记录表

量试质量合格率记录表

单位：　　　　　　　　　　　　　　　　　　　　　月份：

序号	成品/零组件名称	机型号/料号	第＿次量试	量试日期	（a）总投入数	（b）总产出良品数	（c）合格率=（b）÷（a）×100%	不良原因	备注

核决：　　　　　　　审核：　　　　　　　经办：　　　　　　　设保会签：

22.34　新产品首批量产质量合格率记录表

新产品首批量产质量合格率记录表

单位：研发部　　　　　　　　　　　　　　　　　　月份：

序号	产品名称	编号	量产分厂	量产日期	总投入数	总产出良品数	合格率	不良原因	对策	预计完成日期	责任人	备注

续表

> 备注：1. 量产零件合格率＝量产合格零件数量 ÷ 量产零件总数量 ×100%
>
> 　　　2. 量产零件一次性合格率大于或等于 90% 为此零件量产合格
>
> 　　　3. 对特采或返修零件需进行备注说明。

核决：　　　　　审核：　　　　　拟制：　　　　　会签：

22.35 ____月份量试机型品质报告

____月份量试机型品质报告

序号	课别	机型	名称	组装合格率	组装不良现象及不良数			自制新零件		采购新零件		旧物料		备注
					不良现象	不良类别	不良数	名称	合格率	名称	合格率	名称	合格率	
备注	1. 所有统计机型为量试检讨后的机型； 2. 对某款机型的量试组装不良现象（开发面 / 工厂面 / 其他原因）和数量需进行说明； 3. 对特采零件需进行备注说明。													

核决：　　　　　审核：　　　　　拟制：　　　　　会签：

22.36 量试上线通知及现场签到表

量试上线通知及现场签到表

量试机型号		预计量试上线时间	
量试准备状况查检			
新物料全检报告	☐ 有 ☐ 无	（签名确认）	
结构工程师判定结果	☐ 物料合格，可以上线量试 ☐ 物料不合格，返修后再上线 ☐ 物料不合格，退料重做 ☐ 其他处理方法：		
组立 QC 工程表制作	☐ 完成并下发给生产课 ☐ 已完成，但尚未下发给生产课 ☐ 尚未完成		

续表

量试准备状况查检		
装配治具	☐ 装配治具已制作完成并转给生产课 ☐ 装配治具尚在制作中 ☐ 不需装配治具	
备料状况	☐ 生管备料完成 ☐ 生管备料未完成	
……		
量试现场签到		
实际上线时间		生产线组长
研发部	结构工程师： 项目管理工程师： 负责量试工程师： 现场生技负责人： 研发部长： 其他人员：	
生产课		
业务课		
品保课		

审核：　　　　　　　　　校对：　　　　　　　　　制表：

22.37　小批量试产通知单

小批量试产通知单

编号：

产品名称		产品型号		产品料号	
试产数量		委托部门		要求完成时间	
技术要求及说明：					
申请人：　　　　　　审核：　　　　　　批准：					
小批量计划接收人：　　　　　　　　时间：					
组件下达人员		组件下达时间		缺件审核时间	
采购部回复全部到料时间		下达生产部时间			
生产部接收人：　　　　　　　　日期：					
生产人数		生产工时		控制单 编号	

生产完成时间		送检人		送检时间	
生产工艺过程评价：					
			签字：	日期：	
品质部接收人：				时间：	
实验员		检验时间		测试报告编号	
可入库数量		报废数量		提交结果时间	
检验过程异常现象描述			签字：		
审核结论			签字：	日期：	

22.38　新产品试产问题改善计划

新产品试产问题改善计划

试产品名称			产品编号		试产数量	
工序名称	主要问题项目	不良比率	原因分析	改进方案	责任人	完成日期
其他部门确认			生产部：	工程部：	市场部：	采购部：
试产结论			□可进入量产；　□需要重试			
总经理确认						

22.39　设计审查意见调查表

设计审查意见调查表

一、专案名称 / 编号：

二、专案工程师：

三、审查阶段：□ 企划审查　　　　□ 结构功能设计审查

　　　　　　　□ 工艺可行性审查　□ 设计试作审查

续表

四、审查资料：

1. 项目基本信息

五、参与设计审查意见之所有调查人员名单：

六、审查人员意见：

1.

2.

请将本份资料于：____年__月__日前传回给：　　　　　　e-mail：

备注：第一项至第五项由项目工程师填写，第六项由审查人员填写

填表人：　　　　　　　　　　　　　　　　　　日期：

22.40　设计审查会开会通知单

填表日期：____年__月__日

会议名称	□企划阶段　□结构功能设计　□工艺可行性 □设计试作　□量试前说明　□量试检讨			主办人员／项目工程师	
专案名称			审查资料		
主要议题	1.		时间：30 分钟		
	2.		时间：40 分钟		
	3.		时间：10 分钟		
	4.		时间：10 分钟		
会议时间					
主席签核			会议地点		

出席者姓名 （职称略）	姓名	签到	姓名	签到	姓名	签到

会前点检	1	计算机、投影机	是□　否□
	2	重要人员与会情况	是□　否□
	3	开会资料是否熟悉	是□　否□

第23章　采购管理表格

23.1　潜在供应商推荐表

潜在供应商推荐表

编号：

企业名称：			联系人：	
详细地址：			邮编：	
主要产品：	电话：		传真：	
	电子信箱：		网址：	
	企业性质：		固定资产：	
	成立日期：		员工总数：	
企业概况：（主要产品生产能力、主要工艺及检测设备等）				
现配套情况：（包括与股份公司及股份公司以外企业的配套情况）				
推荐理由：				
推荐单位 / 部门：　　办理人：　　　联系电话：　　　日期：				
处理结果： □纳入潜在供应商资源库 □不纳入潜在供应商资源库			备注：	
			办理人：　　　日期：	

注：1.本推荐表可以分公司或部门名义、也可以个人名义推荐；

　　2.本推荐表可由股份公司以外的单位或个人填写推荐，供应商也可自荐；

　　3.本推荐表按要求填写完后交股份公司采购管理室归口办理；

　　4.其他资料可作为附件附后。

23.2　潜在供应商基本情况调查表

潜在供应商基本情况调查表

一、基本情况

供应商名称：

供应商详细地址：

法人代表：

邮政编码：

注册资本：

企业性质：

企业成立日期：

开户银行及账号：

商务联络人：

商务联系方式（TEL/FAX）：

网址／电子信箱：

员工总数＿＿＿人，其中：管理人员＿＿＿人，技术人员＿＿＿人

二、调查内容分类：

1. 企业简介：

2. 财务状况：

3. 工艺制造能力：

4. 产品研发能力：

5. 质量保证能力：

6. 供货能力及售后服务水平：

7. 请同时提供以下资料：

□企业获各类机构认证证书（复印件）；

□向国内外主要客户供应产品的情况；

□主要产品介绍（应包括产品图片、产品主要性能、技术参数、价格等）。

说明：请供应商填写项目一中的企业基本情况，并按项目二中的调查内容用 A4 幅面、4 号字体将本企业相关资料制作成文本（包括电子文本）。

文本回寄地址：

邮编：　　　　　　　　TEL：　　　　　　　　FAX：

电子文本信箱：

23.3　潜在供应商资格认证评价标准

潜在供应商资格认证评价标准

一、适用范围

本标准适用于公司对潜在供应商进行资格认证的评价。

二、评价标准

标准　评价方面	项目总得分	评价内容
1. 质量体系管理能力	500	公司可以进行质量体系评价的基础： （1）通过公司认可的第三方机构 ISO 9001：2018 标准或 QS 9000 标准认证 （2）通过公司认可的主机厂的第二方审核，其得分标准同上
		审核组现场体系审核内容： （1）质量目标　　　　　　（6）测量和监控装置的控制 （2）与顾客有关的过程　　（7）顾客满意 （3）设计和开发　　　　　（8）内部审核 （4）采购　　　　　　　　（9）不合格控制 （5）生产过程控制　　　　（10）改进
2. 实物质量	200	（1）项目检测率 ≥ 85%，其中保安项、关键项、重要项检测率 100% （2）项次合格率 ≥ 92%，其中保安项、关键项、重要项合格率 100%
3. 财务状况	100	（1）营运能力：流动资产周转率（次）
		（2）效益及获利能力：资产利润率
		（3）偿债能力分析：速动资产比率
4. 产品研发能力	200	（1）产品设计、试验的人员、手段和能力。 （2）产品试制手段和能力。 （3）产品开发负责的范围能力
5. 工艺保证能力	200	（1）工艺保证硬件设施 （2）主要生产及检测设备的保证能力 （3）Cpk ≥ 1.33（PPM ≤ 60）的主要工序比例数 ≥ 80%， （4）Cpk ≥ 1（PPM ≤ 3 000）的主要工序比例数 ≥ 90%
6. 交付服务能力	100	（1）交付能力
		（2）服务能力
7. 特殊优势		（1）供应商通过特殊优势资料，审核员现场验证 （2）审核员审核中发现特殊优势，予以书面记录

三、评价原则

1. 有下列情况之一者，纳入公司的 D 级供应商：

（1）凡评价中出现"该企业纳入公司的 D 级供应商"的。

（2）凡两个以上的评价方面得分为 0 的。

（3）凡评价得分 < 800 分的（无产品开发能力的为 600 分）。

D 级供应商如果在 3 个月内没有升级，这种供应商作统一处理。

2. 有下列情况之一者，纳入公司 C 级供应商：

（1）凡评价得分 < 1 000 分的（无产品开发能力的为 800 分）。

（2）除"产品研发能力"外，其他任何项有得 0 分的。

C 级供应商必须经过改进后进一步评价，才能确定能否通过资格认可的现场审核。

3. 没有以上情况，且得分值 ≥ 1 000 分的企业（无产品开发能力的 ≥ 800 分），则供应商资格现场审核合格。有产品开发能力的为 A 级供应商；没有产品开发能力的为 B 级供应商。

4. 供应商资格现场审核合格的 A、B 级供应商，由供应商资格评定小组结合现生产供货评价情况进行评定，决定下发"×× 股份有限公司资格认可合格证"。

5. "资格认可合格证"三年内有效，三年后重新评定。

23.4 现有供应商资格认可评价标准表

现有供应商资格认可评价标准表

一、适用范围

本标准适用于公司对现有供应商进行资格认可的评价。

二、评价标准

评价方面＼标准	项目总得分	评价内容
1. 质量体系管理能力	500	公司可以进行质量体系评价的基础： （1）通过公司认可的第三方机构 ISO 9001：2018 标准或 QS 9000 标准认证 （2）通过公司认可的主机厂的第二方审核，其得分标准同上
		审核组现场体系审核内容： （1）质量目标　　　　　　　（6）测量和监控装置的控制 （2）与顾客有关的过程　　　（7）顾客满意 （3）设计和开发　　　　　　（8）内部审核 （4）采购　　　　　　　　　（9）不合格控制 （5）生产过程控制　　　　　（10）改进
2. 实物质量	200	（1）项目检测率 ≥ 85%，其中保安项、关键项、重要项检测率 100% （2）项次合格率 ≥ 92%，其中保安项、关键项、重要项合格率 100%
3. 财务状况	100	（1）营运能力：流动资产周转率（次） （2）效益及获利能力：资产利润率 （3）偿债能力分析：速动资产比率
4. 产品研发能力	200	（1）产品设计、试验的人员、手段和能力。 （2）产品试制手段和能力。 （3）产品开发负责的范围能力
5. 工艺保证能力	200	（1）工艺保证硬件设施 （2）主要生产及检测设备的保证能力 （3）Cpk ≥ 1.33（PPM ≤ 60）的主要工序比例数 ≥ 80%， （4）Cpk ≥ 1（PPM ≤ 3 000）的主要工序比例数 ≥ 90%
6. 交付服务能力	100	（1）交付能力 （2）服务能力
7. 特殊优势		（1）供应商通过特殊优势资料，审核员现场验证 （2）审核员审核中发现特殊优势，予以书面记录

三、评价原则

1. 有下列情况之一者，纳入公司的 D 级供应商：

（1）凡评价中出现"该企业纳入公司的 D 级供应商"的。

（2）凡两个以上的评价方面得分为 0 的。

（3）凡评价得分＜800 分的（无产品开发能力的为 600 分）。

D 级供应商如果在 3 个月内没有升级，这种供应商作统一处理。

2. 有下列情况之一者，纳入公司 C 级供应商：

（1）凡评价得分＜1 000 分的（无产品开发能力的为 800 分）。

（2）除"产品研发能力"外，其他任何项有得 0 分的。

C 级供应商必须经过改进后进一步评价，才能确定能否通过资格认可的现场审核。

3. 没有以上情况，且得分值≥1 000 分的企业（无产品开发能力的≥800 分），则供应商资格现场审核合格。有产品开发能力的为 A 级供应商；没有产品开发能力的为 B 级供应商。

4. 供应商资格现场审核合格的 A、B 级供应商，由供应商资格评定小组结合现生产供货评价情况进行评定，决定下发"××股份有限公司资格认可合格证"。

5. "资格认可合格证"三年内有效，三年后重新评定。

23.5　供应商的分供方清单

供应商的分供方清单

供应商名称：　　　　　　　　　　　　　编号：

零件名称：　　　　　　　　　　　　　　零件号及级别：

序号	分供方名称	原材料名称	原材料牌号／标准	零件名称	零件号	外委加工

供方代表签字：　　　　　　日期：　　　　　　　　部门／职务：

23.6　产品协作配套许可证发放申请单

产品协作配套许可证发放申请单

编号：

序号	供应商名称	代号	产品名称／图号	配套机型	生产件批准书编号	原许可证编号	备注

续表

编制：	技术部经理：	采购部经理：	批准：
日期：	日期：	日期：	日期：
生产部审核意见： 承办人／日期：		经营／质量管理委员会审核意见：	

注：1. 本表由分公司填报后交公司生产部采购管理室。

　　2. 采购管理室办理完后返回分公司和财务部各一份。

23.7　取消合格供应商资格申请单

取消合格供应商资格申请单

编号：

序号	供应商 名称	代号	产品名称／ 图号	配套机型	配套许可证 编号	处理意见	备注

编制：	技术部经理：	采购部经理：	批准：
日期：	日期：	日期：	日期：
生产部审核意见： 承办人／日期：		经营／质量管理委员会审核意见：	

注：1. 本表由分公司填报后交公司生产部采购管理室。

　　2. 采购管理室办理完后返回分公司和财务部各一份。

23.8　供需质量协议书

供需质量协议书

编号：

　　需方：

　　供方：

　　本着团结协作，共同发展，责任明确，互惠互利和确保产品质量的原则，共同遵守《××有限公司产品质量索赔和激励管理办法》，并经双方协商达成如下补充协议：

一、产品质量

1. 产品名称、编号（或型号）：

2. 产品图纸和技术要求：

3. 包装、贮运要求：

4. 交付状态要求（如合格证、标识和质量记录等）：

5. 需方对供方控制的要求：

6. 质量保证期：

7. 其他。

二、质量体系要求（按股份公司对供应商的政策）

1. 贯标要求：

2. 认证要求：

3. 需方对供方质量体系定期审核的规定。

三、产品检验

1. 检验项目（包括性能、材质项目的定期复验等）：

2. 统计抽样检验方案：

3. 检验和试验设备：

4. 其他。

四、不合格批（品）的处理

1. 退货（挑选）、返工的规定：

2. 定期和随时服务与会签的规定：

3. 其他。

五、违约责任

1. 违反协议的责任：

2. 让步降价幅度的确定：

3. 其他。

六、附则

1. 本协议经双方代表签字后，从 ____年__月__日至____年__月__日有效；

2. 本协议未尽事宜，双方可协商解决；

3. 本协议一式二份，供需双方各持一份。

需方：   供方：

代表（签名）：   代表（签名）：

____年__月__日   ____年__月__日

23.9 质量赔偿单

质量赔偿单

_____：

贵单位生产的_____产品出现不合格品给我方造成以下损失，特向贵单位申请赔偿。

单位：   ____年__月__日

赔偿项目类别	金额	发生单位	状态描述
合计金额			

赔偿项目明细	附件编号	数量	单位	金额	备注
合计金额					

会签部门	需（供）财务部门	质量部门	供（需）方代表	备注
会签／日期				

说明：1.附不合格品相关证据。

　　　　2.此单一式五份，并盖财务章。

23.10　质量赔偿裁决通知书

质量赔偿裁决通知书

```
_____：
    受理_____申诉后，生产经营部通过调查取证，并依据公司《产品质量索赔偿
和激励管理办法》。现裁决如下：

    验证费共计_____元，由_____方承担。如申诉方或应诉方对裁决不服，请于下框中注明不
服哪条（理由可附页），并签名盖章，并于____年__月__日前反馈，否则，强制执行。
```

申诉方：	应诉方：
签名（盖章）：	签名（盖章）：

裁决：	复议：
××股份有限公司 生产部 ____年__月__日	××股份有限公司质量赔偿建议 ____年__月__日

23.11　需方非常满意通知单

需方非常满意通知单

_____：

　　贵单位生产的_____产品，我们表示非常满意，拟采取以下"√"方式予以激励。

□供应商升级

□增加订货比例

□比其他供应商优先付款

□优先安排新产品

□一次性奖金____万元

单位：

___年__月__日

说明：1. 附评价记录。

　　　2. 此单一式四份，供方、需方和证券财务部、生产经营部各一份。

23.12　采购管理系统管理绩效测评表

采购管理系统管理绩效测评表

序号	测评标准	最高分	实得分
1.0	用户第一	11	
1.1	采购部门负责人每年至少与售后服务部门负责人进行一次面谈，以审核采购件质量情况以及交付改进的情况	2	
1.2	有书面程序文件，表明采购部门的用户信息能及时准确地传达到采购部门作为其改进工作的依据	4	
1.3	最近 12 个月对供应商的产品质量和交货时间的统计趋势表现出连续不断的改进	5	
2.0	生产流程同步	12	
2.1	生产现场存储的采购数量受到控制	2	
2.2	生产现场无计划外的采购件，除非生产部门需要	2	
2.3	分公司正在采用经过批准过的标准化的工位器具对采购件进行定量存放管理	1	
2.4	向生产现场发放的采购件数量是根据实际的消耗量确定的，而不是根据推进式的计划安排进行的	3	
2.5	采购部门的所有发料人员均按照书面的发料指令和日程表向生产现场发料	2	
2.6	每一位采购计划员均清楚库存改进目标，并且对库存进行监控	2	
3.0	将质量融入一切工作中	15	

续表

序号	测评标准	最高分	实得分
3.1	采用了定期审核方法，来确保采购件包装标准的符合性，并对审核中发现的问题采取了纠正措施	1	
3.2	有书面的采购入库验收标准	2	
3.3	有书面规定和办法来识别和确认超出计划的或已作废的采购件	2	
3.4	每季度对超出计划和作废的采购件进行了清理，并有报表	2	
3.5	分公司采用了必要的措施来监控采购预算的准确性，并且指导预算员提高预算的准确性	2	
3.6	采购部门的负责人，应当支持分公司的新产品投产，并做好新产品所需的采购工作	2	
3.7	对新产品，分公司采购部门应用了批量生产认证方法，以验证供应商对新产品投产的生产准备情况	1	
3.8	采用了规定的受控制的区域来存放被拒收的采购件。转送到这个拒收区的物料必须在 5 天内进行处置和移走	1	
3.9	采购部门负责人能够展示出在采购存放区域采取的安全防范措施	2	
4.0	全体人员参与改进	5	
4.1	采购部门对员工资格进行确认以保证员工具备与其岗位相适应的素质	1	
4.2	采购部门的所有员工均制订了年度工作计划、目标，并每年对目标完成情况至少进行 2 次考评	2	
4.3	采购管理人员参加了跨职能部门的工作小组，实施内部生产流程同步改进	2	
5.0	设备有能力并随时可投入使用	2	
5.1	按照设备维修保养和工艺、生产调整计划，采购计划员及时进行了采购计划调整	1	
5.2	采购部门的转运人员为确保设备状况良好建立了设备维修检查卡	1	
6.0	实现职能优化	17	
6.1	有一位合格的采购管理部门领导，并向分管经营的领导报告工作	1	
6.2	分公司采购管理部门对分公司所有采购业务进行统一管理	1	
6.3	进行了采购人员的统一培训	1	
6.4	分公司按公司的采购政策和采购管理流程实施采购管理	8	
6.5	分公司向采购部门分派了足够的搬运专业人员和叉车驾驶员，负责向生产现场发料	1	
6.6	采购管理部门的领导明确了采购部门主要人员的职责	1	
6.7	进行了叉车驾驶员培训并且进行了认可考试	1	
6.8	采购管理部门的负责人采用了一种年度业绩评价方法，对采购人员的技能、培训需求和采购部门的全面发展进行评价	1	

续表

序号	测评标准	最高分	实得分
6.9	对于库存改进目标，并满足年度生产计划的情况，采购部门负责人至少每月向分公司总经理报告一次	1	
6.10	分公司所有露天存放的采购件，均由采购管理部门进行管理	1	
7.0	建立良好的工作环境	13	
7.1	采购部门有自己必要的通信工具来传递信息	1	
7.2	重要的采购任务是以书面方式下达的	2	
7.3	对分公司总的库存情况进行了跟踪，制作成图表，醒目地放在采购管理部门负责人的办公室	1	
7.4	所有已入库的采购件均划定了存放区域，实行定置管理	1	
7.5	分公司采购管理部门参与工位器具的回收	1	
7.6	有规定适当的、非常醒目的、严格执行的采购隔离区	1	
7.7	采购管理部门建立和应用了文明生产管理程序文件，以支持各类物料的定置管理	3	
7.8	对各类信息的及时、准确传递有书面规定，各类信息的传递畅通	3	
8.0	将供货者作为伙伴	19	
8.1	采购部门负责人至少每季度与采购部门的同事面谈，对供应商的评价结果进行审核	1	
8.2	采购部门负责人至少每季度与质量部门的同事面谈，审核供应商的质量情况和改进趋势	1	
8.3	发布了"合格供应商名单"，并严格在其范围内进行采购	1	
8.4	对供应商交货出现的问题，及时向供应商通报	2	
8.5	分公司每年召开一次供应商会议	3	
8.6	对业绩优秀的供应商进行奖励	1	
8.7	采购部门与供应商一起工作以全面降低成本	3	
8.8	供应商交货情况表现出连续不断的改进趋势	5	
8.9	采购管理部门制订了不断改进供应商交货周期的措施	2	
9.0	运用通用的解决问题的 7 步工作法或 PDCA 法	6	
9.1	采购部门已经进行了 7 步工作法的正式培训，并采用了这个方法	3	
9.2	对供应商进行日常业绩评价和第二方认证，并将结果向供应商进行了反馈	3	
	合计	100	

测评得分率（%）： 实得分 / 最高分： 稽查测评日期：

审核结论： 分公司审核员签字： 公司审核员签字：

第24章 生产管理表格

24.1 月生产计划表

月生产计划表

制程名称：   月份：

序号	制令号	客户	产品	生产批量	1	2	3	4	5	6	7	8	9	10	…	31

核准：   审核：   制表：

24.2 周生产计划表

周生产计划表

月份：   日期：___年__月__日

序号	订单号	工令号	客户名	型号/规格	生产量	计划时程					
合计											

说明：1.依据月生产计划的执行状况修订。

2.依据产品所要求的标准时间制定时程。

3.时程计划栏内注明计划产量。

24.3　日生产计划表

日生产计划表

部门：　　　　　　　　　　　　　　　　　　　　日期：＿＿年＿月＿日

起止时间		产品编号	计划	实绩	差异

24.4　生产计划变更通知单

生产计划变更通知单

日期：＿＿＿年＿月＿日　　　　　　　　　　　　　　制单人：

发文单位			收文单位	
变更原因：				
变更影响部门：			变更时间：	

原生产计划排程						变更后生产计划排程					
生产批次	生产指令单号	品名	机种	生产数量	交货日期	生产批次	生产指令单号	品名	机种	生产数量	交货日期

各部门配合事项：

24.5　生产排程表

生产排程表

月份：

序号	订单号	接单日期	品名	规格	数量	交货日期	指令单号

审批：　　　　　　　　复核：　　　　　　　　　　制表：

24.6　产销时间与数量协调控制表

产销时间与数量协调控制表

产品：　　　　　　　　　　　　　　　控制月份：＿＿＿年＿月＿日至＿＿＿年＿月＿日

产品名称	今日库存			期间总销量预测	销量缺口	生产量计划					生产日程控制（每日控制）					
	数量	估计日销量	尚可销售日数			保证本月销售数量	下月初销售需求	合计生产量	日生产能力	生产日数	1	2	3	4	5	…
1	2	3	4	5	6	7	8	9	10	11						

注：上述各栏平衡关系是4＝2÷3，6＝5-2，7＝6，9＝7+8，11＝9-10。

24.7　生产制令单

生产制令单

部门：　　　　　　　　　　　　　　　　　日期：＿＿＿年＿月＿日

机种名称	产品代码	规格	制令总量	申请量	未申请量	备注

制表：　　　　　　　　审核：　　　　　　　　　核准：

24.8　停线通知单

停线通知单

发文部门		客户		发文日期	
受文部门		机种		发文时间	
□白班　□夜班			线别		
发文部门填写	紧急停线问题：			提出人：	
				批准：	
受文部门填写	停线原因：		改善对策：	提出人：	
				批准：	
发文部门跟踪	问题得到解决共停线____时____分，可复线			提出人：	
	备注：			批准：	

24.9　生产领料单

生产领料单

产品型号：　　　　　批量：　　　　　订单号：　　　　　发料时间：____年__月__日

序号	物料名称	型号规格	部门用量	应发量	实发量	欠发量	备注

领料人：　　　　　　　　　　　　　　　　发料人：

24.10　生产异常报告单

生产异常报告单

生产批号		生产产品		异常发生单位		
发生日期		起讫时间	自__时__分至__时__分			
责任部门到场时间	品管部	技术研发部	生管部	采购部		仓库
异常描述			异常数量			

续表

停工人数		影响度		异常工时	
紧急对策					
填表单位	主管：		审核：		填表：
责任单位分析对策					
责任单位	主管：		审核：		填表：
会签					

24.11 生产日报表

生产日报表

生产部门：　　　　　　　　　　　　　　　日期：＿＿＿年＿月＿日
上班总时间：　　　　　　　　　　　　　　工作人数：

制令单号	品名	规格	需生产批量	当天产量		已生产量	待生产量	生产时间/异常时间
				良品数	不良品数			
当日异常	1. 2. 3. 4.							

制表：　　　　　　　　　　审核：　　　　　　　　　　制表：

24.12 停产报告

停产报告

发单组别		发单时间	
停产时间			
停产原因			
	经理：	主管：	发单人：

续表

物料部处理意见	
	签名：
采购部处理意见	
	签名：
其他相关部门处理意见	
	签名：
总经理审批	
	签名：

24.13　制程异常通知单

制程异常通知单

站别：　　　　　　　　　　　　　　　　　　　　　　　　　　编号：

产品型号		工令单号		生产时间		追溯随机单	
设备编码		生产批量		不良数量		不良率	
异常 描述	核准：　　　　　审核：　　　　　经办：						
异常原因 分析及暂 时对策	异常处理：□让步接受　　□在线维修　　□挑选重工　　□停线 核准：　　　审核：　　　经办：　　　责任归属：						
长期改 善对策							
品质 确认	□让步接受：可恢复生产 □不合格品处理方式： 改善结果确认： 核准：　　　审核：　　　经办：						
分发 部门	□生产部　　□ IQC　　□研发　　□采购 □工程部　　□ OQC　　□计划　　□产品						

24.14 制程异常分析报告

制程异常分析报告

部门分析：　　　　　　　　　　　　　　　　　日期：＿＿年＿月＿日

机型		工令单号		批量		不良数		不良率	

配置描述：

不良现象描述

分析过程及结果记录
负责人：

分析结果及改善对策
负责人：

相关部门会签

□ IQC	
□研发中心	
□ OQC	
□生产部	
□厂商	
□其他	负责人：

启用日期：

第25章　质量管理表格

25.1　进料检验记录

进料检验记录

第____页　共____页

供应商		品名		规格型号		订单号		
批量		入厂日期		类别	□原材料　□外发加工料　□客供品			
序号	检验项目	检具	抽样数	实测结果			判定结果	
							□ OK　□ NG	
							□ OK　□ NG	
							□ OK　□ NG	
							□ OK　□ NG	
检验标准书编号／版本：			量具编号：		综合判定		□ OK　　□ NG	

注：此报告上部分由仓管员填写，下部分由品质部IQC填写。

检验员：　　　　　　　　审核：　　　　　　　　批准：

25.2　IQC 进料履历表

IQC进料履历表

厂商：　　　　　　　　品名：　　　　　　　　月份：

批次	日期	规格	数量	检验结果					权责人	备注
				合格	退货	特采	挑选	加工使用		

备注：权责人即进料检验最终结果确认者。

制表：　　　　　　　　　　　审核：

25.3 原材料性能试验报告

原材料性能试验报告

供应商：			零件号码：		
检验机构名称：			零件名称：		
试验种类	材料规格编号／日期／规格		供应商试验结果	合格	不合格

25.4 全尺寸测试报告

全尺寸测试报告

第＿＿页／共＿＿页

零部件供应者：		零件号码：		
检验机构名称：		零件名称：		
项目	尺寸／规格	供应商测量结果	合格	不合格

25.5 材料／零件／不合格处理报告

材料／零件不合格处理报告

材料／零件名称：	供应商名称：	不合格数量：
零件图号：	年度内同类不合格次数：	
责任单位／供应商：		
不合格状况及特征： 报告人：		IQC 检查员对不合格特征、数量认可签名：
不合格影响：		品质部主管：

续表

采购部门处理意见：	采购部主管：
生产部门处理意见：	生产部主管：
开发部门处理意见：	开发部主管：
工程部门处理意见：	工程部主管：
最终处置方式：　返工□　　返修□　　退货□　　特采□　　报废□ 处置建议： 采购单位填报人：	

25.6　产品不合格处理报告

产品不合格处理报告

产品名称：	不合格发生地：		不合格数量：
零件图号：	年度内同类不合格次数：		
责任单位／供应商：			
不合格状况及特征： 报告人：			IQC 检查员对不合格特征、数量认可签名：
不合格影响：			品质部主管：
市场部门处理意见：			市场部主管：
生产部门处理意见：			生产部主管：

开发部门处理意见：	开发部主管：
工程部门处理意见：	工程部主管：
最终处置方式： 返工□ 返修□ 退货□ 特采□ 报废□ 处置建议： 责任单位填报人：	

25.7 紧急放行申请单

紧急放行申请单

材料名称		型号规格	
产地		批号	
购进数量		购进日期	
使用部门		使用数量	
急用原因	签字： 日期：		
品管部意见	签字： 日期：		
技术部意见	签字： 日期：		
生产部经理 意见	签字： 日期：		

备注：使用紧急放行的辅材产品在产品流程卡和检验记录上标注：△内部用黑色圆圈红色三角；质量科和生产车间在发现紧急放行的产品不符合要求时，应立即上报，并负责产品的追回和处置。

25.8 生产线运行质量控制表

生产线运行质量控制表

生产作业内容		当日计划产量	更改信息	日期
生产线				

续表

	序号	工序名称	配置人员	替岗人员	按检验内容确认		
					操作者	生产工程师	检验员
人员							

	设备	生产用料	方法	工作环境
检验内容	□工装模具是否已经换好 □设备参数是否已经调整 □调整后设备运行是否正常	□上次生产剩余零件是否已清理干净 □重新投入生产用零件是否符合图号	□工艺规程，检验规程是否已按生产作业内容更换	□工作场地是否经清理满足生产要求 □是否有运输、盛装器具 □是否按产品规定要求定置摆放

制造部 :

25.9　首 / 末件检验记录

首/末件检验记录

产品代号 :　　　　　　　产品名称 :　　　　　　　日期 :___年__月__日

班次	早班		中班		晚班	
检验规定	首件	末件	首件	末件	首件	末件
签名						

说明 : 1. 首末件确认人员 : 生产工程师、质量控制人员。

　　　2. 在生产前十分钟内完成检查，按 √ 和数据确认。

　　　3. 质量管理人员有责任在生产 / 班次结束时完成末件检查。

　　　4. 首件检验必须在每班开始前。

　　　5. 机器在生产运行期间被修理，重新工作或机器的参数从原始首件被批准后改变及新的生产工艺被实施时要进行首件检验。

编制 :　　　　　　　审核 :　　　　　　　批准 :

25.10　缺陷记录单

缺陷记录单

序号	缺陷类别	其他原因工废	料废数量	工废数量	成品数量
合计					

25.11　工序缺陷统计表

工序缺陷统计表

工序：　　　　　　工序名称：　　　　　　定岗人员：　　　　　　期间：一周

代码	缺陷名称	日期						
a								
b								
c								
d								
e								
	记录人							
	生产批号							
	每周合计	a	b	c	d	e	
备注：							

25.12　产品性能试验报告

产品性能试验报告

产品名称：			产品编号：			
实验室名称：						
编号	试验项目要求	试验频率	试验频率	试验结果及试验条件	合格	不合格

25.13　产品审核报告

产品审核报告

客户名称：		零件名称： 零件号： 图纸日期：											生产批号 / 数量：	
编号：													生产日期：	

序号	检验项目	规范要求	检　验　结　果										缺陷 点数	质量 特性值
			1	2	3	4	5	6	7	8	9	10		
1	产品标签													
2	产品包装													
3	产品外观													
4	产品尺寸													
5	产品特性													

缺陷总点数：　　　　质量特性值：　　　　审核日期：　　　　审核员：

审核结果：□ 符合规范要求 ；　□ 不符合规范要求，产品审核不符合

通知单编号：

25.14　产品审核不符合通知单

产品审核不符合通知单

编号：　　　　　　　　　　　　　　　　　　发出日期：____年__月__日

受稽核部门		审核日期	

不符合描述：

产品名称：　　　　　　　　　　产品编号：

缺失程度：　□致命缺失　　□主要缺失　　□次要缺失　　□观察项

产品审核员：　　　　　　管理者代表：

原因分析：

　　　　　　　　　　　　　　　　　　　　　　　　责任单位：

纠正及纠正措施：		
承诺完成期限：＿＿年__月__日	责任部门：	
预防措施： 承诺完成期限：＿＿年__月__日	责任部门：	
对策审查： □ 是否接受对策：□ 是 □ 否，说明： □ 重新发出"产品审核不符合通知单"，编号：＿＿＿＿＿。 □ 需要完成标准化	管理者代表：	
结案评估： □ 重新发出编号：＿＿＿，要求完成期限：＿＿年__月__日 □ 结案时间：＿＿年__月__日	内审员：	
审核员		管理者代表

25.15 最终产品检验记录

最终产品检验记录

产品名称：　　　　　　　产品图号：
生产批号：　　　　　　　生产数量：　　　　　　生产日期：＿＿年__月__日

检验顺序：100—外观检验期 　　　　　200—尺寸检验 　　　　　300—性能检验				检验员：				最终判定：	
检验 顺序	检验 项目	检验设备/手段	检验标准	实验值				备注	
				1	2	3	4		
101									
102									
103									
201									
202									
203									

续表

检验顺序	检验项目	检验设备 / 手段	检验标准	实验值				备注
				1	2	3	4	
204								
205								
206								
207								
301								

25.16 不符合纠正预防要求书

不符合纠正预防要求书（CAR）

CAR 编号：

异常问题描述：			
提报单位：	提报人：	日期：	
异常原因分析：			
多方论证小组签名：		日期：	
纠正措施：			
责任单位：	责任人：	完成期限：	
纠正预防措施的影响：			
预防措施：			
责任单位：	责任人：	完成期限：	
多方论证小组签名：		日期：	
纠正（预防）措施结果验证：		完成日期	
		验证人	
		验证日期	
		审批	
		审批日期	

25.17　不符合项台账

不符合项台账

提报日期	提报单位	CAR 编号	异常描述	责任单位	验证计划日期	认证人	认证结果

第26章　物流配送管理表格

26.1　物流配送分配表

物流配送分配表

填表人：　　　　　　　　　　　　　　　　　　　　填表日期：____年__月__日

收货单位		收货地点		
收货人		联系电话		
物流配送说明				
配送物资名称	配送数量	物资单位	配送期限 开始时间 / 结束时间	配送车辆 / 配送人员

配送物资名称	配送数量	物资单位	开始时间	结束时间	配送车辆	配送人员
备注						

26.2　货品分布表

货品分布表

表单编号：

货品编号：　　　　　　　　　　　　　订购累进：

推出日期：　　　　　　　　　　　　　库存数量：

客户编号	名称	色别	尺寸	进货日	异动日	进量	追加量	退量	累计

26.3 批发出货单

批发出货单

表单编号：   制表日：
客户编号：   名称：   日期：

货品编号	色别	尺寸	数量	货品编号	色别	尺寸	数量

26.4 发货单

发货单

销售类型：   日期：＿＿年＿月＿日   订单编号：
销售部门：   业务员：   发货单号：
客户名称：
仓库：   备注：

存货编码	存货名称	规格型号	计量单位	数量	单价	金额	税额	价税合计	备注

客户签收：   日期：
制单人：   审核人：

26.5 送货单

送货单

部门：   编号：

存货编号	存货名称	规格型号	计量单位	数量	销售单价	金额	税额	价税合计	备注
合计									

交货日期：＿＿年＿月＿日	客户签名：
购买单位地址：	电话：
业务员签名：	
备注：	

制单人：　　　　　　　　　　　　　审核人：

26.6　出库单

出库单

出库类型：　　　　　　　　　　出库日期：＿＿年＿月＿日　　　　出库单号：

部门：　　　　　　　　　　　　业务员：　　　　　　　　　　　　发货单号：

客户名称：

仓库：　　　　　　　　　　备注：

存货编码	存货名称	规格型号	计量单位	数量	单位进价（不含税）	税金	销售成本（不含税）	价税合计	备注

制单人：　　　　　　　　　　　　　审核人：

26.7　调拨申请单

调拨申请单

编号：

调入方名称：　　　　　　　　　　　　　　　　　　　日期：＿＿年＿月＿日

编号	商品编号	项目名称	单位	数量	单价	税率	税额	价税金额
合计								
调拨原因：								

26.8　调拨单

调拨单

单据号：　　　　　日期：＿＿＿年＿＿月＿＿日　　　　转出部门：　　　　转入部门：

转出仓库：　　　　转入仓库：　　　　　　　　　出库类别：　　　　入库类别：

经手人：　　　　　备注：

存货编码	存货名称	规格型号	计量单位	数量	单价	金额

制单人：　　　　　　　审核人：　　　　　　　记账人：

26.9　送货统计表

送货统计表

序号	合同号	客户	型号	名称	数量	联系人	送货日期

26.10　退货统计表

退货统计表

填写人：　　　　　　　　　　　　　　　　　　　　　编号：

日期	客户名称	交运日期	退货情况			责任单位	损失
			货号	数量	退货原因		

26.11　货物运输单

货物运输单

收件单位：　　　　　　　　　　　　　　传真号码：

收件人：　　　　　　　　　　　　　　　联系电话：

发件单位：　　　　　　　　　　　　　　联系电话：

发件人：　　　　　　　　　　　　　　　第＿＿＿页，共＿＿＿页

货物类别			运输方式		最迟运抵时间限定
销售	促销产品	样品赠品	汽运	海运	年　月　日
			铁运		配装整车说明
运抵客户（或仓库）名称及地址			货物指定签收人		许可
名称			姓名		不许可
地址			电话		

序号	货号	单位	数量	序号	货号	单位	数量	序号	货号	单位	数量
备注											
承运车号				预计到达日期							
审核人				报货日期							

发运时间：　　年　月　日　时　　　　　　　　经办人

26.12　产品交运单

产品交运单

卡别	正常或取消	异动代号及原因	交运日期			公司	发货库	收货库	客户编号	销售别	发票号码	本单编号
			年	月	日							
	N 正常 L 取消	FA 代加工										
		GS 冲销预收款										
		FB 发票属发货库										
		HQ 样品赠送										
		GB 调拨										
		CG 预收款										
		HT 送厂外加工										

续表

生产通知单		产品名称及规格	产品编号	单位（千克）	数量	件数	单位	金额	分类账页	备注
号码	项次									
客户名称				交货地点						

客户签收	车行及车号	承运人	点交人	会点守卫	厂门守卫	进出厂时间	厂处长	科长	制表
						时　　分进			
						时　　分出			

26.13　运输记录表

运输记录表

材料名称		起讫地点				
提运凭证号码		共____份				
运输期限（起止时间）		短损情表	重量	铁路	海运	公路	邮寄
逾期时间（天）			里程				
逾期罚款							
货运所简文　电字第____号			吨公里				
承运号		获赔金额		运输费			
		报损金额		装卸费			
备注							

26.14　交运物品清单（一）

交运物品清单（一）

发站：　　　　　　　　　　　　　　　　　　　　　　　　货票第____号

货件编号	包装	详细内容			件数或尺寸	重量	价格
		物品名称	材质	新旧程度			

托运人盖章或签字：　　　　　　　　　　年　月　日

26.15　交运物品清单（二）

交运物品清单（二）

起运港（地）：　　　　　　　　　　　　　　　　　　运单号码：

货件编号	包装	内容			重量	价值（元）
		货物（物品）名称	材质	新旧程度		
合计						

托运人签章：　　　　　　　　　承运人签章：　　　　　　　　　年　　月　　日

26.16　交运物品清单（三）

交运物品清单（三）

起运地点：　　　　　　　　　　　　　　　　　　　运单号码：

编号	货物名称与规格	包装形式	件数	新旧程度	体积（长×宽×高）	重量（千克）	保险、保价价格
备注							

托运人（签章）：　　　　　　　　承运人（签章）：　　　　　　　　年　　月　　日

说明：凡不属同品名、同规格、同包装的货物，在一张货物运单上不能逐一填写的，可填交本物品清单。

26.17　运输通知单

运输通知单

兹有	客户名称		地址			电话		
	依据本单诸约本公司订购下列各项货品							
项目	品名		规格	数量	单价	金额	备注	
	中文	英文						
总计	人民币（大写）____万____仟____佰____拾____元整							

续表

约定成交条件（买方与卖方均愿）	
1. 试车日期：___年__月__日 2. 试车及验收地点： 3. 交货日期：自签订本单后___天内或___年__月__日以前 4. 交货地点： 5. 机器所具性能：如所附操作情况及操作资料 6. 付款方法：签订本单时预付_____元订金（发票号码_____），余款_____元，付自货到日起___天的票据	制造号码：

发件人		发送日期	__月__日	交货单号码	
发票号码		服务登记栏		__月__日	
排定生产期间	自___年__月__日至___年__月__日			制造命令单号码	
国内部经理		生管部		经办人	

26.18　汽车运输单

汽车运输单

装货地点		分货人		地址		电话	
卸货地点		收货人		地址		电话	
运单或货签号码		计费里程		付货人	地址		电话

货物名称	包装形式	数量	实际重量（吨）	计费运输量		公司运价/吨			运费金额	其他收费		运杂费小计
				吨	吨/公里	货物等级	道路等级	运价率		费用	金额	

运杂费合计金额（大写）	
备注	
收货人签收盖章	

开票单位（盖章）：　　　　　开票人：　　　　　承运驾驶员：　　　　　年　月　日

26.19　运输月报表

运输月报表

输送类别	实际工作天数	实际工作时间数	输送来回次数	输送个数	输送重量	输送距离	移动率	单位作业量	摘要

PART 3

世界500强企业管理流程范本

第27章　战略管理流程

27.1　战略信息收集与分析流程

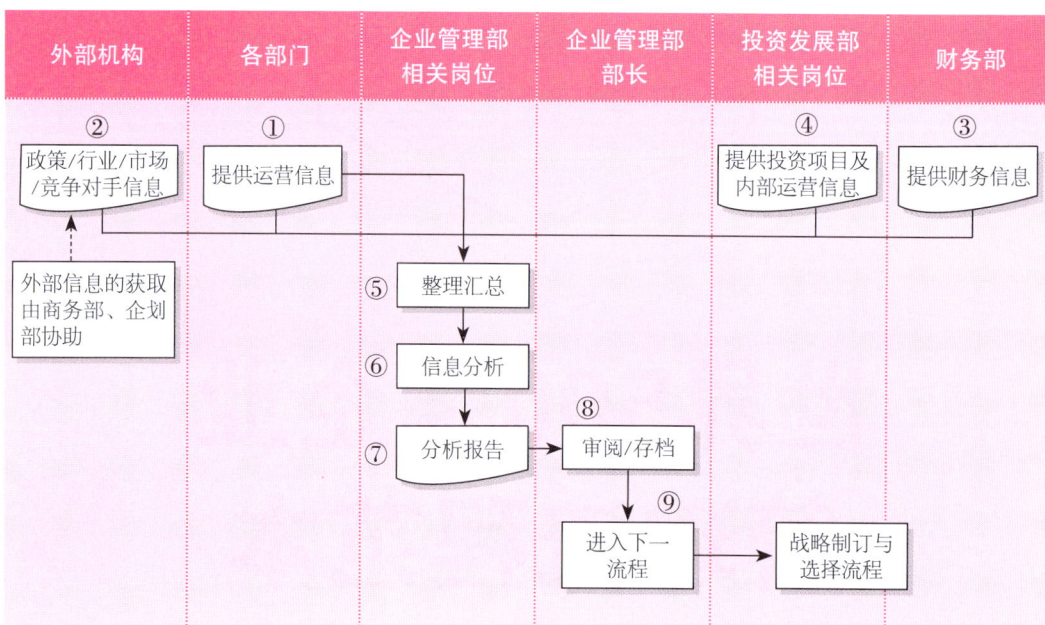

外部机构	各部门	企业管理部相关岗位	企业管理部部长	投资发展部相关岗位	财务部
② 政策/行业/市场/竞争对手信息	① 提供运营信息			④ 提供投资项目及内部运营信息	③ 提供财务信息
外部信息的获取由商务部、企划部协助		⑤ 整理汇总 ⑥ 信息分析 ⑦ 分析报告	⑧ 审阅/存档 ⑨ 进入下一流程		战略制订与选择流程

流程说明

编码	节点	工作内容的简要描述
①	提供营运信息	各部门提供其运营信息
②	政策/行业/市场/竞争对手信息	以企业管理部为主导，其他部门（营销中心、企划部等）协助企业管理部工作，向外部机构获取政策/行业/市场信息和竞争对手信息
③	提供财务信息	财务部提供财务信息
④	提供投资项目及内部运营信息	投资发展部相关岗位提供投资项目及内部运营信息
⑤	整理汇总	企业管理部相关岗位将上述各部门提供的信息加以整理和汇总，以备分析之用
⑥	信息分析	企业管理部相关岗位根据以上信息进行行业/市场分析、企业现状评估和优劣势分析
⑦	分析报告	企业管理部相关岗位在分析的基础上形成书面的分析报告
⑧	审阅/存档	企业管理部经理对战略信息分析报告进行审阅，并安排部门文员将报告及原始信息资料按公司文档管理规定加以存档
⑨	进入下一流程	执行战略制定与选择流程

27.2　战略制定与选择流程

各其他部门	企业管理部　运营总监	总经理办公会	战略委员会　董事会

流程要素：

董事会：战略构想与目标

① 下达战略规划任务

② 组织调查和论证

③ 提供资料，协助论证

④ 提出业务战略和职能战略构想

⑤ 是否需要外部咨询服务

⑥ 协助并管理外部咨询服务

⑦ 汇总、平衡和调整，提出战略目标建议和战略规划思路

⑧ 审核　否/是

⑨ 审批　否/是

⑩ 提出战略规划步骤，并形成战略发展规划备选方案

⑪ 审核　否/是

⑫ 讨论、评估　修改意见

⑬ 修改并形成战略规划草案

⑭ 战略选择

⑮ 审核　否/是

⑯ 审批　否/是

⑰ 落实战略规划方案

⑱ 下发战略规划并监控执行情况

⑲ 进入下一流程　战略评估与调整流程

市场分析报告 其他部门专项分析报告

资源预测 业务发展预测

战略规划

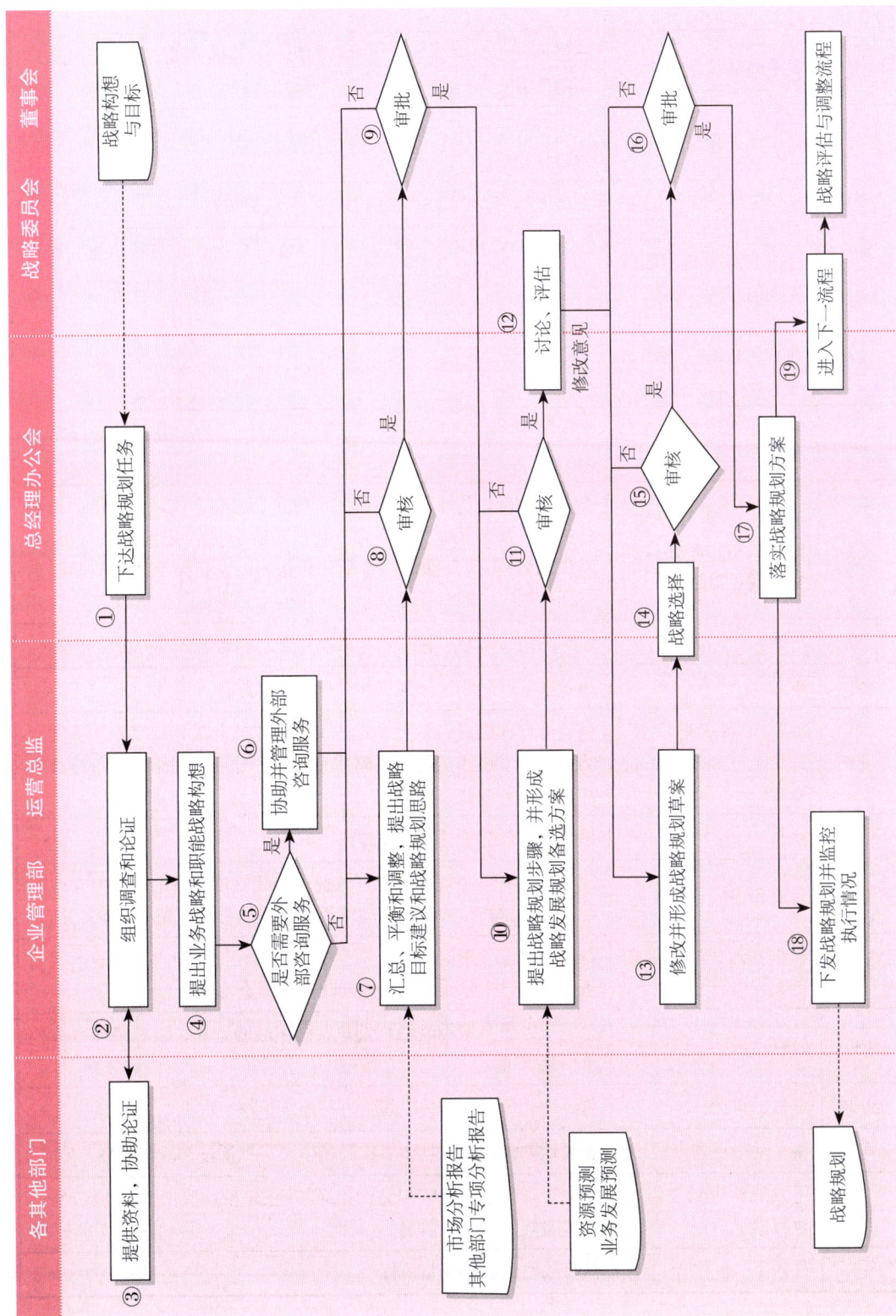

- 539 -

流程说明

编码	节点	工作内容的简要描述
①	下达战略规划任务	总经理办公会根据董事会战略构想与目标向企业管理部下达战略规划任务
②	组织调查和论证	由运营总监牵头，在理解战略框架草案的基础上对战略框架进行调查和论证
③	提供资料，协助论证	各其他部门向企业管理部提供资料，协助论证
④	提出业务战略和职能战略构想	在上述调查和论证的基础上提出公司的业务战略和职能战略构想，如果需要外部咨询服务，则由企业管理部按相关管理办法协助并管理外部咨询服务
⑤	确认是否需要外部咨询服务	由企业管理部判断，确认是否需要外部咨询服务
⑥	协助并管理外部咨询服务	如果需要外部咨询服务，则由企业管理部协助并管理外部咨询服务
⑦	汇总、平衡和调整，提出战略目标建议和战略规划思路	企业管理部进行汇总、平衡和调整之后，综合市场部提供的市场分析报告和各其他部门专项分析报告后，提出战略目标建议和战略规划思路。（其他部门专项分析报告，是指截至本次战略制定与选择期限内的专项分析报告，不同于日常运营分析报告）
⑧	审核	运营总监将战略目标建议和战略规划思路报总经理办公会审核
⑨	审批	由董事会对战略目标建议和战略规划思路进行审批
⑩	提出战略规划步骤，并形成战略规划备选方案	企业管理部综合市场分析报告／其他部门专项分析报告和资源预测及业务发展预测提出战略规划步骤，并形成战略规划备选方案并由总经理办公会审核
⑪	审核	总经理办公会审核战略规划备选方案
⑫	讨论和评估	运营总监将总经理办公会审核通过的战略规划备选方案提交战略委员会讨论和评估，并由战略委员会提出修改意见和建议
⑬	修改并形成战略规划草案	企业管理部负责对战略委员会的修改建议进行汇总，对战略规划备选方案进行修改，并形成战略规划草案
⑭	战略选择	总经理办公会根据战略规划草案做出战略选择，报总经理审核和董事会审批
⑮ ⑯	审核、审批	总经理、董事会按权限规定进行逐级审核、审批
⑰	落实战略规划方案	总经理办公会负责具体落实经董事会审批通过的战略规划方案
⑱	下发战略规划并监控执行情况	企业管理部下发战略规划，指导其他部门的规划工作，检查各部门战略规划的执行情况
⑲	进入下一流程	执行战略评估与调整流程

27.3　战略评估与调整流程

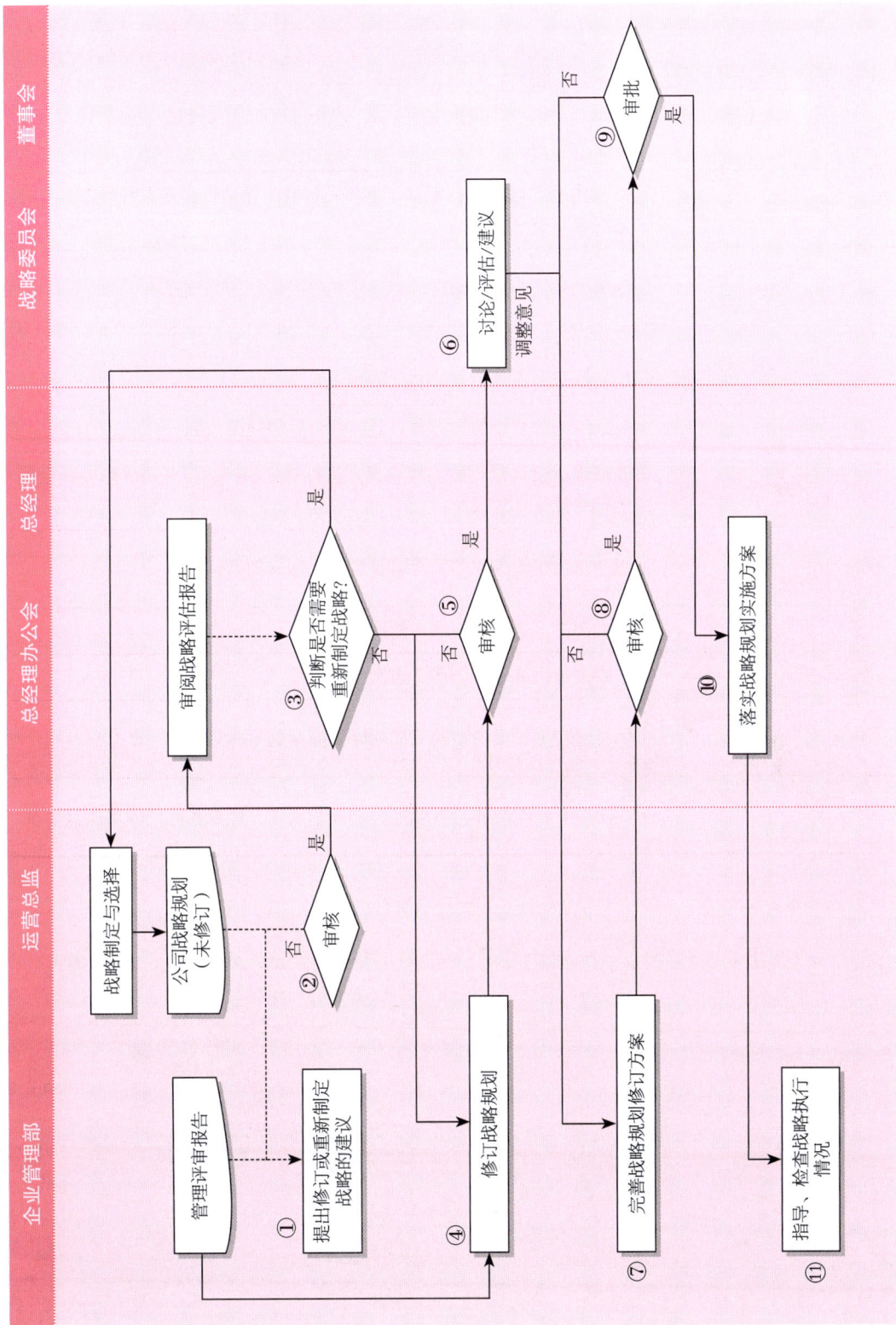

董事会	战略委员会	总经理	总经理办公会	运营总监	企业管理部

⑨ 审批（是／否）

⑥ 讨论评估/建议　调整意见

③ 判断是否需要重新制定战略？（是／否）

审阅战略评估报告

⑤ 审核（是／否）

⑧ 审核（是／否）

⑩ 落实战略规划实施方案

战略制定与选择

公司战略规划（未修订）

② 审核（是／否）

④ 修订战略规划

⑦ 完善战略规划修订方案

管理评审报告

① 提出修订或重新制定战略的建议

⑪ 指导、检查战略执行情况

流程说明

编码	节点	工作内容的简要描述
①	提出修订或重新制定战略的建议	企业管理部根据各年度管理评审报告以及公司原有战略规划，对公司战略目标进行回顾，并对执行情况进行评估，判断战略制定的基本假设前提是否发生重大变化，从而提出修订或重新制定战略的建议，并提交战略评估报告
②	审核	审核由运营总监进行审核，审核后将战略评估报告送总经理办公会和总经理审阅
③	判断是否需重新制定战略	如果判断需要重新制定战略，则转向战略制定与选择流程
④	修订战略规划	如果判断仅需修订战略，则由企业管理部根据市场分析报告和其他部门专项分析报告重新修订战略规划
⑤	审核	总经理办公会审核由运营总监将修订后的战略规划
⑥	讨论／评估／建议	战略委员会对修订后的战略规划进行讨论和评估，并由战略委员会提出调整意见和建议
⑦	完善战略规划修订方案	运营总监根据战略委员会意见完善战略规划修订方案
⑧	审核	总经理办公会、总经理审核战略规划修订方案
⑨	审批	董事会审批战略规划修订方案
⑩	落实战略规划修订方案	由总经理办公会负责落实战略修订方案的实施
⑪	指导、检查战略执行情况	由企业管理部负责指导业务公司规划工作，检查各部门战略执行情况

第28章　全面预算管理流程

28.1　预算启动流程

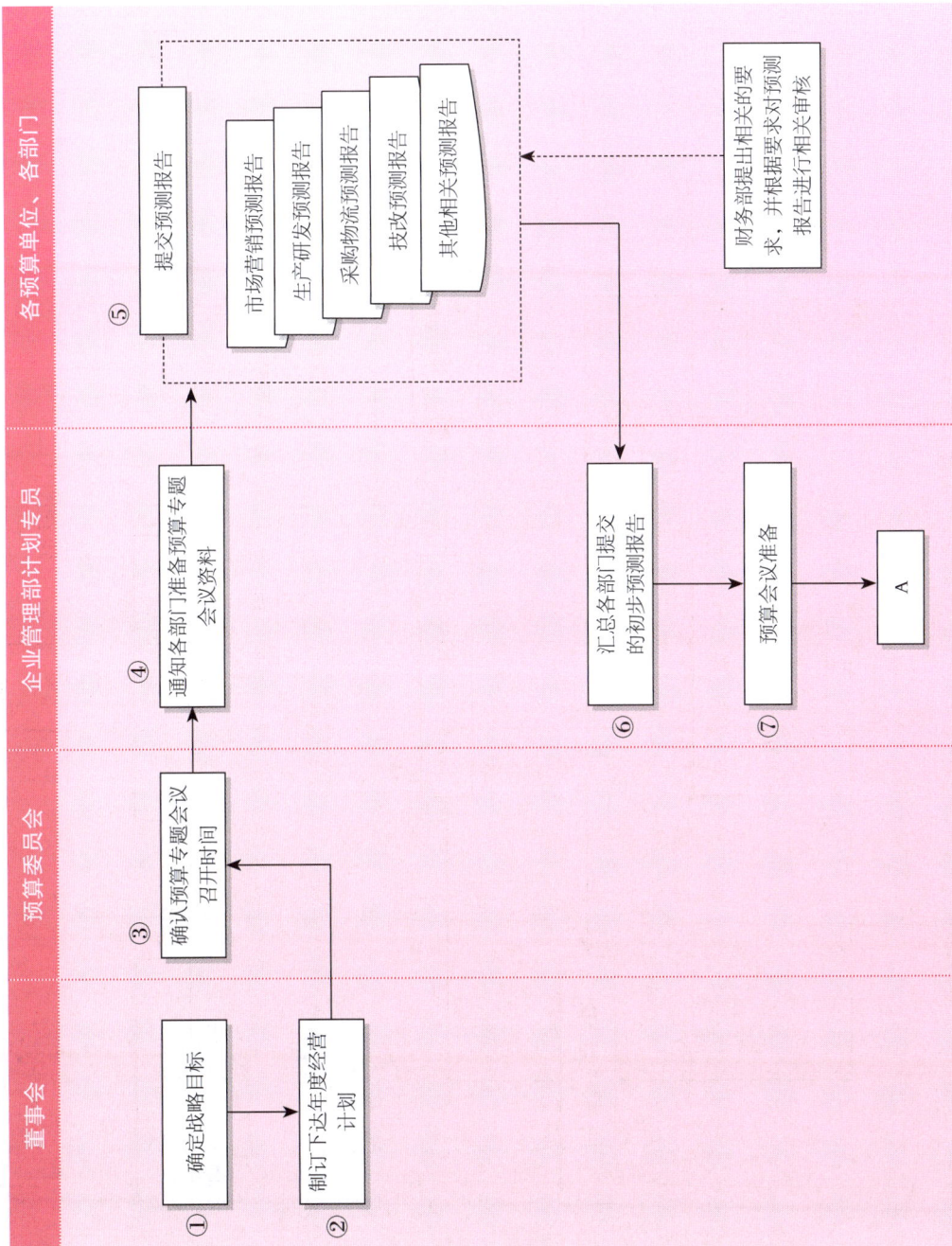

董事会	预算委员会	企业管理部计划专员	各预算单位、各部门
① 确定战略目标	③ 确认预算专题会议召开时间	④ 通知各部门准备预算专题会议资料	⑤ 提交预测报告
② 制订下达年度经营计划			市场营销预测报告 / 生产研发预测报告 / 采购物流预测报告 / 技改预测报告 / 其他相关预测报告
		⑥ 汇总各部门提交的初步预测报告	财务部提出相关的要求，并根据要求对预测报告进行相关审核
		⑦ 预算会议准备	
		A	

流程图（一）

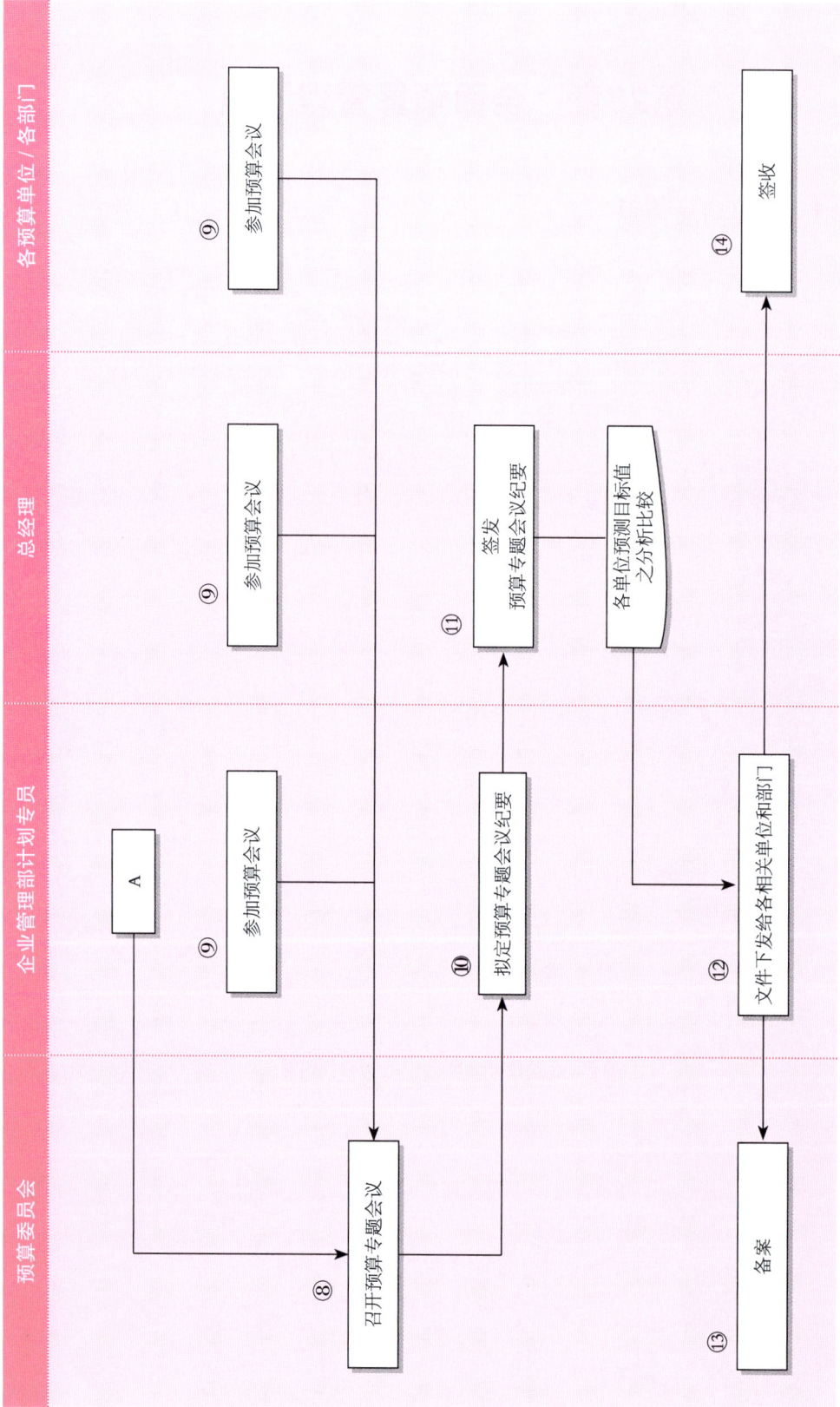

预算委员会	企业管理部计划专员	总经理	各预算单位/各部门
	A		
	⑨ 参加预算会议	⑨ 参加预算会议	⑨ 参加预算会议
⑧ 召开预算专题会议	⑩ 拟定预算专题会议纪要	⑪ 签发 预算专题会议纪要	
		各单位预测目标值 之分析比较	
⑬ 备案	⑫ 文件下发给各相关单位和部门		⑭ 签收

流程图（二）

流程说明

编码	节点	工作内容的简要描述
①	确定战略目标	董事会根据公司的愿景目标和发展规划等确定战略目标
②	制定下达年度经营计划	董事会根据战略目标制定并下达年度经营计划
③	确认预算专题会议召开时间	预算委员会确定预算专题会议的召开时间并通知战略管理部计划专员组织召开
④	通知各部门准备预算专题会议资料	企业管理部计划专员通知各预算部门经理以上人员准备预算专题会议资料，通知召开日期并分发会议召开所需资料清单
⑤	提交预测报告	各部门经理按照财务部提出的相关要求，结合市场预测、历年销售情况、销售能力、研发能力、生产仓储能力、人力资源、资金状况等情况提交初步预测报告，并预测本部门未来年度的收入和费用；财务部按要求做合格审查
⑥	汇总各部门提交的初步预测报告	企业管理部计划专员汇总各部门提交的初步预测报告作为预算会议初步审议内容纳入会议资料
⑦	预算会议准备	企业管理部计划专员做好会议准备，安排会议议程，预订开会场所，准备预算表格，发出会议通知
⑧	召开预算专题会议	预算委员会召开预算专题会议，根据各预算部门的预测报告等制定预算目标值和预算编制原则等
⑨	参加预算专题会议	各预算部门的相关人员、企业管理部计划专员和总经理参加预算专题会
⑩	拟定预算专题会议纪要	企业管理部计划专员根据预算专题会的内容拟定预算专题会议纪要并提交总经理审阅
⑪	签发预算专题会议纪要	总经理签发预算专题会议纪要和各预算部门预测目标值的分析比较
⑫	文件下发给各相关单位和部门	企业管理部计划专员将总经理签发的预算专题会议纪要（应附上年度经营目标值）和各预算部门的预测目标值分析比较等文件下发给各相关的预算部门
⑬	备案	预算委员会将预算专题会议纪要备案、归档管理
⑭	签收	各部门在接到下发的预算专题会议纪要时要签名表示接收

28.2 预算编制流程

| | 财务部 | 预算部门 | 预算部门负责人 |

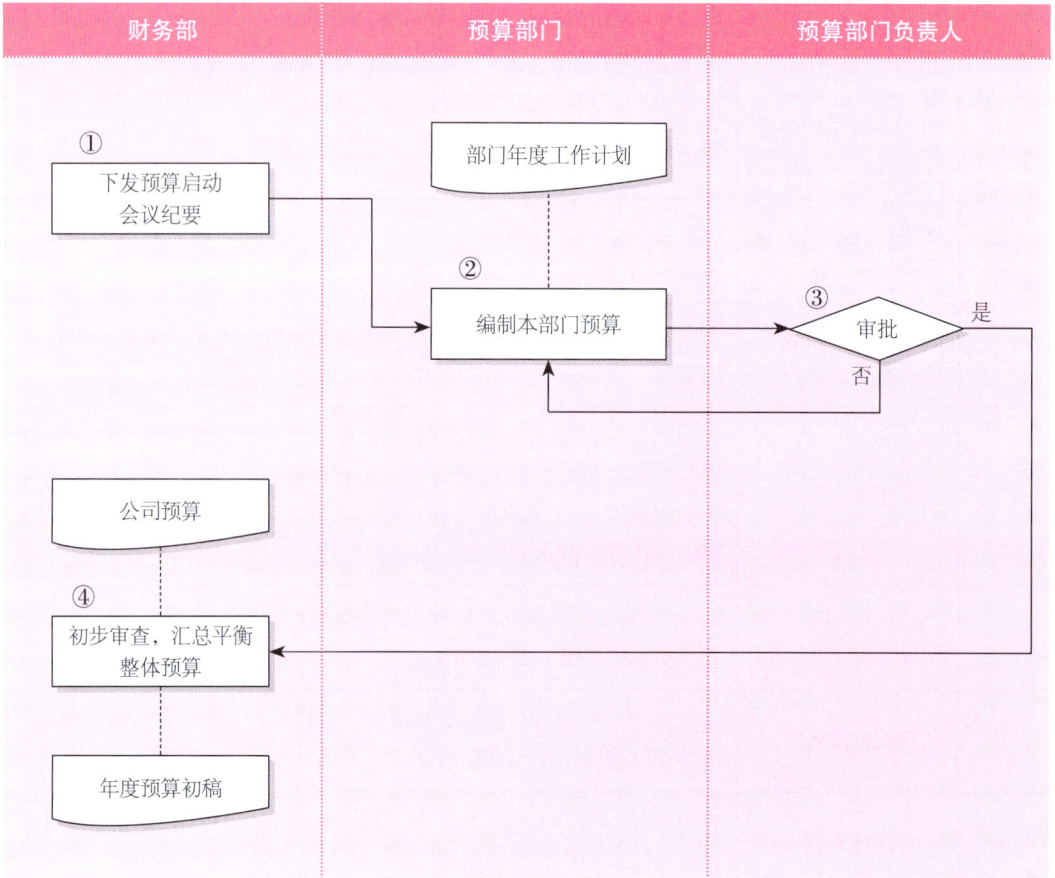

流程说明

编码	节点	工作内容的简要描述
1	下发预算启动会议纪要	财务部下发预算启动会议纪要 =
2	编制本部门预算	各预算部门根据年度经营目标和工作计划、预算目标编制本部门下一年度的预算草案
3	审批	各部门负责人对本部门的预算草案进行审批并报财务部
4	初步审查，汇总平衡整体预算	财务部将编制好的公司预算，连同预算部门的预算草案进行审查，看其是否符合编制要求，然后汇总平衡并编制公司年度预算初稿

28.3　预算方案审批流程

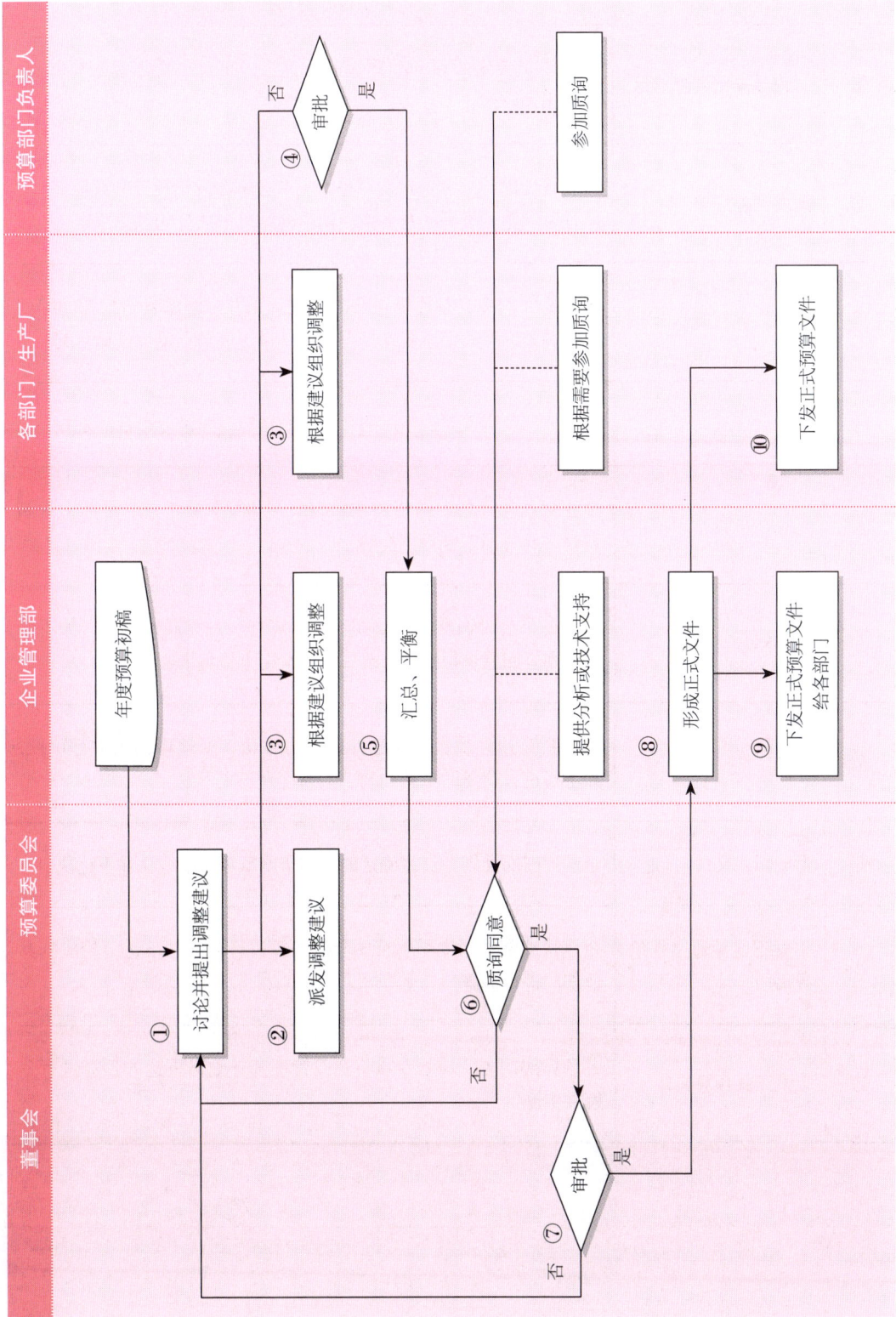

董事会	预算委员会	企业管理部	各部门／生产厂	预算部门负责人

① 讨论并提出调整建议

② 派发调整建议

③ 根据建议组织调整

③ 根据建议组织调整

④ 审批　否／是

⑤ 汇总、平衡

⑥ 质询同意　是／否

⑦ 审批　是／否

⑧ 形成正式文件

⑨ 下发正式预算文件给各部门

⑩ 下发正式预算文件

年度预算初稿

提供分析或技术支持

根据需要参加质询

参加质询

流程说明

编码	节点	工作内容的简要描述
①	讨论并提出调整建议	预算委员会组织召开预算编制质询会，审议公司年度预算初稿，并提出调整建议
②	派发调整建议	企业管理部计划专员接受调整意见并分解派发给相应的其他部门／厂进行调整，然后汇总各部门调整的结果形成公司预算草案
③	各部门进行调整	各预算部门接受预算委员会的调整意见并分解派发给相应的部门进行调整，然后汇总各部门调整的结果形成预算单位预算草案
④	审批	预算部门负责人对调整后的各部门的预算草案进行审批并上报
⑤	汇总、平衡	企业管理部计划专员将调整后的公司预算草案汇总、平衡，编制调整后的公司年度预算初稿
⑥	质询同意	预算委员会对调整后的公司年度预算初稿进行质询讨论，如不同意，则发回原单位继续修改；如同意则上报董事会
⑦	审批	董事会对预算委员会通过并提交的公司年度预算初稿进行审批，如不通过，则发回重新编制，如通过则正式下发
⑧	形成正式文件	企业管理部计划专员将确定的公司年度预算定稿成文并下达执行
⑨	下发正式预算文件给各部门	企业管理部计划专员将公司年度预算进行分解并下达给相应的其他部门进行实施
⑩	下发正式预算文件	各预算部门／厂计划专员将企业管理部计划岗下达的预算进行分解并实施

28.4　预算内费用审批流程

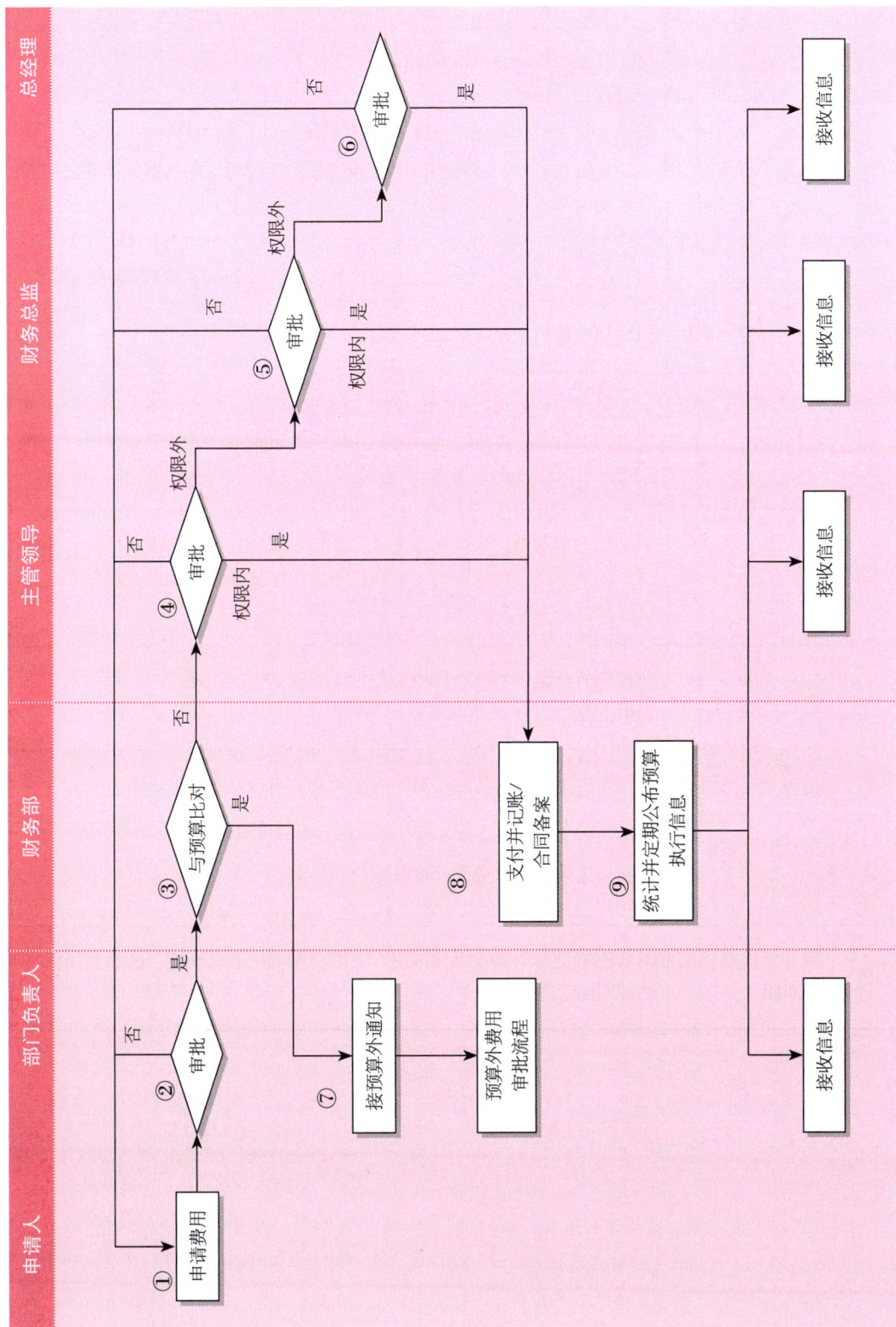

流程说明

编码	节点	工作内容的简要描述
①	申请费用	各部门根据需要提出费用申请
②	审批	部门负责人审批费用申请的合理性，如果不同意，则返回申请部门，如果同意，则看是否在权限内，如在权限内，则提交财务部，如果在权限外，则提交主管领导审批
③	与预算比对	财务部对费用申请进行合理性与合规性进行核对，同时与预算进行对比，如果在预算内则递交至申请部门主管领导审核，如果超出预算，则通知申请部门按照预算外流程处理
④	审批	主管领导审批费用申请的合理性，如果不同意，则返回申请部门，如果同意，则看是否在权限内，如在权限内，审批通过，如果在权限外，则提交财务总监审批
⑤	审批	财务总监审批费用申请的合理性，如果不同意，则返回申请部门，如果同意，则看是否在权限内，如在权限内，审批通过，如果在权限外，则提交总经理审批
⑥	审批	总经理对费用申请作出最终批复，不同意则发回申请部门，如同意，则给财务部
⑦	接预算外通知	部门负责人接到财务部预算外通知然后按照预算外流程申请
⑧	支付并记账/合同备案	财务部进行记账并拨款或将费用合同备案
⑨	统计并定期公布预算执行信息	财务部汇总费用等的申请情况，定期公布细化到各个部门的预算的执行情况

28.5　预算外费用审批流程

各部门	部门负责人	财务部	主管领导	财务总监	总经理	董事会

① 申请费用

② 审批（否／是）

③ 审批（否／是）

④ 审批　权限内（否／是）　权限外

⑤ 审批　权限内（否／是）　权限外

⑥ 审批　权限内（否／是）　权限外

⑦ 审批（否／是）

⑧ 支付并记账

⑨ 发生业务活动

⑩ 申请报销／支付

⑪ 审批（否／是）

⑫ 审批（否／是）

⑬ 审批　权限内（否／是）　权限外

⑭ 审批　权限内（否／是）　权限外

⑮ 审批　权限内（否／是）　权限外

⑯ 报销

⑰ 统计并定期公布预算执行信息

接收信息

接收信息

接收信息

接收信息

接收信息

接收信息

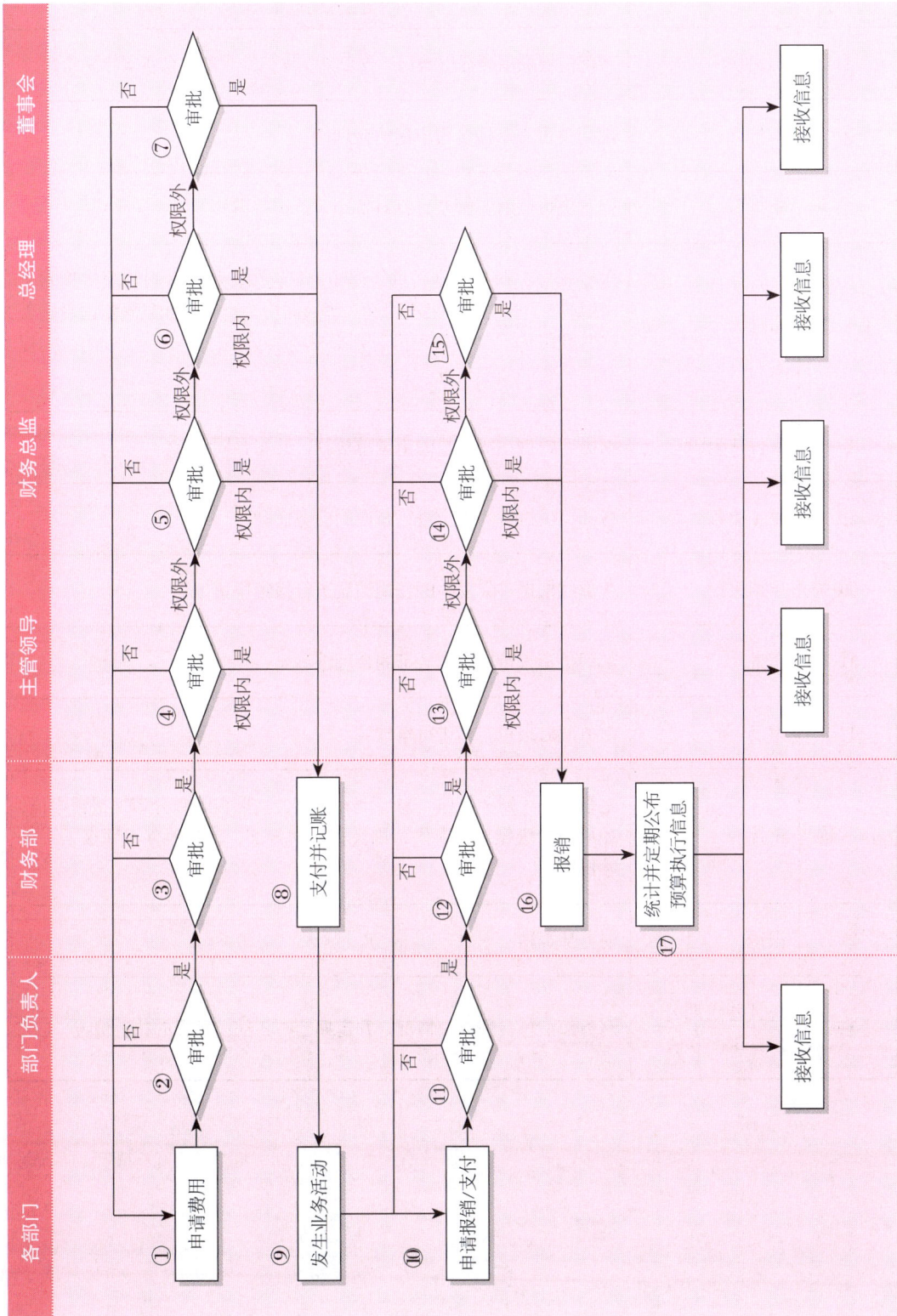

流程说明

编码	节点	工作内容的简要描述
①	申请费用	各部门根据需要提出费用（预算外）申请，由部门负责人审核合理性
②	审批	部门负责人审核费用申请的合理性
③	审批	财务部按照财务制度进行对费用申请进行审核
④－⑦	审批	主管领导、财务总监、总经理和董事会以此按照各自权限审批费用（预算外）申请：如果不同意，则返回申请岗位，如果同意则看是否在其权限内，如在权限内，则提交给财务部，如不在权限内，则提交高一级的领导审批
⑧	支付并记账	财务部根据逐级批复的申请单拨款，并将合同备案
⑨	发生业务活动	各部门用拨付的资金进行相应的业务活动
⑩	申请报销	各部门根据实际发生的费用情况进行报销申请
⑪	审批	部门负责人审核报销凭证的合理性
⑫	审批	财务部对报销申请进行审核
⑬－⑮	审批	主管领导、财务总监、总经理和董事会按照权限划分审批报销申请，如果在各级领导权限内，则直接送财务部，在权限外，则报下一级领导审批
⑯	报销	财务部报销
⑰	统计并定期公布预算执行信息	财务部汇总费用申请情况，并定期公布各部门预算的执行情况

28.6　滚动预算编制流程

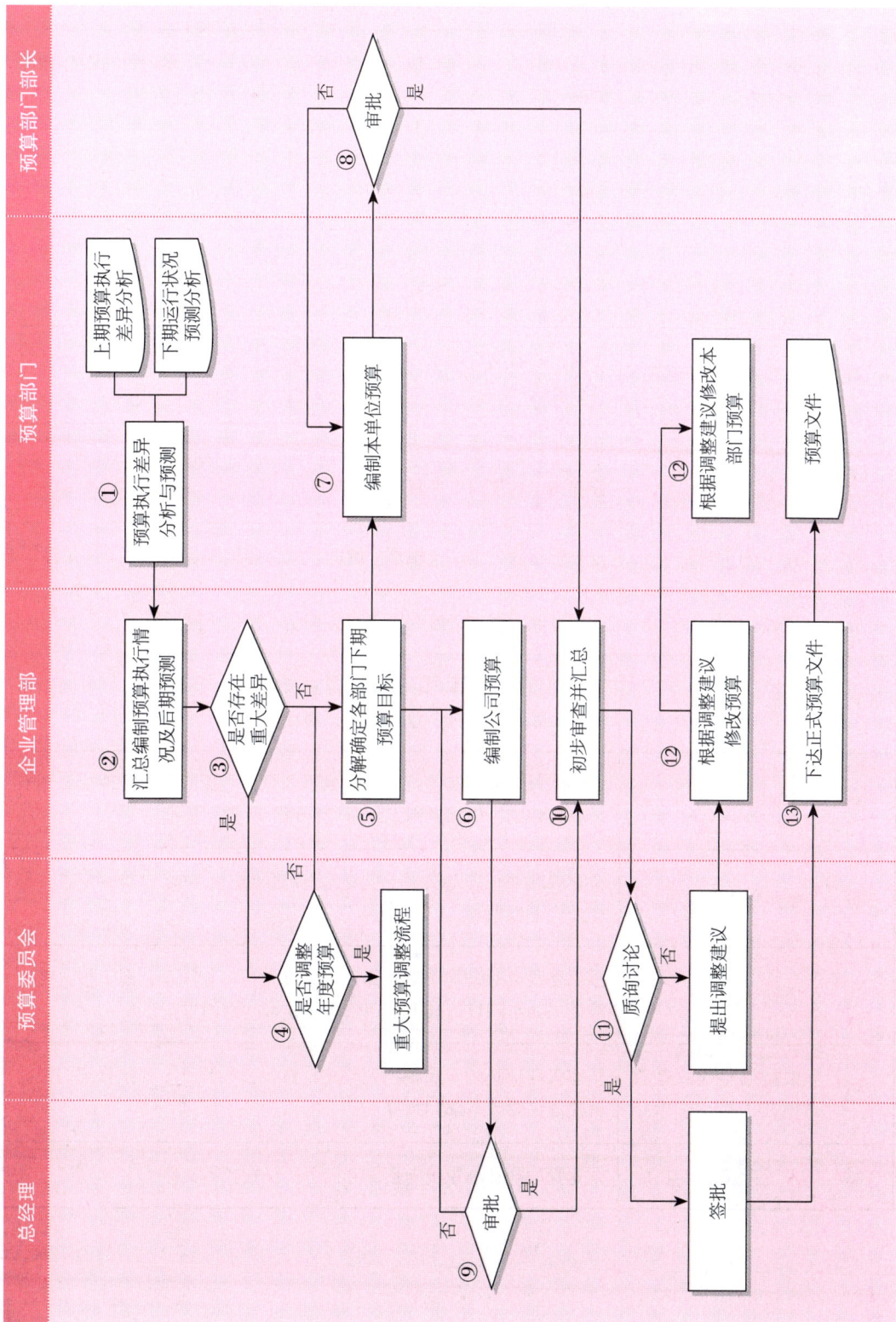

泳道（从左到右）： 总经理　预算委员会　企业管理部　预算部门　预算部门部长

流程节点：

- ① 预算执行差异分析与预测（上期预算执行差异分析、下期运行状况预测分析）
- ② 汇总编制预算执行情况及后期预测
- ③ 是否存在重大差异
- ④ 是否调整年度预算
- 重大预算调整流程
- ⑤ 分解确定各部门下期预算目标
- ⑥ 编制公司预算
- ⑦ 编制本单位预算
- ⑧ 审批
- ⑨ 审批
- ⑩ 初步审查并汇总
- ⑪ 质询讨论
- 提出调整建议
- 签批
- ⑫ 根据调整建议修改预算／根据调整建议修改本部门预算
- ⑬ 下达正式预算文件
- 预算文件

流程说明

编码	节点	工作内容的简要描述
①	预算执行差异分析与预测	预算部门对上期预算执行情况作差异分析，对下期运行状况作预测分析
②	汇总编制预算执行情况及后期预测	企业管理部计划专员将各预算部门的差异分析和预测汇总，形成公司的预算执行分析和预测
③	是否存在重大差异	企业管理部计划专员对于各预算部门报来的预算执行情况差异分析进行审阅，看其是否存在重大差异
④	是否调整年度预算	如有，则看是否调整年度预算，如需要调整年度预算，则进入预算调整流程
⑤	分解各部门下期预目标	企业管理部计划专员根据各预算部门对于下期运行状况预测分析，分解确定各部门下期预算目标
⑥	编制公司预算	企业管理部计划专员根据分解的预算目标编制各部门的下期预算
⑦	编制本单位的预算	各预算部门根据分解的预算目标编制本部门下期预算
⑧	审批	预算部门部长对本部门下期预算进行审批，如不同意，则发回重新编制；如同意则报企业管理部计划专员汇总
⑨	审批	总经理对下期预算进行审批，如不同意，则返回企业管理部计划专员重新编制，如同意则发给企业管理部计划专员汇总
⑩	初步审查并汇总	企业管理部计划专员对于提交的部门预算进行初步审查并汇总，形成公司下期预算
⑪	质询讨论	预算委员会对公司下期预算进行质询讨论，如同意，则上报总经理签批；如不同意，则提出调整意见让编制部门重新修改
⑫	根据调整建议修改预算	企业管理部计划专员根据调整建议修改公司预算；各预算部门根据调整建议修改本部门预算
⑬	下达正式预算文件	企业管理部计划专员向预算部门下达正式预算文件

28.7　预算执行评估流程

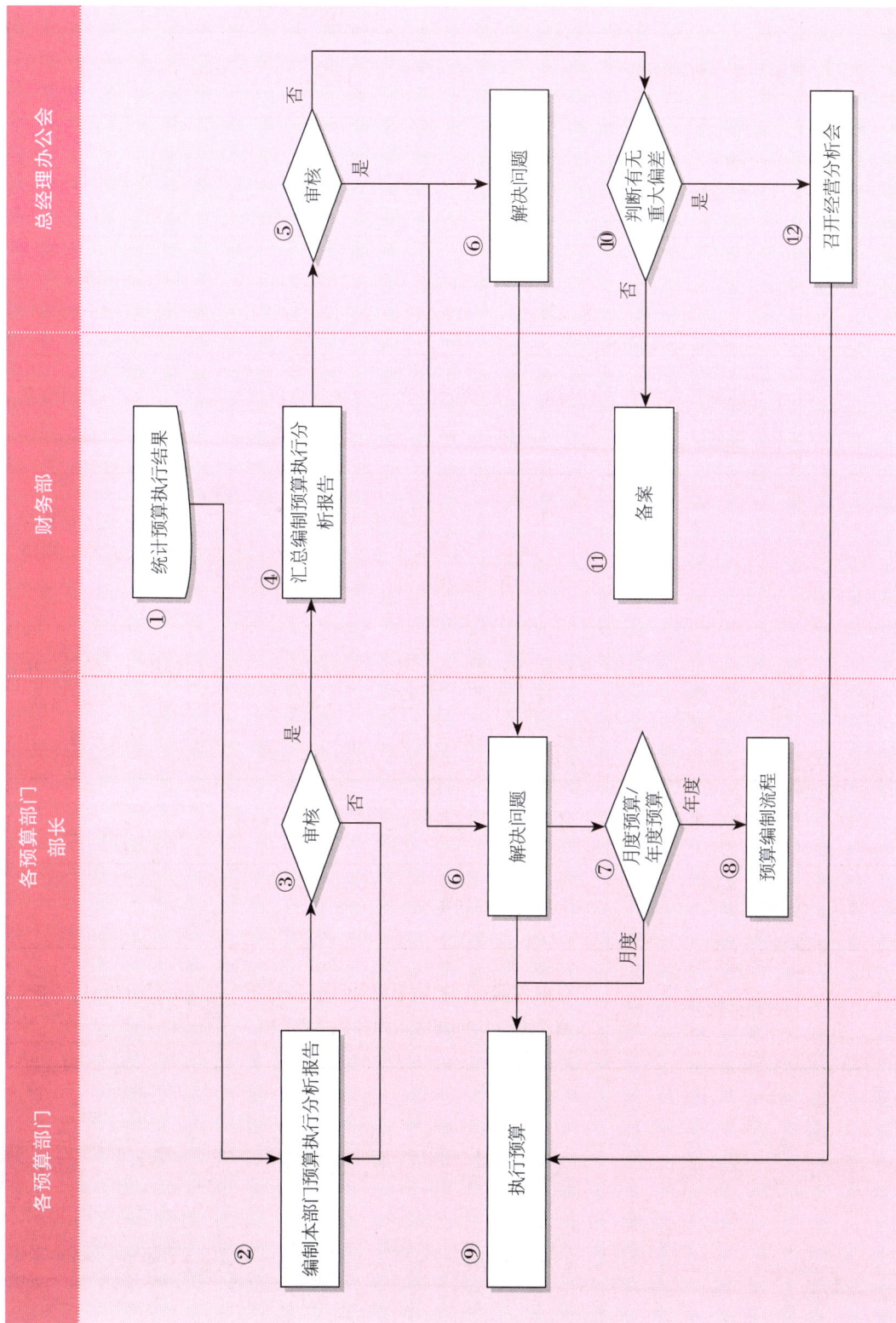

各预算部门	各预算部门部长	财务部	总经理办公会

① 统计预算执行结果

② 编制本部门预算执行分析报告

③ 审核（是／否）

④ 汇总编制预算执行分析报告

⑤ 审核（是／否）

⑥ 解决问题

⑥ 解决问题

⑦ 月度预算/年度预算（年度／月度）

⑧ 预算编制流程

⑨ 执行预算

⑩ 判断有无重大偏差（是／否）

⑪ 备案

⑫ 召开经营分析会

流程说明

编码	节点	工作内容的简要描述
①	统计预算执行结果	财务部统计当期预算的执行情况并发送给各预算部门
②	编制本部门预算执行分析报告	各预算部门根据预算执行情况编制各自的预算执行分析报告
③	审核	各预算部门部长对预算执行分析进行审核，如判断不正确，则发回预算执行人重新编制，如判断为正确，则报战略管理部计划岗
④	汇总编制预算执行分析报告	财务部将各预算部门的预算执行分析报告汇总，并编制公司预算执行分析报告，报总经理办公会审批
⑤	审核	总经理办公会对公司预算执行分析报告进行审核，如果没有需要解决的问题，则看有无重大偏差；如果有需要解决的问题，则协助解决，并责成相关部门责人组织解决问题
⑥ - ⑨	解决问题	总经理办公会组织预算部门部长对公司月度预算执行分析报告中的问题进行解决，并落实到各预算部门执行；如果是年度预算，将把这些问题解决方案带入到下一年度预算编制中予以考虑
⑩	判断有无重大偏差	总经理办公会判断预算执行有无重大偏差
⑪	备案	如无重大偏差则备案
⑫	召开经营分析会议	如有重大偏差，则由总经理办公会召开当期的经营分析会，对重大偏差进行分析并落实到各预算部门

28.8　重大预算调整流程

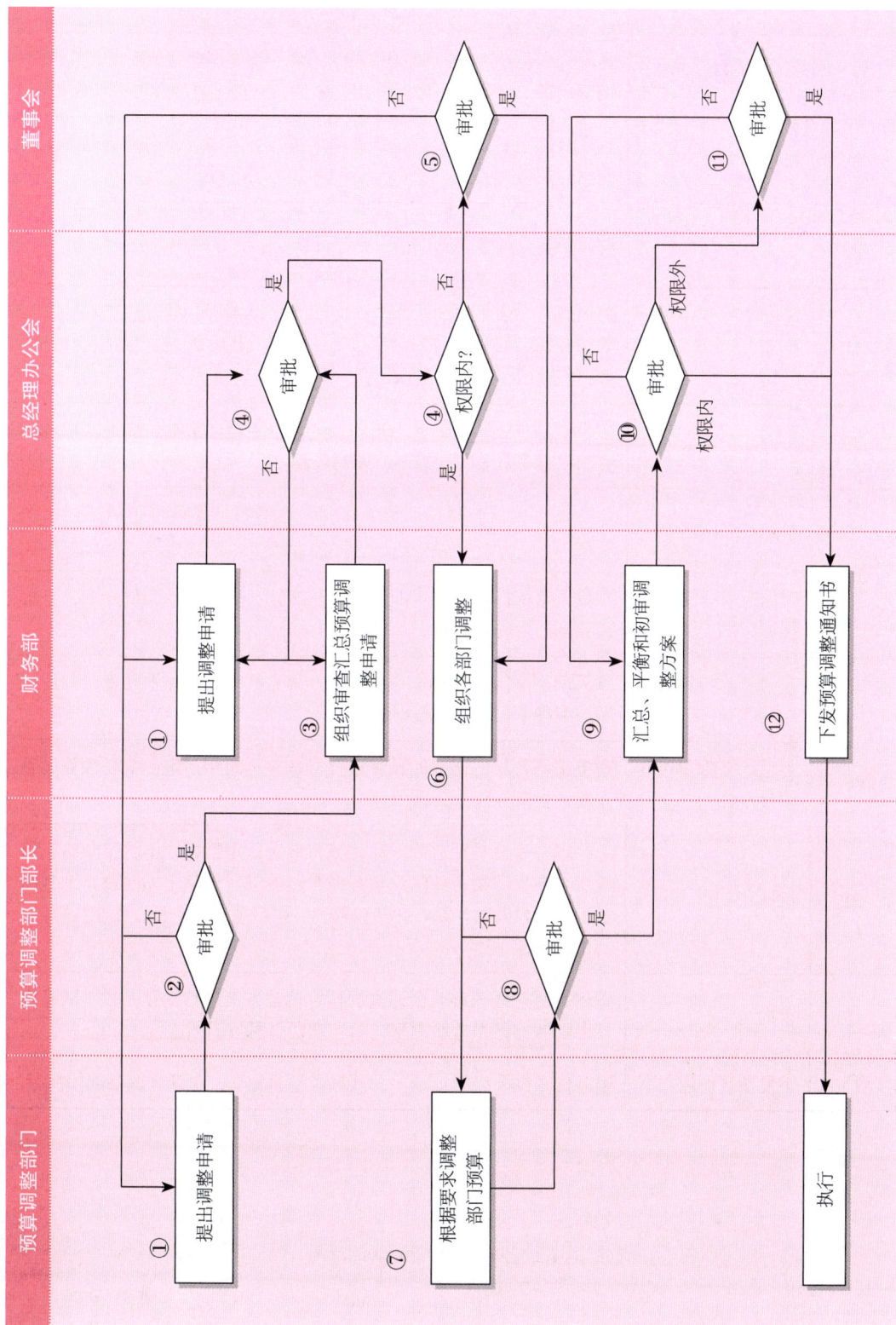

流程说明

编码	节点	工作内容的简要描述
①	提出调整申请	各部门根据预算执行情况和预测,认为需要调整预算时,提出预算调整申请;财务部提出预算调整申请,直接报总经理办公会审批
②	审批	各预算部门负责人审批预算调整申请,如不同意,则重新调整;如同意,则报财务部
③	组织审查汇总预算调整申请	财务部接受预算调整申请,初审并汇总,报总经理办公会审批
④	审批	总经理办公会对预算调整申请进行审批,如不同意则返回申请部门,如同意,则判断是否在其权限内,如不在其权限内,则报董事会审批,如在权限内,则由财务部下达
⑤	审批	董事会对总经理办公会上报的预算调整申请作审批,如不同意,则返回申请单位;如同意则下发财务部
⑥	组织各部门调整	财务部将批复的预算调整分解并下达给各预算调整申请部门组织实施
⑦	根据要求调整部门预算	预算调整部门根据下达的预算调整执行,编制预算调整方案,上报预算部门部长审批
⑧	审批	预算调整部门部长对位预算调整方案进行审批,如不同意,则返回重新编制;如同意则报财务部
⑨	汇总、平衡和初审调整方案	财务部将各部门调整的预算进行汇总、平衡和初审,编制预算调整方案,报总经理办公会审批
⑩	审批	总经理办公会对汇总的预算调整方案进行审批,如不同意则给出修改意见并发回财务部组织预算调整实施部门调整;如同意,则判断是否在其权限内,如不在其权限内,则报董事会审批,如在权限内,则由财务部下达
⑪	审批	董事会对总经理办公会通过的预算调整方案进行批复,如不同意则发回财务部组织重新调整,如同意则由财务部下达
⑫	下发预算调通知书	财务部根据上级的批示下发预算调整通知书,由预算调整部门执行

第29章　筹资管理流程

29.1　筹资业务内部控制流程

股东大会	董事会	总经理	财务部

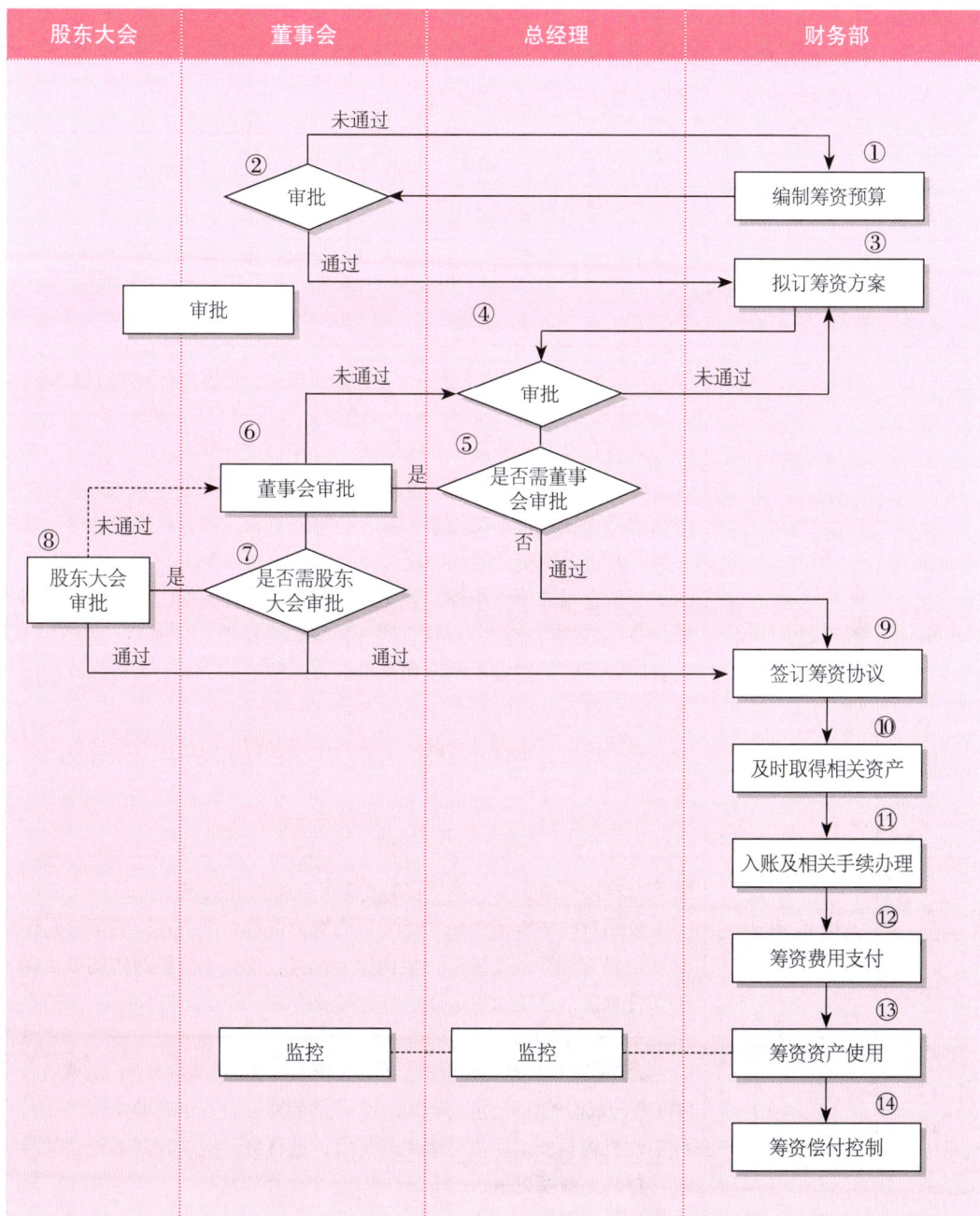

流程说明

编码	节点	工作内容的简要描述
①	编制筹资预算	由财务部组织各部门，每年度根据公司的发展战略、投资计划、生产经营需要，并以现金流为中心编制筹资预算，筹资预算与资金需求时间、结构、规模相匹配；筹资预算应符合公司发展战略要求、筹资计划和资金需要
②	董事会审批	董事会审批筹资预算，公司筹资预算一经批准，必须严格执行
③	拟订筹资方案	筹资方案由公司财务部拟订
④	总经理审批	筹资方案呈交总经理审批，超越授权范围审批的筹资业务，则将筹资方案呈交董事会进行决策
⑤－⑥	董事会审批	董事会审批权限和要求进行审批；如果需要股东大会审批，则再将方案上呈
⑦－⑧	股东大会审批	股东大会审批权限和要求进行决议，但决议前，董事会必须通过该方案
⑨	签订筹资协议	（1）筹资必须签署筹资合同或协议 （2）筹资合同由公司授权财务部会同有关部门办理 （3）公司根据经批准的筹资方案，与筹资对象，中介机构等协商达成一致，并订立筹资合同或协议 （4）筹资合同或协议审核：公司组织审计部等相关部门或人员对合同或协议条款进行审核，审核合同或协议的合法性、合理性、完整性；对合同审核时，对审核情况和意见应有完整记录；重大筹资合同或协议，还应征询法律顾问或专家的意见 （5）合同或协议审批。合同经审核程序通过后，由公司有关授权人员批准 （6）变更筹资合同或协议，按原授权审批程序进行
⑩	及时取得相关资产	（1）公司按照筹资合同或协议的约定及时取得相关资产 （2）公司对已核准但尚未对外发行的有价证券，由公司财务部会同保安部门妥善保管或委托专门机构代为保管，建立相应的保管制度，明确保管责任，定期和不定期进行盘存或检查
⑪	入账及相关手续办理	（1）公司取得的资产是货币资金的，按货币资金的实有数额及时入账 （2）公司取得的资产为非货币资金，且需要对该资产进行验资、评估的，经中介机构验资、评估后确定其价值，进行会计记录，并办理有关产权转移、工商变更手续

（续表）

编码	节点	工作内容的简要描述	
⑫	筹资费用支付	（1）财务部应正确计算筹集费用，并由稽核会计进行核对，确保筹资费用符合筹资合同或协议的规定 （2）公司支付筹资费用，按《内部会计控制制度——货币资金》的有关规定办理	
⑬	筹资资产使用	（1）公司应严格按照筹资方案所规定的用途使用对外筹资的资产 （2）由于市场环境变化等特殊情况导致确需改变资产用途的，应按有关规定履行审批手续，并对审批过程进行完整的书面记录，从资本市场的筹集的资金改变用途，应经董事会决议和公告	
⑭	筹资偿付控制	利息租金偿付	（1）财务部指定专人严格按照合同或协议规定的本金，利率及币种计算利息和租金，并由稽核会计稽核，定期与债权人核对 （2）支付利息、租金、经授权人员批准后，方可支付 （3）委托代理机构对外支付债券利息,财务部应指定专人清点、核对代理机构的利息支付清单
		股利支付	（1）公司的股利分配方案，经股东大会审议批准后方能生效 （2）公司严格按照股利分配方案发放股利 （3）公司发放股利经授权人员批准后方可发放 （4）公司委托代理机构支付股利，财务部应指定专人清点、核对代理机构的股利支付清单
		债务资金支付	（1）财务部应指定专人对债务资金进行管理，定期列单向公司总经理、财务总监、财务部经理提示债务资金到期情况 （2）严格按合同或协议规定支付本、息 （3）支付债务资金，经授权批准后支付 （4）到期债务如需续借，经授权人员批准后，财务部在到期前一个月向债权人申请办理，到期前完成续借手续

29.2 筹资决策管理流程

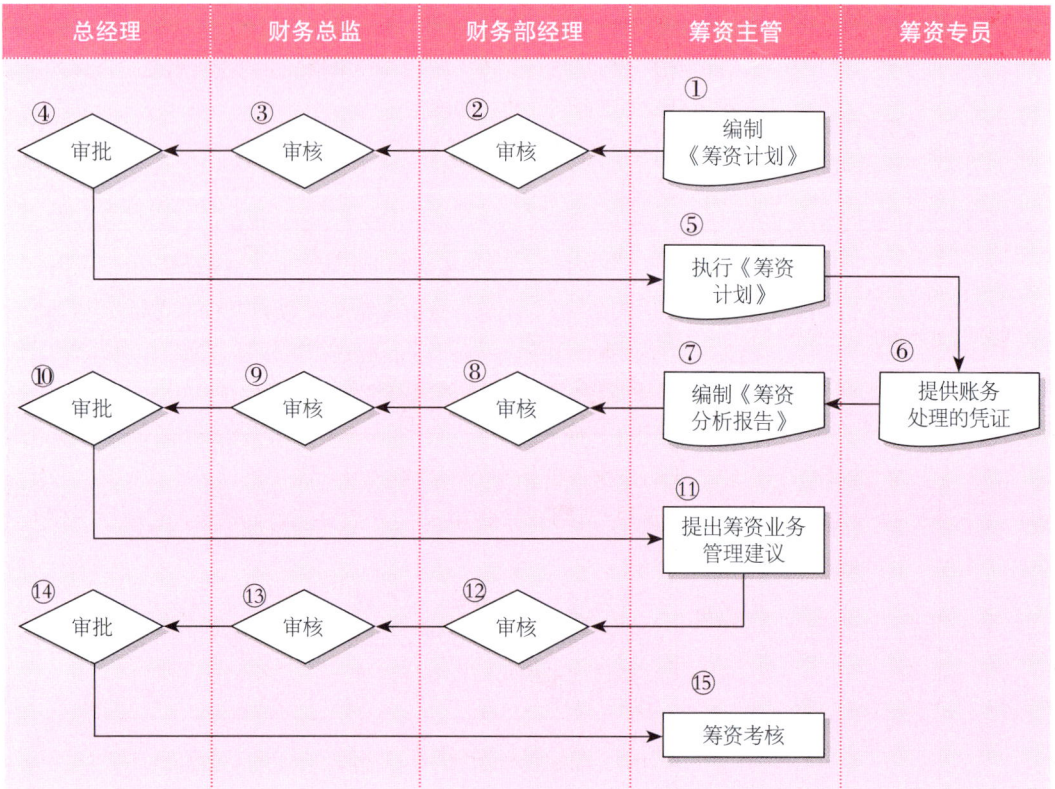

总经理	财务总监	财务部经理	筹资主管	筹资专员

④ 审批 ← ③ 审核 ← ② 审核 ← ① 编制《筹资计划》

⑤ 执行《筹资计划》

⑩ 审批 ← ⑨ 审核 ← ⑧ 审核 ← ⑦ 编制《筹资分析报告》 ← ⑥ 提供账务处理的凭证

⑪ 提出筹资业务管理建议

⑭ 审批 ← ⑬ 审核 ← ⑫ 审核

⑮ 筹资考核

流程说明

编码	节点	工作内容的简要描述
①	编制《筹资计划》	财务部筹资主管每年根据公司下年度的利润预算、投资计划及有关资金安排预测公司的自由资金和长短期融资规模，编制《筹资计划》，按规定权限报批后执行
②－④	审核	由财务经理、财务总监、总经理按审批权限逐级审核
⑤	执行《筹资计划》	筹资主管根据筹资计划办理与相关金融机构的借款或融资业务手续，借款合同或融资合同的签订必须经总经理审批
⑥	提供账务处理的凭证	筹资专员将相关凭证给财务部相关人员进行账务处理
⑦	编制《筹资分析报告》	筹资主管根据公司资金状况和金融业务市场的变化编制《筹资分析报告》
⑧－⑩	审核	由财务经理、财务总监、总经理按审批权限逐级审核
⑪	提出筹资业务管理建议	筹资主管提出筹资业务管理建议，报送财务部经理、财务总监和总经理审核、审批
⑫－⑭	审核	由财务经理、财务总监、总经理按审批权限逐级审核
⑮	筹资考核	筹资主管负责对筹资活动的执行进行考核，提出考核建议并进行考评

29.3　筹资业务管理流程

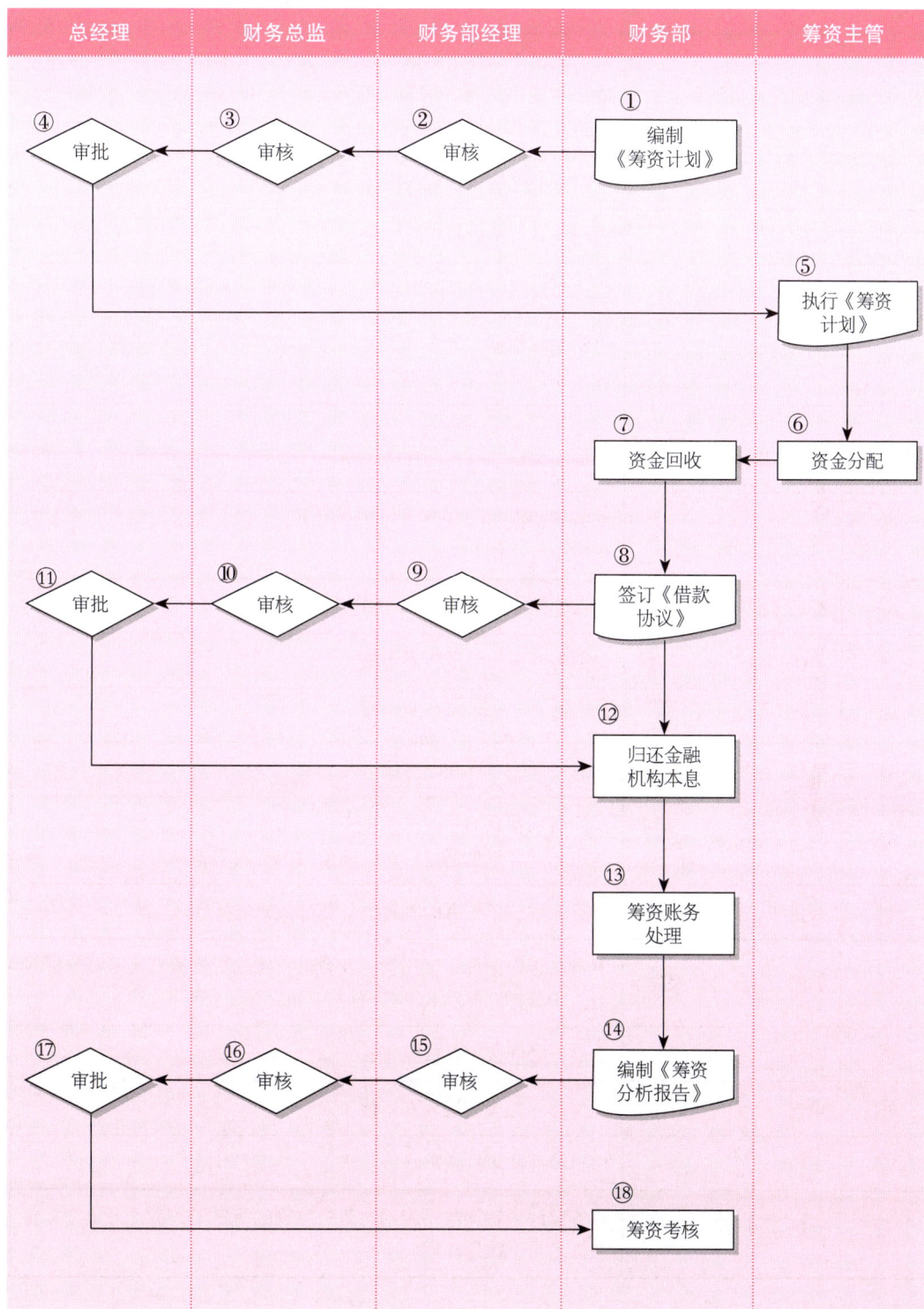

总经理	财务总监	财务部经理	财务部	筹资主管

④ 审批

③ 审核

② 审核

① 编制《筹资计划》

⑤ 执行《筹资计划》

⑦ 资金回收

⑥ 资金分配

⑪ 审批

⑩ 审核

⑨ 审核

⑧ 签订《借款协议》

⑫ 归还金融机构本息

⑬ 筹资账务处理

⑰ 审批

⑯ 审核

⑮ 审核

⑭ 编制《筹资分析报告》

⑱ 筹资考核

流程说明

编码	节点	工作内容的简要描述
①	编制《筹资计划》	财务部每年根据下年度初步资金预算及有关资金安排预测本年度的资金使用情况，编制《筹资计划》，报财务部经理、财务总监审核并报总经理审批
②	审核	由财务经理按审批权限审核
③	审核	由财务总监按审批权限审核
④	审批	由总经理按审批权限审批
⑤	执行《筹资计划》	筹资主管根据《筹资计划》办理与相关金融机构的借款或融资业务手续，借款合同或融资合同的签订必须经总经理审批
⑥	资金分配	筹资主管根据《投资计划》或各所属单位的《资金使用计划》，做好内部资金分割使用管理工作，并签订《分割使用协议》
⑦	资金回收	财务部根据内部资金《分割使用协议》做好各所属单位资金及利息的回收工作
⑧	签订《借款协议》	财务部与金融机构签订《借款协议》
⑨	审核	由财务经理按审批权限审核
⑩	审核	由财务总监按审批权限审核
⑪	审核	由总经理按审批权限审核
⑫	归还金融机构本息	做好借款本息的核对与管理工作，报财务部经理、财务总监审核并由总经理审批通过后，归还金融机构的本息
⑬	筹资账务处理	财务部根据审核后的相关会计凭证做好账务处理工作
⑭	编制《筹资分析报告》	筹资主管根据资金使用状况及金融市场的变化编制《筹资分析报告》，报财务部经理、财务总监审核并报总经理审批
⑮	审核	由财务经理按审批权限审核
⑯	审核	由财务总监按审批权限审核
⑰	审核	由总经理按审批权限逐级审核
⑱	筹资考核	财务部经理定期或不定期对筹资主管的筹资工作进行考核，并将考核意见上报总经理

29.4　筹资授权批准流程

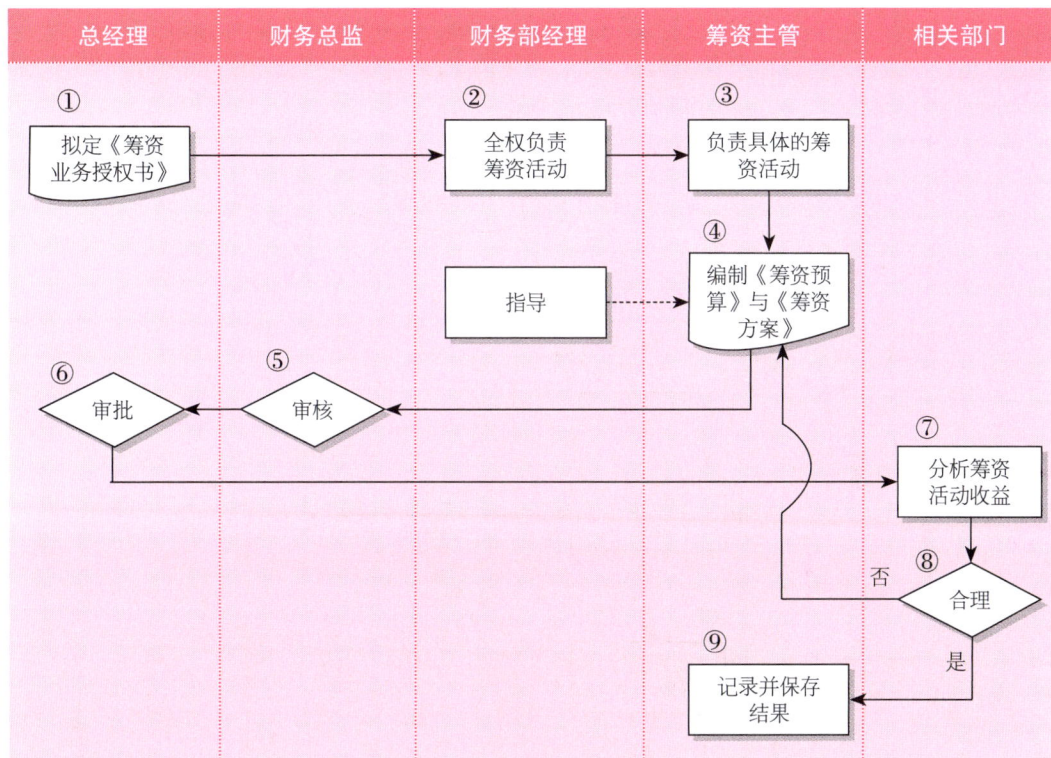

流程说明

编码	节点	工作内容的简要描述
①	拟定《筹资业务授权书》	总经理拟定《筹资业务授权书》
②	全权负责筹资活动	总经理授权财务部经理全权负责筹资活动
③	负责具体的筹资活动	财务部经理授权筹资主管负责具体的筹资活动，包括编制《筹资预算》与《筹资方案》
④	编制《筹资预算》与《筹资方案》	筹资主管编制《筹资预算》，并针对具体筹资程序或筹资活动制定筹资方案，财务部经理进行相应的指导
⑤	审核	由财务总监按审批权限进行审核
⑥	审批	由总经理按审批权限进行审批
⑦	分析筹资活动收益	《筹资预算》和《筹资方案》得到财务总监的审核和总经理的审批后，企业应聘请法律顾问和财务顾问共同对该项筹资活动对未来净收益增加的可能性及筹资方式的合理性进行审核
⑧	合理	（1）如果《筹资预算》和《筹资方案》不合理，筹资主管应对筹资预算和筹资方案重新修订 （2）如果合理，应及时保管资料并执行《筹资预算》和《筹资方案》
⑨	记录并保存结果	筹资主管负责以书面形式记录审核结果，并特别注明筹资的执行程序及应当办理的各项手续，以便于今后修改

29.5　重大筹资方案审批流程

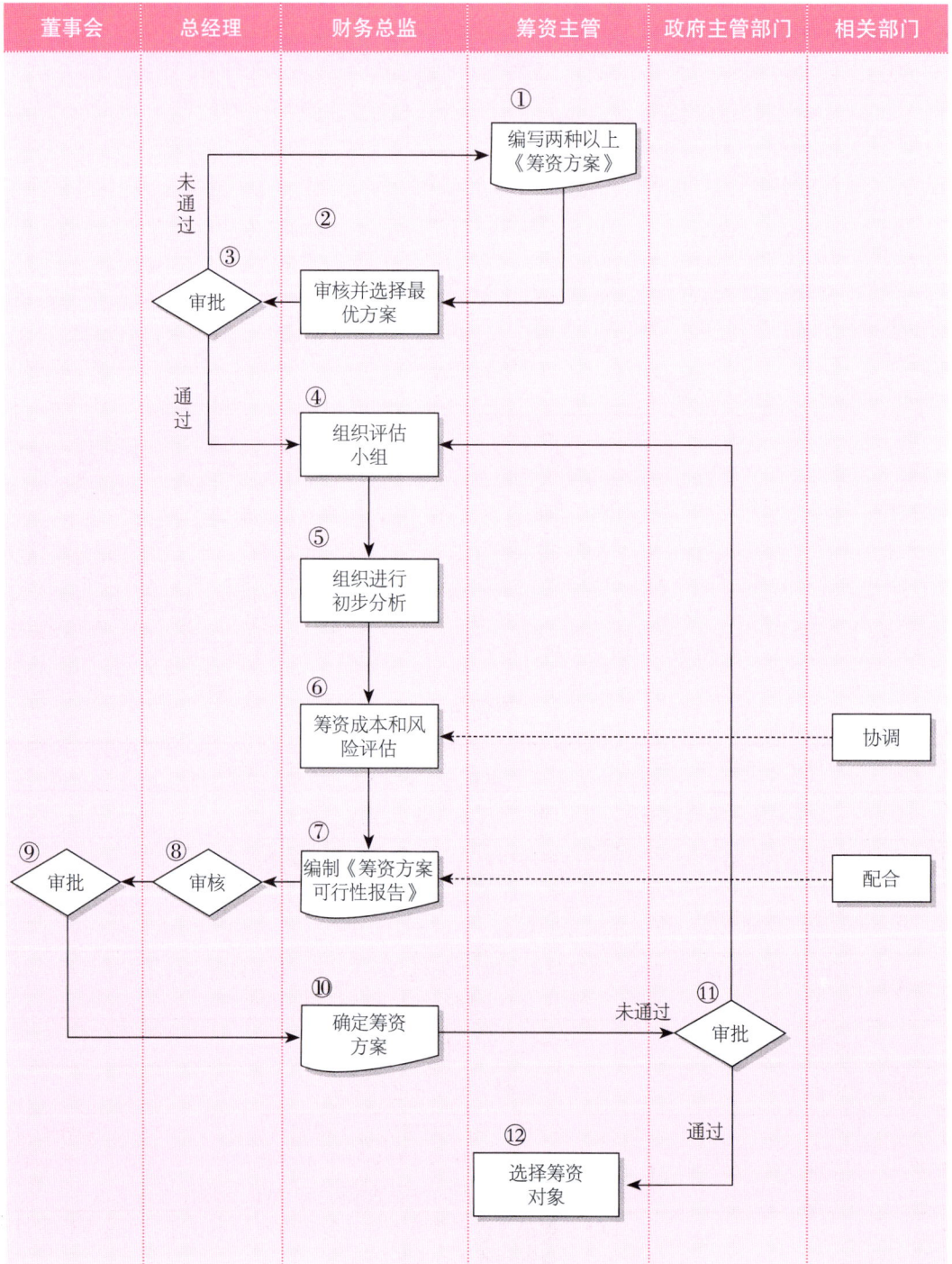

董事会	总经理	财务总监	筹资主管	政府主管部门	相关部门

①
编写两种以上
《筹资方案》

②
审核并选择最
优方案

③
审批

未通过

通过

④
组织评估
小组

⑤
组织进行
初步分析

⑥
筹资成本和风
险评估

协调

⑦
编制《筹资方案
可行性报告》

配合

⑨
审批

⑧
审核

⑩
确定筹资
方案

未通过

⑪
审批

通过

⑫
选择筹资
对象

流程说明

编码	节点	工作内容的简要描述
①	编写两种以上《筹资方案》	筹资主管编写两种以上的《筹资方案》，并报财务总监审核
②	审核并选择最优方案	财务总监审核并选择最优方案，并将选出的最优方案报总经理审批；如果无法选出最优方案，则将《筹资方案》返回筹资主管，重新对《筹资方案》进行修改
③	审批	总经理审核《筹资方案》
④	组织评估小组	《筹资方案》经总经理审批后，由财务总监组织评估小组对《筹资方案》进行评估
⑤	组织进行初步分析	评估小组综合考虑筹资成本和风险评估等因素，编制《筹资方案风险评估报告》并对筹资方案进行比较分析
⑥	筹资成本和风险评估	评估小组对筹资方案中的筹资成本和风险进行评估，相关部门进行协调
⑦	编制《筹资方案可行性报告》	财务总监编制《筹资方案可行性报告》，并报总经理审核、董事会审批，相关部门予以配合
⑧－⑨	审核审批	总经理、董事会按权限逐级进行审核审批
⑩	确定筹资方案	《筹资方案可行性报告》得到总经理审批后，财务总监确定最终的筹资方案，并报政府主管部门进行审批
⑪	审批	政府主管部门对《筹资方案》进行审批
⑫	选择筹资对象	筹资主管根据通过的《筹资方案》开展筹资工作，选择筹资对象

第30章　财务管理流程

30.1　资金计划制定流程

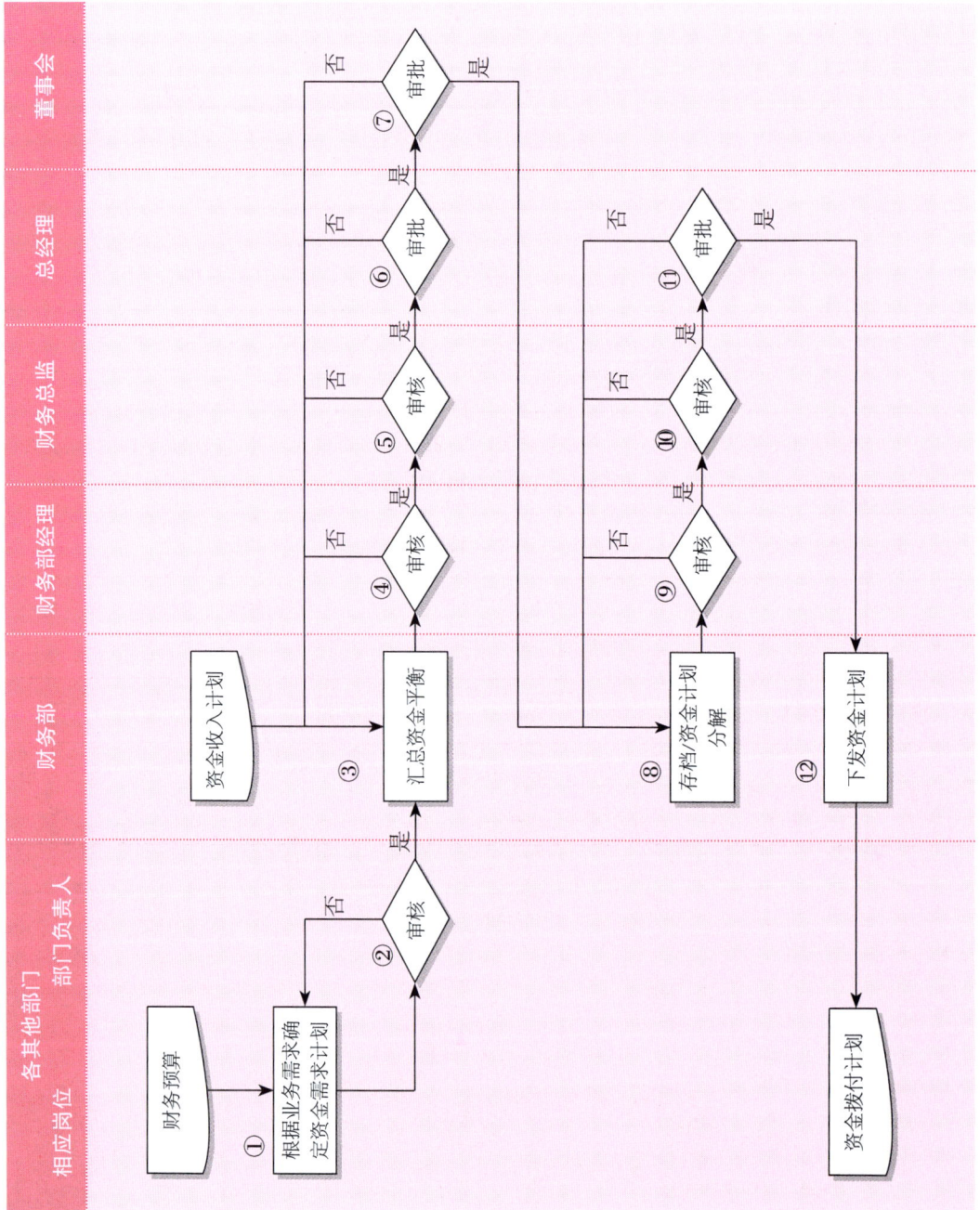

相应岗位	各其他部门 部门负责人	财务部	财务部经理	财务总监	总经理	董事会
		资金收入计划	④审核	⑤审核	⑥审批	⑦审批
		③汇总资金平衡				
	②审核		⑨审核	⑩审核	⑪审批	
	根据业务需求确定资金需求计划	⑧存档资金计划分解			下发资金计划	
	①财务预算				⑫资金拨付计划	

流程说明

编码	节点	工作内容的简要描述
①	根据业务需求确定资金需求计划	各其他部门参考其财务预算，根据其业务需求制定资金需求计划，于每月月度终了前 2 天向财务部门报送资金需求计划
②	审核	资金需求计划由相应的部门负责人进行审核
③	汇总资金平衡	财务部每月月度终了前 1 天将公司各部门及用款单位的需求计划汇总，并根据公司资金收入计划进行资金平衡后制定资金计划
④	审核	财务部经理审核资金计划
⑤	审核	财务总监对资金计划进行审核
⑥	审批	总经理对财务总监审核后的资金计划进行审批
⑦	审批	董事会审批总理提交的资金计划
⑧	存档 / 资金计划分解	财务部上级将审核（按照权限规定逐级审核）通过后的资金计划存档，并将资金拨付计划分解
⑨	审核	财务部经理审核下属提交的资金分解计划
⑩	审核	财务总监对资金分解计划进行审核
⑪	审批	总经理审批财务总监提交的资金分解计划
⑫	下发资金计划	财务部将获审批的资金拨付计划下发至公司各其他部门

30.2 资金支付流程

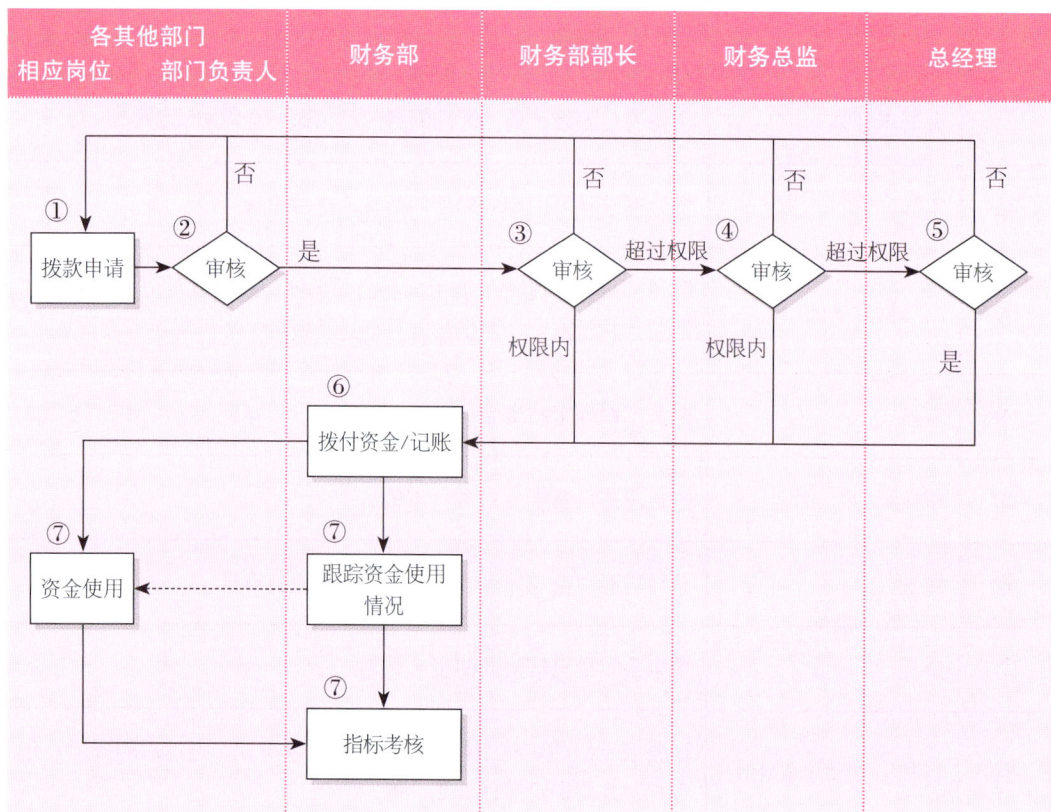

流程说明

编码	节点	工作内容的简要描述
①	拨款申请	各其他部门根据资金需求，并参考其资金拨付计划，在需要拨付资金时填写"拨款申请"
②	审核	"拨款申请"交由相应的部门负责人进行审核
③	审核	如果在财务部经理权限范围内则提交财务部经理进行审核
④	审核	如果超出财务部经理权限范围，而在财务总监权限范围内则提交财务总监进行审核
⑤	审核	如果超出财务总监的权限范围则需提交总经理进行审核
⑥	拨付资金 / 记账	"拨款申请"审核通过后由财务部负责拨付资金，会计记账
⑦	资金使用	（1）财务部跟踪资金使用情况，并根据资金使用部门的资金使用情况对其进行指标考核 （2）出纳人员每天下班前必须将当日发生的货币收支业务发生额及余额报告财务经理，每周完了的次周星期一向财务经理、财务总监和总经理报送货币资金变动情况表

30.3　付款业务内部控制流程

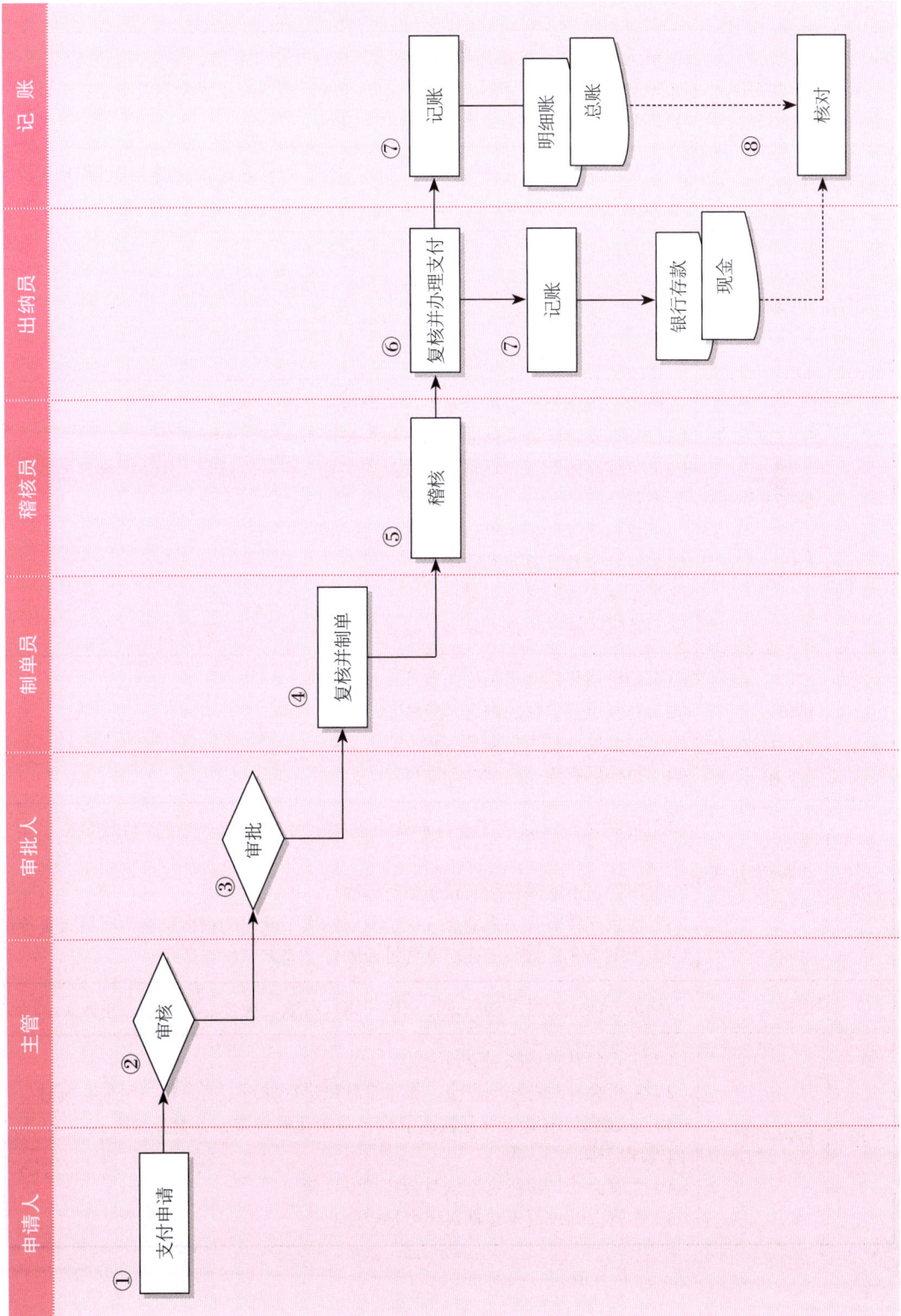

申请人	主管	审批人	制单员	稽核员	出纳员	记　账

① 支付申请 → ② 审核 → ③ 审批 → ④ 复核并制单 → ⑤ 稽核 → ⑥ 复核并办理支付 → ⑦ 记账

⑥ 复核并办理支付 → ⑦ 记账 → 银行存款／现金

⑦ 记账 → 明细账／总账

⑧ 核对

流程说明

编码	节点	工作内容的简要描述
①	支付申请	申请人填写付"款申请单",注明款项的用途、金额、预算、支付方式等。必须附相关附件：计划、发票、入库单等。需经股东大会、董事会批准的事项,必须附有股东大会决议、董事会决议
②	审核	申请部门主管应核实该付款事项的真实性,对该项付款金额合理性提出初步意见；对有涂改现象的发票一律不审核；对不真实的付款事项拒绝审核
③	审批	（1）审批人在自己审批权限范围内进行审批 （2）对超过审批权限范围的付款事项审核后转上一级审批人审批 （3）对有涂改现象的发票一律不审批 （4）对不符合规定的付款拒绝审批
④	复核并制单	制单员、稽核员在复核、制单过程中应注意以下事项： （1）复核支付申请的批准范围、权限是否符合规定 （2）审核原始凭证包括日期、收款人名称、税务监制章、经济内容等要素是否完备 （3）复核手续和相关单证是否齐备 （4）复核金额计算是否准确 （5）审核支付方式是否妥当 （6）审核收款单位是否妥当。收款单位名称与合同、发票是否一致
⑤	稽核	（1）稽核员复核制单员的账务处理是否正确 （2）对制单员复核的内容再复核 （3）付款单位是否与发票一致 （4）复核后直接交出纳办理支付
⑥	复核并办理支付	（1）出纳员对付款凭证进行形式上复核：付款手续、凭证、付款单位、余额等 （2）出纳员不能保管所有预留银行印鉴 （3）现金支付需有另人复点或至少复点两次；开出的银行票据需有另人复核 （4）出纳员在付款后应在付款凭证及附件上盖上"付讫"章
⑦	记账	出纳员办理完支付手续后进行记账（银行存款、现金、明细账、总账）
⑧	核对	（1）主管会计负责核对支付手续 （2）主管会计对总账与现金、银行存款账进行核对；将总账与明细账核对 （3）主管会计编制银行存款调节表,对未达账核实,并督促经办人在 10 天内处理完毕 （4）主管会计与银行定期核对余额和发生额 （5）主管会计每月不定期对现金抽点两次

30.4　收款业务控制流程

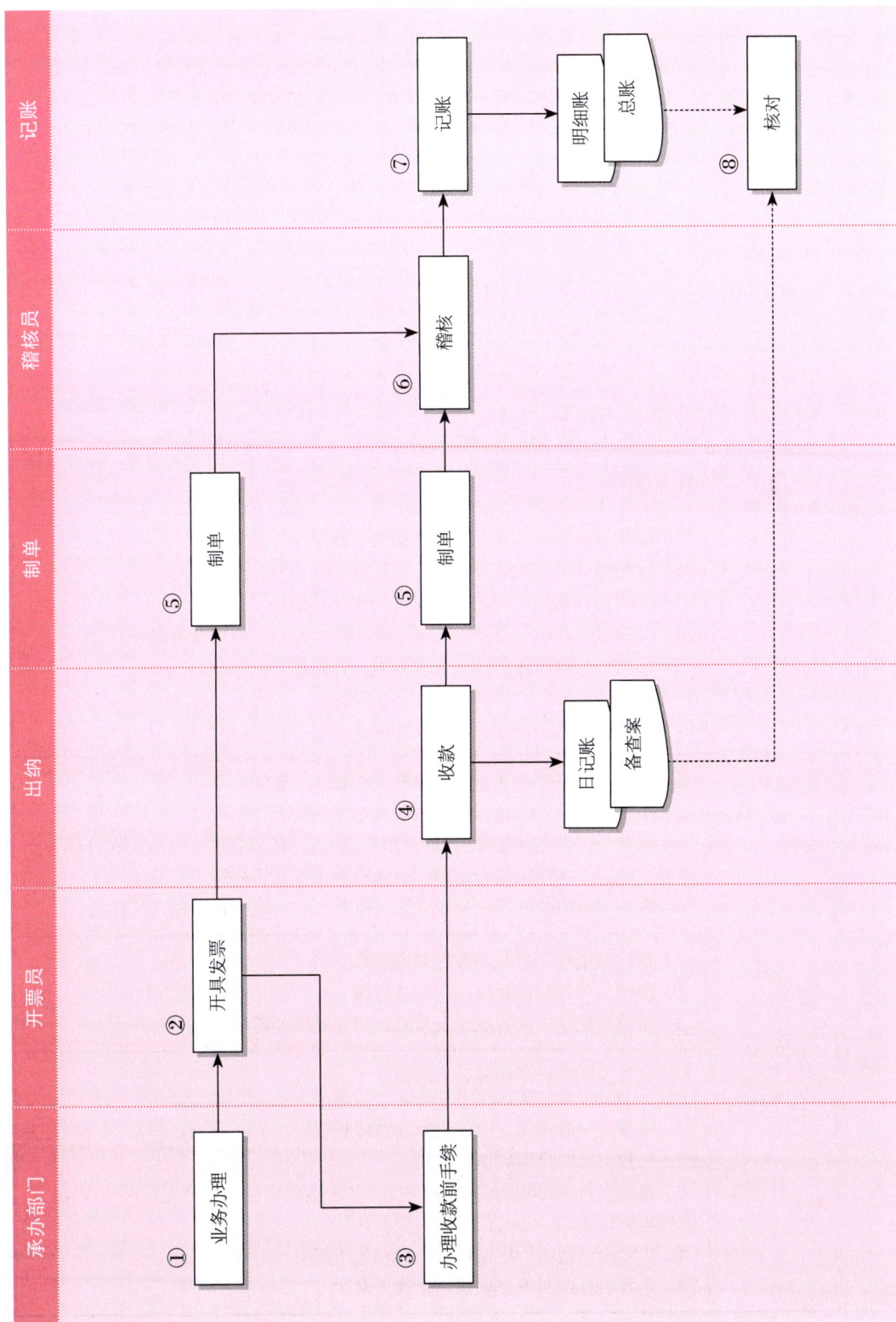

承办部门	开票员	出纳	制单	稽核员	记账

```
承办部门                    开票员              出纳            制单          稽核员         记账

① 业务办理            ② 开具发票        ④ 收款          ⑤ 制单        ⑥ 稽核        ⑦ 记账

③ 办理收款前手续                          日记账          制单                        明细账
                                          备查案                                      总账

                                                                                    ⑧ 核对
```

流程说明

编码	节点	工作内容的简要描述
①	业务办理	业务承办人员按公司的业务操作规程进行商洽、签订合同等；按公司授权，将合同交由被授权人批准交易价格、折扣方式及比例等；与财务部门商定或根据财务部门规定确定结算方式和付款期；将业务凭单如发货单等并送交发票员开票
②	开具发票	（1）开票员按发票开具的规范，填写发票内容 （2）开票员在发票开具后，需由另一人审核 （3）下班前汇总、打印收据、发票开具清单，并附记账联报送销售会计 （4）发票联、税务抵扣联移送业务承办人，并办理签收手续
③	办理收款前手续	（1）业务承办人员催收应收款项 （2）业务承办人员通知交款人付款：告知交款人到财务部门交款；受理结算票据或告知交款人员到银行进账；辨别真假 （3）业务承办人登记结算票据受理登记簿，向财务部门移交结算票据并办理移交手续
④	收款	（1）出纳员接受业务承办人员移交的结算票据 （2）出纳员对受理的结算票据难辨其真伪时，及时送交银行鉴别 （3）出纳员登记结算登记簿，妥善保管结算票据 （4）出纳员办理银行票据结算或贴现手续，验证收取现金并送交银行 （5）出纳员将收款通知单送交制单员，告知相关部门 （6）出纳员编制收款周报表，分送相关部门 （7）出纳员收款后在收款凭证及附件上盖上"收讫"章
⑤	制单	（1）制单员对发票、收据进行审核，审核其完整性 （2）制单员对发票、收据的记账联及时账务处理 （3）制单员对收款通知单进行审核并及时进行账务处理：审核收款日期与合同是否相符；审核收款金额发票或应收款余额是否相符 （4）制单员审核收款方式是否合适，审核折扣审批者是否超过其权限
⑥	稽核	（1）稽核员复核制单员的账务处理是否正确 （2）稽核员对制单员复核的内容再复核 （3）稽核员抽查核实收款凭证与对账单等是否相符
⑦	记账	会计电算系统在凭证稽核后自动记账
⑧	核对	（1）主管会计总账与现金、银行存款账核对 （2）主管会计总账与明细账相对 （3）主管会计编制银行存款调节表，对未达账核实，并督促经办人在 10 天内处理完毕 （4）主管会计与银行定期核对余额和发生额 （5）主管会计每月不定期对现金抽点两次

30.5 应付账款管理流程

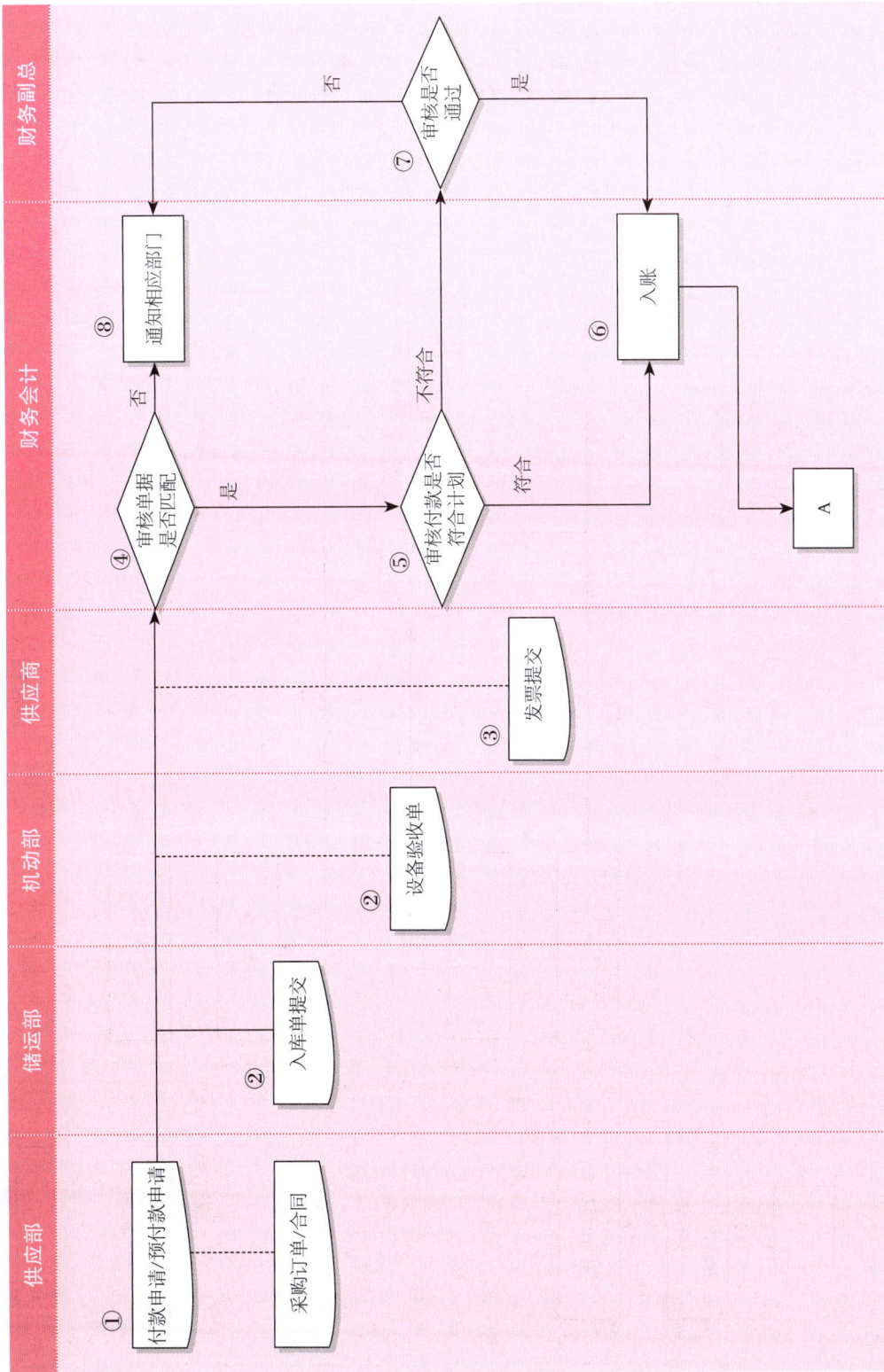

流程图（一）

```
供应部        储运部        机动部        供应商        财务会计              财务副总

① 付款申请预付款申请                                          ④ 审核单据                     ⑦ 审核是否
                                                                是否匹配                        通过
                                                                  │是                        否 │  是
                                                                  ↓                   ┌──────┘      └──────┐
采购订单/合同   ② 入库单提交  ② 设备验收单  ③ 发票提交     ⑤ 审核付款是否        ⑧ 通知相应部门
                                                             符合计划                      ⑥ 入账
                                                              符合│不符合
                                                                  ↓
                                                                  A
```

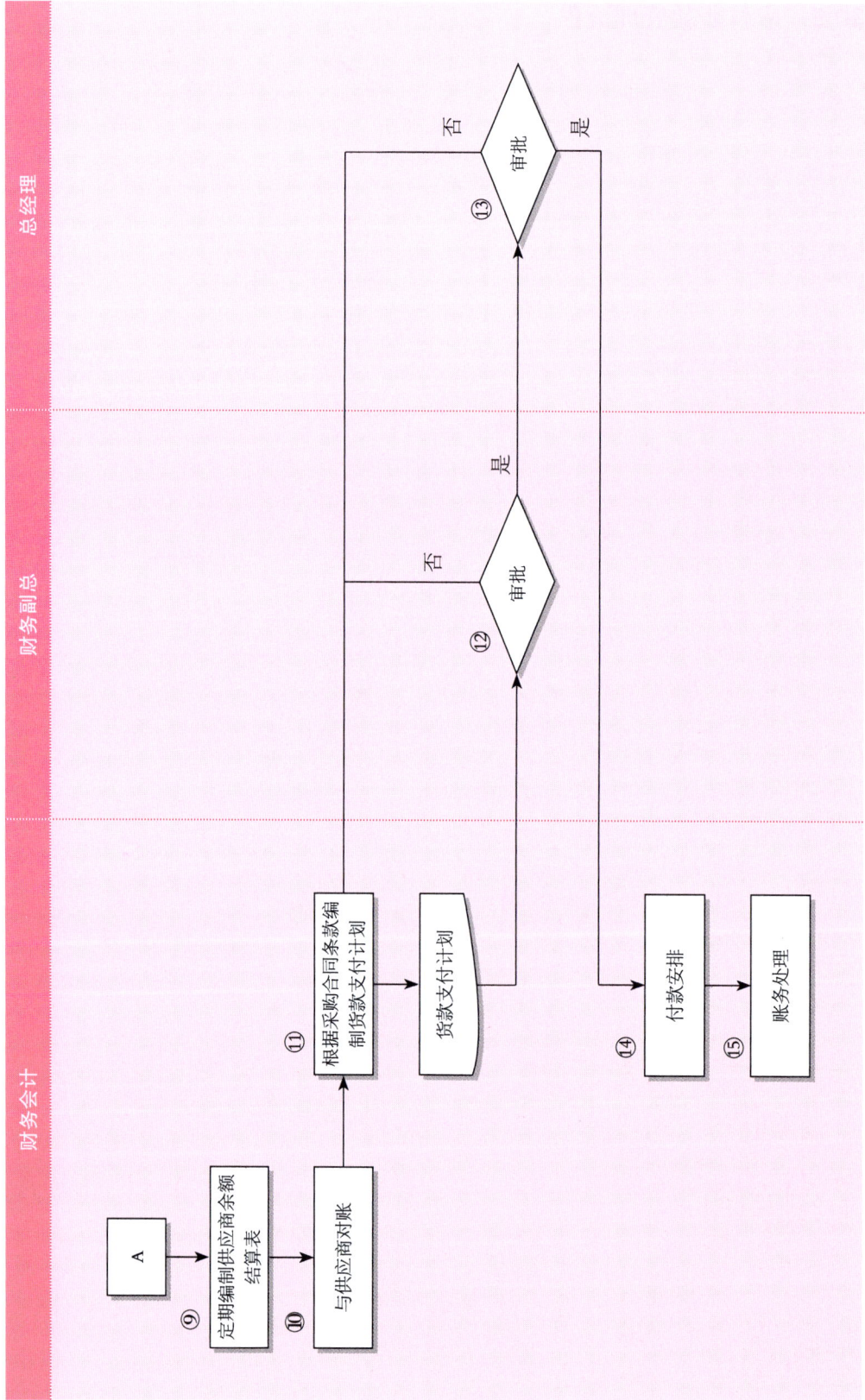

财务会计　　　　　　财务副总　　　　　　总经理

⑨ 定期编制供应商余额结算表

⑩ 与供应商对账

A

⑪ 根据采购合同条款编制货款支付计划

货款支付计划

⑫ 审批　否　是

⑬ 审批　否　是

⑭ 付款安排

⑮ 账务处理

流程图（二）

流程说明

编码	节点	工作内容的简要描述
①	付款申请 / 预付款申请	供应部将采购合同与付款申请提交财务部
②	入库单提交	储运部将入库单提交财务部（对于设备则需要机动部的设备验收单）
③	发票提交	供应商将发票提交财务部
④	审核单据是否匹配	财务部审核单据是否匹配
⑤	审核付款是否符合计划	财务部审核是否在采购资金计划内
⑥	入账	符合则登记入应付账簿内
⑦	审核是否通过	不符合，则交由财务副总审核
⑧	通知相应部门	财务会计将不符合条件登入应付账款的项目及时通知各相关部门
⑨	编制供应商余额结算表	财务部定期编制供应商余额结算表
⑩	定期与供应商对账	财务部安排人员定期与供应商对账，出具书面的对账单，并将对账单发给供应商
⑪	根据采购合同条款编制货款支付计划	财务部于每月初根据采购合同条款编制当月的货款支付计划
⑫	审批	财务副总审批货款支付计划
⑬	审批	总经理审批货款支付计划
⑭	安排付款	财务部根据获审批的货款支付计划安排付款
⑮	账务处理	财务部在付款后编制会计凭证，进行账务处理

30.6　应收账款管理流程

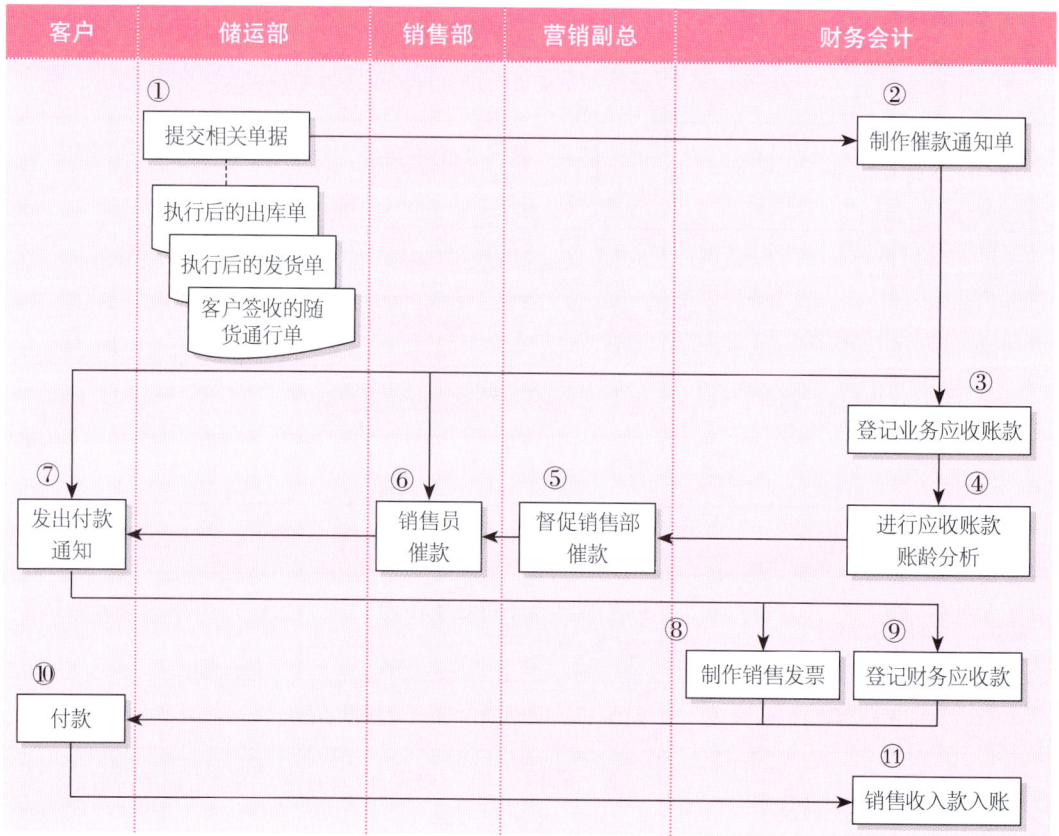

客户	储运部	销售部	营销副总	财务会计

① 提交相关单据
执行后的出库单
执行后的发货单
客户签收的随货通行单

② 制作催款通知单

③ 登记业务应收账款

④ 进行应收账款账龄分析

⑤ 督促销售部催款

⑥ 销售员催款

⑦ 发出付款通知

⑧ 制作销售发票

⑨ 登记财务应收款

⑩ 付款

⑪ 销售收入款入账

流程说明

编码	节点	工作内容的简要描述
①	提交相关单据	储运部将发货后的出库单，发货单及客户签署的随货通行单交给财务部
②	制作催款通知单	财务会计制作催款通知单，同时将通知单送达客户，并要求销售部及时进行催款
③	登记业务应收账款	财务会计登记业务应收账款
④	进行应收账款账龄分析	财务会计定期进行业务应收账款账龄分析，制作应收账款账龄分析表，并将应收账款账龄分析表分发到各部门
⑤	督促销售部催款	由营销副总督促销售部经理组织销售人员催款，并使之作为销售部的业绩考核依据
⑥	销售员催款	销售人员定期采用各种方法向客户进行催款
⑦	发出付款通知	客户发出付款通知，销售人员一收到通知，立即告诉财务部，请财务部准备发票
⑧	财务部制作发票	财务部出纳按规定开具发票

（续表）

编码	节点	工作内容的简要描述
⑨	登记财务应收账款	财务部按会计核算规定登记财务应收账款
⑩	付款	财务部出纳人员每天定时查询银行账户，关注客户是否按期足额付款
⑪	销售收入款入账	客户的款项一到银行账户，财务部立即将销售收入款入账

30.7　固定资产外购业务内部控制流程

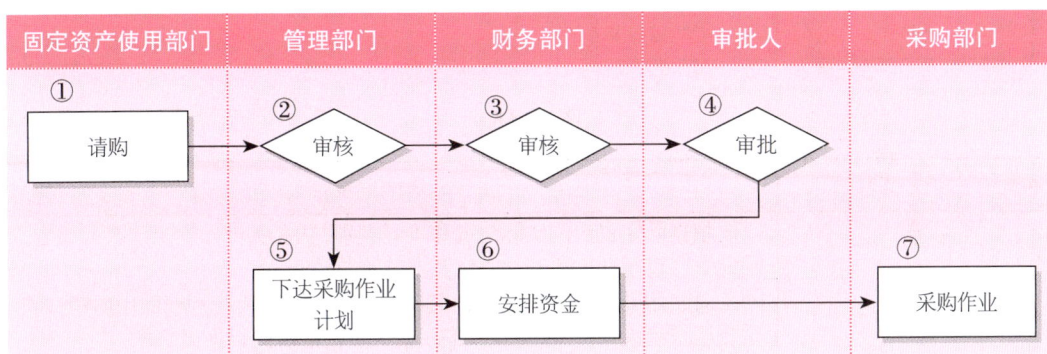

流程说明

编码	节点	工作内容的简要描述
①	请购	固定资产使用部门提出书面的固定资产采购申请；请购申请的固定资产，必须是在年初列入年度预算的；采购项目已经可行性论证并且可行；对请购的固定资产的性能、技术参数有明确要求
②	审核	管理部门核实采购申请是否列入年度计划；审核采购项目是否经过可行性论证并且可行；必要时，征求有关专家的意见
③	审核	财务部门核实采购申请是否列入年度预算，按相关制度进行合同审计
④	审批	财务部门按照公司授权，在授权范围内审批，财务部门在审批时应充分考虑审核部门的意见，未经审核的采购项目的不予审批
⑤	下达采购作业计划	（1）未经批准的项目和越权批准的项目不予下达采购作业计划 （2）采购计划一式四份，相关部门、财务、采购、仓库各一份 （3）采购作业计划须经授权批准人批准
⑥	资金安排	（1）财务部门根据采购作业计划准备资金 （2）未经批准的采购项目不予安排资金
⑦	采购作业	（1）严格按采购作业计划书规定的规格、型号、技术参数采购 （2）除特殊采购项目外，必须有三家以上的预选供应商 （3）比价采购或招标采购 （4）必须签订采购协议，并经审计部门审计

30.8 固定资产处置业务控制流程

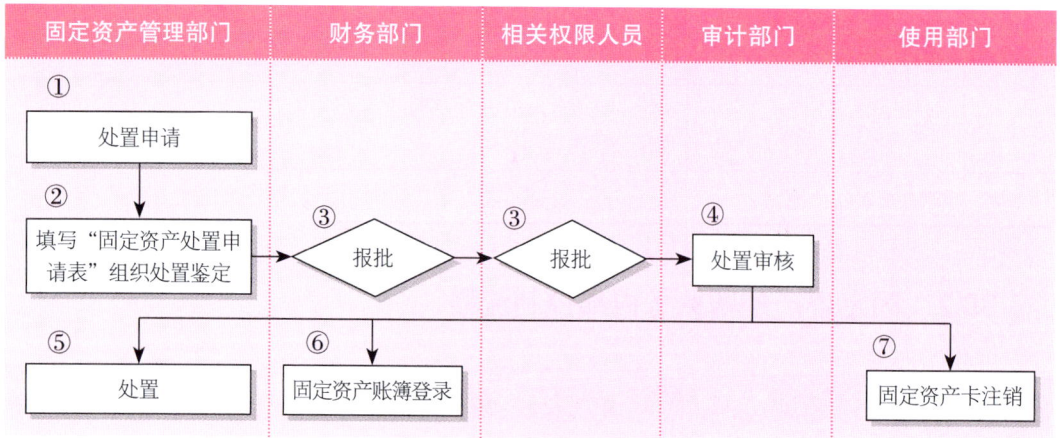

固定资产管理部门	财务部门	相关权限人员	审计部门	使用部门

① 处置申请

② 填写"固定资产处置申请表"组织处置鉴定 → ③ 报批 → ③ 报批 → ④ 处置审核

⑤ 处置   ⑥ 固定资产账簿登记   ⑦ 固定资产卡注销

流程说明

编码	节点	工作内容的简要描述
①	固定资产处置申请	（1）根据固定资产的实际情况和不同类别，由相关部门提出建议或报告，固定资产管理部门填制"固定资产处置申请表" （2）对使用期满正常报废的固定资产，应由固定资产管理部门填制"固定资产报废单"，经单位授权部门或人员批准后进行报废清理 （3）对使用期未满，但不能满足生产要求，需要报废或提前处置的固定资产，由使用部门提出书面报告，管理部门组织鉴定，经授权部门或人员批准后进行报废或处置 （4）对未使用、不需用的固定资产，应由固定资产管理部门提出处置申请，经单位授权部门或人员批准后进行处置 （5）对拟出售或投资转出的固定资产，应由有关部门或人员填制"固定资产处置申请表"，经单位授权部门或人员批准后予以出售或转作投资
②	填写"固定资产处置申请表"组织处置鉴定	由固定资产管理部门根据有关部门提出的固定资产处置申请报告，组织有关部门的技术专业人员对处置的固定资产进行经济技术鉴定，填制"固定资产处置申请表"，确保固定资产处置的合理性
③	报批	财务部根据权限对固定资产管理部门上报的"固定资产处置申请表"进行审查，并签署意见
④	处置审核	公司审计部门在处置前会同相关部门或人员对固定资产的处置依据、处置方式、处置价格等进行审核，重点审核处置依据是否充分、处置方式是否适当、处置价格是否合理
⑤	处置	固定资产管理部门按规定对固定资产进行处置
⑥	固定资产账簿登记	（1）财务部门在处置后根据审计部门批准的呈报表，认真审核固定资产处置凭证，检查批准手续是否齐全，批准权限是否适当等，审核无误后据以编制记账凭证，进行账务处理 （2）公司财务部门、审计部门应参与固定资产的处置过程并对其进行监督 （3）公司财务部门应当及时、足额地收取固定资产处置价款，并及时入账，其他部门不得经手固定资产处置现款
⑦	固定资产卡注销	固定资产使用部门注销固定资产卡

30.9　担保业务风险评估流程

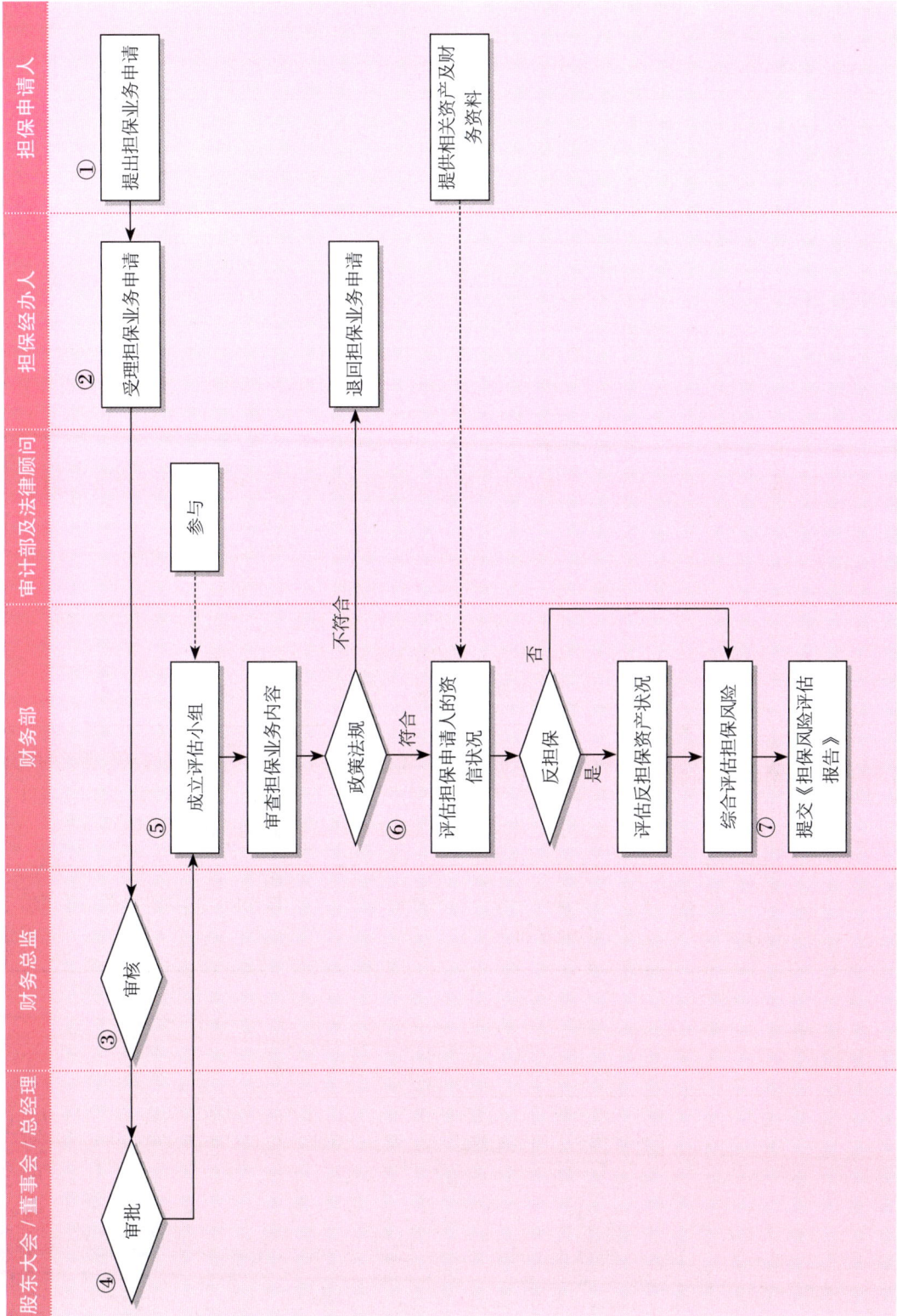

担保申请人	担保经办人	审计部及法律顾问	财务部	财务总监	股东大会／董事会／总经理

① 提出担保业务申请

提供相关资产及财务资料

② 受理担保业务申请

退回担保业务申请

参与

⑤ 成立评估小组

审查担保业务内容

政策法规

不符合

符合

评估担保申请人的资信状况

反担保

否

是

评估反担保资产状况

综合评估担保风险

⑦ 提交《担保风险评估报告》

③ 审核

④ 审批

流程说明

编码	节点	工作内容的简要描述
①	提出担保业务申请	担保申请人以书面的形式提出担保业务申请
②	受理担保业务申请	担保业务经办人受理担保业务的申请
③	审核	财务总监审核
④	审批	企业各项担保业务必须经董事会或股东大会批准，企业任何其他部门或个人均无权代表企业提供担保业务
⑤	成立评估小组	对担保风险进行评估时，财务部要成立风险评估小组，小组成员主要包括财务部相关负责人、审计部及法务部相关人员，需要收集的相关资料主要包括以下六个方面： （1）申请担保人的营业执照、企业章程复印件、法定代表人身份证明、反映与本企业有关联关系的资料等基础性资料 （2）担保申请书、担保业务的资金使用计划或项目资料 （3）近_____年经审计的财务报告等财务资料 （4）申请担保人的资信等级评估报告及还款能力分析报告等资料 （5）申请担保人与债权人签订的主合同复印件 （6）申请担保人提供反担保的条件和相关资料
⑥	评估担保申请人的资信状况	财务部评估申请担保人的资信状况，评估内容一般包括申请人的基本情况、资产质量、经营情况、行业前景、偿债能力、信用状况以及用于担保和第三方担保的资产及其权利归属情况等
⑦	提交《担保风险评估报告》	财务部担保业务风险评估完成之后，由评估小组负责人撰写《担保风险评估报告》

30.10 担保项目跟踪监督流程

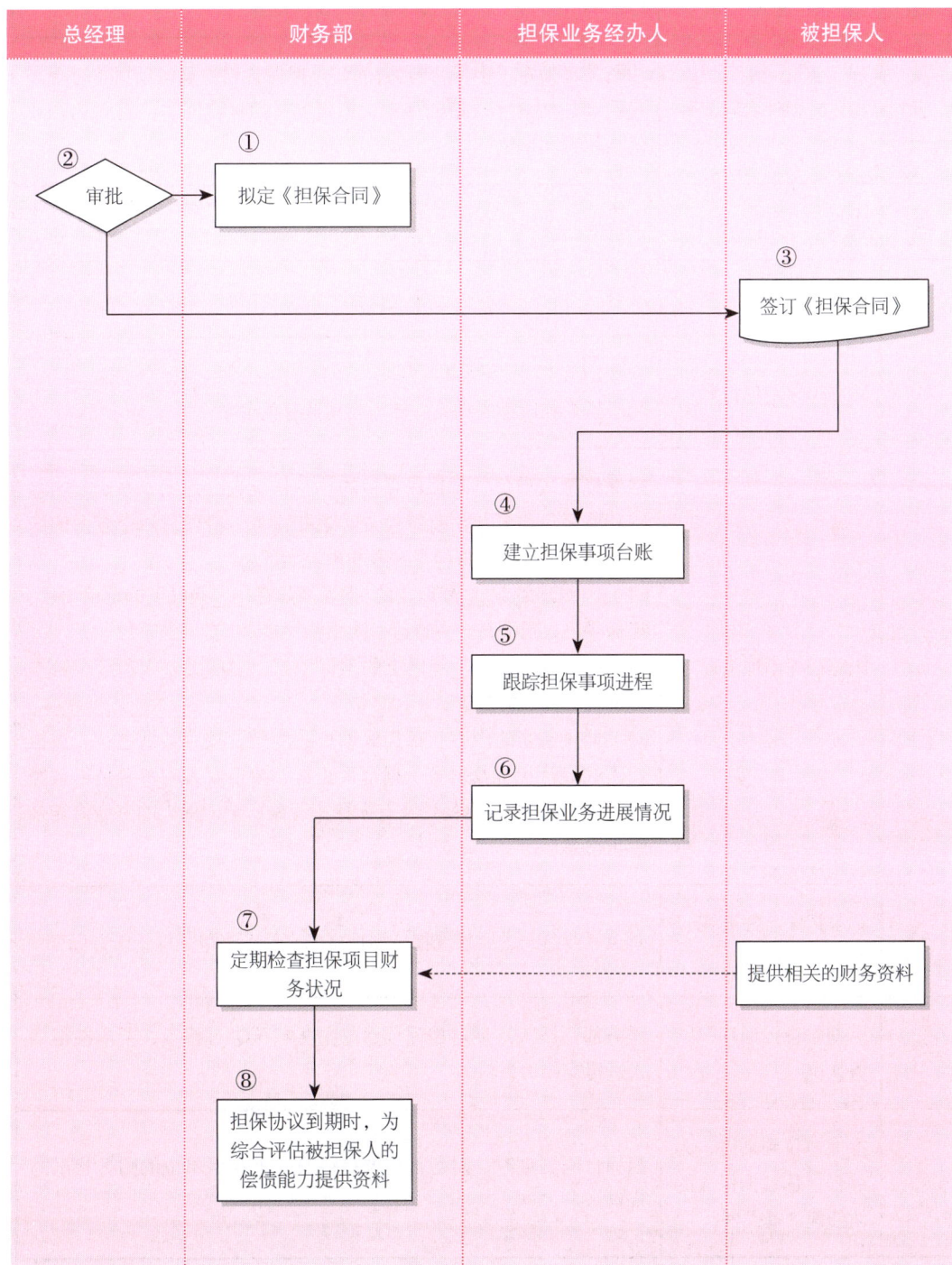

总经理	财务部	担保业务经办人	被担保人

②
审批

①
拟定《担保合同》

③
签订《担保合同》

④
建立担保事项台账

⑤
跟踪担保事项进程

⑥
记录担保业务进展情况

⑦
定期检查担保项目财务状况

提供相关的财务资料

⑧
担保协议到期时，为综合评估被担保人的偿债能力提供资料

流程说明

编码	节点	工作内容的简要描述
①	拟定《担保合同》	由财务部拟定《担保合同》，为防止担保合同中某些项目不符合国家法律、法规和政策的规定，拟定的《担保合同》应首先由企业的法律顾问审核
②	审批	总经理对《担保合同》进行审批
③	签订《担保合同》	按合同签订程序与被担保人签订《担保合同》
④	建立担保事项台账	企业应当建立担保事项台账，详细记录担保对象、金额、期限、用于抵押和质押的物品、权利和其他有关事项
⑤	跟踪担保事项进程	担保经办人员负责对担保项目的执行状况进行定期或不定期的跟踪和监督，主要包括监督检查时限和检查监督项目两个方面的内容，一般来说，监督检查时限的规定如下： （1）担保期限在____年以内的，担保风险在____级以上的担保项目，担保经办人员需每个月进行一次跟踪检查 （2）担保期限在____年以上的担保项目，担保经办人员至少每季度进行一次监督检查 （3）检查监督的内容包括担保项目进度是否按照计划进行、被担保人的经营状况及财务状况是否正常、被担保人的资金是否按照《担保合同》的规定使用及有无挪用现象、被担保人的资金周转是否正常等
⑥	记录担保业务进展状况	对担保业务的进展状况按公司规定的文件、表单加以记录并归档
⑦	定期检查担保项目财务状况	财务部门派人定期对担保项目的财务状况进行检查，要求被担保人进提交相关资料
⑧	担保协议到期时，为综合评估被担保人的偿债能力提供资	担保合同到期时，财务部门要提供有关被担保单位的财务状况的资料

30.11　担保项目信息披露流程

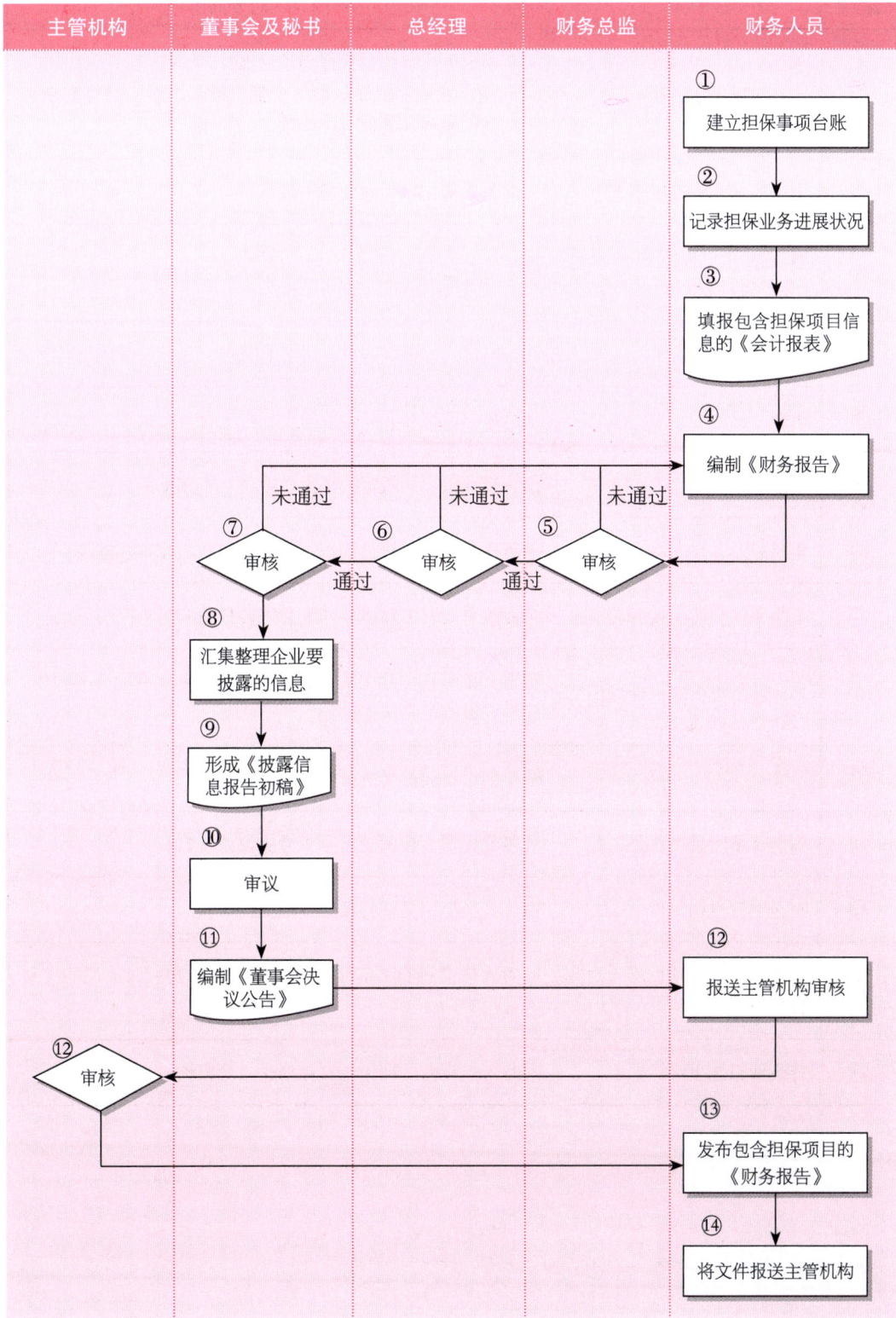

主管机构	董事会及秘书	总经理	财务总监	财务人员

①
建立担保事项台账

②
记录担保业务进展状况

③
填报包含担保项目信息的《会计报表》

④
编制《财务报告》

⑤ 审核　未通过
⑥ 审核　未通过　通过
⑦ 审核　未通过　通过

⑧
汇集整理企业要披露的信息

⑨
形成《披露信息报告初稿》

⑩
审议

⑪
编制《董事会决议公告》

⑫
报送主管机构审核

⑫ 审核

⑬
发布包含担保项目的《财务报告》

⑭
将文件报送主管机构

流程说明

编码	节点	工作内容的简要描述
①	建立担保事项台账	（1）由财务人员建立担保事项台账 （2）要详细记录担保对象、金额、期限、用于抵押和质押的物品、权利和其他有关事项
②	记录担保业务进展状况	由财务人员记录担保业务进展状况
③	填报包含担保项目信息的《会计报表》	要求及时正确
④	编制《财务报告》	《财务报告》必须包含担保项目信息
⑤	审核	由财务总监按公司规定的审批权限进行审核批准
⑥	审核	由总经理按公司规定的审批权限进行审核批准
⑦	审核	由董事会及秘书按公司规定的审批权限进行审核批准
⑧	汇集整理企业要披露的信息	企业董事会秘书负责整理汇总需要披露的信息
⑨	形成《披露信息报告初稿》	董事会秘书根据相关法律、法规的要求和定期的财务报告，编写《披露信息报告初稿》
⑩	审议	董事会审议通过《披露信息报告初稿》
⑪	编制《董事会决议公告》	董事会秘书负责编制《董事会决议公告》
⑫	报送主管机构审核	财务人员把相关材料报送主管机构审核
⑬	发布包含担保项目的《财务报告》	财务人员透过有关的平台、媒体发布包含担保项目的《财务报告》
⑭	将文件报送主管机构	财务人员将有关担保的文件报送主管机构

30.12　成本费用核算流程

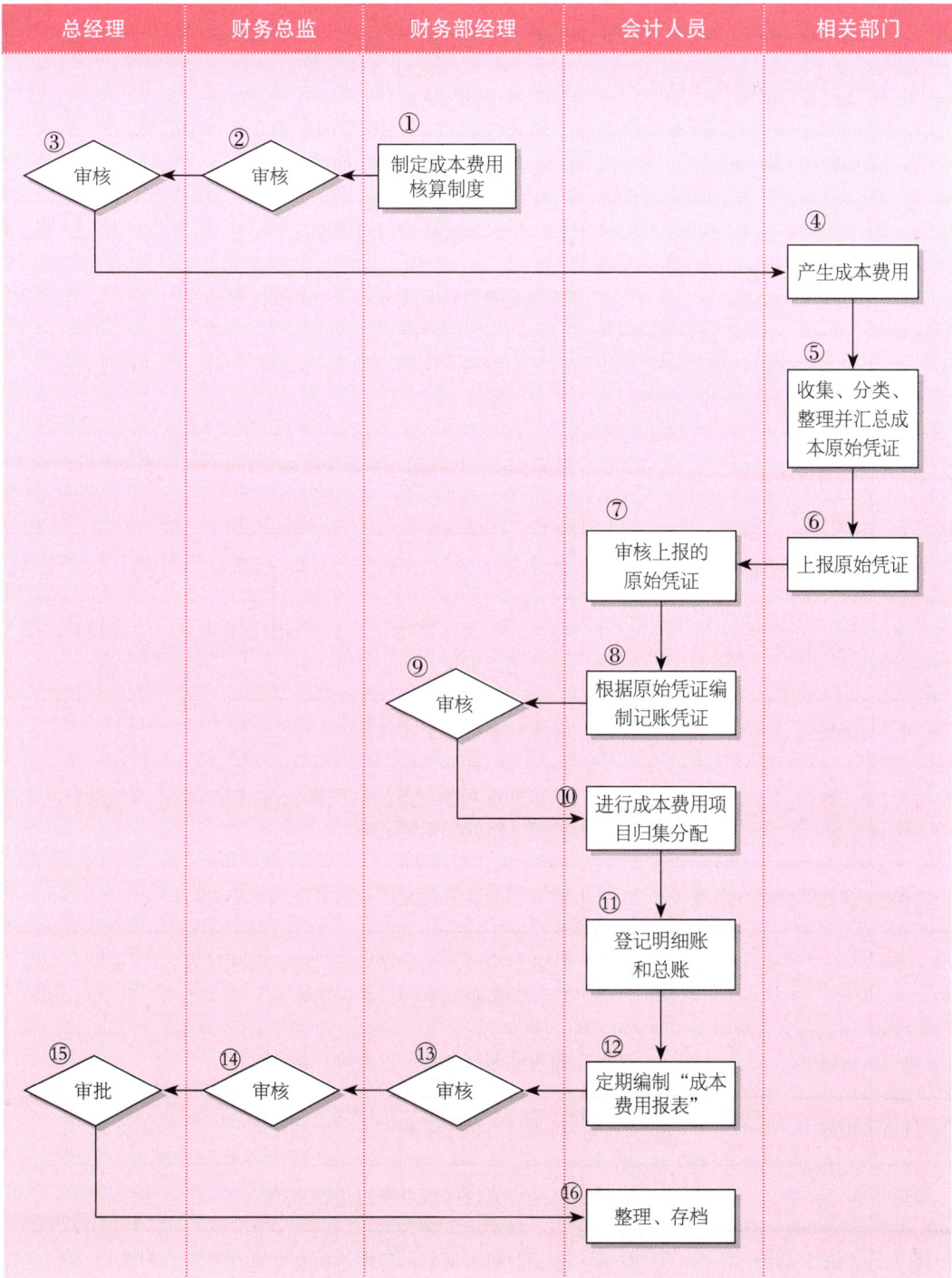

总经理	财务总监	财务部经理	会计人员	相关部门

①
制定成本费用
核算制度

② 审核

③ 审核

④
产生成本费用

⑤
收集、分类、
整理并汇总成
本原始凭证

⑥
上报原始凭证

⑦
审核上报的
原始凭证

⑧
根据原始凭证编
制记账凭证

⑨ 审核

⑩
进行成本费用项
目归集分配

⑪
登记明细账
和总账

⑫
定期编制"成本
费用报表"

⑬ 审核

⑭ 审核

⑮ 审批

⑯
整理、存档

流程说明

编码	节点	工作内容的简要描述
①	制度成本费用管理制度	财务部经理制定成本费用核算制度，并报财务总监审核、总经理审批
②	审核	财务总监审核成本费用核算制度
③	审批	总经理审批成本费用核算制度
④	产生成本费用	各相关部门依照成本费用核算制度严格执行
⑤	收集、分类、整理并汇总成本原始凭证	各成本费用产生部门对成本费用产生的原始凭证进行收集、分类、整理
⑥	上报原始凭证	相关部门将收集、整理的原始凭证按规定要求进行汇总、上报
⑦	审核上报的原始凭证	会计人员审核成本费用产生部门上报的原始凭证
⑧	根据原始凭证编制记账凭证	会计人员审核原始凭证无误后编制记账凭证，并报财务部经理进行审核
⑨	审核	财务经理审核记账凭证
⑩	进行成本费用项目归集分配	记账凭证得到财务部经理审核通过后，会计人员进行成本费用项目的归集和分配
⑪	登记明细账和总账	财务部会计人员根据记账凭证的内容进行记账工作
⑫	定期编制"成本费用报表	财务部会计人员定期编制"成本费用报表"，并报财务部经理和财务总监审核、总经理审批
⑬	审核	财务部经理按权限规定进行审核批准
⑭	审核	财务总监按权限规定进行审核批准
⑮	审批	总经理分级按权限规定进行审批
⑯	整理、存档	会计对成本费用核算中各类文件进行整理、归档

30.13　成本费用控制流程

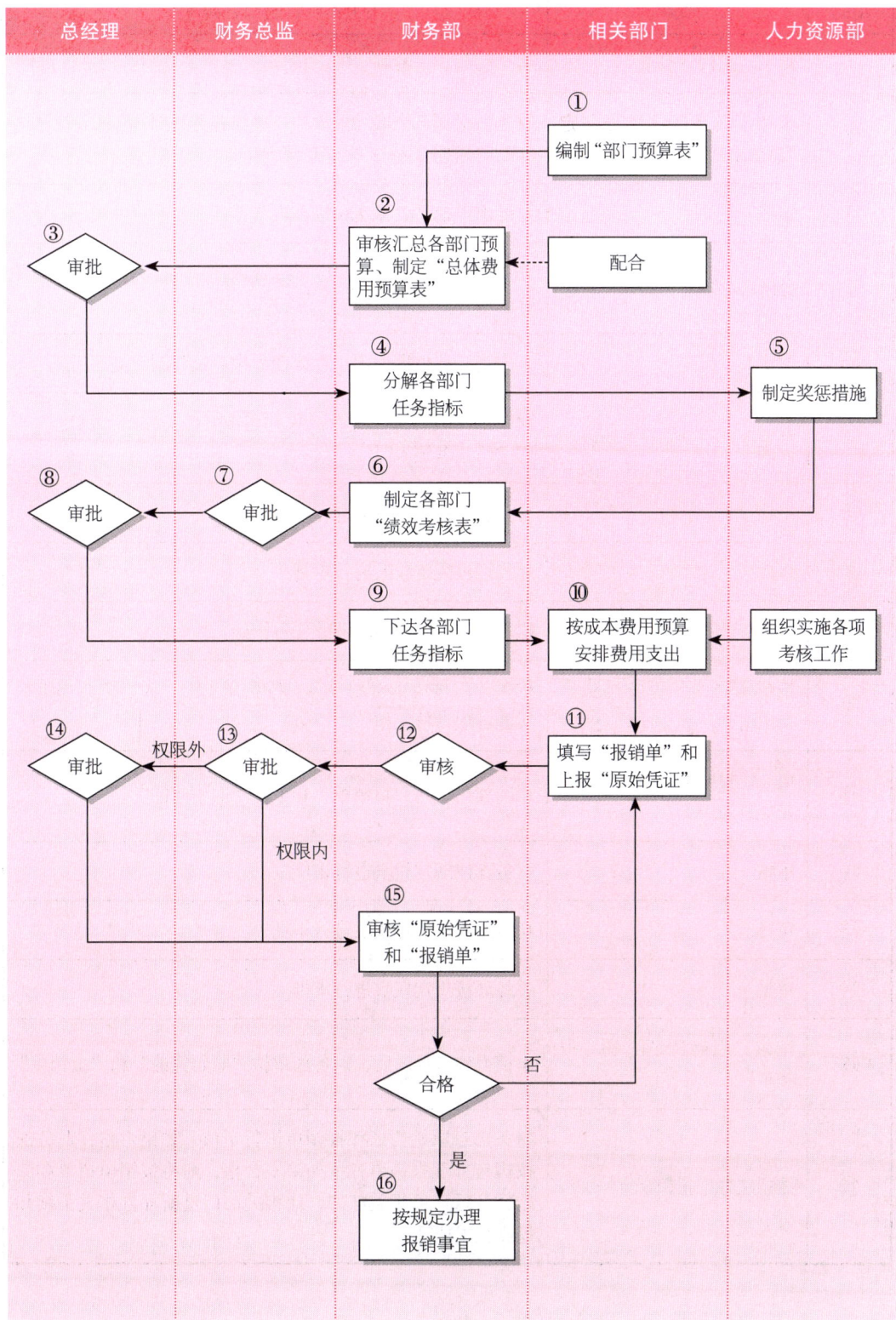

总经理	财务总监	财务部	相关部门	人力资源部

① 编制"部门预算表"

② 审核汇总各部门预算、制定"总体费用预算表"

配合

③ 审批

④ 分解各部门任务指标

⑤ 制定奖惩措施

⑥ 制定各部门"绩效考核表"

⑦ 审批

⑧ 审批

⑨ 下达各部门任务指标

⑩ 按成本费用预算安排费用支出

组织实施各项考核工作

⑪ 填写"报销单"和上报"原始凭证"

⑫ 审核

⑬ 审批　权限外

⑭ 审批

权限内

⑮ 审核"原始凭证"和"报销单"

合格　否

是

⑯ 按规定办理报销事宜

流程说明

编码	节点	工作内容的简要描述
①	编制"部门预算表"	各个相关部门编制"部门预算表",报送给财务部进行审核
②	审核汇总各部门预算制定"总体费用预算表"	财务部根据各个部门提供的资料和各类数据,汇总编制"总体的费用预算表",报送总经理审批
③	审核	总经理审批"总体费用预算表"
④	分解各部门任务指标	公司"总体费用预算表"得到总经理审批后,财务部负责分解各部门任务指标
⑤	制定奖惩措施	人力资源部根据公司"总体费用预算表"制定奖惩措施
⑥	制定各部门"绩效考核表"	财务部比较各部门经营成果和各部门任务指标,制定各部门"绩效考核表"
⑦	审核	财务总监按规定权限进行审核
⑧	审批	总经理按规定权限进行审批
⑨	下达各部门的任务指标	财务部下达各部门的绩效任务指标
⑩	按成本费用预算安排费用支出	相关部门按成本费用预算安排费用支出,人力资源部组织实施各项考核工作
⑪	填写"报销单"和上报"原始凭证"	相关部门填写"报销单"和上报"原始凭证"
⑫	审核	财务部按规定权限进行审核
⑬	审批	财务总监按规定权限进行审批
⑭	审批	总经理按规定权限进行审批
⑮	审核"原始凭证"和"报销单"	申请得到审批以后,财务部审核"原始凭证"和"报销单"
⑯	按规定办理报销事宜	财务部对原始凭证和报销单进行审核,如果合格,财务部按规定办理报销事宜;如果不合格,则将报销申请单和原始凭证返还给相关部门,让相关部门重新补办相关手续和递交相关凭证 /

30.14　成本费用目标确定流程

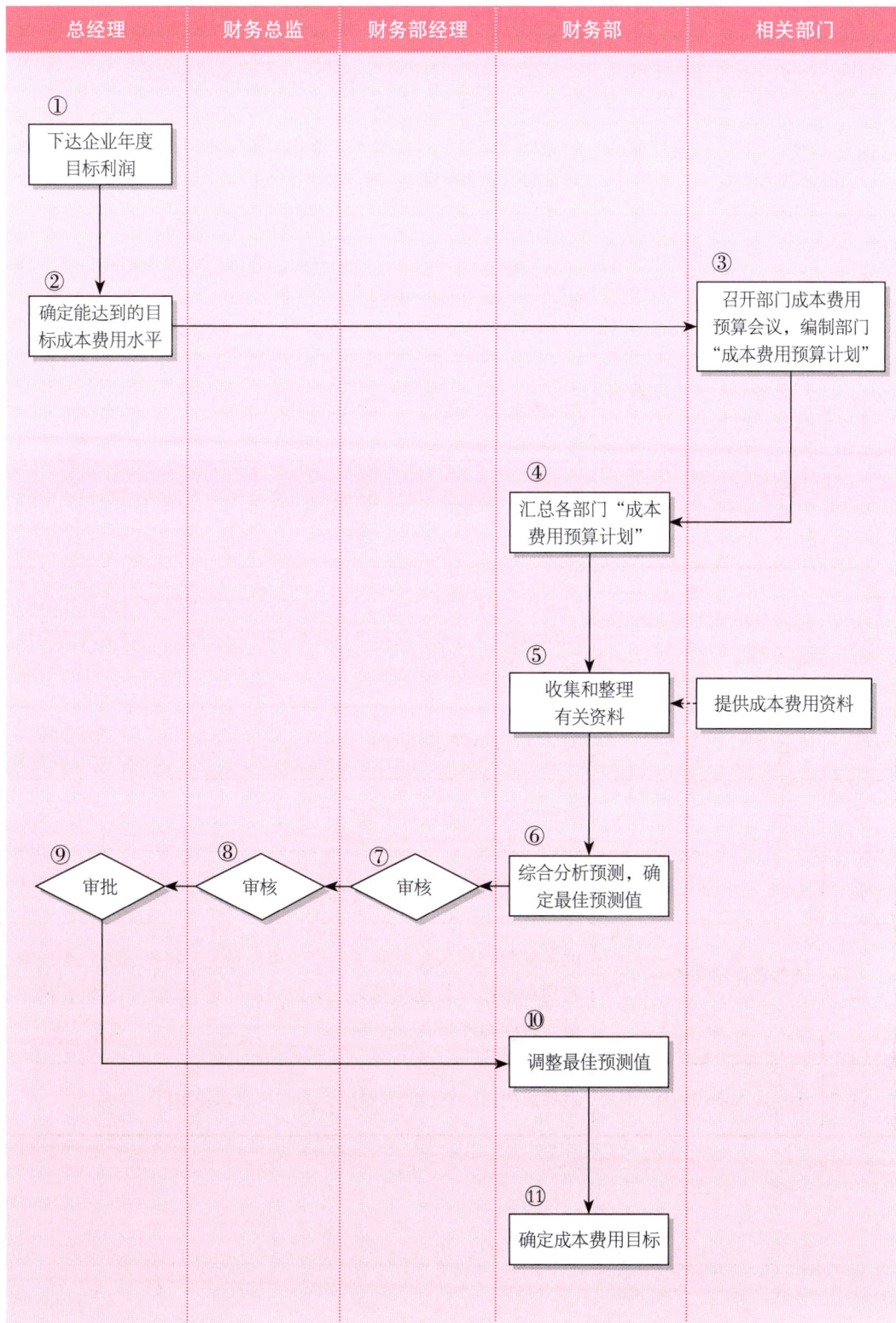

总经理	财务总监	财务部经理	财务部	相关部门

①
下达企业年度
目标利润

②
确定能达到的目
标成本费用水平

③
召开部门成本费用
预算会议，编制部门
"成本费用预算计划"

④
汇总各部门"成本
费用预算计划"

⑤
收集和整理
有关资料

提供成本费用资料

⑥
综合分析预测，确
定最佳预测值

⑨
审批

⑧
审核

⑦
审核

⑩
调整最佳预测值

⑪
确定成本费用目标

流程说明

编码	节点	工作内容的简要描述
①	下达企业年度目标利润	总经理在规定的时间内下达企业年度目标利润指标
②	确定能达到的目标成本费用水平	总经理依据企业目标利润，结合未来可能出现的变化因素，测算企业在现有条件下的成本费用目标
③	召开部门成本费用预算会议，编制部门"成本费用预算计划"	各部门根据成本费用预测的目标召开部门成本费用预算会，编制部门"成本费用预算计划"
④	汇总各部门"成本费用预算计划"	财务部汇总各部门的"成本费用预算计划"
⑤	收集和整理有关资料	财务部负责收集以往的成本费用资料和相关部门提供的成本费用资料
⑥	综合分析预测，确定最佳预测值	财务部根据预测目标、内容、要求和所掌握的资料选择相应的预测方法，分别对数据进行定量和定性分析，并确定最佳的预测值，报送财务部经理
⑦	审核	财务部经理按权限规定审核
⑧	审核	财务总监按权限规定审核
⑨	审批	总经理按权限规定审批
⑩	调整最佳预测值	财务部根据财务总监和总经理的审议意见，将推算的目标成本费用和按指标数据测算的成本费用目标进行比较和分析，确定最为合理的预测值
⑪	确定成本费用目标	财务部根据调整后的预测值，编制"成本费用目标实施表"

30.15　成本费用预测方案制定流程

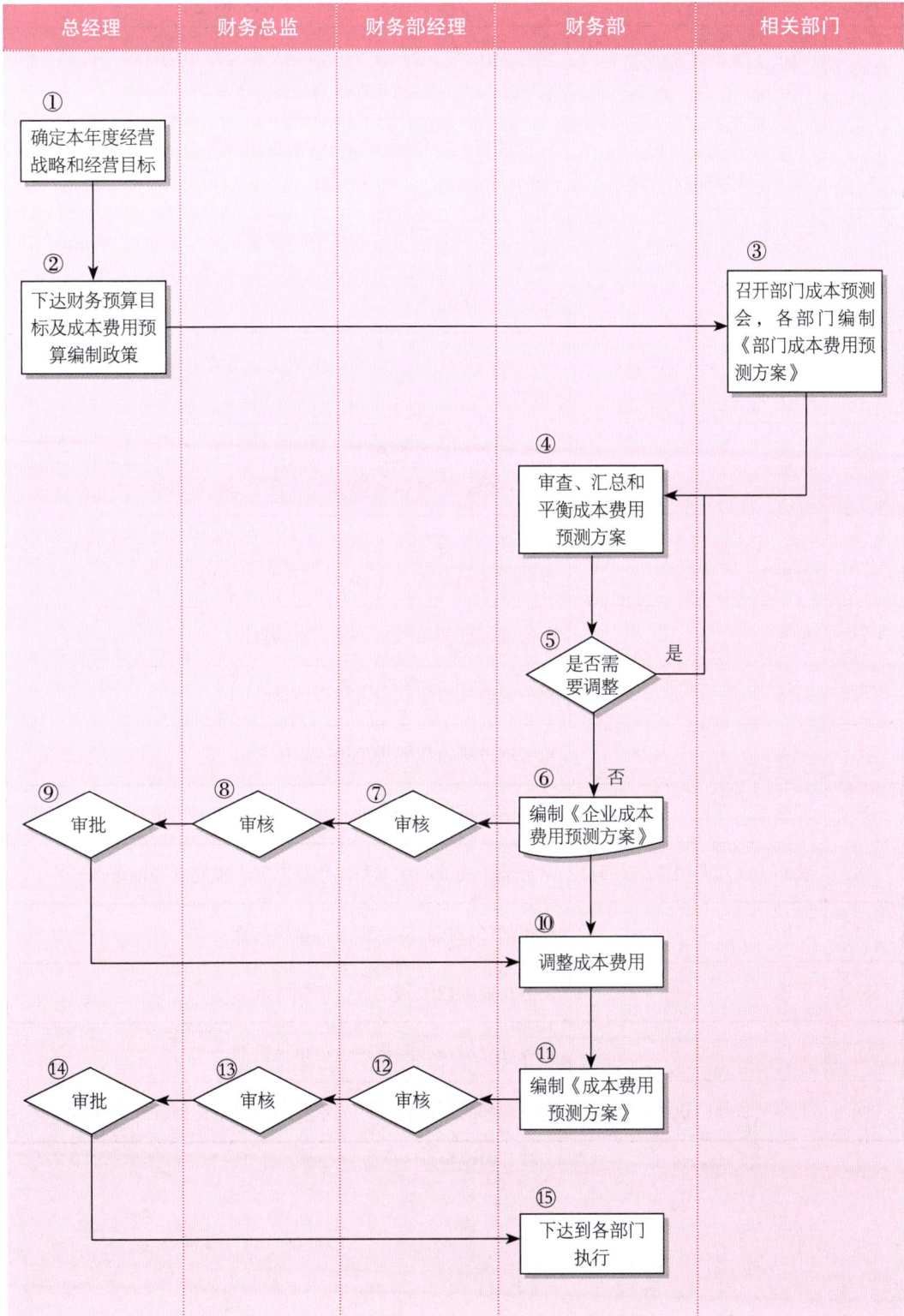

总经理	财务总监	财务部经理	财务部	相关部门
① 确定本年度经营战略和经营目标				
② 下达财务预算目标及成本费用预算编制政策				③ 召开部门成本预测会，各部门编制《部门成本费用预测方案》
			④ 审查、汇总和平衡成本费用预测方案	
			⑤ 是否需要调整　是	
			否	
⑨ 审批	⑧ 审核	⑦ 审核	⑥ 编制《企业成本费用预测方案》	
			⑩ 调整成本费用	
⑭ 审批	⑬ 审核	⑫ 审核	⑪ 编制《成本费用预测方案》	
			⑮ 下达到各部门执行	

流程说明

编码	节点	工作内容的简要描述
①	确定本年度经营战略和经营目标	总经理根据上一年度经营情况及本年度市场环境发展趋势确定本年度的经营战略和经营目标
②	下达财务预算目标及成本费用预算编制政策	总经理将财务预算目标及成本费用预算编制的政策下达到各部门
③	各部门召开部门成本预测会，编制《部门成本费用预测方案》	各部门按照公司下达的财务预算目标和政策召开部门成本预测会，编制本部门详细的《部门成本费用预测方案》，并上报公司财务部
④	审查、汇总和平衡《成本费用预测方案》	财务部对各部门上报的成本费用预算方案进行审查、汇总和平衡
⑤	调整	财务部门在审查过程中，对发现的问题提出调整意见，如果需要调整，则反馈给相应部门进行相应的调整
⑥	编制《企业成本费用预测方案》	财务部在各部门修正调整的基础上重新汇总，编制《企业成本费用预算方案》，上报公司总经理审核
⑦	审核	财务部经理按权限规定进行审核批准
⑧	审核	财务总监按权限规定进行审核批准
⑨	审批	总经理分级按权限规定进行审批
⑩	调整成本费用	财务部根据总经理审批的意见调整成本费用预算
⑪	编制《成本费用预测方案》	财务部正式编制成本费用预算方案，提交总经理审批
⑫	审核	财务部经理按权限规定进行审核批准
⑬	审核	财务总监按权限规定进行审核批准
⑭	审批	总经理分级按权限规定进行审批批准
⑮	下达到各部门执行	财务部将总经理批准的成本费用预算下达到各部门执行

30.16　无形资产外购请购审批流程

外部单位	相关部门	采购部	资产管理部	总经理	董事会

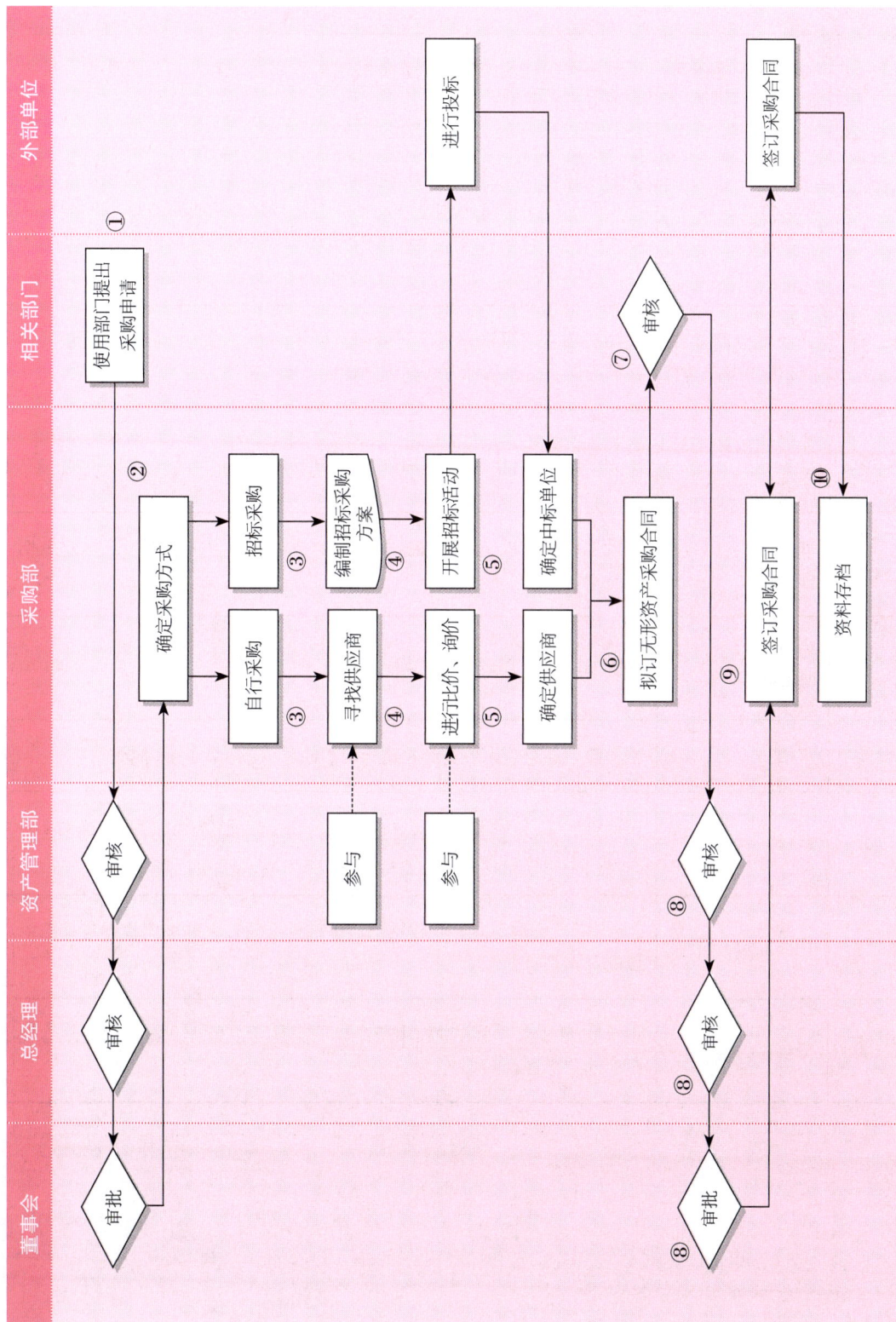

流程图内容：

- 相关部门：使用部门提出采购申请 ①
- 采购部：确定采购方式 ②
  - 招标采购 ③ → 编制招标采购方案 ④ → 开展招标活动 ⑤ → 确定中标单位
  - 自行采购 ③ → 寻找供应商 ④ → 进行比价、询价 ⑤ → 确定供应商 ⑥
  - 拟订无形资产采购合同
  - 签订采购合同 ⑨
  - 资料存档 ⑩
- 外部单位：进行投标；签订采购合同
- 相关部门：审核 ⑦
- 资产管理部：审核；参与；参与；审核 ⑧
- 总经理：审核；审核 ⑧
- 董事会：审批；审批 ⑧

流程说明

编码	节点	工作内容的简要描述
①	使用部门提出采购申请	无形资产的使用部门根据企业战略的发展要求和业务开展要求，提出无形资产的采购申请
②	确定采购方式	采购部根据无形资产采购标的额度或重要程度，在遵守企业相关采购规定的前提下确定采购方式，采购方式包括自行询价、比价采购、招标采购等，企业也可以根据采购的不同需求和供应商的相关情况选择竞争性谈判、单一来源采购等采购方式
③	寻找供应商或编制招标采购方案	采购部确定好采购方式后，就要开展下一步工作，自行采购则要去寻找供应商；若是招标方式则编制招标方案
④	开展比价或招标活动	采购部按规范的程序开展询价、比价活动或招标活动
⑤	确定供应商或中标单位	要购部将经过以上程序筛选的供应商或中标单位确定下来，并发出相应通知
⑥	拟订无形资产采购合同	采购部门拟订《无形资产采购合同》
⑦	审核	相关部门部对《无形资产采购合同》的付款条款等进行审核
⑧	审核、审批	资产管理部、总经理、董事会按审核权限根据无形资产的管理特点对《无形资产采购合同》进行审核、审批
⑨	签订采购合同	《无形资产采购合同》获权责部门审核批准后，采购部门执行与外部单位的合同签订工作
⑩	资料存档	由采购部将这一业务过程中所产生的文件予以整理，按公司文件管理程序的要求进行归档

30.17　无形资产业务流程

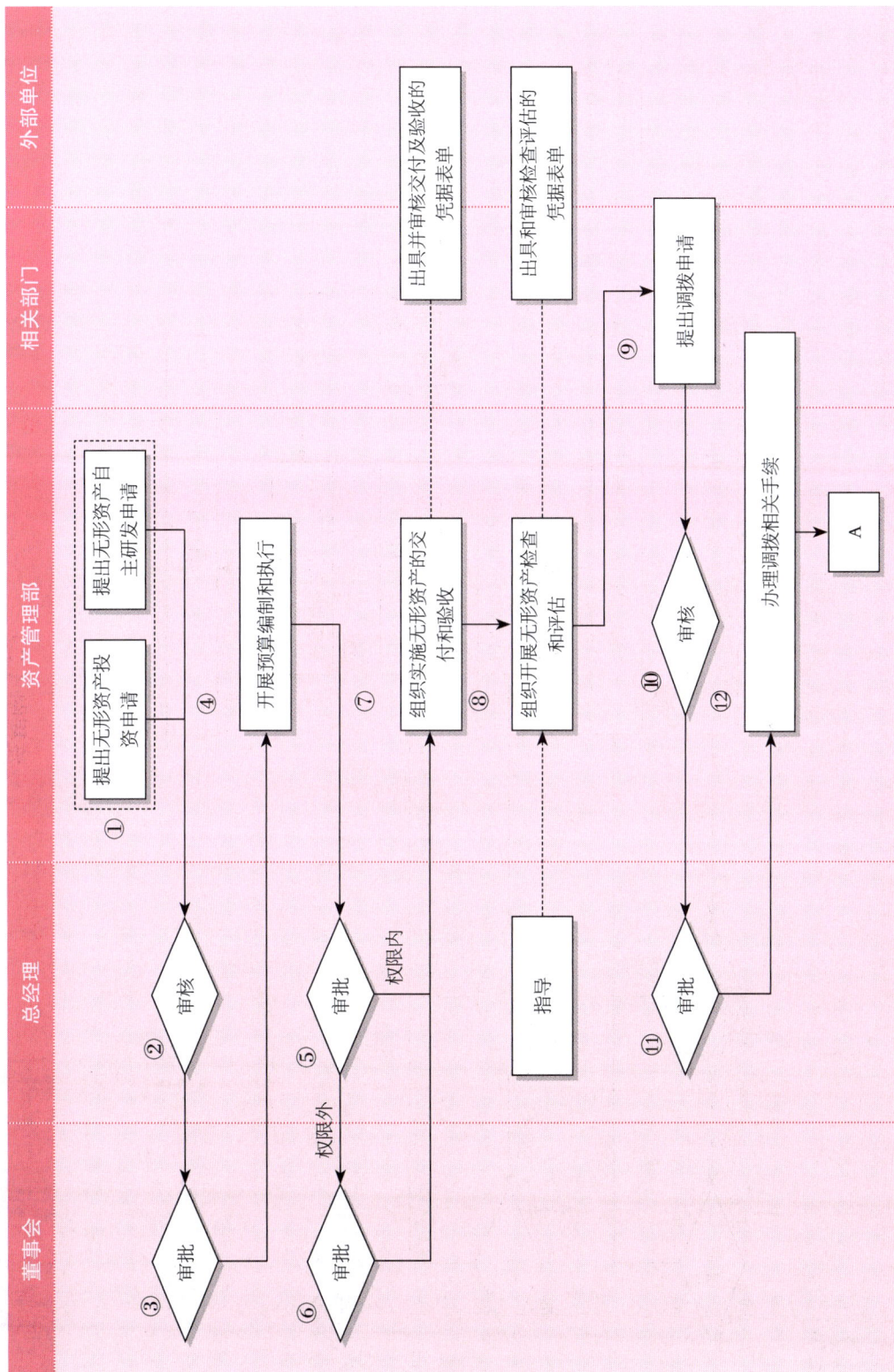

董事会	总经理	资产管理部	相关部门	外部单位

① 提出无形资产投资申请 / 提出无形资产自主研发申请

② 审核

③ 审批

④ 开展预算编制和执行

⑤ 审批（权限内 / 权限外）

⑥ 审批

⑦ 组织实施无形资产的交付和验收

出具并审核交付及验收的凭据表单

⑧ 组织开展无形资产检查和评估

出具和审核检查评估的凭据表单

指导

⑨ 提出调拨申请

⑩ 审核

⑪ 审批

⑫ 办理调拨相关手续

A

流程图（一）

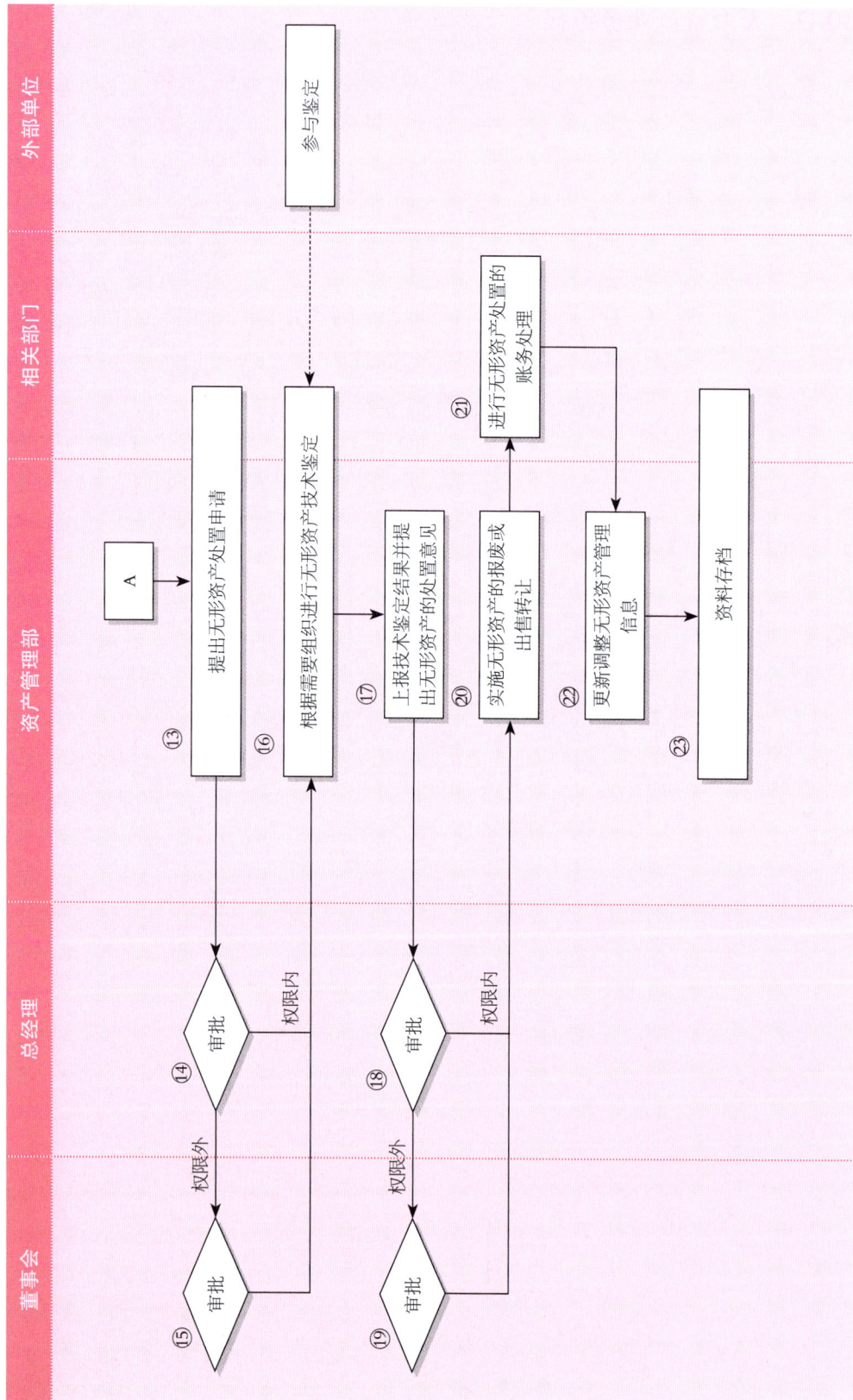

董事会	总经理	资产管理部	相关部门	外部单位
				参与鉴定
		⑬ 提出无形资产处置申请 ← A		
⑮ 审批 ← 权限外 ← ⑭ 审批 权限内 →		⑯ 根据需要组织进行无形资产技术鉴定		
		⑰ 上报技术鉴定结果并提出无形资产的处置意见		
⑲ 审批 ← 权限外 ← ⑱ 审批 权限内 →		⑳ 实施无形资产的报废或出售转让	㉑ 进行无形资产处置的账务处理	
		㉒ 更新调整无形资产管理信息		
		㉓ 资料存档		

流程图（二）

流程说明

编码	节点	工作内容的简要描述
①	提出无形资产外购或自主研发申请	资产管理部门根据企业战略的发展要求和业务开展要求，提出无形资产投资申请或自主研发申请
②	审核	总经理对资产管理部门提出的申请进行审核，并呈报董事会
③	审批	董事会对总经理审核后的申请，进行审批
④	开展预算编制和执行	资产管理部门对无形资产的外购或自主研发进行费用预算
⑤	审核	总经理需要在自身的权限范围内，对无形资产投资预算和无形资产自主研发预算的编制和预算执行中的重要事项履行审批职责
⑥	审批	董事会对总经理权限范围以外的，对无形资产投资预算和无形资产自主研发预算的编制和预算执行中的重要事项履行审批职责
⑦	组织实施无形资产的交付和验收	企业的财务、采购以及其他相关部门参与无形资产的交付和验收，并填写相应的验收表单或凭证；交付和验收也可以聘请外部专业机构参与，外部专业机构需要出具相关验收的凭证和单据
⑧	组织开展无形资产检查和评估	企业的财务、采购以及其他相关部门根据无形资产的不同内容，可以选择采用技术鉴定来确定无形资产的价值；如果有必要，也可以聘请外部专业机构对无形资产进行专业的技术鉴定，外部专业机构需要出具相关评估的凭证和单据技术鉴定的结果以及作为选择无形资产处置方式的依据
⑨	提出调拨申请	相关部门提出调拨申请
⑩	审核	资产管理部对相关部门提出的调拨申请进行审核，并呈报总经理
⑪	审批	总经理按权限进行审批
⑫	办理调拨相关手续	资产管理部门与使用部门办理相关的调拨手续
⑬	提出无形资产处置申请	无形资产使用到期后由资产管理部门和使用部门提出处置申请

（续表）

编码	节点	工作内容的简要描述
⑭	审批	总经理对资产管理部门提出的申请在权限范围内进行审批，权限范围外的则需呈报董事会
⑮	审批	董事会对总经理权限范围外呈报上来的申请，进行审批
⑯	根据需要组织进行无形资产技术鉴定	如有需要，由资产管理部门组织进行无形资产的技术鉴定，必要的时候，可以邀请外部单位参与，鉴定一定要有技术鉴定结果并提出无形资产的处置意见
⑰	上报技术鉴定结果并提出无形资产的处理意见	将鉴定结果和处置意见以书面的形式上报总经理
⑱	审批	总经理按审批权限进行审批
⑲	审批	董事会对总经理权限外的进行审批
⑳	实施无形资产的报废或出售转让	资产管理部理按审批的要求，负责执行无形资产的报废或出售转让工作
㉑	进行无形资产处置的账务处理	相关部门对无形资产的处置进行账务处理
㉒	更新调整无形资产管理信息	无形资产在处置以后，资产管理部应及时调整无形资产管理的信息，确保无形资产管理信息的完整、准确
㉓	资料存档	资产管理部和使用部门就无形资管理过程中的所有资料进行整理、归档保存

30.18 无形资产投资预算流程

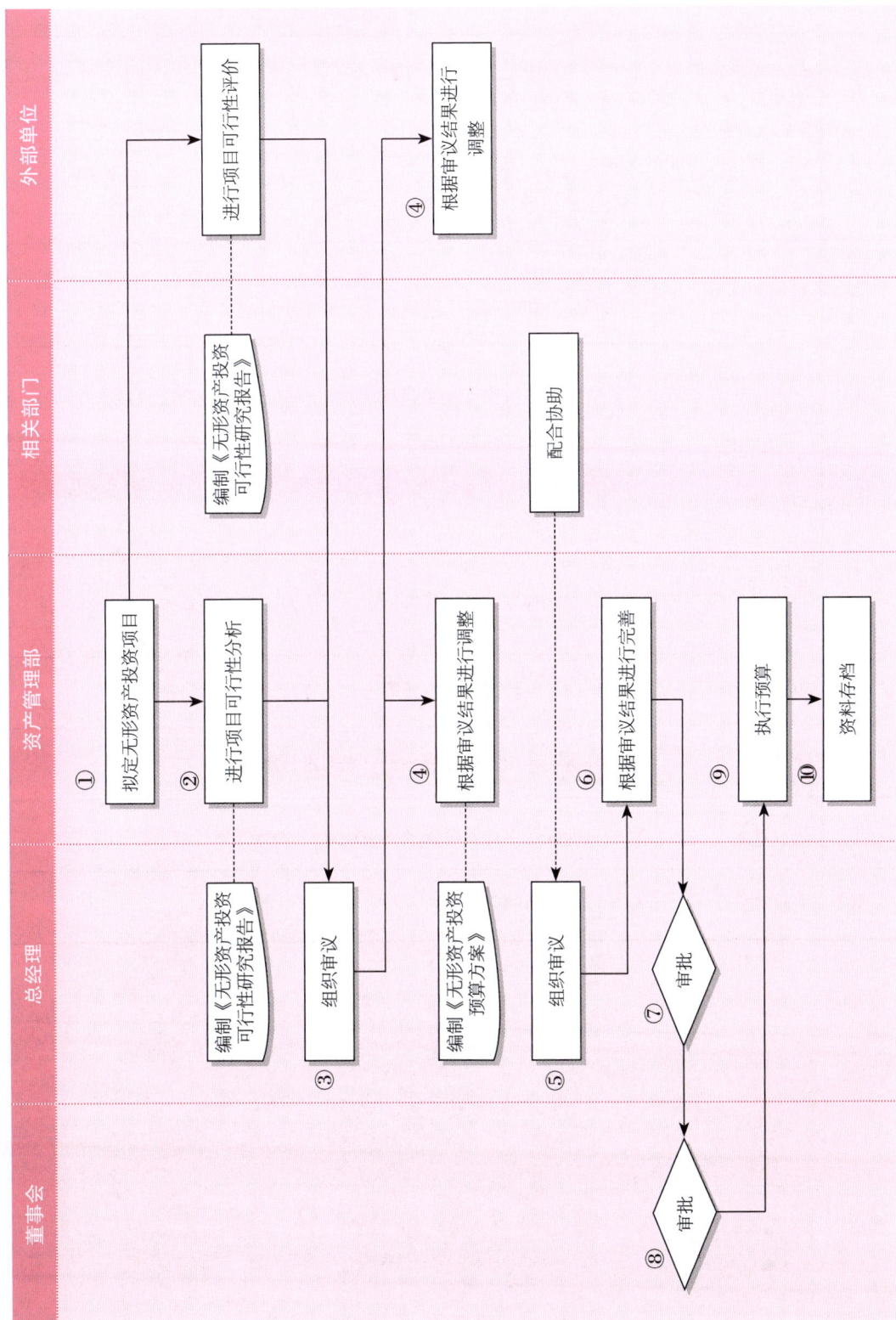

董事会	总经理	资产管理部	相关部门	外部单位
		① 拟定无形资产投资项目		
	编制《无形资产投资可行性研究报告》	② 进行项目可行性分析	编制《无形资产投资可行性研究报告》	进行项目可行性评价
	③ 组织审议			
		④ 根据审议结果进行调整		④ 根据审议结果进行调整
	编制《无形资产投资预算方案》		配合协助	
	⑤ 组织审议	⑥ 根据审议结果进行完善		
	⑦ 审批			
⑧ 审批		⑨ 执行预算		
		⑩ 资料存档		

程说明

编码	节点	工作内容的简要描述
①	拟定无形资产投资项目	资产管理部根据无形资产的使用效果、生产经营发展目标等因素拟定无形资产的投资项目
②	进行项目可行性分析、评价	资产管理部对拟投资的无形资产项目进行可行性分析，必要的时候邀请外部单位参与，评价要形成《无形资产投资可行性研究报告》
③	组织审议	总经理组织由财务部、资产管理部等部门参加的会议，对《无形资产投资可行性研究报告》进行讨论，并提出修改意见
④	根据审议结果进行调整	资产管理部根据审议结果进行调整，形成《无形资产投资预算方案》
⑤	组织审议	总经理组织由财务部、资产管理部等部门参加的会议，对《无形资产投资预算方案》进行讨论，提出意见
⑥	根据审议结果进行完善	资产管理部根据审议结果进行对《无形资产投资预算方案》进行完善
⑦	审批	总经理对《无形资产投资预算方案》进行审批，并呈报董事会
⑧	审批	董事长对《无形资产投资预算方案》进行审批
⑨	执行预算	资产管理部按审批的结果来执行预算
⑩	资料存档	将预算过程中的所有资料进行存档

30.19　无形资产交付验收流程

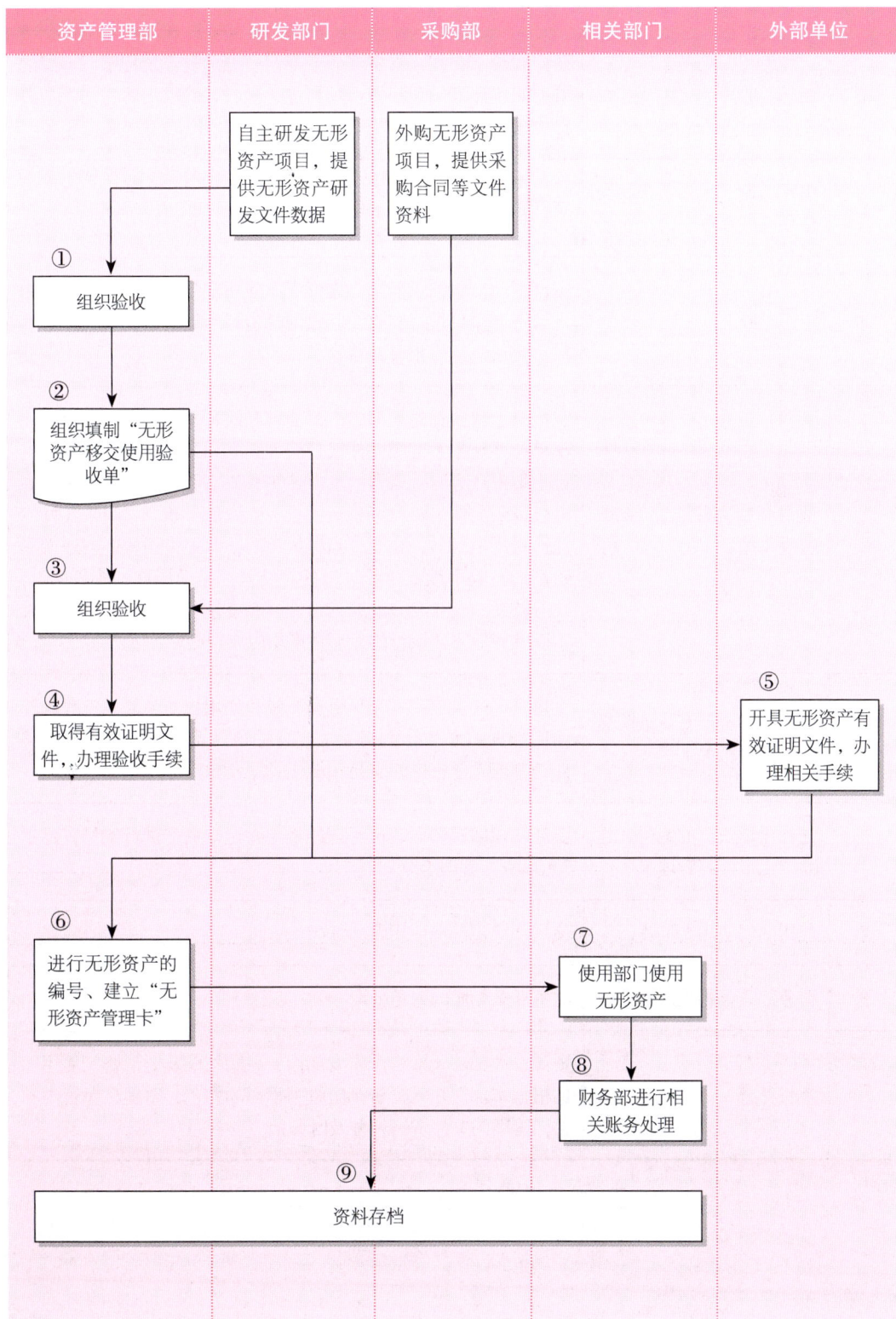

资产管理部	研发部门	采购部	相关部门	外部单位

自主研发无形资产项目，提供无形资产研发文件数据

外购无形资产项目，提供采购合同等文件资料

① 组织验收

② 组织填制"无形资产移交使用验收单"

③ 组织验收

④ 取得有效证明文件，办理验收手续

⑤ 开具无形资产有效证明文件，办理相关手续

⑥ 进行无形资产的编号、建立"无形资产管理卡"

⑦ 使用部门使用无形资产

⑧ 财务部进行相关账务处理

⑨ 资料存档

流程说明

编码	节点	工作内容的简要描述
①	组织验收	资产管理部组织无形资产研发部门、无形资产使用部门等部门针对自主研发的无形资产项目进行验收，验收内容包括无形资产的价值、无形资产的有效期限、无形资产的使用风险等
②	组织填制"无形资产移交使用验收单"	资产管理部填写"无形资产移交使用验收单"
③	组织验收	资产管理部组织采购部、无形资产使用部门等部门针对外购的无形资产项目进行验收，验收内容包括无形资产的相关技术参数、无形资产的相关文件等
④	取得有效证明文件，办理验收手续	资产管理部应针对无形资产的类型和性质，及时向供应商或外部单位办理相关证明文件或使用手续。如果企业购入或者以支付土地出让金方式取得的土地使用权，需要取得土地使用权的有效证明文件；除已经确认为投资性房地产外，在尚未开发或建造自用项目前，企业应当根据合同、土地使用权证办理无形资产的验收手续；企业对投资者投入、接受捐赠、债务重组、政府补助、企业合并、非货币性资产交换、外企业无偿划拨转入以及其他方式取得的无形资产均应办理相应的验收手续
⑤	开具无形资产有效证明文件，办理相关手续	无形资产的供应商或无形资产产权和使用权交易的主管政府部门应根据国家和行业相关规定及时开具无形资产有效证明文件，办理无形资产的交易、转让等手续
⑥	进行无形资产的编号、建立"无形资产管理卡"	资产管理部按公司资产管理的规定对无形资产进行编号，建立"无形资产管理卡"
⑦	使用部门使用无形资产	使用部门正确地使用无形资产
⑧	财务部进行相关账务处理	财务部做相应的账务处理
⑨	资料存档	资产管理部、无形资产研发部门、采购部以及无形资产使用部门根据本部门在无形资产验收中承担的角色，整理、保管由本部门管理的文件资料，并及时归档

30.20　年度财务报告方案编制流程

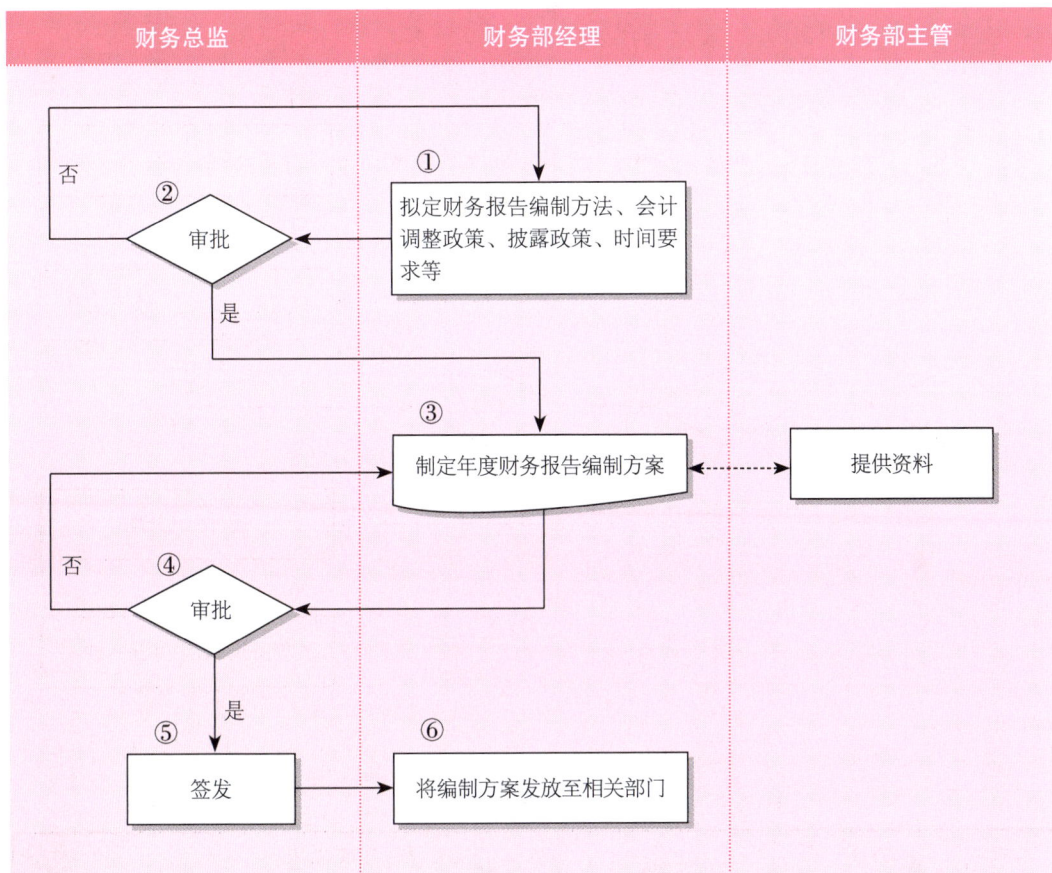

财务总监	财务部经理	财务部主管

①　拟定财务报告编制方法、会计调整政策、披露政策、时间要求等

②　审批　否　是

③　制定年度财务报告编制方案　提供资料

④　审批　否　是

⑤　签发

⑥　将编制方案发放至相关部门

流程说明

编码	节点	工作内容的简要描述
①	拟定财务报告编制方法、会计调整政策、披露政策、时间要求等	财务部经理拟定年度财务报告编制方法、年度财务报告会计调整政策、披露政策及报告的时间要求等
②	审批	财务总监对财务报告编制方法、会计调整政策、披露政策、时间要求等进行审核批准
③	制定年度财务报告编制方案	财务部经理制定年度财务报告编制方案，财务部主管提供相关资料并予以协助
④	审批	财务总监审批年度财务报告编制方案
⑤	签发	财务总监签发年度财务报告编制方案
⑥	将编制方案发放至相关部门	年度财务报告编制方案应当经企业总会计师核准后签发至各参与编制部门

30.21　重大影响交易会计处理流程

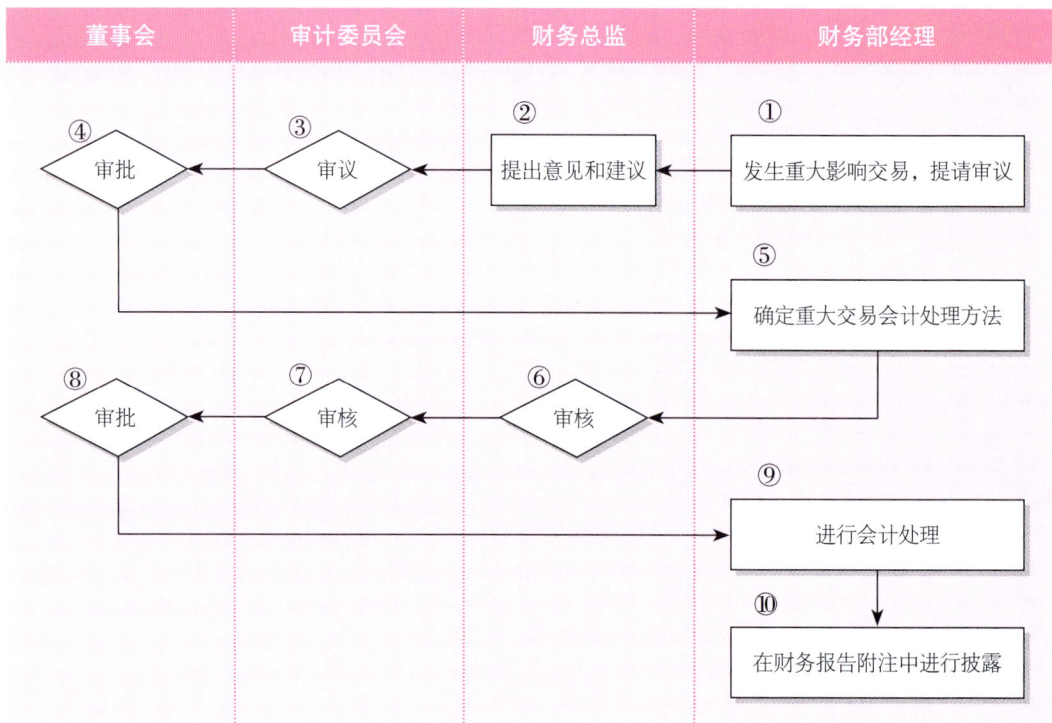

董事会	审计委员会	财务总监	财务部经理
④ 审批	③ 审议	② 提出意见和建议	① 发生重大影响交易，提请审议
			⑤ 确定重大交易会计处理方法
⑧ 审批	⑦ 审核	⑥ 审核	
			⑨ 进行会计处理
			⑩ 在财务报告附注中进行披露

流程说明

编码	节点	工作内容的简要描述
①	发生重大影响交易，提请审议	发生重大影响交易，财务部经理提请审计委员会和董事会审议
②	提出意见和建议	财务总监就重大交易提出意见和建议，提请审计委员会和董事会审议
③	审议	审计委员会进行审议，并将审议结果提请董事会审批
④	审批	董事会对重大交易进行审批，提出审议意见
⑤	确定重大交易会计处理方法	财务部经理根据董事会批准的审议意见确定重大影响交易会计处理方法
⑥	审核	由财务总监按程序进行审核批准
⑦	审核	由审计委员会按程序审核批准
⑧	审批	由董事会按程序进行审批
⑨	进行会计处理	财务部经理安排财务部相关人员根据审批结果进行会计处理
⑩	在财务报告附注中进行披露	财务部经理在财务报告附注中就此重大交易进行披露

30.22　年度财务报告编制流程

财务部主管	财务部经理	财务总监	审计委员会	董事会	董事长
② 核对总账与明细账	① 全面清查资产，核实债务				
③ 检查勾稽关系是否正确					
④ 制定《年度财务报告编制方案》	⑤ 制定对会计报表可能产生重大影响的交易或事项的判断标准		⑥ 审议	⑦ 审议	⑧ 审批
⑨ 编制合并报表及附注		⑩ 编制财务情况说明书			
⑪ 整理、汇总、形成财务报告		⑫ 提出建议和意见			
⑬ 修改、形成年度财务报告	⑭ 审核	⑮ 审核	⑯ 审议	⑰ 审议	⑱ 签字
⑲ 打印、复印、装订					

流程说明

编码	节点	工作内容的简要描述
①	全面清查资产，核实债务	财务部经理在编制年度财务报告前，应当全面进行资产清查、减值测试和核实债务
②	核对总账与明细账	财务部主管将会计账簿记录与实物资产、会计凭证、往来单位或者个人等进行相互核对，保证账证相符、账账相符、账实相符
③	检查勾稽关系是否正确	财务部通过人工分析或利用计算机信息系统自动检查会计报表之间、会计报表各项目之间的勾稽关系是否正确，重点对下列项目进行校验： （1）会计报表内有关项目的对应关系 （2）会计报表中本期与上期有关数字的衔接关系 （3）会计报表与附表之间的平衡及勾稽关系
④	制定《年度财务报告编制方案》	财务部主管制定《年度财务报告编制方案》，明确年度财务报告编制方法、年度财务报告会计调整政策、披露政策及报告的时间要求等
⑤	制定对会计报表可能产生重大影响的交易或事项的判断标准	财务部经理和财务总监应当制定对会计报表可能产生重大影响的交易或事项的判断标准。对会计报表可能产生重大影响的交易或事项，应将会计处理方法、合并会计报表编制范围的方法以及发生变更的情况及时提交审计委员会和董事会审议
⑥－⑧	审议、审批	审计委员会、董事会、董事长按企业规定的审批权限逐级进行审议、审批
⑨	编制合并报表及附注	财务部主管和经理共同编制合并报表及附注
⑩	编制财务情况说明书	财务总监应真实、完整地在会计报表附注和财务情况说明书中说明需要说明的事项
⑪	整理、汇总，形成财务报告	财务部主管整理、汇总以上资料，形成财务报告
⑫	提出建议和意见	财务部经理、财务总监就财务报告提出一些建议和意见
⑬	修改、形成年度财务报告	财务主管根据经理和总监审议的结果和审核意见修改、编制年度财务报告
⑭－⑱	审核、审议、签字	财务部经理、财务总监、审计委员会、董事会、董事长按企业规定的审批权限逐级进行审议、批准
⑲	打印、复印、装订	财务部将年度财务报告打印、复印并予以装订

30.23　合并会计报表编制范围变更流程

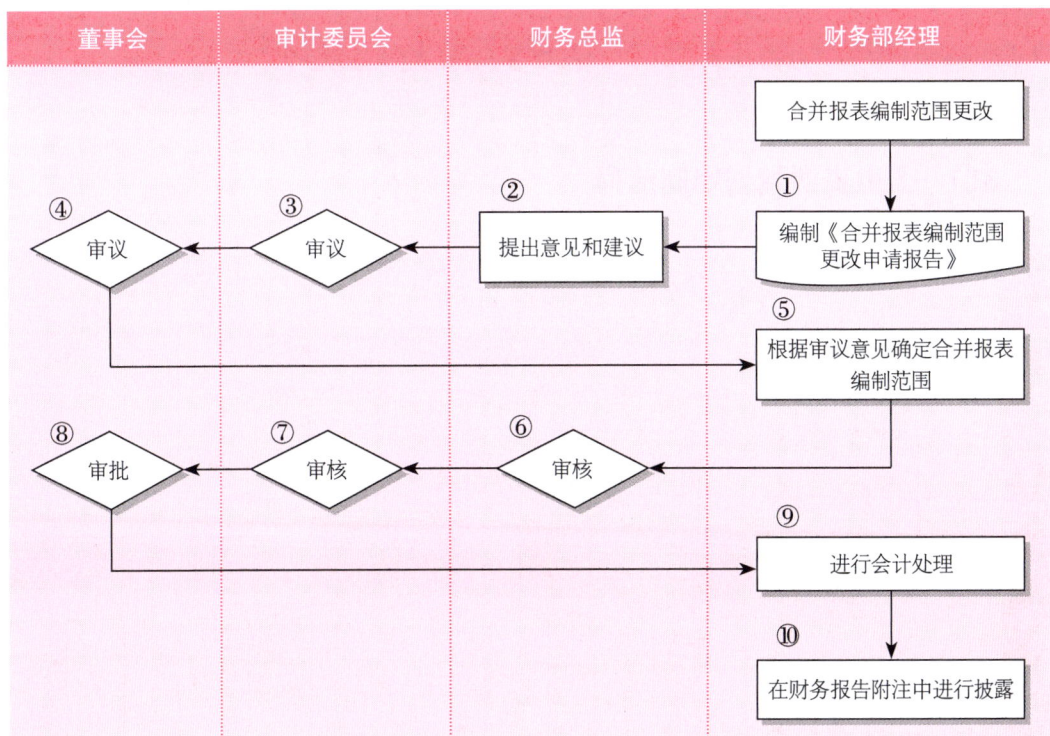

董事会	审计委员会	财务总监	财务部经理

合并报表编制范围更改

① 编制《合并报表编制范围更改申请报告》

② 提出意见和建议

③ 审议

④ 审议

⑤ 根据审议意见确定合并报表编制范围

⑥ 审核

⑦ 审核

⑧ 审批

⑨ 进行会计处理

⑩ 在财务报告附注中进行披露

流程说明

编码	节点	工作内容的简要描述
①	编制《合并报表编制范围更改申请报告》	当有需要进行合并报表编制范围更改的时候，财务部经理编制《合并报表编制范围更改申请报告》
②	提出意见和建议	财务总监就《合并报表编制范围更改申请报告》提出一些意见和建议
③	审议	审计委员会对《合并报表编制范围更改申请报告》进行审议，并呈报董事会
④	审议	董事会对《合并报表编制范围更改申请报告》进行审议
⑤	根据审议意见确定合并报表编制范围	财务部经理根据审议意见确定合并报表编制范围
⑥	审核	财务总监按权限进行审核
⑦	审核	审计委员会按权限进行审核，并呈报董事会
⑧	审批	由董事会进行最后的审批
⑨	进行会计处理	财务部有关人员进行会计处理
⑩	在财务报告附注中进行披露	财务经理就此范围在财务报告附注中进行披露

第31章　人力资源管理流程

31.1　人力资源规划编制流程

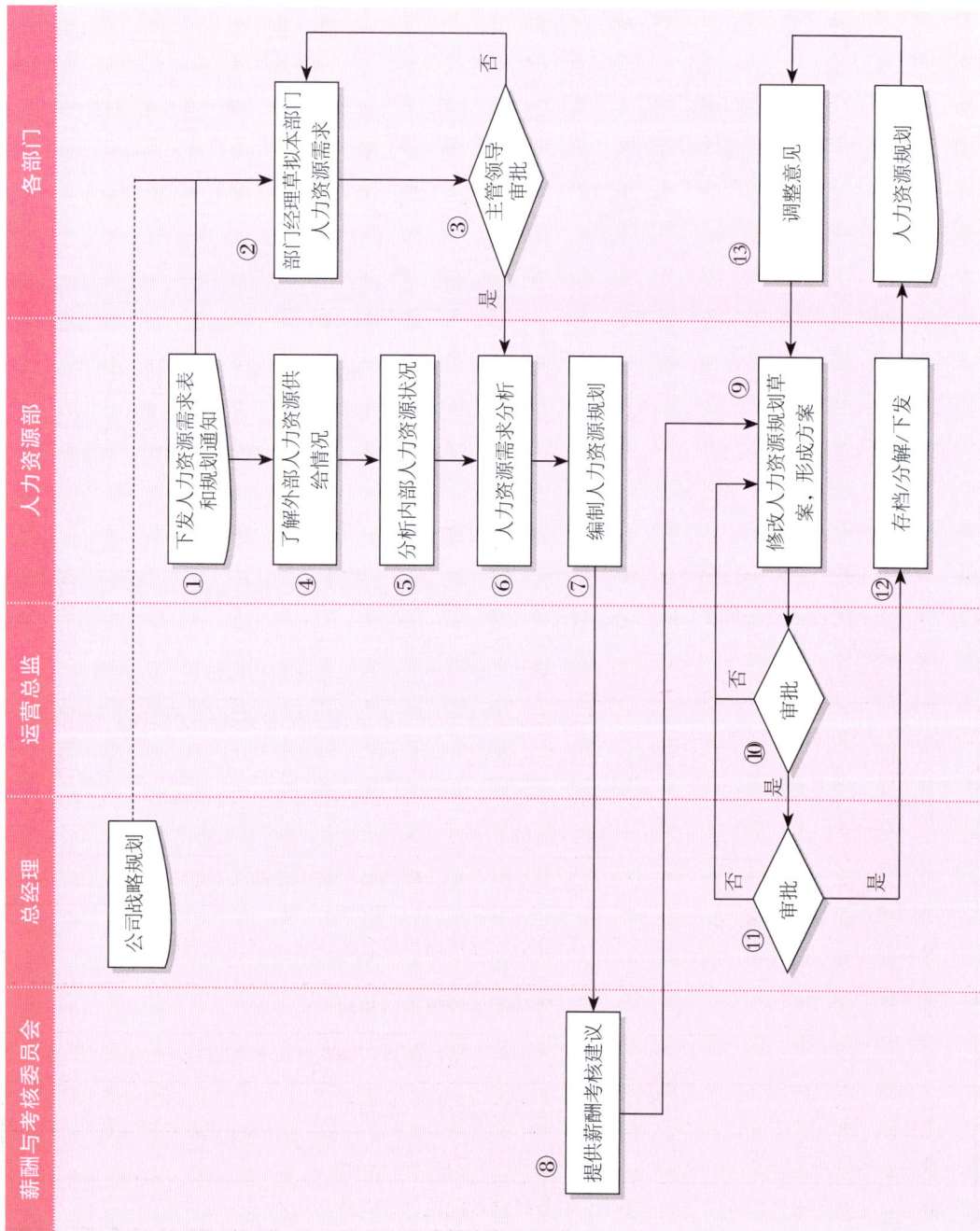

流程说明

编码	节点	工作内容的简要描述
①	下发人力资源需求表和规划通知	人力资源部向各个部门下发人力资源需求表和规划通知
②	部门经理草拟本部门人力资源需求	各部门经理根据人力资源部下发的人力资源需求表和规划通知，参考公司战略规划草拟本部门的人力资源需求
③	主管领导审批	各部门将本部门的人力资源需求交由主管领导审批后，向人力资源部提交本部门人力资源需求表
④	了解外部人力资源供给情况	人力资源部对外部人力资源供给情况进行了解
⑤	分析内部人力资源状况	人力资源部对内部人力资源状况进行分析
⑥	人力资源需求分析	汇总各部门的人力资源需求表，进行全公司的人力资源需求分析
⑦	编制人力资源规划草案	人力资源部在人力资源需求分析的基础上编制人力资源规划草案
⑧	提供薪酬考核建议	由薪酬与考核委员会提供薪酬考核建议
⑨	修改人力资源规划，形成方案	人力资源部经理根据薪酬与考核委员会的专业意见，修改人力资源规划草案，形成人力资源规划方案
⑩	审批	将人力资源规划方案提交主管人力资源的运营总监审批
⑪	审批	将人力资源规划方案提交总经理进行审批
⑫	存档／分解／下发	审批通过后由人力资源部经理负责将人力资源规划存档，并分解下发至各个其他部门
⑬	调整意见	当外部环境发生重大变化导致公司战略发生调整，各部门提出相应的人力资源规划调整意见，修正人力资源规划

31.2 工作分析流程

员工	各部门负责人	人力资源部	运营总监

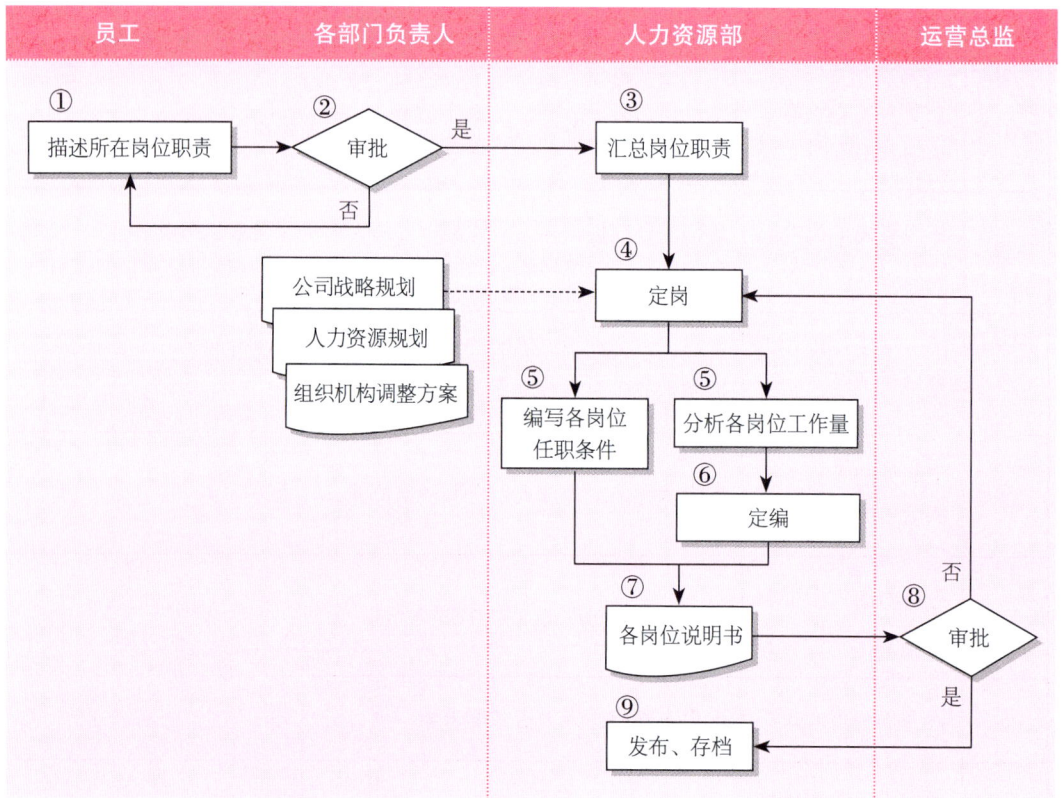

流程说明

编码	节点	工作内容的简要描述
①	描述所在岗位职责	各员工描述自己所在岗位所承担的岗位职责
②	审批	各部门负责人对所属员工所做的岗位职责进行审核
③	汇总岗位职责	人力资源部汇总所有岗位职责描述
④	定岗	人力资源部综合公司战略规划、人力资源规划、组织机构调整方案以及所有岗位职责汇总，进行总体平衡，确定岗位设置方案，并明确各岗位的职责
⑤	进行任职条件和工作量的分析	针对岗位设置方案中的各岗位进行任职条件和工作量的分析
⑥	定编	根据工作量的分析结果确定每个岗位需要多少人员编制
⑦	各岗位说明书	把岗位设置方案和定编方案结合形成各岗位说明书草案
⑧	审批	运营总监审批岗位说明书草案
⑨	发布、存档	人力资源部将岗位说明书予以发布，作为招聘、培训、岗位评价等依据，并及时存档

31.3　员工外部招聘流程

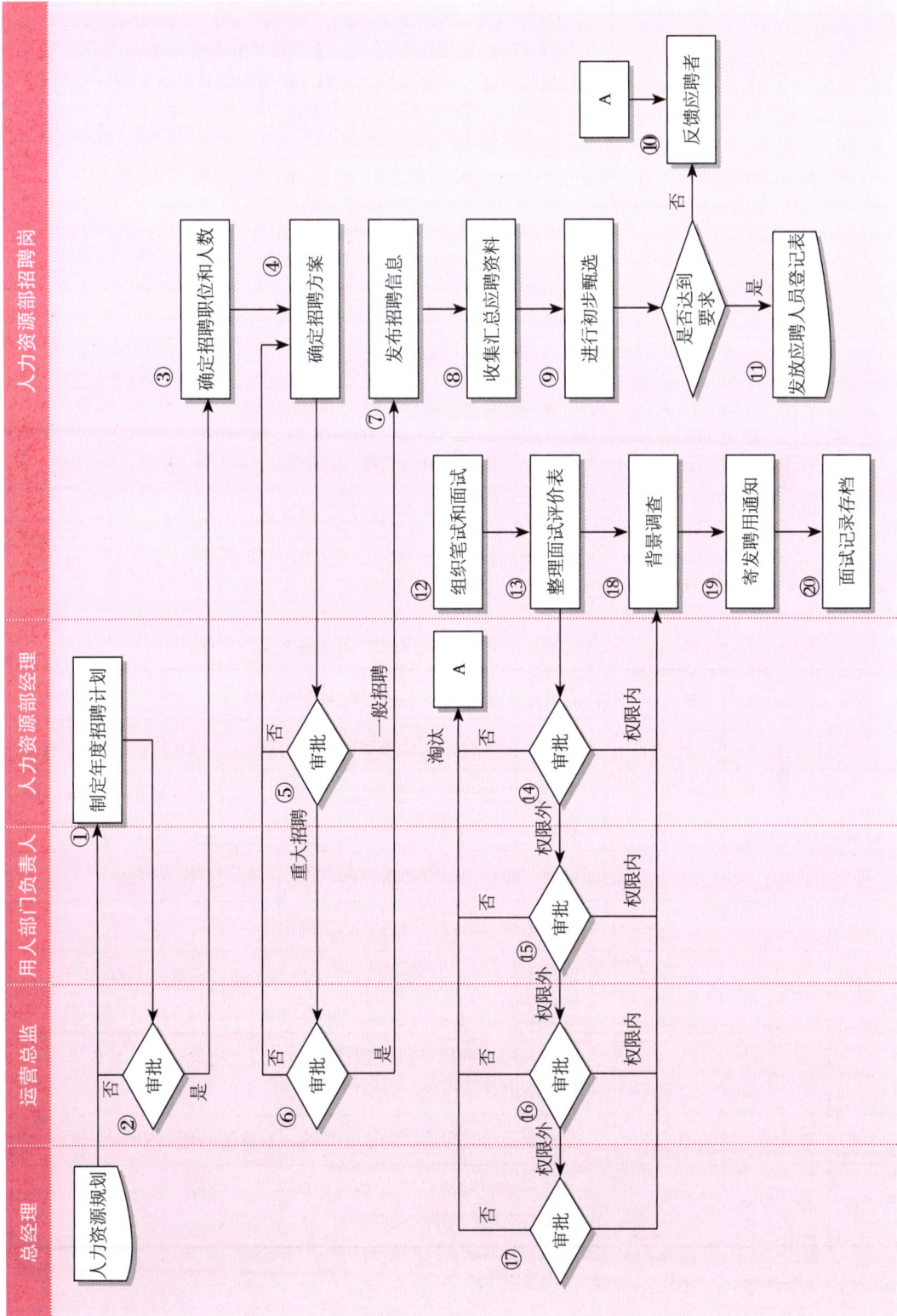

流程说明

编码	节点	工作内容的简要描述
①	制定年度招聘计划	人力资源部经理根据年度人力资源规划和各部门的人力资源需求计划编制年度人力资源招聘计划，提交给运营总监审批
②	审批	运营总监审批年度人力资源招聘计划后转人力资源部招聘岗
③	确定招聘职位和人数	人力资源部根据各部门用人需求，确定招聘职位和人数
④	确定招聘方案	人力资源部招聘岗负责根据情况制定合适的招聘方案及拟定招聘方案
⑤	审批	人力资源部经理负责审核招聘方案及初步薪酬
⑥	审批	重大招聘活动需运营总监审批
⑦	发布招聘信息	人力资源部招聘岗负责对外发布招聘信息
⑧	收集汇总应聘资料	人力资源部招聘岗负责收集汇总应聘资料
⑨	进行初步甄选	人力资源部招聘岗负责对应聘资料进行初步甄选
⑩	反馈应聘者	人力资源部招聘岗负责将初步甄选结果反馈给应聘人员，将未能录取的优秀人员信息保存在公司后备人才库中
⑪	发放应聘登记表	人力资源部招聘岗负责向初选合格人员发放应聘人员登记表
⑫	组织面试和笔试	人力资源部招聘岗负责组织面试和笔试工作
⑬	整理面试评价表	人力资源部招聘岗负责整理面试评价表
⑭	审批	人力资源部经理对入选名单人员进行面试，并在权限内录取应聘人员
⑮	审批	如果是一般员工岗位招聘只需取得用人部门负责人同意
⑯	审批	如果是重要的岗位则需运营总监确定是否录取
⑰	审批	如果是中高级的管理岗位则在运营总监面试后需由总经理面试确定是否录取
⑱	背景调查	人力资源部招聘岗负责对通过笔试和面试的拟录取人员的背景调查和资格审查工作
⑲	寄发聘用通知书	人力资源部招聘岗负责向被录用的人员寄发聘用通知书
⑳	面试记录存档	人力资源部招聘岗负责将招聘中的一些记录按《公司文件管理规定》的要求进行整理、归档

31.4　员工内部招聘管理流程

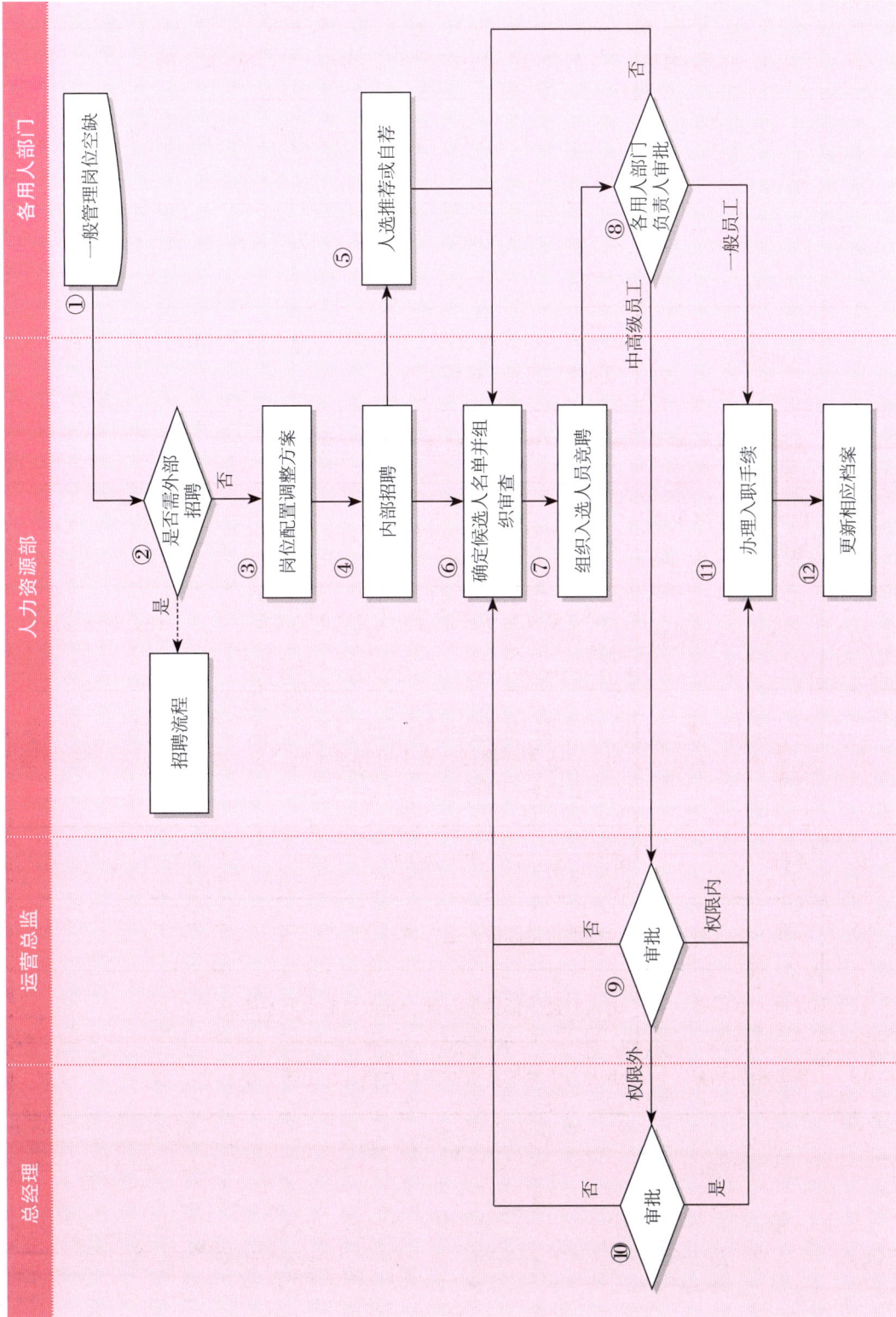

各用人部门｜人力资源部｜运营总监｜总经理

① 一般管理岗位空缺

② 是否需外部招聘　否

是

招聘流程

③ 岗位配置调整方案

④ 内部招聘

⑤ 人选推荐或自荐

⑥ 确定候选人名单并组织审查

⑦ 组织入选人员竞聘

⑧ 各用人部门负责人审批　否

中高级员工

一般员工

⑨ 审批　权限内／否

权限外

⑩ 审批　是／否

⑪ 办理入职手续

⑫ 更新相应档案

流程说明

编码	节点	工作内容的简要描述
①	一般管理岗位空缺	当一般管理人员出现空缺，由各用人部门提出岗位需求
②	确认是否需外部招聘	人力资源部确认是否需要进行外部招聘，如需要，则执行外部招聘流程
③	提出岗位配置调整方案	如不需要外部招聘，人力资源部根据岗位需求，提出岗位配置调整方案
④	内部招聘	如果不进行外部招聘，由人力资源部组织进行内部招聘，同时由各用人部门负责人推荐人选
⑤	人选推荐或自荐	相关部门推荐内部候选人或由应聘人自荐
⑥	确定候选人名单并组织审查	由人力资源部负责确定候选人名单并进行候选人考察
⑦	组织入选人员竞聘	人力资源部负责确定入选人员竞聘的时间、方法、评分的标准组织竞聘
⑧	各用人部门负责人审批	各用人部门负责人根据权限负责审批入选人员名单，若是一般岗位员工，各用人部门负责人可直接审批同意，中、高级员工则需报运营总监或总经理审批
⑨	审批	运营总监审批中级入选人员
⑩	审批	总经理审批高级入选人员
⑪	办理入职手续	由人力资源部负责办理入选人员的入职手续
⑫	更新相应档案	由人力资源部负责办理相关档案的更新工作

31.5　员工试用期管理流程

试用部门	试用人员	人力资源部

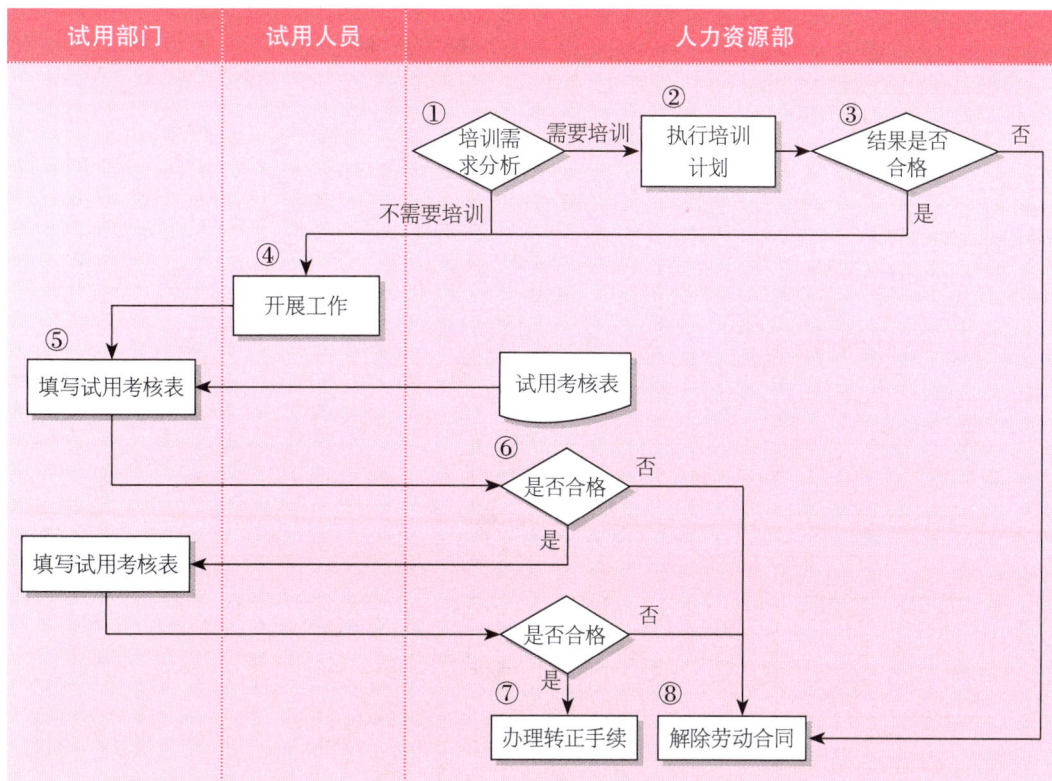

流程说明

编码	节点	工作内容的简要描述
①	培训需求分析	人力资源部对通过外部招聘的新招员工进行培训需求分析(学历,经验,培训历史等)判断是否需要进行培训
②	执行培训计划	如果需要接收培训,则有针对性地实施培训计划实施流程进行培训
③	结果是否合格	考核员工,看其接受培训的结果确认该雇员是否能够胜任未来的工作
④	开展工作	员工根据试用期管理规定进行工作
⑤	填写试用考核表	由人力资源部制作试用期考核表,并发给相应的试用部门。当试用员工在工作岗位上开展工作 2 星期后,试用的主管领导填写试用考核表,对其表现进行评估,如果发现员工的表现情况十分差,尽早解除劳动合同
⑥	是否合格	在试用期的每个月末,试用的主管领导填写试用考核表,对其表现进行评估,如果发现员工的表现情况十分差,尽早解除劳动合同
⑦	办理转正手续	如果聘用员工通过试用的考核,则办理转正手续,调整工资
⑧	解除劳动合同	如过发现聘用员工不能胜任工作,表现不合格,则解除聘用合同,发放解聘通知书

31.6 职业生涯规划流程

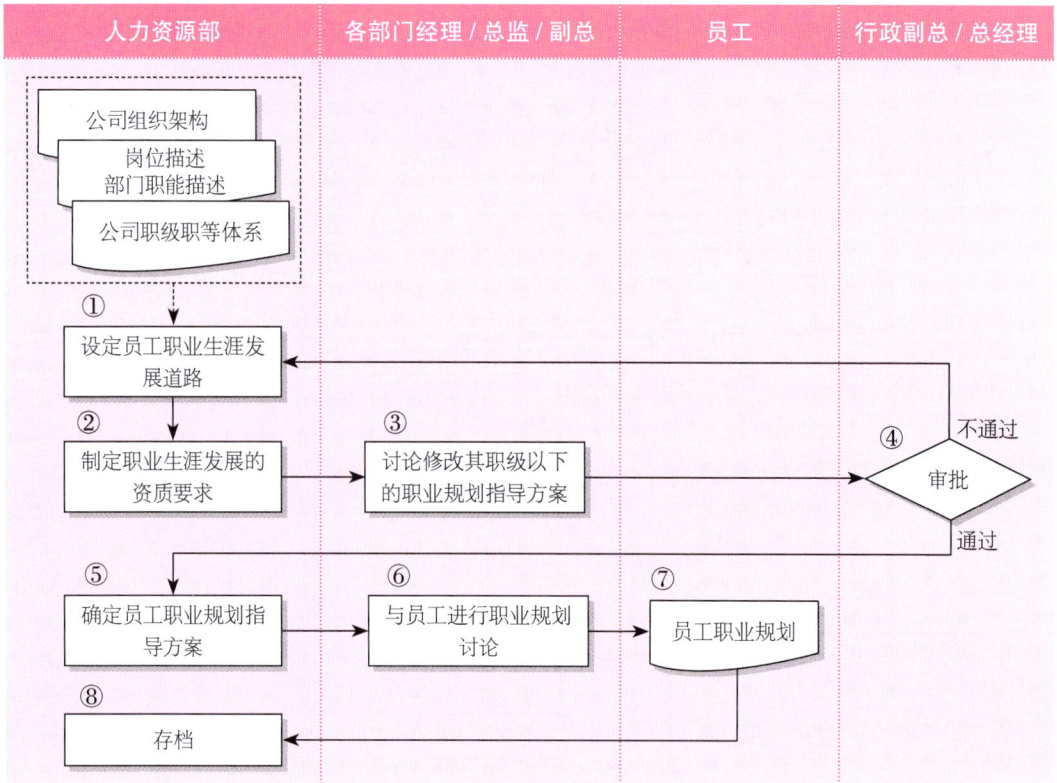

人力资源部	各部门经理/总监/副总	员工	行政副总/总经理

公司组织架构
岗位描述
部门职能描述
公司职级职等体系

① 设定员工职业生涯发展道路

② 制定职业生涯发展的资质要求

③ 讨论修改其职级以下的职业规划指导方案

④ 审批　不通过／通过

⑤ 确定员工职业规划指导方案

⑥ 与员工进行职业规划讨论

⑦ 员工职业规划

⑧ 存档

流程说明

编码	节点	工作内容的简要描述
①	设定员工职业生涯发展道路	人力资源部根据公司组织架构、职级职等体系、部门职能描述、岗位描述设定员工职业生涯发展道路
②	制定职业生涯发展的资质要求	由人力资源部制定职业生涯发展到不同阶段的资质要求
③	讨论修改其职级以下的职业规划指导方案	各个部门总监及副总与各部门领导讨论修改其职级以下的职业规划指导方案
④	审批	由行政副总和总经理进行最终审核
⑤	确定员工职业规划指导方案	根据审批意见，人力资源部确定员工职业规划指导方案，并把该方案发放到管理层
⑥	与员工进行职业规划讨论	各部门经理、总监或副总在绩效评估过程中与下属进行职业规划讨论，下属提出其职业发展方向的个人意愿，上级领导根据其业务表现以及未来业务发展方向提出员工的职业生涯发展方向建议
⑦	员工职业规划	根据与上级领导的职业生涯规划讨论，制定员工自己的职业生涯规划
⑧	存档	人力资源部把员工的职业生涯规划存档，记录员工档案，作为将来培训及职业发展的参考

31.7　晋升 / 降职 / 辞退管理流程

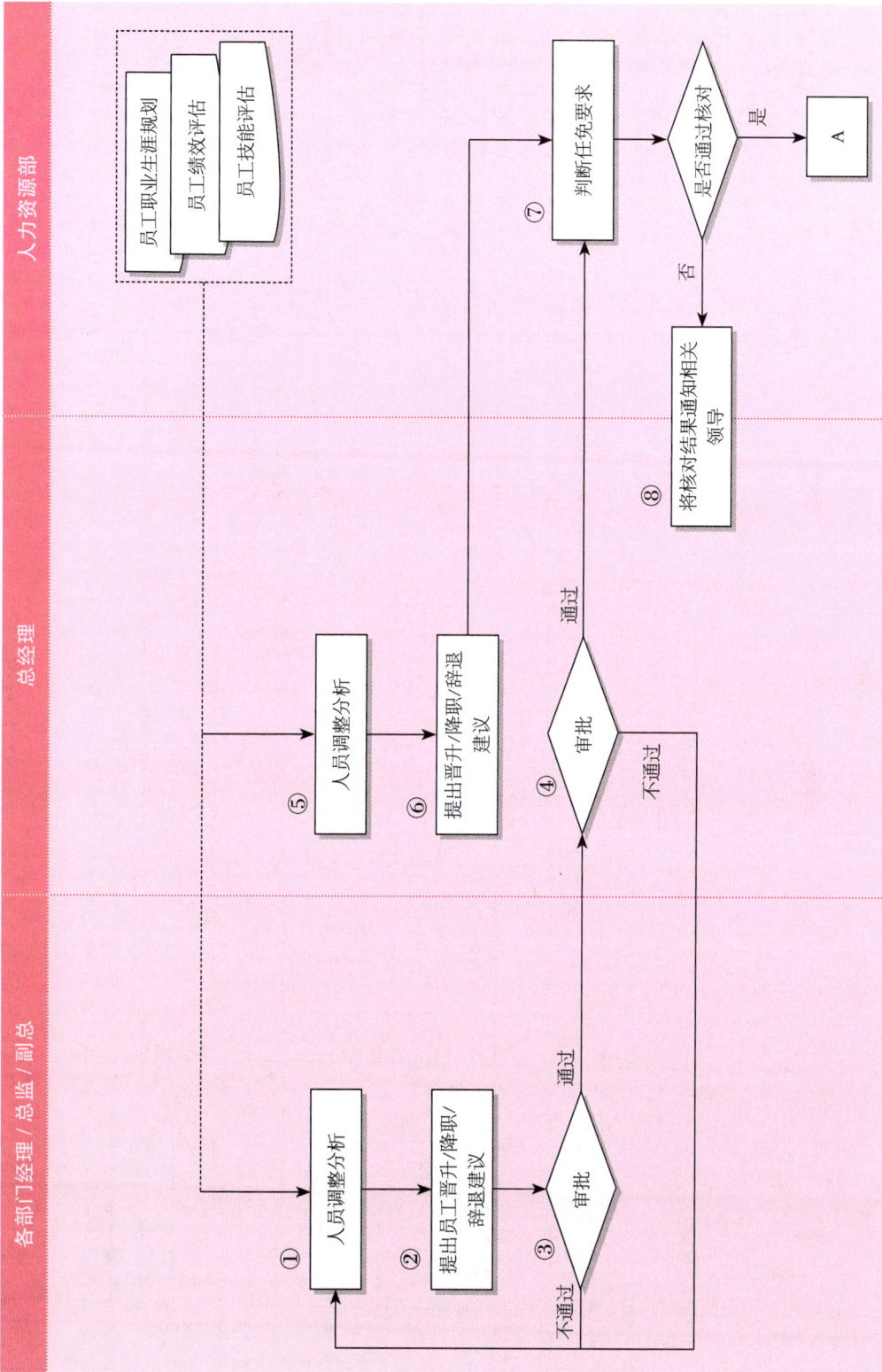

人力资源部	总经理	各部门经理 / 总监 / 副总

员工职业生涯规划

员工绩效评估

员工技能评估

⑤ 人员调整分析

⑥ 提出晋升/降职/辞退建议

④ 审批

通过

不通过

⑦ 判断任免要求

是否通过核对

是　A

否

⑧ 将核对结果通知相关领导

① 人员调整分析

② 提出员工晋升/降职/辞退建议

③ 审批

通过

不通过

流程图（一）

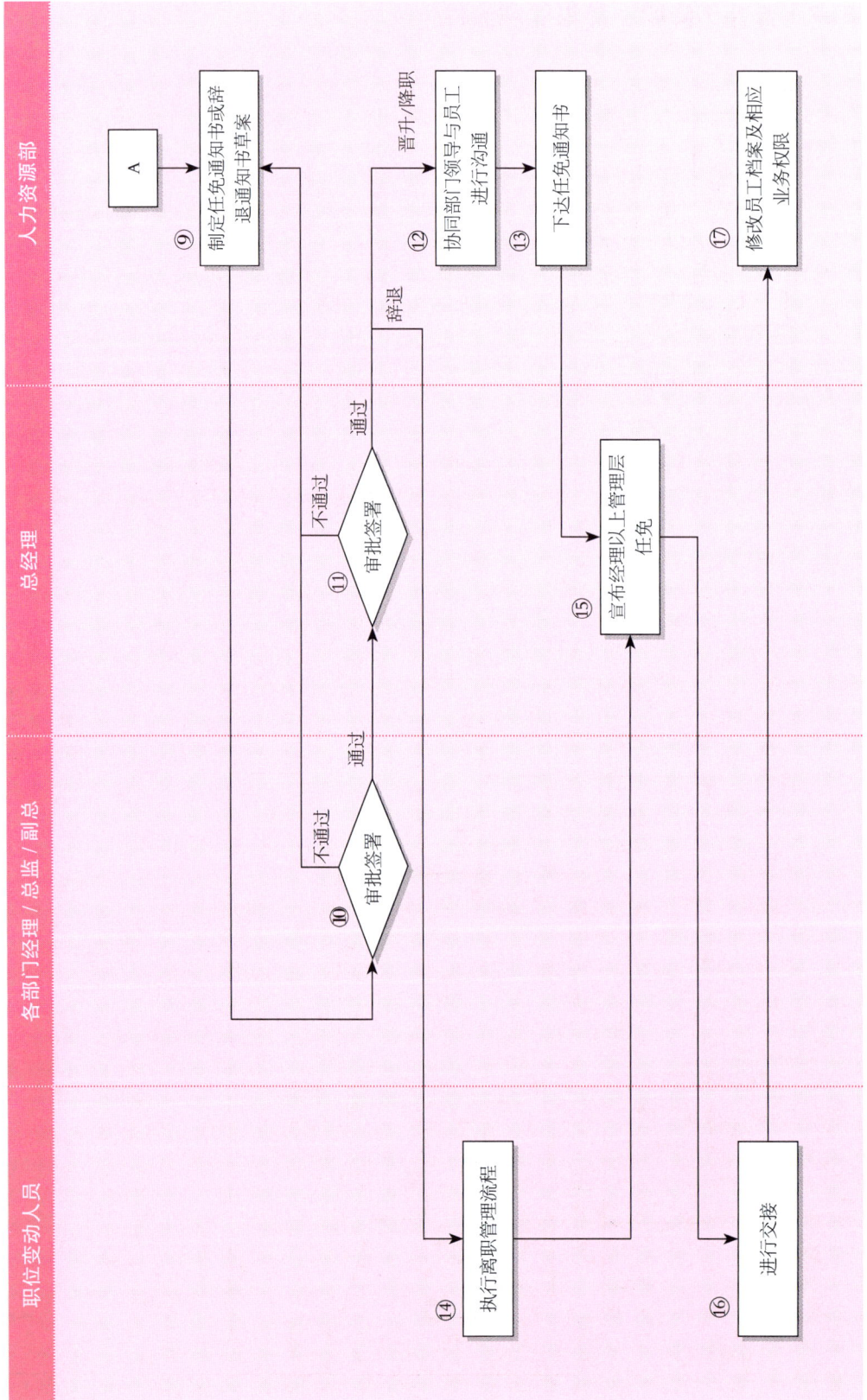

流程图（二）

流程说明

编码	节点	工作内容的简要描述
①	人员调整分析	各部门经理 / 总监 / 副总审阅员工以往的绩效考核、技能评估结果以及员工职业生涯规划，并结合公司业务发展方向的调整，进行员工人员及岗位调整分析
②	提出员工晋升/降职/辞退建议	各部门经理 / 总监 / 副总根据任免制度提出晋升 / 降职 / 辞退建议
③	审批	由上级领导逐级进行审核
④	审批	最终由总经理审核晋升 / 降职 / 辞退建议
⑤	人员调整分析	总经理审阅高级管理层以往的绩效考核、技能评估结果以及员工职业生涯规划，并结合公司业务发展方向的调整，进行员工人员及岗位调整分析
⑥	提出晋升/降职/辞退建议	总经理根据任免制度提出晋升 / 降职 / 辞退建议
⑦	判断任免要求	由人力资源部核对员工绩效评估，并判断该员工是否满足相应任免要求
⑧	将核对结果通知相关领导	如果核对结果与任免要求不符，将核对结果通知相关领导
⑨	制定任免通知书或辞退通知书草案	人力资源部根据职级职等体系制定任免通知书或辞退通知书草案
⑩	审批签署	人力资源部根据任免制度规定，由部门经理 / 总监 / 副总进行相应审批签署
⑪	审批签署	人力资源部根据任免制度规定，由总经理进行最终的审批签署
⑫	协同部门领导与员工进行沟通	人力资源部协同部门领导与员工进行沟通，如果是晋升，则对其过往的工作加以表扬，如果是辞退或降职，则应与员工充分沟通，做好其思想工作
⑬	下达任免通知书	由人力资源部下达任免通知书
⑭	执行离职管理流程	职位变动人员如果是辞退，则执行离职管理流程
⑮	宣布经理以上管理层任免	总经理在例会上宣布经理以上管理层任免
⑯	进行交接	职位变动人员根据内部调配管理制度进行新旧岗位的交接，保证工作的持续正常运作
⑰	修改员工档案及相应业务权限	人力资源部修改晋升 / 降职 / 辞退员工档案及相应业务权限

31.8　内部调动管理流程

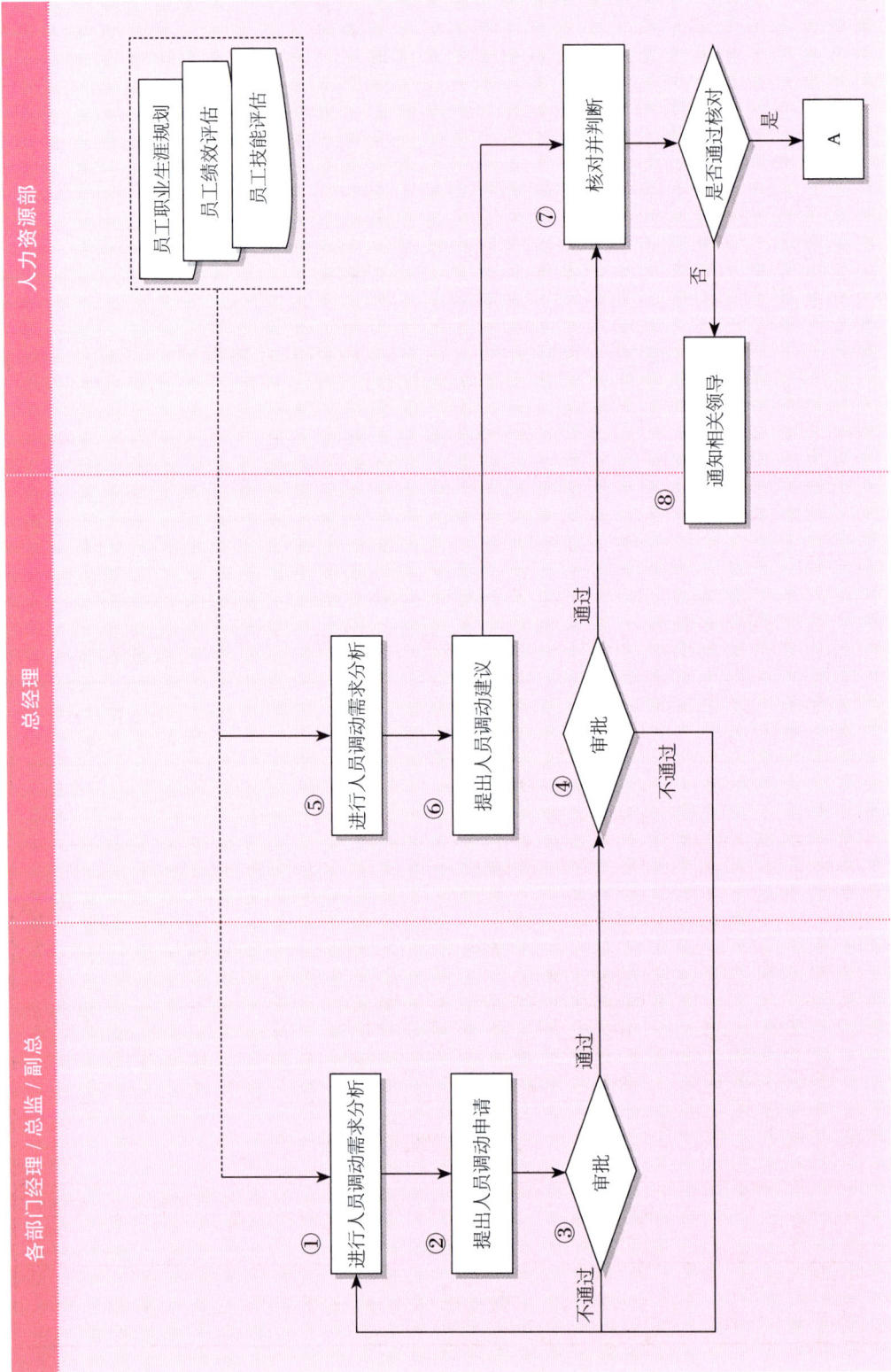

人力资源部

员工职业生涯规划
员工绩效评估
员工技能评估

⑦ 核对并判断　→　是否通过核对　—是→　A

否 ↓

⑧ 通知相关领导

总经理

⑤ 进行人员调动需求分析　→　⑥ 提出人员调动建议

④ 审批　通过

不通过

各部门经理/总监/副总

① 进行人员调动需求分析　→　② 提出人员调动申请　→　③ 审批　通过

不通过

流程图（一）

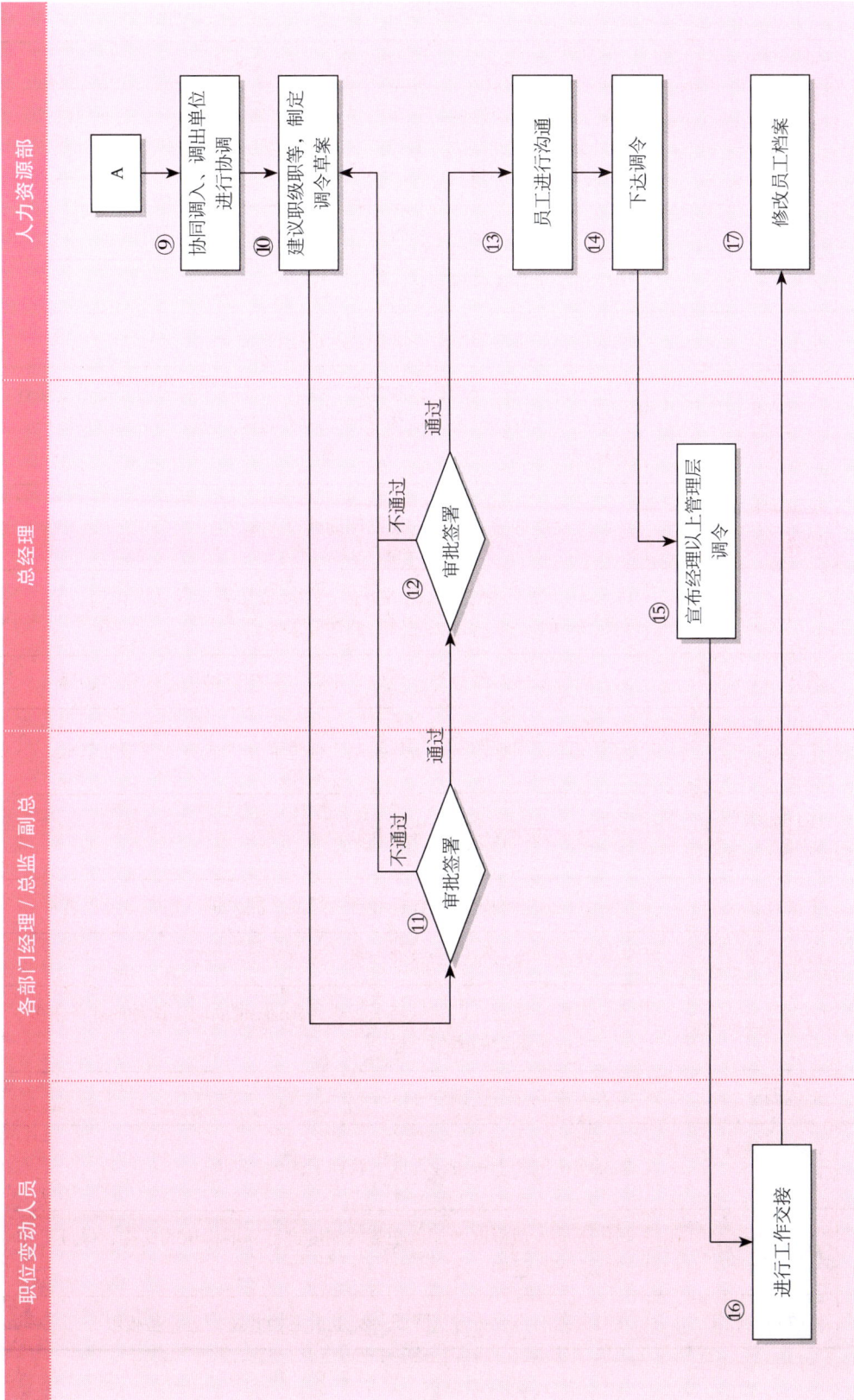

人力资源部　　　　　　总经理　　　　　各部门经理／总监／副总　　　　职位变动人员

A

⑨ 协同调入、调出单位
进行协调

⑩ 建议职级职等，制定
调令草案

⑪ 审批签署
　通过
　不通过

⑫ 审批签署
　通过
　不通过

⑬ 员工进行沟通

⑭ 下达调令

⑮ 宣布经理以上管理层
调令

⑯ 进行工作交接

⑰ 修改员工档案

流程图（二）

流程说明

编码	节点	工作内容的简要描述
①	进行人员调动需求分析	各部门经理／总监／副总审阅员工以往的绩效考核、技能评估结果以及员工职业生涯规划，并结合公司业务发展方向的调整，进行员工人员及岗位调整分析
②	提出人员调动申请	各部门经理／总监／副总根据任免制度提出岗位调动申请
③	审批	由上级领导逐级进行审核
④	审批	最终由总经理审核晋升／降职／辞退建议
⑤	进行人员调动需求分析	总经理审阅高级管理层以往的绩效考核、技能评估结果以及员工职业生涯规划，并结合公司业务发展方向的调整，进行员工人员及岗位调整分析
⑥	提出人员调动建议	总经理根据调整分析提出人员调动建议
⑦	核对并判断	由人力资源部核对员工绩效评估、相应资质要求以及调出岗位情况，判断该员工是否满足相应岗位调动要求
⑧	通知相关领导	人力资源部核对结果与任免要求不符，将核对结果通知相关领导
⑨	协同调入与调出单位进行协调	人力资源部根据职级职等体系制定任免通知书或辞退通知书草案
⑩	建议职级职等，制定调令草案	人力资源部建议职级职等，并制定调令草案
⑪	审批签署	根据调配制度规定，由部门经理／总监／副总进行相应审批签署
⑫	审批签署	根据调配制度规定，由总经理进行最终的审批签署
⑬	与员工进行沟通	人力资源部协同部门领导与员工进行沟通,说明职位调动的业务需要，做好其职位调动的思想工作
⑭	下达调令	由人力资源部下达调令
⑮	宣布经理以上管理层调令	总经理在例会上宣布经理以上管理层的内部调配
⑯	进行工作交接	职位变动人员根据内部调配管理制度进行新旧岗位的交接，保证工作的持续正常运作
⑰	修改员工档案	人力资源部修改晋升／降职／辞退员工档案及相应业务权限

31.9　离职管理流程

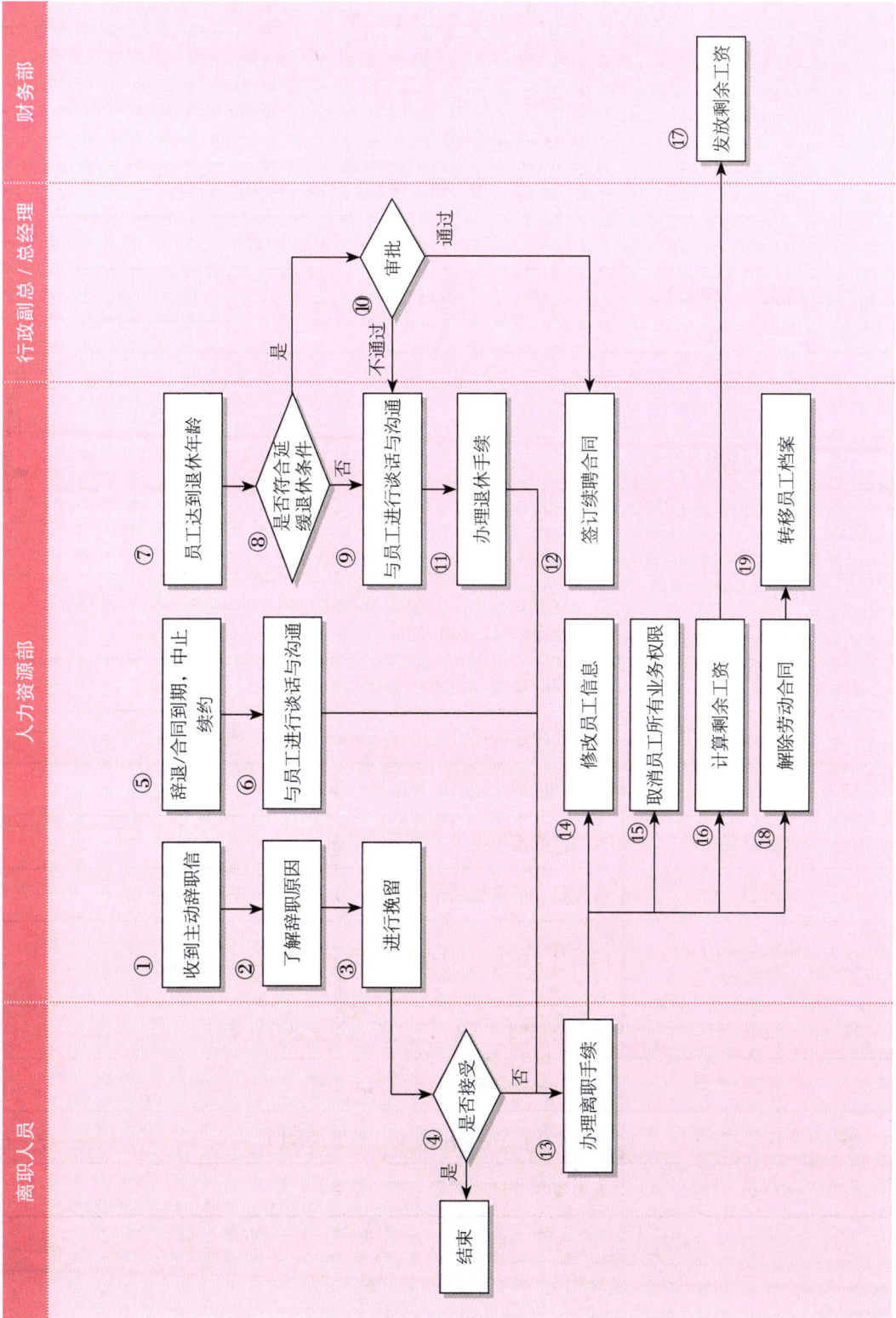

流程说明

编码	节点	工作内容的简要描述
①	收到主动辞职信	人力资源部受到员工的主动辞职信，从而引发离职管理流程发生
②	了解辞职原因	人力资源部协同相关部门领导，对员工的辞职请求进行调查与谈话，了解辞职产生的原因
③	进行挽留	人力资源部与用人部门根据实际情况对员工进行挽留
④	是否接受	员工根据自己实际情况确定是否接受挽留
⑤	辞退／合同到期，中止续约	由于辞退或合同到期，中止续约等情况而引发离职管理流程的发生
⑥	与员工进行谈话与沟通	人力资源部协同相关部门领导，与员工进行谈话，对员工进行安慰及沟通
⑦	员工达到退休年龄	如果员工达到退休年龄，引发离职管理流程的发生
⑧	是否符合延缓退休条件	根据具体情况，人力资源部与相关部门领导判断是否能否继续返聘该员工
⑨	与员工进行谈话与沟通	人力资源部对需要退休的员工进行谈话，表扬其为公司做的贡献，并沟通将来与公司的关系
⑩	审批	由行政副总或总经理对返聘情况进行审核
⑪	办理退休手续	人力资源部根据员工退休规定办理退休手续
⑫	签订续聘合同	人力资源部与续聘的员工签订续聘合同
⑬	办理离职手续	人力资源部根据员工离职规定为员工办理离职手续
⑭	修改员工信息	修改员工信息档案库，标明该员工已经不是公司的雇员
⑮	取消员工所有业务权限	取消员工所有业务权限，防止离职员工对公司产生不利影响
⑯	计算剩余工资	人力资源部对离职员工的剩余工资进行计算
⑰	发放剩余工资	由财务部向离职员工发放剩余工资
⑱	解除劳动合同	人力资源部解除与离职员工的劳动合同
⑲	转移员工档案	人力资源部转移离职员工的档案

31.10　员工培训管理流程

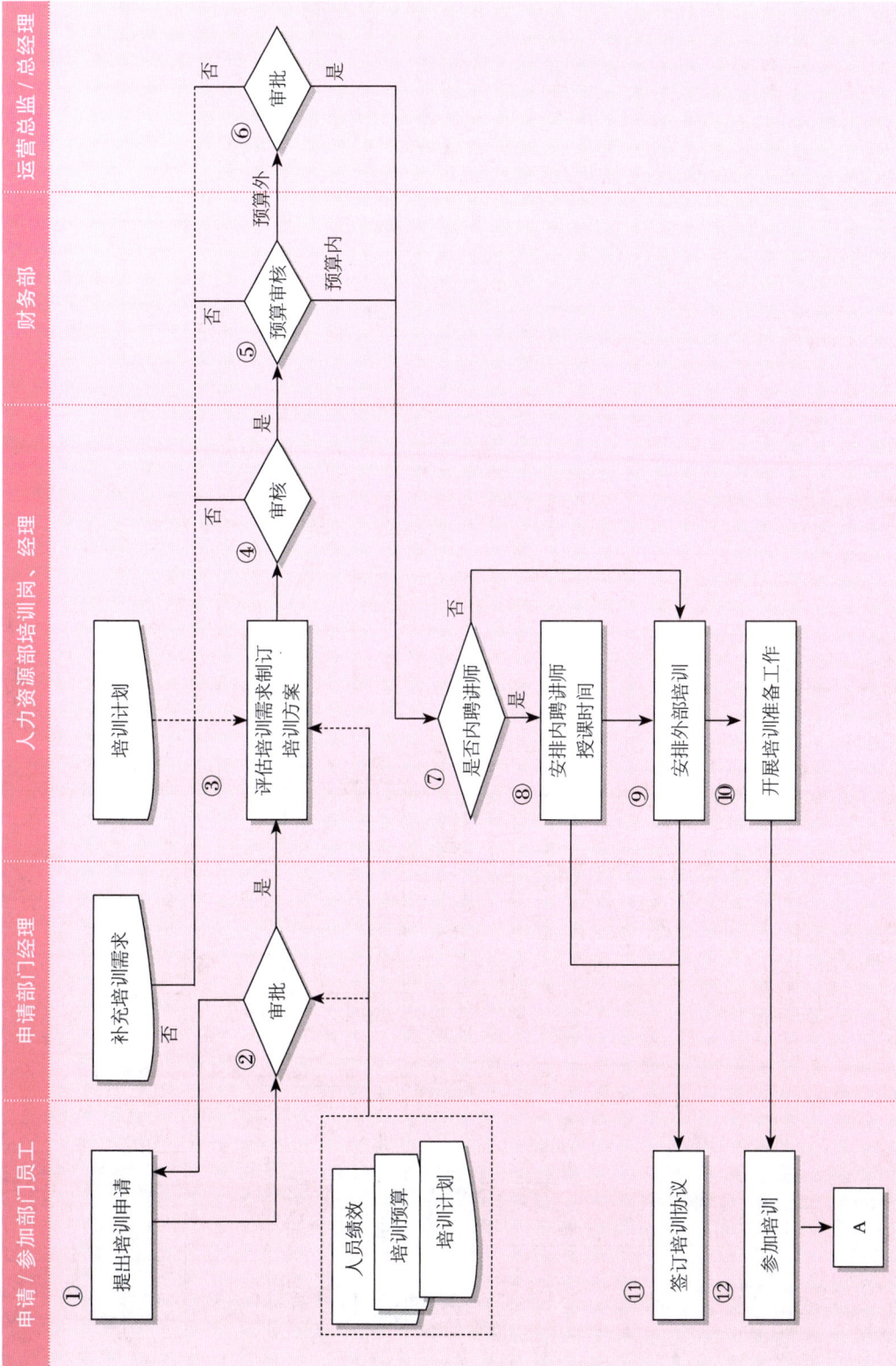

流程图（一）

申请/参加部门员工	申请部门经理	人力资源部培训岗、经理	财务部	运营总监/总经理

① 提出培训申请

② 审批（否：补充培训需求；是）

③ 培训计划　评估培训需求制订培训方案

④ 审核（否；是）

⑤ 预算审核（否；预算内；预算外）

⑥ 审批（否；是）

⑦ 是否内聘讲师（否；是）

⑧ 安排内聘讲师授课时间

⑨ 安排外部培训

⑩ 开展培训准备工作

⑪ 签订培训协议

⑫ 参加培训

人员绩效　培训预算　培训计划

A

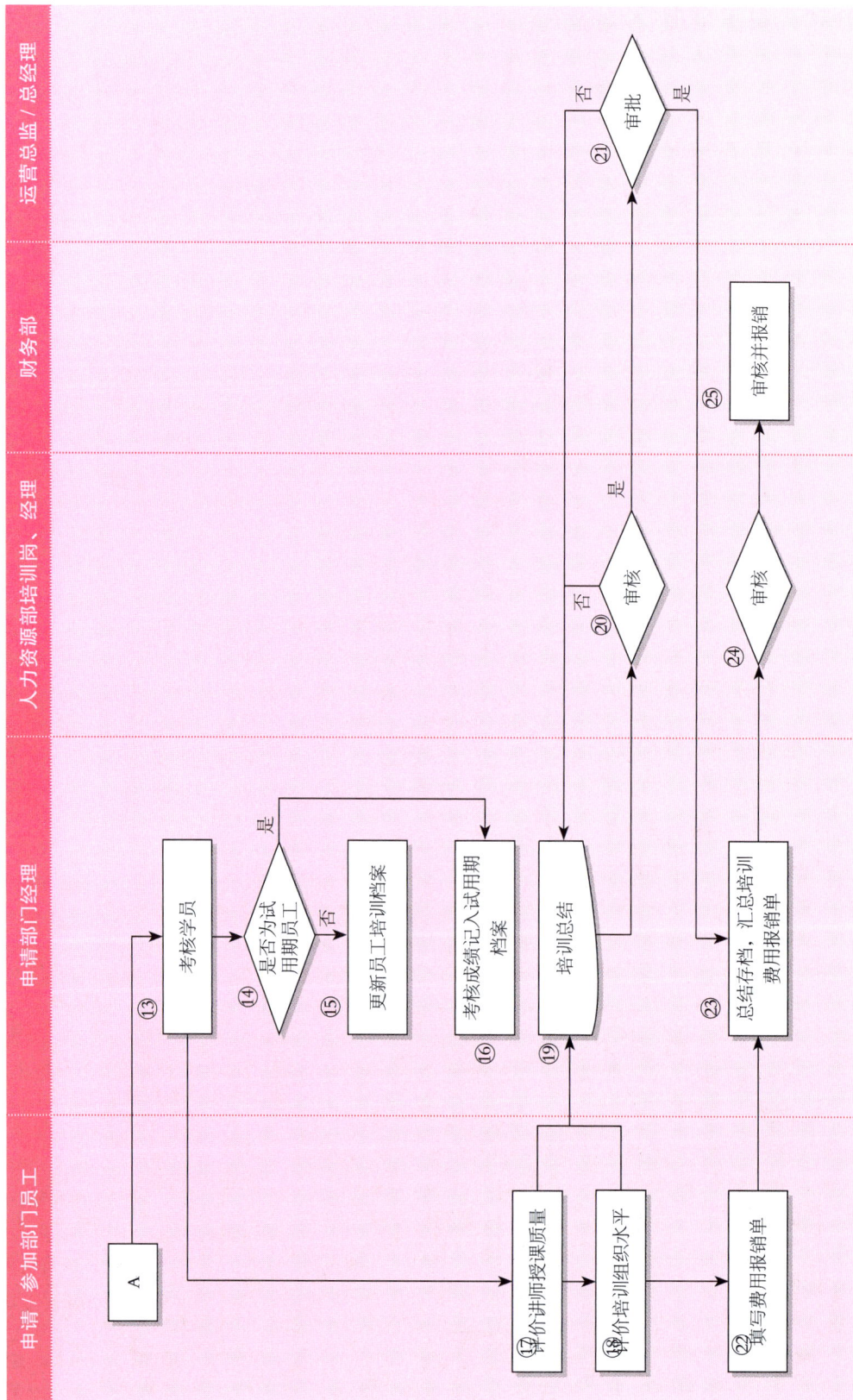

申请/参加部门员工	申请部门经理	人力资源部门培训岗、经理	财务部	运营总监/总经理

⑬ 考核学员

⑭ 是否为试用期员工

是 / 否

⑮ 更新员工培训档案

⑯ 考核成绩记入试用期档案

⑰ 评价讲师授课质量

⑱ 评价培训组织水平

⑲ 培训总结

⑳ 审核 否 / 是

㉑ 审批 否 / 是

㉒ 填写费用报销单

㉓ 总结存档，汇总培训费用报销单

㉔ 审核

㉕ 审核并报销

A

流程图（二）

流程说明

编码	节点	工作内容的简要描述
①	提出培训申请	各部门员工根据上年末制订的培训计划提出培训申请
②	审批	由申请部门经理根据人员的月度绩效考核结果、培训预算、技能评估以及培训计划进行判断，是否批准培训申请
③	评估培训需求制订培训方案	人力资源部培训岗根据培训申请，对培训的需求进行评估，并据此制订培训方案，呈交人力资源部经理审核
④	审核	人力资源部经理对培训申请进行审核，判断培训是否与培训计划一致，并且培训要求是否合理
⑤	预算审核	财务部根据预算对培训的申请进行审核，查看培训是否在预算内
⑥	审批	根据培训的性质及规模划分权限，分别由运营总监或总经理进行最终审批
⑦	是否内聘讲师	人力资源部根据培训申请确定该次培训是否由内聘讲师进行执教
⑧	安排内聘讲师授课时间	如果是内聘讲师，则根据课程档案以及业务情况，安排相应的内部讲师授课时间
⑨	安排外部培训	如果是外聘讲师，则根据课程档案，与外部培训机构进行联络，安排培训时间及地点
⑩	开展培训准备工作	人力资源部根据培训课程档案中的相关指南开展培训准备工作，包括培训场地联系，相关培训设施准备等
⑪	签订培训协议	参加外部培训的员工根据课程要求签订培训协议
⑫	参加培训	员工参加培训课程
⑬	考核学员	课程结束后，人力资源部培训岗按培训管理的要求组织对参加培训的员工进行培训考试
⑭	员工是否为试用期员工	人力资源部培训岗与相关部门需了解参加培训的员工是否为试用期员工

（续表）

编码	节点	工作内容的简要描述
⑮	更新员工培训档案	如果参训的员工是正式员工，人力资源部根据考试成绩更新员工的培训档案，作为绩效考核的依据
⑯	考核成绩记入试用期档案	如果参加培训的是试用期的员工，则把考试结果归入试用期档案，作为试用考核的依据之一
⑰	评价讲师授课质量	人力资源部组织参加培训的员工填写"培训讲师评估问卷"，并作为人力资源部评估培训讲师表现好坏的依据
⑱	评价培训组织水平	人力资源部组织参加培训的员工填写"培训课程组织与准备的评估问卷"，并作为人力资源部改进培训组织准备工作的依据
⑲	培训总结	申请培训部门经理根据培训评估，分析培训效果，编写培训总结，并提交人力资源部
⑳	审核	人力资源部审核培训总结后，提交运营总监或总经理
㉑	审批	运营总监或总经理对培训总结进行审批并交申请培训部门备案
㉒	填写"费用报销单"	参加培训的人员填写"培训费用报销单"
㉓	总结存档、汇总费用报销单	申请培训部门填写并汇总"培训费用报销单"并对培训总结存档，提交人力资源部
㉔	审核	根据审批权限，分别由人力资源部培训岗或经理签字审核"培训费用报销单"
㉕	审核并报销	财务部对报销单据进行审核，并进行费用报销

31.11　培训课程档案管理流程

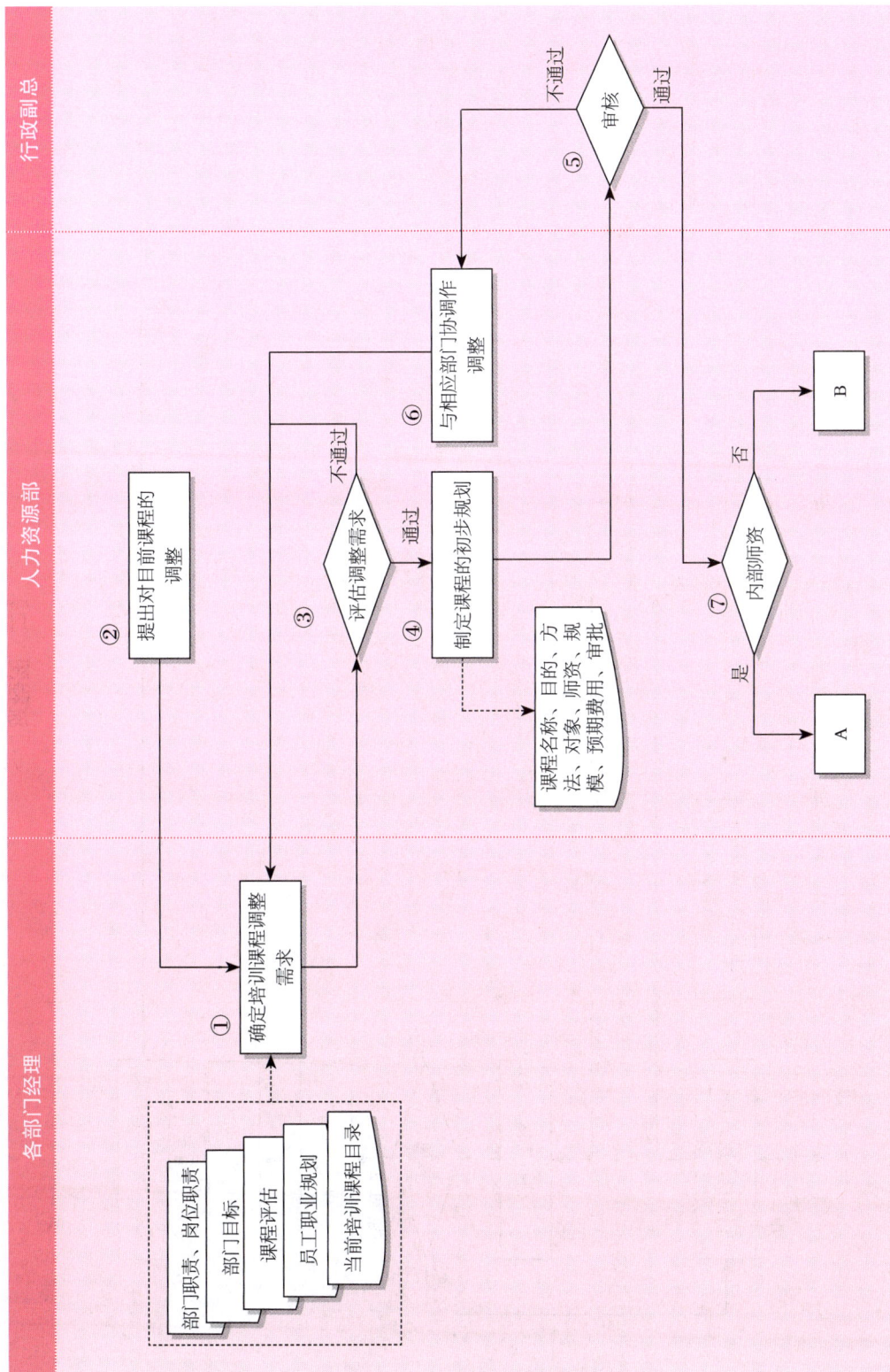

行政副总	人力资源部	各部门经理

流程图（一）

- ① 确定培训课程调整需求
- ② 提出对目前课程的调整
- ③ 评估调整需求（不通过／通过）
- ④ 制定课程的初步规划
- ⑤ 审核（不通过／通过）
- ⑥ 与相应部门协作调整
- ⑦ 内部师资（是／否）

课程名称、目的、方法、对象、师资、规模、预期费用、审批

部门职责、岗位职责
部门目标
课程评估
员工职业规划
当前培训课程目录

A

B

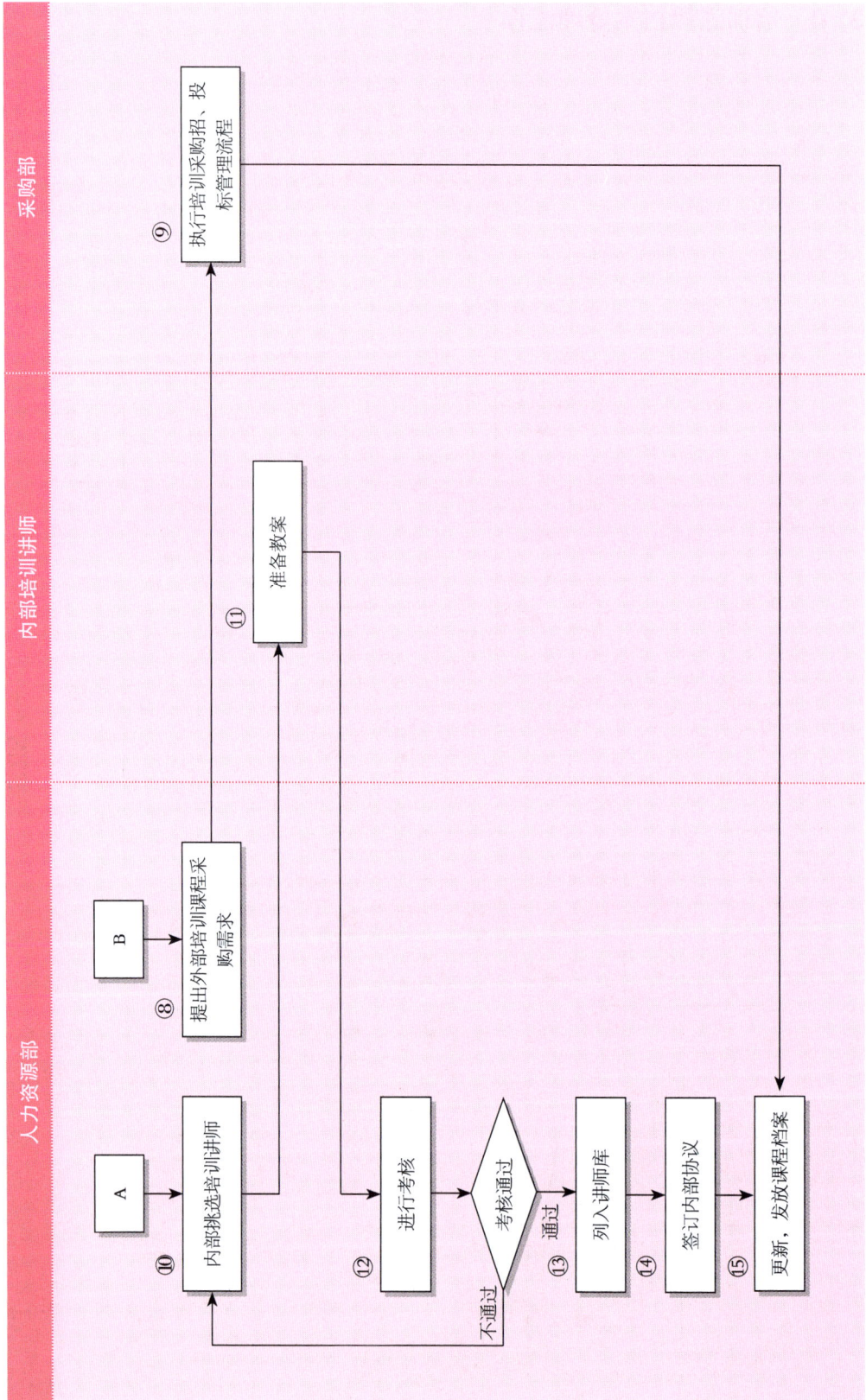

采购部

内部培训讲师

人力资源部

⑨ 执行培训采购招、投标管理流程

准备教案

⑪

⑧ 提出外部培训课程采购需求

B

A

⑩ 内部挑选培训讲师

⑫ 进行考核

考核通过

不通过

通过

⑬ 列入讲师库

⑭ 签订内部协议

⑮ 更新、发放课程档案

流程图（二）

流程说明

编码	节点	工作内容的简要描述
①	确定培训课程调整需求	各部门经理根据部门职责及岗位职责描述、部门目标、以往课程评估、员工职业规划以及当前培训课程目录，确定培训课程需求
②	提出对目前课程的调整	根据公司的发展，人力资源部提出对目前课程的调整，并与各个业务部门进行协商
③	评估调整需求	人力资源部汇总各个部门的培训需求，对培训需求进行总体平衡
④	制定课程的初步规划	制定课程的初步规划，包括课程名称、目的、方法、对象、师资、规模、预期费用、审批
⑤	审核	把课程的初步规划报行政副总审核
⑥	与相应部门协调作调整	如果没有通过审批，由人力资源部与相关部门进行协调，对课程设置进行调整
⑦	内部师资	人力资源部搜索人才档案库，根据培训需求判断是否可以找到相应的内部培训讲师
⑧	提出外部培训课程采购需求	如果没有合适的内部讲师，由人力资源部向供应部提出外部课程采购需求
⑨	执行培训采购招、投标管理流程	采购部在人力资源部及使用部门的协助下执行培训性采购招、投标管理流程
⑩	内部挑选培训讲师	采购部根据员工的档案记录以及相关部门负责人的推荐，在公司内部挑选合适的讲师
⑪	准备教案	由挑选的内部讲师准备教案
⑫	进行考核	在各部门的协助下，人力资源部对公司内部培训讲师进行考核
⑬	列入讲师库	人力资源部将通过考核的讲师人员列入培训课程可选讲师名单中
⑭	签订内部协议	人力资源部与通过考核的内部讲师签订内部聘用协议
⑮	更新，发放课程档案	根据内部讲师名单与外部采购结果，更新培训课程档案，并发放给各个相关部门

31.12 培训计划执行流程

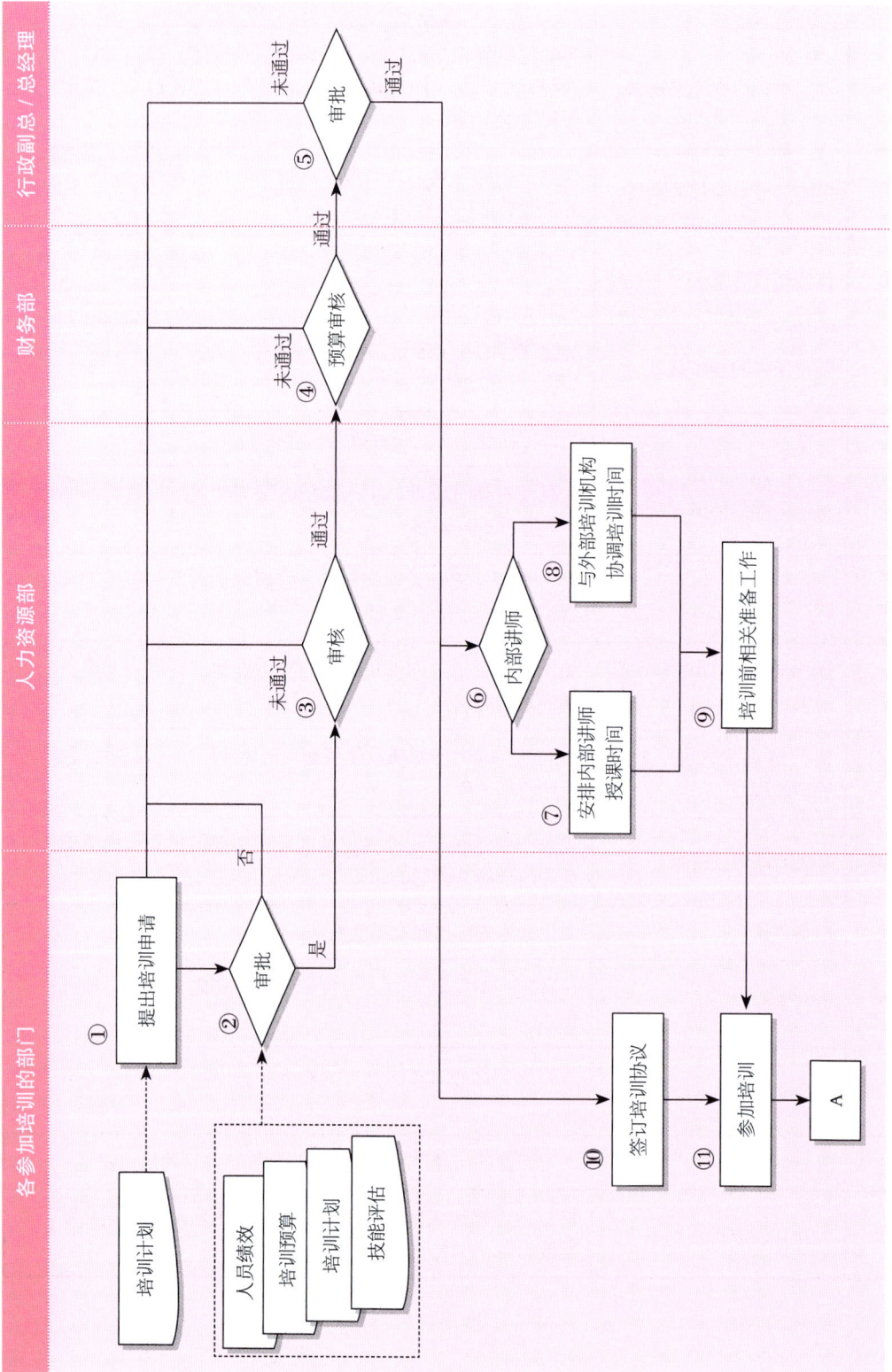

```
┌──────────┬──────────────┬──────────────────────────────┬──────────┬──────────────┐
│ 行政副总/总经理 │     财务部     │            人力资源部            │          │ 各参加培训的部门 │
└──────────┴──────────────┴──────────────────────────────┴──────────┴──────────────┘
```

各参加培训的部门：
- ① 提出培训申请
- ② 审批（是／否）

人力资源部：
- ③ 审核（通过／未通过）
- ⑥ 内部讲师
- ⑦ 安排内部讲师授课时间
- ⑧ 与外部培训机构协调培训时间
- ⑨ 培训前相关准备工作

财务部：
- ④ 预算审核（通过／未通过）

行政副总/总经理：
- ⑤ 审批（通过／未通过）

- ⑩ 签订培训协议
- ⑪ 参加培训
- A

单据：培训计划、人员绩效、培训预算、培训计划、技能评估

流程图（一）

```
各参加培训的部门         人力资源部              财务部            行政副总

  ┌───┐
  │ A │
  └─┬─┘
    │
 ⑫ ┌──────────┐
    │培训结束后进行考核│
    └────┬─────┘
         │
 ⑬    ╱╲                         ⑭ ┌────────┐
     ╱是否为╲  ──是──→            │试用期管理流程│
    ╱试用期员工╲                    └────┬───┘
    ╲  培训  ╱                          │
     ╲    ╱                     ⑮ ┌────────┐
      ╲╱                          │更新员工的培训档案│
       │否                         └────────┘
       │
       │                     ┌────────┐
       │                     │培训课程档案管理│
       │                     │   流程    │
       │                     └────────┘
       │
 ⑯ ┌──────────┐
    │填写培训授课讲师│
    │与课程评估问卷 │
    └────┬─────┘
         │
 ⑰ ┌──────────┐          ⑱ ┌────────┐        ┌──────┐
    │填写培训准备与组织│  ──────→  │编写培训总结│──────→│审核并备案│⑲
    │  评估问卷   │            └────────┘        └──────┘
    └────┬─────┘
         │
 ⑳ ┌──────────┐   ┌────────┐    ┌────────┐
    │ 填写费用报销单 │──→│汇总费用报销单,报│→⑳│审核并报销培训费用│
    └──────────┘   │  领导审批  │     └────┬───┘
                    └────────┘          │
                                   ㉓ ┌────────┐
                                      │支付讲师或培训机构│
                                      │   酬劳    │
                                      └────────┘
```

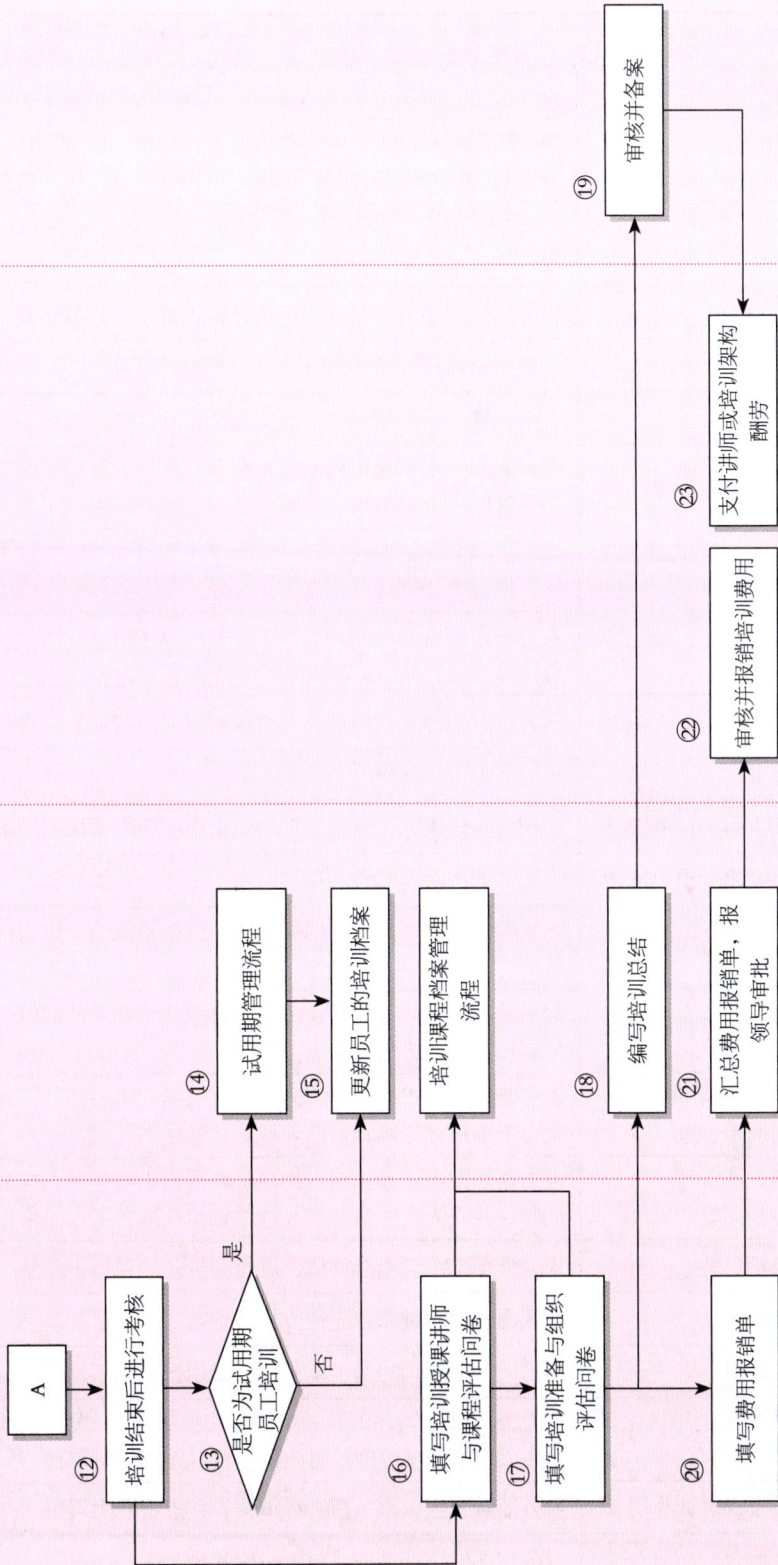

流程图（二）

流程说明

编码	节点	工作内容的简要描述
①	提出培训申请	各部门员工根据上年末制订的培训计划提出培训申请
②	审批	由部门经理根据人员的月度绩效考核结果、培训预算、技能评估以及培训计划进行判断，提出培训申请
③	审核	人力资源部对培训申请进行审核，判断培训是否与培训计划一致，并且培训要求是否合理
④	预算审核	财务部根据预算对培训的申请进行审核，查看培训是否在预算内
⑤	审批	行政副总或总经理对培训申请进行最终审批
⑥	内部讲师	人力资源部根据培训申请确定该次培训是否由企业内部讲师执教
⑦	安排内部讲师授课时间	人力资源部根据课程档案以及业务情况，安排相应的内部讲师的授课时间
⑧	与外部培训机构协调培训时间	人力资源部根据课程档案，与上年末签订合同的培训机构进行联络，安排培训时间及地点
⑨	培训前相关准备工作	人力资源部根据培训课程档案中的相关指南开展培训准备工作，包括培训场地联系，相关培训设施准备等
⑩	签订培训协议	人力资源部与参加培训的人员根据课程的要求签订培训协议
⑪	参加培训	员工参加培训课程
⑫	培训结束后进行考核	培训课程结束后，参加培训的员工根据要求参加相关培训考试
⑬	是否为试用期员工培训	人力资源部需了解参加培训的员工是否为试用期员工
⑭	试用期管理流程	如果参加培训的是试用期的员工，则把考试结果作为试用考核的依据之一
⑮	更新员工的培训档案	如果参加培训的是正式员工人力资源部根据考试成绩更新员工的培训档案，作为考核依据
⑯	填写培训授课讲师与课程评估问卷	人力资源部组织参加培训的员工填写培训讲师评估问卷，并作为人力资源部评估培训讲师表现好坏的依据
⑰	填写培训准备与组织评估问卷	人力资源部组织参加培训的员工填写培训课程组织与准备的评估问卷，并作为人力资源部改进培训组织准备工作的依据
⑱	编写培训总结	人力资源部汇总培训评估，进行分析并编写培训总结
⑲	审核并备案	行政副总对培训总结进行审核并备案
⑳	填写费用报销单	各部门参加培训的员工填写培训费用报销单
㉑	汇总费用报销单，报领导审批	人力资源部填写并汇总"培训费用报销单"，根据审批权限，分别由人力资源部经理或行政副总或总经理签字审核
㉒	审核并报销培训费用	财务部对"报销单"据进行审核，并进行费用报销
㉓	支付讲师或培训机构酬劳	财务部支付培训讲师或培训机构的酬劳

31.13　临时外部培训执行流程

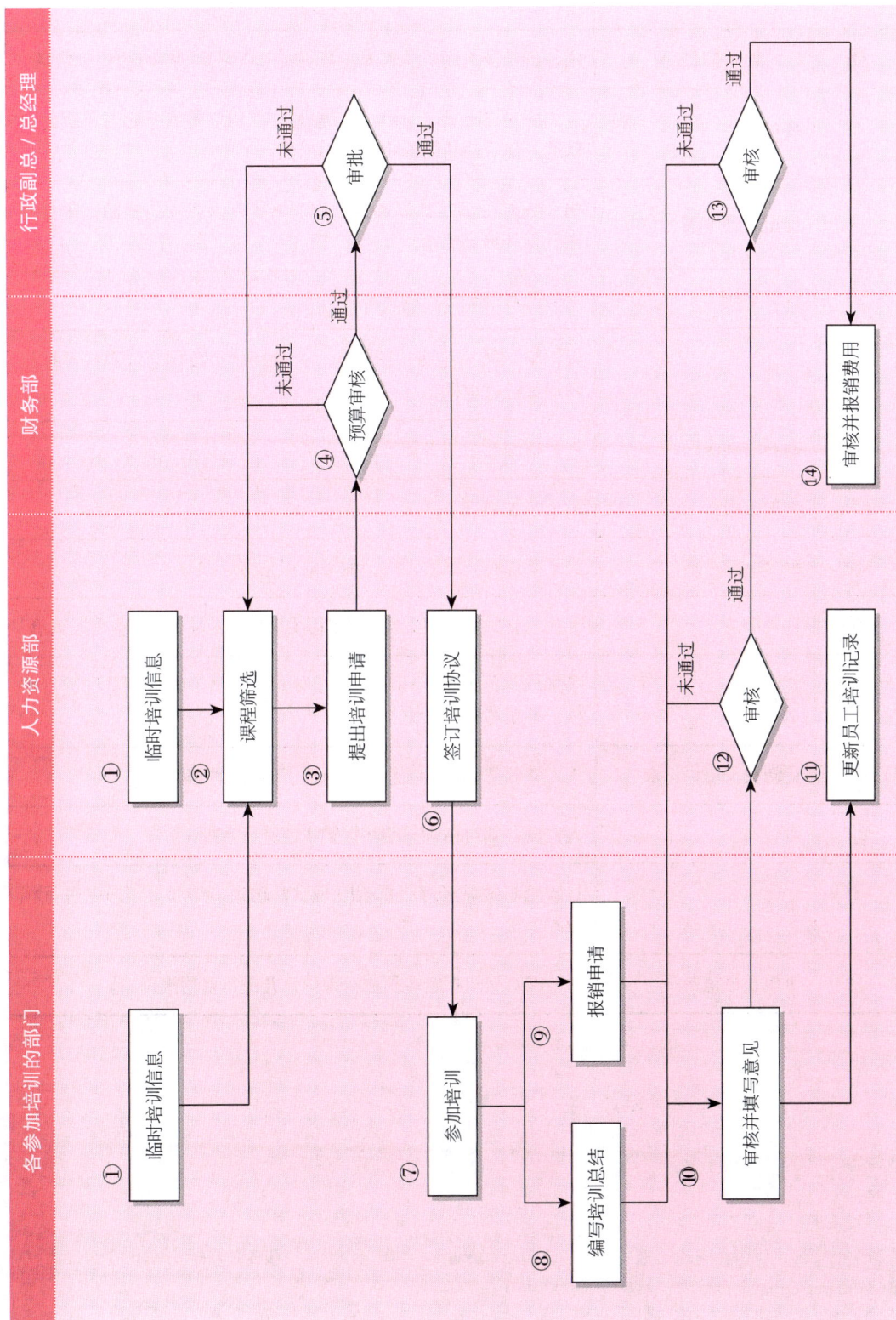

流程说明

编码	节点	工作内容的简要描述
①	临时培训信息	由各部门及人力资源部通过各种渠道得到外部临时的培训信息
②	课程筛选	人力资源部根据培训内容与相关的部门负责人一起对课程进行筛选，确定有价值的临时培训课程
③	提出培训申请	由于临时培训是计划及预算外的培训，因此人力资源部需要提出计划外培训申请
④	预算审核	财务部对培训预算进行审核
⑤	审批	根据培训所需花费金额的大小，分别由行政副总或总经理按权限规定进行审批
⑥	签订培训协议	人力资源部组织参加培训的人员与公司签订培训协议
⑦	参加培训	员工参加培训
⑧	编写培训总结	员工参加完外派培训后，编写培训总结
⑨	报销申请	参加培训的员工根据实际培训费用发生，填写"培训费用报销单"
⑩	审核并填写意见	参加培训的部门经理或上级领导对外派员工的培训总结进行审核，并填写审阅意见
⑪	更新员工培训记录	人力资源部根据培训总结更新员工的培训档案
⑫	审核	人力资源部对培训总结和报销申请进行审批
⑬	审核	行政副总或总经理根据权限规定对培训总结和报销申请进行相应的审批
⑭	审核并报销费用	财务部对费用报销单据进行审核，并进行费用报销

31.14　员工能力评估流程

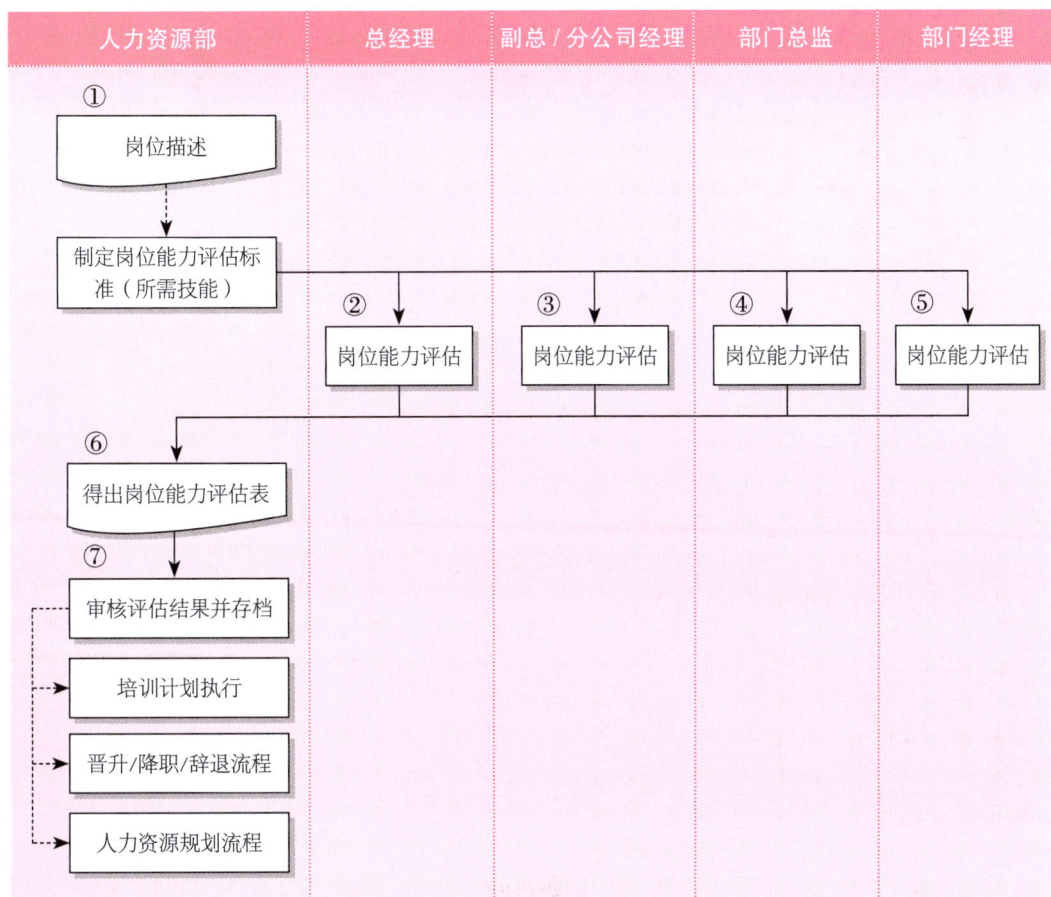

人力资源部	总经理	副总 / 分公司经理	部门总监	部门经理

①
岗位描述

制定岗位能力评估标准（所需技能）

② 岗位能力评估　③ 岗位能力评估　④ 岗位能力评估　⑤ 岗位能力评估

⑥
得出岗位能力评估表

⑦
审核评估结果并存档

培训计划执行

晋升/降职/辞退流程

人力资源规划流程

流程说明

编码	节点	工作内容的简要描述
①	岗位描述	人力资源部根据岗位描述，制定岗位能力评估标准，即该岗位所需能力
②	岗位能力评估	在人力资源部协助下，由总经理做出各位副总及分公司经理的能力评估
③	岗位能力评估	在人力资源部协助下，由副总和分公司经理做出各位部门总监的能力评估
④	岗位能力评估	在人力资源部协助下，由部门总监做出各位部门经理的能力评估
⑤	岗位能力评估	在人力资源部协助下，由部门总监做出各位部门经理的能力评估
⑥	得出岗位能力评估表	人力资源部根据以上评估，得出包含员工实际能力水平及培训需求岗位能力评估表
⑦	审核评估结果并存档	人力资源部审核能力评估结果并存档

31.15 员工绩效考核流程

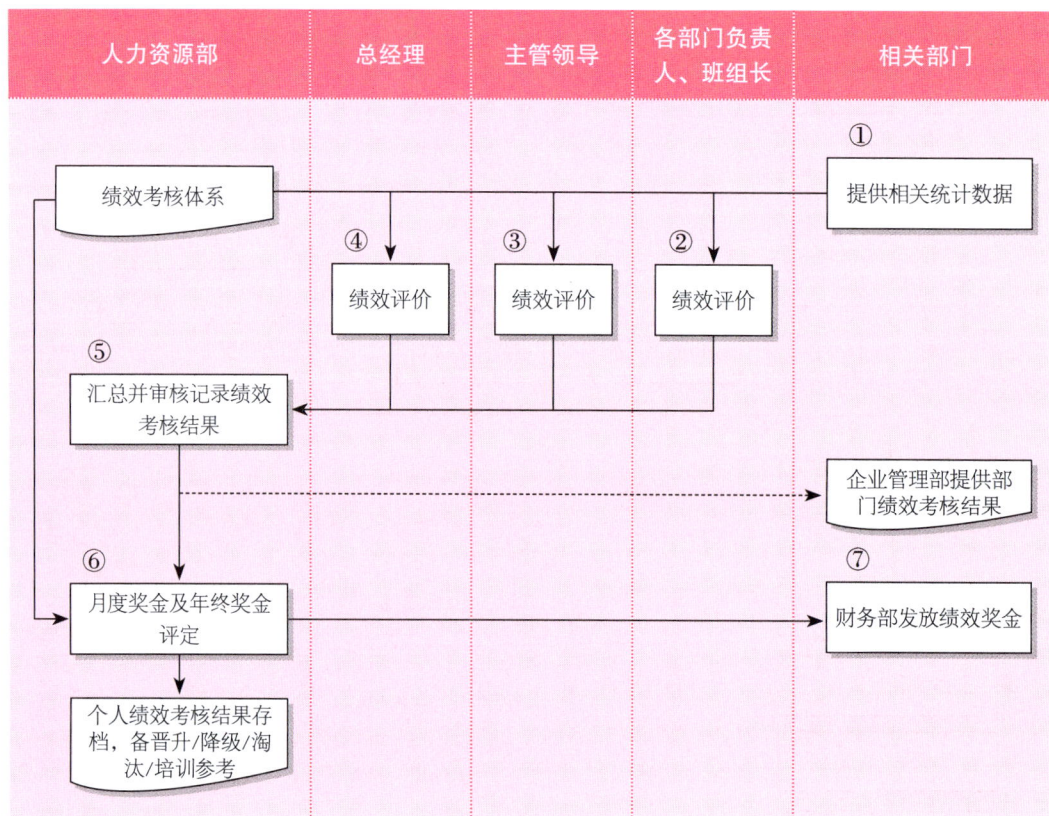

人力资源部	总经理	主管领导	各部门负责人、班组长	相关部门

绩效考核体系

① 提供相关统计数据

④ 绩效评价

③ 绩效评价

② 绩效评价

⑤ 汇总并审核记录绩效考核结果

企业管理部提供部门绩效考核结果

⑥ 月度奖金及年终奖金评定

⑦ 财务部发放绩效奖金

个人绩效考核结果存档，备晋升/降级/淘汰/培训参考

流程说明

编码	节点	工作内容的简要描述
①	提供相关统计数据	相关部门负责为员工的绩效考核提供数据依据
②	绩效评价	各部门负责人或班组长收集审核直接下级的绩效考核数据，并提供考核意见；并和直接下级讨论其绩效和提出未来改进建议
③	绩效评价	主管领导审核其分管部门负责人的绩效考核数据，并提供考核意见；并和分管部门负责人讨论其绩效和提出未来改进建议
④	绩效评价	总经理审核各主管领导的绩效考核数据，并和直接下级讨论其绩效和提出未来改进建议
⑤	汇总并审核记录绩效考核结果	由人力资源部汇总并审核记录绩效考核结果，接受并调查处理员工申诉，并出具申诉处理意见
⑥	月度奖金及年终奖金评定	人力资源部根据员工绩效考核结果和相应的部门考核结果进行月度奖金及年终奖金评定，并将个人绩效考核结果存档，备晋升降级淘汰以及培训计划参考
⑦	发放绩效奖金	由财务部在规定的日期内发放绩效奖金

31.16　薪酬管理流程

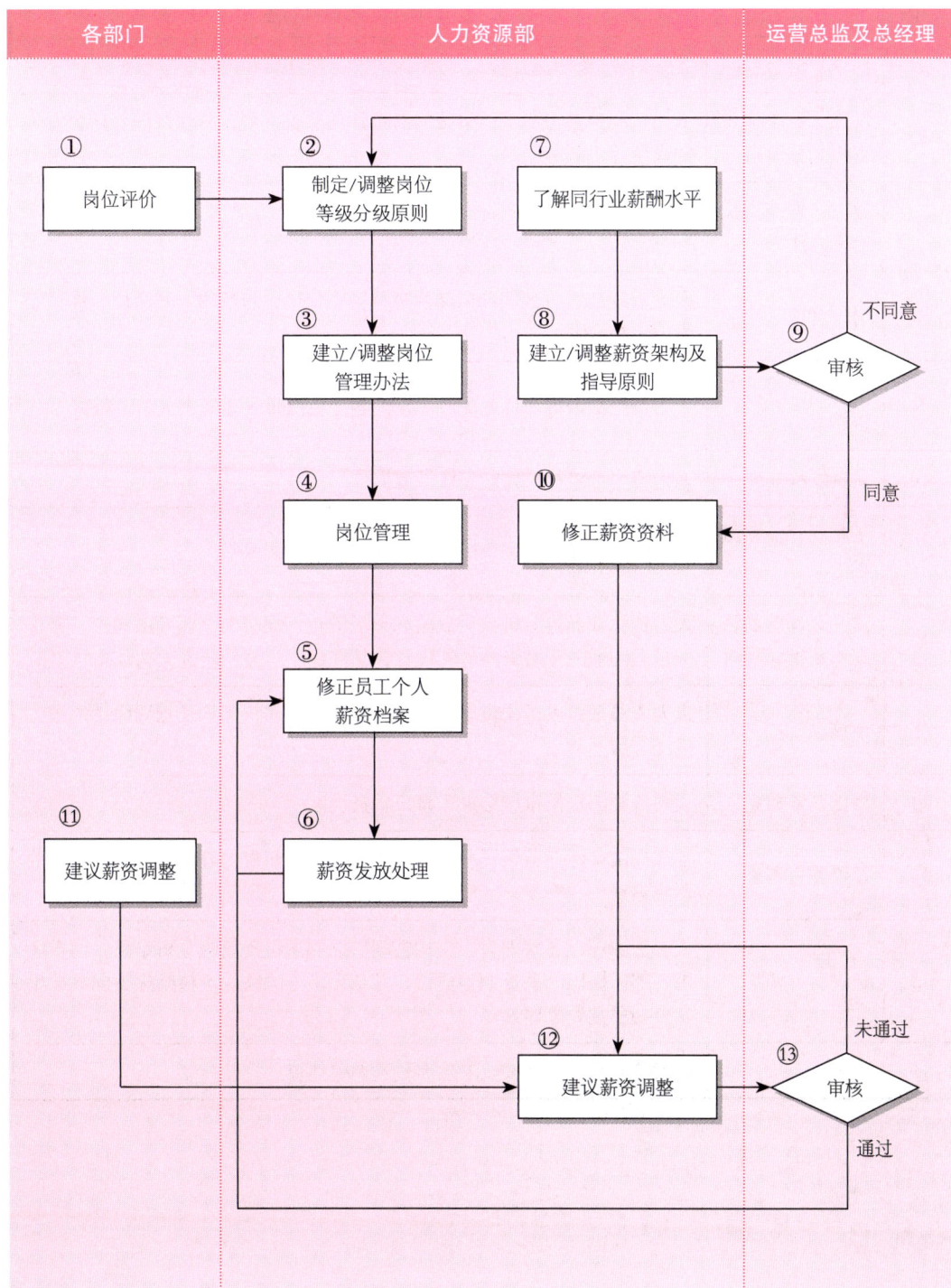

各部门	人力资源部	运营总监及总经理

① 岗位评价

② 制定/调整岗位等级分级原则

⑦ 了解同行业薪酬水平

③ 建立/调整岗位管理办法

⑧ 建立/调整薪资架构及指导原则

⑨ 审核

不同意

同意

④ 岗位管理

⑩ 修正薪资资料

⑤ 修正员工个人薪资档案

⑪ 建议薪资调整

⑥ 薪资发放处理

⑫ 建议薪资调整

⑬ 审核

未通过

通过

流程说明

编码	节点	工作内容的简要描述
①	岗位评价	各部门评估现有的岗位，分析人员的工作性质和内容
②	制定／调整岗位等级划分原则	人力资源部参考各部门呈报的岗位评估意见，制定科学合理、切合实际的岗位等级划分原则
③	建立／调整岗位管理办法	人力资源部结合以往经验和实际情况建立岗位管理办法
④	岗位管理	人力资源部对各其他部门岗位进行岗位管理，包括增／减岗位，修订职责内容和权限
⑤	修正员工个人薪资档案	人力资源部根据职位变动或职责内容变更而修正员工个人薪资档案
⑥	薪资发放处理	人力资源部进行具体的薪资发放操作
⑦	了解同行业薪酬水平	人力资源部通过市场调研获得当前同行业薪酬水平
⑧	建立／调整薪资架构及指导原则	人力资源部通过分析公司战略和市场调查，同时向公司高层建议、与基层员工沟通关于薪资结构的设计，从而建立起公司薪资架构及指导原则
⑨	审核	人力资源部将关于岗位等级划分原则和公司薪资架构及指导原则的报告呈交高层
⑩	修正薪资档案	人力资源部根据审核结果，修正薪资档案
⑪	建议薪资调整	各部门由实际业务情况和部门内人员的具体职责内容，提出个人薪资的调整建议
⑫	建议薪资调整	人力资源部汇总整理对于公司宏观层面的薪资资料的分析结果，综合考虑各部门提出的薪资调整建议，并结合员工的绩效考核结果，向高层呈交公司薪资调整建议
⑬	审核	运营总监和总经理按权限核准薪资调整建议

第32章　行政管理流程

32.1　外宣传信息发布流程

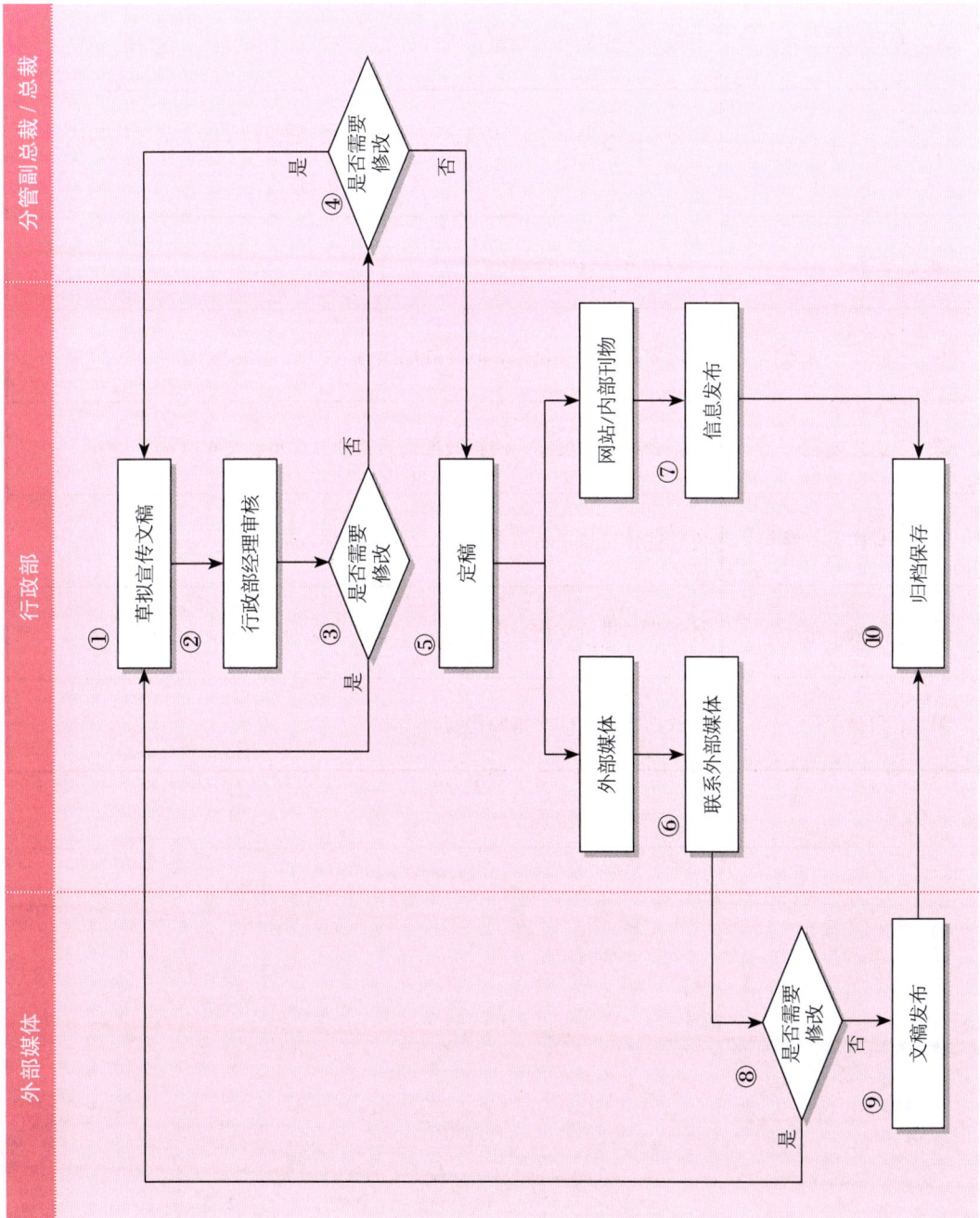

流程说明

编码	节点	工作内容的简要描述
①	草拟宣传文稿	行政部按照公司的有关要求草拟对外宣传文稿
②	行政部经理审核	将草拟文稿送交行政经理审阅
③	是否需要修改	行政经理审阅并判断是否进行行文修改，若不需修改，送分管副总审核
④	是否需要修改	送分管副总裁／总裁审核，有需要修改之处返回修改，若不需修改，签字确认
⑤	定稿	行政部形成宣传终稿
⑥	联系外部媒体	若需要外部媒体发布，联络外部媒体
⑦	信息发布	若需公司网站发布，由行政部信息管理岗位负责发布文稿
⑧	是否需要修改	外部媒体审核，若需要修改，行政部根据要求修改
⑨	文稿发布	外部媒体进行文稿发布
⑩	归档保存	行政部将发布的文稿归档留存

32.2 会务管理流程

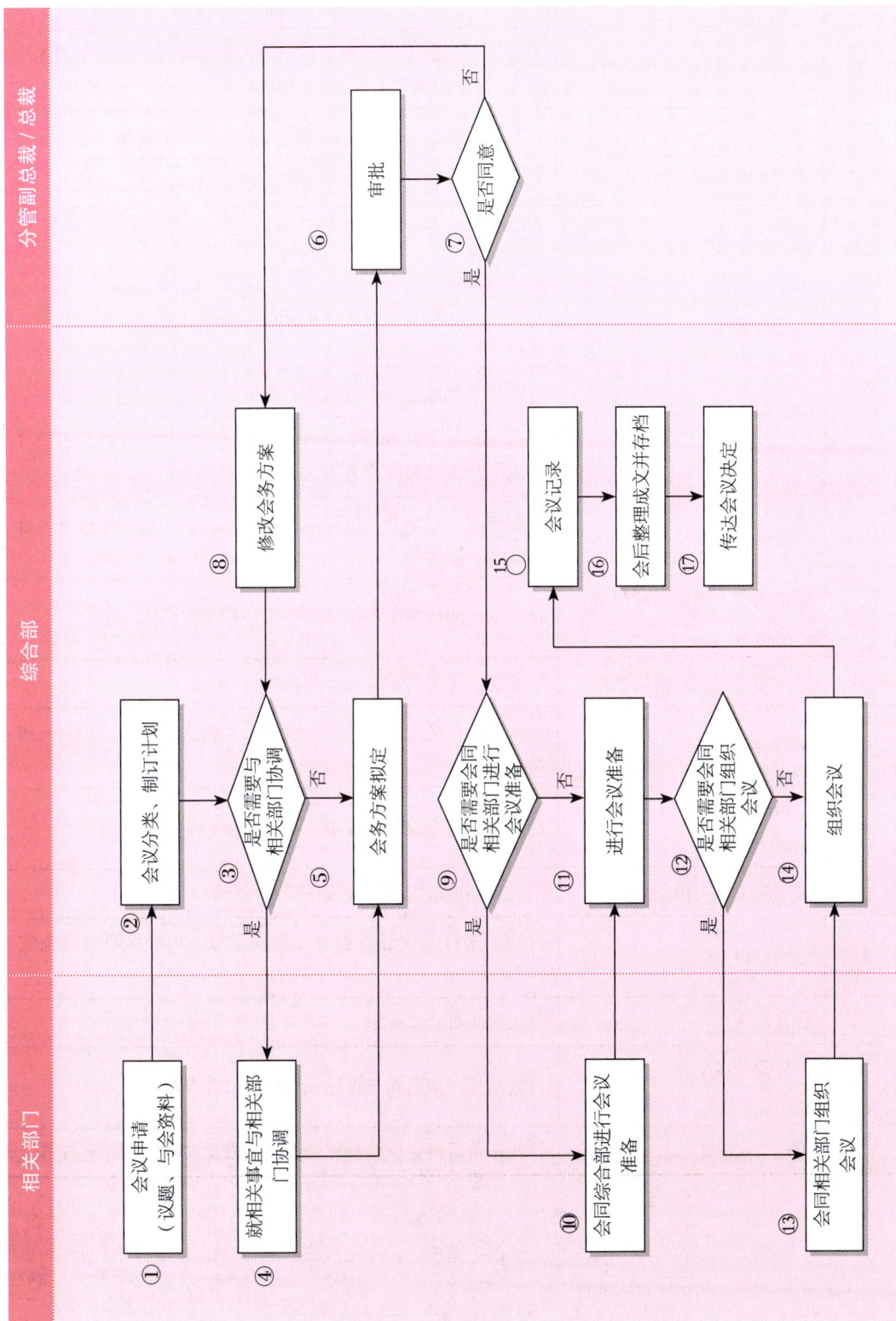

相关部门	综合部	分管副总裁/总裁

分管副总裁/总裁

⑥ 审批

⑦ 是否同意 （是/否）

综合部

⑧ 修改会务方案

⑮ 会议记录

⑯ 会后整理成文并存档

⑰ 传达会议决定

② 会议分类、制订计划

③ 是否需要与相关部门协调

⑤ 会务方案拟定

⑨ 是否需要会同相关部门进行会议准备

⑪ 进行会议准备

⑫ 是否需要会同相关部门组织会议

⑭ 组织会议

相关部门

① 会议申请（议题、与会资料）

④ 就相关事宜与相关部门协调

⑩ 会同综合部进行会议准备

⑬ 会同相关部门组织会议

流程说明

编码	节点	工作内容的简要描述
①	会议申请（议题、与会资料）	其他部门根据要求提出会议申请（包括会议议题，主要内容等），提供会议相关资料
②	会议分类、制订计划	行政部负责将一周之内的会议分类，并制订会议计划
③	是否需要与相关部门协调	行政部判断该会议是否需要与其他部门协调共同组织
④	就相关事宜与相关部门协调	如需要与其他部门协调共同组织，则就相关事宜双方协调，落实责任
⑤	会务方案拟定	行政部负责拟定会务方案，如发生费用，则进行相关的费用审批手续
⑥	审批	分管副总裁或总裁审批会务方案
⑦	是否同意	分管副总裁／总裁审批会务方案通过则通知行政部，不通过则返回行政部修改会务方案
⑧	修改会务方案	如相关领导对会务方案提出修改意见，则由行政部按意见进行会务方案修改
⑨	是否需要会同相关部门进行会议准备	行政部判断会务准备工作是否需要相关部门协同组织
⑩	会同综合部进行会议准备	相关部门协助行政部一同筹备会议
⑪	进行会议准备	行政部进行会议前期准备：议程、主持人、场所、相关资料准备等
⑫	是否需要会同相关部门组织会议	行政部判断会议的过程组织是否需要相关部门协助
⑬	会同相关部门组织会议	相关部门协助配合行政部一同组织会议
⑭	组织会议	行政部进行会议过程组织：资料发放、议程执行、食宿安排等
⑮	会议记录	行政部负责会议记录
⑯	会后整理成文并存档	行政部须在会后将会议记录整理成文并存档
⑰	传达会议决定	行政部负责将会议精神和会议决定以文件形式传达至各部门

32.3　寄送信函、快件工作流程

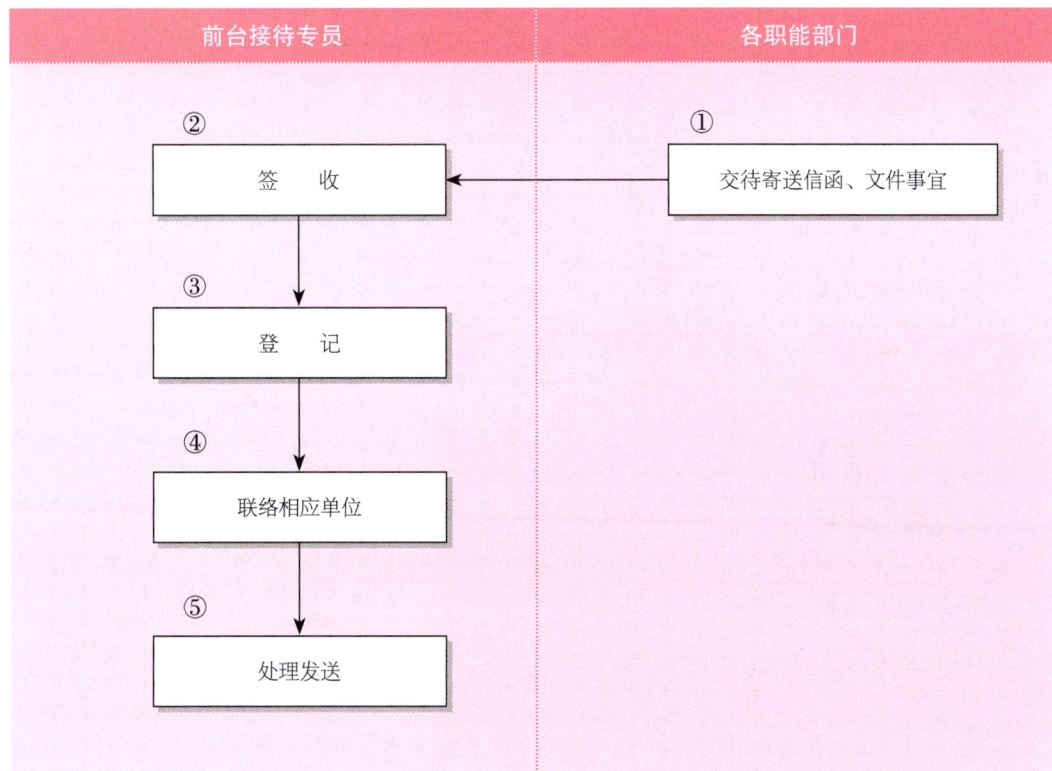

前台接待专员	各职能部门

②
签　收

①
交待寄送信函、文件事宜

③
登　记

④
联络相应单位

⑤
处理发送

流程说明

编码	节点	工作内容的简要描述
①	交代寄送信函、文件事宜	各职能部门将需要邮寄、快递的信函、物品等至前台，交代寄送地点、收件人等信息
②	签收	前台接待员确认清楚各项事宜，接收信件、物品
③	登记	前台接待员将需要寄送的信函、物品详细登记于"收发函登记表"
④	联络相应单位	前台接待员根据寄送物品的种类确认寄送方式，若是快递则联络快递公司取件，若是邮寄则需安排好自己的工作直接去最近的邮局办理
⑤	处理发送	快递公司、邮局接收信函、快件，前台接待要做好交接待；现金付款的要支付现金，并取得支付凭证；月结的要取得快递回单，并将回单存入回单袋，以便在月底时整理回单，填写费用报销单交财务部审批、报销

32.4 发文管理流程

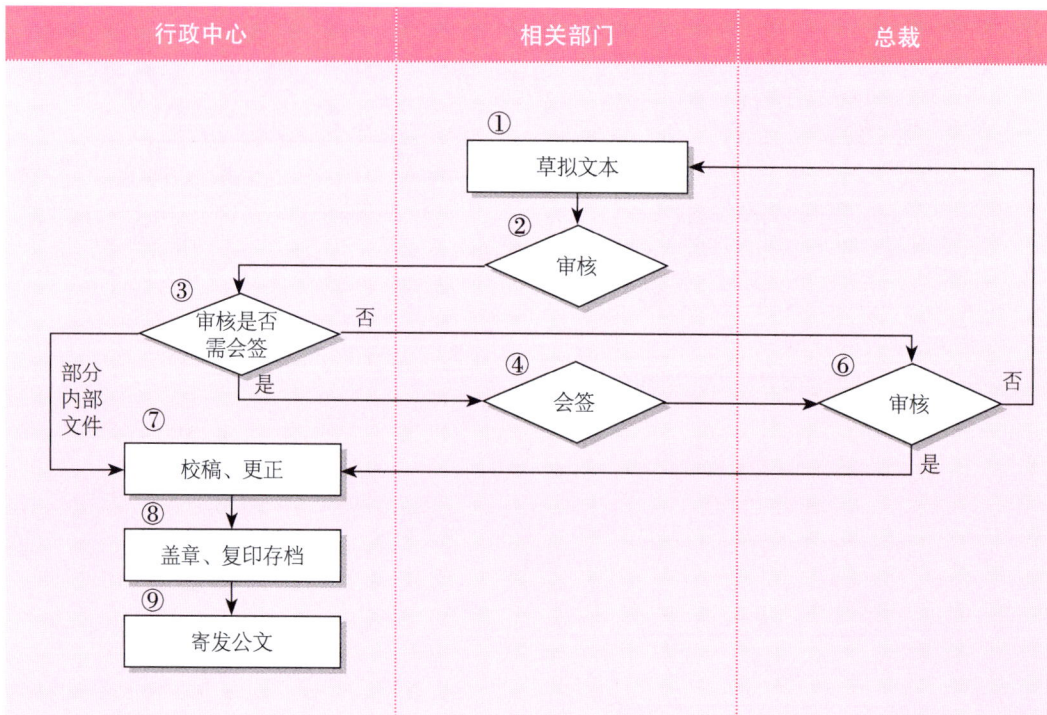

流程说明

编码	节点	工作内容的简要描述
①	草拟文本	相关部门的相关人员起草拟发出的公文
②	审核	由文件起草部门负责人对所批公文进行审核，通过则交行政中心
③	是否需会签	行政中心对其审核并决定是否需要会签，部门对内部公文直接下发不需会签，对外部公文，则交总裁审批
④	会签	对于以公司名义下发公文和其它重大公文，需要会签，行政中心将该文发给相关部门予以会签，会签后呈交总经理审核
⑤	审核	总经理审核拟发出的公文
⑥	校稿、更正	行政中心对公文进行校对、更正，如果文句不通顺、或事情表达不清楚过则更正
⑦	盖章、复印存档	行政中心将校对、更正过的完好文件，盖上公司的公章，并复印一份存档
⑧	寄发公文	行政中心将盖章后的公文正本寄发给受文单位，同时在《收发文件登记表》上登记

32.5　收文管理流程

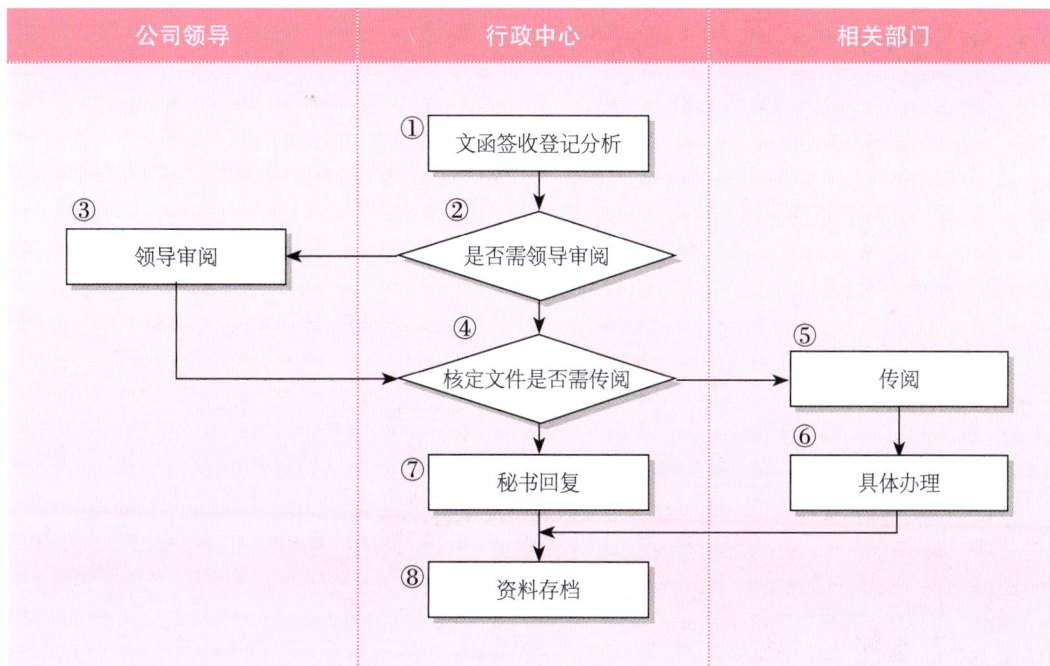

公司领导	行政中心	相关部门
	① 文函签收登记分析	
③ 领导审阅	② 是否需领导审阅	
	④ 核定文件是否需传阅	⑤ 传阅
	⑦ 秘书回复	⑥ 具体办理
	⑧ 资料存档	

流程说明

编码	节点	工作内容的简要描述
①	文函签收登记	行政中心的行政秘书收到文函以后，按《文件管理制度的要求》立即将之登记于"收文登记表"上
②	是否需领导审阅	行政秘书将收到的文函呈交行政主管审阅，行政主管审核来文后，根据职责权限判定某些文件是否需要上级领导审批，若需上级领导审阅，呈递给上级
③	领导审阅	公司领导审阅后返回行政中心
④	核定文件是否需传阅	行政中心总监及相关领导审阅后，决定是否有必要将文件传阅
⑤	传阅	行政中心将文件传递给相关部门传阅，若涉及多个部门，则要复印多份文件下达，要求收到文件的部门在"文件移交单上"签字，相关部门在规定的期限内传阅文件
⑥	具体办理	相关部门传阅外来文件后，由具体执行部门办理文内所述相关事宜
⑦	秘书回复	对于不需要传阅的文件由行政秘书直接办理或回复
⑧	资料存档	行政中心将办理文件内所述相关事宜或回复的文件、记录等按文件管理制度的要求进行整理、归档

32.6　印章制刻申请流程

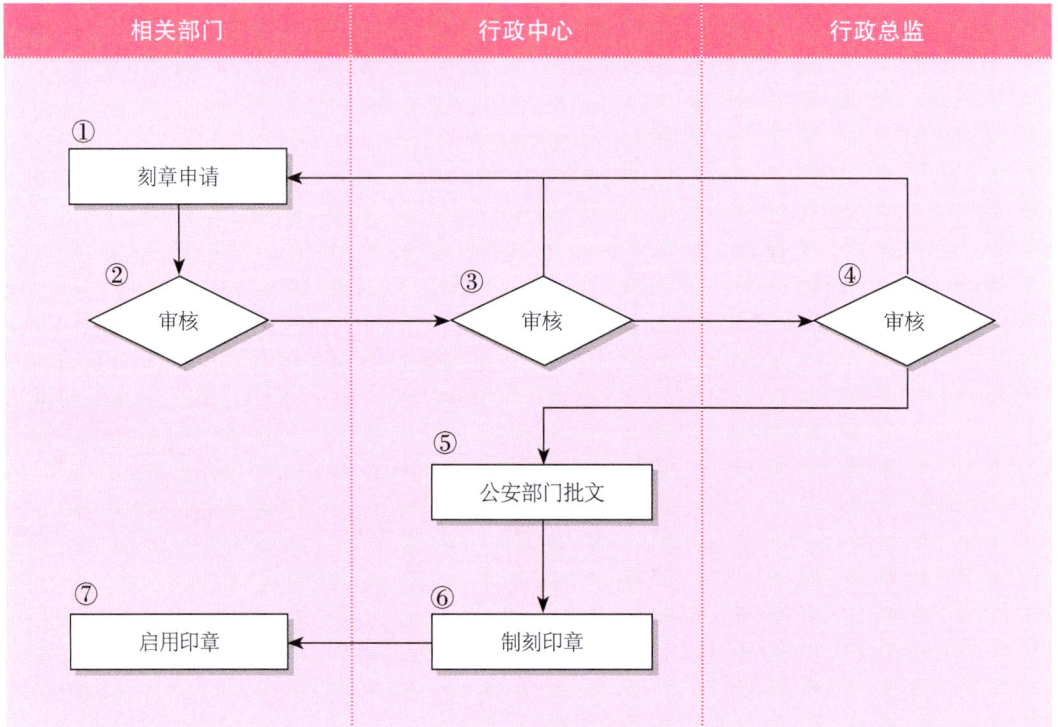

相关部门	行政中心	行政总监

① 刻章申请

② 审核　　③ 审核　　④ 审核

⑤ 公安部门批文

⑦ 启用印章　　⑥ 制刻印章

流程说明

编码	节点	工作内容的简要描述
①	刻章申请	相关部门的工作人员根据业务的需要及《公司印章管理办法》的规定填写"印章刻制审批表"，提出刻章申请
②	审核	相关部门的主管进行审核
③	审核	行政中心主管接到相关部门申请，通过后交由行政总监审核，不通过则退回原申请部门
④	审核	行政总监审核通过后返回行政中心，不通过则退回原申请部门
⑤	取得公安部门批文	行政总监审核通过后由行政中心具体办理刻章事宜，公司公章、财务章、法人名章、发票章等由行政中心负责与公安部门联系，获得许可批文
6	刻制印章	行政中心持公安部门审批的许可批文到公安部门指定的制刻机构办理印章刻制业务
7	启用印章	按《公司印章管理办法》的规定启用印章，并做相应记录，业务办理过程中的文件按《公司文件管理规定》的要求整理归档

32.7　印章使用控制流程

相关部门	行政中心	行政总监

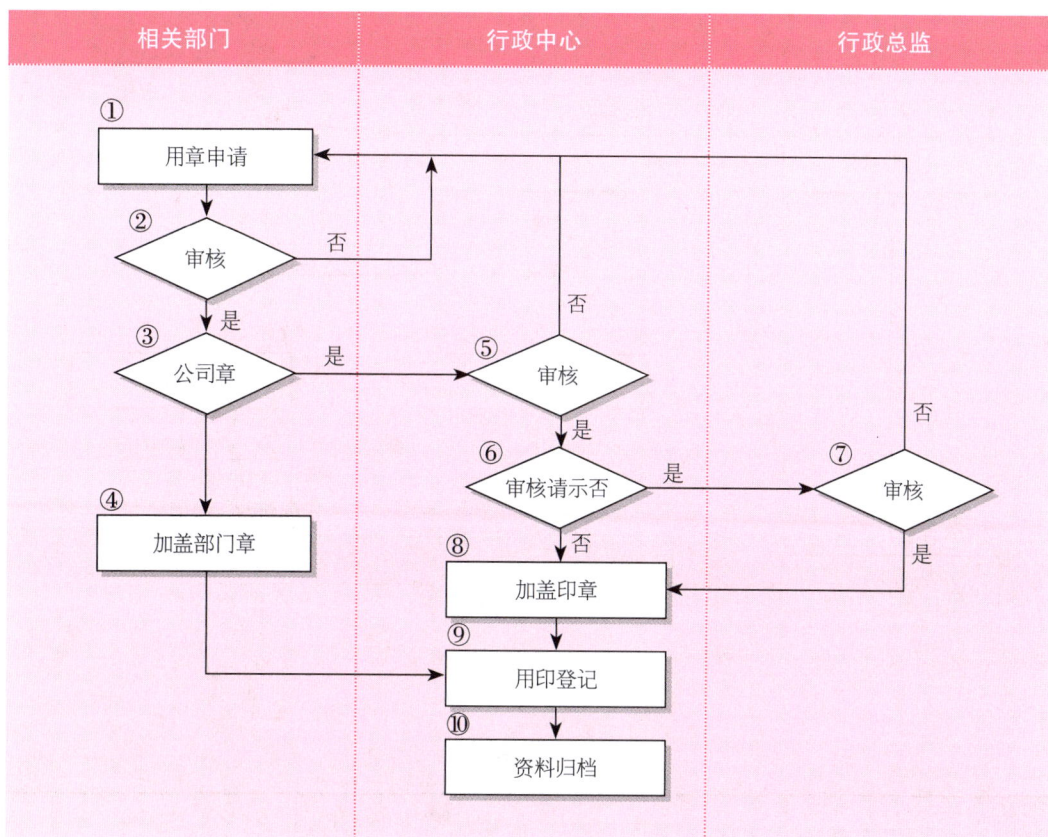

流程说明

编码	节点	工作内容的简要描述
①	用章申请	用章申请人填写"用章申请单"，呈交部门主管，提出用章申请
②	审核	部门主管对本部门用章进行审核，不符合规定退回给用章申请人
③	公司章	部门主管审核后需要加盖公司章送交行政中心审核，
④	加盖部门章	不需要加盖公司章则在本部门直接用章
⑤－⑥	审核	行政中心审核公章"用章申请单"，行政中心审核后需要送行政总监处审核，不需要则直接用章
⑦	审核	行政总监对其进行审核通过加盖印章，不符合规定退回给用章申请人
⑧	加盖印章	行政中心按《公司印章管理办法》的规定加盖印单
⑨	用印登记	行政中心印章管理专员对用印情况登记于"用印登记表"上
⑩	资料存档	行政中心将相关资料按《公司文件管理规定》的要求进行整理、归档

32.8　公司证照管理流程

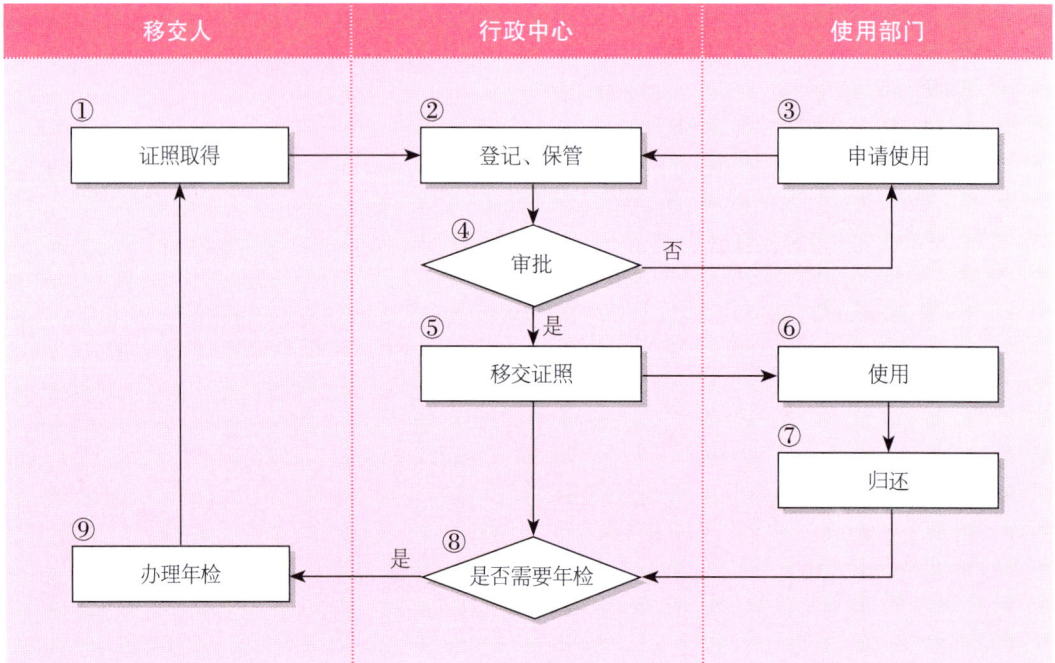

移交人	行政中心	使用部门
① 证照取得	② 登记、保管	③ 申请使用
	④ 审批 否	
	⑤ 移交证照 是	⑥ 使用
		⑦ 归还
⑨ 办理年检	是 ⑧ 是否需要年检	

流程说明

编码	节点	工作内容的简要描述
①	取得证照	行政中心从证照发放机关、检验机关等取得证照
②	登记、保管	行政中心证照管理人员将证照的信息登记于"证照信息记录表"上
③	申请使用	企业内各部门需要使用企业法人证书、税务登记证、立户证明、组织机构代码证时，须填写"证照使用申请书"，注明使用的证照名称、使用的原因、时间等信息，提交行政中心审核
④	审核	行政中心审核"证照使用申请书"
⑤	移交证照	行政中心证照管理人员将证照移交给使用部门，并记录于"证照交接表"上
⑦	使用	使用部门须按《公司证照管理办法》的规定使用，不得私自挪作他用
⑧	归还	使用部门将证照在规定的期限内交回行政中心，若在规定期限内未归回，证照管理人员应进行跟催
⑨	是否需要年检	证照管理人员要了解哪些证照（如营业执照、税务登记证等）需要年检，知晓年检的时间
⑩	办理年检	证照管理人员在规定的年检期限内，准备好相关资料去办理年检事宜

32.9　出差管理流程

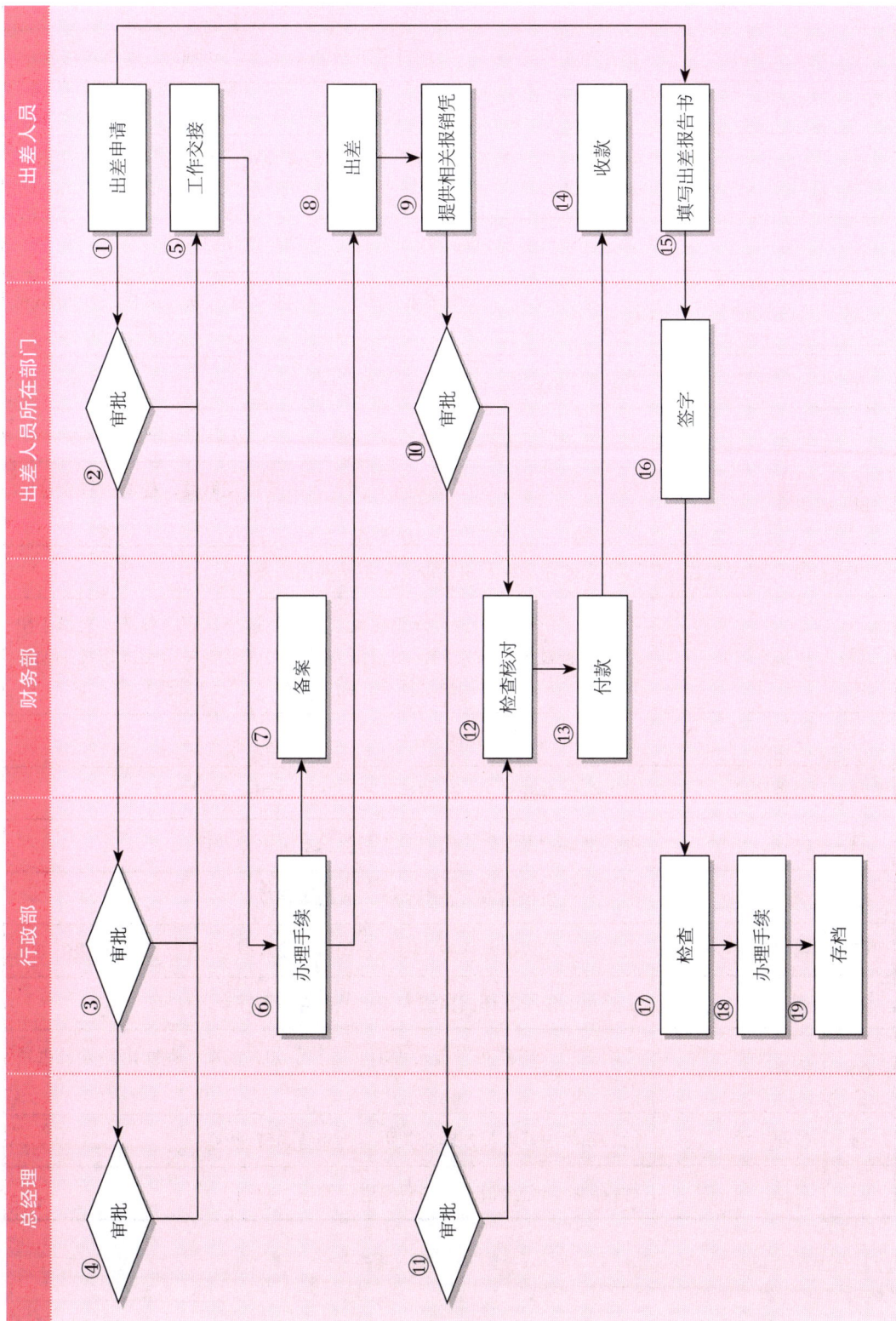

流程说明

编码	节点	工作内容的简要描述
①	出差申请	出差员工事先填写"公司员工出差单",认真、详细地写明每项内容
②	审批	出差员工所在部门负责人在员工"出差单"上签字
③	审批	行政部检查"员工出差单"的内容是否完整,如有漏项,返回出差人员重新填写
④	审批	若是部门负责人(高层管理人员),则须由总经理审批
⑤	工作交接	出差员工与部门内指定人员办理工作的交接手续,交代工作的注意事项
⑥	办理手续	行政部为出差员工办理出差手续
⑦	备案	财务部为员工的出差事宜备案
⑧	出差	员工出差过程中应严格遵守公司员工出差管理制度,控制各种费用的花销
⑨	提供报销凭证	员工出差完毕,及时整理各种报销费用的发票
⑩	审批	出差员工所在部门负责人审核发票是否超过公司规定标准。若员工出差费用超过公司规定的标准,则需要公司高层相关负责人审批;如果员工出差未超过公司规定标准,则由出差员工所在部门负责人签字
⑪	审批	总经理审批出差费用
⑫	检查核对	财务部检查核对员工出差费用是否超过公司规定标准
⑬	付款	财务部核对无误后,向出差人员报销有关出差费用
⑭	收款	出差人员在报销单上签字确认,收取报销款
⑮	填写出差报告书	出差员工完成出差任务,回到公司后,及时填写公司员工出差报告书
⑯	签字	出差员工作所在部门负责人在出差报告书上签字
⑰	检查	行政部检查出差报告书是否填写完整,如有漏项,返回出差人员重新填写
⑱	办理手续	行政部为出差人员办理有关手续,如考勤管理等
⑲	存档	行政部将出差人员的一些资料进行整理、归档

第33章　市场营销管理流程

33.1　市场和竞争对手信息收集流程

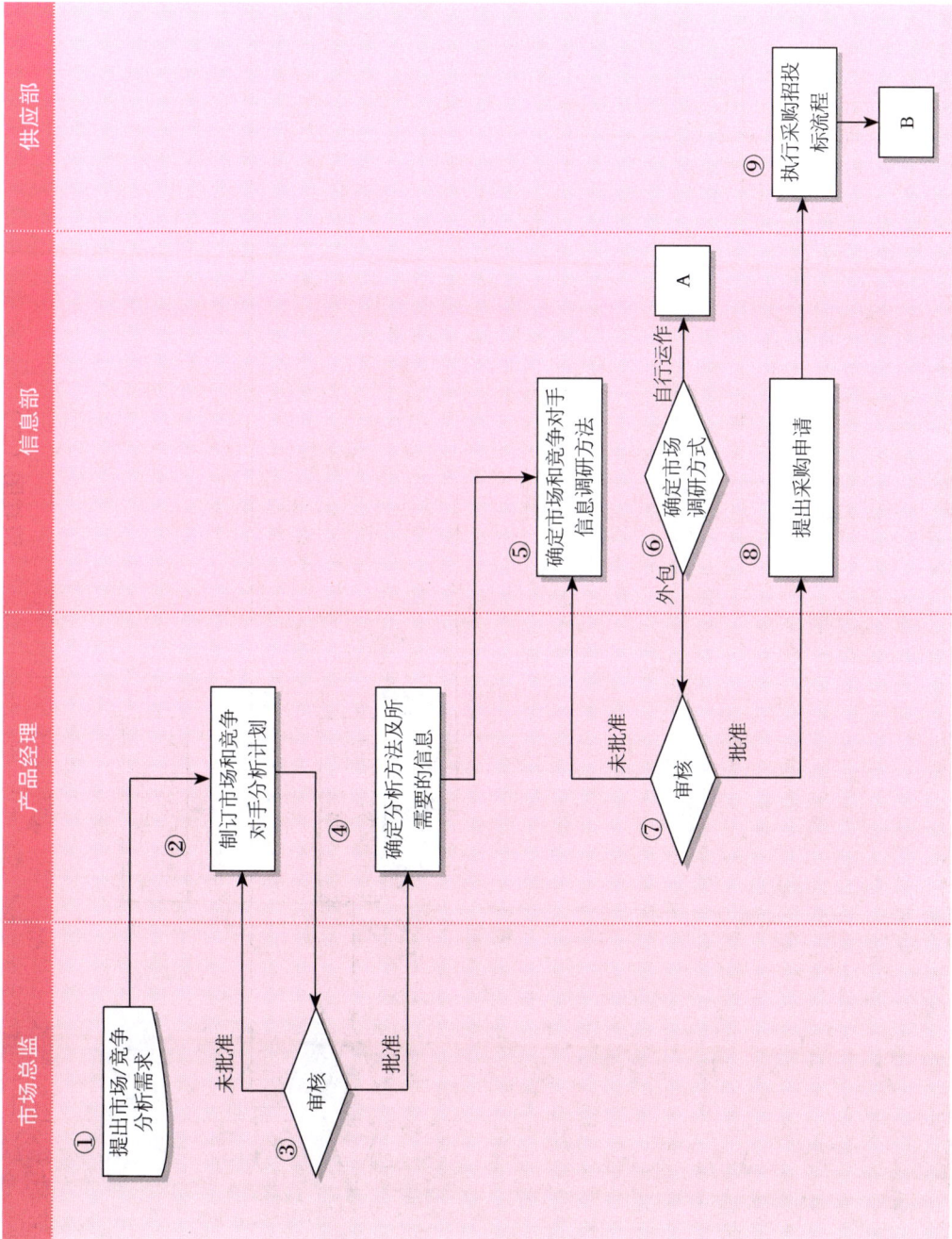

流程图（一）

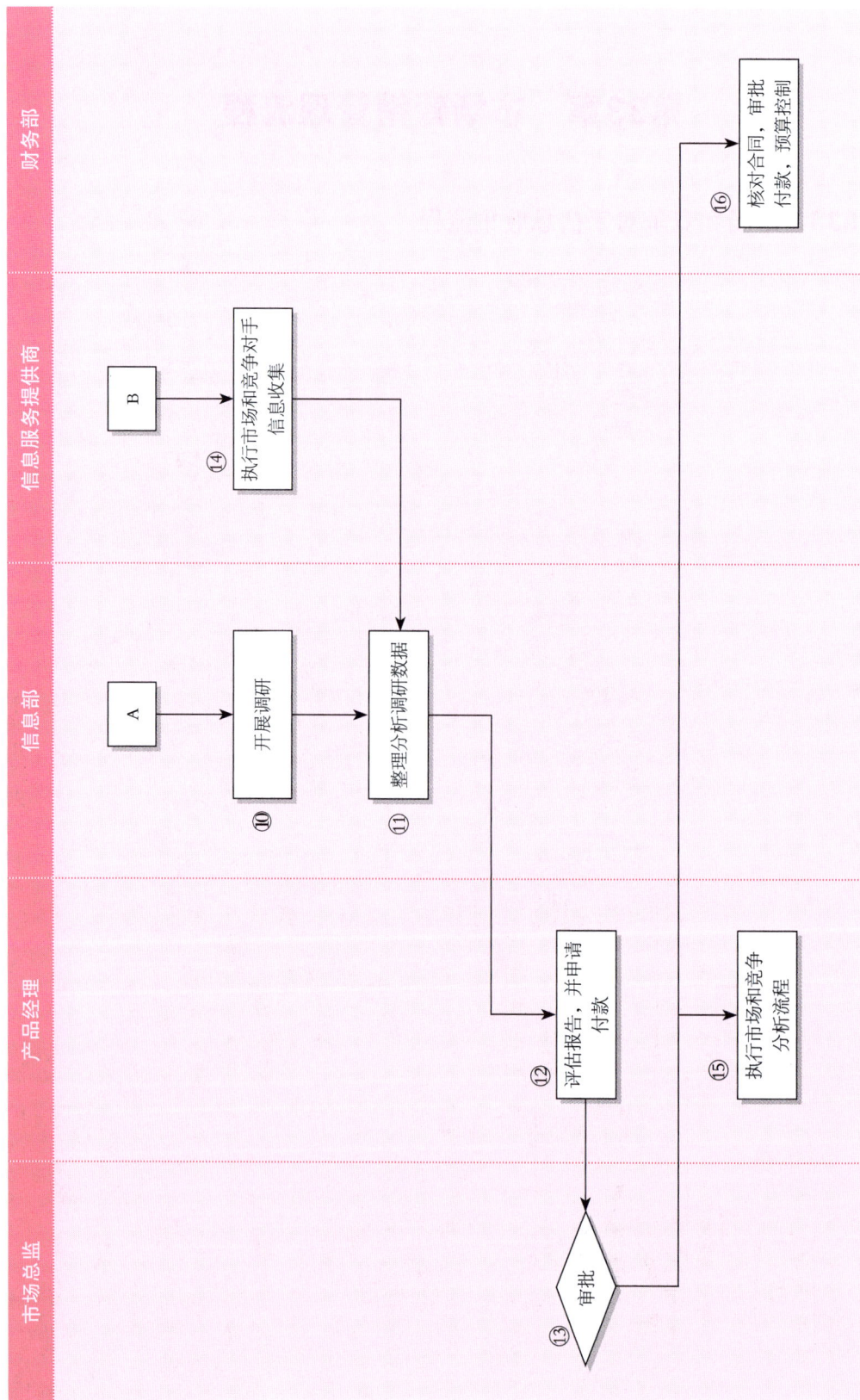

市场总监	产品经理	信息部	信息服务提供商	财务部

⑩ 开展调研

⑪ 整理分析调研数据

A

B

⑭ 执行市场和竞争对手信息收集

⑫ 评估报告，并申请付款

⑬ 审批

⑮ 执行市场和竞争分析流程

⑯ 核对合同，审批付款，预算控制

流程图（二）

流程说明

编码	节点	工作内容的简要描述
①	提出市场 / 竞争分析的需求	市场总监根据年度销售目标、营销计划和预算编制，提出市场 / 竞争分析的需求
②	制订市场和竞争对手分析计划	产品经理制订有针对性的市场（竞争）分析计划呈交市场总监审核
③	审核	市场总监审核市场（竞争）分析计划
④	确定分析方法和所需要的数据	产品经理确定市场（竞争）分析的方法和所需要的数据，并向信息部沟通联系，请信息部提供市场（竞争）方面的信息
⑤	确定市场和竞争对手信息调研方法	信息部确定市场（竞争）信息调研的方法
⑥	确定市场调研方式	也就是确定获得市场（竞争）信息的手段
⑦	外包的审核	如果采用外包调研，向产品经理提出信息采集外包的申请
⑧	提出采购申请	产品经理核准信息采集外包方式，则由信息部提出采购申请
⑨	执行采购招投标流程	外包方式执行招投标流程，按公司规定的招标程序、规则开展外包商的招标选择
⑩	开展调研	选择信息来源和适当的信息收集方法和手段，开展实地市场 / 竞争调研，通过多种渠道（年鉴 / 网络 / 媒体）开展市场（竞争）信息收集
⑪	整理、分析调研数据	初步整理分析获得的市场和竞争对手数据，形成市场 / 竞争数据收集报告
⑫	评估报告并申请付款	产品经理接到市场 / 竞争数据收集报告，组织专业人员进行评估，并写出评估意见，提交市场总监审核
⑬	审批	市场总监对评估市场 / 竞争数据收集报告进行审批，同时审批付款申请表
⑭	执行信息收集	若是由信息部自行运作收集信息，则组织人员进行市场调研
⑮	执行市场和竞争分析流程	进入下一工作流程——对市场和竞争对手进行分析
⑯	核对合同，审批付款	财务部接到经市场总监审批的付款申请表，核对合同，审批付款

33.2 市场／竞争分析流程

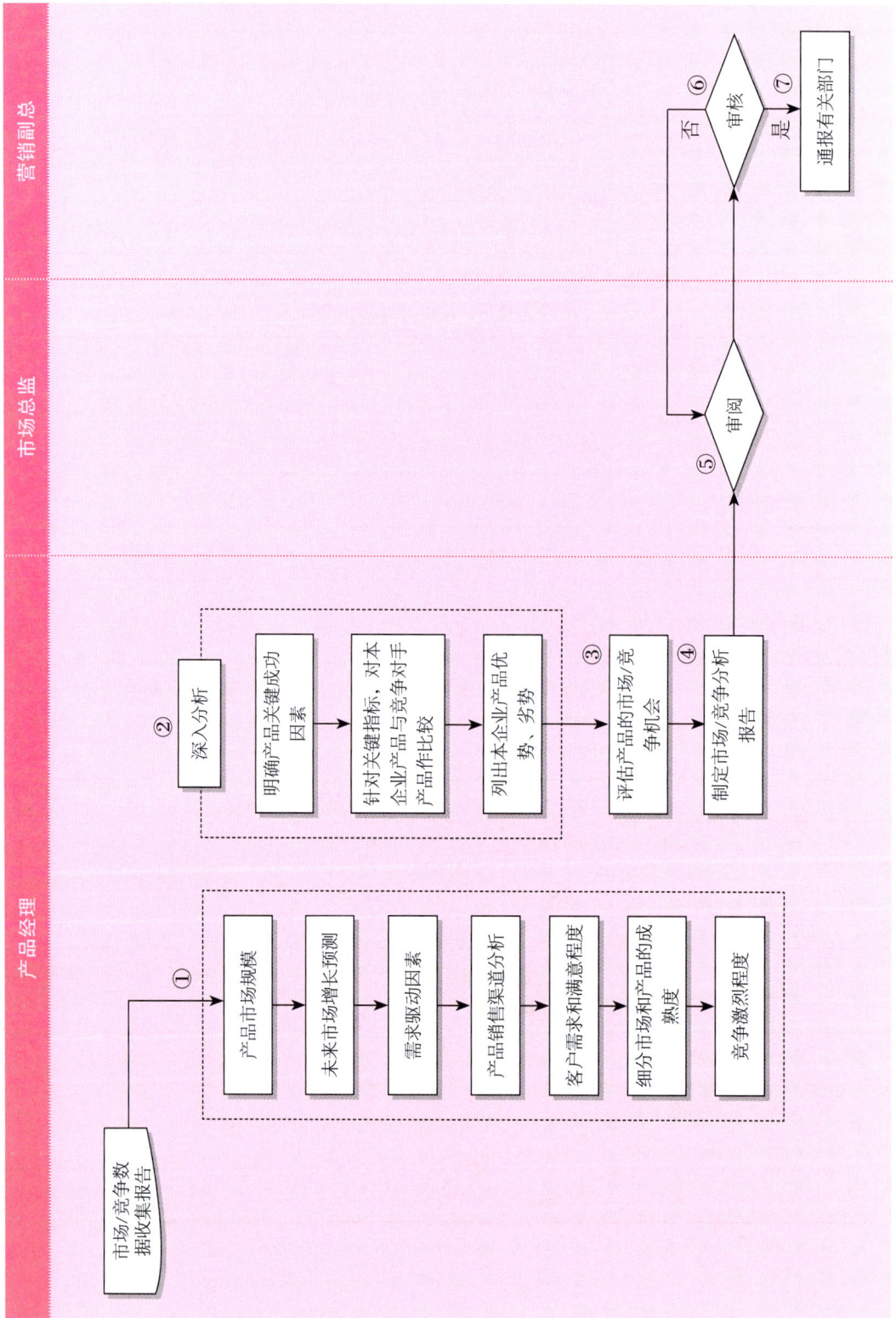

流程说明

编码	节点	工作内容的简要描述
①	进行市场／竞争分析	分析的内容包括产品市场分析、产品市场规模、未来市场增长预测、需求驱动因素、产品销售渠道分析、客户需求和满意程度、细分市场和产品的成熟度、竞争激烈程度等
②	深入分析	分析的内容包括产品竞争性分析、明确产品关键成功因素，针对关键指标，对本企业产品与竞争对手产品作比较，列出本企业产品的优势、劣势
③	评估产品的市场／竞争机会	产品经理组织相关人员开会来评估产品的市场／竞争机会
④	制定市场／竞争分析报告	评估的结果必须形成书面的市场、竞争分析报告，并呈交市场总监
⑤	审阅	市场总监审阅、评估市场分析报告，审阅通过呈交营销副总
⑥	审核	市场总监审核市场分析报告并通报有关部门
⑦	审核	营销副总审核市场分析报告并通报有关部门

33.3　价格制定流程

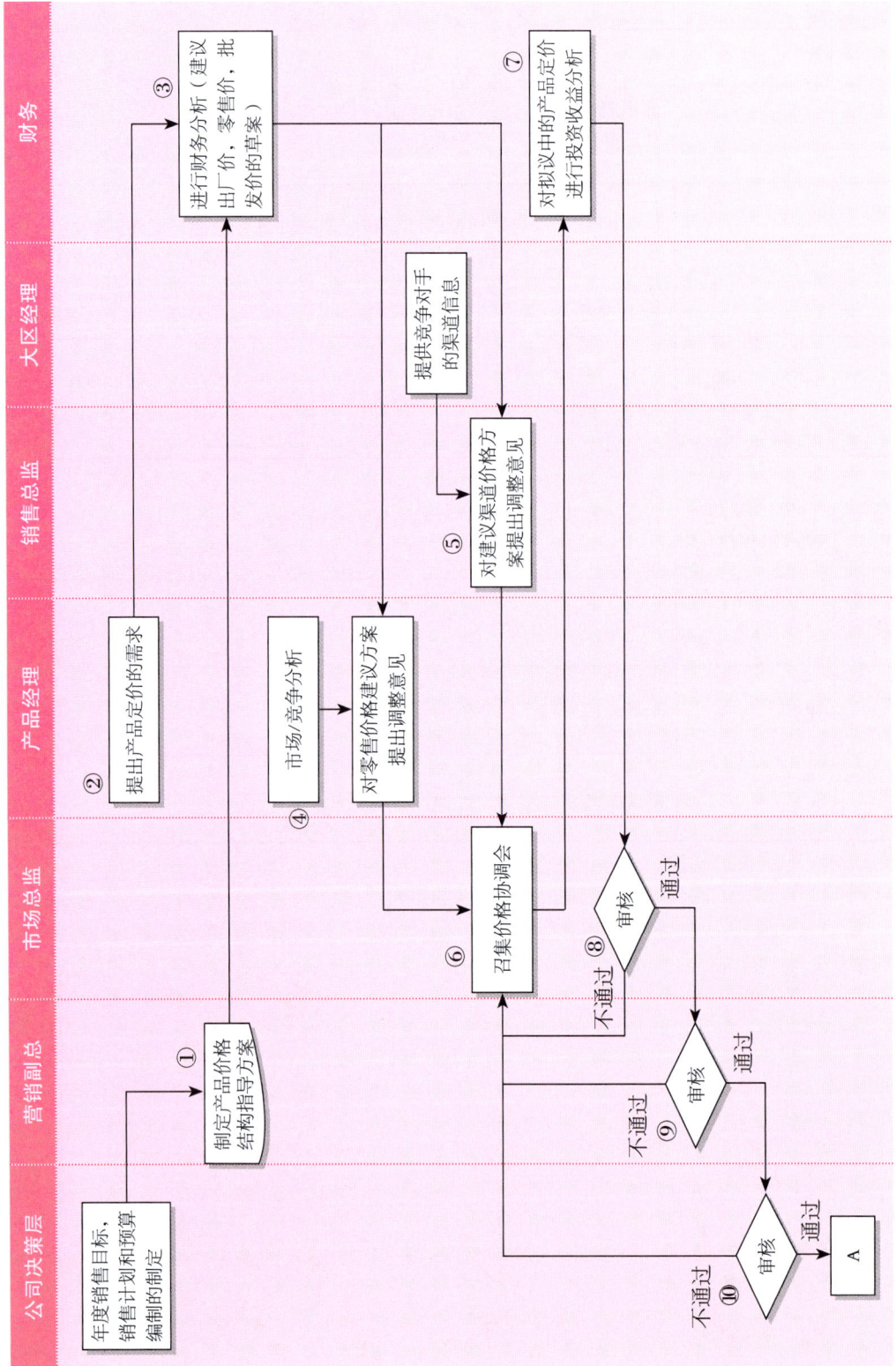

公司决策层	营销副总	市场总监	产品经理	销售总监	大区经理	财务
年度销售目标、销售计划和预算编制的制定	① 制定产品价格结构指导方案		② 提出产品定价的需求			③ 进行财务分析出厂价，零售价，批发价的草案
			④ 市场竞争分析			
			对零售价格建议方案提出调整意见	⑤ 对建议渠道价格方案提出调整意见	提供竞争对手的渠道信息	⑦ 对拟议中的产品定价进行投资收益分析
		⑥ 召集价格协调会				
		⑧ 审核　不通过／通过				
	⑨ 审核　不通过／通过					
⑩ 审核　不通过／通过　→　A						

流程图（一）

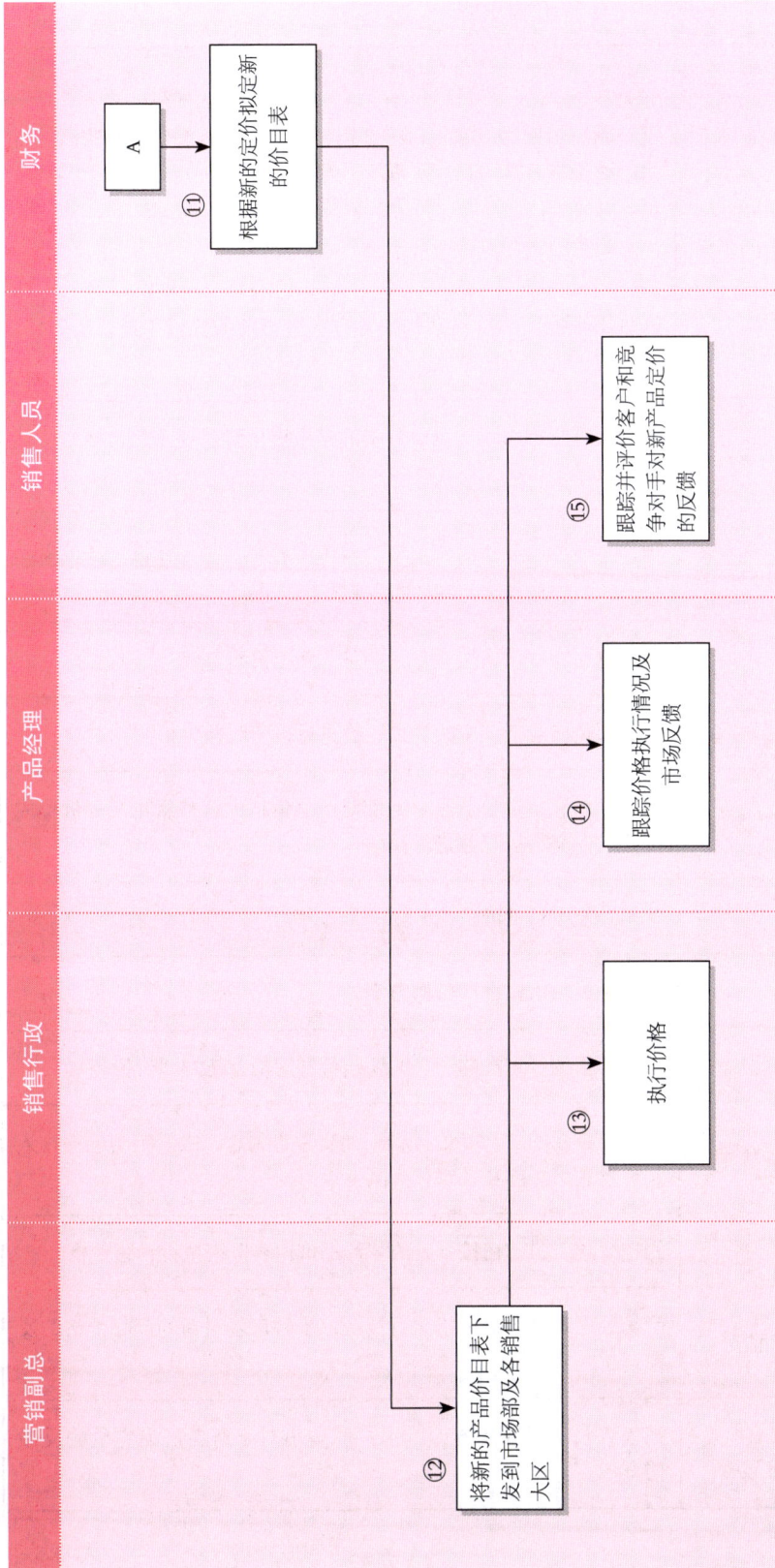

⑪ 根据新的定价拟定新的价目表

⑫ 将新的产品价目表下发到市场部及各销售大区

⑬ 执行价格

⑭ 跟踪价格执行情况及市场反馈

⑮ 跟踪并评价客户和竞争对手对新产品定价的反馈

财务

销售人员

产品经理

销售行政

营销副总

流程图（二）

流程说明

编码	节点	工作内容的简要描述
①	制定产品价格结构指导方案	营销副总根据年度销售目标、销售计划和预算编制，制定产品价格结构指导方案（目标利润率，渠道利润空间）
②	提出产品定价的需求	产品经理提出产品定价的需求
③	进行财务分析	财务部根据产品价格结构指导方案进行财务分析（建议出厂价、零售价、批发价的草案）
④	对零售价格建议方案提出调整意见	产品经理根据市场／竞争分析的结果提出对建议零售价格方案的调整意见
⑤	对渠道价格建议方案提出调整意见	销售总监提出对建议渠道价格方案的调整意见，在这一环节要求大区经理提供竞争对手的渠道信息
⑥	召集价格协调会	市场总监召集价格协调会，调整／确定价格方案
⑦	进行投资收益分析	财务部负责对拟议中的产品定价进行投资收益分析
⑧	审核	产品经理、市场总监及财务部对产品价格的调整意见及分析形成书面文件交市场总监进行审核
⑨	审核	营销总监审核批准价格方案
⑩	审核	公司决策层审核批准价格方案
⑪	拟定新的价目表	财务部根据经审批的产品的新定价方案拟定新的"价目表"
⑫	产品价目表下发	财务部将新的"产品价目表"递交营销副总，由营销副总安排人员下发到市场部及各销售大区
⑬	执行价格	销售行政人员严格按下发的"产品价目表"来执行销售价格
⑭	跟踪价格执行情况	产品经理及时跟踪价格执行情况，了解市场对新的产品价格的反馈意见
⑮	收集并跟踪反馈信息	销售人员随时收集并跟踪客户和竞争对手对新产品定价的反馈信息

33.4　市场活动计划与开展控制流程

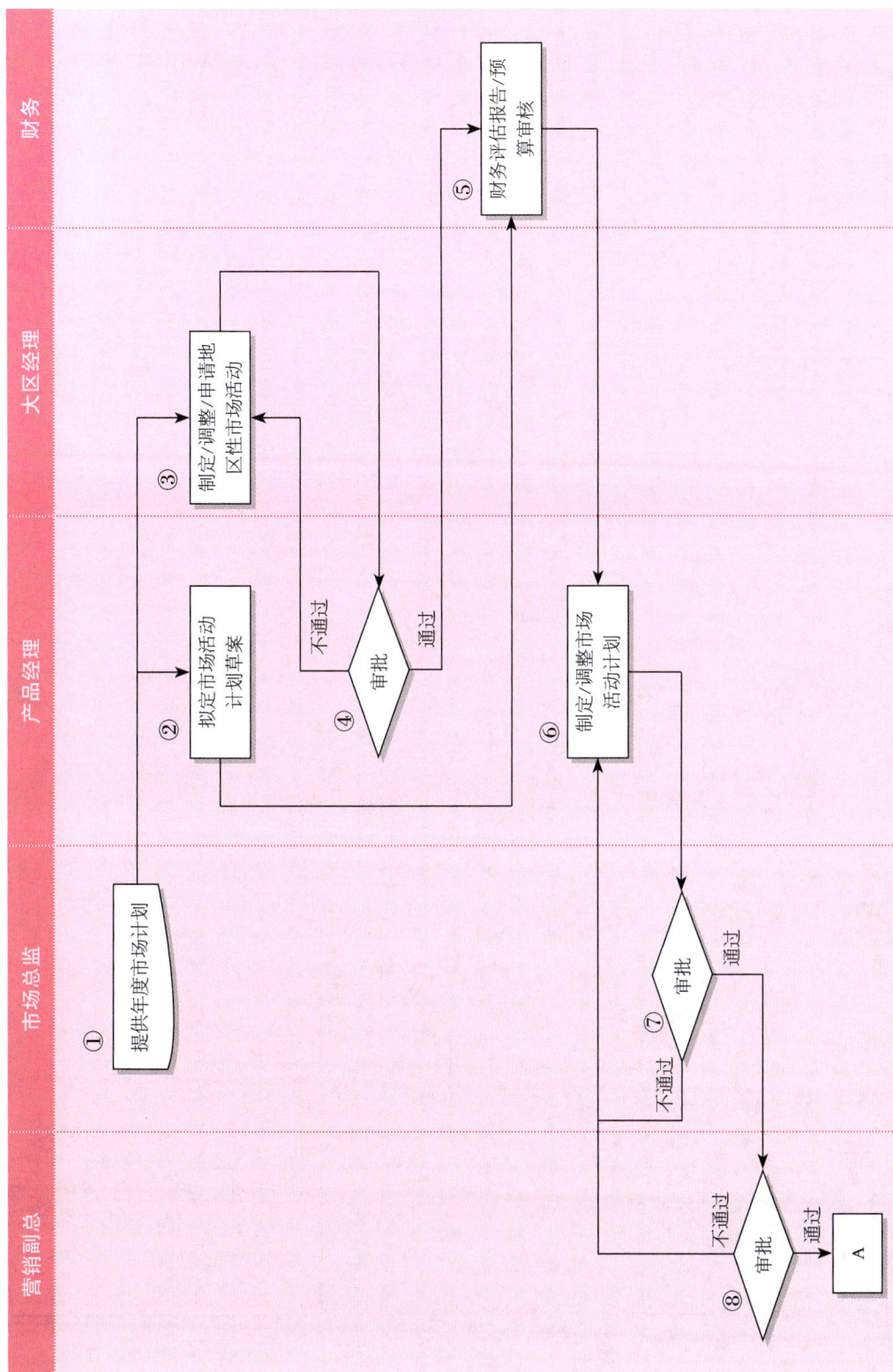

市场总监		产品经理	大区经理	财务

① 提供年度市场计划

② 拟定市场活动计划草案

③ 制定/调整申请地区性市场活动

④ 审批　不通过／通过

⑤ 财务评估报告/预算审核

⑥ 制定/调整市场活动计划

⑦ 审批　不通过／通过

⑧ 审批　不通过／通过

A

流程图（一）

产品经理	销售拓展	大区经理	市场总监	营销副总	财务
A					
⑨ 拟定既定活动的市场执行计划	⑩ 制定渠道配合计划	⑪ 制定地区配合计划	⑫ 召开市场活动部署会议		⑬ 下拨活动预支费用
			⑭ 市场活动的监控		
市场项目管理	指导渠道配合计划的开展	领导执行地区配合计划	领导监督整体市场活动		
⑮ 汇总报销费用			⑯ 审批费用	⑰ 审批费用	⑱ 费用报销

流程图（二）

流程说明

编码	节点	工作内容的简要描述
①	提供年度市场计划	市场总监根据年度销售目标、销售计划和预算，提供年度市场计划
②	拟定市场活动计划草案	产品经理拟定市场活动计划草案
③	制定／调整／申请地区性市场活动	大区经理制定／调整／申请地区性市场活动
④	审批	产品经理审批地区性市场活动计划
⑤	财务评估报告／预审核	财务部从财务的角度来制定财务评估报告或预算审核报告
⑥	制定／调整市场活动计划	产品经理根据财务部提供的报告，加以分析，再制定／调整市场活动计划
⑦	审批	市场总监按权限审批市场活动计划
⑧	审批	营销副总按权限审批市场活动计划
⑨	拟定市场执行计划	产品经理就既定活动拟定具体的市场执行计划
⑩	制定渠道配合计划	销售拓展经理根据本公司的渠道状况，制定详细的渠道配合计划
⑪	制定地区配合计划	大区经理根据地区销售状况、市场竞争状况制定详细的地区配合计划
⑫	召开市场活动部署会议	由市场总监组织相关人员召开市场活动部署会议
⑬	下拨活动预支费用	活动组织人员向财务申领备用金，财务根据批准的市场活动计划中规定的备用金金额发放
⑭	市场活动监控	市场总监领导监督整体市场活动，产品经理实施市场项目管理，销售拓展经理指导渠道配合计划的开展，大区经理领导执行地区配合计划
⑮	汇总报销费用	产品经理汇总报销费用
⑯	审核	市场总监按权限对费用进行审核
⑰	审核	营销副总按权限对费用进行审核
⑱	费用报销	财务部按经审批的费用报销单进行费用报销，同时与预算加以核对，以将费用控制在预算范围内

33.5　广告媒体活动流程

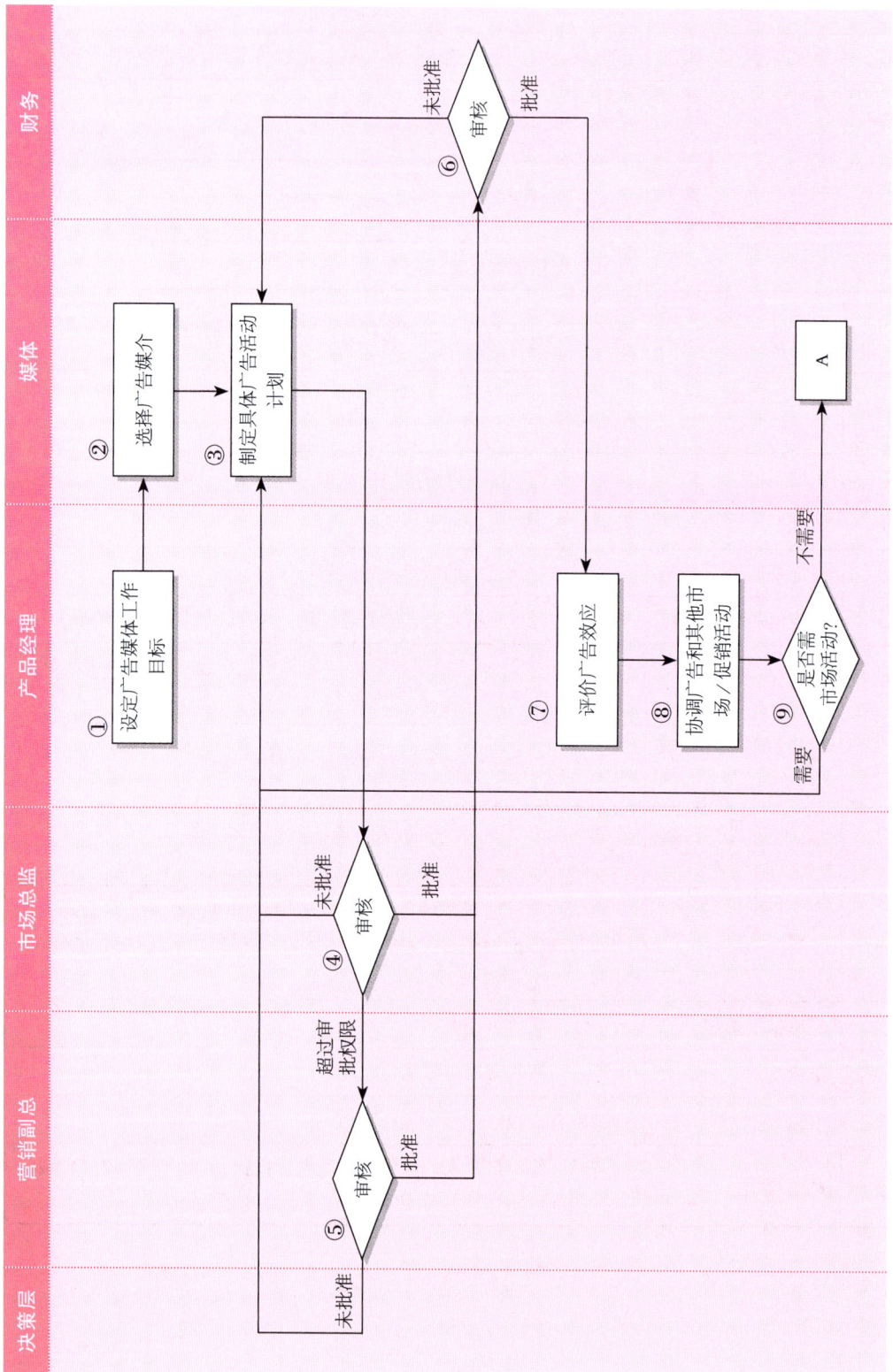

流程图（一）

财务	媒体	产品经理	市场总监	营销副总	决策层

⑥ 审核　未批准　批准

② 选择广告媒介

③ 制定具体广告活动计划

① 设定广告媒体工作目标

⑦ 评价广告效应

⑧ 协调广告和其他市场 / 促销活动

⑨ 是否需要市场活动？　不需要　需要

A

④ 审核　未批准　批准

⑤ 审核　未批准　批准　超过审批权限

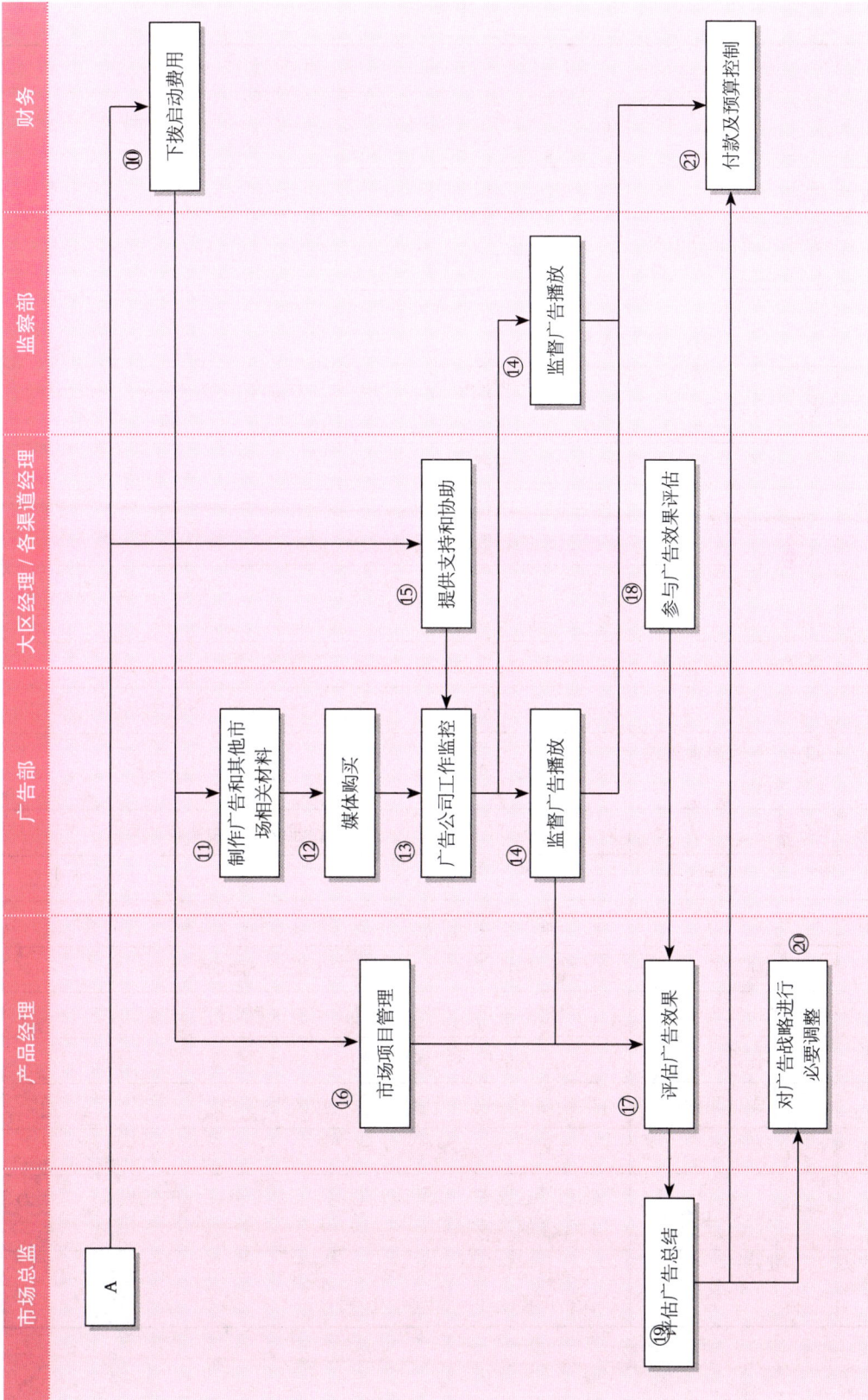

流程图（二）

市场总监	产品经理	广告部	大区经理/各渠道经理	监察部	财务
A					⑩ 下拨启动费用
	⑯ 市场项目管理	⑪ 制作广告和其他市场相关材料	⑮ 提供支持和协助	⑭ 监督广告播放	
		⑫ 媒体购买			
		⑬ 广告公司工作监控			
	⑰ 评估广告效果	⑭ 监督广告播放	⑱ 参与广告效果评估		㉑ 付款及预算控制
	⑳ 对广告战略进行必要调整				
	⑲ 评估广告总结				

流程说明

编码	节点	工作内容的简要描述
①	设定广告媒体工作的目标	产品经理根据年度市场计划和广告媒体工作目标，制定广告媒体工作的目标，并初步细化广告工作计划和目标
②	选择广告媒介	广告媒体部门根据细化的广告工作计划和目标，选择广告媒介
③	制定具体广告活动计划	广告媒体部门制定具体的广告工作计划，并进行详细的费用预算
④	审核	市场总监根据授权范围审核广告工作计划和费用预算，并提出审核意见
⑤	审核	营销副总根据授权范围审核广告工作计划和费用预算，并提出审核意见
⑥	审核	财务部审核预算
⑦	评价广告效应	产品经理在上述工作基础上，评估是否存在潜在的，可以有效配合广告活动的其他市场活动机会（促销、公关等）
⑧	协调广告和其他市场/促销活动	产品经理在广告活动过程中协调广告工作和现有正在运作的市场活动，获得合力效应
⑨	是否需市场 活动	在上述评估的基础上，判断是否需要提出新的市场活动申请
⑩	下拨启动费用	财务部门根据批准后的广告工作计划和预算，下拨启动费用
⑪	制作广告和其他市场相关材料	媒体部门着手制作必需的广告和市场材料
⑫	媒体购买	购买经过选择的媒体（通过中介代理或者直接从媒体采购）
⑬	广告公司工作监控	管理广告公司／广告设计者的工作，对其工作进展和效果进行监督
⑭	监督广告播放	在广告播放过程中，广告部、监察部监督广告播放和其播放效果
⑮	支持和协助	销售部门根据市场部门提出的要求提供必要的支持和协助
⑯	市场项目管理	产品经理对整个广告媒体活动的实施进行项目管理控制
⑰	评估广告效果	产品经理评估广告媒体活动的整体效果并提交工作总结报告
⑱	参与广告效果评估	大区经理及销售人员参与广告投放效果的评估
⑲	评估广告总结	市场总监评价产品经理提交的广告工作总结并提出改进意见
⑳	对广告战略进行调整	根据市场总监的评价和改进意见，分析广告工作的成败得失，作为今后工作的重要指导
㉑	付款及预算控制	在市场总监审核完成的前提下，进行付款，并与预算进行核对，以确保费用控制在预算范围内

33.6 公共关系活动流程

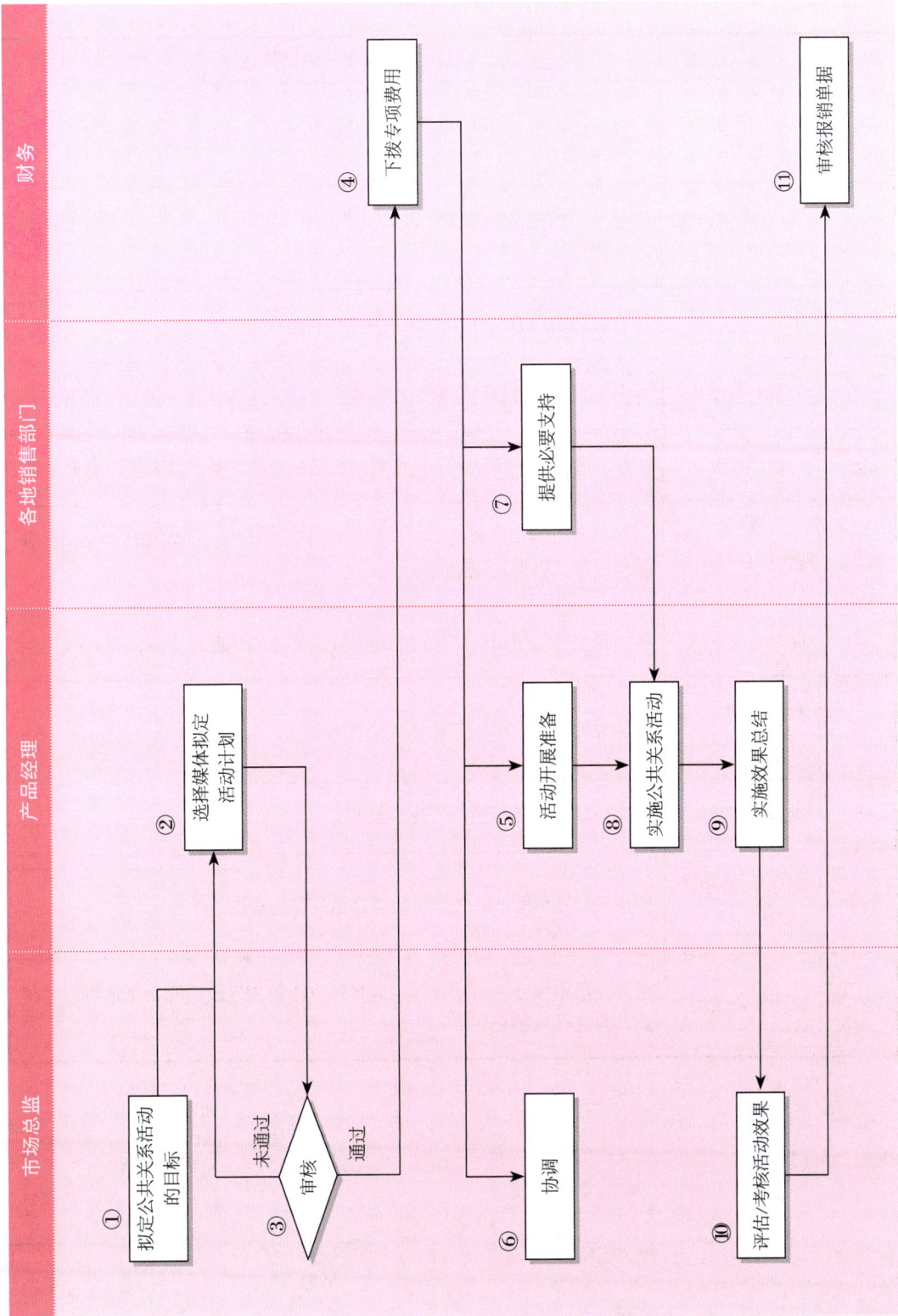

市场总监 | 产品经理 | 各地销售部门 | 财务

① 拟定公共关系活动的目标

② 选择媒体拟定活动计划

③ 审核 — 未通过 / 通过

④ 下拨专项费用

⑤ 活动开展准备

⑥ 协调

⑦ 提供必要支持

⑧ 实施公关关系活动

⑨ 实施效果总结

⑩ 评估/考核活动效果

⑪ 审核报销单据

流程说明

编码	节点	工作内容的简要描述
①	拟定公共关系活动目标	市场总监根据年度的营销目标及营销计划制定公关活动的预期目标
②	选择媒体，拟定活动计划	产品经理根据市场工作计划及预期目标，制定公关工作的具体工作计划和相应预算，并初步选定媒体和宣传语
③	审核	由市场总监对公关活动工作计划及预算进行审核
④	下拨专项费用	财务部门对预算进行审核，根据既定的公关工作计划下拨专项费用
⑤	活动开展准备	着手准备公共宣传活动开展所需要的后勤支持准备，并安排相关人员等
⑥	协调	市场总监协调预期的公关工作能同其他市场工作，如媒体活动及市场促销活动等，以期达成协同作用
⑦	提供必要支持	各地销售部门根据市场部门的要求提供必要的协助，支持公关工作
⑧	实施公共关系活动	产品经理按计划组织实施公共关系活动
⑨	实施效果总结	编写公共关系活动的总结及评估报告
⑩	评估／考核活动效果	由市场总监审阅公共关系活动的总结及评估报告，并备案
⑪	审核报销单据	财务部门审核公关活动过程中的各项支出单据以及实际费用是否超过预算，并进行报销

33.7　招标活动有效性的跟踪流程

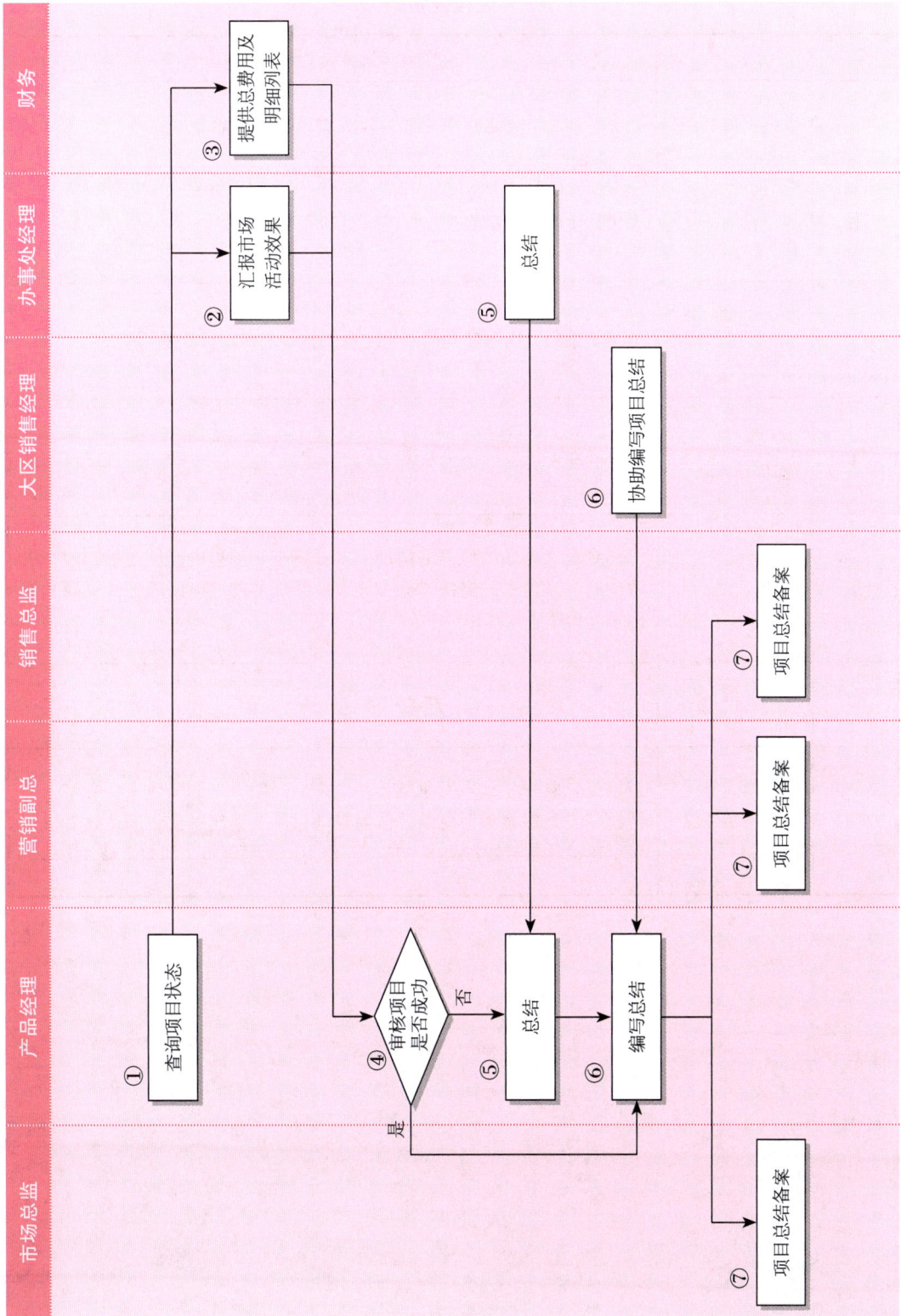

市场总监	产品经理	营销副总	销售总监	大区销售经理	办事处经理	财务
	① 查询项目状态					
	④ 审核项目是否成功				② 汇报市场活动效果	③ 提供总费用及明细列表
	⑤ 总结				⑤ 总结	
	⑥ 编写总结		⑥ 协助编写项目总结			
⑦ 项目总结备案		⑦ 项目总结备案	⑦ 项目总结备案			

流程说明

编码	节点	工作内容的简要描述
①	查询项目状况	产品经理在活动进程中经常查询活动的进展情况
②	汇报市场活动效果	办事处主管向产品经理汇报市场活动开展的效果
③	提供总费用及明细列表	项目结束后，财务部向产品经理提供整个招标项目的费用明细
④	审核项目是否成功	产品经理审核是否成功地获得了招标项目
⑤	总结	产品经理在办事处经理的协助下，分析整个项目的开展过程，分析失败的原因及今后改进的措施；办事处经理协助产品经理分析失败的原因及今后改进的措施
⑥	编写项目总结	产品经理与大区经理一起编写项目总结
⑦	项目总结备案	在市场总监处备案项目总结，作为产品经理将来的绩效考核参考；在营销副总处备案项目总结，作为市场总监及销售总监将来绩效考核参考；在销售总监处备案项目总结，作为大区经理将来绩效考核参考

33.8 区域市场活动有效性的跟踪流程

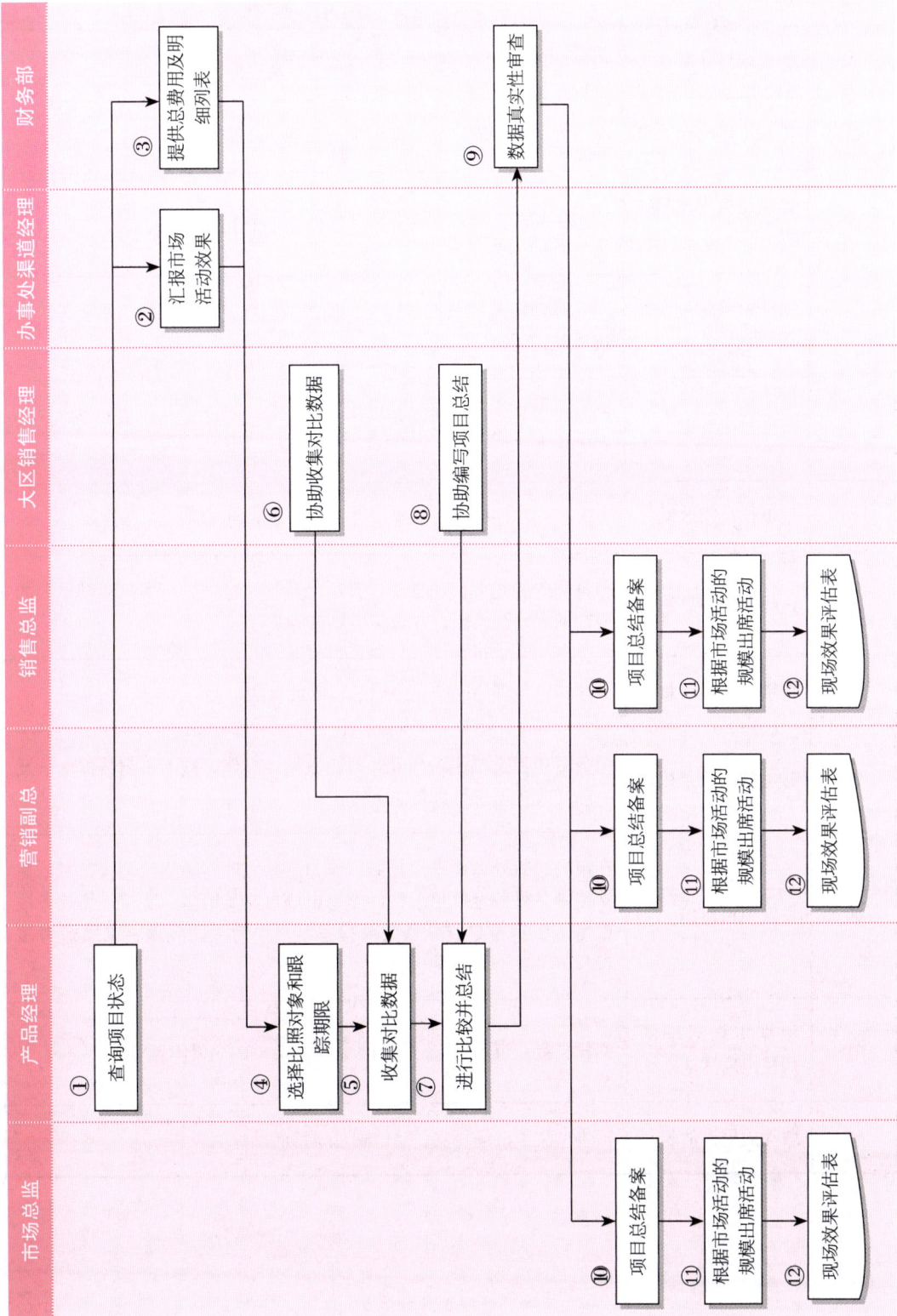

	市场总监	产品经理	营销副总	销售总监	大区销售经理	办事处渠道经理	财务部

流程内容：

① 查询项目状态

② 汇报市场活动效果

③ 提供总费用及明细列表

④ 选择比照对象和跟踪期限

⑤ 收集对比数据

⑥ 协助收集对比数据

⑦ 进行比较并总结

⑧ 协助编写项目总结

⑨ 数据真实性审查

⑩ 项目总结备案

⑪ 根据市场活动的规模出席活动

⑫ 现场效果评估表

流程说明

编码	节点	工作内容的简要描述
①	查询项目状况	产品经理在活动进程中经常查询活动的进展情况
②	汇报市场活动效果	办事处的主管向产品经理汇报市场活动开展的效果
③	提供总费用及明细列表	项目结束后，财务部向产品经理提供整个市场活动的费用明细
④	选择比照对象和跟踪期限	产品经理根据地域接近程度，渠道类似性，消费习惯与水平等因素选择对比区域
⑤	收集对比数据	产品经理在大区经理的协助下，选定对比地区，并收集对比地区的对比数据
⑥	协助惧对比数据	大区销售经理协助产品经理进行对比数据的收集
⑦	进行比较并总结	根据原先设定的对比数据以及活动预期目标，分析实际活动结果的成功或不理想原因，并编写项目总结
⑧	协助编写项目总结	大区销售经理协助产品经理编写项目总结
⑨	数据真实性审核	财务对项目总结中所涉及的对比数据（其他区域的销售数据）以及实际完成数据进行真实性审核
⑩	备案项目总结	在市场总监处备案项目总结，作为产品经理将来绩效考核参考；在营销副总处备案项目总结，作为市场总监及销售总监将来绩效考核参考；在销售总监处备案项目总结，作为大区经理将来绩效考核参考
⑪	根据市场活动的规模出席活动	销售总监、市场总监、营销副总根据活动的规模出席活动
⑫	填写效果评估表	销售总监、市场总监、营销副总填写活动评估表

33.9 跨区域市场活动有效性的跟踪流程

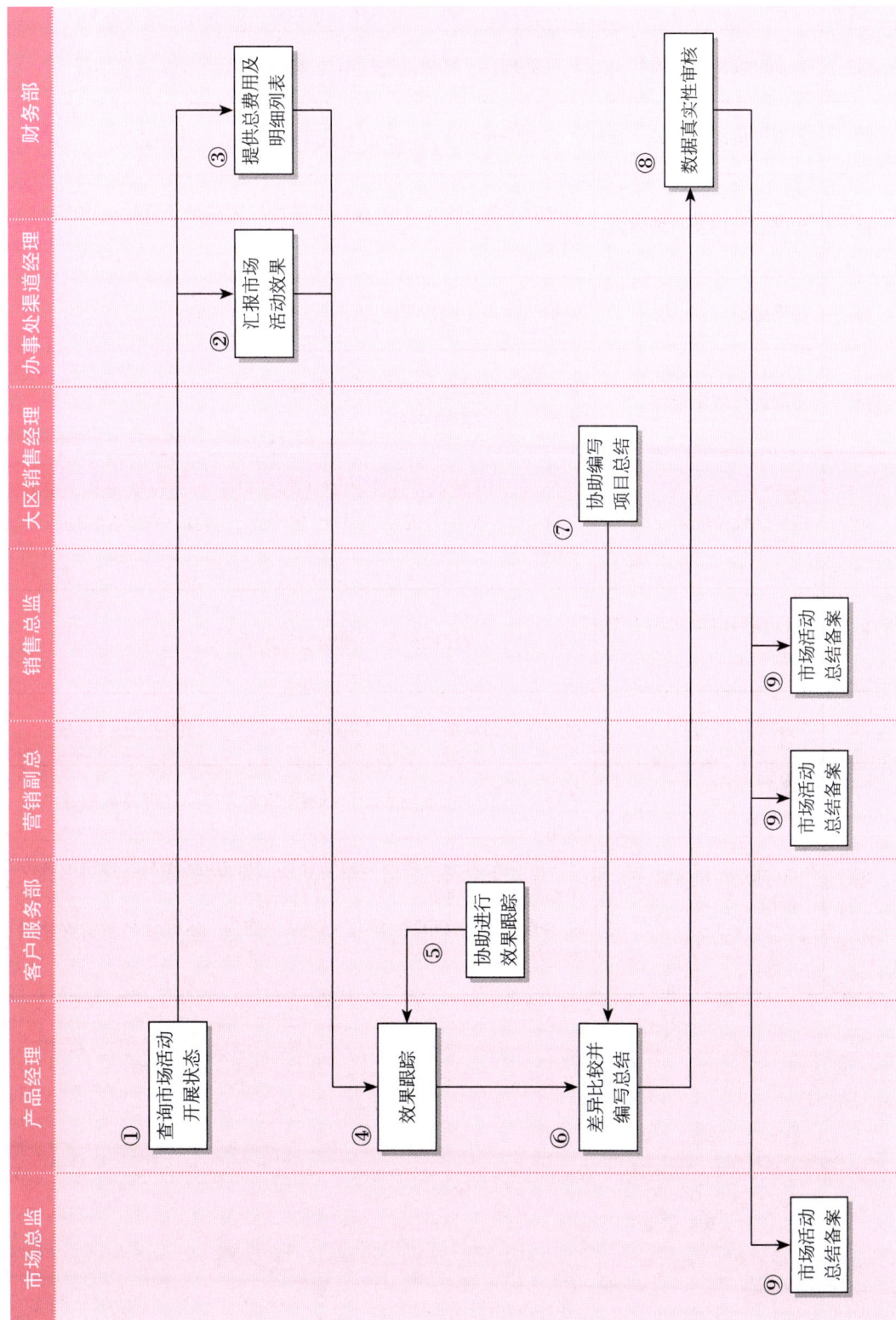

财务部	办事处渠道经理	大区销售经理	销售总监	营销副总	客户服务部	产品经理	市场总监
③ 提供总费用及明细列表	② 汇报市场活动效果	⑦ 协助编写项目总结	⑨ 市场活动总结备案	⑨ 市场活动总结备案	⑤ 协助进行效果跟踪	① 查询市场活动开展状态 ④ 效果跟踪 ⑥ 差异比较并编写总结	⑨ 市场活动总结备案
⑧ 数据真实性审核							

流程说明

编码	节点	工作内容的简要描述
①	查询市场活动开展状况	产品经理在市场活动进程中经常查询市场活动的进展情况
②	汇报市场活动效果	办事处项目的主管向产品经理汇报市场活动开展的效果
③	提供总费用及明细列表	市场活动结束后，财务部向产品经理提供整个市场活动的费用明细
④	效果跟踪	根据原先设定的效果跟踪指标，组织进行调查
⑤	协助进行效果跟踪	客户服务部通过问卷或满意度调查等手段，协助产品经理进行客户效果跟踪指标调查
⑥	差异比较并编写总结	产品经理根据原先设定的对比数据以及活动预期目标，分析实际活动结果的成功或不理想原因，并编写市场活动工作总结
⑦	协助编写市场活动工作总结	大区销售经理协助产品经理编写市场活动工作总结
⑧	数据真实性审核	财务对项目总结中所涉及的实际完成数据的真实性进行审核
⑨	市场活动总结备案	在市场总监处将市场活动总结备案，作为产品经理将来绩效考核参考 在营销副总处将市场活动总结备案，作为市场总监及销售总监将来绩效考核参考 在销售总监出将市场活动总结备案，作为大区经理将来绩效考核参考

33.10　市场费用使用控制流程

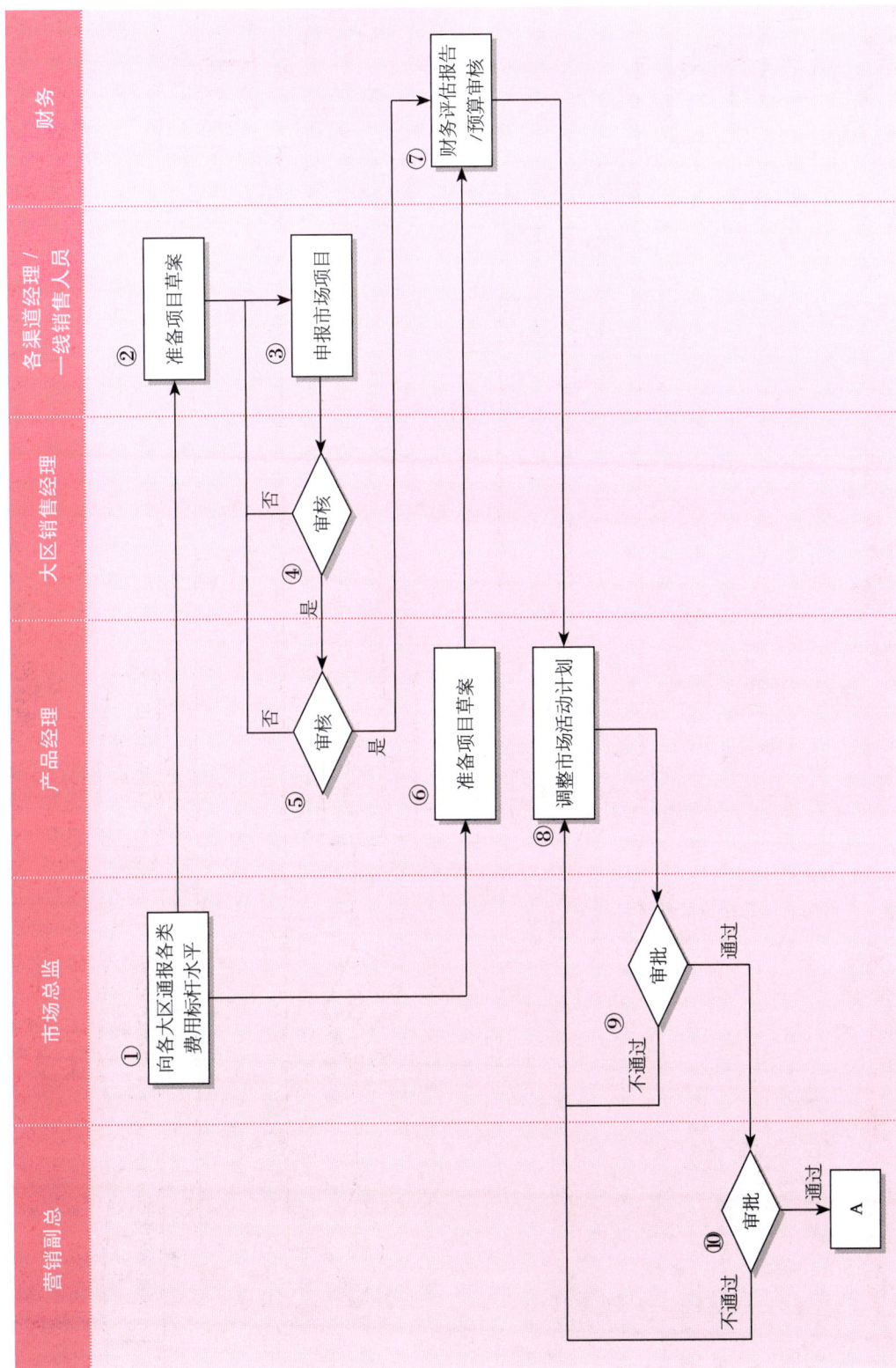

营销副总	市场总监	产品经理	大区销售经理	各渠道经理 / 一线销售人员	财务
	① 向各大区通报各类费用标杆水平			② 准备项目草案	
			④ 审核	③ 申报市场项目	
		⑤ 审核			
		⑥ 准备项目草案			⑦ 财务评估报告 / 预算审核
		⑧ 调整市场活动计划			
	⑨ 审批				
⑩ 审批　通过 → A					

否　是　是　否　通过　不通过　不通过

流程图（一）

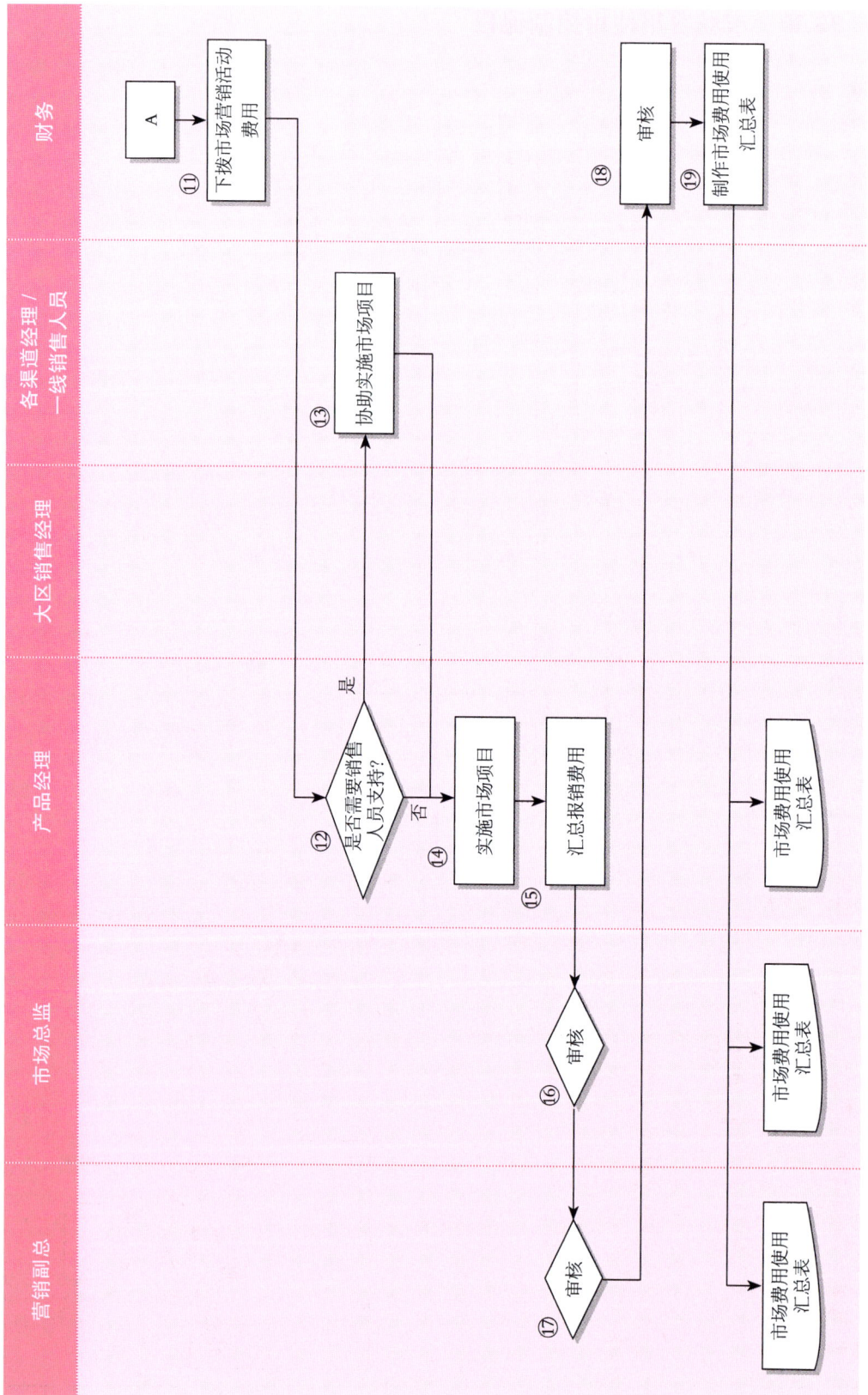

营销副总	市场总监	产品经理	大区销售经理	各渠道经理／一线销售人员	财务

⑪ 下拨市场营销活动费用

⑱ 审核

⑲ 制作市场费用使用汇总表

⑬ 协助实施市场项目

⑫ 是否需要销售人员支持？ 是／否

⑭ 实施市场项目

⑮ 汇总报销费用

⑯ 审核

⑰ 审核

市场费用使用汇总表

市场费用使用汇总表

市场费用使用汇总表

流程图（二）

流程说明

编码	节点	工作内容的简要描述
①	向各大区通报各类费用杠杆水平	市场总监负责将公司拟定的各种不同类型的市场营销活动的标杆数据通报各个销售大区，作为营销活动的费用审批标准
②	准备项目草案	一线销售人员负责拟定区域性的市场营销活动草案和预期效果
③	申报市场项目	销售人员负责将拟定的区域性市场运作计划提交给本大区销售经理进行审批
④	审核	大区经理对下属销售人员提交的区域性市场营销活动计划进行审核
⑤	审核	产品经理根据标杆费用水平对营销活动计划进行审核，对超标草案根据实际情况提出审核意见
⑥	准备项目草案	产品经理根据事先制定的年度市场营销工作计划和市场总监的工作安排，着手准备全国性的市场营销活动草案（含预算）和预期效果
⑦	财务评估报告／预算审核	财务部门根据产品经理提交的经过审批的区域性／全国性市场活动费用申请，作财务评估与预算审核
⑧	调整市场活动计划	产品经理根据财务评估结果及市场总监／营销副总的意见，对市场计划进行调整
⑨	审批	市场总监、营销副总根据权限进行审批
⑩	审批	营销副总根据权限进行审批
⑪	下拨市场营销活动费用	财务部下拨市场营销活动费用
⑫	是否需要销售人员支持	产品经理判断是否需要销售人员支持
⑬	协助实施市场项目	各大区销售人员协助实施市场项目
⑭	实施市场项目	产品经理领导实施市场项目
⑮	汇总报销费用	产品经理汇总报销费用
⑯	审核	市场总监根据权限审核市场费用
⑰	审核	营销副总根据权限审核市场费用
⑱	审核	财务部审核费用是否超过预算
⑲	制作市场费用使用汇总表	财务部制作市场费用使用汇总表，并呈报给营销副总、市场总监及相应产品经理

33.11 年度销售目标、营销计划和预算编制的制定流程

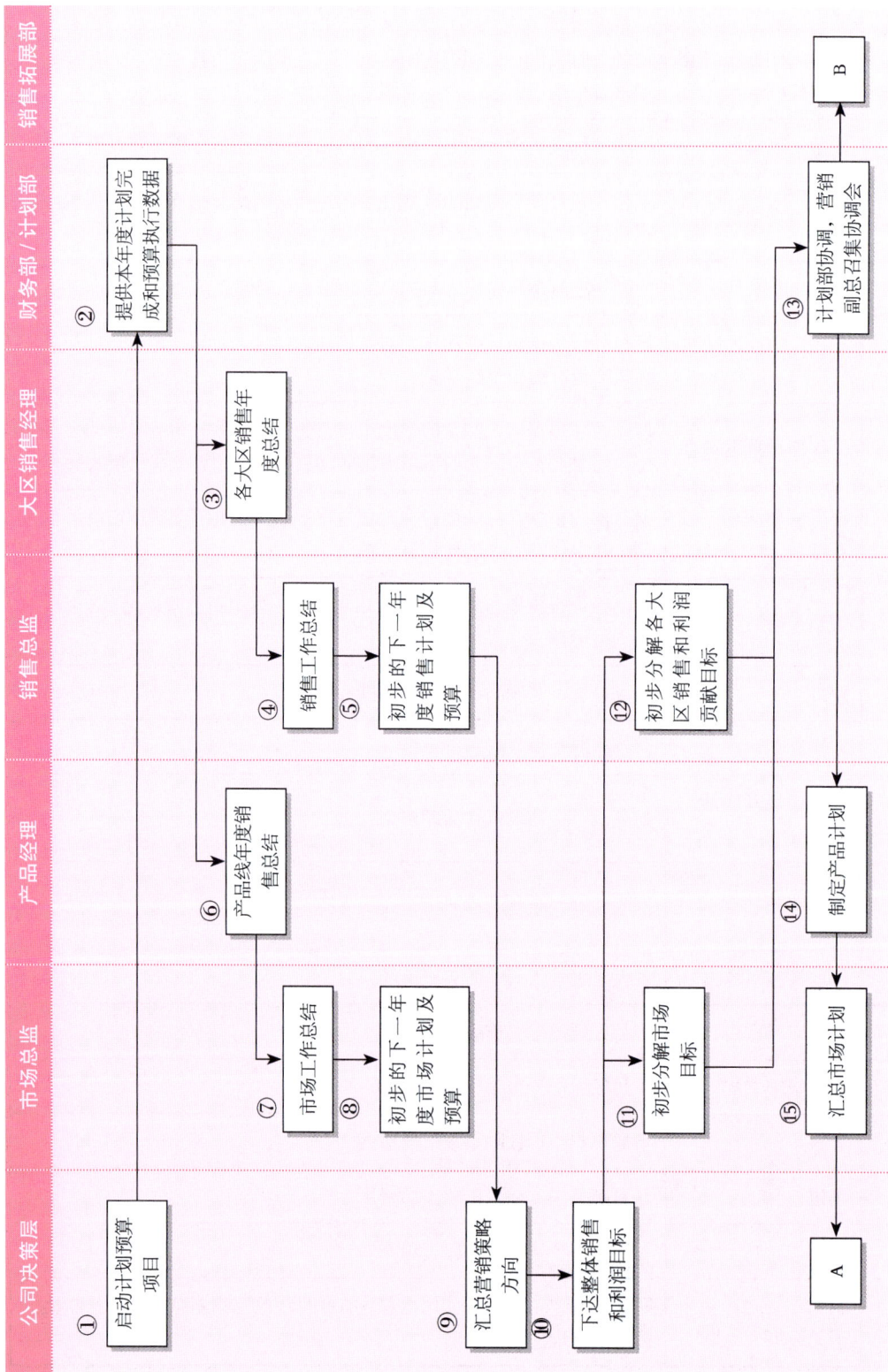

销售拓展部	财务部/计划部	大区销售经理	销售总监	产品经理	市场总监	公司决策层
B	② 提供本年度计划完成和预算执行数据	③ 各大区销售年度总结	④ 销售工作总结　⑤ 初步的下一年度销售计划及预算	⑥ 产品线年度销售总结	⑦ 市场工作总结　⑧ 初步的下一年度市场计划及预算	① 启动计划预算项目
	⑬ 计划部协调，营销副总召集协调会		⑫ 初步分解各大区销售和利润贡献目标	⑭ 制定产品计划	⑪ 初步分解市场目标　⑮ 汇总市场计划	⑨ 汇总营销策略方向　⑩ 下达整体销售和利润目标　A

流程图（一）

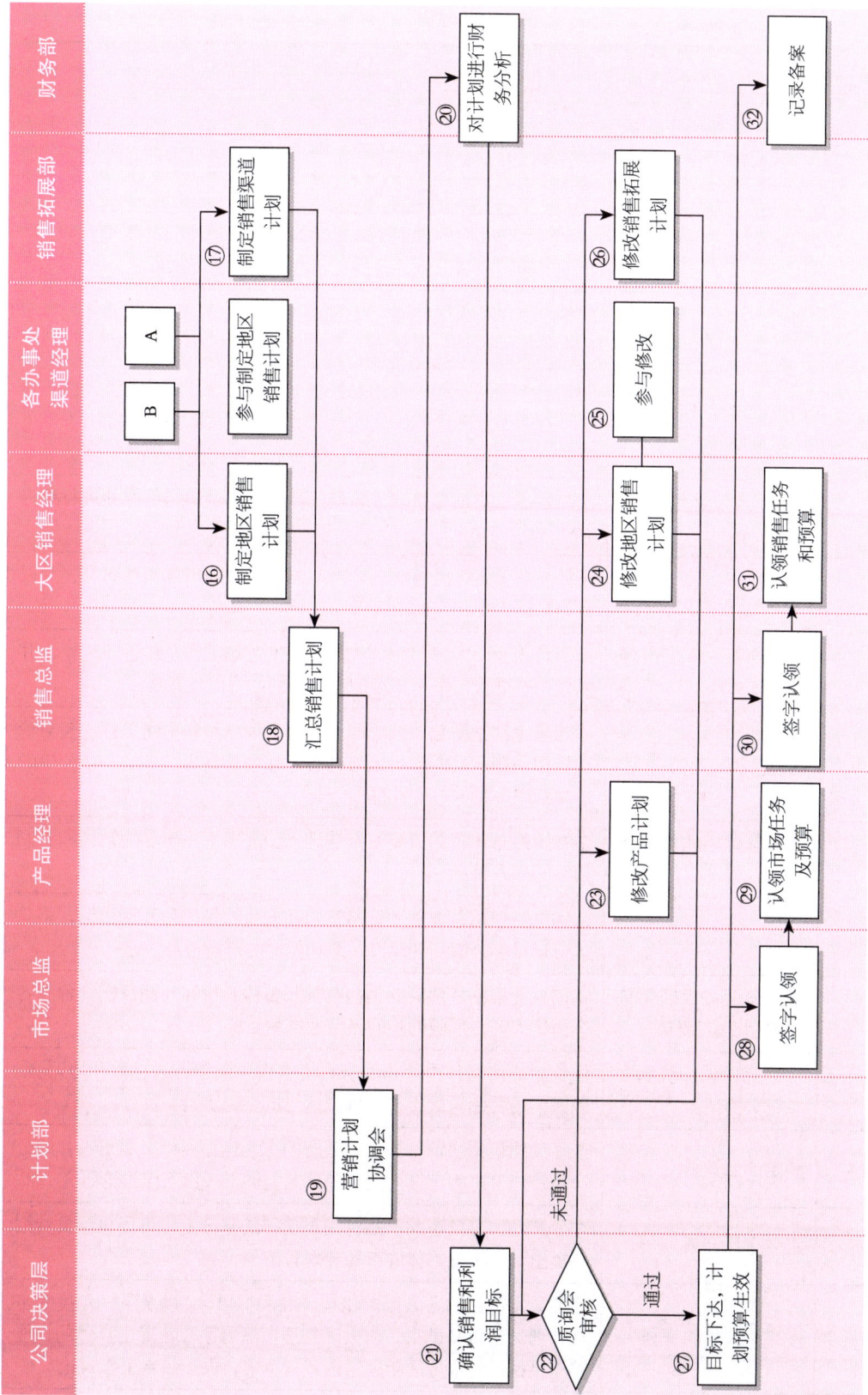

流程图（二）

流程说明

编码	节点	工作内容的简要描述
①	启动计划预算项目	决策层正式启动年度营销计划和预算编制工作
②	提供本年度计划完成和预算执行数据	财务部以及计划负责向销售及市场等部门提供本年度的销售计划完成情况和预算的执行情况等
③	各大区销售年度总结	各大区经理负责整理汇总本地区的年度销售情况，并预测最后一个季度的销售情况。并且提交年度的销售情况总结
④	销售工作总结	销售总监将各大区经理提交的区域销售总结汇总，在此基础上完成本年度的销售工作总结
⑤	初步的下一年度销售计划及预算	销售总监会同本部门相关人员在本年度销售总结基础上，综合经济、行业等宏观影响因素以及渠道拓展等实际情况，提出下一年度的初步的销售量和预算等，作为下一步工作的基础
⑥	产品线年度销售总结	产品经理负责汇总整理分渠道分产品的年度销售情况并进行相应总结分析
⑦	市场工作总结	市场总监负责汇总整理各个产品经理提交的年度销售总结，并以此为基础提交年度的市场工作总结
⑧	初步的下一年度市场计划及预算	市场总监会同本部门相关人员就年度市场工作总结进行讨论，并以此为基础拟定下一年度的市场计划的方向性草案
⑨	汇总营销策略方向	决策层（营销副总＼总经理）会同市场总监和销售总监一起讨论市场和销售方面的初步策略构想，并将其整合，形成一个初步的总体营销策略的方向性草案
⑩	下达整体销售和利润目标	在初步的总体营销策略方案基础上，提出下一年度的销售和利润情况的基本目标
⑪	初步分解市场目标	市场总监根据总体营销策略方向和初步的销售和利润目标，将总体市场目标分解到各个产品线和渠道的市场目标
⑫	初步分解各大区销售和利润贡献目标	销售总监根据各地区的销售情况和整体销售和利润目标分解到各个销售大区，形成初步的区域性销售目标
⑬	计划部协调，营销副总召集协调会	由计划部协调，由营销副总召集销售总监与市场总监开协调会，确保市场目标与重点和销售目标与重点的协调一致
⑭	制定产品计划	产品经理根据协调平衡后的分解的市场运作目标，提出具体的分产品、分渠道的年度产品计划草案，供下一步工作讨论研究
⑮	汇总市场计划	在分产品、分渠道的产品计划讨论稿的基础上，市场总监负责汇总提出下一年度整体的市场计划讨论稿
⑯	制定地区销售计划	在协调平衡后的各大区的销售（利润）目标，以及下一年度的市场计划讨论稿基础上，由大区经理负责着手准备提出具体的，能够满足目标的本地区年度销售计划草案，供下一步工作讨论

（续表）

编码	节点	工作内容的简要描述
⑰	制定销售渠道计划	在协调平衡后的各大区的销售（利润）目标，以及下一年度的市场计划讨论稿基础上，协同大区经理着手拟定针对性的，包括新客户的开发和原有客户的保持在内的客户规划
⑱	汇总销售计划	销售总监负责将各销售大区提出的本地区销售计划草案以及销售拓展部的渠道发展规划草案进行汇总，并在此基础上拟定下一年度的销售计划讨论稿
⑲	营销计划协调会	市场总监和销售总监在计划部牵头的营销计划协调会上就双方的计划讨论稿进行初步讨论并达成一致
⑳	对计划进行财务分析	财务部门按照市场和销售部门提出的市场计划和销售计划讨论稿，对其利润、费用等情况从财务角度进行分析
㉑	确认销售和利润目标	决策层在市场、销售和财务部门提出的相应计划和分析报告的基础上，对经过讨论的市场和销售目标进行再次确认
㉒	质询会审核	决策层召开由市场、销售、生产以及财务等相关部门参与的年度营销计划和预算编制质询会，对上述计划的讨论稿进行深入讨论
㉓	修改产品计划	产品经理根据计划质询会上提出的意见，对相应的产品计划讨论稿进行必要修订
㉔	修改地区销售计划	大区经理根据计划质询会上提出的反馈意见对本地区的销售计划讨论稿进行必要修订
㉕	参与修改	各渠道经理协助大区销售经理完成对本地区销售计划讨论稿的修订工作
㉖	修改销售拓展计划	销售拓展部根据质询会提出的反馈意见，对销售拓展计划草案进行必要修订
㉗	目标下达，计划预算生效	公司决策层正式批准经过充分讨论的销售（市场）目标，计划和相应预算。这些计划已经成为正式的计划
㉘	签字认领	市场总监从决策层认领同本部门业务相关的市场活动计划及相应预算
㉙	认领市场任务及预算	产品经理从市场总监处认领所负责分渠道／分产品的市场活动计划和相应预算
㉚	签字认领	销售总监从决策层认领同销售业务相关的销售计划和相应预算
㉛	认领销售任务和预算	各大区销售经理从销售总监处认领同所负责销售大区相关的销售目标，销售计划和相应预算
㉜	记录备案	财务部门负责将上述市场销售计划和相应预算归档保存，作为年末进行相应考核的基础

33.12　营销目标和预算编制调整流程

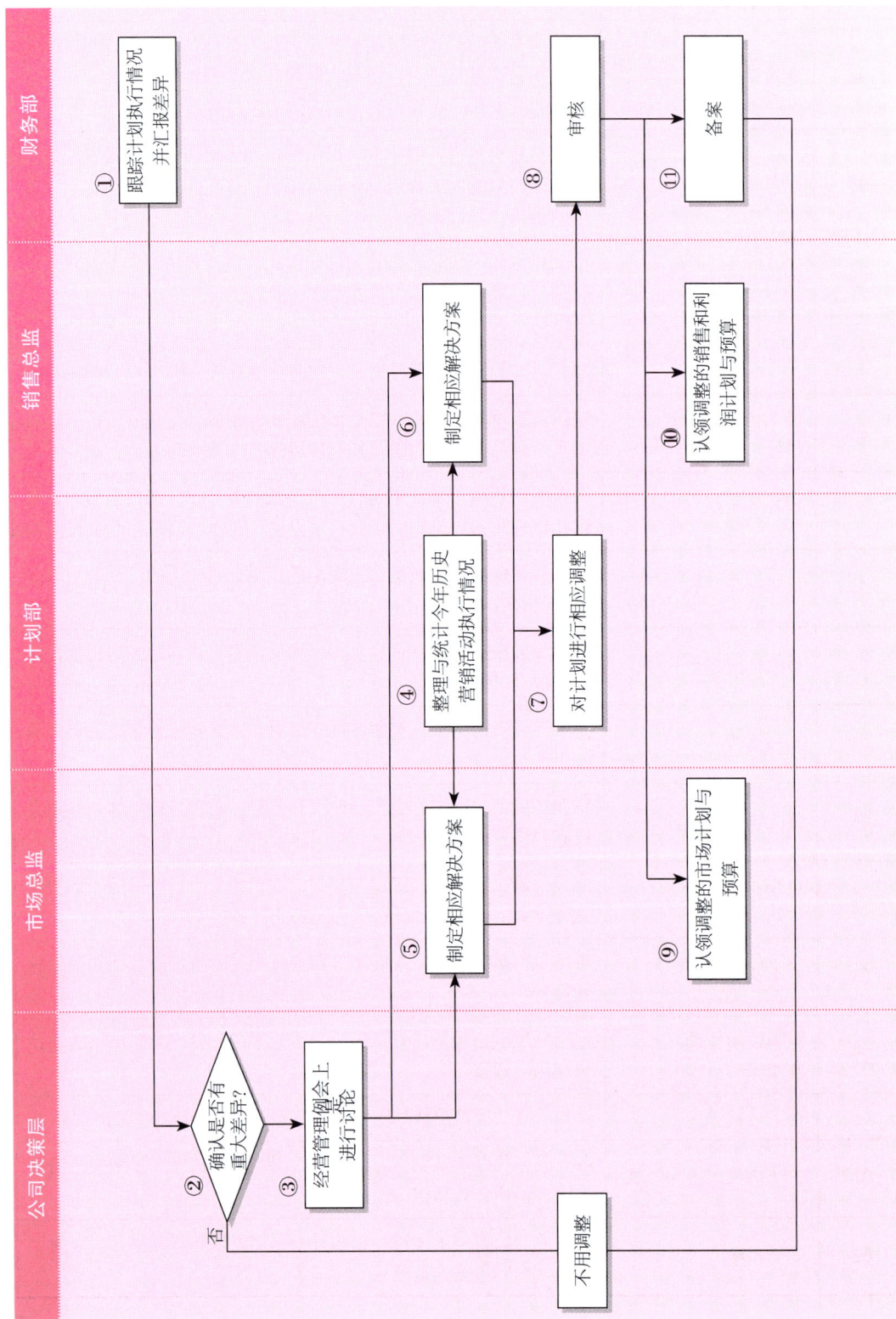

财务部	① 跟踪计划执行情况并汇报差异	⑧ 审核	⑪ 备案
销售总监		⑥ 制定相应解决方案	⑩ 认领调整的销售和利润计划与预算
计划部		④ 整理与统计今年历史营销活动执行情况　⑦ 对计划进行相应调整	
市场总监		⑤ 制定相应解决方案	⑨ 认领调整的市场计划与预算
公司决策层	② 确认是否有重大差异？　③ 经营管理例会上进行讨论	不用调整	

流程说明

编码	节点	工作内容的简要描述
①	跟踪计划执行情况并汇报差异	财务部门提交对市场和销售费用的财务跟踪报告，同预算计划进行比较，并对存在的差异进行分析
②	确认是否有重大差异	在经营管理例会上，财务把费用和预算达成情况的财务分析报告递交给决策层，如果没有特别重大的差异，一般不对计划进行修改
③	经营管理例会上进行讨论	如果方向重大差异，对上述报告进行讨论，查找导致原因，重新确定新的目标与预算
④	整理与统计今年历史营销活动执行情况	计划部对今年历史的销售及市场活动进行统计与整理
⑤	制定相应解决方案	市场总监根据经营管理例会的讨论结果与市场活动统计，制定相应调整方案，并交由计划部进行协调与调整
⑥	制定相应解决方案	销售总监根据经营管理例会的讨论结果与销售活动统计，制定相应调整方案，并交由计划部进行协调与调整
⑦	对计划进行相应调整	计划部对市场与销售的月度计划及相应预算进行调整，并交由财务部进行审核
⑧	审核	财务部根据经营例会讨论结果进行审核调整的计划与预算
⑨	认领调整的市场计划与预算	市场总监认领调整的市场计划与预算
⑩	认领调整的销售和利润计划与预算	销售总监认领调整的销售计划与预算
⑪	备案	财务部对计划与预算调整进行备案

33.13　月度销售计划制定流程

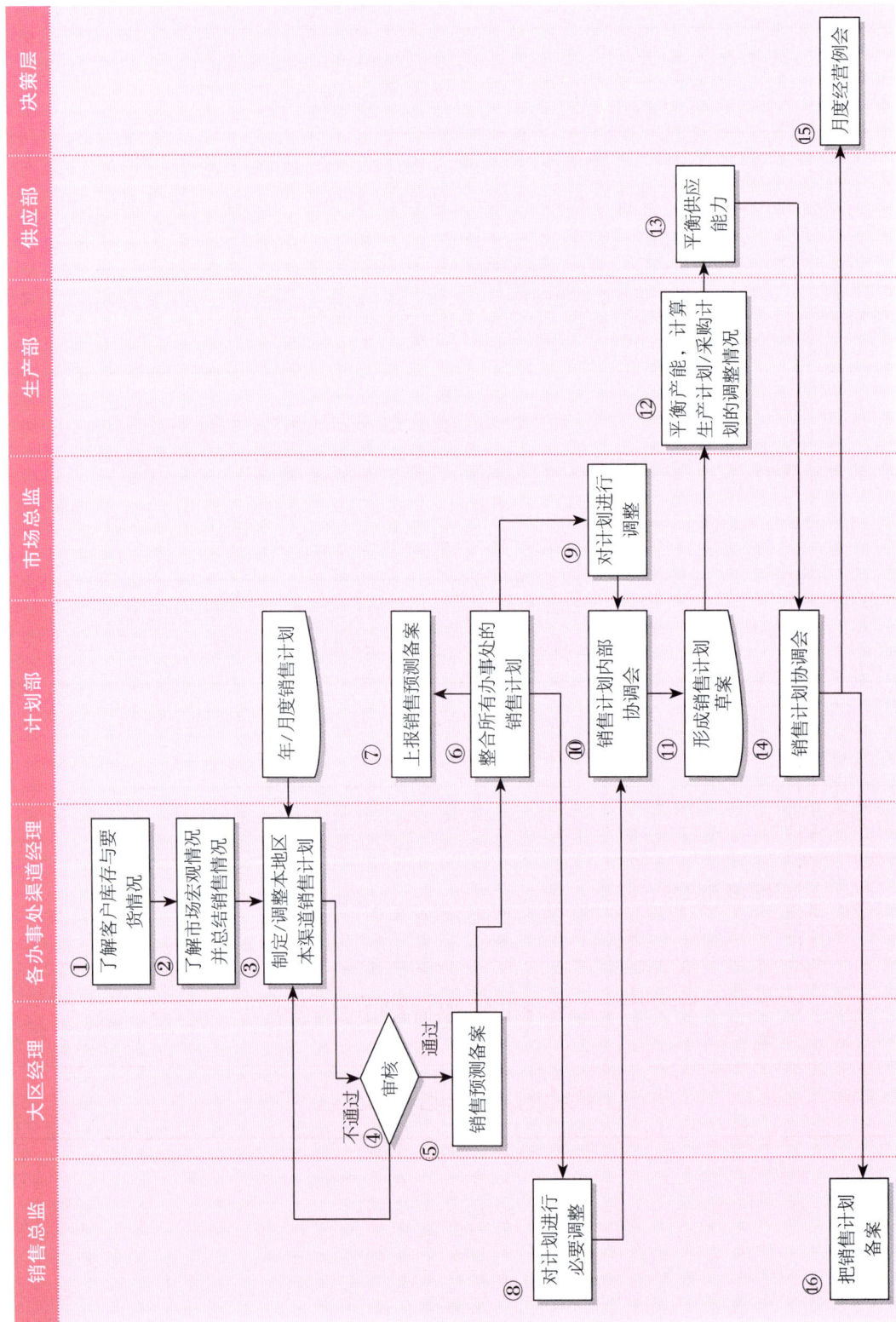

流程图（从上到下部门分层）：

决策层 → 供应部 → 生产部 → 市场总监 → 计划部 → 各办事处渠道经理 → 大区经理 → 销售总监

各步骤：

① 了解客户库存与要货情况
② 了解市场宏观情况并总结销售情况
③ 制定/调整本渠道本地区销售计划
④ 审核（不通过/通过）
⑤ 销售预测备案
⑥ 整合所有办事处的销售计划
⑦ 上报销售预测备案
年/月度销售计划
⑧ 对计划进行必要调整
⑨ 对计划进行调整
⑩ 销售计划内部协调会
⑪ 形成销售计划草案
⑫ 平衡产能，计算生产计划/采购计划的调整情况
⑬ 平衡供应能力
⑭ 销售计划协调会
⑮ 月度经营例会
⑯ 把销售计划备案

流程说明

编码	节点	工作内容的简要描述
①	了解客户库存与要货情况	当地办事处人员与客户进行充分沟通，及时掌握客户库存情况及要货计划
②	了解市场宏观情况并总结销售情况	各办事处渠道经理了解当地市场宏观情况，并总结历史销售情况
③	制定／调整本地区本渠道销售计划	以年度销售计划及上个月制定的月销售计划为基准，根据本地区前一阶段的销售情况，对下一阶段的销售进行初步调整，销售计划底制定是隔月的滚动销售计划，例如，2 月底，制定的是 4、5、6 月的销售计划
④	审核	大区经理负责初步审核辖区内各个办事处的销售情况和下一阶段的销售预测
⑤	销售预测备案	大区经理把各渠道经理做的销售预测备案，作为将来对其进行考核的依据
⑥	整合所有办事处的销售计划	计划部将所有地区上报的销售预测汇总整合为初步的月度销售计划，并将其递交给销售总监和市场营销部门
⑦	上报销售预测备案	计划部门把各个大区经理上报的销售预测备案，作为将来对大区经理的考核依据
⑧	对计划进行必要调整	销售总监根据渠道促销计划、竞争对手行动和其他特殊活动因素进行合理的调整
⑨	对计划进行调整	市场总监会同产品经理，参考市场营销方面的调整因素，如新产品推出、价格调整、消费者促销等，对销售计划调整提出调整意见
⑩	销售计划内部协调会	计划部门召集内部协调会，综合来自销售总监和市场营销部门的意见并进行深入讨论，同这两方就销售达成初步一致意见
⑪	形成销售计划草案	在上述工作基础上，由计划部负责形成初步的月度销售计划调整草案
⑫	平衡产能，计算生产计划／采购计划的调整情况	生产部门根据成品库存，目前的生产计划和生产能力等内部约束条件审阅销售计划草案，同时分析对采购计划的调整因素
⑬	平衡供应能力	供应部分析采购计划的改变及供应商的供货能力
⑭	销售计划协调会	计划部召集销售、生产、供应部门的销售计划协调会，对销售计划草案进行必要的微调
⑮	月度经营例会	决策层在月度管理层经营例会上正式批准销售计划并下达到各相关部门（大区经理，办事处，市场部，生产，财务，储运等）
⑯	把销售计划备案	营销总监对销售计划进行备案，作为将来对计划部的考核依据

33.14　新分销商的选择与评估流程

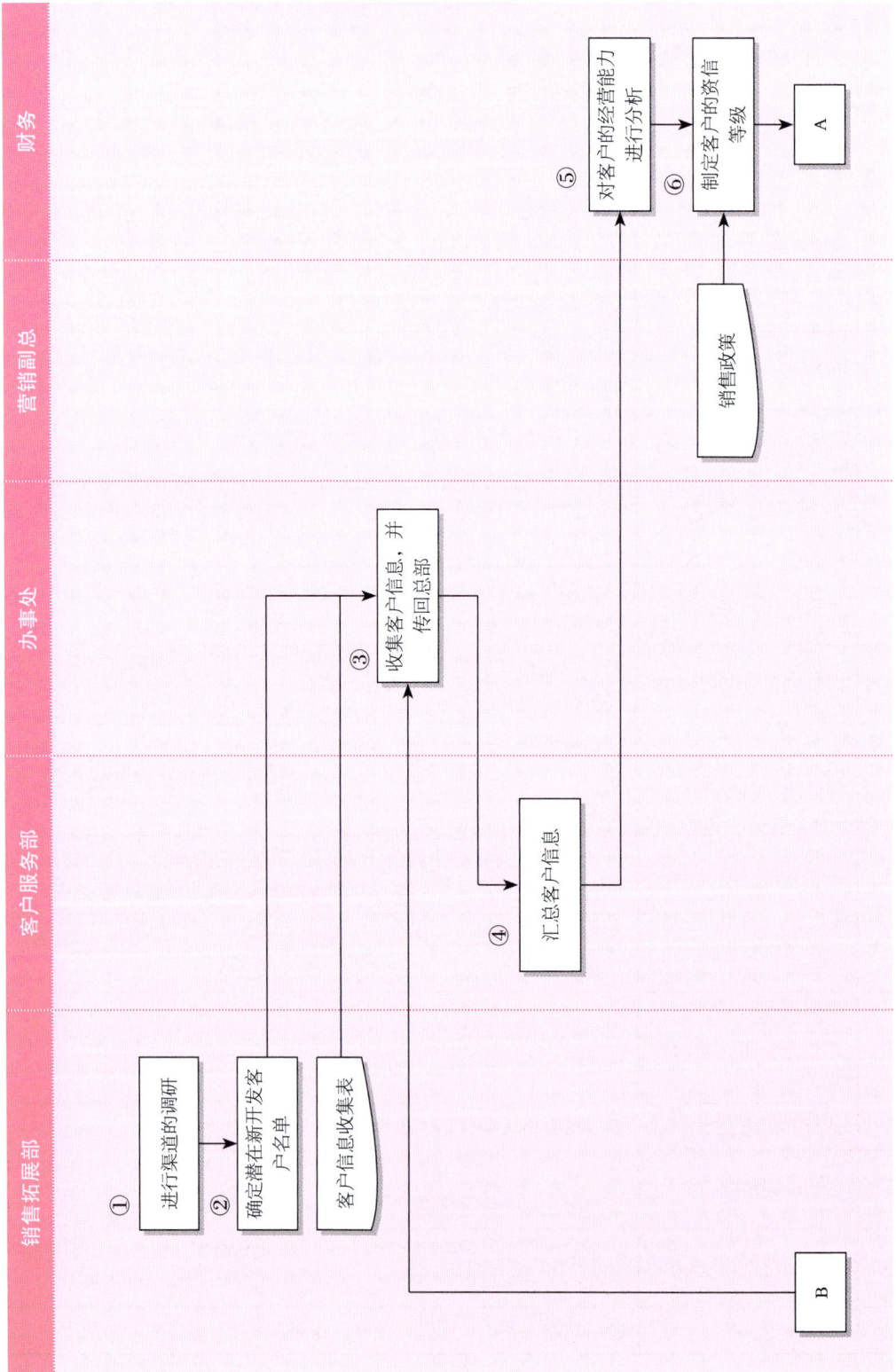

销售拓展部	客户服务部	办事处	营销副总	财务
① 进行渠道的调研				
② 确定潜在新开发客户名单			⑤ 对客户的经营能力进行分析	
客户信息收集表	④ 汇总客户信息	③ 收集客户信息，并传回总部	销售政策	⑥ 制定客户的资信等级
B				A

流程图（一）

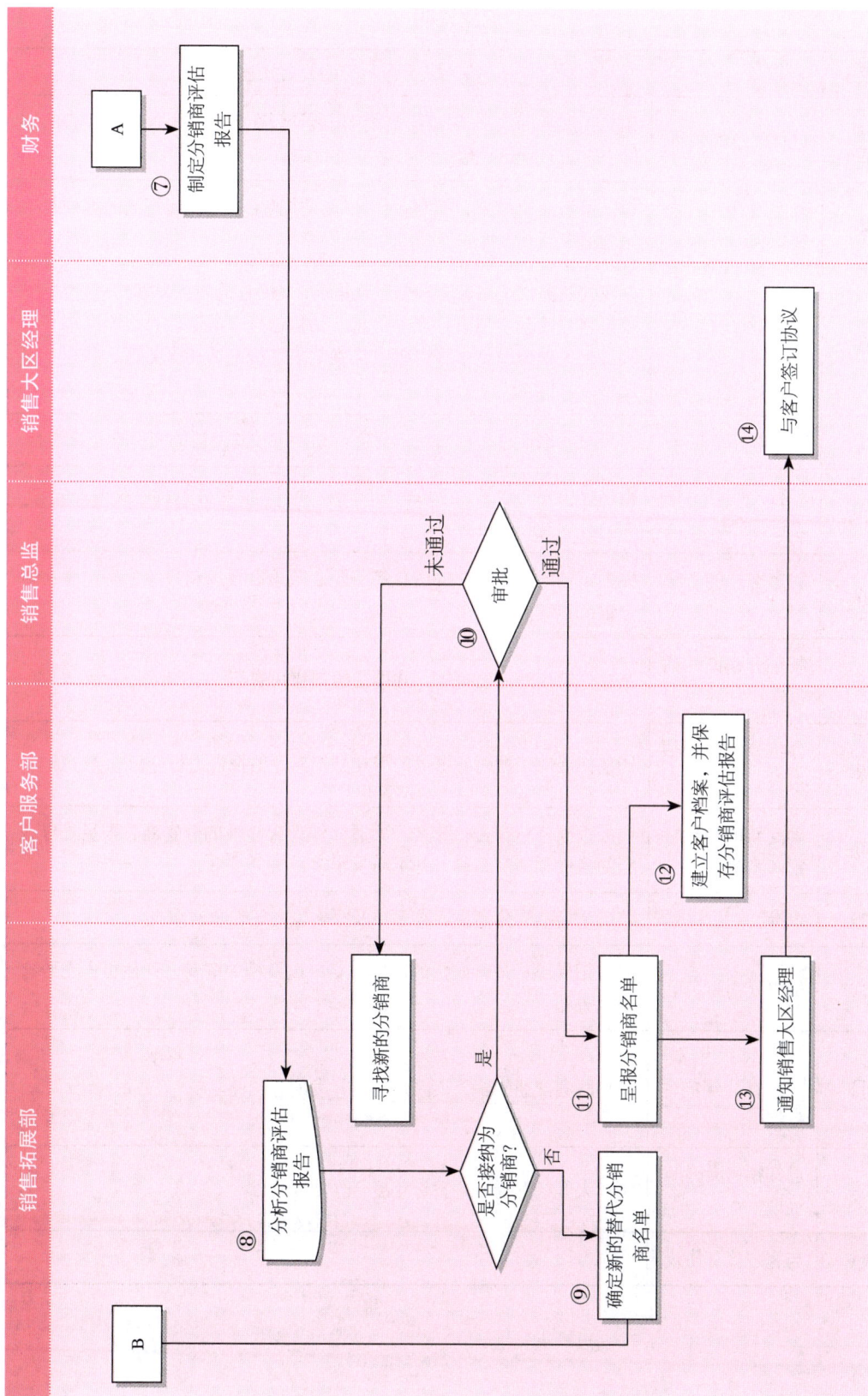

销售拓展部	客户服务部	销售总监	销售大区经理	财务

⑦ 制定分销商评估报告

A

⑧ 分析分销商评估报告

寻找新的分销商

⑨ 确定新的替代分销商名单

是否接纳为分销商？　是／否

⑩ 审批　未通过／通过

⑪ 呈报分销商名单

⑫ 建立客户档案，并保存分销商评估报告

⑬ 通知销售大区经理

⑭ 与客户签订协议

B

流程图（二）

流程说明

编码	节点	工作内容的简要描述
①	进行渠道的调研	销售拓展部的人员依据年度销售拓展计划在各个办事处商务代表的协助下，进行渠道调研，并与客户进行接触，了解其合作意愿
②	确定潜在新开发客户名单	根据渠道调研结果，把有合作意愿，并满足渠道发展规划的客户初步定为潜在新开发客户
③	收集客户信息，并传回总部	办事处商务代表拿着客户信息收集表，对潜在的新开发客户进行拜访，收集客户的基本信息，产品信息，销售信息，渠道信息，库存水平以及其相关执照及证书等，把收集到的信息传至客户服务部，并在办事处留存一份
④	汇总客户信息	客户服务部汇总客户信息，并进行初步审核其资料的齐全性及真实性
⑤	对客户的经营能力进行分析	根据收集到的信息，对其销售网络网点分布，财务状况以及渠道经验，人员等经营能力进行分析
⑥	制定客户的资信等级	根据销售政策中制定的资信等级配套政策以及返利政策，确定潜在新分销商的资信等级
⑦	制定分销商评估报告	制定分销商的评估报告，并提交给销售拓展部
⑧	分析分销商评估报告	销售拓展部根据财务提供的潜在分销商评估报告进行分析
⑨	确定新的替代分销商名单	如果根据分析报告，该客户不适合作为 A 企业的分销商，则另外寻找新的替代分销商名单，并重新收集客户信息及评估
⑩	审批	若确定接纳为分销商，将名单及报告呈交销售总监审批
⑪	呈报分销商名单	销售拓展部将最终确定的新客户名单以及相关资料，评估报告交给客户服务部
⑫	建立客户档案，并保存分销商评估报告	客户服务部通知销售大区经理新开发的分销商名单
⑬	通知销售大区经理	销售大区经理与客户签订年度合作协议
⑭	与客户签订协议	

33.15　年度分销商维护流程

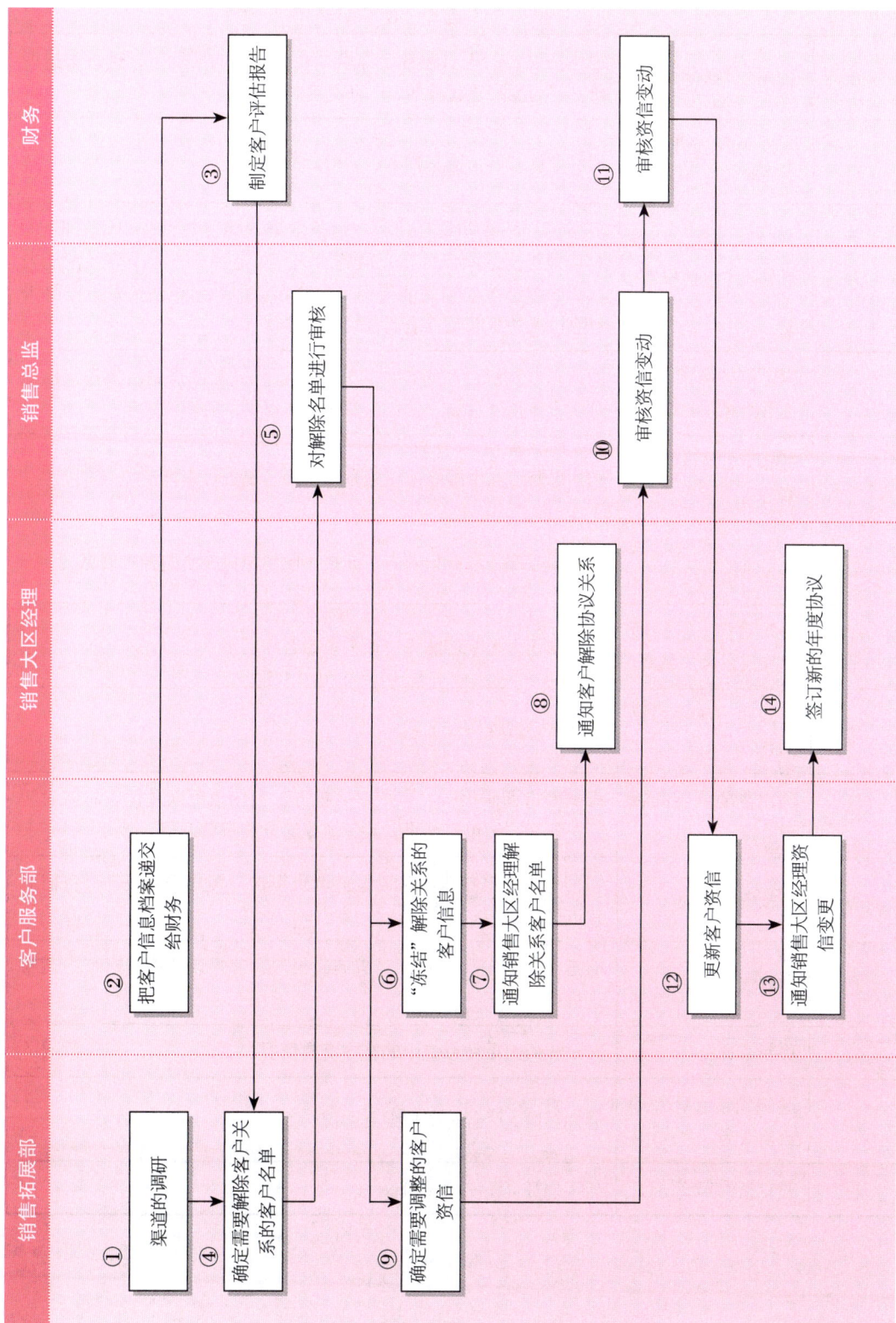

销售拓展部	客户服务部	销售大区经理	销售总监	财务
① 渠道的调研	② 把客户信息档案递交给财务			③ 制定客户评估报告
④ 确定需要解除客户关系的客户名单			⑤ 对解除名单进行审核	
	⑥ "冻结"解除关系的客户信息	⑧ 通知客户解除协议关系		
	⑦ 通知销售大区经理解除关系客户名单			
⑨ 确定需要调整的客户资信	⑫ 更新客户资信		⑩ 审核资信变动	⑪ 审核资信变动
	⑬ 通知销售大区经理资信变更	⑭ 签订新的年度协议		

流程说明

编码	节点	工作内容的简要描述
①	渠道的调研	销售拓展部的人员在各个办事处业务人员的协助下，进行渠道调研，并与客户进行接触，了解其合作意愿
②	把客户信息档案递交给财务	把整理过的客户信息档案递交给财务部
③	制定客户评估报告	根据客户档案以及客户历史财务数据，整理做出客户评估报告，对其销售网络网点分布，财务状况，渠道经验，人员等经营能力以及回款情况，销售情况等历史合作情况做出评估，并做出是否解除协议关系以及资信调整的初步建议
④	确定需要解除客户关系的客户名单	销售拓展部综合财务部的客户评估报告以及渠道调研报告，根据年度销售拓展计划，确定需要解除协议关系的客户名单
⑤	对解除名单进行审核	销售总监对需要解除协议关系的客户名单进行审核
⑥	"冻结"解除关系的客户信息	客户服务部在系统记录中"冻结"取消协议关系的客户信息
⑦	通知销售大区经理解除关系客户名单	通知销售大区经理解除协议关系的客户名单
⑧	通知客户解除协议关系	通知客户解除协议关系
⑨	确定需要调整的客户资信	根据渠道调研报告，客户评估报告，销售政策以及销售总监对解除协议客户的审核结果，确定协议客户的资信调整
⑩	审核资信变动	销售总监依据销售政策，渠道调研报告，客户评估报告对资信调整进行审核
⑪	审核资信变动	财务部依据销售政策，渠道调研报告，客户评估报告对资信调整进行审核
⑫	更新客户资信	客户服务部更新系统中的客户资信情况
⑬	通知销售大区经理资信变更	通知销售大区经理资信变更情况
⑭	签订新的年度协议	与客户签订新的年度协议

33.16　产品销售控制流程

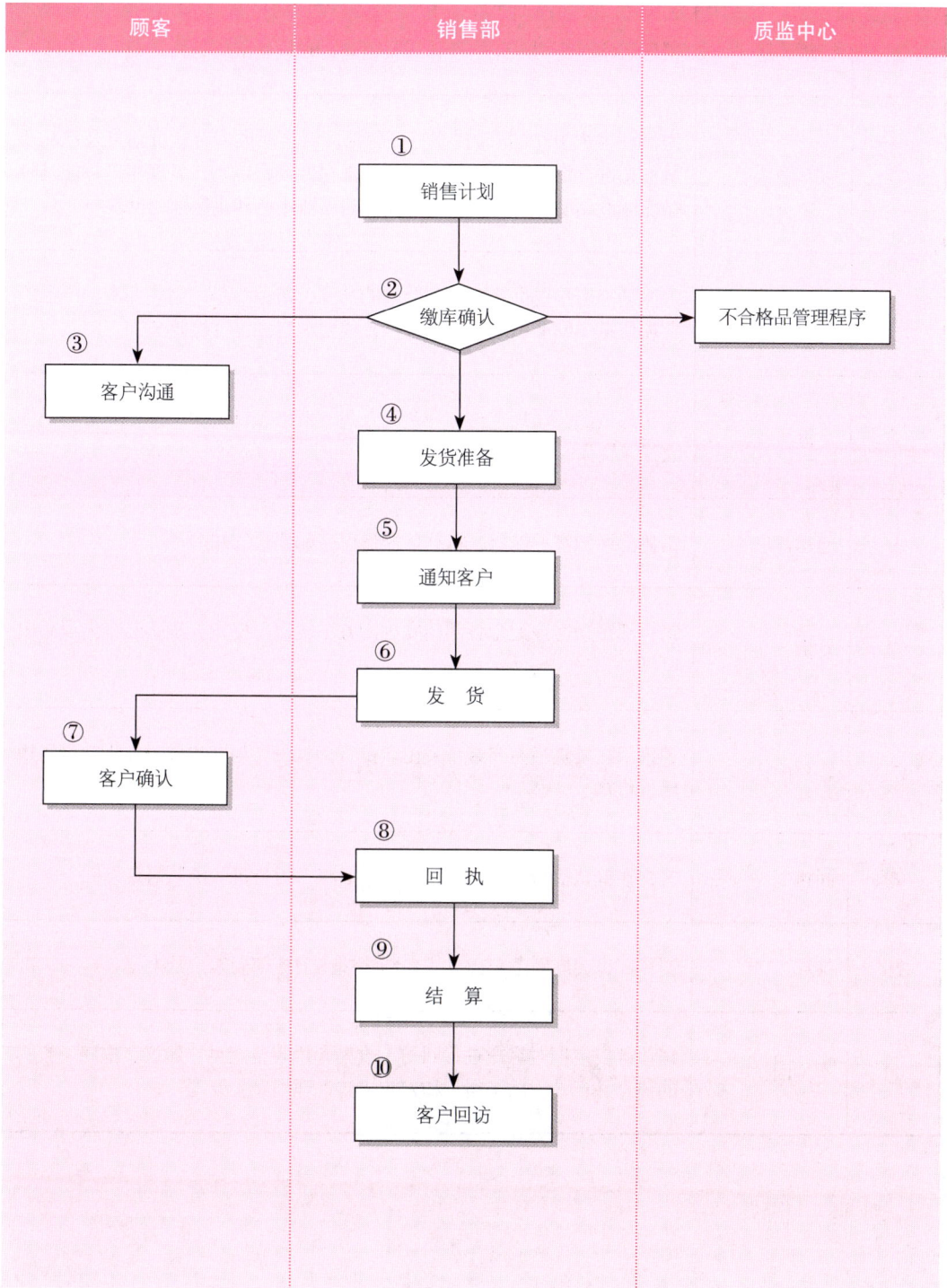

顾客	销售部	质监中心

① 销售计划

② 缴库确认 → 不合格品管理程序

③ 客户沟通

④ 发货准备

⑤ 通知客户

⑥ 发　货

⑦ 客户确认

⑧ 回　执

⑨ 结　算

⑩ 客户回访

流程说明

编码	节点	工作内容的简要描述
①	销售计划	销售部按照公司总体生产计划及销售计划编制部门销售计划
②	缴库确认	为保证客户 100% 按时提货，销售部应对产品的库存状况信息及产品质量信息进行定期跟踪、确认，销售部在定期跟踪时，发现生产不能及时缴库或产品质量不稳定时，应及时向质监中心和生产部门反映
③	客户沟通	为保证向客户提供符合规定要求的产品，避免纷争，销售部应将产品的各项信息详细准确地提供给客户，或要求客户自行检验
④	发货准备	销售部按照公司规定与客户签订合同、催缴预付货款、索要购方公司合法经营资质，准备发货
⑤	通知客户	销售部通知客户提货，将具体提货程序和要求告知客户
⑥	发货	销售部帮助客户配合各部门安排购方车辆进厂提货，确认装车无误后出厂
⑦	客户确认	销售部在发货当月向客户发出"提货确认函"与客户核对提货数量、规格、价格
⑧	回执	客户在确认提货数量、规格、价格后将"提货确认函"盖章发回
⑨	结算	销售部每月向财务部出具销售结算单由财务部向客户开发票
⑩	客户回访	销售部应定期对客户进行回访，收集客户表扬意见、建议、抱怨、投诉的信息并记录，以《纠正和预防措施管理程序》处理

33.17　赊销业务与风险控制流程

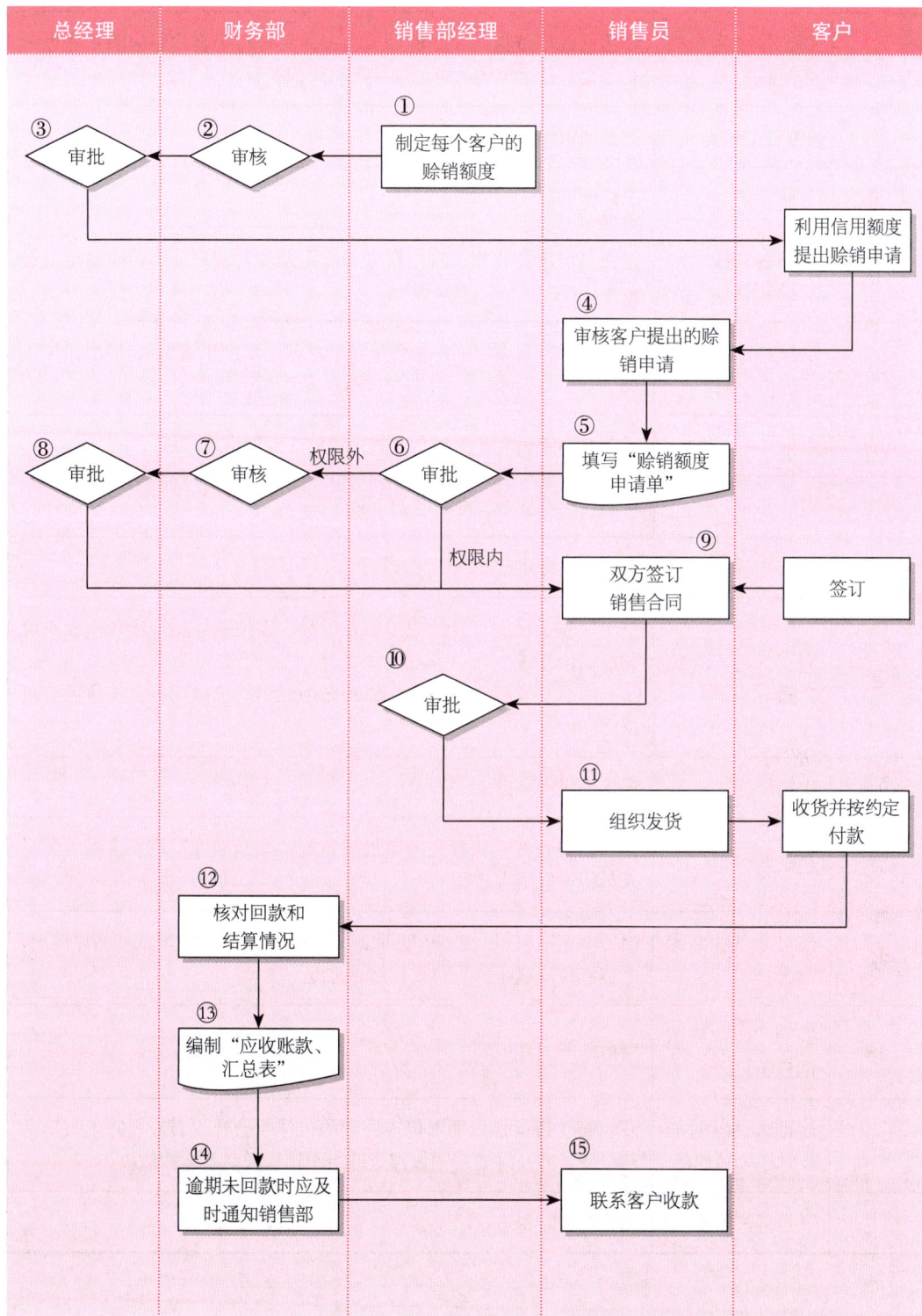

总经理	财务部	销售部经理	销售员	客户

① 制定每个客户的赊销额度

② 审核

③ 审批

利用信用额度提出赊销申请

④ 审核客户提出的赊销申请

⑤ 填写"赊销额度申请单"

⑥ 审批

权限外

⑦ 审核

⑧ 审批

权限内

⑨ 双方签订销售合同

签订

⑩ 审批

⑪ 组织发货

收货并按约定付款

⑫ 核对回款和结算情况

⑬ 编制"应收账款、汇总表"

⑭ 逾期未回款时应及时通知销售部

⑮ 联系客户收款

流程说明

编码	节点	工作内容的简要描述
①	制定每个客户的赊销额度	销售部经理依据对客户的调查情况，针对每个客户划分赊销额度范畴，交财务部审核、总经理审批后组织执行
②	审核	财务部审核
③	审批	总经理审批
④	审核客户提出的赊销申请	销售员根据企业相关规定和客户赊销额度对客户提出的赊销申请进行审核
⑤	填写"赊销额度申请单"	申请符合企业规定的，销售员填写"赊销额度申请单"，提交领导审批
⑥	审批	若在客户赊销额度范围之内的，销售部经理审批即可
⑦	审核	若超过赊销额度，交财务部审核
⑧	审批	总经理进行审批
⑨	双方签订销售合同	（1）销售员在签订合同或组织发货时，需按照信用等级和授权额度确定销售方式 （2）所有签发赊销的销售合同都必须经销售部经理签字盖章后方可发出
⑩	审批	销售部经理审批
⑪	组织发货	销售员得到经销售部经理审批同意的"赊销额度"后安排物流配送人员将货发给客户
⑫	核对回款和结算情况	财务部定期按照"信用额度期限表"核对应收账款的汇款和结算情况，严格监控每笔账款的回收和结算进度
⑬	编制"应收账款汇总表"	财务部于月底编制
⑭	逾期未回款时应及时通知销售部	应收账款超过信用期限仍未回款的，催收会计人员应及时上报财务部经理，并及时通知销售部经理组织销售员联系客户清收
⑮	联系客户收款	销售员及时跟进，联系客户收款

33.18　国内客户退货管理流程

客户	销售业务员	销售内勤	质检员	授权审批人

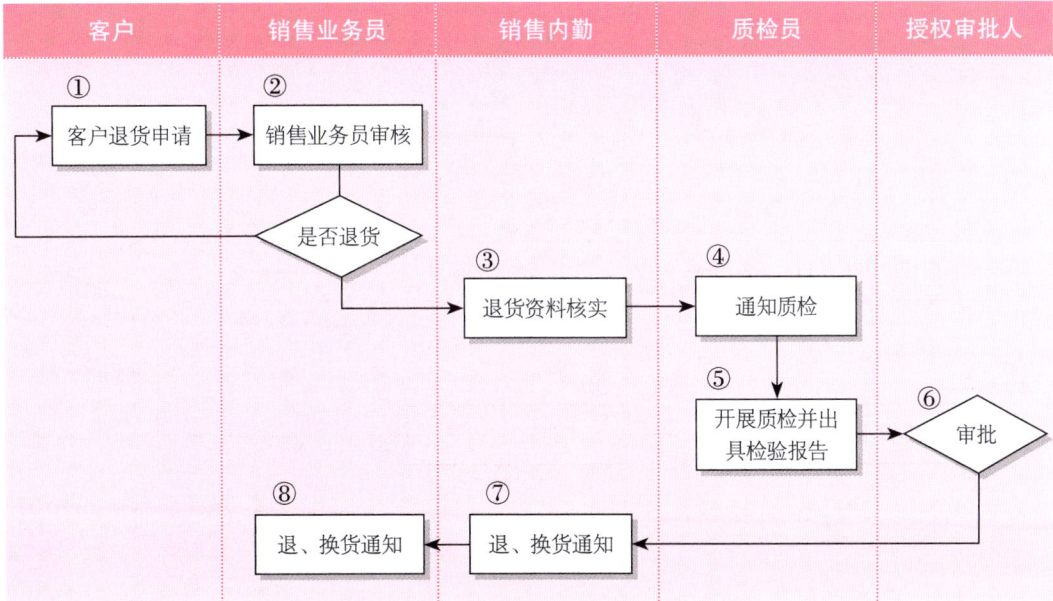

流程说明

编码	节点	工作内容的简要描述
①	客户退货申请（通知）	（1）有明确理由，附有质量不符或与合同不符的检验报告 （2）一般通知经办业务员或销售业务组
②	销售业务员审核	（1）销售业务员核实退货原因 （2）销售业务员填写"退货申请"并签署建议 （3）销售业务员提取退货样本或依据公司退货政策或合同，通知客户退货
③	退货资料审核	销售内勤对退货申请和客户提供的退货资料进行审核，填写"退货审批表"，登记退货申请台账
④	通知质检	属质量问题，销售内勤通知质检人员质检
⑤	开展质检并出具检验报告	（1）及时对退货样本或从退货产品中抽样检验 （2）出具检验报告 （3）与相关部门分析，提出质量改善措施
⑥	审批	（1）按授权范围审批 （2）及时审批，审批后及时送交销售内勤
⑦	退货、换货通知	（1）销售内勤根据审批意见，及时通知销售业务员转告客户退货 （2）对客户退货后返货（换货）的，通知发运组发货
⑧	退货、换货通知	（1）销售业务员正式通知客户退货，并与客户商定退货补偿方式：退款或换货（注：销售合同已明确的除外，并且一般销售合同应有退货的处置条款） （2）向客户取得相关退货凭证

33.19　国外退货处理流程

| | 客户 | 销售内勤 | 授权审批人 |

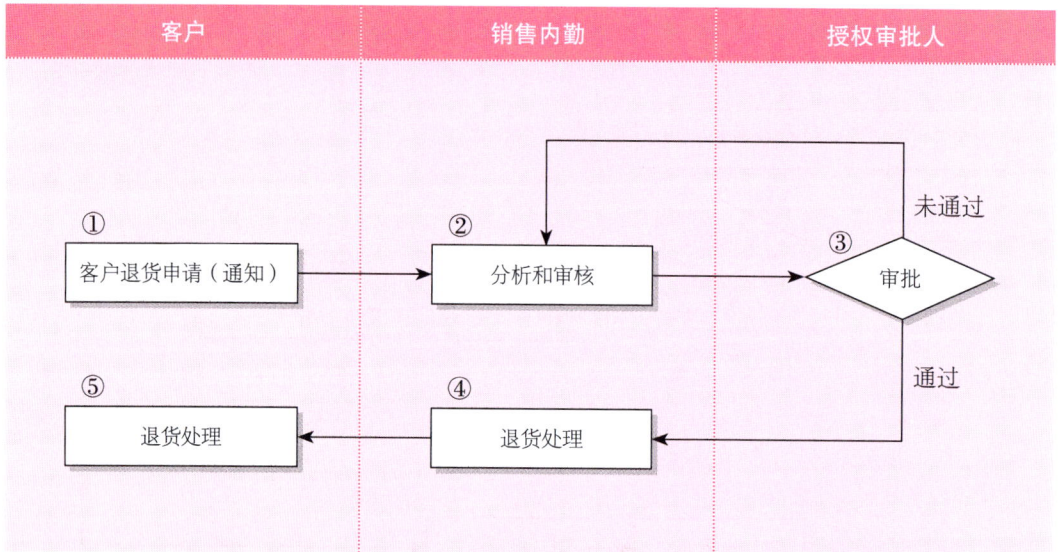

流程说明

编码	节点	工作内容的简要描述
①	客户退货申请（通知）	（1）必须有经公司认可的质量检验机构的质量检验报告 （2）有不符双方约定质量标准的事实
②	分析审核	（1）对客户传送的退货资料进行审核和分析，必要时，将相关资料送交质量、技术部门分析 （2）填写"客户退货审批表"
③	审批	（1）按授权范围审批 （2）有明确的审批处理意见 （3）及时审批
④	退货处理	（1）销售内勤通知客户退货，并报废处理 （2）取得退货报废处理证明
⑤	退货处理	（1）客户按公司要求，送交处理单位报废处理 （2）取得报废处理的相关资料

33.20　换货流程

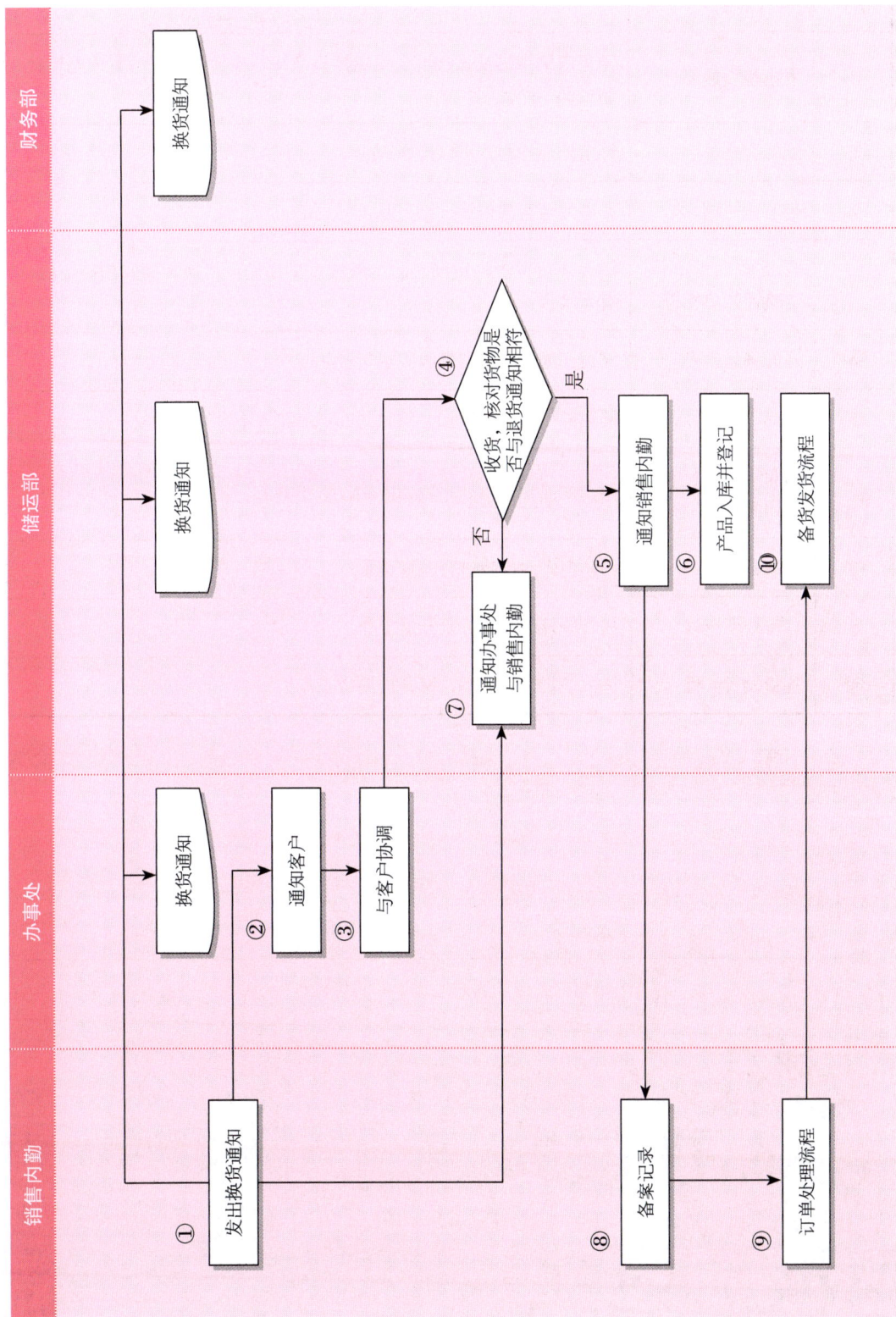

```
财务部
  [换货通知]

储运部
  [换货通知]
  ④ 收货，核对货物是否与退货通知相符 ──是──→ ⑤ 通知销售内勤 ──→ ⑥ 产品入库并登记 ──→ ⑩ 备货发货流程
      │否
  ⑦ 通知办事处与销售内勤

办事处
  [换货通知]
  ② 通知客户
  ③ 与客户协调

销售内勤
  ① 发出换货通知
  ⑧ 备案记录 ──→ ⑨ 订单处理流程
```

流程说明

编码	节点	工作内容的简要描述
①	发出换货通知	销售内勤根据换货批准，发出换货通知，换货通知发给有关办事处、储运部、财务部
②	通知客户	办事处通知客户可以换货
③	与客户协调	办事处与客户协调，把产品发回总部
④	收货核对是否与退货通知单相符	储运部负责查收货物，储运部核对货物是否与换货通知相符；检查有无破损
⑤	通知销售内勤	储运部通知销售内勤收到退货产品
⑥	产品入库并登记	储运部检查有无破损，将收到的产品放入不合格品区域，并记录
⑦	通知办事处与销售内勤	储运部通知办事处与销售内勤收货相符
⑧	备案记录	销售内勤对换货进行备案记录
⑨	订单处理流程	按订单处理流程，来开展工作
⑩	备货发货流程	进入备货发货流程，来开展发货工作

33.21　返利管理流程

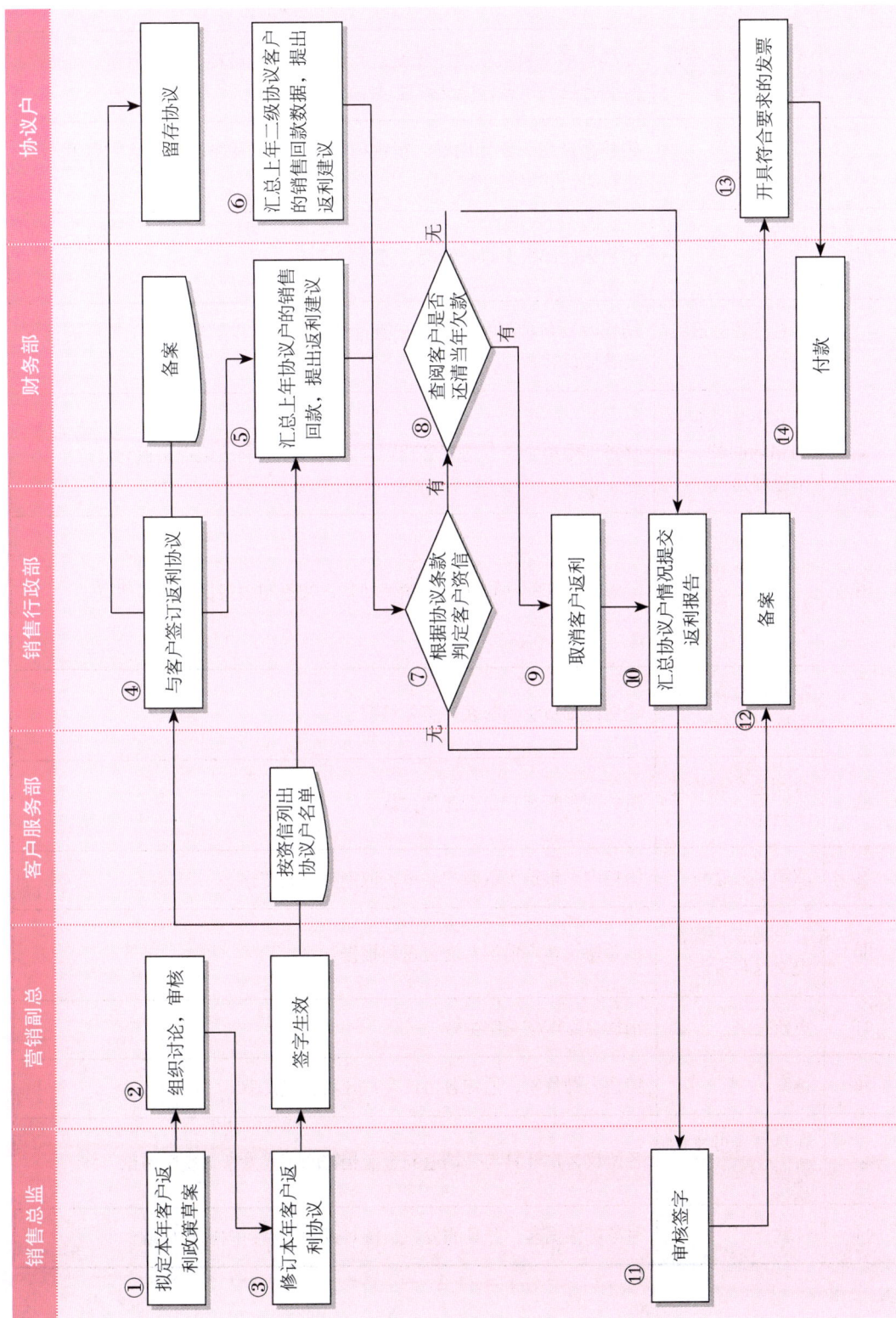

销售总监	营销副总	客户服务部	销售行政部	财务部	协议户

① 拟定本年客户返利政策草案

② 组织讨论，审核

③ 修订本年客户返利协议

④ 与客户签订返利协议

备案

留存协议 ⑥

签字生效

按资信列出协议户名单

⑤ 汇总上年协议户的销售回款，提出返利建议

⑥ 汇总上年二级协议客户的销售回款数据，提出返利建议

⑦ 根据协议条款判定客户资信

有 / 无

⑧ 查阅客户是否还清当年欠款

有 / 无

⑨ 取消客户返利

⑩ 汇总协议户情况提交返利报告

⑪ 审核签字

⑫ 备案

⑬ 开具符合要求的发票

⑭ 付款

流程说明

编码	节点	工作内容的简要描述
①	拟定本年客户返利政策草案	销售拓展部负责依照上年度返利协议、销售战略、市场计划，制定本年客户返利草案，提交销售总监审核
②	组织讨论，审核	销售总监组织销售内勤、销售拓展部、客户服务部，对客户返利草案进行讨论，审核
③	修订本年客户返利协议	销售拓展部根据讨论情况，进行修订
④	与客户签订返利协议	销售内勤负责与各协议客户签订协议，并予以解释，将生效后的协议交各协议客户
⑤	汇总上年协议户的销售回款，提出返利建议	财务部根据全年各协议客户销售回款，按返利政策提出返利建议
⑥	汇总上年二级协议客户的销售回款数据，提出返利建议	汇总上年二级协议客户的销售回款，按返利政策提出返利建议
⑦	根据协议条款判定客户资信	销售内勤负责判断客户资信情况
⑧	查阅客户是否还清当年欠款	财务部判断客户是否还清欠款
⑨	取消客户返利	销售内勤根据欠款客户名单，取消其返利资格
⑩	汇总协议户情况提交返利报告	汇总协议客户情况，提交返利报告
⑪	审核签字	销售总监审核签字生效
⑫	备案	销售内勤备案，通知各协议客户开具正式发票
⑬	开具符合要求的发票	各协议客户开具与公司返利金额相符的正式发票，交财务部
⑭	付款	财务部根据客户开具的发票，核对返利金额，向客户付款

33.22　销售费用使用流程

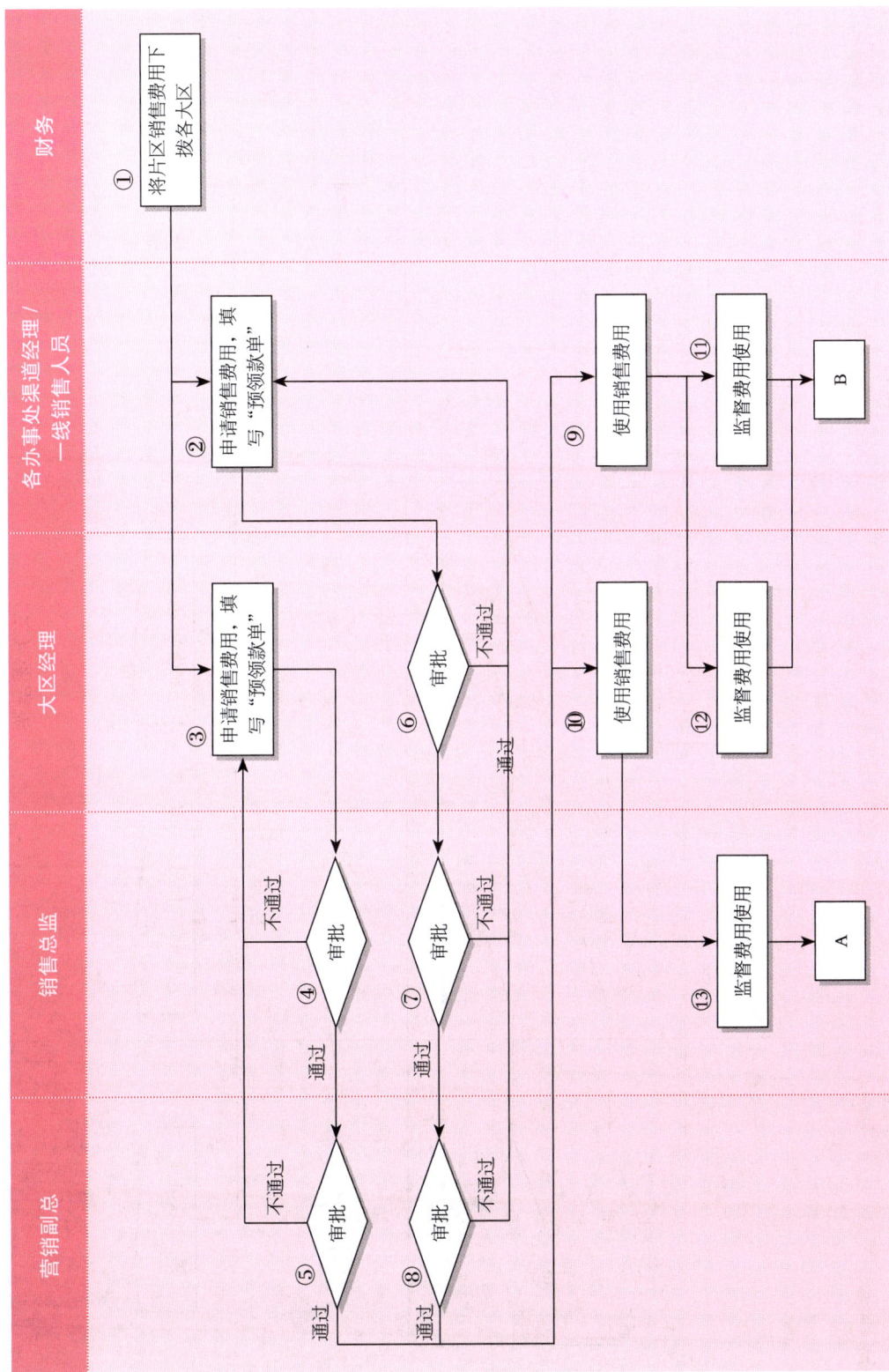

财务	各办事处渠道经理/一线销售人员	大区经理	销售总监	营销副总
① 将片区销售费用下拨各大区	② 申请销售费用，填写"预领款单"	③ 申请销售费用，填写"预领款单"	④ 审批	⑤ 审批
	⑨ 使用销售费用	⑥ 审批	⑦ 审批	⑧ 审批
	⑪ 监督费用使用	⑩ 使用销售费用		
	B	⑫ 监督费用使用	⑬ 监督费用使用	
			A	

流程图（一）

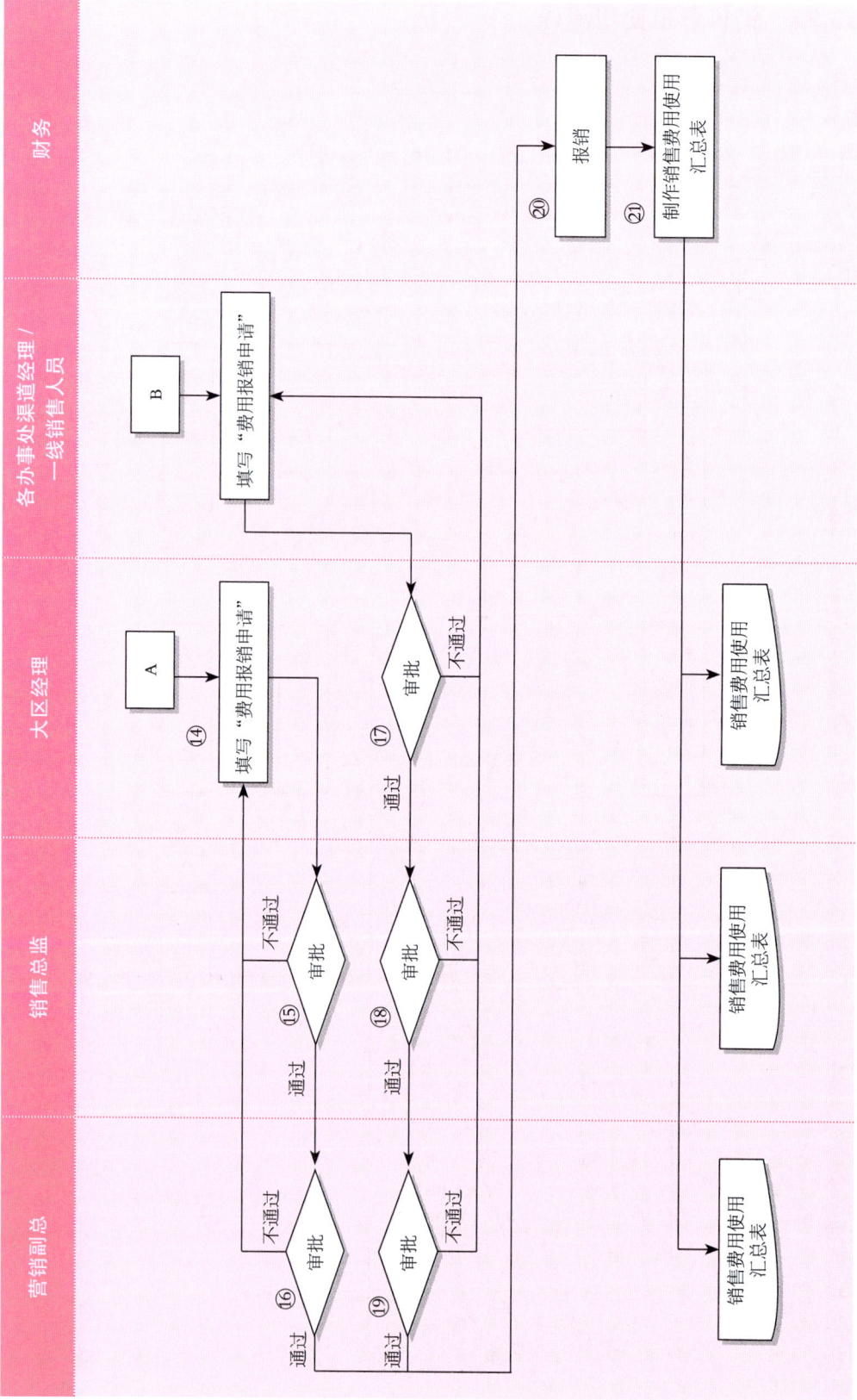

流程图（二）

流程说明

编码	节点	工作内容的简要描述
①	将片区销售费用下拨各大区	财务部门根据经过批准的销售计划和相应的预算，将销售费用下拨到各个销售大区
②	申请销售费用，填写"预领款单"	办事处人员填写"预领款单"，申请销售费用
③		大区经理填写"预领款单"，申请销售费用
④	审批	销售总监进行审批预领款单
⑤	审批	营销副总审批预领款单
⑥	审批	大区经理进行审批预领款单
⑦	审批	销售总监进行审批预领款单
⑧	审批	营销副总进行审批预领款单
⑨	使用销售费用	各办事处渠道经理、一线销售人员根据规定使用销售费用
⑩	使用销售费用	大区经理根据规定使用销售费用
⑪	监督销售费用的使用	各办事处渠道经理监督销售费用的使用
⑫	监督销售费用的使用	大区经理监督销售费用的使用
⑬	监督销售费用的使用	销售总监监督销售费用的使用
⑭	填写"费用报销申请"	各办事处渠道经理、大区经理填写"费用报销申请"
⑮	审批	销售总监进行审批
⑯	审批	营销副总进行审批
⑰	审批	大区经理进行审批
⑱	审批	销售总监进行审批
⑲	审批	营销副总进行审批
⑳	报销	财务部审核费用是否超过预算，按要审批的报销申请单进行报销，冲预领款
㉑	制作销售费用使用汇总表	财务部制作销售费用使用汇总表，报营销副总、销售总监及相应大区经理

第34章　设计研发管理流程

34.1　新产品研发项目立项流程

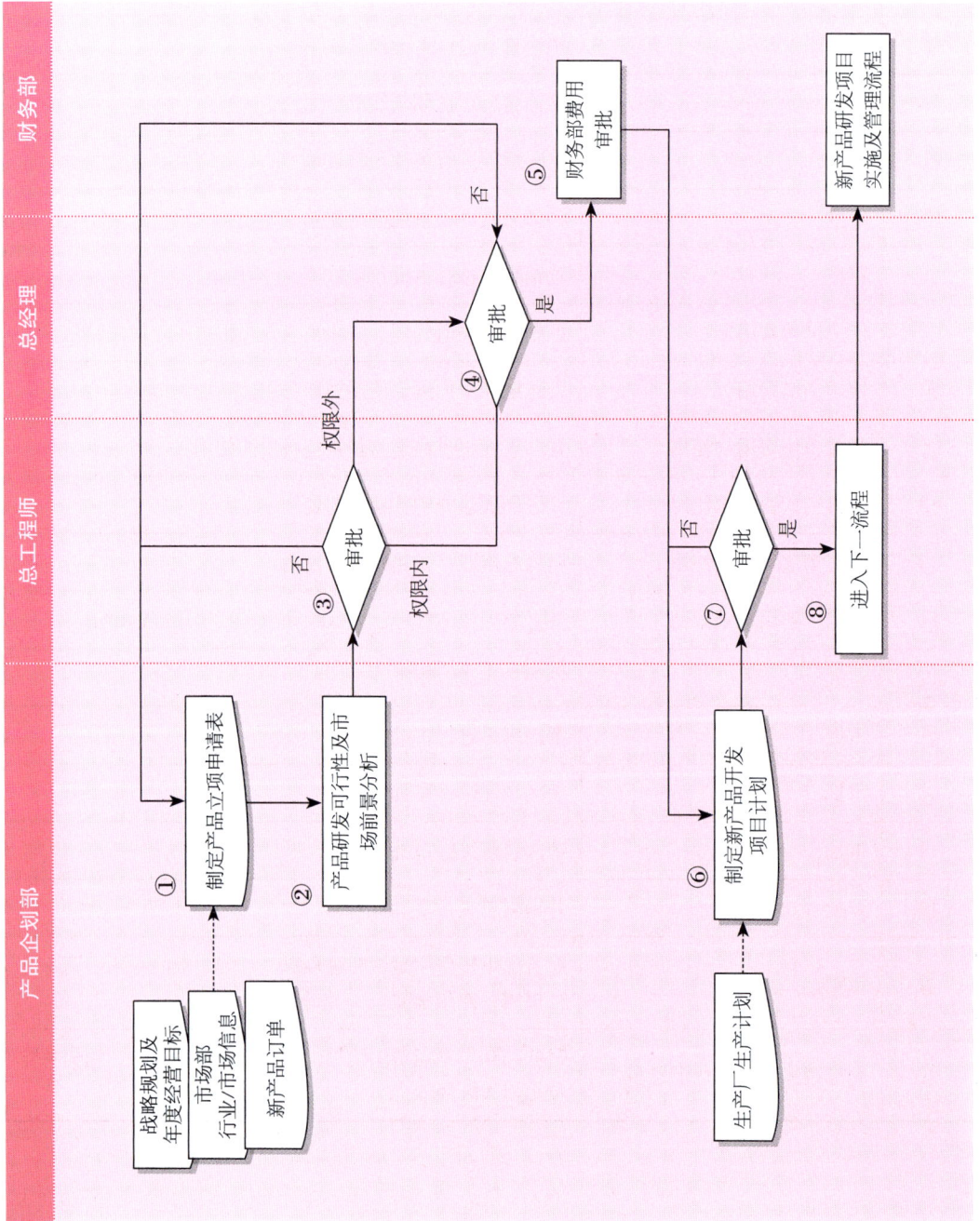

流程说明

编码	节点	工作内容的简要描述
①	制定产品立项申请表	产品企划部根据战略规划及年度经营目标、市场部提交的行业（市场）信息以及营销中心的客户订单，起草产品立项申请表
②	产品研发可行性及市场前景分析	组织营销中心、产品企划部、研发中心、生产厂、财务部及市场部对产品立项申请进行产品研发可行性及市场前景分析，并将立项申请表提交总工程师审批
③	审批	总工程师在授权范围内批准研发立项申请，权限外审批递交至总经理
④	审批	总经理批准研发立项申请
⑤	财务部费用审批	财务部进行费用审批
⑥	制定新产品开发项目计划	产品企划部参考生产厂生产计划，制定新产品开发项目计划
⑦	审批	总工程师审核新产品开发项目计划
⑧	进入下一流程	执行新产品研发项目实施及管理流程

34.2 新产品研发项目实施及管理流程

项目管理部	产品研发项目负责人	产品研发项目组	总工程师

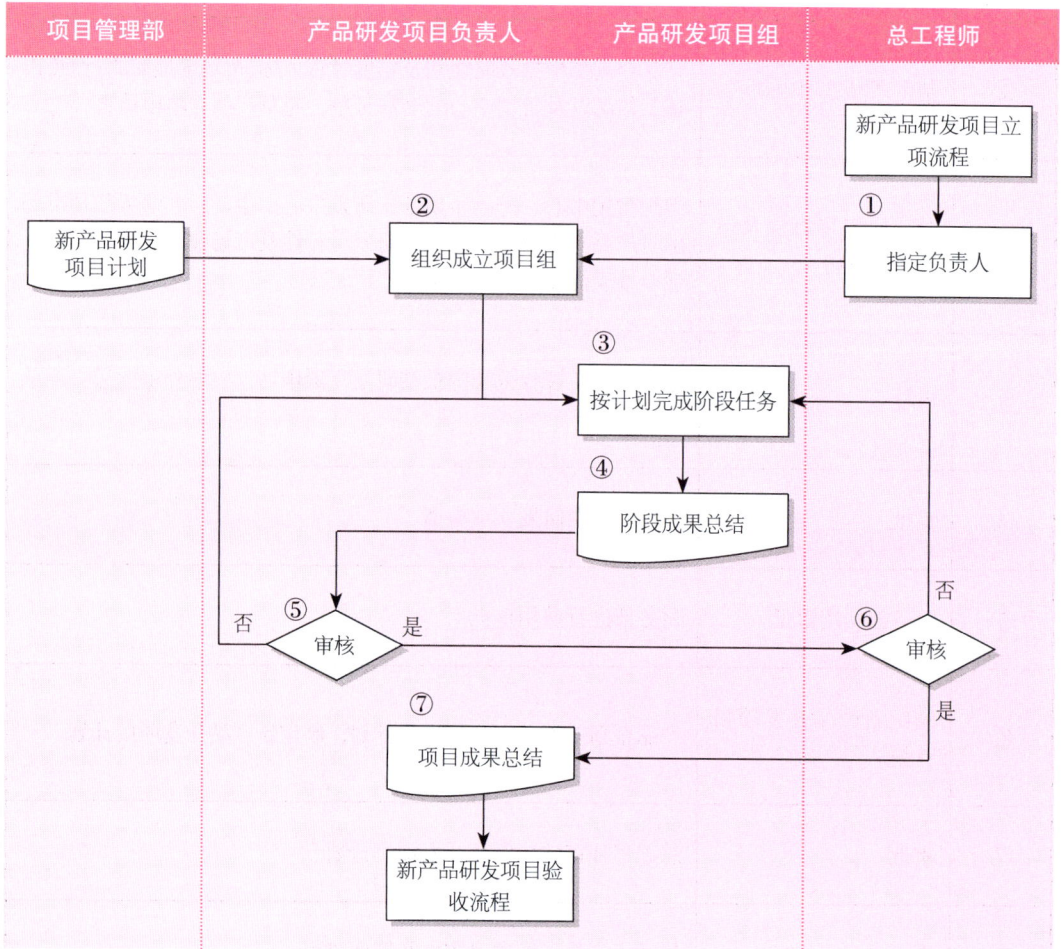

流程说明

编码	节点	工作内容的简要描述
①	指定负责人	新产品研发项目立项后，由总工程师指定产品研发项目负责人
②	组织成立项目组	产品研发项目负责人根据新产品开发项目计划，组织成立开发项目组
③	按计划完成阶段任务	产品研发项目组按计划完成阶段开发任务
④	阶段成果总结	产品研发项目组进行项目阶段成果总结
⑤	审核	项目管理部对各阶段的项目成果进行审核
⑥	审核	总工程师对阶段项目的成果进行审核
⑦	项目成果总结	如各阶段审核通过，由产品研发项目组对项目的成果进行总结

34.3　新产品研发项目验收流程

产品研发项目组	项目管理部	质量部	技术委员会

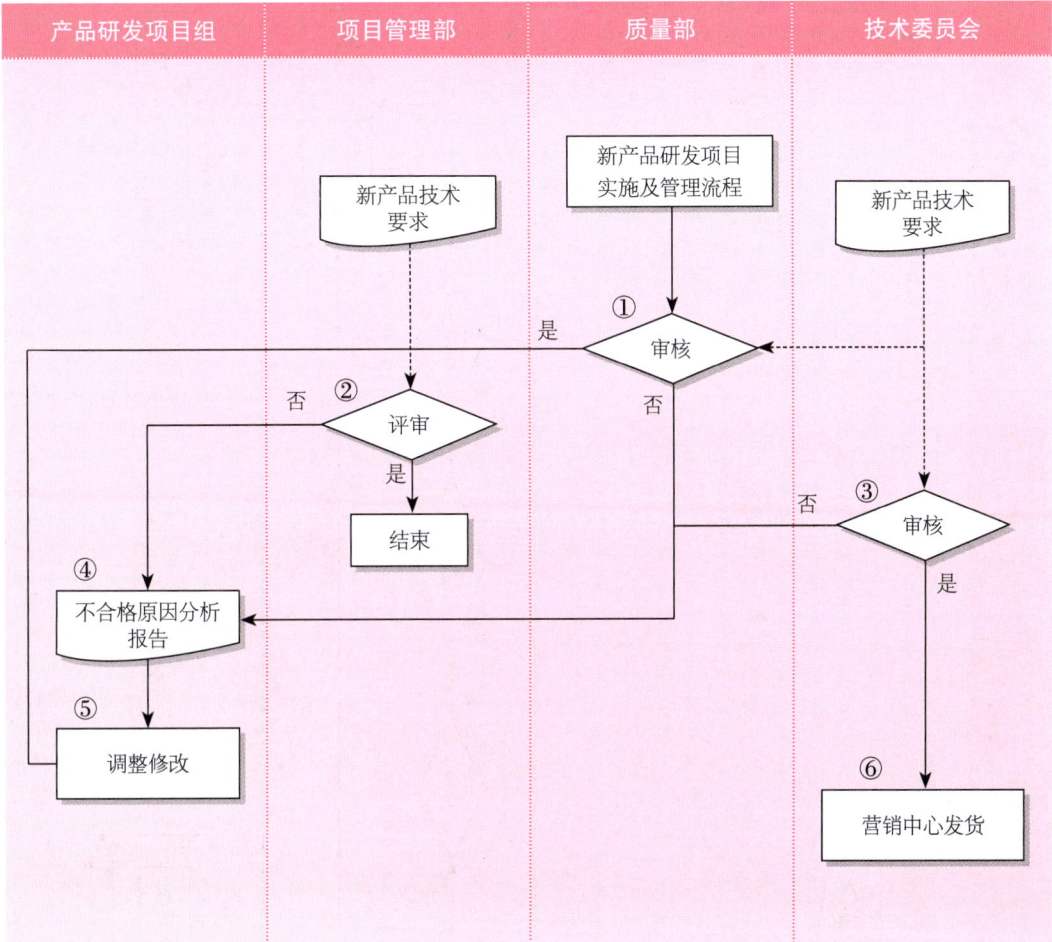

流程说明

编码	节点	工作内容的简要描述
①	审核	质量部门根据新产品技术要求对新产品研发成果进行审核，并交项目管理办公室进行评审
②	评审	项目管理部在权限内根据新产品技术要求对新产品的研发成果进行审核
③	审核	技术委员会对新产品的研发成果进行审核
④	不合格原因分析报告	产品研发项目组分析审核不合格原因，编制不合格原因分析报告
⑤	调整修改	产品研发项目组对研发成果进行调整修改
⑥	营销中心发货	营销中心组织新产品的发货

34.4 产品更改通知流程

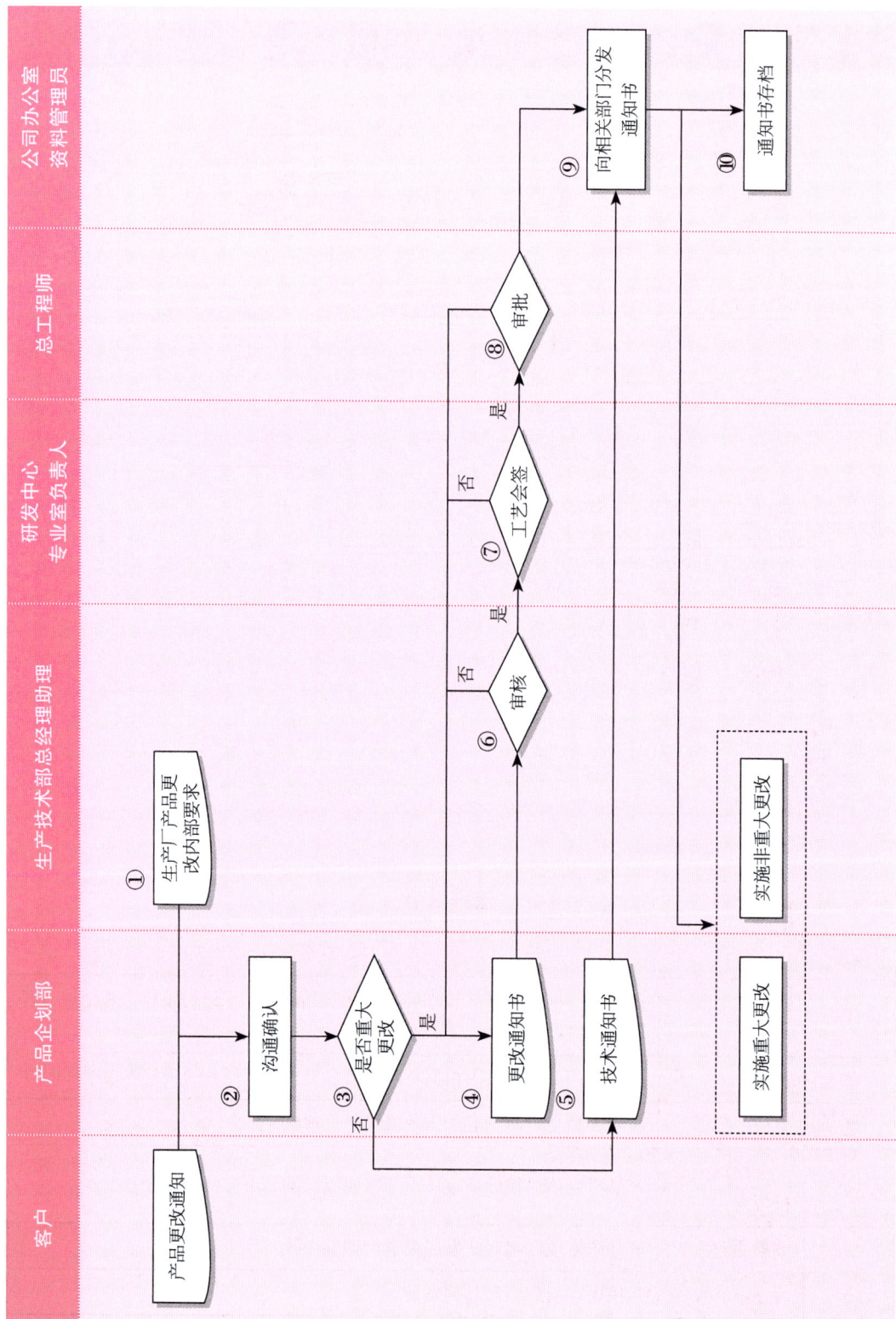

客户	产品企划部	生产技术部总经理助理	研发中心 专业室负责人	总工程师	公司办公室 资料管理员

① 生产厂产品更改内部要求

产品更改通知

② 沟通确认

③ 是否重大更改

否

是

④ 更改通知书

⑤ 技术通知书

⑥ 审核

否

是

⑦ 工艺会签

否

是

⑧ 审批

否

是

实施重大更改

实施非重大更改

⑨ 向相关部门分发通知书

⑩ 通知书存档

流程说明

编码	节点	工作内容的简要描述
①	生产厂产品更改内部要求	客户提出产品更改通知，或由生产技术部提出产品更改内部要求
②	沟通确认	产品企划部与客户或生产厂沟通确认产品更改要求
③	是否重大更改	产品企划部判断是否为重大更改
④	更改通知书	如果是重大变更，由产品企划部编制产品更改通知书
⑤	技术通知书	如果不是重大变更，由产品企划部编制技术通知书
⑥	审核	由总经理助理审核产品更改通知书
⑦	工艺会签	研发中心专业室负责人对产品更改说明书进行工艺会签
⑧	审批	总工程师审批产品更改通知书
⑨	向相关部门分发通知书	公司办公室资料管理员向相关部门分发产品更改通知书或技术通知书，由各生产工厂实施非重大更改，产品企划部实施重大更改
⑩	通知书存档	公司办公室资料管理员将产品更改通知书或技术通知书存档

34.5　设计试作流程

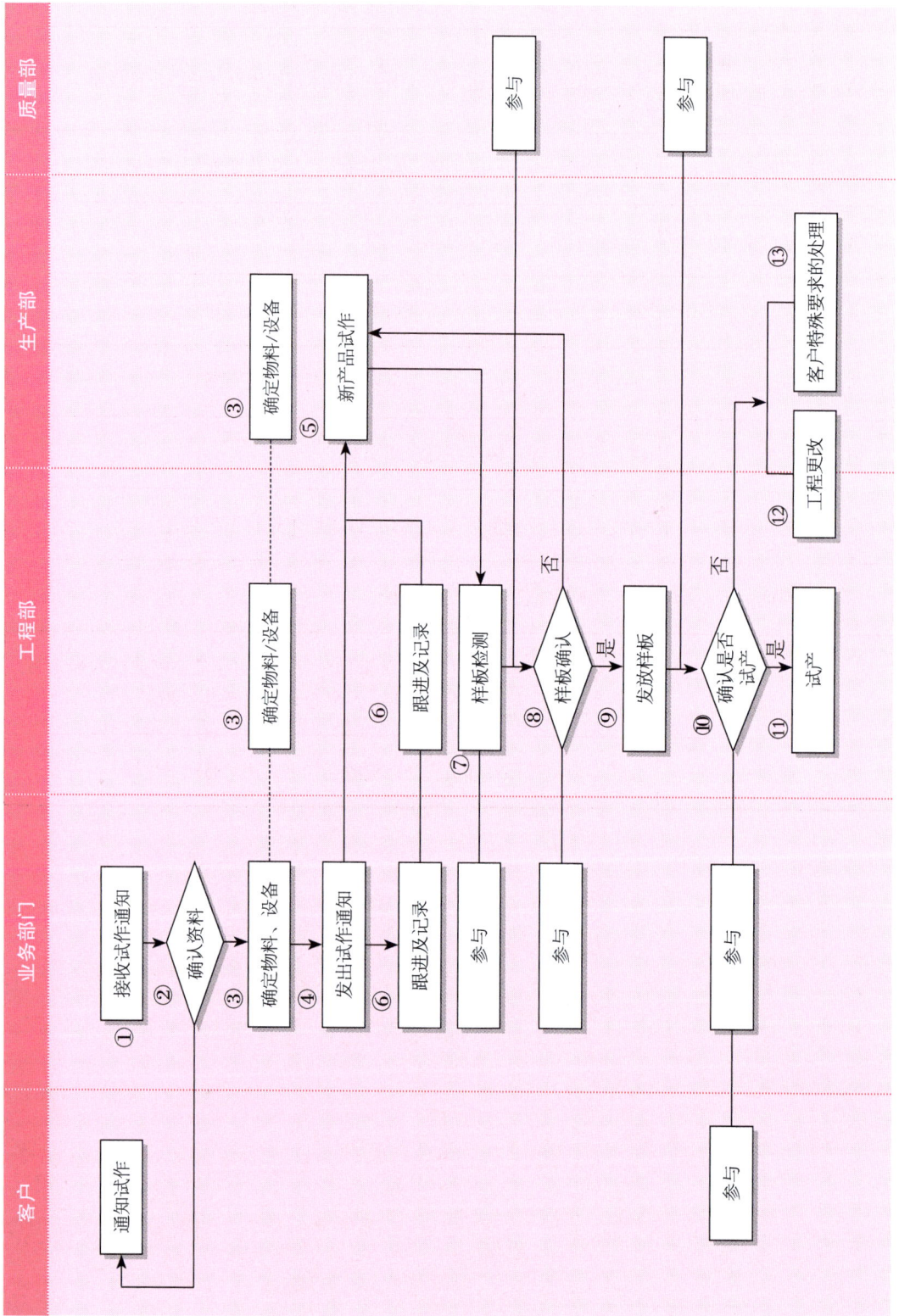

客户	业务部门	工程部	生产部	质量部

通知试作

① 接收试作通知

② 确认资料

③ 确定物料、设备

④ 发出试作通知

⑥ 跟进及记录

参与

参与

参与

③ 确定物料/设备

⑥ 跟进及记录

⑦ 样板检测

⑧ 样板确认　否　是

⑨ 发放样板

⑩ 确认是否试产　否　是

⑪ 试产

③ 确定物料/设备

⑤ 新产品试作

参与

参与

⑫ 工程更改

⑬ 客户特殊要求的处理

流程说明

编码	节点	工作内容的简要描述
①	接收试作通知	业务及工程部或生产工程部担当工程师负责新产品的试作，收到新产品试作通知后
②	确认资料	确认客户提供的相关数据（包括客户禁用物质要求，当客户禁用物质要求不明确时，应及时与客户沟通）
③	确认物料、设备	业务及工程部或生产工程部担当工程师确定新产品试作所需物料、模具、生产设备及工装夹具等，如需新增，要向有关部门提出申请，并跟进申请的落实情况
④	发出试作通知	业务及工程部或生产工程部担当工程师向负责试作的生产部门发出"试作通知"或"试模通知单"，并向其提供试作所需数据
⑤	新产品试作	生产部开展试作
⑥	跟进及记录	业务及工程部或生产工程部责任工程师跟进整个试作过程，并记录"产品试作记录"，协助解决试作过程中出现的问题，就有关技术及质量问题与客户进行联络
⑦	样板检测	由业务及工程部或生产工程部担当工程师作出初步判定。样板需进行检测时，向品管部发出《测量申请书》并清楚说明测量要求，由其进行测量并将检测结果记录《样板检测报告》回复送测人
⑧	样板确认	样板经初步判定合格后，业务及工程部或生产工程部担当工程师需留取部分样板（留取至少 2 个样板，对其进行标识并妥善保管），其余送交客户确认
⑨	发放样板	试作样板经客户确认合格（包括禁用物质要求合格）后，业务及工程部或生产工程部担当工程师依据试作记录等数据编制生产所需的工程文件。向相关部门发放样板（包括客户确认合格样板、颜色样板、来料样板）、"生产认可单"及工程文件。并对客户的样板认可数据进行编号保存
⑩	确认是否试产	各部门在未收到业务及工程部或生产工程部发放的"生产认可单"之前不得试产
⑪	试产	收到客户未认可部品订单后，由香港客户服务部或业务及工程部国内组编制做货单发至 PMC 及业务及工程部或生产工程部责任工程师（责任工程师以下简称担当者）
⑫	工程更改	对于生产过程中所发生的，涉及工程文件的更改，包括客户要求及公司内部要求的更改，均需以"工程产品文件更改单"进行更改
⑬	客户特殊要求的处理	对于试作或生产过程中客户提出的特殊要求，如：要求对产品作出特殊标识；要求使用并提供指定的记录等。业务及工程部 / 生产工程部经分析不便于修改或不能及时修改有关工程文件时，发出"客户特殊要求通知"，需要时连同客户要求数据发放相关部门

34.6　新产品量产试作流程

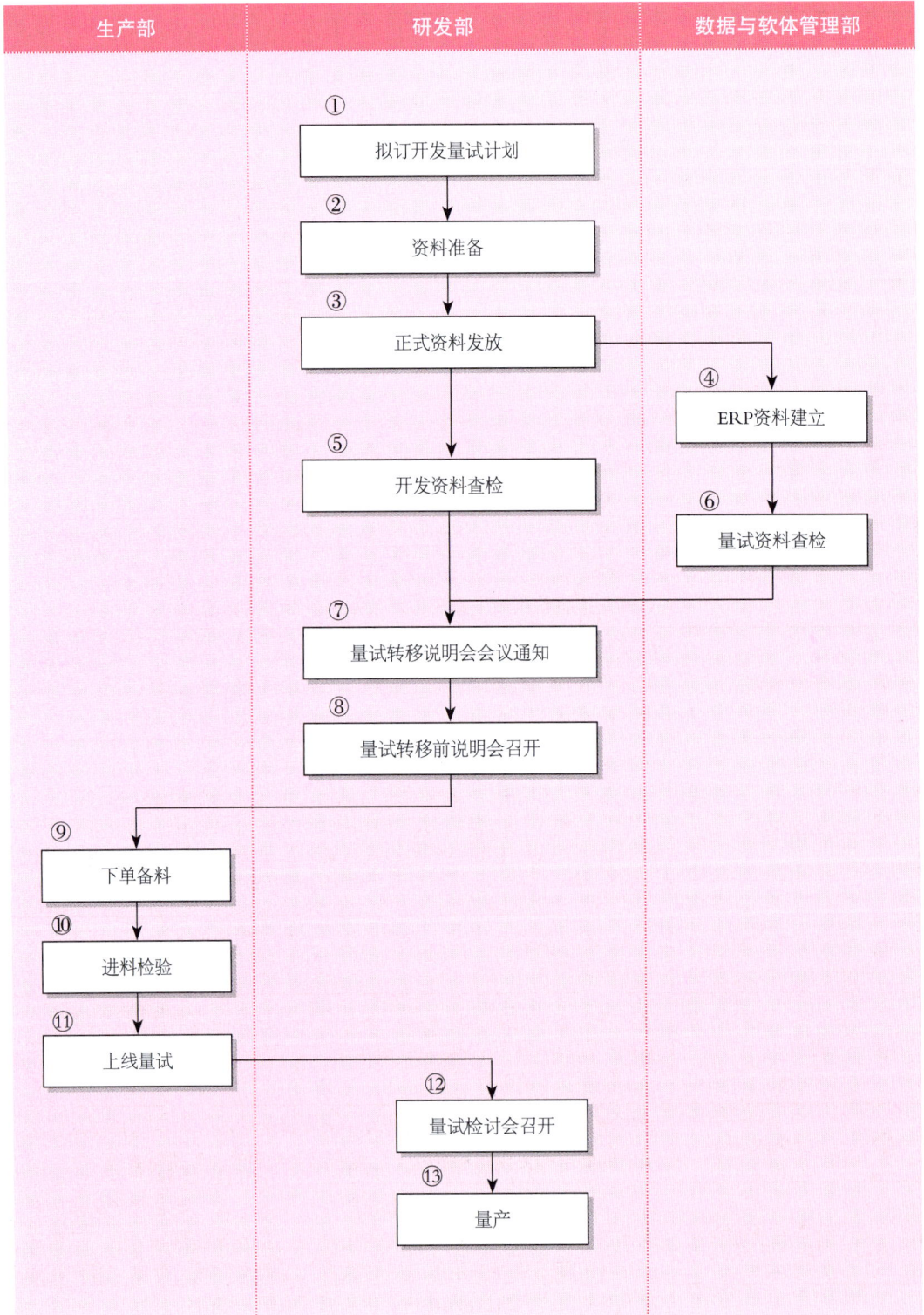

生产部	研发部	数据与软体管理部

① 拟订开发量试计划

② 资料准备

③ 正式资料发放

④ ERP资料建立

⑤ 开发资料查检

⑥ 量试资料查检

⑦ 量试转移说明会会议通知

⑧ 量试转移前说明会召开

⑨ 下单备料

⑩ 进料检验

⑪ 上线量试

⑫ 量试检讨会召开

⑬ 量产

流程说明

编码	节点	工作内容的简要描述
①	拟订开发量产计划	量试转移会后 3 天内生管应拟订量试计划，签核完整后提供给主导量试的工程师由其负责量试进度追踪
②	资料准备	量试前资料转移说明会召开前 3 天要把正式数据发放至各相关单位
③	正式资料发放	正式数据由开发数据管理员负责发放，各厂部以签收到数据的时间为准，下发单位包括：生管课、品保课、资材课、各模具厂及相关零组件加工厂
④	ERP 资料建立	零件 ERP 数据建立应在可制性制样审查后一周内完成
⑤	开发资料核查	对所有的开发资料做进一步的核查，确保全备
⑥	量试资料点检	（1）开发工程师在量试转移说明会前应点检以下资料：装配工艺过程卡、量检具、装配辅助工具、试水台是否制作完成，如没有则请相关人员确定具体完成时间 （2）生管、结构工程师在量试前转移说明会前需点检各相关单位的 ERP 数据是否按时建立完成
⑦	量试转移说明会会议通知	研发部发出量试转移说明会会议通知
⑧	量试前资料转移说明会	在量试资料发放 3 天后应召开量试前数据转移说明会，确认各项工作完成状况及说明量试重点
⑨	下单备料	结构工程师在 ERP 数据建立之后以联络单的形式通知生管课下订单采购量试物料
⑩	进料检验	量试之新物料进入工厂 2 个工作日内或上线前工厂品管应对所有尺寸全检并出具 IQC 检测报告
⑪	上线量试	量试上线前 3 天，开发工程师要按"____产品开发量试计划表"对量试准备情况进行点检，点检合格后以部门联络单的形式通知生产课备料及排定上线量试具体时间，开发工程师通知各相关单位准时到达量试现场
⑫	量试检讨会召开	为检讨相关问题并决定是否量产，在量试完成后 3 天内，应召开量试检讨会
⑬	量产	量试成功的机型如在 3 个月内接到订单，可直接进入量产

34.7　新产品开发模具管理流程

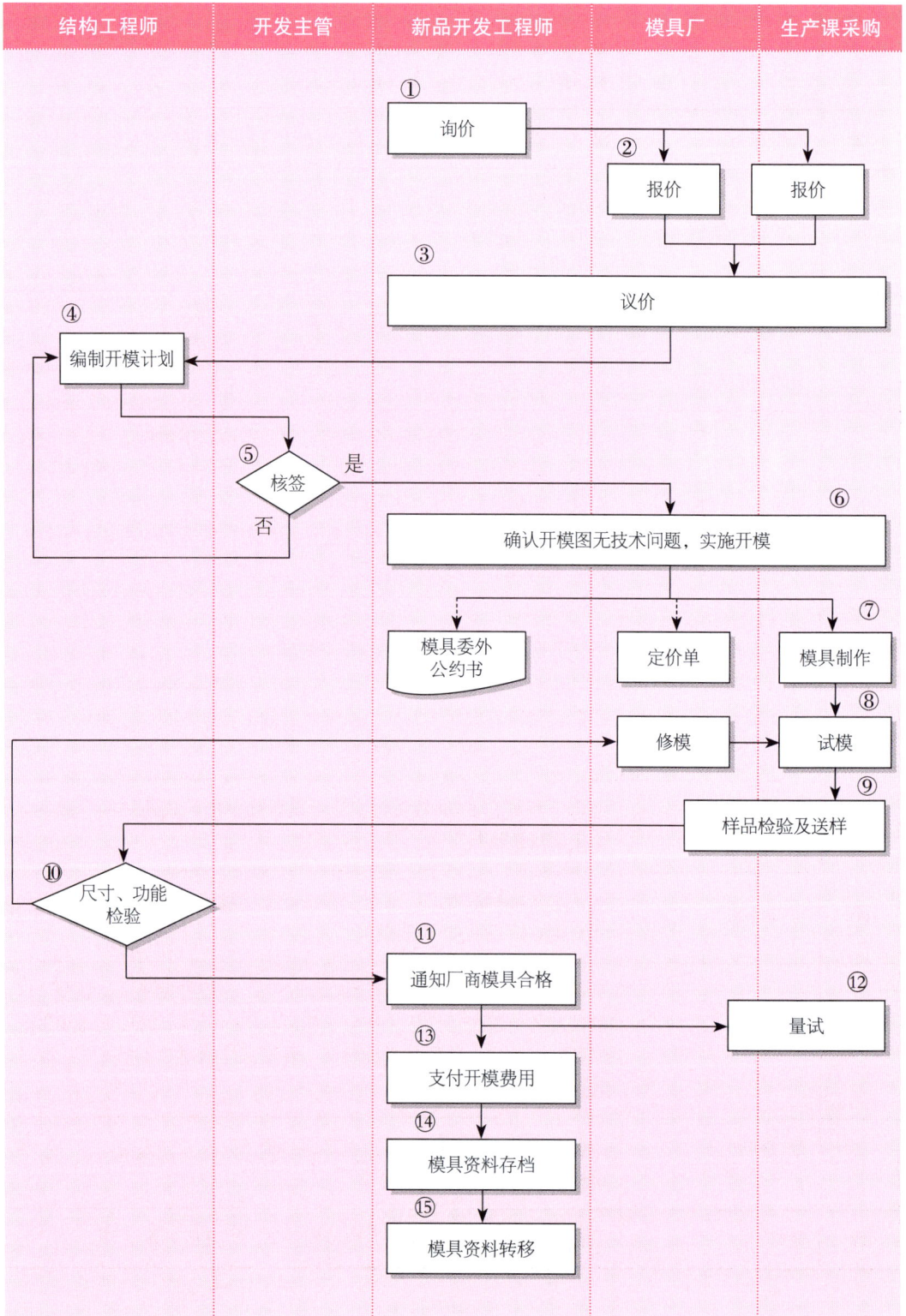

结构工程师	开发主管	新品开发工程师	模具厂	生产课采购

① 询价

② 报价　报价

③ 议价

④ 编制开模计划

⑤ 核签　是　否

⑥ 确认开模图无技术问题，实施开模

模具委外公约书　定价单　⑦ 模具制作

⑧ 修模　试模

⑨ 样品检验及送样

⑩ 尺寸、功能检验

⑪ 通知厂商模具合格

⑫ 量试

⑬ 支付开模费用

⑭ 模具资料存档

⑮ 模具资料转移

流程说明

编码	节点	工作内容的简要描述
①	询价	开模件在图纸经内部工艺审查合格后，结构工程师应立即下发草图给新品开发工师找供货商进行询价议价
②	报价	供货商或各分厂的报价
③	议价	新品开发工程师应评估其模具费和产品单价的合理性，如有偏差时应和供货商议价，直至双方的主管同意并签核
④	编制开模计划	结构设计工程师负责编制"开模计划表"及送呈主管核签
⑤	核签	开发主管审核"开模计划表"
⑥	确认开模有无技术问题，实施开模	由产品开发工程师和供应商共同来确认，无技术问题则实施开模
⑦	模具制作	供应商进行模具的制作，新品开发工程师应及时跟催模具的开发进度，每周应和开模供货商确认模具的进度是否有滞后
⑧	试模	供货商开模完成后应进行试模，确认试模的样品是否合格
⑨	样品检验及送样	样品确认合格应及时送开模样品连同检测记录给新品开发工程师，由新品开发工程师交给结构设计工程师确认
⑩	首件样品确认	结构设计工程师接到样品后，两天内应检测完成样品，将确认意见和结果填入"首件样品确认单"中
⑪	修模	如样品确认不合格，开模供货商要及时修模并重新试模送样确认并回复再次送样时间，模具修模完成后应重新送样确认
⑫	通知厂商模具合格	如样品确认合格，通知供应商
⑬	量试	进入量试流程
⑭	支付开模费用	供货商提供模具发票，新品开发工程师写请款单并附"开模计划表""首件样品确认单""模具委外制作合约书"及模具发票经各级主管签核后送交财务
⑮	模具资料存档	每月月末把上月开模已合格的模具数据："开模计划表""开模图纸""首件样品确认单""检验记录表""模具委外制作合约书""报价单"整理装入档案袋中放入数据柜中备查
⑯	模具资料转移	所有开模计划表需登录在"年度开模计划目录"上备查，新品开发工程师每月 5 日将上月已完成的模具存盘数据各拷贝一份并填写"模具转移数据汇总表"转给生产课采购负责人

第35章　采购管理流程

35.1　采购计划制定流程

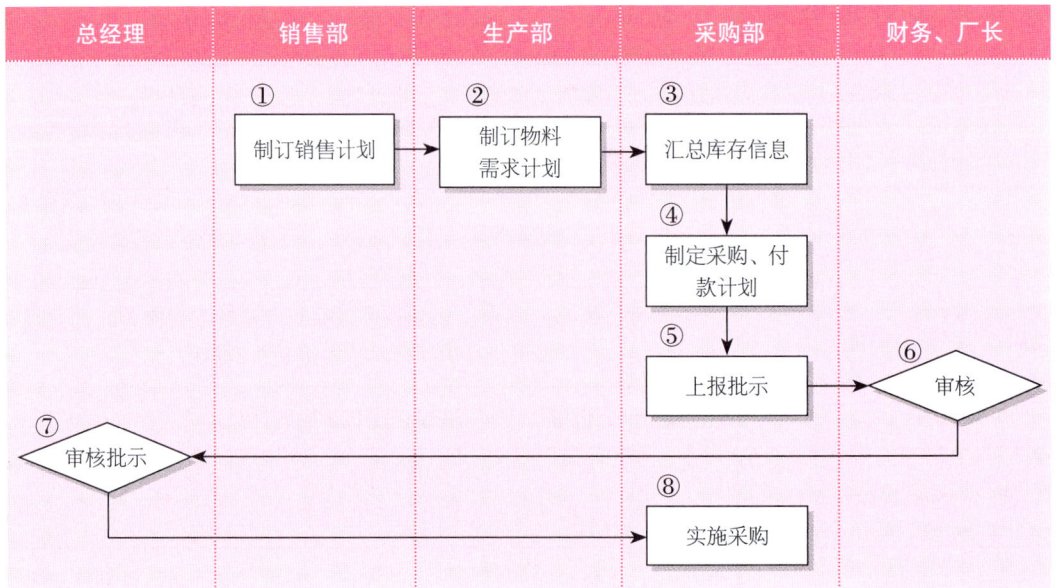

总经理	销售部	生产部	采购部	财务、厂长

① 制订销售计划　② 制订物料需求计划　③ 汇总库存信息　④ 制定采购、付款计划　⑤ 上报批示　⑥ 审核　⑦ 审核批示　⑧ 实施采购

流程说明

编码	节点	工作内容的简要描述
①	制订销售计划	销售部依据往月销售情况制订销售计划
②	制订物料需求计划	生产部依据销售部在制订销售计划的基础上制订物料需求计划
③	汇总库存信息	采购部收集当月库存信息数据
④	制订采购、付款计划	（1）根据采购部物料需求计划、库存量制订采购计划。（物料需求部门依据自用物料填写"物料申请单"，采购员根据实际情况与系统库存，分配、分析汇总采购任务） （2）采购员依据总物料需求计划及原料单价汇总所需总款，并作出相应款项预算与分配
⑤	上报批示	采购计划员制定采购计划报采购部经理审定
⑥	审核	采购经理经审核后报生产厂长、财务审核
⑦	审核批示	审核通过后由生产厂长报总经理审批
⑧	实施采购	总经理审批后采购部实施采购计划，下采购订单

35.2　采购计划管理流程

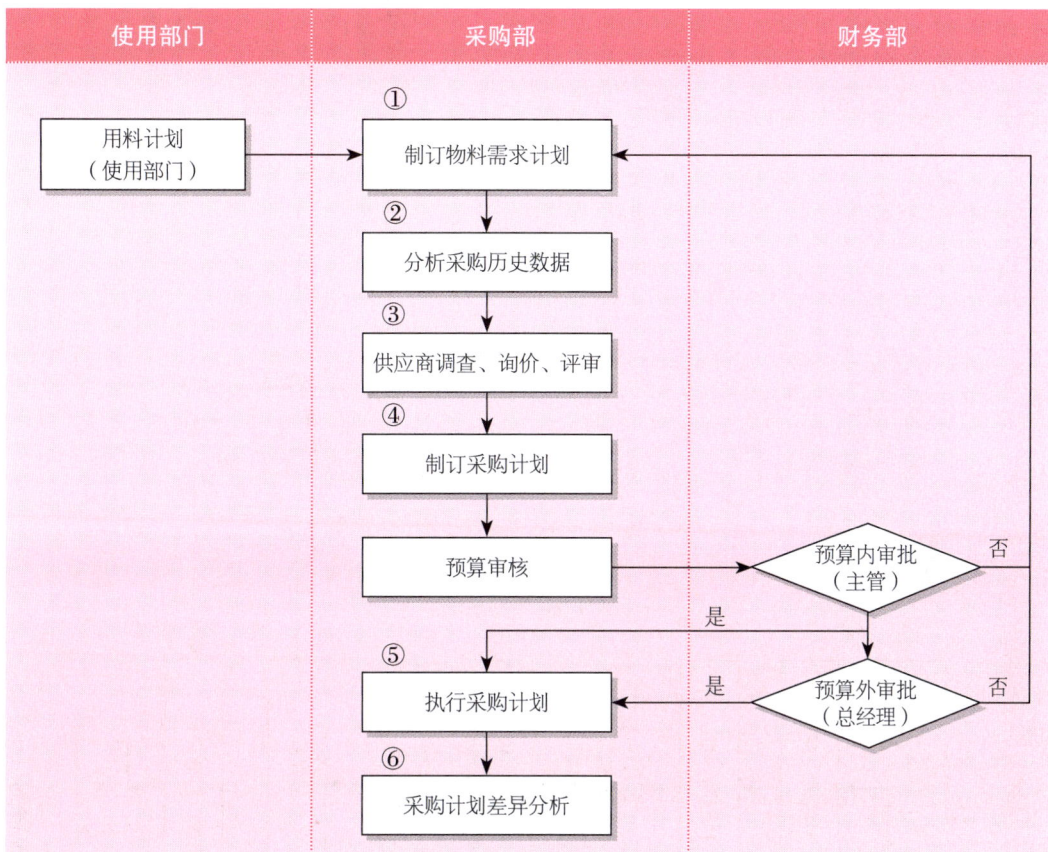

使用部门	采购部	财务部

① 制订物料需求计划
② 分析采购历史数据
③ 供应商调查、询价、评审
④ 制订采购计划
预算审核
预算内审批（主管）　否
是
⑤ 执行采购计划　是
预算外审批（总经理）　否
⑥ 采购计划差异分析
用料计划（使用部门）

流程说明

编码	节点	工作内容的简要描述
①	制订物料需求计划	根据企业内相关使用部门提出的用料计划，采购部制订物料需求计划
②	分析采购历史数据	采购部了解所需物料库存情况和以前的使用情况，修正第①步制订的物料需求计划
③	供应商调查、询价、评审	（1）调查现有的供应商资料，了解他们的信用、物料质量等 （2）根据需要和可能，寻找新的供应商，以备选择 （3）进行比价审核，确定信用好、实力强、价格低廉的供应商
④	制订采购计划	（1）将上述工作形成书面计划，对物料的价格变化加以说明 （2）将此计划报财务部进行成本预算和资金平衡的审核 （3）若采购计划在成本预算范围内，报主管副总经理审批；若超出成本预算范围，报总经理审批
⑤	执行采购计划	采购部执行采购计划购买所需的物料，在执行过程中分析差异、修正计划
⑥	采购计划差异分析	采购部协同财务部定期对采购计划执行的差异状况进行分析

35.3　供应商开发与管理流程

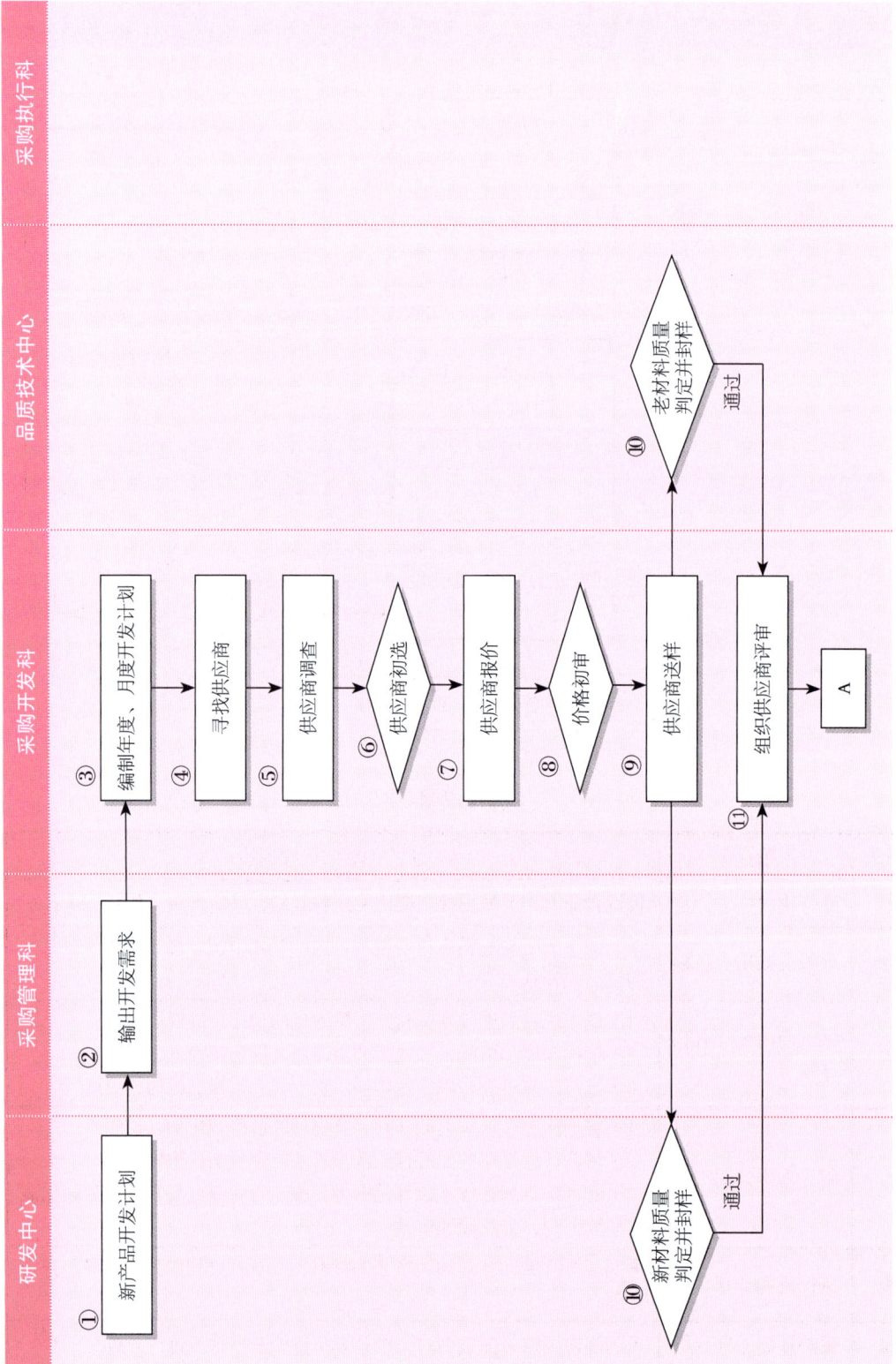

研发中心	采购管理科	采购开发科	品质技术中心	采购执行科

① 新产品开发计划

② 输出开发需求

③ 编制年度、月度开发计划

④ 寻找供应商

⑤ 供应商调查

⑥ 供应商初选

⑦ 供应商报价

⑧ 价格初审

⑨ 供应商送样

⑩ 新材料质量判定并封样　通过

⑩ 老材料质量判定并封样　通过

⑪ 组织供应商评审

A

流程图（一）

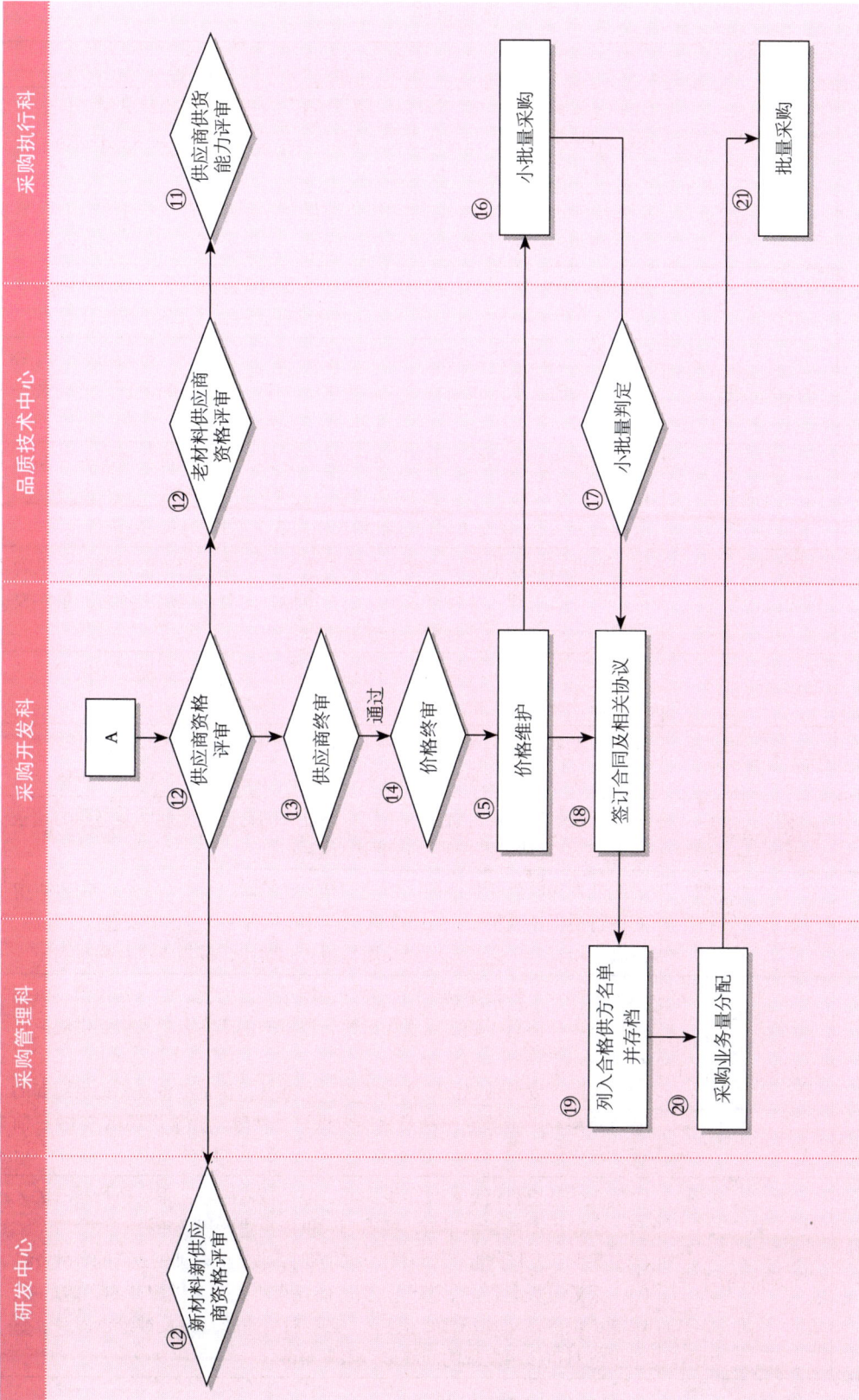

流程图（二）

研发中心	采购管理科	采购开发科	品质技术中心	采购执行科

⑫ 新材料新供应商资格评审

⑫ 供应商资格评审

A

⑬ 供应商终审

通过

⑭ 价格终审

⑮ 价格维护

⑫ 老材料供应商资格评审

⑪ 供应商供货能力评审

⑯ 小批量采购

⑰ 小批量判定

⑱ 签订合同及相关协议

⑲ 列入合格供方名单并存档

⑳ 采购业务量分配

㉑ 批量采购

流程说明

编码	节点	工作内容的简要描述
①	新产品开发计划	（1）有关研发中心根据新产品开发计划，向管理科提出样品需求计划表 （2）相关研发中心向采购管理科提供新开发产品所需的采购技术要求，供提供样品和开发供应商使用
②	输出开发需求	采购管理科根据内部各相关单位反馈信息，和对市场、行情及行业有关信息的调研结果，向采购开发科下达下一月度供应商开发工作指令
③	编制年度、月度开发计划	采购开发科根据采购管理科下发的"供应商开发需求表"制订详细的年度、月度供应商开发计划表，报有关领导审批后执行各项供应商开发任务
④	寻找供应商	采购开发员按供应商开发计划，通过现有供应商介绍、市场考察、网络搜索等渠道或手段收集有关产品的生产厂家、经销商的信息，形成潜在供应商单
⑤	供应商调查	采购开发员通过网络、电话、即时通讯工具、业界同行访谈等方式初步调查、了解各潜在供应商的基本情况，在确认可以合作后，向其发放"供应商调查表"，督促供应商在收到表格后 3 个工作日内回传调查表
⑥	供应商初选	采购开发科收齐下发的"供应商调查表"后，需会同采购管理科、采购执行科等有关部门及科室人员，逐一审核，比对，挑选出各方面条件较好的供应商作为开发对象，报领导审批
⑦	供应商报价	采购开发员应及时与经审批后的初选供应商联系，让其提报拟供货产品的价格，并酌情议价
⑧	价格初审	采购开发科根据公司现行材料（产品）供货价格，结合当前市场价格、行情波动情况及行业现状等因素对初选供应商所报的价格进行审核
⑨	供应商送样	采购开发科向报价符合要求（初审通过）的初选供应商下发书面的"送样通知"，并协调和跟进供应商送有着事宜
⑩	新、老样品质量判定和封样	采购开发员收到新样品后，填写"样品送检单"，随产品交品质技术中心进行质量参数检验，品质技术中心对样品有关尺寸、参数进行检验后，出具质检报告，之后与旧样品质检报告相对比，按规定进行质量判定
⑪	组织供应商评审	（1）采购开发科根据初选供应商所送样品质量情况，结合其报价、供应商调查表等信息，确定需现场考察与评审的供应商名单，编制供应商评计划 （2）采购开发科做好供应商评审相关的准备工作，准备发相关供应商的基本资料，调查表、样品及其质量保证文件等，并于现场审核 15 日前通知各供应商
⑫	供应商资格评审	（1）采购开发科组织相关研发中心、品质技术中心、采购执行科有关人员，组建供应商评审小组，按计划对供应商进行现场审核 （2）采购开发科负责在评审供应商的同时，收集和验证供应商的各种资料 （3）采购开发科汇总、整理、供应商评审小组对各供应商的评定意见，编制"供应商审现场评报告"，必要时将审核结果反馈给供应商，责令供应对审核中发现的问题进行限期整改

（续表）

编码	节点	工作内容的简要描述
⑬	供应商资格终审	采购开发科会同采购管理科有关人员，参照供应商评审小组现场评审意见及供应商审核报告，对相关供应商进行资格审查，确定最终合作的供应商，形成初审合格供应商名单，报上级领导审批
⑭	价格终审	（1）采购开发科人员按审批后的"初审合格供应商名单"，向各供应商发出正式的"询价表"，督促各供应商收到询价表后 2 个工作日内填写完整并回传，必要时采购开发员应酌情与供应商进行适当的议价 （2）收到供应商回传的"报价单"后，采购开发员应立即报有关领导审批
⑮	价格维护	采购管理科有关人员负责对相关供应商资料进行建档，确定供应商的编号，并将供应商信息录入 SAP 系统
⑯	小批量采购	采购部执行科向完成价格维护的供应商分配小批量供货数量，向新供应商下达小批量采购订单，并跟进其交付进度
⑰	小批量质量判定	（1）材料管理部收到新供应商交付的小批量送样物料时，应及时核对所有货物的品名、型号、规格、数量是否与订单及送货相符，在确认上述信息准备无误后，开具"送检单"，通知品质技术中心有关检验员对其进行质量检验 （2）品质技术中心进货来料质检部按有关检验规程、质量标准（含样品）对新供应商所送小批量产品进行质量检验与判定
⑱	签订合同及协议	（1）采购开发科将拟与新供应商签订的各类基础协议、合同传法务办、监察本部、财控中心等相关单位进行审核，确认无误后存档，伺机发给供应商 （2）小批量送样合格后，采购开发科应通知供应签订相关基础协议，并负责与供应商就各协议内容进行沟通与解释，确保供应商能理解并认可各协议
⑲	列入合格供应商并存档	（1）采购开发科将双方签字盖章后的各种基础协议收集齐全、整理后，下发到各相关单位，存档的协议转采购管理科存档 （2）采购管理科收到各类基础协议，验证其充分性和完整性，确认无误后，将其装入供应商档案，将供应商信息录入"合格供应商名录"
⑳	采购业务量分配	（1）采购管理科根据生产计划和备料计划对材料（产品）的需求量，结合各供应商的规模、产能、品质、价格、诚信度、服务质量等综合因素，酌情向其分配采购业务量 （2）采购管理科每月 25 日前编制下一月度的采购业务分配计划,形成"月度采购业务量分配计划表",报领导审批后转采购执行科实施
㉑	批量采购	采购执行科根据采购管理科下达的采购业务分配表，按计划向各供应商下达批量采购订单，做好订单交付进度的跟催，就来料验收、检验、入库及付款等事宜作好沟通与协调

35.4　供应商绩效考核流程

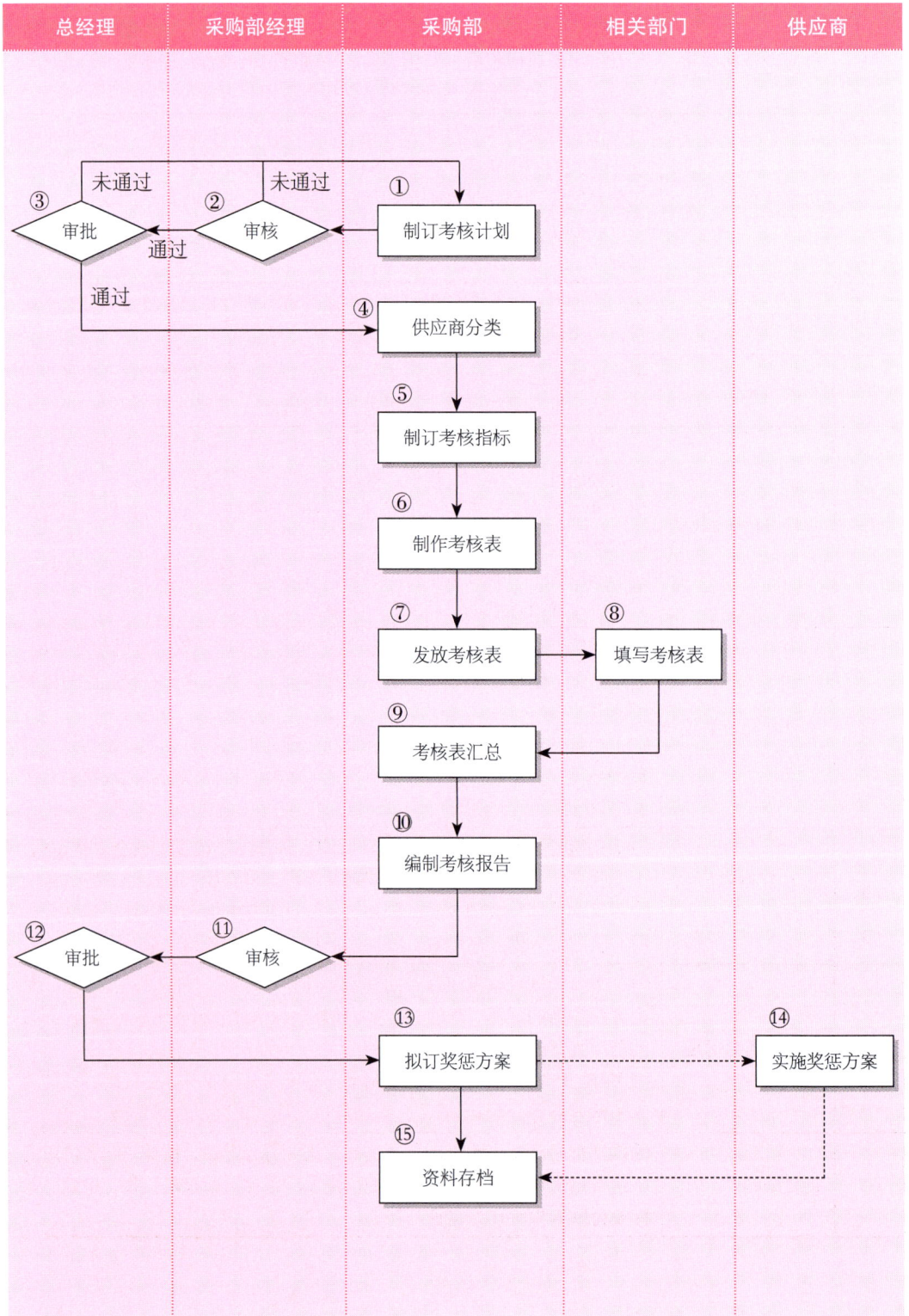

总经理	采购部经理	采购部	相关部门	供应商

③ 审批　未通过

② 审核　未通过

① 制订考核计划

通过

通过

④ 供应商分类

⑤ 制订考核指标

⑥ 制作考核表

⑦ 发放考核表　　⑧ 填写考核表

⑨ 考核表汇总

⑩ 编制考核报告

⑫ 审批　　⑪ 审核

⑬ 拟订奖惩方案　　⑭ 实施奖惩方案

⑮ 资料存档

流程说明

编码	节点	工作内容的简要描述
①	制定考核计划	采购部制订《供应商考核计划》，内容包括考核的目的、考核方式、组织人员、参与人员等内容，编制完成后由采购部经理审核
②	审核	采购部经理审核《供应商考核计划》
③	审批	总经理审批《供应商考核计划》
④	供应商分类	采购部按考核计划将供应商进行分类
⑤	制定考核指标	采购部根据对供应商的分类，分别设置不同的考核指标，对各个考核指标建立评分等级，形成完整的供应商考核指标体系
⑥	制作考核表	采购部制作《供应商考核评分表》
⑦	发放考核表	采购部在完成考核表的制作后，一方面收集供应商的信息，了解考核指标的每个项目；另一方面，向相关部门发放《供应商考核评分表》，对供应商实施考核
⑧	填写考核表	相关部门接到《供应商考核评分表》后，在规定的时间内填写，对供应商进行打分，并将《供应商考核评分表》返回采购部
⑨	考核表汇总	采购部人员根据对《供应商考核评分表》的信息进行汇总、分析
⑩	编制考核报告	采购部在分析的基础上拟订《供应商考核报告》
⑪	审核	采购部经理审核《供应商考核报告》
⑫	审批	总经理审批《供应商考核报告》
⑬	拟订奖惩方案	采购部根据采购部经理、总经理的审批意见，参考供应商管理的相关规定，拟订《供应商奖惩方案》，并提请采购部经理、总经理审批
⑭	实施奖惩方案	采购部按照批准的《供应商奖惩方案》对供应商实施奖惩，绩优者优先取得交易机会，享受培训及考察、颁发证书等奖励；绩劣者，视情节严重性，或进行资格重估，或取消其供应商资格
⑮	资料存档	采购部文员将供应商考核方面的各项资料按公司文件的规定进行整理、归档

35.5 采购价格调查流程

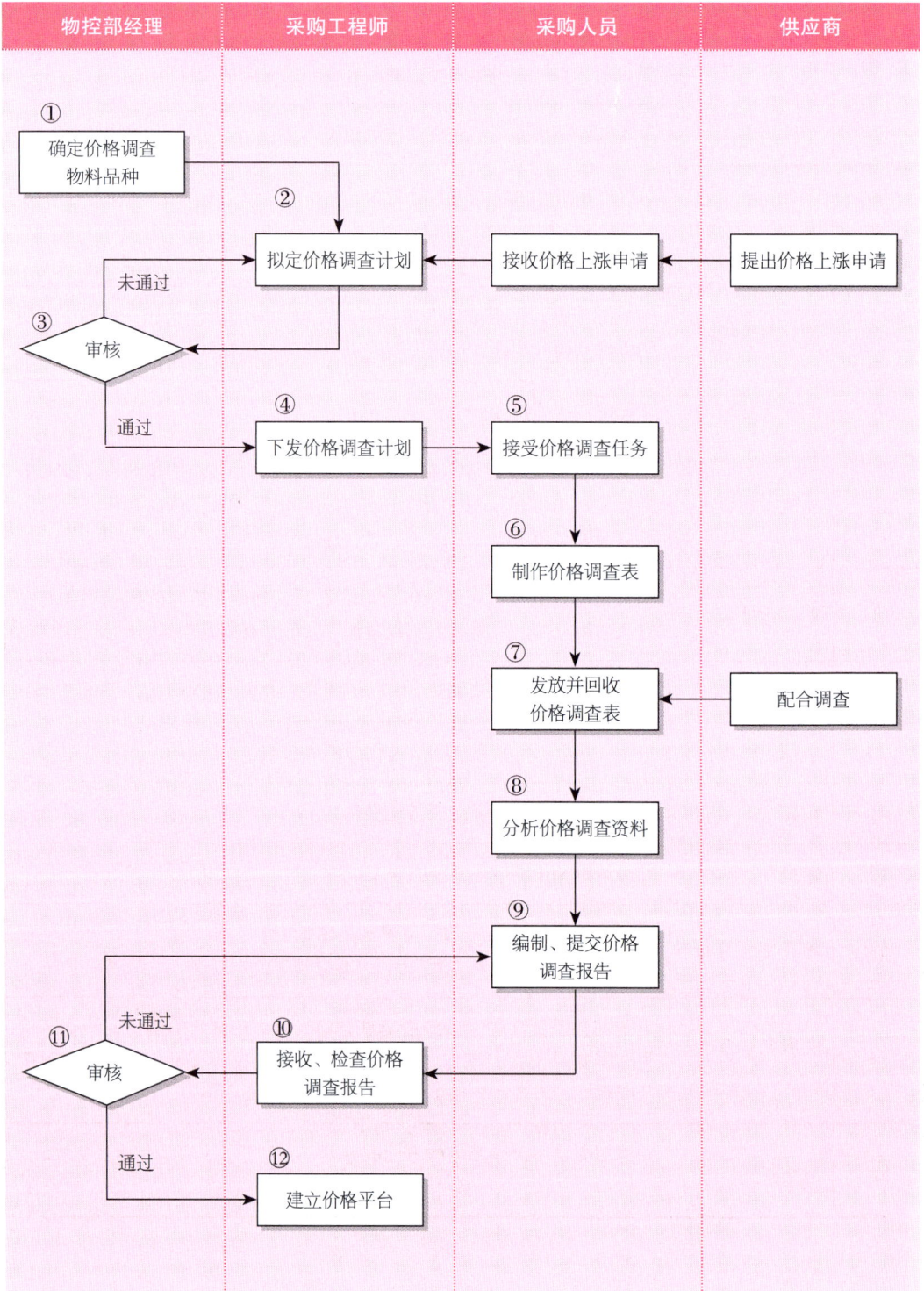

物控部经理	采购工程师	采购人员	供应商

①
确定价格调查
物料品种

②
拟定价格调查计划 ← 接收价格上涨申请 ← 提出价格上涨申请

未通过

③
审核

通过

④
下发价格调查计划 →

⑤
接受价格调查任务

⑥
制作价格调查表

⑦
发放并回收
价格调查表 ← 配合调查

⑧
分析价格调查资料

⑨
编制、提交价格
调查报告

未通过

⑪
审核

⑩
接收、检查价格
调查报告

通过

⑫
建立价格平台

流程说明

编码	节点	工作内容的简要描述
①	确定价格调查物料品种	物控部经理根据各类物料采购价格的确认方式，对需要进行价格调查的新采购物料以及拟定的成本降低品种下达采购价格调查任务
②	拟定价格调查计划	物控部采购工程师根据部门经理下达的价格调查任务，收集、整理价格信息，结合具体项目制订采购价格调查计划。对于采购员接收的供应商有关价格的变动要求，也要作出适宜的调查核实安排，并经部门经理审核后通知采购员执行
③	审核	物控部经理审核价格调查计划
④	下发调查计划	采购工程师下发价格调查计划
⑤	接受价格调查任务	采购人员接受价格调查任务
⑥	制作价格调查表	采购人员根据价格调查计划制作价格调查表
⑦	发放并回收价格调查表	采购人员将价格调查表发放给供应商，及负责收回价格调查表
⑧	分析价格调查资料	采购人员分析供应商返回的价格调查表
⑨	编制、提交价格调查报告	采购人员在分析的基础上编制书面的价格调查报告，并提交给采购工程师
⑩	接收、检查价格调查报告	采购工程师接收价格调查报告之后，立即检查价格调查报告
⑪	审核	物控部经理审核价格调查报告
⑫	建立价格平台	物控部经理审核价格调查报告通过后，由采购工程师建立价格平台

35.6 采购物资价格审核流程

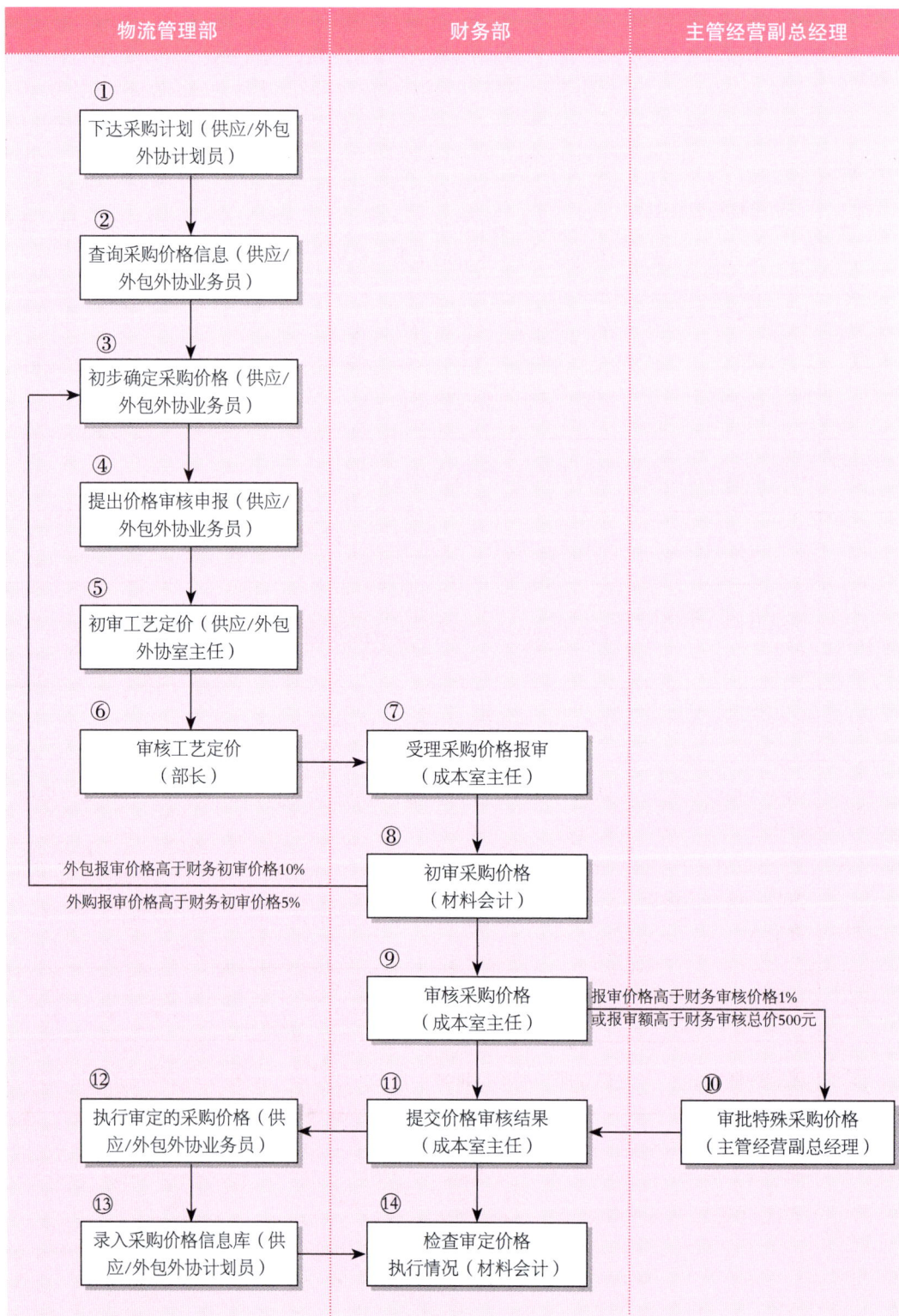

物流管理部	财务部	主管经营副总经理

① 下达采购计划（供应/外包外协计划员）

② 查询采购价格信息（供应/外包外协业务员）

③ 初步确定采购价格（供应/外包外协业务员）

④ 提出价格审核申报（供应/外包外协业务员）

⑤ 初审工艺定价（供应/外包外协室主任）

⑥ 审核工艺定价（部长）

⑦ 受理采购价格报审（成本室主任）

外包报审价格高于财务初审价格10%
外购报审价格高于财务初审价格5%

⑧ 初审采购价格（材料会计）

⑨ 审核采购价格（成本室主任）

报审价格高于财务审核价格1%或报审额高于财务审核总价500元

⑫ 执行审定的采购价格（供应/外包外协业务员）

⑪ 提交价格审核结果（成本室主任）

⑩ 审批特殊采购价格（主管经营副总经理）

⑬ 录入采购价格信息库（供应/外包外协计划员）

⑭ 检查审定价格执行情况（材料会计）

流程说明

编码	节点	工作内容的简要描述
①	下达采购计划	物流管理部供应／外包外协计划员将供应／外包外协计划下达给供应／外包外协业务员
②	查询采购价格信息库	物流管理部供应／外包外协业务员打开供应链采购价格信息库。按采购计划指定的材料，查找最新录入价格及对应的供应商；对价格信息库中已有审定价格的材料，按采购流程采购；记录价格信息库中无审定价格的材料名称
③	初步确定采购价格	物流管理部供应／外包外协业务员按按本公司《招标管理办法》《采购控制规定》及公司采购流程等管理规定，对价格信息库中无审定价格的材料向供应商询价，初步确定采购价格及供应商
④	提出价格审核申请	采购员准确完整填写"价格报审单"，确认无误后连同附送资料交供应／外包外协室主任审核
⑤	初审工艺定价	物流管理部供应／外包外协室主任复核供应／外包外协业务员提交的价格报审单及附送资料，签署意见后送物流管理部经理审核
⑥	审核工艺定价	物流管理部经理审核供应／外包外协室主任的初审工艺定价及初审意见，签署意见后将价格报审单返还供应／外包外协业务员
⑦	受理采购价格报审	（1）财务部成本室主任核对采购价格报审单及附送资料，在"报审时间"栏填写接收时间 （2）按价格报审材料分类，将采购价格报审单分发至相应岗位材料会计初审
⑧	初审采购价格	财务部材料会计复核采购价格报审单内容及附送资料真实性及完整性，通过信息对比，分析核实报审价格，签署意见后送成本室主任审核
⑨	审核采购价格	财务部成本室主任检查价格报审单填写内容、附送资料、各审核人签署的审核意见，签署意见后报主管经营副总经理审定
⑩	审批特殊采购价格	主管经营副总经理受理成本室主任呈报的价格报审单，核实物流管理部报价与财务部审计、审核价格的依据，通过信息对比，分析核实报审价格，审批特殊采购价格后签署审上通知供应／外包外协业务员领取报审单批意见
⑪	提交价格审核结果	财务部成本室主任在价格报审单审核完毕后，通知物流管理部执行采购价格
⑫	执行审定的采购价格	物流管理部供应／外包外协业务员至财务部成本室领取审核完毕的价格报审单，复印价格报审单后将原件交财务部相应岗位材料会计存档
⑬	录入采购价格信息库	供应／外包外协计划员将价格报审单的材料名称及审定价格录入用友供应链购价格信息库
⑭	检查审定价格执行情况	财务部审核采购入库单、采购发票价格与审定价格的一致性、采购合同日期是否超过审定价格的有效期，发现差错，及时通知相关责任人更正

第36章　生产管理流程

36.1　生产计划编制流程

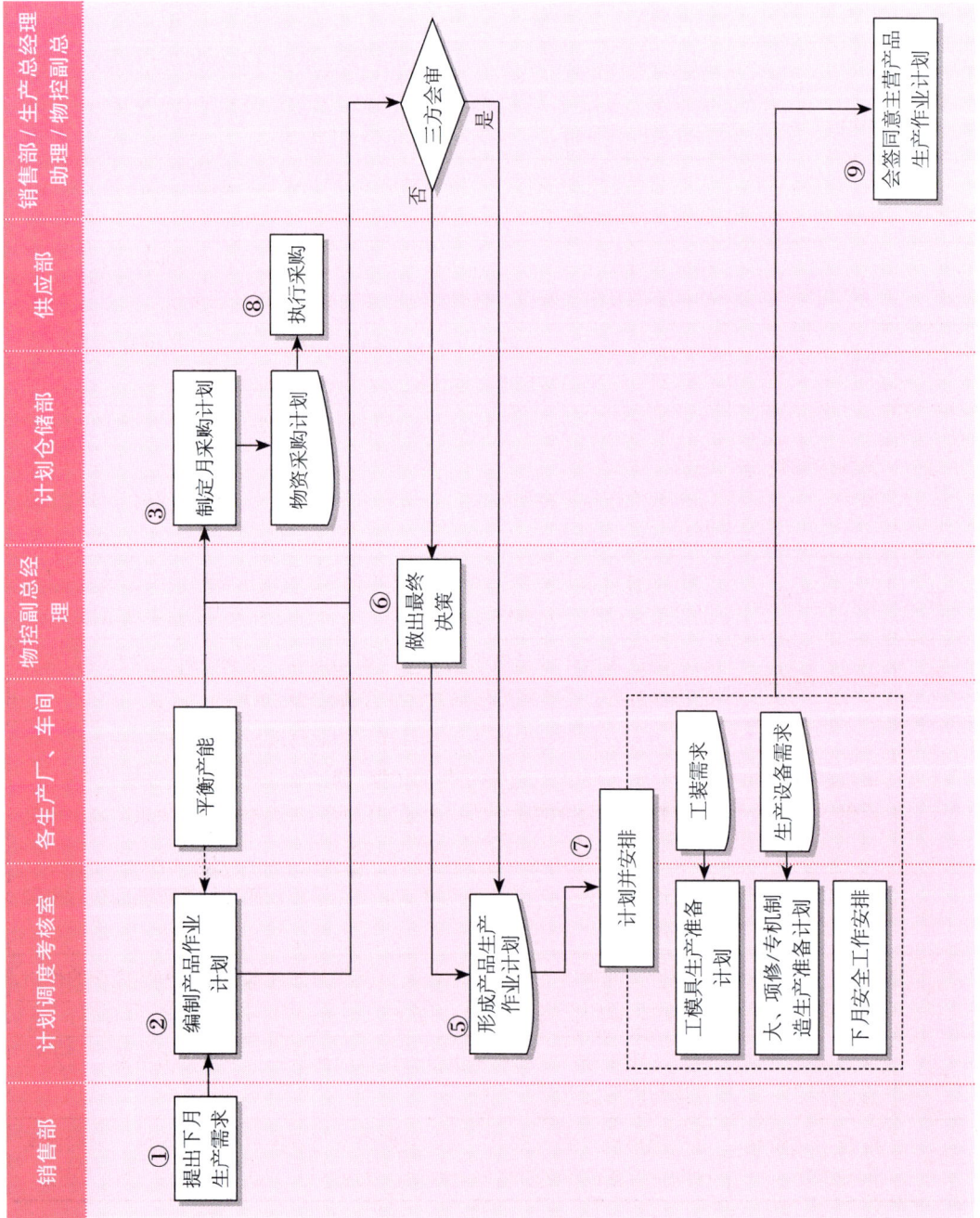

销售部/生产总经理助理/物控副总	供应部	计划仓储部	物控副总经理	各生产厂、车间	计划调度考核室	销售部
⑨ 会签同意主营产品生产作业计划						① 提出下月生产需求
	⑧ 执行采购	③ 制定月采购计划 → 物资采购计划			② 编制产品作业计划	
三方会审（否／是）			⑥ 做出最终决策	平衡产能		
			⑤ 形成产品生产作业计划 → ⑦ 计划并安排	工装需求／生产设备需求／工模具生产准备计划／大、项修／专机制造生产准备计划／下月安全工作安排		

流程说明

编码	节点	工作内容的简要描述
①	提出下月生产需求	销售部编制"产品月度销售计划"，在考虑优化库存的基础上，提出下月销售产品的生产需求
②	编制产品作业计划	根据销售部排定的"产品月度销售计划"中产品销售的先后顺序，由计划调度考核室与各生产厂平衡产能，根据各生产厂的实际生产能力及关键设备通过能力编制每月的"产品生产作业计划"草案
③	制定月采购计划	物控部查核相关物资库存情况，并根据产品生产用材及使用日期制定下月"月采购计划"，供应部作下月实施采购的依据
④	三方会审	由销售部、生产总经理助理、物控副总，会商审核产品生产作业计划草案
⑤	形成产品生产作业计划	三方会审如一致同意，则形成产品生产作业计划
⑥	做出最终决策	如销售部提出的生产需求计划大于公司现有生产能力，由物控副总经理协调，做出最终决策
⑦	计划并安排	（1）各产品生产厂向计划调度考核室提出下月生产所需补充的工装（包括模具、工具、夹具、刀具、易损工装等），由计划调度考核室编制工模具生产准备计划 （2）各产品生产厂报计划调度考核室，计划调度考核室依据各生产厂设备需求编制设备大、项修、专机制造生产准备计划 （3）计划调度考核室编制产品生产作业计划 （4）计划调度考核室编制下月安全生产工作安排
⑧	执行采购	供应部根据物资采购计划实施具体采购
⑨	会签同意主营产品生产作业计划	营销副总、生产总经理助理、物控副总三方开会进行审批，并形成主营产品生产作业计划

36.2 生产计划执行流程

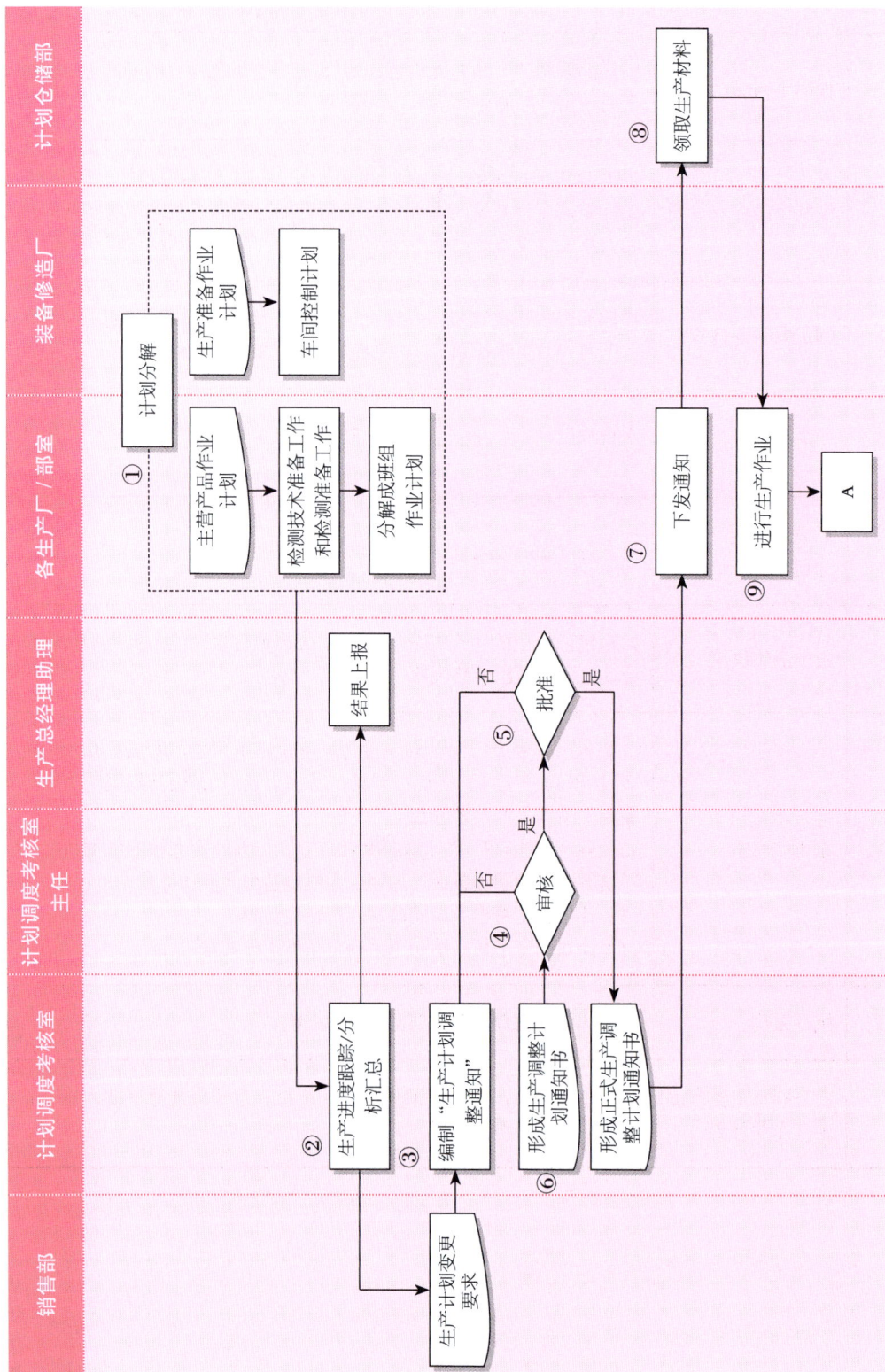

计划仓储部	装备修造厂	各生产厂/部室	生产总经理助理	计划调度考核室主任	计划调度考核室	销售部

流程图（一）

① 计划分解

生产准备作业计划 → 车间控制计划

主营产品作业计划 → 检测技术准备工作和检测准备工作 → 分解成班组作业计划

结果上报

② 生产进度跟踪/分析汇总

③ 编制"生产计划调整通知"

④ 审核　是/否

⑤ 批准　是/否

⑥ 形成生产调整计划通知书　形成正式生产调整计划通知书

⑦ 下发通知

⑧ 领取生产材料

⑨ 进行生产作业

生产计划变更要求

A

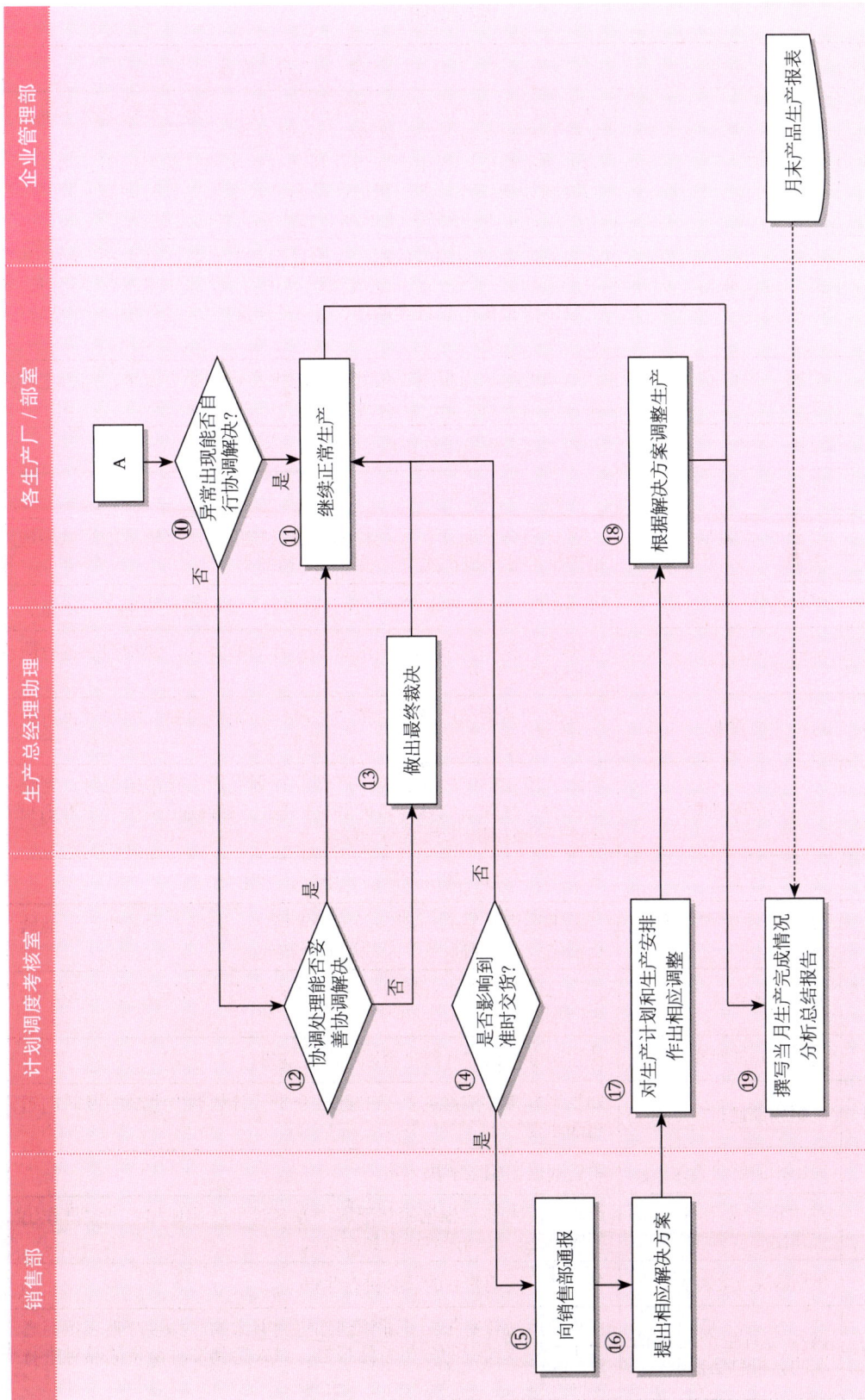

流程图（二）

销售部	计划调度考核室	生产总经理助理	各生产厂/部室	企业管理部

A

⑩ 异常出现能否自行协调解决？

否

是

⑪ 继续正常生产

⑫ 协调处理能否妥善协调解决

是

否

⑬ 做出最终裁决

⑭ 是否影响到准时交货？

是

否

⑮ 向销售部通报

⑯ 提出相应解决方案

⑰ 对生产计划和生产安排作出相应调整

⑱ 根据解决方案调整生产

⑲ 撰写当月生产完成情况分析总结报告

月末产品生产报表

流程说明

编码	节点	工作内容的简要描述
①	计划分解	（1）各产品生产厂将"主营产品生产作业计划"和检测技术准备工作和检测准备工作分解成班组作业计划 （2）装备修造厂将生产准备计划进行落实和分解到班组，制定车间控制计划。该计划应包括产品名称及要求完成时间等。同时在生产过程中工序交接应有记录，便于加工件的进度跟踪
②	生产进度跟踪、分析汇总	计划调度考核室调度依据"生产日报表"对各产品生产厂的均衡生产、质量情况、产品完成情况等进行生产进度跟踪，将分析、汇总结果报生产总经理助理，并在公司的生产经营协调会上进行相关情况的通报
③	编制"生产计划调整通知"	计划调度考核室根据销售部提出的生产计划变更要求，结合生产能力状况编制"生产计划调整通知"
④	审核	计划调度考核室主任审核
⑤	批准	生产总经理助理批准
⑥	形成生产调整计划通知书	生产计划调整通知在经过计划调度考核室主任审核、生产总经理助理批准后形成正式生产调整计划通知书
⑦	下发通知	计划调度考核室将生产调整计划通知书下达至相关的生产厂及部室
⑧	领取生产材料	各生产厂及相关部门根据生产作业计划的要求，到物控部进行原/辅材料的领用
⑨	进行生产作业	相关的产品生产厂及部室按"生产计划调整通知"的要求进行生产作业
⑩	异常情况的判断	当生产作业单位出现影响生产作业计划完成的异常情况时，判断是否能自行解决问题，若能解决问题，则继续正常生产；否则报生产厂计划调度考核室协调解决
⑪	继续正常生产	各生产厂在自行解决问题后，继续正常生产
⑫	协调处理能否妥善协调解决	计划调度考核室判断能够妥善协调解决，若能，则各生产厂继续正常生产，否则报生产总经理助理裁决
⑬	做出最终裁决	生产总经理助理进行裁决，给出能保证解决正常生产的可行方案，生产部门继续正常生产
⑭	是否影响准时交货	计划调度考核室判断是否影响准时交货
⑮	向销售部通报	如生产异常影响顾客产品的准时交货，计划调度考核室及时向销售部通报
⑯	提出相应解决方案	销售部提出相应解决方案
⑰	对生产计划和生产安排作出相应调整	计划调度考核室根据销售部解决方案对生产计划和生产安排作出相应调整，以确保承诺得到实现
⑱	根据解决方案调整生产	各生产厂按调整后的计划进行生产
⑲	撰写当月生产完成情况的分析总结报告	计划调度考核室根据企业管理部每月月末的产品生产报表撰写当月生产完成情况的分析总结报告，对未达到准时交货的品种进行原因分析

36.3　生产部生产计划流程

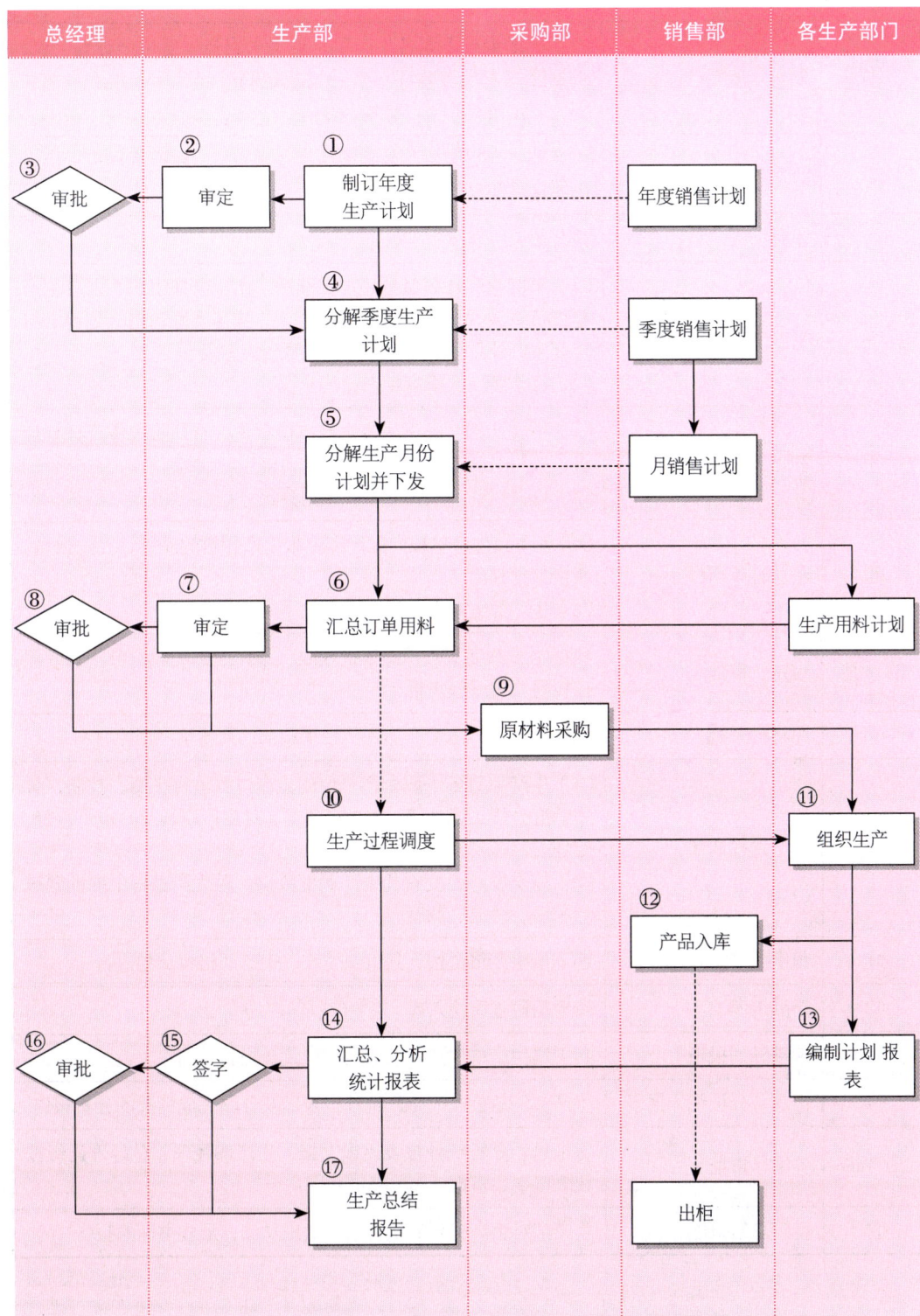

总经理	生产部	采购部	销售部	各生产部门

③ 审批　← ② 审定　← ① 制订年度生产计划　←---　年度销售计划

④ 分解季度生产计划　←---　季度销售计划

⑤ 分解生产月份计划并下发　←---　月销售计划

⑧ 审批　← ⑦ 审定　← ⑥ 汇总订单用料　←　生产用料计划

⑨ 原材料采购

⑩ 生产过程调度　→　⑪ 组织生产

⑫ 产品入库

⑬ 编制计划报表

⑯ 审批　← ⑮ 签字　← ⑭ 汇总、分析统计报表

⑰ 生产总结报告

出柜

流程说明

编码	节点	工作内容的简要描述
①	制定年度生产计划	由生产部组织下属各生产单位负责人召开年度生产计划会议，根据公司发展战略和经营计划规定的经营目标和年度销售计划，制定当年的生产计划
②	审定	生产部将当年的生产计划报生产经理审核，生产经理应提出自己的意见和建议
③	审批	报公司总经理审批
④	分解季度生产计划	（1）年度生产计划经总经理批准后，由生产部组织下属各生产单位负责人召开季度生产计划会议，按照季度销售计划要求将年度生产计划分解为各生产单位季度生产计划 （2）每季度一次季度生产计划会议
⑤	制定月度生产计划	（1）由生产部组织下属各生产单位负责人召开阶段生产计划会议，按照月度销售计划要求制定月度生产计划 （2）每月召开一次月度生产计划会议
⑥	汇总订单用料	（1）各下属生产单位向生产部上报生产用料的品种、型号、数量、质量等计划 （2）生产部汇总各下属生产单位用料计划
⑦－⑧	审定、审批	根据购买额度及公司的审批权限，报生产部经理、公司总经理按权限规定逐级审批
⑨	原材料采购	计划批准后，由生产部统一报采购部，准备生产用原材料
⑩	生产过程调度	（1）生产部对各下属生产单位的生产过程进行平衡、控制，合理调度公用工程系统、人力等资源，对生产现场及时进行监督、管理 （2）按季度、月度召开生产调度会议，对生产过程中的问题进行平衡、协调、调度
⑪	组织生产	各下属生产单位按计划组织生产，生产严格按计划进行
⑫	产品入库	产成品通过质检入库
⑬	编制计划报表	各下属生产单位按要求填报生产统计报表
⑭	汇总、分析统计报表	生产部汇总公司的生产统计报表以及计划完成情况的分析报告
⑮－⑯	签字、审批	将汇总、分析统计报表逐级上报，生产部经理、总经理逐级按权限签字、审批
⑰	生产总结报告	生产部对生产计划的执行情况做出总结，形成书面的报告

36.4　车间生产管理流程

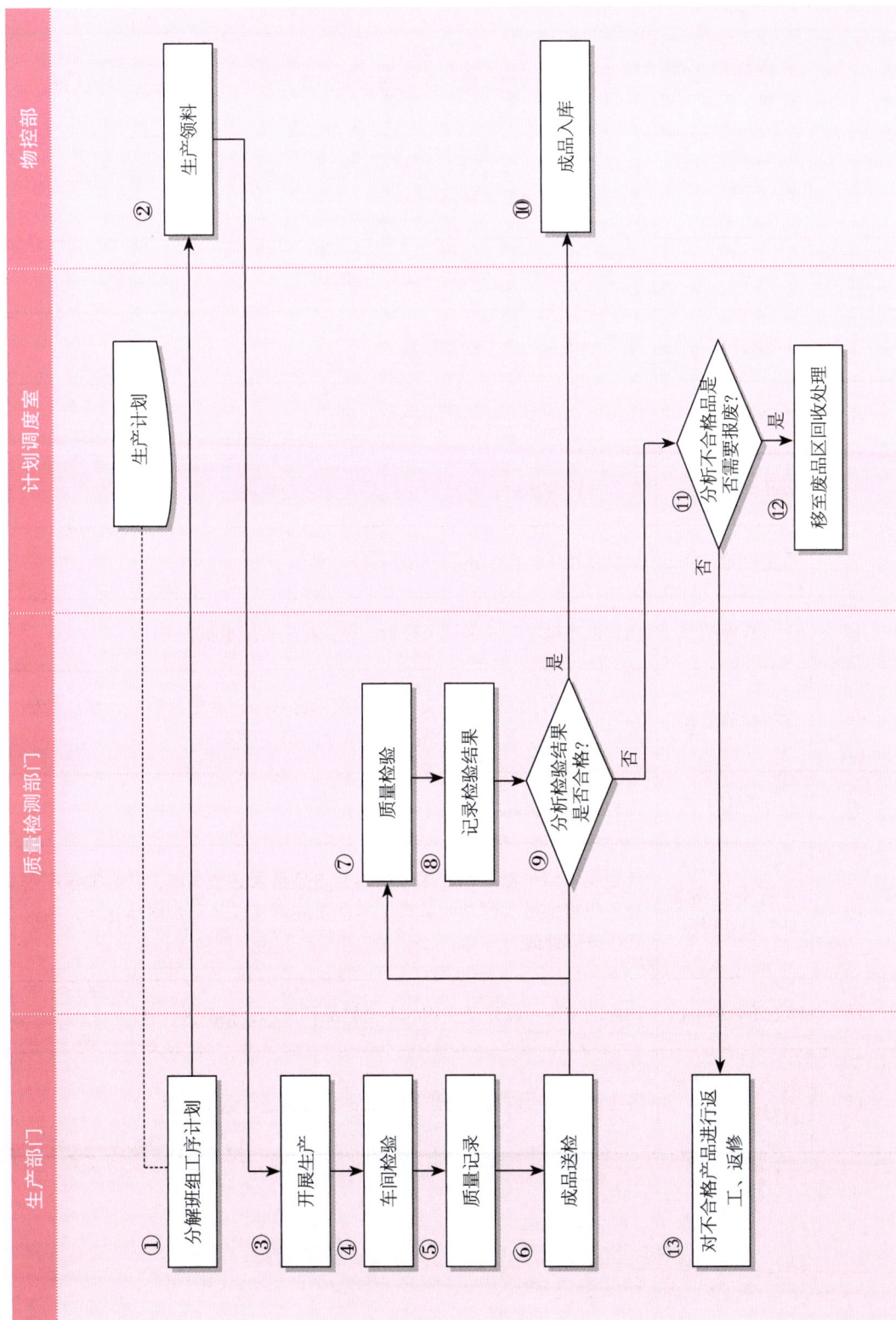

生产部门	质量检测部门	计划调度室	物控部
			② 生产领料
		生产计划	
① 分解班组工序计划			
③ 开展生产			
④ 车间检验	⑦ 质量检验		
⑤ 质量记录	⑧ 记录检验结果		
⑥ 成品送检	⑨ 分析检验结果是否合格？		⑩ 成品入库
		⑪ 分析不合格品是否需要报废？	
⑬ 对不合格产品进行返工、返修		⑫ 移至废品区回收处理	

流程说明

编码	节点	工作内容的简要描述
①	分解班组工序计划	计划调度考核室负责编制生产计划，并由车间分解至班组工序计划
②	生产领料	物控部根据具体排产量计算领料数量，进行原辅材料出库；各生产厂到仓储部领用生产材料
③	开展生产	各生产班组按工艺的要求组织开展生产
④	车间检验	生产部按工艺要求安排检验
⑤	质量记录	生产部根据工艺要求记录检验结果
⑥	成品送检	车间生产完成后，将产成品送质量部进行检测
⑦	质量检验	质量部按工艺要求进行质量检验
⑧	记录检验结果	质量部根据工艺要求记录检验结果，并出具质量报告单
⑨	分析检验结果	质量部分析检验结果，并判断是否为合格品，若是合格品，则送仓储部成品入库；若为非合格品则进入下一道工序
⑩	成品入库	物控部将合格的产成品办理入库手续
⑪	分析不合格品是否必须报废	计划调度室根据工艺要求分析不合格品是否必须报废，若必须报废则放入质量部废品区回收处理；若能实施调整以达到合格品标准，则返回生产厂处理
⑫	移至不合格品区	物控部将不可以处理回用的不合格品移至不合格品区
⑬	对不合格品进行返工返修	各生产厂对可以经过处理回用的不合格品进行返工返修

36.5　生产制作指示控制流程

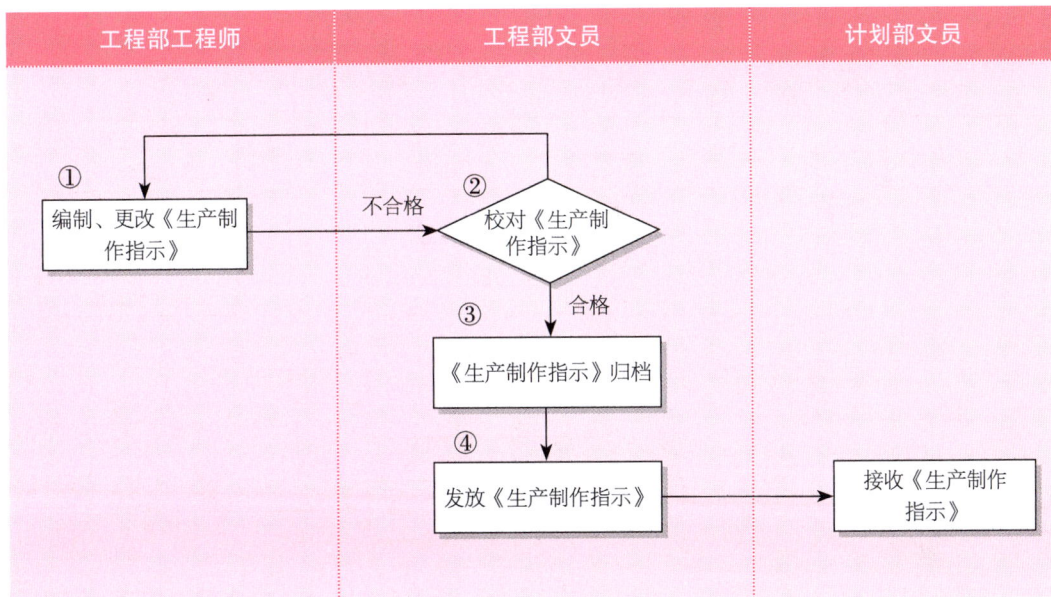

工程部工程师	工程部文员	计划部文员

① 编制、更改《生产制作指示》 —— 不合格 ——→ ② 校对《生产制作指示》

合格

③ 《生产制作指示》归档

④ 发放《生产制作指示》 ——→ 接收《生产制作指示》

流程说明

编码	节点	工作内容的简要描述
①	编制、更改《生产制作指示》	《生产制作指示》由生产厂工程部工程师按《简版 MI 编制规范》《电脑 MI 编制规范》《客户资料审查表》及客户提供的资料进行编写并录入
②	校对《生产制作指示》	《生产制作指示》编写完成后，须按《简版 MI 编制规范》《电脑 MI 编制规范》的规定进行校对后方可生效
③	《生产制作指示》归档	（1）经过校对的书面《生产制作指示》，由工程师交本部门资料室受控，办理交接手续 （2）资料室负责保存全套《生产制作指示》的原稿，电脑《生产制作指示》保存在资料库中
④	发放《生产制作指示》	（1）生产厂工程部资料室依据指示中的规定，将书面《生产制作指示》发放到相应部门和班组，并办理发放登记手续 （2）电脑《生产制作指示》由生产厂工程部校对人员发放至生产厂生产计划部，由生产厂生产计划部通下放至相关工序

36.6 生产异常处理流程

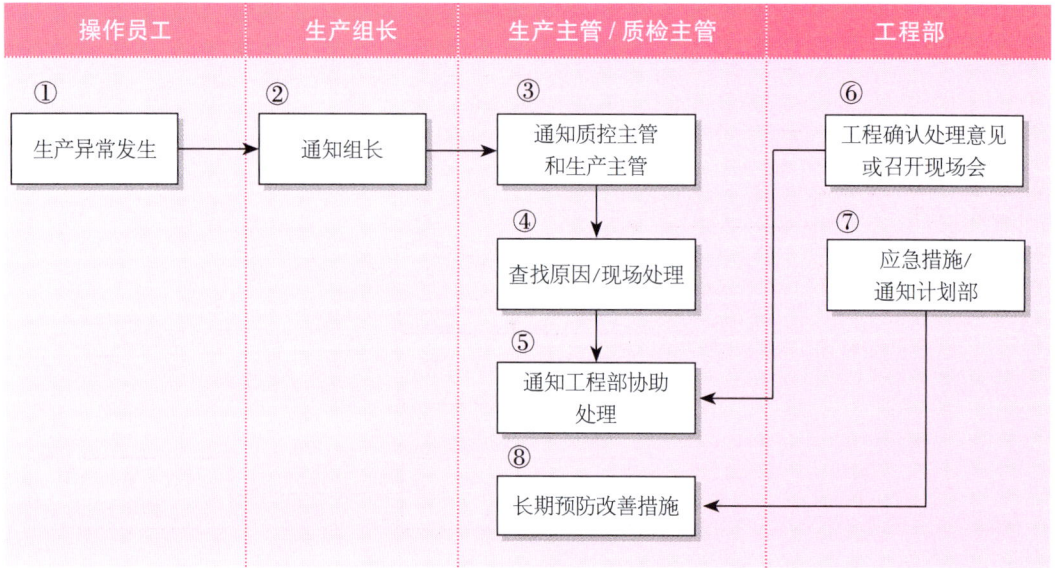

操作员工	生产组长	生产主管 / 质检主管	工程部
① 生产异常发生	② 通知组长	③ 通知质控主管和生产主管	⑥ 工程确认处理意见或召开现场会
		④ 查找原因/现场处理	⑦ 应急措施/通知计划部
		⑤ 通知工程部协助处理	
		⑧ 长期预防改善措施	

流程说明

编码	节点	工作内容的简要描述
①	生产异常发生	当生产异常发生时，操作员工应立即对生产异常做出初步判断，无法自行解决立即上报
②	通知组长	当异常无法立即排除且影响到正常生产时，组长应立即通知生产主管及 IPQC
③	通知质控主管和生产主管	生产主管或质控主管接到异常报告后应立即判断其严重程度，如有必要马上通知生产经理
④	查找原因 / 现场处理	现场管理人员与质控人员一起查找原因、解决实施。如无法解决由生产管理人员确定后以电话或"生产异常处理联络单"的形式知会工程部
⑤	通知工程部协助处理	工程部到现场与生产部及相关人员探讨解决方案，并共同确定解决对策
⑥	工程确认处理意见或召开现场会	如遇重大问题或需相关部门共同协商解决的，由工程部主导召开现场会，要求工程部、计划部、生产部、质量部等部门负责人参加
⑦	应急措施 / 通知计划部	应急措施由工程部主导，生产部、质控部和计划部共同确认后方可实施，重大品质问题延误交期的需计划部确认
⑧	长期预防改善措施	由工程主导品质工程师协助共同制定长期预防措施，由物控部通知供应商并与质控一同监督其落实

36.7　生产工时效率考核流程

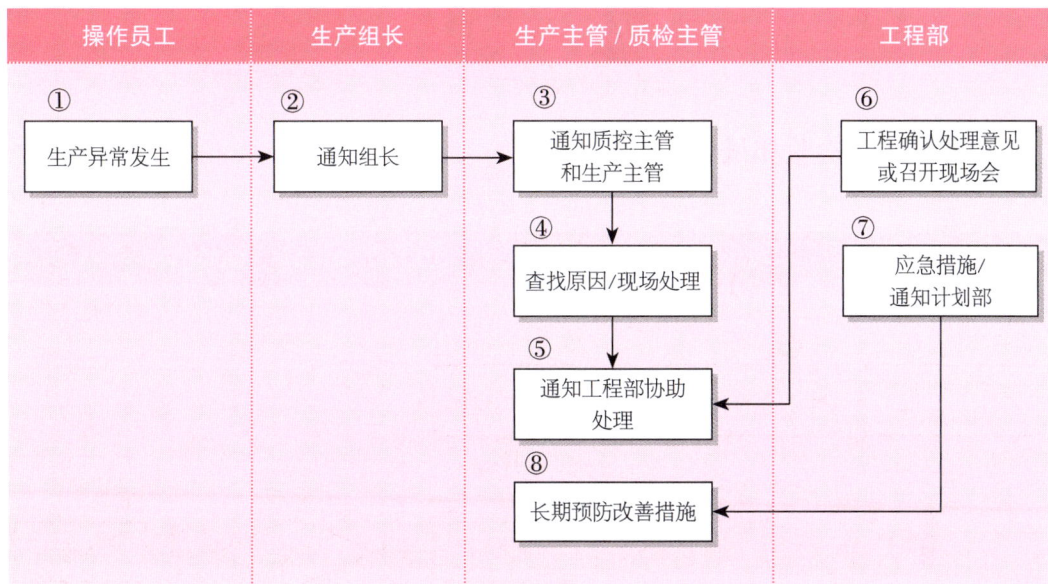

操作员工	生产组长	生产主管 / 质检主管	工程部
① 生产异常发生	② 通知组长	③ 通知质控主管 和生产主管	⑥ 工程确认处理意见 或召开现场会
		④ 查找原因/现场处理	⑦ 应急措施/ 通知计划部
		⑤ 通知工程部协助 处理	
		⑧ 长期预防改善措施	

流程说明

编码	节点	工作内容的简要描述
①	生产异常发生	当生产异常发生时，操作员工应立即对生产异常做出初步判断，无法自行解决立即上报
②	通知组长	当异常无法立即排除且影响到正常生产时，组长应立即通知生产主管及 IPQC
③	通知质控主管和生产主管	生产主管或质控主管接到异常报告后应立即判断其严重程度，如有必要马上通知生产经理
④	查找原因 / 现场处理	现场管理人员与质控人员一起查找原因、解决实施。如无法解决由生产管理人员确定后以电话或"生产异常处理联络单"的形式知会工程部
⑤	通知工程部协助处理	工程部到现场与生产部及相关人员探讨解决方案，并共同确定解决对策
⑥	工程确认处理意见或召开现场会	如遇重大问题或需相关部门共同协商解决的，由工程部主导召开现场会，要求工程部、计划部、生产部、质量部等部门负责人参加
⑦	应急措施 / 通知计划部	应急措施由工程部主导，生产部、质控部和计划部共同确认后方可实施，重大品质问题延误交期的需计划部确认
⑧	长期预防改善措施	由工程主导品质工程师协助共同制定长期预防措施，由物控部通知供应商并与质控一同监督其落实

第37章　质量管理流程

37.1　进货检验和试验控制流程

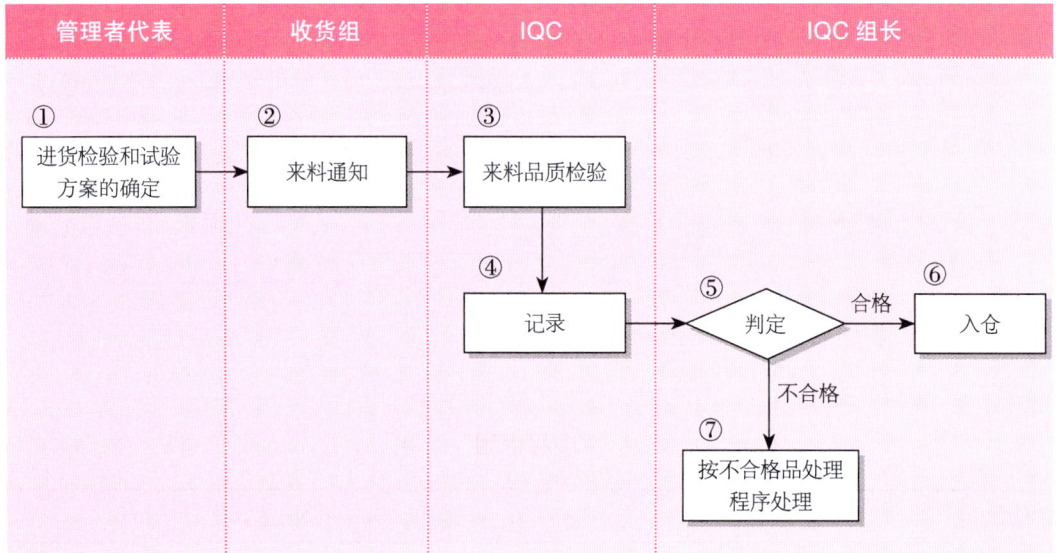

管理者代表	收货组	IQC	IQC 组长

① 进货检验和试验方案的确定 → ② 来料通知 → ③ 来料品质检验

④ 记录 → ⑤ 判定 — 合格 → ⑥ 入仓

不合格 ↓

⑦ 按不合格品处理程序处理

流程说明

编码	节点	工作内容的简要描述
①	进货检验和试验方案的确定	管理者代表负责组织相关职能部门负责人，根据客户质量要求及公司实际情况共同确定进货检验和试验方案
②	来料通知	各种生产物料及外发加工品到厂后，由仓务课收货组负责接收，并发来料通知给 IQC
③	来料质量检验	质量部 IQC 工程师负责组织对需要检验的进厂原材料，外包加工的产品、生产用工具进行检验
④	记录	对检验的情况进行记录，进料验证记录由责任部门保存，进料检验记录由质量部保存
⑤	判定	IQC 组长对来料的质量进行合格与否的判定
⑥	入仓	对合格的物料通知仓管人员办理入仓手续
⑦	按不合格品处理程序处理	进料检验过程中发现不合格时，IQC 按不合格品处理程序执行

37.2　过程检验和试验控制流程

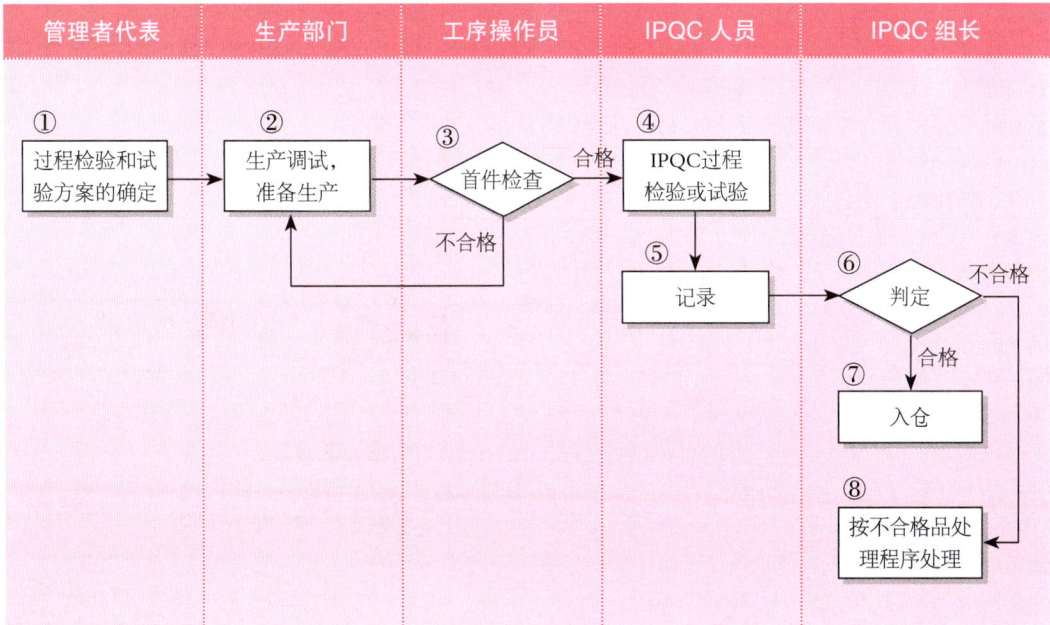

管理者代表	生产部门	工序操作员	IPQC 人员	IPQC 组长

① 过程检验和试验方案的确定 → ② 生产调试，准备生产 → ③ 首件检查（合格 / 不合格）→ ④ IPQC过程检验或试验 → ⑤ 记录 → ⑥ 判定（不合格 / 合格）→ ⑦ 入仓；⑧ 按不合格品处理程序处理

流程说明

编码	节点	工作内容的简要描述
①	过程检验和试验方案的确定	管理者代表负责组织相关职能部门负责人，根据客户质量要求及公司实际情况共同确定过程检验和试验方案
②	生产调试，准备生产	生产部负责生产调试及生产
③	首件检查	各工序操作人员必须按本工序作业指导书中的规定，对即将批量生产的产品进行规定的首件检验
④	IPQC 过程检验或试验	IPQC 检查员按"QC 抽样检验计划"中的要求进行抽样、依照《检查基准书》对生产过程中的产品进行检验或试验
⑤	记录	IPQC 将检查结果记录于"IPQC 检查记录表"（客户有要求时，依客户要求记录
⑥	判定	"IPQC 检查记录表"由 IPQC 组长或以上人员确认，IPQC 组长对质量状况进行判定
⑦	入仓	质量符合时通知相关人员办理入仓手续
⑧	按不合格品处理程序处理	质量异常时，由 IPQC 组长开出"质量异常联络书"要求生产部门改善

37.3 出货检验和试验控制流程

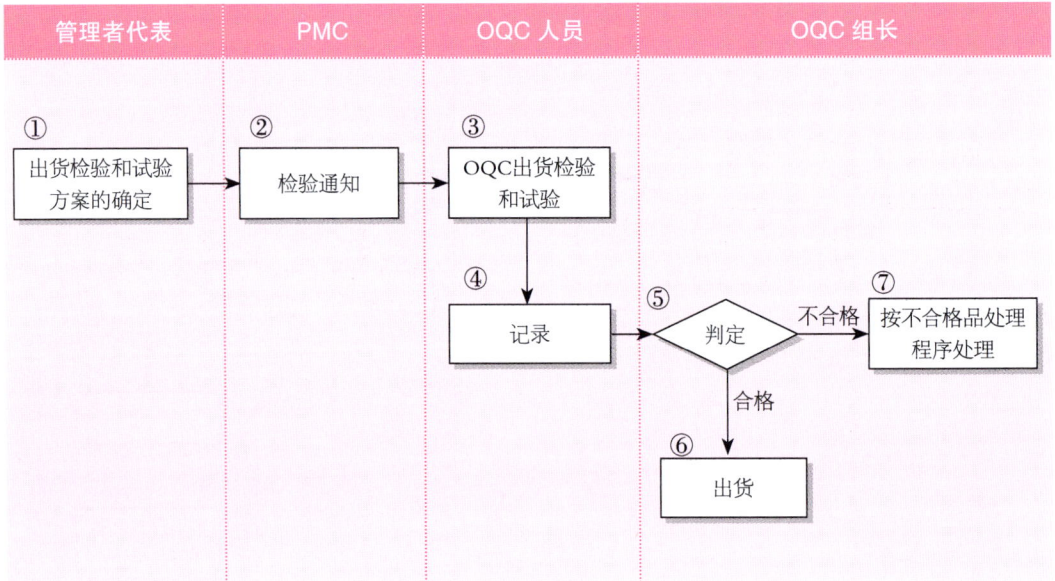

管理者代表	PMC	OQC 人员	OQC 组长
① 出货检验和试验方案的确定	② 检验通知	③ OQC出货检验和试验 ④ 记录	⑤ 判定 —不合格→ ⑦ 按不合格品处理程序处理 ；合格→ ⑥ 出货

流程说明

编码	节点	工作内容的简要描述
①	出货检验和试验方案的确定	管理者代表负责组织相关职能部门负责人，根据客户质量要求及公司实际情况共同确定出货检验和试验方案
②	检验通知	对于成品仓中的成品，PMC 需在出货前三天发出检验通知，将"出货资料明细表"给品管部 OQC
③	OQC 出货检验和试验	OQC 检查员按"QC 抽样检验计划"中的要求进行抽样，依《检查基准书》对成品仓中将出货之成品进行检验或试验
④	记录	OQC 检查员将检验或试验结果记录于《出货质量检验报告》（客户有要求时，依客户要求进行记录）
⑤	判定	《出货质量检验报告》由 OQC 组长确认，
⑥	出货	品质符合则通知 PMC 可以出货
⑦	按不合格品处理程序处理	质量异常时，由 OQC 组长开出"质量异常联络书"要求相关部门改善

37.4 客户投诉处理流程

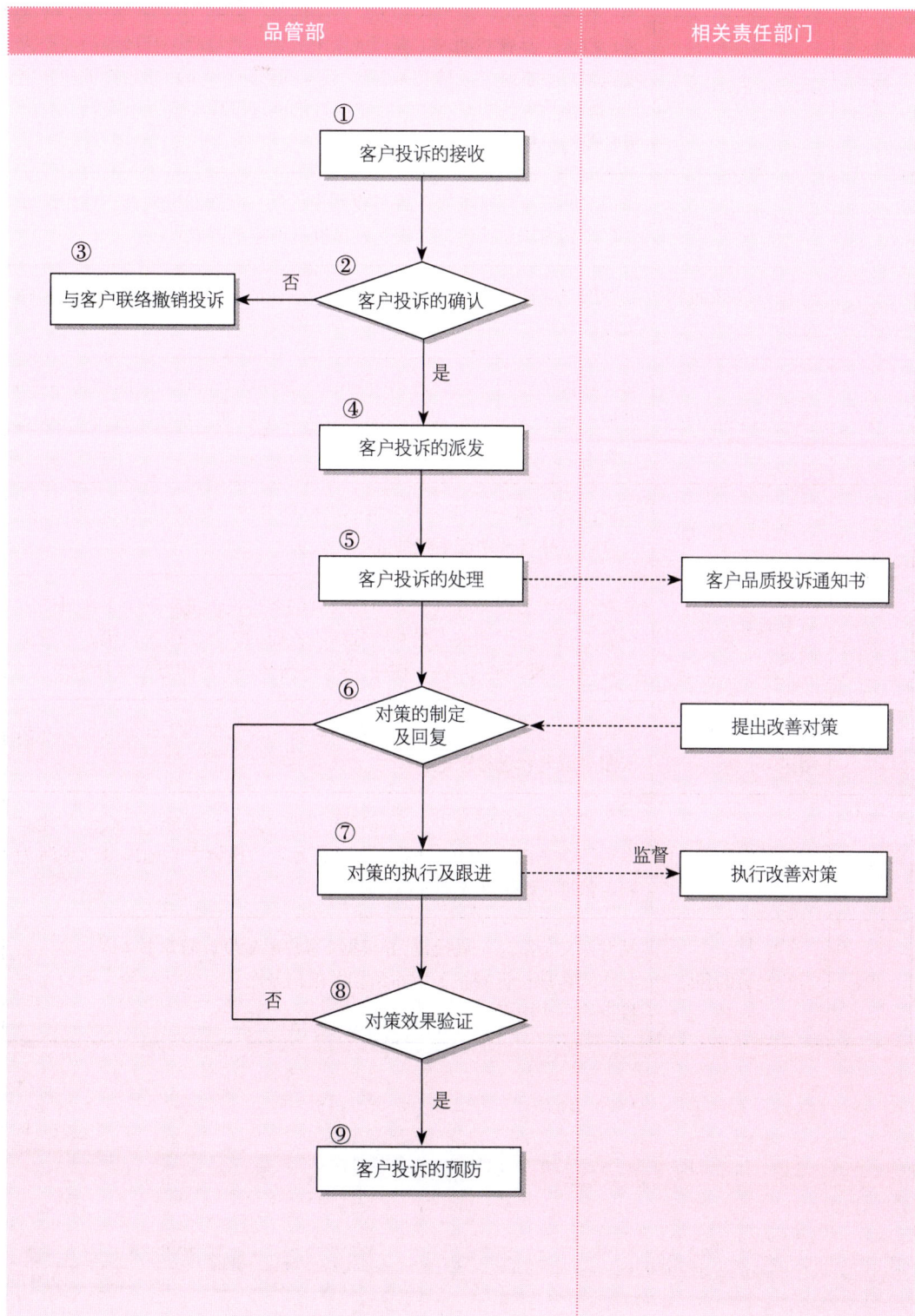

品管部	相关责任部门

① 客户投诉的接收

③ 与客户联络撤销投诉 ← 否 ② 客户投诉的确认

是

④ 客户投诉的派发

⑤ 客户投诉的处理 ┄┄► 客户品质投诉通知书

⑥ 对策的制定及回复 ◄┄┄ 提出改善对策

⑦ 对策的执行及跟进 ┄┄监督┄► 执行改善对策

否 ⑧ 对策效果验证

是

⑨ 客户投诉的预防

流程说明

编码	节点	工作内容的简要描述
①	客户投诉的接收	客户投诉由品管部助理工程师或以上人员负责接收；其他部门或个人收到客户投诉时，应转交品管部，必要时填写"客户质量投诉通知书/调查报告"之投诉内容栏后交品管部助理工程师或以上人员，有样板时要附样板
②	客户投诉的确认	品管部助理工程师或以上人员收到投诉后，立即通过调查正在生产或仓存产品的质量状况，分析、确定投诉现象是否成立
③	与客户联络撤销投诉	品管部与客户联络，了解投诉原因后，视情况建议其撤销投诉或者确定投诉
④	客户投诉的派发	客户投诉确定后，品管部将收到的投诉资料（必要时联同样板一起）发放至相关人员（包括生产部、业务及工程部、制造工程部及 PMC 等相关部门）
⑤	客户投诉的处理	品管部确定客户投诉之不合格品的处理方法（急需出货时，PMC 应及时联络品管部助理工程师或以上人员）
⑥	对策的制定及回复	品管部助理工程师或以上人员在收到的客户投诉资料三个工作日内应召集工程、生产相关人员共同分析不良原因，制定改善对策，记录于《客户质量投诉通知书/调查报告》根据客户要求的方法回复客户
⑦	对策的执行及跟进	责任部门要认真贯彻执行改善对策，并由品管助理工程师或以上人员依照对策内容进行跟进
⑧	对策效果验证	品管部助理工程师或以上人员负责跟进对策有否实施，并在"实施对策后三个月内，OQC 出货检查时有无客户投诉之问题再度出现"为判定依据，对改善效果进行评估
⑨	客户投诉的预防	品管部文员汇总一周投诉,并根据《客户质量投诉通知书/调查报告》、制作《客户投诉周报》配布给相关部门及个人，总结经验，避免客户投诉的再次出现

37.5　检测设备控制流程

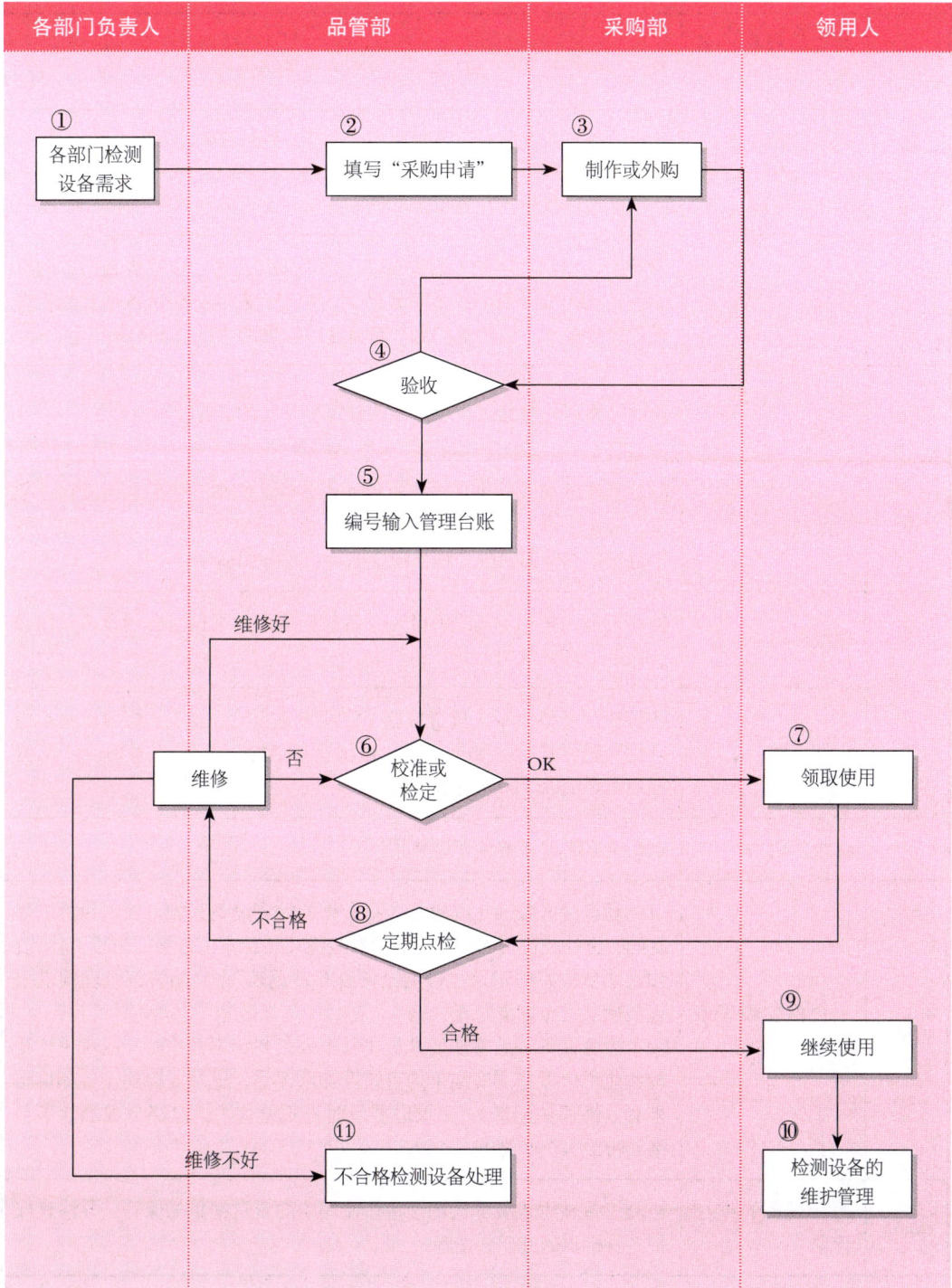

各部门负责人	品管部	采购部	领用人

① 各部门检测设备需求

② 填写"采购申请"

③ 制作或外购

④ 验收

⑤ 编号输入管理台账

维修好

维修

否

⑥ 校准或检定

OK

⑦ 领取使用

不合格

⑧ 定期点检

合格

⑨ 继续使用

维修不好

⑪ 不合格检测设备处理

⑩ 检测设备的维护管理

流程说明

编码	节点	工作内容的简要描述
①	各部门检测设备需求	各部门需购置检测设备时，需通知品管部技术员或以上人员
②	填写采购申请	由品管部技术员或以上人员填写"非生产物料采购申请"
③	制作或外购	采购人员与技术人员商量采取外购还是自制，或由客户、供应商提供
④	验收	新购置、自制及客户（或供货商）提供（包括客户取走再送回）的检测设备均需交品管部技术员或以上人员进行验收，确认各项功能特性是否符合要求，新购置的是否持有生产厂家的合格证及相关资料
⑤	编号输入管理台账	验收合格后，对其进行编号并入计算机《检测设备管理台账》
⑥	校准或检定	品管部技术员或以上人员根据检测设备使用频率、使用环境及精度要求，确定校准（或检定）周期，在《检测设备管理台账》上注明，并于每年年初依照实际使用情况重新评价周期的适用性
⑦	领取使用	检测设备的领用均需进行登记，各部门领用人须在《检测设备领用登记表》上签字领用
⑧	定期点检	各种检测设备由专人负责依据《检测设备点检计划》、"检测设备点检规程"进行点检，结果记录"检测设备点检记录"，并及时交予品管部技术员或以上人员复查
⑨	继续使用	点检合格的设备继续予以使用
⑩	不合格检测设备处理	（1）经点检或校准（或检定）不合格的检测设备，如不良项目可以修复的，送外或进行内部修理，重新校准（或检定）合格后再投入使用；如无法修复，则记录"检测设备废弃登记表"，经品管部经理或以上人员批准后作报废处理 （2）检测设备经品管部技术员或以上人员判定不合格时，应对该检测设备前三个月之测量结果的有效性加以评估，记录《检测设备测量结果有效性评估记录》，必要时要及时通报给客户，以降低或消除不合格品带给客户的影响
⑪	检测设备的维护管理	检测设备领用人负责检测设备在使用中的日常维护与保养，并注意保护各种标识的完整、清晰

37.6　不合格品处理流程

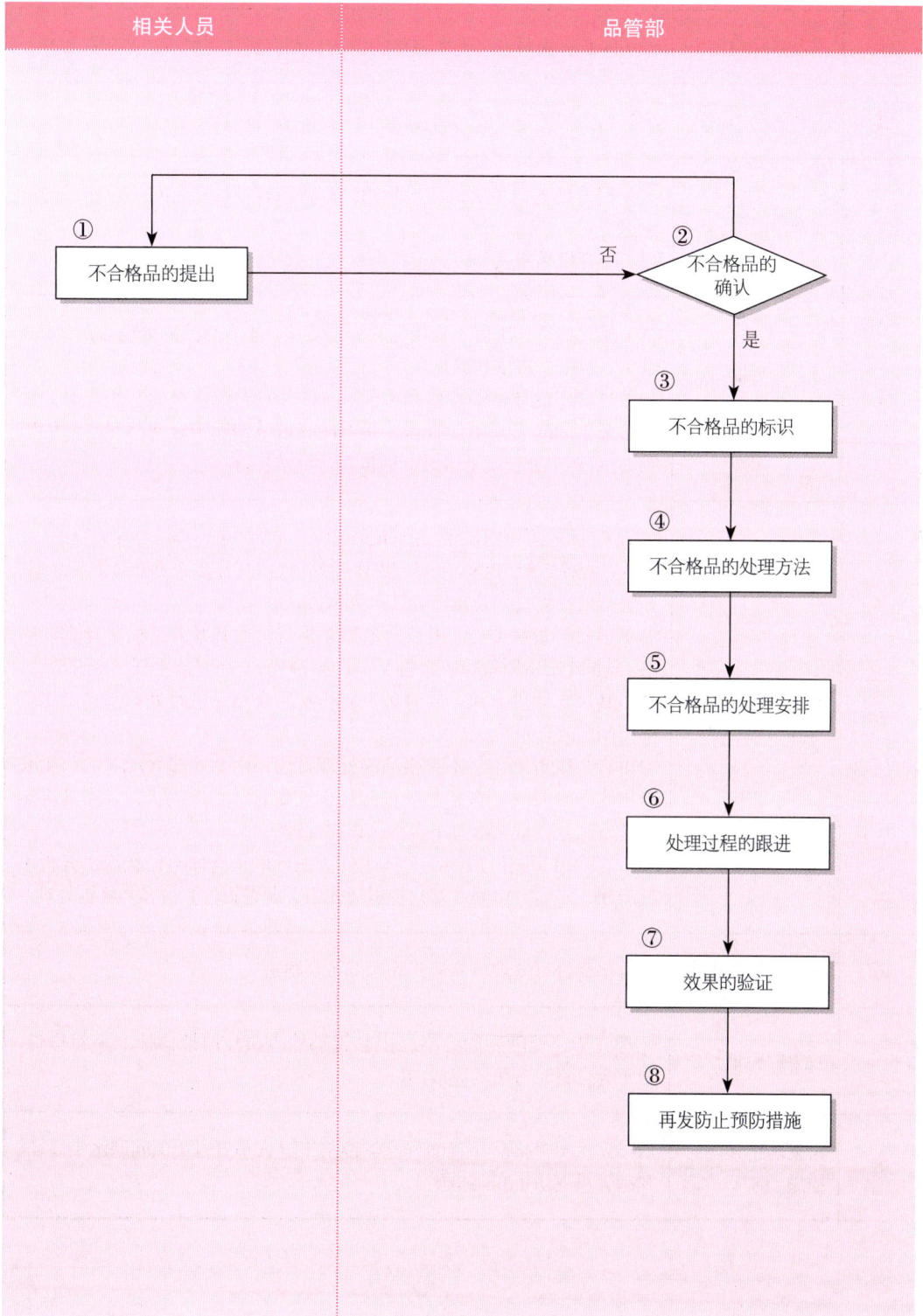

相关人员	品管部

① 不合格品的提出

② 不合格品的确认

否

是

③ 不合格品的标识

④ 不合格品的处理方法

⑤ 不合格品的处理安排

⑥ 处理过程的跟进

⑦ 效果的验证

⑧ 再发防止预防措施

流程说明

编码	节点	工作内容的简要描述
①	不合格品的提出	公司内所有人员发现有不合格的情况，都有责任将情况向品管部提出
②	不合格品的确认	品管部相关检查员应对所提出的不合格品进行确认
③	不合格品的标识	（1）相关检查员负责依"检验和试验状态控制程序"对不合格品进行标识 （2）不合格品所在部门负责将不合格品放至指定区域
④	不合格品的处理方法	（1）品管部负责决定不合格品的处理方法。不合格品的处理方法包括：返工、特采、报废和退货 （2）当发现或怀疑不合格品（含 RoHS 不适合品）被客户纳入时，由品管部立即向客户书面报告（尽可能降低或消除不合格品对客户的影响），若客户有特殊要求时，则依客户要求执行
⑤	不合格品的处理安排	（1）来料检验中的不合格由经 IQC 组长、PMC 来负责做处理的安排 （2）过程检查经 IPQC 组长判定不合格时，由其开具《质量异常联络书》并附不良样板交品管领班或以上人员确认 （3）出货检查经 OQC 组长判定不合格时，由其开具《质量异常联络书》连同《出货质量检验报告》及不合格样板交品管部主任／主管确认，并由其决定处理方法。同时负责安排对不合格品进行处理并通知责任部门制定改善对策 （4）客户投诉产生之不合格品的处理方法，由品管部 IQC/OQC 组长以上人员开具《不合格品处理报告》交主管／主任确认，并由其决定处理方法，负责安排对不合格品进行处理 （5）客户退货回厂后，品管部主任／主管确认具体不良状况，分析不良原因，需要时填写《客户投诉通知书／调查报告》按客户投诉处理
⑥	处理过程的跟进	不合格品进行处理前需通知品管部派员跟进
⑦	效果的验证	处理完毕，处理后的合格品由品管部检查员按原抽样标准重新检查，判定为合格时方可入库或出厂
⑧	再发防止预防措施	对已发生不合格品，品管部召开相关部门／人员针对类似问题水平展开，并制订再发防止预防措施

37.7　纠正和预防措施控制流程

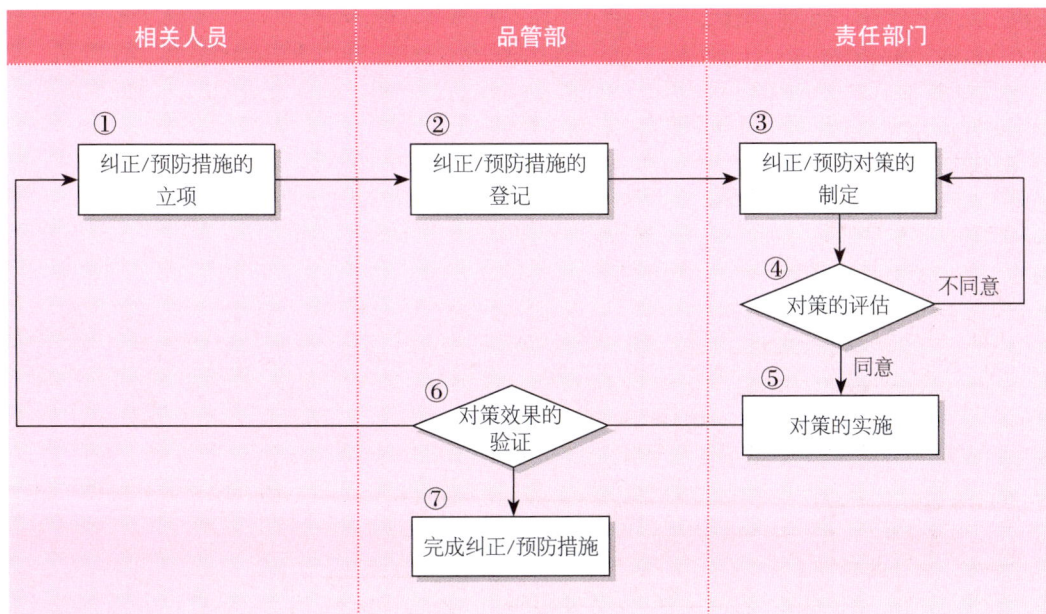

相关人员	品管部	责任部门

① 纠正/预防措施的立项

② 纠正/预防措施的登记

③ 纠正/预防对策的制定

④ 对策的评估　不同意

同意

⑤ 对策的实施

⑥ 对策效果的验证

⑦ 完成纠正/预防措施

流程说明

编码	节点	工作内容的简要描述
①	纠正／预防措施的立项	（1）公司内与质量／环境体系有关的责任者,均可提出对实际存在的、或潜在的不合格实施纠正和预防措施的要求 （2）品管部经理负责根据质量状况定期组织召开质量分析会,通报公司的质量情况,分析实际和潜在的质量问题,提出纠正和预防措施
②	纠正／预防措施的登记	责任部门在实施纠正或预防措施时应填写"纠正／预防对策书",交与品管部进行登记,由其负责记录"纠正／预防对策总目录",并给出对策书编号
③	纠正／预防对策的制定	责任部门收到"纠正／预防对策书"后,应组织相关人员了解不合格现象,查找、分析不合格原因及研究改进对策
④	对策的评估	"纠正／预防对策书"的相关内容填好后,需交部门经理对其有效性进行评估
⑤	对策的实施	责任部门必须准确、如期完成纠正和预防对策的实施
⑥	对策效果的验证	品管部负责对有关产品质量之纠正和预防对策的实施效果进行验证和评价,并记录在对策书的相关栏目
⑦	完成纠正／预防措施	对策的实施经验证已完成时,可终结该份对策书,并于"纠正／预防对策总目录"上销案

37.8 客户满意度调查控制流程

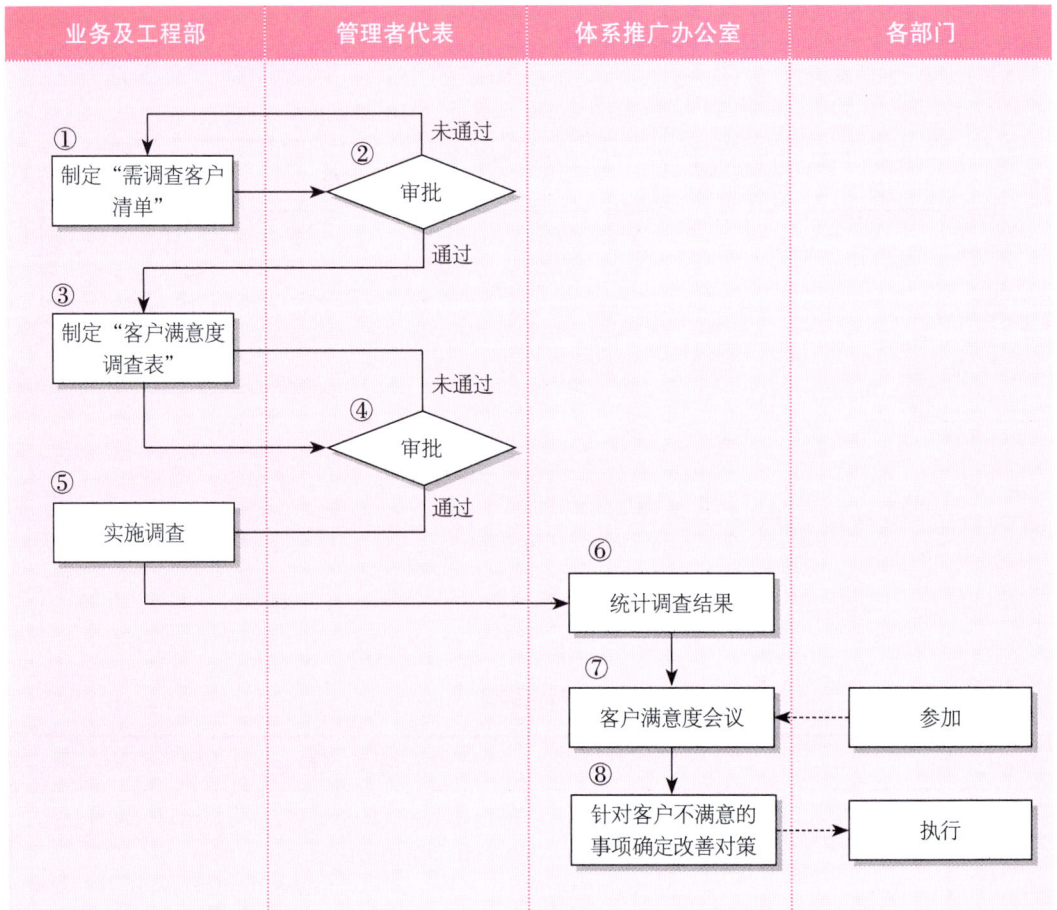

业务及工程部	管理者代表	体系推广办公室	各部门

① 制定"需调查客户清单"

② 审批 — 未通过 / 通过

③ 制定"客户满意度调查表"

④ 审批 — 未通过 / 通过

⑤ 实施调查

⑥ 统计调查结果

⑦ 客户满意度会议 ← 参加

⑧ 针对客户不满意的事项确定改善对策 ← 执行

流程说明

编码	节点	工作内容的简要描述
①	制定"需调查客户清单"	业务及工程部每半年根据所有客户的订单量，付款情况或较有潜力的客户进行评估，确定需进行调查的客户，并将其列入"需调查客户清单"中
②	审批	已确定的"需调查客户清单"，业务及工程部应上交管理者代表对其适用性进行审批
③	制定"客户满意度调查表"	业务及工程部负责"客户满意度调查表"的制定
④	审批	业务及工程部根据各客户的具体情况制定相应的调查表，经管理者代表批准后，才能发出
⑤	实施调查	业务及工程部每半年可依实际情况进行客户满意度调查

（续表）

编码	节点	工作内容的简要描述
⑥	统计调查结果	（1）调查客户满意度的记录收集完成后转交给推广部，推广部对调查结果进行统计及整理 （2）推广部将整理好的记录交付管理者代表批准，于客户满意度会议前派发给各部门负责人
⑦	客户满意度会议	（1）推广部应于召开客户满意会议前 7 天通知各与会人员 （2）各与会人员于会议前准备好相关数据，以便会议顺利进行 （3）管理者代表负责主持客户满意度会议，推广部负责会议记录的制备和分发
⑧	针对客户不满意的项目确定改善对策	会议结束前，单项 3 分以下必须开纠正／预防对策书，其他由管理者代表确定需改善的改正行动

37.9　数据统计及分析控制流程

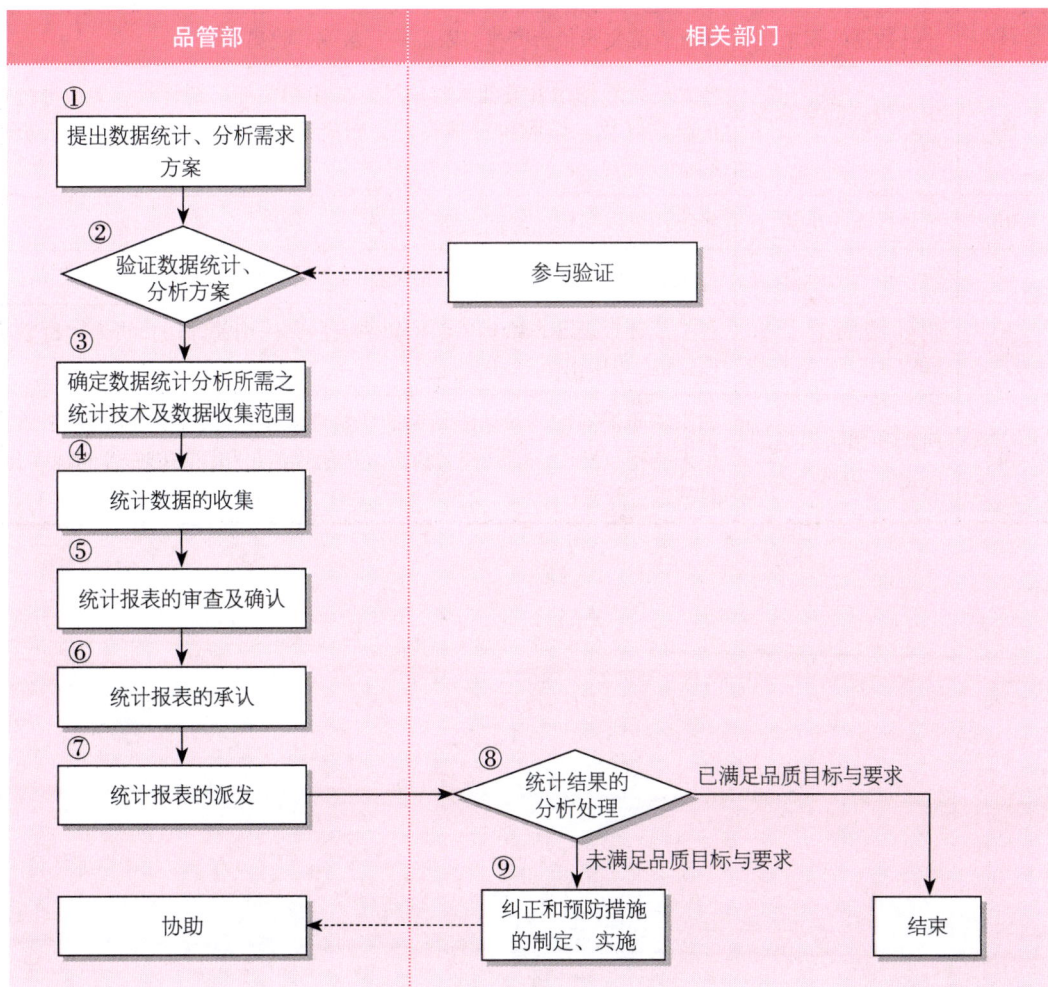

流程说明

编码	节点	工作内容的简要描述
①	提出数据统计、分析需求方案	由品管部助理工程师或以上人员根据企业实际情况明确提出能反映质量管理体系有效运行的数据统计、分析所采用的何种统计技术
②	验证数据统计、分析方案	需求方案提出后，由品管部助理工程师或以上人员与相关部门部门负责人一同验证采用之统计技术之适用性（看其能否识别出可改进之处），验证合格后，作成《现用统计技术》
③	确定数据统计分析所需之统计技术及数据收集范围	（1）每年年初由品管部助理工程师或以上人员与相关部门负责人就《现用统计技术》的适用性、有效性、一致性进行一次评估，重新整理确定所用之统计技术 （2）收集的数据应包括测量和监控活动（如过程能力或产品特性等）及其他相关来源产生的数据（如客户满意度等），收集的范围列于《数据收集范围列表》中，实际使用包括但不限于表中所列之数据收集范围
④	统计数据的收集	由品管部文员负责安排、跟踪统计数据的收集
⑤	统计报表的审查及确认	各类统计数据由各责任人收集后，交由相关部门统计员／文员进行汇总、计算，作成统计报表，交相关部门助理工程师或以上人员确认
⑥	统计报表的承认	将统计报表交相关部门负责人承认
⑦	统计报表的派发	各类统计报表经承认后，由相关部门文员派发至各相关部门负责人
⑧	统计结果的分析处理	各类统计报表配布给相关部门负责人后，由相关部门负责人进行数据分析，识别出可改进之处
⑨	纠正和预防措施的制定、实施	如出现质量异常或未达成预期的质量要求及目标，或反映出质量体系未能有效进行，则其相关负责人依照《纠正和预防措施控制程序》对其进行改善

第38章 物流配送管理流程

38.1 物料入库管理流程

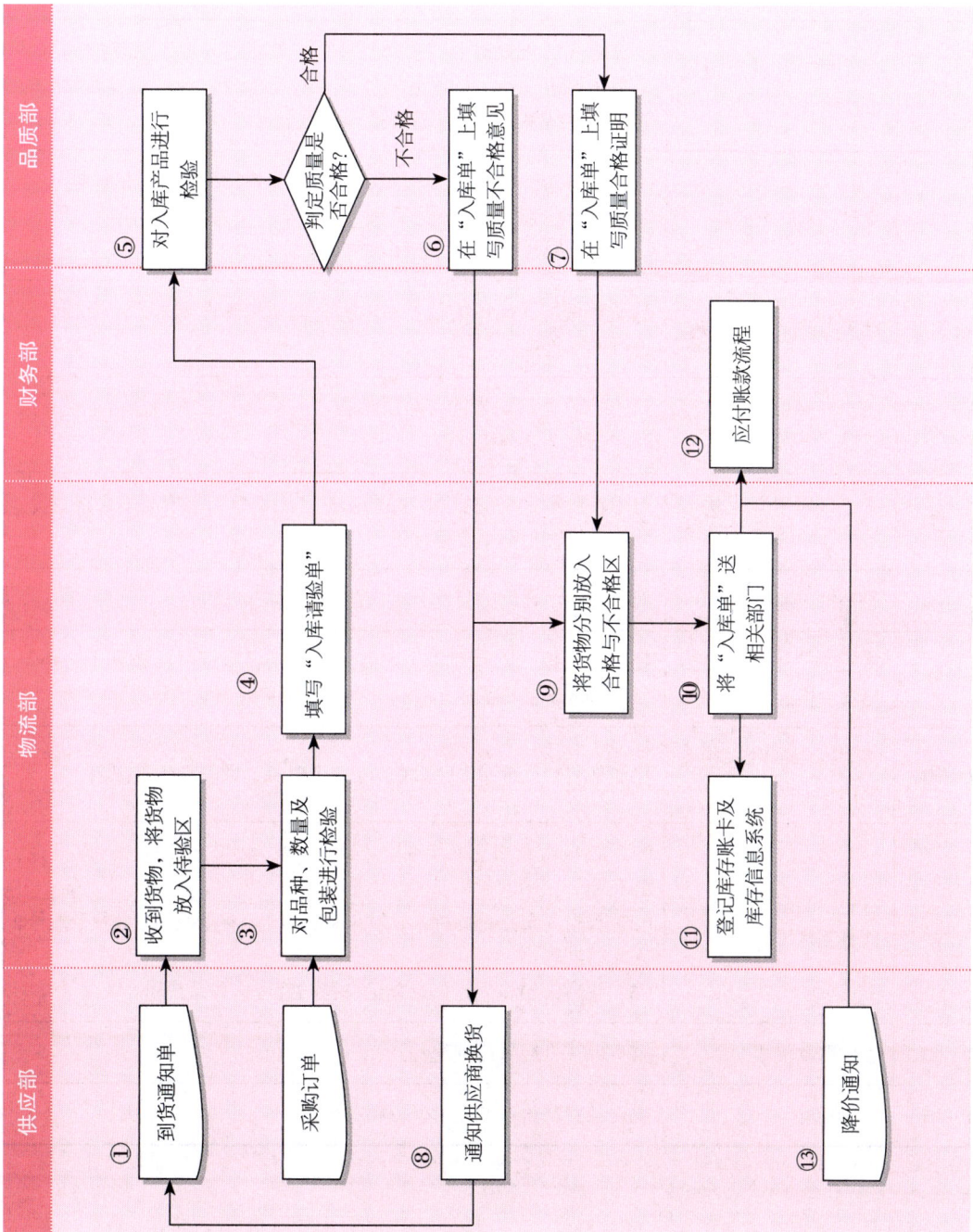

品质部

⑤ 对入库产品进行检验

判定质量是否合格？ 合格 / 不合格

⑥ 在"入库单"上填写质量不合格意见

⑦ 在"入库单"上填写质量合格证明

财务部

⑫ 应付账款流程

物流部

② 收到货物，将货物放入待验区

③ 对品种、数量及包装进行检验

④ 填写"入库请验单"

⑨ 将货物分别放入合格与不合格区

⑩ 将"入库单"送相关部门

⑪ 登记库存账卡及库存信息系统

供应部

① 到货通知单

采购订单

⑧ 通知供应商换货

⑬ 降价通知

流程说明

编码	节点	工作内容的简要描述
①	到货通知单	供应部将"到货通知单"交给物流部,同时将采购订单送交一份给物流部
②	收到货物,将货物放入待验区	物流部对照"到货通知单"收取货物,并将货物整齐放置在待检区
③	对品种、数量及包装进行检验	物流部收料人员对照"采购订单","到货通知单"对货物的品种及数量进行清点,同时对货物外观进行检查。检查完成后收料人员将检查结果填写在"到货通知单"上
④	填写"入库请验单"	(1)收料人员填写"入库单",标明实际到货品种、数量、批号 (2)对于包装材料,批号采用_____年___月___日信息 (3)对于原材料,批号采用供应商生产批号
⑤	对入库产品进行检验	品质部根据入库单的信息,依据公司质量管理要求,对原辅材料进行抽样检查
⑥	在"入库单"上填写质量不合格意见	对于检验合格的货物,品质部在"入库单"上填写合格意见,同时在货物上贴合格标签
⑦	在"入库单"上填写质量合格证明	对于检验不合格的货物,品质部在"入库单"上填写不合格意见,同时在货物上贴不合格标签
⑧	通知供应商换货	对于检验不合格的货物,供应部通知供应商换货
⑨	将货物分别放入合格与不合格区	物流部根据"入库单"上的意见,分别将原辅材料放置于合格品储存区或不合格品区
⑩	将"入库单"送相关部门	物流部将"入库单"(多联)分送到财务、供应等相关部门
⑪	登记库存账卡及库存信息系统	(1)收料人员登记库存账,标明品种、数量、批号、入库日期、结存等 (2)收料人员登记库存卡,附在原材料上,标明品种、数量、批号、入库日期等 (3)收料人员将入库信息登记在公司管理信息系统里
⑫	应付账款流程	财务部执行应付账款流程
⑬	降价通知	供应部将降价通知及时送交财务部

38.2　物料出库管理流程

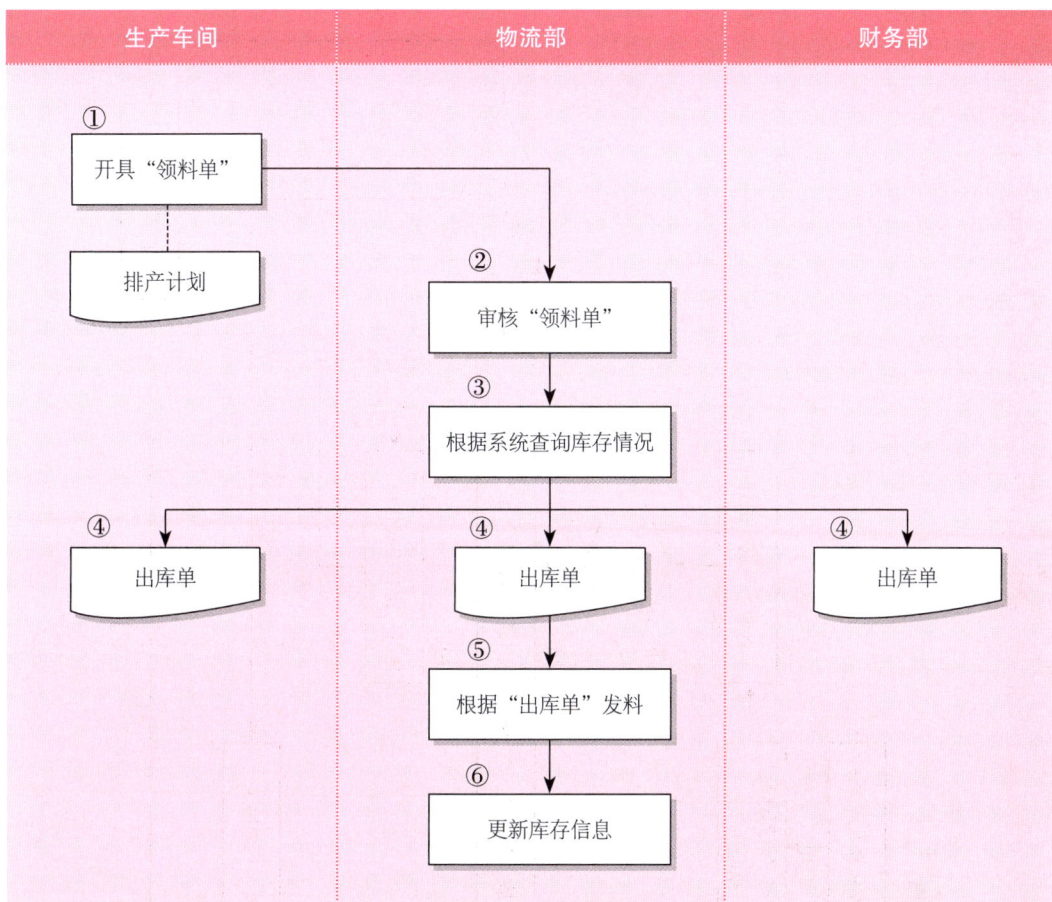

生产车间	物流部	财务部

① 开具"领料单"

排产计划

② 审核"领料单"

③ 根据系统查询库存情况

④ 出库单　　④ 出库单　　④ 出库单

⑤ 根据"出库单"发料

⑥ 更新库存信息

流程说明

编码	节点	工作内容的简要描述
①	开具"领料单"	生产车间根据排产信息及配方开具"领料单",并将"领料单"与"排产计划"一起交给物流部安排领料
②	审核"领料单"	物流部审核"领料单",主要审核其品种、数量与排产计划是否相符,是否有权责人员的签名
③	根据系统查询库存情况	物流部发料人员在公司系统内查询所需产品的可用库存,包括数量及批号
④	出库单	(1)根据先进先出的原则确定发料产品的批号,填写"出库单" (2)"出库单"在发料完成以后需要报送财务部,物流部
⑤	根据"出库单"发料	物流部根据"出库单"备料、发料
⑥	更新库存信息	根据"出库单"更新库存账、卡,并更新公司系统的库存信息

38.3 成品收货入库管理流程

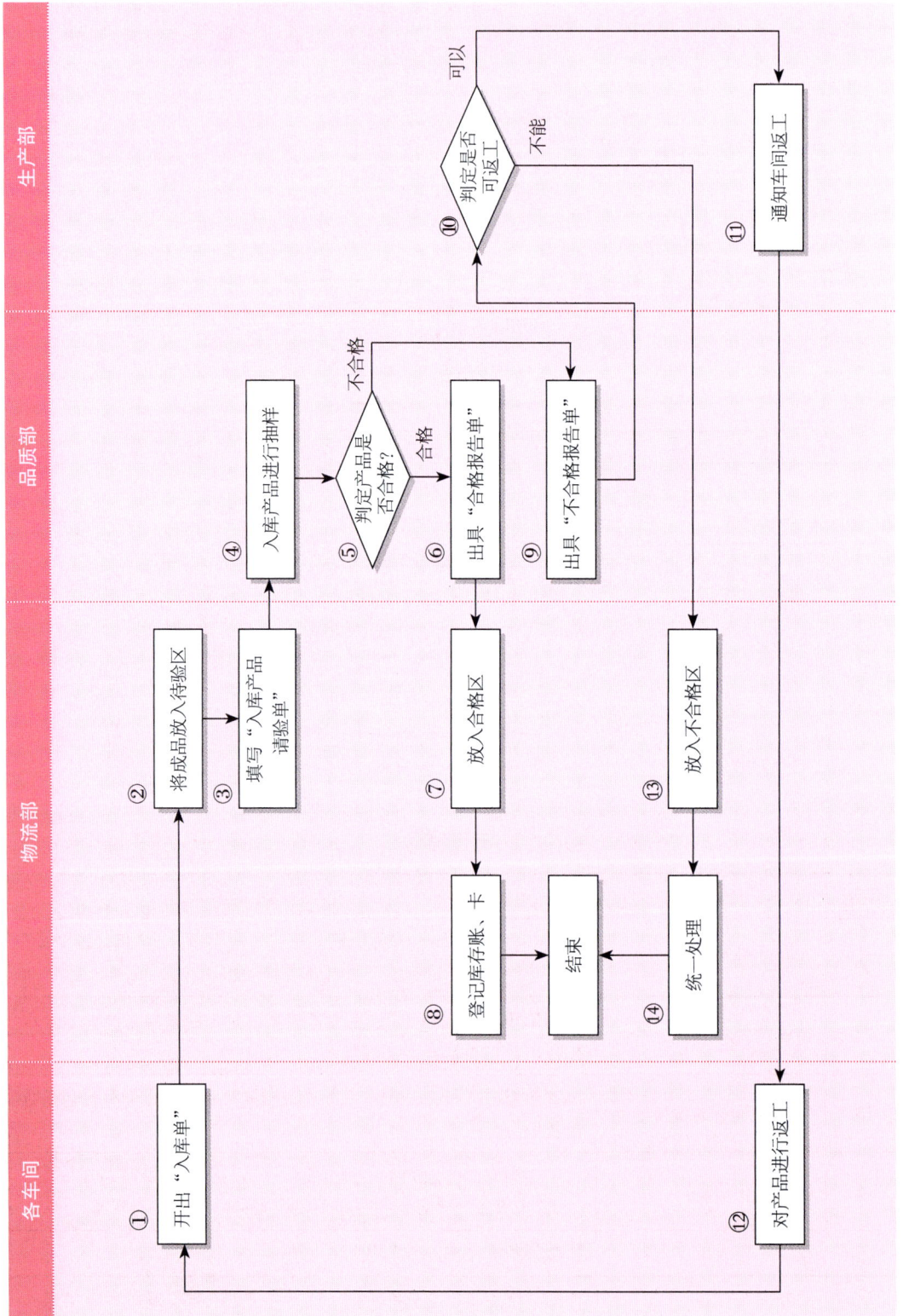

```
各车间                 物流部               品质部              生产部

①                     ②                    ④
开出"入库单"    →    将成品放入待验区    →   入库产品进行抽样
                      ③                    ⑤
                      填写"入库产品          判定产品是
                      请验单"               否合格?
                                          不合格 ──→ 合格
                      ⑦                    ⑥
                      放入合格区     ←──    出具"合格报告单"
                                          ⑨
                      ⑧                    出具"不合格报告单"
                      登记库存账、卡
                                          ⑩
                      结束                  判定是否
                                          可返工
                      ⑬                    可以 / 不能
                      放入不合格区
                                          ⑪
                      ⑭                    通知车间返工
                      统一处理

⑫
对产品进行返工
```

流程说明

编码	节点	工作内容的简要描述
①	开出"入库单"	生产车间开出"入库单",将货物运到仓库
②	将成品放入待验区	成品库将货物放入待验区进行货位登记
③	填写"入库产品请验单"	成品库库管员填写"入库产品请验单"
④	入库产品进行抽样	品质部质检人员根据公司的产品质量抽样方案对入库产品进行抽样
⑤	判定产品是否合格	质检人员依据产品标准检测,判定产品是否合格
⑥	出具"合格报告单"	品质部质检人员出具"合格报告单"
⑦	放入合格区	成品库库管员将检验合格的产品放入合格区,进行货位登记
⑧	登记库存账、卡	物流部根据入库产品数量,更新库存账、卡
⑨	出具"不合格报告单"	质检人员出具不合格报告单
⑩	判定是否可返工	由生产部会同质量部的人员共同判定产品不合格原因,并判断是否可以返回生产车间返工至合格
⑪	通知车间返工	可进行返工的,生产技术部通知车间返工
⑫	对产品进行返工	车间对产品进行返工,再重新回到本流程开始
⑬	放入不合格区	把产品放入不合格区,并更新库存记录
⑭	统一处理	生产部、品质部、物流部人员监督统一处理,并记录

38.4 成品出库管理流程

财务部 | 异地仓库 | 办事处内勤 | 物流部 | 销售内勤

⑦ 传递单据

⑪ 接到总部的发货指令

⑫ 出货

⑩ 经总部审批通过的发货单/出库单

⑬ 更新库存账

④ 执行备货发货流程

备货发货流程

从异地仓库出货？　是/否

① 收到发货单/出库单

② 取货

③ 货物移位

⑤ 更新存账、卡

⑧ 是否符合安全库存　否→不作处理　是

⑨ 发出库存报警

⑥ 传递单据

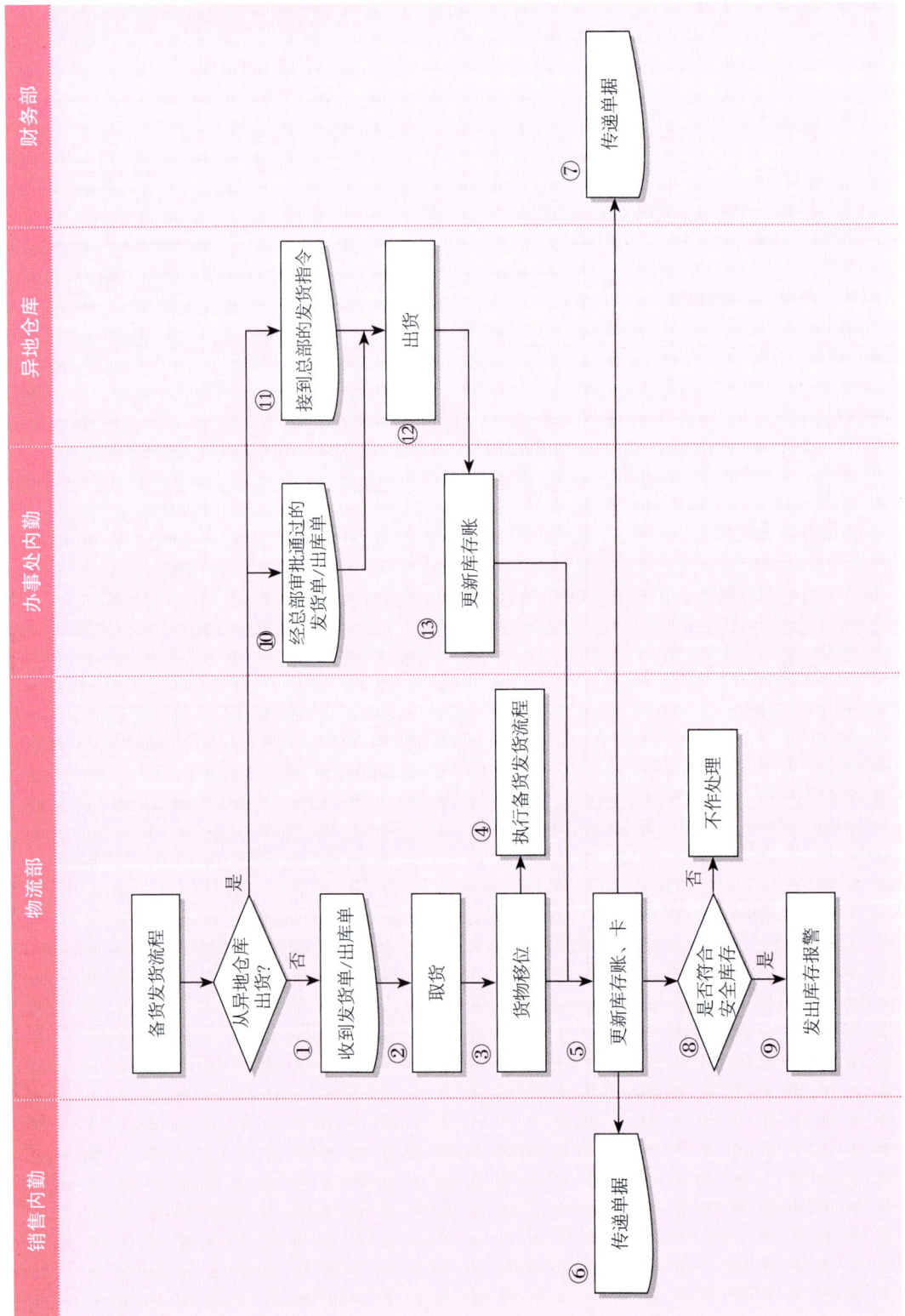

流程说明

编码	节点	工作内容的简要描述
①	收到发货单／出库单	物流部收到经过物流部经理及财务审批通过的发货单、出库单
②	取货	物流部从成品合格品储存区提取待发成品
③	货物移位	物流部将成品从存储区移到发运区
④	执行备货发货流程	物流部按备货发货流程的操作
⑤	更新库存账、卡	物流部按公司规定及时更新库存账、卡
⑥－⑦	传递单据	（1）物流部将完成的发货单抄送销售内勤 （2）将完成的发货单及出库单抄送财务
⑧	是否符合安全库存	查看库存是否低于安全库存
⑨	发出警报	库存低于安全库存则向生产部发出警报
⑩	经总部审批通过的发货单／出库单	办事处内勤得到经总部审批通过的发货单／出库单
⑪	接到总部的发货指令	总部物流部门将发货指令提供给异地仓库
⑫	出货	异地仓库根据总部的发货指令安排产品出库
⑬	更新库存账	办事处及时登记库存账，做到日清日结

38.5 备货与发货流程

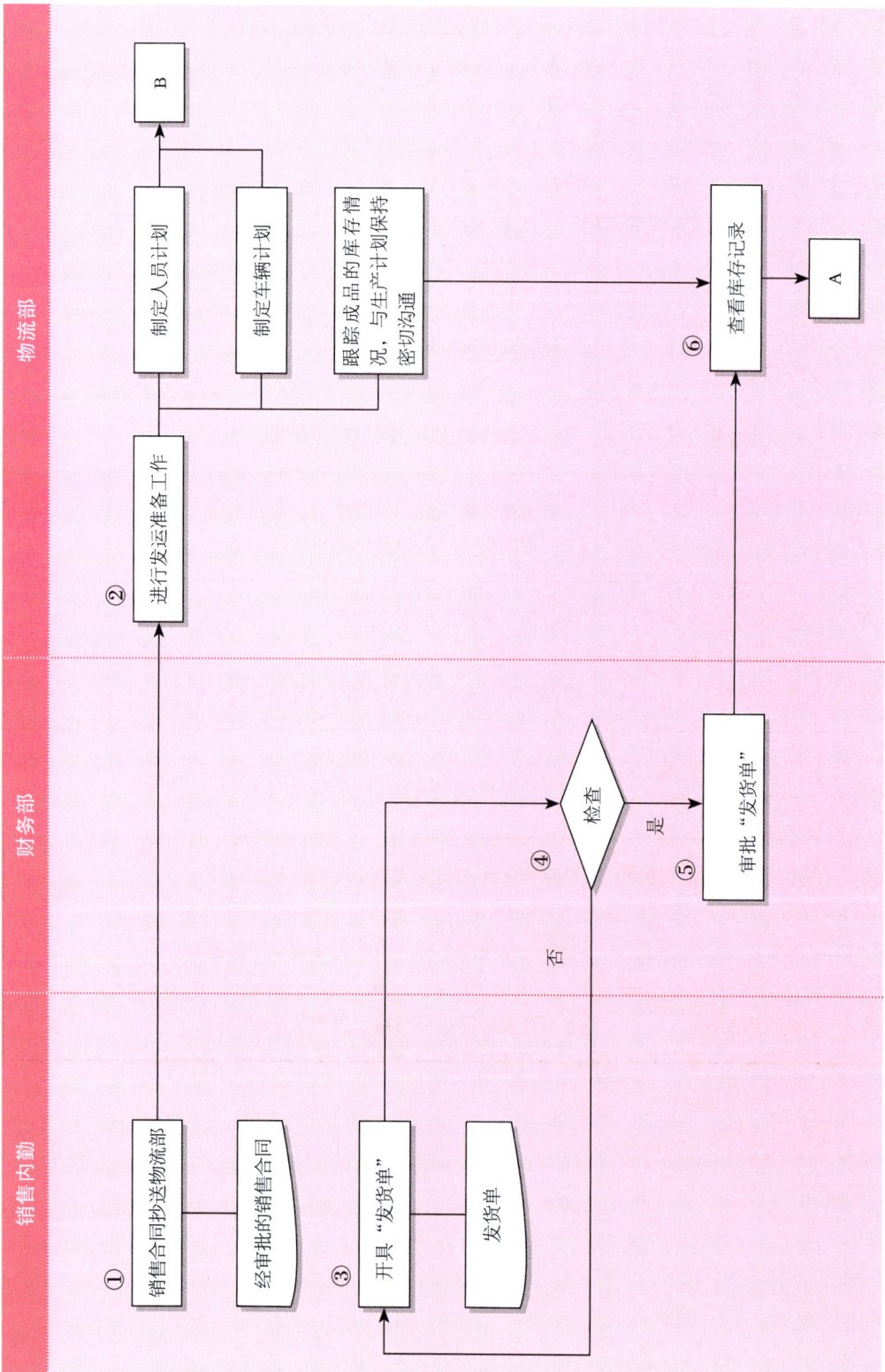

销售内勤	财务部	物流部

① 销售合同抄送物流部 → 经审批的销售合同

② 进行发运准备工作 → 制定人员计划 → B

制定车辆计划

跟踪成品的库存情况，与生产计划保持密切沟通 → 查看库存记录 ⑥ → A

③ 开具"发货单" → 发货单

④ 检查 —否→ / —是→ 审批"发货单" ⑤ → 查看库存记录

流程图（一）

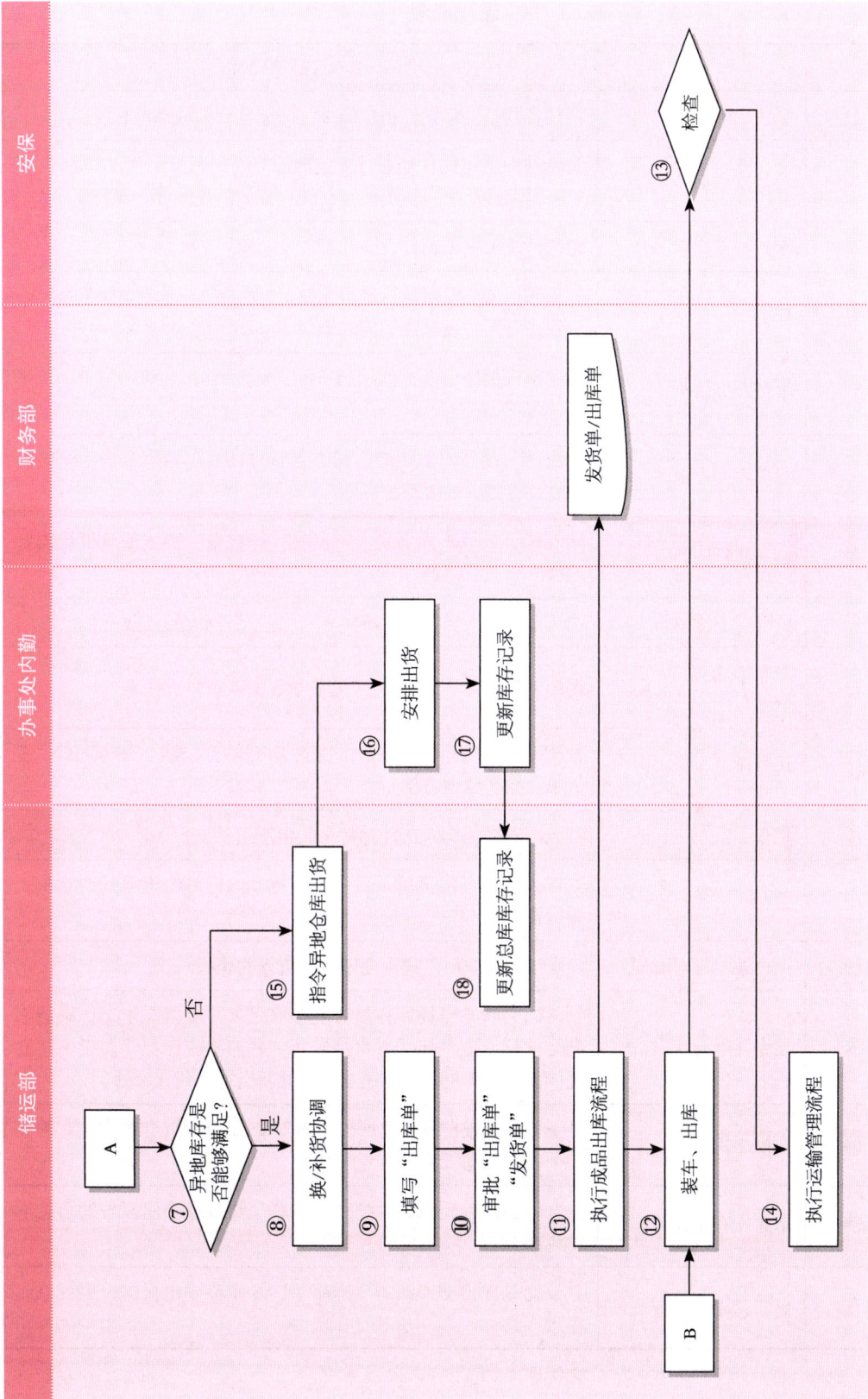

流程图（二）

⑦ 异地库存是否能够满足？

否 → ⑮ 指令异地仓库出货 → ⑯ 安排出货 → ⑰ 更新库存记录

⑱ 更新总库存记录

是 → ⑧ 换补货协调 → ⑨ 填写"出库单" → ⑩ 审批"出库单""发货单" → ⑪ 执行成品出库流程 → ⑫ 装车、出库 → ⑭ 执行运输管理流程

⑬ 检查

发货单 / 出库单

储运部　　办事处内勤　　财务部　　安保

A

B

流程说明

编码	节点	工作内容的简要描述
①	销售合同抄送物流部	销售合同一经审批，销售内勤立即销售合同抄送给物流部
②	进行发运准备工作	物流部根据销售计划进行发运准备：制定人员计划、车辆计划，紧密跟踪成品库存情况，并与销售计划、生产计划保持联系
③	开具"发货单"	销售行政部根据销售合同开具"发货单"
④	检查	财务部检查"发货单"是否完整，"发货单"是否与销售合同相一致，若不一致退回销售内勤
⑤	审批"发货单"	财务部根据资信及付款状况审批"发货单"，并将"发货单"下发物流部
⑥－⑦	查看库存记录	物流部一接到"发货单"马上查看总部成品的库存量，再查看异地库存是否能够满足
⑧	换／补货协调	异地库存如果不能满足"发货单"的数量，物流部对可能需要的换补货进行协调
⑨	填写"出库单"	物流部相关人员填写"出库单"，并呈报物流部经理
⑩	审批"出库单""发货单"	物流部经理对"出库单""发货单"加以审核、批准
⑪	执行成品出库流程	物流部执行成品出库流程，物流部将执行完成的"出库单""发货单"抄送给财务部
⑫	装车、出库	物流部安排工作人员开始装车、出库
⑬	检查	安保人员检查出货单是否得到审批，出货单的货品是否与车上的货物一致
⑭	执行运输管理流程	以上工作完成后，进入运输管理流程的执行
⑮	指令异地仓库出货	物流部判断办事处库存是否能够满足客户要货需求，如果能够满足的话，就直接从办事处发货；总部物流部把"发货单"通过传真或计算机网络传送至办事处及当地外包仓库处
⑯	安排出货	办事处内勤根据发货单填写"出库单"，并在外包仓库核对的前提下，组织发货给当地客户
⑰	更新库存记录	内勤更新库存记录，并把"出库单"及库存变化报告发回总部物流部
⑱	更新总库库存记录	总部物流部根据传回的"出库单"及库存变化报告，更新总库存账

38.6　运输管理流程

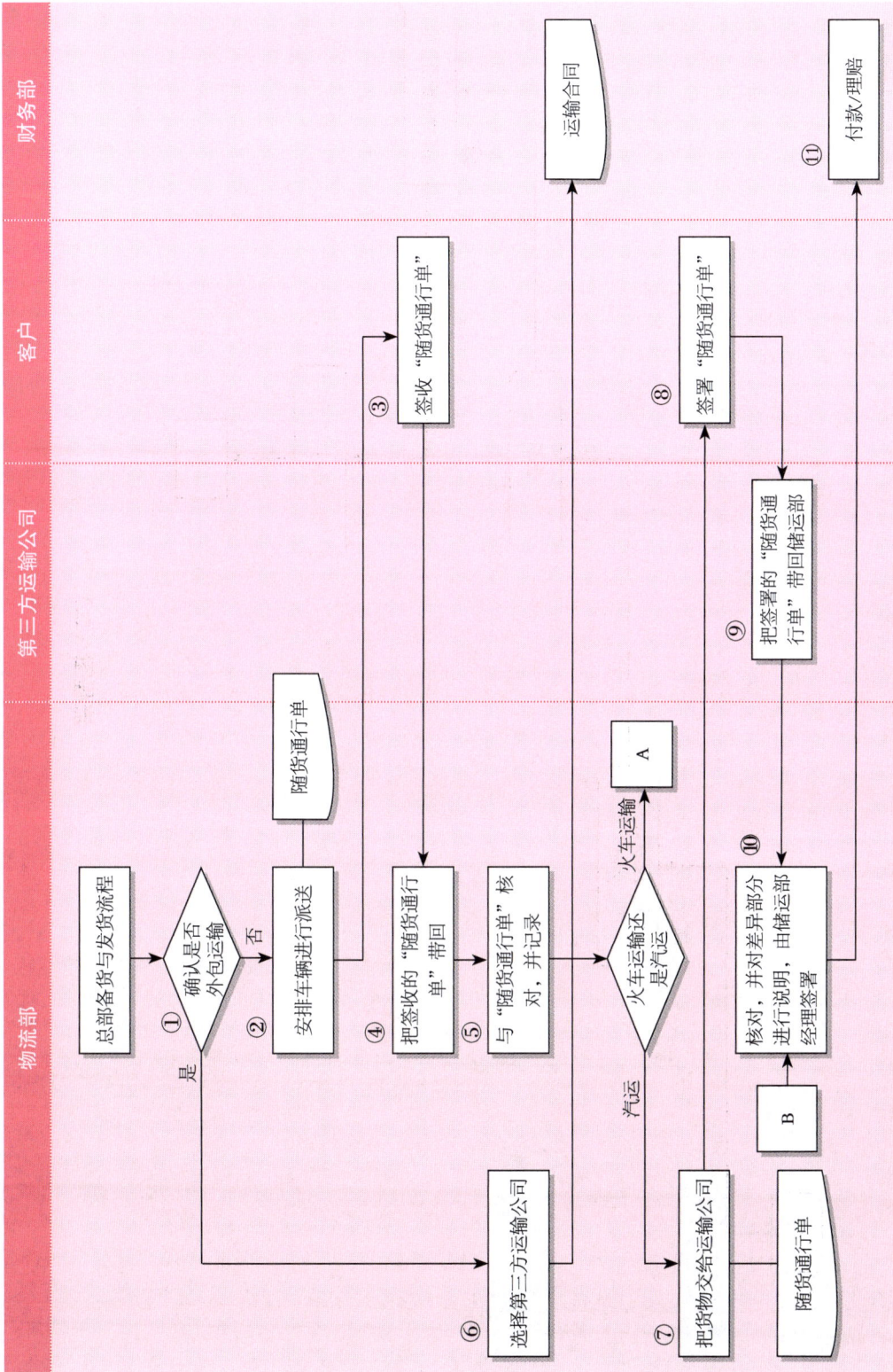

财务部　客户　第三方运输公司　物流部

① 总部备货与发货流程 → 确认是否外包运输

② 安排车辆进行派送

随货通行单

③ 签收"随货通行单"带回

④ 把签收的"随货通行单"带回

⑤ 与"随货通行单"核对，并记录

火车运输还是汽运　火车运输 → A　汽运

⑥ 选择第三方运输公司

⑦ 把货物交给运输公司

随货通行单

⑧ 签署"随货通行单"

⑨ 把签署的"随货通行单"带回储运部

⑩ 核对，并对差异部分进行说明，由储运部经理签署

B

运输合同

⑪ 付款/理赔

流程图（一）

－ 765 －

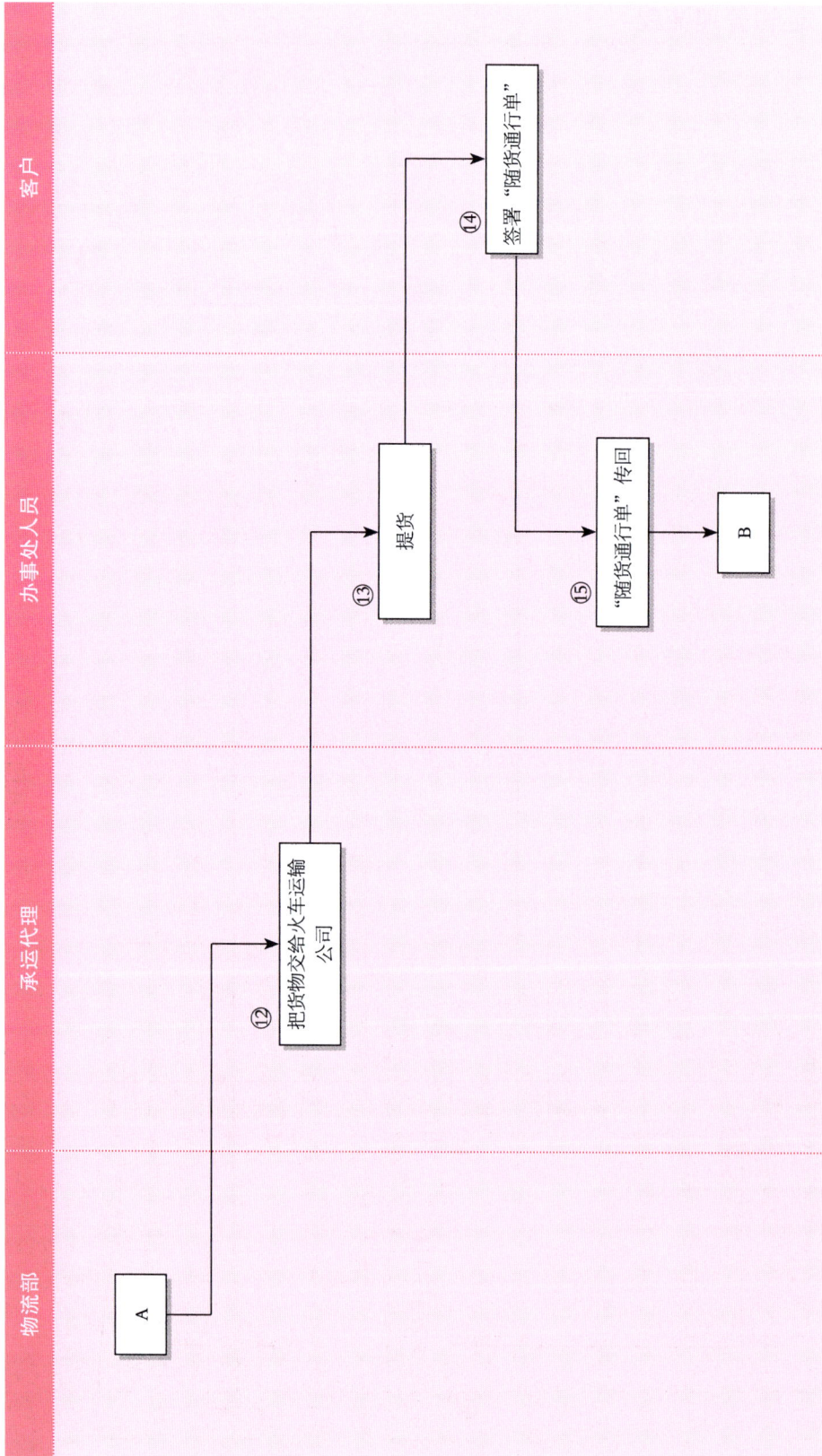

物流部 | 承运代理 | 办事处人员 | 客户

A

⑫ 把货物交给火车运输公司

⑬ 提货

⑭ 签署"随货通行单"

⑮ "随货通行单"传回

B

流程图（二）

流程说明

编码	节点	工作内容的简要描述
①	确认是否外包运输	根据销售合同上的客户送货时间、数量及地点，判断该次运输本公司运输车队是否能够送达
②	安排车辆进行派送	如果本公司运输车队能够送达，则由物流部安排运输车辆，并产生运输记录。驾驶员随车携带"随货通行单"。物流部自己留存一联"随货通行单"
③	签收"随货通行单"	客户在验收完运送货物后，签收"随货通行单"，客户留存一联，将另一联交给驾驶员
④	把签收的"随货通行单"带回	驾驶员返回公司时把签收的"随货通行单"带回，交给物流部
⑤	与"随货通行单"核对，并记录	物流部与原存的"随货通行单"进行核对，核对以后，修改运输记录，标明该次运输结束
⑥	选择第三方运输公司	由物流部选择已经签订协议的第三方运输公司（汽运或火车运输）进行运输
⑦	把货物交给运输公司	若是汽运，把货物交给第三方汽车运输公司，在物流部内部产生运输记录。第三方汽车运输公司驾驶员随车携带"随货通行单"。物流部自己留存一联"随货通行单"
⑧	签署"随货通行单"	客户在验收完运送货物后，签收"随货通行单"，客户留存一联，另一联交给驾驶员
⑨	把签署的"随货通行单"带回储运部	第三方汽车运输公司驾驶员把签收的"随货通行单"带回，交给物流部
⑩	核对，并对差异部分进行说明，由储运部经理签署	物流部与原存的"随货通行单"进行核对，并对差异部分进行说明，由物流部经理签署
⑪	付款／理赔	财务部向第三方汽车运输公司付款，并根据需要进行理赔
⑫	把货物交给火车运输公司	物流部把货物交给第三方火车运输公司进行运输
⑬	提货	异地办事处工作人员到火车站提货
⑭	签署"随货通行单"	客户签署"随货通行单"
⑮	"随货通行单"传回	办事处工作人员把签署的"随货通行单"传回物流部

38.7 月度／周期仓库盘点流程

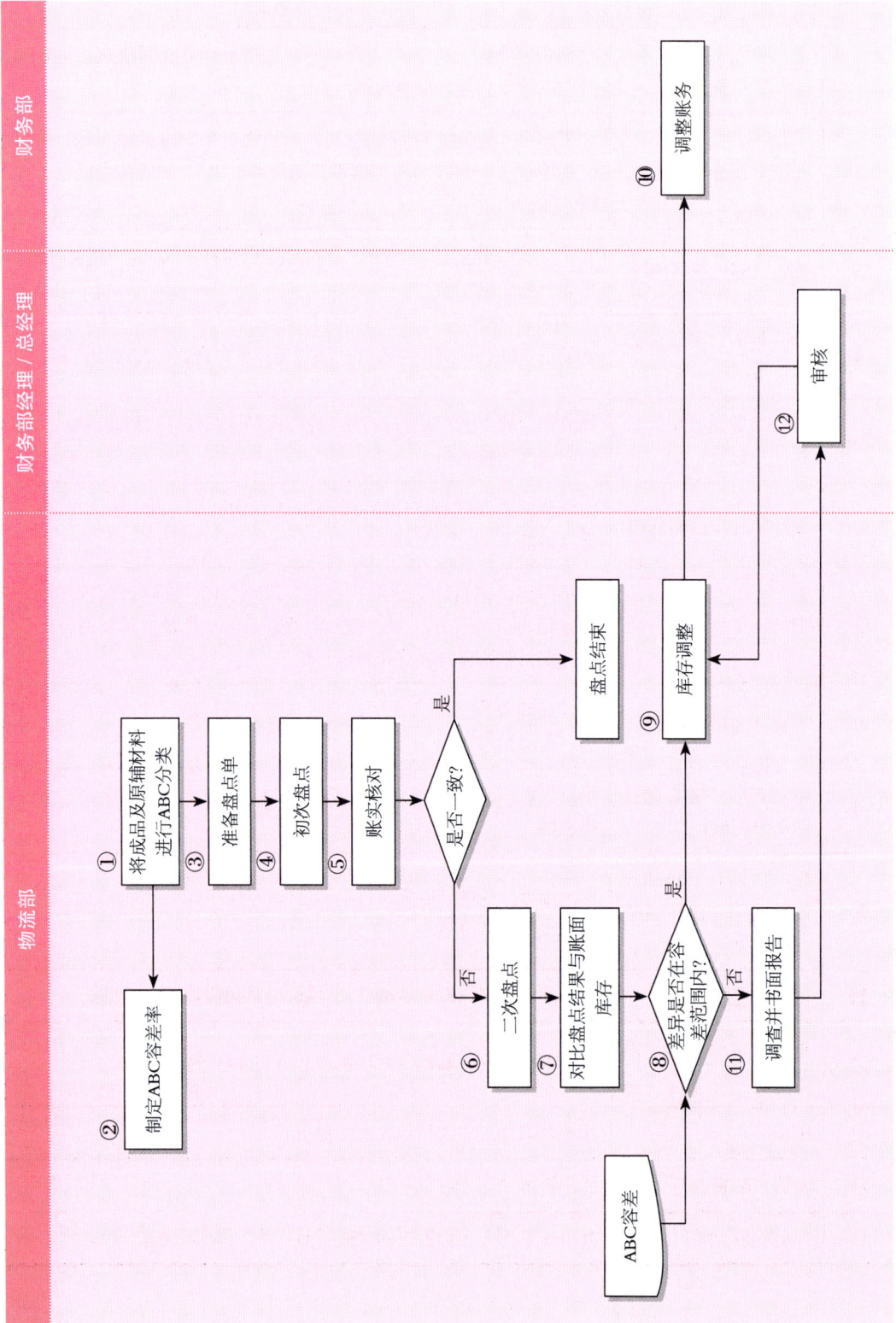

流程说明

编码	节点	工作内容的简要描述
①	将成品及原辅材料进行 ABC 分类	（1）物流部在财务部的协助下将所有库存品种根据重要性原则分为 A、B、C 三大类，并制定不同的周期盘点原则 （2）A：高价值，高使用量，高时间敏感度 （3）B：中等价值，一般使用量 （4）C：低价值 （5）盘点原则如：A 类产品每周盘点一次，B 类产品每月盘点一次，C 类产品每三个月盘点一次。 （6）盘点原则需要定期进行审核
②	制定 ABC 容差率	物流部在财务部的协同下对 A、B、C 三个类别制定不同的库存容错率，例如： A：0%；B：0.01%；C：0.1%
③	准备盘点单	根据盘点原则与库存 A、B、C 分类，确定需要盘点的库存种类，准备盘点单
④	初次盘点	针对盘点单上的产品进行初次盘点，记录品种、数量、批号
⑤	账实核对	将盘点结果与库存账进行对比
⑥	二次盘点	对于出现差异的情况进行二次盘点
⑦	对比盘点结果与账面库存	将盘点结果与库存账进行对比
⑧	差异是否在容差范围内？	判断差异是否在 A、B、C 容错范围以内
⑨	库存调整	对于在容错范围以内的情况作库存调整，在库存账上作库存调整记录，并将调整库存记录上报财务部
⑩	调整账务	财务部根据库存调整记录作相应的财务账务调整
⑪	调查并书面报告	对于在容错范围以外的情况，物流部需要作详细的差异调查报告，汇报发生的品种、数量、原因等，报财务部经理
⑫	审核	财务部经理审批差异调查报告，并报送总经理审批

38.8　年度仓库盘点控制流程

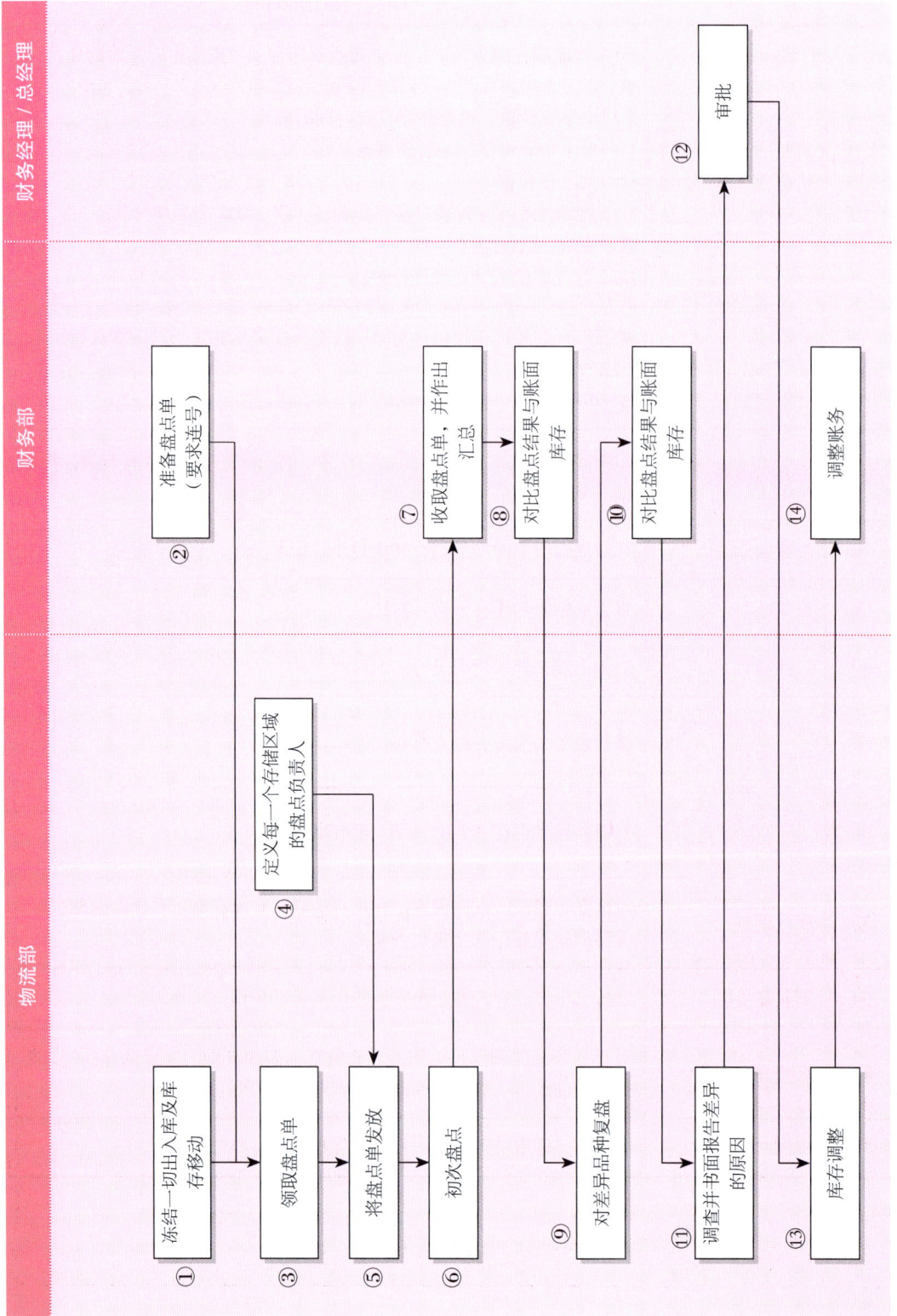

物流部	财务部	财务经理／总经理
① 冻结一切出入库及库存移动		
	② 准备盘点单（要求连号）	
③ 领取盘点单		
④ 定义每一个存储区域的盘点负责人		
⑤ 将盘点单发放		
⑥ 初次盘点		
	⑦ 收取盘点单，并作出汇总	
	⑧ 对比盘点结果与账面库存	
⑨ 对差异品种复盘		
	⑩ 对比盘点结果与账面库存	
⑪ 调查并书面报告差异的原因		
		⑫ 审批
⑬ 库存调整		
	⑭ 调整账务	

流程说明

编码	节点	工作内容的简要描述
①	冻结一切出入库及库存移动	每年年末开始盘点时，物流部冻结一切库存的收、发、移动操作
②	准备盘点单（要求连号）	财务部准备"盘点单"，要求盘点单上已经编号并且连号
③	领取盘点单	物流部经理负责协调具体的盘点工作，由其领取"盘点单"
④	定义每一个存储区域的盘点负责人	物流部、财务部分别指定每一个存储区域的盘点负责人。要求每一个区域都有相应的储运，财务复核人员，由财务人员担任该区域的盘点组长
⑤	将盘点单发放	将"盘点清单"发放到每一个盘点区域的盘点人员
⑥	初次盘点	实施盘点，由物流人员进行盘点，财务人员复核
⑦	收取盘点单，并作出汇总	财务部收取所有的"盘点清单"，要求所有清单连号，没有遗漏，并进行汇总
⑧	对比盘点结果与账面库存	将"盘点单"上的数字与库存账的数据进行对比，找出差异，编制差异报告
⑨	对差异品种复盘	对比差异报告，由物流部对差异项进行复盘
⑩	对比盘点结果与账面库存	再次对复盘结果进行汇总，并与库存账比较差异
⑪	调查并书面报告差异原因	物流部分析差异原因，作详细书面报告，同时提出差异调整申请
⑫	审批	财务经理及总经理对差异调查报告及差异调整申请进行审批
⑬	库存调整	物流部根据审批情况作库存差异调整
⑭	调整账务	财务部根据审批情况作库存财务账差异调整

38.9　安全库存管理流程

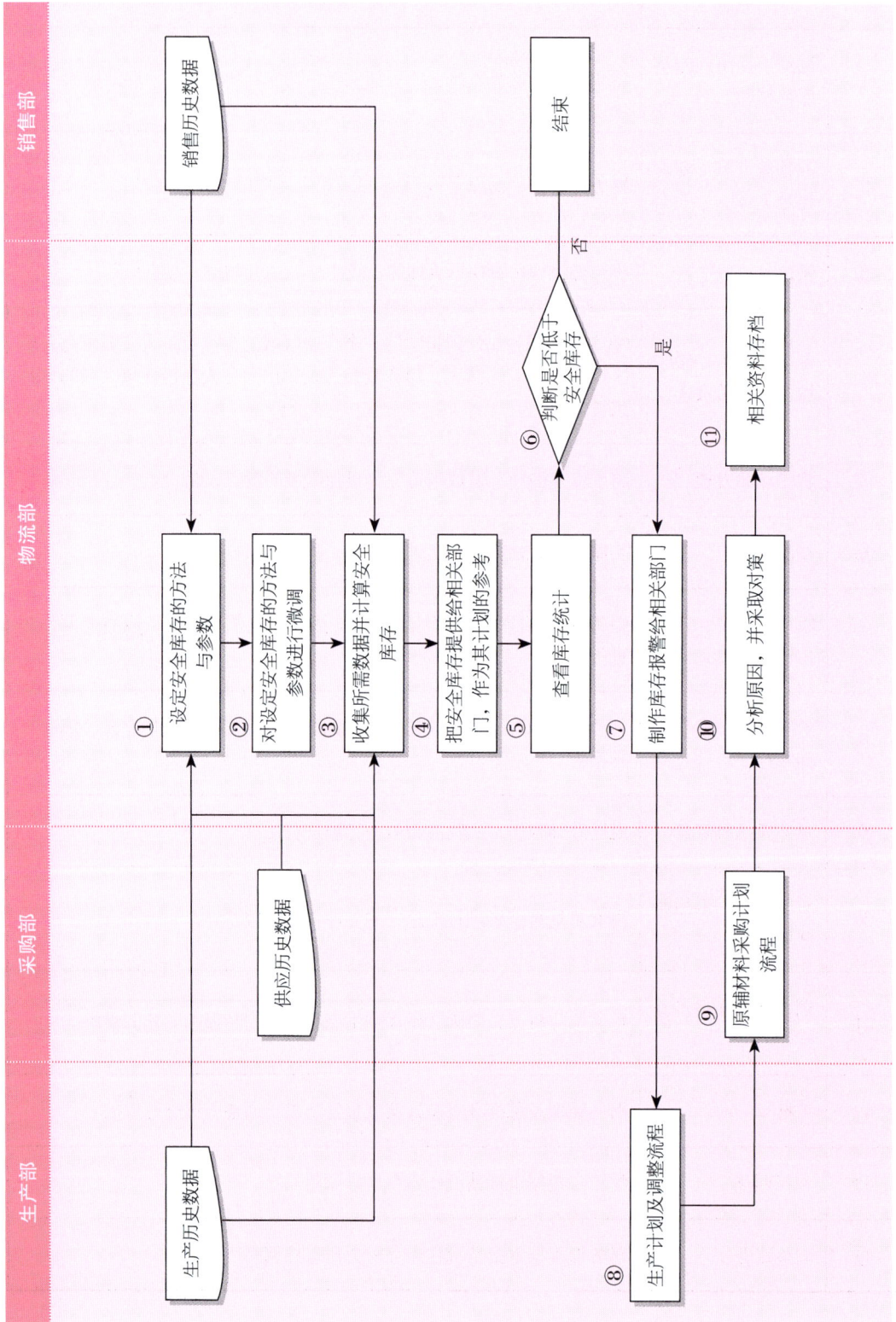

部门	流程
销售部	销售历史数据
物流部	① 设定安全库存的方法与参数　② 对设定安全库存的方法与参数进行微调　③ 收集所需数据并计算安全库存　④ 把安全库存提供给相关部门，作为其计划的参考　⑤ 查看库存统计　⑥ 判断是否低于安全库存　⑦ 制作库存报警给相关部门　⑩ 分析原因，并采取对策　⑪ 相关资料存档　结束
采购部	供应历史数据　⑨ 原辅材料采购计划流程
生产部	生产历史数据　⑧ 生产计划及调整流程

流程说明

编码	节点	工作内容的简要描述
①	设定安全库存的方法与参数	每年年末,在制定年度销售计划前,由生产部、销售部、物流部、采购部共同协商制定设置安全库存的方法和指导性参数,如缺货率等
②	对设定安全库存的方法与参数进行微调	每季度由生产部、销售部、物流部共同协商是否需要对设置安全库存的方法和指导性参数作季节性微调
③	收集所需数据并计算安全库存	物流部从生产、供应及销售部获取历史的生产采购销售历史数据(到目前为止),计算销售计划、生产计划的准确率等参数,并汇总缺货率等参数,计算安全库存
④	把安全库存提供给相关部门,作为其计划的参考	物流部把计算所得的安全库存提供给销售、采购及生产部门,作为其制定生产、采购和销售计划的参考
⑤	查看库存统计	物流部查看库存台账,对库存量进行统计
⑥	判断是否低于安全库存	物流部判断产品的现有库存量是否低于设定的安全库存
⑦	制作库存报警表给相关部门	如果发现某种产品的库存低于安全库存,制作安全库存报警表,并发送至生产及销售部门
⑧	生产计划及调整流程	生产部根据库存报警表执行生产计划及调整流程
⑨	原辅材料采购计划流程	采购部执行原辅材料采购计划流程
⑩	分析原因,并采取对策	物流部协调相关人员分析,解决问题
⑪	相关资料存档	物流部把问题发生的原因及解决方法存档,作为将来进一步改进的依据

PART

4

世界500强企业
管理文书范本

第39章 董事会、理事会、监事会管理文书

39.1 股东会会议通知

股东会会议通知

各位股东：

根据公司章程规定及实际经营情况，现决定于××××年××月××日××时在公司××××会议室以××××方式召开××××年度××会，会议主要议题：

一、审议公司××××年度董事会工作报告；

二、审议公司××××年度监事会工作报告；

三、审议公司××××年度财务决算报告；

四、审议公司××××年度利润分配预案；

五、××××××。

特此通知！

××

有限公司

___年__月__日

39.2 董事会会议通知

董事会第_____次会议通知

_____先生／女士：

××有限公司董事会第___次会议决定于___年__月__日上／下午__时（地点：_____）召开第____次会全体会议。会议议题如下：

1._____

2._____

3._____

请您准时列席会议。

会议召集人：_____

___年__月__日

（续上）

（送达回执）

确定参加会议签字：

___年__月__日

本回执请于会期 5 日前交回_____

39.3　授权委托书

授权委托书

××有限公司董事会：

因_____原因，

我不能出席公司第_____届董事会第_____次会议，现委托_____董事代我出席

会议，并授权如下：

1.　_____

2.　_____

委托人签字：

___年__月__日

第40章　战略规划管理文书

40.1　战略规划书标准模板

战略规划书标准模板

1. 业务单元发展宏图及五年战略目标			
1.1　业务单元发展的宏图及五年战略目标			
1.2　业务单元为实现该战略目标采取的战略举措阐述			
2. 观经济环境与行业发展分析			
具体内容	所含议题	分析	资料来源
2.1 宏观经济环境	·未来五年经济发展速度 ·区域生产设备需求及预测 ·生产设备需求结构分析 ·五年内可能的技术变革及对公司的影响 ·中国加入 WTO 后对市场的影响（有利及不利因素）		
具体内容	所含议题	分析	资料来源
2.2　今后五年行业的发展变化及经营环境变化	·市场需求和增长模式 ·生产设备价格趋势 ·潜在技术革新机影响 ·潜在替代产品		
经营环境变化	行业供应特点	·行业内参与者数量及各自的份额 ·生产量趋势 ·生产能力发展及计划 ·WTO 的影响		
经营环境变化	行业平衡	·行业内生产能力利用预测 ·预测的行业突变及可能的影响		
经营环境变化	行业业绩	行业的整体发展及利润率		
2.3.1 创造的主要机会		·潜在的正向及逆向整合机会 ·这些机会的创造价值的潜力	行业专家访谈 国际趋势及案例分析

（续表）

具体内容	所含议题	分析	资料来源
2.3.2 造成的主要威胁	·投资需求 ·政府政策控制 ·区域地区基础设施造成的进入壁垒		行业主管部门访谈
3. 业务单元现状分析			
3.1 本业务单元近年业绩及发展趋势			
技术水平分析	·研究开发投入 ·与竞争对手技术水平的比较		内部分析 竞争对手调查
政策影响力分析	·对政府行业政策的影响力 ·与当地政府的合作关系		内部分析 案例分析
市场渗透开拓能力	·市场占有率 ·市场的营销网络 ·公司自身价值定位 ·与终端客户的关系评估 ·市场营销水平		重点客户访谈 外部市场反馈及评估
生产水平分析	·目前的生产效率 ·生产成本上的优势		内部分析 国际同行／竞争对手的"参照"
综合能力评估	·融资能力 ·联盟的能力 ·资产组合的管理水平		
行业成功要素	·行业成功的关键因素以及本集团进入该行业后的相对优劣势 ·现有主要参与者在这些成功因素上的优劣势 ·联盟及合资的必要性		行业专家访谈 竞争对手访谈
本集团进入行业后的竞争力	·本集团的成本竞争力（行业的成本曲线） ·本集团对付竞争对手报复性措施的能力		竞争对手年报表
4. 要竞争对手分析			
4.1 近几年业绩分析			
主要竞争对手档案	竞争对手之规模、利润率和增长		竞争对手访谈、年报 行业协会及公开材料
近期／预期的竞争环境变化	·其他潜在进入者的档案 ·近期行业内的兼并及收购活动 ·对新进入行业者的大致了解		

（续表）

具体内容	所含议题	分析	资料来源
4.2 竞争对手在之后五年可能采取的战略举措			
竞争对手可能采取的战略	所采取或计划采取的举措		竞争对手访谈、年报行业协会及公开材料
4.3 对手战略举措对本业务单元的潜在威胁			
竞争对手战略举措对本业务单元的潜在威胁	所采取或计划采取的举措		

5. 本业务单元五年战略（方案）	___年	___年	___年	___年	___年
5.1 本业务单元今后将在哪些市场竞争 5.1.1 地理市场 5.1.2 产品市场 5.1.3 业务模型					
5.2 如何竞争					
5.3 主要战略举措 5.3.1 市场扩张 5.3.2 新客户、渠道的建立					
6. 战略的财务分析					
销售收入 － 成本 － 费用					
税息前利润 － 所得税					
税息后利润 ＋ 折旧 － 资本性支出 － 运营资本变动					
现金流					
投资资本回报率					
7. 要资源需求预测					
7.1 资本投资 资本额 资本来源					
7.2 人才 人才需求 人才来源					
其他资源					

（续表）

8. 与前一年战略规划的差异总结
本年战略规划同上一年的差异
差异解释

40.2　战略规划书简易模板

战略规划书简易模板

1. 业务单元特殊情况战略综述
业务单元特殊情况战略综述
业务单元为特殊情况战略采取的举措

2. 业务单元特殊情况背景			
具体内容	所含议题	分析	资料来源
外部因素	·导致特殊情况的外在行业因素 ·导致特殊情况的外部资产处理的绝佳机会		
内部因素	·导致特殊情况的业务单元内部因素 ·业务单元内部导致战略调整的责任人及处理办法		
总体评价			

3. 业务单元特殊情况的影响		
具体内容	所含议题	分析
对各方面的有利影响		
对各方面的不利影响		

4. 业务单元特殊情况所需资源

（续表）

外部资源	·高层公关 ·政府支持	
内部资源	·集团支持 ·其他业务单元配合	
5.业务单元特殊情况战略的经验总结		

40.3　企业年度经营计划模板

企业年度经营计划模板

第一部分　公司愿景和中长期战略目标
集团五年规划及本公司目标：
第二部分　上年度总结
____年度公司经营目标达成情况： 主要经营指标达成情况及分析： 经验和教训：
第三部分　环境分析及趋势预测
一、____年度公司面临经营环境分析 1.分析依据及方法（分析依据：相关数据、数据的来源，本年度经营计划的依据等；分析方法：分析公司经营环境所运用的分析方法和分析工具：如 SWOT 分析、波士顿矩阵等） 2.____年公司经营环境分析（运用前面项目提到的分析方法、工具对公司在____年度面临的内外部环境进行分析。 外部环境分析包括：国家宏观经济状况描述分析、国家 ×× 行业发展态势分析、公司目标市场五金业形势分析（客户动态、市场价格及趋势、同行竞争、当地政府部门的政策倾向等）。 内部环境分析包括：公司战略方针、公司文化理念、公司项目运行状况、公司财务资金运转状况、公司人力资源状况、公司内部组织结构运转状况、公司制度化建设状况等）。 3.分析结论（公司面临的机会、威胁、公司的竞争力及弱点等的概述） 二、____年度公司经营趋势预测

（续表）

第四部分　年度经营目标及达成计划

一、公司年度目标及行动计划

1. 财务目标：销售回款、销售收入、利润率、各项管理费用开支总额、各项经营费用开支总额、公司的资产负债率、公司的速动比例、固定资产投资额、员工收入增长率等。

2. 业务具体目标：详细到每个月度的销售量、销售回款、开发进度相应的成本控制。

3. 内部管理具体目标：公司在内部管理上将要取得的各种进展：包括公司文化建设、管理体系建设、规章制度的制定、财务管理方法的提升、人力资源开发和储备等。

4. ＿＿＿年公司工作重点时间表：（参见 ×× 经营计划指导书）。

简要概述公司年度工作重点和需要注意的事项：包括公司战略推行、公司文化建设、项目建设、项目销售、人力资源部配置、公司内部管理等。

二、各部门目标及达成计划

各部门＿＿＿年度工作重点实施计划（说明在目标过程中采用的重点控制举措、相应的形象控制点、相应的管理配套措施等）

第五部分　策略与风险措施制订

一、＿＿＿年经营工作中将面临的主要问题和可能风险

说明公司将面临问题（说明将要面临的主要问题是什么，为什么会面临这个问题、公司将采用哪些措施、方法去解决这个问题以及相应的解决问题的主要原则等）

二、面临的主要问题及解决措施

三、对目标的影响和调整办法

第六部分　公司组织结构

一、将对公司组织和管理体系改革

（说明公司将在组织结构、管理体系上，即在公司整体层面上将采取的措施和相应的工作计划等）

二、高层职位增设及人员任免等

三、部门定位和职能调整

（续表）

第七部分　公司资源配置
一、____年度专项预算情况
二、____年度总项预算情况（指公司总体的资金费用需求、公司各项管理费用预算、经营费用预算等）
三、____年经营效绩评价及预算专题说明
附件：部门____年度工作计划（主要内容包括：部门年度业绩目标、相应的工作重点、部门内部管理提高措施、部门资金费用预算、部门开支预算等）

40.4　××有限公司____年度经营目标责任书

××有限公司_____年度经营目标责任书

为充分调动分公司管理人员积极性，确保公司下达给下属分公司年度经营目标的实现，_____（以下简称甲方）授权给以_____为第一责任人的_____分公司（以下简称乙方）负责该公司的经营管理。

按照责、权、利对等的原则，双方在协商一致的基础上签订____年度经营目标责任书，以明确双方的责任、权利和义务。本责任书一经签字即对甲乙双方具有法律约束力，甲乙双方应共同遵守。

一、目的

建立公司对下属分公司的经营目标责任考核体系，以加强公司对下属分公司的有效监控；在以分公司经理负责制为核心的基础上，充分调动下属分公司经营管理人员积极性，充分挖掘人力资源潜力；推动分公司乃至整个集团公司经营管理工作逐步向理性、科学、精细和规范的方向发展，用科学的指标评价体系替代粗线条的考评；推动下属各分公司管理手段和经营风格的转变，增强分公司管理层的责任意识和经营管理能力。

二、____年度考核期间：____年__月__日至____年__月__日。

三、甲方的权利和义务

1. 甲方必须为乙方经营活动提供必要启动资金、设备、后勤等支持和保障。

2. 甲方有责任努力降低公共费用开支，减轻分公司公共分摊费用负担；公共费用为各分公司所在项目及人员来公司总部所发生的费用。

（续上）

3. 甲方有权对乙方的经营管理活动进行检查和监督，并提出改进意见。

4. 甲方有权在乙方经营活动出现失控或重大失误而乙方又无有效解决办法时，决定终止本责任书的执行。

5. 连续一个季度未完成相关业绩指标，甲方有权向乙方提出警告。

6. 连续两个季度未完成相关业绩指标，甲方有权终止本责任书（新建分公司适当放宽 1 月）。分公司经理两年内公司不再委派至其他区域任分公司经理。

7. 甲方有权对乙方的经营业绩进行定期审计与考核。

8. 因客观条件导致分公司业绩异常时，甲方有权调整分公司经营目标。

四、乙方的权利和义务

1. 乙方应严格遵守国家各项法律、法规及公司制订的各项管理规定。

2. 乙方负责"甲供、甲控材料"投标的信息搜集，以及代办中标后的货物配送工作，"甲供、甲控材料"的销售毛利按 20% 分配给分公司。

3. 乙方应在计划年度内完成净利润_____万元。

注：

（1）净利润率＝税前利润总额 ÷ 实际销售收入。

（2）净利润＝销售收入 − 销售成本 − 管理费用 − 销售费用 − 财务费用 − 公共分摊费用 − 税金。

（3）销售成本：直接工资、直接费用（运输费、水电费用、固定资产折旧、分公司人员差旅费）。

（4）管理费用：差旅费、电话费、招待费、办公费。

（5）销售费用：招待费、佣金。

（6）财务费用（按实际发生额计）：利息、银行手续费。

（7）公共费用摊销（按实际发生费用）：公司职能部门的费用及上缴国家的各项规费等。

（8）税金（按实际发生额）。

（9）按项目分担公司的固定资产原值和____年度折旧。

（10）其他各项费用依实际发生情况负担。

4. 乙方应在双方签字生效之日起 15 日内向甲方提供具体的、可操作的、可实现的、有时间性的目标实施详细计划，在获得甲方批准后以此作为对乙方进行绩效考评、监督和控制的依据。

5. 乙方必须定期或不定期地按甲方要求报送（提交）与经营活动有关的各项文件和资料，包括：

（1）年度、月度等各项工作计划执行情况的分析报告。

（2）各种财务报表。

（续上）

（3）年度销售政策及实施情况的跟踪报告。

（4）甲方要求提供的其他文件和资料。

（5）考核第一季度未完成业绩指标，乙方须书面向总经理说明未完成原因，并拿出改进措施。

6. 乙方享有对分公司其他经营管理人员的管理权。

7. 乙方享有经营管理人员任用和辞退建议权。

8. 乙方拥有对分公司全体员工的考评指标体系设计，考评方式和分配方案决定权，但是方案必须提交总经理核准后方可实施。

9. 乙方应接受甲方季度、年度考核，年度考核指标包括净利润、货款回收、费用控制三项，季度考核指标包括销售额、货款回收、费用控制三项，工资奖金核算标准（见附表1、附表2）。

10. 分公司经理制订本分公司员工奖金的发放方案，年终由公司财务管理中心、行政管理中心考评后审核，报总经理审批后发放（分公司奖金分配比例为：经理∶副经理∶其他员工＝60%∶20%∶20%）。

五、其他

本责任书相关内容分别由公司综合管理中心、财务管理中心负责解释、修订。

本责任书由公司总经理和下属分公司第一负责人签署后生效，并对双方都具有法律约束力。

本责任书一式三份，公司综合管理中心、财务管理中心、下属分公司各持一份。

××有限公司　　　　　　　　　　分公司

总经理：　　　　　　　　　　　　分公司经理：

日期：＿＿年＿月＿日　　　　　　日期：＿＿年＿月＿日

附表1

分公司年度考核指标

指标项（权重）	基本目标	考核标准
净利润（50%）	＿＿＿＿万元	（1）年度净利润目标未完成100%，得分＝完成比例×权重，低于80%为零分 （2）净利润超过目标值，累进计分： 100%～120%（含）：得分＝完成比例×权重，另超额部分奖励每万元3% 120%～150%（含）：得分＝完成比例×权重，另超额部分奖励每万元5%

（续上）

（续表）

指标项（权重）	基本目标	考核标准
净利润（50%）	＿＿＿万元	150%～200%（含）：得分＝完成比例×权重，另超额部分奖励每万元 10% 200% 以上：得分＝完成比例×权重，另超额部分奖励每万元 15%
货款回收（30%）	按合同约定确定回款额度	（1）目标＝年度内应回款额度×100% （2）目标完成得分＝完成比例×权重，完成比例低于 50% 计零分 （3）延迟收回的部分由财务管理中心按同期银行利率收取资金占用成本 （4）所有回款以财务部门签字确认为准
费用控制（20%）	＿＿＿万元	（1）年度目标＝项目费用总额×年度内项目执行时间（按月核算比例） （2）年度费用控制在目标内，不加分。超额开支提前经总经理审批后不予考核，未经审批超额每千元考核 1 分

附表 2

季度目标责任书导向：以过程控制为导向，鼓励多做业绩，把销售额、回款、费用作为主要考核指标。

＿＿＿分公司＿＿＿季度考核指标

说明：凡季度目标完成比例低于 80%，按 80% 比例预借季度奖金，经总经理批准发放。第四季度与年度目标责任书合并考核，预借部分在年度兑现时予以扣除。

指标项（权重）	目标	评价细则
利润（30%）	年度目标×25%	季度目标完成得分：得分＝完成比例×权重，完成比例低于 50% 记零分
货款回收（30%）	按与项目部签订的合同回款	（1）季度目标＝当季应回款额度×100% （2）季度目标完成得分：得分＝完成比例×权重，完成比例低于 50% 记零分 （3）年度考核前货款为完成回收，按收回货款比例兑现奖金，延迟收回的公司收取资金占用费 （4）所有回款以财务部门签字确认为准，由财务出具完成比例
费用控制（40%）	按年度费用×25%	（1）季度费用控制在目标内，节约部分按 10% 提成，在年度考核时奖励 （2）季度费用超支，超支 10% 扣 5 分 （3）遇重大项目或特殊原因，以书面形式报告总经理审批

第41章 全面预算管理文书

41.1 财务预算报告模板

财务预算报告模板

一、预算编制基础

概括说明确定本年度预算目标的依据，包括：

（1）对预算年度宏观经济形势的总体预测与分析，说明企业编制预算的宏观经济形势基础。

（2）企业编制年度预算所选用的会计政策，说明折旧率、资产减值等重大会计政策及会计估计发生变更的原因，对损益的影响金额。

（3）年度预算报表的合并范围说明，未纳入及新纳入年度预算报表编制范围的子企业名单、级次、原因以及对预算的影响等情况。

二、预算编制目标

概括说明本年度预算的收入、利润目标。

三、预算编制情况

1.财务收支预算

财务收支预算是企业编制年度预算的基础，企业应在深入开展业务板块分析、重要子企业调查的基础上，对主要业务板块的发展趋势及生产经营情况进行客观的预测，对企业产生重大影响的生产经营决策进行说明。至少应包括以下内容。

（1）收入预算

结合本企业整体战略规划、所处行业地位、市场供求关系及价格变动等情况，按主要业务板块说明生产经营指标增减变动情况和收入、成本等变动情况，以及指标变动对企业效益的影响程度等。

（2）成本费用预算

预算年度各项成本费用情况，包括材料费、外协费、人工成本、折旧费、差旅费、业务招待费、日常管理费、财务费用等预计发生金额、年度增减变动情况。成本费用占营业收入比重变动情况以及本年度拟采取的费用增长控制措施及落实方法。

（续上）

其中预算年度企业人工成本情况，具体包括：预算年度内企业人工成本支出情况、人工成本占营业收入及成本费用比重变动情况、职工数量变化等情况。如果人工成本总额、人均人工成本或工资增幅超过收入及利润增幅，应详细说明原因。

（3）投资收益

预算年度投资收益预计发生金额、年度增减变动情况。

（4）营业外收支

预算年度营业外收支预计发生金额、年度增减变动情况。

2. 投资预算

（1）说明企业预算年度内拟安排的重大固定资产投资项目的目的、总规模、预期收益及预计实施年限等情况，对资金来源与资金保障情况应重点说明。

（2）说明企业预算年度拟计划实施的重大长期股权投资情况，具体包括：投资目的、预计投资规模、资金来源、持股比例、预计收益等情况。

说明预算年度拟清理的长期股权投资，以及拟采取的清理手段和措施。

（3）分类说明企业预算年度内拟安排的债券、股票、基金等风险业务的资金占用规模、资金来源和预计投资回报率等情况。

3. 筹资预算

说明企业预算年度内拟安排的重大筹资项目目的、筹资规模、筹资方式和筹资费用等情况，分析未来偿债能力和风险。

4. 资金预算

预算年度内资产负债及现金流量情况，重点说明经营性现金流量变化情况，说明企业为保障资金安全所采取的具体应对措施。如加强应收款项回收管理、提高库存流动性、跟踪高负债子企业和亏损企业、加强重大工程项目资金管控等。

四、实现预算目标的措施

预算年度为了实现预算目标拟采取的措施，如增收节支、成本管控、过程控制等的措施。

五、预算年度重大事项说明

（1）预算年度内拟出售固定资产、债务重组等重大营业外收支项目的原因、金额、对象、方式等情况。

（2）说明企业预算年度内担保、抵押等或有事项的规模控制情况，并说明对逾期担保等或有事项拟采取的清理措施。

（续上）

（3）详细说明企业预算年度内对外捐赠支出项目、支出规模、支出方案等预算安排情况。

（4）其他需要说明的情况。

41.2　预算执行情况分析报告模板

预算执行情况分析报告模板

一、业务预算分析

1.产品及项目销售分析

单位：万元

类别	去年同期		本月预算		本月实际		比去年同期增长率	完成预算%
	销量	收入	销量	收入	销量	收入		
合计								

分析判断：配销量分析图。

2.产品项目销售毛利分析

单位：万元

类别	本月销售单价	预算销售单价	本月销售成本	预算销售成本	实际销售毛利	预算销售毛利	实际毛利率	预算毛利率

分析判断：

3.产品生产预算分析

单位：

类别	本月产量	预算产量	去年产量	预算差异	与去年差异	预算差异率	去年同期差异率
合计							

分析判断：配图表。

4.产品成本预算分析

（1）原料成本分析

①原材料耗量差异分析

单位：

项目	本月耗量	预算耗量	去年同期	上月耗量	预算差异	去年同比差异	上月差异	预算差异率
原料 1								
原料 2								
原料 3								
原料 4								
原料 5								

分析判断：

②原材料耗用单价分析

单位：万元

项目	实际数量	实际单价	预算单价	上月单价	预算单价差异	预算价差异率	实际耗料成本	预算耗料成本	耗料成本差异	耗成本差异率
原材料 1										
原材料 2										
原材料 3										
原材料 4										

分析判断：

（2）人工成本分析

单位：万元

项目	本月实际	本月预算	上月数	去年同期	预算差异	与上月差异	与去年差异

分析判断：

（1）预算差异分析。

（2）与上月差异分析。

（3）制造费用分析

单位：万元

项目	本月	上月	预算	去年	与上月差异	预算差异	与去年差异

分析判断：

（1）预算差异分析。

（2）与上月差异分析。

（3）与去年差异分析。

（4）产品成本分析

单位：万元

类别	本月成本	去年同期成本	上月成本	预算成本	去年达成率	上月达成	预算达成率

分析判断：

5. 材料采购预算分析

单位：万元

项目	本月采购	预算采购	上月采购	预算差异	上月差异	预算差异率	上月差异率
材料 1							
材料 2							
材料 3							
材料 4							

分析判断：

6. 成本费用预算分析

单位：万元

项目	本月额	上月额	预算额	与上月差异	与预算差异	与上月差异率	与预算差异率
营业成本							
营业费用							
管理费用							
财务费用							

分析判断：

二、财务预算执行分析

1. 现金预算分析

单位；万元

项目	本月实际	本月预算	预算差异	实际累计	预算累计	累计差异
期初现金余额						
经营现金流入						
经营现金流出						
经营现金余额						
借入金额						
还款金额						
资本支出						
现金余额						

分析判断：

2. 资产运营效率分析

项目	本期实际	本期预算	上期	上年同比	与行业优秀比
总资产周转率					
流动资产周转率					
应收款周转率					
存货周转率					
资产负债率					
股东权益比率					
营业周期					

分析判断：

3. 应收账款分析

单位：万元

账龄	金额	所占比率	坏账几率	处理办法
1 ~ 60 天				
61 ~ 120 天				
121 ~ 365 天				
365 天以上				
合计				

分析判断：结构分析（配图）

4. 主要存货分析

单位：万元

类别	期初数	期初预算	期初差异	期末数	期末预算	期末差异
合计						

分析判断：

（1）存货结构分析。

（2）期初差异及对期末的影响。

（3）期末差异。

三、预算损益表执行分析

单位：万元

项目		主营业务收入	主营业务成本	主营业务利润	销售毛利率	利润总额	销售利润率
本月实际数							
本年累计数							
预算	预算						
	预算同比增减						
	完成预算 %						
	预算本年累计						
去年同期	去年同期						
	去年同比增减						
	去年同比增减 %						
	去年累计数						
上月数	上月数						
	上月同比增减						
	上月同比增减 %						

分析判断：

四、预算分析总结

41.3 预算执行分析报告模板

预算执行分析报告模板

二〇××年第一季度至第×季度

财务管理处

20××年×月×日

一、总体情况

20××年×季度实现税利××万元，完成预算××万元的××%，占全年预算的××%；税金××万元，完成预算××万元的××%，占全年预算的××%；利润总额××万元，完成预算××万元的××%，占全年预算的××%。

20××年第一至第×季度实现税利××万元，完成年度预算××万元的××%；其中：税金××万元，完成年度预算××万元的××%；利润总额××万元，完成年度预算××万元的××%。收入××万元，完成年度预算××万元的××%；成本××万元，完成年度预算××万元的××%；销售费用××万元，完成年度预算××万元的××%；管理费用××万元，完成年度预算××万元的××%；投资收益××万元，完成年度预算××万元的××%。

商业企业主要预算指标执行情况表

项目	1～×季度实际	年度预算	执行率%
税利			
税金			
利润			
收入			
成本			
销售费用			
管理费用			
投资收益			

二、费用预算

1. 总体情况

20××年×季度三项费用支出××万元，完成预算××万元的××%，占全年预算的××%；第一至第×季度三项费用支出××万元，完成年度预算××万元的××%。其中：销售费用××万元，完成年度预算××万元的××%；管理费用××万元，完成年度预算××万元的××%。

（续上）

商业企业费用预算情况表

单位：万元

项目	1 ~ × 季度实际	年度预算	执行率 %
三项费用			
销售费用			
管理费用			
财务费用			

第一至第 × 季度预算费用中与其平均执行率差异在 10% 的费用有（文字分析产生差异的原因，平均执行率是指年初预算编制时已分解到该季度的累计数除以年度预算数）：

1.＿＿＿＿＿＿＿＿＿＿＿＿＿＿＿＿＿＿＿＿＿＿＿＿＿＿＿＿＿＿＿

2.＿＿＿＿＿＿＿＿＿＿＿＿＿＿＿＿＿＿＿＿＿＿＿＿＿＿＿＿＿＿＿

3.＿＿＿＿＿＿＿＿＿＿＿＿＿＿＿＿＿＿＿＿＿＿＿＿＿＿＿＿＿＿＿

2. 省公司本级费用预算情况（市县公司不写，省公司本级分析）

20×× 年 × 季度公司本级三项费用支出 ×× 万元，完成预算 ×× 万元的 ××%，占全年预算的 ××%；第一至第 × 季度三项费用支出 ×× 万元，完成年度预算 ×× 万元的 ××%；销售费用 ×× 万元，完成年度预算 ×× 万元的 ××%；管理费用 ×× 万元，完成年度预算 ×× 万元的 ××%。

省公司本级费用预算情况表

项目	1 ~ × 季度实际	年度预算	执行率 %
三项费用			
销售费用			
管理费用			
财务费用			

公司本级第一至第 × 季度预算费用中与其平均执行率差异在 10% 的费用有（文字分析产生差异的原因）：

（1）＿＿＿＿＿＿＿＿＿＿＿＿＿＿＿＿＿＿＿＿＿＿＿＿＿＿＿＿＿

（2）＿＿＿＿＿＿＿＿＿＿＿＿＿＿＿＿＿＿＿＿＿＿＿＿＿＿＿＿＿

（3）＿＿＿＿＿＿＿＿＿＿＿＿＿＿＿＿＿＿＿＿＿＿＿＿＿＿＿＿＿

3. 重点费用预算情况

（续上）

商业企业重点费用预算执行情况表

项目	1 ~ × 季度实际	年度预算	执行率 %
业务招待费			
广告宣传及促销费			
涉外费用			
会议费			
车辆运行费			

（1）业务招待费 ×× 万元，完成年度预算 ×× 万元的 ××%。

（2）广告宣传及促销费 ×× 万元，完成年度预算 ×× 万元的 ××%。

（3）涉外费用 ×× 万元，完成年度预算 ×× 万元的 ××%。

（4）会议费 ×× 万元，完成年度预算 ×× 万元的 ××%。

（5）车辆运行费 ×× 万元，完成年度预算 ×× 万元的 ××%。

（若有重点费用实际发生与其平均执行率差异在 10% 的情况，需文字分析产生差异的原因）

三、产品销售预算

20×× 年 × 季度国产 A 产品销售 ×× 万元，完成预算 ×× 万元的 ××%，占全年预算的 ××%；第一至第 × 季度国产 A 产品销售 ×× 万元，完成年度预算 ×× 万元的 ××%；一类产品 ×× 万元，完成年度预算 ×× 万元的 ××%；二类产品 ×× 万元，完成年度预算 ×× 万元的 ××%；三类产品 ×× 万元，完成年度预算 ×× 万元的 ××%；四类产品 ×× 万元，完成年度预算 ×× 万元的 ××%；五类产品 ×× 万元，完成年度预算 ×× 万元的 ××%。

进口 B 产品 ×× 万元，完成年度预算 ×× 万元的 ××%。

商业企业产品销售预算执行情况表

项目	1 ~ × 季度实际	年度预算	执行率 %
一类产品小计			
二类产品小计			
三类产品小计			
四类产品小计			
五类产品小计			
国内产品合计			
进口产品合计			

（续上）

四、原材料预算情况

20××年第一至第×季度C产品销售收入××万元，完成年度预算××万元的××%；销售成本××万元，完成年度预算××万元的××%；销售毛利××万元，完成年度预算××万元的××%。

收购成本××万元，占年度预算××万元的××%；C产品生产投入××万元，占年度预算××万元的××%；原材料基础设施建设××万元，占年度预算××万元的××%；期末结存C产品××万担，占年度预算的××%。

商业企业产品销售预算执行情况表

项目	1～×季度实际	年度预算	执行率%
期初库存数量（万担）			
期初库存金额（万元）			
收购数量（万担）			
销售数量（万担）			
销售收入（万元）			
收购成本（万元）			
C产品生产投入（万元）			
原材料基础设施建设（万元）			
销售成本（万元）			
单担毛利（元／担）			
销售毛利（万元）			
期末结存数量（万担）			
期末结存金额（万元）			

五、专项打假管理费用预算

20××年×季度专项打假费用××万元，完成预算××万元的××%，占全年预算的××%；第一至第×季度专项打假费用××万元，完成年度预算××万元的××%；打假经费××万元，完成年度预算××万元的××%；专项管理经费××万元，完成年度预算××万元的××%；其他费用××万元，完成年度预算××万元的××%。

商业企业销售预算执行情况表

项目	1～×季度实际	年度预算	执行率%
打假经费预算			

（续上）

（续表）

项目	1～×季度实际	年度预算	执行率 %
专项管理经费预算			
其他费用预算			
合　计			

打假经费中，与其平均执行率差异在 10% 的费用有：（分析产生差异的原因）

1. 举报费 ×× 万元，与预算 ×× 万元相比增加 ×× 万元，主要是……

2.＿＿＿＿＿＿＿＿＿＿＿＿＿＿＿＿＿＿＿＿＿＿＿＿＿＿＿＿＿＿＿＿＿＿

3.＿＿＿＿＿＿＿＿＿＿＿＿＿＿＿＿＿＿＿＿＿＿＿＿＿＿＿＿＿＿＿＿＿＿

专项管理经费中，与其平均执行率差异在 10% 的费用有：（分析产生差异的原因）

1.＿＿＿＿＿＿＿＿＿＿＿＿＿＿＿＿＿＿＿＿＿＿＿＿＿＿＿＿＿＿＿＿＿＿

2.＿＿＿＿＿＿＿＿＿＿＿＿＿＿＿＿＿＿＿＿＿＿＿＿＿＿＿＿＿＿＿＿＿＿

3.＿＿＿＿＿＿＿＿＿＿＿＿＿＿＿＿＿＿＿＿＿＿＿＿＿＿＿＿＿＿＿＿＿＿

其他费用中，与其平均执行率差异在 10% 的费用有：（分析产生差异的原因）

1.＿＿＿＿＿＿＿＿＿＿＿＿＿＿＿＿＿＿＿＿＿＿＿＿＿＿＿＿＿＿＿＿＿＿

2.＿＿＿＿＿＿＿＿＿＿＿＿＿＿＿＿＿＿＿＿＿＿＿＿＿＿＿＿＿＿＿＿＿＿

六、资本性支出预算

20×× 年第一至第 × 季度资本性支出 ×× 万元，完成年度预算 ×× 万元的 ××%。其中：固定资产投资项目 ×× 万元，年度预算 ×× 万元，执行率 ××%；信息化投资项目 ×× 万元，年度预算 ×× 万元，执行率 ××%；多元化投资项目 ×× 万元，年度预算 ×× 万元，执行率 ××%；境外投资项目 ×× 万元，年度预算 ×× 万元，执行率 ××%；利用外资项目 ×× 万元，年度预算 ×× 万元，执行率 ××%；其他项目 ×× 万元，年度预算 ×× 万元，执行率 ××%；非项目管理项目 ×× 万元，年度预算 ×× 万元，执行率 ××%。

× 季度资本性支出预算新增项目 ×× 个，预算增加 ×× 万元，第一至第 × 季度资本性支出预算合计新增项目 ×× 个，预算增加 ×× 万元。

第一至第 × 季度资本性支出超预算或无预算支出项目 ×× 个，超支金额 ×× 万元，超支项目如下：（文字逐项分析超支原因）

1.＿＿＿＿＿＿＿＿＿＿＿＿＿＿＿＿＿＿＿＿＿＿＿＿＿＿＿＿＿＿＿＿＿＿

2.＿＿＿＿＿＿＿＿＿＿＿＿＿＿＿＿＿＿＿＿＿＿＿＿＿＿＿＿＿＿＿＿＿＿

3.＿＿＿＿＿＿＿＿＿＿＿＿＿＿＿＿＿＿＿＿＿＿＿＿＿＿＿＿＿＿＿＿＿＿

（续上）

商业企业资本性支出预算执行表

项目	1 ～ × 季度实际	年度预算						执行率 %
		合计	年初预算	一季度增加	二季度增加	三季度增加	四季度增加	
一、固定资产投资项目预算								
二、信息化投资项目预算								
三、多元化投资项目								
四、境外投资项目预算								
五、利用外资项目预算								
六、其他项目预算								
七、非项目管理项目预算								
合 计								

商业企业资本性支出明细预算表

项目	1 ～ × 季度实际	年度预算						执行率 %
		合计	年初预算	一季度增加	二季度增加	三季度增加	四季度增加	
合 计								
国家局已批复项目小计								
省级已批复项目小计								
地市级已批复项目小计								
其他项目小计								
非项目投资汇总数								

七、捐赠预算

20×× 年 × 季度捐赠支出 ×× 万元，完成预算 ×× 万元的 ××%，占全年预算的 ××%；第一至第 × 季度捐赠支出合计 ×× 万元，完成年度预算 ×× 万元的 ××%；公益性捐赠 ×× 万元，年度预算 ×× 万元，执行率 ××%；救济性捐赠 ×× 万元，年度预算 ×× 万元，执行率 ××%；其他捐赠 ×× 万元，年度预算 ×× 万元，执行率 ××%。

（续上）

商业企业捐赠预算执行表

单位：万元

项目	1 ~ × 季度实际	年度预算	执行率 %
合计			
公益性捐赠			
救济性捐赠			
其他			

41.4　关于集团财务预算执行无效的分析报告

关于集团财务预算执行无效的分析报告

总裁阁下：

您好！

集团公司从 20×× 年开始在总部及各子（分）公司推行财务预算，由于缺乏系统的财务预算管理制度，加之公司在预算管理上的经验不足，预算执行效果极不理想。现将有关情况进行总结分析如下，以供参考。

一、20×× 年预算管理存在的主要问题

1. 预算未能得到应有的重视。本年集团公司尚未真正建立科学可行、贯彻整个集团上下的预算管理制度，各预算单位没把财务预算和实际的生产经营活动相结合，有章不循的现象比较普遍，使预算成为摆设。

2. 预算与公司经营目标相脱节。年初预算根本没有围绕本公司今年的发展战略、经营目标、投资计划进行编制，或者说公司经营目标本身不够明确、不切合实际，投资缺乏计划性，缺少量化的数据。不少子（分）公司尤其是煤炭行业年初制订了挺不错的经营目标，并据此制订了相关的财务预算，表面上表现出一定的积极性，但由于经营目标不切合实际，管理基础差，所编制的预算从一开始就缺乏生命力，难以对各项费用、收入支出进行有效控制。

3. 缺乏清晰的预算编制流程及标准的预算编制方法，造成各部门在其预算编制的具体过程中操作口径不统一。

4. 预算管理中只是强调上下级的垂直命令与控制，缺乏客观性、科学性；公司内部缺乏纵向和横向的沟通，造成各部门对制定的预算存在理解上的偏差。

5. 预算管理缺乏弹性，对市场变化反应迟钝。今年上半年煤炭市场突变，采购价格、销售价格与往年差异很大；这些异常变化导致编制本年预算的基础依据已经发生变化，

（续上）

但我们的预算却没有根据市场变化相应做调整。

6. 编制预算存在固定费用和变动费用区分不清，造成预算编制、控制和分析产生方向性错误。例如："办公费"编制预算时列在固定费用中，既然是固定费用，又怎会在 1～7 月期间"办公费"的汇总数同期相比超支 ××%？占全年预算比例 ××%？7 月单月同期相比更是超支 ××%！财务部初步分析认为有以下两种原因：

（1）预算数据编制本身基础较差。

（2）由于"办公费"列在固定费用项下的误导，造成"办公费"管理控制不力。编制预算按照财务管理和费用控制管理的角度分析，"办公费"是一个具有一定弹性的管理费用，具有一定的潜力可节减开支。

7. 费用预算项目与责任中心概念模糊不清。例如办公费、车辆费等，各部门都有费用发生，责任中心却单是办公室。举例说明：从责任中心来说，业务部门由于业务需要使用车辆，办公室必须安排，就该费用的控制而言，对业务部来说，是属于可控可调节的（其可选择公交、出租车、本公司车辆等），对办公室来说是不可控的。但预算费用却算在办公室！这样严重违背了科学预算管理的初衷，不利于对费用的有效控制和责任中心的考核。

8. 公司某些领导存在预算管理概念上的严重偏差。偏差一，费用预算上，认为执行比预算少就是节约，是好事。但从科学的预算管理角度来分析：首先，应该剔除业务相关联影响因素及特殊、突发事件（可单独列示、分析）；其次，如果偏差还是较大，那么就应该仔细分析总结预算制订的依据是否充分，计算是否科学。发现问题应及时调整，为下期预算编制提供一些有用的经验。偏差二，预算只看汇总，认为汇总差异不大预算管理就很成功。每个汇总预算都是由各预算单位、各明细项目组成。比如费用预算，如果只看汇总数而不分析各项明细就会掩盖各项目正、负差异太大，汇总又相互抵销的现象（相关资料可查看费用预算汇总表），从而误导管理当局，影响下一年集团的经营目标和预算的编制。

9. 没有对每月、每季度、每半年的定期预算执行情况进行差异分析（相关分析数据已定期提供），并对按照实际经营活动进行及时的调整。使预算数据成为一纸空文，预算管理成为空谈。

二、针对以上情况，财务部对预算管理提出以下几点建议

公司的经营、财务活动进行预算管理，对整个集团具有重要的意义。预算的全面性，可以使集团管理当局全面了解集团公司及各子（分）公司的收支和资金运作的质量，及时调整经营决策；预算包括实时监控和业绩考核等内容，可以提高公司员工的积极性；预算具有一定的前瞻性，需要全体员工的共同努力才可以达到的目标，可以提高整个集团公司的凝聚力；财务预算是集团公司整个预算的组成部分，其制订以及完成的优劣，

（续上）

很大程度上决定集团经营目标的实现。因此，制订预算管理制度和保障预算的顺利完成是预算管理的关键，财务部经过分析认为应从以下方面进行改进：

1. 制订一套完整的预算管理制度和预算编制流程，使预算编制、执行、调整、控制、稽核有章可循，有据可靠。

2. 预算的编制要客观、实事求是、切实可行。预算的编制一般应按照"上下结合、分级编制、逐级汇总"的程序进行，在这个过程中，要根据集团公司的目标和发展规划，综合考虑内部和外部因素的影响，客观准确地编制预算。比如，内部因素有生产经营能力、员工素质、资金筹措和流动状况等，外部因素有市场需求变化、竞争对手的营销策略的变化、国家在整个行业的政策变化等。另外还要考虑历史的和未来的因素等。财务预算由多个具体的分部预算组成，比如，业务预算、资本预算、筹资预算等，这些预算相互关联，环环相扣地组成财务预算。因此，任何一个部分的预算如果编制不客观，都会影响到整个预算的编制和执行。提高编制质量是保障预算完成的基础。编制完成的预算由企业权力机构下达执行，正式下达执行的财务预算，一般不予调整。但是，财务预算执行单位在执行中由于市场环境、经营条件、政策法规等发生重大变化，致使财务预算的编制基础不成立，或者将导致财务预算执行结果产生重大偏差的，可以调整财务预算。

3. 必须要有实时监控措施，以保障预算的顺利完成。财务预算一经批复下达，各预算执行单位就必须认真组织实施，将财务预算指标细化，层层分解，从横向和纵向落实到内部各部门、各单位、各环节和各岗位，形成全方位的财务预算执行责任体系。做到用制度安排岗位，按岗位确定人员，每一个岗位必须做到责任明确，岗位之间界限清楚，任何一个部分出现问题，都可以找到相应的责任中心直至责任人。如果没有这一条，编制的预算形同虚设。

4. 财务预算的期末分析。集团公司应当建立财务预算分析制度，由财务管理部门会同各预算执行单位定期（可考虑按月、季）召开财务预算执行分析会议，全面掌握财务预算的执行情况，研究、落实解决财务预算执行中存在问题的政策措施，纠正财务预算的执行偏差。分析预算执行情况也需要综合有关财务、业务、市场、技术、政策、法律等方面的有关信息资料，根据不同情况分别采用比率分析、比较分析、因素分析、平衡分析等方法，从定量与定性两个层面充分反映预算执行单位的现状、发展趋势及其存在的潜力。所以，当预算数和实际完成数不同时，这个分析既要考虑客观情况的影响，也要考虑主观因素的影响，找出差异的原因，以利于以后预算的制定和企业经营策略的调整。

5. 必须要有业绩考核和奖惩措施。企业财务预算执行考核是企业效绩评价的主要内容，应当结合年度内部经济责任制考核进行，与预算执行单位负责人的奖惩挂钩，并作为企业内部人力资源管理的参考。因此，建立完整的考核指标也是保障预算执行的重要举措。

（续上）

三、保障集团预算管理顺利实施的其他对策

1. 健全相应的组织机构。集团的董事长作为企业的法定代表人，要对财务预算的管理工作负总责，财务预算的组织机构往下还包括企业财务管理部门、企业内部职能部门、企业所属基层单位等。各机构、部门即要密切协同、相互配合，又要责权明晰，各行其道。

应当注意的是，财务预算管理不只是集团总部的事，各子（分）公司也应当同时实施财务预算管理。

财务管理部门在集团的财务管理预算中具有举足轻重的地位，发挥着不可替代的作用，扮演着财务预算管理的"牵头单位"和"操盘手"双重角色，在财务预算的编制、执行与控制，调整、分析与考核中不可或缺。

2. 完善激励考核机制。"凡事预则立，不预则废。"企业集团是一个多层次的组织机构，通过预算管理来明确各方责任与利益，落实集团经营目标。预算制定好以后，需要有人来执行，因此财务预算的核心就是人本主义的法治，要达到制度约束与人性化自我控制机制的统一，管理科学与管理艺术的统一。财务预算工作的生命线是考核与奖惩，要通过科学的方法进行考核，发挥员工的积极性和创造性。

3. 积极开展内部审计，严把监督关口。加强内审机构的权威和职能，健全内部审计监督控制制度，使内部审计与监督不应仅仅对财务会计信息和经营业绩真实性与合法性的结果审计与监督，更重要的是对集团公司及各子（分）公司预算制度和预算过程贯彻执行情况的过程性审计和监督，将更多的精力放到预算管理审计中去，强化事前预防和事中控制，保证集团各项经营活动都在预算严格的程序中进行。实现经营管理处处有章可循，事事受程序制度约束。

祝

商琪！

集团财务部

20××年 8 月

41.5 成本费用预算报告

成本费用预算报告

一、计算期的确定

本项目计算期是根据项目建设进度和主要设备折旧年限确定。项目建设期 2 年，投

（续上）

产期 2 年，达产期 14 年，项目总测算期为 16 年。

二、生产规模及产品方案

（略）

三、总成本和费用测算

成本中各项费用计算说明：

（1）外购原材料、外购燃料及动力。外购原材料及燃料动力费用以建设期的市场价格为参考依据，适当考虑物价上涨因素进行测算。

（2）工资总额和职工福利费。该两项费用按员工人数（设计定员）乘以工资及福利费指标计算。

项目年工资总额＝ 183 人 ×6 000 元 / 人＝ 110（万元）

职工福利费＝ 110×14% ＝ 15（万元）

（3）折旧费。固定资产折旧按类别采用直线折旧法分别计算。房屋、建筑物折旧年限 20 年，年折旧率 4.5%，机器及设备折旧年限 10 年，年折旧率 9%。为简化计算，预备费用、固定资产投资方向调节税、建设期利息计入固定资产原值。

（4）无形资产及递延资产摊销。土地使用权、技术转让费、勘察设计费等无形资产，按 10 年摊销。建设单位管理费、工程前期费用、生产员工培训费、联合试运转费、办公生活家具购置费、城市基础设施建设费等递延资产（费用），按 5 年摊销。

（5）修理费。大中小型修理费分别列入制造费用或管理费用，为计算方便不单独列项计算，按折旧费的 50% 估算。

（6）生产经营期发生的长期借款利息、流动借款利息等均以财务费用的形式计入总成本费用。固定资产投资借款按综合加权平均资金成本率 14.24% 计算，流动资金借款按年利息 10.98% 计算。

（7）其他费用。为计算方便，将制造费用和管理费用、销售费用等作适当的归并（按销售收入的 15% 计算），均列入其他费用中。

附表：主要产品单位成本测算表（略）

间接费用测算表（略）

成本、费用测算表（略）

____有限公司财务部

____年__月__日

41.6 筹资预算报告

筹资预算报告

一、固定资产投资估算

（1）工程费用。主要生产项目包括：中药前处理及提取车间、片剂车间、粉针分装车间、胶囊车间、水针车间等估算为××万元，其中前处理车间利用已建厂房价值××万元。

辅助生产项目包括：化验与药检、动物房、中药库、成品库、五金库等估算为××万元。除动物房需新建外，其余全部利用已建房改建，原有厂房价值××万元。

公用工程包括：给排水、电讯、全厂电气、工艺外管、总图运输等估算为××万元，其中煤库、变电所、锅炉房、渣场利用已有建筑，价值××万元。

服务工程包括：门卫、厕所、办公楼、招待所、食堂等估算为××万元。

工具及生产家具购置费估算为××万元。

工程费用估算为××万元，其中利用原有建筑物等××万元。

（2）其他费用。包括：土地使用费、建设单位管理费、技术转让费、生产员工培训费、勘察设计费、联合试运转费、办公和生活家具购置费、城市基础设施配套建设费等。根据国家规定的费率和标准估算为××万元。其中土地使用权由合资方入股，价值××万元。

（3）预备费用。包括基本预备费和涨价预备费。根据国家其他相关费用收费标准，基本预备费按全部费用扣除已有建筑物等××万元的××%计算，在建设期考虑物价上涨因素，涨价预备费按工程费用扣除已有建筑物××万元，根据今年用款计划，每年按6%计算，该部分费用估算为××万元。

（4）根据《中华人民共和国固定资产投资方向调节税暂行条例》的规定，按本项工程全部投资完成额的5%纳税。该部分估算为××万元。

（5）建设期利息。本项目固定投资中申请银行贷款××万元，贷款年利率××%，系统内各公司筹资××万元，年利率××%，借款利息当年支付，以单利计算，经计算，建设期利息为××万元。

二、流动资金估算

本项目采用扩大指标法估算，参照同类生产企业流动资金占用和周转情况，正常年份所需流动资金按每百元销售收入占用××元计算，正常年份所需流动资金××万元（其中投产后第1年需××万元，第2年需××万元，第3年需××万元）。

项目投资由固定资产投资和流动资金构成，经测算，本项目投资数额××万元，其中固定资产投资××万元，流动资金××万元（逐年投入）。

（续上）

三、资金筹措方式与筹资成本

（1）项目总资金筹措及项目筹资成本。本项目总投资 ×× 万元，自有资金 ×× 万元，由总公司拨付，土地使用权和已建房屋作价 ×× 万元，银行贷款 ×× 万元，年利率 ××%，总公司系统内各分公司集资 ×× 万元，年利率 ××%，尚有 ×× 万元需自筹或申请银行贷款。项目总资金成本为年利率 ××%。

（2）固定资产投资资金筹措和筹资成本。项目固定资产投资总额 ×× 万元，自有现金 ×× 万元，土地使用权和已建房屋作价 ×× 万元，申请银行贷款 ×× 万元，年利率 ××%，×× 集团总公司系统内部集资 ×× 万元，年利率 ××%，尚有 ×× 万元需追加银行贷款解决。固定资产投资筹资成本为年利率 ××%。

（3）流动资金筹措和筹资成本。项目建成后正常年份所需流动资金 ×× 万元，按生产负荷逐年投入。项目自有资金 ×× 万元，由集团总公司承诺。其余，尚需企业自筹或申请银行解决。第 1 年需 ×× 万元，第 2 年需 ×× 万元，第 3 年需 ×× 万元。

____有限公司财务部

____年__月__日

41.7　投资预算报告

投资预算报告

总经理办公室：

关于本公司在技术改造中决定增设____吨油压生产线和监控系统的投资问题，有关部门已提出三个投资方案。现对这三个方案（以下简称甲乙丙方案）的净现值做如下计算和分析比较：甲方案一次投资 10 万元，有效使用期为 4 年，期末无残值；乙、丙方案一次投资均为 20 万元，有效使用期均为 5 年；乙期末有残值 5 000 元，丙无残值。三个方案的利率均为 18%。

三个方案的净现值计算分析表

金额单位：千元

	净利	年份	甲方案	乙方案	丙方案	每年现金净流量合计	净利	折旧	每年现金净流量合计
1	40	25	65	50	39.9	89.9	50	40	90
2	40	25	65	50	39.9	89.9	50	40	90

（续上）

（续表）

	净利	年份	甲方案	乙方案	丙方案	每年现金净流量合计	净利	折旧	每年现金净流量合计
3	40	25	65	50	39.9	89.9	50	40	90
4	40	25	65	50	39.9	89.9	50	40	90
5	—	—	—	50	39.9	89.9	50	40	90
合计	160	100	260	250	199.5	449.5	250	200	450

一、甲方案

查 1 元的年金现值表，4 年、18% 的年金现值系数为 2.69。

甲方案未来报酬的总现值＝每年现金净流量折成的现值

$$= 65\,000 \times 2.69 = 174\,850（元）$$

甲方案的净现值＝未来报酬总现值－投资额＝ 174 850－100 000 = 74 850（元）

二、乙方案

查 1 元的年金现值表，5 年、18% 的年金现值系数为 3.127。

查 1 元的现值表，5 年、18% 的复利现值系数为 0.437。

乙方案未来报酬总现值＝每年现金净流量折成现值＋残值折成现值

$$= 89\,900 \times 3.127 + 5\,000 \times 0.437$$

$$= 281\,117 + 2\,185$$

$$= 283\,302（元）$$

乙方案净现值＝未来报酬总现值－投资额＝ 283 302－200 000 = 83 302（元）

三、丙方案

因为 1～5 年现金净流量不等，不能采用与甲、乙两个方案类似的年金法，应按普通复利计算。查 1 元的现值表，复利现值系数分别为：1 年、18%，0.847；2 年、18%，0.718；3 年、18%，0.609；4 年、18%，0.516；5 年、18%，0.437。

每年现金净流量折成现值：

第 1 年：60 000 × 0.847 = 50 820（元）

第 2 年：80 000 × 0.718 = 57 440（元）

第 3 年：90 000 × 0.609 = 54 810（元）

第 4 年：140 000 × 0.516 = 72 240（元）

第 5 年：80 000 × 0.437 = 34 960（元）

丙方案未来报酬的总现值＝ 50 820 + 57 440 + 54 810 + 72 240 + 34 960

$$= 270\,270（元）$$

（续上）

丙方案净现值＝ 270 270－200 000 ＝ 70 270（元）

通过上述计算，可以看出：甲、乙、丙三个方案净现值均为正数，都有可行性。如果不考虑投资时间长短及投资额多少，则乙方案最优；如果考虑这两个因素，则甲方案为最优。我们的意见也是以采用甲方案为好。以上测算，仅供参考。

____有限公司财务部

____年__月__日

第42章 投资筹资管理文书

42.1 项目融资申请书

项目融资申请书

一、项目／业主／融资申请人：＿＿＿＿＿＿＿＿＿＿＿＿＿＿＿

二、项目企业基本信息

公司名称：＿＿＿＿＿＿＿＿＿＿＿＿＿＿＿＿＿＿＿＿＿

公司地址：＿＿＿＿＿＿＿＿＿＿＿＿＿＿＿＿＿＿＿＿＿

电话号码：＿＿＿＿＿＿＿＿＿＿＿＿＿＿＿＿＿＿＿＿＿

传真号码：＿＿＿＿＿＿＿＿＿＿＿＿＿＿＿＿＿＿＿＿＿

电子信箱：＿＿＿＿＿＿＿＿＿＿＿＿＿＿＿＿＿＿＿＿＿

公司网址：＿＿＿＿＿＿＿＿＿＿＿＿＿＿＿＿＿＿＿＿＿

三、公司主要业务：＿＿＿＿＿＿＿＿＿＿＿＿＿＿＿＿＿＿＿

＿＿＿＿＿＿＿＿＿＿＿＿＿＿＿＿＿＿＿＿＿＿＿＿＿＿＿

四、公司注册资金：＿＿＿＿＿＿＿＿＿＿＿＿＿＿＿＿＿＿

五、股东名称及控股百分比：

姓名：＿＿＿＿＿＿＿占股比例：＿＿＿＿＿＿％

姓名：＿＿＿＿＿＿＿占股比例：＿＿＿＿＿＿％

姓名：＿＿＿＿＿＿＿占股比例：＿＿＿＿＿＿％

姓名：＿＿＿＿＿＿＿占股比例：＿＿＿＿＿＿％

六、董事局成员及职衔：

姓名：＿＿＿＿＿＿＿职衔：＿＿＿＿＿＿＿＿

姓名：＿＿＿＿＿＿＿职衔：＿＿＿＿＿＿＿＿

姓名：＿＿＿＿＿＿＿职衔：＿＿＿＿＿＿＿＿

姓名：＿＿＿＿＿＿＿职衔：＿＿＿＿＿＿＿＿

七、项目信息

项目名称：＿＿＿＿＿＿＿＿＿＿＿＿＿＿＿＿＿＿＿＿＿

项目简介：＿＿＿＿＿＿＿＿＿＿＿＿＿＿＿＿＿＿＿＿＿

＿＿＿＿＿＿＿＿＿＿＿＿＿＿＿＿＿＿＿＿＿＿＿＿＿＿＿

＿＿＿＿＿＿＿＿＿＿＿＿＿＿＿＿＿＿＿＿＿＿＿＿＿＿＿

（续上）

项目现状：_____

_____

_____

资金投入：_____

政策优惠：_____

_____

八、融资企业期望与我们达成的合作方式：

融资额度：_____

股权合作：_____（选择打√）可出资额度：_____

债权合作：_____（选择打 √）

合作年限：_____年

其他合作方式：_____

_____

九、现有固定资产

现有固定资产明细：_____

_____

现有负债：_____

其他资产情况：_____

十、项目所具备的融资材料：_____

_____（请以附件发送）

十一、政府对项目的批准文件：（请以附件发送）

十二、此申请资料请用传真或者电子邮件提交。

申请单位：_____（盖章）

企业法定代表人：_____（签字）

申请日期：___年__月__日

42.2　关于新产品开发所需资金的筹资申请

关于新产品开发所需资金的筹资申请

××银行总行：

　　我公司为了扩大产品的市场占有率，满足市场的消费需求，决定在现有产品基础上，

（续上）

开发新产品××,该产品已取得国家相关认证。目前,同类产品尚未出现,市场前景很好。

（1）该产品属于新兴产业。目前,有生产资格的公司仅有三家,其他两家公司资产仅为我公司的 10%,我公司竞争优势明显。

（2）市场需求量大。现在随着生活水平的提高,人们的消费水平和消费理念正在改变,对××类产品的需求量逐年加大。据统计,＿＿年××类产品的销售量为××件,经济效益为＿＿＿＿万元人民币。

（3）生产有保证。该产品的生产原料国内供应非常充足。

（4）还款能力不容置疑。我公司商业信誉一向很好,加上该产品的销售前景,及时还款不会出现问题。

（5）现特向贵银行申请产品投产资金贷款＿＿＿＿万元,我公司将于＿＿＿年__月前还清全部本息,并将制定出详细的还款计划交予贵行。恳请支持,批准此项贷款。

××集团

＿＿＿年__月__日

42.3　项目投资计划书

项目投资计划书

项目名称：

申　请　人：

接洽地址：

电子邮件：

提交日期：

一、项目基本情况

项目名称：

启动时间：

筹办注册本金：

项目进展：（申明自项目启动以来至目前的进展情况）。

主要股东：（列表申明目前股东的名称、出资额、出资情势）

组织机构：（用图来表示）。

主要业务：（筹办谋划的主要业务）。

盈利模式：（具体申明本项目的贸易盈利模式）。

未来 3 年的发展战略和谋划目标：（销售收入、市场占有率、产品品牌等）

二、管理层

（一）公司董事会：（董事成员，姓名，职务）

（二）高管层简介：董事长、总经理、主要技术负责人、主要营销负责人、主要财政负责人（姓名性别，年龄，学历，专业，职称，毕业院校，主要履历和业绩，主要申明在本行业内的管理经验和成功案例）

三、研究与开发

（一）项目的技术可行性和成熟性阐发

1. 项目的技术创新性阐述

（1）技术原理及核技术内容：＿＿＿＿＿＿＿＿＿＿＿＿＿＿＿＿＿＿＿＿＿。

（2）技术创新点技术原理：＿＿＿＿＿＿＿＿＿＿＿＿＿＿＿＿＿＿＿＿＿＿＿。

2. 项目成熟性和可靠性阐发：＿＿＿＿＿＿＿＿＿＿＿＿＿＿＿＿＿＿＿＿＿。

（二）项目的开发成果及主要技术竞争对手

说明产品是否经国际、海内外各级行业势力巨子部门和机构判定；海内外情况，项目在技术与产品开发方面的海内外竞争对手，项目为提高竞争力所采取的措施：

＿＿＿＿＿＿＿＿＿＿＿＿＿＿＿＿＿＿＿＿＿＿＿＿＿＿＿＿＿＿＿＿＿＿＿＿＿＿＿

＿＿＿＿＿＿＿＿＿＿＿＿＿＿＿＿＿＿＿＿＿＿＿＿＿＿＿＿＿＿＿＿＿＿＿＿＿＿＿

（三）后续开发规划

请申明为保证产品机能、产品升级换代和保持技术进步先辈程度，项目的开发重点、正在或者未来 3 年内拟开发的新产品：＿＿＿＿＿＿＿＿＿＿＿＿＿＿＿＿＿＿＿

＿＿＿＿＿＿＿＿＿＿＿＿＿＿＿＿＿＿＿＿＿＿＿＿＿＿＿＿＿＿＿＿＿＿＿＿＿＿＿

＿＿＿＿＿＿＿＿＿＿＿＿＿＿＿＿＿＿＿＿＿＿＿＿＿＿＿＿＿＿＿＿＿＿＿＿＿＿＿

（四）开发投入

截止迄今项目在技术开发方面的资金总投入，规划再投入的开发资金，列表申明每一年购置开发设备、员工开支以及与开发有关的其他开支：＿＿＿＿＿＿＿＿＿＿＿＿

＿＿＿＿＿＿＿＿＿＿＿＿＿＿＿＿＿＿＿＿＿＿＿＿＿＿＿＿＿＿＿＿＿＿＿＿＿＿＿

＿＿＿＿＿＿＿＿＿＿＿＿＿＿＿＿＿＿＿＿＿＿＿＿＿＿＿＿＿＿＿＿＿＿＿＿＿＿＿

（五）技术资源和互助

项目现存技术资源以及技术储蓄情况，是否追求技术开发依托和互助，如大专院校、科研院所等，如有请申明互助方式：＿＿＿＿＿＿＿＿＿＿＿＿＿＿＿＿＿＿＿＿＿

＿＿＿＿＿＿＿＿＿＿＿＿＿＿＿＿＿＿＿＿＿＿＿＿＿＿＿＿＿＿＿＿＿＿＿＿＿＿＿

（六）技术保密和激励措施

请申明项目采纳哪些技术保密措施、激励机制，以确保项目技术文件的安全性和要

（续上）

害技术职员和技术团队的稳定性：_____

_____

_____

四、行业及市场

（一）行业状况

说明行业发展历史及现状，哪些变化对于产品利润、利润率影响较大，进入该行业的技术壁垒、贸易壁垒、政策导向和限制等：_____

_____

_____

（二）市场前景与预先推测

全行业营销发展预先推测并注明资料来源或者依据：_____

_____

_____

（三）目标市场

请对于产品／服务所面向的主要用户品类进行具体申明：_____

_____

_____

（四）主要竞争对手

申明行业内主要竞争对手的情况，主要描述在主要发卖市场中的竞争对手所占的市场份额，竞争优势和竞争劣势：_____

_____

_____

（五）市场壁垒

请申明市场营销有没有行业管束，公司产品进入市场的困难程度及对于策：

_____

_____

（六）SWOT 阐发

产品、服务与竞争者相比的优势与劣势，面对的时机与威吓：_____

_____

_____

（七）营销预先推测

预先推测公司未来 3 年的营销收入和市场份额：_____

（续上）

五、营销计谋

（一）价格计谋

营销成本的构成，营销价格制订依据和扣头政策：_____

_____

_____

（二）行销计谋

请说明在营销调查、营销渠道、促销、设立代理商、分销商和售后服务方面的计谋

与实行办法：_____

_____

_____

（三）激励机制

说明成立一支杰出的营销团队的计谋与办法，对于营销职员采取什么样的激励和约

束机制：_____

_____

_____

六、产品生产

（一）产品生产

说明产品的生产方式是本身生产还是委托加工，及其生产范围、生产园地、工艺流

程、生产设备、质量管理、原材料采集购买及仓储管理等：_____

_____

_____

（二）生产职员配备及要求

_____

_____

_____

七、财政规划

（一）股权及中小企业融资数量和权益

原创事业基金参股本项目的数量，其他资金来源和额度，以及各投资参与者在公司

中所占权益：_____

_____

_____

（续上）

（二）资金用途和使用规划

请列表说明中小企业融资后项目实行规划，包括资金投入进度、效果和起止时间等：

_____

_____

（三）投资回报

说明中小企业融资后未来 3 ～ 5 年平均年投资回报率及有关依据：_____

_____

_____

（四）财政预先推测

请提供中小企业融资后未来 3 年项目预先推测的资产欠债表、损益表、现金流量表，并说明财政预先推测数值体例的依据：_____

_____

八、风险及对策

（一）主要风险

请具体说明本项目实行过程中可能碰到的政策风险、开发风险、谋划管理风险、市场风险、生产风险、财政风险、汇率风险、对于项目重要职员依赖的风险等：_____

_____

_____

（二）风险对策

以上风险如存在，请说明控制和防范对策：_____

_____

_____

42.4 筹资分析报告

筹资分析报告

一、项目名称

承担单位：××（集团）股份有限公司

二、企业概况

××（集团）股份有限公司是以电子产业为主，并向多功能、复合化、轻便化、智能化和品位化方向发展的企业。由于本公司拥有先进技术、先进的生产设施、厂房、生产设备以及生产线，所生产的 ×× 产品为本公司的拳头产品，主要在本地市场销售，

（续上）

有一定的知名度和市场份额。目前，公司正在加速研发新产品，生产能力尚未充分利用，具有一定挖掘潜力，前景非常乐观。

本公司以先进的技术，优质的服务，科学的管理和创新灵活的新体制新机制以及高速健康的增长速度一直致力于××××，为国家和本地区的经济发展做出不懈的努力，取得突出的经济效益和社会效益。

为进一步赶超国际新技术，本公司所属的生产基地不断加大科技投入，现已拥有自己的研发中心，实现了产学研的有效结合，构建起本公司加快培育企业核心企业竞争力的新舞台。随着本公司经济技术，发展相伴而来的是信息技术的优先发展，这为全新优质的服务提供了技术保证，开创了捆绑式服务的新阶段。主导产业日新月异的发展带动了配套产业的突飞猛进，逐步形成多产品、品牌组合，多销售渠道，逐渐向中高端发展、多元发展的新局面。

三、公司产品

本公司经过××的发展，已研发并取得××产品的生产许可证，目前××产品为本公司的拳头产品，主要在本地市场销售，在本地市场具有一定的知名度，占有一定的市场份额。除此之外，公司需要加速研发新产品××。

四、技术力量

本公司拥有较大规模的电子产业生产基地，现有____个厂房、____条生产线、____套动力设备、____座行政大楼、____套办公设备、____个原材料仓库、____个产品仓库、____辆卡车，资产总额超过_____万元；并有一支水平高，能力强，业务精的技术管理骨干队伍，技术级别 1 级的有____人，2 级的有____人，3 级的有____人；辅助生产人员____人，行政管理人员____人（其中，无职称____人，初级职称____人，中级职称____人），销售人员____人，其他员工____人，并有诱人的薪资计划和长远的员工晋升计划，从而提高公司员工的创造能力和更好地吸引其他公司的技术人员加盟。按照本公司第____年—第____年发展目标，不断加快建设新型工业化生产线的步伐，实施科技振兴企业的战略，从产品技术的吸收消化国际先进技术向研究开发、自主创新方向发展，加速产品升级换代。

五、项目开发的可行性

公司经营范围包括电子产品（××，××，××，××）生产、投资、批发和零售贸易。××是已经研发出来的，但××产品的销售量逐年地下降，从××需求趋势图看，它是逐年下降的市场价格总体上也呈下滑趋势。虽然××产品在市场上仍处于主导地位，其地位已经逐渐下降了。而且，市场竞争也很激烈，公司能在××身上获利的空间已经很少了。

因此，我们要在××研发出来之后，就要把××转化为半成品，继续加工为其他产品。市场价格总体上也呈下滑趋势。××相对××来说，市场需求缓慢上升，研发

（续上）

×个月才可以投入生产。从趋势图看出第×年开始上升的速度加快，因此在第×年下半年就要开始研发。

六、项目开发的必要性

××的制造成本较高，而产品的售价不高，而除了第×年市场价格有小幅度提高之外，基本呈现持续下降趋势。××价格适中，且在第×年之前还有稍微增长。××和××属于高价位产品，价格会上升之余，市场需求还不断增加，有较大的利润空间。

本地区××产品第1—7年销售统计表

时间	第一年	第二年	第三年	第四年	第五年	第六年	第七年
本地销售量（万件）							
本地制造商销售量占（%）	67.5	68.2	68.6	68.9	69.6	70.5	70.2
模拟制造商销售量占（%）	38.5	38.8	39.1	40.5	40.8	40.3	40.5
平均销售价格（元）	2 920	2 880	2 868	2 855	2 845	2 832	2 851

××价格变动趋势

时间 市场	平均价格 （元／件）	变动幅度 （%）	变动趋势描述
国内			除第七年市场价格有小幅度提高外，呈持续下降趋势
国际			同上

七、项目的目标和内容

对于已经制订的市场计划，我们要在各方面严格控制，确保目标的实现。在生产上，要与生产部密切联系，保证产能不耽误和产品质量过关。在销售上，投入的广告费用和研发费用一定要确保能提高定货量。对于已开发的客户，要精心去维护，并且要不断开发新客户。成功研发××，并通过大力生产，使××代替××成为本公司的拳头产品，占据更多的市场份额。我们本年的销售订单为_____件_____，单价为_____元／件。

八、总结

通过以上的研究分析，根据本公司的状况和经营实力，本公司是在原有资本的基础上进行贷款，偿还能力上不成问题。公司获得贷款后进行的建设条件有利，财务效益可观，扩建后满足了年产量生产能力，满足了新开发市场的产品搭配，保证产品的后期存储，稳定并提高产品的质量，提高本公司在电子产业市场的信誉，因此可以认为本公司贷款这一建设项目是可行的。

××（集团）股份有限公司

____年__月__日

42.5　××通讯投资价值分析报告

××通讯投资价值分析报告

投资要点：××通讯的主营业务是生产和销售通信设备。程控交换机曾是公司的拳头产品，____年以来市场份额占到 20%。接入网设备在国内处于技术领先水平，市场占有率很高。经过改革，____年中国电信市场竞争格局初步形成，程控交换机和接入网络产品获得巨大增长，移动市话成为新的利润增长点，公司业绩提升较大。展望未来，移动通讯、光通讯、数据通讯设备将成为公司新的利润增长点。

（1）××通讯的 ZXJ10 大型程控交换机已成为国内 C3 本地网和市话网建设的主力设备。随着电信体制改革的完成，ZXJ10 交换机仍会带来稳定利润。

（2）ZXA10 综合接入网设备，已成为国内首选品牌。预计接入网设备____年仍将保持较高的增长速度。

（3）已成功推出 CDMA 机卡分离手机，抢得市场先机，为争夺 CDMA 终端市场奠定基础。

（3）公司拥有全套自主知识产权的 CDMA 系统设备，利润率很高。中国联通 2001 年 2 月底开始将大规模投资建设窄带 CDMA 网，××通讯公司有望获得相当数量的订单。

（4）目前正积极开拓新的业务领域。已成功介入数据、光通讯业务，预计以后将有新的动作。

一、行业背景

在中国，近几年数字移动通信增势更是强劲。____年以来，我国移动通信运营以年均 80%～100% 的速度迅猛发展。____年，全国移动通信用户超过_____万。____年，移动通信用户新增_____万户，达到_____万户，移动通信网已成为世界第三大移动通信网。_____年增加_____多万户。业内人士预测，____年市场规模将达到_____万户。

我国历年移动电话用户数增长情况

项目	____年	____年	____年	____年
每年新增数（万户）				
普及率 %				
总数量（万户）				

移动通信网建设投资成为我国电信投资的主体。____年，电信基础设施投资额为_____亿元，移动通信占到_____亿元。____年，投资规模进一步扩大，首次超过_____亿元。

（续上）

我国用于移动通信的投资（亿元）

年份	___年	___年	___年	___年（预测）
投资额				

由于中国移动加快建网、中国联通上市等因素加快了网络建设，___年新增用户数远超过预期。___年，移动通讯业新建项目开始启动，通讯设备制造业面临新的机遇。例如，中国联通计划建设窄带 CDMA 网络，中国移动继续扩网和改造 GPRS，中国电信有望取得移动服务经营牌照等。其中，中国联通___年计划建设___万用户规模的 CDMA 网络，由于有扶持民族企业发展的义务，国内通信企业都可得到大笔订单。初步估计，从___年到___年，CDMA 系统设备建设投资总额将近 800 亿～1 000亿元。与 CDMA 系统设备相配套，CDMA 手机市场同样潜力巨大。按每部 CDMA 手机___元计算，未来 5 年内 CDMA 手机市场也将有___亿元。乐观估计，预计到___年末，我国自主开发移动通信交换系统将占 70%、基站系统占 50%的国内市场份额，并有部分出口。

中国联通建设CDMA计划（估算）

年份	___年	___年	___年	___年	___年
建设规模（万户）					
投资额（亿元）					

第三代移动通信系统在大规模进入市场前，已经在做技术上的储备。根据有关信息，日本和欧洲预计分别在___年和___年左右采用 WCDMA 商用系统，估计我国有可能在___年投资建网。估计初期将有每年___亿人民币的市场容量。另外，据中国微电子与计算机发展研究中心 CCID－MIC 机构预测，中国大约在___年就可使移动数据业务占到无线业务总量的 40%以上，届时应可以形成规模约为___亿元的市场，估计第三代将占据 30%～50%的市场份额，第三代移动通信系统每年的市场总量估计在___亿元左右。

二、公司经营情况简介

（一）历史沿革

××公司是国务院确认的全国 520 家重点国有企业之一，是国家科委确认的"国家火炬计划重点高新技术企业"，从成立之初一直致力于程控交换机等高科技通讯产品的开发、生产和销售，经营业绩在国内同类企业中名列前茅，在国产通讯设备企业中第一个通过 ISO 9001 质量认证。___年被定为首家___年版 ISO 9000 标准试点企业（通讯产业仅有××通讯一家）。___年__月通过了认证机构按照___版标准进行的审核

（续上）

认证。

（二）经营管理状况

◆经营机制独特（具体内容略）

1. 法人治理结构完善

……

2. 经营管理层年富力强

……

3. 准事业部建制

……

4. 上市前就解决了所有权问题，公司发展具有原动力。

……

◆人力资源及管理（具体内容略）

◆研究开发体系（具体内容略）

三、公司主要产品经营状况分析（具体内容略）

（一）固定程控交换机和接入产品（具体内容略）

（二）GSM 系统设备（具体内容略）

（三）CDMA 系统设备（具体内容略）

（四）移动市话 PCS 系统（具体内容略）

（五）数据通讯产品（具体内容略）

（六）光通讯产品（具体内容略）

（七）其他产品

（1）会议电视系统。是公司比较成功的一个产品，基本没有竞争对手。

……

（2）电源产品。

……

（3）环境与动力监控。

……

四、公司财务状况分析

××通讯历年经营业绩

单位：万元

年份	___年	___年	___年	___年
指标主营收入				
主营利润				

（续上）

（续表）

年份	___年	___年	___年	___年
净利润				
营业利润／利润总额				

公司的历年营业利润占利润总额的比重较高，主营利润随主营收入的增长而增长。公司的竞争实力因其主营业务的突出而充分体现，公司拥有一批高级技术人员，在公司的产品开发和研制方面发挥了重要作用。此外，××通讯还与美国××公司签订技术协议，参与第三代移动通信标准的制订等。这些都为公司主营业务的后续发展奠定了一定的基础。

××通讯成长性分析

年份	___年	___年	___年	___年
指标主营收入同比增长率（％）				
主营利润同比增长率（％）				
净利润同比增长率（％）				

上表显示，××通讯在____年—____年，主营收入和主营利润呈现出稳步增长的态势，主营收入和净利润在____年出现滑坡主要是以下原因造成的：中国的电信运营商进行重组，影响了固定资产的投资，使各个通信设备生产商都受到不同程度的影响。但是，近年来中国的移动通信飞速增长，给从事于移动通信设备制造的公司带来了无限商机。

五、××通讯前景分析

电信设备需求受宏观环境影响较大。____年，由于中国电信固定、移动业务分营，固定资产投资计划没有完成。____年，中国电信体制改革初步完成，形成了中国电信、中国联通、中国移动、中国卫星通讯等多家企业相互竞争的格局，设备生产企业迎来机遇。各地电信部门加大电信设备投资力度，使得华为、××、大唐等设备生产厂家销售大幅增长。而××通讯由于独家推出了 PCS 系统，迅速培植了新的利润增长点。____年，中国铁通加入竞争，中国电信计划大力发展用户接入，中国移动则在改造 GPRS，中国联通大规模建设 CDMA 网络，相关的通讯设备需求将继续保持高增长。××公司存在以下机遇：

1. 全国范围的固定网建设不会放慢，估计____年的投资规模基本上与上年持平。公司的传统产品程控交换机、接入网产品_____年增长势头迅猛，____年这一数额将保持甚至还会有略微增长，即仍可维持在_____亿元。

2. 移动市话系统 ZX－PCS 已经成为公司新的利润增长点，____年全年合同

（续上）

额_____亿元。____年有望保持这一数额。

　　3.中国联通今年将大规模建设窄带 CDMA 网络。×× 通讯公司目前拥有 CDMA 全部产品，可提供全套设备。____年已经实现了国产 CDMA 设备的商业化销售，此次招标获得相当数量订单应在情理之中。

　　4.数据通讯是____年的投资热点，数据产品将在今年形成新的利润增长点。

　　×× 通讯公司积极参与国际竞争。目前，公司已经建立起了覆盖 51 个国家和地区的销售网络，产品打入 30 多个国家和地区。例如，____年__月，×× ZXMVC3000 会议电视在____地方开通；__月，×× 通讯再次中标孟加拉国全国电话网改造项目；在利比亚的移动通讯系统建设进展良好等。从发展趋势看，某些国家和地区的通讯水平相当于我国 80 年代水平，发展空间极大。随着我国加入 WTO，国际市场更加开放，这些项目将不断体现效益。

　　基于上述因素，____年公司的产品销售增量主要体现在：

　　1.移动通讯总销售额（包括 CDMA）将增加_____亿元；

　　2.手机产品将增加_____亿元；

　　3.数据通讯及 ATM 产品将增加_____个亿。

六、投资要点

（一）利好因素

　　1.中国联通大规模建设 CDMA 项目启动。预计每年的市场建设规模在_____亿元左右，×× 通讯 CDMA 产品可实现商业化、规模化销售，年销售额可增加_____亿元左右。

　　2.在铁路通信领域可施展拳脚。×× 通讯是国内较早进入铁路通信系统的企业，其多元化先进通信产品已大量服务于铁路通信网，成为铁路通信建设的主要供应商之一。×× 通讯公司与铁道部北京 ×× 科技贸易有限公司合资成立了北京 ×× 新通讯设备有限公司。中国铁路通讯公司的成立对公司是一极大利好。

　　3.发展数据通讯，已成为各大电信运营商共识。____年数据通讯产品将成为公司的主要利润增长点之一。

（二）投资风险

　　1.资金周转的压力

　　公司的业务和各项投入都在迅速扩大，资金方面仍面临很大的压力。____年公司募集资金到位可缓解这一压力。

　　2.费用的大幅增长

　　为了保持竞争力，×× 公司每年的研发投入都超过销售收入的 10%，____年研发费用更是大幅增加，超过_____亿元。除科研费用外，其他费用能得到有效控制，将决定

（续上）

公司的未来业绩增长幅度。

3.产品转型的压力

目前公司的主导产品是交换、接入等传统产品，在移动通信、数据通信等方面竞争力较弱。如何尽快提高产品的竞争力，并使之商业化，是公司努力的方向。____年数据产品价格战在所难免，××通讯公司在选择代理商方面落后××公司一步，现有的销售体制需要改善以确保销售完成。如何打开数据低端产品销售是公司发展中的重要一环。

××通讯

____年__月__日

42.6　筹资决策报告

筹资决策报告

董事会：

为适应本公司业务发展的需要，根据公司董事会提议，股东大会通过了于今年九月份追加筹资 2 000 万元的决议。公司财务部对资金市场及其可能的筹资渠道和方式进行了广泛的调查研究和分析，认为可以采取向银行贷款、发行企业债券、增发普通股等方式分别筹资。根据三种筹资渠道可能筹集的资金额，提出了两种筹资方案可供决策。现将筹资方案的可行性分析论证情况及其结果报告如下：

一、本公司现有的资金结构

本公司现有的资金结构如下表所示：

××公司现有资金结构表

筹资方式	金额（万元）	资金结构（％）	资金成本（％）
银行借款	1 200	30	8
发行债券	1 200	30	10
发行股票	1 600	40	15
合计	4 000	100	33

二、可供选择的追加筹资方案

公司经过认真的调查，提出了两个追加筹资的方案（如下表所示）：

（续上）

追加筹资方案

筹资方式	追加筹资方案一		追加筹资方案二	
	筹资额	资金成本	筹资额	资金成本
长期借款	400 万元	年利率 12%	300 万元	年利率 12%
长期债券	200 万元	年利率 15% 筹资费 5%	200 万元	年利率 15% 筹资费 5%
普通股	400 万元（每股 市价 400 元）	（每股股利 50 元， 年增长率为 4%）	500 万元（每股 市价 500 元）	（每股股利 65 元， 年增长率 4%）

三、追加筹资方案的论证

由于追加了筹资，使得本公司的资金结构发生了变动，重新计算如下表所示：

追加筹资方案资金对比

单位：万元

筹资方式	资金数额		资金比重		资金成本率	
	方案一	方案二	方案一	方案二	方案一	方案二
长期借款	1 200	1 200	24%	24%	8%	8%
	400	300	8%	6%	8.4%	8.4%
长期债券	1 200	1 200	24%	24%	10%	10%
	200	200	4%	4%	11.05%	11.05%
普通股	1 600	1 600	32%	32%	15%	15%
	400	500	8%	10%	16.5%	17%
合计	5 000	5 000	100%	100%		

根据上表测算两方案的加权平均资金成本率如下：

（1）追加筹资方案一的加权平均资金成本率为：

$8\% \times 24\% + 8.4\% \times 8\% + 10\% \times 24\% + 11.05\% \times 4\% + 16.5\% \times 40\% = 12.034\%$

（2）追加筹资方案二的加权平均资金成本率为：

$8\% \times 24\% + 8.4\% \times 6\% + 10\% \times 24\% + 11.05\% \times 4\% + 17\% \times 42\% = 12.406\%$

以上计算结果表明：筹资方案一的加权平均资金成本率为 12.034%，

比筹资方案二的加权平均资金成本率 12.406% 要低，因此本公司追加筹资，应采用

第一种筹资方案。

（续上）

四、追加筹资给企业带来的经济效益（略）

通过上述比较分析表明，本公司采用第一种追加筹资的方案，能降低筹集资金的代价，并获得较为可观的经济效益。

×× 公司财务处

____年__月__日

42.7　×× 银行股份有限公司向特定对象非公开发行股票发行情况报告书

×× 银行股份有限公司向特定对象非公开发行股票发行情况报告书

保荐机构：

×× 证券股份有限公司

联席主承销商：

××、××、××、××、××、×× 证券有限责任公司

____年__月

发行人全体董事声明

本公司全体董事承诺本发行情况报告书不存在虚假记载、误导性陈述或重大遗漏，并对其真实性、准确性、完整性承担个别和连带的法律责任。

全体董事签字：

×× 银行股份有限公司

____ 年__月__ 日

目　录

释义（略）

第一节　本次发行概况

一、本次发行履行的相关程序

（一）董事会审议程序

……

（二）股东大会审议程序

……

（续上）

（三）本次发行监管部门核准过程

......

（四）募集资金及验资情况

......

二、本次发行的基本情况

1. 发行方式

本次发行采用向特定发行对象非公开发行的方式。

2. 股票的种类和面值

本次非公开发行的股票为人民币普通股（A 股），每股面值人民币 1.00 元。

3. 发行数量

本次非公开发行 A 股股票的数量为 6 541 810 669 股。

......

4. 发行价格

本次非公开发行 A 股股票的发行价格为 4.55 元 / 股，不低于定价基准日（×× 银行第六届董事会第十一次会议决议公告日，即____年__月__日）前二十个交易日公司 A 股股票交易均价的 90%。

......

5. 募集资金及发行费用

根据 ×× 会计师事务所有限公司对 ×× 银行出具的 ×× 报（验）字（××）第 0050 号《验资报告》，本次发行募集资金总额为人民币 29 765 238 541.45 元，发行费用为人民币 97 528 036.32 元（含股票承销费、律师费用、发行登记费、信息披露费、验资费、印花税等），扣除发行费用后的募集资金净额为人民币 29 667 710 505.13 元。

6. 发行股票的锁定期

财政部、社保基金、平安资产、一汽集团、上海海烟、浙江烟草和云南红塔认购的本次非公开发行的 A 股股票自发行结束之日起 36 个月内不得转让。

三、本次发行的发行对象情况

本次A股非公开发行的发行对象及认购情况

序号	发行对象	认购数量（股）	认购金额（元）
合计			

（续上）

发行对象相关情况：（略）。

四、本次发行的相关当事人

（一）发行人

××银行股份有限公司

法定代表人：

办公地址：××市××区××路××号

电话：

传真：

联系人：

（二）保荐机构

××证券股份有限公司

法定代表人：

办公地址：××市××路××号××大厦

电话：

传真：

保荐代表人：

项目协办人：

经办人员：

（三）联席主承销商（略）

（四）发行人律师（略）

（五）会计师事务所（略）

第二节　本次发行前后公司基本情况

一、本次发行前后前十名股东情况比较

（一）本次发行前公司前十名股东情况

……

（二）本次发行后公司前十名股东情况

……

二、本次发行对公司的影响

（一）股本结构

……

1. 有限售条件股份……

人民币普通股……

2. 无限售条件股份……

（续上）

人民币普通股……

境外上市外资股……

3. 股份总数……

（二）资产结构

……

（三）业务结构

……

（四）公司治理、高管人员结构

……

（五）关联交易和同业竞争

　　　第三节　保荐人关于本次发行过程和发行对象合规性的结论意见

略。

　　　第四节　发行人律师关于本次发行过程和发行对象合规性的结论意见

略。

第五节　有关中介机构声明

保荐机构（联席主承销商）声明（略）

联席主承销商声明（略）

发行人律师声明（略）

会计师事务所声明（略）

验资机构声明（略）

　　　　　　第六节　备查文件

1. 保荐机构出具的发行保荐书、发行保荐工作报告和尽职调查报告。

2. 发行人律师出具的法律意见书和律师工作报告。

特此公告。

××银行股份有限公司

____年__月__日

第43章　财务管理文书

43.1　××有限公司____年财务计划

××有限公司____年财务计划

我公司在公司董事会的正确领导下，____年取得了可喜的成绩。在新的一年里，根据上年公司目标的完成情况以及各部门的发展情况，特编制了"____年财务计划"。

一、编制依据

主要根据

1. 以上年各项指标完成情况和今年的各项经济技术计划为基础。

2. 目前已签订的供应、销售合同和可能达成的协议。

二、几项经济技术指标的说明

1. ____年计划工业产值_____万元，为上年的____%，比上年增长____%，全员劳动生产率增长____%。

2. 降低产品成本____%，降低额_____万元，可比产品成本降低____%，降低额_____万元。

3. 在增加产品销售收入____%的基础上，_____年计划利润_____万元，比上年增长____%。

4. 计划产值利润率____%，比上年增长____%，资金利润率____%，比上年下降____%。

5. 为生产需要，今年计划增购设备三项，价值_____万元。

三、计划中的几个问题

1. 在计划内的产品销售收入中，还有_____万元的销售合同没有签订。

2. 原材料中的钢材_____吨需要市场调节解决，价格将增加____%，对降低产品成本有很大影响。

3. 现有资金还有一定缺口，本年需要贷款_____万元，主要解决钢材的购入资金。

四、几项措施

1. 公司各部门及车间要对____年财务计划进行认真讨论落实，作为全年奋斗目标。

2. 抓紧一切时间和机会进行____年的采购和销售合同的签订落实。

3. 董事会具体落实增产增值、增利润、节料、节电、节煤、节木、节水、节办公费用、节非生产人员、节运输费以及节省一切不必要的开支，严肃财经纪律，降低产品成

（续上）

本，提高企业管理水平。

4. 要求各部门每月 × × 日向财务部门提出下月各类用款计划和经销收入计划，财务部门将各部门计划进行试算平衡，对计划执行中的问题提出具体意见。

5. 按季节进行财务计划执行情况分析，不断改进工作，堵塞漏洞，提出措施，保证＿＿＿年的财务计划全面实现。

× × 有限公司财务部
＿＿＿年＿月＿日

43.2　× × 有限公司＿＿＿年财务分析报告

× × 有限公司＿＿＿年财务分析报告

在公司董事会的正确领导和全体员工的共同努力下，＿＿＿＿＿年我公司顺利实现预期经营目标，公司综合实力得到了很大的提高，公司综合竞争力大大加强。公司的经济形势很好，出现了产值、利润稳步增长的好局面，各项主要经济技术指标都创历史最高水平。现将其全面财务活动作如下的分析：

一、公司预计经济指标完成情况

工作量计划为＿＿＿＿＿＿万元，实际完成＿＿＿＿＿＿万元，完成计划的＿＿＿%，为去年的＿＿＿%。

全员劳动生产率，计划为＿＿＿＿＿＿元，按同口径计算实际完成＿＿＿＿＿＿元，为计划的＿＿＿%，为去年的＿＿＿%。

工程优良品率，计划为＿＿＿%。全年验收评定的单位工程个数＿＿＿个，其中优良品＿＿＿个，优良品率为＿＿＿%，为计划的＿＿＿%，为去年的＿＿＿%。

降低成本率，计划为＿＿＿%，实际完成＿＿＿%，完成计划的＿＿＿%，为去年的＿＿＿%（去年为＿＿＿%），即今年比去年提高了＿＿＿%。

利润总额，计划为＿＿＿＿＿＿万元，实际完成＿＿＿＿＿＿万元，为计划的＿＿＿%，为去年的＿＿＿%，产值利润率计划为＿＿＿%，实际完成＿＿＿%，比计划提高了＿＿＿%，比去年提高了＿＿＿%。

产值资金率，计划为＿＿＿%，实际完成＿＿＿%，比计划节约了＿＿＿%，与去年相同。

（一）施工生产计划完成情况

＿＿＿＿＿＿年我公司完成工作量＿＿＿＿＿＿万元，是我公司历史最高水平。但施工特点是施工点多线长、收尾工程较多、年初任务不足，这样全线施工面未能全面开展，因而上半

（续上）

年公司只完成工作量＿＿＿＿万元，仅占年计划的＿＿＿％。下半年任务过重，但经过努力还是能超额完成全年计划。

（二）财务、成本计划完成情况

1. 工程成本完成情况的分析

全年工程预算成本为＿＿＿＿万元，实际完成＿＿＿＿万元，降低＿＿＿＿万元，降低率＿＿＿％，超额完成了计划，比计划提高了＿＿＿％，比上年提高了＿＿＿％。分析其原因，有两个方面，一方面是由于今年完成的工作量较上年有所增加；另一方面是改进安装工艺、大幅度提高了工作效率。

具体分析：本年由于多完成工作量，其单位成本下降，而增加的降低成本额有＿＿＿万元；而降低率比上年提高＿＿＿％，相应增加的降低成本额为＿＿＿万元。

从成本项目分析来看，管理费超支＿＿＿＿万元，其主要原因是施工点分散，外地工程多，差旅费支出较大，非生产人员增多造成的。

2. 利润完成情况的分析

公司全年实现利润＿＿＿＿万元，超额完成了与总公司签订的经营承包合同规定的利润总额＿＿＿＿万元，超额＿＿＿％，比上年增长＿＿＿％，超过了产值增长的速度。这样，不仅为国家提供了较多的上缴税利，同时公司留利和职工个人收入也有了较大的增长。

＿＿＿＿＿＿年均利润及人均收入与上年对比情况

项目	＿＿＿年	＿＿＿年	增长	％
人均利润	＿＿＿＿＿元	＿＿＿＿＿元	＿＿＿＿＿元	＿＿＿％
人均工资收入	＿＿＿＿＿元	＿＿＿＿＿元	＿＿＿＿＿元	＿＿＿％
其中：人均奖金	＿＿＿＿＿元	＿＿＿＿＿元	＿＿＿＿＿元	＿＿＿％

3. 流动资金运用情况的分析

全年定额流动资金平均占用额为＿＿＿＿万元，产值资金率为＿＿＿％，比计划＿＿＿％节约了＿＿＿％，与上年相同，年末定额流动资产实际占用额为＿＿＿＿万元，比年初增加了＿＿＿＿万元，增加了＿＿＿％。在年末占用额中，其中材料、低值易耗品等资产占用了＿＿＿＿万元，超占了＿＿＿％，占用了专项资金。公司年末各项应交未交款项尚有＿＿＿＿万元，年末银行存款余额＿＿＿＿万元，不够交欠款。而应收工程款年末数额达＿＿＿＿万元，形成资金紧张，应采取措施压缩库存，抓紧收取工程款。

4. 专项资金收支情况的分析

更新改造基金：年初余额＿＿＿＿万元，本年提取＿＿＿＿万元，本年支出＿＿＿＿万元，年末结余＿＿＿＿万元，减去未完工程占用的＿＿＿＿万元，实际结余＿＿＿＿万元。

（续上）

大修理基金：年初余额＿＿＿＿万元，本年提取＿＿＿＿万元，本年支出＿＿＿＿万元，减去未完工程占用的＿＿＿＿万元，年末结余＿＿＿＿万元。

职工福利基金：年初余额＿＿＿＿万元，本年提取＿＿＿＿万元，本年支出＿＿＿＿万元，年末结余＿＿＿＿万元。

公司专项基金状况，总的来看是向好的方向发展。但是，在职工福利基金中按工资总额＿＿＿＿％提取的医药费始终发生超支，提取额为＿＿＿＿万元，而实际支出达＿＿＿＿万元，当年超支＿＿＿＿万元，比上年超支数又增加了＿＿＿＿万元。主要是医药费的管理上存在一些问题，患者用药存在浪费现象。

二、存在问题

通过分析，总的来看，我公司＿＿＿＿年各项财务指标完成得比较好。但是从以上分析资料中，也可以看出我公司在管理工作上还存在一些薄弱环节和问题：

1. 施工任务多变，计划安排衔接不上，生产不够均衡，上半年完成工作量仅占全年实际完成工作量的＿＿＿％，而下半年占＿＿＿％，这说明全年的施工生产任务不够均衡。

2. 公司管理费发生超支＿＿＿＿万元，占预算成本的＿＿＿％，应该引起重视。

明年是进行全面经济体制改革和"双增双节"运动的一年，我们将在新的一年里进一步搞活企业、搞活生产，把公司各方面的工作在现有的基础上提高到一个新的水平。

三、改进措施

1. 以改革的精神，层层全面落实经济承包责任制，继续实行按产值和利润双挂的工资基金含量包干办法。以不减国家税利为目标，公司及各部门、施工队都要实行包干。

2. 加强管理的基础工作，搞好单位工程管理，提高经济效益。各单位结合"双增双节"的要求，发动群众清仓挖潜制定规划措施，要在现有的管理上逐步运用现代化的科学管理方法，结合实际运用价值工程、目标成本管理、ABC 管理法、电子计算机等。

3. 在资金管理上，要实行公司内部计息办法，为了解决公司与各单位，以及各单位之间相互拖欠款项。公司从＿＿＿年起采取欠款一律实行由拖欠单位按期向被欠单位支付利息的办法，用经济杠杆手段来促使各单位加强资金管理，积极收取工程款，减少资金占用，加速资金周转。

4. 要严格执行财经纪律，加强法制观念，坚决纠正新形势下所发生的新的行业不正之风，要学习各种法律，如《合同法》《会计法》，坚决依法办事。

×× 有限公司财务部

＿＿＿年＿＿月＿＿日

43.3　××有限公司财务成本分析报告

××有限公司财务成本分析报告

根据市政府有关部门规定，我厂今年实行"国家征税、资金付费、自负盈亏"的经济责任制。半年来，通过增产增收措施，在提高劳动生产率、加速资金周转、增加盈利方面取得了比较理想的效果。根据我厂的具体情况，现将生产、利润、成本三方面的经济活动进行初步分析。

一、经济指标完成概况

1. 工业总产值：完成_____万元，为年计划的____%，比上年同期增长____%。

2. 产品产量：甲产品完成_____，为年计划的____%，比上年同期增产____%；而乙产品完成_____，为年计划的____%，比上年同期增产____%；丙产品完成_____，为年计划的____%，比上年同期增产____%；丁产品完成_____，为年计划的____%，比上年同期增产____%。

3. 全员劳动生产率：为本年_____元／人，比去年同期提高____%。

4. 产品销售收入：实现_____万元，占工业总产值的____%，比上年同期上升____%。

5. 利润：

（1）实现利润总额：_____万元，为年计划的____%，比上年同期增长____%。

（2）应缴利税：_____万元，为年计划的____%，其中应缴所得税_____万元。资金占有费_____万元，已全部按期缴纳。应缴上年利润_____万元，已全部按期缴纳。

（3）企业留利：_____万元，比上年全年实际所得增长____%，其中，分配上年超收尾数_____万元。

6. 成本：全部商品总成本_____万元，比上年同期上升____%，百元产值成本_____元，比上年同期上升____%。

7. 资金：定额流动资金周转天数为____天，比计划加速____天，比上年同期加速____%。百元产值占用金额流动资金_____元，比上年同期下降____%。

定额流动资金平均占用金额_____万元，比上年周期下降_____万元。

在以上各项指标中，工业总产值、利润、资金周转已分别超过了历史最高水平。

二、生产任务完成情况分析

产品结构变化情况

产品名称	本年 1～6 月占比重	上年同期占比重	本年比上年
甲	____%	____%	____%
乙	____%	____%	____%

（续上）

（续表）

产品名称	本年 1 ~ 6 月占比重	上年同期占比重	本年比上年
丙	＿＿＿%	＿＿＿%	＿＿＿%
丁	＿＿＿%	＿＿＿%	＿＿＿%
其他	＿＿＿%	＿＿＿%	＿＿＿%

增产比重情况

产品名称	比上年增产	占增产百分比
甲	＿＿＿＿＿元	＿＿＿%
乙	＿＿＿＿＿元	＿＿＿%
丙	＿＿＿＿＿元	＿＿＿%
丁	＿＿＿＿＿元	＿＿＿%
其他	＿＿＿＿＿元	＿＿＿%

从完成供货合同看，乙、丙产品均在＿＿＿% 以上，而甲仅完成＿＿＿%。

以上数值表明，我厂上半年抓乙和丙的增产效果是好的，成绩是显著的。这两种产品产值的增长占全部增产的＿＿＿% ~ ＿＿＿%。

甲产品虽然也有增产，但幅度不大，同年计划相比还未过半。在结构上，它在全厂产值中比例由全年＿＿＿% 下降到今年的＿＿＿%，同时由于完成供货合同差，拖期交货情况较为突出，从而影响了经济效益的全面提高。我厂是专业 XX 生产厂，如何组织好甲产品生产，按时保质地完成供货任务，不断满足市场需求，这是下半年摆在我厂面前极为重要的任务。

三、利润指标分析

今年比上年增长利润总额＿＿＿＿＿万元。

1. 产品销售利润因素分析

产品销售利润因素情况

影响因素	单位	本年 1 ~ 6 月实际	年同期实际	本年比上年	影响利润部分
销售收入	元	＿＿＿＿＿元	＿＿＿＿＿元	＿＿＿＿＿元	＿＿＿＿＿元
销售成本率	%	＿＿＿%	＿＿＿%	＿＿＿%	＿＿＿%
销售现金率	%	＿＿＿%	＿＿＿%	＿＿＿%	＿＿＿%
销售利润率	%	＿＿＿%	＿＿＿%	＿＿＿%	＿＿＿%

（续上）

2. 其他销售利润及营外支出因素分析

其他销售利润及营外支出因素情况

影响因素	单位	本年 1 ~ 6 月实际	上年同期实际	影响因素
其他销售利润	元	_____元	_____元	_____元
营外支出	元	_____元	_____元	_____元
合计	元			

以上数据表明：今年我厂产品销售利润与上年相比是下降的。主要原因是销售税率的上升，今年工商税务改征增值税后，上半年我厂由于税率的上升，多缴税_____元，减利_____元。同时销售成本上升____%，减利_____元。但是，上半年我厂大抓了产品销售工作，同上年相比，增加销售收入_____元，收入增加使利润实现额上升_____元，增减因素相抵消后，净增利润_____元。因此今年利润总额上升的主要因素是销售收入的增长。同时要看到，虽然我厂今年在增产和销售上上升幅度较大，但是产品销售成本并没有下降，经济效益并没有提高，这就应进一步从产品成本上分析原因。

四、成本分析

成本情况

项目	单位	本年 1 ~ 6 月实际	上年同期实际	本期比上年
商品产值	万元	_____万元	_____万元	_____万元
全部商品总成本	万元	_____万元	_____万元	_____万元
百元产值成本	元	_____元	_____元	_____元
其中材料	元	_____元	_____元	_____元
工资	元	_____元	_____元	_____元
费用	元	_____元	_____元	_____元

以百元产值成本指标进行对比，可以大致说明我厂成本升降原因。增产、提高劳动生产率使百元产值中的工资成本相对下降，其中工资相对下降____%，费用下降____%。突出的因素是材料成本上升____%，从而抵消了工资、费用的下降，净升____%。

按产品类别分析单位产品材料成本：

平均单位产品材料成本：

（续上）

平均单位产品材料情况

主要产品	单位	本年实际	上年实际	本年比上年
甲	元／套	_____元／套	_____元／套	_____元／套
乙	元／根	_____元／根	_____元／根	_____元／根
丙	元	_____元	_____元	_____元

从上表看出，每一种产品的原材料上升幅度都很大，其中甲产品每套上升_____元，乙产品每根上升_____元，丙产品每百元产值上升_____元，按总产量计算，共上升材料总成本为_____元。

×× 有限公司财务部

____年__月__日

43.4　×× 有限公司财务评价报告

××有限公司财务成本分析报告

根据市政府有关部门规定，我厂今年实行"国家征税、资金付费、自负盈亏"的经济责任制。半年来，通过增产增收措施，在提高劳动生产率、加速资金周转、增加盈利方面取得了比较理想的效果。根据我厂的具体情况，现将生产、利润、成本三方面的经济活动进行初步分析。

一、经济指标完成概况

1. 工业总产值：完成_____万元，为年计划的____%，比上年同期增长____%。

2. 产品产量：甲产品完成_____，为年计划的____%，比上年同期增产____%；而乙产品完成_____，为年计划的____%，比上年同期增产____%；丙产品完成_____，为年计划的____%，比上年同期增产____%；丁产品完成_____，为年计划的____%，比上年同期增产____%。

3. 全员劳动生产率：为本年_____元／人，比去年同期提高____%。

4. 产品销售收入：实现_____万元，占工业总产值的____%，比上年同期上升____%。

5. 利润：

（1）实现利润总额：_____万元，为年计划的____%，比上年同期增长____%。

（2）应缴利税：_____万元，为年计划的____%，其中应缴所得税_____万元。资

（续上）

金占有费＿＿＿＿万元，已全部按期缴纳。应缴上年利润＿＿＿＿万元，已全部按期缴纳。

（3）企业留利：＿＿＿＿万元，比上年全年实际所得增长＿＿＿%，其中，分配上年超收尾数＿＿＿＿万元。

6. 成本：全部商品总成本＿＿＿＿万元，比上年同期上升＿＿＿%，百元产值成本＿＿＿＿元，比上年同期上升＿＿＿%。

7. 资金：定额流动资金周转天数为＿＿＿天，比计划加速＿＿＿天，比上年同期加速＿＿＿%。百元产值占用金额流动资金＿＿＿＿元，比上年同期下降＿＿＿%。

定额流动资金平均占用金额＿＿＿＿万元，比上年周期下降＿＿＿＿万元。

在以上各项指标中，工业总产值、利润、资金周转已分别超过了历史最高水平。

二、生产任务完成情况分析

从产品结构变化情况

产品名称	本年 1～6 月占比重	上年同期占比重	本年比上年
甲	＿＿＿%	＿＿＿%	＿＿＿%
乙	＿＿＿%	＿＿＿%	＿＿＿%
丙	＿＿＿%	＿＿＿%	＿＿＿%
丁	＿＿＿%	＿＿＿%	＿＿＿%
其他	＿＿＿%	＿＿＿%	＿＿＿%

增产比重情况

产品名称	比上年增产	占增产百分比
甲	＿＿＿＿元	＿＿＿%
乙	＿＿＿＿元	＿＿＿%
丙	＿＿＿＿元	＿＿＿%
丁	＿＿＿＿元	＿＿＿%
其他	＿＿＿＿元	＿＿＿%

从完成供货合同看，乙、丙产品均在＿＿＿%以上，而甲仅完成＿＿＿%。

以上数值表明，我厂上半年抓乙和丙的增产效果是好的，成绩是显著的。这两种产品产值的增长占全部增产的＿＿＿% ～＿＿＿%。

甲产品虽然也有增产，但幅度不大，同年计划相比还未过半。在结构上，它在全厂产值中比例由全年＿＿＿%下降到今年的＿＿＿%，同时由于完成供货合同差，拖期交货情况较为突出，从而影响了经济效益的全面提高。我厂是专业 ×× 生产厂，如何组织好甲产品生产，按时保质地完成供货任务，不断满足市场需求，这是下半年摆在我厂面前

（续上）

极为重要的任务。

三、利润指标分析

今年比上年增长利润总额_____万元。

1. 产品销售利润因素分析

产品销售利润因素情况

影响因素	单位	本年 1～6 月实际	年同期实际	本年比上年	影响利润部分
销售收入	元	_____元	_____元	_____元	_____元
销售成本率	%	_____%	_____%	_____%	_____%
销售现金率	%	_____%	_____%	_____%	_____%
销售利润率	%	_____%	_____%	_____%	_____%

2. 其他销售利润及营外支出因素分析

其他销售利润及营外支出因素分析

影响因素	单位	本年 1～6 月实际	上年同期实际	影响因素
其他销售利润	元	_____元	_____元	_____元
营外支出	元	_____元	_____元	_____元
合计	元			

以上数据表明：今年我厂产品销售利润与上年相比是下降的。主要原因是销售税率的上升，今年工商税务改征增值税后，上半年我厂由于税率的上升，多缴税_____元，减利_____元。同时销售成本上升____%，减利_____元。但是，上半年我厂大抓了产品销售工作，同上年相比，增加销售收入_____元，收入增加使利润实现额上升_____元，增减因素相抵消后，净增利润_____元。因此今年利润总额上升的主要因素是销售收入的增长。同时要看到，虽然我厂今年在增产和销售上上升幅度较大，但是产品销售成本并没有下降，经济效益并没有提高，这就应进一步从产品成本上分析原因。

四、成本分析

成本情况

项目	单位	本年 1～6 月实际	上年同期实际	本期比上年
商品产值	万元	_____万元	_____万元	_____万元
全部商品总成本	万元	_____万元	_____万元	_____万元

（续上）

续表

项目	单位	本年 1～6 月实际	上年同期实际	本期比上年
百元产值成本	元	＿＿＿元	＿＿＿元	＿＿＿元
其中材料	元	＿＿＿元	＿＿＿元	＿＿＿元
工资	元	＿＿＿元	＿＿＿元	＿＿＿元
费用	元	＿＿＿元	＿＿＿元	＿＿＿元

以百元产值成本指标进行对比，可以大致说明我厂成本升降原因。增产、提高劳动生产率使百元产值中的工资成本相对下降，其中工资相对下降＿＿＿%，费用下降＿＿＿%。突出的因素是材料成本上升＿＿＿%，从而抵消了工资、费用的下降，净升＿＿＿%。

按产品类别分析单位产品材料成本：

平均单位产品材料成本：

平均单位产品材料成本情况

主要产品	单位	本年实际	上年实际	本年比上年
甲	元／套	＿＿＿元／套	＿＿＿元／套	＿＿＿元／套
乙	元／根	＿＿＿元／根	＿＿＿元／根	＿＿＿元／根
丙	元	＿＿＿元	＿＿＿元	＿＿＿元

从上表看出，每一种产品的原材料上升幅度都很大，其中甲产品每套上升＿＿＿元，乙产品每根上升＿＿＿元，丙产品每百元产值上升＿＿＿元，按总产量计算，共上升材料总成本为＿＿＿元。

×× 有限公司财务部

＿＿＿年＿＿月＿＿日

43.5 关于＿＿＿年 ×× 有限公司销售收入、成本、利润、资金需要量的预测报告

关于＿＿＿＿年 ×× 有限公司销售收入、成本、利润、资金需要量的预测报告

宋 ×× 经理：

经技术改造后，我公司的产品结构有了很大的变化，A、B、C 等优质产品的产量

（续上）

逐步提高，1 ~ 9 月份的产品销售收入为_____万元，比上年同期上升____%。根据销售部门估计，全年销售收入可达_____万元左右，销售收入利润率可达____%。

现按您的指示，对我厂明年的销售收入、成本、利润和资金需要量做如下预测，以供参考：

（一）销售收入预测

1. 预测数据

（1）本年销售收入_____万元。

（2）预测明年销售量增加____%。

（3）预测明年销售单价上升____%。

2. 预测方法

按"因素分析法"预测，其计算公式为：

明年销售收入＝本年销售量 ×（1+ 预测明年销售量增长率）×（1+ 销售单价上升率）

（二）利润总额预测

1. 预测数据

（1）预计明年销售收入_____万元。

（2）预测明年的销售收入利润率为____%。

2. 预测方法

按"相关比率法"预测，其计算公式为：

明年的利润总额＝预计明年的产品销售收入 × 预计明年的销售收入利润率

（三）成本费用预测

1. 预测数据

（1）预计明年销售收入_____万元。

（2）预测明年利润总额_____万元。

2. 预测方法

按"倒扣计算法"计算，其计算公司为：

预测成本费用＝预计销售收入 － 预计利润总额

（四）资金需要量预测

1. 预测数据

（1）基期资产负债表上的资产总额_____万元。

（2）预测期销售增长率为____%。

（3）预测期新增零星开支数额_____万元。

（4）基期随销售变动的资产额_____万元。

（5）基期随销售变动的负债额_____万元。

（续上）

与销售有关部门的资产与负债

与销售有关部门的资产		与销售有关部门的负债	
项目	金额（万元）	项目	金额（万元）
货币资金	××××	应付账款	××××
应收账款	××××	应付票据	××××
应收票据	××××	未收税金	××××
存款	××××		
合计	××××	合计	××××

2.预测方法

按"销售收入百分比法"预测，其计算公式为：

$$F＝FO+K（A-L）+M$$

上列公式中：

F 代表预测期资金需要量；FO 代表基期资产总额；K 代表预测期销售收入增长率；A 代表基期随销售变动的资产；L 代表基期随销售变动的负债；M 代表预测期新增的零星开支。

综合以上四方面的预测情况，明年我公司财务变动的大致情况是：

（1）销售收入有可能达到_____万元，比今年增长____% 左右。

（2）利润总额预测为_____万元，比今年增长____% 左右，销售收入利润率可能达到____%，成本费用利润率达到____% 左右。

（3）成本费用总额预测为_____万元，比今年增长_____%。

（4）资金需要量预计要增加_____万元，这个数额，尚可由公司内部自行解决。

以上几个预测数，尚需要与公司内生产、销售部门共同研究论证。我们认为，明年我厂的财务状况如能按上述测算实现，其前景是比较可观的。

×× 有限公司财务部

____年__月__日

43.6　××股份有限公司财务中期报告

××股份有限公司财务中期报告

本公司董事会愿为本报告内容的真实性、准确性和完整性负共同及个别责任，并确

（续上）

信未遗漏致使本报告含有误导成分的重大事项。本报告内容由本公司董事会负责解释。

一、财务报告

（一）简化的财务报表

资产负债表（简化且未经审计）

××股份有限公司　　　　　＿＿＿年＿＿月 30 日　　　　　　　　　　单位：元

摘要	＿＿＿年 6 月 30 日	＿＿＿年 12 月 31 日
日流动资产		
长期投资		
固定资产净值		
在建工程		
无形资产及其他资产		
资产总计		
短期负债		
长期负债		
股东权益		
少数股东权益		

利润表（简化且未经审计）

××股份有限公司　　　　　＿＿＿年 1 月 1 日至 6 月 30 日　　　　　　单位：元

摘要	＿＿＿年 1～6 月	＿＿＿年 1～6 月
月主营业务收入		
主营业务利润		
其他业务利润		
投资收益		
利润总额		
应交所得税		
税后利润		
每股收益 I		
每股收益 II		
每股净资产		
净资产收益率		

（续上）

（二）财务报表注释

1. 公司执行的会计政策和方法，与上一年度报告相比，没有重大改变。

2. ＿＿＿年上半年本公司主营业务利润比去年同期下降 79.79%，主要原因是：

（1）市场竞争加剧，原材料价格大幅上升以及部分产品价格下调。

（2）与去年同期相比，外汇价差减少，财务费用相对增加。

3. 截止到＿＿＿年 6 月 30 日，本公司股本总额为 3.09 亿股，比年初增加 2.14 亿股，主要是本公司上半年实施配股所致。配股后的股权结构为：国家股 58.18%，社会公众股 40.05%，公司职工股 0.09%，法人转配股 1.67%。

4. 截至＿＿＿年 6 月 30 日，本公司尚余分配利润 1.7 亿元，其中＿＿＿年以前未分配利润为 1.5 亿元，按照本公司股东大会决议精神，此部分利润在送股结束后将转作任意盈余公积金。

二、经营情况的回顾与展望

（一）上半年经营情况回顾

＿＿＿年上半年，公司继续转换经营机制，以增强企业活力，提高经济效益，在以医药业，作为龙头产业的同时，积极稳妥地挖掘公司在房地产、金融、进出口业务方面的潜力。上半年，医药主业根据市场需要进行了产业结构调整。研究所把一些投资少、效益好的品种调到前边并加快了课题开发的进度，以提高经济效益。

上半年获得批文的产品已有 16 个，取得了较好的经济效益。在股票、期货等金融业务方面，面对股市低迷的局面，投资公司能够抓住时机，及时调整投资结构，上半年在金融业务方面获利 1 000 万元左右。

（二）下半年计划

1. 狠抓新产品开发、生产、销路，以 ×× 系列为新龙头，尽快形成新的效益支持品种。

2. 狠抓产品质量。质量是效益的基石，要培养员工"无质量就无效益"的思想，把退货减少到最低限度。

3. 抓好老产品的换挡升级工作，把合理提价融入换挡升级工作中。

4. 理顺经营、生产、供应、财务部门的合作关系，减少内耗。

5. 狠抓经营工作，理顺经营部对驻外办事处的管理，调动销售人员的积极性，搞好新药的促销工作，抓紧货款的回收。

6. 继续抓紧房地产的建设及售房工作，尽快形成效益。

7. 尽快完善金融证券业务，抓好股票、期货等方面的投资工作，并配备高素质人员，使投资公司的盈利能力逐年增大。

三、发行在外股票的变动和股权结构的变化

1. 根据股东大会决定，并报 ×× 市证券委员会、×× 市国有资产管理办公室、中

（续上）

国证券监督管理委员会批准，公司于＿＿年＿月按每 10 股配售 1.5 股的比例向全体股东配股，其中国有股股东放弃配股权，以每张权证 0.10 元转让费有偿转让给社会公众股东。至＿＿年＿月＿日止，实际配股 213 755 万股，其中，社会公众股及公司员工股配股 1 620 万股，国家股转配 517.55 万股，共计募集人民币 6 412 万元，扣除配股承销费用人民币 139 万元，实际股款人民币 6273 万元。

2. 本次配股计划募集资金收入约折人民币 12 960 万元（未扣除费用），本公司有意将该募集款作如下用途（略）。

3. 截止到＿＿年 6 月 30 日，本公司股本结构如下（单位：万股）：

股票类别	＿＿年 12 月 30 日	＿＿年 6 月 30 日
（1）尚未流通股份		
A. 国家股	18 000（62.5%）	18 000（58.18%）
B. 国家股转配		29.28（0.09%）
C. 内部职工股	1 800（6.25%）	517.55（1.67%）
尚未流通股份合计	19 800（68.75%）	18 546.83（59.95%）
（2）已流通股份 A 股	9 000（31.25%）	12 390.72（40.05%）
（3）股份总额	28 800（1 000−10）	30 937.55（100%）

4. 前 10 名最大股东名单（截至＿＿年 6 月 30 日）

股东名称	股份（万股）	比例
××市国有资产管理办公室	18 000	58.18%
×××有限公司	500	1.62%
×××	131	0.42%
××证券	100	0.32%
×××	96.07	0.31%
×××	81.39	0.26%
×××	80.08	0.26%
×××	79.07	0.26%
×××	76	0.25%
×××	65.636	0.21%

四、重大事件揭示

1. 本公司＿＿年度股东大会于＿＿年＿月＿日上午在企业集团员工之家三楼召开。股东大会决议刊登于《××时报》《××证券报》。

（续上）

2. 本公司股东大会通过的配股计划经中国证券监督管理委员会复审通过，于＿＿年＿月＿日完成，社会公众股配股部分已于＿＿年＿月＿日上市交易。

3. 本公司内部员工股 1 770.72 万股，于＿＿年 3 月 10 日上市交易。

4. ＿＿年度股东大会决议通过的＿＿年度分红方案为：每 10 股普通股送 1 股红股，分红派息工作于＿＿年 7 月份完成，所送红金中可流通部分的 1 242 万股已于＿＿年 7 月 13 日上市交易。

5. 本报告期内无重大诉讼及仲裁事项。

五、备查文件

（略）

×× 股份有限公司董事会

总经理：宋 ××

＿＿年＿月＿日

43.7　×× 公司年度财务报告

×× 公司年度财务报告

重要提示：

本公司董事会愿就本报告所载资料的真实性、准确性和完整性负共同及个别责任，并确信未遗漏任何致使本报告内容有误导成分的重大事项。本报告内容由本公司董事会负责解释。

一、公司简况

（略）

二、近 3 年财务指标

近 3 年财务指标

指标	单位	＿＿年	＿＿年	＿＿年	＿＿年比＿＿年
营业收入	万元				
其中：主营业务收入	万元				
利润总额	万元				
税后利润	万元				
资产总额	万元				
股东权益	万元				

（续上）

续表

指标	单位	＿＿＿年	＿＿＿年	＿＿＿年	＿＿＿年比＿＿＿年
每股净资产	元				
每股收益（加权平均）	元				
每股收益（年末股本）	元				
每股红利	元				
股东权益比率	％				
净资产收益率	％				

三、年度分配情况

本公司董事会经研究决定，建议＿＿＿年度的利润分配及分红方案为：

1. 法定公积金 10%，公益金 10%，分红 80%；

2. 每 10 股送红股 2 股，派现金红利 0.70 元。分红不足部分由资本公积金转入。以上方案尚需经股东大会表决通过，分红方案尚需报有关主管部门批准后生效。

四、业务回顾

1. 一年来经营业绩

＿＿＿年，在公司全体员工的共同努力和全体股东的大力支持下，公司以市场为导向，根据市场要求，积极调整产品结构，开发新产品，落实贷款催收责任，狠抓产品质量和公司内部各项基础管理工作，实现了经济效益的较大幅度增长，完成税后利润 2 380 万元，达到盈利预测值的 100.00%。在＿＿＿年度中国 500 家最大工业企业及行业 50 家企业评价中，本公司位于"中国 ×× 制造业最佳经济效益企业"第 ×× 位，"中国 ×× 最大工业企业"第 ×× 位，"中国 ×× 最佳经济效益工业企业"第 ×× 位。公司产品在＿＿＿年国际中、小企业新产品、新技术展览会上荣获金质奖。

产品的销量逐年上升，与去年相比，增幅最高达到 40%；不仅如此，全员劳动生产率（按工业增加值计）也比上年增长 25%；各项产品质量稳定；公司未发生重大安全事故。

2. 实际经营与盈利预测对比，具体指标见下表：

实际经营与盈利预测对比

指标	单位	年实际完成	年计划	比计划
主营业务收入（不含税）	万元			
主营业务利润	万元			
投资收益	万元			
利润总额	万元			

（续上）

续表

指标	单位	年实际完成	年计划	比计划
上交所得税	万元			
税后利润	万元			
每股收益（加权平均）	元			
每股收益（年末股本）	元			

五、对前次募集资金的运用情况的说明

____年__月我公司股票上市发行，实际募集资金包括另两家发起人（××国际信托投资公司、××国际贸易有限公司）共_____万元。公司在多方位、多渠道利用好募集的同时，还积极认真、实事求是地按招股说明书确定项目开展工作，说明如下：

投资_____万元用于扩大现有产品生产能力项目，至____年底，实际投入_____万元，其中用于质检培训中心的有_____万元。

投资_____万元兴建综合车间项目。自_____年底开始动工兴建，已投入资金_____万元兴建××车间项目，并与台方合资建立"××有限公司"以扩大规模。

××大厦和地下停车场投资项目。经董事会研究决定，从宏观调控大局考虑，结合我公司实际情况，暂缓该项目的建设，将资金投入上述其他项目以获取效益。

五、股本变动情况

（一）股本结构

股份单位：股 面值：每股 1 元

股份类别	年初数	占总股本 %	年末数	占总股本 %
I 尚未流通股				
1. 发起人股				
其中： 国家股 境内法人股				
2. 募集法人股				
3. 内部职工股				
尚未流通股合计				
II 已流通股				
A 股				
已流通股份				
III 股份总数				

（续上）

（二）持有本公司发行在外普通股的前 10 名最大股东持股情况和比例

股东名称	持股数（万股）	占总股本（%）

（三）董事、监事及高级管理人员变更情况及持股情况

公司第八次董事会决定，钱 ×× 不再任 ×× 实业股份有限公司董事，同时辞去董事长职务，并一致推选公司总经理牛 ×× 担任董事长，空缺董事由以后股东大会确认。

公司其他高级管理人员____年度内无变更情况。

本公司原_____万职工内部股，经有关部门批准，除公司董事、监事及高级管理人员中 7 名持股者所持有的_____万股外，企业的_____万股，已于____年 7 月中旬上市交易。

七、重要事项

本报告期内本公司无重大诉讼、仲裁事项。

____年__月__日本公司董事会制订了____年度配股方案，每 10 股配_____股，配股价暂定为_____元左右，确切价格待实施配股方案时再视行情确定。

本方案尚需经股东大会表决，报政府有关部门审批，并经中国证券监督管理委员会复审后，方可实行。

八、业务展望

1. 继续抓紧完成以下投资项目：

（1）新建质检培训大楼。

（2）新建综合车间。

（3）与台方合资生产 ××。

（4）根据 ×× 技术研究中心的实际情况，计划投资 150 万元资金，逐步扩大规模。

2. 继续加强全面质量管理，进一步深入贯彻落实 GMP 认证工作，深入宣传贯彻 GB/T1900-ISO 900 系列标准。根据现代企业制度的要求，强化企业管理，做好各项基础工作，做到向管理要效益。

3. 狠抓经营，进一步加强销售，调整产品结构，积极开拓市场，落实货款回笼。

4. 结合市场需求，多途径、多方位抓好新产品的研制开发，以及老产品的技术和用途方面的研究工作；同时加强与我省边境地区的合作，开发利用 ×× 资源。

（续上）

九、其他事项

1. 公司基本资料（略）。

2. 公司资料查询情况（略）。

十、经有关从事证券业务资格的会计师事务所审计的资产负债表、利润表和重要的财务报表附注说明

（一）审计报告（略）。

（二）资产负债表、利润及利润分配表、财务状况变动表见附表（略）。

（三）财务报表附注说明（略）。

1. 主要会计政策（略）。

2. 变化较大的资产、负债项目说明（略）。

3. 经营业绩（略）。

4. 主要税项（略）。

×× 股份有限公司董事会

____年__月__日

43.8 ×× 项目经济评估报告

×× 项目经济评估报告

一、项目概述

公司投资新建 A 产品生产线，其可行性研究已完成市场需求预测、生产规模、工艺技术方案、建厂条件和厂址选择、环境保护、工厂组织和劳动定员以及项目实施规划诸方面的研究与多方案比较。本项目财务分析的编制依据为《建设项目经济评价方法与参数》第三版和国家现行的财税政策、会计制度、和相关法规。

二、基础数据

（一）计算期

包括建设期以及生产经营期，建设期 2 年，生产期 12 年。

（二）生产规模与产品方案

项目生产 A 产品，设计生产能力为____万 m²/ 年，销售单价（不含税）为____元 /m²；到第三年达到设计能力的____%，到第四年达到设计生产能力。

（三）总投资估算及资金来源项。

（续上）

项目总投资使用计划表

序号	项目	合计	计算期						
			1	2	3	4	5	……	14
1	总投资								
1.1	建设投资								
1.2	建设期利息								
1.3	流动资金								
2	资金筹措								
2.1	项目资本金								
2.1.1	用于建设投资								
2.1.2	用于流动资金								
2.1.3	用于建设期利息								
2.2	债务资金								
2.2.1	用于建设投资								
2.2.2	用于建设期利息								
2.2.3	用于流动资金								
2.3	其他资金								

（1）项目建设期投资估算。

建设投资为_____万元，其中开办费用为_____万元。第一年投资_____万元，第二年投资_____万元。第一年投资中资本金占_____万元，其余投资（包括第二年）全部为贷款，贷款年利率为____%。

（2）项目建设期利息估算。

建设期利息第一年为_____万元，第二年为_____万元；合计_____万元。

（3）流动资金估算。

所需流动资金全部由银行贷款，年利率为____%。经估算流动资金投资总额为133.20万元，其中投产第一年为_____万元，投产第二年为_____万元。

三、财务评估

（一）营业收入、营业税金及附加及增值税评估计算

产品增值税税率17%，城市维护建设税、教育费附加分别为增值税的5%与3%，所得税为25%。年营业收入和年营业税金及附加见下表：

（续上）

营业收入、营业税及附加增值税估计表

序号	项目	合计	计算期						
			1	2	3	4	5	……	14
1	营业收入								
1.1	单价								
1.2	产量								
2	营业税金及附加								
2.1	城市维护建设税								
2.2	教育费附加								
3	增值税								
3.1	销项税额								
3.2	进项税额								

（1）营业收入估算。

预测到计算期期末营业收入为_____万元。

（2）营业收入及附加

预测到计算期期末营业收入及附加为_____万元。

（3）增值税

预测到计算期期末增值税合计为_____万元。

（二）产品成本评估计算

总成本费用估算

序号	项目	合计	计算期						
			1	2	3	4	5	……	14
1	外购原材料费								
2	外购燃料及动力费								
3	工资及福利费								
4	修理费								
5	其他费用								
6	经营成本 1+2+3+4+5								
7	折旧费								
8	摊销费								
9	利息支出								

（续上）

续表

序号	项目	合计	计算期						
			1	2	3	4	5	……	14
9.1	长期借款利息								
9.2	流动资金借款利息								
9.3	短期借款利息								
10	总成本费用 6+7+8+9								
	其中：可变成本								
	固定成本								

（1）经营成本估算。

产品售价以市场价格为基础，单位产品经营成本如下表：

经营成本估算表

费用项目	材料费	燃料及动力费	工资及福利费	修理费	其他费用
单位经营成本					

预计到计算期末经营成本合计_____万元。

（2）折旧费估算，固定资产折旧费用估算见下表。

建设投资借款利息全部计入固定资产原值中，固定资产折旧采用直线折旧法测算，综合折旧率为____%。固定资产原值预测为_____万元，计算期末净残值_____万元。折旧费用共计_____万元。

固定资产折旧费用估算表

项目	计算期						
	1	2	3	4	5	……	14
原值							
折旧值							
净值							
折旧率							

（3）无形及其他资产估算，无形资产和其他资产摊销费估算见下表。

建设投资中的开办费投产后形成其他资产，从投产年份开始分 8 年摊销。开办费即摊销费为_____万元。

（续上）

无形资产和其他资产摊销费估算表

序号	项目	计算期										
		1	2	3	4	5	6	7	8	9	10	11 ~ 14
1	摊销年限											
2	原值											
3	当期摊销费											
4	净值											

（4）支出（流动资金利息、建设投资借款利息）借款还本付息见下表。

流动资金借款于计算期期末偿还，建设投资借款（包括建设期利息）按照等额本金法 6 年偿还。流动资金借款年利率为____%，流动资金借款利息合计_____万元。建设投资本息合计_____万元，其中本金_____万元，利息合计_____万元

借款还本付息表

序号	项目	合计	计算期							
			1	2	3	4	5	6	7	……	14
	借款										
1	期初借款余额										
2	当期借款										
3	当期应计利息										
4	当期还本付息										
	其中：还本										
	还息										
5	期末借款余额										

（5）可变成本和固定成本。

可变成本包括外购原材料、外购原料及动力费。固定成本包括总成本费用中除可变成本外的费用。可变成本合计_____万元，固定成本合计_____万元。

（三）盈利能力及偿债能力评估分析

（1）融资前评估分析。

项目投资现金流量表（见下表），根据该表可计算的评价指标为项目投资财务内部收益率为____%（所得税前），项目投资财务净现值（$i_c = 10\%$）（所得税前）为_____万元；项目财务内部收益率为____%（所得税后），项目投资财务净现值（$i_c = 10\%$）（所得税后）为_____万元。项目财务内部收益率大于基准收益率，说明盈利能力满足了行业

（续上）

要求，项目财务净现值大于零，该项目在财务上是可以接受的。项目投资静态回收期为＿＿＿＿年（所得税前），＿＿＿＿年（所得税后）；项目投资动态回收期为＿＿＿＿年（所得税前），＿＿＿＿年（所得税后）。

项目投资现金流量表

序号	项目	合计	计算期						
			1	2	3	4	5	……	14
1	现金流入								
1.1	营业收入								
1.2	回收固定资产余值								
1.3	回收流动资金								
2	现金流出								
2.1	建设投资								
2.2	流动资金								
2.3	经营成本								
2.4	营业税金及附加								
3	所得税前净现金流量（1−2）								
4	累计所得税前净现金流量								
5	调整所得税（息税前利润×25%）								
6	所得税后净现金流量（3−5）								
7	累计所得税后净现金流量								

（2）融资后分析。

①根据项目资本金现金流量表（见下表），计算资本金财务内部收益率为＿＿＿＿%。

项目资本金现金流量表

序号	项目	合计	计算期						
			1	2	3	4	5	……	14
1	现金流入								
1.1	营业收入								
1.2	回收固定资产余值								
1.3	回收流动资金								
2	现金流出								
2.1	项目资本金								

（续上）

续表

序号	项目	合计	计算期						
			1	2	3	4	5	……	14
	其中：建设投资								
	流动资金								
	建设期利息								
2.2	借款本金偿还								
	其中：建设投资								
	流动资金								
	短期借款								
2.3	借款利息支付								
	其中：建设投资								
	流动资金								
	短期借款								
2.4	经营成本								
2.5	营业税金及附加								
2.6	所得税								
3	净现金流量（1－2）								

②根据利润与利润分配表（见下表）、项目总投资使用计划表计算总投资收益率为____%以及项目资本金净利润率为____%。

利润与利润分配表

序号	项目	合计	计算期						
			1	2	3	4	5	……	14
1	营业收入								
2	营业税金及附加								
3	总成本费用								
4	利润总额								
5	所得税								
6	净利润								
7	息税前利润（利润总额＋利息支出）								
8	息税折扣摊销前利润（息税前利润＋折扣＋摊销）								

（续上）

③根据利润与利润分配表、总成本费用估算表可以计算出利息备付率为____％，偿债备付率为____％。

四、评估结论和建议

财务评估结论详见财务评估结论汇总表（见下表）。从主要指标上看，财务评估结果均可行，而且生产的产品是国家急需的，所以项目是可以接受的。

财务评价指标一览表

序号	项目	比较基准	调整所得税前	调整所得税后	息税后
1	项目财务内部收益率（％）				
2	资本金财务内部收益率（％）				
3	项目财务净现值（万元）				
4	静态投资回收期（年）				
5	动态投资回收期（年）				
6	总投资收益率（％）				
7	项目资本金净利润率（％）				
8	借款偿还期（年）				
9	利息备付率				
10	偿债备付率				

43.9　××有限公司财务统计分析报告

××有限公司财务统计分析报告

分析摘要：

××有限公司是我国大型××制造企业，按国际标准和国家最新技术标准，生产×××类型××、××、××等几个品种。经营管理情况复杂，工序环节多，产品结构变化大。我们利用填报的____年××省投入产出调查表，合计××指标数值，以及已有的投入产出辅助成果，第一次把企业内部与企业外部的经济联络以及企业内部的经济关系全部反映出来，使我们详细地系统地掌握了当年全部购入物资的来源与分配消耗构成。机床生产与社会各经济部门之间的经济联系和机床的销售去向确切地反映了固定资产和流动资金的增减变化情况，以及新创造价值的构成情况，并对企业经营管理活动进行了综合分析。

一、购入物资分析

____年我有限公司购入的物资总金额中，省内产品占____％，省外产品占____％，

（续上）

其他占____%。在全部购入物资总额中，按工业部门划分，属于黑色金属冶炼加工的产品占____%，电力工业占____%，煤炭和石油产品占____%，建筑材料及建筑业产品占____%。以上 6 个部门的工业产品占我有限公司购入物资的____%，是我有限公司物资消耗的重点。特别是 ×× 金属的购入量占总金额的一半以上，说明我有限公司要搞好物资管理,应该在 ×× 金属的购入与管理方面狠下功夫。弄清与哪些物资部门有联系，确定合理的供货地，以减少运输费用。把这个重点抓住了，我有限公司物资管理的经济效益将会有显著提高。

二、物资消耗分析

在全年购入的物资总额中，物资消耗占____%，用于增加固定资产的占____%，其他占____%。从物资消耗的比重看，产品消耗占主要部分。再从工业生产物资实物量消耗分析看，在 ×× 生产过程中，直接消耗的物资主要有金属材料、燃料、动力和工具。其中钢材每天平均需要量为_____吨，燃料油_____吨，煤_____吨，电_____万度。按物资消耗量分析，在万元产值中，物资消耗总量为_____元，其中 ×× 金属加工业的产品为_____元，有色金属加工业的产品为_____元。从单位产品耗用量看，每台 ×× 产品平均投入 ×× 原料_____公斤，×× 原料_____公斤。

三、产出效益分析

____年我有限公司生产 ×× 产品_____台，产值_____万元。出售半成品及工业性作业产值为_____万元，合计现价工业总产值为_____万元。创造工业净产值_____万元，占工业总产值的比重为____%，比上年提高了____%。主要是由于工业总产值比上年提高了____%，物耗只比上年提高了____%，同期净产值比上年提高了____%。万元产值的构成中，材料消耗为上年的____%，动力、燃料消耗为上年的____%，这两项指标说明由于产量的增长使万元产值中原材料比重降低，经济效益也比上年提高。

四、产出流向分析

____年 ×× 产品产量____台，上年生产由用户退货____台，本年收入量合计为____台。本年销售量____台，按实物量计算商品销售率为____%。在销售产品中，售给本省的占____%，售给省外的占____%，出口的占____%。说明产品的覆盖面较大。通过上述分析，我们对全有限公司的耗用物资、货源构成、物耗去向，核算了大量的系数，这对确定企业的中长期计划有重要的作用。如____年确定机床产值_____万元，根据测算系数，需要钢材_____吨，实际耗用量为_____吨，这是由于钢材利用率提高了____%，节约钢材_____吨，系数测算与实际耗用的误差率为____%。预计经过几年的实际测算和系数的调查，将对计划的编制起到更大的作用。

×× 有限公司

____年__月__日

43.10 ××公司往来账款日常控制报告

××公司往来账款日常控制报告

总公司：

根据公司关于加强往来账款日常控制的通知精神，我公司加强了对往来账款的日常控制工作，现将一年来对往来账款的日常控制情况报告如下：

一、基本情况

公司年末往来账款金额____万元，较年初减少____万元，其中应收账款余额____万元，较年初减少____万元，应付账款余额____万元，较年初减少____万元。应收账款周转率____%，比上年减少____%，应收账款周转天数为____天，比上年减少____天。

二、加强日常控制措施

1. 制定信用政策。往来账款的日常控制中，我们注意掌握顾客的信用资料，根据客户的品质、还债能力、资本实力和客户在市场上的竞争能力，对客户的信用状况作出综合评定，评定客户在市场的竞争能力等，对客户的信用状况作出综合评定，评定客户信用等级，并根据客户的信用等级结合本企业产销能力和风险承担能力，制定本企业的信用政策，作为对往来账款进行规划和控制的原则。

2. 加强了应收账款的催收工作。除制定信用政策和管理制度作为往来账款的控制原则外，我们还加强了对应收账款的催收工作，建立了一个能够及时提供应收账款最新情况的管理信息系统，财会部门定期编制"往来账款分期明细表"全面提供往来账款增减变化及构成情况，以便及时掌握和清算。制定了合理的收账政策。对发生的应收账款进行及时催收。在收账程序上一般采取信函通知、电话催收、派员催收和通过法律手段等。

3. 建立、健全往来账款的结算管理制度。一是建立定期的往来款项审核制度，定期对往来款项进行会审检查；二是建立定期的对账制度，通过定期发函与往来单位进行逐笔核对；三是建立往来账款的审批制度，对购销活动，必须按照计划，实行合同管理，有明确的标的、价格、数量、结算方式、结算时间以及违约责任，并经有关部门及领导批准；四是及时准确地做好往来账款的财务处理，避免造成呆账坏账损失。

总之，一年来公司加强对往来账款的日常控制工作，取得了较好的成绩，没有发生大的呆账坏账损失，往来账款余额中没有长期不清的往来款项，往来账款余额控制在合理的范围之内。

××有限公司财务部

____年__月

43.11 ××有限公司资产周转报告

××有限公司资产周转报告

总经理：

按照您的指示，现将本公司＿＿＿年度资产周转情况报告如下：

＿＿＿年，由于进出口服装增加，产品销售收入上升幅度较大，负债减少，公司资产周转率比上年有较大的提高。据计算：

一、总资产周转率

＿＿＿年，公司产品销售净额已达＿＿＿＿＿万元。比上年的＿＿＿＿＿万元增长＿＿＿%；总资产平均余额为＿＿＿＿＿万元，比上年的＿＿＿＿＿万元减少＿＿＿%，故而总资产周转率已由上年的＿＿＿%提高到＿＿＿%。

＿＿＿年总资产周转率：＿＿＿次。

对＿＿＿年公司总投资周转率提高的情况若加以具体分析，大致情况是：受服装销量增多的影响，总资产周转率提高＿＿＿%。

＿＿＿年总资产周转率：＿＿＿%。

总差异：＿＿＿%。

二、固定资产周转率

＿＿＿年，本公司固定资产平均净产值为＿＿＿＿＿万元，比上年的＿＿＿＿＿万元减少＿＿＿%。在产品销售净额有较大增加的情况下，公司本年的固定资产周转率比上年的＿＿＿次增加了＿＿＿次。

＿＿＿年固定资产周转率：＿＿＿次。

上年固定资产周转率：＿＿＿次。

三、流动资产周转率

＿＿＿年，公司流动资产平均余额为＿＿＿＿＿万元，比上年的＿＿＿＿＿万元增长＿＿＿%，但因产品销售净额增长幅度大，故而公司的流动资产周转率仍然达到＿＿＿次，比上年的＿＿＿次提高了＿＿＿次。

＿＿＿年流动资产周转率：＿＿＿次。

上年流动资产周转率：＿＿＿次。

上述三方面数据表明，＿＿＿年本公司在运用现有资产增产增效方面已经取得了较好的成效。但从流动资产的周转情况来看，则没有达到预期的目标，这主要是受应收账款余额和存货增长的影响所致。如果流动资产周转率能进一步提高，公司的资产周转速度还可以进一步提高。

××有限公司财务部

＿＿＿年＿＿月＿＿日

43.12　××公司资产清查工作报告

××公司资产清查工作报告

单位名称（盖章）：

单位负责人（签字）：

单位资产清查领导小组组长（签字）：

单位财务负责人（签字）：　　　　　　　　　　____年__月__日

××市行政事业单位资产清查工作小组办公室：

根据《××市行政事业单位资产清查工作方案》和《关于在全市范围内开展行政事业单位资产清查工作的通知》的要求，我们对本单位进行资产清查。现将有关资产清查情况报告如下：

一、资产清查基本情况

（一）本单位成立于____年__月，属于行政／事业单位，主管部门是_____，法定代表人是_____，法定地址为____市_____，人员编制____人，在编干部职工____人，实有人员（含临时工）____人。单位主要职能为_____。

（二）工作基准日：本单位资产清查工作基准日是____年 12 月 31 日。

（三）资产清查工作范围

本次资产清查的工作范围是：本单位及未单独核算、与本单位合并填报报表的单位_____个，分别为_____。

不列入此次清查范围，但由本单位填报有关数据单位____个，分别为_____。

（四）清产核资工作具体实施情况

1. 本次清产核资工作的主要内容为：基本情况清理、账务清理、财产清查、完善制度。

2. 资产清查的组织工作。本单位成立了资产清查工作小组，统一组织实施本单位资产清查工作。小组成员包括：组长：_____，副组长：_____，成员：_____。

3. 资产清查工作程序：

（1）制订本单位资产清查工作方案，组织学习有关政策，研究工作报表，做好人员分工。

（2）对本单位户数、编制和人员状况等基本情况进行全面清理。时间安排：3月__日至__月__日。

（3）进行账务清理、财产清查，时间安排：__月__日至__月__日，组织人员输入固定资产电子卡并进行核对，时间安排：__月__日至__月__日。

（4）导入资产清查报表，分析资产清查结果。

（5）撰写资产清查工作报告，上报有关数据。

（续上）

（6）工作总结和完善单位资产管理方向制度。

4. 其他工作情况

二、资产清查工作结果

（一）资产清查结果

通过对本单位＿＿＿年 12 月 31 日会计报表及资产损益情况的清查，本单位资产总额账面值为＿＿＿＿元，清查值为＿＿＿＿元；负债总额账面值为＿＿＿＿＿元，清查值为＿＿＿＿＿元；净资产总额账面值为＿＿＿＿＿元，清查值为＿＿＿＿元。

（二）会计差错调整情况

截至＿＿＿年 12 月 31 日，本单位会计账中资产总额账面值为＿＿＿＿＿元，资产清查报表中资产总额账面值为＿＿＿＿＿元，差额＿＿＿＿＿元，属于会计差错调整。具体情况为：＿＿＿＿＿＿＿＿＿＿＿＿＿＿＿＿＿＿＿＿＿＿＿＿＿＿＿＿＿＿＿＿＿。

三、重要事项说明

（一）资产损益及资金挂账情况

本单位此次资产清查中，资产损失＿＿＿＿＿＿元，占资产账面值的＿＿＿％。主要包括流动资产损失＿＿＿＿＿元、固定资产损失＿＿＿＿＿＿元、对外投资（有价证券）损失＿＿＿＿＿元、无形资产损失＿＿＿＿＿＿元、其他资产损失及资金挂账等＿＿＿＿＿＿元；具体损失原因分别为＿＿＿＿＿＿＿＿＿＿＿＿＿＿＿＿＿＿＿＿＿＿＿＿＿＿＿＿＿＿＿＿＿＿。

（二）资产盘盈情况

本单位此次资产清查中，资产盘盈＿＿＿＿＿＿元，占资产账面值的＿＿＿％。主要包括流动资产盘盈＿＿＿＿＿元、固定资产盘盈＿＿＿＿＿＿元、无形资产盘盈＿＿＿＿＿＿元、其他资产盘盈等＿＿＿＿＿元；具体盘盈原因及入账、计价情况分别为＿＿＿＿＿＿＿＿＿＿＿＿＿＿。

（三）关于土地使用权情况的说明

略。

（四）单位申报处理的资产损益。

本单位在此次资产清查中共申报处理资产损失＿＿＿＿＿＿元，申报处理的损失资产占单位资产总额账面值的＿＿＿％。其中流动资产损失＿＿＿＿＿＿元，固定资产损失＿＿＿＿＿＿元，对外投资损失＿＿＿＿＿元，无形资产损失＿＿＿＿＿＿元，其他资产损失＿＿＿＿＿＿元。

本单位在此次资产清查中共申报处理资产盘盈＿＿＿＿＿＿＿元，申报处理的盘盈资产占单位资产总额账面值的＿＿＿＿＿＿％。其中流动资产盘盈＿＿＿＿＿＿元，固定资产盘盈＿＿＿＿＿＿元，对外投资盘盈＿＿＿＿＿元，无形资产盘盈＿＿＿＿＿＿元，其他资产盘盈＿＿＿＿＿＿元。

四、资产清查工作中发现存在的问题及改进的措施

（一）存在的资产管理问题及产生的原因

略。

（续上）

（二）存在的财务管理问题及产生原因

略。

（三）相应的改进措施

略。

五、备查材料

（一）单位＿＿＿年度结转后资产负债表。

（二）土地、房屋建筑物产权证明资料（复印件）。

（三）土地、房屋建筑物分布、使用状况及经营情况书面说明材料。

（四）＿＿＿年市审计局出具年度审计报告或委托社会中介机构审计报告。

（五）资产损益证据。单位申报的各项资产盘盈、资产损失和资金挂账，必须提供具有法律效力的外部证据、社会中介机构的经济鉴证证明和特定事项的单位内部证据。

1. 具有法律效力的外部证据。主要包括：

□ 单位的撤销、合并公告及清偿文件。

□ 政府部门有关文件；司法机关的判决或者裁定。

□ 公安机关的结案证明。

□ 工商管理部门出具的注销、吊销及停业证明。

□ 专业技术部门的鉴定报告。

□ 保险公司的出险调查单和理赔计算单。

□ 企业的破产公告及破产清算的清偿文件。

□ 符合法律规定的其他证明等。

2. 社会中介机构的经济鉴证证明。社会中介机构包括：

□ 会计师事务所。

□ 资产评估机构。

□ 律师事务所。

□ 专业鉴定机构。

3. 特定事项的单位内部证据。主要包括：

□ 有关会计核算资料和原始凭证。

□ 单位的内部核批文件及情况说明。

□ 资产盘点表；单位内部技术鉴定小组或内部专业技术部门的鉴定文件或资料；因经营管理责任造成的损失的责任认定意见及赔偿情况说明；相关经济行为的业务合同等。

＿＿＿＿＿＿单位

＿＿＿年＿＿月＿＿日

43.13　关于利润分配的请示

关于利润分配的请示

××集团股东会：

____年度，我公司实现税后利润_____万元，为了使各股东投资有所收益，现建议按以下方案分配公司利润：

一、按公司章程规定提取____％法定公积金；

二、按____％的比例提取公积金；

三、按××写的比例提取任意公积金；

四、留存_____万元为下年扩大生产规模；

五、剩余的各股东择股比例分配。

以上分配方案妥否，请股东大会审查通过。

附：具体分配方案和分配数额（略）。

××集团公司董事会

____年__月__日

43.14　××公司利润分配计划书

××公司利润分配计划书

为了促进各企业关心生产，增强盈利，提高经济效益，做好利润留成再分配，在董事会的指导和大力帮助下，于____年__月制定了如下计划：

一、盈余公积金

按税后利润的10％提取，主要用于保证重点项目、改造和扩大生产，也可用于弥补亏损或用于转增资本金。此外，当盈余公积金已达注册资金50％时可不再提取。

二、公益金

按照税后利润的5％～8％提取，主要用于企业员工的集体福利设施支出。

三、利润指标的确定和考核

（一）由计划部按各分公司生产能力，结合各类品种的安排，提供年度品种产量。

（二）由财务部根据上年实际利润，计算出各品种利润和全部产品利润总额；并在适当考虑营业外支出的条件下，确定年度利润定额，以此作为奖励基金分配的依据。

（三）利润定额确定后，遇有产品结构变化时，如内销品种改出口或安排新产品，影响利润部分，利润定额予以调查，不让企业受损。总之，按各类品种单位利润计算出

（续上）

的利润定额，主要是解决安排品种时"挑肥拣瘦"的弊病和"苦乐不均"过大的问题，以促使企业充分挖掘内部潜力，增产适销对路的产品和促进节约、扩大盈利。

四、奖金分配办法

（一）奖励基金

此项在利润分配中计入转作奖金的利润。各分公司必须完成总公司下达的各项指标（产量、质量、品种、利润等），接每月每人元返回企业，以保证生产奖的有效。

公司统一计提的奖励基金，减去每月返回企业的数额后，除留少量作为调剂使用外，结余部分根据企业完成利润定额的情况和半年预分、年终算总账的办法，按照超利润的比例，结合员工人数进行分配。即该公司员工人数乘以超利润定额比例，变成分数，以各分公司分数之和，去除公司结余奖励基金，得出每分的分值，再乘以该公司分数，即为该公司应得的奖励基金。计算公式如下：

实现利润 − 调整后利润定额 ＝ 超定额利润

规定额利润 ÷ 调整后利润定额 ＝ 超额率

超额率 × 平均员工人数 ＝ 该公司分数

总公司结合奖励基金 ÷ 各分公司分数 ＝ 每分的分值

该分公司 × 分数分值 ＝ 该公司应得奖励基金

（二）浮动嘉奖

公司根据上级部门的要求及不同时期不同的工作重点，结合奖励基金，确定浮动嘉奖条件。例如：为了奖励巩固提高和创新名牌产品，经_____部门鉴定，凡漏验率在 1% 以下，达标率在 95% 以上，每个名牌产品，增加超额利润率 2%，银牌加 3%，金牌加 4%。

（三）经济惩罚

重大事故造成死亡、火灾等，使国家财产遭受重大损失的，扣罚奖金。违反财经纪律问题较严重的，扣罚奖金。扣罚办法，视情节严重程度，由公司董事会研究决定。

　　　　　　　　　　　　　　　　　　　　____年__月__日

43.15　××集团____年年度利润分配公告

××集团____年年度利润分配公告

本期利润_____万元，本期利润扣减本期公允价值变动损益后的净额_____万元，加权平均份额本期利润_____元，可供分配利润_____万元，可供分配份额利润_____元，资产净值_____万元，单位资产净值_____元，净值增长率____%。

（续上）

公告送出日期：____年__月__日

1. 公告基本信息

收益分配基准日：____年__月__日

截至收益分配基准日的相关指标如下。

基准日基金份额净值（单位：人民币元）：_____万元。

基准日基金可供分配利润（单位：人民币元）：_____万元。

截至基准日按照基金合同约定的分红比例计算的应分配金额（单位：人民币元）：_____万元

本次分红方案（单位：元/10 份基金份额）：_____

有关年度分红次数的说明：本次分红为____年度的第 1 次分红。

注：根据《×× 证券投资基金合同》"基金年度收益分配比例不得低于基金年度可分配收益的 90%" 的约定，截至____年 12 月 31 日，按照基金合同约定的分红比例计算的 ×× 应分配金额为_____万元。

2. 与分红相关的其他信息

权益登记日：_____。

除息日：_____。

现金红利发放日：_____。

分红对象：权益登记日下午 ×× 证券交易所交易结束后，在中国 ×× 有限责任公司 ×× 分公司登记在册的本基金全体基金份额持有人。

税收相关事项的说明：根据财政部、国家税务总局的财税字〔1998〕55 号《关于证券投资基金税收问题的通知》及财税〔2008〕1 号《关于企业所得税若干优惠政策的通知》的规定，基金向投资者分配的基金利润，暂不征收所得税。

3. 其他需要提示的事项

3.1 本公司于____年__月__日将本基金利润分配的款项及代理发放利润的手续费足额划入中国证券登记结算有限责任公司上海分公司的指定银行账户。中国证券登记结算有限责任公司上海分公司在____年__月__日将已办理指定交易的投资者的现金红利通过资金结算系统划付给被指定交易的证券公司，投资者可在红利发放日领取现金红利。对未办理指定交易的投资者的现金红利暂由中国证券登记结算有限责任公司上海分公司保管，不计息。待其办理指定交易并经确认后即将其尚未领取的现金红利划付给被指定交易的证券公司，投资者在办理指定交易后的第二个交易日可领取现金红利。

×× 集团

____年__月__日

43.16　××集团关于购买资产＿＿年度盈利实现情况报告

××集团关于购买资产＿＿年度盈利实现情况报告

本公司及董事会全体成员保证信息披露内容的真实、准确和完整，没有虚假记载、误导性陈述或重大遗漏。

一、发行股份购买资产的基本情况

＿＿年＿月＿日，中国证券监督管理委员会《关于核准××集团发行股份购买资产的批复》（证监许可〔××××〕96 号文）核准了××集团向××、××、××、××、××发行股人民币普通股（A 股），购买××、××、××、××、××所持有的××科技有限公司（以下简称"A 公司"）100％股权。

二、A 公司的业绩承诺

在本次发行股份购买资产中，自然人林××、江××、曾××、任××、赵××、孙××承诺：A 公司＿＿年实现的经审计扣除非经常性损益后的净利润不低于＿＿＿＿万元，＿＿年、＿＿年、＿＿年实现的经审计扣除非经常性损益后的净利润分别不低于＿＿＿＿万元、＿＿＿＿万元、＿＿＿＿万元。若上述业绩承诺未能实现，本次交易对方许××、杨××、王××、丁××、李××将向××集团进行股份补偿，即本公司有权以总价人民币 1 元的价格回购交易对方因本次发行而获得的东华软件股票。

三、A 公司＿＿＿＿年度业绩实现情况

根据××会计师事务所有限责任公司出具的〔××××〕××××审字第号《审计报告》，A 公司＿＿年度实现净利润＿＿＿＿万元，扣除非经常性损益后的净利润＿＿＿＿万元。A 公司＿＿年扣除非经常性损益后的净利润＿＿＿＿万元高于承诺＿＿年净利润数值＿＿＿＿万元。详见下表：

A 公司＿＿＿＿年度业绩实现情况

序号	项目	＿＿年度
1	承诺利润数 A	
2	实现利润数 B	
3	差异 B－A	
4	实现率	

公司本次发行股份购买资产的独立财务顾问出具了《关于××集团＿＿年度业绩承诺实现情况的核查意见》，认为：A 公司＿＿年度实现的净利润超过盈利承诺水平，盈利预测承诺已经实现。交易对方关于 A 公司＿＿年度的业绩承诺得到了有效履行。

特此公告。

××集团董事会

＿＿年＿月＿日

43.17 ____年××集团实现利润增长情况分析报告

____年××集团实现利润增长情况分析报告

____年，××集团核安全继续保持了良好记录，经济保持平稳较快发展的势头：共完成总产出_____亿元，比上年增长____%；实现利润_____亿元，比上年增长____%。

据了解，____年，××集团投运的核电站继续保持安全稳定运行，×台机组累计发电_____亿千瓦时，提前____天完成全年发电任务。

在建×台核电机组工程进展顺利，装机容量达_____万千瓦，出口巴基斯坦恰希玛核电站二期工程（C2）工程建设进展顺利。

核电前期工作取得积极进展：××核电项目已具备浇筑第一罐混凝土条件；××核电项目正在按照 AP1000 技术路线积极开展前期准备工作；××3-4 号机组、××5-6 号机组、××3-6 号机组获得国家批准开展前期工作；××、××、××项目进入国家核电规划。

除此之外，____年，××集团还积极参与和承担三代核电技术引进消化吸收和重大专项的工作。与国家核电技术公司签署了共同推进三代核电技术自主化发展战略合作协议。

核燃料保障能力持续提升。____年，××集团核燃料建设项目顺利进行，能力明显提高：地质勘探克服困难，狠抓重点区域的突破，取得了新进展；铀矿冶工作注重安全生产和技术创新，大基地建设前期工作扎实推进；××压水堆燃料元件生产线建设项目全部设备安装完毕，××应用于××核电站的 VVER 燃料元件生产线完成竣工验收。

____年，为了充分保障我国天然铀供应，××集团在"两种资源、两个市场"的战略方针下，不仅是在国内发展，而且继续实施"走出去"战略，在尼日尔、哈萨克斯坦、蒙古、纳米比亚等多个国家积极开展铀资源开发工作。

目前，××集团改革发展到了一个非常关键的时期，机遇前所未有，挑战也前所未有。在新形势下，××集团确定了新的奋斗目标：到____年，××集团将实现主营业务收入超过_____亿元，利润超过_____亿元，人均年收入超过_____万元，核技术创新取得××大突破性进展，打造××个以上海外科工贸平台，成为真正的国际化企业。

××集团

____年__月__日

第44章　人力资源管理文书

44.1　20××年度招聘方案

20××年度招聘方案

一、目的

为满足 20×× 年公司各部人员数量和质量上的要求，在人员供给上保障各部顺利完成 20×× 年度经营目标。

二、招聘目标

20×× 年 2 月 18 日前完成以下招聘任务。此处插入《招聘需求汇总表》。

三、目标分解

把《招聘需求汇总表》按招聘责任人分类整理。

四、招聘策略与实施

序号	招聘类别	招聘策略	责任人
01	技术人员、熟练工人	内部介绍、网络（赶集网、易企秀、朋友圈）	各部门负责人
02	管理人员、文职人员	现场、网络（智通、卓博）	人力资源部
03	普工、辅助人员	广告招聘	各部门负责人

五、实施计划

序号	计划内容	责任人	进度控管
1	由人力资源部负责制订《人员引进奖励方案》	行政部	01 月 04 日
2	根据《招聘需求汇总表》将招聘目标分解到具体责任人	行政部	01 月 11 日
3	招聘责任人根据本部所分解的招聘目标进行《人员引进奖励方案》的宣导及再次内部分解招聘目标至个人	各部门负责人	01 月 12 日
4	招聘责任人收集意向入职人员名单，制作意向入职人员《通讯录》	各部门负责人	01 月 13 日
5	根据《通讯录》邀请意向人员来公司参观、介绍公司的文化、用工政策及发展前景	各部门负责人	01 月 13 日起
6	人力资源部制作各类招聘广告，包括：现场招聘、外景招聘（大型）、招聘宣传单	行政部	01 月 13 日
7	人力资源部拟定、确认、执行巨幅招聘广告制作、装贴计划	行政部	01 月 15 日

（续上）

续表

序号	计划内容	责任人	进度控管
8	年假期间与意向人员保持联络，年后电话跟进	各部负责人	适时
9	人力资源部开通、启用 58 同城、赶集网两个网络平台、由专人负责管理	行政部	01 月 16 日
10	人力资源部拟定、确认三禾人才市场招聘计划并执行	行政部	01 月 17 日
11	人力资源部拟定、确认智通人才市场现场招聘计划并执行	行政部	01 月 18 日
12	人力资源部拟定应聘人员的接待、填表、面试工作计划并执行	行政部	01 月 19 日
13	意向年后入职的或介绍人员入职的，招聘责任人要形成《×× 部意向入职人员档案》；元月 20 日复印一份至人力资源部	各部负责人	01 月 20 日起

44.2　体检通知书

体检通知书

尊敬的（＿＿先生／女士）：

　　本公司拟录用您，请您在入职前到 ×× 市区级预防疾病控制中心体检：

　　体检合格者方可正式入职，本通知自签发之日起 10 个工作日内有效，过期视作您自动放弃入职资格。

　　试用期满合格转正后，凭体检发票经所属部门负责人签字后报送人力资源部，由人力资源部统一送审并报销。

　　员工签名：　　　　　　　　　　　　　　×××公司

　　　　　　　　　　　　　　　　　　　　人力资源部

　　日期：＿＿＿年＿月＿日　　　　　　　日期：＿＿＿年＿月＿日

44.3　员工报到（变动）通知书

员工报到（变动）通知书

姓名：	性别：□男，□女	入职日期：
员工编号：	IC 卡号：	试用考察期：

（续上）

□ 报到（含试用期＿＿个月）		
公司：	部门：	职位：
□ 变动		
原公司：	现公司：	变动原因：
原部门：	现部门：	
原职位：	现职位：	生效日期：
员工签名：		×××公司 人力资源部
日期：＿＿年＿月＿日		日期：＿＿年＿月＿日

44.4　员工录用（报到）通知书

员工录用（报到）通知书

尊敬的（＿＿先生／女士）：

　　您已经通过全面考核，条件符合岗位要求，现决定录用您为×××公司＿＿＿＿＿部门职位，员工编号：＿＿＿＿＿＿＿＿，考察期＿＿个月（含试用期＿＿个月），请您于＿＿年＿月＿日＿时＿分带齐以下证照准时到我公司人力资源部报到上班，联系电话：＿＿＿＿＿＿＿＿。（如超过以上日期仍未到职，则本通知书自动失效。）

　　入职须交证照（原件或复印件）：

　　1.本市户口：身份证、户口簿、就业失业手册、计生证、医院体检表／健康证原件、学历证书／职称证书以及两张小一寸彩照。

　　2.本市（指本市）及外省：身份证、户口簿、医院体检表／健康证、学历证书／职称证书以及两张小一寸彩照。

　　3.办理银行工资账户，指定开户行为本地××银行系统开设的银行账户。

　　员工签名：　　　　　　　　　　　　　　×××公司
　　　　　　　　　　　　　　　　　　　　人力资源部

　　日期：＿＿年＿月＿日　　　　　　　　日期：＿＿年＿月＿日

44.5 员工廉洁从业承诺书

员工廉洁从业承诺书

本人作为××集团的一名员工，认可并接受集团制定的《××集团员工廉洁从业规定》，如有违反，愿意接受公司处分。

本人已签名确认的《××集团员工廉洁从业规定》见附件。

承诺人：_____

日期：_____

××集团员工廉洁从业规定

第一章　总则

第一条　为树立企业与员工队伍的良好形象，促进集团全体员工诚信从业、廉洁自律，特制定本规定。

第二条　本规定适用于集团及各下属公司全体员工。

第三条　全体员工应当遵守国家法律法规和公司规章制度，依法经营、廉洁从业、诚实守信，全心全意地为公司工作，切实维护公司的合法权益和个人的良好声誉。

第二章　廉洁从业行为规范

第四条　全体员工应当忠实维护公司利益，廉洁奉公，忠于职守。禁止利用职权和职务上的便利谋取不正当的利益。不得有下列行为：

（1）接受或索取与本企业有业务关系的企业或个人提供的任何利益或利益输送。

（2）接受或索取管理和服务对象提供的任何利益。

（3）将公司业务往来中的折扣、回扣、佣金、礼金、礼品、中介费等据为己有或私分。

（4）将公司业务往来中的物品以明显低于市场的价格获取。

（5）利用公司的资源、业务渠道、商业秘密、知识产权等为本人或他人从事牟利活动或利益输送。

（6）利用职务上的便利从事私人得利的中介活动。

（7）从事与集团及所属公司利益冲突的事情。凡在集团及下属企业以外的企业任职、兼职或收取报酬者，应向其所属的人力资源部门申报，证明与集团及所属公司无利益冲突，并经集团人力资源部核准，报集团授权领导审批后方可进行。

（8）从事损害公司利益的经营活动，或在与集团及下属企业同类业务或有业务关系的企业投资入股或收受干股。

（9）用企业的资产以个人的名义或他人的名义，在国（境）内外注册公司、投资参

（续上）

股、购买股票、购置不动产或其他经营活动（经董事长批准的除外）。

（10）利用职务上的便利，侵吞、窃取、骗取或以其他手段非法侵占公司财物。

（11）授意、指使、强令员工从事违法乱纪和违反公司规章制度的活动。

（12）瞒上欺下，瞒报、谎报、缓报、漏报突发事件、重大事故、经营成果和其他重要情况。

（13）利用公司的业务招待费、办公费、差旅费等费用假公济私。

（14）有其他牟取私利损害公司利益的行为。

第三章　实施与监督

第五条　集团将建立下列监督机制，以保证本规定的贯彻执行：

（1）在集团审计监察部设立专线电话传真，接受社会和集团内部对员工的违规行为提出的投诉或举报。

（2）向所有业务单位和客户服务场所，公布举报投诉专线电话传真号码，接受外部的监督。

（3）对内设立投诉检举信箱，并在员工手册上公布举报投诉专线电话传真号码，接受内部员工投诉检举。

（4）集团审计监察部根据投诉检举资料进行检查和调查，听取被投诉检举人员的陈述和申辩，收集有关证据，根据调查结果提出处理建议。

第六条　各板块执行总裁、集团各部（室）负责人、各公司总经理为实施本规定的主要责任人。各高级管理人员要以身作则，模范遵守本规定，同时抓好本规定的贯彻实施。贯彻落实本规定的情况将作为高级管理人员任期经济责任审计的一项重要内容。

第七条　全体员工的廉洁从业情况，人力资源部门将作为考核、任免、升迁的重要依据和内容。

第八条　为提高廉洁自律意识，从思想源头杜绝违规违纪事件的发生，使员工知法守法、自重、自警，集团要求全体员工签订廉洁从业承诺书。各级人力资源部门负责组织其管辖员工承诺书的签订和存入员工档案的工作。

第九条　集团审计监察部依据职责权限，对本规定的执行情况进行监督检查。

第四章　对违反规定行为的处理

第十条　处理办法：责令违规者退还其不正当的经济利益，并视情节轻重作出但不限于以下处理决定：

（1）批评教育。

（2）降职或免职。

（3）解除劳动合同。

对给公司造成经济损失的，追究其经济赔偿责任直至通过法律途径追究其责任；涉

（续上）

嫌违法犯罪的移送司法机关处理。

第十一条　处理程序：由集团审计监察部提出处理意见。高级管理人员及集团总部员工，由集团最高领导处理；下属企业员工，由所在企业的人力资源部门处理。

第五章　附则

第十二条　本规定自发布之日起施行。

员工签名确认：_____　　　日期：_____

（本人同意以上规定）

44.6　录用通知书

录用通知书

____先生 / 女士：

您好！感谢您对本企业的信任和大力支持。

非常荣幸地通知您，经过考核审查，本企业决定正式录用您为本企业职工。请您按以下通知到企业报到。

另，接通知后，如您的住址等有变化，请直接与企业人力资源部联系。

企业名称：_____

联系人：_____

____年__月__日

1. 报到时间：____年__月__日____上下午__时__分
2. 报到地点：

44.7　员工保证书

员工保证书

保证人_____，今保证思想纯正。在公司任职期间恪守公司规章制度，如有欠亏公款或侵占、盗窃、损坏公司财产，及其他足使公司蒙受损害之行为，本人愿担负全部责任。

保证人：×××

____年__月__日

44.8　员工个人行为责任承诺书

员工个人行为责任承诺书

致：

　　我很荣幸成为本公司的一名员工，在公司贯彻学习法制理念、依法规范管理、提升危机防范意识的管理指引下，我将努力学法、知法、守法，遵守公司各项规章制度，并运用法律维护公司合法权益和自身合法权益。同时，我将依照国家法律法规和公司规章制度进一步约束个人行为，如发生任何违章、违法及犯罪行为，本人愿意承担全部责任并承诺如下：

　　一、作为一名守法公民，我拥有完全的判断能力和责任能力，有义务遵守国家各项法律法规，谨防危及自身、他人、公司的危害结果发生。如有违反，我愿意承担相应法律责任。

　　二、作为一名合格员工，我明确自己职能权限，并有义务按照现行的《公司法》之规定，以维护公司权益为准则，恪守诚信、忠实、勤勉义务。遵守《公司章程》《员工手册》《××集团员工廉洁从业规定》及公司所有规章制度；在任职期间，如发生本《承诺书》第一条所述违法行为视同违反公司规章制度，我愿意接受公司按照相关制度处理。

　　三、未经公司书面授权同意，本人以公司名义所做的任何有损公司利益和名誉的行为均由本人承担全部法律责任和经济责任，与公司无关。

　　四、如发生上述违规、违法、犯罪行为和违反公司规章制度的情形，公司有权立即与我终止劳动合同并不需支付经济补偿金。

　　五、如我的个人行为造成公司经济损失，我愿意为此承担相应赔偿责任。

　　在此，我承诺自愿签署并认真履行上述承诺事项。

　　　　　　　　　　　　　　　　　　　　　　员工签名：

　　　　　　　　　　　　　　　　　　　　　　身份证号码：

　　　　　　　　　　　　　　　　　　　　　　日期：＿＿＿年＿月＿日

44.9　不可撤销担保书（出纳、仓管）

不可撤销担保书（出纳、仓管）

担保人姓名：　　　　　　性别：　　　　　　年龄：

（续上）

户口所在地址：

户口所属派出所：

现居住地址：   联系电话：

工作单位：   联系电话：

身份证号码：□□□□□□□□□□□□□□□□□□

与被担保人关系：

被担保人姓名：   性别：   年龄：

户口所在地址：

户口所属派出所：

现居住地址：   联系电话：

身份证号码：□□□□□□□□□□□□□□□□□□

声　明

　　本人愿意做＿＿＿＿先生／小姐在×××公司工作期间的经济担保人，承担被担保人的监护责任。如被担保人因违反公司纪律或工作失误造成×××公司经济损失，当被担保人逃避、拒绝或无经济能力赔偿时，本人将承担被担保人在×××公司的全部经济赔偿责任，并赔偿×××公司的相应经济损失。担保责任自被担保人入职之日起至担保人确实不需要为×××公司承担责任之日止。

担保人签名：   被担保人签名：

（甲方）   （乙方）

日期：＿＿＿年＿＿月＿＿日   日期：＿＿＿年＿＿月＿＿日

担保人身份证 复印件	被担保人身份证 复印件

　　附件：1. 担保人户口簿复印件；2. 被担保人户口簿复印件。

44.10　不可撤销担保书（司机）

不可撤销担保书（司机）

担保人姓名：　　　　　　性别：　　　　　　年龄：

户口所在地址：

户口所属派出所：

现居住地址：　　　　　　　　　联系电话：

工作单位：　　　　　　　　　　联系电话：

身份证号码：□□□□□□□□□□□□□□□□□□

与被担保人关系：

被担保人姓名：　　　　　　性别：　　　　　　年龄：

户口所在地址：

户口所属派出所：

现居住地址：　　　　　　　　　联系电话：

身份证号码：□□□□□□□□□□□□□□□□□□

担保人照片

被担保人照片

声　明

本人愿意做＿＿＿＿＿先生／小姐在 ×××公司工作期间的经济担保人，承担被担保人的监护责任。如被担保人因违反公司纪律或工作失误造成 ×××公司车辆超过依法向保险公司索赔份额之外的经济损失，由被担保人全部承担。当被担保人逃避、拒绝或无经济能力赔偿时，本人将承担被担保人在 ×××公司的上述全部经济赔偿责任，并赔偿 ×××公司的经济损失。担保责任自被担保人入职之日起至担保人确实不需要为×××公司承担责任之日止。

担保人签名：　　　　　　　　　被担保人签名：

（甲方）　　　　　　　　　　　（乙方）

日期：＿＿＿年＿月＿日　　　　日期：＿＿＿年＿月＿日

担保人身份证
复印件

被担保人身份证
复印件

附件：1. 担保人户口簿复印件；2. 被担保人户口簿复印件。

44.11　员工试用期满通知书

员工试用期满通知书

_____先生／女士：

您将于____年__月__日试用期届满，根据公司有关规定及您在试用期的工作绩效和表现，经公司研究决定：

1. 正式转正

自____年__月__日起，我公司将正式录用您。

2. 延长试用期

您的试用期将延长至____年__月__日，到期后公司根据有关规定及您在延长试用期内的工作绩效和表现予以评定是否转正。

3. 不予录用

自____年__月__日起，我公司将与您解除劳动合同，请到人事部办理有关离职手续，谢谢您为我公司所做的贡献。

姓名	员工编号	所属部门	入职日期	职位	（转正后）职等级

人力资源部

签发人：

____年__月__日

44.12　试用期转正通知书

试用期转正通知书

您好：

很高兴地通知您，经过试用期间的综合考评，您已经顺利地通过了本公司的转正审核，自____年__月__日起成为本公司的一名正式员工。

特此通知并表示祝贺！

×× 公司人力资源部

____年__月__日

44.13　保密和竞业禁止协议

保密和竞业禁止协议

本保密和竞业禁止合同（下简称"合同"）由下列双方于＿＿＿年＿月＿日签订：

＿＿＿＿＿＿＿＿＿＿公司（下简称"公司"）

注册地址：＿＿＿＿＿＿＿＿＿＿＿＿＿＿

法定代表人：＿＿＿＿＿＿＿＿＿＿＿＿

和

＿＿＿＿＿＿＿＿＿＿（下简称"雇员"）

身份证号：＿＿＿＿＿＿＿＿＿＿＿＿　　住址：＿＿＿＿＿＿＿＿＿＿＿＿

联系电话：＿＿＿＿＿＿＿＿＿＿＿＿　　邮编：＿＿＿＿＿＿＿＿＿＿＿＿

鉴于：

1. 雇员承认，由于受聘于公司（包括但不限于接受公司可能不时向其提供的培训）其可能充分接触公司的保密信息（定义见下文）、并且熟悉公司的经营、业务和前景及与公司的客户、供应商和其他与公司有业务关系的人有广泛的往来。

2. 雇员承认，在其受聘于公司期间或之后的任何对保密信息的未经授权的披露、使用或处置或与公司竞争将给公司的业务带来不利的影响，并给公司造成不可弥补的损害和损失。

3. 雇员愿意根据本合同规定的条款和条件对保密信息保密并不与公司及其关联公司相竞争。

因此，双方经平等协商，达成合同内容如下：

第一条　定义

为本合同之目的，下列术语应具有下文规定的含义：

"保密信息"：指不论以何种形式传播或保存的与公司或其关联公司的产品、服务、经营、保密方法和知识、系统、工艺、程序、现有及潜在客户名单和信息、手册、培训资料、计划或预测、财务信息、专有知识、设计权、商业秘密、商机和业务事宜有关的所有信息。

"竞争业务"：指（1）公司或其关联公司从事或计划从事的业务；和（2）与公司或其关联公司所经营的业务相同、相近或相竞争的其他业务。

"竞争对手"：指除公司或其关联公司外从事竞争业务的任何个人、公司、合伙、合资企业、独资企业或其他实体。

"区域"：指公司或其关联公司从事或计划从事其各自业务的地理范围。

"期限"：指雇员受聘于公司的期限和该期限终止后＿＿＿＿年的时间。

（续上）

"关联公司"：指控制公司的、由公司控制的或与公司受到共同控制的任何其他法人。

第二条　保密

1. 雇员承诺对保密信息严格保密，并在其与公司的聘用关系终止时向公司返还所有保密信息及其载体和复印件。

2. 雇员承诺，在期限内不以任何方式（1）向公司或其关联公司的任何其他与使用保密信息的工作无关的雇员；（2）向任何竞争对手；（3）为公司利益之外的任何目的向任何其他个人或实体披露任何保密信息的全部或部分，除非该等披露是法律所要求的；在这种情况下，披露应在该等法律所明确要求的范围内进行。

第三条　竞业禁止

1. 雇员承诺，在期限和区域内不直接或间接地以个人名义或以一个企业的所有者、许可人、被许可人、本人、代理人、雇员、独立承包商、业主、合伙人、出租人、股东或董事或管理人员的身份或以其他任何名义：（1）投资或从事公司业务之外的竞争业务，或成立从事竞争业务的组织；（2）向竞争对手提供任何服务或披露任何保密信息。

2. 雇员承诺，在期限内不直接或间接地劝说、引诱、鼓励或以其他方式促使公司或其关联公司的（1）任何管理人员或雇员终止该等管理人员或雇员与公司或其关联公司的聘用关系；（2）任何客户、供应商、被许可人、许可人或与公司或其关联公司有实际或潜在业务关系的其他人或实体（包括任何潜在的客户、供应商或被许可人等）终止或以其他方式改变与公司或其关联公司的业务关系。

3. 雇员承诺，其未签订过且不会签订任何与本合同条款相冲突的书面或口头合同。

第四条　对价

雇员在此确认，其将从公司不时取得的薪金和其他补偿或利益构成其在本合同第二、三条中所作承诺的全部对价。

第五条　执行

双方同意在法律允许的范围内最大限度地执行本合同，本合同任何部分的无效、非法或不可执行均不影响或削弱本合同其余部分的有效、合法与可执行性。

第六条　公平承诺

双方同意，本合同第二、三条中所作约定的范围和性质是公平合理的，在此约定的时间、地理区域和范围是为保护公司和其关联公司充分使用其商誉开展经营所必需的。

第七条　违约救济

雇员承认，其违反本合同将给公司和/或其关联公司造成无法弥补的损害，并且通过任何诉讼获得的金钱赔偿都不足以充分补偿该等损害。雇员同意，公司和/或其关联公司有权通过临时限制令、禁止令、对本合同条款的实际履行或其他救济措施来防止对本合同的违反。但本条的规定不应被解释为公司和/或其关联公司放弃任何获得损害赔

（续上）

偿或其他救济的权利。

第八条　合同的修改与转让

1. 本合同构成双方就本合同题述事项所达成的完整的合同和共识。非经双方书面同意，本合同不得被修改、补充或变更。

2. 雇员不得转让本合同或由本合同产生的任何义务或权益。

第九条　法律适用与争议解决

1. 本合同受中华人民共和国法律管辖，并应根据其进行解释。

2. 双方应努力通过友好协商解决由本合同产生的或与本合同有关的所有争议。如协商未果，该等争议应被提交中国国际经济贸易仲裁委员会根据其规则和程序在［XXX/上海］仲裁解决。仲裁过程中，双方应尽可能地继续履行本合同除争议事项外的其余部分。

第十条　文本

本合同一式两份，合同双方各执一份，具有同等效力。

双方在此于文首载明之日郑重签署本合同，以昭信守。

_____有限公司（公章）

授权代表：_____

雇员：_____

身份证号码：_____

住所：_____

44.14　培训服务协议书

培训服务协议书

甲方：_____有限公司（以下简称甲方）

住所：

法定代表人：

乙方：_____先生／女士（以下简称乙方）

住址：　　　　　　　　　　身份证号码：

甲方是一家知识型、创新型的企业，公司鼓励、支持员工参加与本岗位工作相关的职业培训，以期待员工有一个良性的职业发展生涯，与公司共同成长。根据《中华人民共和国劳动法》《中华人民共和国劳动合同法》等有关规定，甲乙双方在平等互惠、协商一致的基础上达成如下条款，以共同遵守。

（续上）

第一条　培训服务事项

甲方根据企业发展的需要，同意出资送乙方参加培训，乙方参加培训结后，回到甲方单位继续工作服务。

第二条　培训时间与方式

（一）培训时间：自____年__月__日至____年__月__日，共____天。

（二）培训方式：□脱产、□半脱产、□函授、□业余、□自学

第三条　培训项目与内容

（一）参加培训项目：_____。

（二）培训主要内容：

1._____。

2._____。

3._____。

第四条　培训效果与要求

乙方在培训结束时，要保证达到以下水平与要求：

（一）取得培训机构颁发的成绩单、相关证书、证明材料等。

（二）甲方提出的学习目标与要求：

1.能够熟练掌握应用_____专业或相关理论知识。

2.具备胜任_____岗位或职务实践操作技能和关键任务能力。

3.其他要求：

（1）_____。

（2）_____。

（3）_____。

第五条　培训服务费用

（一）费用项目、范围及标准

1.培训期内甲方为乙方出资费用项目包括：工资及福利费、学杂费、教材费、往返交通费、住宿费、生活补助费、通讯费。

2.费用支付标准：

（1）工资及福利费：工资_____元／月，福利保险按甲方统一规定标准执行。

（2）学杂费：_____元。

（3）教材资料费：_____元。

（4）往返交通费：往返路线_____至_____，乘坐交通工具_____，每次_____元，共_____元。

（5）住宿费：住宿费标准_____元／月·天，共计_____元。

（续上）

（6）生活补助费：_____元 / 月，共_____元。

（7）通信费：支付通信费_____元 / 月，共____元。

（8）其他费用项目：_____元。

（9）培训费用合计：_____元。

（二）费用支付的条件、时间与期限

1. 满足本协议第四条各款约定，甲方向乙方应支付出资费用范围内全部培训费。

2. 工资及福利性费用按下列方式发放：

（1）按月发放；（2）分学期发放；（3）培训结束后一次性发放；（4）随甲方统一发放；（5）分次预借发放。

3. 其他费用包括学杂费、教材资料费、交通费、食宿费、通讯费等，按方式发放：

（1）分期预借报销；（2）一次性预借报销；（3）分次凭票报销；（4）一次性凭票报销。

4. 所有培训费用的报销支付在培训结束后一个月内办理完毕，过期后由乙方自行负担。

第六条　服务期

1. 服务期限签订原则：

培训费用（总额）	五千以下	五千至一万	一万至二万	二万以上
培训服务年限	1 年	2 年	3 年	5 年

2. 个人的培训费用确定原则：培训结束后所发生的费用总额除以公司参加本次培训的所有人数。

3. 培训完毕后，乙方接受培训结束后，需按照甲方要求及时回到公司工作，继续为甲方服务，服务期限从乙方回到公司正式开始工作之日起计算，服务期限为____年，乙方须为甲方服务____年（大写）。自____年__月__日至____年__月__日止。如甲方与乙方已签订的劳动合同中的劳动期限短于本服

务期的，则该劳动合同中的劳动期限自动延长至服务期满，乙方需学以致用，把获取的技术、知识充分应用在实际工作中，完成甲方安排的工作任务。

第七条　甲方责任与义务

（一）在培训前与乙方签订固定期限的劳动用工合同，确立劳动关系。

（二）保证及时向乙方支付约定范围内的各培训费用。

（三）保证向乙方提供必要的培训条件，妥善的在职工作安排。

（四）在培训期间，做好与培训单位的沟通、协调、监督工作。

第八条　乙方责任与义务

（一）保证完成培训目标和学习任务，取得相关学习证件证明材料。

（续上）

（二）保证在培训期服从管理，不违反甲方与培训单位的各项政策、制度与规定；如系甲方派遣乙方出国参加培训的，还应当严格遵守所在国的法律、法规的规定。

（三）保证在培训期内服从甲方各项安排；不得到其他公司、其他组织或个人处从事甲方指派的培训任务以外的任何工作（全职／兼职）。

（四）保证在培训期内定期向甲方沟通，汇报学习情况；不得擅自改变经甲乙方确定的接受培训单位及培训计划等内容。

（五）保证在培训期内维护自身安全和甲方一切利益；因私外出或擅自行动期间发生的任何事故的责任、费用由本人自负。

（六）在培训期间，乙方应当充分尊重并严格遵守培训单位正常工作纪律和规章制度，乙方对培训单位任何劳动纪律或工作制度的违反视为对甲方规章制度及劳动纪律的严重违反，甲方有权视情节对乙方做出罚款、降级等处罚直至提前单方面解除与乙方劳动合同，甲方不支付乙方任何的经济补偿。

（七）保证在培训期结束后，回到甲方参加工作，服从甲方分配，服务期限达到＿＿＿＿年以上（不包括培训期）。

第九条　违约责任

（一）发生下列情况之一，乙方承担的经济责任：

1. 在培训期结束时，未能完成培训目标任务，未取得相应证书证明材料，乙方自行承担全部培训成本费用（全部培训成本费用包括甲方出资全部培训费用和因乙方参加培训不能为甲方提供服务所损失的实际成本）。

2. 在培训期内违反了甲方和培训单位的管理和规定，按甲方和培训单位奖惩规定执行。

3. 在培训期内损坏甲方形象和利益，造成了经济损失，乙方补偿甲方全部经济损失。

4. 培训期间内自行提出中止培训或解除劳动用工合同，乙方向甲方返回全部培训费用。

5. 培训期结束回到甲方工作后，未达到协议约定的培训服务年限，乙方必须向甲方支付违约金，违约金＝培训费用 × 未服务年限 ÷ 总服务年限。

（二）发生下列情况之一，甲方承担的经济责任：

1. 甲方未按约定向乙方支付全部或部分培训费用，按协议向乙方支付培训费用。

2. 因甲方的原因提出与乙方终止培训服务年限协议或解除劳动用工合同，依法向乙方支付经济补偿金。

（三）发生违约情况时，守约方可依据法律法规和《劳动合同》的相关规定提出解除培训协议或终止劳动用工合同。

（续上）

第十条　保密

乙方从培训中获得的任何技术、知识、信息，均应保密，未经甲方事先书面允许，不得公开、泄露或提供给他人，员工的保密义务在本服务期协议终止后继续有效二年。乙方违反保密规定，必须赔偿甲方由此引起的一切经济损失。

第十一条　附则

（一）未尽事宜双方可另作约定。

（二）本服务期协议中如有任何条款被裁定无效，并不影响其余条款的效力。

（三）双方因违反本协议而发生的纠纷，应向甲方所在地的劳动仲裁机关申请劳动争议仲裁，并适用中华人民共和国法律。

（四）本协议一式二份，甲、乙双方各执一份，具同等法律效力。

甲方（盖章）：　　　　　　　　　乙方签字：

法人代表签名或盖章：

签订日期：＿＿＿年＿＿月＿＿日　　　签订日期：＿＿＿年＿＿月＿＿日

44.15　员工带薪年休假确认书

员工带薪年休假确认书

部门：＿＿＿＿＿＿＿＿＿＿姓名：＿＿＿＿＿＿＿＿＿＿员工编号：＿＿＿＿＿＿＿＿

一、请在已交资料上打"√"，未交的打"×"

□ 1. 曾任职单位工作时间证明（原件）；

□ 2. 职工劳动手册 / ×× 省就业失业人员手册；

□ 3. 社保缴费历史明细表。

二、本人于＿＿＿年＿＿月＿＿日入职有限公司，根据本人的工作年限及考勤制度，本人明确了解：

1、本人在＿＿＿年＿＿月＿＿日至＿＿＿年＿＿月＿＿日（入职第一个公历年度）可以享受的带薪年假天数为＿＿＿天 / 年，有效期：＿＿＿年＿＿月＿＿日至＿＿＿年＿＿月＿＿日。

2、本人在＿＿＿年＿＿月＿＿日至＿＿＿年＿＿月＿＿日（入职后第二个公历年度至合同期满）可以享受的带薪年假天数为＿＿＿天 / 年，有效期：每年＿＿月＿＿日至＿＿月＿＿日，合同期满的年度则有效期至合同期终止的时间。

本人承诺，以上所提交的相关资料属实，若有虚假或故意隐瞒，本人愿意承担一切

（续上）

法律责任（包括但不限于自愿与公司终止劳动合同关系以及承担因此对公司造成的经济损失，如赔偿直接及间接经济损失或退回公司给予的相关经济利益等）。

员工签名：_____

身份证号码：_____

日期：_____

第45章　行政管理文书

45.1　请求批转的请示

关于××××的请示

××经理 :（顶格书写）

我部门（省略）＿＿＿＿＿＿＿＿＿＿＿＿＿＿＿＿＿＿＿＿＿＿＿＿＿

＿＿＿＿＿＿＿＿＿＿＿＿＿＿＿＿＿＿＿＿＿＿＿＿＿＿＿＿＿＿＿＿。

＿＿＿＿＿＿＿＿＿＿＿＿＿＿＿＿＿＿＿＿＿＿＿＿＿＿＿＿＿＿＿＿。

以上请示如无不妥，请批转各部门执行。

××部

＿＿＿年＿月＿日

45.2　请求批准的请示

关于印发《××××××》的请示

××××领导 :

为了××××（目的），根据×××××（依据），我们研究制订了《××××》
（规范性文件或×××××方案），拟××××（意图主旨）。现将有关情况和我们的
意见报告如下 :

一、起草《××××》（规范性文件或××××方案）的有关情况

×××××××××（起草依据、主要内容、特点等）。

二、征求意见的有关情况

（一）××××××（采纳情况）。

（二）××××（未采纳情况及未采纳的理由）。

三、我们的意见

××××（印发的形式，与以前规定的关系，其他需请示的事项等）。

妥否，请批示。

部门或单位名称

＿＿＿年＿月＿日

45.3 请求指示的请示

关于××××的请示

总经理：

  ×××。

  此文是否提交董事会讨论，请指示。

×× 企业集团 ×× 部
____年__月__日

45.4 报告——向政府部门寻求帮助

关于×××××××××××工作情况的报告

国家商务部：

  根据 ××× 办公厅印发了《×××××××××》的精神，我们进行了×××× 工作。工作基本情况：××××××××××××××××，但工作中遇到×××××××××××× 问题：

  1．××××× ；

  2．×××××××。

  我们无法对有关情况做出权威解释，或因条件限制自身难以解决困难，恳请商务部 ××××× 给予指导和帮助，或请求上级解决或协调解决。

  特此报告，盼复

  联系人：×××   电话：×××

  附件：

  一、×××××

  二、×××××

  三、×××××

（印章）
____年__月__日

45.5　报告——向上级反映情况

关于×××有关情况的报告

国务院 ×× 部（局）：

　　_____年____月____日（最近、近日），××××××（概述拟反映或报告的有关问题）。为了 ××××××（行文目的），现将有关情况报告如下：

　　一、××××××（情况过程和最新事态）。

　　二、×××××（原因及后果分析）。

　　三、××××××（已采取的措施及作用）。

　　四、××××××（下一步拟采取的措施）。

　　五、××××××（需引起上级单位重视或关注的问题）。

特此报告。

联系人：×××　　　电话：×××

附件：

一、××××××

二、××××××

三、××××××

（印章）

____年__月__日

45.6　关于 ××××××（拟采取措施）的通知

关于××××××（拟采取措施）的通知

××××××（主送单位）：

　　近期，××××××（从正反两个方面分析面临的形势和存在的问题）。××××××（指出采取进一步措施的重要性、必要性和紧迫性）。根据 ××××××（依据），为了 ××××××（目的主旨），经研究，决定 ××××××（拟采取措施），现就有关事项通知如下：

　　一、××××××××。

　　二、××××××××。

　　三、××××××××。

　　……（通知的具体内容）

（印章）

____年__月__日

45.7　关于印发《×××××× 规定》的通知

关于印发《×××××× 规定》的通知

×××××××（主送单位）：

　　为了 ××××××（目的），根据 ××××××（依据），我们制定了《××××××规定》，现印发给你们，请结合实际，认真贯彻执行。贯彻执行中有何问题，请及时反馈 ××××××。

（印章）

＿＿＿年＿月＿日

45.8　关于下发《×××》的通知

关于下发《×××》的通知

　　根据公司经营管理和业务运作的需要，经公司董事会研究决定:《×××》（＿＿＿年第一版）予以下发，于 ＿＿＿年＿月＿日起生效，请各相关机构认真组织学习，并遵照执行。

　　特此通知

　　附 :《×××》（共＿＿＿页）

　　附件一 :《×××》（共＿＿＿页）

　　附件二 :《×××》（共＿＿＿页）

　　附件三 :《×××》（共＿＿＿页）

总经理助理 : 唐 ×××

＿＿＿年＿月＿日

45.9　关于 ××××××××××× 问题的通报

关于×××××××××××问题的通报

×××××××（主送单位）：

　　××××××（通报 ××× 违规违纪的事实和做法）。

（续上）

> 　　经查，××××××（调查结果）。为了××××××（目的），根据××××××（依据），经××××××研究，×××（对通报对象的结论和处理意见）。
>
> 　　××××××（警示教育和杜绝措施）。
>
> （印章）
> ＿＿年＿月＿日

45.10　关于表彰（奖励）××××（集体或个人）的通报

> ### 关于表彰（奖励）××××（集体或个人）的通报
>
> ××××××（主送单位）：
>
> 　　××××××（表彰奖励对象的先进事迹）。××××××（产生的积极影响和表现出的精神）。为了××××××（目的），根据××××××（依据），经××××××研究，决定对×××等予以通报表彰。
>
> 　　希望××××××（号召向先进学习，提出更高的工作要求和希望）。
>
> （印章）
> ＿＿年＿月＿日

45.11　关于××××××××××××情况的通报

> ### 关于××××××××××××情况的通报
>
> ××××××（主送单位）：
>
> 　　＿＿＿＿年＿＿＿月＿＿＿日，×××（单位）在×××（地点）发生××××事故（事件）。××××××（事故或事件的性质）。为××××××（目的），进一步加强××××××（工作），防止此类事故（事件）的发生，现将××××事故（事件）情况通报如下：
>
> 　　一、××××××（事故或事件的原因分析）。
>
> 　　二、××××××（对有关单位和人员的处理情况）。
>
> 　　三、××××××（应吸取的教训和拟采取的措施等）。
>
> （印章）
> ＿＿年＿月＿日

45.12　处罚通报

处罚通报

公司＿＿＿＿＿部门＿＿＿＿＿＿因＿＿＿＿＿＿＿＿＿＿＿＿＿，违反本公司关于员工奖惩条例＿＿＿＿＿＿＿＿＿＿＿＿之规定。现公司根据员工奖惩条例＿＿＿＿＿＿＿＿的规定，作出以下处罚决定：

1.＿＿＿＿＿＿＿＿＿＿＿＿＿＿＿＿＿＿＿；

2.＿＿＿＿＿＿＿＿＿＿＿＿＿＿＿＿＿＿＿；

以此告示，望以戒之。

人力资源部

＿＿＿年＿月＿日

45.13　重要事项决定

××集团公司关于××（事由）的决定

×××（主送部门）：

为了×××（目的），根据×××（依据），经研究，决定×××（决定的事项）。

一、××××。

二、××××。

……（决定的具体内容）

（印章）

＿＿＿年＿月＿日

45.14　嘉奖决定

关于表彰×××××的决定

××××××（主送单位）：

最近，×××××××××（被表彰人员或单位的事迹）。××××××××××（被表彰事迹产生的积极影响和表现出的精神）。为了××××（表彰目的），根据××××××（表彰依据），决定对××××等予以表彰（或授予）×××等××××称号）。

（续上）

希望 ×××××××（号召向先进学习，提出更高的工作要求和希望）。

附表：表彰名单

（印章）

____年__月__日

45.15　处分决定

关于对×××处分的决定

××××××（主送单位）：

最近，×××××××××（违规违纪的事实）。×××××××××××（造成的危害和产生的不良影响）。根据×××××××（处分依据），为了××××××（目的主旨），经研究，决定给予××××（受处理的人或单位）×××××（处分决定）的处分。

（印章）

____年__月__日

45.16　答复意见

关于×××××××××有关意见的函

××××××（主送单位）：

你们《关于征求×××××××意见的函》（文号）收悉。经研究，现将有关意见函复如下：

一、原则同意×××××××××××。

二、×××××××××（具体意见）。

（印章）

____年__月__日

45.17　请求批准

关于申请××××××××××××的函

××××××（主送单位）：

　　为了××××××××××（目的），根据×××××××（依据），我们申请××××××。现将有关情况和我们的意见函告如下：

　　一、×××××××（基本情况）。

　　二、×××××××××（必要性和可行性及其意义）。

　　三、×××××××（我们的意见）。

现将有关材料报送你们，请予审批。

（印章）

＿＿＿年＿月＿日

45.18　征求意见

关于征求×××××××××意见的函

××××××（主送单位）：

　　为了×××××××（目的），根据××××（依据），我们拟××××××（或我们研究制订了《××××××》）。现就××××有关问题征求你们的意见（或现将《×××××××》转去），请研究提出修改意见，于＿＿＿年＿月＿日前函告×××。

　　联系人：郭××

　　电话：×××××××

（印章）

＿＿＿年＿月＿日

45.19　关于××××××××××会议的通知

关于××××××××××会议的通知

公司各部门：

　　本公司定于＿月＿日召开××××会。现将有关事宜通知如下：

　　会议议题×××××××××××××××××××××××××××。

（续上）

参加人员刘××、李××、黄××、曾××、马××、丁××、李××、江××、牛××、康××、龚××、王××、张××。

会议时间__月__日__时—__时（会期×××）。

会议地点×××××××××××××××××××××××××××××××××。

有关事宜（一）×××××××××××××××××××××××××××××××××

（二）××××××××××××××××××××××××××××××。

（三）××××××××××××。

联系人：邓××，电话：×××××××，传真：×××××××。

××有限公司

行政部

____年__月__日

45.20　董事会____年年会致辞

董事会____年年会致辞

尊敬的××、××领导！

尊敬的媒体和同行业嘉宾朋友们、同事们！

大家新年好！

值此，××公司年终庆典之际，我谨代表公司董事会和各营业网点负责人、公司全体职员，向你们在百忙中莅临参加此次年终庆典表示热烈的欢迎和衷心的感谢！是你们一直以来的鼓励和支持，让我们由衷地感动和心怀敬意，由此开始，××公司才获得了前行的动力和真正存在的意义！

××公司在未来的日子里，将一如既往地按照建立初期的使命，实践自己的战略承诺：与其他同仁一道，促进中国××市场健康发展，按照××、××的文件要求，全力导航和扶持中国××市场的各同行朋友们从幼年期成长为有能力回馈社会的健康企业！

在这里，我们欢迎各大财经媒体、同行业公司，金融服务机构在新的一年里，与我们进行广泛联系，从而建立全方位、长远性的战略合作关系，共同为推进××贵金属业务和中国××市场的健康发展做出我们企业应有的社会贡献！

回顾中国××市场，过去的一切已经成为了历史，无论是成功的经验，还是挫折的教训，都已成为我们的参照、沉淀与积累延续的财富，而现在的我们××有自

（续上）

己的企业文化、发展战略、经营宗旨、经营理念、人才队伍和有效的运行机制，即
××××，×× 有健壮的灵魂和体魄，我们有十足的自信。

今后，×× 的努力方向是：××××××××××，继续完善我们企业的生命的
长度和厚度，使 ×× 有资格成为 ×××××××。我们期待着，在_____年里，为
你们创造更多价值、共建财富生活！

最后，再次感谢各位领导、媒体、同仁和来宾朋友们的莅临和光临！长风破浪会有
时，直挂云帆济沧海！新年伊始，我再次代表公司董事会和全体职员，祝愿你们在新的
一年里，万事顺意！事业如日中天！家庭幸福！也衷心地祝愿你们的家人和朋友们永远
生活在快乐、幸福、自信与成功之中！

谢谢大家！

45.21 在 ×× 实业发展有限公司第一次股东会上的讲话

在××实业发展有限公司第一次股东会上的讲话

董事长　何 ××

（_____年 10 月 13 日）

各位股东代表，同志们：

在这充满丰收喜悦的金秋里，×× 市 ×× 实业发展有限公司第一次股东会，经过与
会股东和同志们的共同努力，顺利完成了预定的各项议程，即将胜利闭幕。刚才，大会
选举我为 ×× 实业发展有限公司第 × 届董事会董事，第 × 届董事会第一次会议，依法
选举我担任董事长。这是各位股东代表、全体股东和各位董事对我的信任、支持和重托，
在此我表示衷心感谢！我深知，担任 ×× 实业公司董事长这一职务，使命崇高，责任重
大。我将和全体董事一道，以对 ×× 公司发展、对全体股东利益负责的态度，忠实地履
行职责，恪尽职守，扎实工作，不辜负各位股东代表、全体股东和上级领导的期望。

×× 实业公司的成立是公司改制的一个有益的尝试，与上级的大力支持是分不开
的。这也是全体股东主动参与、积极支持的结果。在此，我代表 ×× 实业公司董事会
和广大股东向长期以来关心支持公司发展的上级领导表示衷心的感谢和崇高的敬意。

×× 公司的成立，对推动 ×× 市公司改制意义重大。我决心带领董事会成员，认
真履行职责，以 ×× 实业公司为平台，在新的发展中有新作为，努力开创各项工作新
局面。

首先，奋力提升综合素养。我将坚持把学习放在重要位置，坚持学习党和国家的重
要方针、政策，不断加深理解，领会内涵实质。

（续上）

> 其次，着力突出求实创新，全力推动公司发展。坚持解放思想、实事求是，与时俱进。
>
> 第三，致力依法合规经营。健全内部控制体系，明确董事会在内部控制中的重要职责，进一步健全内部控制制度。
>
> 第四、努力加强团结奋进。一起共事是一种缘份，团结共事是一种能力。个人的能力是有限的，集体的智慧是无限的，团结凝聚力量，团结产生智慧。一个班子战斗力不仅在于个体的能力，关键在班子整体合力，坚持董事会、监事会团结协作，做到真诚待人，坦诚处事，善听意见，敢担责任，严于律己，当好表率，充分调动各方面的积极性，严格按照《章程》规定，认真履行岗位职责，聚集推动 ×× 公司又好又快发展的强大合力。
>
> 各位股东代表，同志们，我坚信，有广大股东的大力支持，有全体员工的共同努力，我们的目标一定会顺利实现，×× 的明天一定会更加美好！
>
> 谢谢大家。

45.22　×× 有限公司＿＿年度员工大会开幕词

> ### ×× 有限公司＿＿年度员工大会开幕词
>
> 尊敬的各位领导、同志们：
>
> 大家好！在缤纷的焰火和欢快的乐曲中，新的一年向我们走来。今天是个喜庆日子，我们公司第 ×× 届员工代表大会在这里隆重开幕。
>
> 首先，我谨代表公司领导，向前来参加 ×× 有限公司＿＿年员工大会的各位领导、致以衷心的感谢！
>
> 一元复始，万象更新，悠然间岁月的年轮在不经意中又多画了一个圈。值此辞旧迎新的时刻，按照中国的传统习惯，人们总是免不了要为过去的一年做个系统的总结、回顾，目的终归是期冀来年事业的与时俱进、和谐发展。
>
> 看着一张张熟悉而又亲切的笑脸，回首我们在一起励精图治、披荆斩棘共谋公司发展的每一个场景，我的心情都会格外激动。在此，请允许我代表大会主席团向一年来为了公司的发展、为了家园的建设默默耕耘、默默奉献、默默工作的每一名员工说一声：你们辛苦啦！
>
> 花开花落，一年飞度。去年的此刻，我们也是在这里，共同勾画了公司走专业化管理道路、实施稳步发展的蓝图，经过一年的努力，"团队、家园、旗帜"的理念已逐渐得到公司 ×× 余员工的认同，"五个全面提高"的工作目标亦取得了丰硕的成果。可以说，通过各级管理者和广大员工的共同努力，圆满完成了预定的各项工作目标，使公司在 ×× 站稳了脚跟、树立了形象，得到了广大 ×× 的充分肯定。创业艰难百战多，

（续上）

在我们实施专业化管理的几年中，我们依然面临着控制成本难、服务管理难、稳定队伍难的严峻形势。但幼蝉脱壳，正是为了赢得一对新翅膀，赢得将来的飞鸣。风物长宜放眼量，在专业化管理的道路上，我们没有退路。为此，公司在总结过去的基础上，将再次突破创新。"突破"需要勇气，"创新"需要智慧和努力。因此，____年，需要全体员工以百般的努力，配以大智大勇的锐气去实现新的目标。

同志们，我们要坚定地站在时代发展潮流的前头，准确地把握当前的发展形势，解放思想，与时俱进，认真总结所取得的成功经验，积极谋划未来发展的宏伟规划。要进一步振奋精神，精诚团结，增强责任感和使命感，为 ×× 家园的美好明天，共同奋斗。

我相信，有我们全体员工的积极主动参与，热情关注与支持，这次大会一定会开成一个民主团结的大会，开成一个务实鼓劲的大会，开成一个开拓创新的大会。

最后，预祝大会圆满成功！

45.23 移动通信公司抽奖活动的闭幕词

移动通信公司抽奖活动的闭幕词

激情五月，精彩纷呈。本次"全球通 VIP 俱乐部会员大型抽奖活动"是我公司回馈广大全球通客户的系列活动之一，活动的目的在于丰富广大全球通用户的业余文化生活、为每一位全球通 VIP 俱乐部会员提供更为舒适、尊贵的通信服务和更加先进的交流沟通理念。

一直以来，我们深刻明白这样一个道理——服务是产品质量的内涵与延伸，服务是企业成长、发展中永恒的主题和关键所在。因此，我公司自从成立以来一直积极推进服务和业务领先的策略，以"追求客户满意服务"和"一切以客户为中心"为服务宗旨，大力实施服务优质化、亲情化、个性化、差异化工作，不断完善服务体系、提高移动通信服务水平。我相信在今后的岁月中，中国移动全球通贵宾客户将可以享受到越来越多的贵宾级别待遇。

掐指算来，我们中国移动通信这个品牌成立，实实在在只有五年多一点的时间。正是在各界朋友们的积极参与和大力的支持推动之下，今天中国移动通信，在移动通信市场中，已经成为客户数量比例最大同时也在行业中最具影响力的通信运营商。中国移动不断提升服务质量的种种努力，在同行业中以至行业以外有着巨大影响。

五年的时间，说长也长，说短也短，但在我们看来，这五年多的时间里，我们仅仅走出了第一步，后面的路还很长，还需要全地区各界朋友们一如既往的大力支持！

今天的活动可以说是高朋满座、群英荟萃，感谢各位朋友，是你们使今天这样一个

（续上）

盛会得以举行。这里，我再次衷心感谢多年来大家对 ××× 移动分公司的大力支持！

朋友们，有奋斗的事业是充实的，有好心情的生活是幸福的。

中国移动通信的优势彰显着生命的活力，"全球通"的不断进取与突破，传达着价值、创新、品位、自信的品牌信息！让空中信息连接起我们友谊的桥梁，让"全球通VIP 俱乐部会员活动"这种新颖形式的沟通方式激起我们追求卓越的激情，加快我们追求梦想的步伐。

让我们大家与"全球通"一起前行，畅享移动新生活！

让我们携起手来，共同缔造更加美好和谐的移动信息新时代！

45.24　董事会工作报告

董事会工作报告

各位股东：

现在，我代表公司董事会向股东会做工作报告。报告分两个部分，一是总结＿＿＿年的主要成绩，二是部署＿＿＿年的工作任务。请大会审议。

一、＿＿＿年的主要成绩

＿＿＿年是企业转换体制的过渡年，也是新公司谋求发展的开局年。面对生产经营和改制改革的双重压力和考验，我们一班人把握大局，理清思路，抓住重点，全面统筹，采取多项措施保生产促改制。主要取得了以下成绩：

（一）生产经营指标大幅度上升

公司上下紧密围绕"保生产任务完成，保销售合同兑现"开展各项工作，通过全体员工的共同努力，全面超额完成了各项生产经营任务，全年完成工业总产值＿＿＿＿＿万元，占年计划的＿＿＿%，同比增长＿＿＿%；实现销售收入＿＿＿＿＿万元，同比增长＿＿＿%；利润＿＿＿＿＿万元。实现了公司持续健康发展的开门红。

（二）转换机制焕发了企业活力

通过改制，彻底分离企业办社会系统，剥离不良资产，优化了资产质量。新企业依照规范的程序，产生股东会、董事会和监事会，初步建立起了公司法人治理结构。通过年底的机构调整和薪酬改革，压缩了管理层次，打破了职务上的"铁交椅"和分配上的"大锅饭"，"按绩、按效"取酬的观念逐渐形成。全新的管理体制和灵活的运作机制必将使企业焕发强大的活力。

（三）科研攻关达到了预期效果

改进后的 ×× 传感器的流量精度和抗干扰能力有所提高，进行单、双直管密度计

（续上）

标定验证，完全达到设计指标，并完成振动管密度计 2 套。

（四）市场份额保持了稳步增长

全年订货_____万元，同比增长___%；发货_____万元，同比增长___%；回收货款_____万元，同比增长___%。产品市场有了新的突破，_____与_____签订产品___套_____万元的合同，××产品全年订货_____万元，同比增加了_____万元。××类仪器的销售形势较好。××产品继续保持上年水平，订货_____万元。同时，及时的售后服务工作，较好地满足了用户的要求，提高了企业信誉。

（五）加强管理取到了显著成效

在产值、销售额实现增长的情况下，保持了管理费用不增，制造费用、财务费用、生产成本同比有了较大幅度的下降。回收、改制利用废旧物资_____万元，节约采购资金_____万元。严格控制各项非生产性开支，采取多项措施节约成本费用，堵塞了漏洞。尤其在新公司成立后的三个月里，管理部门加紧建立和完善各项管理制度，先后出台了考勤、休假、福利、绩效考核、费用报销等制度和规定，做到有章可循，依规办事，进一步规范员工的行为。

上述成绩的取得，是××集团公司和管理局领导大力支持、帮助的结果，是全体员工艰苦努力、拼搏奉献的结果。在此，我代表公司董事会，向一贯支持和帮助我们的集团和管理局的各位领导表示衷心的感谢！向各位股东，并通过你们向全体员工致以崇高的敬意和诚挚的问候！

在总结成绩的同时，我们也清醒地看到工作中的不足和差距，看到公司面临的困难、存在的问题还很多：目前公司抗市场风险的能力比较脆弱，核心竞争力还不强；改制后资金短缺的局面将进一步加剧，经营形势比较严峻；员工思想的根本转变还需要一个过程，公司的管理机制和经营机制还无法一步到位；从机关到基层的思想创新不够，工作效率不高，复合型人才缺乏，等等。致使我们的一些发展对策和工作部署得不到很好的落实。我们必须正视和解决工作中存在的各种问题，必须排除和跨越前进中的诸多障碍，推进新公司早日迈上良性发展的轨道。

二、____年的工作任务

_____年是公司发展比较关键的一年，我们既有发展的机遇和有利条件，也面临严峻的挑战和诸多不利因素。我们要增强发展的责任感，居危思进，要尽快整合优势资源，提高产品的技术含量，增强企业竞争实力。公司董事会研究确定了公司的经营理念是：_____。今后一个时期发展的指导思想是：_____。

____年公司的经营任务是：实现销售收入_____万元；利润_____万元。根据发展指导思想和年度经营目标，董事会就今年的工作做如下部署：

（一）保持经济总量增长幅度达到___%

（续上）

综合分析国内、外行业形势，我们正面临着难得的发展机遇。××行业的改革力度进一步加大，上市公司将实行专业化重组，油口的队伍（如钻井、采油）要缩编精干，队伍的装备要改善，国内更新改造的持续投入，对我们来说是机遇，但这种机遇留给我们的时间很短，稍纵即逝。我们要抓住近两年的大好时机，把优势产品大范围地推向市场，实现经济总量的大幅度增长，为公司的长远发展打下坚实厚重的基础。要继续保持并扩大××类产品的销量，力争达到_____万元。××类产品要在____年的基础上实现更大的突破，力争达到_____万元。××类产品以大流量流标生产，以及质量流量计的合作为基础，力争达到_____万元。只有这块主营业务收入的成功实现，经济总量增长才有可靠保证。与此同时，我们要利用好政策，广开渠道对外揽活，节约挖潜，降本增效，使企业总产值、企业增加值、对外揽活产值、全员劳动生产率、主营业务收入等经济指标大幅上升，实现经济总量____%的增长目标，保障各位股东的切身利益。

（二）以提升现有产品技术档次为核心加强研发工作

我们现有的产品都是市场必需的，就现有产品达到年×千万元的收入并不难，但我们在市场竞争中为什么占据不了优势，一个重要原因是产品质量不高，好不容易卖了出去，紧接着就问题不断，维修不断，既丢了我们的面子，又伤了我们的财力。产品质量问题主要是设计上的缺陷和制造中的低水平。因此，我们必须把现有产品做强做大，才能不为生存担忧，才能去考虑发展。目前，产品开发的首要任务是：着力改进现有产品，完善制造工艺和质量控制手段，集中力量攻关，锻造出几项精品。对现有技术成熟的××、××、××等产品，进一步进行技术升级，快速提升产品的技术档次和设计质量。在此基础上，积极稳妥地开发新的项目。今年重点是做好与公司的合作项目，缩短产品开发周期，尽快挤进炼化仪器仪表市场，挖掘新的经济增长。今后选题立项一定要充分论证，切不可盲目上项目白花钱。同时，要积极寻求对外技术交流与合作、合资，不断提高产品技术档次，增强公司发展后劲。

（三）以主攻××为重点加强市场开拓

今年我们的产品营销工作要以扩大××市场、重振××市场、抢占××市场、拓展××市场为指导方针，争取更多的市场份额。要配合人员想方设法打开××市场，挤进××市场。一是建设一支良好素质的营销队伍。营销人员不仅是推销产品，而且是推销企业形象，一个合格的销售员要做到待人接物体现高修养，处理问题体现高水平，更重要的是要对企业忠诚。提高营销人员的素质，才能提高企业的形象品位。二是加强市场调研，根据不同市场的需求，做好市场细分和定位，制订具体的营销策略，把握各片区的销售重点。市场部要采取有效措施，抓好市场信息的收集整理，定期为科研、销售和领导决策提供依据。三是销售政策要灵活多变。要充分利用销售政策的调节作用，鼓励营销人员去拼抢市场，想方设法推销××、××等附加值高的产品。四是要根据

（续上）

用户招标日益增多的实际，积极学习招投标采购相关知识，研究投标技巧，提高中标率。五是强化售后服务工作。服务是销售的延伸，在我们产品质量问题较多的时候，售后服务尤为重要。要尽快完善维修站点，建立相对稳定的售后服务队伍，提高维修人员的技能，为用户提供高质量的售后服务。

（四）以兑现供货合同为目的加强生产保障

在市场订货频繁、批量小、合同支付时间紧的情况下，生产部要以市场需求计划为前提组织生产。一要增强应急的能力，及时快速反应，合理组织生产；二要加强生产部与市场部、加工分厂与技术中心两所之间的协调和沟通，准确及时供货，保障合同履约；三要抓好物流控制，降低生产成本。加强对外协、外购、外包的管理，保证生产体系正常运转。四要加强对生产过程的质量控制，严格执行生产工艺流程和质检制度，保证产品的制造质量。同时狠抓安全文明生产和现场定置管理，确保无任何安全责任事故，促进各项任务顺利完成。公司各部门都要围绕市场需求做工作，市场发出的信号就是每位员工的行动指南，各路都要为生产服好务，齐心协力保障供货合同的兑现。

（五）以规范运行机制为内容加强内部管理

在管理上，我们根据现代企业制度的要求，建立新的管理机制，探索新的管理办法。今年我们的管理工作要围绕构建一套科学的现代公司的机制来开展，花大力气建立和推行新的运转机制，当前，公司的管理工作要抓好五点：一是认真履行董事会、监事会、股东会议事规则，认真执行各项决议，发挥好公司经理层在经营活动中的作用，提高决策的科学性和正确性；二是加强制度建设，建立和完善公司内部各项管理制度，保证各项工作有章可循地顺利开展；三是严格资金、成本和投资管理，建立全员、全方位、全过程的成本控制体系，从严控制非生产性开支，把有限的资金用在加快发展、提高效益上；四是提高经营活动分析能力，加强公司内审，加大监督力度，及时纠正经营偏差。五是加强绩效考核，建立完善公司考核体系，落实考核责任，促进员工工作绩效和各部门管理绩效的提高。

各位股东，新的一年任务虽然艰巨，但我们董事会成员对未来充满信心。我们只有一个心愿：为了公司的自主、长远发展，我们义无反顾；为了企业效益和股东利益，我们将全力以赴！

45.25　××公司迎接领导检查欢迎词

××公司迎接领导检查欢迎词

各位领导、各位来宾：

（续上）

　　首先，我代表公司全体干部职工对各位领导、各位来宾光临我公司参观指导表示最诚挚的欢迎！

　　我公司是一个具有百年历史、在电网处于骨干地位的全国特大型供电企业，承担着地区工农业生产和人民生活用电以及向电网输电的任务。售电量 ×× 亿千瓦时，在全国排名前十位。近年来，我公司通过深化企业内部改革和深入开展"上星级、创一流"活动，安全生产水平和经济效益不断提高，公司连年被 ×× 省和国家电力公司评为"双文明"先进单位，又被上级命名为"三星级"供电企业，被国网公司命名为"全国一流供电企业"。

　　纵观企业的发展史，我们每一次成绩的取得都与档案及时、准确地提供历史资料密不可分。____年的大地震，电网全面瘫痪，城市的恢复建设需要电，如果按照以往的设计、施工方式，时间不等人，我们首先想到的是档案，我们利用档案所提供的大量的有效技术数据，进行电力恢复建设，节省了时间，很快恢复了电力供应。近几年，城市的经济建设发展很快，为适应经济发展，我们查阅了大量的档案资料，并依据这些档案资料，全面分析了电网发展形势，制定了电网发展规划，为 21 世纪电网的发展奠定了基础。随着市场经济的不断深入，我公司就电力建设用地、产权等问题与一些地方的纠纷时有发生，我们利用档案提供的历史资料依法维护企业的利益，使企业避免了经济损失。

　　通过利用档案给企业带来的好处，使我们认识到：档案是企业整体非常重要的一部分，它记载了企业各时期生产建设活动的各种情况、成果、经验和教训，充分利用这些档案可以使我们对企业的建设与发展正确决策、科学谋划、少走弯路；可以使我们全面了解企业的发展史、经验，吸取教训，加强各项管理，促进企业全面发展。正是基于这些认识，几年来，我公司先后投资_____万元用于档案建设，并围绕着档案目标管理，认真抓了档案升级。整修了库房，充实了档案人员力量，并按照分类大纲要求，对两万多卷库存档案资料重新进行了整理，档案管理水平有了明显提高，达到国家二级水平。达到国家二级标准后，我们又马不停蹄把目标瞄向了国家一级，经过一年对档案的巩固、规范、提高，并针对现代化管理薄弱的问题，加大了档案现代化硬件建设的力度，购买了电脑，达到人手一台，添置了复印机、摄像机、录放机、vcd 机、刻盘机、扫描仪等设备。同时，选择了清华紫光公司的档案应用软件，档案达到了全息管理，实现了文档一体化，初晋升国家一级，被评为全国档案先进单位。

　　虽然我们在档案管理中做了一些工作，但由于我们对档案管理的认识深度有一定的差距，档案整体管理水平还有待进一步的提高。档案现代化虽然有了一定的投入，开发了一些功能，今后还需要在充分利用这些功能为企业生产经营服务上下功夫。今天，全省从事档案工作的领导、专家来我公司参观、指导，这本身就是对我们档案工作的莫大的鼓舞和鞭策，我们一定要好好珍惜这次机会，虚心向各位领导、专家学习，不断改进

（续上）

自我，力争使我们的档案工作再上新台阶。

最后，欢迎各位领导、专家多提宝贵意见。谢谢大家！

45.26　××集团公司迎送外宾欢送词

××集团公司迎送外宾欢送词

尊敬的_____先生：

再过半小时，您就要起程回国了，我代表××集团公司，并受李××副部长之托，向您及您率领的代表团全体成员表示最热烈的欢送！

我十分高兴地看到，近一个星期以来，我们双方本着互惠互让的原则，经过多次会谈，达成了四个实质性协议，取得了令人满意的成果。在此，我们对您在洽谈中表现出的诚意和合作态度，深表感谢！我衷心地希望您和您的同事们今后一如既往，为进一步发展我们双方的经济贸易往来而不懈努力！

我们期待着您和您的同事们明年再来这里访问。

谨致最美好的祝愿！

××集团公司总经理 唐××

45.27　新产品鉴定会请柬

新产品鉴定会请柬

封　面

_____先生：

兹定于十月一日上午八时在本公司会议室召开新产品鉴定会，敬请光临指导。

此致

敬礼！

××市××实业公司
____年__月__日

45.28 ＿＿＿年终客户答谢会邀请函

＿＿＿年终客户答谢会邀请函

尊敬的＿＿＿＿＿先生 / 女士：

过去的一年，我们用心搭建平台，您是我们关注和支持的财富主角。

新年即将来临，我们倾情实现网商大家庭的快乐相聚。为了感谢您一年来对本公司的大力支持，我们特于＿＿＿年 1 月 10 日 14：00 在 ×× 市 ×× 大酒店一楼 ×× 举办＿＿＿年度公司客户答谢会，届时将有精彩的节目和丰厚的奖品等待着您，期待您的光临！

让我们同叙友谊，共话未来，迎接来年更多的财富，更多的快乐！

×× 公司

＿＿＿年＿月＿日

45.29 贺信

贺信

尊敬的 ×× 公司黄 ×× 董事长并全体同仁：

欣闻 ×× 药业公司成功改制为 ×× 公司，这是 ×× 发展历程中具有里程碑意义的大喜事。值此 ×× 公司揭牌之际，×× 公司董事长林 ×× 携全体员工向 ×× 公司黄 ×× 董事长及全体同仁致以最热烈的祝贺！

×× 公司诞生于革命战争年代，发展壮大于改革开放的新时代。具有＿＿＿年革命光荣历史的 ×× 公司秉承 "×××，×××" 的企业精神，解放思想，更新观念，抢抓机遇，求真务实，开拓进取，创造了一个又一个药业奇迹，为我国医药工业的发展和现代化建设做出了突出的贡献，成为国内医药界学习、尊敬和推崇的楷模。

×× 药业有限公司改制为 ×× 公司掀开了企业发展崭新的一页，也标志着 ×× 公司向着现代化、国际化大公司又迈出了更加坚实的一步。我们坚信，在黄 ×× 董事长及董事会的正确领导下，通过经营层和全体员工的不懈努力，贵公司必将迎来更加辉煌和灿烂的明天！

最后，借 ×× 公司揭牌之际，衷心希望我们同心携手，进一步增进相互间的友谊，不断加强双方的合作，用智慧和双手创造我们更加美好的未来。

衷心祝愿 ×× 公司蒸蒸日上，兴旺发达！衷心祝愿贵公司全体员工身体健康，生活更加美好！

×× 公司

＿＿＿年＿月＿日

45.30 ____年元旦春节给顾客的感谢信

____年元旦春节给顾客的感谢信

尊敬的 ×× 网新老朋友：

您好！

值此"元旦"和"春节"双节即将来临之际，为了感谢您与您的家人一直以来对我们的支持与厚爱，我代表全体员工向您表示衷心的感谢和美好的祝福！

回首 ×× 网一年的发展历程，您——我们尊敬的客户，给予了我们无比的力量与信心，在您的大力关心与支持下，以及公司全体员工的勤奋努力下，我们凭借优质的服务，良好的信誉，取得了一个又一个的辉煌成绩。

饮水思源，我们深知，×× 网所取得的每一点进步和成功，都离不开您的关注、信任、支持和参与。您的理解和信任是我们进步的强大动力，您的关心和支持是我们成长的不竭源泉。您的每一次参与、每一个建议，都让我们激动不已，促使我们不断奋进。有了您，我们前进的征途才有源源不绝的信心和力量；有了您，我们的事业才能长盛不衰地兴旺和发展。

在今后的岁月里，我们将一如既往给您提供优质的产品，加强和提高售前、售后服务体系，确保为您提供优质、高效、安全的产品和服务，真正实现双方互利互惠的双赢目的。我们非常珍惜与您建立起来的长期友好的合作关系，再次感谢各位同仁对我们工作的大力支持，并期望继续得到您的大力支持！

在此，向您和您的家人恭祝佳节愉快，合家欢乐，身体健康，万事如意！

×× 公司

____年__月__日

45.31 ×× 公司致员工家属的慰问信

××公司致员工家属的慰问信

尊敬的各位员工家属：

新年好！春临神州，福至康宁，____年新春之际，我谨代表 ×× 公司，向在我公司工作的员工家属致以亲切的节日问候和美好的祝愿！恭祝您全家新春愉快，身体健康，平安幸福，事事顺心！

在过去的____年，在上级领导的关怀和支持下，在公司领导和全体公司员工的共同努力下，公司各项事业都取得了可喜的成绩，新产品不断推出，产品科技含量越来越

（续上）

高，____年我们自己的客户工程有了明显的提高，生产设备和工作环境得到了不断改善，员工的福利和待遇比去年有进一步的提高。____年公司已经确定了更加令人振奋的发展目标，我们将继续注重"以人为本"的文化理念，为员工创造提高技能、增长才干的学习机会和施展才华的舞台，相信你们会站在新的起点上，与时俱进，志存高远，与公司同呼吸、共命运，实现个人与企业的共同愿景，共同书写辉煌而美好的篇章！

本公司业务的蒸蒸日上和和谐环境的建立离不开广大员工家属的悉心关爱和支持！正是因为有你们的亲切叮咛和温馨嘱咐、鼎力支持，才使我们的员工无后顾之忧，全身心投入公司的各项工作，顺利完成任务，你们为他们创造了高高兴兴上班来、安安全全回家去的良好环境。因此，在这美好的节日里我们公司希望所有家属一如既往地支持我们公司和您家人的工作，在生活中再多一些理解、多一些关怀，在工作上多一些支持和鼓励，同时也希望家属们放心您的亲人在我们公司工作，公司会以最人性化的管理爱护每一位员工，让我们携起手来，用亲情构建公司更宽更广的发展美好前景，用亲情铸就公司更好的业绩和家庭永远的幸福。展望____年的奋斗目标与发展蓝图，我们坚信：新的一年、新的希冀、新的耕耘，通过全体员工的共同努力，××公司一定能实现新的飞跃、新的辉煌！

亲爱的员工们，××公司的不断成长得益于诸位长期以来的奉献与支持。站在新的起点上，我们携手____年，凝聚我们共同力量以谋划公司的发展，团结一致开创新的辉煌！最后，我再次代表××公司向您致以最崇高的敬意和最诚挚的祝愿，并祝我公司的员工和家属们新年快乐、身体健康、家庭幸福、万事如意！

总经理：宋××

____年__月__日

45.32　××公司企业文化建设总体规划方案

××公司企业文化建设总体规划方案

企业文化，是企业综合实力的体现，是一个企业文明程度的反映，也是知识形态的生产力转化为物质形态生产力的源泉。公司创立××多年来，积淀了较为深厚的文化底蕴，但面临新的形势、新的任务、新的机遇、新的挑战，要想在激烈的市场竞争中取胜，把企业做大做强，实现企业的跨越式发展，就必须树立"用文化管企业""以文化兴企业"的理念，要对原有文化进行整合和创新，营造培育先进的企业文化，积极推进文化强企战略，努力用先进的企业文化推动企业的改革发展，提高企业的创新力、形象力和核心

（续上）

竞争力，营造"企业有生气、产品有名气、领导有正气、职工有士气"的发展环境。为把公司建成世界一流的现代化企业，实现跨越式发展战略目标提供不竭动力，结合公司实际，现制订本方案。

一、总体思路

为提升企业管理水平和员工队伍素质，完成公司战略发展规划所设计的目标要求，探索出一条符合企业实际的中国式企业文化建设之路，同时考虑到现代企业制度的建设进程，我公司企业文化建设总体思路为：主攻精神文化，规范制度文化，推进行为文化，提升物质文化。主攻精神文化，主要是通过全员性企业文化审计，挖掘和弘扬企业精神内涵，形成全体员工共同遵守的企业价值观和企业理念，塑造企业"灵魂"。规范制度文化，主要是建立规范完善的制度体系和科学有效的考评机制，加大制度文化建设力度，使之导入科学化管理轨道，从而有效规范企业管理行为，提高企业管理的科学化水平。推进行为文化，主要是大力推进"6S"行为管理标准，抓好员工的行为养成规范，建立并完善《员工行为规范》，并抓好推进落实，提炼和倡导"××作风"。提升物质文化，主要是制定公司《物质文化建设标准分册》（CI手册），做好环境刷新和视觉识别系统开发工作，运用物质形象建设手段，营造企业整体文化氛围，提升企业整体形象。

二、指导思想

坚持"以人为本"的管理思想，积极探索新形势下企业文化建设的规律，构建符合时代需要、符合现代企业制度需要、符合企业个性化需要的文化体系，为增强企业核心竞争能力，提高企业经济和社会双重效益创造良好的文化氛围和强大的力量源泉。

三、目标要求

（一）远期目标

制定企业文化建设战略规划。按照有计划、有步骤、由浅入深、由表及里的建设程序，建立起一套基础化、程序化、科学化的企业文化建设系统。在"继承""学习""创新"思想的指导下，从物质文化、行为文化、制度文化、精神文化四个方面整体推进、系统运作，构建一个切合实际的、科学合理的、便于操作的企业文化建设规划体系，并把规划纳入企业发展战略，成为企业整体规划的一部分。

（二）中期目标：五年发展纲要

1.公司企业文化建设五年发展目标

（1）具有公司特色的企业理念（企业哲学、企业精神、企业价值观、道德规范等）深入人心，公司员工对企业理念达到熟知、熟记的程度，并在具体行动中自觉实践。

（2）系统地整合和完善核心理念指导下企业文化支撑体系，坚持以公司的核心理念为企业一切行动的出发点、着眼点和落脚点，形成以核心理念为主线的系统管理体系。

（3）学习型组织的构建体系，阶段性成果明显。公司形成规范的学习制度并自觉实

（续上）

践，结合自身实际借鉴和应用先进的管理思想、管理理论和管理模式，引进、消化和吸收国际国内先进科学技术，提高公司全体员工尤其是各级领导干部的综合素质。

（4）公司的知名度、信誉度和美誉度进一步提升，企业标识和品牌形象在集团公司内部和行业内部认知程度达到 100%；公司用户的认知程度达到 100%。

（5）员工对公司的企业形象标准、管理者形象标准、员工形象标准等，能够做到熟知，自觉行动，而且遵守行为规范自觉程度达到 100%。

（6）企业视觉识别系统、理念识别系统、行为识别系统达到规范化、程序化和个性化。

（7）打造文化管理运行机制，形成强势企业文化，建成全国企业文化建设示范基地。

2. 公司企业文化建设 5 年重点工作

（1）____年重点工作：形成完整的《公司企业文化手册》《公司企业文化视觉识别手册》，归纳提炼形成企业精神文化内涵。

（2）____年重点工作：完成企业视觉识别系统的规范工作，企业员工行为的规范工作初见成效。

（3）____年重点工作：企业核心理念在企业内部的认知和认同程度达到 90% 以上，学习型组织成熟运作。

（4）____年重点工作：整合并完善企业文化支撑体系，形成比较成熟的文化管理体系。

（5）____年重点工作：进一步提升企业知名度和美誉度，塑造企业良好形象，建成全国企业文化建设示范基地。

（三）近期目标：三个主题活动年

（1）____年，开展"企业文化推进年"活动，是公司加强企业文化建设的起步和推进之年。全面实施"13311"工程。

突出"一个核心"，做到"三个统一"，抓住"三个重点"，形成"一个体系"，实现"一个目标"。"一个核心"就是突出企业核心价值观的塑造。"三个统一"就是要统一和规范以企业精神为核心的企业理念识别系统、以企业标识为核心的视觉识别系统、以员工形象为核心的行为识别系统，全面导入 CIS。"三个重点"就是重点在精神文化、行为文化、物质文化三个方面实现新突破。"一个体系"就是年内构建时代特色浓、个性特色强、符合企业实际、适应现代企业制度要求的特色文化体系。"一个目标"就是形成强势企业文化，锻造企业竞争优势，塑造良好企业形象，促进企业持续发展。

（2）____年，开展"企业文化发展年"活动，是公司企业文化建设的提高年。全面实施"1234"工程。围绕"一个目标"，抓好"两个推进"，做到"三个延伸"，实现"四个提升"。"一个目标"就是打造文化管理企业运行机制。"两个推进"就是继续推进"三个统一"，推进"三个重点"。"三个延伸"就是从感性文化向理性文化延伸、从无形文化向有形资源延伸、从管理文化向文化管理延伸。实现"四个提升"就是不断提升企业的执行力、竞争力、凝聚力和形象力。

（3）____年，开展"企业文化创新年"活动，是公司企业文化建设的发展和创新年。全面实施"3221"工程。完成"三个规范"，抓住"两个重点"，做到"两个争创"，实现"一个目标"。"三个规范"就是完成企业视觉识别系统、行为识别系统、理念识别系统的进一步规范工作，全面优化企业形象、产品形象和员工队伍形象。"两个重点"就是突出管理文化、安全文化。"两个争创"就是争创学习型企业，争创"热爱××、献身××"标兵。"一个目标"就是做大做强企业，全力打造企业竞争新优势，实现企业管理效能的不断增强和经济效益的不断提高。

四、企业文化活动的内容

企业文化活动的内容包括五个方面：

（一）物质文化

物质文化是企业文化的显像文化，它是企业生产、经营和文化娱乐等方面的环境、条件、设施等物质要素的总和，较为直观地表现出一个企业的文化氛围、精神风貌和管理水平。物质文化的提升主要是指：

（1）制定公司《物质文化建设标准分册》(CI 手册)，完成 CI 视觉形象系统的导入，并按照 CI 整体设计的基本系统和应用系统标准，统一企业标志、旗帜、歌曲、徽章、色彩等多种企业标识。

（2）规范企业建筑风格、建筑色调，规范公司及各部门简称，规范公司车体外表，规范办公设备、办公器具，设计并规范员工着装款式及色调，统一企业宣传标牌、广告牌的装置规格和设置区位。

（3）崇尚工作环境、生产环境和生活环境的美化、净化和现代化，建立和推行《生产现场管理办法》和《公司环境建设标准》。

（4）在工业广场、生产车间、煤矿井下巷道、办公楼、会议室等处制作大量关于企业理念的牌匾、图板、灯箱，使企业理念深入人心，增强企业文化的感染力。

（5）做好企业和产品的广告宣传，打造企业品牌，扩大企业的知名度和美誉度。

（6）进一步抓好广场、公园、俱乐部、报纸、电视、图书活动室等文化载体和阵地建设，形成浓厚的企业文化建设氛围。

（二）行为文化

行为文化是企业文化的主体，是企业员工在生产经营和人际关系中产生的活动文化。它主要包括两大类，一类是关于企业生产经营方面的活动，另一类是关于企业内部人与人之间的行为活动。推进行为文化主要是指：

（1）规范礼仪、仪式、会议、公司活动规格和标准。

（续上）

（2）抓好员工的行为养成规范，综合参照德、美、日等国员工行为养成要素，结合行业和企业特点，确定并推广职工行为养成"6S"管理标准，即清理、清洁、准时、标准化、素养、安全。强化对员工的职业化训练，使其文明程度普遍提高。

（3）建立并完善《公司员工行为规范》，并抓好推进落实。

（4）树立和宣传优秀的集体和个人典型，通过典型反映公司的文化品位，树立公司和人的良好形象。

（5）深入开展"职业道德、社会公德、家庭美德"教育，形成员工"三德"标准和良好行为。

（三）制度文化

制度文化是与管理科学息息相关的，它体现了一个企业在管理过程中的规范化，并影响着企业行为，又外延到外显文化中去。规范制度文化主要是指：

（1）在研究制定企业发展方向和目标，加强企业管理过程中，主动导入企业文化概念，"以人为本"的管理思想得到充分体现和落实。

（2）牢固树立企业文化建设就是加强企业管理的意识，使企业文化与加强企业管理融会贯通，密不可分。

（3）进一步改革和完善企业的劳动制度、人事制度、分配制度、绩效考核等各项管理制度。

（4）进行专业化扁平化管理流程再造，使管理工作走上制度化、程序化、规范化运作轨道。

（5）员工自我管理意识和能力进一步增强。

（6）建立有效的企业文化建设考评机制。

（7）结合公司改革实际，继续完善、推行《岗位规范》。

（8）形成在"以人为本"原则指导下，以法治企、特色鲜明的"管理文化"。

（四）精神文化

精神文化主要包括对企业精神、企业价值观、企业哲学、管理信念、企业用人之道以及企业内部的主导标语口号和企业对外宣传用语的确定和宣传贯彻落实，使之成为规范企业和员工行为的信念和准则。精神文化主要是指：

（1）完成全员性企业文化审计，挖掘形成企业精神内涵，总结提炼企业价值观，总结提炼公司经营理念、管理理念、人才理念等，规范精神文化用语，完成《公司企业文化手册》的编辑出版。

（2）在一个较长时间内通过宣传教育，倡导企业精神和企业价值观，并为全体员工所认同，企业向心力、凝聚力进一步增强，建设一支高素质的适应时代要求的"四有"职工队伍，为企业发展注入显著文化动力。

（续上）

五、推进方法

1. 始终坚持总体上抓体系，推进中按步骤，实施中做到精炼、实用、有效，配合企业发展战略的实施，整体向前推进。

2. 抓好企业文化知识的培训。鉴于企业文化作为管理科学的新潮流，刚开始还不能为全公司员工所认识和接受，有的甚至存在模糊认识的现状，要组织编写有关"宣传提纲""知识讲座"类宣传材料，利用报纸、电视、黑板报以及举办培训班等方式进行宣传和培训。采取培训骨干和自学相结合的原则，使全公司员工普遍掌握企业文化的基本知识和基本理论；70% 以上的管理干部能结合实际，写出有一定理论深度的探讨企业文化建设方面的文章；全体员工的基础知识考核合格率 100%。

3. 建立健全企业文化建设领导体制。成立相应的企业文化建设领导机构，明确负责人、主管部门及工作人员。企业文化的领导体制要与现代企业制度和法人治理结构相结合，发挥好董事会在企业文化建设中的决策作用，党委要加强对企业文化建设的领导，形成企业文化主管部门负责实施、各职能部门分工落实的工作体系。配置推进企业文化建设的工作机构。第一，成立以公司主要负责人牵头的企业文化建设推进委员会，成员包括公司各方面的主要领导，使文化和企业各方面的管理紧紧地融合在一起；第二，成立企业文化部，加强对企业文化建设的组织协调工作。该部设在宣传部，一套人马，两块牌子，负责全公司企业文化建设工作的管理；第三，设立企业文化办公室。强有力的组织机构可为企业文化建设的系统性运作提供组织保障，也为企业文化建设扎实有效地稳步推进奠定基础。

4. 企业主要领导者同为企业文化建设第一责任人。共同负责企业文化建设的规划、设计和组织。要使党政工作在企业文化建设上形成合力，在加强企业管理上达成共识；党政工团各部门要按照两个文明建设中所担负的责任，遵循以人为本，实现管人、管物、管事一体文化建设的格局；加强对企业文化建设重要意义的宣传教育，形成全公司共识，变成全体员工的自觉行动。

5. 健全制度，完善机制，形成闭环管理。企业文化部（宣传部）、办公室、企业管理部、工会等部门要把企业文化建设内容与企业规划、年度计划合并编制，要重点列出制度文化建设的管理标准、工作标准、考核标准，并列入年度经营承包责任制，明确企业文化建设各项内容的责任部门和责任人，制定年度工作计划，使企业文化建设与企业管理工作一样也纳入日常管理工作之中，要建立企业文化建设的考核评价和激励机制，把企业文化建设纳入企业经营者业绩考核体系，定期对企业文化建设的成效进行考评和奖惩，考核结果与公司经济责任制挂钩。

6. 实施方案出台后，提交公司职代会讨论通过，用公司制度的形式予以确认。

（续上）

六、实施步骤

（一）进行全员性企业文化审计活动

对公司的文化历史与现实进行全面回顾和提炼，进行企业无形资产的全面总结，广泛宣传，全面发动，从不同角度，对文化进行定格分析，得出结论，以此进行企业文化的民主建设。注意做好两个方面的工作：一是充分发挥全体员工的智慧，启发企业文化建设的灵感，特别是在设计企业文化"三大识别系统"时，要采取自上而下与自下而上相结合的方法，通过发放问卷调查、开座谈会、报告会、研讨会和开辟网上论坛、征文等形式，引导员工集思广益，献计献策，为形成企业"三大识别系统"奠定坚实基础。二是通过总结，进行企业文化的进一步宣传、灌输、教育活动。在具体方法上，首先要让全体员工（含离退休员工）了解文化审计、无形资产定格的重大意义；其次利用征文、回忆文章、演讲比赛等形式收集"企业文化发展之我见"。

（1）征文活动。"从我身边的人与事看文化特征"。

（2）以老员工回忆录像进行宣传教育。老员工通过实例回忆谈企业作风、传统以及文化特征等，并选择若干位老员工的回忆录像在公司电视台进行宣传播放。

（3）进行中青年员工演讲比赛，通过剖析、挖掘和生动描述身边的典型事件，形成"企业文化发展之我见"。

（4）进行公司历史文化论证答辩活动，这项活动要发动全公司各单位广泛参与，每个单位和部门推荐 2～3 人参加，全公司组成若干个代表队进行答辩论证并评选优胜者。

（二）归纳提炼形成企业精神文化内涵

根据集团公司有关企业文化建设的指示精神及公司实际，由企业文化部（宣传部）牵头，各有关部门配合，认真组织好《公司企业文化审计活动方案》的实施，对形成的精神文化的相关内容进行全面讨论，重点讨论企业哲学、核心价值观、企业精神、经营管理理念等。在讨论的基础上再推出修正方案，征求意见，继续归纳提炼，完善充实精神文化内涵，从框架结构到具体内容向全公司公布。

（三）企业文化的宣贯

各单位要广泛进行动员，利用各种形式，针对不同层次对象进行宣传，由公司企业文化部（宣传部）牵头和各单位积极配合，通过举办培训班、召开企业文化研讨会、经验交流会等形式对公司广大员工特别是各级领导干部进行公司理念、行为规范及视觉识别的培训。通过策划大型活动、广告宣传、公关策略等方式，大力展示公司形象及公司文化。

（四）企业文化的维护

企业文化建设是公司一项重要的、长期的战略任务，各单位要坚持不懈、持之以恒地切实抓出成效来。各单位制定活动计划要切实可行，既不能好高骛远，也不能敷衍了事。

（续上）

制订的工作计划要严格落实，主责领导要及时监督检查，公司有关部门要对开展活动情况及时进行评估和指导，分阶段抓好总结评比工作。此外，企业文化的具体内容，需要随着公司内外部环境的变化及时进行必要的调整，不断发展完善，做到与时俱进，开拓创新。

×× 有限公司

____年__月__日

45.33 企业文化活动年度计划

企业文化活动年度计划

一、背景

企业文化是企业围绕企业生产经营管理而形成的观念的总和，是企业在生产经营实践中形成的一种基本精神和凝聚力，包括企业的经营理念、经营宗旨、发展战略、奋斗目标以及企业员工共同的价值观念和行为准则。

二、方案宗旨

1. 提高团队的凝聚力和战斗力，推动团队建设。

2. 增强员工满意度与归属感，激发员工的工作积极性和热情。

3. 丰富员工业余文化生活，营造一种健康、旺盛的团队氛围。

三、参与对象

公司全体员工。

四、组织和实施部门

公司人事行政部。

五、员工年度活动计划表

（一）临时活动

月份	活动名称	具体内容	参加对象	目的	活动地点	经费预算		备注
						经费计算	合计	
1	组织员工家属来当地旅游	组织上年度优秀员工家属来当地，参观公司并到当地主要景点旅游	年度优秀员工家属	增加员工认同感，激励员工努力工作	当地	1 000元／人×20	20 000元	

（续上）

（续表）

月份	活动名称	具体内容	参加对象	目的	活动地点	经费预算		备注
						经费计算	合计	
1	年终尾牙宴	组织员工聚餐，并同时进行年度总结及表彰大会	全体员工	增加员工认同感，激励员工努力工作	公司内或到酒店	50 元/人×500	25 000元	
	年夜饭	组织未回家过年的外地员工吃年夜饭	在当地过年外籍员工	增进员工归属感，体现公司人文关怀	公司食堂	40 元/人×120	4 800元	
2	团队拓展训练	组织员工参加2天的全封闭式团队拓展训练，并针对存在问题设计相应的训练项目	班长及以上级别管理人员	增强部门主管团队精神及协作精神，打破部门本位主义	待定	600 元/人×30	18 000元	外包给培训公司组织
3	管理层例行活动	自驾车武夷山两日游	部门主管及以上管理人员	调节紧张工作气氛、增进交流及感情	福建		4 000元	可安排到某主管老家所在地活动
5	游园活动	设拔河、模类竞赛、猜谜及其他趣味比赛活动，并设一定奖项	公司全体员工	丰富员工生活，增加认同感	公司内		3 000元	此活动也可安排到元旦
6	管理层例行活动	租一船出海钓鱼并安排海鲜自助餐活动	部门主管及以上管理人员	调节紧张工作气氛、增进交流及感情	当地海域		2 000元	
6	亲子活动节	六一儿童节组织员工子女到公司来，参加公司安排的亲子游戏活动	全体有子女的员工及其子女	增加员工认同感，激励员工努力工作	公司内	50 元/人×50	2 500元	
7	卡拉OK赛	组织卡拉OK赛，并评出一、二、三等奖	全体员工	丰富员工生活	公司食堂		1 500元	

（续上）

续表

| 月份 | 活动名称 | 具体内容 | 参加对象 | 目的 | 活动地点 | 经费预算 | | 备注 |
						经费计算	合计	
8	中秋博饼	公司购买奖品，员工分组博饼，并在最后博出王中王1名	全体员工	增加节日气氛，提高员工认同度	公司食堂	50元/人×500	25 000元	
9	管理层例行活动	登山及野外烧烤	部门主管及以上管理人员	调节紧张工作气氛、增进交流及感情	植物园		1 000元	
	员工旅游	到风景名胜或旅游城市旅游	骨干员工及部门主管	增加员工福利，更好保留骨干员工	待定	3 000元/人×30	90 000元	
10	企业战略研研讨会	到一离公司较远且比较安静的场所，对本年度工作进行回顾，对公司战略及下年度工作时行展望	班长及以上级别管理人员	传达公司明年工作规划，激励中层管理层努力完成明年工作目标	公司外	200元/人×20	4 000元	

二、固定活动

| 月份 | 活动名称 | 具体内容 | 参加对象 | 目的 | 活动地点 | 经费预算 | | 备注 |
						经费计算	合计	
1	员工庆生	每月组织一次当月生日员工活动，或给员工在生日前一周发放一份生日蛋糕券	全体员工	体现公司人文关怀，增加认同感	公司内	50元/人×500	25 000元	每月一次
2	总经理开放日	总经理与一线员工直接面对面交流	全体员工	增强员工的主人翁意识	公司内			每月第一个工作日
3	员工文体活动	建立并开放员工活动室，内设乒乓球室、棋类室，卡拉OK室等	全体员工	丰富员工业余生活，增进员工归属感	公司食堂		2 000元	

（续上）

续表

月份	活动名称	具体内容	参加对象	目的	活动地点	经费预算		备注
						经费计算	合计	
4	登山	成立登山协会，定期组织员工开展登山挑战活动	全体员工	强身健体，增进感情	户外（当地及周边地区）	500 元 / 次 ×4	2 000 元	每季度第二个月
5	员工家访	组织公司相关管理人员到员工家中家访，了解员工家庭情况	家庭经济条件较困难员工	体现公司人文关怀，增加认同感	员工家庭			每月一次

六、公司企业文化环境建设

（一）员工墙

用一个平面介质，将员工的照片、文字、图案等以平面化、规范化、特色化形式，展示出来供大家分享，营造浓厚的企业文化氛围。

（二）茶水间员工互动区

将公司每月活动的照片，员工自己的摄影作品等，展现在每位员工面前，不仅在视觉上形成冲击力，在心灵上也能产生共鸣。

七、工作要求

1. 各部门负责人要提高认识，加强领导，积极组织发动部门员工参与每次活动，确保每次活动的人力、物力到位，以保证活动顺利进行。

2. 各部门须指定专人负责，指导部门人员参与各项活动，并积极协助行政部开展每次活动。

3. 要通过各种形式加大宣传力度，引起公司员工的广泛关注，鼓励公司员工积极参与其中，各部门积极配合做好发动工作。

×× 有限公司

____年__月__日

45.34　×× 企业员工趣味运动会方案

×× 企业员工趣味运动会方案

为了丰富员工生活，加强员工之间沟通，公司特决定举办一次趣味运动会。现将具体事宜通知如下：

（续上）

一、活动时间：5 月 1 日

二、活动地点：公司篮球场。

三、人员分组

公司全体员工，按十个中心分别组队，形成十个团队；按组别／团队进行集体比赛活动，分项目计分，最后计算总成绩。

四、活动项目

1. 穿越彩虹

参赛人数：每队 12 人（包括两名摇绳队员）。

比赛方法：参赛选手在摇绳队员的配合下依次穿越长绳，无论成败，穿越后返回原队伍，依次循环，记穿越成功的人数，多者为胜。时限 3 分钟，在活动中被绊停后，可重新开始。数目累计，被绊停的当次数目不计。

2. 定点投篮

参赛人数：每队 14 人。

比赛方法：投篮点在罚球线后，女裁判在罚球线前，每人两球，不限投篮方式，以小组投中球的个数累计成绩，多者为胜。

3. 迎面接力

参赛人数：每队男、女各 4 人。

比赛规划：一棒传递距离为 50 米，每个队员只能参加一棒接力赛，当持棒队员越过该棒终点，接力棒才能交给下一名队员。依此类推，当小组 8 名队员都参加一棒传递后，比赛结束，时间少者为胜。

五、奖项设置

1. 奖项数量：本次活动设有一等奖、二等奖和三等奖。

一奖等：1 名　　1 000 元／名

二等奖：2 名　　700 元／名

三等奖：3 名　　500 元／名

2. 评奖办法：每个项目采用积分方法，分项目累计积分。按总分从高到低排列，多者为胜，依次排出团队的一等奖、二等奖、三等奖。

3. 评分标准：单项第一名得 10 分，第二名得 8 分，第三名得 5 分，第四名以后不计分。

六、人员分工：工作人员分工情况略。

人力资源部

____年__月__日

45.35　员工生日会策划方案

员工生日会策划方案

一、目的

本策划方案的目的是为了体现公司对员工的人性化管理和关怀，并以此增进员工对公司的认同度和归属感，使广大员工真正地融入公司大家庭当中，进而保持更好的工作心态，与公司共同成长和发展。同时，可以推进公司企业文化建设，加深企业文化内涵。

二、活动主题

×× 公司第 × 季度员工生日会

三、活动时间

每季度举办一期，每期约 3 个小时，具体时间提前通知。

四、活动场地

公司宿舍三楼活动室、户外或租用活动场所，具体根据当期活动内容安排。

五、活动对象

1. 当季度生日的员工。

2. 邀请公司领导参加。

3. 有文艺特长者带节目提前报名参加。

六、活动程序安排

1. 准备工作：准备生日贺卡、布置活动现场。

（1）人力资源部统计当期生日员工名单，准备好生日贺卡，请同事、领导写上祝福语并签名。

（2）邀请寿星员工参加活动，同时请领导及有文艺特长的同事参加。

（3）提前购买好活动所需物品。

（4）做好活动现场布置，如租赁场地，则提前与出租方联系好。

2. 活动内容安排。

（1）主持人开场。

（2）领导或主持人寄语，感谢员工为公司做的贡献，表达公司对员工的祝福。

（3）赠送有领导、同事签名的生日贺卡。

（4）寿星代表发表生日感言，并分享人生中最有意义的一件事。

（5）感恩公司，全体合唱厂歌——《×××××××》。

（6）联欢活动环节：活动形式可每期具体策划，内容主要有：互动娱乐游戏、卡拉 OK 比赛、节目表演、交谊舞会、烧烤活动或其他户外活动等。每期设置一些小礼物，奖励给参与表演或活动获胜的员工。

（7）唱生日歌，许生日愿望，分享生日蛋糕。

（续上）

（8）合唱《明天会更好》或《感恩的心》，合影留念。

（9）生日会结束，清理场地。

七、费用预算

目前 ×× 公司在职人数为 215 人，×× 公司 180 人，集团 9 人，合计 404 人，预计年度总人数 480 人（包含辞职补充），按 30 元／人的标准，合计费用为 14 400 元（费用视实际参加人数，由各公司分摊）。每期费用视活动形式不同可灵活安排，但年度总费用必须控制在总预算金额范围内。

具体费用预算见下表：

费用预算情况

序号	列支项目	数量	单位	单价	金额	备注
1	横幅	4	条	25	100	按总人数 480 人计算，平均每期生日员工约 120 人，加上受邀人员及组织人员，每期活动参加人数约 140 人
2	生日蛋糕	80	磅	40	3 200	
3	活动费（视活动形式，如租场、门票、聚餐、食物、场地布置）	全年 4 期			8 540	
4	生日贺卡	480	张	2	960	
5	活动小礼品，每期设 40 份	160	份	10	1 600	
合计					14 400	

45.36　员工生日庆祝策划方案

员工生日庆祝策划方案

一、策划背景

如今，很多公司为了留住优秀员工，除了待遇留人、平台留人，感情留人也日趋被关注，对员工的暖心工程也日益被注重，其中越来越多的公司关心员工的生日。简单的赠送生日蛋糕已过于程式化，这种可以被预期的结果已无法给人造成一种触动。

二、策划目标

1.公司从细节着手，关心、激励员工本人。

2.利用此次机会，传递本公司文化、加强员工归属感。

三、策划原则及宗旨

策划原则：要有惊喜；贴近需求。

（续上）

策划宗旨：用最经济的方式，达到最优的效果。

四、具体建议

1. 我们会给除了寿星之外的每个人发送手机短信告知今天是 ×× 的生日，这样能保证寿星当天可以收到大家"生日快乐"的问候。

2. 生日福利金划到当月的工资上一起发放。当员工发现工资条上多出一栏"生日津贴 ××× 元"时一定会惊喜、感动的。

3. 根据任务情况，给过生日的员工放假 1 天。这不但增加了公司的"人情味"，也是公司"以人为本"经营理念的一种具体体现。

4. 对公司"寿星"的宣传。对当月过生日的员工，公司在公告栏或企业网站对这些"寿星"送上祝福与祝愿，内容包括：员工照片、生日日期、对企业做出的突出贡献以及老总寄语等。

5. 平时收集员工个人近期的小愿望，为了避免没有边际，可以设置一些选项，等到生日那天帮助员工实现一个小小的心愿，既惊喜又让员工满意，如游览火车票、电影票、明星画册、短期培训、情人晚餐券、小型聚会等，让员工真正体会到公司对他们的关怀。

6. 送经济、实用的生日纪念品。包括生日蛋糕、具有激励意义的书、当红歌星的CD、电影票、超市购物卡、绿色植物一盆、KFC 餐券、当事人爱吃的零食及饮料、茶具、咖啡杯、台灯、水壶……单位可以自行设计一些有单位标识的礼物，员工过生日时，可以当礼物送给他，员工也可以转送朋友，既温暖了员工的心，也间接宣传了单位。

7. 用快递寄一份总经理或董事长签名的贺卡及 ××× 元红包。

8. 送不同的员工不同的礼物。比如普通的员工可以送书；而公司的基层员工，可以送他们日常生活用品；高层领导则可以送蛋糕；年龄大的送健康检查；成家立业的送家庭旅游（节省费用的话可以是短线的）、全家福相片等；情侣或夫妻双方在公司的送情侣套餐。因为这样能满足他们的归属、尊重需求。

9. 根据其本人的兴趣，投其所好，比如：喜欢打网球的不妨送个网球拍，喜欢热闹、活跃气氛的人送顿生日宴。

10. 每月全体例会上给当月过生日的员工发生日礼物，每个月的礼物都不一样，可按随机抽奖的形式供其择取。

11. 当月全体例会上，让过生日的人员站在中间，其他人员则分别给他或她真实的赞美，可以是一句话，可以是一个故事，也可以是一首歌。前提是与此人有关且真实发生过的事，原则是不能重复，不能批评，部门经理也可以高度地赞扬寿星并提出改进意见。最后把这些夸赞的话与改进意见写在一个提前设计好的美丽的卡片上，大家签名，张贴在办公室的墙上。

12. 当月有 4 ~ 5 人生日，根据情况可考虑策划一场生日庆祝活动。

（续上）

五、费用预算

公司员工生日实际情况：公司现有员工 29 人，1 人生日的月份（1 月、5 月、8 月、9 月），2 人生日的月份（2 月、6 月、7 月、10 月），3 人生日的月份（12 月），4 人生日的月份（3 月、4 月），6 人生日的月份（11 月）。公司计划每人每次生日花费 ××× 元以内，一年共需 ××× 元。

六、效果预估

实施此方案，有些员工生日得到的礼品未必满 100 元，但那份礼物是他朝思暮想的、是他急需的，这实际价值往往超过 100 元，有可能超出更多，这将既减少了公司成本开支，又让员工感受到公司的温暖与关怀，以便弘扬公司企业文化、调动员工的积极性、减少人员流失、增强企业凝聚力，全面营造一种"理解员工、关心员工"的文化氛围，将为公司实现发展战略目标提供强大的文化支持、精神动力和力量源泉。

七、注意事项

1.形式多样化，千万别固定，弹性处理。（再新奇的点子用久了都会觉得没有效果，要的是真心，要的是惊喜。）

2.实行保密原则（不要让员工事先知道礼物是什么，给其惊喜。）

3.根据不同员工的性格特点、兴趣爱好，从最深处了解员工最想得到的是什么。

4.以上方案花费费用不等，事先编好条目，根据实际情况由员工抽取，给员工带来更多意外惊喜和欢笑。

5.此方案为大体方案，具体操作实施时需每月重新制作生日方案以及预算。

八、其他备案说明

1.可考虑把员工的生日改为员工进公司的日期，而不要用其自然的生日日期，此方式既能让员工无形中把公司当成了第二个家，增强了归属感，同时让员工感受到进入公司一年满一岁，像是给一个人重生的机会，拥有了第二次生命。

2.再新奇的点子用久了都会觉得没有效果，我们要坚信只要是真心的就有效果！不必太在乎形式，但一定要有形式。人的需求是多样的，永远无法完全满足，只要用心做了，一定会给相当一部分人留下印象。

九、附件

附件 1：×× 公司员工 2 月份生日活动策划方案

附件 2：×× 公司员工 3 月份生日活动策划方案

附件 3：×× 公司员工_____年生日一览表

人事行政部

____年__月__日

（续上）

附件1：

××公司员工2月份生日活动策划方案

一、策划实施月份：2 月份

二、生日人姓名（2 人）

宋 ××——阳历：2 月 4 日；阴历：12 月 21 日

孔 ××——阳历：2 月 26 日；阴历：1 月 19 日

三、具体操作流程

时 间	事宜内容	接受对象	操作负责人	备 注
2 月 25 日晚	群发手机短信，告知大家 2 月 26 日是孔 ×× 生日	除寿星之外的每个人	杨 ××	这样能保证寿星当天可以收到大家"生日快乐"的问候
3 月 10 日	将 100 元生日福利金划到 2 月份的工资上一起发放	寿星	（核算工资人）（发放工资人）	

附件2：

××公司员工3月份生日活动策划方案

一、策划实施月份：3 月份

二、生日人姓名（4 人）

朱 ××——阳历：3 月 28 日；阴历：2 月 13 日

李 ××——阳历：3 月 30 日；阴历：2 月 15 日

赵 ××——阳历：3 月 31 日；阴历：2 月 16 日

丁 ××——阳历：3 月 31 日；阴历：2 月 16 日

三、整体思路

本月生日人数满 4 人，按原则可办一场生日会，但朱 ××、李 ××2 人可能因工作在外不能及时赶回，可考虑采用如下方案：

1. 朱 ××、李 ×× 生日，可采用在其生日前几天寄一份快递（一份总经理或董事长签名的贺卡、一条精致的领带）。

2. 赵 ×× 和丁 ×× 生日，可在 3 月份第一次例会上，工作汇报结束后给他们准备一份大蛋糕。

（续上）

四、具体操作流程

时间	事宜内容	接受对象	操作负责人	备 注
3月1日（全体例会工作汇报结束后）	送生日蛋糕	赵×××	工会主席	
	全体唱生日歌、拍照留念	丁×××	全体与会人员	
	关灯、吹蜡烛、许愿、拍照		许×××	公司会议室关灯后很适合这种氛围
	边吃蛋糕、边轮流给生日人真实的赞美（详情见总方案第11条）		全体与会人员	赞美能让人更自信、更快乐
3月1日（全体例会工作汇报结束后）	将夸赞的话写在一个提前设计好的美丽的卡片上，大家签名，并将相关照片洗出，公布在公告栏内		行政部	对内对外展现本公司良好的福利文化
	将此事形成新闻稿上传		行政部	
3月27日	寄快递（领带及贺卡）	朱××× 李×××	行政部	
当事人生日前一天晚上	群发手机短信告知大家谁将要过生日了	除寿星之外的每个人	许×××	这样能保证寿星当天可以收到大家"生日快乐"的问候

附件3：

××公司员工____年生日一览表

序号	姓名	阳历生日	备注（阴历）

45.37　××集团晚会活动策划方案

××集团晚会活动策划方案

一、背景

中国××集团在全体同仁的不懈努力下，发展迅速，已经成为国内著名上市公司，公司上市近九年来，经营稳健，业绩优良，主营业务经营规模和主营业务收入持续增长，

（续上）

经济效益稳步提高。我们对 ×× 发展股份有限公司的发展前景充满信心，期待与广大投资者共创美好的明天。

这是一个追求合作与共赢的时代。×× 期望不断密切同新老客户的友好合作关系，与所有朋友们一道创造价值，共同分享成功的喜悦！

二、主题与构思

"盛情"表示了 ×× 人对广大宾客的热情与感激。多年的发展离不开老客户的支持与信任，也只有盛情二字才能表达出我们洋溢的感激之情，希望今后的合作更融洽，也希望有更多的新老客户一如既往地支持我们，支持 ×× 事业！

三、特色与影响

本次晚宴将以中西合璧的方式进行，配合 ×× 酒店宽敞舒适的环境，在动静完美结合的情调中共同欢度如此夜晚，实为美矣！届时到场的除了多年来与 ×× 携手并进的客户外还将邀请省内各大媒体共同参加，在这喜庆的气氛中，配合媒体的有利宣传，将对 ×× 集团今后的市场发展埋下一道伏笔，并使市场推广形成规模、系列化。同时借助本次晚宴展现企业自身雄厚实力、良好的企业文化氛围，增进与合作伙伴及媒体之间的配合默契。

四、活动简介

（一）时间与地点

（1）时间：（略）。

（2）地点：（略）。

（二）活动组织机构

（1）主办方：×× 集团。

（2）协办方：×× 企划设计有限公司。

（3）媒体参办方：×× 日报、×× 快报、×× 晚报、×× 电视台、×× 电视台。

（三）活动内容

（1）共庆 ×× 集团的市场发展与合作共赢。

（2）邀请一支有活力的本土乐队表演。

（3）邀请歌舞团表演中 / 西式舞蹈。

（4）领导致辞答谢客户支持并鼓励员工再接再厉。

（5）宾客共舞。

（6）西式酒会（自助式）。

（四）活动程序

（1）来宾入场（19：00）。

（2）主持人宣布"盛情夜宴"晚会开始（19：10—19：15）。

（续上）

（3）主办方领导向来宾致贺词（19：15—19：25）。

（4）主持人宣布节目演出开始（19：25—21：00）。

（5）宾客跳交谊舞（21：00—21：30）。

（6）酒会（21：30—22：30）。

（7）主持人宣布活动结束，宾客回宾馆休息。

五、活动实施

（一）会场布置（附效果图）

1. 会场色彩与布置

充分体现 ×× 集团良好的企业文化与优势，形成鲜明、轻松的会场氛围。以轻松柔和的色调布置会场，增加环境与气氛的共鸣。

2. 舞台设计

以红色的地毯作为铺设，烘托热闹气氛。

3. 背板

以企业 LOGO 作为舞台背板，直接展现企业实业及企业文化。

4. 签到台

设立于晚会入口处，装饰签到台侧面及台面，台面上放置鲜花和嘉宾签名簿，签到簿用于核对来宾到场情况。

5. 桌椅

中式桌椅，摆放位置以全场观众都能看到舞台情况为宜。

6. 主持人

邀请两位知识型主持人，用其机智、睿智、灵活的风格充分调动每一位来宾的情绪，达到轻松、活跃、紧凑的氛围。

7. 资料

备有企业宣传资料，放置入口处，由礼仪小姐在来宾签到后发放到各位来宾手中。

8. 摄像

现场进行活动的摄像，记录整个活动的精彩部分，尽量争取此次活动新闻在电视媒体的发布，如不能发布，可将录像资料留作以后的原始资料，以备在电视或影视广告中采用。

（二）媒体宣传策划

（1）公司"盛情夜宴"晚会活动，将邀请媒体给予全面关注。从晚会开始，将组织主要媒体对整个活动进行系列报道，对相关的人和事进行深度报道。通过消息报道和平面广告的媒体发布形式，向公众宣传。

（2）邀请媒体具体如下：×× 日报、×× 快报、×× 晚报、×× 电视台、×× 电视台。

45.38　××集团分公司春节联谊晚会活动方案

××集团分公司春节联谊晚会活动方案

提要：

宣传集团公司的企业文化，提升集团公司的凝聚力，加强公司之间、部门之间的沟通与合作，增强公司员工的集体荣誉感与归属感。

一、活动目的

通过"尊享事业远景、成就 ×× 之巅"这一主题，紧紧围绕"沟通、合作、团圆、奋进"这一心理，展开联谊酒会活动，宣传集团公司的企业文化，提升集团公司的凝聚力，加强公司之间、部门之间的沟通与合作，增强公司员工的集体荣誉感与归属感。

二、活动时间

____年 2 月__日下午 18：00—24：00。

三、活动地点

（略）。

四、活动主题

尊享事业远景、成就 ×× 之巅。

五、活动现场布置

温馨浪漫，同时充满喜气，既体现节日的气氛，也给员工一种回家的感觉。

六、活动宣传

（1）邀请函：300 张，电脑打印后盖章。

（2）鲜花：16 束，装扮会场 4 束，4 束作为表演者的献花，8 束作为总公司相关人员过来后的礼花。

（3）气球：500 个。

（4）彩带：14 卷。

（5）彩花：16 个。

（6）音响：一套（音质一定要好，并且能够提供无线话筒 4 个）。

（7）灯光设备：一套（必须要有彩灯、射灯、旋转舞台灯等相关配置）。

（8）舞台：一个。

（9）投影机、投影机荧幕：1 套。

（10）数码相机：一部。

（11）手提电脑：二台。

（12）摄影机：一部。

（13）抽奖奖品：特等奖 1 名，奖数码相机一部；一等奖 1 名，奖手机一部；二等奖 2 名，奖电子书阅读器一部；三等奖 5 名，奖回程旅行包一个；纪念奖 120 名，奖内衣

（续上）

一套。

（14）背景喷绘：1块，5米×6米，内容为"尊享事业远景、成就××之巅——××（公司简称）——珠三角大地宏伟蓝图永远有您"。背景颜色为大红，充满喜气，悬挂在舞台背后。

（15）站牌：喷绘、2块，进场入口左右各一块，1块内容为"公司品质宣言"，1块内容为"对于社会你们是平凡的，但对于××（公司简称）你们是伟大的！"

（16）横幅：1条，悬挂在入口正中央上面，内容为"可亲可敬的××（公司简称）人，你们辛苦了。欢迎你们归来！"必须有××（公司简称）徽标，落款为"××集团××公司宣"。

七、活动内容

（1）公司年饭。

（2）集团公司领导、分公司领导、来宾领导致辞；企业宣誓；公司员工代表做××××年岗位宣誓。

（3）文艺演出（歌、舞、小品、相声、情景剧、歌剧、舞剧、朗诵、个人独奏等）与娱乐（穿插员工互动，包括做游戏、喝啤酒比赛、猜谜语、假话连篇、新年贺语对对碰、跳迪斯科、交谊舞等）。

（4）抽奖。

八、活动细则

略。

活动意义重大，届时将有总公司相关人员、××中心、××公司经理和部门主管参加。请各部门、业务办认真组织骨干学习、领会。

活动成立领导小组，＿＿年1月＿日下午2：30在××分公司一楼会议室召开碰头会，参会人员的通知工作由管理部×××负责。

组　长：

顾　问：

总执行人：

组　员：

注：活动组织、策划期间凡有不清楚的地方，请及时与管理部刘××联系。联系电话：×××。

九、活动费用

（略）

××集团分公司

＿＿年＿月＿日

45.39 ×× 集团年会活动策划方案

×× 集团年会活动策划方案

—— "辞旧迎新、情系 ×× "

一、策划前言及目的

"年会",这个概念历来被企业和组织视为一年一度不可缺少的"家庭盛会"。每到年末岁初,很多企业和组织均通过年会这种形式来组织各种活动,借以激扬士气、部署战略、制定目标,奏响新一年度工作的序曲。

为了总结回顾上一年度各项工作,对____年工作做出安排和部署,并表彰年度各项先进,迎接____年新春佳节的到来,增进公司内部员工的交流和沟通,促进公司的企业文化建设,表达公司对员工的关怀与问候,经公司领导研究,决定于节前举办年会。

基于"年会"活动所应考虑和彰显的严肃程度与正统模式,此方案突破了以往的设计惯例,将正统严肃的年终大会与现代流行的聚餐休闲两类活动进行了统筹策划,现本着"易行从简"的原则,将本次年会活动方案策划如下:

二、年会地点

(一) 大会地点

可暂订于_____(区内某多功能人民会堂,以阶梯式排座为宜,需提前订)。

(二) 宴会地点

可暂订于_____(市区内某商务酒店内,以宽敞厅堂、圆形餐桌为宜,需提前订)。

(三) 休闲地点

可暂订于_____(市区内某休闲洗浴中心,以文明、卫生、廉价为宜,需提前订)。

三、年会时间

拟订于____年 1 月__日(周____)下午 13:00(为时半天)。

(一) 大会时间:13:00—17:30

(二) 宴会时间:18:30—20:00

(三) 休闲时间:20:30—23:00

四、年会参会人员

公司全体员工(参会人员暂按 300 人计,包括总部各部门、各项目部、各子公司的员工;原则上不邀请员工家属)。

五、年会流程与安排

本次年会的流程安排分别包括以下三个部分:

(一) 员工大会议程安排

12:30,全体参会员工提前到达指定会堂,按指定排座就座,等候员工大会开始。

（续上）

（会堂播放入场背景音乐）

13：00—13：10，大会进行第一项。音乐停，鞭炮响（背景鞭炮声）。主持人宣布员工大会开始，向参会的全体员工介绍出席大会的公司主要领导同志，并领掌欢迎；（员工欢迎礼毕）请总经理致《开幕辞》。

13：11，大会进行第二项。各主要负责人分别做年终述职报告；首先请各子公司领导人分别述职。（主持人领掌）

13：11—13：20，请 ×× 投资公司曾 ×× 做述职报告。（主持人领掌）

13：20—13：30，请 ×× 担保公司王 ×× 做述职报告。（主持人领掌）

13：30—13：40，请 ×× 公司杨 ×× 经理做述职报告。（主持人领掌）

13：40—13：50，请节能建材厂段 ×× 经理做述职报告。（主持人领掌）

13：50—14：00，请生活超市孔 ×× 做述职报告。（主持人领掌）

14：00—14：10，请各项目部经理分别做年终述职报告。首先请 ×× 项目部宋 ×× 经理做述职报告。（主持人领掌）

14：10—14：20，请 ×× 项目部易 ×× 经理做述职报告。（主持人领掌）

14：20—14：30，请 ×× 项目部李 ×× 经理做述职报告。（主持人领掌）

14：30—14：40，请 ×× 项目部孙 ×× 经理做述职报告。（主持人领掌）

14：40—14：50，请 ×× 项目部林 ×× 经理做述职报告。（主持人领掌）

14：50—15：00，请 ×× 项目部岳 ×× 经理做述职报告。（主持人领掌）

15：00—15：10，请 ×× 项目部陈 ×× 经理做述职报告。（主持人领掌）

15：10—15：20，请 ×× 项目部成 ×× 经理做述职报告。（主持人领掌）

15：20—15：30，下面请 ×× 总部各管理岗位主要负责人分别做年终述职报告。首先请生产部周 ×× 做述职报告。（主持人领掌）

15：30—15：40，请材料部钱 ×× 经理做述职报告。（主持人领掌）

15：40—15：50，请预算部柳 ×× 经理做述职报告。（主持人领掌）

15：50—16：00，请保安部乔 ×× 经理做述职报告。（主持人领掌）

16：00—16：10，请财务部郭 ×× 经理做述职报告。（主持人领掌）

16：10—16：20，请人事部邓 ×× 经理做述职报告。（主持人领掌）

16：20—16：30，请办公室毛 ×× 主任做述职报告。（主持人领掌）

16：30—16：40，主持人请公司总经理程 ×× 同志对上述同志的述职情况做总结讲话。（主持人领掌）

16：40—16：50，大会进行第三项。请总经理宣读公司《____年度关于表彰工作先进集体和个人的决定》。

16：50—17：00，主持人请获得工作先进个人荣誉的优秀员工上台领奖，同时请总

（续上）

经理为其颁发荣誉证书及奖金红包，先进个人与总经理合影留念，主持人领掌祝贺。主持人请先进个人的代表在现场发表简短获奖感言。（摄影师拍照）（会堂播放颁奖背景音乐）

17：00—17：10，主持人请获得工作先进集体荣誉的相关负责人上台领奖，同时请总经理为其颁发荣誉奖牌或奖杯，先进集体领奖人与总经理合影留念，主持人领掌祝贺。主持人请先进集体负责领奖的代表发表简短获奖感言。（摄影师拍照）（会堂播放颁奖背景音乐）

17：10—17：20，主持人提醒出席员工大会的主要领导同志及获得先进个人荣誉的优秀员工上台，合影留念。（摄影师拍照）

17：20—17：30，主持人对本次员工大会做简要总结。宣布员工大会闭幕。（会堂播放离席背景音乐）

（二）宴会时间安排

18：00—18：10，全体员工陆续抵达指定商务酒店，并在宴会主持人引导下到指定席位就座，等候开宴。（酒店播放入席背景音乐）

18：10—18：20，公司总经理到达酒店。燃放室内小烟花，挥舞荧光棒，宴会主持人领掌欢迎 × 总的到来。

18：20—18：30，宴会主持人示意酒店对接负责人可以开始上果品、酒水、凉菜等。

18：30—18：35，宴会主持人请总经理到宴会主席台向大家致《祝酒词》。而后，总经理亲自向大家送《致员工家属的感谢信》（可以由宴会主持人助其派发）。请总经理入席就座。

18：35—18：55，宴会主持人组织大家做一个名字叫《踩气球》的小活动，以活跃宴会气氛。（酒店播放活动背景音乐）

所需道具：气球若干、细线。游戏说明：分几个小组，每个小组一个代表，在他们的脚踝处绑上 5 个气球，在中央站定，全场灯光关闭，开始互踩对方的气球，30 秒内，留下气球最多的人为胜出者获奖。（可根据情况，组织大家做 2 ~ 3 次，奖品为：小包的巧克力或小件的毛绒玩具等）

（特别备注：因时间紧张，不宜多安排活动节目，暂且不提。）

18：55—19：00，宴会主持人宣布晚宴正式开始，引导大家共同举杯，祝福大家新年快乐，祝愿公司的明天更加美好。（碰杯）

19：00—20：00，用餐时段。公司领导及主要管理人员可以到各餐桌向同事们敬酒，主动与同事交流和沟通，拉近彼此的心理距离。

20：00，宴会主持人配合财务出纳做好酒店相关的费用结算工作。视情况宣布宴会结束。提醒大家注意安全，开赴休闲（洗浴）地点。

（续上）

（三）休闲活动时间安排

20：30，全体员工到达休闲洗浴中心。秦××主任配合财务出纳做好相关消费项目的费用支持工作。

20：30—23：00，员工休闲洗浴时段。

23：00　休闲活动结束。员工自行乘车返回各自住处或自驾车回家。

六、年会准备及相关注意事项

（一）年会的通知与宣传：办公室于近期内向总部各部门及所辖各子公司、各项目部发出书面的《关于做好____年度年终工作总结的通知》，对公司本次年会活动进行公示和宣传，达到全员知悉。

（二）条幅的制作：提前联系制作员工大会及宴会专用横向条幅，红底黄字条幅两条，条幅具体尺寸视具体情况进行量制；具体文字可参照"××集团____年度工作总结表彰大会"（大会专用）及"辞旧迎新 情系××""____年度××集团员工答谢宴会"（晚宴专用）。（条幅规格：长××米、宽80厘米）。

（三）报告的收交：收集总部各部门及所辖各子公司、各项目部主要负责人的《年终述职报告》。在年会前整理提交给公司领导。

（四）发言稿的撰写：起草员工大会上总经理专用的《开幕辞》和宴会上专用的《祝酒词》及《员工家属感谢信》。年会前，与总经理及各有关人员最后确定讲话的具体时间及内容。

（五）物品的采购：提前采购员工大会及答谢晚宴上所需的物品。（准备员工大会主席台上主要领导同志的姓名台卡、纸、笔及矿泉水等；准备答谢晚宴上专用的领导席位卡、员工席位卡以及游戏专用的气球、细线等道具用品。）具体物品见预算表。

（六）所需协助的注意事项：与会堂、酒店、休闲洗浴中心负责人沟通有关费用时，应提前向对方说明我们需要对方协助办理的注意事项。（如对方向我们报送主席台挂条幅的长度、尺寸数据及请对方帮助我们悬挂条幅等等）

（七）时间的控制：大会及宴会主持人应注意好时间的把控，避免时间控制节点远远超出原计划的预定时间。

（八）现场录像机拍照：提前安排好相关人员携带录像机或数码相机，做好大会、晚宴等活动现场的录像或拍照工作。活动后存档，可作为历史资料在公司内部局域网上共享。

（九）会务人员的工作安排：年会的具体工作应细化分解到相关责任人，确定每一项工作的负责人；各个会务支持人员应主动向总协调人进行汇报。最重要的是不要忘记确定年会当天的现场各项工作的负责人。例如：现场灯光及音响的调试、主席台及场地的布置、物品的采购与运输、酒店餐桌的提前预订，等等，一定要有专人负责。

（续上）

（十）资金的请批与支持：本次年会活动所需支持的费用预算，一定要有老板的明确批复。整个年会活动的安排，最主要的是费用支持，只有这样，我们才有把握办好。

七、参会员工须知

（一）员工无特殊情况必须参加公司年会，年会进行当中有急事需要离开现场的，需报经办公室主任批准同意后方可离开。

（二）晚宴及活动中，员工可着休闲装或运动装等；但在员工大会上，建议主持人及参加述职的人员着正装出席。

（三）每位员工在大会、晚宴及休闲洗浴场合，都要注意人身安全及个人财物的保管。

（四）本次活动由办公室内负责组织，人力资源部协助，员工在活动现场可就任何问题和办公室、人力资源部负责人取得联系。

八、年会筹办及任务分工

年会筹办及任务分工明细表

任务及分工	责任人
致《开幕辞》；宣读《____年度关于表彰工作先进集体和个人的决定》；现场颁奖及发红包；述职结束时的总结讲话；宴会上朗读《祝酒词》和发《致员工家属的感谢信》	总经理
年会总指挥及总协调；大会主持人；大会结束前的简要总结	
年会承办小组负责人；各活动地点的考察及合作等有关事宜的对接；宴会主持人	
物品购置、运送及配发；活动现场的布置（含灯光、音响的调试）；物品供应及摆放	
现场照相或录像的服务与支持	
活动专用条幅、奖牌或奖杯的联系制作	
领导专用《开幕辞》《祝酒辞》的撰写	
年会活动的总策划；《____年度关于表彰工作先进集体和个人的决定》《致员工家属的感谢信》的撰写	
起草《关于做好____年度年终工作总结的通知》；制订《年终评先评优执行细则》	
活动现场的安全与保卫支持	
财务费用的支持	

九、年会经费预算

年会经费预算统计表

项次	所需物品	数量	经费	备注
1. 大会	租用大会堂	1个	____元	300 人 / 半天
	制作条幅	1条	____元	条幅文字："××集团____年度工作总结表彰大会"

（续上）

续表

项次	所需物品	数量	经费	备注
1. 大会	瓶装纯水	300 瓶	____元	每人一瓶
	姓名台卡、纸、笔	套	____元	大会主席台上领导专用
	荣誉奖牌或奖杯	个	____元	先进集体荣誉奖牌或奖杯
	荣誉证书	个	____元	先进个人荣誉证书
	先进个人红包	个	____元	先进个人奖金红包
	相机电池	节	____元	相机专用
	其他		____元	有待追加的物品
2. 宴会	餐费	300 人	____元	____元／桌，10 人一桌（订 30 桌）
	酒水费	300 人	____元	自带或酒店提供（其中酒店价格：白酒或啤酒____元、可乐____元、雪碧____元；自带酒水价格：白酒或啤酒____元、可乐____元、雪碧____元
	制作条幅	2 条	____元	条幅文字："辞旧迎新情系××""_____年度泰成集团员工答谢宴会"
	专用气球	包	____元	其中大气球____包；小气球____包
	细线绳	卷	____元	细线绳____卷（红色，绑气球专用）
	室内燃放小烟花	个	____元	活动开始前燃放
	小剪刀	把	____元	活动现场专用
	打气筒	把	____元	活动现场专用
	荧光棒	把	____元	活动现场专用
	活动奖品	个	____元	其中巧克力____块／包；毛绒玩具____只／个
	其他		____元	有待追加的物品
3. 休闲洗浴	休闲消费卡	300 张	____元	人均____元（考虑到有人提前走，应视当时人数而定）
	洗浴费	300 人	____元	人均____元（考虑到有人提前走，应视当时人数而定）
	扑克牌	50 付	____元	休闲专用
	休闲小食品	300 包	____元	糖果小食品，如瓜子等
	瓶装水	300 瓶	____元	休闲时饮用
	其他		____元	有待追加的物品
项目费用合计：_____元				

行政部
____年__月__日

第46章　市场营销管理文书

46.1　××牌矿泉水市场营销方案

××牌矿泉水市场营销方案

随着消费者对"品质生活"的越来越高需求，"矿泉水"已逐渐呈现代替"纯净水"成为人们日常饮用水的第一选择的趋势。也正因此，近几年矿泉水品牌群拥而起，面对激烈的市场竞争，××牌矿泉水是随波逐流走中低档市场，还是"剑走偏锋"定位中高档？针对这一问题在提出品牌营销策划思路之前，首先我们来全面了解下当前的市场状况。

一、市场分析

（一）优势分析

1. 市场空间巨大，未来发展无限

经过"纯净"与"天然"的焦点事件，瓶装饮用矿泉水凭借其"天然""营养""健康"的独特功能，彻底符合了广大消费者对矿泉水"天然、无污染、有益健康"的心理需求，从而被越来越多的消费者接受，正逐渐向"水中之王"的方向前进！

2. 大众消费意识改变，需求逐日增强

其实，矿泉水在世界上已有近百年的悠久历史。在发达国家，饮用矿泉水才是讲健康、有品位的标志。虽然我国消费者对矿泉水的认识较晚，但近几年随着媒体及各品牌的宣传，人们对矿泉水的认识已有较大提升，他们已经明白：饮水已不仅仅是解渴，同时还要对身体有益。

（二）劣势分析

1. 矿泉水市场品牌繁多，市场竞争激烈

根据市场调查分析，中国矿泉水市场已形成了以×××、×××、×××、×××为主导的一线品牌，以×××、×××、×××、×××、×××、×××等有名气的二线品牌及一些实力较差的地方中小企业矿泉水"三国鼎立"市场格局。当一线品牌手持 70% 的市场份额还在不断筹划着如何扩大自己的江山时，众多新品牌也不断涌现，矿泉水市场被不断切碎细分，瓜分着消费者的钱袋，竞争异常激烈。

2. 纯净水各方面较之矿泉水占上风

目前全国有纯净水生产企业 1 400 多家，矿泉水生产企业只有 1 000 多家。拿××市场为例，该市场有纯净水 29 种，矿泉水只有 21 种。凭借成本低廉和消费者现阶段对

（续上）

饮用水选择上的误区，以及消费者对纯净水在广告宣传、营销水平、品牌号召力上的选择偏好，在整体上矿泉水不敌纯净水，因此如何对消费者进行"矿泉水比纯净水更有利于人体健康"的思想宣传迫在眉睫。

3. 市场推广投入大，利润较低

矿泉水的利润相比其他快消品种类，本身利润就较低。再看当前一线品牌花费巨资在全国的强势媒体全力出击，如明星代言、传播概念，以此提升品牌的美誉度，全力拓展市场；而地方品牌则利用本地优势，积极整合渠道，以大桶水为切入点，以瓶装水超低价位为竞争手段，力求分得一块已经做大的"蛋糕"。观看这"百花争艳"的景象，没有雄厚的资本支持，难以与一、二线品牌正面交战，哪怕进入中低端市场也会遭遇众多本土品牌的围剿封杀，如果没有一个严密的营销推广计划，恐怕利润、市场都难以保证。

（三）竞品分析

1. 一二线竞品所占市场不同

水行业的一线品牌，由于进入早，品牌知名度高，企业实力强大，加上外国雄厚资本的介入，配合业内已经营销多年的网络，对低端水市场垄断经营苗头已经初显，竞争优势明显。

二线品牌一般拥有品牌的历史沉淀或当地地方优势（如××矿泉水），以本地化战略、降低成本作为强化竞争力的竞争手段，拼争一线，但目前双方争夺重点仍集合在低端大众市场，中高档细分市场虽然初现端倪，但尚未引起足够重视。

2. 竞品主要营销模式类似

市场上的矿泉水产品在组合、产品包装上基本相似，以软塑料瓶装为主，容积有6升、1.5升、550毫升、596毫升、330毫升，满足大众消费中年轻人、儿童、家庭不同群体的选择；玻璃瓶装矿泉水以高价位现身超市卖场，但产品的包装、促销略显平淡。由于利益和市场的驱动，一、二线品牌的行业巨头屡屡拿起价格利器，用低价对市场发起一次一次冲击，希望能够像家电行业一样不断抬高行业进入门槛。

3. ××××年度十佳矿泉水品牌

××××年度十佳矿泉水品牌

序号	品牌名称	品牌说明
1		
2		
3		
……		
10		

（续上）

二、企业状况

（一）企业介绍（略）

（二）产品介绍

产品名称：_____。

主打概念：_____。

产品包装：_____。

产品标识：_____。

产品作用：_____。

权威检测：_____。

三、品牌规划

（一）产品基础定位

产品名称：_____。

品牌定位：_____。

主打理念：_____。

核心卖点：_____。

市场定位：_____。

权威包装：_____。

（二）目标人群定位

1. 主要人群

以白领和文化人为主要消费导向，从而以点带面影响辐射其他消费群体。

2. 消费特征

这一类人群消费行为趋于理性，购水消费都有了一定的品牌概念和品牌意识，对健康和品质生活的需求较高，同时这一类人群也容易接受新事物。

3. 目标人群细致分类

（1）关注自己的健康和生活质量，追求品质生活的人群。

（2）体质较弱，免疫力较低，需要补充身体能量的人群。

（3）运动之后，需要快速恢复体力的人群。

（4）饮食没有规律，身体酸碱度失衡的人群。

（5）日常饮用水的原来人群。

（三）广告宣传定位

主要目的是通过系列广告让消费者从情感上认知：随着生活水平的提高，喝水已不仅仅是为了解渴，而是为了身体更健康，我们应该追求更高的生活品质。

1. 广告语参考

××矿泉水——品质生活的源泉！

（续上）

××矿泉水——适合今天的你！

××矿泉水——来自美国大盐湖！

××矿泉水——你的健康调养剂！

××矿泉水——喝的就是健康！

××矿泉水——滴滴都是品质。

××矿泉水——解渴更解累！

××矿泉水——为你补充 36 种微量元素。

××矿泉水——流动的健康。

2. 品牌创意广告参考

略。

3. 平面报纸广告参考

主要宣传内容：_____。

标题参考：_____。

前期宣传：_____。

市场运行：_____。

（四）产品价格定位

市场上同类矿泉水价格参考

序号	品牌	容积	卖点	价格

结论：鉴于对品牌核心卖点的支持，以及结合当前市场状况，××牌矿泉水定价应在_____元到_____元为宜。

四、推广战略

（一）推广宗旨

旗帜鲜明地与纯净水、一般矿泉水划清界限，不打价格战，不与它一块走下坡路；大打"××"矿泉水的"××产地"和"CMD 提取液"以及"碱性水"的特殊卖点，凸显品牌差异价值，明晰消费者可获得的超值利益，向社会倡导"追求更高生活品质"的生活方式。

（二）战略规划

以××市为样板市场，做重点攻克，稳住阵脚后，走向全国。

（续上）

（三）销售渠道

A 类渠道：家乐福、沃尔玛、大润发、麦德龙等大型超市，可派专人负责。

B 类渠道：地区性的连锁超市。

C 类渠道：普通的商品零售店。

其他渠道：酒店 / 健身场所 / 水吧 / 咖啡店

（四）战略部署

（1）从"矿泉水行业面临新的突破"为新闻点，选择大众消费媒体进行试点宣传。

（2）"××水进驻中国市场"为由对品牌进行前期预热宣传，前期均选择平面媒体进行半版或正版的宣传。

（3）从"满足人体需求，平衡酸碱度"等功能方面进行产品宣传，让消费者对产品的核心诉求有一重点明晰。

（4）结合商场、专卖店等销售情况，适当改变平面媒体宣传角度，制造产品稀缺的景象，如果条件允许可选择上电视媒体，同步进行市场攻略。

（5）根据市场经营状况，可举行系列消费互动活动，请品牌代言人，赞助某些大型活动，在扩大品牌知名度的同时，增加产品品牌形象。

（五）媒体定位

以 ×× 市面上为例。

1. 报纸选择

当地市民广泛阅读的报纸。

2. 软文刊登频率

（1）推广初期：第一个月每周两期半版，连续刊登。以"新品、新健康主义、新功效"为主题炒作。

（2）推广中期：每周一期半版，有选择性地刊登。以"效果好、受大众欢迎"为主题进行宣传。

（3）推广后期：每周或每半月一期半版，做巩固工作。以"各地热销情况"为噱头进行造势宣传活动。

3. 其他要求

（1）区域广告：最好以报纸为主导，因为报纸有很好的到达率，尤其是当地的日报、晚报。

（2）户外广告：灯箱、横幅等往往都可以吸引行人的注意，激发潜在消费者的消费欲望，前提是广告载体的制作要精美，要符合品牌"更高生活品质"的定位。

（3）报纸广告文案：结合时机和商机即时编撰。

（4）事件营销：如本品可炒作点如《新食品资源运用》《CMD》《碱性水市场大揭秘》等。

46.2 ＿＿＿年产品销售计划书

＿＿＿年产品销售计划书

一、公司定位和品牌的定位

××公司是电信和数据通讯行业的技术领导者。××公司已提供和将提供的产品和解决方案是构筑互联网的基础产品，包括有线接入领域和无线接入领域，目前在中国已经建立了开发基地，已实现在中国的研发和本地化。

品牌定位：

A. 在电信和数据通信产品相结合的领域成为国内领先的品牌设备供应商。

B. 跻身一流的网络产品的生产商及供应商。

C. 以系统集成项目带动整个网络产品的销售和发展。

二、销售策略指导和行业目标

1. 采取由上到下的销售策略：绝对不能抛开大的区域分销商，区域分销商是我们的重点发展目标。

2. 强调两个重点：大力发展重点区域和重点代理商对完成我们的销售目标具有非同寻常的意义。

3. 重点发展以下行业：

（1）＿＿＿＿＿＿＿＿＿＿＿＿＿＿＿＿；

（2）＿＿＿＿＿＿＿＿＿＿＿＿＿＿＿＿；

（3）＿＿＿＿＿＿＿＿＿＿＿＿＿＿＿等行业。

三、市场行销近期目标

1. 目标：在很短的时间内使营销业绩快速成长：在年底使自身产品成为行业内最知名品牌，取代国内同水平产品的大部分市场，与国外产品形成竞争关系。跨越生存点，成为快速成长的成功品牌。

2. 致力于发展分销市场，到＿＿＿年底发展到××家分销业务合作伙伴，发展到××家左右基数的系统集成商，在上述行业中取得一定的营销业绩。

四、营销基本理念和基本规则

（一）营销团队的基本理念

＿＿＿＿＿＿＿＿＿＿＿＿＿＿＿＿＿＿＿＿＿＿＿＿＿＿＿＿＿＿＿＿＿

（二）营销基本规则

1. 分销合作伙伴分为两类：一是分销客户，是我们的重点合作伙伴。二是系统集成客户，是我们的基础客户。

2. 竞争对手是国内同类产品的厂商。

3. 分销市场上目标客户的基本特征：

（续上）

（1）市场上处于成长期的公司，具有强烈的事业心和成长的欲望；

（2）在当地的网络市场处于重要地位的网络公司；

（3）具有较好行业背景及消化能力的系统集成商。

五、市场营销模式

（一）渠道的建立模式

1. 采取逐步深入的方式，先草签协议，再做销售预测表，然后正式签订协议，订购第一批货。如不进货则不能签订代理协议（草签协议的程序：注册登记表传真—产品订单—正式代理协议）。

2. 采取寻找重要客户的办法，通过谈判将货压到分销商手中，然后我们的销售和市场支持跟上。

3. 在代理之间采取竞争心态，在谈判中应有当地的一个潜在客户而使我们掌握主动和高姿态。不能以低姿态进入市场。

4. 草签协议后，在我们的广告中就可以出现草签代理商的名字，以引起分销商和原厂商的关注，我们乘机进入市场。

5. 在当地的区域市场上，随时保证当地有一个可以成为一级代理的二级代理，以对一级代理构成威胁和起到促进作用。

（二）给代理信用等级上的支持（指定信用等级评定方法）

1. 客户的分类：×× 一级代理商（A），×× 二级代理商（AA），系统集成商（AAA）。

2. A 级 ×× 家，AA 级 ×× 家，只有 A 级才能有信用支持。

3. A 级的信用等级评定标准：

（1）签订了正式的授权营销协议，并在 ×× 公司进行了完整的备案；

（2）前三个月内每月的订货符合授权营销协议的规定销售额；

（3）在三个月内的商业交换中没有发生过恶意倒账事件和商业纠纷；

（4）积极开拓市场，独立操作在当地的市场活动，配合公司的市场营销活动；

（5）没有违反授权行销协议中规定内容。

六、价格策略

1. 以高品质、高价格、高利润空间为原则！

2. 制订较现实的价格表：价格表分为两层，媒体公开报价，市场销售的最底价。

3. 制订较高的月返点和季返点政策，以控制营销体系。

4. 严格控制价格体系，确保一级分销商、二级分销商、系统集成商、最终用户之间的价格距离及利润空间。

七、渠道销售的策略

1. 市场上有推、拉的力量。要快速地增长，就要采用推动力量。拉需要长时间的培

（续上）

养。为此，我们将主要精力放在开拓渠道分销上，另外，负责大客户的人员和系统集成的人员主攻行业市场和系统集成市场，力争在三个月内完成 ×× 工程，给内部人员和 ASMI 树立信心。到年底为止，完成自己的营销定额。

2. 短渠道策略：分四种客户，即 A、AA、系统集成商、行业客户。他们能和我们建立直接的联系。

3. 业务团队的垂直联系，保持高效沟通，才能做出快速反应。要保持团队建设扁平。

4. 以专业的精神来销售产品。价值＝价格＋技术支持＋服务＋品牌。这是实际销售的一个解决方案。

5. 条件成熟时，可以建立物流中心，解决我们在地方市场上的困难，因为物流中心可以起到一个融资平台、一个财务平台、一个物流平台的作用。

八、售后服务体系

1. 可以与分销商（A）签订 ×× 协议。要有备件支持。同时要有专人负责 ×× 授权 ×× 工作。

2. 以前三个月营销额的 1% 来提供 ××。

3. 建立专门的 ×× 中心，支付一定费用。

4. 售后的技术咨询要设立客户咨询记录表，专门记录客户的咨询问题，公司的网站开通专门的 BBS。

九、培训工作的开展

1. 认证工程师培训工作分为初、高二级。并且开展专业销售工程师的培训工作。前者为收费培训，后者为免费培训。

2. 培训在广告上打出，宣传内容要丰富和权威。

3. 招生简章和宣传页在网上公布。同时印出宣传册，含课程内容简介。

4. 做出授权培训中心协议，与培训机构合作办学。

5. 网上培训，考试，发结业证书。

十、专业网络站点

栏目包括：

1. 公司形象、产品介绍、手册、驱动程序下载、解答、新闻等；

2. 电子化服务。如资料，图片；

3. 电子商务。客户下单，货物查询，库存查询等。

十一、内部人员的报告制度和销售决策

1. 每周一召开工作会议，提交工作报告，内容为：

（1）本周完成的销售数；

（2）本周渠道开发的进展；

（续上）

（3）下周工作计划和销售预测；

（4）销售中心的困难；

（5）月末召开会议进行业务人员的销售排名，落实奖励制度。

2. 价格控制。

（1）统一的价格和折扣制度。

（2）价格的审批制度。

3. 工作单制度。

4. 做好销售支持工作：内容包括一定时间的业绩、折扣、返点的计算，订单的处理，分销商的业绩排名等。

5. 编制销售手册。其中包括代理的游戏规则、技术支持、市场部的工作范围和职能、所能解决的问题和提供的支持等说明。

46.3　××机械产品市场推广方案

××机械产品市场推广方案

一、目标市场分析

（一）目标市场构成

（1）路面机械产品的使用行业及施工对象局限性大，重复度高，因此按照客户类型进行细分，主要市场细分为公路、桥梁、市政道路、环保工程建设。

（2）路面机械产品的客户群体，是从事与道路建设、养护、环保工作有关的企业及个人，从所属行业可分成公路系统、路桥、市政及城建、租赁、个体及其他六类客户，具体有如下特点：

客户分类	客户群体特点	工程项目	对设备需求	购买方式	客户类型	客户比例

（3）目标客户定为市政系统和公路系统客户为主。

客户分类	客户开发策略	开发等级排序
		B 级
		A 级
		A 级

（续上）

续表

客户分类	客户开发策略	开发等级排序
		B 级
		C 级
		C 级

（二）客户诉求特点

评价指标	可靠性	作业性能	保养便利性	价格	服务	配件供应	操作舒适性	品牌
分值								
备注								

说明：1. 分值以 10 分为满分，分值越高，说明客户越在意这个因素。

2. 最好以柱状图表示。

二、销售目标预测

销售目标预测如下表所示：

销售目标预测

生命周期划分	市场导入期		市场成熟期				市场衰退期
年份	2018	2019	2020	2021	2022	2023	2024
销售台（份）	10	30	40	60	60	40	30

说明：预测数据主要基于：

（1）对国家公路养护历程的分析（数据来源：国家统计局网站）。

（2）产品技术的发展趋势和环保法规的趋势。

（3）国内市场竞争环境的预测。

三、产品上市需求

（一）销售文件准备

销售文件准备清单

序号	文件名称	说明
1	使用说明书	
2	零件图册	
3	产品整机工程规范	
4	性能介绍 PPT 文件	
5	产品易损件清单	

（续上）

（二）生产许可情况

（1）产品必须经过可靠性考核试验。

（2）产品必须具备国家权威机构出具的型式试验报告。

（3）产品必须具备事业部的发布许可。

四、产品定价策略

（一）竞争对手配置以及价格

3吨市场价格对比表

厂家	型号	出厂价	结算价	年份	备注

（二）定价策略以及利润分配

（1）定价策略：_____。

（2）为保证各价值链环节的利润空间，初步确定利润分配区间。

结算环节	销售公司		代理商			用户
	运费	经销商返利	运费	成本	利润	
金额（万元）						

五、销售渠道策略

（一）渠道导入策略

渠道策略：主要对 ×× 省、×× 省、×× 省、×× 省、×× 省、×× 省、×× 省、×× 省等八个经销商召开产品展示会。

（二）专职机构奖惩办法

（1）完成任务后，每超出一台，奖励_____元（其他条件销售公司完成）。

（2）完成计划___%，扣年终返利_____元。

完成计划___%，扣年终返利_____元。

完成计划___%，扣年终返利_____元。

六、促销推广方案

（一）折扣方案

（1）对于全款提车用户，提供折扣_____元，___支付折扣。

（2）对于一次购置 n（$n>1$）台的客户，给予___折扣或者送___保养油料。

（续上）

（3）对于介绍购车并完成交易的人，提供奖金_____元。

（4）展示会折扣。

（二）宣传资料准备

七、售后服务方案

（一）配件储备计划

1. 易损件清单

易损件清单

编写：   审核：   批准：

部件名	序号	代号	名称	数量	规格	备注

五年期易损件清单

编写：   审核：   批准：

部件名	序号	代号	名称	数量	规格	备注

2. 配件定价策略

3. 配件储备方式

（1）易损配件。

（2）非易损件配件。

（二）保养、服务策略

1. 保养策略

（1）三包期内保养统一由代理商进行，保养件必须为原厂配件。

（2）保养严格按照公司"五到位"原则执行。

2. 服务策略

按照公司三包服务程序执行。

3. 信息反馈制度

（1）销售公司不定期电话回访用户，监督代理商五到位情况。

（续上）

（2）代理商每周反馈整机故障情况以及用户合理建议，销售公司在接到代理商反馈后，在两个工作日以内必须反馈到市场部，市场部必须在一个工作日以内反馈到产品经理处。

八、风险分析

项目风险管理（示例）

评价维度	风险识别		风险评估				风险应对措施		
	潜在的风险事件	风险发生的后果	可能性	严重性	不可控性	风险级	应急措施	预防措施	责任人
市场风险	客户需求发生改变	项目失败	3	10	2	60	调整产品开发思路	认真调查、分析客户需求	
	营销策略失误	销售情况差	4	9	3	108	调整营销策略	调查分析细分市场特点，制定适宜策略	
	销售人员不了解产品	推销困难	7	7	2	98	培训销售人员	周密计划市场推广策略	
	经销商没有推广产品的动力	产品市场导入困难	4	7	3	84	分析、调整策略	在利益分配环节，考虑经销商诉求	
	售后服务不及时、配件储备不足	客户不满意	4	6	4	96	紧急应对	培训售后工程师，准备易损配件库存	
	竞争对手产品和销售策略改变	销量下滑	6	5	3	90	调整策略	主动引起改变	

46.4　新产品市场推广方案

新产品市场推广方案

一、推广目的

1.让目标消费群在最短的时间内认知新产品的功能、效果，缩短新产品推广期的时间长度，尽快进入成长期，创造效益。

2.使目标消费群产生试用的欲望，并逐步将其培育成品牌忠诚者。

3.提高品牌知名度和美誉度。

4.提高现场售点的产品的销量。

（续上）

5. 巩固通路经销商的客情关系，采取抢占通路、终端的高铺货措施，提升经销商的信心和积极性。

二、产品说明

（一）产品规格、型号与后缀说明

_____

_____ 。

（二）产品主要性能指标

_____

_____ 。

（三）产品主要功能

_____

_____ 。

（四）产品资质与进入市场准备工作情况

_____

_____ 。

（五）其他

_____

_____ 。

三、产品市场分析

（一）产品市场年总销量短、中、长期分析与预测

_____

_____ 。

（二）产品目标市场竞争对手（市场容量前 2 位）分析

1. 第一名竞争对手：_____ 。

（1）对手的市场份额与主要销售客户／区域

_____ 。

（2）对手的产品规格、型号、价格、亮点、销售模式

_____ 。

2. 第二名竞争对手：_____ 。

（1）对手的市场份额与主要销售客户／区域

_____ 。

（2）对手的产品规格型号、价格、亮点、销售模式

_____ 。

（续上）

（三）新产品 SWOT 分析

SWOT分析矩阵

SWOT 分析矩阵	外部机会（O）	外部威胁（T）
内部优势（S）	S-O 策略	S-T 策略
内部弱势（W）	W-O 策略	W-T 策略

四、新产品推广策略

（一）目标市场与市场份额目标

目标市场与市场份额目标

客户／市场	年均市场需求量	年均市场销售额	新产品市场销售目标（销售额：万元）				
			第一年	第二年	第三年	第四年	第五年
客户／市场 1							
客户／市场 2							
客户／市场 3							
客户／市场 4							
客户／市场 5							
……							
合计							

（二）产品亮点与客户价值

1.产品亮点

_____。

2.新产品为客户提供的独特价值

_____。

（三）进入市场的方式

1.影响销售成功的内、外部关键因素／人员／部门

_____。

2.销售渠道／销售方法／销售工具

_____。

（续上）

3. 产品定价的原则

_____。

（四）新产品推广计划

1. 新产品市场推广组织

推广总负责人：_____

产品经理：_____

推广活动组织负责人：_____

组员：_____

2. 推广活动与时间进度

序号	推广活动内容	时间进度	负责人	执行部门
1	内部培训 1			
2	内部培训 2			
3	内部培训 3			
4	客户拜访交流 1			
5	客户拜访交流 2			
6	客户拜访交流 3			
7	展销会 1			
8	展销会 2			
9	展销会 3			
10	关键项目 1 跟进			
11	关键项目 2 跟进			
12	关键项目 3 跟进			
13	其他活动			

3. 推广费用预算

推广费用预算表

序号	推广费用内容	时间进度	负责人	执行部门
1	内部培训费			
2	资料费			
3	上市纪念品费用			
4	差旅费			
5	新产品宣传费			
6	其他费用			

（续上）

五、新产品市场推广激励措施

（一）销售激励

_____

_____ 。

（二）推广成员激励

_____

_____ 。

46.5　××公司产品市场开拓计划书

××公司产品市场开拓计划书

一、产品目标

在半年时间内，迅速提升"××公司"果蔬汁的知名度与美誉度，塑造"××"品牌形象，同时全力作用于销售终端，打开北京市场，并为全国的招商服务。

二、市场定位

如可口可乐一样，"××"果蔬汁面向大众，凡是喝饮料的均是"××"潜在的消费对象。核心消费群体是：年龄 20 ～ 35 岁的，具有一定文化素养的青年人，他们为忙碌的生活而奔波，为创业而拼搏，很难顾得上自身的营养协调，同时对口味的感知又十分敏感。通过这样一群人的带动，延及儿童、老人两大群体。

"××"果蔬汁是综合了眼下果汁与蔬菜汁的优势而形成的全新一代的饮料。它在保持了饮料良好口感的同时，科学地解决了长期以来饮料自身所无法解决的营养配备问题。

果汁与菜汁相结合的"××"，实际上就是营养与口味的牵手。从一定意义上讲，它又在更高的层面上延伸了饮料的现有功能，提升了饮料的服务价值。

三、广告定位

"××"就是飞跃，也可理解为 1+1>2 ；

"××"就是革命，既是饮料观念上的革命，也是饮料市场的革命。

广告语参考：

（1）我开创饮料革命，你尽管享受实惠。

双重口味，两份营养（一份水果的，一份蔬菜的）。

（2）饮料大革命，营养、口味都来动！

（3）"××"果蔬汁，给口味配个"营养师"。

（4）好喝、安全、营养，一样都不能少！

（续上）

——"××"果蔬汁。

（5）"××"：营养、安全、口味全都有！

四、营销操作流程

（一）利用权威，划清界限

1. 时间：____月____日。

2. 方式：专家辩论会。

3. 内容：果汁专家与菜汁专家"面对面"。

公说公的好，婆说婆的妙。结论：双方应联合起来，融合各自的优势。果蔬汁才是真正的"英雄好汉"。

（二）广告跟车，独占成果

1. 时间：____月____日。

2. 方式：报纸广告。

3. 内容：饮料革命了！

革命的目的：让饮料好喝的同时，也能解决营养的问题。

革命的方式：以高科技作为武器。

革命的成果：全新一代营养性饮料——"××"果蔬汁问世！

（三）全面招商

1. 时间：____月~____月。

2. 方式：硬、软广告相结合。

3. 媒介：《××报》《××报》。

4. 广告语：双重口味，该出手时就出手；两份营养，要牵手时就牵手。

5. 内容：

辩论会也是"卖点"。

"××"牵出大市场。

"经营游戏"：果蔬汁如何做市场？

（四）科普运作

1. 目的：作用于消费者。

2. 时间：____月____日。

3. 方式：系列报道。

4. 媒介：以《××报》为主体，并辅之以其他媒介。

5. 内容：今年饮料喝什么；饮料市场出"黑马"；饮料市场演绎"三国演义"；喝饮料喝什么？——口味篇；喝饮料喝什么？——营养篇；喝饮料喝什么？——安全篇；揭开蔬菜营养真面目——访国家蔬菜研究所等。

46.6　××汽车公共关系策划书

××汽车公共关系策划书

一、前言

____年对于我国汽车产业来说是非常重要的一年，因为今年我国的汽车市场进入了一个转型的时期，即由汽车卖方市场向买方市场的转变，也就是说随着汽车生产的快速增长，供在较大程度上大于求，而且由于原料价格大幅度上涨导致生产成本上升车价大幅下跌造成厂家利润不断减少；同时很多大的外商集团增资中国汽车市场，都有雄图霸业的气势，因而汽车市场的竞争将愈演愈烈，形势也是非常严峻。很多汽车企业为谋求生存和发展，不得不竞相降价促销，增加广告投入，还有一批实力强劲的汽车经销商脱颖而出，影响力逐渐增强，削弱了汽车制造企业的影响力。××汽车要在中国汽车市场立于不败之地，在激烈的竞争中抢得稳定的较大的市场份额，就必须搞好企业形象，提升品牌价值，增加销售量，所以从长远考虑，搞好企业公共关系势在必行。

二、形象分析

1. ××汽车有限公司的简介（略）。

2. 公司理念（略）。

3. 销售前景（略）。

4. ××汽车的品牌特点、节能环保方面的分析（略）。

5. ××汽车的优劣势分析。

三、目标战略

（一）总体目标

（1）服务公众，贡献社会，树立良好的企业形象；提升品牌价值，扩大品牌影响力，提高企业竞争力水平。（2）搞好企业与政府、媒体、大众三方面的关系，建立创新体制，形成自主发展能力，同时与国际接轨，实现预期目标，提高企业效率，为××汽车的长远发展铺好路。

（二）具体目标

（1）让公众了解××汽车，也让××汽车公司了解公众，了解他们的真正需要，他们的生活趋向与社会需要，公众对产品的意见反馈和建议；（2）大幅抢占中国汽车市场销售份额，增加利润，增加销量。

四、创意说明

1. 活动名称：××汽车免费试驾送礼品。

2. 活动主题：21 世纪，要过上现代生活，我们应该拥有××汽车。

3. 活动标语：××汽车优雅现代生活。

4. 印发宣传单，介绍现代中国面临的环境问题，介绍××汽车运用科技手段解决

（续上）

环保问题，将污染降低到最小，表现 ×× 汽车优雅的气质。

5. 饰物：定做一批印有 ×× 汽车字样和标记的福娃吊饰赠送给参加免费试驾活动的观众。

五、媒体策略

1. 报纸媒体：邀请各大报社参加 ×× 汽车的新闻发布会（以"优雅现代生活"为主题，向市场和公众介绍中国环境现状，以及汽车企业忽视环保问题带来的恶果；最后详细介绍 ×× 汽车如何节约资源，将环境污染降到最小的解决方案。

2. 电视媒体：在电视台上播放关于环保的广告，提升 ×× 汽车的企业形象。

3. 网络媒体：利用网络组织 QQ 车友会活动，可以组织大家参加一些环保活动。

六、活动安排

1. 新闻发布会。

2. 邀请中国主管汽车工业的领导参加座谈会，探讨中国汽车的发展和环境保护的相关问题，活动期间可以邀请媒体参与。

3. 做一则关于环保的公益广告在中央一台上播放。

4. 印刷一批精美的汽车杂志专门介绍 ×× 汽车和环境保护相关问题，分别在北京、上海等全国多个大城市的中高档餐饮休闲店内和各大城市部分出租车上以及飞机上投放，供顾客和乘客打发时间，同时让这些有汽车消费能力的目标消费者了解 ×× 汽车。

5. 在北京上海等 ×× 个大城市开展 ×× 汽车试驾送礼品活动，倡导降低污染的环保理念。

6. 出资在 ×× 个大城市中联合一些大学生社团组织在市内开展净化清洁城市活动。

7. 联合交通部门在全国 ×× 个城市开展"安全享受现代优雅生活"的活动，邀请各大城市的一些大公司大企业的员工参加，让比较有消费能力的白领阶层人士了解安全知识，了解环保理念，了解 ×× 汽车。

8. 通过 QQ 车友网友会，组织开展环保活动，发放一些印有 ×× 汽车字样和标记的纪念品。

七、经费预算表

1. 杂志_____本（_____万元）。

2. 广告费_____万。

3. 饰品纪念品费用_____万元。

4. 各城市大小活动运作费共_____万。

总计：_____万元。

八、效果展望

通过一系列的公关活动，公众对 ×× 汽车有了较为深入的了解，更相信和信赖

（续上）

> ××汽车的品质，从而××汽车企业形象得以提升，销量将不断增长，企业效益得到提高，各方面都将取得明显效果。

46.7　××广告策划书

××广告策划书

目　录

一、前言

二、市场研究及竞争状态

三、消费者概况

四、产品问题及机会点

五、市场建议

六、商品定位

七、行销建议

八、创意方向与广告策略

九、广告表现

十、媒体策略

十一、预算分配

十二、广告效果测评

一、前言

随着消费水平的发展，人们的消费观念也有了很大的改变，越来越多的人开始追求生活的品质与情调，咖啡进入都市人的生活，以一种优雅的姿态吸引着都市中追求休闲和时尚的白领以及商务人士。中国的消费者市场成长很快，接受能力越来越强，这是现代化的一个必经过程，是一种文化传播和价值观念的建立。

二、市场研究及竞争状态

咖啡市场属于垄断竞争市场，在这个市场中，厂商必须深知行业内各相关产品的相互替代性，比如，茶叶、各式饮料均是咖啡的相关替代品。

1.×××概述

一样东西能成为一种时尚，那么这样东西一定内含一种概念，或是由一种概念包装后被人们广泛接受。例如咖啡是××咖啡门店销售的一个核心要素，都市人生活水平较高，而生活节奏也较快，这样就需要有一个第三空间，即工作和睡眠之外的空间。很

（续上）

多休闲、交往、放松的事情都要在第三空间来完成，×× 咖啡的门店服务，提供了一个静思的环境，提供了一个小小的疗伤绿洲，这里有外界呼吸不到的新鲜空气，这就是除了家庭与公司之外的"第三个好去处"。顾客一走进来就能闻到熟悉的咖啡香味，再加上精心挑选的音乐，心情自然就会好起来。×× 咖啡卖的不只是咖啡，更是一种心情，一种生活方式。

2. 咖啡消费市场概述

世界上平均每分钟要喝掉 3 900 杯咖啡，每小时要喝掉 1 400 万杯咖啡，而中国平均每年每人的消费量还不到一杯。从这组数据来看，中国咖啡市场似乎并不乐观，然而中国作为人口大国，虽然平均数据很低，但是总销量却足以使整个市场活跃起来。

3. 市场竞争状态

就咖啡市场的经营模式来说，××× 与众多竞争对手在模式上的差异如下：

××× 模式：_____。

竞争对手 1 的模式：_____。

竞争对手 2 的模式：_____。

竞争对手 3 的模式：_____。

三、消费者概况

1. ×× 消费者很可能是有以下特征的专业咖啡消费者：

（1）年龄为 25 ～ 45 岁；

（2）年收入 50 000 元以上；

（3）受过大学教育。；

（4）集中于发达程度偏中上等城市，特别是东南部、北方地区；

（5）不会被高昂的价格吓走。

2. ××× 消费者很可能是不断增加的根据社会责任标准购物的中国消费者当中的一员，他们会更倾向于购买一个同他们关心的事业有联系的产品。

3. 我们自己的消费者研究得出不少有关 ××× 产品及其定位的建议：

（1）潜在市场。49% 的回复者称他们将购买 ××× 的咖啡。

（2）产品。由于口味是咖啡购买行为中最为重要的因素，××× 必须提供最高质量的咖啡。

（3）便利性和品牌。消费者希望能方便地购买到产品，但也常常愿意特意上专业商店购买他们最喜爱的品牌。因为专业咖啡的消费者品牌忠诚度较高，建议同知名品牌结成联盟。

（4）价格：50% 的消费者愿意为每磅咖啡多支付 10 ～ 20 元。

（5）推广：通过广泛的公众教育活动来使消费者产生对 ××× 认证咖啡的需求。

（续上）

四、产品问题及机会点

在中国，×××已真正将自己变成一种咖啡文化的载体，通过这个载体，它把×××文化传递给他人，并以几何级的增长速度在北京、上海扩散营销。

1.产品问题点：略。

2.产品的机会点：略。

3.产品的支持点：略。

五、市场建议（依据市场分析）

1.目标：略。

2.消费对象：略。

3.定位：略。

六、商品定位

1.卖的是：

（1）精益求精的咖啡精神；

（2）用音乐滞留你；

（3）比咖啡更多的东西。

2.谁来买：白领及商务人士。

3.消费者利益：

（1）享受高品质的咖啡以及各式新鲜烤制的精美点心；

（2）具有优越感；

（3）享受闲适轻松的时光；

（4）无限上网；

（5）得到与咖啡制作相关的器具和小商品。

七、行销建议

1.产品：在×××可以买到高品质的咖啡，保证顾客在×××喝到的每一杯咖啡都最完美的。

2.服务：×××公司要求员工要了解咖啡的相关知识及制作咖啡饮料的方法。除了为顾客提供优质的服务外，还要向顾客详细介绍这些知识和方法。

3.价格：依然采用高价策略。

4.体验：来过×××咖啡店的人都会产生一些独特的体验，×××一方面鼓励顾客之间、顾客与×××员工之间通过口头或书面交流这些体验，另一方面，也鼓励员工之间分享在×××的工作体验。

八、创意方向与广告策略

1.广告目的。通过对"第三空间"生活理念的宣传，加强品牌形象。

（续上）

2. 广告策略。（1）×××的品牌传播不是简单的模仿，传统意义上的铺天盖地的广告传播和巨额促销，而是独辟蹊径，采用一种卓尔不群的传播策略——口碑营销，以消费者口头传播的方式来推动×××目标顾客群的成长。"我们的门店就是最好的广告"。因此，应该摒弃传统的信息传播模式，以喷嚏传播为主，也就是以口碑为广告的主流。×××通过一系列事件来塑造良好口碑。（2）传播过程。①在二线城市开设×××店，每一家店都要有自己独有的特色，并与周围的建筑相协调。店面其实是最好的广告。②时间：____年__月到次年__月。③方式：店内咖啡讲座、熟客俱乐部、时尚尖端的杂志平面广告等方式，最重要的是利用口口相传的方式，形成一传十、十传百的效应。

九、广告表现

1. 平面广告表现。（1）主标题：×××。（2）副标题：×××。

2. 在店面的设计上，强调每栋建筑物都有自己的风格，让×××融合到原来的建筑物中去，而不去破坏建筑物原来的设计。

3. 企划意图。表现×××的文化底蕴和独特的品牌魅力，提升企业形象。

十、媒体策略：

1. 媒体。大众媒体泛滥后，其广告也逐渐失去公信力，为了避免资源的浪费，×××可以自己的门店为广告宣传的主要方式。

2. 广告费用：。制作费 200 万元，每月的广告费用平均为 100 万元。

3. 以____吸引顾客。"以顾客为本"，"认真对待每一位顾客，一次只烹调顾客那一杯咖啡。"要做这种气氛管理，打造个性化的店内设计，设置暖色灯光和播放柔和音乐等。就像麦当劳一直倡导售卖欢乐一样，把咖啡文化逐步分解成可以体验的东西。

4. 杂志平面广告。杂志选择《瑞丽》《时尚》《三联生活周刊》《花溪》。

十一、预算分配

1.7 个月广告总预算费用为 1 000 万元，其中 200 万元为制作费。

2. 杂志广告。刊播费为 600 万元，占总广告费用的 40%。（1）《瑞丽》广告 7 次，计 80 万元。（2）《时尚》彩色全页 7 次，计 20 万元；广告两次，计 15 万元。（3）《三联生活周刊》广告 3 次，计 30 万元；彩色全页，4 次，计 25 万元。（4）《花溪》彩色全页，7 次，计 15 万元。

3. 开设熟客俱乐部，预算费用为 100 万元，经营费用每月预算为 10 万元。

（店面的设计和装修费用不在预算费用之内）

十二、广告效果测评

于广告刊播后，定期以小问卷的形式做广告效果测定，以随时修正广告策划案。

（1）杂志广告每周测定一次。

（续上）

> （2）咖啡讲座每周一次。
>
> （3）熟客俱乐部固定通过电子邮件发新闻信，还可以通过手机传简讯，或是在网络上下载游戏，一旦过关可以获得优惠券，很多消费者可以将这样的讯息，转寄给其他朋友，造成一传十、十传百的效应。

46.8　××集团关于与××股份有限公司的谈判策划书

××集团关于与××股份有限公司的谈判策划书

一、谈判双方公司背景

（我方：××网络集团；乙方：××股份有限公司）

我方（甲方）：

××网络集团成立于××年，是一家游戏网络运营集团，董事会主席兼CEO×××以及其他5名个人股东（大多数为××网络董事和权益股东），创建了现在的××网络集团，它与著名的××网络集团有过合作，在中国地区是一个覆盖面广，很有影响的网络集团之一。

乙方：

××股份有限公司是由××控股的高科技公司，于＿＿年＿月成立并在上海证券交易所挂牌交易，股票代码××××。＿＿年××股份有限公司可位列"中国电子信息企业500强"第××位，是中国政府重点支持的电子百强企业。

××股份有限公司以自主核心技术为基础，充分结合资本运作能力，创立了信息技术、能源与环境、应用核电子技术、生物医药四大产业。

在信息产业中，××致力于应用信息系统、计算机系统和数字电视系统领域的技术创新与产品开发，为电子政务、数字家园、数字城市、数字教育、数字传媒等行业提供全面解决方案和成套设备。目前，××在计算机产品、重大行业信息化、数字教育资源、数字电视等领域已具有国内领先的技术实力和市场份额。

在能源与环境产业中，××在人工环境、能源环境、建筑环境和水环境等业务领域，以烟气脱硫、垃圾焚烧、水处理、空气调节等核心技术为基础，专业从事能源利用与环境污染控制工程、人工环境工程，并在大中型空调设备方面具有显著优势。

在应用核电子技术产业中，以电子加速器、辐射成像、自动控制、数字图象处理技术为核心的系列产品，已达到国际先进水平。

在生物医药与精细化工产业中，生产新型成药、药品中间体、原料药品等多种产品，已成为一家新兴的生物医药高科技企业。

（续上）

二、谈判主题

我方向乙方公司采购 ×× 台电脑 。

三、谈判团队人员组成

主谈：唐 ××，公司谈判全权代表。

决策人：杨 ××，负责重大问题的决策。

技术顾问：胡 ××，负责技术问题。

法律顾问：刘 ××，负责法律问题。

四、双方利益及优劣势分析

（一）双方利益

1. 我方核心利益：

（1）要求对方用尽量低的价格供应我方 ×× 电脑；

（2）在保证质量的基础上尽量减少成本。

2. 对方利益：用最高的价格销售，增加利润。

（二）双方优劣势

1. 我方优势：

（1）有多方的电脑供应公司可供我方选择；

（2）在中国地区是一个覆盖面广，较有影响的网络集团。

2. 我方劣势：我方急需这批电脑，迫切需要与对方合作，否则将可能对公司造成更大损失。

3. 对方优势：对方的电脑品牌在国际上声誉较好，且与其合作的公司较多。

4. 对方劣势：属于供应方，如果完不成谈判，可能损失以后合作的机会。

五、谈判目标

1. 和平谈判，按我方的采购条件达成收购协议。

（1）报价：_____元／台。

（2）供应日期：一周内。

2. 底线：

（1）我方底线报价_____元；

（2）尽快完成采购后的运作。

六、程序及具体策略

（一）开局

方案一：感情交流式开局策略。通过谈及双方合作情况形成情感上的共鸣，把对方引入较融洽的谈判气氛中，创造互利共赢的模式。

方案二：采取进攻式开局策略。营造低调谈判气氛，明确指出有多家供应商竞争，

（续上）

开出＿＿＿＿＿＿元的报价，以制造心理优势，使我方处于主动地位。

（二）中期阶段

（1）红脸白脸策略。由两名谈判成员其中一名充当红脸，一名充当白脸，辅助协议的谈成，把握住谈判的节奏和进程，从而占据主动。

（2）层层推进，步步为营的策略。有技巧地提出我方预期利益，先易后难，步步为营，争取利益。

（3）把握让步原则。明确我方核心利益所在，实行以退为进策略，退一步进两步，做到迂回补偿，充分利用手中筹码，适当时可以退让承担运费来换取其他更大利益。

（4）突出优势。以资料做支撑，以理服人，强调与我方协议成功给对方带来的利益，同时软硬兼施，暗示对方若与我方协议失败，我方将立即与其他的电脑供应公司谈判。

（5）打破僵局。合理利用暂停，首先冷静分析僵局的原因，再可运用把握肯定对方行式，否定方实质的方法解除僵局，适时运用声东击西策略，打破僵局。

（三）休局阶段

如有必要，根据实际情况对原有方案进行调整。

（四）最后谈判阶段

（1）把握底线。适时运用折中调和策略，严格把握最后让步的幅度，在适宜的时机提出最终报价，使用最后通牒策略。

（2）埋下契机。在谈判中形成一体化谈判，以期建立长期合作关系。

（3）达成协议。明确最终谈判结果，出示会议记录和合同范本，请对方确认，并确定正式签订合同时间。

七、准备谈判资料

1. 须准备相关法律资料：《中华人民共和国合同法》《国际合同法》《国际货物买卖合同公约》《经济合同法》等。

2. 准备合同范本、背景资料、对方信息资料、技术资料、财务资料等。

八、制定应急预案

双方是第一次进行商务谈判，彼此不太了解。为了使谈判顺利进行，有必要制定应急预案。

1. 对方不同意我方，对报价＿＿＿＿＿＿元表示异议

应对措施：就对方报价金额进行谈判，运用妥协策略，换取在交接期、技术支持、优惠待遇等方面的利益。

2. 对方使用权力有限策略，声称金额的限制，拒绝我方的报价。

应对措施：了解对方权限情况，"白脸"据理力争，适当运用制造僵局策略，"红脸"再以暗示的方式揭露对方的权限策略，并运用迂回补偿的技巧，来突破僵局；异或用声

（续上）

东击西策略。

　　3. 对方使用借题发挥策略，对我方某一次要问题抓住不放。

　　应对措施：避免没必要的解释，可转移话题，必要时可指出对方的策略本质，并声明，对方的策略影响谈判进程。

×× 集团

____年__月__日

46.9　经销商会议策划方案

经销商会议策划方案

一、会议背景

公司业务发展迅速，销售渠道不断拓展，需要加深与经销商之间的联系。

二、会议目的

通过让经销商对公司有更进一步的了解，增强经销商和公司共同发展的决心。

三、会议主题

略。

四、会议时间

____年__月__日—____年__月__日。

五、会议策划

（一）会议前

1. 与会人员邀约

（1）与会人员确定（经销商到会人员确定、第三方与会人员确定）。

（2）邀约形式确定。

（3）邀约执行人员确定。

（4）接机安排确定。

2. 会议确定

（1）会议地点、议程安排确定。

（2）酒店住宿安排确定。

（3）物料准备完成（市场部、营销部、研发部）。

（4）场地布置完成。

（5）人员分工表制作、分发完成。

（续上）

（6）时间进度表制作、分发完成。

（7）第三方与会人员：媒体、政府官员等确定。

（二）会议中

人员到位。

（三）会议后

销售跟进：可能需要销售做一些跟进工作。

六、经销商会议安排细则

（一）会议流程

日期	具体时间与活动安排
1 月 21 日	10：00 —10：30　　签到 & 留影 10：30 —11：30　　参观公司 11：30 —13：30　　欢迎午宴 13：30 —13：40　　开场曲《我要飞得更高》 13：40 —13：50　　主持人致开场词 13：50 —14：20　　王 × × 董事发言 14：20 —14：50　　_____年工作回顾（建议由张总发言） 14：50 —15：20　　新品发布（建议由江 × × 先生或罗 × × 先生发言） 15：20 —15：50　　经销商经验分享（建议由销售或资深经销商发言） 15：50 —16：20　　休息时间（让服务员送一些水果甜点） 16：20 —16：50　　政策宣讲（建议由杨 × × 先生发言） 16：50 —17：20　　_____年战略研讨（建议由刘 × 总经理发言） 17：20 —19：20　　欢庆晚宴，送礼品
1 月 22 日	上午自由活动 11：30 —13：30　　酒会（中间进行任务承诺书签字仪式） 11：30 —13：30　　欢送

（二）会议地点

建议五星级酒店会议厅（以容纳五、六十人为限）。

（三）会议场地布置

1. 签到区

（1）背景板创意签到——将来宾的名字全部贴在背景板上，当把手放进去的时候，可以触动开关，点亮自己名字所属的 LED 灯。

（2）小提琴演奏队。

（3）红地毯、迎宾人员、摄影人员、迎宾桌、桌花。

（续上）

（4）签到礼品：手提袋+宣传册+单页+小礼品，两位礼仪小姐负责为来宾贴上 logo（带有编号）即可。可根据编号在来宾离开的时候送上礼品，免去来宾携带的不便。

注：若在公司举行，可借用一楼大厅布置；若在五星级酒店举行，可借用酒店入口区布置；考虑到人数较少，签到区一定要布置隆重，才能体现会议的精心安排。好比网站首页，视觉效果震撼就可以，内页即使简单一点也没关系。

2. 会议、宴会区

（1）发言区兼表演区（略）。

（2）座位区兼宴会区（略）。

3. 新品发布安排

（1）与靓丽的模特结合。

（2）与创意性的展示方式结合。

（3）由来宾进行部分操作，活跃会议气氛。

46.10 经销商年会策划方案

经销商年会策划方案

一、年会主题

"辉煌 × 年，永续经典"经销商年会。

二、年会时间

____年__月__日—____年__月__日。

三、年会地点

××××酒店。

四、年会目的

1. 发布____年营销政策，规范区域市场竞争。

2. 发布____年营销新品，展望未来发展趋势。

3. 有针对性地进行培训，并组织讨论，通过教学与交流，加强经销商实际操作能力。

4. 共同回顾本公司 ×× 年辉煌历程，让动人经典的各个情节增加厂商之间的凝聚力。

5. 通过有突破性的颁奖典礼，提升经销商的荣誉感与竞争力。

五、年会主要形式

1. 集团领导政策方向发言。

2. 优秀经销商代表经验分享。

3. 分主题分会场讨论互动。

（续上）

4. 专题培训。

5. 新产品发布、新产品观看、订货。

6. 参观 ×× 地方。

7. 辉煌 ×× 年，永续经典颁奖典礼。

六、会议议程

会议日期

日期	议程
第一日 （___年__月__日）	入场播放 ×× 公司辉煌光碟 9：00—9：05　　　主持人介绍到场嘉宾 9：05—10：05　　×× 公司总经理兼董事长致辞 10：05—10：25　休息、饮茶 10：25—11：25　×× 公司营销中心总经理致辞 11：25—12：00　×× 公司事业部总经理致辞 12：10—13：10　午餐
第一日 （_____年___月___日）	13：10—14：00　　午休 入场播放 ×× 公司辉煌光碟 14：05—15：05　　×× 公司市场部总经理致辞 （发言主题及其他发言人待定） 15：10—16：40　　合影 16：40—18：30　　分主题讨论交流 19：30—22：00　　竞赛娱乐
第二日 （_____年___月___日）	入场播放 ×× 公司辉煌光碟 8：30—11：00　　新产品专场 11：10—12：20　　午餐、午休 12：20—19：00　　参观 ×× 地方 19：00—20：00　　前往 ×× 酒店用晚餐 20：00—21：30　　参观新产品展示 21：40　　　　　　返回酒店
第三日 （_____年___月___日）	入场播放 ×× 公司辉煌光碟 8：30—12：00　　培训 12：10—14：00　　午餐、午休 14：10—16：10　　颁奖典礼 16：30—18：00　　中场休息 18：00　　　　　　分享晚宴

（续上）

七、年会工作进度跟踪

工作进度跟踪表

序号	工作项目	负责人	完成时间	备注
1	年会整体方案及主题确定		11 月 30 日前	
2	会议发言人员及稿件收集		12 月 30 日前	明确人员及各主题
3	总会务			
4	与会人员名单确定		11 月 15 日前	
5	奖项参赛邀请表格撰写及收集		11 月 20 日前	
6	产品开发方案		12 月 30 日前	
7	新产品开发策划		12 月 15 日前	
8	产品拍片		12 月 30 日前	
9	年会展示方案		11 月 30 日前	
10	年会展示施工		1 月 30 日前	
11	集团营销英雄榜		1 月 15 日前	
12	营销政策及流程		12 月 20 日前	
13	____年专卖店政策		12 月 20 日前	
14	____年广告及促销政策		12 月 20 日前	
15	邀请函撰写		12 月 1 日前	
16	邀请函传真及回执统计		12 月 25 日前	
17	奖项评选、确定		12 月 25 日前	由市场部、事业部组成
18	酒店会务		12 月 25 日前	包括会议室、用餐、住宿
19	应用设计		12 月 15 日前	统一 VI
20	公司部门通讯录		12 月 20 日前	统一 VI
21	会议议程、发言稿提纲		12 月 20 日前	统一 VI
22	年会指引		12 月 20 日前	统一 CI 温馨提示
23	电子图册制作		12 月 25 日前	
24	报纸广告及软文		12 月 20 日前	12 月中旬至次年 1 月
25	晚会筹备		12 月 30 日前	

（续上）

续表

序号	工作项目	负责人	完成时间	备注
26	会议接待			
27	抽奖方式及奖券制作		12 月 30 日前	
28	奖品购买		12 月 30 日前	
29	合影留念			
30	全程摄影			
31	车辆安排			
32	会议主持			
33	经销商纪念品		12 月 15 日前	
34	相关物料制作			

八、费用预算

略。

46.11　____年第 ×× 届 ×× 博览会参展执行方案

____年第 ×× 届 ×× 博览会参展执行方案

一、参展基本要素

1. 展会名称：第 ×× 届 ×× 博览会。

2. 参展主题：略。

3. 展位位置：×× 馆、×× 号展位，共 ×× 平方米。

4. 展会地点：×××× 国际博览中心（×× 市 ×× 区 ×× 区 ×× 路 ×× 号）。

5. 布展时间：____年__月__日至__日（每天 8：30—17：00）。

6. 参展时间：____年__月__日至__日（每天 8：30—17：00）。

7. 撤展时间：____年__月__日（下午 16：00—21：00）。

二、参展目标

1. 展示 ×××× 的品牌形象，扩大 ×××× 的品牌知名度和影响力。

2. 借助展会信息对接平台，收集目标经销商信息资料。

3. 邀请目标经销商观展，加强与他们的直面沟通，力求于现场达成合作意向，确保招商成功。

（续上）

三、展位设计

展位功能区域划分

序号	区域	功能
1	客户接待区	本区域主要用于客户引导、接待，资料发放、名片发放、名片收集等相关事宜
2	业务洽谈区	主要用于与有合作意向的客户进行深度沟通交流，同时也是客户休息时仔细览阅宣传资料的区域
3	产品展示区	主要用于摆放 ×× 产品
4	产品演示区	主要用于 ×× 产品展示
5	品牌宣传区	主要用于展示 ×× 的品牌标识以及品牌风格图腾

四、参展产品

参展产品选择的原则：

（1）精致原则。选择外表精致、制作工艺细致、市场预售价较高的高档精品。

（2）特色原则。从朋克、牛仔、迷彩三大系列中分别选择部分有特色，且能代表各系列风格的主打产品进行展示。

五、展会宣传推广

展会宣传推广工作安排

宣传时期	宣传渠道	宣传形式	宣传时间
展前宣传	中国服装网	上传 ×× 参展宣传软文	__月__日一__日
	中国时尚品牌网		
	全球加盟网		
	中华加盟网		
	中国品牌服装网		
展会期间宣传	服博会联手合作媒体	预先将 ×× 宣传软文提交给服博会媒体区相关工作人员，由其递交给展会相关合作媒体，邀请展会期间驻点记者前往 ×× 展位进行现场拍照、采访	__月__日一__日
	宣传资料发放	在展会现场有选择性地发放 ×× 宣传资料	
展后宣传	×× 公司官网	上传 ×× 参展报道和相关照片	__月__日一__日
	中国服装网		
	中国时尚品牌网		

（续上）

宣传时期	宣传渠道	宣传形式	宣传时间
展后宣传	全球加盟网	上传 ×× 参展报道和相关照片	__月__日—__日
	中华加盟网		
	汽车论坛		
	中国品牌服装网		

六、参展人员安排

参展人员及职责安排

工作职务	人数	工作职责
总负责	1 人	负责展前筹备、展中执行、展后总结全程工作的统筹、协调、安排和进度监督，以及参展期间一些突发事件处理
客户接待	2 人	负责在接待台迎接客户、客户入场引导、分发宣传资料等相关接待事宜
业务接洽	8 人	负责主动与客户进行沟通交流，介绍产品、×× 品牌知识、招商政策以及客户资料收集
机动人员	1 人	现场拍照及处理一些临时性事务，此外还可根据展会现场情况，机动地协助其他人员开展工作

注：本次展会参展人员初拟 12 人，其中包括运营中心 6 人，市场部 2 人，商品部 2 人，设计部 2 人。（参展人员具体名单待运营中心人员基本到齐后再行确定）。

七、展会物料明细

展会物料明细

物料品类	物料明细	数量	负责准备
宣传物料	×× 品牌手册	500 份	市场部
	×× 产品手册	500 份	
	招商宣传折页	1 000 份	
	宣传 POP	4 个	
	×× 参展形象宣传图（上传至各大网络）	1 幅	市场部
	展会宣传软文	2 篇	
	邀请函（用于展前邀请意向客户前去观展）	待定	
	×× 形象光盘	2 盘	
	手提袋	500 个	
	宣传礼品（待定）	待定	商品部

（续上）

续表

物料品类	物料明细	数量	负责准备
展位布置物料	参展商品	待定	商品部
	业务洽谈桌椅	4桌，20椅	市场部
	电视机	1台	
	展示车	1辆	
	饮水机	1台	
	鲜花、盆栽	待定	
办公用品	营销人员名片	人手3盒	行政部
	名片册	2本	
	水笔	1盒	
	笔记本电脑	4台	
	网线	1根	
	一次性杯子	10打	
	证件复印件（营业执照、税务登记证、品牌授权书）	1套	
	参展人员工作服	12套	
	照相机	1台	
	商品托运打包工具		
	招商合同书	20份	运营中心
	客户信息登记表	20份	
	特邀嘉宾名录	2份	
	招商手册	20份	

八、展会整体工作进度安排

展会整体工作进度安排表

阶段时间	工作事项	完成时间	负责部门
远期筹备（__月__日—__日）	展会设计方案收集	__月__日	市场部
	展会设计方案评估	__月__日	市场部、运营中心
	展会设计方案确定，展览合作公司确定	__月__日	市场部
	与展览公司签订合同时一同明确桌椅、电视、饮水机、鲜花等物品具体租赁事宜	__月__日	市场部
	展会邀请函制作	__月__日	市场部

（续上）

续表

阶段时间	工作事项	完成时间	负责部门
中期筹备（__月__日—__日）	展位道具下单制作	__月__日	市场部
	参展信息发布（在已注册网站免费上传资讯）	__月__日	市场部
	观展目标邀请客户名单确定	__月__日	运营中心
	参展产品名单确定	__月__日	运营中心
	参展人员具体名单确定	__月__日	运营中心
	参展人员着装确定	__月__日	运营中心
	展会宣传软文	__月__日	市场部
	参展人员培训资料撰写	__月__日	运营中心
	展品准备并办理出库手续	__月__日	商品部
	宣传礼品	__月__日	行政部
	展位主体道具制作完工并验收	__月__日	运营中心
	展示车辆租赁	__月__日	运营中心
	参展人员往返车票预订	__月__日	行政部
	参展人员入住酒店预订	__月__日	行政部
近期筹备（__月__日—__日）	观展客户邀请	__月__日	运营中心
	宣传 POP	__月__日	市场部
	××宣传光盘	__月__日	市场部
	××宣传手册	__月__日	市场部
	××产品手册	__月__日	市场部
	招商宣传折页	__月__日	市场部
	资料手提袋	__月__日	市场部
	参展人员培训	__月__日	运营中心
	参展人员服装	__月__日	行政部
	名片、笔、笔记本电脑等所有办公用品准备	__月__日	行政部
	参展商品、宣传物料、办公用品等所有物品数量清点、打包、托运	__月__日	运营中心
	展前工作会议	__月__日	所有参展人员
布展期工作（__月__日—__日）	2 名布展人员先行前往目的地开展布展工作	__月__日	待定
	与合作展览公司联系，确认布展事宜	__月__日	待定
	协同展览公司布展	__月__日	待定
	布展完毕、展区清洁、展品摆放	__月__日	待定
	参展其他人员前往目的地	__月__日	待定

（续上）

续上

阶段时间	工作事项	完成时间	负责部门
展期工作 （__月__日—__日）	岗前准备并提早到达展览中心	__月__日	参展人员
	岗间按照各自的工作职责守好各自的工作岗位	__月__日	参展人员
	岗后整理贵重物品离场，并召开当日工作总结会议	__月__日	参展人员
展后工作 （__月__日—__日）	协同展览公司撤展，收拾、整理、清点、打包应带离物品	__月__日	参展人员
	物品现场托运	__月__日	参展人员
	与展览公司交接清楚租赁物品	__月__日	参展人员
	展品到达公司后整理、清点、入库	物品到达后两日内	参展人员
	展会总结会议	__月__日	公司领导、参展人员
	展会总结报告（效果、不足、修正）	__月__日	运营中心
	展会活动报道及相关照片上传公司网站	__月__日	市场部
	展会所收集的客户资料整理与分类	__月__日	运营中心
	对客户进行联系跟踪	__月__日	运营中心
	根据客户反馈撰写展会效果评估报告	__月__日	运营中心

46.12　××公司地区化网络服务定价方案

××公司地区化网络服务定价方案

一、基础情况

××公司作为全球远程因特网接入服务供应商，目前通过世界最大的由 8 000 多个"存在点"（POPS）组成的远程接入网络，使公司的服务已覆盖了 150 个国家和地区。

二、产品服务

××公司的"公司接入"（Corporate Access）"全球漫游"（Global Roaming）和"管理接入"（Manage Access）产品及服务，使得公司、通信公司和因特网服务供应商能够在全球任何地方访问因特网以及它们的公司网络。许多公司的移动雇员，在非常广泛的通信和电子基础设施环境中开展业务。这些雇员能够简单地以本地电话的费用访问因特网和他们公司的网络。公司的客户可以任意选择拨号或综合业务数字网（ISCDN）服务，它提供安全、可靠的远程因特网接入和全球漫游解决方案，并从囊括全球主要商业中心的覆盖面中获益。

（续上）

三、费用构成

（1）×× 公司网络接入的费用。

（2）一次性商业服务收费。

（3）按照客户要求进行改制的特殊需求收费。

（4）×× 公司客户使用的革命性新"网络界面"客户软件应用费。

四、作用

（1）全球远程因特网接入服务，使亚洲商家能够以更低的成本来提高通信能力和生产率。

（2）通过标准化的收费，×× 公司的客户管理成本降低，与拨打国际长途（IDD）相比，可节省 ××% 的费用。

五、定价方案

（1）简化地区定价计划方案，公司客户在公司已开展服务的同一个地区以同一价格付费。

（2）全球的统一计价服务地区分为亚太区、西欧区、北非区和拉美区。

（3）原来各个"存在点"定价被一个地区内所有"存在点"的单一、统一价格所取代。

（4）全球统一收费标准平均每分钟低于 ×× 元。

（5）公司客户有权选择一个国家（或地区）作为他们的"通讯服务注册地"，并享受更低的费用，因为在所在国家或地区上网价格将更低。

（6）客户可以根据公司员工的使用量来选择他们合适的"通讯服务注册地"，不必一定是公司或办事处所在的国家或地区。

六、要求

（1）费用即时结付。

（2）为了增加安全性，客户需保存密码。

（3）客户需具备"虚拟专用网"（VPN）。

（4）渠道冲突处理方案。

×× 公司

＿＿年＿月＿日

第47章 设计研发管理文书

47.1 新产品可行性分析报告

新产品可行性分析报告

新产品名称：　　　　　　　　　　　　　　开发产品数量：

新产品规格／型号：　　　　　　　　　　　顾客名称：

一、顾客概况（包括：工厂规模、现有主要车型、年产量、企业性质、生产经营状况、近几年发展情况等）

二、顾客对新产品开发项目的质量和技术要求及其他基本要求（包括：外观、尺寸、功能、性能、材料、装于何种车型、进度要求、数量要求等基本要求）：

三、竞争对手情况（包括：有几家竞争对手与顾客配套、竞争对手的质量和技术状况、竞争对手的设计和开发能力状况等）：

四、顾客对新产品的认可程序或方法：

五、市场预测（包括：新产品开发进度、何时上市、年产量计划等）：

六、顾客有关部门／人员的联系电话和地址情况（包括：设计和开发部门、质量管理部门、采购部门、工程技术部门等主要负责人的联系电话和地址）：

七、公司现有技术平台／对新产品的基本构想：

（续上）

八、新产品的关键技术问题及风险分析：	
九、新产品开发的进度安排：	
十、新产品的预计年产量、成本估算、价格预算：	
十一、投资预算（包括：人员投资、设施／设备投资等）：	
十二、销售渠道及其他情况：	
十三、新产品开发立项结论：	

47.2　设计任务书

设计任务书

客户名称：　　　　　　　　　　　产品名称：

产品编号：　　　　　　　　　　　完成日期：

客户要求：

　　尽量全面地写清楚客户的技术要求及其他期望需求，并注明需要执行的相关标准（如 RAMS/LCC 要求）：

设计要求：

　　1. 对客户的技术要求要能够完全达到，在必要的时候还需要提高标准，来满足客户及公司需要；

　　2. 在设计任务书设计要求栏中注明参与设计和开发的不同小组人员之间的职责分工；

根据所评审的系统部分要求填写，并要求确认是否授权至下一阶段（比如：设计任务书下达时在设计任务书上要写明可进入产品初步设计阶段），内容要求填写全面。

（续上）

设计内容：

47.3 设计输入评审报告

设计输入评审报告

产品名称：   产品编号：

评审对象：   评审时间：

主持人：   参加人员：

输入内容：
 1.
 2.
 3.
 4.
 5.

评审内容：
 根据所评审的系统部分要求填写评审内容，并要求确认是否授权至下一阶段（比如：设计任务书下达时在设计任务书上要写明可进入产品初步设计阶段），评审内容要求填写全面。

评审结论：

47.4 设计过程评审报告

设计过程评审报告

产品名称：   产品编号：

评审对象：   评审时间：

主持人：   参加人员：

执行标准：
 1.
 2.
 3.
 ……

（续上）

评审内容：　　根据所评审的系统部分要求填写评审内容，并要求确认是否授权至下一阶段（比如：设计任务书下达时在设计任务书中要写明可进入产品初步设计阶段），评审内容要求填写全面。
评审结论：

47.5　设计输出评审报告

设计输出评审报告

产品名称：　　　　　　　　　　　产品编号：

评审对象：　　　　　　　　　　　评审时间：

主持人：　　　　　　　　　　　　参加人员：

评审内容：　　1. 新产品的功能与性能要求（详见 ×× 技术协议 / 技术条件）。　　2. 新产品与以前类似产品的设计相似性。　　3. 新产品符合法律法规要求（如 3C 或 CRCC）。　　4. 产品总体设计方案是否合理。　　5. 产品设计输出资料是否完整。　　6. 产品设计输出的资料是否满足采购、生产、检验及试验的要求。　　……
评审结论：　　根据所评审的系统部分要求填写评审内容，并要求确认是否授权至下一阶段（比如：设计任务书下达时在设计任务书上要写明可进入产品初步设计阶段），评审内容要求填写全面。

第48章　采购管理文书

48.1　采购谈判方案

采购谈判方案

一、采购谈判参加人员

采购谈判人员主要参与包括材料设备部经理，采购主管，财务经理、总经理助理及相关物资的使用人员。

二、采购谈判的原则

1. 互利互惠原则：在谈判过程中，不仅要从企业自身的利益出发考虑谈判的方式和技巧，也要通过换位思考的方式，从对方的利益角度考虑谈判目标的实现，努力实现合同谈判过程中的互利互惠原则。以不损害谈判双方的友好合作关系为前提。

2. 时间原则：时间就是优势，在谈判前和谈判中通过时间技巧掌握谈判的主动权，力求速战速决。

3. 信息原则：信息的掌握情况在很大程度上决定着谈判的成功与否。在谈判前要通过各种渠道占有各类与谈判有关的信息，在谈判过程中通过对谈判信息的总结，提升，将其转化为谈判的优势。

4. 诚信原则：诚信是谈判的成功的基础，是与供应商保持长期良好的合作关系的前提，在谈判中严禁使用涉嫌欺诈的方式和手段。

三、谈判目标

谈判目标的具体内容

谈判目标明细表

项目	价格	支付方式	家伙条件	运输费用	产品规格	质量标准	服务标准
最优目标							
可接受目标							
最低限度							
目标							

四、谈判目标

1. 材料设备的质量保证：满足企业的需要，附有产品合格说明书，检验合格证书及

（续上）

物料的有效使用年限。

　　2. 包装：内包装和外包装，根据谈判价格确定具体的包装形式，确保采购材料设备无折损。

　　3. 价格：明确合理的采购价格可以给供应商带来销售量的增加，销售费用的减少，库存的降低等利好因素。

　　4. 订购量：根据企业施工实际进度和企业仓储能力确定订购量。

　　5. 折扣：折扣有数量折扣，付现折扣，季节折扣以及新产品折扣等几种。

　　6. 付款条件：综合分析一次性付款，月结付款和付款方式带来的替代效应，选择最有利的付款方式。

　　7. 交货期：交货期的确定以不影响企业的正常生产为前提，结合企业的货物存放成本，尽量选择分批供货。

　　8. 售后服务事项：售后服务事项包括维修保证、品质保证、退货等内容。

五、谈判准备

（一）信息收集

信息收集的种类及目的

序号	种类	目的
1	谈判模式及价格的历史资料	了解供应商谈判技巧的趋势、供应商处理上次谈判的方式等
2	材料设备购买的历史资料	价格的上涨有时意味着材料设备的下降，也可以作为谈判的筹码
3	宏观环境资料	了解政府法令、企业政策等，增强谈判能力
4	供应商情报资料	了解价格趋势、科技重要发明、市场占有率等供应商市场信息，做到知己知彼
5	主要合同条款的起草	起草一份企业熟悉的采购合同，列举出主要的合同条款

（二）议价分析

1. 采购人员在财务部相关人员的帮助下，对物料成本进行专业分析，设置议价底线。

2. 进行比价分析。

比价项目	内容
价格分析	对相同成分或价格的产品的售后或服务进行比较，至少要选取三家以上
成本分析	将总成本分为人工、原料、外包、费用、利润、作为讨价还价的筹码

（续上）

3. 确定实际与合理的价格

六、采购谈判的优劣分析

（一）关注企业作为买方的实力

1. 采购数量的多少。

2. 主要原料。

3. 标准化或没有差异化的产品。

4. 利润的大小。

5. 商情的把握程度。

（二）供应商作为卖方的实力

1. 是否独家供应或独占市场。

2. 复杂性或差异化很大的产品。

3. 产品转化成本大小。

（三）替代品分析

1. 可替代产品的可选种类。

2. 替代产品的差异性。

（四）竞争者分析

1. 所处行业的成长性。

2. 竞争的激烈程度。

3. 行业的资本密集程度。

（五）新供应商的开发

1. 资金需求的多少。

2. 供应材料设备的差异性。

3. 采购渠道的建立成本。

七、采购谈判的议程

1. 谈判时间

时间：2021-5-18 至 2021-5-19

每日：上午 8：30—11：30；下午 2：00—5：00

2. 谈判地点

地点：××市××宾馆××会议室

八、采购谈判流程

第一阶段	第二阶段	第三阶段	第四阶段
开局	报价	磋商	成交

（续上）

续表

第一阶段	第二阶段	第三阶段	第四阶段
1. 建立良好的谈判氛围 2. 交换谈判的内容意见 3. 双方进行开场陈述	1. 把握报价原则：可以采取书面报价或口头报价的方式 2. 确定合理的报价范围	1. 磋商的形式，包括书面和见面，以书面磋商为主 2. 把握磋商的反复性磋商的过程就讨价还价的过程 3. 在磋商的过程要做适当的让步	1. 达到成交目的的策略，包括最后通牒，折中等 2. 争取完全成交，在完全成交不现实时，可把握部分成交 3. 签署协议。谈判成果只有在协议签署以后才能成立

九、谈判特殊情况的处理

1. 材料设备部经理根据谈判的具体情况从总体上把握谈判的进程，并在自己的权限范围内灵活处理谈判中出现的新情况和新问题。

2. 对材料设备部经理无法决定的谈判内容，应根据采购总监和总经理进行审核批准。

48.2　质量保证协议

质量保证协议

甲方：某电器有限公司

乙方：

双方本着"互惠互利、共同发展"的原则，为确保产品质量的稳定和提高，特签订本协议。

一、乙方为甲方提供的_____产品质量应满足以下部分或全部要求：

1. 双方签订。

2. 甲方提供的技术标准。

3. 甲方提供的图纸。

4. 其他补充要求。

二、乙方对出厂的产品应对以下项目：

进行全程把关，每批产品并向甲方提供：（用打√的方法选取）

（　）检验合格合格证

（　）检测报告

（　）有关检验原始记录

（　）型式试验报告（每年）

三、甲方对乙方提供的产品质量验收，采用全数据检验或抽样检验两种方法。

1. 全数检验，不合格率（P_1）：_____。

（续上）

2. 抽样检验：_____。

抽样方案：_____。

合格质量水平：_____。

抽样检验批不合格率（P_2）：_____。

四、甲方对乙方产品不合格品的统计范围，应为甲方进厂检验时发现的不合格品、生产过程中发现的不合格品和售后发现的不合格品的总和。

五、产品进货检验全数检验不合格率（P_1）和抽样检验批次不合格率（P_2）的计算方法。

全数检验

$$P_1 = \frac{进厂检验判定的不合格品数}{交验产品总批数} \times 100\%$$

抽样检验

$$P_2 = \frac{季度抽查不合格批数}{季度抽查总批数} \times 100\%$$

六、产品进厂验收的检验判定依据为：

七、质量保证

1. 乙方应按甲方的要求，并参照 ISO 9001 系列标准建立并保持文件的质量体系，不断提高质量保证能力。

2. 甲方在需要时确认乙方提供的产品在制造过程中的质量保证体系及质量保证的实施状况时，征得乙方同意后可进入乙方进行质保体系调查。

3. 如果乙方将甲方所需的产品全部或部分委托给第三方制造时，甲方有权提出进入第三方调查其质量保证能力，乙方应予积极协助。

八、为促进乙方的产品质量稳定和提高，甲方根据双方确认属乙方质量责任的不合格品时，采取以下经济措施：

1. 被判为整批不合格的产品应及时通知乙方，经甲方作出可否回用的判定。被判为可回用的产品需办理回用手续并按降级处理，甲方将扣除该批产品总价值的____%；被判为不可回用的不合格品甲方有权作整批退货，并收取乙方该批产品价值的 % 作检验费和误工费。

2. 合格批中的不合格品甲方除退货外，还收取乙方退货价的____%作检验费与误工费。

3. 如因整批不合格退回，乙方不能及时再次提供合格品，甲方因此停产造成的一切损失，乙方必须负全部责任。

4. 乙方为甲方提供的产品、原材料、零配件的制造工艺发生改变时，必须事先通知

（续上）

甲方，征得甲方同意；否则由此造成的一切损失由乙方承担。

5. 如果乙方产品质量连续两个月达不到本协议规定的质量水平，或发生重大质量问题，除执行本协议的有关条款外，甲方有权减少乙方的供货量或终止合同，取消定点资格。

九、因乙方提供的供品出现质量问题造成重大事故，按国家质量法处理。

十、其他补充条款

_____

十一、当甲、乙双方认为协议条款需要变更时，由双方协商重新签订协议。

十二、本协议未签事宜，由双方共同协调解决。

十三、本协议一式四份，各执两份，经双方签字盖章后生效。

甲方：_____　　　　乙方：_____

签章：_____　　　　签章：_____

日期：_____　　　　日期：_____

48.3　催货通知书

催货通知书

敬启者：

　　查贵公司与本公司签订的下列契约业已到期迄未交货，请于文到一周内迅予交清为荷！

　　此致

　　查照

　　启

×× 有限公司

日期：_____年__月__日

48.4　损失索赔通知书

损失索赔通知书

NO：

公司：

　　本公司于_____年__月__日向贵公司采购之下列货品：_____，因

（续上）

贵公司产品□品质不良　□交期延迟，造成本公司蒙受_____元的损失，兹检附：□损失计算表____份；□品质检验报告____份；□本公司客户索赔函复印本____份，连同原采购合约复印本共_____份，望贵公司给予谅察赔偿。其赔偿金额，敬请贵公司同意。

　　　□由其他货款中扣除

　　　□以现金支付

　　　顺颂

商祺！

____有限公司

采购部

日期：____年__月__日

48.5　需方非常满意通知书

需方非常满意通知书

_____：

　　贵单位生产的_____产品，我们表示非常满意，拟采取以下"√"方式予以激励。

□　供应商升级

□　增加订货比例

□　比其他供应商优先付款

□　优先安排新产品

□　一次性奖金万元。

××有限公司

日期：____年__月__日

48.6　供应商战略合作协议

供应商战略合作协议

甲方：　　　　　　　乙方：

甲乙双方本着平等自愿、互惠互利、共同发展的原则，经双方友好协商，就甲方与

（续上）

乙方战略合作事宜达成一致意见，并签订如下合作协议：

一、甲乙双方合作物资：

二、合作期限

为期 ____年，自____年__月__日至____年__月__日止。

三、甲方权利和义务

1. 优先选择乙方供应采购物料。

2. 定期和乙方沟通，告知乙方物料采购标准、供应商选择标准、公司经营策略。

3. 甲方积极向客户推荐乙方产品。

4. 甲方有责任积极协调乙方与客户的供需事宜，并配合乙方做好售后服务。

5. 甲方有权要求乙方提供质量达标的合格产品，乙方必须出具产品质量检验报告或同类文相关证明。

6. 甲方有权对正在供货的供应商进行月度考核和年度考核，乙方应配合甲方考核，若考核不合格，甲方有权终止乙方供应商资格。

四、乙方权利和义务

1. 质量保证

（1）乙方向甲方交纳相应的产品质量保证金：_____元（大写：_____ _____），如乙方的材料质量未出现问题，质保金于____年__月__日无息返还乙方。

（2）乙方应当保证供应产品的质量。乙方提供产品的同时，还应该向甲方提供材料的技术数据、成品测试报告、企业标准、国标，国内（国际）通过的安全认证及其他认证证书复印件。

（3）乙方应按照双方共同确认的品质要求交货。若因乙方责任导致品质异常而使甲方遭到客户索赔的，乙方应全额赔偿损失。

（4）乙方供货前应提供供应产品的样品____份作为封样。如果检测不合格，乙方承担由质量问题引起的所有损失，甲方扣留所有保证金。

（5）乙方应当按照甲方需求，提供给甲方同一品牌、等级、规格的产品，乙方不得以其他品牌、等级、规格的产品冒充甲方所确定的材料。出现此类情况，甲方有权扣留保证金并更换供应商。

（6）乙方有对甲方相关人员进行供应产品的知识培训或提供相关数据的义务。

（7）甲方和甲方的客户对乙方供应产品质量如有异议，应当场解决，乙方应根据情况给予调整或更换。

2. 价格保证

（1）乙方保证按照产品的市场最低价向甲方供货，乙方对甲方给予优惠____折，对

（续上）

甲方返利＿＿＿%，返利日期为＿＿＿＿＿＿＿。

（2）乙方保证在价格调整前＿＿＿日内，书面通知甲方，并将最新价格提供给甲方，采购单价根据甲乙双方的协议制定。

（3）乙方决定采购报价后应根据甲方指定的格式、内容，迅速将价格明细提交给甲方，甲乙双方的法人代表或委托代理人签名认可并注明生效时间后，才具有法律效力，其他人的签名不予以承认。

（4）采取月结（季结）方式的产品单价一经双方确认，原则上不变，只有在生产此种产品的制造成本上浮或下跌＿＿＿%以上，甲方或乙方希望修订采购单价时，双方应以书面的形式预先通知对方，双方协商单价修订及实施日期事项（必要时签订补充协议）。新单价经双方协商后调整，并经双方法人代表或委托代理人签名确认后开始生效。

3. 供应速度

乙方应按照双方确认的交货日期和数量如期交货，若因乙方责任导致交货期延迟，导致甲方不能如期向客户交货而遭到客户索赔的，乙方应全额赔偿损失。

五、物料供应程序

1. 正常订货，甲方按照采购物料清单中所制定的"正常采购周期"以书面形式向乙方订货，紧急订货则按"紧急采购周期"执行。

2. 当甲方向乙方发出采购订单后，乙方要仔细审核采购订单内容，如质量标准、订单数量、交货日期，确认无误后，正常订货由乙方负责人于 4 小时内签名回传甲方，紧急订货于 2 小时内回签给甲方。若不按时回传，甲方有权对乙方处以 100 元罚款，罚款金额从货款中扣除。若乙方对于甲方的订货内容有异议时，于接到《采购订单》后 1 小时内通知甲方处理。

3. 乙方于交货前需填写规范的《送货单》，并按协议规定时间送货到甲方仓库。

六、结算方式

＿＿＿＿＿＿＿＿＿＿＿＿＿＿＿＿＿＿＿＿＿＿＿＿＿＿＿＿＿＿＿＿＿＿＿＿

＿＿＿＿＿＿＿＿＿＿＿＿＿＿＿＿＿＿＿＿＿＿＿＿＿＿＿＿＿＿＿＿＿＿＿＿

七、保密条款

甲乙双方应保守合作事宜的商业机密，不得向外泄露。

八、其他补充条款

＿＿＿＿＿＿＿＿＿＿＿＿＿＿＿＿＿＿＿＿＿＿＿＿＿＿＿＿＿＿＿＿＿＿＿＿

九、协议生效及持续合作

1. 本协议一式两份，双方各执一份，有关变更及附加条款应以双方签字盖章的书面形式为准，具有法律效力。

2. 自双方签订本合作协议之日起生效。

（续上）

3. 合作期满，双方可续签协议以继续合作，续签新协议时，本协议自动作废。

4. 合作期满，双方不再签订协议的，双方之间如发生销售（采购）行为的，仍可采用本协议内容。双方另有协议的例外。

5. 协议中应包括双方营业执照复印件和法人代表身份证复印件。

十、关于纠纷

1. 若双方合作当中产生各种纠纷，应当由双方代表人协商解决。

2. 若协商不成，可提请当地仲裁机构进行仲裁或向当地法院提起诉讼。

甲方（签章）：	乙方（签章）：
代表人（签字）：	代表人（签字）：
日期：____年__月__日	日期：____年__月__日

48.7　供应商保证协议书

供应商保证协议书

1. 总则

1.1 为了保证产品质量，确保产品供应，明确甲乙双方的责任，本着平等合作原则，×× 有限公司（以下简称甲方）和 ×× 公司（以下简称乙方）共同协商签订本供应商保证协议书。

1.2 甲、乙双方应严格遵守本协议各条款的规定和要求，违约方应对其所造成的事故负全部责任，并按照协议的要求作出损失赔偿。

1.3 本协议一式二份，甲、乙双方各保留一份，若本协议签署前甲乙双方已发生业务关系且当时没有签署书面协议，则本协议效力将追溯至甲乙双方发生业务关系之时。本协议将在甲乙双方发生业务关系期间一直保持有效，直到双方重新签订协议之前。

1.4 本协议一旦签订，甲乙双方应共同遵守。本协议未尽事宜由甲乙双方共同协商解决。

1.5 本协议解释权属于 ×× 有限公司。

2. 品质部分

2.1 验收规则

2.1.1 验收标准：甲方正式受控生效的《企业标准》《量产规格书》、甲方设计图纸及相应国家、部委颁发的有关标准，如遇到各标准之间有不一致时按高的标准执行。

2.1.2 甲方对乙方提供的货品验收时抽样方案按国家标准 GB2828.1-2012 一般检查

（续上）

水平Ⅱ，采用一次计数抽样方案进行检查。具体交收检验项目方案列于附表 2。我司将按实际情况进行检验转移，检验转移规则由我司根据实际情况拟订。

2.1.3 甲方向乙方提供甲方的《企业标准》或《量产规格书》、设计图纸等，并对乙方的样品进行核对确认，在相应规格书无法清晰表述时进行封样处理，封样作为产品质量处理的标准之一。

2.1.4 当甲方当月检查三批不合格时，甲方有权向乙方发出暂停供货通知，由甲方根据情况决定是否停止乙方供货。

2.1.5 为了保证甲方对产品的管理，甲方要求乙方提供的产品包装应符合以下要求：

内包装（最小包装）:密封独立包装内有产品合格证，标明产品型号、甲方物料编号、生产批号、生产日期、生产厂家。

外包装：纸箱标识需包含以下内容：产品名称、型号、数量、日期、生产厂家及甲方物料编号。对甲方定为安全件、关键件或 Rohs 物料，乙方外包装箱需标识甲方指定的安全件、关键件或 Rohs 标志。

2.1.6 乙方每次送货时，必须提交该批料的抽检报告给甲方检验部门。否则甲方有权拒收该批产品。

2.1.7 对有贮存期要求的产品，产品在乙方的贮存期不得超过 3 个月。乙方提供的产品自合格入库之日起，年内应保证其具有良好的性能、年内应保证其具有良好的可焊性，否则，甲方视其为不合格品予以退货。

2.2 产品检验要求

检验使用的仪器、设备及夹具应符合国家有关计量标准，双方有争议时进行协商并以双方最终认可的为准。

2.3 主要原材料的质量控制：

2.3.1 乙方应对原材料进行严格的进货检验，建立和保存进货检验的原始记录，对供应商的材料质量进行跟踪考核，建立质量档案。

2.3.2 甲方有权检查乙方的执行情况，并加以符合性考核，对不符合者，甲方有权对乙方采取扣款、暂停、取消等措施。

2.4 生产过程质量控制

2.4.1 乙方应健全完善生产过程的控制管理，必须制定生产过程控制文件和作业指导书等，在对最终产品质量有影响的关键生产工序上建立必要的质控点，所有质控点乙方应设专人负责，严格做好原始记录和数据统计，监控工序质量和产品质量，及时发现和纠正生产过程的异常情况，确保产品质量的一致性、稳定性。

2.4.2 乙方应使生产完全受控，如有失控，应及时查明原因采取纠正措施，并通知甲方采取相应的措施，否则一切后果由乙方承担。

（续上）

2.4.3　对于以上几点，甲方有权对乙方进行监督考察，并进行符合性考核，对乙方执行有效性不符合者，甲方指出后，乙方须及时进行有效整改，对未整改或整改情况不符合甲方要求的，甲方有权终止供货关系。

2.5　合格质量水平控制

2.5.1　乙方产品须确保甲方成品满足基本的可靠性要求，乙方产品上线不良率≤ PPM。

2.5.2　乙方提交的产品每月交收批次合格率≥ %。

2.5.3　产品交甲方时乙方应如实提供产品检验报告。

2.5.4　乙方应对库存____月以上的产品按正常程序进行重新检验。凡有逾期____个月的产品未经甲方认可，甲方将视为不合格处理。

2.5.5　乙方产品在甲方装机使用过程中，发现不良率劣于协议规定的合格质量水平时，甲方应及时向乙方进行质量信息反馈，同时提供不良品供乙方分析，乙方在接到反馈信息后必须以最快的速度进行分析，及时查明真正原因通知甲方以利于双方采取有效纠正措施，并在____个工作日内向甲方提供分析整改报告，甲方根据情况作出处理。

2.5.6　乙方应保证不发生混料事故，混料事故将视为不合格，由此给甲方造成损失将按本协议第六条处理。

2.6　元器件周期试验和可靠性试验

2.6.1　乙方必须严格按本协议第 2.1.1 标准进行周期试验和可靠性试验。乙方应如实每年向甲方提供一次以上有关例试报告。

2.6.2　乙方一旦发现送甲方的产品存在影响使用要求的任何隐患时，应及时通知甲方，并及时与甲方一起制定补救措施。

2.6.3　甲方在使用过程中一旦发现存在早期失效或中期失效隐患时，甲方应及时将信息反馈给乙方，乙方在接到信息应立即进行分析，查明原因制定补救措施，并向甲方提交书面报告。

2.6.4　因乙方产品可靠性原因造成甲方的损失按第六条的有关规定进行处理。

2.7　质量信息反馈

2.7.1　甲方对乙方的交货进行来料检验，出现不合格批次时，甲方应出具《来料检验不合格报告》同不合格品给乙方。

2.7.2　甲方对乙方的产品在生产试验过程中出现不良批次，甲方出具《质量信息反馈卡》同不合格品反馈给乙方。

2.7.3　乙方在接到甲方的反馈信息后必须立即分析、处理，应在一个工作日内确认已收到反馈，并在 3 个工作日内向甲方提供书面的质量分析及整改报告，在质量问题未妥善处理之前，甲方可以根据情况要求乙方暂停供货。

2.7.4　如乙方同类问题在接着交货的两个月内又连续出现两次，甲方有权取消乙方的供货资格。

2.7.5 甲、乙双方应有专人负责对质量信息反馈的处理。

2.8 不合格品的处理

2.8.1 来料检验中不合格品处理。

（1）甲方对乙方提供的产品进行验收时，如有不合格品，甲方应保存不合格实物并通知乙方，乙方接到通知后立即进行核实或提出处理意见，同时查明原因，采取相应改进措施，乙方应在三个工作日内答复相关意见，不答复者乙方应无条件接受退货处理，甲方并对此视乙方为问题处理能力不足、技术质量反馈不及时以考核乙方。

（2）来料中批次不合格品，原则上整批退回乙方，对于甲方必须使用的急用特采处理产品，经甲方同意后，乙方可在甲方允许的地点进行特采处理加工，然后向甲方进行第二次交验，特采处理原则上应由乙方完成，乙方也可委托甲方处理，甲方按实际的工时收取加工费用。

（3）对于环保物料，经我司 IQC 抽测（内测或送外测试）超标的退料处理。

2.8.2 使用过程的不合格品处理。

2.8.2.1 正常使用下出现的不合格品，应由乙方负责分析和退换。

2.8.2.2 市场返修退回的不良品，经甲方分析属乙方责任的，由乙方负责退换及分析处理。

2.8.3 对于甲方判定的不合格需退换货的物资／物料，经乙方确认后，乙方应在确认后 3 个工作日内完成退换货处理；若超过规定时间未处理的，物资／物料所有权归甲方所有，同时收取乙方相应处理费。

3. 商务部分

3.1 正当交易保证

3.1.1 甲、乙双方均有责任教育本单位员工，禁止在业务活动中进行索贿、行贿、受贿，亦必须拒绝对方人员的索贿、行贿行为。

3.1.2 甲方所属员工个人及其家属，不得以其个人直接或间接工作范围上的便利，向乙方要求非公务指定的借贷、租赁、投资及其个人或亲友进行酬劳式的工作安排。

3.1.3 乙方不论是单位或个人，均不得以任何借口或形式（如现金、有价证券、非公司制式礼品、休闲旅游的招待、报销发票等其他私人利益）向甲方人员或其亲属行贿。

3.1.4 双方在经济交往中的任何一方让利（返利）、回扣（佣金）、奖励等均应以书面形式通知对方，并通过双方财务部门进行收、付结算。

3.1.5 双方的员工不参与对方单位有损其所属公司的利益或损害公司形象的行为。如有违反者，愿意接受处分并承担一切民事、刑事责任。

3.1.6 一经发现乙方有向甲方行贿的事实行为，甲方有权终止经济活动及经济合同。

（续上）

甲方由此所造成的损失全部由乙方承担，并有权向乙方按行贿价值金额的 10 倍收取协议违约金。同时，甲方有权冻结所有应付财款的支付，直至相关的法律诉讼程序或纠纷结束。

3.1.7　乙方不得以任何形式和甲方采购、仓库、保安、司机以及其他人员串通进行损害甲方利益的行为，否则甲方有权终止本协议，并要求乙方支付该损失额 2 倍的违约金。

3.1.8　甲方员工或亲属向乙方索贿的，乙方有权向甲方的最高领导或纪检部门投诉。

3.2　产品购销

3.2.1　订单

（1）具体的产品名称、规格、数量、单位、交提货时间及具体交货地点以"订购单"为准。"订购单"为本协议有效且必要的组成部分，与本协议产生同等法律效力。

（2）乙方应在收到甲方下达的"订购单"并确认相关的要素后，由乙方法定代表人或委托代理人签字并加盖合同（业务）专用章　或公章后生效，且对于订单上要求的交货期或数量乙方需要变更的，乙方需书面说明。一个工作日内乙方没有确认并反馈意见的，视为乙方接受甲方订单，甲方同时有权取消订单，向其他供方订货。

3.2.2　乙方必须按照订购单上约定的时间和数量交货。

（1）如乙方在生产过程中出现异常会影响交期或产品质量，应在 2 小时内通知甲方，乙方若未履行，应向甲方交付违约金（200 元 / 次），若因乙方未及时通知甲方而导致甲方产生的所有损失由乙方承担。

（2）如乙方未能在约定时间内交货或交货短缺而造成甲方成品无法按时生产，乙方应向甲方交付违约金（500 元 / 次）并承担由此给甲方带来的全部直接及连带损失，损失按第六条的有关规定进行处理。

（3）乙方连续三次延迟交货，甲方有权暂停或取消乙方供货资格。

（4）乙方提供的物资在验收或使用过程中如发现原装短少，甲方按短少的比例和该批物资数量计算出短少数量，并按短少数量价值的 2 倍扣乙方货款；对上述问题反馈多次未有整改，影响我司生产的，除按上述处罚外，另根据供应商最近三个月该料的供货总金额按照少料比例进行扣罚，罚款不足人民币 1 万元按人民币 1 万元进行处罚。

3.2.3　交货地点：按订购单约定起点交货，产品由乙方负责运输，运费和运输保险费由乙方负担。

运输方式：□空运　　□特快专递　　□铁路运输　　□邮寄　　□汽车运输
货物的毁损灭失责任在货物交付至甲方生产基地前全部由乙方承担。

3.2.4　乙方应工整填写送货单，送货单写错，误导甲方仓库和采购部，给甲方造成影响或损失的，乙方应向甲方支付违约金额 200 元 / 次，甲方损失由乙方承担。

（续上）

3.2.5　包装：按甲方要求的标准及订单数量包装，包装费由乙方自负。

3.2.6　包装物不回收，若订单中约定需回收，则具体的回收工作由乙方在甲方指定的场地进行，因乙方回收不及时造成的损失或遗失，甲方不承担赔偿责任。

3.2.7　货款结算

（1）产品到达甲方仓库、由甲方验收合格后按照订购单中付款条件付款，乙方应在规定时间内提供当月发票和双方确认的对账单。

（2）因乙方自身原因延迟提供发票及对账单的，甲方有权顺延一个月对账及付款，乙方在规定时间内延迟超过 2 个月提供的，甲方按实际货款的 9 折结算并付款，超过 4 个月的，甲方按实际货款的 6 折结算并付款，超过 6 个月以上的视同乙方免费赠送给甲方，不用予以结算。

3.2.8　乙方必须保证所供产品是合法或符合有关法定手续，甲方不接受乙方非法的产品、乙方提供产品因危险性问题所导致的一切法律和经济责任由乙方自负，甲方概不负责。

3.2.9　乙方必须保证其供货的元器件在甲方停止下单后 5 年内继续可以供应，如无法保证，乙方应在停止供应此种元器件 6 个月前书面通知甲方，否则乙方须承担甲方由此而产生全部售后费用。

3.2.10　协议双方遭受不可抗力事件的影响造成本协议项下的义务不能履行。可以根据不可抗力事件影响的程度，部分或者全部违约责任；但是遭受不可抗力事件不能履行义务的一方应当发生不可抗力事件的 24 小时内及时通知另一方，并且在不可抗力事件结束后的七个工作日内向另一方提供不可抗力事件发生、影响范围和影响程度的书面证明。

3.2.11　乙方交付给甲方的物品需按合同数量提供千分之三的备品。如未提供的部分，对应数量的货款从当月货款扣除。

4. 技术支援

4.1　乙方在向甲方提供样品的同时，应该向甲方提供本型号材料的技术数据、成品测试报告、企业标准、国标，国内（国际）通过的安全认证及其他认证证书复印件。

4.2　乙方在开始供货时需免费向甲方提供必要的测试工具，出厂检验标准。

4.3　在甲乙双方开始合作后，乙方有对甲方进行本产品的知识培训或提供相关数据的义务。

4.4　设计、工艺、技术性能更改控制。

4.4.1　本协议产品单价已含专利使用费及其他任何知识产权使用费，涉及他权专利及知识产权使用费由乙方负责，若因使用乙方产品而侵犯他方知识产权问题，由乙方承担全部责任。乙方应承担甲方因他方提出涉及知识产权的主张、诉讼、仲裁、行政处罚

（续上）

等的全部支出（包括但不限于律师费）。

4.4.2 乙方经甲方认可供货的产品，不得随意更改设计、工艺、主要技术参数及安装外形尺寸等。若确需要更改时，必须提前通知甲方，按本协议第 4.2 条的要求一样进行试验和提交试验报告及更改后的样品给甲方确认，经甲方认定合格后，方可进行供货，严禁乙方出现未经甲方书面允许而私自做更改的情况。否则造成的一切损失全部由乙方承担。

4.4.3 更改后的方案，双方应纳入有关文件进行管理。

4.4.4 对于以上几点，甲方有权检查乙方的执行情况，并加以符合性考核，对不符合者，甲方有权对乙方采取停用、扣款等措施。

5. 损失赔偿

5.1 乙方交货品质不良的处置

5.1.1 乙方每月进料批退率超过＿＿％，给予当月罚款＿＿＿＿元人民币。

5.1.2 乙方供应的材料出现质量不良时，乙方应在甲方电子邮件、电话或书面通知后 24 小时内（省外 48 小时内）到达现场作处理，一般情况分析、改善纠正措施于 3 个工作日内书面回复甲方。

5.1.3 乙方提供的材料入厂检验或生产过程中出现不良超出双方协议的允收水平时，甲方有权决定整批退货或要求更换，乙方应接到甲方退货通知后 3 个工作日内办理退货手续，逾期未办退货手续的材料，甲方收取场地租金（按每平方米每日收取＿＿＿＿元人民币计算）。

5.1.4 乙方提供的物料经甲方检验不合格而甲方生产又急需用，经甲方评估可挑选、加工使用时，由甲方通知乙方前来处理，在乙方到达之前（或乙方不能及时来处理）的挑选、加工损失工时费用甲方以每人每小时＿＿＿＿元人民币计算从乙方当月货款中扣除。

5.1.5 因乙方材料不良导致甲方生产线停线或需重工时，乙方须负责"停线费用或重工费用"。

5.1.6 甲方客户抱怨质量异常（同种不良超过‰的批量质量问题或造成安全事故的重大质量问题），经甲、乙双方确认属乙方材料不良造成，乙方需承担全部责任包括所有"重工、客户索赔等所有损失费用（客户索赔费依客服部门提供数据扣除）"。对于乙方材料本身之不良品，乙方必须无条件全数与甲方退换。因乙方材料质量异常造成甲方及甲方客户订单损失的，乙方需承担赔付甲方及甲方客户所有损失订单的全部损失利润及费用，而且甲方有权暂停支付乙方剩余货款或直接从乙方货款中等额扣除甲方之损失费用。

5.1.7 乙方材料于甲方使用过程中出现不良超过 PPM（以甲方当月生产量与不良数之比计算，此统计不良主要为材料重要缺陷即影响材料使用的缺陷），每 PPM 扣乙方人

（续上）

民币_____元（试产的产品不计算在内）。

5.1.8　乙方交给甲方之材料若与其他方存在一切专利问题后果一律由乙方负责。

5.1.9　乙方向甲方提供的产品，乙方需保证甲方在正常条件下使用____年（以甲方的生产日期顺延 3 个月开始计算），期间出现品质异常而引起的损失超出 ppm（以成品和批次计算），其内容包括：

（1）直接损失

A. 甲方产品退货运费［按往返计算，内销（中国，不含港、澳、台）：每台成品_____元人民币计算；外销：每台成品_____元计算］。

B. 甲方返工工时费用（按每人每小时 30 元人民币计算）。

C. 甲方派出维修人员所开支的差旅费用。

D. 甲方维修员产品使用的零件费用。

（2）间接损失：由于乙方产品不良而对甲方造成的间接损失如交期、企业名誉等方面的损失赔偿金额，原则上不低于直接损失的一倍。

5.1.10　制程中及市场上在使用中损坏的元件，但损坏率在合同范围内，乙方可不承担赔偿，经甲方确认属乙方材料品质问题造成，乙方需无条件给予交换良品或由甲方直接扣除乙方相应数量的货款。

5.2　违反正常交货之罚款

5.2.1　乙方不得将所供材料转由未经甲方认可之厂商生产或交货，如有此现象发生，每次罚款 2 000 元人民币，如造成甲方生产进度延误或质量不良等一切损失由乙方全部负责。

5.2.2　乙方提供的物料经甲方确认后不得擅自变更材质（有特别指定的供应商也不得擅自变更），否则处以每批每项 5 000 元人民币罚款以作违约金（其他损失另计）。

5.2.3　甲方在进料检验或使用乙方提供的物料出现短装时，甲方将以乙方来料包装数乘以最多短装数为短装总数，经乙方确认后自乙方交货中直接扣除或及时补货，因此给甲方造成的其他损失另计。

5.3　罚款计算公式（当甲方依据此份质量协议对乙方进行罚款时，按以下计算公式进行）：

5.3.1　针对"以上第 5.1 条"之批退率计算公式：（定义每张验收单为一批）

$$批退率（\%）=不合格批数总检验批数 \times 100\%$$

5.3.2　针对"以上第 6 条、第 7 条"涉及的以下罚款项目的计算公式：

$$效率损失费用 = 30 元/人/小时 \times 总人数 \times 损失时数$$

$$人工损失费用 = 30 元/人/小时 \times 总人数 \times 总时数$$

运费：以货运商实际收取运费为准。

（续上）

其他费用：按实际情况计算。

5.4 损失赔偿的通知

甲方用《不良材料损失赔偿单》将损失赔偿的内容通知乙方，并规定在一周内确认回签，乙方在一周内未反馈任何意见视为默认甲方意见。

5.5 关于环保

5.5.1 乙方必须保证供甲方的产品是符合欧盟及国家有关环保规定和甲方的环保要求并签订附表《产品符合性声明书》。

5.5.2 环保问题赔偿

（1）环保资料不符合处理

①乙方未按甲方要求及时提供和更新符合要求的环保资料，甲方将对乙方环保产品定期送第三方测试结构检测，相应检测费用由乙方承担，甲方同时等额加收管理费。

②乙方提供给甲方的环保资料为虚假资料，乙方应向甲方支付违约金 5 万元，甲方有权对已经进行供应商内部通报，并永久取消乙方环保供方资格。

（2）环保产品测试不合格处理

①首次测试不合格，乙方应向甲方支付违约金 5 000 元，暂停乙方环保供方资格；乙方可进行一次整改，整改验证合格后可以恢复环保合格供方资格，所有费用由乙方承担。

②半年内第二次测试不合格将给予通报及处罚，处罚金额为该批货款的 3 ～ 8 倍（小于 5 万元的以 5 万元人民币处罚），对我司 IQC 抽测结果如果双方达不成统一意见，可送检第三方检测机构如 SGS/ITS 测试，结果合格，由我司付测试费用，若测试不合标准，则由厂商承担测试费用。

（3）环保产品市场问题处理

①如经追溯发现不合格的 Rohs（the Restriction of the use of certain hazardous substances in electrical and electronic equipment 的英文缩写，意为《电气、电子设备中限制使用某些有害物质指令》）物料已经被我司装成成品并已流向市场，则暂扣乙方人民币 10 万元两年作为市场抽查的风险保证金，如后续继续产生费用则先从此笔款抵扣，多退少补。

②对于出口欧盟及其他国家地区有环保要求的产品，如在以上国家被检出不符合 Rohs 指令要求而引起甲方与第三者（包括市场）之间发生相关纠纷、诉讼而发生损失时，乙方承担全部责任并按 A、B、C、D 项费用的 2 倍进行赔偿，即：乙方赔偿金额 ＝（A+B+C+D）×2 欧盟等相关国家地区处罚的全部费用；所有出口成品的损失费用；甲方派出人员的差旅费及符合甲方规定的可报销的其他费用；品牌名誉的损失费用及甲方预期利益损失费。

6. 所有权及资料的返还

所有资料，包括但不限于披露方交给接受方的文件、图样、模型、装置（模具）、草图、

（续上）

设计及清单和任何保密信息，其所有权应由甲方拥有。任何时候，只要收到甲方的书面要求，乙方应立即将其或其经批准的代理人持有的全部保密资料和文件或包含该保密信息的媒体及其任何或全部复印件或摘要归还给甲方。如果该保密信息属于不能归还的形式或已经复制或转录到其他资料中，则应销毁或删除之。

7. 其他

7.1《协议书中涉及的相应内容填写规定》（略）为本协议书的组成部分，按其相关要求进行填写。

7.2 该协议未规定的事项发生时，及对该协议各条款的解释产生异议时，或者有必须变更协议内容时，由甲、乙双方协商决定。协商不成的，双方同意提交甲方所在地人民法院诉讼解决。

7.3 乙方供货质量有不符合本协议或约定的质量标准要求，甲方有权随时解除合同并无须负违约责任。

7.4 本协议共页，一式两份，双方各执壹份，签字盖章后即生效，涂改无效，涂改后须经双方签字和盖章后方有效。

48.8　不使用有害物质保证函

不使用有害物质保证函

甲方：＿＿＿＿＿＿＿＿＿＿＿（简称：甲方）

乙方：＿＿＿＿＿＿＿＿＿＿＿（简称：乙方）

应全球电子电器产品绿色环保要求，保证我司制造产品中不含有 2011/65/EURohs 指令《关于在电子电器设备中禁止使用某些有害物质指令》，符合高度关注物质 REACH 最新管控要求，符合 TS-16949 最新版本管控要求，符合 Rohs 指令外其他国家地区限用有害物质之法律法规要求，双方本着诚信友好、互利互惠的合作原则，经协商一致达成以下协议：

1. 乙方保证提供给甲方的所有产品及均质材料（包括原材料、辅助材料、零部件、模/治具材料、包装材料及有机化工类物料等）有害物质含量（浓度）符合甲方以下要求；且乙方定期执行自行检测、检测频度为每批同类材质/次，提交经甲方许可指定的外部权威检测机构，最新 Rohs2.0 检测报告。

1.1 甲方管控标准，镉及其化合物（Cd）：<35PPM，铅及其化合物（Pb）<90PPM，汞及其化合物（Hg）：< 20PPM，六价铬（Cr6+）及其化合物：<100PPM，

（续上）

总溴＜ 300PPM，包材类（Pb+Cd+Hg+Cr6+）:＜50PPM，符合 REACH 法规最新要求。

1.2 甲方卤素管控标准：溴（Br）<300PPM 氯（Cl）<630PPM 氟 F+ 氯 Cl+ 溴 Br+ 碘 I+ 砹 At<1050PPM，甲方在采购单上注明无卤产品时，乙方交货产品必须符合无卤管控要求。

1.3 甲方新能源产品，乙方按照 TS16949 最新版本进行管控，具体标准则参考品质相关的附加协议条款。

2. 若因乙方交付给甲方之产品，有以下情形的：

2.1 其有害物质含量超过甲方要求控制标准规定之限值。

2.2 乙方有意添加有害物质。

2.3 乙方提供虚假的第三方权威机构检测报告。

2.4 存在以上三项中任何一项时，甲方有权对乙方采取如下处罚：

2.4.1 甲方有权取消乙方供货资格，在被取消供货资格之日起的三年内，甲方不再考虑乙方供货资格，并保留在相关媒体上公布且给予曝光的权利；

2.4.2 在甲方工厂发现，甲方按不良批物料货款三倍对乙方进行处罚，所有不良品作退货处理，并由乙方承担甲方所有损失。

2.5 甲方产品售出后发现，甲方由此遭受的一切损失由乙方承担。

2.6 在乙方工厂现场发现或经乙方其他客户、机构发现，乙方应及时将违反之情形以书面形式知会甲方，由甲方进行追溯，并参照上述条款进行处理。

2.7 甲方立即停止对乙方的付款作业，并冻结乙方所有货款。

3. 本协议一式二份，甲乙双方各执正本一份，本协议从双方签署之日起至双方保持与本协议有关的业务往来期间，持续有效。

4. 在双方业务往来中，与履行本协议有关的采购文件、自我声明、传真、图表、信函、网上电子文件及电子邮件、各类 Rohs 相关检测报告等均为本合同的有效附件，对双方具有约束力，但与本合同冲突的条款除外，除非双方明确排除了本合同相关条款的适用。

5. 本协议与甲方《采购协议》《质量保证协议》具有同等法律效力。

甲方：　　　　　　　　　　　　乙方：

授权代表：　　　　　　　　　　授权代表：

签订日期：　　　　　　　　　　签订日期：

48.9 产品符合性声明书

产品符合性声明书

致：×××有限公司

我们在此保证向贵公司交付的所有原定的和新增加的产品或零部件（包括附件、包装材料及其他产品同时交货的材料）符合公司《有害物质管理程序》最新版本的要求，同时对上述产品或零部件中不含有以下有害化学物质（包括没有超出中国及相关的世界上其他国家／地区相关的最新法律／规章要求的限值），在此做出郑重承诺。

No.	物质名称	No.	物质名称
1	镉及其化合物	22	DBB
2	铅及其化合物	23	五氯酚（PCP）
3	汞及其化合物	24	一甲基 - 四氯 - 二苯基丙烷
4	6 价铬化合物	25	一甲基 - 四氯 - 二苯基甲烷
5	PBB's 多溴联苯	26	黄磷
6	PBDE's 多溴联苯醚（含 DecaBDE）	27	联苯胺及其盐类
7	其他有机溴化合物	28	多氯代苯（只限氯气数 3 以上）
8	聚氯联苯 PCB／聚氯三联苯 PCT 类多氯化萘 PCN	29	石棉类
9	六氯苯	30	破坏臭氧层物质
10	艾氏剂	31	镍（与皮肤直接并长期接触产品）
11	狄氏剂	32	甲醛
12	异狄氏剂	33	4- 氨基联苯／4- 氨基联苯及其盐类
13	DDT	34	4- 硝基联苯及其盐类
14	氯丹类／氯代烷烃（CP）及其他有机氯化物	35	二氯甲基醚
15	特定有机锡化物（三丁基锡化物、三苯基锡化物）	36	2- 萘胺／β 萘胺及其盐类
16	N，N' - 二甲苯基 - 亚苯基二元胺	37	氯化石蜡
17	2，4，6- 三 - t - 丁基苯酚	38	偶氮化合物
18	毒杀酚	39	PVC 及 PVC 混合物
19	特定邻苯二甲酸盐（DEHP、DBP、BBP、DINP、DIDP、DNOP、DNHP）、氢氟碳化合物（HFC）、全氟化碳（PFC）	40	含苯胶糊，含苯容量占该胶糊溶剂（含稀释剂）超过 5%
20	DBBT	41	短链型氯代烷烃（SCCP）
21	氧化铍、铍青铜	42	灭蚊灵

（续上）

另外，本公司还对以下事项进行郑重承诺：

（1）在公司内部建立有效的有害物质管理体系并持续维护其有效运行，同时监督供应商也符合相关要求；

（2）本公司愿意接受公司的相关审核及必要时协助公司开展对下级供应商的审核；

（3）本公司承诺按报告周期及时提供有效的有害物质测试报告（至少 1 年 / 次），并配合公司的合理要求及时提供相关的资料或进行相关的测试；

（4）本公司提交的货品如有任何变更必将及时通知贵司，并提供相关的证明资料；

（5）如本公司交付的货品发生不符合上述要求或最新标准的事件发生时，将迅速通知贵公司，以尽早采取补救措施；

（6）每次接收到公司新版的标准及相关要求时都立即遵照执行，如执行有困难，必会第一时间联络协商处理。

如因违反上述承诺，给公司造成任何损失，本公司愿意在双方确认无误后承担相应的赔偿责任。

供应商负责人签名 / 时间：　　　　　　　供应商名称（公章）：

48.10　物料 PCN（过程变更通知）协议

物料 PCN（过程变更通知）协议

1. 目的

双方在平等互利的基础上，为建立持续、稳定的合作关系，特签订此协议。

2. 定义

2.1　鉴于物料更改对甲、乙双方合作的重要性，拟制定此规范。

2.2　PCN：Product Change Notification 过程变更通知。

2.3　PCN 通用要求：凡是乙方原因造成的最终产品与甲方图纸、规范、规格不相符的更改都需要通过 PCN 的方式通知甲方并获得甲方同意。除此之外，以下方面的更改仍需要以 PCN 的方式通知甲方并获得甲方同意。

2.3.1　停产或型号升级。

2.3.2　生产场地迁移或产品转移生产场地。

2.3.3　主要的过程、工艺变更。

2.3.4　主要原材料的变更或替代（指定：××、××、××，不可私自变更其他材料替代）。

（续上）

2.3.5 印刷、模切类材料指定用以下厂商品牌，不可私自变更其他材料替代。

物料类别	型号／规格	生产厂家
绝缘油墨	HTH-2A153	×× 科技有限公司
	HTH-2A1993	×× 科技有限公司
	HTH-2A2803	×× 科技有限公司
模切类 PET 高温胶纸	30C 聚酰亚胺膜	×× 科技有限公司
	50C 聚酰亚胺膜	×× 有限公司
	美纹纸	×× 有限公司
	3002PET 高温保护膜	×× 电子材料有限公司
	3002PET 高温保护膜	×× 电子材料有限公司
泡棉胶	1M×15mm×20M	×× 包装材料有限公司
导电双面胶	P010TC（25）0.01×500	×× 精工科技有限公司

2.3.5 设计更改、优化或性能参数变更。

2.3.6 外观（含外形、尺寸及公差、颜色、标识、表面材料、包装方式等项目）更改。

2.3.7 甲方委外材料材质替代、替换变更。

2.3.8 与 Rohs 及环保相关的变更。

3. 操作方式

3.1 品质部为甲方的 PCN 接口部门，当物料发生更改时，乙方必须立即以书面（邮件或纸质文件）方式正式通知甲方，最迟应在供货前。

3.2 PCN 通知内容包括但不限于：

3.2.1 明确、详细的更改原因；

3.2.2 明确、详细的更改及影响度说明；

3.2.3 更改生效时间；

3.2.4 受影响的物料清单；

3.2.5 生产商对更改的认定数据和报告；

3.2.6 替代或原型号最后接单日期、最后发货日期，以及最后订单附加条款；

3.2.7 可提供更改后样品时间（需要时）。

3.2.8 用户投诉或反馈渠道。

3.2.9 甲方委外材料未经甲方书面函件／邮件确认，乙方不可私自替换、掺杂混料、变更等。

3.3 甲方品质部接到乙方的 PCN 后，一周内书面回复供应商是否接受该 PCN。

（续上）

4. 违约责任

4.1 乙方没按本协议规定进行 PCN 申报，未得到甲方认可，而造成的损失将由乙方全部承担。

4.2 因乙方的隐瞒行为造成甲方客户投诉和经济损失，所造成的一切损失全部由乙方承担，同时甲方有权冻结乙方全部货款，货款不足抵扣，乙方则现金补足。

4.3 因乙方的违约，甲方可根据情况在要求乙方按照第 1 款和第 2 款约定承担责任的同时，可单方面解除与乙方的合同关系。

5. 协议终止

5.1 当甲乙双方的《采购协议》终止时，则本协议也自动终止，但本协议另有约定的除外。

5.2 本协议的终止并不影响甲方要求乙方继续履行后续义务的权利。

6. 争议解决条款

6.1 履行本协议过程中发生的任何争议，双方应尽可能地努力友好协商解决。

6.2 若双方不能友好协商解决，则任何一方均有权提交深圳仲裁委员会，按照申请仲裁时该会现行有效的仲裁规则进行仲裁，仲裁裁决是终局的，对双方都有约束力。

7. 其他条款

7.1 对本协议的任何修改均应当由甲、乙双方协商一致，并重新签订书面协议。

7.2 本协议未尽事宜，由双方另行协商解决。

7.3 本协议的订立、效力、解释、履行和争议的解决均受中华人民共和国法律的管辖。

7.4 本协议在双方以书面协议形式终止之前，始终有效。

7.5 本协议条款如与双方签订的《采购协议》发生冲突，以本协议的约定为优先。

7.6 本协议一式两份，各执一份，经双方授权代表签字并加盖公章后正式生效。

甲方（买方）：　　　　　　　　　　乙方（供方）：

甲方授权代表：　　　　　　　　　　乙方授权代表：

日期：　　　　　　　　　　　　　　日期：

第49章　生产管理文书

49.1　生产部工作计划

××有限公司生产部年度工作计划

为了贯彻落实"安全第一,预防为主,综合治理"的方针,强化安全生产目标管理。结合公司实际,特制定 ＿＿＿ 年安全生产工作计划,将安全生产工作纳入重要议事日程,警钟长鸣,常抓不懈。

一、全年目标

全年实现无死亡、无重伤、无重大生产设备事故,无重大事故隐患,工伤事故发生率低于厂规定指标,综合粉尘浓度合格率达 ＿＿＿% 以上。

二、指导思想

要以公司对 ＿＿＿ 年安全生产目标管理责任为指导,以公司安全工作管理制度为标准,以安全工作总方针"安全第一,预防为主"为原则,以车间、班组安全管理为基础,以预防重点单位、重点岗位重大事故为重点,以纠正岗位违章指挥,违章操作和员工劳动保护穿戴为突破口,落实各项规章制度,开创安全工作新局面,实现安全生产根本好转。

三、牢固树立"安全第一"的思想意识

各单位部门要高度重视安全生产工作,把安全生产工作作为重要的工作来抓,认真贯彻"安全第一,预防为主"的方针,进一步增强安全生产意识,出实招、使真劲,把"安全第一"的方针真正落到实处,通过进一步完善安全生产责任制,首先解决领导意识问题,真正把安全生产工作列入重要议事日程,摆到"第一"的位置上,只有从思想上重视安全,责任意识才能到位,才能管到位、抓到位,才能深入落实安全责任,整改事故隐患,严格执行"谁主管,谁负责"和"管生产必须管安全"的原则,力保安全生产。

四、深入开展好安全生产专项整治工作

根据公司现状,确定出 ＿＿＿ 年安全生产工作的重点单位、重点部位,完善各事故处理应急预案,加大重大隐患的监控和整改力度,认真开展厂级月度安全检查和专项安全检查,车间每周进行一次安全检查,班组坚持班中的三次安全检查,并要求生产科、车间领导及管理人员加强日常安全检查。

对查出的事故隐患,要按照"三定四不推"原则,及时组织整改,暂不能整改的,要做好安全防范措施,尤其要突出对煤气炉、锅炉、硫酸罐、液氨罐等重要部位的安全防范,做好专项整治工作,加强对易燃易爆、有毒有害等危险化学品的管理工作,要严

（续上）

格按照《安全生产法》《危险化学品安全管理条例》强化专项整治，加强对岗位现场的安全管理，及时查处违章指挥，违章操作等现象，最大限度降低各类事故的发生，确保公司生产工作正常运行。

五、继续加强做好员工安全教育培训和宣传工作

公司采取办班、班前班后会、墙报、简报等形式，对员工进行安全生产教育，提高员工的安全生产知识和操作技能，定期或不定期组织员工学习有关安全生产法规、法律及安全生产知识，做好新员工上岗及调换工种人员的三级安全教育，提高员工安全生产意识和自我保护能力，防止事故的发生，特种作业人员要进行专业培训、考试合格发证，做到 100% 持证上岗。

认真贯彻实行《安全生产法》，认真学习公司下发的"典型事故案例"和《安全生产紧急会议纪要》文。不断规范和强化安全生产宣传工作，深入开展好"安康杯"竞赛活动，充分利用好 6 月份的全国安全生产月活动。

通过粘贴安全生产标语、安全专题板报、发放安全宣传小册子、树立典型等开展形式多样的安全生产教育工作，加大宣传力度，达到以月促年的目的。提高员工遵纪守法的自觉性，增强安全意识和自我保护意识；引导车间、班组建立安全文化理念，强化管理，落实责任；将安全生产与保公司稳定、和谐、发展紧密结合起来，做到安全生产警钟长鸣。

____ 年安全生产工作将继续本着"安全第一，预防为主"的方针，按照"谁主管、谁负责"的原则，进一步分清责任，从维护公司发展的大局出发，保持艰苦奋斗、吃苦耐劳的工作作风，严格履行公司的安全生产工作部署，控制指标，积极行动，把安全生产工作抓紧、抓好，为公司经济发展做大做强做出新的贡献。

49.2　生产部工作总结

××有限公司生产部季度工作总结

回顾上季度生产部工作，喜忧参半。喜的是我们有活干，充实，有钱赚；忧的是这活怎么干、干得怎么样、如何控制还没有达到一个成熟公司该有的水平。以下将就生产部建设，安全生产及订单完成情况三大方面对生产部上季度工作进行总结。

一、生产部建设

上季度自己在执行调度职责时也兼管了生产部的建设工作，包括现场建设、制度流程建设、组织架构建设、绩效考核建设。其中组织架构历经两次变动，绩效考核三次调整，现在生产部班子建设基本稳定，但个别岗位随着订单的日益增加还需要调整、细化。人员能效发挥的最大化也需要进一步激发。制度流程建设中包括：生产部管理制度，安

（续上）

全生产管理制度，订单执行流程，仓库管理流程，临时用工管理制度。生产部现在班子建设缺乏的就是执行，对拟定好的制度流程缺乏一个坚定不移的执行过程和始终如一的精神。下季度将对各组的执行情况加强考核力度。

截至目前，生产部拥有 ＿＿＿ 名正式员工，其中电装 ＿＿＿ 人（含焊接 ＿＿＿ 人），＿＿＿ 人为新进员工；结构 ＿＿＿ 人；丝印 ＿＿＿ 人，办公室 ＿＿＿ 人（ ＿＿＿ 文员 +＿＿＿ 技术员）。现有组织架构月产能 ＿＿＿ 万，人均日工作时间大约 ＿＿＿ 小时左右，无假日。这个跟我们下季度人力规划以及公司发展愿景还有一定距离。要想达到 ＿＿＿ 万的月产能，生产部需再配备 ＿＿＿ 名正式员工。现在人力补充正在进行中。

二、安全生产状况

上季度公司及生产部针对安全生产及消防都制定了相关的管理规范，而且也组织了一次全公司规模的消防演练，增强了员工对于安全生产的认识，同时也明确了各自在安全生产中担负的使命。上季度归纳起来生产部无大的安全事故发生，只有一起临时工因操作不当导致事故发生。针对此事故，公司层面及生产部都给予了高度重视，安全作业标示及岗位作业指导书将是生产部下季度急需完善的文件。

三、订单完成情况

从 ＿＿＿ 份至现在，我们总共做了价值大约 ＿＿＿ 万左右的订单，包括兰州、天津、上海、湖南、陇东、绵阳、梓潼几个客户。几个订单的完成过程，也是自己熟悉公司产品的过程，因为不熟悉，所以在订单的生产过程中人力的预估，产能的核定，质量的控制，物料的供应，与其他部门的协调可能都有诸多不合理的地方。现就生产中暴露出来的几个明显缺陷归纳如下：

1. 物料管理混乱：仓库备料、生产领料、用料几个阶段都非常混乱。因为生产物料管理不是专人负责，现在是多人领料，领的料又没有统一管理导致最终上线时缺料、少料现象屡见不鲜。

2. 上线产品准备工作不足：上线产品该具备的材料准备不充分，如：图纸、工具、物料、耗材原件等。导致上线后研究图纸，现补物料，以致出现临时工等待派工现象严重。

3. 质检力度严重不足：原材料、制程、成品检验力度都需要加强。

4. 带线组长管理能力有待提升：如何带领组员高效高品质地完成任务也是现在生产技术员急需加强的业务本领。

5. 带线班长人力及出差售后人员缺口：生产部一段时间派出出差人力后现场就面临带线干活人数偏少的情况，所以售后安装调试人员也是生产部的一大缺口。

针对以上问题，下季度生产部工作将有针对性地解决。

1. 物料管理方面：生产部电装组设立专门物料员，作为每天生产、仓库、采购的结构，及时供应生产现场所需物料，与仓库一起统计管理常用物料的安全库存，与采购协

（续上）

调缺料的供货期。

2. 工艺及人员储备方面：制定生产作业指导书、工艺指导书，并定期对员工、技术员组织培训：包括内部培训、协调研发工程师培训。让新进员工尽快融入团队，让技术员在管理、技术上再上一个台阶，以此来提升生产部整体的管理水平、成品合格率。

3. 质量控制方面：制定标准检验文件，加强质检力度，线内检、研发抽检、质控部检验三层质量保障来确保出货品质。

4. 人力补充方面：生产部所缺人力现在正在补充进行中。

生产部

＿＿＿ 年 ＿ 月 ＿ 日

49.3　生产部会议纪要

××有限公司生产部员工沟通会纪要

＿＿＿ 月份，＿＿＿ 生产车间通过与员工交流座谈、征求意见和建议、周五例会等方式与员工进行了交流沟通，沟通内容涉及生产和生活的各个方面，具体情况如下：

（1）宿舍管理方面，员工调整班次后，因为与宿舍其他员工不在同一个班次，所以不利于休息，并且不便于宿舍卫生清理。针对该问题，要求今后凡是调整班次的员工，在调整后两天内调整宿舍，具体由各宿舍舍长负责控制。

（2）生产控制方面，春节期间虽然保持了安全生产，但是出现的故障和缺陷较多，运行不够稳定。为此要求对于存在的设备缺陷，进行彻底处理，争取消除问题隐患。对于不能彻底处理的，各班做好统计，月底停机检修时进行处理。

为进一步降低能耗，要求各值提高浓缩出料浓度，原则上一期不低于 30 波美，二期不低于 32 波美，在此基础上各值可以根据物料结晶情况适当调整。另外引风机运行稳定后各值提高喷浆量，最少不低于 ＿＿＿ 方 / 小时，机头温度控制在 ＿＿＿℃ 以下，尽量不要超过 ＿＿＿℃，以防止因温度过高而影响造粒机正常运行。

煤耗方面，根据沼气量大小、煤质情况合理调整煤闸板高度，防止煤层过厚燃烧不充分造成浪费。

产品质量控制方面，由于物料指标的影响，＿＿＿ 月份和 ＿＿＿ 月份的产品合格率都比较低，主要是粒度和溶解度指标不达标。物料指标好转之后要求各值在确保产量的前提下严格控制产品质量，保证合格率在 ＿＿＿% 以上。另外从 ＿＿＿ 月份开始，车间评选优秀班组时将考核产品质量指标。

（续上）

　　春节前后为减轻各班的工作量，车间对各班膨润土的添加情况未作明确要求，现在为进一步提高产品产量，同时降低成本，要求每班添加 2 吨，车间做好统计，根据各班的添加情况发放奖励。

　　（3）设备维护方面，要求出渣机地坑内的渣子每班清理干净，尤其是减速机周围的渣子，保证减速机正常运行。引风机轴承座底脚螺丝必须加强检查，管钳各班交接使用，发现螺丝松动及时紧固，对于因巡视不及时导致的振动加剧问题，严肃处理责任人和责任班组。

　　（4）＿＿＿日左右车间将进行停机检修，重点清理造粒机返料管和更换引风机叶轮，要求各班提前做好准备工作，尤其是检修工具和安全工器具，不能出现因工具不全而影响检修现象。另外检修期间任何人不允许请假。

　　（5）现在发现个别员工利用叉车违章载人行驶，对于该问题要求：除保管员、值长外任何人不允许驾驶叉车，否则一律按违章处理。另外利用叉车进行检修工作时必须做好安全措施：检修人员佩戴安全帽、使用安全带，驾驶员不准离开驾驶座，不准载人行走，在斜坡上工作时采取可靠的制动措施，防止叉车突然前进或后退。

　　（6）员工反映春节期间食堂所送的饭菜与订餐表不一致，针对该问题物业公司进行了专门的解释：由于春节期间所购买的菜品种不全，所以对饭菜种类进行了相应的调整，春节后不会再出现类似情况。

　　（7）春节期间在仓库账目记录方面出现了一部分问题，对此车间将下发专门的通报，对责任人严格按车间规定进行处理。

49.4　安全生产责任书

××有限公司安全生产责任书

生产部主管安全生产职责：

1. 认真贯彻落实国家安全生产方针、政策和安全生产法律、法规，以及本公司的安全生产规章制度。

2. 实行"谁主管、谁负责"的原则，对本部门或本车间的安全生产工作全面负责。

3. 参与制定本部门安全管理制度及安全技术操作规程和安全技术措施计划。

4. 实施各项安全生产检查，及时消除安全隐患。

5. 切实做好本部门员工车间级安全上岗培训、工种转换培训，以及安全宣传工作。

6. 发生事故立即报告，并指挥组织抢救，保护好现场，做好详细记录。

7. 搞好生产设备、安全装置、消防设施、防护器材和急救器具的检查维护工作，使

（续上）

其保持完好和正常运行，督促教育员工正确使用劳动保护用品。

8. 不违章指挥，不强令员工冒险作业。

9. 本部门第一安全责任人委托的其他安全工作。

我们承诺：坚决履行上述安全生产职责和义务，认真抓好本部门或本车间安全生产工作。

签名：_____　　　　车间主任：_____

49.5　生产部表彰请示

××有限公司生产部表彰请示

公司领导：

_____ 年第 × 季度生产部员工表彰及表扬名单经部门经理以及主管推荐，人员已确定，具体如下：

一、表彰人员（略）

二、表扬人员（略）

以上人员将予以嘉奖，表彰人员每人 ____ 元奖励，表扬人员每人 ____ 元奖励，现申请以上费用。

妥否，请批示。

生产部

日期：____ 年 __ 月 __ 日

49.6　生产部员工表彰通报

××有限公司生产部员工表彰通报

_____ 年 __ 月 __ 日，我公司的锅炉设备到场后，因锅炉设备单重超过 ____ 吨，须申请吊车吊装，当地出租吊车营业商要求我公司给予 ____ 元吊装费。我公司生产部主管 ××× 主动提出，为提高公司工作效率及节省公司成本开支，建议锅炉设备由吊车吊放在车间门口，吊装费用缩减至 ____ 元，锅炉设备从车间门口至车间内部锅炉的安装地点（约 ____ 米）则使用钢管、叉车及人工配合由 ××× 等生产部员工将锅炉推放至安装地点。此建议得到生产部部长批示后，××× 等车间员工将锅炉设备放至安装

（续上）

地点，为公司节省吊装费 ＿＿＿ 元整。×××等车间员工为维护公司经济利益的积极行为和精神值得公司全体员工学习。

特此，公司对 ××× 等员工通报表扬，并给予总金额 ＿＿＿ 元的现金奖励。希望以上受表彰的员工继续发扬奋勇拼搏的精神，不断进取。同时也号召全体员工以他们为榜样，积极发扬主人翁精神，以良好的职业精神和服务意识，为公司创造更高的利益。

特此通知！

生产部

日期：＿＿＿ 年 ＿ 月 ＿ 日

49.7　生产部简报

××有限公司×月份生产部简报

＿＿＿ 月份正处于产品生产销售的黄金季节，公司紧抓这一有利时机，外拓市场，内强管理，发扬团队精神，依靠集体的力量，大大提高销售额。

生产部充分利用现有资源，积极采取有效措施，进一步加大奖惩考核力度，努力挖掘生产潜力，最大限度地发挥设备装置能量，确保了当月生产的持续稳定，也使企业取得了较好的效益。

＿＿＿ 月份生产部实际生产 ＿＿＿ 天，共生产 ＿＿＿ 型产品 ＿＿＿ 件，＿＿＿ 型产品 ＿＿＿ 件，＿＿＿ 型产品 ＿＿＿ 件，累计完成综合产量 ＿＿＿ 件，全月日平均生产 ＿＿＿ 件。

从 ＿＿＿ 月份生产运行情况分析来看，整体情况不错，全月坚持以确保 ＿＿＿ 机生产为主，间断开 ＿＿＿ 机，单机出力，单台产量均超水平发挥，较好地完成了月初计划目标。

生产部

日期：＿＿＿ 年 ＿ 月 ＿ 日

49.8　安全生产大检查通知

××有限公司关于开展春节节后复工安全生产大检查的通知

春节长假已过，各车间也陆续投入正常的工作和生产。为切实做好节后复工安全生产工作，为全年精益化生产和 5S 管理的推广打下良好基础，部门将于本周五对各车间

（续上）

进行节后复工安全生产大检查。

检查重点包括车间现场安全生产、工业环境卫生和机械、电气设备的使用情况；消防安全设施；重点设备的检查包括行车、大型工件吊装器具、场内运输车辆等；车间内员工安全防护用品佩戴；车间现场安全检查记录情况；配电室电器安全使用等情况。

要求各车间在本周三之前完成部门安全大检查前的自查工作，发现问题及时进行整改，并以书面形式将自查过程中发现的问题以及整改情况于周四上报生产部。

要求各车间认真落实安全生产规章制度和岗位责任制，积极做好节后岗前安全生产教育培训工作，认真学习精益化生产和 5S 管理内容，确保安全生产工作落到实处。

生产部

日期：____ 年 __ 月 __ 日

第50章　质量管理文书

50.1　质量管理第一负责人承诺书

质量管理第一负责人承诺书

为进一步搞好我公司质量管理工作，确保我公司出厂混凝土质量合格率100%，顺利实现全年各项质量管理目标，我作为部门负责人，深感责任重大，在新年的开始，面对新的形势，做出如下承诺：

一、严以律己，切实负责，忠于职守。

二、不断加强质量管理工作。定期不定期组织学习新版质量相关《规范》、混凝土最新动态、原材料检测规范、质量控制标准等相关规定的标准内容。以提高自身及全厂、全员的质量意识，使大家掌握质量控制规范，使得质量管理有章可循。

三、组织加强业务技能知识的学习，以奠定坚实理论知识基础，既而提高实际工作能力和综合素质水平，从而为质量管理工作打好基础。

四、认真执行"质量第一、预防为主、用户至上"的质量管理方针，遵守各项质量管理制度和规定，做到提高自己并把质量作为企业的生命第一大事来抓。严格要求大家照章办事，使规章制度落到实处。本着对公司、对用户、对产品负责的原则，认真做好质量监督工作，使我公司各项质量管理工作顺利开展。

希望各位领导严格要求我，各位同志严格监督我的工作！

签名：

日期：

50.2　生产经营部质量管理负责人承诺书

生产经营部质量管理负责人承诺书

为进一步搞好我公司质量管理工作，确保我公司出厂混凝土质量合格率100％，顺利实现全年各项质量管理目标，我作为部门负责人，深感责任重大，在新年的开始，面对新的形势，做出如下承诺：

一、严以律己，切实负责，忠于职守。

二、不断加强质量标准培训工作。定期不定期组织学习质量部或公司发放的质量管

（续上）

理文件、国家新版《质量规范、规程》《设备运行标准化作业指导书》《运行规程》、工地施工注意事项等相关规定的标准内容。以提高自身及生产部全员的质量意识，使大家掌握作业规范、质量控制规范，使得质量管理有章可循。

三、组织加强业务技能知识的学习，以奠定坚实理论基础，既而提高实际工作能力和综合素质水平，从而为质量管理工作打好基础。

四、认真执行"质量第一、预防为主、用户至上"质量管理方针，遵守各项质量管理制度和规定，做到混凝土生产质量控制、混凝土运输质量控制、质量应急处理。严格要求大家照章办事，使规章制度落到实处，本着对公司、对部门、对工地负责的原则，认真做好质量监督工作，使我公司各项质量管理工作顺利开展。

希望各位领导严格要求我，各位同志严格监督我的工作！

签名：

日期：

50.3　品质部质量管理负责人承诺书

质量部质量管理负责人承诺书

为进一步搞好我公司质量管理工作，确保我公司出厂混凝土质量合格率 100%，顺利实现全年各项质量管理目标，我作为部门负责人，深感责任重大，在新年的开始，面对新的形势，做出如下承诺：

一、严以律己，切实负责，忠于职守。

二、不断加强质量控制工作。定期不定期组织学习新版《质量规范、规程》《原材料检验规程》、施工配料单填写、试块制作、养护、试压并做好记录相关规定的标准内容。以提高自身及质量部全员的质量意识，使大家掌握作业规范，使得质量管理有章可循。

三、组织加强业务技能知识的学习，以奠定坚实理论知识基础，既而提高实际工作能力和综合素质水平，从而为质量管理工作打好基础。

四、认真执行，"质量第一、预防为主、用户至上"的质量管理方针，遵守各项质量管理制度和规定，作为公司质量核心部门的我们，必须做到严把原材料入库、试验，混凝土产前、产中、产后、施工、养护全过程严格要求大家照章办事，使规章制度落到实处。

希望各位领导严格要求我，各位同志严格监督我的工作！

签名：

日期：

50.4　综合部质量管理负责人承诺书

综合部质量管理负责人承诺书

为进一步搞好我公司质量管理工作，确保我公司出厂混凝土质量合格率 100%，顺利实现全年各项质量管理目标，我作为部门负责人，深感责任重大，在新年的开始，面对新的形势，做出如下承诺：

一、严以律己，切实负责，忠于职守。

二、加强组织员工进行质量培训工作，定期不定期组织学习质量在企业生命这一方针指导下：让公司全员上下认识质量重要性，了解产品质量控制的基本准则，部门内人员学会对质量资料的归档、整理、对不完备的资料督促相关部门提交，做到资料有据可查、不遗漏、不乱堆乱放。以提高自身及综合部全员的质量意识，使大家掌握作业规范，使得质量管理有章可循。

三、组织加强业务技能知识学习，以奠定坚实理论知识基础，既而提高实际工作能力和综合素质水平，从而为质量管理工作打好基础。

四、认真执行"质量第一、预防为主、用户至上"的质量管理方针，遵守各项质量管理制度和规定，做到提升自我的同时，配合质量部门做好资料归档，便于查询。本着对公司负责的原则，认真做好质量管理工作，使公司各项质量管理工作顺利开展。

希望各位领导严格要求我，各位同志严格监督我的工作！

签名：

日期：

50.5　采供部质量管理负责人承诺书

采供部质量管理负责人承诺书

为进一步搞好我公司质量管理工作，确保我公司出厂混凝土质量合格率 100%，顺利实现全年各项质量管理目标，我作为部门负责人，深感责任重大，在新年的开始，面对新的形势，做出如下承诺：

一、严以律己，切实负责，忠于职守。

二、加强组织员工进行质量培训工作，定期不定期组织学习。在这一方针指导下，本着对公司负责、对自己负责的原则，对购买的原材料必须经过质量部原材料检验员。检验合格后方可购买，原材料生产厂家必须三证齐全，提供所供应产品的质检报告（或有资质的第三方检验报告）生产合格证等，对原材料的入库做好相关台账，对不合格产品按质量管理规范要求进行处理，绝不让不合格原材料入库。以提高自身及采供部全员

（续上）

的质量意识，使大家掌握原材料质量规范，使得质量管理有章可循保障公司产品的质量。

三、组织加强业务技能、原材料特性、原材料相关规范知识的学习，以奠定坚实理论知识基础，既而提高实际工作能力和综合素质水平，从而为质量管理工作打好基础。

四、认真执行"质量第一、预防为主、用户至上"的质量管理方针，遵守各项质量管理制度和规定，配合质量部门做好质量管理工作，使我公司各项质量管理工作顺利开展。

签名：

日期：

50.6　质量管理方针、目标及实施计划

质量管理方针、目标及实施计划

一、质量管理方针

质量是企业的生命，预防为主，综合治理，全员参与，持续改进、用户至上。

质量管理方针陈述，每位员工都必须仔细阅读和深刻理解。所有人员必须协同合作，确保我公司的出厂混凝土质量合格率 100%，原材料堆放环境标准、保证混凝土生产到施工环节的质量。

××建材有限公司承诺：

遵守法律规范：遵守所有相关法律规范、条款和本公司自定的质量规章制度。

建立质量理念：质量与生产、质量与效益是一个整体，当质量与生产发生矛盾时，必须坚持"质量是企业的生命"的原则。

实施科学管理：采用科学的精细化管理模式，充分发挥人机功效。

不断持续改进：质量管理的核心是持续改进。质量合格率 100% 非一日之功，公司将坚持不懈、持续改进，公司通过建立质量标准化管理体系，通过"策划、执行、符合性、绩效"四个过程，不断加以完善。

落实质量责任：质量管理人人有责，公司制定各级质量管理责任制，与各岗位人员签订质量管理责任书，通过质量管理责任制签订、质量目标考核等多种途径，将质量责任落实到各位员工。

重视相关利益：重视与企业相关的利益，将客户的质量需求纳入企业质量管理的组成部分，关心企业自身质量工作以外的质量。

二、质量管理方针管理制度

为认真贯彻国家质量管理方针、规范，根据企业自身的实际情况，为实现企业的发

（续上）

展目标，让全体员工明确企业的质量管理基本理念、指导思想、基本原则，并根据外部、内部质量管理政策、制度不断变化而调整企业的质量管理政策，特制定本制度。

1. 企业的质量管理方针必须符合国家质量管理方针的要求，在国家质量管理方针的前提下制定。

2. 企业制定质量管理方针必须表达企业质量管理的基本理念，服从企业发展战略要求，能够让员工理解和接受。

3. 本公司质量管理方针由公司质量办公室负责组织起草，有管理者代表、员工代表、部门负责人共同参与，并与公司相关部门进行沟通，经公司质量管理办公室协商后形成公司文件，经总经理签发批准后实施。

4. 公司质量管理方针以文件形式下发传达，要求各部门及班组利用各种形式将质量管理方针传达到每位员工，并作为员工上岗前培训及再教育的主要内容；公司质量管理方针由质量管理办公室负责传达至公司相关方。

5. 质量管理方针将通过质量宣传栏、宣传横幅等多种形式对外进行披露。

6. 各部门、班组应保存公司质量管理方针文本，以便员工、相关方随时查阅。

7. 质量管理方针由公司质量管理办公室每年组织评审，公司管理者代表、员工代表、各部门班组负责人参与；当公司内外条件发生变化，由公司质量管理办公室及时组织评审，评审质量管理方针的持续适宜性，确定是否需要修订；需要修订时，由质量管理办公室召开会议对质量管理方针进行修订。

三、质量管理目标

1. 全年不合格产品为零。

2. 全年生产质量事故为零。

3. 全年生产中因机械、汽车、泵车影响产品为零。

4. 质量问题上报及时率 100%。

5. 质量管理自查活动完成率 100%。

6. 各类台账健全率 100%。

7. 影响质量工作隐患整改率 100%。

8. 各部人员质量理念培训率 100%。

9. 产品生产、试验设施、设备完好率 100%。

10. 原材合格率 100%

11. 原材料料入厂自检合格 100%。

四、质量管理目标管理制度

为保证公司今年质量管理目标的实现，根据企业自身的实际情况，切实加强质量管理，真正体现"谁主管归谁负责"的原则，全面控制各项质量指标，杜绝各类质量事故

（续上）

的发生，特制定质量管理目标管理制度：

1. 质量管理目标与指标由质量管理办公室负责起草，经质量部讨论评审后，每年制定一次，由总经理签字以文件形式下发。

2. 质量管理目标与指标按部门进行分解，传达到公司各部门负责人，再由各部门负责人传达到部门员工。

3. 质量管理办公室负责制定质量管理方针、目标实施计划，对各级管理层的目标与指标情况、实施计划进行监测、回顾，并对完成情况每季度进行一次评价，在需要时对质量管理目标与指标进行及时修正或更新。

五、质量管理方针、目标及实施计划

为了进一步抓好质量管理方针、目标管理，认真贯彻国家、省市有关质量管理规程规范，坚持"质量是企业的生命，预防为主、综合治理"的方针，确保企业质量管理，特制定实施计划如下：

第一，进一步抓好质量管理工作，落实质量管理责任制，全年召开 4 ～ 6 次质量管理会议，学习上级有关质量管理的各项规定，传达会议精神布置企业质量管理工作，促进企业质量标准化建设。

第二，各部门都必须严格执行企业下发的今年质量管理目标管理考核标准，逐条对照，把质量管理真正落实到工作中去。

第三，企业每年召开不少于 4 次的全员质量管理例会，对企业的质量管理方针、目标的实施情况进行汇总，对完成情况进行评价。

第四，认真学习国家、省、市、上级有关部门、行业、协会质量管理的规范、规程和质量管理的规定，质量领导小组每月不少于 1 次质量管理检查。

第五，建立健全质量管理岗位管理制度，把质量管理岗位责任制落实到人。

第六，按每月产量，每方提取_____元的质量管理费用，保证质量资金投入的有效使用。

今年我们将强化全体职工的质量意识，积极做好全年的质量管理工作，保证生产质量，为企业的经济效益稳步增长和质量管理打下坚实的基础。

50.7 年度内部质量体系审核计划

年度内部质量体系审核计划

一、审核目的

根据公司质量手册和程序文件要求，对正在运行的质量体系进行定期评价，检查质

（续上）

量体系运行是否持续有效，并为质量管理体系的改进提供依据。

二、审核依据

1. ISO 9001：2018 质量管理体系。

　不适用条款：_____。

2. 公司质量管理体系文件、相关制度。

3. 适用的法律、法规。

4. 产品标准、产品认证规定等。

三、审核范围

审核对象：质量管理工作各职能部门。

本次审核涉及的产品有：_____

_____

四、审核安排

审核时间：_____。若有特殊情况，审核时间可延迟，合理安排审核时间及人员，一星期内必须完成审核。具体明细如下表所示：

审核安排表

序号	实施项目及要点	时间	负责人	协助人
1	成立内审组			
2	开展质量管理体系内部审核			
3	不合格项纠正			
4	跟踪审核			
5	完善各部门内审检查表			
6	开展管理评审			
7	接受第三方正式审核			

五、审核策划

1. 总经理任命审核组长。

2. 审核组长组建审核小组，策划审核安排和过程。

3. 组织内部审核，原则上审核员不得审核自身工作。

4. 完成审核报告，发出不符合项报告。

5. 验证不符合项整改措施和效果，封闭不符合项。

50.8　内部审核总结报告模板

内部审核总结报告模板

一、审核目的

明确本公司质量管理体系是否按标准建立、有效实施及是否有效维持。

二、审核依据

ISO 9001：2008 品质管理手册、程序文件、作业指示、合同、法律法规、相关方的要求。

三、审核范围

本公司质量管理体系覆盖的所有相关部门、区域及人员。

四、审核日期

____年__月__日。

五、问题较多的部门／说明

问题较多的部门是_____、_____、_____、_____、_____。

六、问题较少的部门／说明

问题较少的部门是_____、_____、_____等。

七、缺失集中的条文／要素说明

在本次审核中，针对质量管理体系各部门出现的问题主要集中在 ISO 9001：2018 标准_____、_____、_____、_____、_____要素中。

八、对体系的总结与评价

本公司依计划于____年__月____日进行了质量管理体系的内部审核，透过此次内部审核，证明了本公司质量管理体系是符合 ISO 9001：2018 标准要求建立、实施和维持的；本次内审是成功、有效的；公司的 ISO 9001：2018 质量管理体系是朝一个良好的方向发展，产品的质量绩效也得到提高和改善。

本次审核共发现了____个不符合问题，通过本次的内部审核活动，对各部门的质量管理体系活动作了一个全面的摸底，了解各部门对体系的执行情况，发掘了一些部门的质量管理体系活动的问题，如：

1._____

2._____

3._____

4._____

5._____

在本次质量管理体系内部审核中，针对质量管理体系各部门出现的问题主要集中在 ISO 9001：2018 标准_____、_____、_____、_____、_____要素中，这些问题体现出了本公司在 ISO 9001：2018 质量管理体系日常执行工作仍存在很多不到位、

（续上）

不彻底、个别人员意识薄弱的实际情况。因此，在以后的质量管理活动中，我们仍要针对本次审核中出现的问题进行分析、总结、纠正和预防，如：深化检验及记录意识、对环境运行控制监督等；各部门要加强质量意识培训、法律／法规的培训，持续改善，全员参与，逐步完善本公司的 ISO9001：2018 质量管理体系，提高质量管理水平，使本公司的 ISO 9001：2018 质量管理体系得以更加完善及有效实施！

（内审不符合事项分布表见附表）

九、审核报告的分发范围

本审核报告分发范围为总经理、管理者代表、受审核部门、审核组成员及有关人员。

附件：内审不符合事项分布表

内审不符合事项分布表

序号	标准条款	部门名称					合计
1	4.2.3						
2	4.2.4						
3	5.1						
4	5.2						
5	5.3						
6	5.4						
7	5.5.1						
8	5.6						
9	6.2						
10	6.3						
11	6.4						
12	7.1						
13	7.2						
14	7.3						
15	7.4						
16	7.5.1						
17	7.5.2						
18	7.5.3						
19	7.5.4						

（续上）

（续表）

序号	标准条款	部门名称				合计
20	7.5.5					
21	7.6				1	1
22	8.2.1					
23	8.2.2					
24	8.2.3					
25	8.2.4					
26	8.3					
27	8.4					
28	8.5.2					
29	8.5.3					
合计					1	1

50.9　内部过程审核日程计划

内部过程审核日程计划

1. 审核目的

（1）验证产品所属的过程是否符合规定要求和可靠,验证过程是否具有能力并受控。

（2）评定过程相关结果的有效性,确保满足质量目标。

2. 审核依据：过程审核提问表。

3. 审核组长 / 成员：×××、×××、×××、×××。

4. 日期：

日程安排

审核时间	对应要素（过程审核表）	受审部门 / 现场	审核员	对应人员
	起始会议			
	1. 产品开发的策划	开发部		
	2. 产品开发的落实	开发部		
	3. 过程开发的策划	工程部		
	4. 过程开发的落实	工程部		

（续上）

（续表）

审核时间	对应要素（过程审核表）	受审部门／现场	审核员	对应人员
	中饭时间			
	5. 供方／原材料	采购部、质量部		
	6.1 人员／素质	生产现场；检验现场；办公室		
	6.2 生产设备／工装	生产设备现场、检验现场		
	第二日			
	6.3 运输／搬运／贮存／包装	仓库		
	中饭时间			
	6.4 缺陷分析／纠正措施／持续改进	生产现场，检验现场		
	7. 服务／顾客满意度	质量部、销售部		
	审核小组会议			
	末次会议			
审核组长：			分发日期：	
分发部门（人员）				
制定：		管理者代表：		

50.10　年度产品审核实施计划

年度产品审核实施计划

一、审核目的

评价产品质量是否符合顾客要求，发现产品存在的质量缺陷并改进。

二、审核范围

_____

三、审核员

审核组长：李××。

审核员：齐××、吴××、彭××、宁××、宋××、邓××、范××。

四、审核依据

顾客提供的产品要求，产品标准、控制计划、产品审核作业指导书。

五、检验装置

使用现有检验装置。

（续上）

六、产品年度审核安排

产品年度审核安排表

序号	产品系列	产品图号及名称	审核项目	审核日期	审核员

批准：　　　　　　　　编制：

第51章 物流配送管理文书

51.1 物流运输协议

物流运输协议

甲方（托运方）：＿＿＿＿＿＿＿＿＿＿（以下简称甲方）

地址：

法定代表人：

电话：

传真：

乙方（承运方）：＿＿＿＿＿＿＿＿＿＿（以下简称乙方）

地址：

法定代表人：

电话：

传真：

根据国家有关运输规定，经过双方充分协商，达成如下协议，以便双方共同遵守。

第一条 承运人必须是经过国务院交通行政主管部门批准并持有运输经营许可证的单位和个人，必须对运输工具、司机进行管理，明确职责，以确保货物运输的安全。

第二条 承运货物及起止地点

承运货物：＿＿＿＿＿＿＿＿＿＿＿＿＿＿＿＿＿＿＿

起止地点：＿＿＿＿＿＿＿＿＿＿＿＿＿＿＿＿＿＿＿

第三条 甲方的义务和责任

1. 甲方可对乙方有关责任人和操作人员提出必要的运作操作要求。

2. 因甲方交代不清而引起的无法抵达目的地或找不到收货人所造成的损失由甲方负责。

第四条 乙方责任

1. 乙方接受甲方的委托，为其提供货物运输服务，乙方应及时操作转运货物，安全、准时、准确地将货物发运至甲方指定的目的地。

2. 乙方至少提前 8 小时以电话或书面传真形式提前通知服务站到货时间和地址及联

（续上）

络方式方法等信息。

3. 司机把货物送达目的地后，若客户对货物有任何意见，司机绝对不可以与客户发生争持，应立即与乙方负责人联系，并将及时回报给甲方。

4. 乙方必须严格按照附件中所列运输时间执行。

5. 乙方在承运过程中发生的货物丢失概由乙方负责。

6. 由于自然灾害或交通事故造成货物无法准时到达，乙方必须及时通知甲方，由双方共同协商解决，若由于未及时通知甲方而造成货物过期到达，造成甲方损失应由乙方负责赔偿。

7. 如出库备件缴纳运输保险费，运输中出现缺损备件，由承运商全额赔偿。

8. 非缴纳运输保险费，运输中出现缺损备件，双方协商解决。

第五条　费用及结算方式

1. 结算方法为：每月 5 日前结算上月发生的运输费用，乙方需交付有效作业凭证及结算汇总表，经甲方审核无误后在当月 20 日之前将备件款汇至承运商处。

第六条　违约责任

1. 因甲方提供资料不齐全而导致乙方无法送达或者延误送达，损失由甲方负责。

2. 因乙方错运到达地点或收货人的，乙方必须无偿将货物运到指定地点交付给甲方，并承担相应的责任。

3. 由于乙方的过失造成货物过期到达，乙方应承担相应的责任。乙方应及时通知甲方并采取必要措施，经双方协商可适当放宽到货时间及价格。

4. 由于不可抗拒的原因造成乙方交货延误，乙方应向甲方及时说明，双方协商解决。

5. 协议终止后，甲乙双方不在合作，双方在一个月内结清所有运费。

第七条　文本及时效

1. 本协议一式三份，甲、乙双方各持一份，华晨金杯公司备件储运处留存一份，将作为发货依据，具有同等法律效力。

2. 本协议有效期为____年__月__日至____年__月__日

3. 本协议自双方签字盖章之日起生效。

4. 自本协议生效之日起一个月内为试用期。试用期内，如乙方要求提前终止协议，必须提前 15 天通知甲方。

第八条　变更与终止

1. 协议如有变更或者补充，经协商一致后，以补充协议形式确定，补充协议与原协议具有同等效力。

2. 本协议终止后，协议双方仍承担协议终止前本协议规定的双方应该履行而未履行完毕的一切责任与义务。

（续上）

> 3. 协议如需提前终止，须双方书面同意。
>
> 第九条　纠纷及其仲裁
>
> 若协议在履行中产生纠纷，双方应及时协商解决。
>
>
> 甲方（盖章）：×××服务站　　　　乙方（盖章）：
>
> 通知或通讯地址：　　　　　　　　通知或通讯地址：
>
> 委托代理人（签字）：　　　　　　委托代理人：（签字）
>
> 签署日期：　　　　　　　　　　　签署日期：

51.2　仓储协议书

> ### ××有限公司仓储协议书
>
> 甲方：
>
> 乙方：
>
> 为解决甲方物资的储存事宜，根据《中华人民共和国合同法》和《仓储保管合同实施条例》的有关规定，经甲乙双方共同协商，签订租赁协议如下：
>
> 一、双方责任
>
> 1. 乙方提供库房 ＿＿＿ 平方米供甲方使用，并提供库房的定期维修工作。
>
> 2. 乙方可为甲方提供到达货物的出入库管理集装卸搬工作（具体费率另行协商）。
>
> 3. 甲方进入货区必须严格遵守仓库防火制度及安全制度。
>
> 4. 货物管理方式，A 甲方自管；B 委托乙方代管。货物缺损问题由管理方负责。
>
> 二、经双方协商，确定有关收费标准如下
>
> 1 库房租赁费：＿＿＿ 元／平方米／天；月合计费用为：＿＿＿ 元。
>
> 2. 甲方发生的一切费用按双方制定的标准每月结算一次（其中子管库的租赁费需预付租金）。如甲方无故拖欠租金，乙方有权滞留甲方货物，待甲方结清费用后方可放行。
>
> 三、其他相关事项
>
> 1. 甲乙双方认真履行自己应承担的责任，严格遵守协议规定的条款。
>
> 2. 本协议执行后，费率根据国家及地方的有关物价规定的标准，如增加或减少，经双方协商后进行上下调整。
>
> 3. 凡属不可抗拒的自然灾害造成的物资损失，乙方不负责赔偿。
>
> 4. 本协议至 ＿＿＿ 年 ＿＿ 月 ＿＿ 日，合同期满自动废止。如甲乙双方意欲在合同期满后继续合作，需在本合同期满前一个月签署新协议。在合同期内任何一方终止协议需提

（续上）

前两个月书面通知对方，并将剩余仓储费用的 2.0% 赔付对方。如合同期满三个月甲方既不续签协议也不提货，则视为甲方自动放弃货物所有权。

5. 本合同一式两份，盖章生效，甲乙双方各执一份。

甲方签章：　　　　　　　　　　　　乙方签章：

法人代表签章：　　　　　　　　　　法人代表签章：

日期：　　年　月　日　　　　　　　日期：　　年　月　日

51.3　新建库房申请报告

××有限公司仓储部新建库房申请报告

总经理：

　　仓库是公司物资供应体系的一个重要组成部分，是公司各种物资周转储备的环节，同时担负着物资管理的多项业务职能。它的主要任务是：保管好库存物资，做到数量准确，质量完好，确保安全，收发迅速，面向生产，销售。服务周到，降低费用，加速资金周转。

　　根据公司生产需要和厂房设备条件统筹规划，合理布局；内部要加强经济责任制，进行科学分工，形成物资分口管理的保证体系；业务上要实行工作质量标准化，应用现代管理技术和 ABC 分类法，不断提高仓库管理水平。

　　随着公司业务量的扩大，目前物料库房面积太小，所有系列的物料都在一个库房存放，不符合物料的储存条件要求。物料的储存条件影响直接成品的质量。库房面积小，不能做到分类摆放。采购若是批量购买，无法存放。物料不充足直接影响车间生产，间接影响市场销售。需要扩建冷库来更加完善库房物料的储存。

　　根据市场销售部 ＿＿＿ 年的销售计划，成品需要一定的备货量，按照成品存放要求，目前成品库房不能达到一定的要求，需要增加库房面积。车间成品入库后品控不能及时出具检验合格证，待检验产品需存放到待检区，目前并没有规范的待检区域。

　　因此，特向总经理提出申请建立新的库房用于储存。库房申请的具体条件详见附件。

　　附件

　　（略）

仓储部

＿＿＿ 年 ＿ 月 ＿ 日

51.4　仓储标志申请报告

××有限公司仓储标志申请报告

各位领导：

为优化仓库的目视化管理，增强安全的醒目标志，现申请以下标志：

1. 消火栓标志。

规格：长 50 厘米 × 宽 30 厘米 × 厚度 5 毫米——16 张

长 50 厘米 × 宽 20 厘米 × 厚度 5 毫米——15 张

颜色：红底白字（字体尽量大）见附件图片 2

材质：单面，防水，轻便，硬泡沫板用于张贴在钢柱上

2. 注意叉车标志。

规格：长 60 厘米 × 高 45 厘米 × 厚 0.5 厘米——4 张

颜色：黄黑底黑黄字（字体适中）见附件图片 1

材质：单面，防水，轻便，硬泡沫板

3. 料架标志。

规格：长 100 厘米 × 高 75 厘米 × 厚 0.5 厘米——17 张

印刷内容：（LD02，03，06，07，08，09，10，11，18，19）（CP-A，CP-B，P-C，CP-D，…CP-G）

规格：长 118 厘米 × 高 75 厘米 × 厚 0.5 厘米——6 张

印刷内容：（LD01；LD04；LD05；LD12；LD13；LD20）

规格：长 61 厘米 × 高 75 厘米 × 厚 0.5 厘米——4 张

印刷内容：（LD14；LD15；LD16；LD17）

颜色：蓝底橙色字（字体尽量大）

材质：单面，防水，轻便，硬泡沫板

见附件图片

以上望领导批准！

仓储部

日期：＿＿＿ 年 ＿ 月 ＿ 日

51.5　仓库盘点报告

××有限公司盘点报告

盘点基准日：＿＿＿ 年 ＿ 月 ＿ 日至 ＿＿＿ 年 ＿ 月 ＿ 日

（续上）

初盘时间：＿＿＿年＿月＿日至＿＿＿年＿月＿日

抽点时间：＿＿＿年＿月＿日至＿＿＿年＿月＿日

初盘人员：仓储部主持，其他各部门配合

抽点人员：财务部

盘点范围：工模、生产物料、半成品、成品

盘点方法：

1. 根据公司的实际情况，采取不停产的动态盘点。

2. 工模部、生产仓库（原料、半成品、成品）、喷油课、注塑课人员将本部门的原料、半成品、成品进行初盘，初盘时各部门人员对物料、成品、半成品采取全盘的原则盘点。

3. 财务部对各部门进行抽盘，根据"实存数＝初盘－出货（领用）数，实存数＝初盘数＋进料数"计算实存数。财务人员对一般物品抽取＿＿＿%进行抽盘，对红铜等贵重物料进行全盘。

4. 将盘点结果与盘点日财务账面记录进行核对，寻找并分析差异原因，判断盘点结果是否可以接受。

盘点情况：

（1）原计划在＿月份的最后＿＿＿天完成盘点工作，但因人员事假、产假、工作量过大等原因最终盘点在＿月＿日完成。

（2）在盘点工模仓库是因工模部仓库管理员刚到职不久，导致存货数据不能及时更新，经过盘点，工模部仓库管理员已重新对工模部仓库进行清理，达到数目明确、清晰。

（3）生产部成品、半成品仓因地方狭窄、大量存货而导致"找一款产品如大海捞针"，更导致无法找到同款产品。

（4）喷油课一道工序完成后半成品装箱没有标明数量，例如：平板电脑后壳喷油完成后装箱，生产员工没有标明实际数量，物料员只能粗略估计数量，导致数据不清，已要求喷油课在生产装箱时一定要标明该箱产品的"明确数量"。

盘点结论：

我们认为，盘点差异较小，盘点结果基本可靠，存货管理基本可以信赖。

51.6　仓库安全工作责任书

××有限公司仓库安全工作责任书

为进一步落实以防为主、防治结合、综合治理的安全工作方针，为实现全年安全无重大事故目标，加强仓库物品管理，采取切实有效措施，防止事故发生，现与仓库保管

（续上）

员签订工作责任书如下：

一、安全管理

1. 落实安全目标责任制，仓库保管员是仓库安全工作的主要负责人。

2. 每日检查仓库门窗，加强防盗措施，防止仓库物资被盗。

3. 注意仓库通风透气、防潮、避光及防火措施。

4. 加强防火消防设施检查，确保灭火设施配置齐全且在有效期内。

5. 熟悉消防知识及熟练掌握消防器具的使用。

6. 仓库周围禁止堆放杂物和易燃物品，库房内主要通道要保持畅通，防止发生意外。

7. 仓库内不准存放易燃易爆物品。

8. 所有食品、酒水饮料均上架堆放，地面存放的食品均有垫板，所有食品、酒水饮料均在保质期内，食品、酒水饮料在邻近保质期前 3 个月必须通知部门。

9. 防"四害"设施齐全，措施安全可靠。

10. 库房内严禁一切明火，严格执行仓库防火安全管理规则，库房内禁止吸烟。

11. 严禁携带火源、火种进入库房。

12. 仓库钥匙交安全部统一保管，专人领用。

13. 不准乱接电线和其他用电设备，库房内严禁使用一切电热器具和家用电器（除湿机、抽风机除外）

14. 无关人员不得在仓库内长时间逗留。

15. 所有验收的食品均符合食品卫生管理规定。

16. 所有库存物品做到分类存放并且有《货位卡》。

二、物资管理

1. 物资库设专人负责，严格执行各类物资的收、发、领、退、核制度，明确责任，严格考核。

2. 仓库必须分类堆放并随时保持整洁卫生，进库物品按性质、特点、类别堆放整齐，做到先进先出、不串味、不受损、不积压。

3. 统一编号分类填写货位卡，货位卡需注明品名、规格、常备量、结存数量等。

4. 严格物资进出库手续，及时做好记录工作。物资进库，保管员必须根据入库单进行严格的复查验收，确认无误后，方可签收。

5. 物资出库，必须根据有关领导签批的有效凭证准确发放物品。

6. 仓库一般不接受临时代保管物品，确需存放在仓库的临时代保管物资，必须建立代保管台账，详细记录出入库情况。

7. 仓库的间隔周期原则：易霉变食品、物品半个月整理一次，物资库一个月整理一次。

8. 建立库存物资盘点制度，仓库保管员对自己保管的物品做到每月盘点一次。

部门经理：　　　　　　　　　　　仓库保管员：

日期：＿＿＿年＿月＿日　　　　　日期：＿＿＿年＿月＿日

PART 5

附 录

2022年《财富》世界500强企业排行榜

排名	公司名称（中文）	营业收入（百万美元）	利润（百万美元）	国家
1	沃尔玛（WALMART）	572 754.00	13 673.00	美国
2	亚马逊（AMAZON.COM）	469 822.00	33 364.00	美国
3	国家电网有限公司（STATE GRID）	460 616.90	7 137.80	中国
4	中国石油天然气集团有限公司（CHINA NATIONAL PETROLEUM）	411 692.90	9 637.50	中国
5	中国石油化工集团有限公司（SINOPEC GROUP）	401 313.50	8 316.10	中国
6	沙特阿美公司（SAUDI ARAMCO）	400 399.10	105 369.10	沙特阿拉伯
7	苹果公司（APPLE）	365 817.00	94 680.00	美国
8	大众公司（VOLKSWAGEN）	295 819.80	18 186.60	德国
9	中国建筑集团有限公司（CHINA STATE CONSTRUCTION ENGINEERING）	293 712.40	4 443.80	中国
10	CVS Health 公司（CVS HEALTH）	292 111.00	7 910.00	美国
11	联合健康集团（UNITEDHEALTH GROUP）	287 597.00	17 285.00	美国
12	埃克森美孚（EXXON MOBIL）	285 640.00	23 040.00	美国
13	丰田汽车公司（TOYOTA MOTOR）	279 337.70	25 371.40	日本
14	伯克希尔—哈撒韦公司（BERKSHIRE HATHAWAY）	276 094.00	89 795.00	美国
15	壳牌公司（SHELL）	272 657.00	20 101.00	英国
16	麦克森公司（MCKESSON）	263 966.00	1 114.00	美国
17	Alphabet 公司（ALPHABET）	257 637.00	76 033.00	美国
18	三星电子（SAMSUNG ELECTRONICS）	244 334.90	34 293.50	韩国
19	托克集团（TRAFIGURA GROUP）	231 308.10	3 100.00	新加坡
20	鸿海精密工业股份有限公司（HON HAI PRECISION INDUSTRY）	214 619.20	4 988.30	中国
21	美源伯根公司（AMERISOURCEBERGEN）	213 988.80	1 539.90	美国
22	中国工商银行股份有限公司（INDUSTRIAL & COMMERCIAL BANK OF CHINA）	209 000.40	54 003.10	中国

（续表）

排名	公司名称（中文）	营业收入（百万美元）	利润（百万美元）	国家
23	嘉能可（GLENCORE）	203 751.00	4 974.00	瑞士
24	中国建设银行股份有限公司（CHINA CONSTRUC-TION BANK）	200 434.00	46 898.90	中国
25	中国平安保险（集团）股份有限公司（PING AN INSURANCE）	199 629.40	15 753.90	中国
26	开市客（COSTCO WHOLESALE）	195 929.00	5 007.00	美国
27	道达尔能源公司（TOTALENERGIES）	184 634.00	16 032.00	法国
28	中国农业银行股份有限公司（AGRICULTURAL BANK OF CHINA）	181 411.70	37 390.80	中国
29	Stellantis 集团（STELLANTIS）	176 663.00	16 789.10	荷兰
30	信诺（CIGNA）	174 078.00	5 365.00	美国
31	中国中化控股有限责任公司（SINOCHEM HOLD-INGS）	172 260.30	-197.70	中国
32	美国电话电报公司（AT&T）	168 864.00	20 081.00	美国
33	微软（MICROSOFT）	168 088.00	61 271.00	美国
34	中国铁路工程集团有限公司（CHINA RAILWAY EN-GINEERING GROUP）	166 452.10	1 853.20	中国
35	英国石油公司（BP）	164 195.00	7 565.00	英国
36	嘉德诺（CARDINAL HEALTH）	162 467.00	611.00	美国
37	雪佛龙（CHEVRON）	162 465.00	15 625.00	美国
38	梅赛德斯－奔驰集团（MERCEDES–BENZ G-ROUP）	158 306.10	27 200.80	德国
39	中国铁道建筑集团有限公司（CHINA RAILWAY CONSTRUCTION）	158 203.00	1 703.80	中国
40	中国人寿保险（集团）公司（CHINA LIFE IN-SURANCE）	157 095.30	3 087.10	中国
41	三菱商事株式会社（MITSUBISHI）	153 690.00	8 345.80	日本
42	中国银行股份有限公司（BANK OF CHINA）	152 409.30	33 573.30	中国
43	家得宝（HOME DEPOT）	151 157.00	16 433.00	美国

（续表）

排名	公司名称（中文）	营业收入 （百万美元）	利润 （百万美元）	国家
44	中国宝武钢铁集团有限公司（CHINA BAOWU ST-EEL GROUP）	150 730.00	2 994.90	中国
45	沃博联（WALGREENS BOOTS ALLIANCE）	148 579.00	2 542.00	美国
46	京东集团股份有限公司（JD.COM）	147 526.20	−551.80	中国
47	安联保险集团（ALLIANZ）	144 516.60	7 815.20	德国
48	安盛（AXA）	144 446.80	8 623.90	法国
49	马拉松原油公司（MARATHON PETROLEUM）	141 032.00	9 738.00	美国
50	Elevance Health 公司（ELEVANCE HEALTH）	138 639.00	6 104.00	美国
51	克罗格（KROGER）	137 888.00	1 655.00	美国
52	俄罗斯天然气工业股份公司（GAZPROM）	137 731.70	28 405.10	俄罗斯
53	福特汽车公司（FORD MOTOR）	136 341.00	17 937.00	美国
54	威瑞森电信（VERIZON COMMUNICATIONS）	133 613.00	22 065.00	美国
55	阿里巴巴集团控股有限公司（ALIBABA GROUP HOLDING）	132 935.70	9 700.50	中国
56	富腾公司（FORTUM）	132 894.20	873.70	芬兰
57	中国移动通信集团有限公司（CHINA MOBILE COM-MUNICATIONS）	131 913.40	14 628.90	中国
58	中国五矿集团有限公司（CHINA MINMETALS）	131 800.40	616.80	中国
59	宝马集团（BMW GROUP）	131 521.60	14 639.60	德国
60	中国交通建设集团有限公司（CHINA COMMUNI-CATIONS CONSTRUCTION）	130 664.10	1 397.30	中国
61	本田汽车（HONDA MOTOR）	129 546.90	6 294.20	日本
62	德国电信（DEUTSCHE TELEKOM）	128 630.80	4 937.40	德国
63	摩根大通公司（JPMORGAN CHASE）	127 202.00	48 334.00	美国
64	通用汽车公司（GENERAL MOTORS）	127 004.00	10 019.00	美国
65	中国海洋石油集团有限公司（CHINA NATIONAL OFFSHORE OIL）	126 920.10	9 183.40	中国
66	Centene 公司（CENTENE）	125 982.00	1 347.00	美国
67	卢克石油公司（LUKOIL）	125 134.50	10 496.40	俄罗斯

（续表）

排名	公司名称（中文）	营业收入（百万美元）	利润（百万美元）	国家
68	上海汽车集团股份有限公司（SAIC MOTOR）	120 900.20	3 803.40	中国
69	山东能源集团有限公司（SHANDONG ENERGY GROUP）	120 012.30	173.70	中国
70	中国华润有限公司（CHINA RESOURCES）	119 601.20	4 544.00	中国
71	Meta Platforms 公司（META PLATFORMS）	117 929.00	39 370.00	美国
72	意大利忠利保险公司（ASSICURAZIONI GENERA-LI）	117 155.00	3 366.10	意大利
73	美国康卡斯特电信公司（COMCAST）	116 385.00	14 159.00	美国
74	Phillips 66 公司（PHILLIPS 66）	114 852.00	1 317.00	美国
75	恒力集团有限公司（HENGLI GROUP）	113 536.00	2 374.50	中国
76	正威国际集团有限公司（AMER INTERNATION-AL GROUP）	112 049.20	2 010.70	中国
77	厦门建发集团有限公司（XIAMEN C&D）	111 556.50	1 114.10	中国
78	日本伊藤忠商事株式会社（ITOCHU）	109 434.30	7 302.00	日本
79	中国第一汽车集团有限公司（CHINA FAW G-ROUP）	109 404.70	3 600.40	中国
80	中国医药集团有限公司（SINOPHARM）	108 779.30	12 164.80	中国
81	中国邮政集团有限公司（CHINA POST GROUP）	108 669.00	5 983.00	中国
82	瓦莱罗能源公司（VALERO ENERGY）	108 332.00	930.00	美国
83	日本电报电话公司（NIPPON TELEGRAPH AND TELEPHONE）	108 215.60	10 513.90	日本
84	法国农业信贷银行（CRÉDIT AGRICOLE）	107 695.20	6 909.60	法国
85	国家能源投资集团有限责任公司（CHINA EN-ERGY INVESTMENT）	107 094.50	5 452.10	中国
86	戴尔科技公司（DELL TECHNOLOGIES）	106 995.00	5 563.00	美国
87	塔吉特公司（TARGET）	106 005.00	6 946.00	美国
88	三井物产株式会社（MITSUI）	104 664.80	8 142.80	日本
89	中国南方电网有限责任公司（CHINA SOUTHERN POWER GRID）	104 118.80	1 304.00	中国

排名	公司名称（中文）	营业收入（百万美元）	利润（百万美元）	国家
90	意大利国家电力公司（ENEL）	104 052.40	3 770.50	意大利
91	中粮集团有限公司（COFCO）	103 087.30	1 497.90	中国
92	现代汽车（HYUNDAI MOTOR）	102 775.00	4 318.90	韩国
93	房利美（FANNIE MAE）	101 543.00	22 176.00	美国
94	日本邮政控股公司（JAPAN POST HOLDINGS）	100 278.10	4 466.00	日本
95	法国电力公司（ELECTRICITÉ DE FRANCE）	99 861.00	6 045.30	法国
96	华为投资控股有限公司（HUAWEI INVESTMENT & HOLDING）	98 724.70	17 622.70	中国
97	联合包裹速递服务公司（UNITED PARCEL SERVICE）	97 287.00	12 890.00	美国
98	印度人寿保险公司（LIFE INSURANCE CORP. OF INDIA）	97 266.70	553.80	印度
99	德国邮政敦豪集团（DEUTSCHE POST DHL GROUP）	96 652.20	5 974.30	德国
100	中国电力建设集团有限公司（POWERCHINA）	96 421.70	679.30	中国
101	美国劳氏公司（LOWE'S）	96 250.00	8 442.00	美国
102	中国中信集团有限公司（CITIC GROUP）	96 125.80	4 891.20	中国
103	雀巢公司（NESTLÉ）	95 292.80	18 497.70	瑞士
104	信实工业公司（RELIANCE INDUSTRIES）	93 982.00	8 150.70	印度
105	美国银行（BANK OF AMERICA）	93 851.00	31 978.00	美国
106	厦门国贸控股集团有限公司（XIAMEN ITG HOLDING GROUP）	93 791.30	383.30	中国
107	强生（JOHNSON & JOHNSON）	93 775.00	20 878.00	美国
108	博世集团（BOSCH GROUP）	93 106.40	2 382.40	德国
109	巴斯夫公司（BASF）	92 929.00	6 530.00	德国
110	中国人民保险集团股份有限公司（PEOPLE'S INSURANCE CO. OF CHINA）	92 182.30	3 329.40	中国
111	埃尼石油公司（ENI）	91 951.20	6 882.40	意大利
112	意昂集团（E.ON）	91 462.90	5 546.30	德国

（续表）

排名	公司名称（中文）	营业收入（百万美元）	利润（百万美元）	国家
113	日立（HITACHI）	91 374.60	5 194.00	日本
114	Equinor 公司（EQUINOR）	90 924.00	8 563.00	挪威
115	皇家阿霍德德尔海兹集团（ROYAL AHOLD DEL-HAIZE）	89 385.60	2 655.50	荷兰
116	索尼（SONY）	88 320.50	7 853.10	日本
117	SK 集团（SK）	88 081.00	1 721.70	韩国
118	俄罗斯石油公司（ROSNEFT OIL）	87 831.70	11 983.20	俄罗斯
119	家乐福（CARREFOUR）	87 830.80	1 267.50	法国
120	物产中大集团股份有限公司（WUCHAN ZHONG-DA GROUP）	87 210.70	617.80	中国
121	腾讯控股有限公司（TENCENT HOLDINGS）	86 835.60	34 854.40	中国
122	东风汽车集团有限公司（DONGFENG MOTOR）	86 122.00	1 440.90	中国
123	法国巴黎银行（BNP PARIBAS）	85 300.60	11 218.00	法国
124	ADM 公司（ARCHER DANIELS MIDLAND）	85 249.00	2 709.00	美国
125	绿地控股集团股份有限公司（GREENLAND HOL-DING GROUP）	84 454.00	957.90	中国
126	乐购（TESCO）	84 192.20	2 031.60	英国
127	中国远洋海运集团有限公司（COSCO SHIPPING）	84 129.50	6 420.80	中国
128	巴西国家石油公司（PETROBRAS）	83 966.00	19 875.00	巴西
129	联邦快递（FEDEX）	83 959.00	5 231.00	美国
130	Engie 集团（ENGIE）	83 621.70	4 328.50	法国
131	中国电信集团有限公司（CHINA TELECOMMU-NICATIONS）	83 596.30	1 935.00	中国
132	哈门那公司（HUMANA）	83 064.00	2 933.00	美国
133	慕尼黑再保险集团（MUNICH RE GROUP）	83 051.80	3 467.80	德国
134	美国富国银行（WELLS FARGO）	82 407.00	21 548.00	美国
135	州立农业保险公司（STATE FARM INSURANCE）	82 224.70	1 280.90	美国
136	中国兵器工业集团有限公司（CHINA NORTH IN-DUSTRIES GROUP）	81 785.20	1 741.60	中国

（续表）

排名	公司名称（中文）	营业收入（百万美元）	利润（百万美元）	国家
137	辉瑞制药有限公司（PFIZER）	81 288.00	21 979.00	美国
138	碧桂园控股有限公司（COUNTRY GARDEN HOLDINGS）	81 091.10	4 154.40	中国
139	中国铝业集团有限公司（ALUMINUM CORP. OF CHINA）	80 406.50	1 398.90	中国
140	引能仕控股株式会社（ENEOS HOLDINGS）	80 132.50	4 781.40	日本
141	花旗集团（CITIGROUP）	79 865.00	21 952.00	美国
142	印度石油公司（INDIAN OIL）	79 542.40	3 370.40	印度
143	百事公司（PEPSICO）	79 474.00	7 618.00	美国
144	中国航空工业集团有限公司（AVIATION INDUSTRY CORP. OF CHINA）	79 332.20	855.20	中国
145	英特尔公司（INTEL）	79 024.00	19 868.00	美国
146	西班牙国家银行（BANCO SANTANDER）	78 689.00	9 605.30	西班牙
147	Seven & I 控股公司（SEVEN & I HOLDINGS）	78 458.30	1 890.00	日本
148	日本永旺集团（AEON）	78 155.30	58.30	日本
149	汇丰银行控股公司（HSBC HOLDINGS）	77 330.00	13 917.00	英国
150	太平洋建设集团有限公司（PACIFIC CONSTRUCTION GROUP）	77 072.90	5 594.00	中国
151	美国邮政（U.S. POSTAL SERVICE）	77 041.00	−4 930.00	美国
152	招商局集团有限公司（CHINA MERCHANTS GROUP）	76 766.90	8 525.50	中国
153	安赛乐米塔尔（ARCELORMITTAL）	76 571.00	14 956.00	卢森堡
154	宝洁公司（PROCTER & GAMBLE）	76 118.00	14 306.00	美国
155	交通银行股份有限公司（BANK OF COMMUNICATIONS）	75 986.20	13 577.80	中国
156	迪奥公司（CHRISTIAN DIOR）	75 923.50	5 847.80	法国
157	丸红株式会社（MARUBENI）	75 742.70	3 777.30	日本
158	布鲁克菲尔德资产管理公司（BROOKFIELD ASSET MANAGEMENT）	75 731.00	3 966.00	加拿大

（续表）

排名	公司名称（中文）	营业收入（百万美元）	利润（百万美元）	国家
159	西门子（SIEMENS）	75 515.60	7 362.40	德国
160	厦门象屿集团有限公司（XMXYG）	75 094.30	409.50	中国
161	日产汽车（NISSAN MOTOR）	74 994.90	1 918.70	日本
162	北京汽车集团有限公司（BEIJING AUTOMOTIVE GROUP）	74 687.30	318.00	中国
163	晋能控股集团有限公司（JINNENG HOLDING G-ROUP）	74 588.20	−340.90	中国
164	日本生命保险公司（NIPPON LIFE INSURANCE）	74 392.20	3 086.80	日本
165	通用电气公司（GENERAL ELECTRIC）	74 196.00	−6 520.00	美国
166	墨西哥石油公司（PEMEX）	73 761.20	−14 525.70	墨西哥
167	第一生命控股有限公司（DAI–ICHI LIFE HOL-DINGS）	73 082.10	3 644.00	日本
168	国际商业机器公司（INTERNATIONAL BUSINESS MACHINES）	72 344.00	5 743.00	美国
169	瑞士罗氏公司（ROCHE GROUP）	72 053.90	15 242.40	瑞士
170	艾伯森公司（ALBERTSONS）	71 887.00	1 619.60	美国
171	联想集团有限公司（LENOVO GROUP）	71 618.20	2 029.80	中国
172	丰田通商公司（TOYOTA TSUSHO）	71 464.60	1 978.30	日本
173	大都会人寿（METLIFE）	71 080.00	6 554.00	美国
174	招商银行股份有限公司（CHINA MERCHANTS BANK）	71 063.80	18 591.60	中国
175	保德信金融集团（PRUDENTIAL FINANCIAL）	70 934.00	7 724.00	美国
176	江西铜业集团有限公司（JIANGXI COPPER）	70 914.00	464.60	中国
177	泰国国家石油有限公司（PTT）	70 652.20	3 389.40	泰国
178	万科企业股份有限公司（CHINA VANKE）	70 197.60	3 491.90	中国
179	苏黎世保险集团（ZURICH INSURANCE GROUP）	69 867.00	5 202.00	瑞士
180	浙江荣盛控股集团有限公司（ZHEJIANG RONG-SHENG HOLDING GROUP）	69 503.20	1 170.60	中国
181	中国保利集团有限公司（CHINA POLY GROUP）	69 006.90	2 034.80	中国

（续表）

排名	公司名称（中文）	营业收入（百万美元）	利润（百万美元）	国家
182	中国太平洋保险（集团）股份有限公司［CHINA PACIFIC INSURANCE（GROUP）]	68 313.30	4 160.10	中国
183	华特迪士尼公司（WALT DISNEY）	67 418.00	1 995.00	美国
184	Energy Transfer 公司（ENERGY TRANSFER）	67 417.00	5 470.00	美国
185	洛克希德—马丁（LOCKHEED MARTIN）	67 044.00	6 315.00	美国
186	广州汽车工业集团有限公司（GUANGZHOU AUTO-MOBILE INDUSTRY GROUP）	66 955.20	607.30	中国
187	LG 电子（LG ELECTRONICS）	66 861.80	901.60	韩国
188	浦项制铁控股公司（POSCO HOLDINGS）	66 421.30	5 773.30	韩国
189	河钢集团有限公司（HBIS GROUP）	66 149.70	219.90	中国
190	印度石油天然气公司（OIL & NATURAL GAS）	65 961.50	6 112.10	印度
191	房地美（FREDDIE MAC）	65 898.00	12 109.00	美国
192	丰益国际（WILMAR INTERNATIONAL）	65 793.60	1 890.40	新加坡
193	松下控股公司（PANASONIC HOLDINGS）	65 774.40	2 273.00	日本
194	巴西 JBS 公司（JBS）	65 036.30	3 799.20	巴西
195	高盛（GOLDMAN SACHS GROUP）	64 989.00	21 635.00	美国
196	中国建材集团有限公司（CHINA NATIONAL BUIL-DING MATERIAL GROUP）	64 416.60	603.50	中国
197	雷神技术公司（RAYTHEON TECHNOLOGIES）	64 388.00	3 864.00	美国
198	英杰华集团（AVIVA）	64 240.00	2 703.70	英国
199	山东魏桥创业集团有限公司（SHANDONG WEI-QIAO PIONEERING GROUP）	63 738.60	1 758.00	中国
200	荷兰全球保险集团（AEGON）	63 662.70	2 341.00	荷兰
201	力拓集团（RIO TINTO GROUP）	63 495.00	21 094.00	英国
202	惠普公司（HP）	63 487.00	6 503.00	美国
203	英国法通保险公司（LEGAL & GENERAL GROUP）	62 504.50	2 819.20	英国
204	波音（BOEING）	62 286.00	-4 202.00	美国
205	联合利华（UNILEVER）	62 006.30	7 151.90	英国
206	马士基集团（MAERSK GROUP）	61 787.00	17 942.00	丹麦

（续表）

排名	公司名称（中文）	营业收入（百万美元）	利润（百万美元）	国家
207	空中客车公司（AIRBUS）	61 657.50	4 981.20	荷兰
208	兴业银行股份有限公司（INDUSTRIAL BANK）	61 330.50	12 818.00	中国
209	陕西煤业化工集团有限责任公司（SHAANXI COAL & CHEMICAL INDUSTRY）	61 299.00	596.50	中国
210	中国光大集团股份公司（CHINA EVERBRIGHT GROUP）	61 193.80	3 708.20	中国
211	摩根士丹利（MORGAN STANLEY）	61 121.00	15 034.00	美国
212	起亚公司（KIA）	61 049.80	4 160.00	韩国
213	必和必拓集团（BHP GROUP）	60 817.00	11 304.00	澳大利亚
214	日本制铁集团公司（NIPPON STEEL CORPORATION）	60 612.20	5 673.40	日本
215	中国华能集团有限公司（CHINA HUANENG GROUP）	60 048.50	681.50	中国
216	马来西亚国家石油公司（PETRONAS）	59 873.60	10 091.20	马来西亚
217	鞍钢集团有限公司（ANSTEEL GROUP）	59 447.70	1 140.60	中国
218	万喜集团（VINCI）	59 388.60	3 070.50	法国
219	邦吉公司（BUNGE）	59 152.00	2 078.00	美国
220	法国兴业银行（SOCIÉTÉ GÉNÉRALE）	59 057.50	6 669.50	法国
221	HCA 医疗保健公司（HCA HEALTHCARE）	58 752.00	6 956.00	美国
222	英国劳埃德银行集团（LLOYDS BANKING GROUP）	58 476.40	7 954.40	英国
223	印尼国家石油公司（PERTAMINA）	57 508.80	2 045.70	印度尼西亚
224	中国机械工业集团有限公司（SINOMACH）	57 446.00	458.20	中国
225	台积公司（TAIWAN SEMICONDUCTOR MANUFACTURING）	56 836.80	21 209.20	中国
226	上海浦东发展银行股份有限公司（SHANGHAI PUDONG DEVELOPMENT BANK）	56 795.30	8 217.10	中国
227	艾伯维（ABBVIE）	56 197.00	11 542.00	美国
228	法国达飞海运集团（CMA CGM）	55 975.70	17 893.90	法国

（续表）

排名	公司名称（中文）	营业收入（百万美元）	利润（百万美元）	国家
229	浙江吉利控股集团有限公司（ZHEJIANG GEELY HOLDING GROUP）	55 860.10	1 471.00	中国
230	德国联邦铁路公司（DEUTSCHE BAHN）	55 658.30	−1 087.70	德国
231	巴西淡水河谷公司（VALE）	55 585.00	22 445.00	巴西
232	加拿大鲍尔集团（POWER CORP. OF CANADA）	55 488.90	2 368.40	加拿大
233	中国电子科技集团有限公司（CHINA ELECTRONICS TECHNOLOGY GROUP）	55 457.20	2 151.90	中国
234	软银集团（SOFTBANK GROUP）	55 383.60	−15 204.70	日本
235	陶氏公司（DOW）	54 968.00	6 311.00	美国
236	印度国家银行（STATE BANK OF INDIA）	54 643.20	4 749.60	印度
237	雷诺（RENAULT）	54 639.20	1 049.90	法国
238	青山控股集团有限公司（TSINGSHAN HOLDING GROUP）	54 573.60	2 385.90	中国
239	百威英博（ANHEUSER–BUSCH INBEV）	54 304.00	4 670.00	比利时
240	三菱日联金融集团（MITSUBISHI UFJ FINANCIAL GROUP）	54 087.00	10 066.60	日本
241	盛虹控股集团有限公司（SHENGHONG HOLDING GROUP）	53 947.50	941.20	中国
242	特斯拉（TESLA）	53 823.00	5 519.00	美国
243	中国船舶集团有限公司（CHINA STATE SHIP-BUILDING）	53 670.90	2 611.20	中国
244	Talanx 公司（TALANX）	53 420.20	1 195.30	德国
245	美的集团股份有限公司（MIDEA GROUP）	53 231.50	4 429.80	中国
246	好事达（ALLSTATE）	53 228.00	1 599.00	美国
247	沃达丰集团（VODAFONE GROUP）	52 931.70	2 424.80	英国
248	诺华公司（NOVARTIS）	52 877.00	24 021.00	瑞士
249	韩国电力公司（KOREA ELECTRIC POWER）	52 356.00	−4 644.60	韩国
250	日本出光兴产株式会社（IDEMITSU KOSAN）	52 335.80	2 488.10	日本
251	雷普索尔公司（REPSOL）	52 334.80	2 954.70	西班牙

（续表）

排名	公司名称（中文）	营业收入（百万美元）	利润（百万美元）	国家
252	圣戈班集团（SAINT-GOBAIN）	52 211.80	2 980.70	法国
253	东京海上日动火灾保险公司（TOKIO MARINE HOLDINGS）	52 198.80	3 743.10	日本
254	拜耳集团（BAYER）	52 118.40	1 182.30	德国
255	美国国际集团（AMERICAN INTERNATIONAL GROUP）	52 057.00	9 388.00	美国
256	德国艾德卡公司（EDEKA ZENTRALE）	51 949.90	414.90	德国
257	陕西延长石油（集团）有限责任公司［SHAANXI YANCHANG PETROLEUM（GROUP）］	51 813.40	545.80	中国
258	百思买（BEST BUY）	51 761.00	2 454.00	美国
259	特许通讯公司（CHARTER COMMUNICATIONS）	51 682.00	4 654.00	美国
260	国家电力投资集团有限公司（STATE POWER INVESTMENT）	51 518.20	-184.90	中国
261	西斯科公司（SYSCO）	51 297.80	524.20	美国
262	默沙东（MERCK）	51 216.00	13 049.00	美国
263	美国纽约人寿保险公司（NEW YORK LIFE INSURANCE）	51 198.50	277.10	美国
264	浙江恒逸集团有限公司（ZHEJIANG HENGYI GROUP）	50 974.10	177.50	中国
265	卡特彼勒（CATERPILLAR）	50 971.00	6 489.00	美国
266	小米集团（XIAOMI）	50 898.10	2 998.20	中国
267	中国联合网络通信股份有限公司（CHINA UNITED NETWORK COMMUNICATIONS）	50 827.60	977.50	中国
268	埃森哲（ACCENTURE）	50 533.40	5 906.80	爱尔兰
269	中国能源建设集团有限公司（CHINA ENERGY ENGINEERING GROUP）	50 344.70	600.00	中国
270	俄罗斯联邦储蓄银行（SBERBANK）	50 277.90	16 973.30	俄罗斯
271	Orange 公司（ORANGE）	50 275.20	275.50	法国
272	伍尔沃斯集团（WOOLWORTHS GROUP）	50 210.50	1 547.90	澳大利亚

（续表）

排名	公司名称（中文）	营业收入（百万美元）	利润（百万美元）	国家
273	中国民生银行股份有限公司（CHINA MINSHENG BANKING）	50 079.20	5330.10	中国
274	思科公司（CISCO SYSTEMS）	49 818.00	10 591.00	美国
275	美洲电信（AMÉRICA MÓVIL）	49 701.90	9 489.90	墨西哥
276	路易达孚集团（LOUIS DREYFUS）	49 569.00	697.00	荷兰
277	宏利金融（MANULIFE FINANCIAL）	49 314.70	5 667.70	加拿大
278	电装公司（DENSO）	49 098.60	2 349.20	日本
279	住友商事（SUMITOMO）	48 916.20	4 127.80	日本
280	TJX 公司（TJX）	48 550.00	3 282.80	美国
281	日本 KDDI 电信公司（KDDI）	48 486.10	5 986.40	日本
282	法国 BPCE 银行集团（GROUPE BPCE）	48 433.10	4 732.90	法国
283	大众超级市场公司（PUBLIX SUPER MARKETS）	48 393.90	4 412.20	美国
284	康菲石油公司（CONOCOPHILLIPS）	48 349.00	8 079.00	美国
285	美国利宝互助保险集团（LIBERTY MUTUAL INSURANCE GROUP）	48 200.00	3 068.00	美国
286	前进保险公司（PROGRESSIVE）	47 702.00	3 350.90	美国
287	英格卡集团（INGKA GROUP）	47 545.80	1 887.10	荷兰
288	友邦保险控股有限公司（AIA GROUP）	47 525.00	7 427.00	中国
289	美国全国保险公司（NATIONWIDE）	47 376.00	1 617.20	美国
290	东京电力公司（TOKYO ELECTRIC POWER）	47 268.50	50.20	日本
291	江苏沙钢集团有限公司（JIANGSU SHAGANG GROUP）	47 072.20	2 273.50	中国
292	泰森食品（TYSON FOODS）	47 049.00	3 047.00	美国
293	EXOR 集团（EXOR GROUP）	47 010.70	2 030.10	荷兰
294	葛兰素史克集团（GSK）	46 914.80	6 030.40	英国
295	巴拉特石油公司（BHARAT PETROLEUM）	46 867.30	1 568.40	印度
296	瑞士再保险股份有限公司（SWISS RE）	46 739.00	1 437.00	瑞士
297	中国中煤能源集团有限公司（CHINA NATIONAL COAL GROUP）	46 664.80	691.30	中国

（续表）

排名	公司名称（中文）	营业收入（百万美元）	利润（百万美元）	国家
298	意大利联合圣保罗银行（INTESA SANPAOLO）	46 583.90	4 948.10	意大利
299	苏商建设集团有限公司（SUSUN CONSTRUC-TION GROUP）	46 478.10	1 654.30	中国
300	西班牙电话公司（TELEFÓNICA）	46 438.50	9 620.60	西班牙
301	百时美施贵宝公司（BRISTOL-MYERS SQUIBB）	46 385.00	6 994.00	美国
302	浙江省交通投资集团有限公司（ZHEJIANG COM-MUNICATIONS INVESTMENT GROUP）	46 381.60	897.20	中国
303	赛诺菲（SANOFI）	46 317.90	7 357.70	法国
304	Iberdrola 公司（IBERDROLA）	46 245.80	4 593.40	西班牙
305	利安德巴塞尔工业公司（LYONDELLBASELL IN-DUSTRIES）	46 173.00	5 610.00	荷兰
306	韩华集团（HANWHA）	46 171.20	787.40	韩国
307	加拿大皇家银行（ROYAL BANK OF CANADA）	45 981.00	12 750.60	加拿大
308	Alimentation Couche-Tard 公司（ALIMENTATION COUCHE-TARD）	45 760.10	2 705.50	加拿大
309	MS&AD 保险集团控股有限公司（MS&AD INSU-RANCE GROUP HOLDINGS）	45 685.00	2 339.40	日本
310	采埃孚（ZF FRIEDRICHSHAFEN）	45 298.70	780.30	德国
311	和硕（PEGATRON）	45 247.00	735.60	中国
312	德国大陆集团（CONTINENTAL）	45 162.60	1 720.30	德国
313	耐克公司（NIKE）	44 538.00	5 727.00	美国
314	法国布伊格集团（BOUYGUES）	44 507.70	1 330.10	法国
315	中国兵器装备集团公司（CHINA SOUTH INDUS-TRIES GROUP）	44 374.40	736.50	中国
316	费森尤斯集团（FRESENIUS）	44 361.10	2 149.50	德国
317	仁宝电脑（COMPAL ELECTRONICS）	44 243.10	452.30	中国
318	迪尔公司（DEERE）	44 024.00	5 963.00	美国
319	乔治威斯顿公司（GEORGE WESTON）	43 924.70	343.80	加拿大
320	美国运通公司（AMERICAN EXPRESS）	43 663.00	8 060.00	美国

（续表）

排名	公司名称（中文）	营业收入（百万美元）	利润（百万美元）	国家
321	上海建工集团股份有限公司（SHANGHAI CON-STRUCTION GROUP）	43 572.30	584.30	中国
322	中国航天科技集团有限公司（CHINA AEROSPACE SCIENCE & TECHNOLOGY）	43 419.50	3 099.00	中国
323	沃尔沃集团（VOLVO）	43 388.40	3 821.90	瑞典
324	中国电子信息产业集团有限公司（CHINA ELECT-RONICS）	43 118.40	−158.10	中国
325	雅培公司（ABBOTT LABORATORIES）	43 075.00	7 071.00	美国
326	中国华电集团有限公司（CHINA HUADIAN）	42 855.30	374.40	中国
327	StoneX 集团（STONEX GROUP）	42 534.20	116.30	美国
328	首钢集团有限公司（SHOUGANG GROUP）	42 090.30	210.50	中国
329	Plains GP Holdings 公司（PLAINS GP HOLDINGS）	42 078.00	60.00	美国
330	奥地利石油天然气集团（OMV GROUP）	42 037.90	2 585.80	奥地利
331	英美资源集团（ANGLO AMERICAN）	41 554.00	8 562.00	英国
332	山东钢铁集团有限公司（SHANDONG IRON & STEEL GROUP）	41 318.70	851.90	中国
333	伊塔乌联合银行控股公司（ITAÚ UNIBANCO HOL-DING）	41 174.60	4 962.60	巴西
334	中国太平保险集团有限责任公司（CHINA TAI-PING INSURANCE GROUP）	41 090.80	473.00	中国
335	法国国营铁路集团（SNCF GROUP）	41 088.40	1 052.30	法国
336	杭州钢铁集团有限公司（HANGZHOU IRON AND STEEL GROUP）	41 008.50	349.80	中国
337	德国中央合作银行（DZ BANK）	41 004.50	2 359.90	德国
338	安达保险公司（CHUBB）	40 963.00	8 539.00	瑞士
339	金川集团股份有限公司（JINCHUAN GROUP）	40 957.80	964.90	中国
340	法国邮政（LA POSTE）	40 919.40	2 446.20	法国
341	中国航天科工集团有限公司（CHINA AEROSPA-CE SCIENCE & INDUSTRY）	40 856.10	2 108.20	中国
342	森宝利公司（J. SAINSBURY）	40 831.70	924.70	英国

（续表）

排名	公司名称（中文）	营业收入（百万美元）	利润（百万美元）	国家
343	Enterprise Products Partners 公司（ENTERPRISE PRODUCTS PARTNERS）	40 806.90	4 637.70	美国
344	蒂森克虏伯（THYSSENKRUPP）	40 647.90	-137.40	德国
345	瑞银集团（UBS GROUP）	40 638.00	7 457.00	瑞士
346	泰康保险集团股份有限公司（TAIKANG INSURAN-CE GROUP）	40 607.70	3 826.30	中国
347	美国教师退休基金会（TIAA）	40 526.40	4 060.70	美国
348	甲骨文公司（ORACLE）	40 479.00	13 746.00	美国
349	广达电脑公司（QUANTA COMPUTER）	40 439.70	1 204.90	中国
350	德意志银行（DEUTSCHE BANK）	40 187.50	2 897.90	德国
351	三菱电机股份有限公司（MITSUBISHI ELEC-TRIC）	39 851.70	1 811.40	日本
352	西班牙对外银行（BANCO BILBAO VIZCAYA AR-GENTARIA）	39 806.80	5 501.40	西班牙
353	安徽海螺集团有限责任公司（ANHUI CONCH GR-OUP）	39 699.50	1 922.20	中国
354	大和房建（DAIWA HOUSE INDUSTRY）	39 520.40	2 005.40	日本
355	赛默飞世尔科技公司（THERMO FISHER SCIEN-TIFIC）	39 211.00	7 725.00	美国
356	新希望控股集团有限公司（NEW HOPE HOLDING GROUP）	39 168.90	335.80	中国
357	KOC 集团（KOÇ HOLDING）	39 014.30	1 709.70	土耳其
358	日本钢铁工程控股公司（JFE HOLDINGS）	38 858.10	2 564.30	日本
359	可口可乐公司（COCA-COLA）	38 655.00	9 771.00	美国
360	广州市建筑集团有限公司（GUANGZHOU MUNICIPAL CONSTRUCTION GROUP）	38 624.00	144.90	中国
361	通用动力（GENERAL DYNAMICS）	38 469.00	3 257.00	美国
362	CHS 公司（CHS）	38 448.00	554.00	美国
363	北京建龙重工集团有限公司（BEIJING JIANLONG HEAVY INDUSTRY GROUP）	38 356.60	556.60	中国

（续表）

排名	公司名称（中文）	营业收入（百万美元）	利润（百万美元）	国家
364	中国核工业集团有限公司（CHINA NATIONAL NUCLEAR）	38 327.50	1 186.20	中国
365	西班牙 ACS 集团（ACS）	38 316.60	3 600.70	西班牙
366	多伦多道明银行（TORONTO-DOMINION BANK）	38 274.80	11 367.30	加拿大
367	欧莱雅（L'ORÉAL）	38 174.70	5 435.30	法国
368	巴登－符滕堡州能源公司（ENERGIE BADEN-WÜRTTEMBERG）	38 009.50	429.40	德国
369	LG 化学公司（LG CHEM）	37 829.90	3 206.90	韩国
370	印度塔塔汽车公司（TATA MOTORS）	37 797.20	−1 536.20	印度
371	ELO 集团（ELO GROUP）	37 677.40	406.70	法国
372	深圳市投资控股有限公司（SHENZHEN INVESTMENT HOLDINGS）	37 599.30	1 649.20	中国
372	SK 海力士公司（SK HYNIX）	37 574.00	8 391.10	韩国
374	巴克莱（BARCLAYS）	37 561.80	9 872.80	英国
375	Enbridge 公司（ENBRIDGE）	37 548.60	4 937.00	加拿大
376	国泰金融控股股份有限公司（CATHAY FINANCIAL HOLDING）	37 533.60	4 995.30	中国
377	日本明治安田生命保险公司（MEIJI YASUDA LIFE INSURANCE）	37 515.70	1 618.40	日本
378	意大利邮政集团（POSTE ITALIANE）	37 491.80	1 865.70	意大利
379	联合服务汽车协会（UNITED SERVICES AUTOMOBILE ASSN.）	37 469.60	3 300.00	美国
380	Finatis 公司（FINATIS）	37 457.50	−196.30	法国
381	阿斯利康（ASTRAZENECA）	37 417.00	112.00	英国
382	KB 金融集团（KB FINANCIAL GROUP）	37 197.40	3 853.30	韩国
383	损保控股有限公司（SOMPO HOLDINGS）	37 098.70	2 001.50	日本
384	Cenovus Energy 公司（CENOVUS ENERGY）	36 979.10	468.30	加拿大
385	中国中车集团有限公司（CRRC GROUP）	36 963.90	888.90	中国
386	敬业集团有限公司（JINGYE GROUP）	36 882.10	891.00	中国

（续表）

排名	公司名称（中文）	营业收入 （百万美元）	利润 （百万美元）	国家
387	西北互助人寿保险公司（NORTHWESTERN MU-TUAL）	36 751.20	977.80	美国
388	日本三井住友金融集团（SUMITOMO MITSUI FI-NANCIAL GROUP）	36 596.90	6 290.40	日本
389	纽柯（NUCOR）	36 483.90	6 827.50	美国
390	现代摩比斯公司（HYUNDAI MOBIS）	36 441.80	2 055.60	韩国
391	Exelon 公司（EXELON）	36 347.00	1 706.00	美国
392	麦格纳国际（MAGNA INTERNATIONAL）	36 242.00	1 514.00	加拿大
393	长江和记实业有限公司（CK HUTCHISON HOL-DINGS）	36 133.90	4 308.10	中国
394	菲尼克斯医药公司（PHOENIX PHARMA）	36 106.60	208.00	德国
395	万通互惠理财公司（MASSACHUSETTS MUTUAL LIFE INSURANCE）	35 899.50	319.30	美国
396	德迅集团（KUEHNE + NAGEL INTERNATIONAL）	35 891.30	22 23.40	瑞士
397	怡和集团（JARDINE MATHESON）	35 862.00	1 881.00	中国
398	Raízen 公司（RAÍZEN）	35 857.50	590.30	巴西
399	美国诺斯洛普格拉曼公司（NORTHROP GRUM-MAN）	35 667.00	7 005.00	美国
400	铜陵有色金属集团控股有限公司（TONGLING NO-NFERROUS METALS GROUP）	35 511.20	49.90	中国
401	三菱化学控股（MITSUBISHI CHEMICAL HOL-DINGS）	35 402.50	1 577.10	日本
402	3M 公司（3M）	35 355.00	5 921.00	美国
403	英美烟草集团（BRITISH AMERICAN TOBACCO）	35 321.60	9 353.00	英国
404	日本瑞穗金融集团（MIZUHO FINANCIAL G-ROUP）	35 279.10	4 722.30	日本
405	海尔智家股份有限公司（HAIER SMART HOME）	35 278.20	2 025.80	中国
406	新加坡奥兰集团（OLAM GROUP）	34 987.10	511.00	新加坡

（续表）

排名	公司名称（中文）	营业收入（百万美元）	利润（百万美元）	国家
407	紫金矿业集团股份有限公司（ZIJIN MINING GROUP）	34 897.80	2 429.80	中国
408	贺利氏控股集团（HERAEUS HOLDING）	34 886.40	426.70	德国
409	爱信（AISIN）	34 872.70	1 263.50	日本
410	Travelers 公司（TRAVELERS）	34 816.00	3 662.00	美国
411	中国大唐集团有限公司（CHINA DATANG）	34 699.80	-2 903.90	中国
412	龙湖集团控股有限公司（LONGFOR GROUP HOLDINGS）	34 630.10	3 698.10	中国
413	蜀道投资集团有限责任公司（SHUDAO INVESTMENT GROUP）	34 549.40	428.30	中国
414	中国航空油料集团有限公司（CHINA NATIONAL AVIATION FUEL GROUP）	34 519.20	430.30	中国
415	艾睿电子（ARROW ELECTRONICS）	34 477.00	1 108.20	美国
416	新华人寿保险股份有限公司（NEW CHINA LIFE INSURANCE）	34 475.80	2 317.20	中国
417	霍尼韦尔国际公司（HONEYWELL INTERNATIONAL）	34 392.00	5 542.00	美国
418	日本三菱重工业股份有限公司（MITSUBISHI HEAVY INDUSTRIES）	34 363.90	1 010.70	日本
419	Dollar General 公司（DOLLAR GENERAL）	34 220.40	2 399.20	美国
420	施耐德电气（SCHNEIDER ELECTRIC）	34 175.30	3 788.20	法国
421	湖南钢铁集团有限公司（HUNAN IRON & STEEL GROUP）	34 061.20	1 268.50	中国
422	潞安化工集团有限公司（LU'AN CHEMICAL GROUP）	34 043.30	-272.40	中国
423	西门子能源（SIEMENS ENERGY）	34 036.00	-541.30	德国
424	波兰国营石油公司（PKN ORLEN GROUP）	34 026.30	2 881.40	波兰
425	荷兰国际集团（ING GROUP）	33 851.40	7 036.10	荷兰

（续表）

排名	公司名称（中文）	营业收入（百万美元）	利润（百万美元）	国家
426	菲尼克斯集团控股公司（PHOENIX GROUP HOLDINGS）	33 749.70	−1 151.10	英国
427	法国威立雅环境集团（VEOLIA ENVIRONNEMENT）	33 706.10	478.00	法国
428	Coop 集团（COOP GROUP）	33 649.20	611.70	瑞士
429	高通（QUALCOMM）	33 566.00	9 043.00	美国
430	上海医药集团股份有限公司（SHANGHAI PHARMACEUTICALS HOLDING）	33 459.40	789.60	. 中国
431	山西焦煤集团有限责任公司（SHANXI COKING COAL GROUP）	33 380.00	−426.70	中国
432	CarMax 公司（CARMAX）	33 197.20	1 151.30	美国
433	SAP 公司（SAP）	32 918.50	6 214.30	德国
434	新疆中泰(集团)有限责任公司（XINJIANG ZHONGTAI GROUP）	32 890.20	48.20	中国
435	塔塔钢铁（TATA STEEL）	32 861.10	5 391.40	印度
436	比亚迪股份有限公司（BYD）	32 758.00	472.10	中国
437	Rajesh Exports 公司（RAJESH EXPORTS）	32 649.50	135.40	印度
438	Inditex 公司（INDITEX）	32 572.20	3 811.20	西班牙
439	巴西布拉德斯科银行（BANCO BRADESCO）	32 556.40	4 297.30	巴西
440	富邦金融控股股份有限公司（FUBON FINANCIAL HOLDING）	32 223.40	5 175.90	中国
441	顺丰控股股份有限公司（S.F. HOLDING）	32 120.30	661.80	中国
442	住友生命保险公司（SUMITOMO LIFE INSURANCE）	32 041.80	406.00	日本
443	第一资本金融公司（CAPITAL ONE FINANCIAL）	32 033.00	12 390.00	美国
444	佳能（CANON）	32 005.20	1 956.00	日本
445	广西投资集团有限公司（GUANGXI INVESTMENT GROUP）	31 962.10	78.90	中国
446	富士通（FUJITSU）	31 929.70	1 626.30	日本

（续表）

排名	公司名称（中文）	营业收入（百万美元）	利润（百万美元）	国家
447	云南省投资控股集团有限公司（YUNNAN PROVINCIAL INVESTMENT HOLDING GROUP）	31 883.70	275.30	中国
448	武田药品公司（TAKEDA PHARMACEUTICAL）	31 771.00	2 048.00	日本
449	铃木汽车（SUZUKI MOTOR）	31 765.40	1 427.40	日本
450	Migros 集团（MIGROS GROUP）	31 657.80	732.00	瑞士
451	TD Synnex 公司（TD SYNNEX）	31 614.20	395.10	美国
452	潍柴动力股份有限公司（WEICHAI POWER）	31 556.20	1 434.70	中国
453	新疆广汇实业投资（集团）有限责任公司（XINJIANG GUANGHUI INDUSTRY INVESTMENT）	31 505.90	65.50	中国
454	菲利普—莫里斯国际公司（PHILIP MORRIS INTERNATIONAL）	31 405.00	9 109.00	美国
455	全球燃料服务公司（WORLD FUEL SERVICES）	31 337.00	73.70	美国
456	加拿大丰业银行（BANK OF NOVA SCOTIA）	31 226.20	7 651.30	加拿大
457	森科能源公司（SUNCOR ENERGY）	31 190.90	3 285.70	加拿大
458	山东高速集团有限公司（SHANDONG HI-SPEED GROUP）	31 135.80	685.70	中国
459	海亮集团有限公司（HAILIANG GROUP）	31 048.60	127.90	中国
460	CRH 公司（CRH）	30 981.00	2 565.00	爱尔兰
461	Investor 公司（INVESTOR）	30 948.30	26 585.00	瑞典
462	纬创集团（WISTRON）	30 866.60	374.80	中国
463	林德集团（LINDE）	30 798.00	3 826.00	英国
464	三星人寿保险（SAMSUNG LIFE INSURANCE）	30 654.10	1 284.10	韩国
465	巴西银行（BANCO DO BRASIL）	30 601.70	3 401.90	巴西
466	成都兴城投资集团有限公司（CHENGDU XINGCHENG INVESTMENT GROUP）	30 552.60	341.80	中国
467	广州医药集团有限公司（GUANGZHOU PHARMACEUTICAL HOLDINGS）	30 466.40	320.00	中国
468	Performance Food Group 公司（PERFORMANCE FOOD GROUP）	30 398.90	40.70	美国

（续表）

排名	公司名称（中文）	营业收入 （百万美元）	利润 （百万美元）	国家
469	上海德龙钢铁集团有限公司（SHANGHAI DELONG STEEL GROUP）	30 343.00	787.80	中国
470	GS 加德士（GS CALTEX）	30 181.70	919.10	韩国
471	Mercadona 公司（MERCADONA）	30 169.50	804.30	西班牙
472	CJ 集团（CJ CORP.）	30 134.10	240.30	韩国
473	美敦力公司（MEDTRONIC）	30 117.00	3 606.00	爱尔兰
474	三星 C&T 公司（SAMSUNG C&T）	30 108.90	1 428.80	韩国
475	台湾中油股份有限公司（CPC）	30 021.20	−1 406.60	中国
476	住友电工（SUMITOMO ELECTRIC INDUSTRIES）	29 980.40	857.30	日本
477	X5 零售集团（X5 RETAIL GROUP）	29 921.70	580.00	荷兰
478	达美航空（DELTA AIR LINES）	29 899.00	280.00	美国
479	美国航空集团（AMERICAN AIRLINES GROUP）	29 882.00	−1 993.00	美国
480	东芝（TOSHIBA）	29 705.40	1 732.80	日本
481	Netflix 公司（NETFLIX）	29 697.80	5 116.20	美国
482	麦德龙（METRO）	29 594.20	−66.90	德国
483	派拉蒙环球公司（PARAMOUNT GLOBAL）	29 579.00	4 543.00	美国
484	普利司通（BRIDGESTONE）	29 570.20	3 589.50	日本
485	US Foods Holding 公司（US FOODS HOLDING）	29 487.00	164.00	美国
486	丹纳赫公司（DANAHER）	29 453.00	6 433.00	美国
487	珠海格力电器股份有限公司（GREE ELECTRIC APPLIANCES）	29 402.20	3 575.60	中国
488	豪瑞（HOLCIM）	29 362.10	2 514.50	瑞士
489	Medipal 控股公司（MEDIPAL HOLDINGS）	29 295.50	261.90	日本
490	捷普公司（JABIL）	29 285.00	696.00	美国
491	任仕达公司（RANDSTAD）	29 126.80	908.00	荷兰
492	星巴克公司（STARBUCKS）	29 060.60	4 199.30	美国
493	Coles 集团（COLES GROUP）	29 055.50	750.00	澳大利亚
494	瑞士信贷（CREDIT SUISSE GROUP）	29 043.70	−1 805.50	瑞士

（续表）

排名	公司名称（中文）	营业收入 （百万美元）	利润 （百万美元）	国家
495	莱茵集团（RWE）	28 997.90	852.50	德国
496	DSV 公司（DSV）	28 987.60	1 781.70	丹麦
497	瑞士 ABB 集团（ABB）	28 945.00	4 546.00	瑞士
498	亿滋国际（MONDELEZ INTERNATIONAL）	28 720.00	4 300.00	美国
499	达能（DANONE）	28 708.20	2 274.80	法国
500	优美科公司（UMICORE）	28 649.50	731.80	比利时

2022年世界500强企业中145家中国上榜公司完整名单

2022年排名	2021年排名	公司名称（中文）	营业收入（百万美元）	总部所在城市
3	2	国家电网有限公司（STATE GRID）	460 616.90	北京
4	4	中国石油天然气集团有限公司（CHINA NATIONAL PE-TROLEUM）	411 692.90	北京
5	5	中国石油化工集团有限公司（SINOPEC GROUP）	401 313.50	北京
9	13	中国建筑集团有限公司（CHINA STATE CONSTRUCTION ENGINEERING）	293 712.40	北京
20	22	鸿海精密工业股份有限公司（HON HAI PRECISION IN-DUSTRY）	214 619.20	新北
22	20	中国工商银行股份有限公司（INDUSTRIAL & OMMER-CIAL BANK OF CHINA）	209 000.40	北京
24	25	中国建设银行股份有限公司（CHINA CONSTRUCTION BANK）	200 434.00	北京
25	16	中国平安保险（集团）股份有限公司（PING AN NSURAN-CE）	199 629.40	深圳
28	29	中国农业银行股份有限公司（AGRICULTURAL BANK OF CHINA）	181 411.70	北京
31	—	中国中化控股有限责任公司（SINOCHEM HOLDINGS）	172 260.30	北京
34	35	中国铁路工程集团有限公司（CHINA RAILWAY ENGI-NEERING GROUP）	166 452.10	北京
39	42	中国铁道建筑集团有限公司（CHINA RAILWAY CONS-TRUCTION）	158 203.00	北京
40	32	中国人寿保险（集团）公司（CHINA LIFE INSURANCE）	157 095.30	北京
42	39	中国银行股份有限公司（BANK OF CHINA）	152 409.30	北京
44	72	中国宝武钢铁集团有限公司（CHINA BAOWU STEEL G-ROUP）	150 730.00	上海

（续表）

2022 年排名	2021 年排名	公司名称（中文）	营业收入（百万美元）	总部所在城市
46	59	京东集团股份有限公司（JD.COM）	147 526.20	北京
55	63	阿里巴巴集团控股有限公司（ALIBABA GROUP HOLDING）	132 935.70	杭州
57	56	中国移动通信集团有限公司（CHINA MOBILE COMMU-NICATIONS）	131 913.40	北京
58	65	中国五矿集团有限公司（CHINA MINMETALS）	131 800.40	北京
60	61	中国交通建设集团有限公司（CHINA COMMUNICATIONS CONSTRUCTION）	130 664.10	北京
65	92	中国海洋石油集团有限公司（CHINA NATIONAL OFF-SHORE OIL）	126 920.10	北京
68	60	上海汽车集团股份有限公司（SAIC MOTOR）	120 900.20	上海
69	70	山东能源集团有限公司（SHANDONG ENERGY GROUP）	120 012.30	济南
70	69	中国华润有限公司（CHINA RESOURCES）	119 601.20	香港
75	67	恒力集团有限公司（HENGLI GROUP）	113 536.00	苏州市
76	68	正威国际集团有限公司（AMER INTERNATIONAL GROUP）	112 049.20	深圳
77	148	厦门建发集团有限公司（XIAMEN C&D）	111 556.50	厦门
79	66	中国第一汽车集团有限公司（CHINA FAW GROUP）	109 404.70	长春
80	109	中国医药集团有限公司（SINOPHARM）	108 779.30	北京
81	74	中国邮政集团有限公司（CHINA POST GROUP）	108 669.00	北京
85	101	国家能源投资集团有限责任公司（CHINA ENERGY IN-VESTMENT）	107 094.50	北京
89	91	中国南方电网有限责任公司（CHINA SOUTHERN POWER GRID）	104 118.80	广州
91	112	中粮集团有限公司（COFCO）	103 087.30	北京
96	44	华为投资控股有限公司（HUAWEI INVESTMENT & HOLDING）	98 724.70	深圳
100	107	中国电力建设集团有限公司（POWERCHINA）	96 421.70	北京

（续表）

2022 年排名	2021 年排名	公司名称（中文）	营业收入（百万美元）	总部所在城市
102	115	中国中信集团有限公司（CITIC GROUP）	96 125.80	北京
106	171	厦门国贸控股集团有限公司（RELIANCE INDUSTRIES）	93 791.30	厦门
110	90	中国人民保险集团股份有限公司（PEOPLE'S INSURANCE CO. OF CHINA）	92 182.30	北京
120	170	物产中大集团股份有限公司（WUCHAN ZHONGDA GROUP）	87 210.70	杭州
121	132	腾讯控股有限公司（TENCENT HOLDINGS）	86 835.60	深圳
122	85	东风汽车集团有限公司（DONGFENG MOTOR）	86 122.00	武汉
125	142	绿地控股集团股份有限公司（GREENLAND HOLDING GROUP）	84 454.00	上海
127	231	中国远洋海运集团有限公司（COSCO SHIPPING）	84 129.50	上海
131	126	中国电信集团有限公司（CHINA TELECOMMUNICATIONS）	83 596.30	北京
136	127	中国兵器工业集团有限公司（CHINA NORTH INDUSTRIES GROUP）	81 785.20	北京
138	139	碧桂园控股有限公司（COUNTRY GARDEN HOLDINGS）	81 091.10	佛山
139	198	中国铝业集团有限公司（ALUMINUM CORP. OF CHINA）	80 406.50	北京
144	140	中国航空工业集团有限公司（AVIATION INDUSTRY CORP. OF CHINA）	79 332.20	北京
150	149	太平洋建设集团有限公司（PACIFIC CONSTRUCTION GROUP）	77 072.90	乌鲁木齐
152	163	招商局集团有限公司（CHINA MERCHANTS GROUP）	76 766.90	香港
155	137	交通银行股份有限公司（BANK OF COMMUNICATIONS）	75 986.20	上海
160	189	厦门象屿集团有限公司（XMXYG）	75 094.30	厦门
162	124	北京汽车集团有限公司（BEIJING AUTOMOTIVE GROUP）	74 687.30	北京
163	138	晋能控股集团有限公司（JINNENG HOLDING GROUP）	74 588.20	大同

（续表）

2022 年排名	2021 年排名	公司名称（中文）	营业收入（百万美元）	总部所在城市
171	159	联想集团有限公司（LENOVO GROUP）	71 618.20	香港
174	162	招商银行股份有限公司（CHINA MERCHANTS BANK）	71 063.80	深圳
176	225	江西铜业集团有限公司（JIANGXI COPPER）	70 914.00	贵溪
178	160	万科企业股份有限公司（CHINA VANKE）	70 197.60	深圳
180	255	浙江荣盛控股集团有限公司（ZHEJIANG RONGSHENG HOLDING GROUP）	69 503.20	杭州
181	174	中国保利集团有限公司（CHINA POLY GROUP）	69 006.90	北京
182	158	中国太平洋保险(集团)股份有限公司［CHINA PACIFIC INSURANCE（GROUP）］	68 313.30	上海
186	176	广州汽车工业集团有限公司（GUANGZHOU AUTOMOBILE INDUSTRY GROUP）	66 955.20	广州
189	200	河钢集团有限公司（HBIS GROUP）	66 149.70	石家庄
196	177	中国建材集团有限公司（CHINA NATIONAL BUILDING MATERIAL GROUP）	644 16.60	北京
199	282	山东魏桥创业集团有限公司（SHANDONG WEIQIAO PIO-NEERING GROUP）	63 738.60	滨州
208	196	兴业银行股份有限公司（INDUSTRIAL BANK）	61 330.50	福州
209	220	陕西煤业化工集团有限责任公司（SHAANXI COAL & CH-EMICAL INDUSTRY）	61 299.00	西安
210	194	中国光大集团股份公司（CHINA EVERBRIGHT GROUP）	61 193.80	北京
215	248	中国华能集团有限公司（CHINA HUANENG GROUP）	60 048.50	北京
217	400	鞍钢集团有限公司（ANSTEEL GROUP）	59 447.70	鞍山
224	284	中国机械工业集团有限公司（SINOMACH）	57 446.00	北京
225	251	台积公司（TAIWAN SEMICONDUCTOR MANUFACTUR-ING）	56 836.80	新竹
226	201	上海浦东发展银行股份有限公司（SHANGHAI PUDONG DEVELOPMENT BANK）	56 795.30	上海

（续表）

2022 年排名	2021 年排名	公司名称（中文）	营业收入（百万美元）	总部所在城市
229	239	浙江吉利控股集团有限公司（ZHEJIANG GEELY HOLDING GROUP）	55 860.10	杭州
233	354	中国电子科技集团有限公司（CHINA ELECTRONICS TECHNOLOGY GROUP）	55 457.20	北京
238	279	青山控股集团有限公司（TSINGSHAN HOLDING GROUP）	54 573.60	温州
241	311	盛虹控股集团有限公司（SHENGHONG HOLDING GROUP）	53 947.50	苏州市
243	240	中国船舶集团有限公司（CHINA STATE SHIPBUILDING）	53 670.90	上海
245	288	美的集团股份有限公司（MIDEA GROUP）	53 231.50	佛山
257	234	陕西延长石油（集团）有限责任公司［SHAANXI YANCHANG PETROLEUM（GROUP）]	51 813.40	西安
260	293	国家电力投资集团有限公司（STATE POWER INVESTMENT）	51 518.20	北京
264	309	浙江恒逸集团有限公司（ZHEJIANG HENGYI GROUP）	50 974.10	杭州
266	338	小米集团（XIAOMI）	50 898.10	北京
267	260	中国联合网络通信股份有限公司（CHINA UNITED NETWORK COMMUNICATIONS）	50 827.60	北京
269	301	中国能源建设集团有限公司（CHINA ENERGY ENGINEERING GROUP）	50 344.70	北京
273	224	中国民生银行股份有限公司（CHINA MINSHENG BANKING）	50 079.20	北京
288	213	友邦保险控股有限公司（AIA GROUP）	47 525.00	香港
291	308	江苏沙钢集团有限公司（JIANGSU SHAGANG GROUP）	47 072.20	张家港
297	451	中国中煤能源集团有限公司（CHINA NATIONAL COAL GROUP）	46 664.80	北京

（续表）

2022 年排名	2021 年排名	公司名称（中文）	营业收入（百万美元）	总部所在城市
299	—	苏商建设集团有限公司（SUSUN CONSTRUCTION GROUP）	46 478.10	上海
302	433	浙江省交通投资集团有限公司（ZHEJIANG COMMUNICATIONS INVESTMENT GROUP）	46 381.60	杭州
311	235	和硕（PEGATRON）	45 247.00	台北
315	351	中国兵器装备集团公司（CHINA SOUTH INDUSTRIES GROUP）	44 374.40	北京
317	339	仁宝电脑（COMPAL ELECTRONICS）	44 243.10	台北
321	363	上海建工集团股份有限公司（SHANGHAI CONSTRUCTION GROUP）	43 572.30	上海
322	307	中国航天科技集团有限公司（CHINA AEROSPACE SCIENCE & TECHNOLOGY）	43 419.50	北京
324	334	中国电子信息产业集团有限公司（CHINA ELECTRONICS）	43 118.40	深圳
326	352	中国华电集团有限公司（CHINA HUADIAN）	42 855.30	北京
328	411	首钢集团有限公司（SHOUGANG GROUP）	42 090.30	北京
332	384	山东钢铁集团有限公司（SHANDONG IRON & STEEL GROUP）	41 318.70	济南
334	344	中国太平保险集团有限责任公司（CHINA TAIPING INSURANCE GROUP）	41 090.80	香港
336	—	杭州钢铁集团有限公司（HANGZHOU IRON AND STEEL GROUP）	41 008.50	杭州
339	336	金川集团股份有限公司（JINCHUAN GROUP）	40 957.80	金昌
341	320	中国航天科工集团有限公司（CHINA AEROSPACE SCIENCE & INDUSTRY）	40 856.10	北京
346	343	泰康保险集团股份有限公司（TAIKANG INSURANCE GROUP）	40 607.70	北京

（续表）

2022 年排名	2021 年排名	公司名称（中文）	营业收入（百万美元）	总部所在城市
349	324	广达电脑公司（QUANTA COMPUTER）	40 439.70	桃园
353	315	安徽海螺集团有限责任公司（ANHUI CONCH GROUP）	39 699.50	芜湖
356	390	新希望控股集团有限公司（NEW HOPE HOLDING GROUP）	39 168.90	成都
360	460	广州市建筑集团有限公司（GUANGZHOU MUNICIPAL CONSTRUCTION GROUP）	38 624.00	广州
363	431	北京建龙重工集团有限公司（BEIJING JIANLONG HEAVY INDUSTRY GROUP）	38 356.60	北京
364	371	中国核工业集团有限公司（CHINA NATIONAL NUCLEAR）	38 327.50	北京
372	396	深圳市投资控股有限公司（SHENZHEN INVESTMENT HOLDINGS）	37 599.30	深圳
376	346	国泰金融控股股份有限公司（CATHAY FINANCIAL HOLDING）	37 533.60	台北
385	349	中国中车集团有限公司（CRRC GROUP）	36 963.90	北京
386	375	敬业集团有限公司（JINGYE GROUP）	36 882.10	石家庄
393	353	长江和记实业有限公司（CK HUTCHISON HOLDINGS）	36 133.90	香港
397	372	怡和集团（JARDINE MATHESON）	35 862.00	香港
400	407	铜陵有色金属集团控股有限公司（TONGLING NON-FERROUS METALS GROUP）	35 511.20	铜陵
405	405	海尔智家股份有限公司（HAIER SMART HOME）	35 278.20	青岛
407	486	紫金矿业集团股份有限公司（ZIJIN MINING GROUP）	34 897.80	龙岩
411	435	中国大唐集团有限公司（CHINA DATANG）	34 699.80	北京
412	456	龙湖集团控股有限公司（LONGFOR GROUP HOLDINGS）	34 630.10	北京
413	—	蜀道投资集团有限责任公司（SHUDAO INVESTMENT GROUP）	34 549.40	成都
414	—	中国航空油料集团有限公司（CHINA NATIONAL AVIATION FUEL GROUP）	34 519.20	北京

（续表）

2022 年 排名	2021 年 排名	公司名称（中文）	营业收入 （百万美元）	总部所 在城市
416	415	新华人寿保险股份有限公司（NEW CHINA LIFE INSU-RANCE）	34 475.80	北京
421	—	湖南钢铁集团有限公司（HUNAN IRON & STEEL GROUP）	34 061.20	长沙
422	—	潞安化工集团有限公司（LU'AN CHEMICAL GROUP）	34 043.30	长治
430	437	上海医药集团股份有限公司（SHANGHAI PHARMACEU-TICALS HOLDING）	33 459.40	上海
431	403	山西焦煤集团有限责任公司（SHANXI COKING COAL G-ROUP）	33 380.00	太原
434	—	新疆中泰（集团）有限责任公司（XINJIANG ZHONGTAI GROUP）	32 890.20	乌鲁木齐
436	—	比亚迪股份有限公司（BYD）	32 758.00	深圳
440	388	富邦金融控股股份有限公司（FUBON FINANCIAL HOL-DING）	32 223.40	台北
441	—	顺丰控股股份有限公司（S.F. HOLDING）	32 120.30	深圳
445	439	广西投资集团有限公司（GUANGXI INVESTMENT G-ROUP）	31 962.10	南宁
447	471	云南省投资控股集团有限公司（YUNNAN PROVINCIAL INVESTMENT HOLDING GROUP）	31 883.70	昆明
452	425	潍柴动力股份有限公司（WEICHAI POWER）	31 556.20	潍坊
453	444	新疆广汇实业投资（集团）有限责任公司（XINJIANG GUANGHUI INDUSTRY INVESTMENT）	31 505.90	乌鲁木齐
458	—	山东高速集团有限公司（SHANDONG HI–SPEED GROUP）	31 135.80	济南
459	428	海亮集团有限公司（HAILIANG GROUP）	31 048.60	杭州
462	421	纬创集团（WISTRON）	30 866.60	台北
466	—	成都兴城投资集团有限公司（CHENGDU XINGCHENG IN-VESTMENT GROUP）	30 552.60	成都

（续表）

2022 年排名	2021年排名	公司名称（中文）	营业收入（百万美元）	总部所在城市
467	468	广州医药集团有限公司（GUANGZHOU PHARMACEUTI-CAL HOLDINGS）	30 466.40	广州
469	—	上海德龙钢铁集团有限公司（SHANGHAI DELONG STEEL GROUP）	30 343.00	上海
475	—	台湾中油股份有限公司（CPC）	30 021.20	高雄
487	488	珠海格力电器股份有限公司（GREE ELECTRIC APPLIAN-CES）	29 402.20	珠海